GOETHES WERKE

Hamburger Ausgabe in 14 Bänden
Herausgegeben von Erich Trunz

Goethes Werke · Hamburger Ausgabe

GOETHES WERKE
BAND II

GEDICHTE UND EPEN II

Textkritisch durchgesehen
und kommentiert von Erich Trunz

VERLAG C.H.BECK MÜNCHEN

Sonderausgabe
zum 250. Geburtstag Goethes
am 28. 8. 1999

*Die ‚Hamburger Ausgabe' wurde begründet
im Christian Wegner Verlag, Hamburg
Die erste bis achte Auflage des zweiten Bandes
erschien dort in den Jahren 1949 bis 1967*

*Dieser Band ist identisch mit der
15., durchgesehenen Auflage. 1994*

ISBN für die 14bändige Sonderausgabe: 3 406 44186 6

Sonderausgabe. 1998

Druck: C.H.Beck'sche Buchdruckerei, Nördlingen
Gedruckt auf säurefreiem, alterungsbeständigem Papier
(hergestellt aus chlorfrei gebleichtem Zellstoff)
Rikaprint Permanence
von Schoeller & Hoesch, Gernsbach
Printed in Germany

GEDICHTE UND EPEN

ZWEITER BAND

WEST-ÖSTLICHER DIVAN

MOGANNI NAMEH
BUCH DES SÄNGERS

Zwanzig Jahre ließ ich gehn
Und genoß, was mir beschieden;
Eine Reihe, völlig schön,
Wie die Zeit der Barmekiden.

HEGIRE

Nord und West und Süd zersplittern,
Throne bersten, Reiche zittern,
Flüchte du, im reinen Osten
Patriarchenluft zu kosten,
Unter Lieben, Trinken, Singen
Soll dich Chisers Quell verjüngen.

Dort, im Reinen und im Rechten,
Will ich menschlichen Geschlechten
In des Ursprungs Tiefe dringen,
Wo sie noch von Gott empfingen
Himmelslehr' in Erdesprachen
Und sich nicht den Kopf zerbrachen.

Wo sie Väter hoch verehrten,
Jeden fremden Dienst verwehrten;
Will mich freun der Jugendschranke:
Glaube weit, eng der Gedanke,
Wie das Wort so wichtig dort war,
Weil es ein gesprochen Wort war.

Will mich unter Hirten mischen,
An Oasen mich erfrischen,
Wenn mit Karawanen wandle,
Schal, Kaffee und Moschus handle;
Jeden Pfad will ich betreten
Von der Wüste zu den Städten.

Bösen Felsweg auf und nieder
Trösten, Hafis, deine Lieder,
Wenn der Führer mit Entzücken
Von des Maultiers hohem Rücken
Singt, die Sterne zu erwecken
Und die Räuber zu erschrecken.

Will in Bädern und in Schenken,
Heil'ger Hafis, dein gedenken,
Wenn den Schleier Liebchen lüftet,
Schüttelnd Ambralocken düftet.
Ja, des Dichters Liebeflüstern
Mache selbst die Huris lüstern.

Wolltet ihr ihm dies beneiden
Oder etwa gar verleiden,
Wisset nur, daß Dichterworte
Um des Paradieses Pforte
Immer leise klopfend schweben,
Sich erbittend ew'ges Leben.

SEGENSPFÄNDER

Talisman in Karneol,
Gläubigen bringt er Glück und Wohl;
Steht er gar auf Onyx' Grunde,
Küß ihn mit geweihtem Munde!
Alles Übel treibt er fort,
Schützet dich und schützt den Ort,
Wenn das eingegrabne Wort
Allahs Namen rein verkündet,
Dich zu Lieb' und Tat entzündet.
Und besonders werden Frauen
Sich am Talisman erbauen.

Amulette sind dergleichen
Auf Papier geschriebne Zeichen;
Doch man ist nicht im Gedränge

Wie auf edlen Steines Enge,
Und vergönnt ist frommen Seelen
Längre Verse hier zu wählen.
Männer hängen die Papiere
Gläubig um als Skapuliere.

Die Inschrift aber hat nichts hinter sich,
Sie ist sie selbst und muß dir alles sagen,
Was hinterdrein mit redlichem Behagen
Du gerne sagst: Ich sag' es! Ich!

Doch Abraxas bring' ich selten!
Hier soll meist das Fratzenhafte,
Das ein düstrer Wahnsinn schaffte,
Für das Allerhöchste gelten.
Sag' ich euch absurde Dinge,
Denkt, daß ich Abraxas bringe.

Ein Siegelring ist schwer zu zeichnen,
Den höchsten Sinn im engsten Raum;
Doch weißt du hier ein Echtes anzueignen,
Gegraben steht das Wort, du denkst es kaum.

FREISINN

Laßt mich nur auf meinem Sattel gelten!
Bleibt in euren Hütten, euren Zelten!
Und ich reite froh in alle Ferne,
Über meiner Mütze nur die Sterne.

Er hat euch die Gestirne gesetzt
Als Leiter zu Land und See,
Damit ihr euch daran ergetzt,
Stets blickend in die Höh'.

TALISMANE

Gottes ist der Orient!
Gottes ist der Okzident!
Nord- und südliches Gelände
Ruht im Frieden seiner Hände.

Er, der einzige Gerechte,
Will für jedermann das Rechte.
Sei von seinen hundert Namen
Dieser hochgelobet! Amen.

Mich verwirren will das Irren;
Doch du weißt mich zu entwirren.
Wenn ich handle, wenn ich dichte,
Gib du meinem Weg die Richte.

Ob ich Ird'sches denk' und sinne,
Das gereicht zu höherem Gewinne.
Mit dem Staube nicht der Geist zerstoben,
Dringet, in sich selbst gedrängt, nach oben.

Im Atemholen sind zweierlei Gnaden:
Die Luft einziehn, sich ihrer entladen.
Jenes bedrängt, dieses erfrischt;
So wunderbar ist das Leben gemischt.
Du danke Gott, wenn er dich preßt,
Und dank' ihm, wenn er dich wieder entläßt.

VIER GNADEN

Daß Araber an ihrem Teil
Die Weite froh durchziehen,
Hat Allah zu gemeinem Heil
Der Gnaden vier verliehen.

Den Turban erst, der besser schmückt
Als alle Kaiserkronen,
Ein Zelt, das man vom Orte rückt,
Um überall zu wohnen.

Ein Schwert, das tüchtiger beschützt
Als Fels und hohe Mauern,
Ein Liedchen, das gefällt und nützt,
Worauf die Mädchen lauern.

Und Blumen sing' ich ungestört
Von ihrem Schal herunter,
Sie weiß recht wohl, was ihr gehört,
Und bleibt mir hold und munter.

Und Blum' und Früchte weiß ich euch
Gar zierlich aufzutischen,
Wollt ihr Moralien zugleich,
So geb' ich von den frischen.

GESTÄNDNIS

Was ist schwer zu verbergen? Das Feuer!
Denn bei Tage verrät's der Rauch,
Bei Nacht die Flamme, das Ungeheuer.
Ferner ist schwer zu verbergen auch
Die Liebe; noch so stille gehegt,
Sie doch gar leicht aus den Augen schlägt.
Am schwersten zu bergen ist ein Gedicht;
Man stellt es untern Scheffel nicht.
Hat es der Dichter frisch gesungen,
So ist er ganz davon durchdrungen;
Hat er es zierlich nett geschrieben,
Will er, die ganze Welt soll's lieben.
Er liest es jedem froh und laut,
Ob es uns quält, ob es erbaut.

ELEMENTE

Aus wie vielen Elementen
Soll ein echtes Lied sich nähren,
Daß es Laien gern empfinden,
Meister es mit Freuden hören?

Liebe sei vor allen Dingen
Unser Thema, wenn wir singen;
Kann sie gar das Lied durchdringen,
Wird's um desto besser klingen.

Dann muß Klang der Gläser tönen
Und Rubin des Weins erglänzen:
Denn für Liebende, für Trinker
Winkt man mit den schönsten Kränzen.

Waffenklang wird auch gefodert,
Daß auch die Drommete schmettre;
Daß, wenn Glück zu Flammen lodert,
Sich im Sieg der Held vergöttre.

Dann zuletzt ist unerläßlich,
Daß der Dichter manches hasse;
Was unleidlich ist und häßlich,
Nicht wie Schönes leben lasse.

Weiß der Sänger, dieser Viere
Urgewalt'gen Stoff zu mischen,
Hafis gleich wird er die Völker
Ewig freuen und erfrischen.

ERSCHAFFEN UND BELEBEN

Hans Adam war ein Erdenkloß,
Den Gott zum Menschen machte,
Doch bracht' er aus der Mutter Schoß
Noch vieles Ungeschlachte.

Die Elohim zur Nas' hinein
Den besten Geist ihm bliesen,
Nun schien er schon was mehr zu sein,
Denn er fing an zu niesen.

Doch mit Gebein und Glied und Kopf
Blieb er ein halber Klumpen,
Bis endlich Noah für den Tropf
Das Wahre fand, den Humpen.

Der Klumpe fühlt sogleich den Schwung,
Sobald er sich benetzet,
So wie der Teig durch Säuerung
Sich in Bewegung setzet.

So, Hafis, mag dein holder Sang,
Dein heiliges Exempel,
Uns führen bei der Gläser Klang
Zu unsres Schöpfers Tempel.

PHÄNOMEN

Wenn zu der Regenwand
Phöbus sich gattet,
Gleich steht ein Bogenrand
Farbig beschattet.

Im Nebel gleichen Kreis
Seh' ich gezogen,
Zwar ist der Bogen weiß,
Doch Himmelsbogen.

So sollst du, muntrer Greis,
Dich nicht betrüben:
Sind gleich die Haare weiß,
Doch wirst du lieben.

LIEBLICHES

Was doch Buntes dort verbindet
Mir den Himmel mit der Höhe?
Morgennebelung verblindet
Mir des Blickes scharfe Sehe.

Sind es Zelte des Vesires,
Die er lieben Frauen baute?
Sind es Teppiche des Festes,
Weil er sich der Liebsten traute?

Rot und weiß, gemischt, gesprenkelt
Wüßt' ich Schönres nicht zu schauen;
Doch wie, Hafis, kommt dein Schiras
Auf des Nordens trübe Gauen?

Ja, es sind die bunten Mohne,
Die sich nachbarlich erstrecken
Und, dem Kriegesgott zum Hohne,
Felder streifweis freundlich decken.

Möge stets so der Gescheute
Nutzend Blumenzierde pflegen,
Und ein Sonnenschein, wie heute,
Klären sie auf meinen Wegen!

ZWIESPALT

Wenn links an Baches Rand
Cupido flötet,
Im Felde rechter Hand
Mavors drommetet,
Da wird dorthin das Ohr
Lieblich gezogen,
Doch um des Liedes Flor
Durch Lärm betrogen.
Nun flötet's immer voll

Im Kriegesthunder,
Ich werde rasend, toll;
Ist das ein Wunder?
Fort wächst der Flötenton,
Schall der Posaunen,
Ich irre, rase schon;
Ist das zu staunen?

IM GEGENWÄRTIGEN VERGANGNES

Ros' und Lilie morgentaulich
Blüht im Garten meiner Nähe;
Hinten an, bebuscht und traulich,
Steigt der Felsen in die Höhe.
Und mit hohem Wald umzogen,
Und mit Ritterschloß gekrönet,
Lenkt sich hin des Gipfels Bogen,
Bis er sich dem Tal versöhnet.

Und da duftet's wie vor alters,
Da wir noch von Liebe litten
Und die Saiten meines Psalters
Mit dem Morgenstrahl sich stritten.
Wo das Jagdlied aus den Büschen
Fülle runden Tons enthauchte,
Anzufeuern, zu erfrischen,
Wie's der Busen wollt' und brauchte.

Nun die Wälder ewig sprossen,
So ermutigt euch mit diesen,
Was ihr sonst für euch genossen,
Läßt in andern sich genießen.
Niemand wird uns dann beschreien,
Daß wir's uns alleine gönnen;
Nun in allen Lebensreihen
Müsset ihr genießen können.

Und mit diesem Lied und Wendung
Sind wir wieder bei Hafisen,
Denn es ziemt des Tags Vollendung
Mit Genießern zu genießen.

LIED UND GEBILDE

Mag der Grieche seinen Ton
Zu Gestalten drücken,
An der eignen Hände Sohn
Steigern sein Entzücken;

Aber uns ist wonnereich
In den Euphrat greifen,
Und im flüss'gen Element
Hin und wider schweifen.

Löscht' ich so der Seele Brand,
Lied, es wird erschallen;
Schöpft des Dichters reine Hand,
Wasser wird sich ballen.

DREISTIGKEIT

Worauf kommt es überall an,
Daß der Mensch gesundet?
Jeder höret gern den Schall an,
Der zum Ton sich rundet.

Alles weg, was deinen Lauf stört!
Nur kein düster Streben!
Eh' er singt und eh' er aufhört,
Muß der Dichter leben.

Und so mag des Lebens Erzklang
Durch die Seele dröhnen!
Fühlt der Dichter sich das Herz bang,
Wird sich selbst versöhnen.

DERB UND TÜCHTIG

Dichten ist ein Übermut,
Niemand schelte mich!
Habt getrost ein warmes Blut
Froh und frei wie ich.

Sollte jeder Stunde Pein
Bitter schmecken mir,
Würd' ich auch bescheiden sein
Und noch mehr als ihr.

Denn Bescheidenheit ist fein,
Wenn das Mädchen blüht,
Sie will zart geworben sein,
Die den Rohen flieht.

Auch ist gut Bescheidenheit,
Spricht ein weiser Mann,
Der von Zeit und Ewigkeit
Mich belehren kann.

Dichten ist ein Übermut!
Treib' es gern allein.
Freund' und Frauen, frisch von Blut,
Kommt nur auch herein!

Mönchlein ohne Kapp' und Kutt',
Schwatz' nicht auf mich ein!
Zwar du machest mich kaputt,
Nicht bescheiden, nein!

Deiner Phrasen leeres Was
Treibet mich davon,
Abgeschliffen hab' ich das
An den Sohlen schon.

Wenn des Dichters Mühle geht,
Halte sie nicht ein:
Denn wer einmal uns versteht,
Wird uns auch verzeihn.

ALL-LEBEN

Staub ist eins der Elemente,
Das du gar geschickt bezwingest,
Hafis, wenn zu Liebchens Ehren
Du ein zierlich Liedchen singest.

Denn der Staub auf ihrer Schwelle
Ist dem Teppich vorzuziehen,
Dessen goldgewirkte Blumen
Mahmuds Günstlinge beknieen.

Treibt der Wind von ihrer Pforte
Wolken Staubs behend vorüber,
Mehr als Moschus sind die Düfte
Und als Rosenöl dir lieber.

Staub, den hab' ich längst entbehret
In dem stets umhüllten Norden,
Aber in dem heißen Süden
Ist er mir genugsam worden.

Doch schon längst, daß liebe Pforten
Mir auf ihren Angeln schwiegen!
Heile mich, Gewitterregen,
Laß mich, daß es grunelt, riechen!

Wenn jetzt alle Donner rollen
Und der ganze Himmel leuchtet,
Wird der wilde Staub des Windes
Nach dem Boden hingefeuchtet.

Und sogleich entspringt ein Leben,
Schwillt ein heilig heimlich Wirken,
Und es grunelt und es grünet
In den irdischen Bezirken.

SELIGE SEHNSUCHT

Sagt es niemand, nur den Weisen,
Weil die Menge gleich verhöhnet,
Das Lebend'ge will ich preisen,
Das nach Flammentod sich sehnet.

In der Liebesnächte Kühlung,
Die dich zeugte, wo du zeugtest,
Überfällt dich fremde Fühlung,
Wenn die stille Kerze leuchtet.

Nicht mehr bleibest du umfangen
In der Finsternis Beschattung,
Und dich reißet neu Verlangen
Auf zu höherer Begattung.

Keine Ferne macht dich schwierig,
Kommst geflogen und gebannt,
Und zuletzt, des Lichts begierig,
Bist du, Schmetterling, verbrannt.

Und so lang du das nicht hast,
Dieses: Stirb und werde!
Bist du nur ein trüber Gast
Auf der dunklen Erde.

Tut ein Schilf sich doch hervor,
Welten zu versüßen!
Möge meinem Schreibe-Rohr
Liebliches entfließen!

HAFIS NAMEH

BUCH HAFIS

Sei das Wort die Braut genannt,
Bräutigam der Geist;
Diese Hochzeit hat gekannt,
Wer Hafisen preist.

BEINAME

Dichter

Mohamed Schemseddin, sage,
Warum hat dein Volk, das hehre,
Hafis dich genannt?

Hafis

Ich ehre,
Ich erwidre deine Frage.
Weil in glücklichem Gedächtnis
Des Korans geweiht Vermächtnis
Unverändert ich verwahre,
Und damit so fromm gebare,
Daß gemeinen Tages Schlechtnis
Weder mich noch die berühret,
Die Prophetenwort und Samen
Schätzen, wie es sich gebühret;
Darum gab man mir den Namen.

Dichter

Hafis, drum, so will mir scheinen,
Möcht' ich dir nicht gerne weichen:
Denn wenn wir wie andre meinen,
Werden wir den andern gleichen.
Und so gleich' ich dir vollkommen,
Der ich unsrer heil'gen Bücher
Herrlich Bild an mich genommen,

Wie auf jenes Tuch der Tücher
Sich des Herren Bildnis drückte,
Mich in stiller Brust erquickte,
Trotz Verneinung, Hindrung, Raubens,
Mit dem heitern Bild des Glaubens.

ANKLAGE

Wißt ihr denn, auf wen die Teufel lauern,
In der Wüste, zwischen Fels und Mauern?
Und wie sie den Augenblick erpassen,
Nach der Hölle sie entführend fassen?
Lügner sind es und der Bösewicht.

Der Poete, warum scheut er nicht,
Sich mit solchen Leuten einzulassen!

Weiß denn der, mit wem er geht und wandelt,
Er, der immer nur im Wahnsinn handelt?
Grenzenlos, von eigensinn'gem Lieben,
Wird er in die Öde fortgetrieben,
Seiner Klagen Reim', in Sand geschrieben,
Sind vom Winde gleich verjagt;
Er versteht nicht, was er sagt,
Was er sagt, wird er nicht halten.

Doch sein Lied, man läßt es immer walten,
Da es doch dem Koran widerspricht.
Lehret nun, ihr, des Gesetzes Kenner,
Weisheit-fromme, hochgelahrte Männer,
Treuer Mosleminen feste Pflicht.

Hafis insbesondre schaffet Ärgernisse,
Mirza sprengt den Geist ins Ungewisse,
Saget, was man tun und lassen müsse?

FETWA

Hafis' Dichterzüge, sie bezeichnen
Ausgemachte Wahrheit unauslöschlich,
Aber hie und da auch Kleinigkeiten
Außerhalb der Grenze des Gesetzes.
Willst du sicher gehn, so mußt du wissen
Schlangengift und Theriak zu sondern —
Doch der reinen Wollust edler Handlung
Sich mit frohem Mut zu überlassen,
Und vor solcher, der nur ew'ge Pein folgt,
Mit besonnenem Sinn sich zu verwahren,
Ist gewiß das Beste, um nicht zu fehlen.
Dieses schrieb der arme Ebusuud,
Gott verzeih' ihm seine Sünden alle.

DER DEUTSCHE DANKT

Heiliger Ebusuud, hast's getroffen!
Solche Heil'ge wünschet sich der Dichter;
Denn gerade jene Kleinigkeiten
Außerhalb der Grenze des Gesetzes
Sind das Erbteil, wo er übermütig,
Selbst im Kummer lustig, sich beweget.
Schlangengift und Theriak muß
Ihm das eine wie das andre scheinen,
Töten wird nicht jenes, dies nicht heilen:
Denn das wahre Leben ist des Handelns
Ew'ge Unschuld, die sich so erweiset,
Daß sie niemand schadet als sich selber.
Und so kann der alte Dichter hoffen,
Daß die Huris ihn im Paradiese
Als verklärten Jüngling wohl empfangen.
Heiliger Ebusuud, hast's getroffen!

FETWA

Der Mufti las des Misri Gedichte
Eins nach dem andern, alle zusammen,
Und wohlbedächtig warf sie in die Flammen,
Das schöngeschriebne Buch, es ging zunichte.

„Verbrannt sei jeder", sprach der hohe Richter,
„Wer spricht und glaubt wie Misri — er allein
Sei ausgenommen von des Feuers Pein:
Denn Allah gab die Gabe jedem Dichter.
Mißbraucht er sie im Wandel seiner Sünden,
So seh' er zu, mit Gott sich abzufinden."

UNBEGRENZT

Daß du nicht enden kannst, das macht dich groß,
Und daß du nie beginnst, das ist dein Los.
Dein Lied ist drehend wie das Sterngewölbe,
Anfang und Ende immerfort dasselbe,
Und was die Mitte bringt, ist offenbar
Das, was zu Ende bleibt und anfangs war.

Du bist der Freuden echte Dichterquelle,
Und ungezählt entfließt dir Well' auf Welle.
Zum Küssen stets bereiter Mund,
Ein Brustgesang, der lieblich fließet,
Zum Trinken stets gereizter Schlund,
Ein gutes Herz, das sich ergießet.

Und mag die ganze Welt versinken,
Hafis, mit dir, mit dir allein
Will ich wetteifern! Lust und Pein
Sei uns, den Zwillingen, gemein!
Wie du zu lieben und zu trinken,
Das soll mein Stolz, mein Leben sein.

Nun töne Lied mit eignem Feuer!
Denn du bist älter, du bist neuer.

NACHBILDUNG

In deine Reimart hoff' ich mich zu finden,
Das Wiederholen soll mir auch gefallen,
Erst werd' ich Sinn, sodann auch Worte finden;

Zum zweitenmal soll mir kein Klang erschallen,
Er müßte denn besondern Sinn begründen,
Wie du's vermagst begünstigter vor allen.

Denn wie ein Funke fähig zu entzünden
Die Kaiserstadt, wenn Flammen grimmig wallen,
Sich winderzeugend, glühn von eignen Winden,
Er, schon erloschen, schwand zu Sternenhallen:
So schlang's von dir sich fort mit ew'gen Gluten,
Ein deutsches Herz von frischem zu ermuten.

Zugemeßne Rhythmen reizen freilich,
Das Talent erfreut sich wohl darin;
Doch wie schnelle widern sie abscheulich,
Hohle Masken ohne Blut und Sinn.
Selbst der Geist erscheint sich nicht erfreulich,
Wenn er nicht, auf neue Form bedacht,
Jener toten Form ein Ende macht.

OFFENBAR GEHEIMNIS

Sie haben dich, heiliger Hafis,
Die mystische Zunge genannt,
Und haben, die Wortgelehrten,
Den Wert des Worts nicht erkannt.

Mystisch heißest du ihnen,
Weil sie Närrisches bei dir denken
Und ihren unlautern Wein
In deinem Namen verschenken.

Du aber bist mystisch rein
Weil sie dich nicht verstehn,
Der du, ohne fromm zu sein, selig bist!
Das wollen sie dir nicht zugestehn.

WINK

Und doch haben sie recht, die ich schelte:
Denn daß ein Wort nicht einfach gelte,
Das müßte sich wohl von selbst verstehn.
Das Wort ist ein Fächer! Zwischen den Stäben
Blicken ein Paar schöne Augen hervor.
Der Fächer ist nur ein lieblicher Flor,
Er verdeckt mir zwar das Gesicht,
Aber das Mädchen verbirgt er nicht,
Weil das Schönste, was sie besitzt,
Das Auge, mir ins Auge blitzt.

AN HAFIS

Was alle wollen, weißt du schon
Und hast es wohl verstanden:
Denn Sehnsucht hält, von Staub zu Thron,
Uns all' in strengen Banden.

Es tut so weh, so wohl hernach,
Wer sträubte sich dagegen?
Und wenn den Hals der eine brach,
Der andre bleibt verwegen.

Verzeihe, Meister, wie du weißt,
Daß ich mich oft vermesse,
Wenn sie das Auge nach sich reißt,
Die wandelnde Zypresse.

Wie Wurzelfasern schleicht ihr Fuß
Und buhlet mit dem Boden;
Wie leicht Gewölk verschmilzt ihr Gruß,
Wie Ost-Gekos' ihr Oden.

Das alles drängt uns ahndevoll,
Wo Lock' an Locke kräuselt,
In brauner Fülle ringelnd schwoll,
So dann im Winde säuselt.

Nun öffnet sich die Stirne klar,
Dein Herz damit zu glätten,
Vernimmst ein Lied so froh und wahr,
Den Geist darin zu betten.

Und wenn die Lippen sich dabei
Aufs niedlichste bewegen,
Sie machen dich auf einmal frei,
In Fesseln dich zu legen.

Der Atem will nicht mehr zurück,
Die Seel' zur Seele fliehend,
Gerüche winden sich durchs Glück,
Unsichtbar wolkig ziehend.

Doch wenn es allgewaltig brennt,
Dann greifst du nach der Schale:
Der Schenke läuft, der Schenke kömmt
Zum erst- und zweiten Male.

Sein Auge blitzt, sein Herz erbebt,
Er hofft auf deine Lehren,
Dich, wenn der Wein den Geist erhebt,
Im höchsten Sinn zu hören.

Ihm öffnet sich der Welten Raum,
Im Innern Heil und Orden,
Es schwillt die Brust, es bräunt der Flaum,
Er ist ein Jüngling worden.

Und wenn dir kein Geheimnis blieb,
Was Herz und Welt enthalte,
Dem Denker winkst du treu und lieb,
Daß sich der Sinn entfalte.

Auch daß vom Throne Fürstenhort
Sich nicht für uns verliere,
Gibst du dem Schach ein gutes Wort
Und gibst es dem Vesire.

Das alles kennst und singst du heut
Und singst es morgen eben:
So trägt uns freundlich dein Geleit
Durchs rauhe, milde Leben.

USCHK NAMEH

BUCH DER LIEBE

Sage mir,
Was mein Herz begehrt?
Mein Herz ist bei dir,
Halt es wert.

MUSTERBILDER

Hör' und bewahre
Sechs Liebespaare.
Wortbild entzündet, Liebe schürt zu:
Rustan und Rodawu.
Unbekannte sind sich nah':
Jussuph und Suleika.
Liebe, nicht Liebesgewinn:
Ferhad und Schirin.
Nur für einander da:
Medschnun und Leila.
Liebend im Alter sah
Dschemil auf Boteinah.
Süße Liebeslaune,
Salomo und die Braune!
Hast du sie wohl vermerkt,
Bist im Lieben gestärkt.

NOCH EIN PAAR

Ja, Lieben ist ein groß Verdienst!
Wer findet schöneren Gewinst? —
Du wirst nicht mächtig, wirst nicht reich,
Jedoch den größten Helden gleich.
Man wird, so gut wie vom Propheten,
Von Wamik und von Asra reden. —

Nicht reden wird man, wird sie nennen:
Die Namen müssen alle kennen.
Was sie getan, was sie geübt,
Das weiß kein Mensch! Daß sie geliebt,
Das wissen wir. Genug gesagt,
Wenn man nach Wamik und Asra fragt.

LESEBUCH

Wunderlichstes Buch der Bücher
Ist das Buch der Liebe;
Aufmerksam hab' ich's gelesen:
Wenig Blätter Freuden,
Ganze Hefte Leiden;
Einen Abschnitt macht die Trennung.
Wiedersehn — ein klein Kapitel,
Fragmentarisch! Bände Kummers,
Mit Erklärungen verlängert,
Endlos, ohne Maß.
O Nisami! — doch am Ende
Hast den rechten Weg gefunden;
Unauflösliches, wer löst es?
Liebende sich wieder findend.

Ja, die Augen waren's, ja, der Mund,
Die mir blickten, die mich küßten.
Hüfte schmal, der Leib so rund
Wie zu Paradieses Lüsten.
War sie da? Wo ist sie hin?
Ja! sie war's, sie hat's gegeben,
Hat gegeben sich im Fliehn
Und gefesselt all mein Leben.

GEWARNT

Auch in Locken hab' ich mich
Gar zu gern verfangen,
Und so, Hafis, wär's wie dir
Deinem Freund ergangen.

Aber Zöpfe flechten sie
Nun aus langen Haaren,
Unterm Helme fechten sie,
Wie wir wohl erfahren.

Wer sich aber wohl besann,
Läßt sich so nicht zwingen:
Schwere Ketten fürchtet man,
Rennt in leichte Schlingen.

VERSUNKEN

Voll Locken kraus ein Haupt so rund! —
Und darf ich dann in solchen reichen Haaren
Mit vollen Händen hin und wider fahren,
Da fühl' ich mich von Herzensgrund gesund.
Und küss' ich Stirne, Bogen, Auge, Mund,
Dann bin ich frisch und immer wieder wund.
Der fünfgezackte Kamm, wo sollt' er stocken?
Er kehrt schon wieder zu den Locken.
Das Ohr versagt sich nicht dem Spiel,
Hier ist nicht Fleisch, hier ist nicht Haut,
So zart zum Scherz, so liebeviel!
Doch wie man auf dem Köpfchen kraut,
Man wird in solchen reichen Haaren
Für ewig auf und nieder fahren.
So hast du, Hafis, auch getan,
Wir fangen es von vornen an.

BEDENKLICH

Soll ich von Smaragden reden,
Die dein Finger niedlich zeigt?
Manchmal ist ein Wort vonnöten,
Oft ist's besser, daß man schweigt.

Also sag' ich, daß die Farbe
Grün und augerquicklich sei!

Sage nicht, daß Schmerz und Narbe
Zu befürchten nah dabei.

Immerhin! du magst es lesen!
Warum übst du solche Macht!
„So gefährlich ist dein Wesen
Als erquicklich der Smaragd."

Liebchen, ach! im starren Bande
Zwängen sich die freien Lieder,
Die im reinen Himmelslande
Munter flogen hin und wider.
Allem ist die Zeit verderblich,
Sie erhalten sich allein!
Jede Zeile soll unsterblich,
Ewig wie die Liebe sein.

SCHLECHTER TROST

Mitternachts weint' und schluchzt' ich,
Weil ich dein entbehrte.
Da kamen Nachtgespenster,
Und ich schämte mich.
„Nachtgespenster", sagt' ich,
„Schluchzend und weinend
Findet ihr mich, dem ihr sonst
Schlafendem vorüberzogt.
Große Güter vermiss' ich.
Denkt nicht schlimmer von mir,
Den ihr sonst weise nanntet,
Großes Übel betrifft ihn!" —
Und die Nachtgespenster
Mit langen Gesichtern
Zogen vorbei,
Ob ich weise oder törig,
Völlig unbekümmert.

GENÜGSAM

„Wie irrig wähnest du:
Aus Liebe gehöre das Mädchen dir zu.
Das könnte mich nun gar nicht freuen,
Sie versteht sich auf Schmeicheleien.“

Dichter

Ich bin zufrieden, daß ich's habe!
Mir diene zur Entschuldigung:
Liebe ist freiwillige Gabe,
Schmeichelei Huldigung.

GRUSS

O wie selig ward mir!
Im Lande wandl' ich,
Wo Hudhud über den Weg läuft.
Des alten Meeres Muscheln
Im Stein sucht' ich die versteinten;
Hudhud lief einher,
Die Krone entfaltend;
Stolzierte, neckischer Art,
Über das Tote scherzend,
Der Lebend'ge.
„Hudhud“, sagt' ich, „fürwahr!
Ein schöner Vogel bist du.
Eile doch, Wiedehopf!
Eile, der Geliebten
Zu verkünden, daß ich ihr
Ewig angehöre.
Hast du doch auch
Zwischen Salomo
Und Sabas Königin
Ehmals den Kuppler gemacht!“

ERGEBUNG

„Du vergehst und bist so freundlich,
Verzehrst dich und singst so schön?“

Dichter

Die Liebe behandelt mich feindlich!
Da will ich gern gestehn,
Ich singe mit schwerem Herzen.
Sieh doch einmal die Kerzen,
Sie leuchten, indem sie vergehn.

Eine Stelle suchte der Liebe Schmerz,
Wo es recht wüst und einsam wäre;
Da fand er denn mein ödes Herz
Und nistete sich in das leere.

UNVERMEIDLICH

Wer kann gebieten den Vögeln,
Still zu sein auf der Flur?
Und wer verbieten zu zappeln
Den Schafen unter der Schur?

Stell' ich mich wohl ungebärdig,
Wenn mir die Wolle kraust?
Nein! Die Ungebärden entzwingt mir
Der Scherer, der mich zerzaust.

Wer will mir wehren zu singen
Nach Lust zum Himmel hinan,
Den Wolken zu vertrauen,
Wie lieb sie mir's angetan?

GEHEIMES

Über meines Liebchens Äugeln
Stehn verwundert alle Leute;
Ich, der Wissende, dagegen
Weiß recht gut, was das bedeute.

Denn es heißt: ich liebe diesen
Und nicht etwa den und jenen.
Lasset nur, ihr guten Leute,
Euer Wundern, euer Sehnen!

Ja, mit ungeheuren Mächten
Blicket sie wohl in die Runde;
Doch sie sucht nur zu verkünden
Ihm die nächste süße Stunde.

GEHEIMSTES

„Wir sind emsig, nachzuspüren,
Wir, die Anekdotenjäger,
Wer dein Liebchen sei und ob du
Nicht auch habest viele Schwäger.

Denn daß du verliebt bist, sehn wir,
Mögen dir es gerne gönnen;
Doch daß Liebchen so dich liebe,
Werden wir nicht glauben können."

Ungehindert, liebe Herren,
Sucht sie auf! nur hört das Eine:
Ihr erschrecket, wenn sie dasteht!
Ist sie fort, ihr kost dem Scheine.

Wisset ihr, wie Schehâb-eddin
Sich auf Arafat entmantelt;
Niemand haltet ihr für törig,
Der in seinem Sinne handelt.

Wenn vor deines Kaisers Throne
Oder vor der Vielgeliebten
Je dein Name wird gesprochen,
Sei es dir zu höchstem Lohne.

Darum war's der höchste Jammer,
Als einst Medschnun sterbend wollte,
Daß vor Leila seinen Namen
Man forthin nicht nennen sollte.

TEFKIR NAMEH

BUCH DER BETRACHTUNGEN

Höre den Rat, den die Leier tönt;
Doch er nutzet nur, wenn du fähig bist.
Das glücklichste Wort, es wird verhöhnt,
Wenn der Hörer ein Schiefohr ist.

„Was tönt denn die Leier?“ Sie tönet laut:
Die schönste, das ist nicht die beste Braut;
Doch wenn wir dich unter uns zählen sollen,
So mußt du das Schönste, das Beste wollen.

FÜNF DINGE

Fünf Dinge bringen fünfe nicht hervor,
Du, dieser Lehre öffne du dein Ohr:
Der stolzen Brust wird Freundschaft nicht entsprossen;
Unhöflich sind der Niedrigkeit Genossen;
Ein Bösewicht gelangt zu keiner Größe;
Der Neidische erbarmt sich nicht der Blöße;
Der Lügner hofft vergeblich Treu' und Glauben;
Das halte fest und niemand laß dir's rauben.

FÜNF ANDERE

Was verkürzt mir die Zeit?
Tätigkeit!
Was macht sie unerträglich lang?
Müßiggang!
Was bringt in Schulden?
Harren und Dulden!

Was macht Gewinnen?
  Nicht lange besinnen!
Was bringt zu Ehren?
  Sich wehren!

Lieblich ist des Mädchens Blick, der winket,
Trinkers Blick ist lieblich, eh' er trinket,
Gruß des Herren, der befehlen konnte,
Sonnenschein im Herbst, der dich besonnte.
Lieblicher als alles dieses habe
Stets vor Augen, wie sich kleiner Gabe
Dürft'ge Hand so hübsch entgegen dränget,
Zierlich dankbar, was du reichst, empfänget.
Welch ein Blick! ein Gruß! ein sprechend Streben!
Schau' es recht, und du wirst immer geben.

Und was im Pend-Nameh steht,
Ist dir aus der Brust geschrieben:
Jeden, dem du selber gibst,
Wirst du wie dich selber lieben.
Reiche froh den Pfennig hin,
Häufe nicht ein Goldvermächtnis,
Eile freudig vorzuziehn
Gegenwart vor dem Gedächtnis.

Reitest du bei einem Schmied vorbei,
Weißt nicht, wann er dein Pferd beschlägt;
Siehst du eine Hütte im Felde frei,
Weißt nicht, ob sie dir ein Liebchen hegt;
Einem Jüngling begegnest du, schön und kühn,
Er überwindet dich künftig oder du ihn.
Am sichersten kannst du vom Rebstock sagen,
Er werde für dich was Gutes tragen.
So bist du denn der Welt empfohlen,
Das übrige will ich nicht wiederholen.

Den Gruß des Unbekannten ehre ja!
Er sei dir wert als alten Freundes Gruß.
Nach wenig Worten sagt ihr Lebewohl!
Zum Osten du, er westwärts, Pfad an Pfad —
Kreuzt euer Weg nach vielen Jahren drauf
Sich unerwartet, ruft ihr freudig aus:
„Er ist es! ja, da war's!" als hätte nicht
So manche Tagefahrt zu Land und See,
So manche Sonnenkehr sich drein gelegt.
Nun tauschet War' um Ware, teilt Gewinn!
Ein alt Vertrauen wirke neuen Bund —
Der erste Gruß ist viele tausend wert,
Drum grüße freundlich jeden, der begrüßt.

Haben sie von deinen Fehlen
Immer viel erzählt,
Und, fürwahr sie zu erzählen,
Vielfach sich gequält.
Hätten sie von deinem Guten
Freundlich dir erzählt,
Mit verständig treuen Winken,
Wie man Beßres wählt;
O gewiß! das Allerbeste
Blieb mir nicht verhehlt,
Das fürwahr nur wenig Gäste
In der Klause zählt,
Nun als Schüler mich, zu kommen,
Endlich auserwählt,
Und mich lehrt der Buße Frommen,
Wenn der Mensch gefehlt.

Märkte reizen dich zum Kauf;
Doch das Wissen blähet auf.
Wer im stillen um sich schaut,
Lernet, wie die Lieb' erbaut.
Bist du Tag und Nacht beflissen,
Viel zu hören, viel zu wissen,

Horch an einer andern Türe,
Wie zu wissen sich gebühre.
Soll das Rechte zu dir ein,
Fühl' in Gott was Rechts zu sein:
Wer von reiner Lieb' entbrannt,
Wird vom lieben Gott erkannt.

Wie ich so ehrlich war,
Hab' ich gefehlt,
Und habe jahrelang
Mich durchgequält;
Ich galt und galt auch nicht,
Was sollt' es heißen?
Nun wollt' ich Schelm sein,
Tät mich befleißen;
Das wollt' mir gar nicht ein,
Mußt' mich zerreißen.
Da dacht' ich: ehrlich sein
Ist doch das Beste,
War es nur kümmerlich,
So steht es feste.

Frage nicht, durch welche Pforte
Du in Gottes Stadt gekommen,
Sondern bleib am stillen Orte,
Wo du einmal Platz genommen.

Schaue dann umher nach Weisen
Und nach Mächtigen, die befehlen;
Jene werden unterweisen,
Diese Tat und Kräfte stählen.

Wenn du nützlich und gelassen
So dem Staate treu geblieben,
Wisse! niemand wird dich hassen,
Und dich werden viele lieben.

Und der Fürst erkennt die Treue,
Sie erhält die Tat lebendig;
Dann bewährt sich auch das Neue
Nächst dem Alten erst beständig.

Woher ich kam? Es ist noch eine Frage,
Mein Weg hierher, der ist mir kaum bewußt,
Heut nun und hier am himmelfrohen Tage
Begegnen sich wie Freunde Schmerz und Lust.
O süßes Glück, wenn beide sich vereinen!
Einsam, wer möchte lachen, möchte weinen?

Es geht eins nach dem andern hin,
Und auch wohl vor dem andern;
Drum laßt uns rasch und brav und kühn
Die Lebenswege wandern.
Es hält dich auf, mit Seitenblick
Der Blumen viel zu lesen;
Doch hält nichts grimmiger zurück,
Als wenn du falsch gewesen.

Behandelt die Frauen mit Nachsicht!
Aus krummer Rippe ward sie erschaffen,
Gott konnte sie nicht ganz grade machen.
Willst du sie biegen, sie bricht.
Läßt du sie ruhig, sie wird noch krümmer;
Du guter Adam, was ist denn schlimmer? —
Behandelt die Frauen mit Nachsicht:
Es ist nicht gut, daß euch eine Rippe bricht.

Das Leben ist ein schlechter Spaß,
Dem fehlt's an Dies, dem fehlt's an Das,
Der will nicht wenig, der zuviel,
Und Kann und Glück kommt auch ins Spiel.

Und hat sich 's Unglück drein gelegt,
Jeder, wie er nicht wollte, trägt.
Bis endlich Erben mit Behagen
Herrn Kannnicht-Willnicht weiter tragen.

Das Leben ist ein Gänsespiel:
Je mehr man vorwärts gehet,
Je früher kommt man an das Ziel,
Wo niemand gerne stehet.

Man sagt, die Gänse wären dumm,
O glaubt mir nicht den Leuten:
Denn eine sieht einmal sich 'rum,
Mich rückwärts zu bedeuten.

Ganz anders ist's in dieser Welt,
Wo alles vorwärts drücket,
Wenn einer stolpert oder fällt,
Keine Seele rückwärts blicket.

„Die Jahre nahmen dir, du sagst, so vieles:
Die eigentliche Lust des Sinnenspieles,
Erinnerung des allerliebsten Tandes
Von gestern, weit- und breiten Landes
Durchschweifen frommt nicht mehr; selbst nicht von oben
Der Ehren anerkannte Zier, das Loben,
Erfreulich sonst. Aus eignem Tun Behagen
Quillt nicht mehr auf, dir fehlt ein dreistes Wagen!
Nun wüßt' ich nicht, was dir Besondres bliebe?"

Mir bleibt genug! Es bleibt Idee und Liebe!

Vor den Wissenden sich stellen,
Sicher ist's in allen Fällen!
Wenn du lange dich gequälet,

Weiß er gleich, wo dir es fehlet;
Auch auf Beifall darfst du hoffen,
Denn er weiß, wo du's getroffen.

Freigebiger wird betrogen,
Geizhafter ausgesogen,
Verständiger irrgeleitet,
Vernünftiger leer geweitet,
Der Harte wird umgangen,
Der Gimpel wird gefangen.
Beherrsche diese Lüge,
Betrogener betrüge!

Wer befehlen kann, wird loben,
Und er wird auch wieder schelten,
Und das muß dir, treuer Diener,
Eines wie das andre gelten.

Denn er lobt wohl das Geringe,
Schilt auch, wo er sollte loben;
Aber bleibst du guter Dinge,
Wird er dich zuletzt erproben.

Und so haltet's auch, ihr Hohen,
Gegen Gott wie der Geringe,
Tut und leidet, wie sich's findet,
Bleibt nur immer guter Dinge.

AN SCHACH SEDSCHAN UND SEINESGLEICHEN

Durch allen Schall und Klang
Der Transoxanen
Erkühnt sich unser Sang
Auf deine Bahnen!
Uns ist für gar nichts bang,
In dir lebendig,
Dein Leben daure lang,
Dein Reich beständig!

HÖCHSTE GUNST

Ungezähmt, so wie ich war,
Hab' ich einen Herrn gefunden,
Und gezähmt nach manchem Jahr
Eine Herrin auch gefunden.
Da sie Prüfung nicht gespart,
Haben sie mich treu gefunden,
Und mit Sorgfalt mich bewahrt
Als den Schatz, den sie gefunden.
Niemand diente zweien Herrn,
Der dabei sein Glück gefunden;
Herr und Herrin sehn es gern,
Daß sie beide mich gefunden,
Und mir leuchtet Glück und Stern,
Da ich beide sie gefunden.

Ferdusi spricht

„O Welt! wie schamlos und boshaft du bist!
Du nährst und erziehest und tötest zugleich."
Nur wer von Allah begünstiget ist,
Der nährt sich, erzieht sich, lebendig und reich.

Was heißt denn Reichtum? — Eine wärmende Sonne,
Genießt sie der Bettler, wie wir sie genießen!
Es möge doch keinen der Reichen verdrießen
Des Bettlers im Eigensinn selige Wonne.

Dschelâl-eddîn Rumi spricht

Verweilst du in der Welt, sie flieht als Traum,
Du reisest, ein Geschick bestimmt den Raum;
Nicht Hitze, Kälte nicht vermagst du fest zu halten,
Und was dir blüht, sogleich wird es veralten.

Suleika spricht

Der Spiegel sagt mir, ich bin schön!
Ihr sagt: zu altern sei auch mein Geschick.
Vor Gott muß alles ewig stehn,
In mir liebt Ihn, für diesen Augenblick.

RENDSCH NAMEH

BUCH DES UNMUTS

„Wo hast du das genommen?
Wie konnt' es zu dir kommen?
Wie aus dem Lebensplunder
Erwarbst du diesen Zunder,
Der Funken letzte Gluten
Von frischem zu ermuten?"

Euch mög' es nicht bedünkeln,
Es sei gemeines Fünkeln;
Auf ungemeßner Ferne,
Im Ozean der Sterne,
Mich hatt' ich nicht verloren,
Ich war wie neu geboren.

Von weißer Schafe Wogen
Die Hügel überzogen,
Umsorgt von ernsten Hirten,
Die gern und schmal bewirten,
So ruhig-liebe Leute,
Daß jeder mich erfreute.

In schauerlichen Nächten,
Bedrohet von Gefechten,
Das Stöhnen der Kamele
Durchdrang das Ohr, die Seele,
Und derer, die sie führen,
Einbildung und Stolzieren.

Und immer ging es weiter,
Und immer ward es breiter,
Und unser ganzes Ziehen,

Es schien ein ewig Fliehen,
Blau, hinter Wüst' und Heere,
Der Streif erlogner Meere.

Keinen Reimer wird man finden,
Der sich nicht den besten hielte,
Keinen Fiedler, der nicht lieber
Eigne Melodieen spielte.

Und ich konnte sie nicht tadeln;
Wenn wir andern Ehre geben,
Müssen wir uns selbst entadeln;
Lebt man denn, wenn andre leben?

Und so fand ich's denn auch juste
In gewissen Antichambern,
Wo man nicht zu sondern wußte
Mäusedreck von Koriandern.

Das Gewesne wollte hassen
Solche rüstige neue Besen,
Diese dann nicht gelten lassen,
Was sonst Besen war gewesen.

Und wo sich die Völker trennen
Gegenseitig im Verachten,
Keins von beiden wird bekennen,
Daß sie nach demselben trachten.

Und das grobe Selbstempfinden
Haben Leute hart gescholten,
Die am wenigsten verwinden,
Wenn die andern was gegolten.

Befindet sich einer heiter und gut,
Gleich will ihn der Nachbar peinigen;
Solang der Tüchtige lebt und tut,
Möchten sie ihn gerne steinigen.

Ist er hinterher aber tot,
Gleich sammeln sie große Spenden,
Zu Ehren seiner Lebensnot
Ein Denkmal zu vollenden;
Doch ihren Vorteil sollte dann
Die Menge wohl ermessen:
Gescheiter wär's, den guten Mann
Auf immerdar vergessen.

Übermacht, ihr könnt es spüren,
Ist nicht aus der Welt zu bannen;
Mir gefällt zu konversieren
Mit Gescheiten, mit Tyrannen.

Da die dummen Eingeengten
Immerfort am stärksten pochten
Und die Halben, die Beschränkten
Gar zu gern uns unterjochten,

Hab' ich mich für frei erkläret
Von den Narren, von den Weisen,
Diese bleiben ungestöret,
Jene möchten sich zerreißen.

Denken, in Gewalt und Liebe
Müßten wir zuletzt uns gatten,
Machen mir die Sonne trübe
Und erhitzen mir den Schatten.

Hafis auch und Ulrich Hutten
Mußten ganz bestimmt sich rüsten
Gegen braun' und blaue Kutten;
Meine gehn wie andre Christen.

„Aber nenn' uns doch die Feinde!"
Niemand soll sie unterscheiden:
Denn ich hab' in der Gemeinde
Schon genug daran zu leiden.

Wenn du auf dem Guten ruhst,
Nimmer werd' ich's tadeln,
Wenn du gar das Gute tust,
Sieh, das soll dich adeln!
Hast du aber deinen Zaun
Um dein Gut gezogen,
Leb' ich frei und lebe traun
Keineswegs betrogen.

Denn die Menschen, sie sind gut,
Würden besser bleiben,
Sollte nicht, wie's einer tut,
Auch der andre treiben.
Auf dem Weg, da ist's ein Wort,
Niemand wird's verdammen:
Wollen wir an Einen Ort,
Nun! wir gehn zusammen.

Vieles wird sich da und hie
Uns entgegenstellen.
In der Liebe mag man nie
Helfer und Gesellen;
Geld und Ehre hätte man
Gern allein zur Spende;
Und der Wein, der treue Mann,
Der entzweit am Ende.

Hat doch über solches Zeug
Hafis auch gesprochen,
Über manchen dummen Streich
Sich den Kopf zerbrochen,
Und ich seh' nicht, was es frommt,
Aus der Welt zu laufen,
Magst du, wenn's zum Schlimmsten kommt,
Auch einmal dich raufen.

Als wenn das auf Namen ruhte,
Was sich schweigend nur entfaltet!
Lieb' ich doch das schöne Gute,
Wie es sich aus Gott gestaltet.

Jemand lieb' ich, das ist nötig;
Niemand hass' ich; soll ich hassen,
Auch dazu bin ich erbötig,
Hasse gleich in ganzen Massen.

Willst sie aber näher kennen,
Sieh aufs Rechte, sieh aufs Schlechte;
Was sie ganz fürtrefflich nennen,
Ist wahrscheinlich nicht das Rechte.

Denn das Rechte zu ergreifen,
Muß man aus dem Grunde leben,
Und salbadrisch auszuschweifen
Dünket mich ein seicht Bestreben.

Wohl! Herr Knitterer er kann sich
Mit Zersplitterer vereinen,
Und Verwitterer alsdann sich
Allenfalls der Beste scheinen!

Daß nur immer in Erneuung
Jeder täglich Neues höre,
Und zugleich auch die Zerstreuung
Jeden in sich selbst zerstöre.

Dies der Landsmann wünscht und liebet,
Mag er deutsch, mag teutsch sich schreiben,
Liedchen aber heimlich piepet:
„Also war es und wird bleiben."

Medschnun heißt — ich will nicht sagen,
Daß es grad' ein Toller heiße;
Doch ihr müßt mich nicht verklagen,
Daß ich mich als Medschnun preise.

Wenn die Brust, die redlich volle,
Sich entladet, euch zu retten,
Ruft ihr nicht: „Das ist der Tolle!
Holet Stricke, schaffet Ketten!"

Und wenn ihr zuletzt in Fesseln
Seht die Klügeren verschmachten,
Sengt es euch wie Feuernesseln,
Das vergebens zu betrachten.

Hab' ich euch denn je geraten,
Wie ihr Kriege führen solltet?
Schalt ich euch, nach euren Taten,
Wenn ihr Friede schließen wolltet?

Und so hab' ich auch den Fischer
Ruhig sehen Netze werfen,
Brauchte dem gewandten Tischer
Winkelmaß nicht einzuschärfen.

Aber ihr wollt besser wissen,
Was ich weiß, der ich bedachte,
Was Natur, für mich beflissen,
Schon zu meinem Eigen machte.

Fühlt ihr auch dergleichen Stärke?
Nun, so fördert eure Sachen!
Seht ihr aber meine Werke,
Lernet erst: so wollt' er's machen.

WANDERERS GEMÜTSRUHE

Übers Niederträchtige
Niemand sich beklage;
Denn es ist das Mächtige,
Was man dir auch sage.

In dem Schlechten waltet es
Sich zu Hochgewinne,
Und mit Rechtem schaltet es
Ganz nach seinem Sinne.

Wandrer! — Gegen solche Not
Wolltest du dich sträuben?
Wirbelwind und trocknen Kot,
Laß sie drehn und stäuben.

Wer wird von der Welt verlangen,
Was sie selbst vermißt und träumet,
Rückwärts oder seitwärts blickend
Stets den Tag des Tags versäumet?
Ihr Bemühn, ihr guter Wille
Hinkt nur nach dem raschen Leben,
Und was du vor Jahren brauchtest,
Möchte sie dir heute geben.

Sich selbst zu loben, ist ein Fehler,
Doch jeder tut's, der etwas Gutes tut;
Und ist er dann in Worten kein Verhehler,
Das Gute bleibt doch immer gut.

Laßt doch, ihr Narren, doch die Freude
Dem Weisen, der sich weise hält,
Daß er, ein Narr wie ihr, vergeude
Den abgeschmackten Dank der Welt.

Glaubst du denn: von Mund zu Ohr
Sei ein redlicher Gewinst?
Überliefrung, o du Tor,
Ist auch wohl ein Hirngespinst!

Nun geht erst das Urteil an.
Dich vermag aus Glaubensketten
Der Verstand allein zu retten,
Dem du schon Verzicht getan.

Und wer franzet oder britet,
Italienert oder teutschet,
Einer will nur wie der andre,
Was die Eigenliebe heischet.

Denn es ist kein Anerkennen,
Weder vieler noch des Einen,
Wenn es nicht am Tage fördert,
Wo man selbst was möchte scheinen.

Morgen habe denn das Rechte
Seine Freunde wohlgesinnet,
Wenn nur heute noch das Schlechte
Vollen Platz und Gunst gewinnet.

Wer nicht von dreitausend Jahren
Sich weiß Rechenschaft zu geben,
Bleib im Dunkeln unerfahren,
Mag von Tag zu Tage leben.

Sonst, wenn man den heiligen Koran zitierte,
Nannte man die Sure, den Vers dazu,
Und jeder Moslem, wie sich's gebührte,
Fühlte sein Gewissen in Respekt und Ruh'.
Die neuen Derwische wissen's nicht besser,
Sie schwatzen das Alte, das Neue dazu.
Die Verwirrung wird täglich größer,
O heiliger Koran! O ewige Ruh'!

Der Prophet
spricht

Ärgert's jemand, daß es Gott gefallen
Mahomet zu gönnen Schutz und Glück,
An den stärksten Balken seiner Hallen
Da befestig' er den derben Strick,
Knüpfe sich daran! das hält und trägt;
Er wird fühlen, daß sein Zorn sich legt.

Timur
spricht

Was? Ihr mißbilliget den kräftigen Sturm
Des Übermuts, verlogne Pfaffen!
Hätt' Allah mich bestimmt zum Wurm,
So hätt' er mich als Wurm geschaffen.

HIKMET NAMEH

BUCH DER SPRÜCHE

Talismane werd' ich in dem Buch zerstreuen, 1
Das bewirkt ein Gleichgewicht.
Wer mit gläubiger Nadel sticht,
Überall soll gutes Wort ihn freuen.

Vom heut'gen Tag, von heut'ger Nacht 2
Verlange nichts,
Als was die gestrigen gebracht.

Wer geboren in bös'sten Tagen, 3
Dem werden selbst die bösen behagen.

Wie etwas sei leicht, 4
Weiß, der es erfunden und der es erreicht.

Das Meer flutet immer, 5
Das Land behält es nimmer.

Was wird mir jede Stunde so bang? — 6
Das Leben ist kurz, der Tag ist lang.
Und immer sehnt sich fort das Herz,
Ich weiß nicht recht, ob himmelwärts;
Fort aber will es hin und hin,
Und möchte vor sich selber fliehn.

Und fliegt es an der Liebsten Brust,
Da ruht's im Himmel unbewußt;
Der Lebestrudel reißt es fort,
Und immer hängt's an Einem Ort;
Was es gewollt, was es verlor,
Es bleibt zuletzt sein eigner Tor.

7 Prüft das Geschick dich, weiß es wohl warum:
Es wünschte dich enthaltsam! Folge stumm!

8 Noch ist es Tag, da rühre sich der Mann,
Die Nacht tritt ein, wo niemand wirken kann.

9 Was machst du an der Welt? sie ist schon gemacht,
Der Herr der Schöpfung hat alles bedacht.
Dein Los ist gefallen, verfolge die Weise,
Der Weg ist begonnen, vollende die Reise:
Denn Sorgen und Kummer verändern es nicht,
Sie schleudern dich ewig aus gleichem Gewicht.

10 Wenn der schwer Gedrückte klagt,
Hülfe, Hoffnung sei versagt,
Bleibet heilsam fort und fort
Immer noch ein freundlich Wort.

11 „Wie ungeschickt habt ihr euch benommen,
Da euch das Glück ins Haus gekommen!"
Das Mädchen hat's nicht übelgenommen
Und ist noch ein paarmal wiedergekommen.

12 Mein Erbteil wie herrlich, weit und breit!
Die Zeit ist mein Besitz, mein Acker ist die Zeit.

Gutes tu rein aus des Guten Liebe! 13
Das überliefre deinem Blut;
Und wenn's den Kindern nicht verbliebe,
Den Enkeln kommt es doch zugut.

Enweri sagt's, ein Herrlichster der Männer, 14
Des tiefsten Herzens, höchsten Hauptes Kenner:
Dir frommt an jedem Ort, zu jeder Zeit
Geradheit, Urteil und Verträglichkeit.

Was klagst du über Feinde? 15
Sollten solche je werden Freunde,
Denen das Wesen, wie du bist,
Im stillen ein ewiger Vorwurf ist?

Dümmer ist nichts zu ertragen, 16
Als wenn Dumme sagen den Weisen:
Daß sie sich in großen Tagen
Sollten bescheidentlich erweisen.

Wenn Gott so schlechter Nachbar wäre, 17
Als ich bin und als du bist,
Wir hätten beide wenig Ehre;
Der läßt einen jeden, wie er ist.

Gesteht's! die Dichter des Orients 18
Sind größer als wir des Okzidents.
Worin wir sie aber völlig erreichen,
Das ist im Haß auf unsresgleichen.

Überall will jeder obenauf sein, 19
Wie's eben in der Welt so geht.
Jeder sollte freilich grob sein,
Aber nur in dem, was er versteht.

---

20 Verschon' uns Gott mit deinem Grimme!
Zaunkönige gewinnen Stimme.

---

21 Will der Neid sich doch zerreißen,
Laß ihn seinen Hunger speisen.

---

22 Sich im Respekt zu erhalten,
Muß man recht borstig sein.
Alles jagt man mit Falken,
Nur nicht das wilde Schwein.

---

23 Was hilft's dem Pfaffenorden,
Der mir den Weg verrannt?
Was nicht gerade erfaßt worden,
Wird auch schief nicht erkannt.

---

24 Einen Helden mit Lust preisen und nennen
Wird jeder, der selbst als Kühner stritt.
Des Menschen Wert kann niemand erkennen,
Der nicht selbst Hitze und Kälte litt.

---

25 Gutes tu rein aus des Guten Liebe,
Was du tust, verbleibt dir nicht;
Und wenn es auch dir verbliebe,
Bleibt es deinen Kindern nicht.

---

26 Soll man dich nicht aufs schmählichste berauben,
Verbirg dein Gold, dein Weggehn, deinen Glauben.

---

27 Wie kommt's, daß man an jedem Orte
So viel Gutes, so viel Dummes hört?
Die Jüngsten wiederholen der Ältesten Worte
Und glauben, daß es ihnen angehört.

Laß dich nur in keiner Zeit 28
Zum Widerspruch verleiten,
Weise fallen in Unwissenheit,
Wenn sie mit Unwissenden streiten.

„Warum ist Wahrheit fern und weit? 29
Birgt sich hinab in tiefste Gründe?“

Niemand versteht zur rechten Zeit! —
Wenn man zur rechten Zeit verstünde,
So wäre Wahrheit nah und breit,
Und wäre lieblich und gelinde.

Was willst du untersuchen, 30
Wohin die Milde fließt.
Ins Wasser wirf deine Kuchen,
Wer weiß, wer sie genießt.

Als ich einmal eine Spinne erschlagen, 31
Dacht' ich, ob ich das wohl gesollt?
Hat Gott ihr doch wie mir gewollt
Einen Anteil an diesen Tagen!

„Dunkel ist die Nacht, bei Gott ist Licht. 32
Warum hat er uns nicht auch so zugericht?“

Welch eine bunte Gemeinde! 33
An Gottes Tisch sitzen Freund' und Feinde.

Ihr nennt mich einen kargen Mann; 34
Gebt mir, was ich verprassen kann.

35 Soll ich dir die Gegend zeigen,
Mußt du erst das Dach besteigen.

36 Wer schweigt, hat wenig zu sorgen;
Der Mensch bleibt unter der Zunge verborgen.

37 Ein Herre mit zwei Gesind,
Er wird nicht wohl gepflegt.
Ein Haus, worin zwei Weiber sind,
Es wird nicht rein gefegt.

38 Ihr lieben Leute, bleibt dabei
Und sagt nur: „Autos epha!"
Was sagt ihr lange Mann und Weib?
Adam, so heißt's, und Eva.

39 Wofür ich Allah höchlich danke?
Daß er Leiden und Wissen getrennt.
Verzweifeln müßte jeder Kranke,
Das Übel kennend, wie der Arzt es kennt.

40 Närrisch, daß jeder in seinem Falle
Seine besondere Meinung preist!
Wenn Islam Gott ergeben heißt,
Im Islam leben und sterben wir alle.

41 Wer auf die Welt kommt, baut ein neues Haus,
Er geht und läßt es einem zweiten,
Der wird sich's anders zubereiten,
Und niemand baut es aus.

Wer in mein Haus tritt, der kann schelten, 42
Was ich ließ viele Jahre gelten;
Vor der Tür aber müßt' er passen,
Wenn ich ihn nicht wollte gelten lassen.

Herr, laß dir gefallen 43
Dieses kleine Haus,
Größre kann man bauen,
Mehr kommt nicht heraus.

Du bist auf immer geborgen, 44
Das nimmt dir niemand wieder:
Zwei Freunde, ohne Sorgen,
Weinbecher, Büchlein Lieder.

„Was brachte Lokman nicht hervor, 45
Den man den garst'gen hieß!“
Die Süßigkeit liegt nicht im Rohr,
Der Zucker, der ist süß.

Herrlich ist der Orient 46
Übers Mittelmeer gedrungen;
Nur wer Hafis liebt und kennt,
Weiß, was Calderon gesungen.

„Was schmückst du die eine Hand denn nun 47
Weit mehr, als ihr gebührte?“
Was sollte denn die linke tun,
Wenn sie die rechte nicht zierte?

Wenn man auch nach Mekka triebe 48
Christus' Esel, würd' er nicht
Dadurch besser abgericht,
Sondern stets ein Esel bliebe.

---

49 Getretner Quark
Wird breit, nicht stark.

Schlägst du ihn aber mit Gewalt
In feste Form, er nimmt Gestalt.
Dergleichen Steine wirst du kennen,
Europäer Pisé sie nennen.

50 Betrübt euch nicht, ihr guten Seelen!
Denn wer nicht fehlt, weiß wohl, wenn andre fehlen;
Allein wer fehlt, der ist erst recht daran,
Er weiß nun deutlich, wie sie wohl getan.

51 „Du hast gar vielen nicht gedankt,
Die dir so manches Gute gegeben!"
Darüber bin ich nicht erkrankt,
Ihre Gaben mir im Herzen leben.

52 Guten Ruf mußt du dir machen,
Unterscheiden wohl die Sachen;
Wer was weiter will, verdirbt.

53 Die Flut der Leidenschaft, sie stürmt vergebens
Ans unbezwungne feste Land. —
Sie wirft poetische Perlen an den Strand,
Und das ist schon Gewinn des Lebens.

Vertrauter

54 Du hast so manche Bitte gewährt,
Und wenn sie dir auch schädlich war;
Der gute Mann da hat wenig begehrt,
Dabei hat es doch keine Gefahr.

Vesir

Der gute Mann hat wenig begehrt,
Und hätt' ich's ihm sogleich gewährt,
Er auf der Stelle verloren war.

Schlimm ist es, wie doch wohl geschieht, 55
Wenn Wahrheit sich nach dem Irrtum zieht;
Das ist auch manchmal ihr Behagen,
Wer wird so schöne Frau befragen?
Herr Irrtum, wollt' er an Wahrheit sich schließen,
Das sollte Frau Wahrheit baß verdrießen.

Wisse, daß mir sehr mißfällt, 56
Wenn so viele singen und reden!
Wer treibt die Dichtkunst aus der Welt?
Die Poeten!

TIMUR NAMEH
BUCH DES TIMUR

DER WINTER UND TIMUR

So umgab sie nun der Winter
Mit gewalt'gem Grimme. Streuend
Seinen Eishauch zwischen alle,
Hetzt' er die verschiednen Winde
Widerwärtig auf sie ein.
Über sie gab er Gewaltkraft
Seinen frostgespitzten Stürmen,
Stieg in Timurs Rat hernieder,
Schrie ihn drohend an und sprach so:
„Leise, langsam, Unglücksel'ger,
Wandle, du Tyrann des Unrechts;
Sollen länger noch die Herzen
Sengen, brennen deinen Flammen?
Bist du der verdammten Geister
Einer, wohl! ich bin der andre.
Du bist Greis, ich auch, erstarren
Machen wir so Land als Menschen.
Mars! du bist's! ich bin Saturnus,
Übeltätige Gestirne,
Im Verein die schrecklichsten.
Tötest du die Seele, kältest
Du den Luftkreis: meine Lüfte
Sind noch kälter, als du sein kannst.
Quälen deine wilden Heere
Gläubige mit tausend Martern:
Wohl, in meinen Tagen soll sich,
Geb' es Gott! was Schlimmres finden.
Und bei Gott! Dir schenk' ich nichts.
Hör' es Gott, was ich dir biete!
Ja bei Gott! von Todeskälte

Nicht, o Greis, verteid'gen soll dich
Breite Kohlenglut vom Herde,
Keine Flamme des Dezembers."

AN SULEIKA

Dir mit Wohlgeruch zu kosen,
Deine Freuden zu erhöhn,
Knospend müssen tausend Rosen
Erst in Gluten untergehn.

Um ein Fläschchen zu besitzen,
Das den Ruch auf ewig hält,
Schlank wie deine Fingerspitzen,
Da bedarf es einer Welt.

Einer Welt von Lebenstrieben,
Die in ihrer Fülle Drang
Ahndeten schon Bulbuls Lieben,
Seeleregenden Gesang.

Sollte jene Qual uns quälen,
Da sie unsre Lust vermehrt?
Hat nicht Myriaden Seelen
Timurs Herrschaft aufgezehrt?

SULEIKA NAMEH

BUCH SULEIKA

Ich gedachte in der Nacht,
Daß ich den Mond sähe im Schlaf;
Als ich aber erwachte,
Ging unvermutet die Sonne auf.

EINLADUNG

Mußt nicht vor dem Tage fliehen:
Denn der Tag, den du ereilest,
Ist nicht besser als der heut'ge;
Aber wenn du froh verweilest,
Wo ich mir die Welt beseit'ge,
Um die Welt an mich zu ziehen,
Bist du gleich mit mir geborgen:
Heut ist heute, morgen morgen,
Und was folgt und was vergangen,
Reißt nicht hin und bleibt nicht hangen.
Bleibe du, mein Allerliebstes;
Denn du bringst es, und du gibst es.

Daß Suleika von Jussuph entzückt war,
Ist keine Kunst;
Er war jung, Jugend hat Gunst,
Er war schön, sie sagen zum Entzücken,
Schön war sie, konnten einander beglücken.
Aber daß du, die so lange mir erharrt war,
Feurige Jugendblicke mir schickst,
Jetzt mich liebst, mich später beglückst,
Das sollen meine Lieder preisen,
Sollst mir ewig Suleika heißen.

Da du nun Suleika heißest,
Sollt' ich auch benamset sein.
Wenn du deinen Geliebten preisest,
Hatem! das soll der Name sein.
Nur daß man mich daran erkennet,
Keine Anmaßung soll es sein:
Wer sich St.-Georgen-Ritter nennet,
Denkt nicht gleich Sankt Georg zu sein.
Nicht Hatem Thai, nicht der alles Gebende
Kann ich in meiner Armut sein;
Hatem Zograi nicht, der reichlichst Lebende
Von allen Dichtern, möcht' ich sein.
Aber beide doch im Auge zu haben,
Es wird nicht ganz verwerflich sein:
Zu nehmen, zu geben des Glückes Gaben,
Wird immer ein groß Vergnügen sein.
Sich liebend aneinander zu laben,
Wird Paradieses Wonne sein.

Hatem

Nicht Gelegenheit macht Diebe,
Sie ist selbst der größte Dieb;
Denn sie stahl den Rest der Liebe,
Die mir noch im Herzen blieb.

Dir hat sie ihn übergeben,
Meines Lebens Vollgewinn,
Daß ich nun, verarmt, mein Leben
Nur von dir gewärtig bin.

Doch ich fühle schon Erbarmen
Im Karfunkel deines Blicks
Und erfreu' in deinen Armen
Mich erneuerten Geschicks.

Suleika

Hochbeglückt in deiner Liebe,
Schelt' ich nicht Gelegenheit;
Ward sie auch an dir zum Diebe,
Wie mich solch ein Raub erfreut!

Und wozu denn auch berauben?
Gib dich mir aus freier Wahl;
Gar zu gerne möcht' ich glauben —
Ja, ich bin's, die dich bestahl.

Was so willig du gegeben,
Bringt dir herrlichen Gewinn,
Meine Ruh', mein reiches Leben
Geb' ich freudig, nimm es hin!

Scherze nicht! Nichts von Verarmen!
Macht uns nicht die Liebe reich?
Halt' ich dich in meinen Armen,
Jedem Glück ist meines gleich.

Der Liebende wird nicht irre gehn,
Wär's um ihn her auch noch so trübe.
Sollten Leila und Medschnun auferstehn,
Von mir erführen sie den Weg der Liebe.

Ist's möglich, daß ich Liebchen dich kose,
Vernehme der göttlichen Stimme Schall!
Unmöglich scheint immer die Rose,
Unbegreiflich die Nachtigall.

Suleika

Als ich auf dem Euphrat schiffte,
Streifte sich der goldne Ring
Fingerab in Wasserklüfte,
Den ich jüngst von dir empfing.

Also träumt' ich. Morgenröte
Blitzt' ins Auge durch den Baum,
Sag', Poete, sag', Prophete!
Was bedeutet dieser Traum?

Hatem

Dies zu deuten, bin erbötig!
Hab' ich dir nicht oft erzählt,
Wie der Doge von Venedig
Mit dem Meere sich vermählt?

So von deinen Fingergliedern
Fiel der Ring dem Euphrat zu.
Ach, zu tausend Himmelsliedern,
Süßer Traum, begeisterst du!

Mich, der von den Indostanen
Streifte bis Damaskus hin,
Um mit neuen Karawanen
Bis ans Rote Meer zu ziehn,

Mich vermählst du deinem Flusse,
Der Terrasse, diesem Hain,
Hier soll bis zum letzten Kusse
Dir mein Geist gewidmet sein.

Kenne wohl der Männer Blicke,
Einer sagt: Ich liebe, leide!
Ich begehre, ja verzweifle!
Und was sonst ist, kennt ein Mädchen.
Alles das kann mir nicht helfen,
Alles das kann mich nicht rühren;
Aber, Hatem, deine Blicke
Geben erst dem Tage Glanz.
Denn sie sagen: Die gefällt mir,
Wie mir sonst nichts mag gefallen.

Seh' ich Rosen, seh' ich Lilien,
Aller Gärten Zier und Ehre,
So Zypressen, Myrten, Veilchen,
Aufgeregt zum Schmuck der Erde;
Und geschmückt ist sie ein Wunder,
Mit Erstaunen uns umfangend,
Uns erquickend, heilend, segnend,
Daß wir uns gesundet fühlen,
Wieder gern erkranken möchten.
Da erblicktest du Suleika
Und gesundetest erkrankend,
Und erkranketest gesundend,
Lächeltest und sahst herüber,
Wie du nie der Welt gelächelt.
Und Suleika fühlt des Blickes
Ew'ge Rede: Die gefällt mir,
Wie mir sonst nichts mag gefallen.

GINGO BILOBA

Dieses Baums Blatt, der von Osten
Meinem Garten anvertraut,
Gibt geheimen Sinn zu kosten,
Wie's den Wissenden erbaut.

Ist es ein lebendig Wesen,
Das sich in sich selbst getrennt?
Sind es zwei, die sich erlesen,
Daß man sie als eines kennt?

Solche Frage zu erwidern,
Fand ich wohl den rechten Sinn;
Fühlst du nicht an meinen Liedern,
Daß ich eins und doppelt bin?

Suleika

Sag', du hast wohl viel gedichtet,
Hin und her dein Lied gerichtet,
Schöne Schrift von deiner Hand,
Prachtgebunden, goldgerändet,
Bis auf Punkt und Strich vollendet,
Zierlich lockend, manchen Band?
Stets, wo du sie hingewendet,
War's gewiß ein Liebespfand?

Hatem

Ja, von mächtig holden Blicken,
Wie von lächelndem Entzücken
Und von Zähnen blendend klar,
Wimpernpfeilen, Lockenschlangen,
Hals und Busen reizumhangen
Tausendfältige Gefahr!
Denke nun, wie von so langem
Prophezeit Suleika war.

Suleika

Die Sonne kommt! Ein Prachterscheinen!
Der Sichelmond umklammert sie.
Wer konnte solch ein Paar vereinen?
Dies Rätsel, wie erklärt sich's? Wie?

Hatem

Der Sultan konnt' es, er vermählte
Das allerhöchste Weltenpaar,
Um zu bezeichnen Auserwählte,
Die Tapfersten der treuen Schar.

Auch sei's ein Bild von unsrer Wonne!
Schon seh' ich wieder mich und dich,
Du nennst mich, Liebchen, deine Sonne,
Komm, süßer Mond, umklammre mich!

Komm, Liebchen, komm! umwinde mir die Mütze!
Aus deiner Hand nur ist der Tulbend schön.
Hat Abbas doch, auf Irans höchstem Sitze,
Sein Haupt nicht zierlicher umwinden sehn!

Ein Tulbend war das Band, das Alexandern
In Schleifen schön vom Haupte fiel
Und allen Folgeherrschern, jenen andern,
Als Königszierde wohlgefiel.

Ein Tulbend ist's, der unsern Kaiser schmücket,
Sie nennen's Krone. Name geht wohl hin!
Juwel und Perle! sei das Aug' entzücket!
Der schönste Schmuck ist stets der Musselin.

Und diesen hier, ganz rein und silberstreifig,
Umwinde, Liebchen, um die Stirn umher.
Was ist denn Hoheit? Mir ist sie geläufig!
Du schaust mich an, ich bin so groß als er.

Nur wenig ist's, was ich verlange,
Weil eben alles mir gefällt,
Und dieses wenige, wie lange,
Gibt mir gefällig schon die Welt!

Oft sitz' ich heiter in der Schenke
Und heiter im beschränkten Haus;
Allein sobald ich dein gedenke,
Dehnt sich mein Geist erobernd aus.

Dir sollten Timurs Reiche dienen,
Gehorchen sein gebietend Heer,
Badakschan zollte dir Rubinen,
Türkise das Hyrkanische Meer.

Getrocknet honigsüße Früchte
Von Bochara, dem Sonnenland,
Und tausend liebliche Gedichte
Auf Seidenblatt von Samarkand.

Da solltest du mit Freude lesen,
Was ich von Ormus dir verschrieb,
Und wie das ganze Handelswesen
Sich nur bewegte dir zulieb.

Wie in dem Lande der Brahmanen
Viel tausend Finger sich bemüht,
Daß alle Pracht der Indostanen
Für dich auf Woll' und Seide blüht;

Ja, zu Verherrlichung der Lieben,
Gießbäche Soumelpours durchwühlt,
Aus Erde, Grus, Gerill, Geschieben
Dir Diamanten ausgespült;

Wie Taucherschar verwegner Männer
Der Perle Schatz dem Golf entriß,
Darauf ein Divan scharfer Kenner
Sie dir zu reihen sich befliß;

Wenn nun Bassora noch das Letzte,
Gewürz und Weihrauch, beigetan,
Bringt alles, was die Welt ergetzte,
Die Karawane dir heran.

Doch alle diese Kaisergüter
Verwirrten doch zuletzt den Blick;
Und wahrhaft liebende Gemüter
Eins nur im andern fühlt sein Glück.

Hätt' ich irgend wohl Bedenken,
Balch, Bochâra, Samarkand,
Süßes Liebchen, dir zu schenken,
Dieser Städte Rausch und Tand?

Aber frag' einmal den Kaiser,
Ob er dir die Städte gibt?
Er ist herrlicher und weiser;
Doch er weiß nicht, wie man liebt.

Herrscher, zu dergleichen Gaben
Nimmermehr bestimmst du dich!
Solch ein Mädchen muß man haben
Und ein Bettler sein wie ich.

Die schön geschriebenen,
Herrlich umgüldeten
Belächeltest du,
Die anmaßlichen Blätter,
Verziehst mein Prahlen
Von deiner Lieb' und meinem
Durch dich glücklichen Gelingen,
Verziehst anmutigem Selbstlob.

Selbstlob! Nur dem Neide stinkt's,
Wohlgeruch Freunden
Und eignem Schmack!

Freude des Daseins ist groß,
Größer die Freud' am Dasein,
Wenn du, Suleika,
Mich überschwenglich beglückst,
Deine Leidenschaft mir zuwirfst,
Als wär's ein Ball,
Daß ich ihn fange,
Dir zurückwerfe
Mein gewidmetes Ich;
Das ist ein Augenblick!
Und dann reißt mich von dir
Bald der Franke, bald der Armenier.

Aber Tage währt's,
Jahre dauert's, daß ich neu erschaffe
Tausendfältig deiner Verschwendungen Fülle,
Auftrösle die bunte Schnur meines Glücks,
Geklöppelt tausendfadig
Von dir, o Suleika.

Hier nun dagegen
Dichtrische Perlen,
Die mir deiner Leidenschaft
Gewaltige Brandung
Warf an des Lebens
Verödeten Strand aus.
Mit spitzen Fingern
Zierlich gelesen,
Durchreiht mit juwelenem
Goldschmuck,
Nimm sie an deinen Hals,
An deinen Busen!
Die Regentropfen Allahs,
Gereift in bescheidener Muschel.

Lieb' um Liebe, Stund' um Stunde,
Wort um Wort und Blick um Blick;
Kuß um Kuß, vom treusten Munde,
Hauch um Hauch und Glück um Glück.
So am Abend, so am Morgen!
Doch du fühlst an meinen Liedern
Immer noch geheime Sorgen;
Jussuphs Reize möcht' ich borgen,
Deine Schönheit zu erwidern.

Suleika

Volk und Knecht und Überwinder,
Sie gestehn, zu jeder Zeit,
Höchstes Glück der Erdenkinder
Sei nur die Persönlichkeit.

Jedes Leben sei zu führen,
Wenn man sich nicht selbst vermißt;
Alles könne man verlieren,
Wenn man bliebe, was man ist.

Hatem

Kann wohl sein! so wird gemeinet;
Doch ich bin auf andrer Spur:
Alles Erdenglück vereinet
Find' ich in Suleika nur.

Wie sie sich an mich verschwendet,
Bin ich mir ein wertes Ich;
Hätte sie sich weggewendet,
Augenblicks verlör' ich mich.

Nun, mit Hatem wär's zu Ende;
Doch schon hab' ich umgelost:
Ich verkörpre mich behende
In den Holden, den sie kost.

Wollte, wo nicht gar ein Rabbi,
Das will mir so recht nicht ein,
Doch Ferdusi, Motanabbi,
Allenfalls der Kaiser sein.

Hatem

Wie des Goldschmieds Basarlädchen
Vielgefärbt, geschliffne Lichter,
So umgeben hübsche Mädchen
Den beinah ergrauten Dichter.

Mädchen

Singst du schon Suleika wieder!
Diese können wir nicht leiden,
Nicht um dich — um deine Lieder
Wollen, müssen wir sie neiden.

Denn wenn sie auch garstig wäre,
Machst du sie zum schönsten Wesen,
Und so haben wir von Dschemil
Und Boteinah viel gelesen.

Aber eben weil wir hübsch sind,
Möchten wir auch gern gemalt sein,
Und wenn du es billig machest,
Sollst du auch recht hübsch bezahlt sein.

Hatem

Bräunchen komm! es wird schon gehen.
Zöpfe, Kämme, groß' und kleine,
Zieren Köpfchens nette Reine,
Wie die Kuppel ziert Moscheen.

Du, Blondinchen, bist so zierlich,
Aller Weis' und Weg' so nette,
Man gedenkt nicht ungebührlich
Alsogleich der Minarette.

Du dahinten hast der Augen
Zweierlei, du kannst die beiden
Einzeln nach Belieben brauchen;
Doch ich sollte dich vermeiden.

Leichtgedrückt der Augenlider
Eines, die den Stern bewhelmen,
Deutet auf den Schelm der Schelmen,
Doch das andre schaut so bieder.

Dies, wenn jen's verwundend angelt,
Heilend, nährend wird sich's weisen.
Niemand kann ich glücklich preisen,
Der des Doppelblicks ermangelt.

Und so könnt' ich alle loben,
Und so könnt' ich alle lieben:
Denn so wie ich euch erhoben,
War die Herrin mit beschrieben.

Mädchen

Dichter will so gerne Knecht sein,
Weil die Herrschaft draus entspringet;
Doch vor allem sollt' ihm recht sein,
Wenn das Liebchen selber singet.

Ist sie denn des Liedes mächtig,
Wie's auf unsern Lippen waltet?
Denn es macht sie gar verdächtig,
Daß sie im Verborgnen schaltet.

Hatem

Nun, wer weiß, was sie erfüllet!
Kennt ihr solcher Tiefe Grund?
Selbstgefühltes Lied entquillet,
Selbstgedichtetes dem Mund.

Von euch Dichterinnen allen
Ist ihr eben keine gleich:
Denn sie singt, mir zu gefallen,
Und ihr singt und liebt nur euch.

Mädchen

Merken wohl, du hast uns eine
Jener Huris vorgeheuchelt!
Mag schon sein! wenn es nur keine
Sich auf dieser Erde schmeichelt.

Hatem

Locken, haltet mich gefangen
In dem Kreise des Gesichts!
Euch geliebten braunen Schlangen
Zu erwidern hab' ich nichts.

Nur dies Herz, es ist von Dauer,
Schwillt in jugendlichstem Flor;
Unter Schnee und Nebelschauer
Rast ein Ätna dir hervor.

Du beschämst wie Morgenröte
Jener Gipfel ernste Wand,
Und noch einmal fühlet Hatem
Frühlingshauch und Sommerbrand.

Schenke her! Noch eine Flasche!
Diesen Becher bring' ich ihr!
Findet sie ein Häufchen Asche,
Sagt sie: „Der verbrannte mir."

Suleika

Nimmer will ich dich verlieren!
Liebe gibt der Liebe Kraft.
Magst du meine Jugend zieren
Mit gewalt'ger Leidenschaft.

Ach! wie schmeichelt's meinem Triebe,
Wenn man meinen Dichter preist:
Denn das Leben ist die Liebe,
Und des Lebens Leben Geist.

Laß deinen süßen Rubinenmund
Zudringlichkeiten nicht verfluchen;
Was hat Liebesschmerz andern Grund,
Als seine Heilung zu suchen?

Bist du von deiner Geliebten getrennt
Wie Orient vom Okzident,
Das Herz durch alle Wüste rennt;
Es gibt sich überall selbst das Geleit,
Für Liebende ist Bagdad nicht weit.

Mag sie sich immer ergänzen
Eure brüchige Welt in sich!
Diese klaren Augen, sie glänzen,
Dieses Herz, es schlägt für mich!

O daß der Sinnen doch so viele sind!
Verwirrung bringen sie ins Glück herein.
Wenn ich dich sehe, wünsch' ich taub zu sein,
Wenn ich dich höre, blind.

Auch in der Ferne dir so nah!
Und unerwartet kommt die Qual.
Da hör' ich wieder dich einmal,
Auf einmal bist du wieder da!

Wie sollt' ich heiter bleiben,
Entfernt von Tag und Licht?
Nun aber will ich schreiben,
Und trinken mag ich nicht.

Wenn sie mich an sich lockte,
War Rede nicht im Brauch,
Und wie die Zunge stockte,
So stockt die Feder auch.

Nur zu! geliebter Schenke,
Den Becher fülle still!
Ich sage nur: Gedenke!
Schon weiß man, was ich will.

Wenn ich dein gedenke,
Fragt mich gleich der Schenke:
„Herr, warum so still?
Da von deinen Lehren
Immer weiter hören
Saki gerne will."

Wenn ich mich vergesse
Unter der Zypresse,
Hält er nichts davon,
Und im stillen Kreise
Bin ich doch so weise,
Klug wie Salomon.

BUCH SULEIKA

Ich möchte dieses Buch wohl gern zusammenschürzen,
Daß es den andern wäre gleich geschnürt.
Allein wie willst du Wort und Blatt verkürzen,
Wenn Liebeswahnsinn dich ins Weite führt?

An vollen Büschelzweigen,
Geliebte, sieh nur hin!
Laß dir die Früchte zeigen,
Umschalet stachlig grün.

Sie hängen längst geballet,
Still, unbekannt mit sich,
Ein Ast, der schaukelnd wallet,
Wiegt sie geduldiglich.

Doch immer reift von innen
Und schwillt der braune Kern,
Er möchte Luft gewinnen
Und säh' die Sonne gern.

Die Schale platzt, und nieder
Macht er sich freudig los;
So fallen meine Lieder
Gehäuft in deinen Schoß.

Suleika

An des lust'gen Brunnens Rand,
Der in Wasserfäden spielt,
Wußt' ich nicht, was fest mich hielt;
Doch da war von deiner Hand
Meine Chiffer leis gezogen,
Nieder blickt' ich, dir gewogen.

Hier, am Ende des Kanals
Der gereihten Hauptallee,
Blick' ich wieder in die Höh',
Und da seh' ich abermals
Meine Lettern fein gezogen:
Bleibe! bleibe mir gewogen!

Hatem

Möge Wasser springend, wallend,
Die Zypressen dir gestehn:
Von Suleika zu Suleika
Ist mein Kommen und mein Gehn.

Suleika

Kaum daß ich dich wieder habe,
Dich mit Kuß und Liedern labe,
Bist du still in dich gekehret;
Was beengt und drückt und störet?

Hatem

Ach, Suleika, soll ich's sagen?
Statt zu loben, möcht' ich klagen!
Sangest sonst nur meine Lieder,
Immer neu und immer wieder.

Sollte wohl auch diese loben,
Doch sie sind nur eingeschoben;
Nicht von Hafis, nicht Nisami,
Nicht Saadi, nicht von Dschami.

Kenn' ich doch der Väter Menge,
Silb' um Silbe, Klang um Klänge,
Im Gedächtnis unverloren;
Diese da sind neugeboren.

Gestern wurden sie gedichtet.
Sag'! hast du dich neu verpflichtet?
Hauchest du so froh-verwegen
Fremden Atem mir entgegen,

Der dich ebenso belebet,
Ebenso in Liebe schwebet,
Lockend, ladend zum Vereine,
So harmonisch als der meine?

Suleika

War Hatem lange doch entfernt,
Das Mädchen hatte was gelernt,
Von ihm war sie so schön gelobt,
Da hat die Trennung sich erprobt.
Wohl, daß sie dir nicht fremde scheinen;
Sie sind Suleikas, sind die deinen!

Behramgur, sagt man, hat den Reim erfunden,
Er sprach entzückt aus reiner Seele Drang;
Dilaram schnell, die Freundin seiner Stunden,
Erwiderte mit gleichem Wort und Klang.

Und so, Geliebte, warst du mir beschieden,
Des Reims zu finden holden Lustgebrauch,
Daß auch Behramgur ich, den Sassaniden,
Nicht mehr beneiden darf: mir ward es auch.

Hast mir dies Buch geweckt, du hast's gegeben;
Denn was ich froh, aus vollem Herzen, sprach,
Das klang zurück aus deinem holden Leben,
Wie Blick dem Blick, so Reim dem Reime nach.

Nun tön' es fort zu dir, auch aus der Ferne
Das Wort erreicht, und schwände Ton und Schall.
Ist's nicht der Mantel noch gesäter Sterne?
Ist's nicht der Liebe hochverklärtes All?

Deinem Blick mich zu bequemen,
Deinem Munde, deiner Brust,
Deine Stimme zu vernehmen,
War die letzt' und erste Lust.

Gestern, ach, war sie die letzte,
Dann verlosch mir Leucht' und Feuer,
Jeder Scherz, der mich ergetzte,
Wird nun schuldenschwer und teuer.

Eh' es Allah nicht gefällt,
Uns aufs neue zu vereinen,
Gibt mir Sonne, Mond und Welt
Nur Gelegenheit zum Weinen.

Suleika

Was bedeutet die Bewegung?
Bringt der Ost mir frohe Kunde?
Seiner Schwingen frische Regung
Kühlt des Herzens tiefe Wunde.

Kosend spielt er mit dem Staube,
Jagt ihn auf in leichten Wölkchen,
Treibt zur sichern Rebenlaube
Der Insekten frohes Völkchen.

Lindert sanft der Sonne Glühen,
Kühlt auch mir die heißen Wangen,
Küßt die Reben noch im Fliehen,
Die auf Feld und Hügel prangen.

Und mir bringt sein leises Flüstern
Von dem Freunde tausend Grüße;
Eh' noch diese Hügel düstern,
Grüßen mich wohl tausend Küsse.

Und so kannst du weiter ziehen!
Diene Freunden und Betrübten.
Dort, wo hohe Mauern glühen,
Find' ich bald den Vielgeliebten.

Ach, die wahre Herzenskunde,
Liebeshauch, erfrischtes Leben
Wird mir nur aus seinem Munde,
Kann mir nur sein Atem geben.

HOCHBILD

Die Sonne, Helios der Griechen,
Fährt prächtig auf der Himmelsbahn,
Gewiß, das Weltall zu besiegen,
Blickt er umher, hinab, hinan.

Er sieht die schönste Göttin weinen,
Die Wolkentochter, Himmelskind,
Ihr scheint er nur allein zu scheinen;
Für alle heitre Räume blind

Versenkt er sich in Schmerz und Schauer,
Und häufiger quillt ihr Tränenguß;
Er sendet Lust in ihre Trauer
Und jeder Perle Kuß auf Kuß.

Nun fühlt sie tief des Blicks Gewalten,
Und unverwandt schaut sie hinauf;
Die Perlen wollen sich gestalten:
Denn jede nahm sein Bildnis auf.

Und so, umkränzt von Farb' und Bogen,
Erheitert leuchtet ihr Gesicht,
Entgegen kommt er ihr gezogen;
Doch er, doch ach! erreicht sie nicht.

So, nach des Schicksals hartem Lose,
Weichst du mir, Lieblichste, davon;
Und wär' ich Helios der Große,
Was nützte mir der Wagenthron?

NACHKLANG

Es klingt so prächtig, wenn der Dichter
Der Sonne bald, dem Kaiser sich vergleicht;
Doch er verbirgt die traurigen Gesichter,
Wenn er in düstern Nächten schleicht.

Von Wolken streifenhaft befangen,
Versank zu Nacht des Himmels reinstes Blau;
Vermagert bleich sind meine Wangen
Und meine Herzenstränen grau.

Laß mich nicht so der Nacht, dem Schmerze,
Du Allerliebstes, du mein Mondgesicht,
O, du mein Phosphor, meine Kerze,
Du meine Sonne, du mein Licht!

Suleika

Ach, um deine feuchten Schwingen,
West, wie sehr ich dich beneide:
Denn du kannst ihm Kunde bringen,
Was ich in der Trennung leide.

Die Bewegung deiner Flügel
Weckt im Busen stilles Sehnen;
Blumen, Augen, Wald und Hügel
Stehn bei deinem Hauch in Tränen.

Doch dein mildes sanftes Wehen
Kühlt die wunden Augenlider;
Ach, für Leid müßt' ich vergehen,
Hofft' ich nicht zu sehn ihn wieder.

Eile denn zu meinem Lieben,
Spreche sanft zu seinem Herzen;
Doch vermeid' ihn zu betrüben
Und verbirg ihm meine Schmerzen.

Sag' ihm aber, sag's bescheiden:
Seine Liebe sei mein Leben,
Freudiges Gefühl von beiden
Wird mir seine Nähe geben.

WIEDERFINDEN

Ist es möglich! Stern der Sterne,
Drück' ich wieder dich ans Herz!
Ach, was ist die Nacht der Ferne
Für ein Abgrund, für ein Schmerz!
Ja, du bist es! meiner Freuden
Süßer, lieber Widerpart;
Eingedenk vergangner Leiden,
Schaudr' ich vor der Gegenwart.

Als die Welt im tiefsten Grunde
Lag an Gottes ew'ger Brust,
Ordnet' er die erste Stunde
Mit erhabner Schöpfungslust,
Und er sprach das Wort: ‚Es werde!'
Da erklang ein schmerzlich Ach!
Als das All mit Machtgebärde
In die Wirklichkeiten brach.

Auf tat sich das Licht! So trennte
Scheu sich Finsternis von ihm,
Und sogleich die Elemente
Scheidend auseinander fliehn.
Rasch, in wilden, wüsten Träumen
Jedes nach der Weite rang,
Starr, in ungemeßnen Räumen,
Ohne Sehnsucht, ohne Klang.

Stumm war alles, still und öde,
Einsam Gott zum erstenmal!
Da erschuf er Morgenröte,
Die erbarmte sich der Qual;
Sie entwickelte dem Trüben
Ein erklingend Farbenspiel,
Und nun konnte wieder lieben
Was erst auseinander fiel.

Und mit eiligem Bestreben
Sucht sich, was sich angehört,
Und zu ungemeßnem Leben
Ist Gefühl und Blick gekehrt.
Sei's Ergreifen, sei es Raffen,
Wenn es nur sich faßt und hält!
Allah braucht nicht mehr zu schaffen,
Wir erschaffen seine Welt.

So, mit morgenroten Flügeln,
Riß es mich an deinen Mund,
Und die Nacht mit tausend Siegeln
Kräftigt sternenhell den Bund.
Beide sind wir auf der Erde
Musterhaft in Freud' und Qual,
Und ein zweites Wort: Es werde!
Trennt uns nicht zum zweitenmal.

VOLLMONDNACHT

Herrin, sag', was heißt das Flüstern?
Was bewegt dir leis die Lippen?
Lispelst immer vor dich hin,
Lieblicher als Weines Nippen!
Denkst du deinen Mundgeschwistern
Noch ein Pärchen herzuziehn?

„Ich will küssen! Küssen! sagt' ich."

Schau! Im zweifelhaften Dunkel
Glühen blühend alle Zweige,
Nieder spielet Stern auf Stern;
Und smaragden durchs Gesträuche
Tausendfältiger Karfunkel;
Doch dein Geist ist allem fern.

„Ich will küssen! Küssen! sagt' ich."

Dein Geliebter, fern, erprobet
Gleicherweis' im Sauersüßen,
Fühlt ein unglücksel'ges Glück.
Euch im Vollmond zu begrüßen,
Habt ihr heilig angelobet,
Dieses ist der Augenblick.

„Ich will küssen! Küssen! sag' ich."

GEHEIMSCHRIFT

Laßt euch, o Diplomaten,
Recht angelegen sein,
Und eure Potentaten
Beratet rein und fein!
Geheimer Chiffern Sendung
Beschäftige die Welt,
Bis endlich jede Wendung
Sich selbst ins Gleiche stellt.

Mir von der Herrin süße
Die Chiffer ist zur Hand,
Woran ich schon genieße,
Weil sie die Kunst erfand.
Es ist die Liebesfülle
Im lieblichsten Revier,
Der holde, treue Wille
Wie zwischen mir und ihr.

Von abertausend Blüten
Ist es ein bunter Strauß,
Von englischen Gemüten
Ein vollbewohntes Haus;
Von buntesten Gefiedern
Der Himmel übersät,
Ein klingend Meer von Liedern,
Geruchvoll überweht.

Ist unbedingten Strebens
Geheime Doppelschrift,
Die in das Mark des Lebens
Wie Pfeil um Pfeile trifft.
Was ich euch offenbaret,
War längst ein frommer Brauch,
Und wenn ihr es gewahret,
So schweigt und nutzt es auch.

ABGLANZ

Ein Spiegel, er ist mir geworden,
Ich sehe so gerne hinein,
Als hinge des Kaisers Orden
An mir mit Doppelschein;
Nicht etwa selbstgefällig
Such' ich mich überall;
Ich bin so gerne gesellig,
Und das ist hier der Fall.

Wenn ich nun vorm Spiegel stehe
Im stillen Witwerhaus,
Gleich guckt, eh' ich mich versehe,
Das Liebchen mit heraus.
Schnell kehr' ich mich um, und wieder
Verschwand sie, die ich sah;
Dann blick' ich in meine Lieder,
Gleich ist sie wieder da.

Die schreib' ich immer schöner
Und mehr nach meinem Sinn,
Trotz Krittler und Verhöhner,
Zu täglichem Gewinn.
Ihr Bild in reichen Schranken
Verherrlichet sich nur,
In goldnen Rosenranken
Und Rähmchen von Lasur.

Suleika

Wie mit innigstem Behagen,
Lied, empfind' ich deinen Sinn!
Liebevoll du scheinst zu sagen:
Daß ich ihm zur Seite bin.

Daß er ewig mein gedenket,
Seiner Liebe Seligkeit
Immerdar der Fernen schenket,
Die ein Leben ihm geweiht.

Ja! mein Herz, es ist der Spiegel,
Freund, worin du dich erblickt;
Diese Brust, wo deine Siegel
Kuß auf Kuß hereingedrückt.

Süßes Dichten, lautre Wahrheit
Fesselt mich in Sympathie!
Rein verkörpert Liebesklarheit
Im Gewand der Poesie.

Laß den Weltenspiegel Alexandern;
Denn was zeigt er? — Da und dort
Stille Völker, die er mit den andern
Zwingend rütteln möchte fort und fort.

Du! nicht weiter, nicht zu Fremdem strebe!
Singe mir, die du dir eigen sangst.
Denke, daß ich liebe, daß ich lebe,
Denke, daß du mich bezwangst.

Die Welt durchaus ist lieblich anzuschauen,
Vorzüglich aber schön die Welt der Dichter;
Auf bunten, hellen oder silbergrauen
Gefilden, Tag und Nacht, erglänzen Lichter.
Heut ist mir alles herrlich; wenn's nur bliebe!
Ich sehe heut durchs Augenglas der Liebe.

In tausend Formen magst du dich verstecken,
Doch, Allerliebste, gleich erkenn' ich dich;
Du magst mit Zauberschleiern dich bedecken,
Allgegenwärtige, gleich erkenn' ich dich.

An der Zypresse reinstem, jungem Streben,
Allschöngewachsne, gleich erkenn' ich dich;
In des Kanales reinem Wellenleben,
Allschmeichelhafte, wohl erkenn' ich dich.

Wenn steigend sich der Wasserstrahl entfaltet,
Allspielende, wie froh erkenn' ich dich;
Wenn Wolke sich gestaltend umgestaltet,
Allmannigfaltige, dort erkenn' ich dich.

An des geblümten Schleiers Wiesenteppich,
Allbuntbesternte, schön erkenn' ich dich;
Und greift umher ein tausendarm'ger Eppich,
O Allumklammernde, da kenn' ich dich.

Wenn am Gebirg der Morgen sich entzündet,
Gleich, Allerheiternde, begrüß' ich dich,
Dann über mir der Himmel rein sich ründet,
Allherzerweiternde, dann atm' ich dich.

Was ich mit äußerm Sinn, mit innerm kenne,
Du Allbelehrende, kenn' ich durch dich;
Und wenn ich Allahs Namenhundert nenne,
Mit jedem klingt ein Name nach für dich.

SAKI NAMEH

DAS SCHENKENBUCH

Ja, in der Schenke hab' ich auch gesessen,
Mir ward wie andern zugemessen,
Sie schwatzten, schrieen, händelten von heut,
So froh und traurig, wie's der Tag gebeut;
Ich aber saß, im Innersten erfreut,
An meine Liebste dacht' ich — wie sie liebt?
Das weiß ich nicht; was aber mich bedrängt!
Ich liebe sie, wie es ein Busen gibt,
Der treu sich einer gab und knechtisch hängt.
Wo war das Pergament, der Griffel wo,
Die alles faßten? — doch so war's! ja so!

Sitz' ich allein,
Wo kann ich besser sein?
Meinen Wein
Trink' ich allein,
Niemand setzt mir Schranken,
Ich hab' so meine eignen Gedanken.

So weit bracht' es Muley, der Dieb,
Daß er trunken schöne Lettern schrieb.

Ob der Koran von Ewigkeit sei?
Darnach frag' ich nicht!
Ob der Koran geschaffen sei?
Das weiß ich nicht!
Daß er das Buch der Bücher sei,
Glaub' ich aus Mosleminenpflicht.

Daß aber der Wein von Ewigkeit sei,
Daran zweifl' ich nicht.
Oder daß er vor den Engeln geschaffen sei,
Ist vielleicht auch kein Gedicht.
Der Trinkende, wie es auch immer sei,
Blickt Gott frischer ins Angesicht.

Trunken müssen wir alle sein!
Jugend ist Trunkenheit ohne Wein;
Trinkt sich das Alter wieder zu Jugend,
So ist es wundervolle Tugend.
Für Sorgen sorgt das liebe Leben,
Und Sorgenbrecher sind die Reben.

Da wird nicht mehr nachgefragt!
Wein ist ernstlich untersagt.
Soll denn doch getrunken sein,
Trinke nur vom besten Wein:
Doppelt wärest du ein Ketzer
In Verdammnis um den Krätzer.

Solang man nüchtern ist,
Gefällt das Schlechte;
Wie man getrunken hat,
Weiß man das Rechte;
Nur ist das Übermaß
Auch gleich zuhanden;
Hafis, o lehre mich,
Wie du's verstanden!

Denn meine Meinung ist
Nicht übertrieben:
Wenn man nicht trinken kann,
Soll man nicht lieben;
Doch sollt ihr Trinker euch
Nicht besser dünken,
Wenn man nicht lieben kann,
Soll man nicht trinken.

Suleika

Warum du nur oft so unhold bist?

Hatem

Du weißt, daß der Leib ein Kerker ist;
Die Seele hat man hinein betrogen;
Da hat sie nicht freie Ellebogen.
Will sie sich da- und dorthin retten,
Schnürt man den Kerker selbst in Ketten,
Da ist das Liebchen doppelt gefährdet,
Deshalb sie sich oft so seltsam gebärdet.

Wenn der Körper ein Kerker ist,
Warum nur der Kerker so durstig ist?
Seele befindet sich wohl darinnen
Und bliebe gern vergnügt bei Sinnen;
Nun aber soll eine Flasche Wein,
Frisch eine nach der andern herein.
Seele will's nicht länger ertragen,
Sie an der Türe in Stücke schlagen.

Dem Kellner

Setze mir nicht, du Grobian,
Mir den Krug so derb vor die Nase!
Wer mir Wein bringt, sehe mich freundlich an,
Sonst trübt sich der Eilfer im Glase.

Dem Schenken

Du zierlicher Knabe, du komm herein,
Was stehst du denn da auf der Schwelle?
Du sollst mir künftig der Schenke sein,
Jeder Wein ist schmackhaft und helle.

Schenke

spricht

Du, mit deinen braunen Locken,
Geh mir weg, verschmitzte Dirne!
Schenk' ich meinem Herrn zu Danke,
Nun, so küßt er mir die Stirne.

Aber du, ich wollte wetten,
Bist mir nicht damit zufrieden,
Deine Wangen, deine Brüste
Werden meinen Freund ermüden.

Glaubst du wohl mich zu betrügen,
Daß du jetzt verschämt entweichest?
Auf der Schwelle will ich liegen
Und erwachen, wenn du schleichest.

Sie haben wegen der Trunkenheit
Vielfältig uns verklagt,
Und haben von unsrer Trunkenheit
Lange nicht genug gesagt.
Gewöhnlich der Betrunkenheit
Erliegt man, bis es tagt;
Doch hat mich meine Betrunkenheit
In der Nacht umher gejagt.
Es ist die Liebestrunkenheit,
Die mich erbärmlich plagt,
Von Tag zu Nacht, von Nacht zu Tag
In meinem Herzen zagt.
Dem Herzen, das in Trunkenheit
Der Lieder schwillt und ragt,
Daß keine nüchterne Trunkenheit
Sich gleich zu heben wagt.
Lieb-, Lied- und Weines Trunkenheit,
Ob's nachtet oder tagt,
Die göttlichste Betrunkenheit,
Die mich entzückt und plagt.

Du kleiner Schelm du!
Daß ich mir bewußt sei,
Darauf kommt es überall an.
Und so erfreu' ich mich
Auch deiner Gegenwart,
Du Allerliebster,
Obgleich betrunken.

Was in der Schenke waren heute
Am frühsten Morgen für Tumulte!
Der Wirt und Mädchen! Fackeln, Leute!
Was gab's für Händel, für Insulte!
Die Flöte klang, die Trommel scholl!
Es war ein wüstes Wesen —
Doch bin ich, Lust und Liebe voll,
Auch selbst dabei gewesen.

Daß ich von Sitte nichts gelernt,
Darüber tadelt mich ein jeder;
Doch bleib' ich weislich weit entfernt
Vom Streit der Schulen und Katheder.

Schenke

Welch ein Zustand! Herr, so späte
Schleichst du heut aus deiner Kammer;
Perser nennen's Bidamag buden,
Deutsche sagen Katzenjammer.

Dichter

Laß mich jetzt, geliebter Knabe,
Mir will nicht die Welt gefallen,
Nicht der Schein, der Duft der Rose,
Nicht der Sang der Nachtigallen.

Schenke

Eben das will ich behandeln,
Und ich denk', es soll mir klecken,
Hier! genieß die frischen Mandeln,
Und der Wein wird wieder schmecken.

Dann will ich auf der Terrasse
Dich mit frischen Lüften tränken;
Wie ich dich ins Auge fasse,
Gibst du einen Kuß dem Schenken.

Schau! die Welt ist keine Höhle,
Immer reich an Brut und Nestern,
Rosenduft und Rosenöle;
Bulbul auch, sie singt wie gestern.

Jene garstige Vettel,
Die buhlerische,
Welt heißt man sie,
Mich hat sie betrogen
Wie die übrigen alle.
Glaube nahm sie mir weg,
Dann die Hoffnung,
Nun wollte sie
An die Liebe,
Da riß ich aus.
Den geretteten Schatz
Für ewig zu sichern,
Teilt' ich ihn weislich
Zwischen Suleika und Saki.
Jedes der beiden
Beeifert sich um die Wette,
Höhere Zinsen zu entrichten.
Und ich bin reicher als je:
Den Glauben hab' ich wieder!
An ihre Liebe den Glauben;
Er, im Becher, gewährt mir
Herrliches Gefühl der Gegenwart;
Was will da die Hoffnung!

Schenke

Heute hast du gut gegessen,
Doch du hast noch mehr getrunken;
Was du bei dem Mahl vergessen,
Ist in diesen Napf gesunken.

Sieh, das nennen wir ein Schwänchen,
Wie's dem satten Gast gelüstet;
Dieses bring' ich meinem Schwane,
Der sich auf den Wellen brüstet.

Doch vom Singschwan will man wissen,
Daß er sich zu Grabe läutet;
Laß mich jedes Lied vermissen,
Wenn es auf dein Ende deutet.

Schenke

Nennen dich den großen Dichter,
Wenn dich auf dem Markte zeigest;
Gerne hör' ich, wenn du singest,
Und ich horche, wenn du schweigest.

Doch ich liebe dich noch lieber,
Wenn du küssest zum Erinnern;
Denn die Worte gehn vorüber,
Und der Kuß, der bleibt im Innern.

Reim auf Reim will was bedeuten,
Besser ist es viel zu denken.
Singe du den andern Leuten
Und verstumme mit dem Schenken.

Dichter

Schenke, komm! Noch einen Becher!

Schenke

Herr, du hast genug getrunken;
Nennen dich den wilden Zecher!

Dichter

Sahst du je, daß ich gesunken?

Schenke

Mahomet verbietet's.

Dichter

Liebchen!
Hört es niemand, will dir's sagen.

Schenke

Wenn du einmal gerne redest,
Brauch' ich gar nicht viel zu fragen.

Dichter

Horch! wir andren Musulmannen
Nüchtern sollen wir gebückt sein,
Er, in seinem heil'gen Eifer,
Möchte gern allein verrückt sein.

Saki

Denk', o Herr! wenn du getrunken,
Sprüht um dich des Feuers Glast!
Prasselnd blitzen tausend Funken,
Und du weißt nicht, wo es faßt.

Mönche seh' ich in den Ecken,
Wenn du auf die Tafel schlägst,
Die sich gleisnerisch verstecken,
Wenn dein Herz du offen trägst.

Sag' mir nur, warum die Jugend,
Noch von keinem Fehler frei,
So ermangelnd jeder Tugend,
Klüger als das Alter sei.

Alles weißt du, was der Himmel,
Alles, was die Erde trägt,
Und verbirgst nicht das Gewimmel,
Wie sich's dir im Busen regt.

Hatem

Eben drum, geliebter Knabe,
Bleibe jung und bleibe klug;
Dichten zwar ist Himmelsgabe,
Doch im Erdeleben Trug.

Erst sich im Geheimnis wiegen,
Dann verplaudern früh und spat!
Dichter ist umsonst verschwiegen,
Dichten selbst ist schon Verrat.

SOMMERNACHT

Dichter

Niedergangen ist die Sonne,
Doch im Westen glänzt es immer;
Wissen möcht' ich wohl, wie lange
Dauert noch der goldne Schimmer?

Schenke

Willst du, Herr, so will ich bleiben,
Warten außer diesen Zelten;
Ist die Nacht des Schimmers Herrin,
Komm' ich gleich, es dir zu melden.

Denn ich weiß, du liebst, das Droben,
Das Unendliche zu schauen,
Wenn sie sich einander loben,
Jene Feuer in dem Blauen.

Und das hellste will nur sagen:
Jetzo glänz' ich meiner Stelle;
Wollte Gott euch mehr betagen,
Glänztet ihr wie ich so helle.

Denn vor Gott ist alles herrlich,
Eben weil er ist der Beste;
Und so schläft nun aller Vogel
In dem groß- und kleinen Neste.

Einer sitzt auch wohl gestängelt
Auf den Ästen der Zypresse,
Wo der laue Wind ihn gängelt,
Bis zu Taues luft'ger Nässe.

Solches hast du mich gelehret,
Oder etwas auch dergleichen;
Was ich je dir abgehöret,
Wird dem Herzen nicht entweichen.

Eule will ich deinetwegen
Kauzen hier auf der Terrasse,
Bis ich erst des Nordgestirnes
Zwillingswendung wohl erpasse.

Und da wird es Mitternacht sein,
Wo du oft zu früh ermunterst,
Und dann wird es eine Pracht sein,
Wenn das All mit mir bewunderst.

Dichter

Zwar in diesem Duft und Garten
Tönet Bulbul ganze Nächte;
Doch du könntest lange warten,
Bis die Nacht so viel vermöchte.

Denn in dieser Zeit der Flora,
Wie das Griechenvolk sie nennet,
Die Strohwitwe, die Aurora,
Ist in Hesperus entbrennet.

Sieh dich um! sie kommt! wie schnelle!
Über Blumenfelds Gelänge! —
Hüben hell und drüben helle,
Ja, die Nacht kommt ins Gedränge.

Und auf roten leichten Sohlen
Ihn, der mit der Sonn' entlaufen,
Eilt sie irrig einzuholen;
Fühlst du nicht ein Liebeschnaufen?

Geh nur, lieblichster der Söhne,
Tief ins Innre, schließ die Türen;
Denn sie möchte deine Schöne
Als den Hesperus entführen.

Der Schenke
(schläfrig)

So hab' ich endlich von dir erharrt:
In allen Elementen Gottes Gegenwart.
Wie du mir das so lieblich gibst!
Am lieblichsten aber, daß du liebst.

Hatem

Der schläft recht süß und hat ein Recht zu schlafen.
Du guter Knabe! hast mir eingeschenkt,
Vom Freund und Lehrer, ohne Zwang und Strafen,
So jung vernommen, wie der Alte denkt.
Nun aber kommt Gesundheit holder Fülle
Dir in die Glieder, daß du dich erneust.
Ich trinke noch, bin aber stille, stille,
Damit du mich erwachend nicht erfreust.

MATHAL NAMEH

BUCH DER PARABELN

Vom Himmel sank in wilder Meere Schauer
Ein Tropfe bangend, gräßlich schlug die Flut,
Doch lohnte Gott bescheidnen Glaubensmut
Und gab dem Tropfen Kraft und Dauer.
Ihn schloß die stille Muschel ein.
Und nun, zu ew'gem Ruhm und Lohne,
Die Perle glänzt an unsers Kaisers Krone
Mit holdem Blick und mildem Schein.

Bulbuls Nachtlied durch die Schauer
Drang zu Allahs lichtem Throne,
Und dem Wohlgesang zu Lohne
Sperrt' er sie in goldnen Bauer.
Dieser sind des Menschen Glieder.
Zwar sie fühlet sich beschränket;
Doch wenn sie es recht bedenket,
Singt das Seelchen immer wieder.

WUNDERGLAUBE

Zerbrach einmal eine schöne Schal'
Und wollte schier verzweifeln;
Unart und Übereil' zumal
Wünscht' ich zu allen Teufeln.
Erst rast' ich aus, dann weint' ich weich
Beim traurigen Scherbelesen;
Das jammerte Gott, er schuf es gleich
So ganz als wie es gewesen.

Die Perle, die der Muschel entrann,
Die schönste, hochgeboren,
Zum Juwelier, dem guten Mann,
Sprach sie: „Ich bin verloren!
Durchbohrst du mich, mein schönes All
Es ist sogleich zerrüttet,
Mit Schwestern muß ich, Fall für Fall,
Zu schlechten sein geküttet."

„Ich denke jetzt nur an Gewinn,
Du mußt es mir verzeihen:
Denn wenn ich hier nicht grausam bin,
Wie soll die Schnur sich reihen?"

Ich sah mit Staunen und Vergnügen
Eine Pfauenfeder im Koran liegen:
Willkommen an dem heil'gen Platz,
Der Erdgebilde höchster Schatz!
An dir, wie an des Himmels Sternen,
Ist Gottes Größe im Kleinen zu lernen,
Daß er, der Welten überblickt,
Sein Auge hier hat aufgedrückt,
Und so den leichten Flaum geschmückt,
Daß Könige kaum unternahmen,
Die Pracht des Vogels nachzuahmen.
Bescheiden freue dich des Ruhms,
So bist du wert des Heiligtums.

Ein Kaiser hatte zwei Kassiere,
Einen zum Nehmen, einen zum Spenden;
Diesem fiel's nur so aus den Händen,
Jener wußte nicht, woher zu nehmen.
Der Spendende starb; der Herrscher wußte nicht gleich,
Wem das Geberamt sei anzuvertrauen,
Und wie man kaum tät um sich schauen,
So war der Nehmer unendlich reich;

Man wußte kaum vor Gold zu leben,
Weil man einen Tag nichts ausgegeben.
Da ward nun erst dem Kaiser klar,
Was schuld an allem Unheil war.
Den Zufall wußt' er wohl zu schätzen,
Nie wieder die Stelle zu besetzen.

Zum Kessel sprach der neue Topf:
„Was hast du einen schwarzen Bauch!" —
„Das ist bei uns nun Küchgebrauch.
Herbei, herbei, du glatter Tropf,
Bald wird dein Stolz sich mindern.
Behält der Henkel ein klar Gesicht,
Darob erhebe du dich nicht,
Besieh nur deinen Hintern."

Alle Menschen groß und klein
Spinnen sich ein Gewebe fein,
Wo sie mit ihrer Scheren Spitzen
Gar zierlich in der Mitte sitzen.
Wenn nun darein ein Besen fährt,
Sagen sie, es sei unerhört,
Man habe den größten Palast zerstört.

Vom Himmel steigend Jesus bracht'
Des Evangeliums ewige Schrift,
Den Jüngern las er sie Tag und Nacht;
Ein göttlich Wort, es wirkt und trifft.
Er stieg zurück, nahm's wieder mit;
Sie aber hatten's gut gefühlt,
Und jeder schrieb, so Schritt vor Schritt,
Wie er's in seinem Sinn behielt,
Verschieden. Es hat nichts zu bedeuten:
Sie hatten nicht gleiche Fähigkeiten;
Doch damit können sich die Christen
Bis zu dem Jüngsten Tage fristen.

ES IST GUT

Bei Mondenschein im Paradeis
Fand Jehovah im Schlafe tief
Adam versunken, legte leis
Zur Seit' ein Evchen, das auch entschlief.
Da lagen nun, in Erdeschranken,
Gottes zwei lieblichste Gedanken. —
„Gut!!!" rief er sich zum Meisterlohn,
Er ging sogar nicht gern davon.

Kein Wunder, daß es uns berückt,
Wenn Auge frisch in Auge blickt,
Als hätten wir's so weit gebracht,
Bei dem zu sein, der uns gedacht.
Und ruft er uns, wohlan, es sei!
Nur, das beding' ich, alle zwei.
Dich halten dieser Arme Schranken,
Liebster von allen Gottesgedanken.

PARSI NAMEH

BUCH DES PARSEN

VERMÄCHTNIS ALTPERSISCHEN GLAUBENS

Welch Vermächtnis, Brüder, sollt' euch kommen
Von dem Scheidenden, dem armen Frommen,
Den ihr Jüngeren geduldig nährtet,
Seine letzten Tage pflegend ehrtet?

Wenn wir oft gesehn den König reiten,
Gold an ihm und Gold an allen Seiten,
Edelstein' auf ihn und seine Großen
Ausgesät wie dichte Hagelschloßen,

Habt ihr jemals ihn darum beneidet?
Und nicht herrlicher den Blick geweidet,
Wenn die Sonne sich auf Morgenflügeln
Darnawends unzähligen Gipfelhügeln

Bogenhaft hervorhob? Wer enthielte
Sich des Blicks dahin? Ich fühlte, fühlte
Tausendmal, in so viel Lebenstagen,
Mich mit ihr, der kommenden, getragen,

Gott auf seinem Throne zu erkennen,
Ihn den Herrn des Lebensquells zu nennen,
Jenes hohen Anblicks wert zu handeln
Und in seinem Lichte fortzuwandeln.

Aber stieg der Feuerkreis vollendet,
Stand ich als in Finsternis geblendet,
Schlug den Busen, die erfrischten Glieder
Warf ich, Stirn voran, zur Erde nieder.

Und nun sei ein heiliges Vermächtnis
Brüderlichem Wollen und Gedächtnis:
Schwerer Dienste tägliche Bewahrung,
Sonst bedarf es keiner Offenbarung.

Regt ein Neugeborner fromme Hände,
Daß man ihn sogleich zur Sonne wende,
Tauche Leib und Geist im Feuerbade!
Fühlen wird es jeden Morgens Gnade.

Dem Lebendigen übergebt die Toten,
Selbst die Tiere deckt mit Schutt und Boden,
Und, so weit sich eure Kraft erstrecket,
Was euch unrein dünkt, es sei bedecket.

Grabet euer Feld ins zierlich Reine,
Daß die Sonne gern den Fleiß bescheine;
Wenn ihr Bäume pflanzt, so sei's in Reihen,
Denn sie läßt Geordnetes gedeihen.

Auch dem Wasser darf es in Kanälen
Nie am Laufe, nie an Reine fehlen;
Wie euch Senderud aus Bergrevieren
Rein entspringt, soll er sich rein verlieren.

Sanften Fall des Wassers nicht zu schwächen,
Sorgt, die Gräben fleißig auszustechen;
Rohr und Binse, Molch und Salamander,
Ungeschöpfe, tilgt sie miteinander!

Habt ihr Erd' und Wasser so im Reinen,
Wird die Sonne gern durch Lüfte scheinen,
Wo sie, ihrer würdig aufgenommen,
Leben wirkt, dem Leben Heil und Frommen.

Ihr, von Müh' zu Mühe so gepeinigt,
Seid getrost, nun ist das All gereinigt,
Und nun darf der Mensch als Priester wagen,
Gottes Gleichnis aus dem Stein zu schlagen.

Wo die Flamme brennt, erkennet freudig,
Hell ist Nacht, und Glieder sind geschmeidig,
An des Herdes raschen Feuerkräften
Reift das Rohe Tier- und Pflanzensäften.

Schleppt ihr Holz herbei, so tut's mit Wonne,
Denn ihr tragt den Samen ird'scher Sonne;
Pflückt ihr Pambeh, mögt ihr traulich sagen:
Diese wird als Docht das Heil'ge tragen.

Werdet ihr in jeder Lampe Brennen
Fromm den Abglanz höhern Lichts erkennen,
Soll euch nie ein Mißgeschick verwehren,
Gottes Thron am Morgen zu verehren.

Da ist unsers Daseins Kaisersiegel,
Uns und Engeln reiner Gottesspiegel,
Und was nur am Lob des Höchsten stammelt,
Ist in Kreis' um Kreise dort versammelt.

Will dem Ufer Senderuds entsagen,
Auf zum Darnawend die Flügel schlagen,
Wie sie tagt, ihr freudig zu begegnen
Und von dorther ewig euch zu segnen.

Wenn der Mensch die Erde schätzet,
Weil die Sonne sie bescheinet,
An der Rebe sich ergetzet,
Die dem scharfen Messer weinet,
Da sie fühlt, daß ihre Säfte,
Wohlgekocht, die Welt erquickend,
Werden regsam vielen Kräften,
Aber mehreren erstickend —
Weiß er das der Glut zu danken,
Die das alles läßt gedeihen:
Wird Betrunkner stammelnd wanken,
Mäßiger wird sich singend freuen.

CHULD NAMEH

BUCH DES PARADIESES

VORSCHMACK

Der echte Moslem spricht vom Paradiese,
Als wenn er selbst allda gewesen wäre,
Er glaubt dem Koran, wie es der verhieße,
Hierauf begründet sich die reine Lehre.

Doch der Prophet, Verfasser jenes Buches,
Weiß unsre Mängel droben auszuwittern,
Und sieht, daß trotz dem Donner seines Fluches
Die Zweifel oft den Glauben uns verbittern.

Deshalb entsendet er den ewigen Räumen
Ein Jugendmuster, alles zu verjüngen;
Sie schwebt heran und fesselt ohne Säumen
Um meinen Hals die allerliebsten Schlingen.

Auf meinem Schoß, an meinem Herzen halt' ich
Das Himmelswesen, mag nichts weiter wissen;
Und glaube nun ans Paradies gewaltig,
Denn ewig möcht' ich sie so treulich küssen.

BERECHTIGTE MÄNNER

Nach der Schlacht von Bedr, unterm Sternenhimmel

Mahomet
spricht

Seine Toten mag der Feind betrauern:
Denn sie liegen ohne Wiederkehren;
Unsre Brüder sollt ihr nicht bedauern:
Denn sie wandeln über jenen Sphären.

Die Planeten haben alle sieben
Die metallnen Tore weit getan,
Und schon klopfen die verklärten Lieben
Paradieses Pforten kühnlich an.

Finden, ungehofft und überglücklich,
Herrlichkeiten, die mein Flug berührt,
Als das Wunderpferd mich augenblicklich
Durch die Himmel alle durchgeführt.

Weisheitsbaum an Baum zypresseragend
Heben Äpfel goldner Zierd' empor,
Lebensbäume, breite Schatten schlagend,
Decken Blumensitz und Kräuterflor.

Und nun bringt ein süßer Wind von Osten
Hergeführt die Himmelsmädchenschar;
Mit den Augen fängst du an zu kosten,
Schon der Anblick sättigt ganz und gar.

Forschend stehn sie, was du unternahmest?
Große Plane? fährlich blutigen Strauß?
Daß du Held seist, sehn sie, weil du kamest;
Welch ein Held du seist? sie forschen's aus.

Und sie sehn es bald an deiner Wunden,
Die sich selbst ein Ehrendenkmal schreibt.
Glück und Hoheit, alles ist verschwunden,
Nur die Wunde für den Glauben bleibt.

Führen zu Kiosken dich und Lauben,
Säulenreich von buntem Lichtgestein,
Und zum edlen Saft verklärter Trauben
Laden sie mit Nippen freundlich ein.

Jüngling! mehr als Jüngling bist willkommen!
Alle sind wie alle licht und klar;
Hast du eine dir ans Herz genommen,
Herrin, Freundin ist sie deiner Schar.

Doch die allertrefflichste gefällt sich
Keineswegs in solchen Herrlichkeiten,
Heiter, neidlos, redlich unterhält dich
Von den mannigfalt'gen andrer Trefflichkeiten.

Eine führt dich zu der andern Schmause,
Den sich jede äußerst ausersinnt.
Viele Frauen hast und Ruh' im Hause,
Wert, daß man darob das Paradies gewinnt.

Und so schicke dich in diesen Frieden:
Denn du kannst ihn weiter nicht vertauschen;
Solche Mädchen werden nicht ermüden,
Solche Weine werden nicht berauschen.

Und so war das wenige zu melden,
Wie der sel'ge Musulman sich brüstet:
Paradies der Männer, Glaubenshelden,
Ist hiemit vollkommen ausgerüstet.

AUSERWÄHLTE FRAUEN

Frauen sollen nichts verlieren,
Reiner Treue ziemt zu hoffen;
Doch wir wissen nur von vieren,
Die alldort schon eingetroffen.

Erst Suleika, Erdensonne,
Gegen Jussuph ganz Begierde,
Nun, des Paradieses Wonne,
Glänzt sie, der Entsagung Zierde.

Dann die Allgebenedeite,
Die den Heiden Heil geboren,
Und getäuscht, in bittrem Leide,
Sah den Sohn am Kreuz verloren.

Mahoms Gattin auch, sie baute
Wohlfahrt ihm und Herrlichkeiten,
Und empfahl bei Lebenszeiten
Einen Gott und eine Traute.

Kommt Fatima dann, die Holde,
Tochter, Gattin sonder Fehle,
Englisch allerreinste Seele
In dem Leib von Honiggolde.

Diese finden wir alldorten;
Und wer Frauenlob gepriesen,
Der verdient an ewigen Orten
Lustzuwandeln wohl mit diesen.

EINLASS

Huri

Heute steh' ich meine Wache
Vor des Paradieses Tor,
Weiß nicht grade, wie ich's mache,
Kommst mir so verdächtig vor!

Ob du unsern Mosleminen
Auch recht eigentlich verwandt?
Ob dein Kämpfen, dein Verdienen
Dich ans Paradies gesandt?

Zählst du dich zu jenen Helden?
Zeige deine Wunden an,
Die mir Rühmliches vermelden,
Und ich führe dich heran.

Dichter

Nicht so vieles Federlesen!
Laß mich immer nur herein:
Denn ich bin ein Mensch gewesen,
Und das heißt ein Kämpfer sein.

Schärfe deine kräft'gen Blicke!
Hier! — durchschaue diese Brust,
Sieh der Lebenswunden Tücke,
Sieh der Liebeswunden Lust.

Und doch sang ich gläubigerweise:
Daß mir die Geliebte treu,
Daß die Welt, wie sie auch kreise,
Liebevoll und dankbar sei.

Mit den Trefflichsten zusammen
Wirkt' ich, bis ich mir erlangt,
Daß mein Nam' in Liebesflammen
Von den schönsten Herzen prangt.

Nein! du wählst nicht den Geringern;
Gib die Hand! daß Tag für Tag
Ich an deinen zarten Fingern
Ewigkeiten zählen mag.

ANKLANG

Huri

Draußen am Orte,
Wo ich dich zuerst sprach,
Wacht' ich oft an der Pforte,
Dem Gebote nach.
Da hört' ich ein wunderlich Gesäusel,
Ein Ton- und Silbengekräusel,
Das wollte herein;
Niemand aber ließ sich sehen,
Da verklang es klein zu klein;
Es klang aber fast wie deine Lieder,
Das erinnr' ich mich wieder.

Dichter

Ewig Geliebte! wie zart
Erinnerst du dich deines Trauten!

Was auch, in irdischer Luft und Art,
Für Töne lauten,
Die wollen alle herauf;
Viele verklingen da unten zuhauf;
Andre mit Geistes Flug und Lauf,
Wie das Flügelpferd des Propheten,
Steigen empor und flöten
Draußen an dem Tor.

Kommt deinen Gespielen so etwas vor,
So sollen sie's freundlich vermerken,
Das Echo lieblich verstärken,
Daß es wieder hinunter halle,
Und sollen achthaben,
Daß in jedem Falle,
Wenn er kommt, seine Gaben
Jedem zugute kommen;
Das wird beiden Welten frommen.

Sie mögen's ihm freundlich lohnen,
Auf liebliche Weise fügsam,
Sie lassen ihn mit sich wohnen:
Alle Guten sind genügsam.

Du aber bist mir beschieden,
Dich lass' ich nicht aus dem ewigen Frieden;
Auf die Wache sollst du nicht ziehn,
Schick' eine ledige Schwester dahin.

Dichter

Deine Liebe, dein Kuß mich entzückt!
Geheimnisse mag ich nicht erfragen;
Doch sag' mir, ob du an irdischen Tagen
Jemals teilgenommen?
Mir ist es oft so vorgekommen,
Ich wollt' es beschwören, ich wollt' es beweisen,
Du hast einmal Suleika geheißen.

Huri

Wir sind aus den Elementen geschaffen,
Aus Wasser, Feuer, Erd' und Luft
Unmittelbar; und irdischer Duft
Ist unserm Wesen ganz zuwider.
Wir steigen nie zu euch hernieder;
Doch wenn ihr kommt bei uns zu ruhn,
Da haben wir genug zu tun.

Denn, siehst du, wie die Gläubigen kamen,
Von dem Propheten so wohl empfohlen,
Besitz vom Paradiese nahmen,
Da waren wir, wie er befohlen,
So liebenswürdig, so scharmant,
Wie uns die Engel selbst nicht gekannt.

Allein der erste, zweite, dritte,
Die hatten vorher eine Favorite,
Gegen uns waren's garstige Dinger,
Sie aber hielten uns doch geringer,
Wir waren reizend, geistig, munter;
Die Moslems wollten wieder hinunter.

Nun war uns himmlisch Hochgebornen
Ein solch Betragen ganz zuwider,
Wir aufgewiegelten Verschwornen
Besannen uns schon hin und wider;
Als der Prophet durch alle Himmel fuhr,
Da paßten wir auf seine Spur;
Rückkehrend hatt' er sich's nicht versehn,
Das Flügelpferd, es mußte stehn.

Da hatten wir ihn in der Mitte! —
Freundlich ernst, nach Prophetensitte,
Wurden wir kürzlich von ihm beschieden;
Wir aber waren sehr unzufrieden.
Denn seine Zwecke zu erreichen
Sollten wir eben alles lenken,
So wie ihr dächtet, sollten wir denken,
Wir sollten euren Liebchen gleichen.

Unsere Eigenliebe ging verloren,
Die Mädchen krauten hinter den Ohren,
Doch, dachten wir, im ewigen Leben
Muß man sich eben in alles ergeben.

Nun sieht ein jeder, was er sah,
Und ihm geschieht, was ihm geschah.
Wir sind die Blonden, wir sind die Braunen,
Wir haben Grillen und haben Launen,
Ja, wohl auch manchmal eine Flause,
Ein jeder denkt, er sei zu Hause,
Und wir darüber sind frisch und froh,
Daß sie meinen, es wäre so.

Du aber bist von freiem Humor,
Ich komme dir paradiesisch vor;
Du gibst dem Blick, dem Kuß die Ehre,
Und wenn ich auch nicht Suleika wäre.
Doch da sie gar zu lieblich war,
So glich sie mir wohl auf ein Haar.

Dichter

Du blendest mich mit Himmelsklarheit,
Es sei nun Täuschung oder Wahrheit,
Genug, ich bewundre dich vor allen.
Um ihre Pflicht nicht zu versäumen,
Um einem Deutschen zu gefallen,
Spricht eine Huri in Knittelreimen.

Huri

Ja, reim' auch du nur unverdrossen,
Wie es dir aus der Seele steigt!
Wir paradiesische Genossen
Sind Wort- und Taten reinen Sinns geneigt.
Die Tiere, weißt du, sind nicht ausgeschlossen,
Die sich gehorsam, die sich treu erzeigt.
Ein derbes Wort kann Huri nicht verdrießen;
Wir fühlen, was vom Herzen spricht,
Und was aus frischer Quelle bricht,
Das darf im Paradiese fließen.

Huri

Wieder einen Finger schlägst du mir ein!
Weißt du denn, wieviel Äonen
Wir vertraut schon zusammen wohnen?

Dichter

Nein! — Will's auch nicht wissen. Nein!
Mannigfaltiger frischer Genuß,
Ewig bräutlich keuscher Kuß! —
Wenn jeder Augenblick mich durchschauert,
Was soll ich fragen, wie lang es gedauert!

Huri

Abwesend bist denn doch auch einmal,
Ich merk' es wohl, ohne Maß und Zahl.
Hast in dem Weltall nicht verzagt,
An Gottes Tiefen dich gewagt;
Nun sei der Liebsten auch gewärtig!
Hast du nicht schon das Liedchen fertig?
Wie klang es draußen an dem Tor?
Wie klingt's? — Ich will nicht stärker in dich dringen,
Sing mir die Lieder an Suleika vor:
Denn weiter wirst du's doch im Paradies nicht bringen.

BEGÜNSTIGTE TIERE

Vier Tieren auch verheißen war,
Ins Paradies zu kommen,
Dort leben sie das ew'ge Jahr
Mit Heiligen und Frommen.

Den Vortritt hier ein Esel hat,
Er kommt mit muntern Schritten:
Denn Jesus zur Prophetenstadt
Auf ihm ist eingeritten.

Halb schüchtern kommt ein Wolf sodann,
Dem Mahomet befohlen:
„Laß dieses Schaf dem armen Mann,
Dem Reichen magst du's holen."

Nun, immer wedelnd, munter, brav,
Mit seinem Herrn, dem braven,
Das Hündlein, das den Siebenschlaf
So treulich mitgeschlafen.

Abuherriras Katze hier
Knurrt um den Herrn und schmeichelt:
Denn immer ist's ein heilig Tier,
Das der Prophet gestreichelt.

HÖHERES UND HÖCHSTES

Daß wir solche Dinge lehren,
Möge man uns nicht bestrafen:
Wie das alles zu erklären,
Dürft ihr euer Tiefstes fragen.

Und so werdet ihr vernehmen,
Daß der Mensch, mit sich zufrieden,
Gern sein Ich gerettet sähe,
So da droben wie hienieden.

Und mein liebes Ich bedürfte
Mancherlei Bequemlichkeiten,
Freuden, wie ich hier sie schlürfte,
Wünscht' ich auch für ew'ge Zeiten.

So gefallen schöne Gärten,
Blum' und Frucht und hübsche Kinder,
Die uns allen hier gefielen,
Auch verjüngtem Geist nicht minder.

Und so möcht' ich alle Freunde,
Jung und alt, in eins versammeln,
Gar zu gern in deutscher Sprache
Paradieseswords stammeln.

Doch man horcht nun Dialekten,
Wie sich Mensch und Engel kosen,
Der Grammatik, der versteckten,
Deklinierend Mohn und Rosen.

Mag man ferner auch in Blicken
Sich rhetorisch gern ergehen
Und zu himmlischem Entzücken
Ohne Klang und Ton erhöhen.

Ton und Klang jedoch entwindet
Sich dem Worte selbstverständlich,
Und entschiedener empfindet
Der Verklärte sich unendlich.

Ist somit dem Fünf der Sinne
Vorgesehn im Paradiese,
Sicher ist es, ich gewinne
Einen Sinn für alle diese.

Und nun dring' ich allerorten
Leichter durch die ewigen Kreise,
Die durchdrungen sind vom Worte
Gottes rein-lebendigerweise.

Ungehemmt mit heißem Triebe
Läßt sich da kein Ende finden,
Bis im Anschaun ewiger Liebe
Wir verschweben, wir verschwinden.

SIEBENSCHLÄFER

Sechs Begünstigte des Hofes
Fliehen vor des Kaisers Grimme,
Der als Gott sich läßt verehren,
Doch als Gott sich nicht bewähret:
Denn ihn hindert eine Fliege,
Guter Bissen sich zu freuen.

Seine Diener scheuchen wedelnd,
Nicht verjagen sie die Fliege.
Sie umschwärmt ihn, sticht und irret
Und verwirrt die ganze Tafel,
Kehret wieder wie des hämischen
Fliegengottes Abgesandter.

„Nun," so sagen sich die Knaben,
„Sollt' ein Flieglein Gott verhindern?
Sollt' ein Gott auch trinken, speisen,
Wie wir andern? Nein, der Eine,
Der die Sonn' erschuf, den Mond auch,
Und der Sterne Glut uns wölbte,
Dieser ist's, wir fliehn!" — Die zarten
Leicht beschuht-, beputzten Knaben
Nimmt ein Schäfer auf, verbirgt sie
Und sich selbst in Felsenhöhle.
Schäfershund, er will nicht weichen,
Weggescheucht, den Fuß zerschmettert,
Drängt er sich an seinen Herren
Und gesellt sich zum Verborgnen,
Zu den Lieblingen des Schlafes.

Und der Fürst, dem sie entflohen,
Liebentrüstet, sinnt auf Strafen,
Weiset ab so Schwert als Feuer,
In die Höhle sie mit Ziegeln
Und mit Kalk sie läßt vermauern.

Aber jene schlafen immer,
Und der Engel, ihr Beschützer,
Sagt vor Gottes Thron berichtend:
„So zur Rechten, so zur Linken
Hab' ich immer sie gewendet,
Daß die schönen jungen Glieder
Nicht des Moders Qualm verletze.
Spalten riß ich in die Felsen,
Daß die Sonne steigend, sinkend
Junge Wangen frisch erneute.

Und so liegen sie beseligt.
Auch, auf heilen Vorderpfoten,
Schläft das Hündlein süßen Schlummers.“

Jahre fliehen, Jahre kommen,
Wachen endlich auf die Knaben,
Und die Mauer, die vermorschte,
Altershalben ist gefallen.
Und Jamblika sagt, der Schöne,
Ausgebildete vor allen,
Als der Schäfer fürchtend zaudert:
„Lauf' ich hin! und hol' euch Speise,
Leben wag' ich und das Goldstück!“ —

Ephesus, gar manches Jahr schon,
Ehrt die Lehre des Propheten
Jesus. (Friede sei dem Guten!)

Und er lief, da war der Tore
Wart' und Turn und alles anders.
Doch zum nächsten Bäckerladen
Wandt' er sich nach Brot in Eile. —
„Schelm!“ so rief der Bäcker, „hast du,
Jüngling, einen Schatz gefunden!
Gib mir, dich verrät das Goldstück,
Mir die Hälfte zum Versöhnen!“

Und sie hadern. — Vor den König
Kommt der Handel; auch der König
Will nur teilen wie der Bäcker.

Nun betätigt sich das Wunder
Nach und nach aus hundert Zeichen.
An dem selbsterbauten Palast
Weiß er sich sein Recht zu sichern.
Denn ein Pfeiler durchgegraben
Führt zu scharfbenamsten Schätzen.
Gleich versammeln sich Geschlechter,
Ihre Sippschaft zu beweisen.
Und als Urururvater prangend
Steht Jamblikas Jugendfülle.

Wie von Ahnherrn hört er sprechen
Hier von seinem Sohn und Enkeln.
Der Urenkel Schar umgibt ihn,
Als ein Volk von tapfern Männern,
Ihn, den jüngsten, zu verehren.
Und ein Merkmal übers andre
Dringt sich auf, Beweis vollendend;
Sich und den Gefährten hat er
Die Persönlichkeit bestätigt.

Nun zur Höhle kehrt er wieder,
Volk und König ihn geleiten. —
Nicht zum König, nicht zum Volke
Kehrt der Auserwählte wieder:
Denn die Sieben, die von lang her —
Achte waren's mit dem Hunde —
Sich von aller Welt gesondert,
Gabriels geheim Vermögen
Hat, gemäß dem Willen Gottes,
Sie dem Paradies geeignet,
Und die Höhle schien vermauert.

GUTE NACHT!

Nun, so legt euch, liebe Lieder,
An den Busen meinem Volke!
Und in einer Moschuswolke
Hüte Gabriel die Glieder
Des Ermüdeten gefällig;
Daß er frisch und wohlerhalten,
Froh, wie immer, gern gesellig,
Möge Felsenklüfte spalten,
Um des Paradieses Weiten
Mit Heroen aller Zeiten
Im Genusse zu durchschreiten;
Wo das Schöne, stets das Neue,
Immer wächst nach allen Seiten,
Daß die Unzahl sich erfreue.
Ja, das Hündlein gar, das treue,
Darf die Herren hinbegleiten.

AUS DEM NACHLASS

Wer sich selbst und andre kennt,
Wird auch hier erkennen:
Orient und Okzident
Sind nicht mehr zu trennen.

Sinnig zwischen beiden Welten
Sich zu wiegen, lass' ich gelten;
Also zwischen Ost und Westen
Sich bewegen sei zum Besten!

Hafis, dir sich gleich zu stellen,
  Welch ein Wahn!
Rauscht doch wohl auf Meeres Wellen
  Rasch ein Schiff hinan,
Fühlet seine Segel schwellen,
  Wandelt kühn und stolz;
Will's der Ozean zerschellen,
  Schwimmt es, morsches Holz.
Dir in Liedern, leichten, schnellen,
  Wallet kühle Flut,
Siedet auf zu Feuerwellen;
  Mich verschlingt die Glut.
Doch mir will ein Dünkel schwellen,
  Der mir Kühnheit gibt.
Hab' doch auch im sonnenhellen
  Land gelebt, geliebt!

Mich nach- und umzubilden, mißzubilden
Versuchen sie seit vollen funfzig Jahren;
Ich dächte doch, da konntest du erfahren,
Was an dir sei in Vaterlandsgefilden.

Du hast getollt zu deiner Zeit mit wilden
Dämonisch genialen jungen Scharen,
Dann sachte schlossest du von Jahr zu Jahren
Dich näher an die Weisen, Göttlich-Milden.

Sollt' ich nicht ein Gleichnis brauchen,
Wie es mir beliebt?
Da uns Gott des Lebens Gleichnis
In der Mücke gibt.

Sollt' ich nicht ein Gleichnis brauchen,
Wie es mir beliebt?
Da mir Gott in Liebchens Augen
Sich im Gleichnis gibt.

Süßes Kind, die Perlenreihen,
Wie ich irgend nur vermochte,
Wollte traulich dir verleihen,
Als der Liebe Lampendochte.

Und nun kommst du, hast ein Zeichen
Drangehängt, das unter allen
Den Abraxas seinesgleichen
Mir am schlechtsten will gefallen.

Diese ganz moderne Narrheit
Magst du mir nach Schiras bringen!
Soll ich wohl in seiner Starrheit
Hölzchen quer auf Hölzchen singen?

Abraham, den Herrn der Sterne
Hat er sich zum Ahn erlesen;
Moses ist in wüster Ferne
Durch den e i n e n groß gewesen.

David auch, durch viel Gebrechen,
Ja Verbrechen durch gewandelt,
Wußte doch sich loszusprechen:
„Einem hab' ich recht gehandelt."

Jesus fühlte rein und dachte
Nur den einen Gott im stillen;
Wer ihn selbst zum Gotte machte,
Kränkte seinen heil'gen Willen.

Und so muß das Rechte scheinen,
Was auch Mahomet gelungen;
Nur durch den Begriff des einen
Hat er alle Welt bezwungen.

Wenn du aber dennoch Huld'gung
Diesem leid'gen Ding verlangest,
Diene mir es zur Entschuld'gung,
Daß du nicht alleine prangest. —

Doch allein! — Da viele Frauen
Salomonis ihn verkehrten,
Götter betend anzuschauen,
Wie die Närrinnen verehrten.

Isis' Horn, Anubis' Rachen
Boten sie dem Judenstolze,
Mir willst du zum Gotte machen
Solch ein Jammerbild am Holze!

Und ich will nicht besser scheinen,
Als es sich mit mir eräugnet,
Salomo verschwur den seinen,
Meinen Gott hab' ich verleugnet.

Laß die Renegatenbürde
Mich in diesem Kuß verschmerzen:
Denn ein Vitzliputzli würde
Talisman an deinem Herzen.

Laßt mich weinen! umschränkt von Nacht,
In unendlicher Wüste.
Kamele ruhn, die Treiber desgleichen,
Rechnend still wacht der Armenier;
Ich aber, neben ihm, berechne die Meilen,
Die mich von Suleika trennen, wiederhole
Die wegeverlängernden ärgerlichen Krümmungen.
Laßt mich weinen! das ist keine Schande.
Weinende Männer sind gut.
Weinte doch Achill um seine Briseis!
Xerxes beweinte das unerschlagene Heer,
Über den selbstgemordeten Liebling
Alexander weinte.
Laßt mich weinen! Tränen beleben den Staub.
Schon grunelt's.

Und warum sendet
Der Reiterhauptmann
Nicht seine Boten
Von Tag zu Tage?
Hat er doch Pferde,
Versteht die Schrift.

Er schreibt ja Talik,
Auch Neski weiß er
Zierlich zu schreiben
Auf Seidenblätter.
An seiner Stelle
Sei mir die Schrift.

Die Kranke will nicht,
Will nicht genesen
Vom süßen Leiden,
Sie, an der Kunde
Von ihrem Liebsten
Gesundend, krankt.

Nicht mehr auf Seidenblatt
Schreib' ich symmetrische Reime;
Nicht mehr fass' ich sie
In goldne Ranken;
Dem Staub, dem beweglichen, eingezeichnet
Überweht sie der Wind, aber die Kraft besteht,
Bis zum Mittelpunkt der Erde
Dem Boden angebannt.
Und der Wandrer wird kommen,
Der Liebende. Betritt er
Diese Stelle, ihm zuckt's
Durch alle Glieder.
„Hier! vor mir liebte der Liebende.
War es Medschnun, der zarte?
Ferhad, der kräftige? Dschemil, der daurende?
Oder von jenen tausend
Glücklich-Unglücklichen einer?
Er liebte! Ich liebe wie er,
Ich ahnd' ihn!"

Suleika, du aber ruhst
Auf dem zarten Polster,
Das ich dir bereitet und geschmückt.
Auch dir zuckt's aufweckend durch die Glieder.
„Er ist, der mich ruft, Hatem.
Auch ich rufe dir, o Hatem! Hatem!"

NOTEN UND ABHANDLUNGEN

ZU BESSEREM VERSTÄNDNIS DES WEST-ÖSTLICHEN DIVANS

Wer das Dichten will verstehen,
Muß ins Land der Dichtung gehen;
Wer den Dichter will verstehen,
Muß in Dichters Lande gehen.

EINLEITUNG

Alles hat seine Zeit! — Ein Spruch, dessen Bedeutung man bei längerem Leben immer mehr anerkennen lernt; diesem nach gibt es eine Zeit zu schweigen, eine andere zu sprechen, und zum letzten entschließt sich diesmal der Dichter. Denn wenn dem früheren Alter Tun und Wirken gebührt, so ziemt dem späteren Betrachtung und Mitteilung.

Ich habe die Schriften meiner ersten Jahre ohne Vorwort in die Welt gesandt, ohne auch nur im mindesten anzudeuten, wie es damit gemeint sei; dies geschah im Glauben an die Nation, daß sie früher oder später das Vorgelegte benutzen werde. Und so gelang mehreren meiner Arbeiten augenblickliche Wirkung, andere, nicht ebenso faßlich und eindringend, bedurften, um anerkannt zu werden, mehrerer Jahre. Indessen gingen auch diese vorüber, und ein zweites, drittes nachwachsendes Geschlecht entschädigt mich doppelt und dreifach für die Unbilden, die ich von meinen früheren Zeitgenossen zu erdulden hatte.

Nun wünscht' ich aber, daß nichts den ersten guten Eindruck des gegenwärtigen Büchleins hindern möge. Ich entschließe mich daher zu erläutern, zu erklären, nachzuweisen, und zwar bloß in der Absicht, daß ein unmittelbares Verständnis Lesern daraus erwachse, die mit dem Osten wenig oder nicht bekannt sind. Dagegen bedarf derjenige dieses Nachtrags nicht, der sich um Geschichte und Literatur einer so höchst merkwürdigen Weltregion näher umgetan hat. Er wird vielmehr die Quellen und Bäche leicht bezeichnen, deren erquickliches Naß ich auf meine Blumenbeete geleitet.

Am liebsten aber wünschte der Verfasser vorstehender Gedichte als ein Reisender angesehen zu werden, dem es zum Lobe gereicht, wenn er sich der fremden Landesart mit Neigung bequemt, deren Sprachgebrauch sich anzueignen trachtet, Gesinnungen zu teilen, Sitten aufzunehmen versteht. Man entschuldigt ihn, wenn es ihm auch nur bis auf einen gewissen Grad gelingt, wenn er immer noch an einem eignen Akzent, an einer unbezwinglichen Unbiegsamkeit seiner Landsmannschaft als Fremdling kenntlich bleibt. In diesem Sinne möge nun Verzeihung dem Büchlein gewährt sein! Kenner vergeben mit Einsicht, Liebhaber, weniger gestört durch solche Mängel, nehmen das Dargebotne unbefangen auf.

Damit aber alles, was der Reisende zurückbringt, den Seinigen schneller behage, übernimmt er die Rolle eines Handelsmanns, der seine Waren gefällig auslegt und sie auf mancherlei Weise angenehm zu machen sucht; ankündigende, beschreibende, ja lobpreisende Redensarten wird man ihm nicht verargen.

Zuvörderst also darf unser Dichter wohl aussprechen, daß er sich im Sittlichen und Ästhetischen Verständlichkeit zur ersten Pflicht gemacht, daher er sich denn auch der schlichtesten Sprache, in dem leichtesten, faßlichsten Silbenmaße seiner Mundart, befleißigt und nur von weitem auf dasjenige hindeutet, wo der Orientale durch Künstlichkeit und Künstelei zu gefallen strebt.

Das Verständnis jedoch wird durch manche nicht zu vermeidende fremde Worte gehindert, die deshalb dunkel sind, weil sie sich auf bestimmte Gegenstände beziehen, auf Glauben, Meinungen, Herkommen, Fabeln und Sitten. Diese zu erklären, hielt man für die nächste Pflicht und hat dabei das Bedürfnis berücksichtigt, das aus Fragen und Einwendungen deutscher Hörender und Lesender hervorging. Ein angefügtes Register bezeichnet die Seite, wo dunkle Stellen vorkommen und auch wo sie erklärt werden. Dieses Erklären aber geschieht in einem gewissen Zusammenhange, damit nicht abgerissene Noten, sondern ein selbstständiger Text erscheine, der, obgleich nur flüchtig behandelt und lose verknüpft, dem Lesenden jedoch Übersicht und Erläuterung gewähre.

Möge das Bestreben unseres diesmaligen Berufes angenehm sein! Wir dürfen es hoffen: denn in einer Zeit, wo so vieles aus dem Orient unserer Sprache treulich angeeignet wird, mag es verdienstlich erscheinen, wenn auch wir von unserer Seite die Aufmerksamkeit dorthin zu lenken suchen, woher so manches Große, Schöne und Gute seit Jahrtausenden zu uns gelangte, woher täglich mehr zu hoffen ist.

HEBRÄER

Naive Dichtkunst ist bei jeder Nation die erste, sie liegt allen folgenden zum Grunde; je frischer, je naturgemäßer sie hervortritt, desto glücklicher entwickeln sich die nachherigen Epochen.

Da wir von orientalischer Poesie sprechen, so wird notwendig, der Bibel, als der ältesten Sammlung, zu gedenken. Ein großer Teil des Alten Testaments ist mit erhöhter Gesinnung, ist enthusiastisch geschrieben und gehört dem Felde der Dichtkunst an.

Erinnern wir uns nun lebhaft jener Zeit, wo Herder und Eichhorn uns hierüber persönlich aufklärten, so gedenken wir eines hohen Genusses, dem reinen orientalischen Sonnenaufgang zu vergleichen. Was solche Männer uns verliehen und hinterlassen, darf nur angedeutet werden, und man verzeiht uns die Eilfertigkeit, mit welcher wir an diesen Schätzen vorübergehen.

Beispiels willen jedoch gedenken wir des Buches Ruth, welches bei seinem hohen Zweck, einem Könige von Israel anständige, interessante Voreltern zu verschaffen, zugleich als das lieblichste kleine Ganze betrachtet werden kann, das uns episch und idyllisch überliefert worden ist.

Wir verweilen sodann einen Augenblick bei dem Hohen Lied, als dem Zartesten und Unnachahmlichsten, was uns von Ausdruck leidenschaftlicher, anmutiger Liebe zugekommen. Wir beklagen freilich, daß uns die fragmentarisch durcheinander geworfenen, übereinander geschobenen Gedichte keinen vollen reinen Genuß gewähren, und doch sind wir entzückt, uns in jene Zustände hineinzuahnden, in welchen die Dichtenden gelebt. Durch und durch wehet eine milde Luft des lieblichsten Bezirks von Kanaan; ländlich trauliche Verhältnisse, Wein-, Garten- und Gewürzbau, etwas von städtischer Beschränkung, sodann aber ein königlicher Hof mit seinen Herrlichkeiten im Hintergrunde. Das Hauptthema jedoch bleibt glühende Neigung jugendlicher Herzen, die sich suchen, finden, abstoßen, anziehen, unter mancherlei höchst einfachen Zuständen.

Mehrmals gedachten wir aus dieser lieblichen Verwirrung einiges herauszuheben, aneinander zu reihen; aber gerade das Rätselhaft-Unauflösliche gibt den wenigen Blättern Anmut und Eigentümlichkeit. Wie oft sind nicht wohldenkende, ordnungsliebende Geister angelockt worden, irgendeinen verständigen Zusammenhang zu finden oder hineinzulegen, und einem Folgenden bleibt immer dieselbige Arbeit.

Ebenso hat das Buch Ruth seinen unbezwinglichen Reiz über manchen wackern Mann schon ausgeübt, daß er dem Wahn sich hingab, das in seinem Lakonismus unschätzbar dargestellte Ereignis könne durch eine ausführliche, paraphrastische Behandlung noch einigermaßen gewinnen.

Und so dürfte Buch für Buch das Buch aller Bücher dartun, daß es uns deshalb gegeben sei, damit wir uns daran wie an einer zweiten Welt versuchen, uns daran verirren, aufklären und ausbilden mögen.

ARABER

Bei einem östlichern Volke, den Arabern, finden wir herrliche Schätze an den *Moallakat*. Es sind Preisgesänge, die aus dichterischen Kämpfen siegreich hervorgingen; Gedichte, entsprungen vor Mahomets Zeiten, mit goldenen Buchstaben geschrieben, aufgehängt an den Pforten des Gotteshauses zu Mekka. Sie deuten auf eine wandernde, herdenreiche, kriegerische Nation, durch den Wechselstreit mehrerer Stämme innerlich beunruhigt. Dargestellt sind: festeste Anhänglichkeit an Stammgenossen, Ehrbegierde, Tapferkeit, unversöhnbare Rachelust, gemildert durch Liebestrauer, Wohltätigkeit, Aufopferung, sämtlich grenzenlos. Diese Dichtungen geben uns einen hinlänglichen Begriff von der hohen Bildung des Stammes der Koraischiten, aus welchem Mahomet selbst entsprang, ihnen aber eine düstre Religionshülle überwarf und jede Aussicht auf reinere Fortschritte zu verhüllen wußte.

Der Wert dieser trefflichen Gedichte, an Zahl sieben, wird noch dadurch erhöht, daß die größte Mannigfaltigkeit in ihnen herrscht. Hiervon können wir nicht kürzere und würdigere Rechenschaft geben, als wenn wir einschaltend hinlegen, wie der einsichtige Jones ihren Charakter ausspricht. „Amralkais Gedicht ist weich, froh, glänzend, zierlich, mannigfaltig und anmutig. Tarafas: kühn, aufgeregt, aufspringend und doch mit einiger Fröhlichkeit durchwebt. Das Gedicht von Zoheir scharf, ernst, keusch, voll moralischer Gebote und ernster Sprüche. Lebids Dichtung ist leicht, verliebt, zierlich, zart; sie erinnert an Virgils zweite Ekloge: denn er beschwert sich über der Geliebten Stolz und Hochmut und nimmt daher Anlaß, seine Tugenden herzuzählen, den Ruhm seines Stammes in den Himmel zu erheben. Das Lied Antaras zeigt sich stolz, drohend, treffend, prächtig, doch nicht ohne Schönheit der Beschreibungen und Bilder. Amru ist heftig, erhaben, ruhmredig; Harez darauf voll Weisheit, Scharfsinn und Würde. Auch erscheinen die beiden letzten als poetisch-politische Streitreden, welche vor einer Versammlung Araber gehalten wurden, um den verderblichen Haß zweier Stämme zu beschwichtigen.“

Wie wir nun durch dieses wenige unsere Leser gewiß aufregen, jene Gedichte zu lesen oder wieder zu lesen, so fügen wir ein anderes bei, aus Mahomets Zeit, und völlig im Geiste jener. Man könnte den Charakter desselben als düster, ja finster ansprechen, glühend, rachlustig und von Rache gesättigt.

1. Unter dem Felsen am Wege
Erschlagen liegt er,
In dessen Blut
Kein Tau herabträuft.

2. Große Last legt' er mir auf
Und schied;
Fürwahr diese Last
Will ich tragen.

3. „Erbe meiner Rache
Ist der Schwestersohn,
Der Streitbare,
Der Unversöhnliche.

4. Stumm schwitzt er Gift aus,
Wie die Otter schweigt,
Wie die Schlange Gift haucht,
Gegen die kein Zauber gilt."

5. Gewaltsame Botschaft kam über uns
Großen mächtigen Unglücks;
Den Stärksten hätte sie
Überwältigt.

6. Mich hat das Schicksal geplündert,
Den Freundlichen verletzend,
Dessen Gastfreund
Nie beschädigt ward.

7. Sonnenhitze war er
Am kalten Tag,
Und brannte der Sirius,
War er Schatten und Kühlung.

8. Trocken von Hüften,
Nicht kümmerlich,
Feucht von Händen,
Kühn und gewaltsam.

9. Mit festem Sinn
Verfolgt' er sein Ziel,
Bis er ruhte;
Da ruht' auch der feste Sinn.

10. Wolkenregen war er,
Geschenke verteilend;
Wenn er anfiel,
Ein grimmiger Löwe.

11. Staatlich vor dem Volke,
Schwarzen Haares, langen Kleides,
Auf den Feind rennend,
Ein magrer Wolf.

12. Zwei Geschmäcke teilt' er aus,
Honig und Wermut,
Speise solcher Geschmäcke
Kostete jeder.

13. Schreckend ritt er allein,
Niemand begleitet' ihn
Als das Schwert von Jemen,
Mit Scharten geschmückt.

14. Mittags begannen wir Jünglinge
Den feindseligen Zug,
Zogen die Nacht hindurch,
Wie schwebende Wolken ohne Ruh'.

15. Jeder war ein Schwert,
Schwertumgürtet,
Aus der Scheide gerissen
Ein glänzender Blitz.

16. Sie schlürften die Geister des Schlafes,
Aber wie sie mit den Köpfen nickten,
Schlugen wir sie,
Und sie waren dahin.

17. Rache nahmen wir völlige;
Es entrannen von zwei Stämmen
Gar wenige,
Die wenigsten.

18. Und hat der Hudseilite,
Ihn zu verderben, die Lanze gebrochen,
Weil er mit seiner Lanze
Die Hudseiliten zerbrach.

19. Auf rauhen Ruhplatz
Legten sie ihn,
An schroffen Fels, wo selbst Kamele
Die Klauen zerbrachen.

20. Als der Morgen ihn da begrüßt',
Am düstern Ort, den Gemordeten,
War er beraubt,
Die Beute entwendet.

21. Nun aber sind gemordet von mir
Die Hudseiliten mit tiefen Wunden.
Mürbe macht mich nicht das Unglück,
Es selbst wird mürbe.

22. Des Speeres Durst ward gelöscht
Mit erstem Trinken,
Versagt war ihm nicht
Wiederholtes Trinken.

23. Nun ist der Wein wieder erlaubt,
Der erst versagt war,
Mit vieler Arbeit
Gewann ich mir die Erlaubnis.

24. Auf Schwert und Spieß
Und aufs Pferd erstreckt' ich
Die Vergünstigung,
Das ist nun alles Gemeingut.

25. Reiche den Becher denn,
O! Sawad Ben Amre:
Denn mein Körper um des Oheims willen
Ist eine große Wunde.

26. Und den Todeskelch
Reichten wir den Hudseiliten,
Dessen Wirkung ist Jammer,
Blindheit und Erniedrigung.

27. Da lachten die Hyänen
Beim Tode der Hudseiliten.
Und du sahest Wölfe,
Denen glänzte das Angesicht.

28. Die edelsten Geier flogen daher,
Sie schritten von Leiche zu Leiche,
Und von dem reichlich bereiteten Mahle
Nicht in die Höhe konnten sie steigen.

Wenig bedarf es, um sich über dieses Gedicht zu verständigen. Die Größe des Charakters, der Ernst, die rechtmäßige Grausamkeit des Handelns sind hier eigentlich das Mark der Poesie. Die zwei ersten Strophen geben die klare Exposition, in der dritten und vierten spricht der Tote und legt seinem Verwandten die Last auf, ihn zu rächen. Die fünfte und sechste schließt sich dem Sinne nach an die ersten, sie stehen lyrisch versetzt; die siebente bis dreizehnte erhebt den Erschlagenen, daß man die Größe seines Verlustes empfinde. Die vierzehnte bis siebzehnte Strophe schildert die Expedition gegen die Feinde; die achtzehnte führt wieder rückwärts; die neunzehnte und zwanzigste könnte gleich nach den beiden ersten stehen. Die einundzwanzigste und zweiundzwanzigste könnte nach der siebzehnten Platz finden; sodann folgt Siegeslust und Genuß beim Gastmahl, den Schluß aber macht die furchtbare Freude, die erlegten Feinde, Hyänen und Geiern zum Raube, vor sich liegen zu sehen.

Höchst merkwürdig erscheint uns bei diesem Gedicht, daß die reine Prosa der Handlung durch Transposition der einzelnen Ereignisse poetisch wird. Dadurch, und daß das Gedicht fast alles äußern Schmucks ermangelt, wird der Ernst desselben erhöht, und wer sich recht hineinliest, muß das Geschehene von Anfang bis zu Ende nach und nach vor der Einbildungskraft aufgebaut erblicken.

ÜBERGANG

Wenn wir uns nun zu einem friedlichen, gesitteten Volke, den Persern, wenden, so müssen wir, da ihre Dichtungen eigentlich diese Arbeit veranlaßten, in die früheste Zeit zurückgehen, damit uns dadurch die neuere verständlich werde. Merkwürdig bleibt es immer dem Geschichtsforscher, daß, mag auch ein Land noch so oft von Feinden erobert, unterjocht, ja vernichtet sein, sich doch ein gewisser Kern der Nation immer in seinem Charakter erhält, und, ehe man sich's versieht, eine altbekannte Volkserscheinung wieder auftritt.

In diesem Sinne möge es angenehm sein, von den ältesten Persern zu vernehmen und einen desto sicherern und freieren Schritt bis auf den heutigen Tag eilig durchzuführen.

ÄLTERE PERSER

Auf das Anschauen der Natur gründete sich der alten Parsen Gottesverehrung. Sie wendeten sich, den Schöpfer anbetend, gegen die aufgehende Sonne, als der auffallend herrlichsten Erscheinung. Dort glaubten sie den Thron Gottes, von Engeln umfunkelt, zu erblicken. Die Glorie dieses herzerhebenden Dienstes konnte sich jeder, auch der Geringste, täglich vergegenwärtigen. Aus der Hütte trat der Arme, der Krieger aus dem Zelt hervor, und die religioseste aller Funktionen war vollbracht. Dem neugebornen Kinde erteilte man die Feuertaufe in solchen Strahlen, und den ganzen Tag über, das ganze Leben hindurch sah der Parse sich von dem Urgestirne bei allen seinen Handlungen begleitet. Mond und Sterne erhellten die Nacht, ebenfalls unerreichbar, dem Grenzenlosen angehörig. Dagegen stellt sich das Feuer ihnen zur Seite; erleuchtend, erwärmend, nach seinem Vermögen. In Gegenwart dieses Stellvertreters Gebete zu verrichten, sich vor dem unendlich Empfundenen zu beugen, wird angenehme, fromme Pflicht. Reinlicher ist nichts als ein heiterer Sonnenaufgang, und so reinlich mußte man auch die Feuer entzünden und bewahren, wenn sie heilig, sonnenähnlich sein und bleiben sollten.

Zoroaster scheint die edle reine Naturreligion zuerst in einen umständlichen Kultus verwandelt zu haben. Das mentale Gebet, das alle Religionen einschließt und ausschließt und nur bei wenigen, gottbegünstigten Menschen den ganzen Lebenswandel durchdringt, entwickelt sich bei den meisten nur als flammendes, beseligendes Gefühl des Augenblicks, nach dessen Verschwinden sogleich der sich selbst zurückgegebene, unbefriedigte, unbeschäftigte Mensch in die unendlichste Langeweile zurückfällt.

Diese mit Zeremonien, mit Weihen und Entsühnen, mit Kommen und Gehen, Neigen und Beugen umständlich auszufüllen, ist Pflicht und Vorteil der Priesterschaft, welche denn ihr Gewerbe durch Jahrhunderte durch in unendliche Kleinlichkeiten zersplittert. Wer von der ersten kindlichfrohen Verehrung einer aufgehenden Sonne bis zur Verrücktheit der Guebern, wie sie noch diesen Tag in Indien stattfindet, sich einen schnellen Überblick verschaffen kann, der mag dort eine frische, vom Schlaf dem ersten Tageslicht sich entgegenregende Nation erblicken, hier aber ein verdüstertes Volk, welches gemeine Langeweile durch fromme Langeweile zu töten trachtet.

Wichtig ist es jedoch, zu bemerken, daß die alten Parsen nicht etwa nur das Feuer verehrt; ihre Religion ist durchaus auf die Würde der sämtlichen Elemente gegründet, insofern sie das Dasein und die Macht Gottes verkündigen. Daher die heilige Scheu, das Wasser, die Luft, die Erde zu besudeln. Eine solche Ehrfurcht vor allem, was den Menschen Natürliches umgibt, leitet auf alle bürgerliche Tugenden: Aufmerksamkeit, Reinlichkeit, Fleiß wird angeregt und genährt. Hierauf war die Landeskultur gegründet; denn wie sie keinen Fluß verunreinigten, so wurden auch die Kanäle mit sorgfältiger Wasserersparnis angelegt und rein gehalten, aus deren Zirkulation die Fruchtbarkeit des Landes entquoll, so daß das Reich damals über das Zehnfache mehr bebaut war. Alles, wozu die Sonne lächelte, ward mit höchstem Fleiß betrieben, vor anderm aber die Weinrebe, das eigentlichste Kind der Sonne, gepflegt.

Die seltsame Art, ihre Toten zu bestatten, leitet sich her aus eben dem übertriebenen Vorsatz, die reinen Elemente nicht zu verunreinigen. Auch die Stadtpolizei wirkt aus diesen Grundsätzen: Reinlichkeit der Straßen war eine Religionsangelegenheit, und noch jetzt, da die Guebern vertrieben, verstoßen, verachtet sind und nur allenfalls in Vorstädten in verrufenen Quartieren ihre Wohnung finden, vermacht ein Sterbender dieses Bekenntnisses irgendeine Summe, damit eine oder die andere Straße der Hauptstadt sogleich möge völlig gereinigt werden. Durch eine so lebendige praktische Gottesverehrung ward jene unglaubliche Bevölkerung möglich, von der die Geschichte ein Zeugnis gibt.

Eine so zarte Religion, gegründet auf die Allgegenwart Gottes in seinen Werken der Sinnenwelt, muß einen eignen Einfluß auf die Sitten ausüben. Man betrachte ihre Hauptgebote und Verbote: nicht lügen, keine Schulden machen, nicht undankbar sein! die Fruchtbarkeit dieser Lehren wird sich jeder Ethiker und Aszete leicht entwickeln. Denn eigentlich enthält das erste Verbot die beiden andern und alle übrigen, die doch eigentlich nur aus Unwahrheit und Untreue entspringen; und daher mag der Teufel im Orient bloß unter Beziehung des ewigen Lügners angedeutet werden.

Da diese Religion jedoch zur Beschaulichkeit führt, so könnte sie leicht zur Weichlichkeit verleiten, so wie denn in den langen und weiten Kleidern auch etwas Weibliches angedeutet scheint. Doch war auch in ihren Sitten und Verfassungen die Gegenwirkung groß. Sie trugen Waffen, auch im Frieden und geselligen Leben, und übten sich im Gebrauch derselben auf alle mögliche Weise. Das geschickteste und heftigste Reiten war bei ihnen herkömmlich, auch ihre Spiele, wie das mit Ballen und Schlägel, auf großen Rennbahnen, erhielt sie rüstig, kräftig, behend; und eine unbarmherzige Konskription machte sie sämtlich zu Helden auf den ersten Wink des Königs.

Schauen wir zurück auf ihren Gottessinn. Anfangs war der öffentliche Kultus auf wenige Feuer eingeschränkt und daher desto ehrwürdiger, dann vermehrte sich ein hochwürdiges Priestertum nach und nach zahlreich, womit sich die Feuer vermehrten. Daß diese innigst verbundene geistliche Macht sich gegen die weltliche gelegentlich auflehnen würde, liegt in der Natur dieses ewig unverträglichen Verhältnisses. Nicht zu gedenken, daß der falsche Smerdis, der sich des Königreichs bemächtigte, ein Magier gewesen, durch seine Genossen erhöht und eine Zeitlang gehalten worden, so treffen wir die Magier mehrmals den Regenten fürchterlich.

Durch Alexanders Invasion zerstreut, unter seinen parthischen Nachfolgern nicht begünstigt, von den Sassaniden wieder hervorgehoben und versammelt, bewiesen sie sich immer fest auf ihren Grundsätzen und widerstrebten dem Regenten, der diesen zuwiderhandelte. Wie sie denn die Verbindung des Chosru mit der schönen Schirin, einer Christin, auf alle Weise beiden Teilen widersetzlich verleideten.

Endlich von den Arabern auf immer verdrängt und nach Indien vertrieben und, was von ihnen oder ihren Geistesverwandten in Persien zurückblieb, bis auf den heutigen Tag verachtet und beschimpft, bald geduldet, bald verfolgt nach Willkür der Herrscher, hält sich noch diese Religion hie und da in der frühesten Reinheit, selbst in kümmerlichen Winkeln, wie der Dichter solches durch das „Vermächtnis des alten Parsen" auszudrücken gesucht hat.

Daß man daher dieser Religion durch lange Zeiten durch sehr viel schuldig geworden, daß in ihr die Möglichkeit einer höhern Kultur lag, die sich im westlichen Teile der östlichen Welt verbreitet, ist wohl nicht zu bezweifeln. Zwar ist es höchst schwierig, einen Begriff zu geben, wie und woher sich diese Kultur ausbreitete. Viele Städte lagen als Lebenspunkte in vielen Regionen zerstreut; am bewundernswürdigsten aber ist mir, daß die fatale Nähe des indischen Götzendienstes nicht auf sie wirken konnte. Auffallend bleibt es, da die Städte von Balch und Bamian so nah aneinander lagen, hier die verrücktesten Götzen in riesenhafter Größe verfertigt und angebetet zu sehen, indessen sich dort die Tempel des reinen Feuers erhielten, große Klöster dieses Bekenntnisses entstanden und eine Unzahl von Mobeden sich versammelten. Wie herrlich aber die Einrichtung solcher Anstalten müsse gewesen sein, bezeugen die außerordentlichen Männer, die von dort ausgegangen sind. Die Familie der Barmekiden stammte daher, die so lange als einflußreiche Staatsdiener glänzten, bis sie zuletzt, wie ein ungefähr ähnliches Geschlecht dieser Art zu unsern Zeiten, ausgerottet und vertrieben worden.

REGIMENT

Wenn der Philosoph aus Prinzipien sich ein Natur-, Völker- und Staatsrecht auferbaut, so forscht der Geschichtsfreund nach, wie es wohl mit solchen menschlichen Verhältnissen und Verbindungen von jeher gestanden habe. Da finden wir denn im ältesten Oriente: daß alle Herrschaft sich ableiten lasse von dem Rechte, Krieg zu erklären. Dieses Recht liegt, wie alle übrigen, anfangs in dem Willen, in der Leidenschaft des Volkes. Ein Stammglied wird verletzt, sogleich regt sich die Masse unaufgefordert, Rache zu nehmen am Beleidiger. Weil aber die Menge zwar handeln und wirken, nicht aber sich führen mag, überträgt sie durch Wahl, Sitte, Gewohnheit die Anführung zum Kampfe einem einzigen, es sei für einen Kriegszug, für mehrere; dem tüchtigen Manne verleiht sie den gefährlichen Posten auf Lebenszeit, auch wohl endlich für seine Nachkommen. Und so verschafft sich der einzelne durch die Fähigkeit, Krieg zu führen, das Recht, den Krieg zu erklären.

Hieraus fließt nun ferner die Befugnis, jeden Staatsbürger, der ohnehin als kampflustig und streitfertig angesehen werden darf, in die Schlacht zu rufen, zu fordern, zu zwingen. Diese Konskription mußte von jeher, wenn sie sich gerecht und wirksam erzeigen wollte, unbarmherzig sein. Der erste Darius rüstet sich gegen verdächtige Nachbarn, das unzählige Volk gehorcht dem Wink. Ein Greis liefert drei Söhne, er bittet, den Jüngsten vom Feldzuge zu befreien, der König sendet ihm den Knaben in Stücken zerhauen zurück. Hier ist also das Recht über Leben und Tod schon ausgesprochen. In der Schlacht selbst leidet's keine Frage: denn wird nicht oft willkürlich, ungeschickt ein ganzer Heeresteil vergebens aufgeopfert, und niemand fordert Rechenschaft vom Anführer?

Nun zieht sich aber bei kriegerischen Nationen derselbe Zustand durch die kurzen Friedenszeiten. Um den König her ist's immer Krieg und niemandem bei Hofe das Leben gesichert. Ebenso werden die Steuern fort erhoben, die der Krieg nötig machte. Deshalb setzte denn auch Darius Codomannus vorsichtig regelmäßige Abgaben fest statt freiwilliger Geschenke. Nach diesem Grundsatz, mit dieser Verfassung stieg die persische Monarchie zu höchster Macht und Glückseligkeit, die denn doch zuletzt an dem Hochsinn einer benachbarten, kleinen, zerstückelten Nation endlich scheiterte.

GESCHICHTE

Die Perser, nachdem außerordentliche Fürsten ihre Streitkräfte in eins versammelt und die Elastizität der Masse aufs höchste gesteigert, zeigten sich selbst entferntern Völkern gefährlich, um so mehr den benachbarten.

Alle waren überwunden, nur die Griechen, uneins unter sich, vereinigten sich gegen den zahlreichen, mehrmals herandringenden Feind und entwickelten musterhafte Aufopferung, die erste und letzte Tugend, worin alle übrigen enthalten sind. Dadurch ward Frist gewonnen, daß, in dem Maße, wie die persische Macht innerlich zerfiel, Philipp von Mazedonien eine Einheit gründen konnte, die übrigen Griechen um sich zu versammeln und ihnen für den Verlust ihrer innern Freiheit den Sieg über äußere Dränger vorzubereiten. Sein Sohn überzog die Perser und gewann das Reich.

Nicht nur furchtbar, sondern äußerst verhaßt hatten sich diese der griechischen Nation gemacht, indem sie Staat und Gottesdienst zugleich bekriegten. Sie, einer Religion ergeben, wo die himmlischen Gestirne, das Feuer, die Elemente als gottähnliche Wesen in freier Welt verehrt wurden, fanden höchst scheltenswert, daß man die Götter in Wohnungen einsperrte, sie unter Dach anbetete. Nun verbrannte und zerstörte man die Tempel und schuf dadurch sich selbst ewig Haß erregende Denkmäler, indem die Weisheit der Griechen beschloß, diese Ruinen niemals wieder aus ihrem Schutte zu erheben, sondern zu Anreizung künftiger Rache ahndungsvoll liegen zu lassen. Diese Gesinnungen, ihren beleidigten Gottesdienst zu rächen, brachten die Griechen mit auf persischen Grund und Boden; manche Grausamkeit erklärt sich daher, auch will man den Brand von Persepolis damit entschuldigen.

Die gottesdienstlichen Übungen der Magier, die freilich, von ihrer ersten Einfalt entfernt, auch schon Tempel und Klostergebäude bedurften, wurden gleichfalls zerstört, die Magier verjagt und zerstreut, von welchen jedoch immer eine große Menge versteckt sich sammelten und auf bessere Zeiten Gesinnung und Gottesdienst aufbewahrten. Ihre Geduld wurde freilich sehr geprüft: denn als mit Alexanders Tode die kurze Alleinherrschaft zerfiel und das Reich zersplitterte, bemächtigten sich die Parther des Teils, der uns gegenwärtig besonders beschäftigt. Sprache, Sitten, Religion der Griechen ward bei ihnen einheimisch. Und so vergingen fünfhundert Jahre über der Asche der alten Tempel und Altäre, unter welchen das heilige Feuer immerfort glimmend sich erhielt, so daß die Sassaniden zu Anfang des dritten

Jahrhunderts unserer Zeitrechnung, als sie, die alte Religion wieder bekennend, den frühern Dienst herstellten, sogleich eine Anzahl Magier und Mobeden vorfanden, welche an und über der Grenze Indiens sich und ihre Gesinnungen im stillen erhalten hatten. Die altpersische Sprache wurde hervorgezogen, die griechische verdrängt und zu einer eignen Nationalität wieder Grund gelegt. Hier finden wir nun in einem Zeitraum von vierhundert Jahren die mythologische Vorgeschichte persischer Ereignisse durch poetisch-prosaische Nachklänge einigermaßen erhalten. Die glanzreiche Dämmerung derselben erfreut uns immerfort, und eine Mannigfaltigkeit von Charakteren und Ereignissen erweckt großen Anteil.

Was wir aber auch von Bild- und Baukunst dieser Epoche vernehmen, so ging es damit doch bloß auf Pracht und Herrlichkeit, Größe und Weitläuftigkeit und unförmliche Gestalten hinaus; und wie konnt' es auch anders werden? da sie ihre Kunst vom Abendlande hernehmen mußten, die schon dort so tief entwürdigt war. Der Dichter besitzt selbst einen Siegelring Sapor des Ersten, einen Onyx, offenbar von einem westlichen Künstler damaliger Zeit, vielleicht einem Kriegsgefangenen, geschnitten. Und sollte der Siegelschneider des überwindenden Sassaniden geschickter gewesen sein als der Stempelschneider des überwundenen Valentinian? Wie es aber mit den Münzen damaliger Zeit aussehe, ist uns leider nur zu wohl bekannt. Auch hat sich das Dichterisch-Märchenhafte jener überbliebenen Monumente nach und nach durch Bemühung der Kenner zur historischen Prosa herabgestimmt. Da wir denn nun deutlich auch in diesem Beispiel begreifen, daß ein Volk auf einer hohen sittlich-religiosen Stufe stehen, sich mit Pracht und Prunk umgeben und in bezug auf Künste noch immer unter die barbarischen gezählt werden kann.

Ebenso müssen wir auch, wenn wir orientalische und besonders persische Dichtkunst der Folgezeit redlich schätzen und nicht zu künftigem eignen Verdruß und Beschämung solche überschätzen wollen, gar wohl bedenken, wo denn eigentlich die werte, wahre Dichtkunst in jenen Tagen zu finden gewesen.

Aus dem Westlande scheint sich nicht viel selbst nach dem nächsten Osten verloren zu haben, Indien hielt man vorzüglich im Auge; und da denn doch den Verehrern des Feuers und der Elemente jene verrückt-monstrose Religion, dem Lebemenschen aber eine abstruse Philosophie keineswegs annehmlich sein konnte, so nahm man von dorther, was allen Menschen immer gleich willkommen ist, Schriften, die sich auf Weltklugheit beziehen; da man denn auf die Fabeln des Bidpai den höchsten Wert legte und dadurch schon eine künftige Poesie in ihrem tiefsten Grund zerstörte. Zugleich hatte man aus derselben Quelle das Schachspiel erhalten, welches in Bezug mit jener Weltklugheit allem Dichtersinn den Garaus zu machen völlig geeignet ist. Setzen wir dieses voraus, so werden wir das Naturell der späteren persischen Dichter, sobald sie durch günstige Anlässe hervorgerufen wurden, höchlich rühmen und bewundern, wie sie so manche Ungunst bekämpfen, ihr ausweichen oder vielleicht gar überwinden können.

Die Nähe von Byzanz, die Kriege mit den westlichen Kaisern und daraus entspringenden wechselseitigen Verhältnisse bringen endlich ein Gemisch hervor, wobei die christliche Religion zwischen die der alten Parsen sich einschlingt, nicht ohne Widerstreben der Mobeden und dortigen Religionsbewahrer. Wie denn doch die mancherlei Verdrießlichkeiten, ja großes Unglück selbst, das den trefflichen Fürsten Chosru Parvis überfiel, bloß daher seinen Ursprung nahm, weil Schirin, liebenswürdig und reizend, am christlichen Glauben festhielt.

Dieses alles, auch nur obenhin betrachtet, nötigt uns zu gestehen, daß die Vorsätze, die Verfahrungsweise der Sassaniden alles Lob verdienen; nur waren sie nicht mächtig genug, in einer von Feinden rings umgebenen Lage zur bewegtesten Zeit sich zu erhalten. Sie wurden nach tüchtigem Widerstand von den Arabern unterjocht, welche Mahomet durch Einheit zur furchtbarsten Macht erhoben hatte.

MAHOMET

Da wir bei unseren Betrachtungen vom Standpunkte der Poesie entweder ausgehen oder doch auf denselben zurückkehren, so wird es unsern Zwecken angemessen sein, von genanntem außerordentlichen Manne vorerst zu erzählen, wie er heftig behauptet und beteuert: er sei Prophet und nicht Poet und daher auch sein Koran als göttliches Gesetz und nicht etwa als menschliches Buch zum Unterricht oder zum Vergnügen anzusehen. Wollen wir nun den Unterschied zwischen Poeten und Propheten näher andeuten, so sagen wir: beide sind von einem Gott ergriffen und befeuert, der Poet aber vergeudet die ihm verliehene Gabe im Genuß, um Genuß hervorzubringen, Ehre durch das Hervorgebrachte zu erlangen, allenfalls ein bequemes Leben. Alle übrigen Zwecke versäumt er, sucht mannigfaltig zu sein, sich in Gesinnung und Darstellung grenzenlos zu zeigen. Der Prophet hingegen sieht nur auf einen einzigen bestimmten Zweck; solchen zu erlangen, bedient er sich der einfachsten Mittel. Irgendeine Lehre will er verkünden und, wie um eine Standarte, durch sie und um sie die Völker versammeln. Hiezu bedarf es nur, daß die Welt glaube; er muß also eintönig werden und bleiben, denn das Mannigfaltige glaubt man nicht, man erkennt es.

Der ganze Inhalt des Korans, um mit wenigem viel zu sagen, findet sich zu Anfang der zweiten Sura und lautet folgendermaßen: „Es ist kein Zweifel in diesem Buch. Es ist eine Unterrichtung der Frommen, welche die Geheimnisse des *Glaubens* für wahr halten, die bestimmten Zeiten des *Gebets* beobachten und von demjenigen, was wir ihnen verliehen haben, *Almosen* austeilen; und welche der Offenbarung glauben, die den *Propheten* vor dir herabgesandt worden, und gewisse Versicherung des zukünftigen Lebens haben: diese werden von ihrem Herrn geleitet und sollen glücklich und selig sein. Die Ungläubigen betreffend, wird es ihnen gleichviel sein, ob du sie vermahnest oder nicht vermahnest; sie werden doch nicht glauben. Gott hat ihre Herzen und Ohren versiegelt. Eine Dunkelheit bedecket ihr Gesicht, und sie werden eine schwere Strafe leiden."

Und so wiederholt sich der Koran Sure für Sure. Glauben und Unglauben teilen sich in Oberes und Unteres; Himmel und Hölle sind den Bekennern und Leugnern zugedacht. Nähere Bestimmung des Gebotenen und Verbotenen, fabelhafte Geschichten jüdischer und christlicher Religion, Amplifikationen aller Art, grenzenlose Tautologien und Wiederholungen bilden den Körper dieses heiligen Buches, das uns, so oft wir auch daran gehen, immer von neuem anwidert, dann aber anzieht, in Erstaunen setzt und am Ende Verehrung abnötigt.

Worin es daher jedem Geschichtsforscher von der größten Wichtigkeit bleiben muß, sprechen wir aus mit den Worten eines vorzüglichen Mannes: „Die Hauptabsicht des Korans scheint diese gewesen zu sein, die Bekenner der drei verschiedenen, in dem volkreichen Arabien damals herrschenden Religionen, die meistenteils vermischt untereinander in den Tag hineinlebten und ohne Hirten und Wegweiser herumirrten, indem der größte Teil Götzendiener und die übrigen entweder Juden oder Christen eines höchst irrigen und ketzerischen Glaubens waren, in der Erkenntnis und Verehrung des einigen, ewigen und unsichtbaren Gottes, durch dessen Allmacht alle Dinge geschaffen sind, und die, so es nicht sind, geschaffen werden können, des allerhöchsten Herrschers, Richters und Herrn aller Herren, unter der Bestätigung gewisser Gesetze und den äußerlichen Zeichen gewisser Zeremonien, teils von alter und teils von neuer Einsetzung, und die durch Vorstellung sowohl zeitlicher als ewiger Belohnungen und Strafen eingeschärft wurden, zu vereinigen und sie alle zu dem Gehorsam des Mahomet, als des Propheten und Gesandten Gottes, zu bringen, der nach den wiederholten Erinnerungen, Verheißungen und Drohungen der vorigen Zeiten endlich Gottes wahre Religion auf Erden durch Gewalt der Waffen fortpflanzen und bestätigen sollte, um sowohl für den Hohenpriester, Bischof oder Papst in geistlichen als auch höchsten Prinzen in weltlichen Dingen erkannt zu werden."

Behält man diese Ansicht fest im Auge, so kann man es dem Muselmann nicht verargen, wenn er die Zeit vor Mahomet die Zeit der Unwissenheit benennt und völlig überzeugt ist, daß mit dem Islam Erleuchtung und Weisheit erst beginne. Der Stil des Korans ist seinem Inhalt und Zweck gemäß streng, groß, furchtbar, stellenweis wahrhaft erhaben; so treibt ein Keil den andern und darf sich über die große

Wirksamkeit des Buches niemand verwundern. Weshalb es denn auch von den echten Verehrern für unerschaffen und mit Gott gleich ewig erklärt wurde. Demungeachtet aber fanden sich gute Köpfe, die eine bessere Dicht- und Schreibart der Vorzeit anerkannten und behaupteten: daß, wenn es Gott nicht gefallen hätte, durch Mahomet auf einmal seinen Willen und eine entschieden gesetzliche Bildung zu offenbaren, die Araber nach und nach von selbst eine solche Stufe und eine noch höhere würden erstiegen und reinere Begriffe in einer reinen Sprache entwickelt haben.

Andere, verwegener, behaupteten, Mahomet habe ihre Sprache und Literatur verdorben, so daß sie sich niemals wieder erholen werde. Der Verwegenste jedoch, ein geistvoller Dichter, war kühn genug zu versichern: alles, was Mahomet gesagt habe, wollte er auch gesagt haben, und besser, ja er sammelte sogar eine Anzahl Sektierer um sich her. Man bezeichnete ihn deshalb mit dem Spottnamen Motanabbi, unter welchem wir ihn kennen, welches so viel heißt als: einer, der gern den Propheten spielen möchte.

Ob nun gleich die muselmännische Kritik selbst an dem Koran manches Bedenken findet, indem Stellen, die man früher aus demselben angeführt, gegenwärtig nicht mehr darin zu finden sind, andere, sich widersprechend, einander aufheben und was dergleichen bei allen schriftlichen Überlieferungen nicht zu vermeidende Mängel sind; so wird doch dieses Buch für ewige Zeiten höchst wirksam verbleiben, indem es durchaus praktisch und den Bedürfnissen einer Nation gemäß verfaßt worden, welche ihren Ruhm auf alte Überlieferungen gründet und an herkömmlichen Sitten festhält.

In seiner Abneigung gegen Poesie erscheint Mahomet auch höchst konsequent, indem er alle Märchen verbietet. Diese Spiele einer leichtfertigen Einbildungskraft, die vom Wirklichen bis zum Unmöglichen hin und wider schwebt und das Unwahrscheinliche als ein Wahrhaftes und Zweifelloses vorträgt, waren der orientalischen Sinnlichkeit, einer weichen Ruhe und bequemem Müßiggang höchst angemessen. Diese Luftgebilde, über einem wunderlichen Boden schwankend, hatten sich zur Zeit der Sassaniden ins Unendliche vermehrt, wie sie uns „Tausend und eine Nacht“, an einen losen Faden gereiht, als Beispiele darlegt. Ihr eigentlicher Charakter ist, daß sie keinen sittlichen Zweck haben und daher den Menschen nicht auf sich selbst zurück, sondern außer sich hinaus ins unbedingte Freie führen und tragen. Gerade das Entgegengesetzte wollte Mahomet bewirken. Man sehe, wie er die Überlieferungen des Alten Testaments und die Ereignisse patriarchalischer Familien, die freilich auch auf einem unbedingten Glauben an Gott, einem unwandelbaren Gehorsam und also gleichfalls auf einem Islam beruhen, in Legenden zu verwandeln weiß, mit kluger Ausführlichkeit den Glauben an Gott, Vertrauen und Gehorsam immer mehr auszusprechen und einzuschärfen versteht; wobei er sich denn manches Märchenhafte, obgleich immer zu seinen Zwecken dienlich, zu erlauben pflegt. Bewundernswürdig ist er, wenn man in diesem Sinne die Begebenheiten Noahs, Abrahams, Josephs betrachtet und beurteilt.

KALIFEN

Um aber in unsern eigensten Kreis zurückzukehren, wiederholen wir, daß die Sassaniden bei vierhundert Jahre regierten, vielleicht zuletzt nicht mit früherer Kraft und Glanz; doch hätten sie sich wohl noch eine Weile erhalten, wäre die Macht der Araber nicht dergestalt gewachsen, daß ihr zu widerstehen kein älteres Reich imstande war. Schon unter Omar, bald nach Mahomet, ging jene Dynastie zugrunde, welche die altpersische Religion gehegt und einen seltenen Grad der Kultur verbreitet hatte.

Die Araber stürmten sogleich auf alle Bücher los, nach ihrer Ansicht nur überflüssige oder schädliche Schreibereien; sie zerstörten alle Denkmale der Literatur, so daß kaum die geringsten Bruchstücke zu uns gelangen konnten. Die sogleich eingeführte arabische Sprache verhinderte jede Wiederherstellung dessen, was nationell heißen konnte. Doch auch hier überwog die Bildung des Überwundenen nach und nach die Roheit des Überwinders, und die mahometanischen Sieger gefielen sich in der Prachtliebe, den angenehmen Sitten und den dichterischen Resten der Besiegten. Daher bleibt noch immer als die glänzendste Epoche berühmt die Zeit, wo die Barmekiden Einfluß hatten zu Bagdad. Diese, von Balch abstammend, nicht sowohl selbst Mönche als Patrone und Beschützer großer Klöster und Bildungsanstalten, bewahrten unter sich das heilige Feuer der Dicht- und Redekunst und behaupteten durch ihre Weltklugheit und Charaktergröße einen hohen Rang auch in der politischen Sphäre. Die Zeit der Barmekiden heißt daher sprichwörtlich: eine Zeit lokalen, lebendigen Wesens und Wirkens, von der man, wenn sie vorüber ist, nur hoffen kann, daß sie erst nach geraumen Jahren an fremden Orten unter ähnlichen Umständen vielleicht wieder aufquellen werde.

Aber auch das Kalifat war von kurzer Dauer; das ungeheure Reich erhielt sich kaum vierhundert Jahre; die entfernteren Statthalter machten sich nach und nach mehr und mehr unabhängig, indem sie den Kalifen als eine geistliche, Titel und Pfründen spendende Macht allenfalls gelten ließen.

FORTLEITENDE BEMERKUNG

Physisch-klimatische Einwirkung auf Bildung menschlicher Gestalt und körperlicher Eigenschaften leugnet niemand, aber man denkt nicht immer daran, daß Regierungsform eben auch einen moralisch-klimatischen Zustand hervorbringe, worin die Charaktere auf verschiedene Weise sich ausbilden. Von der Menge reden wir nicht, sondern von bedeutenden, ausgezeichneten Gestalten.

In der Republik bilden sich große, glückliche, ruhig-rein tätige Charaktere; steigert sie sich zur Aristokratie, so entstehen würdige, konsequente, tüchtige, im Befehlen und Gehorchen bewunderungswürdige Männer. Gerät ein Staat in Anarchie, sogleich tun sich verwegene, kühne, sittenverachtende Menschen hervor, augenblicklich gewaltsam wirkend, bis zum Entsetzen, alle Mäßigung verbannend. Die Despotie dagegen schafft große Charaktere; kluge, ruhige Übersicht, strenge Tätigkeit, Festigkeit, Entschlossenheit, alles Eigenschaften, die man braucht, um den Despoten zu dienen, entwickeln sich in fähigen Geistern und verschaffen ihnen die ersten Stellen des Staats, wo sie sich zu Herrschern ausbilden. Solche erwuchsen unter Alexander dem Großen, nach dessen frühzeitigem Tode seine Generale sogleich als Könige dastanden. Auf die Kalifen häufte sich ein ungeheures Reich, das sie durch Statthalter mußten regieren lassen, deren Macht und Selbstständigkeit gedieh, indem die Kraft der obersten Herrscher abnahm. Ein solcher trefflicher Mann, der ein eigenes Reich sich zu gründen und zu verdienen wußte, ist derjenige, von dem wir nun zu reden haben, um den Grund der neueren persischen Dichtkunst und ihre bedeutenden Lebensanfänge kennen zu lernen.

MAHMUD VON GASNA

Mahmud, dessen Vater im Gebirge gegen Indien ein starkes Reich gegründet hatte, indessen die Kalifen in der Fläche des Euphrats zur Nichtigkeit versanken, setzte die Tätigkeit seines Vorgängers fort und machte sich berühmt wie Alexander und Friedrich. Er läßt den Kalifen als eine Art geistlicher Macht gelten, die man wohl zu eigenem Vorteil einigermaßen anerkennen mag; doch erweitert er erst sein Reich um sich her, dringt sodann auf Indien los, mit großer Kraft und besonderm Glück. Als eifrigster Mahometaner beweist er sich unermüdlich und streng in Ausbreitung seines Glaubens und Zerstörung des Götzendienstes. Der Glaube an den einigen Gott wirkt immer geisterhebend, indem er den Menschen auf die Einheit seines eignen Innern zurückweist. Näher steht der Nationalprophete, der nur Anhänglichkeit und Förmlichkeiten fordert und eine Religion auszubreiten befiehlt, die, wie eine jede, zu unendlichen Auslegungen und Mißdeutungen dem Sekten- und Parteigeist Raum läßt und demungeachtet immer dieselbige bleibt.

Eine solche einfache Gottesverehrung mußte mit dem indischen Götzendienste im herbsten Widerspruch stehen, Gegenwirkung und Kampf, ja blutige Vernichtungskriege hervorrufen, wobei sich der Eifer des Zerstörens und Bekehrens noch durch Gewinn unendlicher Schätze erhöht fühlte. Ungeheure, fratzenhafte Bilder, deren hohler Körper mit Gold und Juwelen ausgefüllt erfunden ward, schlug man in Stücke und sendete sie, gevierteilt, verschiedene Schwellen mahometanischer Heilorte zu pflastern. Noch jetzt sind die indischen Ungeheuer jedem reinen Gefühle verhaßt, wie gräßlich mögen sie den bildlosen Mahometaner angeschaut haben!

Nicht ganz am unrechten Orte wird hier die Bemerkung stehen, daß der ursprüngliche Wert einer jeden Religion erst nach Verlauf von Jahrhunderten aus ihren Folgen beurteilt werden kann. Die jüdische Religion wird immer einen gewissen starren Eigensinn, dabei aber auch freien Klugsinn und lebendige Tätigkeit verbreiten; die mahometanische läßt ihren Bekenner nicht aus einer dumpfen Beschränktheit heraus, indem sie, keine schweren Pflichten fordernd, ihm innerhalb derselben alles Wünschenswerte verleiht und zugleich durch Aussicht auf die Zukunft Tapferkeit und Religionspatriotismus einflößt und erhält.

Die indische Lehre taugte von Haus aus nichts, so wie denn gegenwärtig ihre vielen tausend Götter, und zwar nicht etwa untergeordnete, sondern alle gleich unbedingt mächtige Götter, die Zufälligkeiten des Lebens nur noch mehr verwirren, den Unsinn jeder Leidenschaft fördern und die Verrücktheit des Lasters als die höchste Stufe der Heiligkeit und Seligkeit begünstigen.

Auch selbst eine reinere Vielgötterei, wie die der Griechen und Römer, mußte doch zuletzt auf falschem Wege ihre Bekenner und sich selbst verlieren. Dagegen gebührt der christlichen das höchste Lob, deren reiner, edler Ursprung sich immerfort dadurch betätigt, daß nach den größten Verirrungen, in welche sie der dunkle Mensch hineinzog, eh man sich's versieht, sie sich in ihrer ersten lieblichen Eigentümlichkeit, als Mission, als Hausgenossen- und Brüderschaft, zu Erquickung des sittlichen Menschenbedürfnisses, immer wieder hervortut.

Billigen wir nun den Eifer des Götzenstürmers Mahmud, so gönnen wir ihm die zu gleicher Zeit gewonnenen unendlichen Schätze und verehren besonders in ihm den Stifter persischer Dichtkunst und höherer Kultur. Er, selbst aus persischem Stamme, ließ sich nicht etwa in die Beschränktheit der Araber hineinziehen, er fühlte gar wohl, daß der schönste Grund und Boden für Religion in der Nationalität zu finden sei; diese ruhet auf der Poesie, die uns älteste Geschichte in fabelhaften Bildern überliefert, nach und nach sodann ins Klare hervortritt und ohne Sprung die Vergangenheit an die Gegenwart heranführt.

Unter diesen Betrachtungen gelangen wir also in das zehnte Jahrhundert unserer Zeitrechnung. Man werfe einen Blick auf die höhere Bildung, die sich dem Orient, ungeachtet der ausschließenden Religion, immerfort aufdrang. Hier sammelten sich fast wider Willen der wilden und schwachen Beherrscher die Reste griechischer und römischer Verdienste und so vieler geistreicher Christen, deren Eigenheiten aus der Kirche ausgestoßen worden, weil auch diese wie der Islam auf Eingläubigkeit losarbeiten mußte.

Doch zwei große Verzweigungen des menschlichen Wissens und Wirkens gelangten zu einer freiern Tätigkeit!

Die Medizin sollte die Gebrechen des Mikrokosmus heilen und die Sternkunde dasjenige dolmetschen, womit uns für die Zukunft der Himmel schmeicheln oder bedrohen möchte; jene mußte der Natur, diese der Mathematik huldigen, und so waren beide wohl empfohlen und versorgt.

Die Geschäftsführung sodann unter despotischen Regenten blieb auch bei größter Aufmerksamkeit und Genauigkeit immer gefahrvoll, und ein Kanzleiverwandter bedurfte so viel Mut, sich in den Divan zu bewegen, als ein Held zur Schlacht; einer war nicht sicherer, seinen Herd wiederzusehn, als der andere.

Reisende Handelsleute brachten immer neuen Zuwachs an Schätzen und Kenntnissen herbei, das Innere des Landes, vom Euphrat bis zum Indus, bot eine eigne Welt von Gegenständen dar. Eine Masse wider einander streitender Völkerschaften, vertriebene, vertreibende Herrscher stellten überraschenden Wechsel von Sieg zur Knechtschaft, von Obergewalt zur Dienstbarkeit nur gar zu oft vor Augen und ließen geistreiche Männer über die traumartige Vergänglichkeit irdischer Dinge die traurigsten Betrachtungen anstellen.

Dieses alles und noch weit mehr, im weitesten Umfange unendlicher Zersplitterung und augenblicklicher Wiederherstellung, sollte man vor Augen haben, um billig gegen die folgenden Dichter, besonders gegen die persischen, zu sein; denn jedermann wird eingestehen, daß die geschilderten Zustände keineswegs für ein Element gelten können, worin der Dichter sich nähren, erwachsen und gedeihen dürfte. Deswegen sei uns erlaubt, schon das edle Verdienst der persischen Dichter des ersten Zeitalters als problematisch anzusprechen. Auch diese darf man nicht nach dem Höchsten messen, man muß ihnen manches zugeben, indem man sie liest, manches verzeihen, wenn man sie gelesen hat.

DICHTERKÖNIGE

Viele Dichter versammelten sich an Mahmuds Hofe, man spricht von vierhunderten, die daselbst ihr Wesen getrieben. Und wie nun alles im Orient sich unterordnen, sich höheren Geboten fügen muß, so bestellte ihnen auch der Fürst einen Dichterfürsten, der sie prüfen, beurteilen, sie zu Arbeiten, jedem Talent gemäß, aufmuntern sollte. Diese Stelle hat man als eine der vorzüglichsten am Hofe zu betrachten: er war Minister aller wissenschaftlichen, historisch-poetischen Geschäfte; durch ihn wurden die Gunstbezeigungen seinen Untergebenen zuteil, und wenn er den Hof begleitete, geschah es in so großem Gefolge, in so stattlichem Aufzuge, daß man ihn wohl für einen Vesir halten konnte.

ÜBERLIEFERUNGEN

Wenn der Mensch daran denken soll, von Ereignissen, die ihn zunächst betreffen, künftigen Geschlechtern Nachricht zu hinterlassen, so gehört dazu ein gewisses Behagen an der Gegenwart, ein Gefühl von dem hohen Werte derselben. Zuerst also befestigt er im Gedächtnis, was er von Vätern vernommen, und überliefert solches in fabelhaften Umhüllungen; denn mündliche Überlieferung wird immer märchenhaft wachsen. Ist aber die Schrift erfunden, ergreift die Schreibseligkeit ein Volk vor dem andern, so entstehen alsdann Chroniken, welche den poetischen Rhythmus behalten, wenn die Poesie der Einbildungskraft und des Gefühls längst verschwunden ist. Die späteste Zeit versorgt uns mit ausführlichen Denkschriften, Selbstbiographien unter mancherlei Gestalten.

Auch im Orient finden wir gar frühe Dokumente einer bedeutenden Weltausbildung. Sollten auch unsere heiligen Bücher später in Schriften verfaßt sein, so sind doch die Anlässe dazu als Überlieferungen uralt und können nicht dankbar genug beachtet werden. Wie vieles mußte nicht auch in dem mittlern Orient, wie wir Persien und seine Umgebungen nennen dürfen, jeden Augenblick entstehen und sich trotz aller Verwüstung und Zersplitterung erhalten! Denn wenn es zu höherer Ausbildung großer Landstrecken dienlich ist, daß solche nicht einem Herrn unterworfen, sondern unter mehrere geteilt seien, so ist derselbe Zustand gleichfalls der Erhaltung nütze, weil das, was an dem einen Ort zugrunde geht, an dem andern fortbestehen, was aus dieser Ecke vertrieben wird, sich in jene flüchten kann.

Auf solche Weise müssen, ungeachtet aller Zerstörung und Verwüstung, sich manche Abschriften aus frühern Zeiten erhalten haben, die man von Epoche zu Epoche teils abgeschrieben, teils erneuert. So finden wir, daß unter Jesdedschird, dem letzten Sassaniden, eine Reichsgeschichte verfaßt worden, wahrscheinlich aus alten Chroniken zusammengestellt, dergleichen sich schon Ahasverus in dem Buch Esther bei schlaflosen Nächten vorlesen läßt. Kopien jenes Werkes, welches „Bastan Nameh" betitelt war, erhielten sich: denn vierhundert Jahre später wird unter Mansur I., aus dem Hause der Samaniden, eine Bearbeitung desselben vorgenommen, bleibt aber unvollendet, und die Dynastie wird von den Gasnewiden verschlungen. Mahmud jedoch, genannten Stammes zweiter Beherrscher, ist von gleichem Triebe belebt und verteilt sieben Abteilungen des „Bastan Nameh" unter sieben Hofdichter. Es gelingt Ansari seinen Herrn am meisten zu befriedigen, er wird zum Dichterkönig ernannt und beauftragt, das Ganze zu bearbeiten. Er aber, bequem und klug genug, weiß das Geschäft zu verspäten und mochte sich im stillen umtun, ob er nicht jemand fände, dem es zu übertragen wäre.

FERDUSI

Starb 1030

Die wichtige Epoche persischer Dichtkunst, die wir nun erreichen, gibt uns zur Betrachtung Anlaß, wie große Weltereignisse nur alsdann sich entwickeln, wenn gewisse Neigungen, Begriffe, Vorsätze hie und da, ohne Zusammenhang, einzeln ausgesäet sich bewegen und im stillen fortwachsen, bis endlich früher oder später ein allgemeines Zusammenwirken hervortritt. In diesem Sinne ist es merkwürdig genug, daß zu gleicher Zeit, als ein mächtiger Fürst auf die Wiederherstellung einer Volks- und Stammesliteratur bedacht war, ein Gärtnersohn zu Tus gleichfalls ein Exemplar des „Bastan Nameh“ sich zueignete und das eingeborene schöne Talent solchen Studien eifrig widmete.

In Absicht, über den dortigen Statthalter wegen irgendeiner Bedrängnis zu klagen, begibt er sich nach Hofe, ist lange vergebens bemüht, zu Ansari durchzudringen und durch dessen Fürsprache seinen Zweck zu erreichen. Endlich macht eine glückliche, gehaltvolle Reimzeile, aus dem Stegreife gesprochen, ihn dem Dichterkönige bekannt, welcher, Vertrauen zu seinem Talente fassend, ihn empfiehlt und ihm den Auftrag des großen Werkes verschafft. Ferdusi beginnt das „Schach Nameh“ unter günstigen Umständen; er wird im Anfange teilweis hinlänglich belohnt, nach dreißigjähriger Arbeit hingegen entspricht das königliche Geschenk seiner Erwartung keineswegs. Erbittert verläßt er den Hof und stirbt, eben, da der König seiner mit Gunst abermals gedenkt. Mahmud überlebt ihn kaum ein Jahr, innerhalb welches der alte Essedi, Ferdusis Meister, das „Schach Nameh“ völlig zu Ende schreibt.

Dieses Werk ist ein wichtiges, ernstes, mythisch-historisches Nationalfundament, worin das Herkommen, das Dasein, die Wirkung alter Helden aufbewahrt wird. Es bezieht sich auf frühere und spätere Vergangenheit, deshalb das eigentlich Geschichtliche zuletzt mehr hervortritt, die früheren Fabeln jedoch manche uralte Traditionswahrheit verhüllt überliefern.

Ferdusi scheint überhaupt zu einem solchen Werke sich vortrefflich dadurch zu qualifizieren, daß er leidenschaftlich am Alten, echt Nationellen festgehalten und auch in Absicht auf Sprache frühe Reinigkeit und Tüchtigkeit zu erreichen gesucht, wie er denn arabische Worte verbannt und das alte Pehlewi zu beachten bemüht war.

ENWERI

Stirbt 1152

Er studiert zu Tus, einer wegen bedeutender Lehranstalten berühmten, ja sogar wegen Überbildung verdächtigen Stadt; und als er, an der Türe des Kollegiums sitzend, einen mit Gefolge und Prunk vorbeireitenden Großen erblickt, zu seiner großen Verwunderung aber hört, daß es ein Hofdichter sei, entschließt er sich, zu gleicher Höhe des Glücks zu gelangen. Ein über Nacht geschriebenes Gedicht, wodurch er sich die Gunst des Fürsten erwirbt, ist uns übriggeblieben.

Aus diesem und aus mehreren Poesien, die uns mitgeteilt worden, blickt ein heiterer Geist hervor, begabt mit unendlicher Umsicht und scharfem glücklichen Durchschauen, er beherrscht einen unübersehbaren Stoff. Er lebt in der Gegenwart, und wie er vom Schüler sogleich zum Hofmann übergeht, wird er ein freier Enkomiast und findet, daß kein besser Handwerk sei, als mitlebende Menschen durch Lob zu ergetzen. Fürsten, Vesire, edle und schöne Frauen, Dichter und Musiker schmückt er mit seinem Preis und weiß auf einen jeden etwas Zierliches aus dem breiten Weltvorrate anzuwenden.

Wir können daher nicht billig finden, daß man ihm die Verhältnisse, in denen er gelebt und sein Talent genutzt, nach so viel hundert Jahren zum Verbrechen macht. Was sollt' aus dem Dichter werden, wenn es nicht hohe, mächtige, kluge, tätige, schöne und geschickte Menschen gäbe, an deren Vorzügen er sich auferbauen kann? An ihnen, wie die Rebe am Ulmenbaum, wie Efeu an der Mauer, rankt er sich hinauf, Auge und Sinn zu erquicken. Sollte man einen Juwelier schelten, der die Edelgesteine beider Indien zum herrlichen Schmuck trefflicher Menschen zu verwenden sein Leben zubringt? Sollte man von ihm verlangen, daß er das freilich sehr nützliche Geschäft eines Straßenpflasterers übernähme?

So gut aber unser Dichter mit der Erde stand, ward ihm der Himmel verderblich. Eine bedeutende, das Volk aufregende Weissagung: als werde an einem gewissen Tage ein ungeheurer Sturm das Land verwüsten, traf nicht ein, und der Schach selbst konnte gegen den allgemeinen Unwillen des Hofes und der Stadt seinen Liebling nicht retten. Dieser floh. Auch in entfernter Provinz schützte ihn nur der entschiedene Charakter eines freundlichen Statthalters.

Die Ehre der Astrologie kann jedoch gerettet werden, wenn man annimmt, daß die Zusammenkunft so vieler Planeten in einem Zeichen auf die Zukunft von Dschengis Khan hindeute, welcher in Persien mehr Verwüstung anrichtete, als irgendein Sturmwind hätte bewirken können.

NISAMI

Stirbt 1180

Ein zarter, hochbegabter Geist, der, wenn Ferdusi die sämtlichen Heldenüberlieferungen erschöpfte, nunmehr die lieblichsten Wechselwirkungen innigster Liebe zum Stoffe seiner Gedichte wählt. Medschnun und Leila, Chosru und Schirin, Liebespaare, führt er vor; durch Ahndung, Geschick, Natur, Gewohnheit, Neigung, Leidenschaft für einander bestimmt, sich entschieden gewogen; dann aber durch Grille, Eigensinn, Zufall, Nötigung und Zwang getrennt, ebenso wunderlich wieder zusammengeführt und am Ende doch wieder auf eine oder die andere Weise weggerissen und geschieden.

Aus diesen Stoffen und ihrer Behandlung erwächst die Erregung einer ideellen Sehnsucht. Befriedigung finden wir nirgends. Die Anmut ist groß, die Mannigfaltigkeit unendlich.

Auch in seinen andern, unmittelbar moralischem Zweck gewidmeten Gedichten atmet gleiche liebenswürdige Klarheit. Was auch dem Menschen Zweideutiges begegnen mag, führt er jederzeit wieder ans Praktische heran und findet in einem sittlichen Tun allen Rätseln die beste Auflösung.

Übrigens führt er, seinem ruhigen Geschäft gemäß, ein ruhiges Leben unter den Seldschugiden und wird in seiner Vaterstadt Gendsche begraben.

DSCHELÂL-EDDÎN RUMI

Stirbt 1262

Er begleitet seinen Vater, der wegen Verdrießlichkeiten mit dem Sultan sich von Balch hinwegbegibt, auf dem langen Reisezug. Unterwegs nach Mekka treffen sie Attar, der ein Buch göttlicher Geheimnisse dem Jünglinge verehrt und ihn zu heiligen Studien entzündet.

Hiebei ist so viel zu bemerken: daß der eigentliche Dichter die Herrlichkeit der Welt in sich aufzunehmen berufen ist und deshalb immer eher zu loben als zu tadeln geneigt sein wird. Daraus folgt, daß er den würdigsten Gegenstand aufzufinden sucht und, wenn er alles durchgegangen, endlich sein Talent am liebsten zu Preis und Verherrlichung Gottes anwendet. Besonders aber liegt dieses Bedürfnis dem Orientalen am nächsten, weil er immer dem Überschwenglichen zustrebt und solches bei Betrachtung der Gottheit in größter Fülle gewahr zu werden glaubt, so wie ihm denn bei jeder Ausführung niemand Übertriebenheit schuld geben darf.

Schon der sogenannte mahometanische Rosenkranz, wodurch der Name Allah mit neunundneunzig Eigenschaften verherrlicht wird, ist eine solche Lob- und Preislitanei. Bejahende, verneinende Eigenschaften bezeichnen das unbegreiflichste Wesen; der Anbeter staunt, ergibt und beruhigt sich. Und wenn der weltliche Dichter die ihm vorschwebenden Vollkommenheiten an vorzügliche Personen verwendet, so flüchtet sich der gottergebene in das unpersönliche Wesen, das von Ewigkeit her alles durchdringt.

So flüchtete sich Attar vom Hofe zur Beschaulichkeit, und Dschelâl-eddîn, ein reiner Jüngling, der sich soeben auch vom Fürsten und der Hauptstadt entfernte, war um desto eher zu tieferen Studien zu entzünden.

Nun zieht er mit seinem Vater nach vollbrachten Wallfahrten durch Kleinasien; sie bleiben zu Iconium. Dort lehren sie, werden verfolgt, vertrieben, wieder eingesetzt und liegen daselbst mit einem ihrer treusten Lehrgenossen begraben. Indessen hatte Dschengis Khan Persien erobert, ohne den ruhigen Ort ihres Aufenthaltes zu berühren.

Nach obiger Darstellung wird man diesem großen Geiste nicht verargen, wenn er sich ins Abstruse gewendet. Seine

Werke sehen etwas bunt aus, Geschichtchen, Märchen, Parabeln, Legenden, Anekdoten, Beispiele, Probleme behandelt er, um eine geheimnisvolle Lehre eingängig zu machen, von der er selbst keine deutliche Rechenschaft zu geben weiß. Unterricht und Erhebung ist sein Zweck, im ganzen aber sucht er durch die Einheitslehre alle Sehnsucht wo nicht zu erfüllen, doch aufzulösen und anzudeuten, daß im göttlichen Wesen zuletzt alles untertauche und sich verkläre.

SAADI

Stirbt 1291, alt 102 Jahre

Gebürtig von Schiras, studiert er zu Bagdad, wird als Jüngling durch Liebesunglück zum unstäten Leben eines Derwisch bestimmt. Wallfahrtet funfzehnmal nach Mekka, gelangt auf seinen Wanderungen nach Indien und Kleinasien, ja als Gefangener der Kreuzfahrer ins Westland. Er übersteht wundersame Abenteuer, erwirbt aber schöne Länder- und Menschenkenntnis. Nach dreißig Jahren zieht er sich zurück, bearbeitet seine Werke und macht sie bekannt. Er lebt und webt in einer großen Erfahrungsbreite und ist reich an Anekdoten, die er mit Sprüchen und Versen ausschmückt. Leser und Hörer zu unterrichten, ist sein entschiedener Zweck.

Sehr eingezogen in Schiras erlebt er das hundertundzweite Jahr und wird daselbst begraben. Dschengis' Nachkommen hatten Iran zum eignen Reiche gebildet, in welchem sich ruhig wohnen ließ.

HAFIS

Stirbt 1389

Wer sich noch aus der Hälfte des vorigen Jahrhunderts erinnert, wie unter den Protestanten Deutschlands nicht allein Geistliche, sondern auch wohl Laien gefunden wurden, welche mit den heiligen Schriften sich dergestalt bekannt gemacht, daß sie als lebendige Konkordanz von allen Sprüchen, wo und in welchem Zusammenhange sie zu finden, Rechenschaft zu geben sich geübt haben, die Hauptstellen aber auswendig wußten und solche zu irgendeiner Anwendung immerfort bereit hielten, der wird zugleich gestehen, daß für solche Männer eine große Bildung daraus erwachsen mußte, weil das Gedächtnis, immer mit würdigen Gegenständen beschäftigt, dem Gefühl, dem Urteil reinen Stoff zu Genuß und Behandlung aufbewahrte. Man nannte sie bibelfest, und ein solcher Beiname gab eine vorzügliche Würde und unzweideutige Empfehlung.

Das, was nun bei uns Christen aus natürlicher Anlage und gutem Willen entsprang, war bei den Mahometanern Pflicht: denn indem es einem solchen Glaubensgenossen zum größten Verdienst gereichte, Abschriften des Korans selbst zu vervielfältigen oder vervielfältigen zu lassen, so war es kein geringeres, denselben auswendig zu lernen, um bei jedem Anlaß die gehörigen Stellen anführen, Erbauung befördern, Streitigkeit schlichten zu können. Man benannte solche Personen mit dem Ehrentitel Hafis, und dieser ist unserm Dichter als bezeichnender Hauptname geblieben.

Nun ward gar bald nach seinem Ursprunge der Koran ein Gegenstand der unendlichsten Auslegungen, gab Gelegenheit zu den spitzfindigsten Subtilitäten, und indem er die Sinnesweise eines jeden aufregte, entstanden grenzenlos abweichende Meinungen, verrückte Kombinationen, ja die unvernünftigsten Beziehungen aller Art wurden versucht, so daß der eigentlich geistreiche, verständige Mann eifrig bemüht sein mußte, um nur wieder auf den Grund des reinen, guten Textes zurückzugelangen. Daher finden wir denn auch in der Geschichte des Islam Auslegung, Anwendung und Gebrauch oft bewundernswürdig.

Zu einer solchen Gewandtheit war das schönste dichterische Talent erzogen und herangebildet; ihm gehörte der ganze Koran, und was für Religionsgebäude man darauf gegründet, war ihm kein Rätsel. Er sagt selbst:

„Durch den Koran hab' ich alles,
Was mir je gelang, gemacht."

Als Derwisch, Sofi, Scheich lehrte er in seinem Geburtsorte Schiras, auf welchen er sich beschränkte, wohl gelitten und geschätzt von der Familie Mosaffer und ihren Beziehungen. Er beschäftigte sich mit theologischen und grammatikalischen Arbeiten und versammelte eine große Anzahl Schüler um sich her.

Mit solchen ernsten Studien, mit einem wirklichen Lehramte stehen seine Gedichte völlig im Widerspruch, der sich wohl dadurch heben läßt, wenn man sagt: daß der Dichter nicht geradezu alles denken und leben müsse, was er ausspricht, am wenigsten derjenige, der in späterer Zeit in verwickelte Zustände gerät, wo er sich immer der rhetorischen Verstellung nähern und dasjenige vortragen wird, was seine Zeitgenossen gerne hören. Dies scheint uns bei Hafis durchaus der Fall. Denn wie ein Märchenerzähler auch nicht an die Zaubereien glaubt, die er vorspiegelt, sondern sie nur aufs beste zu beleben und auszustatten gedenkt, damit seine Zuhörer sich daran ergetzen, ebensowenig braucht gerade der lyrische Dichter dasjenige alles selbst auszuüben, womit er hohe und geringe Leser und Sänger ergetzt und beschmeichelt. Auch scheint unser Dichter keinen großen Wert auf seine so leicht hinfließenden Lieder gelegt zu haben, denn seine Schüler sammelten sie erst nach seinem Tode.

Nur wenig sagen wir von diesen Dichtungen, weil man sie genießen, sich damit in Einklang setzen sollte. Aus ihnen strömt eine fortquellende, mäßige Lebendigkeit. Im Engen genügsam froh und klug, von der Fülle der Welt seinen Teil dahinnehmend, in die Geheimnisse der Gottheit von fern hineinblickend, dagegen aber auch einmal Religionsübung und Sinnenlust ablehnend, eins wie das andere; wie denn überhaupt diese Dichtart, was sie auch zu befördern und zu lehren scheint, durchaus eine skeptische Beweglichkeit behalten muß.

DSCHAMI

Stirbt 1494, alt 82 Jahre

Dschami faßt die ganze Ernte der bisherigen Bemühungen zusammen und zieht die Summe der religiosen, philosophischen, wissenschaftlichen, prosaisch-poetischen Kultur. Er hat einen großen Vorteil, dreiundzwanzig Jahre nach Hafis' Tode geboren zu werden und als Jüngling abermals ein ganz freies Feld vor sich zu finden. Die größte Klarheit und

Besonnenheit ist sein Eigentum. Nun versucht und leistet er alles, erscheint sinnlich und übersinnlich zugleich; die Herrlichkeit der wirklichen und Dichterwelt liegt vor ihm, er bewegt sich zwischen beiden. Die Mystik konnte ihn nicht anmuten; weil er aber ohne dieselbe den Kreis des Nationalinteresses nicht ausgefüllt hätte, so gibt er historisch Rechenschaft von allen den Torheiten, durch welche stufenweis der in seinem irdischen Wesen befangene Mensch sich der Gottheit unmittelbar anzunähern und sich zuletzt mit ihr zu vereinigen gedenkt; da denn doch zuletzt nur widernatürliche und widergeistige, grasse Gestalten zum Vorscheine kommen. Denn was tut der Mystiker anders, als daß er sich an Problemen vorbeischleicht oder sie weiterschiebt, wenn es sich tun läßt?

ÜBERSICHT

Man hat aus der sehr schicklich geregelten Folge der sieben ersten römischen Könige schließen wollen, daß diese Geschichte klüglich und absichtlich erfunden sei, welches wir dahingestellt sein lassen, dagegen aber bemerken, daß die sieben Dichter, welche von dem Perser für die ersten gehalten werden und innerhalb eines Zeitraums von fünfhundert Jahren nach und nach erschienen, wirklich ein ethisch-poetisches Verhältnis gegeneinander haben, welches uns erdichtet scheinen könnte, wenn nicht ihre hinterlassenen Werke von ihrem wirklichen Dasein das Zeugnis gäben.

Betrachten wir aber dieses Siebengestirn genauer, wie es uns aus der Ferne vergönnt sein mag, so finden wir, daß sie alle ein fruchtbares, immer sich erneuendes Talent besaßen, wodurch sie sich über die Mehrzahl sehr vorzüglicher Männer, über die Unzahl mittlerer, täglicher Talente erhoben sahen; dabei aber auch in eine besondere Zeit, in eine Lage gelangten, wo sie eine große Ernte glücklich wegnehmen und gleich talentvollen Nachkommen sogar die Wirkung auf eine Zeitlang verkümmern durften, bis wieder ein Zeitraum verging, in welchem die Natur dem Dichter neue Schätze abermals aufschließen konnte.

In diesem Sinne nehmen wir die Dargestellten einzeln nochmals durch und bemerken: daß

Ferdusi die ganzen vergangenen Staats- und Reichsereignisse, fabelhaft oder historisch aufbehalten, vorwegnahm, so daß einem Nachfolger nur Bezug und Anmerkung, nicht aber neue Behandlung und Darstellung übrigblieb.

Enweri hielt sich fest an der Gegenwart. Glänzend und prächtig, wie die Natur ihm erschien, freud- und gabenvoll erblickt er auch den Hof seines Schahs; beide Welten und ihre Vorzüge mit den lieblichsten Worten zu verknüpfen, war Pflicht und Behagen. Niemand hat es ihm hierin gleichgetan.

Nisami griff mit freundlicher Gewalt alles auf, was von Liebes- und Halbwunderlegende in seinem Bezirk vorhanden sein mochte. Schon im Koran war die Andeutung gegeben, wie man uralte lakonische Überlieferungen zu eigenen Zwecken behandeln, ausführen und in gewisser Weitläuftigkeit könne ergetzlich machen.

Dschelâl-eddîn Rumi findet sich unbehaglich auf dem problematischen Boden der Wirklichkeit und sucht die Rätsel der innern und äußern Erscheinungen auf geistige, geistreiche Weise zu lösen, daher sind seine Werke neue Rätsel, neuer Auflösungen und Kommentare bedürftig. Endlich fühlt er sich gedrungen, in die Alleinigkeitslehre zu flüchten, wodurch soviel gewonnen als verloren wird und zuletzt das so tröstliche als untröstliche Zero übrigbleibt. Wie sollte nun also irgendeine Redemitteilung poetisch oder prosaisch weiter gelingen? Glücklicherweise wird

Saadi, der Treffliche, in die weite Welt getrieben, mit grenzenlosen Einzelnheiten der Empirie überhäuft, denen er allen etwas abzugewinnen weiß. Er fühlt die Notwendigkeit, sich zu sammeln, überzeugt sich von der Pflicht, zu belehren, und so ist er uns Westländern zuerst fruchtbar und segenreich geworden.

Hafis, ein großes heiteres Talent, das sich begnügt, alles abzuweisen, wonach die Menschen begehren, alles beiseitezuschieben, was sie nicht entbehren mögen, und dabei immer als lustiger Bruder ihresgleichen erscheint. Er läßt sich nur in seinem National- und Zeitkreise richtig anerkennen. Sobald man ihn aber gefaßt hat, bleibt er ein lieblicher Lebensgeleiter. Wie ihn denn auch noch jetzt, unbewußt mehr als bewußt, Kamel- und Maultiertreiber fortsingen, keineswegs um des Sinnes halben, den er selbst mutwillig zerstückelt, sondern der Stimmung wegen, die er ewig rein und erfreulich verbreitet. Wer konnte denn nun auf diesen folgen, da alles andere von den Vorgängern weggenommen war, als

Dschami, allem gewachsen, was vor ihm geschehen und neben ihm geschah; wie er nun dies alles zusammen in Garben band, nachbildete, erneuerte, erweiterte, mit der größten Klarheit die Tugenden und Fehler seiner Vorgänger in sich vereinigte, so blieb der Folgezeit nichts übrig, als zu sein wie er, insofern sie sich nicht verschlimmerte; und so ist es denn auch drei Jahrhunderte durch geblieben. Wobei wir nur noch bemerken, daß, wenn früher oder später das Drama hätte durchbrechen und ein Dichter dieser Art sich hervortun können, der ganze Gang der Literatur eine andere Wendung genommen hätte.

Wagten wir nun mit diesem wenigen fünfhundert Jahre persischer Dicht- und Redekunst zu schildern, so sei es, um mit Quintilian, unserm alten Meister, zu reden, von Freunden aufgenommen in der Art, wie man runde Zahlen erlaubt, nicht um genauer Bestimmung willen, sondern um etwas Allgemeines bequemlichkeitshalber annähernd auszusprechen.

ALLGEMEINES

Die Fruchtbarkeit und Mannigfaltigkeit der persischen Dichter entspringt aus einer unübersehbaren Breite der Außenwelt und ihrem unendlichen Reichtum. Ein immer bewegtes öffentliches Leben, in welchem alle Gegenstände gleichen Wert haben, wogt vor unserer Einbildungskraft, deswegen uns ihre Vergleichungen oft so sehr auffallend und mißbeliebig sind. Ohne Bedenken verknüpfen sie die edelsten und niedrigsten Bilder, an welches Verfahren wir uns nicht so leicht gewöhnen.

Sprechen wir es aber aufrichtig aus: ein eigentlicher Lebemann, der frei und praktisch atmet, hat kein ästhetisches Gefühl und keinen Geschmack, ihm genügt Realität im Handeln, Genießen, Betrachten ebenso wie im Dichten; und wenn der Orientale, seltsame Wirkung hervorzubringen, das Ungereimte zusammenreimt, so soll der Deutsche, dem dergleichen wohl auch begegnet, dazu nicht scheel sehen.

Die Verwirrung, die durch solche Produktionen in der Einbildungskraft entsteht, ist derjenigen zu vergleichen, wenn wir durch einen orientalischen Basar, durch eine europäische Messe gehen. Nicht immer sind die kostbarsten und niedrigsten Waren im Raume weit gesondert, sie vermischen sich in unsern Augen, und oft gewahren wir auch die Fässer, Kisten, Säcke, worin sie transportiert worden. Wie auf einem Obst- und Gemüsmarkt sehen wir nicht allein Kräuter, Wurzeln und Früchte, sondern auch hier und dort allerlei Arten Abwürflinge, Schalen und Strunke.

Ferner kostet's dem orientalischen Dichter nichts, uns von der Erde in den Himmel zu erheben und von da wieder herunterzustürzen oder umgekehrt. Dem Aas eines faulenden Hundes versteht Nisami eine sittliche Betrachtung abzulocken, die uns in Erstaunen setzt und erbaut.

Herr Jesus, der die Welt durchwandert,
Ging einst an einem Markt vorbei;
Ein toter Hund lag auf dem Wege,
Geschleppet vor des Hauses Tor,
Ein Haufe stand ums Aas umher,
Wie Geier sich um Äser sammeln.
Der eine sprach: „Mir wird das Hirn
Von dem Gestank ganz ausgelöscht."
Der andre sprach: „Was braucht es viel,
Der Gräber Auswurf bringt nur Unglück."
So sang ein jeder seine Weise,
Des toten Hundes Leib zu schmähen.
Als nun an Jesus kam die Reih',
Sprach, ohne Schmähn, er guten Sinns,
Er sprach aus gütiger Natur:
„Die Zähne sind wie Perlen weiß."
Dies Wort macht den Umstehenden,
Durchglühten Muscheln ähnlich, heiß.

Jedermann fühlt sich betroffen, wenn der so liebevolle als geistreiche Prophet nach seiner eigensten Weise Schonung und Nachsicht fordert. Wie kräftig weiß er die unruhige

Menge auf sich selbst zurückzuführen, sich des Verwerfens, des Verwünschens zu schämen, unbeachteten Vorzug mit Anerkennung, ja vielleicht mit Neid zu betrachten! Jeder Umstehende denkt nun an sein eigen Gebiß. Schöne Zähne sind überall, besonders auch im Morgenland, als eine Gabe Gottes hoch angenehm. Ein faulendes Geschöpf wird durch das Vollkommene, was von ihm übrigbleibt, ein Gegenstand der Bewunderung und des frömmsten Nachdenkens.

Nicht ebenso klar und eindringlich wird uns das vortreffliche Gleichnis, womit die Parabel schließt; wir tragen daher Sorge, dasselbe anschaulich zu machen.

In Gegenden, wo es an Kalklagern gebricht, werden Muschelschalen zu Bereitung eines höchst nötigen Baumaterials angewendet und, zwischen dürres Reisig geschichtet, von der erregten Flamme durchgeglüht. Der Zuschauende kann sich das Gefühl nicht nehmen, daß diese Wesen, lebendig im Meere sich nährend und wachsend, noch kurz vorher der allgemeinen Lust des Daseins nach ihrer Weise genossen und jetzt nicht etwa verbrennen, sondern durchgeglüht ihre völlige Gestalt behalten, wenngleich alles Lebendige aus ihnen weggetrieben ist. Nehme man nunmehr an, daß die Nacht hereinbricht und diese organischen Reste dem Auge des Beschauers wirklich glühend erscheinen, so läßt sich kein herrlicheres Bild einer tiefen, heimlichen Seelenqual vor Augen stellen. Will sich jemand hievon ein vollkommenes Anschauen erwerben, so ersuche er einen Chemiker, ihm Austerschalen in den Zustand der Phosphoreszenz zu versetzen, wo er mit uns gestehen wird, daß ein siedend heißes Gefühl, welches den Menschen durchdringt, wenn ein gerechter Vorwurf ihn mitten in dem Dünkel eines zutraulichen Selbstgefühls unerwartet betrifft, nicht furchtbarer auszusprechen sei.

Solcher Gleichnisse würden sich zu Hunderten auffinden lassen, die das unmittelbarste Anschauen des Natürlichen, Wirklichen voraussetzen und zugleich wiederum einen hohen sittlichen Begriff erwecken, der aus dem Grunde eines reinen ausgebildeten Gefühls hervorsteigt.

Höchst schätzenswert ist bei dieser grenzenlosen Breite ihre Aufmerksamkeit aufs Einzelne, der scharfe, liebevolle

Blick, der einem bedeutenden Gegenstand sein Eigentümlichstes abzugewinnen sucht. Sie haben poetische Stilleben, die sich den besten niederländischer Künstler an die Seite setzen, ja im Sittlichen sich darüber erheben dürfen. Aus eben dieser Neigung und Fähigkeit werden sie gewisse Lieblingsgegenstände nicht los; kein persischer Dichter ermüdet, die Lampe blendend, die Kerze leuchtend vorzustellen. Ebendaher kommt auch die Eintönigkeit, die man ihnen vorwirft; aber genau betrachtet, werden die Naturgegenstände bei ihnen zum Surrogat der Mythologie, Rose und Nachtigall nehmen den Platz ein von Apoll und Daphne. Wenn man bedenkt, was ihnen abging, daß sie kein Theater, keine bildende Kunst hatten, ihr dichterisches Talent aber nicht geringer war als irgendeins von jeher, so wird man, ihrer eigensten Welt befreundet, sie immer mehr bewundern müssen.

ALLGEMEINSTES

Der höchste Charakter orientalischer Dichtkunst ist, was wir Deutsche Geist nennen, das Vorwaltende des oberen Leitenden; hier sind alle übrigen Eigenschaften vereinigt, ohne daß irgendeine, das eigentümliche Recht behauptend, hervorträte. Der Geist gehört vorzüglich dem Alter oder einer alternden Weltepoche. Übersicht des Weltwesens, Ironie, freien Gebrauch der Talente finden wir in allen Dichtern des Orients. Resultat und Prämisse wird uns zugleich geboten, deshalb sehen wir auch, wie großer Wert auf ein Wort aus dem Stegreife gelegt wird. Jene Dichter haben alle Gegenstände gegenwärtig und beziehen die entferntesten Dinge leicht aufeinander, daher nähern sie sich auch dem, was wir Witz nennen; doch steht der Witz nicht so hoch, denn dieser ist selbstsüchtig, selbstgefällig, wovon der Geist ganz frei bleibt, deshalb er auch überall genialisch genannt werden kann und muß.

Aber nicht der Dichter allein erfreut sich solcher Verdienste; die ganze Nation ist geistreich, wie aus unzähligen Anekdoten hervortritt. Durch ein geistreiches Wort wird der Zorn eines Fürsten erregt, durch ein anderes wieder besänftigt. Neigung und Leidenschaft leben und weben in gleichem Elemente; so erfinden Behramgur und Dilaram den Reim, Dschemil und Boteinah bleiben bis ins höchste Alter leidenschaftlich verbunden. Die ganze Geschichte der persischen Dichtkunst wimmelt von solchen Fällen.

Wenn man bedenkt, daß Nuschirwan, einer der letzten Sassaniden, um die Zeit Mahomets mit ungeheuern Kosten die Fabeln des Bidpai und das Schachspiel aus Indien kommen läßt, so ist der Zustand einer solchen Zeit vollkommen ausgesprochen. Jene, nach dem zu urteilen, was uns überliefert ist, überbieten einander an Lebensklugheit und freieren Ansichten irdischer Dinge. Deshalb konnte vier Jahrhunderte später selbst in der ersten besten Epoche persischer Dichtkunst keine vollkommen reine Naivetät stattfinden. Die große Breite der Umsicht, die vom Dichter gefordert ward, das gesteigerte Wissen, die Hof- und Kriegsverhältnisse, alles verlangte große Besonnenheit.

NEUERE, NEUESTE

Nach Weise von Dschami und seiner Zeit vermischten folgende Dichter Poesie und Prosa immer mehr, so daß für alle Schreibarten nur ein Stil angewendet wurde. Geschichte, Poesie, Philosophie, Kanzlei- und Briefstil, alles wird auf gleiche Weise vorgetragen, und so geht es nun schon drei Jahrhunderte fort. Ein Muster des Allerneusten sind wir glücklicherweise imstande vorzulegen.

Als der persische Botschafter, Mirza Abul Hassan Khan, sich in Petersburg befand, ersuchte man ihn um einige Zeilen seiner Handschrift. Er war freundlich genug, ein Blatt zu schreiben, wovon wir die Übersetzung hier einschalten.

„Ich bin durch die ganze Welt gereist, bin lange mit vielen Personen umgegangen, jeder Winkel gewährte mir einigen Nutzen, jeder Halm eine Ähre, und doch habe ich keinen Ort gesehen, dieser Stadt vergleichbar, noch ihren schönen Huris. Der Segen Gottes ruhe immer auf ihr! —

Wie wohl hat jener Kaufmann gesprochen, der unter die Räuber fiel, die ihre Pfeile auf ihn richteten! Ein König, der den Handel unterdrückt, verschließt die Türe des Heils vor dem Gesichte seines Heeres. Welcher Verständige möchte bei solchem Ruf der Ungerechtigkeit sein Land besuchen? Willst du einen guten Namen erwerben, so behandle mit Achtung Kaufleute und Gesandte. Die Großen behandeln Reisende wohl, um sich einen guten Ruf zu machen. Das Land, das die Fremden nicht beschützt, geht bald unter. Sei ein Freund der Fremden und Reisenden, denn sie sind als Mittel eines guten Rufs zu betrachten; sei gastfrei, schätze die Vorüberziehenden, hüte dich, ungerecht gegen sie zu sein. Wer diesen Rat des Gesandten befolgt, wird gewiß Vorteil davon ziehen. —

Man erzählt, daß Omar ebn abd el asis ein mächtiger König war und nachts in seinem Kämmerlein voll Demut und Unterwerfung, das Angesicht zum Throne des Schöpfers wendend, sprach: ‚O Herr! Großes hast du anvertraut der Hand des schwachen Knechtes; um der Herrlichkeit der Reinen und Heiligen deines Reiches willen, verleihe mir Gerechtigkeit und Billigkeit, bewahre mich vor der Bosheit der Menschen; ich fürchte, daß das Herz eines Unschuldigen durch mich könne betrübt worden sein und Fluch des Unterdrückten meinem Nacken folge. Ein König soll immer an die Herrschaft und das Dasein des höchsten Wesens gedenken, an die fortwährende Veränderlichkeit der irdischen Dinge, er soll bedenken, daß die Krone von einem würdigen Haupt auf ein unwürdiges übergeht, und sich nicht zum Stolze verleiten lassen. Denn ein König, der hochmütig wird, Freund und Nachbarn verachtet, kann nicht lange auf seinem Throne gedeihen; man soll sich niemals durch den Ruhm einiger Tage aufblähen lassen. Die Welt gleicht einem Feuer, das am Wege angezündet ist; wer so viel davon nimmt als nötig, um sich auf dem Wege zu leuchten, erduldet kein Übel, aber wer mehr nimmt, verbrennt sich.‘

Als man den Plato fragte, wie er in dieser Welt gelebt habe, antwortete er: ‚Mit Schmerzen bin ich hereingekommen, mein Leben war ein anhaltendes Erstaunen, und ungern geh' ich hinaus, und ich habe nichts gelernt, als daß ich nichts weiß.‘ Bleibe fern von dem, der etwas unternimmt und unwissend ist, von einem Frommen, der nicht unterrichtet ist; man könnte sie beide einem Esel vergleichen, der die Mühle dreht, ohne zu wissen warum. Der Säbel ist gut anzusehen, aber seine Wirkungen sind unangenehm. Ein wohldenkender Mann verbindet sich Fremden, aber der Bösartige entfremdet sich seinem Nächsten. Ein König sagte zu einem, der Behlul hieß: ‚Gib mir einen Rat.' Dieser versetzte: ‚Beneide keinen Geizigen, keinen ungerechten Richter, keinen Reichen, der sich nicht aufs Haushalten versteht, keinen Freigebigen, der sein Geld unnütz verschwendet, keinen Gelehrten, dem das Urteil fehlt.' Man erwirbt in der Welt entweder einen guten oder einen bösen Namen, da kann man nun zwischen beiden wählen, und da nun ein jeder sterben muß, gut oder bös, glücklich der, welcher den Ruhm eines Tugendhaften vorzog.

Diese Zeilen schrieb, dem Verlangen eines Freundes gemäß, im Jahre 1231 der Hegire, den Tag des Demazsul Sani, nach christlicher Zeitrechnung am .. Mai 1816, Mirza Abul Hassan Khan, von Schiras, während seines Aufenthalts in der Hauptstadt St. Petersburg als außerordentlicher Abgesandter Sr. Majestät von Persien Fetch Ali Schah Catschar. Er hofft, daß man mit Güte einem Unwissenden verzeihen wird, der es unternahm, einige Worte zu schreiben."

Wie nun aus Vorstehendem klar ist, daß seit drei Jahrhunderten sich immer eine gewisse Prosa-Poesie erhalten hat und Geschäfts- und Briefstil öffentlich und in Privatverhandlungen immer derselbige bleibt, so erfahren wir, daß in der neusten Zeit am persischen Hofe sich noch immer Dichter befinden, welche die Chronik des Tages und also alles, was der Kaiser vornimmt und was sich ereignet, in Reime verfaßt und zierlich geschrieben, einem hiezu besonders bestellten Archivarius überliefern. Woraus denn erhellt, daß in dem unwandelbaren Orient seit Ahasverus' Zeiten, der sich solche Chroniken bei schlaflosen Nächten vorlesen ließ, sich keine weitere Veränderung zugetragen hat.

Wir bemerken hiebei, daß ein solches Vorlesen mit einer gewissen Deklamation geschehe, welche mit Emphase, einem Steigen und Fallen des Tons vorgetragen wird und mit der Art, wie die französischen Trauerspiele deklamiert werden, sehr viel Ähnlichkeit haben soll. Es läßt sich dies um so eher denken, als die persischen Doppelverse einen ähnlichen Kontrast bilden wie die beiden Hälften des Alexandriners.

Und so mag denn auch diese Beharrlichkeit die Veranlassung sein, daß die Perser ihre Gedichte seit achthundert Jahren noch immer lieben, schätzen und verehren; wie wir denn selbst Zeuge gewesen, daß ein Orientale ein vorzüglich eingebundenes und erhaltenes Manuskript des Mesnewi mit ebensoviel Ehrfurcht, als wenn es der Koran wäre, betrachtete und behandelte.

ZWEIFEL

Die persische Dichtkunst aber und was ihr ähnlich ist, wird von dem Westländer niemals ganz rein, mit vollem Behagen aufgenommen werden; worüber wir aufgeklärt sein müssen, wenn uns der Genuß daran nicht unversehens gestört werden soll.

Es ist aber nicht die Religion, die uns von jener Dichtkunst entfernt. Die Einheit Gottes, Ergebung in seinen Willen, Vermittlung durch einen Propheten, alles stimmt mehr oder weniger mit unserm Glauben, mit unserer Vorstellungsweise überein. Unsere heiligen Bücher liegen auch dort, ob nur gleich legendenweis, zum Grund.

In die Märchen jener Gegend, Fabeln, Parabeln, Anekdoten, Witz- und Scherzreden sind wir längst eingeweiht. Auch ihre Mystik sollte uns ansprechen, sie verdiente wenigstens eines tiefen und gründlichen Ernstes wegen mit der unsrigen verglichen zu werden, die in der neusten Zeit, genau betrachtet, doch eigentlich nur eine charakter- und talentlose Sehnsucht ausdrückt; wie sie sich denn schon selbst parodiert, zeuge der Vers:

Mir will ewiger Durst nur frommen
Nach dem Durste.

DESPOTIE

Was aber dem Sinne der Westländer niemals eingehen kann, ist die geistige und körperliche Unterwürfigkeit unter seinen Herren und Oberen, die sich von uralten Zeiten herschreibt, indem Könige zuerst an die Stelle Gottes traten.

Im Alten Testament lesen wir ohne sonderliches Befremden, wenn Mann und Weib vor Priester und Helden sich aufs Angesicht niederwirft und anbetet, denn dasselbe sind sie vor den Elohim zu tun gewohnt. Was zuerst aus natürlichem frommen Gefühl geschah, verwandelte sich später in umständliche Hofsitte. Der Ku-tou, das dreimalige Niederwerfen dreimal wiederholt, schreibt sich dorther. Wie viele westliche Gesandtschaften an östlichen Höfen sind an dieser Zeremonie gescheitert, und die persische Poesie kann im ganzen bei uns nicht gut aufgenommen werden, wenn wir uns hierüber nicht vollkommen deutlich machen.

Welcher Westländer kann erträglich finden, daß der Orientale nicht allein seinen Kopf neunmal auf die Erde stößt, sondern denselben sogar wegwirft irgend wohin zu Ziel und Zweck.

Das Maillespiel zu Pferde, wo Ballen und Schlägel die große Rolle zugeteilt ist, erneuert sich oft vor dem Auge des Herrschers und des Volkes, ja mit beiderseitiger persönlicher Teilnahme. Wenn aber der Dichter seinen Kopf als Ballen auf die Maillebahn des Schahs legt, damit der Fürst ihn gewahr werde und mit dem Schlägel der Gunst zum Glück weiter fortspediere, so können und mögen wir freilich weder mit der Einbildungskraft noch mit der Empfindung folgen; denn so heißt es:

Wie lang wirst ohne Hand und Fuß
Du noch des Schicksals Ballen sein!
Und überspringst du hundert Bahnen,
Dem Schlägel kannst du nicht entfliehn.
Leg auf des Schahes Bahn den Kopf,
Vielleicht daß er dich doch erblickt.

Ferner:

Nur dasjenige Gesicht
Ist des Glückes Spiegelwand,
Das gerieben ward am Staub
Von dem Hufe dieses Pferdes.

Nicht aber allein vor dem Sultan, sondern auch vor Geliebten erniedrigt man sich ebenso tief und noch häufiger:

Mein Gesicht lag auf dem Weg,
Keinen Schritt hat er vorbeigetan.

Beim Staube deines Wegs
Mein Hoffnungszelt!
Bei deiner Füße Staub
Dem Wasser vorzuziehn.

Denjenigen, der meine Scheitel
Wie Staub zertritt mit Füßen,
Will ich zum Kaiser machen,
Wenn er zu mir zurückkommt.

Man sieht deutlich hieraus, daß eins so wenig als das andere heißen will, erst bei würdiger Gelegenheit angewendet, zuletzt immer häufiger gebraucht und gemißbraucht. So sagt Hafis wirklich possenhaft:

Mein Kopf im Staub des Weges
Des Wirtes sein wird.

Ein tieferes Studium würde vielleicht die Vermutung bestätigen, daß frühere Dichter mit solchen Ausdrücken viel bescheidener verfahren und nur spätere, auf demselben Schauplatz in derselben Sprache sich ergehend, endlich auch solche Mißbräuche, nicht einmal recht im Ernst, sondern parodistisch beliebt, bis sich endlich die Tropen dergestalt vom Gegenstand weg verlieren, daß kein Verhältnis mehr weder gedacht noch empfunden werden kann.

Und so schließen wir denn mit den lieblichen Zeilen Enweris, welcher so anmutig als schicklich einen werten Dichter seiner Zeit verehrt:

Dem Vernünft'gen sind Lockspeise Schedschaais Gedichte,
Hundert Vögel wie ich fliegen begierig darauf.
Geh, mein Gedicht, und küß vor dem Herrn die Erde und sag ihm:
Du, die Tugend der Zeit, Tugendepoche bist du.

EINREDE

Um uns nun über das Verhältnis der Despoten zu den Ihrigen, und wiefern es noch menschlich sei, einigermaßen aufzuklären, auch uns über das knechtische Verfahren der Dichter vielleicht zu beruhigen, möge eine und die andere

Stelle hier eingeschaltet sein, welche Zeugnis gibt, wie Geschichts- und Weltkenner hierüber geurteilt. Ein bedächtiger Engländer drückt sich folgendermaßen aus:

„Unumschränkte Gewalt, welche in Europa durch Gewohnheiten und Umsicht einer gebildeten Zeit zu gemäßigten Regierungen gesänftiget wird, behält bei asiatischen Nationen immer einerlei Charakter und bewegt sich beinahe in demselben Verlauf. Denn die geringen Unterschiede, welche des Menschen Staatswert und Würde bezeichnen, sind bloß von des Despoten persönlicher Gemütsart abhängig und von dessen Macht, ja öfters mehr von dieser als jener. Kann doch kein Land zum Glück gedeihen, das fortwährend dem Krieg ausgesetzt ist, wie es von der frühsten Zeit an das Schicksal aller östlichen schwächeren Königreiche gewesen. Daraus folgt, daß die größte Glückseligkeit, deren die Masse unter unumschränkter Herrschaft genießen kann, sich aus der Gewalt und dem Ruf ihres Monarchen herschreibe, so wie das Wohlbehagen, worin sich dessen Untertanen einigermaßen erfreuen, wesentlich auf den Stolz begründet ist, zu dem ein solcher Fürst sie erhebt.

Wir dürfen daher nicht bloß an niedrige und verkäufliche Gesinnungen denken, wenn die Schmeichelei uns auffällt, welche sie dem Fürsten erzeigen. Fühllos gegen den Wert der Freiheit, unbekannt mit allen übrigen Regierungsformen, rühmen sie ihren eigenen Zustand, worin es ihnen weder an Sicherheit ermangelt noch an Behagen, und sind nicht allein willig, sondern stolz, sich vor einem erhöhten Manne zu demütigen, wenn sie in der Größe seiner Macht Zuflucht finden und Schutz gegen größeres unterdrückendes Übel."

Gleichfalls läßt sich ein deutscher Rezensent geist- und kenntnisreich also vernehmen:

„Der Verfasser, allerdings Bewunderer des hohen Schwungs der Panegyriker dieses Zeitraums, tadelt zugleich mit Recht die sich im Überschwung der Lobpreisungen vergeudende Kraft edler Gemüter und die Erniedrigung der Charakterwürde, welche dies gewöhnlich zur Folge hat. Allein es muß gleichwohl bemerkt werden, daß in dem in vielfachem Schmucke reicher Vollendung aufgeführten Kunstgebäude eines echt poetischen Volkes panegyrische

Dichtung ebenso wesentlich ist als die satirische, mit welcher sie nur den Gegensatz bildet, dessen Auflösung sich sodann entweder in der moralischen Dichtung, der ruhigen Richterin menschlicher Vorzüge und Gebrechen, der Führerin zum Ziele innerer Beruhigung, oder im Epos findet, welches mit unparteiischer Kühnheit das Edelste menschlicher Trefflichkeit neben die nicht mehr getadelte, sondern als zum Ganzen wirkende Gewöhnlichkeit des Lebens hinstellt und beide Gegensätze auflöst und zu einem reinen Bilde des Daseins vereinigt. Wenn es nämlich der menschlichen Natur gemäß und ein Zeichen ihrer höheren Abkunft ist, daß sie das Edle menschlicher Handlungen und jede höhere Vollkommenheit mit Begeisterung erfaßt und sich an deren Erwägung gleichsam das innere Leben erneuert, so ist die Lobpreisung auch der Macht und Gewalt, wie sie in Fürsten sich offenbart, eine herrliche Erscheinung im Gebiete der Poesie und bei uns, mit vollestem Rechte zwar, nur darum in Verachtung gesunken, weil diejenigen, die sich derselben hingaben, meistens nicht Dichter, sondern nur feile Schmeichler gewesen. Wer aber, der Calderon seinen König preisen hört, mag hier, wo der kühnste Aufschwung der Phantasie ihn mit fortreißt, an Käuflichkeit des Lobes denken? oder wer hat sein Herz noch gegen Pindars Siegeshymnen verwahren wollen? Die despotische Natur der Herrscherwürde Persiens, wenn sie gleich in jener Zeit ihr Gegenbild in gemeiner Anbetung der Gewalt bei den meisten, welche Fürstenlob sangen, gefunden, hat dennoch durch die Idee verklärter Macht, die sie in edlen Gemütern erzeugte, auch manche der Bewunderung der Nachwelt werte Dichtungen hervorgerufen. Und wie die Dichter dieser Bewunderung noch heute wert sind, sind es auch diese Fürsten, bei welchen wir echte Anerkennung der Würde des Menschen und Begeisterung für die Kunst, welche ihr Andenken feiert, vorfinden. Enweri, Chakani, Sahir Farjabi und Achestegi sind die Dichter dieses Zeitraums im Fache der Panegyrik, deren Werke der Orient noch heute mit Entzücken liest und so auch ihren edlen Namen vor jeder Verunglimpfung sicherstellt. Ein Beweis, wie nahe das Streben des panegyrischen Dichters an die höchste Forderung, die an den Menschen gestellt werden kann, grenze, ist der plötzliche Übertritt eines dieser panegyrischen Dichter, Sanajis, zur religiösen Dichtung: aus dem Lobpreiser seines Fürsten ward er ein nur für Gott und die ewige Vollkommenheit begeisterter Sänger, nachdem er die Idee des Erhabenen, die er vorher im Leben aufzusuchen sich begnügte, nun jenseits dieses Daseins zu finden gelernt hatte."

NACHTRAG

Diese Betrachtungen zweier ernster, bedächtiger Männer werden das Urteil über persische Dichter und Enkomiasten zur Milde bewegen, indem zugleich unsere früheren Äußerungen hiedurch bestätigt sind: in gefährlicher Zeit nämlich komme beim Regiment alles darauf an, daß der Fürst nicht allein seine Untertanen beschützen, sondern sie auch persönlich gegen den Feind anführen könne. Zu dieser bis auf die neusten Tage sich bestätigenden Wahrheit lassen sich uralte Beispiele finden; wie wir denn das Reichsgrundgesetz anführen, welches Gott dem israelitischen Volke mit dessen allgemeiner Zustimmung in dem Augenblick erteilt, da es ein- für allemal einen König wünscht. Wir setzen diese Konstitution, die uns freilich heutzutag etwas wunderlich scheinen möchte, wörtlich hieher.

„Und Samuel verkündigte dem Volk das Recht des Königes, den sie von dem Herrn forderten: das wird des Königes Recht sein, der über euch herrschen wird: Eure Söhne wird er nehmen zu seinen Wagen und Reitern, die vor seinem Wagen hertraben, und zu Hauptleuten über tausend und über funfzig, und zu Ackerleuten, die ihm seinen Acker bauen, und zu Schnittern in seiner Ernte, und daß sie seinen Harnisch und was zu seinem Wagen gehört, machen. Eure Töchter aber wird er nehmen, daß sie Apothekerinnen, Köchinnen und Bäckerinnen sein. Eure besten Äcker und Weinberge und Obstgärten wird er nehmen und seinen Knechten geben. Dazu von eurer Saat und Weinbergen wird er den Zehenden nehmen und seinen Kämmerern und Knechten geben. Und eure Knechte und Mägde und eure feinesten Jünglinge, und eure Esel wird er nehmen und seine

Geschäfte damit ausrichten. Von euren Herden wird er den Zehenden nehmen: und ihr müsset seine Knechte sein.“

Als nun Samuel dem Volk das Bedenkliche einer solchen Übereinkunft zu Gemüte führen und ihnen abraten will, ruft es einstimmig: „Mit nichten, sondern es soll ein König über uns sein; daß wir auch sein wie alle andere Heiden, daß uns unser König richte und vor uns her ausziehe, wenn wir unsere Kriege führen.“

In diesem Sinne spricht der Perser:

Mit Rat und Schwert umfaßt und schützet Er das Land;
Umfassende und Schirmer stehn in Gottes Hand.

Überhaupt pflegt man bei Beurteilung der verschiedenen Regierungsformen nicht genug zu beachten, daß in allen, wie sie auch heißen, Freiheit und Knechtschaft zugleich polarisch existiere. Steht die Gewalt bei einem, so ist die Menge unterwürfig, ist die Gewalt bei der Menge, so steht der einzelne im Nachteil; dieses geht denn durch alle Stufen durch, bis sich vielleicht irgendwo ein Gleichgewicht, jedoch nur auf kurze Zeit, finden kann. Dem Geschichtsforscher ist es kein Geheimnis; in bewegten Augenblicken des Lebens jedoch kann man darüber nicht ins klare kommen. Wie man denn niemals mehr von Freiheit reden hört, als wenn eine Partei die andere unterjochen will und es auf weiter nichts angesehen ist, als daß Gewalt, Einfluß und Vermögen aus einer Hand in die andere gehen sollen. Freiheit ist die leise Parole heimlich Verschworner, das laute Feldgeschrei der öffentlich Umwälzenden, ja das Losungswort der Despotie selbst, wenn sie ihre unterjochte Masse gegen den Feind anführt und ihr von auswärtigem Druck Erlösung auf alle Zeiten verspricht.

GEGENWIRKUNG

Doch so verfänglich-allgemeiner Betrachtung wollen wir uns nicht hingeben, vielmehr in den Orient zurückwandern und schauen, wie die menschliche Natur, die immer unbezwinglich bleibt, sich dem äußersten Druck entgegensetzt, und da finden wir denn überall, daß der Frei- und

Eigensinn der einzelnen sich gegen die Allgewalt des Einen ins Gleichgewicht stellt; sie sind Sklaven, aber nicht unterworfen, sie erlauben sich Kühnheiten ohnegleichen. Bringen wir ein Beispiel aus den ältern Zeiten, begeben wir uns zu einem Abendgelag in das Zelt Alexanders, dort treffen wir ihn mit den Seinigen in lebhaften, heftigen, ja wilden Wechselreden.

Klitus, Alexanders Milchbruder, Spiel- und Kriegsgefährte, verliert zwei Brüder im Felde, rettet dem König das Leben, zeigt sich als bedeutender General, treuer Statthalter wichtiger Provinzen. Die angemaßte Gottheit des Monarchen kann er nicht billigen; er hat ihn herankommen sehen, dienst- und hülfsbedürftig gekannt; einen innern hypochondrischen Widerwillen mag er nähren, seine Verdienste vielleicht zu hoch anschlagen.

Die Tischgespräche an Alexanders Tafel mögen immer von großer Bedeutung gewesen sein, alle Gäste waren tüchtige, gebildete Männer, alle zur Zeit des höchsten Rednerglanzes in Griechenland geboren. Gewöhnlich mochte man sich nüchternerweise bedeutende Probleme aufgeben, wählen oder zufällig ergreifen und solche sophistisch-rednerisch mit ziemlichem Bewußtsein gegeneinander behaupten. Wenn denn aber doch ein jeder die Partei verteidigte, der er zugetan war, Trunk und Leidenschaft sich wechselsweise steigerten, so mußte es zuletzt zu gewaltsamen Szenen hinauslaufen. Auf diesem Wege begegnen wir der Vermutung, daß der Brand von Persepolis nicht bloß aus einer rohen, absurden Völlerei entglommen sei, vielmehr aus einem solchen Tischgespräch aufgeflammt, wo die eine Partei behauptete, man müsse die Perser, da man sie einmal überwunden, auch nunmehr schonen, die andere aber, das schonungslose Verfahren der Asiaten in Zerstörung griechischer Tempel wieder vor die Seele der Gesellschaft führend, durch Steigerung des Wahnsinnes zu trunkener Wut, die alten königlichen Denkmale in Asche verwandelte. Daß Frauen mitgewirkt, welche immer die heftigsten, unversöhnlichsten Feinde der Feinde sind, macht unsere Vermutung noch wahrscheinlicher.

Sollte man jedoch hierüber noch einigermaßen zweifelhaft

bleiben, so sind wir desto gewisser, was bei jenem Gelag, dessen wir zuerst erwähnten, tödlichen Zwiespalt veranlaßt habe; die Geschichte bewahrt es uns auf. Es war nämlich der immer sich wiederholende Streit zwischen dem Alter und der Jugend. Die Alten, auf deren Seite Klitus argumentierte, konnten sich auf eine folgerechte Reihe von Taten berufen, die sie, dem König, dem Vaterland, dem einmal vorgesteckten Ziele getreu, unablässig mit Kraft und Weisheit ausgeführt. Die Jugend hingegen nahm zwar als bekannt an, daß das alles geschehen, daß viel getan worden und daß man wirklich an der Grenze von Indien sei; aber sie gab zu bedenken, wie viel zu tun noch übrigbliebe, erbot sich, das gleiche zu leisten, und eine glänzende Zukunft versprechend, wußte sie den Glanz geleisteter Taten zu verdunkeln. Daß der König sich auf diese Seite geschlagen, ist natürlich, denn bei ihm konnte vom Geschehenen nicht mehr die Rede sein. Klitus kehrte dagegen seinen heimlichen Unwillen heraus und wiederholte in des Königs Gegenwart Mißreden, die dem Fürsten, als hinter seinem Rücken gesprochen, schon früher zu Ohren gekommen. Alexander hielt sich bewundernswürdig zusammen, doch leider zu lange. Klitus verging sich grenzenlos in widerwärtigen Reden, bis der König aufsprang, den seine Nächsten zuerst festhielten und Klitus beiseitebrachten. Dieser aber kehrt rasend mit neuen Schmähungen zurück, und Alexander stößt ihn, den Spieß von der Wache ergreifend, nieder.

Was darauf erfolgt, gehört nicht hierher, nur bemerken wir, daß die bitterste Klage des verzweifelnden Königs die Betrachtung enthält, er werde künftig wie ein Tier im Walde einsam leben, weil niemand in seiner Gegenwart ein freies Wort hervorzubringen wagen könne. Diese Rede, sie gehöre dem König oder dem Geschichtsschreiber, bestätigt dasjenige, was wir oben vermutet.

Noch im vorigen Jahrhunderte durfte man dem Kaiser von Persien bei Gastmahlen unverschämt widersprechen, zuletzt wurde denn freilich der überkühne Tischgenosse bei den Füßen weg- und am Fürsten nah vorbeigeschleppt, ob dieser ihn vielleicht begnadige. Geschah es nicht, hinaus mit ihm und zusammengehauen.

Wie grenzenlos hartnäckig und widersetzlich Günstlinge sich gegen den Kaiser betrugen, wird uns von glaubwürdigen Geschichtsschreibern anekdotenweis überliefert. Der Monarch ist wie das Schicksal, unerbittlich, aber man trotzt ihm. Heftige Naturen verfallen darüber in eine Art Wahnsinn, wovon die wunderlichsten Beispiele vorgelegt werden könnten.

Der obersten Gewalt jedoch, von der alles herfließt, Wohltat und Pein, unterwerfen sich mäßige, feste, folgerechte Naturen, um nach ihrer Weise zu leben und zu wirken. Der Dichter aber hat am ersten Ursache, sich dem Höchsten, der sein Talent schätzt, zu widmen. Am Hof, im Umgange mit Großen, eröffnet sich ihm eine Weltübersicht, deren er bedarf, um zum Reichtum aller Stoffe zu gelangen. Hierin liegt nicht nur Entschuldigung, sondern Berechtigung zu schmeicheln, wie es dem Panegyristen zukommt, der sein Handwerk am besten ausübt, wenn er sich mit der Fülle des Stoffes bereichert, um Fürsten und Vesire, Mädchen und Knaben, Propheten und Heilige, ja zuletzt die Gottheit selbst menschlicherweise überfüllt auszuschmücken.

Auch unsern westlichen Dichter loben wir, daß er eine Welt von Putz und Pracht zusammengehäuft, um das Bild seiner Geliebten zu verherrlichen.

EINGESCHALTETES

Die Besonnenheit des Dichters bezieht sich eigentlich auf die Form, den Stoff gibt ihm die Welt nur allzu freigebig, der Gehalt entspringt freiwillig aus der Fülle seines Innern; bewußtlos begegnen beide einander, und zuletzt weiß man nicht, wem eigentlich der Reichtum angehöre.

Aber die Form, ob sie schon vorzüglich im Genie liegt, will erkannt, will bedacht sein, und hier wird Besonnenheit gefordert, daß Form, Stoff und Gehalt sich zueinander schicken, sich ineinander fügen, sich einander durchdringen.

Der Dichter steht viel zu hoch, als daß er Partei machen sollte. Heiterkeit und Bewußtsein sind die schönen Gaben, für die er dem Schöpfer dankt: Bewußtsein, daß er vor dem Furchtbaren nicht erschrecke, Heiterkeit, daß er alles erfreulich darzustellen wisse.

ORIENTALISCHER POESIE URELEMENTE

In der arabischen Sprache wird man wenig Stamm- und Wurzelworte finden, die, wo nicht unmittelbar, doch mittelst geringer An- und Umbildung sich nicht auf Kamel, Pferd und Schaf bezögen. Diesen allerersten Natur- und Lebensausdruck dürfen wir nicht einmal tropisch nennen. Alles, was der Mensch natürlich frei ausspricht, sind Lebensbezüge; nun ist der Araber mit Kamel und Pferd so innig verwandt als Leib mit Seele, ihm kann nichts begegnen, was nicht auch diese Geschöpfe zugleich ergriffe und ihr Wesen und Wirken mit dem seinigen lebendig verbände. Denkt man zu den obengenannten noch andere Haus- und wilde Tiere hinzu, die dem frei umherziehenden Beduinen oft genug vors Auge kommen, so wird man auch diese in allen Lebensbeziehungen antreffen. Schreitet man nun so fort und beachtet alles übrige Sichtbare: Berg und Wüste, Felsen und Ebene, Bäume, Kräuter, Blumen, Fluß und Meer und das vielgestirnte Firmament, so findet man, daß dem Orientalen bei allem alles einfällt, so daß er, übers Kreuz das Fernste zu verknüpfen gewohnt, durch die geringste Buchstaben- und Silbenbiegung Widersprechendes auseinander herzuleiten kein Bedenken trägt. Hier sieht man, daß die Sprache schon an und für sich produktiv ist, und zwar, insofern sie dem Gedanken entgegenkommt, rednerisch, insofern sie der Einbildungskraft zusagt, poetisch.

Wer nun also, von den ersten notwendigen Urtropen ausgehend, die freieren und kühneren bezeichnete, bis er endlich zu den gewagtesten, willkürlichsten, ja zuletzt ungeschickten, konventionellen und abgeschmackten gelangte, der hätte sich von den Hauptmomenten der orientalischen Dichtkunst eine freie Übersicht verschafft. Er würde aber dabei sich leicht überzeugen, daß von dem, was wir Geschmack nennen, von der Sonderung nämlich des Schicklichen vom Unschicklichen, in jener Literatur gar nicht die Rede sein könne. Ihre Tugenden lassen sich nicht von ihren Fehlern trennen, beide beziehen sich aufeinander, entspringen auseinander, und man muß sie gelten lassen ohne Mäkeln und Markten. Nichts ist unerträglicher, als wenn Reiske und Michaelis jene Dichter bald in den Himmel heben, bald wieder wie einfältige Schulknaben behandeln.

Dabei läßt sich jedoch auffallend bemerken, daß die ältesten Dichter, die zunächst am Naturquell der Eindrücke lebten und ihre Sprache dichtend bildeten, sehr große Vorzüge haben müssen; diejenigen, die in eine schon durchgearbeitete Zeit, in verwickelte Verhältnisse kommen, zeigen zwar immer dasselbe Bestreben, verlieren aber allmählich die Spur des Rechten und Lobenswürdigen. Denn wenn sie nach entfernten und immer entfernteren Tropen haschen, so wird es barer Unsinn; höchstens bleibt zuletzt nichts weiter als der allgemeinste Begriff, unter welchem die Gegenstände allenfalls möchten zusammenzufassen sein, der Begriff, der alles Anschauen und somit die Poesie selbst aufhebt.

ÜBERGANG VON TROPEN ZU GLEICHNISSEN

Weil nun alles Vorgesagte auch von den nahe verwandten Gleichnissen gilt, so wäre durch einige Beispiele unsere Behauptung zu bestätigen.

Man sieht den im freien Felde aufwachenden Jäger, der die aufgehende Sonne einem Falken vergleicht:

Tat und Leben mir die Brust durchdringen,
Wieder auf den Füßen steh' ich fest:
Denn der goldne Falke, breiter Schwingen,
Überschwebet sein azurnes Nest.

Oder noch prächtiger einem Löwen:

Morgendämmrung wandte sich ins Helle,
Herz und Geist auf einmal wurden froh,
Als die Nacht, die schüchterne Gazelle,
Vor dem Dräun des Morgenlöwens floh.

Wie muß nicht Marco Polo, der alles dieses und mehr geschaut, solche Gleichnisse bewundert haben!

Unaufhörlich finden wir den Dichter, wie er mit Locken spielt.

Es stecken mehr als funfzig Angeln
In jeder Locke deiner Haare

ist höchst lieblich an ein schönes lockenreiches Haupt gerichtet, die Einbildungskraft hat nichts dawider, sich die Haarspitzen hakenartig zu denken. Wenn aber der Dichter sagt, daß er an Haaren aufgehängt sei, so will es uns nicht recht gefallen. Wenn es nun aber gar vom Sultan heißt:

In deiner Locken Banden liegt
Des Feindes Hals verstrickt;

so gibt es der Einbildungskraft entweder ein widerlich Bild oder gar keins.

Daß wir von Wimpern gemordet werden, möchte wohl angehn, aber an Wimpern gespießt sein, kann uns nicht behagen; wenn ferner Wimpern, gar mit Besen verglichen, die Sterne vom Himmel herabkehren, so wird es uns doch zu bunt. Die Stirn der Schönen als Glättstein der Herzen; das Herz des Liebenden als Geschiebe von Tränenbächen fortgerollt und abgerundet; dergleichen mehr witzige als gefühlvolle Wagnisse nötigen uns ein freundliches Lächeln ab.

Höchst geistreich aber kann genannt werden, wenn der Dichter die Feinde des Schahs wie Zeltenbehör behandelt wissen will.

Seien sie stets wie Späne gespalten, wie Lappen zerrissen!
Wie die Nägel geklopft! und wie die Pfähle gesteckt!

Hier sieht man den Dichter im Hauptquartier; das immer wiederholte Ab- und Aufschlagen des Lagers schwebt ihm vor der Seele.

Aus diesen wenigen Beispielen, die man ins Unendliche vermehren könnte, erhellet, daß keine Grenze zwischen dem, was in unserm Sinne lobenswürdig und tadelhaft heißen möchte, gezogen werden könne, weil ihre Tugenden ganz eigentlich die Blüten ihrer Fehler sind. Wollen wir an diesen Produktionen der herrlichsten Geister teilnehmen, so müssen wir uns orientalisieren, der Orient wird nicht zu uns herüberkommen. Und obgleich Übersetzungen höchst löblich sind, um uns anzulocken, einzuleiten, so ist doch aus allem Vorigen ersichtlich, daß in dieser Literatur die Sprache als Sprache die erste Rolle spielt. Wer möchte sich nicht mit diesen Schätzen an der Quelle bekannt machen!

Bedenken wir nun, daß poetische Technik den größten Einfluß auf jede Dichtungsweise notwendig ausübe, so finden wir auch hier, daß die zweizeilig gereimten Verse der Orientalen einen Parallelismus fordern, welcher aber, statt den Geist zu sammeln, selben zerstreut, indem der Reim auf ganz fremdartige Gegenstände hinweist. Dadurch erhalten ihre Gedichte einen Anstrich von Quodlibet oder vorgeschriebenen Endreimen, in welcher Art etwas Vorzügliches zu leisten freilich die ersten Talente gefordert werden. Wie nun hierüber die Nation streng geurteilt hat, sieht man daran, daß sie in fünfhundert Jahren nur sieben Dichter als ihre obersten anerkennt.

WARNUNG

Auf alles, was wir bisher geäußert, können wir uns wohl berufen als Zeugnis besten Willens gegen orientalische Dichtkunst. Wir dürfen es daher wohl wagen, Männern, denen eigentlich nähere, ja unmittelbare Kenntnis dieser Regionen gegönnt ist, mit einer Warnung entgegenzugehen, welche den Zweck, allen möglichen Schaden von einer so guten Sache abzuwenden, nicht verleugnen wird.

Jedermann erleichtert sich durch Vergleichung das Urteil, aber man erschwert sich's auch: denn wenn ein Gleichnis, zu weit durchgeführt, hinkt, so wird ein vergleichendes Urteil immer unpassender, je genauer man es betrachtet. Wir wollen uns nicht zu weit verlieren, sondern im gegenwärtigen Falle nur so viel sagen: wenn der vortreffliche Jones die orientalischen Dichter mit Lateinern und Griechen vergleicht, so hat er seine Ursachen, das Verhältnis zu England und den dortigen Altkritikern nötigt ihn dazu. Er selbst, in der strengen klassischen Schule gebildet, begriff wohl das ausschließende Vorurteil, das nichts wollte gelten lassen, als was von Rom und Athen her auf uns vererbt worden. Er kannte, schätzte, liebte seinen Orient und wünschte dessen Produktionen in Altengland einzuführen, einzuschwärzen, welches nicht anders als unter dem Stempel des Altertums zu bewirken war. Dieses alles ist gegenwärtig ganz unnötig, ja schädlich. Wir wissen die Dichtart der Orientalen zu schätzen, wir gestehen ihnen die größten Vorzüge zu, aber man vergleiche sie mit sich selbst, man ehre sie in ihrem eignen Kreise, und vergesse doch dabei, daß es Griechen und Römer gegeben.

Niemanden verarge man, welchem Horaz bei Hafis einfällt. Hierüber hat ein Kenner sich bewundrungswürdig erklärt, so daß dieses Verhältnis nunmehr ausgesprochen und für immer abgetan ist. Er sagt nämlich:

„Die Ähnlichkeit Hafisens mit Horaz in den Ansichten des Lebens ist auffallend und möchte einzig nur durch die Ähnlichkeit der Zeitalter, in welchen beide Dichter gelebt, wo bei Zerstörung aller Sicherheit des bürgerlichen Daseins der Mensch sich auf flüchtigen, gleichsam im Vorübergehen gehaschten Genuß des Lebens beschränkt, zu erklären sein."

Was wir aber inständig bitten, ist, daß man Ferdusi nicht mit Homer vergleiche, weil er in jedem Sinne, dem Stoff, der Form, der Behandlung nach, verlieren muß. Wer sich hiervon überzeugen will, vergleiche die furchtbare Monotonie der sieben Abenteuer des Isfendiar mit dem dreiundzwanzigsten Gesang der „Ilias", wo zur Totenfeier Patroklos' die mannigfaltigsten Preise von den verschiedenartigsten Helden auf die verschiedenste Art gewonnen werden. Haben wir Deutsche nicht unsern herrlichen Nibelungen durch solche Vergleichung den größten Schaden getan? So höchst erfreulich sie sind, wenn man sich in ihren Kreis recht einbürgert und alles vertraulich und dankbar aufnimmt, so wunderlich erscheinen sie, wenn man sie nach einem Maßstabe mißt, den man niemals bei ihnen anschlagen sollte.

Es gilt ja schon dasselbe von dem Werke eines einzigen Autors, der viel, mannigfaltig und lange geschrieben. Überlasse man doch der gemeinen, unbehülflichen Menge, vergleichend zu loben, zu wählen und zu verwerfen. Aber die Lehrer des Volks müssen auf einen Standpunkt treten, wo eine allgemeine deutliche Übersicht reinem, unbewundenem Urteil zustatten kommt.

VERGLEICHUNG

Da wir nun soeben bei dem Urteil über Schriftsteller alle Vergleichung abgelehnt, so möchte man sich wundern, wenn wir unmittelbar darauf von einem Falle sprechen, in welchem wir sie zulässig finden. Wir hoffen jedoch, daß man uns diese Ausnahme darum erlauben werde, weil der Gedanke nicht uns, vielmehr einem Dritten angehört.

Ein Mann, der des Orients Breite, Höhen und Tiefen durchdrungen, findet, daß kein deutscher Schriftsteller sich den östlichen Poeten und sonstigen Verfassern mehr als Jean Paul Richter genähert habe; dieser Ausspruch schien zu bedeutend, als daß wir ihm nicht gehörige Aufmerksamkeit hätten widmen sollen; auch können wir unsere Bemerkungen darüber um so leichter mitteilen, als wir uns nur auf das oben weitläufig Durchgeführte beziehen dürfen.

Allerdings zeugen, um von der Persönlichkeit anzufangen, die Werke des genannten Freundes von einem verständigen, umschauenden, einsichtigen, unterrichteten, ausgebildeten und dabei wohlwollenden, frommen Sinne. Ein so begabter Geist blickt, nach eigentlichst orientalischer Weise, munter und kühn in seiner Welt umher, erschafft die seltsamsten Bezüge, verknüpft das Unverträgliche, jedoch dergestalt, daß ein geheimer ethischer Faden sich mitschlinge, wodurch das Ganze zu einer gewissen Einheit geleitet wird.

Wenn wir nun vor kurzem die Naturelemente, woraus die älteren und vorzüglichsten Dichter des Orients ihre Werke bildeten, angedeutet und bezeichnet, so werden wir uns deutlich erklären, indem wir sagen: daß, wenn jene in einer frischen, einfachen Region gewirkt, dieser Freund hingegen in einer ausgebildeten, überbildeten, verbildeten, vertrackten Welt leben und wirken und eben daher sich anschicken muß, die seltsamsten Elemente zu beherrschen. Um nun den Gegensatz zwischen der Umgebung eines Beduinen und unseres Autors mit wenigem anschaulich zu machen, ziehen wir aus einigen Blättern die bedeutendsten Ausdrücke:

Barrierentraktat, Extrablätter, Kardinäle, Nebenrezeß, Billard, Bierkrüge, Reichsbänke, Sessionsstühle, Prinzipalkommissarius, Enthusiasmus, Zepter-Queue, Bruststücke, Eichhornbauer, Agioteur, Schmutzfink, Inkognito, Kolloquia, kanonischer Billardsack, Gipsabdruck, Avancement, Hüttenjunge, Naturalisationsakte, Pfingstprogramm, maurerisch, Manualpantomime, amputiert, Supranumerar, Bijouteriebude, Sabbaterweg u. s. f.

Wenn nun diese sämtlichen Ausdrücke einem gebildeten deutschen Leser bekannt sind oder durch das Konversations-Lexikon bekannt werden können, gerade wie dem Orientalen die Außenwelt durch Handels- und Wallfahrtskarawanen, so dürfen wir kühnlich einen ähnlichen Geist für berechtigt halten, dieselbe Verfahrungsart auf einer völlig verschiedenen Unterlage walten zu lassen.

Gestehen wir also unserm so geschätzten als fruchtbaren Schriftsteller zu, daß er, in späteren Tagen lebend, um in seiner Epoche geistreich zu sein, auf einen durch Kunst, Wissenschaft, Technik, Politik, Kriegs- und Friedensverkehr und Verderb so unendlich verklausulierten, zersplitterten Zustand mannigfaltigst anspielen müsse, so glauben wir ihm die zugesprochene Orientalität genugsam bestätigt zu haben.

Einen Unterschied jedoch, den eines poetischen und prosaischen Verfahrens, heben wir hervor. Dem Poeten, welchem Takt, Parallelstellung, Silbenfall, Reim die größten Hindernisse in den Weg zu legen scheinen, gereicht alles zum entschiedensten Vorteil, wenn er die Rätselknoten glücklich löst, die ihm aufgegeben sind oder die er sich selbst aufgibt; die kühnste Metapher verzeihen wir wegen eines unerwarteten Reims und freuen uns der Besonnenheit des Dichters, die er in einer so notgedrungenen Stellung behauptet.

Der Prosaist hingegen hat die Ellebogen gänzlich frei und ist für jede Verwegenheit verantwortlich, die er sich erlaubt; alles, was den Geschmack verletzen könnte, kommt auf seine Rechnung. Da nun aber, wie wir umständlich nachgewiesen, in einer solchen Dicht- und Schreibart das Schickliche vom Unschicklichen abzusondern unmöglich ist, so kommt hier alles auf das Individuum an, das ein solches Wagstück unternimmt. Ist es ein Mann wie Jean Paul, als Talent von Wert, als Mensch von Würde, so befreundet sich der angezogene Leser sogleich; alles ist erlaubt und willkommen. Man fühlt sich in der Nähe des wohldenkenden Mannes behaglich, sein Gefühl teilt sich uns mit. Unsere Einbildungskraft erregt er, schmeichelt unseren Schwächen und festiget unsere Stärken.

Man übt seinen eigenen Witz, indem man die wunderlich aufgegebenen Rätsel zu lösen sucht, und freut sich in und hinter einer buntverschränkten Welt, wie hinter einer andern Scharade, Unterhaltung, Erregung, Rührung, ja Erbauung zu finden.

Dies ist ungefähr, was wir vorzubringen wußten, um jene Vergleichung zu rechtfertigen; Übereinstimmung und Differenz trachteten wir so kurz als möglich auszudrücken; ein solcher Text könnte zu einer grenzenlosen Auslegung verführen.

VERWAHRUNG

Wenn jemand Wort und Ausdruck als heilige Zeugnisse betrachtet und sie nicht etwa wie Scheidemünze oder Papiergeld nur zu schnellem, augenblicklichem Verkehr bringen, sondern im geistigen Handel und Wandel als wahres Äquivalent ausgetauscht wissen will, so kann man ihm nicht verübeln, daß er aufmerksam macht, wie herkömmliche Ausdrücke, woran niemand mehr Arges hat, doch einen schädlichen Einfluß verüben, Ansichten verdüstern, den Begriff entstellen und ganzen Fächern eine falsche Richtung geben.

Von der Art möchte wohl der eingeführte Gebrauch sein, daß man den Titel schöne Redekünste als allgemeine Rubrik behandelt, unter welcher man Poesie und Prosa begreifen und eine neben der andern, ihren verschiedenen Teilen nach, aufstellen will.

Poesie ist, rein und echt betrachtet, weder Rede noch Kunst; keine Rede, weil sie zu ihrer Vollendung Takt, Gesang, Körperbewegung und Mimik bedarf; sie ist keine Kunst, weil alles auf dem Naturell beruht, welches zwar geregelt, aber nicht künstlerisch geängstiget werden darf; auch bleibt sie immer wahrhafter Ausdruck eines aufgeregten erhöhten Geistes, ohne Ziel und Zweck.

Die Redekunst aber im eigentlichen Sinne ist eine Rede und eine Kunst; sie beruht auf einer deutlichen, mäßig leidenschaftlichen Rede und ist Kunst in jedem Sinne. Sie verfolgt ihre Zwecke und ist Verstellung vom Anfang bis zu Ende. Durch jene von uns gerügte Rubrik ist nun die Poesie entwürdigt, indem sie der Redekunst bei-, wo nicht untergeordnet wird, Namen und Ehre von ihr ableitet.

Diese Benennung und Einteilung hat freilich Beifall und Platz gewonnen, weil höchst schätzenswerte Bücher sie an der Stirne tragen, und schwer möchte man sich derselben so bald entwöhnen. Ein solches Verfahren kommt aber daher, weil man bei Klassifikation der Künste den Künstler nicht zu Rate zieht. Dem Literator kommen die poetischen Werke zuerst als Buchstaben in die Hand, sie liegen als Bücher vor ihm, die er aufzustellen und zu ordnen berufen ist.

DICHTARTEN

Allegorie, Ballade, Cantate, Drama, Elegie, Epigramm, Epistel, Epopöe, Erzählung, Fabel, Heroide, Idylle, Lehrgedicht, Ode, Parodie, Roman, Romanze, Satire.

Wenn man vorgemeldete Dichtarten, die wir alphabetisch zusammengestellt, und noch mehrere dergleichen methodisch zu ordnen versuchen wollte, so würde man auf große, nicht leicht zu beseitigende Schwierigkeiten stoßen. Betrachtet man obige Rubriken genauer, so findet man, daß sie bald nach äußeren Kennzeichen, bald nach dem Inhalt, wenige aber einer wesentlichen Form nach benamst sind. Man bemerkt schnell, daß einige sich nebeneinander stellen, andere sich andern unterordnen lassen. Zu Vergnügen und Genuß möchte jede wohl für sich bestehen und wirken, wenn man aber zu didaktischen oder historischen Zwecken einer rationelleren Anordnung bedürfte, so ist es wohl der Mühe wert, sich nach einer solchen umzusehen. Wir bringen daher folgendes der Prüfung dar.

NATURFORMEN DER DICHTUNG

Es gibt nur drei echte Naturformen der Poesie: die klar erzählende, die enthusiastisch aufgeregte und die persönlich handelnde: Epos, Lyrik und Drama. Diese drei Dichtweisen können zusammen oder abgesondert wirken. In dem kleinsten Gedicht findet man sie oft beisammen, und sie bringen eben durch diese Vereinigung im engsten Raume das herrlichste Gebild hervor, wie wir an den schätzenswertesten Balladen aller Völker deutlich gewahr werden. Im älteren griechischen Trauerspiel sehen wir sie gleichfalls alle drei verbunden, und erst in einer gewissen Zeitfolge sondern sie sich. Solange der Chor die Hauptperson spielt, zeigt sich Lyrik obenan; wie der Chor mehr Zuschauer wird, treten die andern hervor, und zuletzt, wo die Handlung sich persönlich und häuslich zusammenzieht, findet man den Chor unbequem und lästig. Im französischen Trauerspiel ist die Exposition episch, die Mitte dramatisch, und den fünften Akt, der leidenschaftlich und enthusiastisch ausläuft, kann man lyrisch nennen.

Das Homerische Heldengedicht ist rein episch; der Rhapsode waltet immer vor, was sich ereignet, erzählt er; niemand darf den Mund auftun, dem er nicht vorher das Wort verliehen, dessen Rede und Antwort er nicht angekündigt. Abgebrochene Wechselreden, die schönste Zierde des Dramas, sind nicht zulässig.

Höre man aber nun den modernen Improvisator auf öffentlichem Markte, der einen geschichtlichen Gegenstand behandelt; er wird, um deutlich zu sein, erst erzählen, dann, um Interesse zu erregen, als handelnde Person sprechen, zuletzt enthusiastisch auflodern und die Gemüter hinreißen. So wunderlich sind diese Elemente zu verschlingen, die Dichtarten bis ins Unendliche mannigfaltig; und deshalb auch so schwer eine Ordnung zu finden, wonach man sie neben- oder nacheinander aufstellen könnte. Man wird sich aber einigermaßen dadurch helfen, daß man die drei Hauptelemente in einem Kreis gegen einander über stellt und sich Musterstücke sucht, wo jedes Element einzeln obwaltet. Alsdann sammle man Beispiele, die sich nach der einen oder nach der andern Seite hinneigen, bis endlich die Vereinigung von allen dreien erscheint und somit der ganze Kreis in sich geschlossen ist.

Auf diesem Wege gelangt man zu schönen Ansichten sowohl der Dichtarten als des Charakters der Nationen und ihres Geschmacks in einer Zeitfolge. Und obgleich diese Verfahrungsart mehr zu eigener Belehrung, Unterhaltung und Maßregel als zum Unterricht anderer geeignet sein mag, so wäre doch vielleicht ein Schema aufzustellen, welches zugleich die äußeren zufälligen Formen und diese inneren notwendigen Uranfänge in faßlicher Ordnung darbrächte. Der Versuch jedoch wird immer so schwierig sein als in der Naturkunde das Bestreben, den Bezug auszufinden der äußeren Kennzeichen von Mineralien und Pflanzen zu ihren inneren Bestandteilen, um eine naturgemäße Ordnung dem Geiste darzustellen.

NACHTRAG

Höchst merkwürdig ist, daß die persische Poesie kein Drama hat. Hätte ein dramatischer Dichter aufstehen können, ihre ganze Literatur müßte ein anderes Ansehn gewonnen haben. Die Nation ist zur Ruhe geneigt, sie läßt sich gern etwas vorerzählen, daher die Unzahl Märchen und die grenzenlosen Gedichte. So ist auch sonst das orientalische Leben an sich selbst nicht gesprächig; der Despotismus befördert keine Wechselreden, und wir finden, daß eine jede Einwendung gegen Willen und Befehl des Herrschers allenfalls nur in Zitaten des Korans und bekannter Dichterstellen hervortritt, welches aber zugleich einen geistreichen Zustand, Breite, Tiefe und Konsequenz der Bildung voraussetzt. Daß jedoch der Orientale die Gesprächsform so wenig als ein anderes Volk entbehren mag, sieht man an der Hochschätzung der Fabeln des Bidpai, der Wiederholung, Nachahmung und Fortsetzung derselben. Die „Vögelgespräche“ des Ferideddin Attar geben hievon gleichfalls das schönste Beispiel.

BUCHORAKEL

Der in jedem Tag düster befangene, nach einer aufgehellten Zukunft sich umschauende Mensch greift begierig nach Zufälligkeiten, um irgendeine weissagende Andeutung aufzuhaschen. Der Unentschlossene findet nur sein Heil im Entschluß, dem Ausspruch des Loses sich zu unterwerfen. Solcher Art ist die überall herkömmliche Orakelfrage an irgendein bedeutendes Buch, zwischen dessen Blätter man eine Nadel versenkt und die dadurch bezeichnete Stelle beim Aufschlagen gläubig beachtet. Wir waren früher mit Personen genau verbunden, welche sich auf diese Weise bei der Bibel, dem Schatzkästlein und ähnlichen Erbauungswerken zutraulich Rats erholten und mehrmals in den größten Nöten Trost, ja Bestärkung fürs ganze Leben gewannen.

Im Orient finden wir diese Sitte gleichfalls in Übung; sie wird Fal genannt, und die Ehre derselben begegnete Hafisen gleich nach seinem Tode. Denn als die Strenggläubigen ihn nicht feierlich beerdigen wollten, befragte man seine Gedichte, und als die bezeichnete Stelle seines Grabes erwähnt, das die Wanderer dereinst verehren würden, so folgerte man daraus, daß er auch müsse ehrenvoll begraben werden. Der westliche Dichter spielt ebenfalls auf diese Gewohnheit an und wünscht, daß seinem Büchlein gleiche Ehre widerfahren möge.

BLUMEN- UND ZEICHENWECHSEL

Um nicht zu viel Gutes von der sogenannten Blumensprache zu denken oder etwas Zartgefühltes davon zu erwarten, müssen wir uns durch Kenner belehren lassen. Man hat nicht etwa einzelnen Blumen Bedeutung gegeben, um sie im Strauß als Geheimschrift zu überreichen, und es sind nicht Blumen allein, die bei einer solchen stummen Unterhaltung Wort und Buchstaben bilden, sondern alles Sichtbare, Transportable wird mit gleichem Rechte angewendet.

Doch wie das geschehe, um eine Mitteilung, einen Gefühl- und Gedankenwechsel hervorzubringen, dieses können wir uns nur vorstellen, wenn wir die Haupteigenschaften orientalischer Poesie vor Augen haben: den weit umgreifenden Blick über alle Weltgegenstände, die Leichtigkeit zu reimen, sodann aber eine gewisse Lust und Richtung der Nation, Rätsel aufzugeben, wodurch sich zugleich die Fähigkeit ausbildet, Rätsel aufzulösen, welches denjenigen deutlich sein wird, deren Talent sich dahin neigt, Scharaden, Logogryphen und dergleichen zu behandeln.

Hiebei ist nun zu bemerken: wenn ein Liebendes dem Geliebten irgendeinen Gegenstand zusendet, so muß der

Empfangende sich das Wort aussprechen und suchen, was sich darauf reimt, sodann aber ausspähen, welcher unter den vielen möglichen Reimen für den gegenwärtigen Zustand passen möchte. Daß hiebei eine leidenschaftliche Divination obwalten müsse, fällt sogleich in die Augen. Ein Beispiel kann die Sache deutlich machen, und so sei folgender kleine Roman in einer solchen Korrespondenz durchgeführt.

Die Wächter sind gebändiget
Durch süße Liebestaten;
Doch wie wir uns verständiget,
Das wollen wir verraten;
Denn, Liebchen, was uns Glück gebracht,
Das muß auch andern nutzen,
So wollen wir der Liebesnacht
Die düstern Lampen putzen.
Und wer sodann mit uns erreicht,
Das Ohr recht abzufeimen,
Und liebt wie wir, dem wird es leicht,
Den rechten Sinn zu reimen.
Ich schickte dir, du schicktest mir,
Es war sogleich verstanden.

Amarante	Ich sah und brannte.
Raute	Wer schaute?
Haar vom Tiger	Ein kühner Krieger.
Haar der Gazelle	An welcher Stelle?
Büschel von Haaren	Du sollst's erfahren.
Kreide	Meide.
Stroh	Ich brenne lichterloh.
Trauben	Will's erlauben.
Korallen	Kannst mir gefallen.
Mandelkern	Sehr gern.
Rüben	Willst mich betrüben.
Karotten	Willst meiner spotten.
Zwiebeln	Was willst du grübeln?
Trauben, die weißen	Was soll das heißen?
Trauben, die blauen	Soll ich vertrauen?
Quecken	Du willst mich necken.
Nelken	Soll ich verwelken?
Narzissen	Du mußt es wissen.
Veilchen	Wart ein Weilchen.
Kirschen	Willst mich zerknirschen.

Feder vom Raben	Ich muß dich haben.
Vom Papageien	Mußt mich befreien.
Maronen	Wo wollen wir wohnen?
Blei	Ich bin dabei.
Rosenfarb	Die Freude starb.
Seide	Ich leide.
Bohnen	Will dich schonen.
Majoran	Geht mich nichts an.
Blau	Nimm's nicht genau.
Traube	Ich glaube.
Beeren	Will's verwehren.
Feigen	Kannst du schweigen?
Gold	Ich bin dir hold.
Leder	Gebrauch' die Feder.
Papier	So bin ich dir.
Maßlieben	Schreib nach Belieben.
Nachtviolen	Ich laß es holen.
Ein Faden	Bist eingeladen.
Ein Zweig	Mach keinen Streich.
Strauß	Ich bin zu Haus.
Winden	Wirst mich finden.
Myrten	Will dich bewirten.
Jasmin	Nimm mich hin.
Melissen	*** auf einem Kissen.
Zypressen	Will's vergessen.
Bohnenblüte	Du falsch Gemüte.
Kalk	Bist ein Schalk.
Kohlen	Mag der *** dich holen.

Und hätte mit Boteinah so
Nicht Dschemil sich verstanden,
Wie wäre denn so frisch und froh
Ihr Name noch vorhanden?

Vorstehende seltsame Mitteilungsart wird sehr bald unter lebhaften, einander gewogenen Personen auszuüben sein. Sobald der Geist eine solche Richtung nimmt, tut er Wunder. Zum Beleg aus manchen Geschichten nur e i n e.

Zwei liebende Paare machen eine Lustfahrt von einigen Meilen, bringen einen frohen Tag miteinander zu; auf der Rückkehr unterhalten sie sich, Scharaden aufzugeben. Gar bald wird nicht nur eine jede, wie sie vom Munde kommt, sogleich erraten, sondern zuletzt sogar das Wort, das der andere denkt und eben zum Worträtsel umbilden will, durch die unmittelbarste Divination erkannt und ausgesprochen.

Indem man dergleichen zu unsern Zeiten erzählt und beteuert, darf man nicht fürchten, lächerlich zu werden, da solche psychische Erscheinungen noch lange nicht an dasjenige reichen, was der organische Magnetismus zutage gebracht hat.

CHIFFER

Eine andere Art aber, sich zu verständigen, ist geistreich und herzlich! Wenn bei der vorigen Ohr und Witz im Spiele war, so ist es hier ein zartliebender, ästhetischer Sinn, der sich der höchsten Dichtung gleichstellt.

Im Orient lernte man den Koran auswendig, und so gaben die Suren und Verse durch die mindeste Anspielung ein leichtes Verständnis unter den Geübten. Das gleiche haben wir in Deutschland erlebt, wo vor funfzig Jahren die Erziehung dahin gerichtet war, die sämtlichen Heranwachsenden bibelfest zu machen; man lernte nicht allein bedeutende Sprüche auswendig, sondern erlangte zugleich von dem übrigen genugsame Kenntnis. Nun gab es mehrere Menschen, die eine große Fertigkeit hatten, auf alles, was vorkam, biblische Sprüche anzuwenden und die Heilige Schrift in der Konversation zu verbrauchen. Nicht zu leugnen ist, daß hieraus die witzigsten, anmutigsten Erwiderungen entstanden, wie denn noch heutigestags gewisse ewig anwendbare Hauptstellen hie und da im Gespräch vorkommen.

Gleicherweise bedient man sich klassischer Worte, wodurch wir Gefühl und Ereignis als ewig wiederkehrend bezeichnen und aussprechen.

Auch wir vor funfzig Jahren, als Jünglinge, die einheimischen Dichter verehrend, belebten das Gedächtnis durch ihre Schriften und erzeigten ihnen den schönsten Beifall, indem wir unsere Gedanken durch ihre gewählten und gebildeten Worte ausdrückten und dadurch eingestanden, daß sie besser als wir unser Innerstes zu entfalten gewußt.

Um aber zu unserm eigentlichen Zweck zu gelangen, erinnern wir an eine zwar wohlbekannte, aber doch immer geheimnisvolle Weise, sich in Chiffern mitzuteilen; wenn nämlich zwei Personen, die ein Buch verabreden und, indem sie Seiten- und Zeilenzahl zu einem Briefe verbinden, gewiß sind, daß der Empfänger mit geringem Bemühen den Sinn zusammenfinden werde.

Das Lied, welches wir mit der Rubrik Chiffer bezeichnet, will auf eine solche Verabredung hindeuten. Liebende werden einig, Hafisens Gedichte zum Werkzeug ihres Gefühlwechsels zu legen; sie bezeichnen Seite und Zeile, die ihren gegenwärtigen Zustand ausdrückt, und so entstehen zusammengeschriebene Lieder vom schönsten Ausdruck; herrliche zerstreute Stellen des unschätzbaren Dichters werden durch Leidenschaft und Gefühl verbunden, Neigung und Wahl verleihen dem Ganzen ein inneres Leben, und die Entfernten finden ein tröstliches Ergeben, indem sie ihre Trauer mit Perlen seiner Worte schmücken.

Dir zu eröffnen
Mein Herz, verlangt mich;
Hört' ich von deinem,
Darnach verlangt mich;
Wie blickt so traurig
Die Welt mich an.

In meinem Sinne
Wohnet mein Freund nur,
Und sonsten keiner
Und keine Feindspur.
Wie Sonnenaufgang
Ward mir ein Vorsatz!

Mein Leben will ich
Nur zum Geschäfte
Von seiner Liebe
Von heut an machen.
Ich denke seiner,
Mir blutet 's Herz.

Kraft hab' ich keine,
Als ihn zu lieben,
So recht im stillen.
Was soll das werden!
Will ihn umarmen
Und kann es nicht.

KÜNFTIGER DIVAN

Man hat in Deutschland zu einer gewissen Zeit manche Druckschriften verteilt als Manuskript für Freunde. Wem dieses befremdlich sein könnte, der bedenke, daß doch am Ende jedes Buch nur für Teilnehmer, für Freunde, für Liebhaber des Verfassers geschrieben sei. Meinen „Divan" besonders möcht' ich also bezeichnen, dessen gegenwärtige Ausgabe nur als unvollkommen betrachtet werden kann. In jüngeren Jahren würd' ich ihn länger zurückgehalten haben, nun aber find' ich es vorteilhafter, ihn selbst zusammenzustellen, als ein solches Geschäft wie Hafis den Nachkommen zu hinterlassen. Denn eben daß dieses Büchlein so dasteht, wie ich es jetzt mitteilen konnte, erregt meinen Wunsch, ihm die gebührende Vollständigkeit nach und nach zu verleihen. Was davon allenfalls zu hoffen sein möchte, will ich Buch für Buch der Reihe nach andeuten.

Buch des Dichters. Hierin, wie es vorliegt, werden lebhafte Eindrücke mancher Gegenstände und Erscheinungen auf Sinnlichkeit und Gemüt enthusiastisch ausgedrückt und die näheren Bezüge des Dichters zum Orient angedeutet. Fährt er auf diese Weise fort, so kann der heitere Garten aufs anmutigste verziert werden; aber höchst erfreulich wird sich die Anlage erweitern, wenn der Dichter nicht von sich und aus sich allein handeln wollte, vielmehr auch seinen Dank Gönnern und Freunden zu Ehren ausspräche, um die Lebenden mit freundlichem Wort festzuhalten, die Abgeschiedenen ehrenvoll wieder zurückzurufen.

Hiebei ist jedoch zu bedenken, daß der orientalische Flug und Schwung, jene reich und übermäßig lobende Dichtart, dem Gefühl des Westländers vielleicht nicht zusagen möchte. Wir ergehen uns hoch und frei, ohne zu Hyperbeln unsre Zuflucht zu nehmen: denn wirklich nur eine reine, wohlgefühlte Poesie vermag allenfalls die eigentlichsten Vorzüge trefflicher Männer auszusprechen, deren Vollkommenheiten man erst recht empfindet, wenn sie dahingegangen sind, wenn ihre Eigenheiten uns nicht mehr stören und das Eingreifende ihrer Wirkungen uns noch täglich und stündlich vor Augen tritt. Einen Teil dieser Schuld hatte der Dichter vor kurzem, bei einem herrlichen Feste in Allerhöchster Gegenwart, das Glück nach seiner Weise gemütlich abzutragen.

Das Buch Hafis. Wenn alle diejenigen, welche sich der arabischen und verwandter Sprachen bedienen, schon als Poeten geboren und erzogen werden, so kann man sich denken, daß unter einer solchen Nation vorzügliche Geister ohne Zahl hervorgehen. Wenn nun aber ein solches Volk in fünfhundert Jahren nur sieben Dichtern den ersten Rang zugesteht, so müssen wir einen solchen Ausspruch zwar mit Ehrfurcht annehmen, allein es wird uns zugleich vergönnt sein nachzuforschen, worin ein solcher Vorzug eigentlich begründet sein könne.

Diese Aufgabe, insofern es möglich ist, zu lösen, möchte wohl auch dem künftigen „Divan" vorbehalten sein. Denn um nur von Hafis zu reden, wächst Bewunderung und Neigung gegen ihn, je mehr man ihn kennen lernt. Das glücklichste Naturell, große Bildung, freie Fazilität und die reine Überzeugung, daß man den Menschen nur alsdann behagt, wenn man ihnen vorsingt, was sie gern, leicht und bequem hören, wobei man ihnen denn auch etwas Schweres, Schwieriges, Unwillkommenes gelegentlich mit unterschieben darf. Wenn Kenner im nachstehenden Liede Hafisens Bild einigermaßen erblicken wollen, so würde den Westländer dieser Versuch ganz besonders erfreuen. *(Hier wiederholt die Originalausgabe das bereits im Gedicht-Teil abgedruckte Gedicht „An Hafis". Vgl. S. 25.)*

Buch der Liebe würde sehr anschwellen, wenn sechs Liebespaare in ihren Freuden und Leiden entschiedener aufträten und noch andere neben ihnen aus der düsteren Vergangenheit mehr oder weniger klar hervorgingen. Wamik und Asra z. B., von denen sich außer den Namen keine weitere Nachricht findet, könnten folgendermaßen eingeführt werden: *(Hier folgt das Gedicht „Noch ein Paar". Vgl. S. 27.)*

Nicht weniger ist dieses Buch geeignet zu symbolischer Abschweifung, deren man sich in den Feldern des Orients kaum enthalten kann. Der geistreiche Mensch, nicht zufrieden mit dem, was man ihm darstellt, betrachtet alles, was sich den Sinnen darbietet, als eine Vermummung, wohinter ein höheres geistiges Leben sich schalkhaft-eigensinnig versteckt, um uns anzuziehen und in edlere Regionen aufzulocken. Verfährt hier der Dichter mit Bewußtsein und Maß, so kann man es gelten lassen, sich daran freuen und zu entschiedenerem Auffluge die Fittiche versuchen.

Buch der Betrachtungen erweitert sich jeden Tag demjenigen, der im Orient hauset; denn alles ist dort Betrachtung, die zwischen dem Sinnlichen und Übersinnlichen hin und her wogt, ohne sich für eins oder das andere zu entscheiden. Dieses Nachdenken, wozu man aufgefordert wird, ist von ganz eigner Art; es widmet sich nicht allein der Klugheit, obgleich diese die stärksten Forderungen macht, sondern es wird zugleich auf jene Punkte geführt, wo die seltsamsten Probleme des Erdelebens strack und unerbittlich vor uns stehen und uns nötigen, dem Zufall, einer Vorsehung und ihren unerforschlichen Ratschlüssen die Kniee zu beugen und unbedingte Ergebung als höchstes politisch-sittlich-religioses Gesetz auszusprechen.

Buch des Unmuts. Wenn die übrigen Bücher anwachsen, so erlaubt man auch wohl diesem das gleiche Recht. Erst müssen sich anmutige, liebevolle, verständige Zutaten versammeln, eh die Ausbrüche des Unmuts erträglich sein können. Allgemein menschliches Wohlwollen, nachsichtiges hülfreiches Gefühl verbindet den Himmel mit der Erde und bereitet ein den Menschen gegönntes Paradies. Dagegen ist der Unmut stets egoistisch, er besteht auf Forderungen, deren Gewährung ihm außen blieb; er ist anmaßlich, abstoßend und erfreut niemand, selbst diejenigen kaum, die von gleichem Gefühl ergriffen sind. Demungeachtet aber kann der Mensch solche Explosionen nicht immer zurückhalten, ja er tut wohl, wenn er seinem Verdruß, besonders über verhinderte, gestörte Tätigkeit, auf diese Weise Luft zu machen trachtet. Schon jetzt hätte dies Buch viel stärker und reicher sein sollen; doch haben wir manches, um alle Mißstimmung zu verhüten, beiseitegelegt. Wie wir denn hierbei bemerken, daß dergleichen Äußerungen, welche für den Augenblick bedenklich scheinen, in der Folge aber als unverfänglich mit Heiterkeit und Wohlwollen aufgenommen werden, unter der Rubrik Paralipomena künftigen Jahren aufgespart worden.

Dagegen ergreifen wir diese Gelegenheit, von der Anmaßung zu reden, und zwar vorerst, wie sie im Orient zur Erscheinung kommt. Der Herrscher selbst ist der erste Anmaßliche, der die übrigen alle auszuschließen scheint. Ihm stehen alle zu Dienst, er ist Gebieter sein selbst, niemand gebietet ihm, und sein eigner Wille erschafft die übrige Welt, so daß er sich mit der Sonne, ja mit dem Weltall vergleichen kann. Auffallend ist es jedoch, daß er eben dadurch genötigt ist, sich einen Mitregenten zu erwählen, der ihm in diesem unbegrenzten Felde beistehe, ja ihn ganz eigentlich auf dem Weltenthrone erhalte. Es ist der Dichter, der mit und neben ihm wirkt und ihn über alle Sterbliche erhöht. Sammeln sich nun an seinem Hofe viele dergleichen Talente, so gibt er ihnen einen Dichterkönig und zeigt dadurch, daß er das höchste Talent für seinesgleichen anerkenne. Hierdurch wird der Dichter aber aufgefordert, ja verleitet, ebenso hoch von sich zu denken als von dem Fürsten, und sich im Mitbesitz der größten Vorzüge und Glückseligkeiten zu fühlen. Hierin wird er bestärkt durch die grenzenlosen Geschenke, die er erhält, durch den Reichtum, den er sammelt, durch die Einwirkung, die er ausübt. Auch setzt er sich in dieser Denkart so fest, daß ihn irgendein Mißlingen seiner Hoffnungen bis zum Wahnsinn treibt. Ferdusi erwartet für sein „Schah Nameh“ nach einer früheren Äußerung des Kaisers sechzigtausend Goldstücke; da er aber dagegen nur sechzigtausend Silberstücke erhält, eben da er sich im Bade befindet, teilt er die Summe in drei Teile, schenkt einen dem Boten, einen dem Bademeister und den dritten dem Sorbetschenken und vernichtet sogleich mit wenigen ehrenrührigen Schmähzeilen alles Lob, was er seit so vielen Jahren dem Schah gespendet. Er entflieht, verbirgt sich, widerruft nicht, sondern trägt seinen Haß auf die Seinigen über, so daß seine Schwester ein ansehnliches Geschenk, vom begütigten Sultan abgesendet, aber leider erst nach des Bruders Tode ankommend, gleichfalls verschmäht und abweist.

Wollten wir nun das alles weiterentwickeln, so würden wir sagen, daß vom Thron, durch alle Stufen hinab, bis zum Derwisch an der Straßenecke alles voller Anmaßung zu finden sei, voll weltlichen und geistlichen Hochmuts, der auf die geringste Veranlassung sogleich gewaltsam hervorspringt.

Mit diesem sittlichen Gebrechen, wenn man's dafür halten will, sieht es im Westlande gar wunderlich aus. Bescheidenheit ist eigentlich eine gesellige Tugend, sie deutet auf große Ausbildung; sie ist eine Selbstverleugnung nach außen, welche, auf einem großen innern Werte ruhend, als die höchste Eigenschaft des Menschen angesehen wird. Und so hören wir, daß die Menge immer zuerst an den vorzüglichsten Menschen die Bescheidenheit preist, ohne sich auf ihre übrigen Qualitäten sonderlich einzulassen. Bescheidenheit aber ist immer mit Verstellung verknüpft und eine Art Schmeichelei, die um desto wirksamer ist, als sie ohne Zudringlichkeit dem andern wohltut, indem sie ihn in seinem behaglichen Selbstgefühle nicht irremacht. Alles aber, was man gute Gesellschaft nennt, besteht in einer immer wachsenden Verneinung sein selbst, so daß die Sozietät zuletzt ganz Null wird; es müßte denn das Talent sich ausbilden, daß wir, indem wir unsere Eitelkeit befriedigen, der Eitelkeit des andern zu schmeicheln wissen.

Mit den Anmaßungen unsers westlichen Dichters aber möchten wir die Landsleute gern versöhnen. Eine gewisse Aufschneiderei durfte dem „Divan" nicht fehlen, wenn der orientalische Charakter einigermaßen ausgedrückt werden sollte.

In die unerfreuliche Anmaßung gegen die höheren Stände konnte der Dichter nicht verfallen. Seine glückliche Lage überhob ihn jedes Kampfes mit Despotismus. In das Lob, das er seinen fürstlichen Gebietern zollen könnte, stimmt ja die Welt mit ein. Die hohen Personen, mit denen er sonst in Verhältnis gestanden, pries und preist man noch immer. Ja man kann dem Dichter vorwerfen, daß der enkomiastische Teil seines „Divans" nicht reich genug sei.

Was aber das „Buch des Unmuts“ betrifft, so möchte man wohl einiges daran zu tadeln finden. Jeder Unmutige drückt zu deutlich aus, daß seine persönliche Erwartung nicht erfüllt, sein Verdienst nicht anerkannt sei. So auch er! Von oben herein ist er nicht beengt, aber von unten und von der Seite leidet er. Eine zudringliche, oft platte, oft tückische Menge mit ihren Chorführern lähmt seine Tätigkeit; erst waffnet er sich mit Stolz und Verdruß, dann aber, zu scharf gereizt und gepreßt, fühlt er Stärke genug, sich durch sie durchzuschlagen.

Sodann aber werden wir ihm zugestehen, daß er mancherlei Anmaßungen dadurch zu mildern weiß, daß er sie, gefühlvoll und kunstreich, zuletzt auf die Geliebte bezieht, sich vor ihr demütigt, ja vernichtet. Herz und Geist des Lesers wird ihm dieses zugute schreiben.

Buch der Sprüche sollte vor andern anschwellen; es ist mit den Büchern der Betrachtung und des Unmuts ganz nahe verwandt. Orientalische Sprüche jedoch behalten den eigentümlichen Charakter der ganzen Dichtkunst, daß sie sich sehr oft auf sinnliche, sichtbare Gegenstände beziehen; und es finden sich viele darunter, die man mit Recht lakonische Parabeln nennen könnte. Diese Art bleibt dem Westländer die schwerste, weil unsere Umgebung zu trocken, geregelt und prosaisch erscheint. Alte deutsche Sprichwörter jedoch, wo sich der Sinn zum Gleichnis umbildet, können hier gleichfalls unser Muster sein.

Buch des Timur. Sollte eigentlich erst gegründet werden, und vielleicht müßten ein paar Jahre hingehen, damit uns die allzunah liegende Deutung ein erhöhtes Anschaun ungeheurer Weltereignisse nicht mehr verkümmerte. Erheitert könnte diese Tragödie werden, wenn man des fürchterlichen Weltverwüsters launigen Zug- und Zeltgefährten Nußreddin Chodscha von Zeit zu Zeit auftreten zu lassen sich entschlösse. Gute Stunden, freier Sinn werden hiezu die beste Fördernis verleihen. Ein Musterstück der Geschichtchen, die zu uns herübergekommen, fügen wir bei.

Timur war ein häßlicher Mann; er hatte ein blindes Auge und einen lahmen Fuß. Indem nun eines Tags Chodscha um ihn war, kratzte sich Timur den Kopf, denn die Zeit des Barbierens war gekommen, und befahl, der Barbier solle gerufen werden. Nachdem der Kopf geschoren war, gab der Barbier, wie gewöhnlich, Timur den Spiegel in die Hand. Timur sah sich im Spiegel und fand sein Ansehn gar zu häßlich. Darüber fing er an zu weinen, auch der Chodscha hub an zu weinen, und so weinten sie ein paar Stunden. Hierauf trösteten einige Gesellschafter den Timur und unterhielten ihn mit sonderbaren Erzählungen, um ihn alles vergessen zu machen. Timur hörte auf zu weinen, der Chodscha aber hörte nicht auf, sondern fing erst recht an, stärker zu weinen. Endlich sprach Timur zum Chodscha: „Höre! ich habe in den Spiegel geschaut und habe mich sehr häßlich gesehen, darüber betrübte ich mich, weil ich nicht allein Kaiser bin, sondern auch viel Vermögen und Sklavinnen habe, daneben aber so häßlich bin, darum habe ich geweint. Und warum weinst du noch ohne Aufhören?" Der Chodscha antwortete: „Wenn du nur einmal in den Spiegel gesehen und bei Beschauung deines Gesichts es gar nicht hast aushalten können, dich anzusehen, sondern darüber geweint hast, was sollen wir denn tun, die wir Nacht und Tag dein Gesicht anzusehen haben? Wenn wir nicht weinen, wer soll denn weinen! deshalb habe ich geweint." — Timur kam vor Lachen außer sich.

Buch Suleika. Dieses, ohnehin das stärkste der ganzen Sammlung, möchte wohl für abgeschlossen anzusehen sein. Der Hauch und Geist einer Leidenschaft, der durch das Ganze weht, kehrt nicht leicht wieder zurück, wenigstens ist dessen Rückkehr wie die eines guten Weinjahres in Hoffnung und Demut zu erwarten.

Über das Betragen des westlichen Dichters aber in diesem Buche dürfen wir einige Betrachtungen anstellen. Nach dem Beispiele mancher östlichen Vorgänger hält er sich entfernt vom Sultan. Als genügsamer Derwisch darf er sich sogar dem Fürsten vergleichen; denn der gründliche Bettler soll eine Art von König sein. Armut gibt Verwegenheit. Irdische

Güter und ihren Wert nicht anzuerkennen, nichts oder wenig davon zu verlangen, ist sein Entschluß, der das sorgloseste Behagen erzeugt. Statt einen angstvollen Besitz zu suchen, verschenkt er in Gedanken Länder und Schätze und spottet über den, der sie wirklich besaß und verlor. Eigentlich aber hat sich unser Dichter zu einer freiwilligen Armut bekannt, um desto stolzer aufzutreten, daß es ein Mädchen gebe, die ihm deswegen doch hold und gewärtig ist.

Aber noch eines größern Mangels rühmt er sich: ihm entwich die Jugend; sein Alter, seine grauen Haare schmückt er mit der Liebe Suleikas, nicht geckenhaft zudringlich, nein! ihrer Gegenliebe gewiß. Sie, die Geistreiche, weiß den Geist zu schätzen, der die Jugend früh zeitigt und das Alter verjüngt.

Das Schenkenbuch. Weder die unmäßige Neigung zu dem halbverbotenen Weine, noch das Zartgefühl für die Schönheit eines heranwachsenden Knaben durfte im „Divan“ vermißt werden; letzteres wollte jedoch unseren Sitten gemäß in aller Reinheit behandelt sein.

Die Wechselneigung des früheren und späteren Alters deutet eigentlich auf ein echt pädagogisches Verhältnis. Eine leidenschaftliche Neigung des Kindes zum Greise ist keineswegs eine seltene, aber selten benutzte Erscheinung. Hier gewahre man den Bezug des Enkels zum Großvater, des spätgebornen Erben zum überraschten zärtlichen Vater. In diesem Verhältnis entwickelt sich eigentlich der Klugsinn der Kinder; sie sind aufmerksam auf Würde, Erfahrung, Gewalt des Älteren; rein geborne Seelen empfinden dabei das Bedürfnis einer ehrfurchtsvollen Neigung; das Alter wird hievon ergriffen und festgehalten. Empfindet und benutzt die Jugend ihr Übergewicht, um kindliche Zwecke zu erreichen, kindische Bedürfnisse zu befriedigen, so versöhnt uns die Anmut mit frühzeitiger Schalkheit. Höchst rührend aber bleibt das heranstrebende Gefühl des Knaben, der, von dem hohen Geiste des Alters erregt, in sich selbst ein Staunen fühlt, das ihm weissagt, auch dergleichen könne sich in ihm entwickeln. Wir versuchten so schöne Verhältnisse im „Schenkenbuche“ anzudeuten und gegenwärtig weiter auszulegen. Saadi hat jedoch uns einige Beispiele erhalten, deren Zartheit, gewiß allgemein anerkannt, das vollkommenste Verständnis eröffnet.

Folgendes nämlich erzählt er in seinem „Rosengarten": „Als Mahmud, der König zu Chuaresm, mit dem König von Chattaj Friede machte, bin ich zu Kaschker (einer Stadt der Usbeken oder Tartern) in die Kirche gekommen, woselbst, wie ihr wißt, auch Schule gehalten wird, und habe allda einen Knaben gesehen, wunderschön von Gestalt und Angesicht. Dieser hatte eine Grammatik in der Hand, um die Sprache rein und gründlich zu lernen; er las laut und zwar ein Exempel von einer Regel: Saraba Seidon Amran. Seidon hat Amran geschlagen oder bekriegt. Amran ist der Akkusativus. (Diese beiden Namen stehen aber hier zu allgemeiner Andeutung von Gegnern, wie die Deutschen sagen: Hinz oder Kunz.) Als er nun diese Worte einigemal wiederholt hatte, um sie dem Gedächtnis einzuprägen, sagte ich: ‚Es haben ja Chuaresm und Chattaj endlich Friede gemacht, sollen denn Seidon und Amran stets Krieg gegeneinander führen?' Der Knabe lachte allerliebst und fragte, was ich für ein Landsmann sei? und als ich antwortete: ‚Von Schiraṣ', fragte er, ob ich nicht etwas von Saadis Schriften auswendig könnte, da ihm die persische Sprache sehr wohl gefalle.

Ich antwortete: ‚Gleichwie dein Gemüt aus Liebe gegen die reine Sprache sich der Grammatik ergeben hat, also ist auch mein Herz der Liebe zu dir völlig ergeben, so daß deiner Natur Bildnis das Bildnis meines Verstandes entraubet.' Er betrachtete mich mit Aufmerksamkeit, als wollt' er forschen, ob das, was ich sagte, Worte des Dichters oder meine eignen Gefühle seien; ich aber fuhr fort: ‚Du hast das Herz eines Liebhabers in dein Netz gefangen wie Seidon. Wir gingen gerne mit dir um, aber du bist gegen uns, wie Seidon gegen Amran, abgeneigt und feindlich.' Er aber antwortete mir mit einiger bescheidenen Verlegenheit in Versen aus meinen eignen Gedichten, und ich hatte den Vorteil, ihm auf eben die Weise das Allerschönste sagen zu können, und so lebten wir einige Tage in anmutigen Unterhaltungen. Als aber der Hof sich wieder zur Reise beschickt und wir willens waren, den Morgen früh aufzubrechen, sagte einer von unsern Gefährten zu ihm: ‚Das ist Saadi selbst, nach dem du gefragt hast.'

Der Knabe kam eilend gelaufen, stellte sich mit aller Ehrerbietung gar freundlich gegen mir an und wünschte, daß er mich doch eher gekannt hätte, und sprach: ‚Warum hast du diese Tage her mir nicht offenbaren und sagen wollen, ich bin Saadi, damit ich dir gebührende Ehre nach meinem Vermögen antun und meine Dienste vor deinen Füßen demütigen können.' Aber ich antwortete: ‚Indem ich dich ansah, konnte ich das Wort ich bin's nicht aus mir bringen, mein Herz brach auf gegen dir als eine Rose, die zu blühen beginnt.' Er sprach ferner, ob es denn nicht möglich wäre, daß ich noch etliche Tage daselbst verharrte, damit er etwas von mir in Kunst und Wissenschaft lernen könnte; aber ich antwortete: ‚Es kann nicht sein; denn ich sehe hier vortreffliche Leute zwischen großen Bergen sitzen, mir aber gefällt, mich vergnügt, nur eine Höhle in der Welt zu haben und daselbst zu verweilen.' Und als er mir darauf etwas betrübt vorkam, sprach ich, warum er sich nicht in die Stadt begebe, woselbst er sein Herz vom Bande der Traurigkeit befreien und fröhlicher leben könnte. Er antwortete: ‚Da sind zwar viel schöne und anmutige Bilder, es ist aber auch kotig und schlüpfrig in der Stadt, daß auch wohl Elefanten gleiten und fallen könnten; und so würd' auch ich bei Anschauung böser Exempel nicht auf festem Fuße bleiben.' Als wir so gesprochen, küßten wir uns darauf Kopf und Angesicht und nahmen unsern Abschied. Da wurde denn wahr, was der Dichter sagt: ‚Liebende sind im Scheiden dem schönen Apfel gleich; Wange, die sich an Wange drückt, wird vor Lust und Leben rot; die andere hingegen ist bleich wie Kummer und Krankheit.'"

An einem andern Orte erzählt derselbige Dichter:

„In meinen jungen Jahren pflog ich mit einem Jüngling meinesgleichen aufrichtige, beständige Freundschaft. Sein Antlitz war meinen Augen die Himmelsregion, wohin wir uns im Beten als zu einem Magnet wenden. Seine Gesellschaft war von meines ganzen Lebens Wandel und Handel der beste Gewinn. Ich halte dafür, daß keiner unter den Menschen (unter den Engeln möchte es allenfalls sein) auf der Welt gewesen, der sich ihm hätte vergleichen können an Gestalt, Aufrichtigkeit und Ehre. Nachdem ich solcher Freundschaft genossen, hab' ich es verredet, und es deucht mir unbillig zu sein, nach seinem Tode meine Liebe einem andern zuzuwenden. Ohngefähr geriet sein Fuß in die Schlinge seines Verhängnisses, daß er schleunigst ins Grab mußte. Ich habe eine gute Zeit auf seinem Grabe als ein Wächter gesessen und gelegen und gar viele Trauerlieder über seinen Tod und unser Scheiden ausgesprochen, welche mir und andern noch immer rührend bleiben."

Buch der Parabeln. Obgleich die westlichen Nationen vom Reichtum des Orients sich vieles zugeeignet, so wird sich doch hier noch manches einzuernten finden, welches näher zu bezeichnen wir folgendes eröffnen.

Die Parabeln sowohl als andere Dichtarten des Orients, die sich auf Sittlichkeit beziehen, kann man in drei verschiedene Rubriken nicht ungeschickt einteilen: in ethische, moralische und aszetische. Die ersten enthalten Ereignisse und Andeutungen, die sich auf den Menschen überhaupt und seine Zustände beziehen, ohne daß dabei ausgesprochen werde, was gut oder bös sei. Dieses aber wird durch die zweiten vorzüglich herausgesetzt und dem Hörer eine vernünftige Wahl vorbereitet. Die dritte hingegen fügt noch eine entschiedene Nötigung hinzu: die sittliche Anregung wird Gebot und Gesetz. Diesen läßt sich eine vierte anfügen: sie stellen die wunderbaren Führungen und Fügungen dar, die aus unerforschlichen, unbegreiflichen Ratschlüssen Gottes hervorgehen; lehren und bestätigen den eigentlichen Islam, die unbedingte Ergebung in den Willen Gottes, die Überzeugung, daß niemand seinem einmal bestimmten Lose ausweichen könne. Will man noch eine fünfte hinzutun, welche man die mystische nennen müßte: sie treibt den Menschen aus dem vorhergehenden Zustand, der noch immer ängstlich und drückend bleibt, zur Vereinigung mit Gott schon in diesem Leben und zur vorläufigen Entsagung derjenigen Güter, deren allenfallsiger Verlust uns schmerzen könnte. Sondert man die verschiedenen Zwecke bei allen bildlichen Darstellungen des Orients, so hat man schon viel gewonnen, indem man sich sonst in Vermischung derselben immer gehindert fühlt, bald eine Nutzanwendung sucht, wo keine ist, dann aber eine tieferliegende Bedeutung übersieht. Auffallende Beispiele sämtlicher Arten zu geben, müßte das „Buch der Parabeln" interessant und lehrreich machen. Wohin die von uns diesmal vorgetragenen zu ordnen sein möchten, wird dem einsichtigen Leser überlassen.

Buch des Parsen. Nur vielfache Ableitungen haben den Dichter verhindert, die so abstrakt scheinende und doch so praktisch eingreifende Sonn- und Feuerverehrung in ihrem ganzen Umfange dichterisch darzustellen, wozu der herrlichste Stoff sich anbietet. Möge ihm gegönnt sein, das Versäumte glücklich nachzuholen.

Buch des Paradieses. Auch diese Region des mahometanischen Glaubens hat noch viele wunderschöne Plätze, Paradiese im Paradiese, daß man sich daselbst gern ergehen, gern ansiedeln möchte. Scherz und Ernst verschlingen sich hier so lieblich ineinander, und ein verklärtes Alltägliche verleiht uns Flügel, zum Höheren und Höchsten zu gelangen. Und was sollte den Dichter hindern, Mahomets Wunderpferd zu besteigen und sich durch alle Himmel zu schwingen? warum sollte er nicht ehrfurchtsvoll jene heilige Nacht feiern, wo der Koran vollständig dem Propheten von obenher gebracht ward? Hier ist noch gar manches zu gewinnen.

ALTTESTAMENTLICHES

Nachdem ich mir nun mit der süßen Hoffnung geschmeichelt, sowohl für den „Divan" als für die beigefügten Erklärungen in der Folge noch manches wirken zu können, durchlaufe ich die Vorarbeiten, die ungenutzt und unausgeführt in zahllosen Blättern vor mir liegen; und da find' ich denn einen Aufsatz, vor fünfundzwanzig Jahren geschrieben, auf noch ältere Papiere und Studien sich beziehend.

Aus meinen biographischen Versuchen werden sich Freunde wohl erinnern, daß ich dem ersten Buch Mosis viel Zeit und Aufmerksamkeit gewidmet und manchen jugendlichen Tag entlang in den Paradiesen des Orients mich ergangen. Aber auch den folgenden historischen Schriften war Neigung und Fleiß zugewendet. Die vier letzten Bücher Mosis nötigten zu pünktlichen Bemühungen, und nachstehender Aufsatz enthält die wunderlichen Resultate derselben. Mag ihm nun an dieser Stelle ein Platz gegönnt sein. Denn wie alle unsere Wanderungen im Orient durch die heiligen Schriften veranlaßt worden, so kehren wir immer zu denselben zurück, als den erquicklichsten, obgleich hie und da getrübten, in die Erde sich verbergenden, sodann aber rein und frisch wieder hervorspringenden Quellwassern.

ISRAEL IN DER WÜSTE

„Da kam ein neuer König auf in Ägypten, der wußte nichts von Joseph." Wie dem Herrscher, so auch dem Volke war das Andenken seines Wohltäters verschwunden, den Israeliten selbst scheinen die Namen ihrer Urväter nur wie altherkömmliche Klänge von weitem zu tönen. Seit vierhundert Jahren hatte sich die kleine Familie unglaublich vermehrt. Das Versprechen, ihrem großen Ahnherren von Gott unter so vielen Unwahrscheinlichkeiten getan, ist erfüllt; allein was hilft es ihnen! Gerade diese große Zahl macht sie den Haupteinwohnern des Landes verdächtig. Man sucht sie zu quälen, zu ängstigen, zu belästigen, zu vertilgen, und so sehr sich auch ihre hartnäckige Natur dagegen wehrt, so sehen sie doch ihr gänzliches Verderben wohl voraus, als man sie, ein bisheriges freies Hirtenvolk, nötiget, in und an ihren Grenzen mit eignen Händen feste Städte zu bauen, welche offenbar zu Zwing- und Kerkerplätzen für sie bestimmt sind.

Hier fragen wir nun, ehe wir weitergehen und uns durch sonderbar, ja unglücklich redigierte Bücher mühsam durcharbeiten: was wird uns denn als Grund, als Urstoff von den vier letzten Büchern Mosis übrigbleiben, da wir manches dabei zu erinnern, manches daraus zu entfernen für nötig finden?

Das eigentliche, einzige und tiefste Thema der Welt- und Menschengeschichte, dem alle übrigen untergeordnet sind, bleibt der Konflikt des Unglaubens und Glaubens. Alle Epochen, in welchen der Glaube herrscht, unter welcher Gestalt er auch wolle, sind glänzend, herzerhebend und fruchtbar für Mitwelt und Nachwelt. Alle Epochen dagegen, in welchen der Unglaube, in welcher Form es sei, einen kümmerlichen Sieg behauptet, und wenn sie auch einen Augenblick mit einem Scheinglanze prahlen sollten, verschwinden vor der Nachwelt, weil sich niemand gern mit Erkenntnis des Unfruchtbaren abquälen mag.

Die vier letzten Bücher Mosis haben, wenn uns das erste den Triumph des Glaubens darstellte, den Unglauben zum Thema, der auf die kleinlichste Weise den Glauben, der sich aber freilich auch nicht in seiner ganzen Fülle zeigt, zwar nicht bestreitet und bekämpft, jedoch sich ihm von Schritt zu Schritt in den Weg schiebt und oft durch Wohltaten, öfter aber noch durch greuliche Strafen nicht geheilt, nicht ausgerottet, sondern nur augenblicklich beschwichtigt wird und deshalb seinen schleichenden Gang dergestalt immer fortsetzt, daß ein großes, edles, auf die herrlichsten Verheißungen eines zuverlässigen Nationalgottes unternommenes Geschäft gleich in seinem Anfange zu scheitern droht und auch niemals in seiner ganzen Fülle vollendet werden kann.

Wenn uns das Ungemütliche dieses Inhalts, der, wenigstens für den ersten Anblick, verworrene, durch das Ganze laufende Grundfaden unlustig und verdrießlich macht, so werden diese Bücher durch eine höchst traurige, unbegreifliche Redaktion ganz ungenießbar. Den Gang der Geschichte sehen wir überall gehemmt durch eingeschaltete zahllose Gesetze, von deren größtem Teil man die eigentliche Ursache und Absicht nicht einsehen kann, wenigstens nicht, warum sie in dem Augenblick gegeben worden, oder, wenn sie spätern Ursprungs sind, warum sie hier angeführt und eingeschaltet werden. Man sieht nicht ein, warum bei einem so ungeheuern Feldzuge, dem ohnehin so viel im Wege stand, man sich recht absichtlich und kleinlich bemüht, das religiose Zeremoniengepäck zu vervielfältigen, wodurch jedes Vorwärtskommen unendlich erschwert werden muß. Man begreift nicht, warum Gesetze für die Zukunft, die noch völlig im Ungewissen schwebt, zu einer Zeit ausgesprochen werden, wo es jeden Tag, jede Stunde an Rat und Tat gebricht, und der Heerführer, der auf seinen Füßen stehen sollte, sich wiederholt aufs Angesicht wirft, um Gnaden und Strafen von oben zu erflehen, die beide nur verzettelt gereicht werden, so daß man mit dem verirrten Volke den Hauptzweck völlig aus den Augen verliert.

Um mich nun in diesem Labyrinthe zu finden, gab ich mir die Mühe, sorgfältig zu sondern, was eigentliche Erzählung ist, es mochte nun für Historie, für Fabel oder für beides zusammen, für Poesie, gelten. Ich sonderte dieses von dem, was gelehret und geboten wird. Unter dem ersten verstehe ich das, was allen Ländern, allen sittlichen Menschen gemäß sein würde, und unter dem zweiten, was das Volk Israels besonders angeht und verbindet. Inwiefern mir das gelungen, wage ich selbst kaum zu beurteilen, indem ich gegenwärtig nicht in der Lage bin, jene Studien nochmals vorzunehmen, sondern, was ich hieraus aufzustellen gedenke, aus früheren und späteren Papieren, wie es der Augenblick erlaubt, zusammentrage. Zwei Dinge sind es daher, auf die ich die Aufmerksamkeit meiner Leser zu richten wünschte. Erstlich auf die Entwickelung der ganzen Begebenheit dieses wunderlichen Zugs aus dem Charakter des Feldherrn, der anfangs nicht in dem günstigsten Lichte erscheint, und zweitens auf die Vermutung, daß der Zug keine vierzig, sondern kaum zwei Jahre gedauert; wodurch denn eben der Feldherr, dessen Betragen wir zuerst tadeln mußten, wieder gerechtfertigt und zu Ehren gebracht, zugleich aber auch die Ehre des Nationalgottes gegen den Unglimpf einer Härte, die noch unerfreulicher ist als die Halsstarrigkeit eines Volks, gerettet und beinah in seiner früheren Reinheit wiederhergestellt wird.

Erinnern wir uns nun zuerst des israelitischen Volkes in Ägypten, an dessen bedrängter Lage die späteste Nachwelt aufgerufen ist teilzunehmen. Unter diesem Geschlecht, aus dem gewaltsamen Stamme Levi, tritt ein gewaltsamer Mann hervor; lebhaftes Gefühl von Recht und Unrecht bezeichnen denselben. Würdig seiner grimmigen Ahnherren erscheint er, von denen der Stammvater ausruft: „Die Brüder Simeon und Levi! ihre Schwerter sind mörderische Waffen, meine Seele komme nicht in ihren Rat, und meine Ehre sei nicht in ihrer Versammlung! denn in ihrem Zorn haben sie den Mann erwürgt, und in ihrem Mutwillen haben sie den Ochsen verderbt! Verflucht sei ihr Zorn, daß er so heftig ist, und ihr Grimm, daß er so störrig ist! Ich will sie zerstreuen in Jakob und zerstreuen in Israel."

Völlig nun in solchem Sinne kündigt sich Moses an. Den Ägypter, der einen Israeliten mißhandelt, erschlägt er heimlich. Sein patriotischer Meuchelmord wird entdeckt, und er muß entfliehen. Wer, eine solche Handlung begehend, sich als bloßen Naturmenschen darstellt, nach dessen Erziehung hat man nicht Ursache zu fragen. Er sei von einer Fürstin als Knabe begünstigt, er sei am Hofe erzogen worden; nichts hat auf ihn gewirkt; er ist ein trefflicher, starker Mann geworden, aber unter allen Verhältnissen roh geblieben. Und als einen solchen kräftigen, kurz gebundenen, verschlossenen, der Mitteilung unfähigen finden wir ihn auch in der Verbannung wieder. Seine kühne Faust erwirbt ihm die Neigung eines midianitischen Fürstenpriesters, der ihn sogleich mit seiner Familie verbindet. Nun lernt er die Wüste kennen, wo er künftig in dem beschwerlichen Amte eines Heerführers auftreten soll.

Und nun lasset uns vor allen Dingen einen Blick auf die Midianiten werfen, unter welchen sich Moses gegenwärtig befindet. Wir haben sie als ein großes Volk anzuerkennen, das, wie alle nomadischen und handelnden Völker, durch mannigfaltige Beschäftigung seiner Stämme, durch eine bewegliche Ausbreitung noch größer erscheint als es ist. Wir finden die Midianiten am Berge Horeb, an der westlichen Seite des kleinen Meerbusens und sodann bis gegen Moab und den Arnon. Schon zeitig fanden wir sie als Handelsleute, die selbst durch Kanaan karawanenweis nach Ägypten ziehn.

Unter einem solchen gebildeten Volke lebt nunmehr Moses, aber auch als ein abgesonderter, verschlossener Hirte.

In dem traurigsten Zustande, in welchem ein trefflicher Mann sich nur befinden mag, der, nicht zum Denken und Überlegen geboren, bloß nach Tat strebt, sehen wir ihn einsam in der Wüste, stets im Geiste beschäftigt mit den Schicksalen seines Volks, immer zu dem Gott seiner Ahnherren gewendet, ängstlich die Verbannung fühlend, aus einem Lande, das, ohne der Väter Land zu sein, doch gegenwärtig das Vaterland seines Volks ist; zu schwach, durch seine Faust in diesem großen Anliegen zu wirken, unfähig, einen Plan zu entwerfen, und, wenn er ihn entwürfe, ungeschickt zu jeder Unterhandlung, zu einem die Persönlichkeit begünstigenden, zusammenhangenden mündlichen Vortrag. Kein Wunder wär' es, wenn in solchem Zustande eine so starke Natur sich selbst verzehrte.

Einigen Trost kann ihm in dieser Lage die Verbindung geben, die ihm durch hin und wider ziehende Karawanen mit den Seinigen erhalten wird. Nach manchem Zweifel und Zögern entschließt er sich, zurückzukehren und des Volkes Retter zu werden. Aaron, sein Bruder, kommt ihm entgegen, und nun erfährt er, daß die Gärung im Volke aufs höchste gestiegen sei. Jetzt dürfen es beide Brüder wagen, sich als Repräsentanten vor den König zu stellen. Allein dieser zeigt sich nichts weniger als geneigt, eine große Anzahl Menschen, die sich seit Jahrhunderten in seinem Lande aus einem Hirtenvolk zum Ackerbau, zu Handwerken und Künsten gebildet, sich mit seinen Untertanen vermischt haben, und deren ungeschlachte Masse wenigstens bei Errichtung ungeheurer Monumente, bei Erbauung neuer Städte und Festen fronweis wohl zu gebrauchen ist, nunmehr so leicht wieder von sich und in ihre alte Selbstständigkeit zurückzulassen.

Das Gesuch wird also abgewiesen und bei einbrechenden Landplagen immer dringender wiederholt, immer hartnäckiger versagt. Aber das aufgeregte hebräische Volk, in Aussicht auf ein Erbland, das ihm eine uralte Überlieferung verhieß, in Hoffnung der Unabhängigkeit und Selbstbeherrschung, erkennt keine weiteren Pflichten. Unter dem Schein eines allgemeinen Festes lockt man Gold- und Silbergeschirre den Nachbarn ab, und in dem Augenblick, da der

Ägypter den Israeliten mit harmlosen Gastmahlen beschäftigt glaubt, wird eine umgekehrte Sizilianische Vesper unternommen; der Fremde ermordet den Einheimischen, der Gast den Wirt, und geleitet durch eine grausame Politik, erschlägt man nur den Erstgebornen, um in einem Lande, wo die Erstgeburt so viele Rechte genießt, den Eigennutz der Nachgebornen zu beschäftigen und der augenblicklichen Rache durch eine eilige Flucht entgehen zu können. Der Kunstgriff gelingt, man stößt die Mörder aus, anstatt sie zu bestrafen. Nur spät versammelt der König sein Heer, aber die den Fußvölkern sonst so fürchterlichen Reiter und Sichelwagen streiten auf einem sumpfigen Boden einen ungleichen Kampf mit dem leichten und leicht bewaffneten Nachtrab; wahrscheinlich mit demselben entschlossenen, kühnen Haufen, der sich bei dem Wagestück des allgemeinen Mordes schon vorgeübt und den wir in der Folge an seinen grausamen Taten wieder zu erkennen und zu bezeichnen nicht verfehlen dürfen.

Ein so zu Angriff und Verteidigung wohlgerüsteter Heeres- und Volkszug konnte mehr als einen Weg in das Land der Verheißung wählen; der erste am Meere her, über Gaza, war kein Karawanenweg und mochte wegen der wohlgerüsteten, kriegerischen Einwohner gefährlich werden; der zweite, obgleich weiter, schien mehr Sicherheit und mehr Vorteile anzubieten. Er ging an dem Roten Meere hin bis zum Sinai, von hier an konnte man wieder zweierlei Richtung nehmen. Die erste, die zunächst zum Ziel führte, zog sich am kleinen Meerbusen hin durch das Land der Midianiter und der Moabiter zum Jordan; die zweite, quer durch die Wüste, wies auf Kades; in jenem Falle blieb das Land Edom links, hier rechts. Jenen ersten Weg hatte sich Moses wahrscheinlich vorgenommen; den zweiten hingegen einzulenken, scheint er durch die klugen Midianiter verleitet zu sein, wie wir zunächst wahrscheinlich zu machen gedenken, wenn wir vorher von der düsteren Stimmung gesprochen haben, in die uns die Darstellung der diesen Zug begleitenden äußeren Umstände versetzt.

Der heitere Nachthimmel, von unendlichen Sternen glühend, auf welchen Abraham von seinem Gott hingewiesen worden, breitet nicht mehr sein goldenes Gezelt über uns aus; anstatt jenen heiteren Himmelslichtern zu gleichen, bewegt sich ein unzählbares Volk mißmutig in einer traurigen Wüste. Alle fröhlichen Phänomene sind verschwunden, nur Feuerflammen erscheinen an allen Ecken und Enden. Der Herr, der aus einem brennenden Busche Mosen berufen hatte, zieht nun vor der Masse her in einem trüben Glutqualm, den man tags für eine Wolkensäule, nachts als ein Feuermeteor ansprechen kann. Aus dem umwölkten Gipfel Sinais schrecken Blitz und Donner, und bei gering scheinenden Vergehen brechen Flammen aus dem Boden und verzehren die Enden des Lagers. Speise und Trank ermangeln immer aufs neue, und der unmutige Volkswunsch nach Rückkehr wird nur bänglicher, je weniger ihr Führer sich gründlich zu helfen weiß.

Schon zeitig, ehe noch der Heereszug an den Sinai gelangt, kommt Jethro seinem Schwiegersohn entgegen, bringt ihm Tochter und Enkel, die zur Zeit der Not im Vaterzelte verwahrt gewesen, und beweist sich als einen klugen Mann. Ein Volk wie die Midianiter, das frei seiner Bestimmung nachgeht und seine Kräfte in Übung zu setzen Gelegenheit findet, muß gebildeter sein als ein solches, das unter fremdem Joche in ewigem Widerstreit mit sich selbst und den Umständen lebt; und wie viel höherer Ansichten mußte ein Führer jenes Volkes fähig sein als ein trübsinniger, in sich selbst verschlossener, rechtschaffener Mann, der sich zwar zum Tun und Herrschen geboren fühlt, dem aber die Natur zu solchem gefährlichen Handwerke die Werkzeuge versagt hat.

Moses konnte sich zu dem Begriff nicht erheben, daß ein Herrscher nicht überall gegenwärtig sein, nicht alles selbst tun müsse; im Gegenteil machte er sich durch persönliches Wirken seine Amtsführung höchst sauer und beschwerlich. Jethro gibt ihm erst darüber Licht und hilft ihm das Volk organisieren und Unter-Obrigkeiten bestellen; worauf er freilich selbst hätte fallen sollen.

Allein nicht bloß das Beste seines Schwähers und der Israeliten mag Jethro bedacht, sondern auch sein eigenes und der Midianiter Wohl erwägt haben. Ihm kommt Moses, den er ehemals als Flüchtling aufgenommen, den er unter seine Diener, unter seine Knechte noch vor kurzem gezählt, nun entgegen an der Spitze einer großen Volksmasse, die, ihren alten Sitz verlassend, neuen Boden aufsucht und überall, wo sie sich hinlenkt, Furcht und Schrecken verbreitet.

Nun konnte dem einsichtigen Manne nicht verborgen bleiben, daß der nächste Weg der Kinder Israel durch die Besitzungen der Midianiter gehe, daß dieser Zug überall den Herden seines Volkes begegnen, dessen Ansiedelungen berühren, ja auf dessen schon wohleingerichtete Städte treffen würde. Die Grundsätze eines dergestalt auswandernden Volks sind kein Geheimnis, sie ruhen auf dem Eroberungsrechte. Es zieht nicht ohne Widerstand, und in jedem Widerstand sieht es Unrecht; wer das Seinige verteidigt, ist ein Feind, den man ohne Schonung vertilgen kann.

Es brauchte keinen außerordentlichen Blick, um das Schicksal zu übersehen, dem die Völker ausgesetzt sein würden, über die sich eine solche Heuschreckenwolke herabwälzte. Hieraus geht nun die Vermutung zunächst hervor, daß Jethro seinem Schwiegersohn den geraden und besten Weg verleidet und ihn dagegen zu dem Wege quer durch die Wüste beredet; welche Ansicht dadurch mehr bestärkt wird, daß Hobab nicht von der Seite seines Schwagers weicht, bis er ihn den angeratenen Weg einschlagen sieht, ja ihn sogar noch weiter begleitet, um den ganzen Zug von den Wohnorten der Midianiter desto sicherer abzulenken.

Vom Ausgange aus Ägypten an gerechnet erst im vierzehnten Monat geschah der Aufbruch, von dem wir sprechen. Das Volk bezeichnete unterwegs einen Ort, wo es wegen Lüsternheit große Plage erlitten, durch den Namen Gelüstgräber, dann zogen sie gen Hazeroth und lagerten sich ferner in der Wüste Paran. Dieser zurückgelegte Weg bleibt unbezweifelt. Sie waren nun schon nah an dem Ziel ihrer Reise, nur stand ihnen das Gebirg entgegen, wodurch das Land Kanaan von der Wüste getrennt wird. Man beschloß, Kundschafter auszuschicken, und rückte indessen weiter vor bis Kades. Hierhin kehrten die Botschafter zurück, brachten Nachrichten von der Vortrefflichkeit des Landes, aber leider auch von der Furchtbarkeit der Einwohner. Hier entstand nun abermals ein trauriger Zwiespalt, und der Wettstreit von Glauben und Unglauben begann aufs neue.

Unglücklicherweise hatte Moses noch weniger Feldherren- als Regententalente. Schon während des Streites gegen die Amalekiter begab er sich auf den Berg, um zu beten, mittlerweile Josua an der Spitze des Heers den lange hin und wider schwankenden Sieg endlich dem Feinde abgewann. Nun zu Kades befand man sich wieder in einer zweideutigen Lage. Josua und Kaleb, die beherztesten unter den zwölf Abgesandten, raten zum Angriff, rufen auf, getrauen sich, das Land zu gewinnen. Indessen wird durch übertriebene Beschreibung von bewaffneten Riesengeschlechtern allenthalben Furcht und Schrecken erregt; das verschüchterte Heer weigert sich hinaufzurücken. Moses weiß sich wieder nicht zu helfen, erst fordert er sie auf, dann scheint auch ihm ein Angriff von dieser Seite gefährlich. Er schlägt vor, nach Osten zu ziehen. Hier mochte nun einem biedern Teil des Heeres gar zu unwürdig scheinen, solch einen ernstlichen, mühsam verfolgten Plan auf diesem ersehnten Punkt aufzugeben. Sie rotten sich zusammen und ziehen wirklich das Gebirg hinauf. Moses aber bleibt zurück, das Heiligtum setzt sich nicht in Bewegung, daher ziemt es weder Josua noch Kaleb, sich an die Spitze der Kühneren zu stellen. Genug! der nicht unterstützte, eigenmächtige Vortrab wird geschlagen, Ungeduld vermehrt sich. Der so oft schon ausgebrochene Unmut des Volkes, die mehreren Meutereien, an denen sogar Aaron und Miriam teilgenommen, brechen aufs neue desto lebhafter aus und geben abermals ein Zeugnis, wie wenig Moses seinem großen Berufe gewachsen war. Es ist schon an sich keine Frage, wird aber durch das Zeugnis Kalebs unwiderruflich bestätigt, daß an dieser Stelle möglich, ja unerläßlich gewesen, ins Land Kanaan einzudringen, Hebron, den Hain Mamre in Besitz zu nehmen, das heilige Grab Abrahams zu erobern und sich dadurch einen Ziel-, Stütz- und Mittelpunkt für das ganze Unternehmen zu verschaffen. Welcher Nachteil mußte dagegen dem unglücklichen Volk entspringen, wenn man den bisher befolgten, von Jethro zwar nicht ganz uneigennützig, aber doch nicht ganz verräterisch vorgeschlagenen Plan auf einmal so freventlich aufzugeben beschloß!

Das zweite Jahr, von dem Auszuge aus Ägypten an gerechnet, war noch nicht vorüber, und man hätte sich vor Ende desselben, obgleich noch immer spät genug, im Besitz des schönsten Teils des erwünschten Landes gesehen; allein die Bewohner, aufmerksam, hatten den Riegel vorgeschoben, und wohin nun sich wenden? Man war nordwärts weit genug vorgerückt, und nun sollte man wieder ostwärts ziehen, um jenen Weg endlich einzuschlagen, den man gleich anfangs hätte nehmen sollen. Allein gerade hier in Osten lag das von Gebirgen umgebene Land Edom vor; man wollte sich einen Durchzug erbitten, die klügeren Edomiter schlugen ihn rund ab. Sich durchzufechten, war nicht rätlich, man mußte sich also zu einem Umweg, bei dem man die edomitischen Gebirge links ließ, bequemen, und hier ging die Reise im ganzen ohne Schwierigkeit vonstatten, denn es bedurfte nur wenige Stationen, Oboth, Jiim, um an den Bach Sared, den ersten, der seine Wasser ins Tote Meer gießt, und ferner an den Arnon zu gelangen. Indessen war Miriam verschieden, Aaron verschwunden, kurz nachdem sie sich gegen Mosen aufgelehnt hatten.

Vom Bache Arnon an ging alles noch glücklicher wie bisher. Das Volk sah sich zum zweiten Male nah am Ziele seiner Wünsche, in einer Gegend, die wenig Hindernisse entgegensetzte; hier konnte man in Masse vordringen und die Völker, welche den Durchzug verweigerten, überwinden, verderben und vertreiben. Man schritt weiter vor, und so wurden Midianiter, Moabiter, Amoriter in ihren schönsten Besitzungen angegriffen, ja die ersten sogar, was Jethro vorsichtig abzuwenden gedachte, vertilgt, das linke Ufer des Jordans wurde genommen und einigen ungeduldigen Stämmen Ansiedelung erlaubt, unterdessen man abermals auf hergebrachte Weise Gesetze gab, Anordnungen machte und den Jordan zu überschreiten zögerte. Unter diesen Verhandlungen verschwand Moses selbst, wie Aaron verschwunden war, und wir müßten uns sehr irren, wenn nicht

Josua und Kaleb die seit einigen Jahren ertragene Regentschaft eines beschränkten Mannes zu endigen und ihn so vielen Unglücklichen, die er vorausgeschickt, nachzusenden für gut gefunden hätten, um der Sache ein Ende zu machen und mit Ernst sich in den Besitz des ganzen rechten Jordanufers und des darin gelegenen Landes zu setzen.

Man wird der Darstellung, wie sie hier gegeben ist, wohl gerne zugestehen, daß sie uns den Fortschritt eines wichtigen Unternehmens so rasch als konsequent vor die Seele bringt; aber man wird ihr nicht sogleich Zutrauen und Beifall schenken, weil sie jenen Heereszug, den der ausdrückliche Buchstabe der Heiligen Schrift auf sehr viele Jahre hinausdehnt, in kurzer Zeit vollbringen läßt. Wir müssen daher unsere Gründe angeben, wodurch wir uns zu einer so großen Abweichung berechtigt glauben, und dies kann nicht besser geschehen, als wenn wir über die Erdfläche, welche jene Volksmasse zu durchziehen hatte, und über die Zeit, welche jede Karawane zu einem solchen Zuge bedürfen würde, unsere Betrachtungen anstellen und zugleich, was uns in diesem besonderen Falle überliefert ist, gegeneinander halten und erwägen.

Wir übergehen den Zug vom Roten Meer bis an den Sinai, wir lassen ferner alles, was in der Gegend des Berges vorgegangen, auf sich beruhen und bemerken nur, daß die große Volksmasse am zwanzigsten Tage des zweiten Monats, im zweiten Jahr der Auswanderung aus Ägypten, vom Fuße des Sinai aufgebrochen. Von da bis zur Wüste Paran hatten sie keine vierzig Meilen, die eine beladene Karawane in fünf Tagen bequem zurücklegt. Man gebe der ganzen Kolonne Zeit, um jedesmal heranzukommen, genugsame Rasttage, man setze anderen Aufenthalt, genug, sie konnten auf alle Fälle in der Gegend ihrer Bestimmung in zwölf Tagen ankommen, welches denn auch mit der Bibel und der gewöhnlichen Meinung übereintrifft. Hier werden die Botschafter ausgeschickt, die ganze Volksmasse rückt nur um weniges weiter vor bis Kades, wohin die Abgesendeten nach vierzig Tagen zurückkehren, worauf denn sogleich nach schlecht ausgefallenem Kriegsversuch die Unterhandlung mit den Edomitern unternommen wird. Man gebe dieser Negotiation so viel Zeit als man will, so wird man sie nicht wohl über dreißig Tage ausdehnen dürfen. Die Edomiter schlagen den Durchzug rein ab, und für Israel war es keineswegs rätlich, in einer so sehr gefährlichen Lage lange zu verweilen: denn wenn die Kananiter mit den Edomitern einverstanden, jene von Norden, diese von Osten, aus ihren Gebirgen hervorgebrochen wären, so hätte Israel einen schlimmen Stand gehabt.

Auch macht hier die Geschichtserzählung keine Pause, sondern der Entschluß wird gleich gefaßt, um das Gebirge Edom herumzuziehen. Nun beträgt der Zug um das Gebirge Edom, erst nach Süden, dann nach Norden gerichtet, bis an den Fluß Arnon abermals keine vierzig Meilen, welche also in fünf Tagen zurückzulegen gewesen wären. Summiert man nun auch jene vierzig Tage, in welchen sie den Tod Aarons betrauert, hinzu, so behalten wir immer noch sechs Monate des zweiten Jahrs für jede Art von Retardation und Zaudern und zu den Zügen übrig, welche die Kinder Israel glücklich bis an den Jordan bringen sollen. Wo kommen aber denn die übrigen achtunddreißig Jahre hin?

Diese haben den Auslegern viel Mühe gemacht, sowie die einundvierzig Stationen, unter denen funfzehn sind, von welchen die Geschichtserzählung nichts meldet, die aber, in dem Verzeichnisse eingeschaltet, den Geographen viel Pein verursacht haben. Nun stehen die eingeschobenen Stationen mit den überschüssigen Jahren in glücklich fabelhaftem Verhältnis; denn sechzehn Orte, von denen man nichts weiß, und achtunddreißig Jahre, von denen man nichts erfährt, geben die beste Gelegenheit, sich mit den Kindern Israel in der Wüste zu verirren.

Wir setzen die Stationen der Geschichtserzählung, welche durch Begebenheiten merkwürdig geworden, den Stationen des Verzeichnisses entgegen, wo man dann die leeren Ortsnamen sehr wohl von denen unterscheiden wird, welchen ein historischer Gehalt inwohnt.

Stationen der Kinder Israel in der Wüste

Geschichtserzählung nach dem II., III., IV., V. Buch Mose.	Stationenverzeichnis nach dem IV. Buch Mose, 33. Kapitel.
	Raemses.
	Suchoth.
	Etham.
Hahiroth.	{ Hahiroth. Migdol.
	durchs Meer.
Mara, Wüste Sur.	Mara, Wüste Etham.
Elim.	Elim, 12 Brunnen.
	Am Meer.
Wüste Sin.	Wüste Sin.
	Daphka.
	Alus.
Raphidim.	Raphidim.
Wüste Sinai.	Wüste Sinai.
Lustgräber.	Lustgräber.
Hazeroth.	Hazeroth.
	Rithma.
Kades in Paran.	Rimmon Parez.
	Libna.
	Rissa.
	Kehelata.
	Gebirg Sapher.
	Harada.
	Makeheloth.
	Tahath.
	Tharah.
	Mithka.
	Hasmona.
	Moseroth.
	Bnejaekon.
	Horgidgad.
	Jathbatha.
	Abrona.
	Ezeon-Gaber.
Kades, Wüste Zin.	Kades, Wüste Zin.
Berg Hor, Grenze Edom.	Berg Hor, Grenze Edom.
	Zalmona.
	Phunon.

Oboth.	Oboth.
	Jiim.
	Dibon Gad.
	Almon Diblathaim.
Gebirg Abarim.	Gebirg Abarim, Nebo.
Bach Sared.	
Arnon diesseits.	
Mathana.	
Nahaliel.	
Bamoth.	
Berg Pisga.	
Jahzah.	
Hesbon.	
Sihon.	
Basan.	
Gefild der Moabiter am Jordan.	Gefild der Moabiter am Jordan.

Worauf wir nun aber vor allen Dingen merken müssen, ist, daß uns die Geschichte gleich von *Hazeroth* nach Kades führt, das Verzeichnis aber hinter Hazeroth das Kades ausläßt und es erst nach der eingeschobenen Namenreihe hinter Ezeon-Gaber aufführt und dadurch die Wüste Zin mit dem kleinen Arm des Arabischen Meerbusens in Berührung bringt. Hieran sind die Ausleger höchst irre geworden, indem einige zwei Kades, andere hingegen, und zwar die meisten, nur eines annehmen, welche letztere Meinung wohl keinen Zweifel zuläßt.

Die Geschichtserzählung, wie wir sie sorgfältig von allen Einschiebseln getrennt haben, spricht von einem Kades in der Wüste Paran und gleich darauf von einem Kades in der Wüste Zin; von dem ersten werden die Botschafter weggeschickt, und von dem zweiten zieht die ganze Masse weg, nachdem die Edomiter den Durchzug durch ihr Land verweigern. Hieraus geht von selbst hervor, daß es ein und ebenderselbe Ort ist; denn der vorgehabte Zug durch Edom war eine Folge des fehlgeschlagenen Versuchs, von dieser Seite in das Land Kanaan einzudringen, und so viel ist noch aus anderen Stellen deutlich, daß die beiden öfters genannten Wüsten aneinander stoßen, Zin nördlicher, Paran südlicher lag, und Kades in einer Oase als Rastplatz zwischen beiden Wüsten gelegen war.

Niemals wäre man auch auf den Gedanken gekommen, sich zwei Kades einzubilden, wenn man nicht in der Verlegenheit gewesen wäre, die Kinder Israel lange genug in der Wüste herumzuführen. Diejenigen jedoch, welche nur ein Kades annehmen und dabei von dem vierzigjährigen Zug und den eingeschalteten Stationen Rechenschaft geben wollen, sind noch übler dran, besonders wissen sie, wenn sie den Zug auf der Karte darstellen wollen, sich nicht wunderlich genug zu gebärden, um das Unmögliche anschaulich zu machen. Denn freilich ist das Auge ein besserer Richter des Unschicklichen als der innere Sinn. Sanson schiebt die vierzehn unechten Stationen zwischen den Sinai und Kades. Hier kann er nicht genug Zickzacks auf seine Karte zeichnen, und doch beträgt jede Station nur zwei Meilen, eine Strecke, die nicht einmal hinreicht, daß sich ein solcher ungeheurer Heerwurm in Bewegung setzen könnte.

Wie bevölkert und bebaut muß nicht diese Wüste sein, wo man alle zwei Meilen, wo nicht Städte und Ortschaften, doch mit Namen bezeichnete Ruheplätze findet! Welcher Vorteil für den Heerführer und sein Volk! Dieser Reichtum der inneren Wüste aber wird dem Geographen bald verderblich. Er findet von Kades nur fünf Stationen bis Ezeon-Gaber, und auf dem Rückwege nach Kades, wohin er sie doch bringen muß, unglücklicherweise gar keine; er legt daher einige seltsame und selbst in jener Liste nicht genannte Städte dem reisenden Volk in den Weg, so wie man ehemals die geographische Leerheit mit Elefanten zudeckte. Kalmet sucht sich aus der Not durch wunderliche Kreuz- und Querzüge zu helfen, setzt einen Teil der überflüssigen Orte gegen das Mittelländische Meer zu, macht Hazeroth und Moseroth zu einem Orte und bringt durch die seltsamsten Irrsprünge seine Leute endlich an den Arnon. Well, der zwei Kades annimmt, verzerrt die Lage des Landes über die Maßen. Bei Nolin tanzt die Karawane eine Polonäse, wodurch sie wieder ans Rote Meer gelangt und den Sinai nordwärts im Rücken hat. Es ist nicht möglich, weniger Einbildungskraft, Anschauen, Genauigkeit und Urteil zu zeigen als diese frommen, wohldenkenden Männer.

Die Sache aber aufs genaueste betrachtet, wird es höchst wahrscheinlich, daß das überflüssige Stationenverzeichnis zu Rettung der problematischen vierzig Jahre eingeschoben worden. Denn in dem Texte, welchem wir bei unserer Erzählung genau folgen, steht: daß das Volk, da es von den Kananitern geschlagen und ihm der Durchzug durchs Land Edom versagt worden, auf dem Wege zum Schilfmeer gegen Ezeon-Gaber der Edomiter Land umzogen. Daraus ist der Irrtum entstanden, daß sie wirklich ans Schilfmeer nach Ezeon-Gaber, das wahrscheinlich damals noch nicht existierte, gekommen, obgleich der Text von dem Umziehen des Gebirges Seir auf genannter Straße spricht, so wie man sagt: der Fuhrmann fährt die Leipziger Straße, ohne daß er deshalb notwendig nach Leipzig fahren müsse. Haben wir nun die überflüssigen Stationen beiseitegebracht, so möchte es uns ja wohl auch mit den überflüssigen Jahren gelingen. Wir wissen, daß die alttestamentliche Chronologie künstlich ist, daß sich die ganze Zeitrechnung in bestimmte Kreise von neunundvierzig Jahren auflösen läßt, und daß also, diese mystischen Epochen herauszubringen, manche historische Zahlen müssen verändert worden sein. Und wo ließen sich sechs- bis achtunddreißig Jahre, die etwa in einem Zyklus fehlten, bequemer einschieben als in jene Epoche, die so sehr im Dunkeln lag und die auf einem wüsten, unbekannten Flecke sollte zugebracht worden sein.

Ohne daher an die Chronologie, das schwierigste aller Studien, nur irgend zu rühren, so wollen wir den poetischen Teil derselben hier zugunsten unserer Hypothese kürzlich in Betracht ziehen.

Mehrere runde, heilig, symbolisch, poetisch zu nennende Zahlen kommen in der Bibel so wie in anderen altertümlichen Schriften vor. Die Zahl Sieben scheint dem Schaffen, Wirken und Tun, die Zahl Vierzig hingegen dem Beschauen, Erwarten, vorzüglich aber der Absonderung gewidmet zu sein. Die Sündflut, welche Noah und die Seinen von aller übrigen Welt abtrennen sollte, nimmt vierzig Tage zu; nachdem die Gewässer genugsam gestanden, verlaufen sie während vierzig Tagen, und so lange noch hält

Noah den Schalter der Arche verschlossen. Gleiche Zeit verweilt Moses zweimal auf Sinai, abgesondert von dem Volke; die Kundschafter bleiben ebenso lange in Kanaan, und so soll denn auch das ganze Volk, durch so viel mühselige Jahre abgesondert von allen Völkern, gleichen Zeitraum bestätigt und geheiligt haben. Ja ins Neue Testament geht die Bedeutung dieser Zahl in ihrem vollen Wert hinüber; Christus bleibt vierzig Tage in der Wüste, um den Versucher abzuwarten.

Wäre uns nun gelungen, die Wanderung der Kinder Israel vom Sinai bis an den Jordan in einer kürzeren Zeit zu vollbringen, ob wir gleich hiebei schon viel zu viel auf ein schwankendes, unwahrscheinliches Retardieren Rücksicht genommen; hätten wir uns so vieler fruchtloser Jahre, so vieler unfruchtbarer Stationen entledigt, so würde sogleich der große Heerführer, gegen das, was wir an ihm zu erinnern gehabt, in seinem ganzen Werte wiederhergestellt. Auch würde die Art, wie in diesen Büchern Gott erscheint, uns nicht mehr so drückend sein als bisher, wo er sich durchaus grauenvoll und schrecklich erzeigt; da schon im Buch Josua und der Richter, sogar auch weiterhin ein reineres patriarchalisches Wesen wieder hervortritt und der Gott Abrahams nach wie vor den Seinen freundlich erscheint, wenn uns der Gott Mosis eine Zeitlang mit Grauen und Abscheu erfüllt hat. Uns hierüber aufzuklären, sprechen wir aus: Wie der Mann, so auch sein Gott. Daher also von dem Charakter Mosis noch einige Schlußworte!

„Ihr habt“, könnte man uns zurufen, „in dem Vorhergehenden mit allzu großer Verwegenheit einem außerordentlichen Manne diejenigen Eigenschaften abgesprochen, die bisher höchlich an ihm bewundert wurden, die Eigenschaften des Regenten und Heerführers. Was aber zeichnet ihn denn aus? Wodurch legitimiert er sich zu einem so wichtigen Beruf? Was gibt ihm die Kühnheit, sich trotz innerer und äußerer Ungunst zu einem solchen Geschäfte hinzudrängen, wenn ihm jene Hauptererfordernisse, jene unerläßlichen Talente fehlen, die ihr ihm mit unerhörter Frechheit absprecht?“ Hierauf lasse man uns antworten: „Nicht die Talente, nicht das Geschick zu diesem oder jenem machen eigentlich den Mann der Tat, die Persönlichkeit ist's, von der in solchen Fällen alles abhängt. Der Charakter ruht auf der Persönlichkeit, nicht auf den Talenten. Talente können sich zum Charakter gesellen, er gesellt sich nicht zu ihnen: denn ihm ist alles entbehrlich außer er selbst. Und so gestehen wir gern, daß uns die Persönlichkeit Mosis, von dem ersten Meuchelmord an durch alle Grausamkeiten durch bis zum Verschwinden, ein höchst bedeutendes und würdiges Bild gibt von einem Manne, der durch seine Natur zum Größten getrieben ist. Aber freilich wird ein solches Bild ganz entstellt, wenn wir einen kräftigen, kurz gebundenen, raschen Tatmann vierzig Jahre ohne Sinn und Not mit einer ungeheuern Volksmasse auf einem so kleinen Raum im Angesicht seines großen Zieles herumtaumeln sehen. Bloß durch die Verkürzung des Wegs und der Zeit, die er darauf zugebracht, haben wir alles Böse, was wir von ihm zu sagen gewagt, wieder ausgeglichen und ihn an seine rechte Stelle gehoben."

Und so bleibt uns nichts mehr übrig, als dasjenige zu wiederholen, womit wir unsere Betrachtungen begonnen haben. Kein Schade geschieht den heiligen Schriften, so wenig als jeder anderen Überlieferung, wenn wir sie mit kritischem Sinne behandeln, wenn wir aufdecken, worin sie sich widerspricht und wie oft das Ursprüngliche, Bessere durch nachherige Zusätze, Einschaltungen und Akkommodationen verdeckt, ja entstellt worden. Der innerliche, eigentliche Ur- und Grundwert geht nur desto lebhafter und reiner hervor, und dieser ist es auch, nach welchem jedermann bewußt oder bewußtlos hinblickt, hingreift, sich daran erbaut und alles übrige, wo nicht wegwirft, doch fallen oder auf sich beruhen läßt.

Summarische Wiederholung

Zweites Jahr des Zugs

Verweilt am Sinai	Monat 1	Tage	20
Reise bis Kades	-	— -	5
Rasttage	-	— -	5
Aufenthalt wegen Miriams Krankheit	-	— -	7

Außenbleiben der Kundschafter	-	—	- 40
Unterhandlung mit den Edomitern	-	—	- 30
Reise an den Arnon	-	—	- 5
Rasttage	-	—	- 5
Trauer um Aaron	-	—	- 40
			Tage 157

Zusammen also sechs Monate. Woraus deutlich erhellt, daß der Zug, man rechne auf Zaudern und Stockungen, Widerstand, so viel man will, vor Ende des zweiten Jahrs gar wohl an den Jordan gelangen konnte.

NÄHERE HÜLFSMITTEL

Wenn uns die heiligen Schriften uranfängliche Zustände und die allmähliche Entwickelung einer bedeutenden Nation vergegenwärtigen, Männer aber, wie Michaelis, Eichhorn, Paulus, Heeren, noch mehr Natur und Unmittelbarkeit in jenen Überlieferungen aufweisen, als wir selbst hätten entdecken können, so ziehen wir, was die neuere und neuste Zeit angeht, die größten Vorteile aus Reisebeschreibungen und andern dergleichen Dokumenten, die uns mehrere nach Osten vordringende Westländer, nicht ohne Mühseligkeit, Genuß und Gefahr, nach Hause gebracht und zu herrlicher Belehrung mitgeteilt haben. Hievon berühren wir nur einige Männer, durch deren Augen wir jene weit entfernten, höchst fremdartigen Gegenstände zu betrachten seit vielen Jahren beschäftigt gewesen.

WALLFAHRTEN UND KREUZZÜGE

Deren zahllose Beschreibungen belehren zwar auch in ihrer Art; doch verwirren sie über den eigentlichsten Zustand des Orients mehr unsere Einbildungskraft, als daß sie ihr zur Hülfe kämen. Die Einseitigkeit der christlichfeindlichen Ansicht beschränkt uns durch ihre Beschränkung, die sich in der neuern Zeit nur einigermaßen erweitert, als wir nunmehr jene Kriegsereignisse durch orientalische Schriftsteller nach und nach kennen lernen. Indessen bleiben wir allen aufgeregten Wall- und Kreuzfahrern zu Dank verpflichtet, da wir ihrem religiosen Enthusiasmus, ihrem kräftigen, unermüdlichen Widerstreit gegen östliches Zudringen doch eigentlich Beschützung und Erhaltung der gebildeten europäischen Zustände schuldig geworden.

MARCO POLO

Dieser vorzügliche Mann steht allerdings obenan. Seine Reise fällt in die zweite Hälfte des dreizehnten Jahrhunderts; er gelangt bis in den fernsten Osten, führt uns in die fremdartigsten Verhältnisse, worüber wir, da sie beinahe fabelhaft aussehen, in Verwunderung, in Erstaunen geraten. Gelangen wir aber auch nicht sogleich über das Einzelne zur Deutlichkeit, so ist doch der gedrängte Vortrag dieses weitausgreifenden Wanderers höchst geschickt, das Gefühl des Unendlichen, Ungeheuren in uns aufzuregen. Wir befinden uns an dem Hof des Kublai Khan, der als Nachfolger von Dschengis grenzenlose Landstrecken beherrschte. Denn was soll man von einem Reiche und dessen Ausdehnung halten, wo es unter andern heißt: „Persien ist eine große Provinz, die aus neun Königreichen besteht"; und nach einem solchen Maßstab wird alles übrige gemessen. So die Residenz, im Norden von China, unübersehbar; das Schloß des Khans, eine Stadt in der Stadt; daselbst aufgehäufte Schätze und Waffen; Beamte, Soldaten und Hofleute unzählbar; zu wiederholten Festmahlen jeder mit seiner Gattin berufen. Ebenso ein Landaufenthalt. Einrichtung zu allem Vergnügen, besonders ein Heer von Jägern und eine Jagdlust in der größten Ausbreitung. Gezähmte Leoparden, abgerichtete Falken, die tätigsten Gehülfen der Jagenden, zahllose Beute gehäuft. Dabei das ganze Jahr Geschenke ausgespendet und empfangen. Gold und Silber; Juwelen, Perlen, alle Arten von Kostbarkeiten im Besitz des Fürsten und seiner Begünstigten; indessen sich die übrigen Millionen von Untertanen wechselseitig mit einer Scheinmünze abzufinden haben.

Begeben wir uns aus der Hauptstadt auf die Reise, so wissen wir vor lauter Vorstädten nicht, wo die Stadt aufhört. Wir finden sofort Wohnung an Wohnungen, Dorf an Dörfern und den herrlichen Fluß hinab eine Reihe von Lustorten. Alles nach Tagereisen gerechnet und nicht wenigen.

Nun zieht, vom Kaiser beauftragt, der Reisende nach andern Gegenden; er führt uns durch unübersehbare Wüsten, dann zu herdenreichen Gauen, Bergreihen hinan, zu Menschen von wunderbaren Gestalten und Sitten, und läßt uns zuletzt über Eis und Schnee nach der ewigen Nacht des Poles hinschauen. Dann auf einmal trägt er uns wie auf einem Zaubermantel über die Halbinsel Indiens hinab. Wir sehen Ceylon unter uns liegen, Madagaskar, Java; unser Blick irrt auf wunderlich benamste Inseln, und doch läßt er uns überall von Menschengestalten und Sitten, von Landschaft, Bäumen, Pflanzen und Tieren so manche Besonderheit erkennen, die für die Wahrheit seiner Anschauung bürgt, wenngleich vieles märchenhaft erscheinen möchte. Nur der wohlunterrichtete Geograph könnte dies alles ordnen und bewähren. Wir mußten uns mit dem allgemeinen Eindruck begnügen; denn unsern ersten Studien kamen keine Noten und Bemerkungen zu Hülfe.

JOHANNES VON MONTEVILLA

Dessen Reise beginnt im Jahre 1320, und ist uns die Beschreibung derselben als Volksbuch, aber leider sehr umgestaltet, zugekommen. Man gesteht dem Verfasser zu, daß er große Reisen gemacht, vieles gesehen und gut gesehen, auch richtig beschrieben. Nun beliebt es ihm aber nicht nur mit fremdem Kalbe zu pflügen, sondern auch alte und neue Fabeln einzuschalten, wodurch denn das Wahre selbst seine Glaubwürdigkeit verliert. Aus der lateinischen Ursprache erst ins Niederdeutsche, sodann ins Oberdeutsche gebracht, erleidet das Büchlein neue Verfälschung der Namen. Auch der Übersetzer erlaubt sich auszulassen und einzuschalten, wie unser Görres in seiner verdienstlichen Schrift über die deutschen Volksbücher anzeigt, auf welche Weise Genuß und Nutzen an diesem bedeutenden Werke verkümmert worden.

PIETRO DELLA VALLE

Aus einem uralten römischen Geschlechte, das seinen Stammbaum bis auf die edlen Familien der Republik zurückführen durfte, ward Pietro della Valle geboren, im Jahre 1586, zu einer Zeit, da die sämtlichen Reiche Europens sich einer hohen geistigen Bildung erfreuten. In Italien lebte Tasso noch, obgleich in traurigem Zustande; doch wirkten seine Gedichte auf alle vorzügliche Geister. Die Verskunst hatte sich so weit verbreitet, daß schon Improvisatoren hervortraten und kein junger Mann von freiern Gesinnungen des Talents entbehren durfte, sich reimweis auszudrücken. Sprachstudium, Grammatik, Red- und Stilkunst wurden gründlich behandelt, und so wuchs in allen diesen Vorzügen unser Jüngling sorgfältig gebildet heran.

Waffenübungen zu Fuß und zu Roß, die edle Fecht- und Reitkunst dienten ihm zu täglicher Entwickelung körperlicher Kräfte und der damit innig verbundenen Charakterstärke. Das wüste Treiben früherer Kreuzzüge hatte sich nun zur Kriegskunst und zu ritterlichem Wesen herangebildet, auch die Galanterie in sich aufgenommen. Wir sehen den Jüngling, wie er mehreren Schönen, besonders in Gedichten, den Hof macht, zuletzt aber höchst unglücklich wird, als ihn die eine, die er sich anzueignen, mit der er sich ernstlich zu verbinden gedenkt, hintansetzt und einem Unwürdigen sich hingibt. Sein Schmerz ist grenzenlos, und um sich Luft zu machen, beschließt er, im Pilgerkleide nach dem heiligen Lande zu wallen.

Im Jahre 1614 gelangt er nach Konstantinopel, wo sein adeliges, einnehmendes Wesen die beste Aufnahme gewinnt. Nach Art seiner früheren Studien wirft er sich gleich auf die orientalischen Sprachen, verschafft sich zuerst eine Übersicht der türkischen Literatur, Landesart und Sitten und begibt sich sodann, nicht ohne Bedauern seiner neuerworbenen Freunde, nach Ägypten. Seinen dortigen Aufenthalt nutzt er ebenfalls, um die altertümliche Welt und ihre Spuren in der neueren auf das ernstlichste zu suchen und zu verfolgen; von Kairo zieht er auf den Berg Sinai, das Grab der heiligen Katharina zu verehren, und kehrt wie von einer Lustreise zur Hauptstadt Ägyptens zurück; gelangt, von da zum zweiten Male abreisend, in sechzehn Tagen nach Jerusalem, wodurch das wahre Maß der Entfernung beider Städte sich unserer Einbildungskraft aufdrängt. Dort, das heilige Grab verehrend, erbittet er sich vom Erlöser, wie früher schon von der heiligen Katharina, Befreiung von seiner Leidenschaft; und wie Schuppen fällt es ihm von den Augen, daß er ein Tor gewesen, die bisher Angebetete für die einzige zu halten, die eine solche Huldigung verdiene; seine Abneigung gegen das übrige weibliche Geschlecht ist verschwunden, er sieht sich nach einer Gemahlin um und schreibt seinen Freunden, zu denen er bald zurückzukehren hofft, ihm eine würdige auszusuchen.

Nachdem er nun alle heiligen Orte betreten und bebetet, wozu ihm die Empfehlung seiner Freunde von Konstantinopel, am meisten aber ein ihm zur Begleitung mitgegebener Capighi die besten Dienste tun, reist er mit dem vollständigsten Begriff dieser Zustände weiter, erreicht Damaskus, sodann Aleppo, woselbst er sich in syrische Kleidung hüllt und seinen Bart wachsen läßt. Hier nun begegnet ihm ein bedeutendes, schicksalbestimmendes Abenteuer. Ein Reisender gesellt sich zu ihm, der von der Schönheit und Liebenswürdigkeit einer jungen georgischen Christin, die sich mit den Ihrigen zu Bagdad aufhält, nicht genug zu erzählen weiß, und Valle verliebt sich, nach echt orientalischer Weise, in ein Wortbild, dem er begierig entgegenreist. Ihre Gegenwart vermehrt Neigung und Verlangen, er weiß die Mutter zu gewinnen, der Vater wird beredet, doch geben beide seiner ungestümen Leidenschaft nur ungerne nach; ihre geliebte, anmutige Tochter von sich zu lassen, scheint ein allzu großes Opfer. Endlich wird sie seine Gattin, und er gewinnt dadurch für Leben und Reise den größten Schatz. Denn ob er gleich, mit adeligem Wissen und Kenntnis mancher Art ausgestattet, die Wallfahrt angetreten und in Beobachtung dessen, was sich unmittelbar auf den Menschen bezieht, so aufmerksam als glücklich und im Betragen gegen jedermann in allen Fällen musterhaft gewesen, so fehlt es ihm doch an Kenntnis der Natur, deren Wissenschaft sich damals nur noch in dem engen Kreise ernster und bedächtiger Forscher bewegte. Daher kann er die Aufträge seiner Freunde, die von Pflanzen und Hölzern, von Gewürzen und Arzneien Nachricht verlangen, nur unvollkommen befriedigen; die schöne Maani aber als ein liebenswürdiger Hausarzt weiß von Wurzeln, Kräutern und Blumen, wie sie wachsen, von Harzen, Balsamen, Ölen, Samen und Hölzern, wie sie der Handel bringt, genugsam Rechenschaft zu geben und ihres Gatten Beobachtung der Landesart gemäß zu bereichern.

Wichtiger aber ist diese Verbindung für Lebens- und Reisetätigkeit. Maani, zwar vollkommen weiblich, zeigt sich von resolutem, allen Ereignissen gewachsenem Charakter; sie fürchtet keine Gefahr, ja sucht sie eher auf und beträgt sich überall edel und ruhig; sie besteigt auf Mannsweise das Pferd, weiß es zu bezähmen und anzutreiben, und so bleibt sie eine muntere, aufregende Gefährtin. Ebenso wichtig ist es, daß sie unterwegs mit den sämtlichen Frauen in Berührung kommt und ihr Gatte daher von den Männern gut aufgenommen, bewirtet und unterhalten wird, indem sie sich auf Frauenweise mit den Gattinnen zu betun und zu beschäftigen weiß.

Nun genießt aber erst das junge Paar eines bei den bisherigen Wanderungen im türkischen Reiche unbekannten Glücks. Sie betreten Persien im dreißigsten Jahre der Regierung Abbas' des Zweiten, der sich, wie Peter und Friedrich, den Namen des Großen verdiente. Nach einer gefahrvollen, bänglichen Jugend wird er sogleich beim Antritt seiner Regierung aufs deutlichste gewahr, wie er, um sein Reich zu beschützen, die Grenzen erweitern müsse, und was für Mittel es gebe, auch innerliche Herrschaft zu sichern; zugleich geht Sinnen und Trachten dahin, das entvölkerte Reich durch Fremdlinge wiederherzustellen und den Verkehr der Seinigen durch öffentliche Wege- und Gastanstalten zu beleben und zu erleichtern. Die größten

Einkünfte und Begünstigungen verwendet er zu grenzenlosen Bauten. Ispahan, zur Hauptstadt gewürdigt, mit Palästen und Gärten, Karawansereien und Häusern für königliche Gäste übersäet; eine Vorstadt für die Armenier erbaut, die, sich dankbar zu beweisen, ununterbrochen Gelegenheit finden, indem sie, für eigene und für königliche Rechnung handelnd, Profit und Tribut dem Fürsten zu gleicher Zeit abzutragen klug genug sind. Eine Vorstadt für Georgier, eine andere für Nachfahren der Feueranbeter erweitern abermals die Stadt, die zuletzt so grenzenlos als einer unserer neuen Reichsmittelpunkte sich erstreckt. Römisch-katholische Geistliche, besonders Karmeliten, sind wohl aufgenommen und beschützt; weniger die griechische Religion, die, unter dem Schutz der Türken stehend, dem allgemeinen Feinde Europens und Asiens anzugehören scheint.

Über ein Jahr hatte sich della Valle in Ispahan aufgehalten und seine Zeit ununterbrochen tätig benutzt, um von allen Zuständen und Verhältnissen genau Nachricht einzuziehen. Wie lebendig sind daher seine Darstellungen! wie genau seine Nachrichten! Endlich, nachdem er alles ausgekostet, fehlt ihm noch der Gipfel des ganzen Zustandes, die persönliche Bekanntschaft des von ihm so hoch bewunderten Kaisers, der Begriff, wie es bei Hof, im Gefecht, bei der Armee zugehe.

In dem Lande Mazenderan, der südlichen Küste des Kaspischen Meers, in einer freilich sumpfigen, ungesunden Gegend, legte sich der tätige, unruhige Fürst abermals eine große Stadt an, Ferhabad benannt, und bevölkerte sie mit beorderten Bürgern; sogleich in der Nähe erbaut er sich manchen Bergsitz auf den Höhen des amphitheatralischen Kessels, nicht allzuweit von seinen Gegnern, den Russen und Türken, in einer durch Bergrücken geschützten Lage. Dort residiert er gewöhnlich, und della Valle sucht ihn auf. Mit Maani kommt er an, wird wohl empfangen, nach einem orientalisch klugen, vorsichtigen Zaudern dem Könige vorgestellt, gewinnt dessen Gunst und wird zur Tafel und Trinkgelagen zugelassen, wo er vorzüglich von europäischer Verfassung, Sitte, Religion dem schon wohlunterrichteten, wissensbegierigen Fürsten Rechenschaft zu geben hat.

Im Orient überhaupt, besonders aber in Persien, findet sich eine gewisse Naivetät und Unschuld des Betragens durch alle Stände bis zur Nähe des Throns. Zwar zeigt sich auf der obern Stufe eine entschiedene Förmlichkeit bei Audienzen, Tafeln und sonst; bald aber entsteht in des Kaisers Umgebung eine Art von Karnevalsfreiheit, die sich höchst scherzhaft ausnimmt. Erlustigt sich der Kaiser in Gärten und Kiosken, so darf niemand in Stiefeln auf die Teppiche treten, worauf der Hof sich befindet. Ein tartarischer Fürst kömmt an, man zieht ihm den Stiefel aus; aber er, nicht geübt, auf einem Beine zu stehen, fängt an zu wanken; der Kaiser selbst tritt nun hinzu und hält ihn, bis die Operation vorüber ist. Gegen Abend steht der Kaiser in einem Hofzirkel, in welchem goldene, weingefüllte Schalen herumkreisen; mehrere von mäßigem Gewicht, einige aber durch einen verstärkten Boden so schwer, daß der ununterrichtete Gast den Wein verschüttet, wo nicht gar den Becher, zu höchster Belustigung des Herrn und der Eingeweihten, fallen läßt. Und so trinkt man im Kreise herum, bis einer, unfähig, länger sich auf den Füßen zu halten, weggeführt wird oder zur rechten Zeit hinwegschleicht. Beim Abschied wird dem Kaiser keine Ehrerbietung erzeigt, einer verliert sich nach dem andern, bis zuletzt der Herrscher allein bleibt, einer melancholischen Musik noch eine Zeitlang zuhört und sich endlich auch zur Ruhe begibt. Noch seltsamere Geschichten werden aus dem Harem erzählt, wo die Frauen ihren Beherrscher kitzeln, sich mit ihm balgen, ihn auf den Teppich zu bringen suchen, wobei er sich unter großem Gelächter nur mit Schimpfreden zu helfen und zu rächen sucht.

Indem wir nun dergleichen lustige Dinge von den innern Unterhaltungen des kaiserlichen Harems vernehmen, so dürfen wir nicht denken, daß der Fürst und sein Staatsdivan müßig oder nachlässig geblieben. Nicht der tätigunruhige Geist Abbas' des Großen allein war es, der ihn antrieb, eine zweite Hauptstadt am Kaspischen Meer zu erbauen; Ferhabad lag zwar höchst günstig zu Jagd- und Hoflust, aber auch, von einer Bergkette geschützt, nahe genug an der Grenze, daß der Kaiser jede Bewegung der Russen und Türken, seiner Erbfeinde, zeitig vernehmen und Gegenanstalten treffen konnte. Von den Russen war gegenwärtig nichts zu fürchten, das innere Reich, durch Usurpatoren und Trugfürsten zerrüttet, genügte sich selbst nicht; die Türken hingegen hatte der Kaiser schon vor zwölf Jahren in der glücklichsten Feldschlacht dergestalt überwunden, daß er in der Folge von dorther nichts mehr zu befahren hatte, vielmehr noch große Landstrecken ihnen abgewann. Eigentlicher Friede jedoch konnte zwischen solchen Nachbarn sich nimmer befestigen, einzelne Neckereien, öffentliche Demonstrationen weckten beide Parteien zu fortwährender Aufmerksamkeit.

Gegenwärtig aber sieht sich Abbas zu ernsteren Kriegesrüstungen genötigt. Völlig im urältesten Stil ruft er sein ganzes Heeresvolk in die Flächen von Aderbijan zusammen, es drängt sich in allen seinen Abteilungen zu Roß und Fuß mit den mannigfaltigsten Waffen herbei; zugleich ein unendlicher Troß. Denn jeder nimmt wie bei einer Auswanderung Weiber, Kinder und Gepäcke mit. Auch della Valle führt seine schöne Maani und ihre Frauen zu Pferd und Sänfte dem Heer und Hofe nach, weshalb ihn der Kaiser belobt, weil er sich hiedurch als einen angesehenen Mann beweist.

Einer solchen ganzen Nation, die sich massenhaft in Bewegung setzt, darf es nun auch an gar nichts fehlen, was sie zu Hause allenfalls bedürfen könnte; weshalb denn Kauf- und Handelsleute aller Art mitziehen, überall einen flüchtigen Basar aufschlagen, eines guten Absatzes gewärtig. Man vergleicht daher das Lager des Kaisers jederzeit einer Stadt, worin denn auch so gute Polizei und Ordnung gehandhabt wird, daß niemand bei grausamer Strafe weder furagieren noch requirieren, viel weniger aber plündern darf, sondern von Großen und Kleinen alles bar bezahlt werden muß; weshalb denn nicht allein alle auf dem Wege liegenden Städte sich mit Vorräten reichlich versehen, sondern auch aus benachbarten und entfernteren Provinzen Lebensmittel und Bedürfnisse unversiegbar zufließen.

Was aber lassen sich für strategische, was für taktische Operationen von einer solchen organisierten Unordnung erwarten? besonders wenn man erfährt, daß alle Volks-, Stamm- und Waffenabteilungen sich im Gefecht vermischen und ohne bestimmten Vorder-, Neben- und Hintermann, wie es der Zufall gibt, durcheinander kämpfen; daher denn ein glücklich errungener Sieg so leicht umschlagen und eine einzige verlorne Schlacht auf viele Jahre hinaus das Schicksal eines Reiches bestimmen kann.

Diesmal aber kommt es zu keinem solchen furchtbaren Faust- und Waffengemenge. Zwar dringt man mit undenkbarer Beschwernis durchs Gebirge; aber man zaudert, weicht zurück, macht sogar Anstalten, die eigenen Städte zu zerstören, damit der Feind in verwüsteten Landstrecken umkomme. Panischer Alarm, leere Siegesbotschaften schwanken durcheinander; freventlich abgelehnte, stolz verweigerte Friedensbedingungen, verstellte Kampflust, hinterlistiges Zögern verspäten erst und begünstigen zuletzt den Frieden. Da zieht nun ein jeder auf des Kaisers Befehl und Strafgebot ohne weitere Not und Gefahr, als was er von Weg und Gedränge gelitten, ungesäumt wieder nach Hause.

Auch della Valle finden wir zu Kasbin in der Nähe des Hofes wieder, unzufrieden, daß der Feldzug gegen die Türken ein so baldiges Ende genommen. Denn wir haben ihn nicht bloß als einen neugierigen Reisenden, als einen vom Zufall hin und wider getriebenen Abenteurer zu betrachten; er hegt vielmehr seine Zwecke, die er unausgesetzt verfolgt. Persien war damals eigentlich ein Land für Fremde; Abbas' vieljährige Liberalität zog manchen muntern Geist herbei; noch war es nicht die Zeit förmlicher Gesandtschaften; kühne, gewandte Reisende machen sich geltend. Schon hatte Sherley, ein Engländer, früher sich selbst beauftragt und spielte den Vermittler zwischen Osten und Westen; so auch della Valle, unabhängig, wohlhabend, vornehm, gebildet, empfohlen, findet Eingang bei Hofe und sucht gegen die Türken zu reizen. Ihn treibt ebendasselbe christliche Mitgefühl, das die ersten Kreuzfahrer aufregte; er hatte die Mißhandlungen frommer Pilger am heiligen

Grabe gesehen, zum Teil mit erduldet, und allen westlichen Nationen war daran gelegen, daß Konstantinopel von Osten her beunruhigt werde: aber Abbas vertraut nicht den Christen, die, auf eignen Vorteil bedacht, ihm zur rechten Zeit niemals von ihrer Seite beigestanden. Nun hat er sich mit den Türken verglichen; della Valle läßt aber nicht nach und sucht eine Verbindung Persiens mit den Kosaken am Schwarzen Meer anzuknüpfen. Nun kehrt er nach Ispahan zurück, mit Absicht, sich anzusiedeln und die römisch-katholische Religion zu fördern. Erst die Verwandten seiner Frau, dann noch mehr Christen aus Georgien zieht er an sich, eine georgianische Waise nimmt er an Kindes Statt an, hält sich mit den Karmeliten und führt nichts weniger im Sinne, als vom Kaiser eine Landstrecke zu Gründung eines neuen Roms zu erhalten.

Nun erscheint der Kaiser selbst wieder in Ispahan, Gesandte von allen Weltgegenden strömen herbei. Der Herrscher zu Pferd, auf dem größten Platze, in Gegenwart seiner Soldaten, der angesehnsten Dienerschaft, bedeutender Fremden, deren vornehmste auch alle zu Pferd mit Gefolge sich einfinden, erteilt er launige Audienzen; Geschenke werden gebracht, großer Prunk damit getrieben, und doch werden sie bald hochfahrend verschmäht, bald darum jüdisch gemarktet, und so schwankt die Majestät immer zwischen dem Höchsten und Tiefsten. Sodann, bald geheimnisvoll verschlossen im Harem, bald vor aller Augen handelnd, sich in alles Öffentliche einmischend, zeigt sich der Kaiser in unermüdlicher, eigenwilliger Tätigkeit.

Durchaus auch bemerkt man einen besondern Freisinn in Religionssachen. Nur keinen Mahometaner darf man zum Christentum bekehren; an Bekehrungen zum Islam, die er früher begünstigt, hat er selbst keine Freude mehr. Übrigens mag man glauben und vornehmen, was man will. So feiern z. B. die Armenier gerade das Fest der Kreuzestaufe, die sie in ihrer prächtigen Vorstadt, durch welche der Fluß Senderud läuft, feierlichst begehen. Dieser Funktion will der Kaiser nicht allein mit großem Gefolge beiwohnen, auch hier kann er das Befehlen, das Anordnen nicht lassen. Erst bespricht er sich mit den Pfaffen, was sie eigentlich vorhaben, dann sprengt er auf und ab, reitet hin und her und gebietet dem Zug Ordnung und Ruhe, mit Genauigkeit, wie er seine Krieger behandelt hätte. Nach geendigter Feier sammelt er die Geistlichen und andere bedeutende Männer um sich her, bespricht sich mit ihnen über mancherlei Religionsmeinungen und Gebräuche. Doch diese Freiheit der Gesinnung gegen andere Glaubensgenossen ist nicht bloß dem Kaiser persönlich, sie findet bei den Schiiten überhaupt statt. Diese, dem Ali anhängend, der erst vom Kalifate verdrängt und, als er endlich dazu gelangte, bald ermordet wurde, können in manchem Sinne als die unterdrückte mahometanische Religionspartei angesehen werden; ihr Haß wendet sich daher hauptsächlich gegen die Sunniten, welche die zwischen Mahomet und Ali eingeschobenen Kalifen mitzählen und verehren. Die Türken sind diesem Glauben zugetan, und eine sowohl politische als religiöse Spaltung trennt die beiden Völker; indem nun die Schiiten ihre eigenen verschieden denkenden Glaubensgenossen aufs äußerste hassen, sind sie gleichgültig gegen andere Bekenner und gewähren ihnen weit eher als ihren eigentlichen Gegnern eine geneigte Aufnahme.

Aber auch, schlimm genug! diese Liberalität leidet unter den Einflüssen kaiserlicher Willkür! Ein Reich zu bevölkern oder zu entvölkern, ist dem despotischen Willen gleich gemäß. Abbas, verkleidet auf dem Lande herumschleichend, vernimmt die Mißreden einiger armenischen Frauen und fühlt sich dergestalt beleidigt, daß er die grausamsten Strafen über die sämtlichen männlichen Einwohner des Dorfes verhängt. Schrecken und Bekümmernis verbreiten sich an den Ufern des Senderuds, und die Vorstadt Chalfa, erst durch die Teilnahme des Kaisers an ihrem Feste beglückt, versinkt in die tiefste Trauer.

Und so teilen wir immer die Gefühle großer, durch den Despotismus wechselsweise erhöhter und erniedrigter Völker. Nun bewundern wir, auf welchen hohen Grad von Sicherheit und Wohlstand Abbas als Selbst- und Alleinherrscher das Reich erhoben und zugleich diesem Zustand eine solche Dauer verliehen, daß seiner Nachfahren Schwäche,

Torheit, folgeloses Betragen erst nach neunzig Jahren das Reich völlig zugrunde richten konnten; dann aber müssen wir freilich die Kehrseite dieses imposanten Bildes hervorwenden.

Da eine jede Alleinherrschaft allen Einfluß ablehnet und die Persönlichkeit des Regenten in größter Sicherheit zu bewahren hat, so folgt hieraus, daß der Despot immerfort Verrat argwöhnen, überall Gefahr ahnen, auch Gewalt von allen Seiten befürchten müsse, weil er ja selbst nur durch Gewalt seinen erhabenen Posten behauptet. Eifersüchtig ist er daher auf jeden, der außer ihm Ansehn und Vertrauen erweckt, glänzende Fertigkeiten zeigt, Schätze sammelt und an Tätigkeit mit ihm zu wetteifern scheint. Nun muß aber in jedem Sinn der Nachfolger am meisten Verdacht erregen. Schon zeugt es von einem großen Geist des königlichen Vaters, wenn er seinen Sohn ohne Neid betrachtet, dem die Natur in kurzem alle bisherigen Besitztümer und Erwerbnisse ohne die Zustimmung des mächtig Wollenden unwiderruflich übertragen wird. Anderseits wird vom Sohne verlangt, daß er, edelmütig, gebildet und geschmackvoll, seine Hoffnungen mäßige, seinen Wunsch verberge und dem väterlichen Schicksal auch nicht dem Scheine nach vorgreife. Und doch! wo ist die menschliche Natur so rein und groß, so gelassen abwartend, so unter notwendigen Bedingungen mit Freude tätig, daß in einer solchen Lage sich der Vater nicht über den Sohn, der Sohn nicht über den Vater beklage? Und wären sie beide engelrein, so werden sich Ohrenbläser zwischen sie stellen, die Unvorsichtigkeit wird zum Verbrechen, der Schein zum Beweis. Wie viele Beispiele liefert uns die Geschichte! wovon wir nur des jammervollen Familienlabyrinths gedenken, in welchem wir den König Herodes befangen sehen. Nicht allein die Seinigen halten ihn immer in schwebender Gefahr, auch ein durch Weissagung merkwürdiges Kind erregt seine Sorgen und veranlaßt eine allgemein verbreitete Grausamkeit unmittelbar vor seinem Tode.

Also erging es auch Abbas dem Großen; Söhne und Enkel machte man verdächtig, und sie gaben Verdacht; einer ward unschuldig ermordet, der andere halb schuldig geblendet. Dieser sprach: „Mich hast du nicht des Lichts beraubt, aber das Reich."

Zu diesen unglücklichen Gebrechen der Despotie fügt sich unvermeidlich ein anderes, wobei noch zufälliger und unvorgesehener sich Gewalttaten und Verbrechen entwickeln. Ein jeder Mensch wird von seinen Gewohnheiten regiert, nur wird er, durch äußere Bedingungen eingeschränkt, sich mäßig verhalten, und Mäßigung wird ihm zur Gewohnheit. Gerade das Entgegengesetzte findet sich bei dem Despoten; ein uneingeschränkter Wille steigert sich selbst und muß, von außen nicht gewarnt, nach dem völlig Grenzenlosen streben. Wir finden hiedurch das Rätsel gelöst, wie aus einem löblichen jungen Fürsten, dessen erste Regierungsjahre gesegnet wurden, sich nach und nach ein Tyrann entwickelt, der Welt zum Fluch und zum Untergang der Seinen; die auch deshalb öfters dieser Qual eine gewaltsame Heilung zu verschaffen genötigt sind.

Unglücklicherweise nun wird jenes dem Menschen eingeborne, alle Tugenden befördernde Streben ins Unbedingte seiner Wirkung nach schrecklicher, wenn physische Reize sich dazu gesellen. Hieraus entsteht die höchste Steigerung, welche glücklicherweise zuletzt in völlige Betäubung sich auflöst. Wir meinen den übermäßigen Gebrauch des Weins, welcher die geringe Grenze einer besonnenen Gerechtigkeit und Billigkeit, die selbst der Tyrann als Mensch nicht ganz verneinen kann, augenblicklich durchbricht und ein grenzenloses Unheil anrichtet. Wende man das Gesagte auf Abbas den Großen an, der durch seine funfzigjährige Regierung sich zum einzigen unbedingt Wollenden seines ausgebreiteten, bevölkerten Reichs erhoben hatte; denke man sich ihn freimütiger Natur, gesellig und guter Laune, dann aber durch Verdacht, Verdruß und, was am schlimmsten ist, durch übel verstandene Gerechtigkeitsliebe irregeführt, durch heftiges Trinken aufgeregt und, daß wir das Letzte sagen, durch ein schnödes, unheilbares körperliches Übel gepeinigt und zur Verzweiflung gebracht: so wird man gestehen, daß diejenigen Verzeihung, wo nicht Lob verdienen, welche einer so schrecklichen Erscheinung auf Erden ein Ende machten. Selig preisen wir daher gebildete Völker, deren Monarch sich selbst durch ein edles sittliches Bewußtsein regiert; glücklich die gemäßigten, bedingten Regierungen, die ein Herrscher selbst zu lieben und zu fördern Ursache hat, weil sie ihn mancher Verantwortung überheben, ihm gar manche Reue ersparen.

Aber nicht allein der Fürst, sondern ein jeder, der durch Vertrauen, Gunst oder Anmaßung Teil an der höchsten Macht gewinnt, kommt in Gefahr, den Kreis zu überschreiten, welchen Gesetz und Sitte, Menschengefühl, Gewissen, Religion und Herkommen zu Glück und Beruhigung um das Menschengeschlecht gezogen haben. Und so mögen Minister und Günstlinge, Volksvertreter und Volk auf ihrer Hut sein, daß nicht auch sie, in den Strudel unbedingten Wollens hingerissen, sich und andere unwiederbringlich ins Verderben hinabziehen.

Kehren wir nun zu unserm Reisenden zurück, so finden wir ihn in einer unbequemen Lage. Bei aller seiner Vorliebe für den Orient muß della Valle doch endlich fühlen, daß er in einem Lande wohnt, wo an keine Folge zu denken ist und wo mit dem reinsten Willen und größter Tätigkeit kein neues Rom zu erbauen wäre. Die Verwandten seiner Frau lassen sich nicht einmal durch Familienbande halten; nachdem sie eine Zeitlang zu Ispahan in dem vertraulichsten Kreise gelebt, finden sie es doch geratener, zurück an den Euphrat zu ziehen und ihre gewohnte Lebensweise dort fortzusetzen. Die übrigen Georgier zeigen wenig Eifer, ja die Karmeliten, denen das große Vorhaben vorzüglich am Herzen liegen mußte, können von Rom her weder Anteil noch Beistand erfahren.

Della Valles Eifer ermüdet, und er entschließt sich, nach Europa zurückzukehren, leider gerade zur ungünstigsten Zeit. Durch die Wüste zu ziehen, scheint ihm unleidlich, er beschließt, über Indien zu gehen; aber jetzt eben entspinnen sich Kriegshändel zwischen Portugiesen, Spaniern und Engländern wegen Ormus, dem bedeutendsten Handelsplatz, und Abbas findet seinem Vorteil gemäß, Teil daran zu nehmen. Der Kaiser beschließt, die unbequemen portugiesischen Nachbarn zu bekämpfen, zu entfernen und die hülfreichen Engländer zuletzt, vielleicht durch List und Verzögerung, um ihre Absichten zu bringen und alle Vorteile sich zuzueignen.

In solchen bedenklichen Zeitläuften überrascht nun unsern Reisenden das wunderbare Gefühl eigner Art, das den Menschen mit sich selbst in den größten Zwiespalt setzt, das Gefühl der weiten Entfernung vom Vaterlande, im Augenblick, wo wir, unbehaglich in der Fremde, nach Hause zurückzuwandern, ja schon dort angelangt zu sein wünschten. Fast unmöglich ist es in solchem Fall sich der Ungeduld zu erwehren; auch unser Freund wird davon ergriffen, sein lebhafter Charakter, sein edles, tüchtiges Selbstvertrauen täuschen ihn über die Schwierigkeiten, die im Wege stehen. Seiner zu Wagnissen aufgelegten Kühnheit ist es bisher gelungen, alle Hindernisse zu besiegen, alle Plane durchzusetzen, er schmeichelt sich fernerhin mit gleichem Glück und entschließt sich, da eine Rückkehr ihm durch die Wüste unerträglich scheint, zu dem Weg über Indien, in Gesellschaft seiner schönen Maani und ihrer Pflegetochter Mariuccia.

Manches unangenehme Ereignis tritt ein als Vorbedeutung künftiger Gefahr; doch zieht er über Persepolis und Schiras, wie immer aufmerkend, Gegenstände, Sitten und Landesart genau bezeichnend und aufzeichnend. So gelangt er an den Persischen Meerbusen, dort aber findet er, wie vorauszusehen gewesen, die sämtlichen Häfen geschlossen, alle Schiffe nach Kriegsgebrauch in Beschlag genommen. Dort am Ufer, in einer höchst ungesunden Gegend, trifft er Engländer gelagert, deren Karawane, gleichfalls aufgehalten, einen günstigen Augenblick erpassen möchte. Freundlich aufgenommen, schließt er sich an sie an, errichtet seine Gezelte nächst den ihrigen und eine Palmhütte zu besserer Bequemlichkeit. Hier scheint ihm ein freundlicher Stern zu leuchten! Seine Ehe war bisher kinderlos, und zu größter Freude beider Gatten erklärt sich Maani guter Hoffnung; aber ihn ergreift eine Krankheit, schlechte Kost und böse Luft zeigen den schlimmsten Einfluß auf ihn und leider auch auf Maani, sie kommt zu früh nieder, und das Fieber verläßt sie nicht. Ihr standhafter

Charakter, auch ohne ärztliche Hülfe, erhält sie noch eine Zeitlang, sodann aber fühlt sie ihr Ende herannahen, ergibt sich in frommer Gelassenheit, verlangt aus der Palmenhütte unter die Zelte gebracht zu sein, woselbst sie, indem Mariuccia die geweihte Kerze hält und della Valle die herkömmlichen Gebete verrichtet, in seinen Armen verscheidet. Sie hatte das dreiundzwanzigste Jahr erreicht.

Einem solchen ungeheuren Verluste zu schmeicheln, beschließt er fest und unwiderruflich, den Leichnam in sein Erbbegräbnis mit nach Rom zu nehmen. An Harzen, Balsamen und kostbaren Spezereien fehlt es ihm, glücklicherweise findet er eine Ladung des besten Kampfers, welcher, kunstreich durch erfahrne Personen angewendet, den Körper erhalten soll.

Hiedurch aber übernimmt er die größte Beschwerde, indem er so fortan den Aberglauben der Kameltreiber, die habsüchtigen Vorurteile der Beamten, die Aufmerksamkeit der Zollbedienten auf der ganzen künftigen Reise zu beschwichtigen oder zu bestechen hat.

Nun begleiten wir ihn nach Lar, der Hauptstadt des Laristan, wo er bessere Luft, gute Aufnahme findet und die Eroberung von Ormus durch die Perser abwartet. Aber auch ihre Triumphe dienen ihm zu keiner Fördernis. Er sieht sich wieder nach Schiras zurückgedrängt, bis er denn doch endlich mit einem englischen Schiffe nach Indien geht. Hier finden wir sein Betragen dem bisherigen gleich; sein standhafter Mut, seine Kenntnisse, seine adligen Eigenschaften verdienen ihm überall leichten Eintritt und ehrenvolles Verweilen, endlich aber wird er doch nach dem Persischen Meerbusen zurück und zur Heimfahrt durch die Wüste genötigt.

Hier erduldet er alle gefürchteten Unbilden. Von Stammhäuptern dezimiert, taxiert von Zollbeamten, beraubt von Arabern und selbst in der Christenheit überall vexiert und verspätet, bringt er doch endlich Kuriositäten und Kostbarkeiten genug, das Seltsamste und Kostbarste aber, den Körper seiner geliebten Maani, nach Rom. Dort, auf Ara Coeli, begeht er ein herrliches Leichenfest, und als er in die Grube hinabsteigt, ihr die letzte Ehre zu erweisen, finden wir zwei Jungfräulein neben ihm, Silvia, eine während seiner Abwesenheit anmutig herangewachsene Tochter, und Tinatin di Ziba, die wir bisher unter dem Namen Mariuccia gekannt, beide ungefähr funfzehnjährig. Letztere, die seit dem Tode seiner Gemahlin eine treue Reisegefährtin und einziger Trost gewesen, nunmehr zu heiraten, entschließt er sich gegen den Willen seiner Verwandten, ja des Papstes, die ihm vornehmere und reichere Verbindungen zudenken. Nun betätigt er, noch mehrere Jahre glanzreich, einen heftig-kühnen und mutigen Charakter, nicht ohne Händel, Verdruß und Gefahr, und hinterläßt bei seinem Tode, der im sechsundsechzigsten Jahre erfolgt, eine zahlreiche Nachkommenschaft.

ENTSCHULDIGUNG

Es läßt sich bemerken, daß ein jeder den Weg, auf welchem er zu irgendeiner Kenntnis und Einsicht gelangt, allen übrigen vorziehen und seine Nachfolger gern auf denselben einleiten und einweihen möchte. In diesem Sinne hab' ich Peter della Valle umständlich dargestellt, weil er derjenige Reisende war, durch den mir die Eigentümlichkeiten des Orients am ersten und klarsten aufgegangen, und meinem Vorurteil will scheinen, daß ich durch diese Darstellung erst meinem „Divan" einen eigentümlichen Grund und Boden gewonnen habe. Möge dies andern zur Aufmunterung gereichen, in dieser Zeit, die so reich an Blättern und einzelnen Heften ist, einen Folianten durchzulesen, durch den sie entschieden in eine bedeutende Welt gelangen, die ihnen in den neusten Reisebeschreibungen zwar oberflächlich umgeändert, im Grund aber als dieselbe erscheinen wird, welche sie dem vorzüglichen Manne zu seiner Zeit erschien.

Wer den Dichter will verstehen,
Muß in Dichters Lande gehen;
Er im Orient sich freue,
Daß das Alte sei das Neue.

OLEARIUS

Die Bogenzahl unserer bis hierher abgedruckten Arbeiten erinnert uns, vorsichtiger und weniger abschweifend von nun an fortzufahren. Deswegen sprechen wir von dem genannten trefflichen Manne nur im Vorübergehen. Sehr merkwürdig ist es, verschiedene Nationen als Reisende zu betrachten. Wir finden Engländer, unter welchen wir Sherley und Herbert ungern vorbeigingen; sodann aber Italiener; zuletzt Franzosen. Hier trete nun ein Deutscher hervor in seiner Kraft und Würde. Leider war er auf seiner Reise nach dem persischen Hof an einen Mann gebunden, der mehr als Abenteurer denn als Gesandter erscheint; in beidem Sinne aber sich eigenwillig, ungeschickt, ja unsinnig benimmt. Der Geradsinn des trefflichen Olearius läßt sich dadurch nicht irremachen; er gibt uns höchst erfreuliche und belehrende Reiseberichte, die um so schätzbarer sind, als er nur wenige Jahre nach della Valle und kurz nach dem Tode Abbas' des Großen nach Persien kam und bei seiner Rückkehr die Deutschen mit Saadi, dem Trefflichen, durch eine tüchtige und erfreuliche Übersetzung bekannt machte. Ungern brechen wir ab, weil wir auch diesem Manne für das Gute, das wir ihm schuldig sind, gründlichen Dank abzutragen wünschten. In gleicher Stellung finden wir uns gegen die beiden folgenden, deren Verdienste wir auch nur oberflächlich berühren dürfen.

TAVERNIER UND CHARDIN

Ersterer, Goldschmied und Juwelenhändler, dringt mit Verstand und klugem Betragen, kostbar-kunstreiche Waren zu seiner Empfehlung vorzeigend, an die orientalischen Höfe und weiß sich überall zu schicken und zu finden. Er gelangt nach Indien zu den Demantgruben, und nach einer gefahrvollen Rückreise wird er im Westen nicht zum freundlichsten aufgenommen. Dessen hinterlassene Schriften sind höchst belehrend, und doch wird er von seinem Landsmann, Nachfolger und Rival Chardin nicht sowohl im Lebensgange gehindert, als in der öffentlichen Meinung nachher verdunkelt. Dieser, der sich gleich zu Anfang seiner Reise durch die größten Hindernisse durcharbeiten muß, versteht denn auch die Sinnesweise orientalischer Macht- und Geldhaber, die zwischen Großmut und Eigennutz schwankt, trefflich zu benutzen und ihrer, beim Besitz der größten Schätze, nie zu stillenden Begier nach frischen Juwelen und fremden Goldarbeiten vielfach zu dienen; deshalb er denn auch nicht ohne Glück und Vorteil wieder nach Hause zurückkehrt.

An diesen beiden Männern ist Verstand, Gleichmut, Gewandtheit, Beharrlichkeit, einnehmendes Betragen und Standhaftigkeit nicht genug zu bewundern, und könnte jeder Weltmann sie auf seiner Lebensreise als Muster verehren. Sie besaßen aber zwei Vorteile, die nicht einem jeden zustatten kommen; sie waren Protestanten und Franzosen zugleich — Eigenschaften, die, zusammen verbunden, höchst fähige Individuen hervorzubringen imstande sind.

NEUERE UND NEUSTE REISENDE

Was wir dem achtzehnten und schon dem neunzehnten Jahrhundert verdanken, darf hier gar nicht berührt werden. Die Engländer haben uns in der letzten Zeit über die unbekanntesten Gegenden aufgeklärt. Das Königreich Kabul, das alte Gedrosien und Karamanien sind uns zugänglich geworden. Wer kann seine Blicke zurückhalten, daß sie nicht über den Indus hinüberstreifen und dort die große Tätigkeit anerkennen, die täglich weiter um sich greift; und so muß denn, hiedurch gefördert, auch im Okzident die Lust nach ferner- und tieferer Sprachkenntnis sich immer erweitern. Wenn wir bedenken, welche Schritte Geist und Fleiß Hand in Hand getan haben, um aus dem beschränkten hebräisch-rabbinischen Kreise bis zur Tiefe und Weite des Sanskrit zu gelangen, so erfreut man sich, seit so vielen Jahren Zeuge dieses Fortschreitens zu sein. Selbst die Kriege, die, so manches hindernd, zerstören, haben der gründlichen Einsicht viele Vorteile gebracht. Von den Himelaja-Gebirgen herab sind uns die Ländereien zu beiden Seiten des Indus, die bisher noch märchenhaft genug geblieben, klar, mit der übrigen Welt im Zusammenhang erschienen. Über die Halbinsel hinunter bis Java können wir nach Belieben, nach Kräften und Gelegenheit unsere Übersicht ausdehnen und uns im Besondersten unterrichten; und so öffnet sich den jüngern Freunden des Orients eine Pforte nach der andern, um die Geheimnisse jener Urwelt, die Mängel einer seltsamen Verfassung und unglücklichen Religion, sowie die Herrlichkeit der Poesie kennen zu lernen, in die sich reine Menschheit, edle Sitte, Heiterkeit und Liebe flüchtet, um uns über Kastenstreit, phantastische Religionsungeheuer und abstrusen Mystizismus zu trösten und zu überzeugen, daß doch zuletzt in ihr das Heil der Menschheit aufbewahrt bleibe.

LEHRER; ABGESCHIEDENE, MITLEBENDE

Sich selbst genaue Rechenschaft zu geben, von wem wir auf unserem Lebens- und Studiengange dieses oder jenes gelernt, wie wir nicht allein durch Freunde und Genossen, sondern auch durch Widersacher und Feinde gefördert worden, ist eine schwierige, kaum zu lösende Aufgabe. Indessen fühl' ich mich angetrieben, einige Männer zu nennen, denen ich besonderen Dank abzutragen schuldig bin.

Jones. Die Verdienste dieses Mannes sind so weltbekannt und an mehr als einem Orte umständlich gerühmt, daß mir nichts übrigbleibt, als nur im allgemeinen anzuerkennen, daß ich aus seinen Bemühungen von jeher möglichsten Vorteil zu ziehen gesucht habe; doch will ich eine Seite bezeichnen, von welcher er mir besonders merkwürdig geworden.

Er, nach echter englischer Bildungsweise, in griechischer und lateinischer Literatur dergestalt gegründet, daß er nicht allein die Produkte derselben zu würdern, sondern auch selbst in diesen Sprachen zu arbeiten weiß, mit den europäischen Literaturen gleichfalls bekannt, in den orientalischen bewandert, erfreut er sich der doppelt schönen Gabe, einmal eine jede Nation in ihren eigensten Verdiensten zu schätzen, sodann aber das Schöne und Gute, worin sie sämtlich einander notwendig gleichen, überall aufzufinden.

Bei der Mitteilung seiner Einsichten jedoch findet er manche Schwierigkeit, vorzüglich stellt sich ihm die Vorliebe seiner Nation für alte klassische Literatur entgegen, und wenn man ihn genau beobachtet, so wird man leicht gewahr, daß er als ein kluger Mann das Unbekannte ans Bekannte, das Schätzenswerte an das Geschätzte anzuschließen sucht; er verschleiert seine Vorliebe für asiatische Dichtkunst und gibt mit gewandter Bescheidenheit meistens solche Beispiele, die er lateinischen und griechischen hochbelobten Gedichten gar wohl an die Seite stellen darf, er benutzt die rhythmischen antiken Formen, um die anmutigen Zartheiten des Orients auch Klassizisten eingänglich zu machen. Aber nicht allein von altertümlicher, sondern auch von patriotischer Seite mochte er viel Verdruß erlebt haben, ihn schmerzte Herabsetzung orientalischer Dichtkunst; welches deutlich hervorleuchtet aus dem hart-ironischen, nur zweiblättrigen Aufsatz: „Arabs, sive de Poësi Anglorum Dialogus", am Schlusse seines Werkes: über asiatische Dichtkunst. Hier stellt er uns mit offenbarer Bitterkeit vor Augen, wie absurd sich Milton und Pope im orientalischen Gewand ausnähmen; woraus denn folgt, was auch wir so oft wiederholen, daß man jeden Dichter in seiner Sprache und im eigentümlichen Bezirk seiner Zeit und Sitten aufsuchen, kennen und schätzen müsse.

Eichhorn. Mit vergnüglicher Anerkennung bemerke ich, daß ich bei meinen gegenwärtigen Arbeiten noch dasselbe Exemplar benutze, welches mir der hochverdiente Mann von seiner Ausgabe des Jonesschen Werks vor zweiundvierzig Jahren verehrte, als wir ihn noch unter die Unseren zählten und aus seinem Munde gar manches Heilsam-Belehrende vernahmen. Auch die ganze Zeit über bin ich seinem Lehrgange im stillen gefolgt, und in diesen letzten Tagen freute ich mich höchlich, abermals von seiner Hand das höchst wichtige Werk, das uns die Propheten und ihre Zustände aufklärt, vollendet zu erhalten. Denn was ist erfreulicher für den ruhig-verständigen Mann wie für den aufgeregten Dichter, als zu sehen, wie jene gottbegabten Männer mit hohem Geiste ihre bewegte Zeitumgebung betrachteten und auf das Wundersam-Bedenkliche, was vorging, strafend, warnend, tröstend und herzerhebend hindeuteten.

Mit diesem wenigen sei mein dankbarer Lebensbezug zu diesem würdigen Manne treulich ausgesprochen.

Lorsbach. Schuldigkeit ist es hier auch des wackern Lorsbach zu gedenken. Er kam betagt in unsern Kreis, wo er in keinem Sinne für sich eine behagliche Lage fand; doch gab er mir gern über alles, worüber ich ihn befragte, treuen Bescheid, sobald es innerhalb der Grenze seiner Kenntnisse lag, die er oft mochte zu scharf gezogen haben.

Wundersam schien es mir anfangs, ihn als keinen sonderlichen Freund orientalischer Poesie zu finden; und doch geht es einem jeden auf ähnliche Weise, der auf irgendein Geschäft mit Vorliebe und Enthusiasmus Zeit und Kräfte verwendet und doch zuletzt eine gehoffte Ausbeute nicht zu finden glaubt. Und dann ist ja das Alter die Zeit, die des Genusses entbehrt, da wo ihn der Mensch am meisten verdiente. Sein Verstand und seine Redlichkeit waren gleich heiter, und ich erinnere mich der Stunden, die ich mit ihm zubrachte, immer mit Vergnügen.

VON DIEZ

Einen bedeutenden Einfluß auf mein Studium, den ich dankbar erkenne, hatte der Prälat von Diez. Zur Zeit, da ich mich um orientalische Literatur näher bekümmerte, war mir das „Buch des Kabus“ zuhanden gekommen und schien mir so bedeutend, daß ich ihm viele Zeit widmete und mehrere Freunde zu dessen Betrachtung aufforderte. Durch einen Reisenden bot ich jenem schätzbaren Manne, dem ich so viel Belehrung schuldig geworden, einen verbindlichen Gruß. Er sendete mir dagegen freundlich das kleine Büchlein über die Tulpen. Nun ließ ich auf seidenartiges Papier einen kleinen Raum mit prächtiger goldner Blumeneinfassung verzieren, worin ich nachfolgendes Gedicht schrieb:

Wie man mit Vorsicht auf der Erde wandelt,
Es sei bergauf, es sei hinab vom Thron,
Und wie man Menschen, wie man Pferde handelt,
Das alles lehrt der König seinen Sohn.
Wir wissen's nun durch dich, der uns beschenkte;
Jetzt fügest du der Tulpe Flor daran,
Und wenn mich nicht der goldne Rahm beschränkte,
Wo endete, was du für uns getan!

Und so entspann sich eine briefliche Unterhaltung, die der würdige Mann bis an sein Ende mit fast unleserlicher Hand unter Leiden und Schmerzen getreulich fortsetzte.

Da ich nun mit Sitten und Geschichte des Orients bisher nur im allgemeinen, mit Sprache so gut wie gar nicht bekannt gewesen, war eine solche Freundlichkeit mir von der größten Bedeutung. Denn weil es mir bei einem vorgezeichneten, methodischen Verfahren um augenblickliche Aufklärung zu tun war, welche in Büchern zu finden Kraft und Zeit verzehrenden Aufwand erfordert hätte, so wendete ich mich in bedenklichen Fällen an ihn und erhielt auf meine Frage jederzeit genügende und fördernde Antwort. Diese seine Briefe verdienten gar wohl wegen ihres Gehalts gedruckt und als ein Denkmal seiner Kenntnisse und seines Wohlwollens aufgestellt zu werden. Da ich seine strenge und eigene Gemütsart kannte, so hütete ich mich, ihn von gewisser Seite zu berühren; doch war er gefällig genug, ganz gegen seine Denkweise, als ich den Charakter des Nußreddin Chodscha, des lustigen Reise- und Zeltgefährten des Welteroberers Timur, zu kennen wünschte, mir einige jener Anekdoten zu übersetzen. Woraus denn abermal hervorging, daß gar manche verfängliche Märchen, welche die Westländer nach ihrer Weise behandelt, sich vom Orient herschreiben, jedoch die eigentliche Farbe, den wahren, angemessenen Ton bei der Umbildung meistenteils verloren.

Da von diesem Buche das Manuskript sich nun auf der königlichen Bibliothek zu Berlin befindet, wäre es sehr zu wünschen, daß ein Meister dieses Faches uns eine Übersetzung gäbe. Vielleicht wäre sie in lateinischer Sprache am füglichsten zu unternehmen, damit der Gelehrte vorerst vollständige Kenntnis davon erhielte. Für das deutsche Publikum ließe sich alsdann recht wohl eine anständige Übersetzung im Auszug veranstalten.

Daß ich an des Freundes übrigen Schriften, den Denkwürdigkeiten des Orients u. s. w., teilgenommen und Nutzen daraus gezogen, davon möge gegenwärtiges Heft Beweise führen; bedenklicher ist es, zu bekennen, daß auch seine nicht gerade immer zu billigende Streitsucht mir vielen Nutzen geschafft. Erinnert man sich aber seiner Universitätsjahre, wo man gewiß zum Fechtboden eilte, wenn ein paar Meister oder Senioren Kraft und Gewandtheit gegeneinander versuchten, so wird niemand in Abrede sein, daß man bei solcher Gelegenheit Stärken und Schwächen gewahr wurde, die einem Schüler vielleicht für immer verborgen geblieben wären.

Der Verfasser des „Buches Kabus", Kjekjawus, König der Dilemiten, welche das Gebirgsland Ghilan, das gegen Mittag den Pontus euxinus abschließt, bewohnten, wird uns bei näherer Bekanntschaft doppelt lieb werden. Als Kronprinz höchst sorgfältig zum freisten, tätigsten Leben erzogen, verließ er das Land, um weit in Osten sich auszubilden und zu prüfen.

Kurz nach dem Tode Mahmuds, von welchem wir so viel Rühmliches zu melden hatten, kam er nach Gasna, wurde von dessen Sohne Messud freundlichst aufgenommen und, in Gefolg mancher Kriegs- und Friedensdienste, mit einer Schwester vermählt. An einem Hofe, wo vor wenigen Jahren Ferdusi das „Schach Nameh" geschrieben, wo eine große Versammlung von Dichtern und talentvollen Menschen nicht ausgestorben war, wo der neue Herrscher, kühn und kriegerisch wie sein Vater, geistreiche Gesellschaft zu schätzen wußte, konnte Kjekjawus auf seiner Irrfahrt den köstlichsten Raum zu fernerer Ausbildung finden.

Doch müssen wir zuerst von seiner Erziehung sprechen. Sein Vater hatte, die körperliche Ausbildung aufs höchste zu steigern, ihn einem trefflichen Pädagogen übergeben. Dieser brachte den Sohn zurück, geübt in allen ritterlichen Gewandtheiten: zu schießen, zu reiten, reitend zu schießen, den Speer zu werfen, den Schlägel zu führen und damit den Ball aufs geschickteste zu treffen. Nachdem dies alles vollkommen gelang und der König zufrieden schien, auch deshalb den Lehrmeister höchlich lobte, fügte er hinzu: „Ich habe doch noch eins zu erinnern. Du hast meinen Sohn in allem unterrichtet, wozu er fremder Werkzeuge bedarf: ohne Pferd kann er nicht reiten, nicht schießen ohne Bogen, was ist sein Arm, wenn er keinen Wurfspieß hat, und was wäre das Spiel ohne Schlägel und Ball. Das einzige hast du ihn nicht gelehrt, wo er sein selbst allein bedarf, welches das Notwendigste ist und wo ihm niemand helfen kann." Der Lehrer stand beschämt und vernahm, daß dem Prinzen die Kunst zu schwimmen fehle. Auch diese wurde, jedoch mit einigem Widerwillen des Prinzen, erlernt, und diese rettete ihm das Leben, als er auf einer Reise nach Mekka, mit einer großen Menge Pilger, auf dem Euphrat scheiternd nur mit wenigen davonkam.

Daß er geistig in gleich hohem Grade gebildet gewesen, beweist die gute Aufnahme, die er an dem Hofe von Gasna gefunden, daß er zum Gesellschafter des Fürsten ernannt war, welches damals viel heißen wollte, weil er gewandt sein mußte, verständig und angenehm von allem Vorkommenden genügende Rechenschaft zu geben.

Unsicher war die Thronfolge von Ghilan, unsicher der Besitz des Reiches selbst wegen mächtiger, eroberungssüchtiger Nachbarn. Endlich nach dem Tode seines erst abgesetzten, dann wieder eingesetzten königlichen Vaters bestieg Kjekjawus mit großer Weisheit und entschiedener Ergebenheit in die mögliche Folge der Ereignisse den Thron, und in hohem Alter, da er voraussah, daß der Sohn Ghilan Schah noch einen gefährlichern Stand haben werde als er selbst, schreibt er dies merkwürdige Buch, worin er zu seinem Sohne spricht: „daß er ihn mit Künsten und Wissenschaften aus dem doppelten Grunde bekannt mache, um entweder durch irgendeine Kunst seinen Unterhalt zu gewinnen, wenn er durchs Schicksal in die Notwendigkeit versetzt werden möchte, oder, im Fall er der Kunst zum Unterhalt nicht bedürfte, doch wenigstens vom Grunde jeder Sache wohl unterrichtet zu sein, wenn er bei der Hoheit verbleiben sollte".

Wäre in unsern Tagen den hohen Emigrierten, die sich oft mit musterhafter Ergebung von ihrer Hände Arbeit nährten, ein solches Buch zuhanden gekommen, wie tröstlich wäre es ihnen gewesen.

Daß ein so vortreffliches, ja unschätzbares Buch nicht mehr bekannt geworden, daran mag hauptsächlich Ursache sein, daß es der Verfasser auf seine eigenen Kosten herausgab und die Firma Nicolai solches nur in Kommission genommen hatte, wodurch gleich für ein solches Werk im Buchhandel eine ursprüngliche Stockung entsteht. Damit aber das Vaterland wisse, welcher Schatz ihm hier zubereitet liegt, so setzen wir den Inhalt der Kapitel hierher und ersuchen die schätzbaren Tagesblätter, wie das „Morgenblatt" und der „Gesellschafter", die so erbaulichen als erfreulichen Anekdoten und Geschichten, nicht weniger die großen, unvergleichlichen Maximen, die dieses Werk enthält, vorläufig allgemein bekannt zu machen.

Inhalt des „Buches Kabus" kapitelweise

1) Erkenntnis Gottes.
2) Lob der Propheten.
3) Gott wird gepriesen.
4) Fülle des Gottesdienstes ist notwendig und nützlich.
5) Pflichten gegen Vater und Mutter.
6) Herkunft durch Tugend zu erhöhen.
7) Nach welchen Regeln man sprechen muß.
8) Die letzten Regeln Nuschirwans.
9) Zustand des Alters und der Jugend.
10) Wohlanständigkeit und Regeln beim Essen.
11) Verhalten beim Weintrinken.
12) Wie Gäste einzuladen und zu bewirten.
13) Auf welche Weise gescherzt, Stein und Schach gespielt werden muß.
14) Beschaffenheit der Liebenden.
15) Nutzen und Schaden der Beiwohnung.
16) Wie man sich baden und waschen muß.
17) Zustand des Schlafens und Ruhens.
18) Ordnung bei der Jagd.
19) Wie Ballspiel zu treiben.
20) Wie man dem Feind entgegengehen muß.
21) Mittel, das Vermögen zu vermehren.
22) Wie anvertraut Gut zu bewahren und zurückzugeben.

23) Kauf der Sklaven und Sklavinnen.
24) Wo man Besitzungen ankaufen muß.
25) Pferdekauf und Kennzeichen der besten.
26) Wie der Mann ein Weib nehmen muß.
27) Ordnung bei Auferziehung der Kinder.
28) Vorteile, sich Freunde zu machen und sie zu wählen.
29) Gegen der Feinde Anschläge und Ränke nicht sorglos zu sein.
30) Verdienstlich ist es, zu verzeihen.
31) Wie man Wissenschaft suchen muß.
32) Kaufhandel.
33) Regeln der Ärzte und wie man leben muß.
34) Regeln der Sternkundigen.
35) Eigenschaften der Dichter und Dichtkunst.
36) Regeln der Musiker.
37) Die Art, Kaisern zu dienen.
38) Stand der Vertrauten und Gesellschafter der Kaiser.
39) Regeln der Kanzleiämter.
40) Ordnung des Vesirats.
41) Regeln der Heerführerschaft.
42) Regeln der Kaiser.
43) Regeln des Ackerbaues und der Landwirtschaft.
44) Vorzüge der Tugend.

Wie man nun aus einem Buche solchen Inhalts sich ohne Frage eine ausgebreitete Kenntnis der orientalischen Zustände versprechen kann, so wird man nicht zweifeln, daß man darin Analogien genug finden werde, sich in seiner europäischen Lage zu belehren und zu beurteilen.

Zum Schluß eine kurze chronologische Wiederholung. König Kjekjawus kam ungefähr zur Regierung Heg. 450 = 1058, regierte noch Heg. 473 = 1080, vermählt mit einer Tochter des Sultan Mahmud von Gasna. Sein Sohn, Ghilan Schah, für welchen er das Werk schrieb, ward seiner Länder beraubt. Man weiß wenig von seinem Leben, nichts von seinem Tode. Siehe Diez' Übersetzung. Berlin 1811.

Diejenige Buchhandlung, die vorgemeldetes Werk in Verlag oder Kommission übernommen, wird ersucht, solches anzuzeigen. Ein billiger Preis wird die wünschenswerte Verbreitung erleichtern.

VON HAMMER

Wie viel ich diesem würdigen Mann schuldig geworden, beweist mein Büchlein in allen seinen Teilen. Längst war ich auf Hafis und dessen Gedichte aufmerksam, aber was mir auch Literatur, Reisebeschreibung, Zeitblatt und sonst zu Gesicht brachte, gab mir keinen Begriff, keine Anschauung von dem Wert, von dem Verdienste dieses außerordentlichen Mannes. Endlich aber, als mir im Frühling 1813 die vollständige Übersetzung aller seiner Werke zukam, ergriff ich mit besonderer Vorliebe sein inneres Wesen und suchte mich durch eigene Produktion mit ihm in Verhältnis zu setzen. Diese freundliche Beschäftigung half mir über bedenkliche Zeiten hinweg und ließ mich zuletzt die Früchte des errungenen Friedens aufs angenehmste genießen.

Schon seit einigen Jahren war mir der schwunghafte Betrieb der „Fundgruben" im allgemeinen bekannt geworden, nun aber erschien die Zeit, wo ich Vorteil daraus gewinnen sollte. Nach mannigfaltigen Seiten hin deutete dieses Werk, erregte und befriedigte zugleich das Bedürfnis der Zeit; und hier bewahrheitete sich mir abermals die Erfahrung, daß wir in jedem Fach von den Mitlebenden auf das schönste gefördert werden, sobald man sich ihrer Vorzüge dankbar und freundlich bedienen mag. Kenntnisreiche Männer belehren uns über die Vergangenheit, sie geben den Standpunkt an, auf welchem sich die augenblickliche Tätigkeit hervortut, sie deuten vorwärts auf den nächsten Weg, den wir einzuschlagen haben. Glücklicherweise wird genanntes herrliche Werk noch immer mit gleichem Eifer fortgesetzt, und wenn man auch in diesem Felde seine Untersuchungen rückwärts anstellt, so kehrt man doch immer gern mit erneutem Anteil zu demjenigen zurück, was uns hier so frisch genießbar und brauchbar von vielen Seiten geboten wird.

Um jedoch eines zu erinnern, muß ich gestehen, daß mich diese wichtige Sammlung noch schneller gefördert hätte, wenn die Herausgeber, die freilich nur für vollendete Kenner eintragen und arbeiten, auch auf Laien und Liebhaber ihr Augenmerk gerichtet und, wo nicht allen, doch mehreren Aufsätzen eine kurze Einleitung über die

Umstände vergangner Zeit, Persönlichkeiten, Lokalitäten vorgesetzt hätten; da denn freilich manches mühsame und zerstreuende Nachsuchen dem Lernbegierigen wäre erspart worden.

Doch alles, was damals zu wünschen blieb, ist uns jetzt in reichlichem Maße geworden durch das unschätzbare Werk, das uns Geschichte persischer Dichtkunst überliefert. Denn ich gestehe gern, daß schon im Jahre 1814, als die „Göttinger Anzeigen" uns die erste Nachricht von dessen Inhalt vorläufig bekannt machten, ich sogleich meine Studien nach den gegebenen Rubriken ordnete und einrichtete, wodurch mir ein ansehnlicher Vorteil geworden. Als nun aber das mit Ungeduld erwartete Ganze endlich erschien, fand man sich auf einmal wie mitten in einer bekannten Welt, deren Verhältnisse man klar im einzelnen erkennen und beachten konnte, da, wo man sonst nur im allgemeinsten, durch wechselnde Nebelschichten hindurchsah.

Möge man mit meiner Benutzung dieses Werks einigermaßen zufrieden sein und die Absicht erkennen, auch diejenigen anzulocken, welche diesen gehäuften Schatz auf ihrem Lebenswege vielleicht weit zur Seite gelassen hätten.

Gewiß besitzen wir nun ein Fundament, worauf die persische Literatur herrlich und übersehbar aufgebaut werden kann, nach dessen Muster auch andere Literaturen Stellung und Fördernis gewinnen sollen. Höchst wünschenswert bleibt es jedoch, daß man die chronologische Ordnung immerfort beibehalte und nicht etwa einen Versuch mache einer systematischen Aufstellung nach den verschiedenen Dichtarten. Bei den orientalischen Poeten ist alles zu sehr gemischt, als daß man das Einzelne sondern könnte; der Charakter der Zeit und des Dichters in seiner Zeit ist allein belehrend und wirkt belebend auf einen jeden; wie es hier geschehen, bleibe ja die Behandlung so fortan.

Mögen die Verdienste der glänzenden „Schirin", des lieblich ernst belehrenden „Kleeblatts", das uns eben am Schluß unserer Arbeit erfreut, allgemein anerkannt werden.

ÜBERSETZUNGEN

Da nun aber auch der Deutsche durch Übersetzungen aller Art gegen den Orient immer weiter vorrückt, so finden wir uns veranlaßt, etwas zwar Bekanntes, doch nie genug zu Wiederholendes an dieser Stelle beizubringen.

Es gibt dreierlei Arten Übersetzung. Die erste macht uns in unserm eigenen Sinne mit dem Auslande bekannt; eine schlicht-prosaische ist hiezu die beste. Denn indem die Prosa alle Eigentümlichkeiten einer jeden Dichtkunst völlig aufhebt und selbst den poetischen Enthusiasmus auf eine allgemeine Wasserebne niederzieht, so leistet sie für den Anfang den größten Dienst, weil sie uns mit dem fremden Vortrefflichen mitten in unserer nationellen Häuslichkeit, in unserem gemeinen Leben überrascht und, ohne daß wir wissen, wie uns geschieht, eine höhere Stimmung verleihend, wahrhaft erbaut. Eine solche Wirkung wird Luthers Bibelübersetzung jederzeit hervorbringen.

Hätte man die Nibelungen gleich in tüchtige Prosa gesetzt und sie zu einem Volksbuche gestempelt, so wäre viel gewonnen worden, und der seltsame, ernste, düstere, grauerliche Rittersinn hätte uns mit seiner vollkommenen Kraft angesprochen. Ob dieses jetzt noch rätlich und tunlich sei, werden diejenigen am besten beurteilen, die sich diesen altertümlichen Geschäften entschiedener gewidmet haben.

Eine zweite Epoche folgt hierauf, wo man sich in die Zustände des Auslandes zwar zu versetzen, aber eigentlich nur fremden Sinn sich anzueignen und mit eignem Sinne wieder darzustellen bemüht ist. Solche Zeit möchte ich im reinsten Wortverstand die *parodistische* nennen. Meistenteils sind es geistreiche Menschen, die sich zu einem solchen Geschäft berufen fühlen. Die Franzosen bedienen sich dieser Art bei Übersetzung aller poetischen Werke; Beispiele zu Hunderten lassen sich in Delilles Übertragungen finden. Der Franzose, wie er sich fremde Worte mundrecht macht, verfährt auch so mit den Gefühlen, Gedanken, ja den Gegenständen, er fordert durchaus für jede fremde Frucht ein Surrogat, das auf seinem eignen Grund und Boden gewachsen sei.

Wielands Übersetzungen gehören zu dieser Art und

Weise; auch er hatte einen eigentümlichen Verstands- und Geschmacksinn, mit dem er sich dem Altertum, dem Auslande nur insofern annäherte, als er seine Konvenienz dabei fand. Dieser vorzügliche Mann darf als Repräsentant seiner Zeit angesehen werden; er hat außerordentlich gewirkt, indem gerade das, was ihn anmutete, wie er sich's zueignete und es wieder mitteilte, auch seinen Zeitgenossen angenehm und genießbar begegnete.

Weil man aber weder im Vollkommenen noch Unvollkommenen lange verharren kann, sondern eine Umwandlung nach der andern immerhin erfolgen muß, so erlebten wir den dritten Zeitraum, welcher der höchste und letzte zu nennen ist, derjenige nämlich, wo man die Übersetzung dem Original identisch machen möchte, so daß eins nicht anstatt des andern, sondern an der Stelle des andern gelten solle.

Diese Art erlitt anfangs den größten Widerstand; denn der Übersetzer, der sich fest an sein Original anschließt, gibt mehr oder weniger die Originalität seiner Nation auf, und so entsteht ein Drittes, wozu der Geschmack der Menge sich erst heranbilden muß.

Der nie genug zu schätzende Voß konnte das Publikum zuerst nicht befriedigen, bis man sich nach und nach in die neue Art hineinhörte, hineinbequemte. Wer nun aber jetzt übersieht, was geschehen ist, welche Versatilität unter die Deutschen gekommen, welche rhetorische, rhythmische, metrische Vorteile dem geistreich-talentvollen Jüngling zur Hand sind, wie nun Ariost und Tasso, Shakespeare und Calderon als eingedeutschte Fremde uns doppelt und dreifach vorgeführt werden, der darf hoffen, daß die Literargeschichte unbewunden aussprechen werde, wer diesen Weg unter mancherlei Hindernissen zuerst einschlug.

Die von Hammerschen Arbeiten deuten nun auch meistens auf ähnliche Behandlung orientalischer Meisterwerke, bei welchen vorzüglich die Annäherung an äußere Form zu empfehlen ist. Wie unendlich vorteilhafter zeigen sich die Stellen einer Übersetzung des Ferdusi, welche uns genannter Freund geliefert, gegen diejenigen eines Umarbeiters, wovon einiges in den „Fundgruben" zu lesen ist. Diese

Art, einen Dichter umzubilden, halten wir für den traurigsten Mißgriff, den ein fleißiger, dem Geschäft übrigens gewachsener Übersetzer tun könnte.

Da aber bei jeder Literatur jene drei Epochen sich wiederholen, umkehren, ja die Behandlungsarten sich gleichzeitig ausüben lassen, so wäre jetzt eine prosaische Übersetzung des „Schah Nameh“ und der Werke des Nisami immer noch am Platz. Man benutzte sie zur überhineilenden, den Hauptsinn aufschließenden Lektür, wir erfreuten uns am Geschichtlichen, Fabelhaften, Ethischen im allgemeinen und vertrauten uns immer näher mit den Gesinnungen und Denkweisen, bis wir uns endlich damit völlig verbrüdern könnten.

Man erinnere sich des entschiedensten Beifalls, den wir Deutschen einer solchen Übersetzung der „Sakontala“ gezollt, und wir können das Glück, was sie gemacht, gar wohl jener allgemeinen Prosa zuschreiben, in welche das Gedicht aufgelöst worden. Nun aber wär' es an der Zeit, uns davon eine Übersetzung der dritten Art zu geben, die den verschiedenen Dialekten, rhythmischen, metrischen und prosaischen Sprachweisen des Originals entspräche und uns dieses Gedicht in seiner ganzen Eigentümlichkeit aufs neue erfreulich und einheimisch machte. Da nun in Paris eine Handschrift dieses ewigen Werkes befindlich, so könnte ein dort hausender Deutscher sich um uns ein unsterblich Verdienst durch solche Arbeit erwerben.

Der englische Übersetzer des Wolkenboten, „Mega Dhuta“, ist gleichfalls aller Ehren wert, denn die erste Bekanntschaft mit einem solchen Werke macht immer Epoche in unserem Leben. Aber seine Übersetzung ist eigentlich aus der zweiten Epoche, paraphrastisch und suppletorisch, sie schmeichelt durch den fünffüßigen Iambus dem nordöstlichen Ohr und Sinn. Unserm Kosegarten dagegen verdanke ich wenige Verse unmittelbar aus der Ursprache, welche freilich einen ganz andern Aufschluß geben. Überdies hat sich der Engländer Transpositionen der Motive erlaubt, die der geübte ästhetische Blick sogleich entdeckt und mißbilligt.

Warum wir aber die dritte Epoche auch zugleich die

letzte genannt, erklären wir noch mit wenigem. Eine Übersetzung, die sich mit dem Original zu identifizieren strebt, nähert sich zuletzt der Interlinearversion und erleichtert höchlich das Verständnis des Originals, hiedurch werden wir an den Grundtext hinangeführt, ja getrieben, und so ist denn zuletzt der ganze Zirkel abgeschlossen, in welchem sich die Annäherung des Fremden und Einheimischen, des Bekannten und Unbekannten bewegt.

ENDLICHER ABSCHLUSS!

Inwiefern es uns gelungen ist, den uraltesten, abgeschiedenen Orient an den neusten, lebendigsten anzuknüpfen, werden Kenner und Freunde mit Wohlwollen beurteilen. Uns kam jedoch abermals einiges zur Hand, das, der Geschichte des Tags angehörig, zu frohem und belebtem Schlusse des Ganzen erfreulich dienen möchte.

Als vor etwa vier Jahren der nach Petersburg bestimmte persische Gesandte die Aufträge seines Kaisers erhielt, versäumte die erlauchte Gemahlin des Monarchen keineswegs diese Gelegenheit, sie sendete vielmehr von ihrer Seite bedeutende Geschenke Ihro der Kaiserin-Mutter aller Reußen Majestät, begleitet von einem Briefe, dessen Übersetzung wir mitzuteilen das Glück haben.

Schreiben der Gemahlin des Kaisers von Persien an Ihro Majestät die Kaiserin-Mutter aller Reußen

„Solange die Elemente dauern, aus welchen die Welt besteht, möge die erlauchte Frau des Palasts der Größe, das Schatzkästchen der Perle des Reiches, die Konstellation der Gestirne der Herrschaft, die, welche die glänzende Sonne des großen Reiches getragen, den Zirkel des Mittelpunkts der Oberherrschaft, den Palmbaum der Frucht der obersten Gewalt, möge sie immer glücklich sein und bewahrt vor allen Unfällen.

Nach dargebrachten diesen meinen aufrichtigsten Wünschen hab' ich die Ehre, anzumelden, daß, nachdem in unsern glücklichen Zeiten durch Wirkung der großen Barmherzigkeit des allgewaltigen Wesens die Gärten der zwei hohen Mächte aufs neue frische Rosenblüten hervortreiben und alles, was sich zwischen die beiden herrlichen Höfe eingeschlichen, durch aufrichtigste Einigkeit und Freundschaft beseitigt ist, auch in Anerkennung dieser großen Wohltat nunmehr alle, welche mit einem oder dem andern Hofe verbunden sind, nicht aufhören werden, freundschaftliche Verhältnisse und Briefwechsel zu unterhalten.

Nun also in diesem Momente, da Se. Exzellenz Mirza Abul Hassan Khan, Gesandter an dem großen russischen Hofe, nach dessen Hauptstadt abreist, hab' ich nötig gefunden, die Türe der Freundschaft durch den Schlüssel dieses aufrichtigen Briefes zu eröffnen. Und weil es ein alter Gebrauch ist, gemäß den Grundsätzen der Freundschaft und Herzlichkeit, daß Freunde sich Geschenke darbringen, so bitte ich die dargebotenen artigsten Schmuckwaren unseres Landes gefällig aufzunehmen. Ich hoffe, daß Sie dagegen durch einige Tropfen freundlicher Briefe den Garten eines Herzens erquicken werden, das Sie höchlich liebt. Wie ich denn bitte, mich mit Aufträgen zu erfreuen, die ich angelegentlichst zu erfüllen mich erbiete.

Gott erhalte Ihre Tage rein, glücklich und ruhmvoll."

Geschenke

Eine Perlenschnur, an Gewicht 498 Karat.
Fünf indische Schals.
Ein Pappenkästchen, ispahanische Arbeit.
Eine kleine Schachtel, Federn darein zu legen.
Behältnis mit Gerätschaften zu notwendigem Gebrauch.
Fünf Stück Brokate.

Wie ferner der in Petersburg verweilende Gesandte über die Verhältnisse beider Nationen sich klug, bescheidentlich ausdrückt, konnten wir unsern Landsleuten im Gefolg der Geschichte persischer Literatur und Poesie schon oben darlegen.

Neuerdings aber finden wir diesen gleichsam gebornen Gesandten auf seiner Durchreise für England in Wien von Gnadengaben seines Kaisers erreicht, denen der Herrscher selbst durch dichterischen Ausdruck Bedeutung und Glanz vollkommen verleihen will. Auch diese Gedichte fügen wir hinzu als endlichen Schlußstein unseres zwar mit mancherlei Materialien, aber doch, Gott gebe! dauerhaft aufgeführten Domgewölbes.

AUF DIE FAHNE

Fetch Ali Schah der Türk' ist Dschemschid gleich,
Weltlicht, und Irans Herr, der Erden Sonne.
Sein Schirm wirft auf die Weltflur weiten Schatten,
Sein Gurt haucht Muskus in Saturns Gehirn.
Iran ist Löwenschlucht, sein Fürst die Sonne;
Drum prangen Leu und Sonn' in Daras Banner.
Das Haupt des Boten Abul Hassan Khan
Erhebt zum Himmelsdom das seidne Banner.
Aus Liebe ward nach London er gesandt
Und brachte Glück und Heil dem Christenherrn.

AUF DAS ORDENSBAND MIT DEM BILDE DER SONNE UND DES KÖNIGES

Es segne Gott dies Band des edlen Glanzes;
Die Sonne zieht den Schleier vor ihm weg.
Sein Schmuck kam von des zweiten Mani Pinsel,
Das Bild Fetch Ali Schahs mit Sonnenkrone.
Ein Bote groß des Herrn mit Himmelshof
Ist Abul Hassan Khan, gelehrt und weise,
Von Haupt zu Fuß gesenkt in Herrscherperlen;
Den Dienstweg schritt vom Haupt zum Ende er.
Da man sein Haupt zur Sonne wollt' erheben,
Gab man ihm mit die Himmelssonn' als Diener.
So frohe Botschaft ist von großem Sinn
Für den Gesandten edel und belobt;
Sein Bund ist Bund des Weltgebieters Dara,
Sein Wort ist Wort des Herrn mit Himmelsglanz.

Die orientalischen Höfe beobachten unter dem Schein einer kindlichen Naivetät ein besonderes kluges, listiges Betragen und Verfahren; vorstehende Gedichte sind Beweis davon.

Die neueste russische Gesandtschaft nach Persien fand Mirza Abul Hassan Khan zwar bei Hofe, aber nicht in ausgezeichneter Gunst, er hält sich bescheiden zur Gesandtschaft, leistet ihr manche Dienste und erregt ihre Dankbarkeit. Einige Jahre darauf wird derselbige Mann mit stattlichem Gefolge nach England gesendet, um ihn aber recht zu verherrlichen, bedient man sich eines eignen Mittels. Man stattet ihn bei seiner Abreise nicht mit allen Vorzügen aus, die man ihm zudenkt, sondern läßt ihn mit Kreditiven, und was sonst nötig ist, seinen Weg antreten. Allein kaum ist er in Wien angelangt, so ereilen ihn glänzende Bestätigungen seiner Würde, auffallende Zeugnisse seiner Bedeutung. Eine Fahne mit Insignien des Reichs wird ihm gesendet, ein Ordensband mit dem Gleichnis der Sonne, ja mit dem Ebenbild des Kaisers selbst verziert, das alles erhebt ihn zum Stellvertreter der höchsten Macht, in und mit ihm ist die Majestät gegenwärtig. Dabei aber läßt man's nicht bewenden, Gedichte werden hinzugefügt, die nach orientalischer Weise in glänzenden Metaphern und Hyperbeln Fahne, Sonne und Ebenbild erst verherrlichen.

Zum bessern Verständnisse des Einzelnen fügen wir wenige Bemerkungen hinzu. Der Kaiser nennt sich einen T ü r k e n, als aus dem Stamme Catschar entsprungen, welcher zur türkischen Zunge gehört. Es werden nämlich alle Hauptstämme Persiens, welche das Kriegsheer stellen, nach Sprache und Abstammung geteilt in die Stämme der türkischen, kurdischen, lurischen und arabischen Zunge.

Er vergleicht sich mit D s c h e m s c h i d, wie die Perser ihre mächtigen Fürsten mit ihren alten Königen, in Beziehung auf gewisse Eigenschaften, zusammenstellen: Feridun an Würde, ein Dschemschid an Glanz, Alexander an Macht, ein Darius an Schutz. S c h i r m ist der Kaiser selbst, Schatten Gottes auf Erden, nur bedarf er freilich am heißen Sommertage eines Schirms; dieser aber beschattet ihn nicht allein, sondern die ganze Welt. Der M o s c h u s g e r u c h, der feinste, dauerndste, teilbarste, steigt von des Kaisers Gürtel bis in Saturns Gehirn. Saturn ist für sie noch immer der oberste der Planeten, sein Kreis schließt die untere Welt ab, hier ist das Haupt, das Gehirn des Ganzen, wo Gehirn ist, sind Sinne, der Saturn ist also noch empfänglich für Moschusgeruch, der von dem Gürtel des Kaisers aufsteigt. Dara ist der Name Darius und bedeutet Herrscher; sie lassen auf keine Weise von der Erinnerung ihrer Voreltern los. Daß Iran Löwenschlucht genannt wird, finden wir deshalb bedeutend, weil der Teil von Persien, wo jetzt der Hof sich gewöhnlich aufhält, meist gebirgig ist, und sich gar wohl das Reich als eine Schlucht denken läßt, von Kriegern, Löwen bevölkert. Das seidene Banner erhöhet nun ausdrücklich den Gesandten so hoch als möglich, und ein freundliches, liebevolles Verhältnis zu England wird zuletzt ausgesprochen.

Bei dem zweiten Gedicht können wir die allgemeine Anmerkung vorausschicken, daß Wortbezüge der persischen Dichtkunst ein inneres anmutiges Leben verleihen, sie kommen oft vor und erfreuen uns durch sinnigen Anklang.

Das Band gilt auch für jede Art von Bezirkung, die einen Eingang hat und deswegen wohl auch eines Pförtners bedarf, wie das Original sich ausdrückt und sagt: „dessen Vorhang (oder Tor) die Sonne aufhebt (öffnet)“, denn das Tor vieler orientalischen Gemächer bildet ein Vorhang; der Halter und Aufheber des Vorhanges ist daher der Pförtner. Unter Mani ist Manes gemeint, Sektenhaupt der Manichäer, er soll ein geschickter Maler gewesen sein und seine seltsamen Irrlehren hauptsächlich durch Gemälde verbreitet haben. Er steht hier, wie wir Apelles und Raphael sagen würden. Bei dem Wort Herrscherperlen fühlt sich die Einbildungskraft seltsam angeregt. Perlen gelten auch für Tropfen, und so wird ein Perlenmeer denkbar, in welches die gnädige Majestät den Günstling untertaucht. Zieht sie ihn wieder hervor, so bleiben die Tropfen an ihm hängen, und er ist köstlich geschmückt von Haupt zu Fuß. Nun aber hat der Dienstweg auch Haupt und Fuß, Anfang und Ende, Beginn und Ziel; weil nun also diesen der Diener treu durchschritten, wird er gelobt und belohnt. Die folgenden Zeilen deuten abermals auf die Absicht, den Gesandten überschwenglich zu erhöhen und ihm an dem Hofe, wo er hingesandt worden, das höchste Vertrauen zu sichern, eben als wenn der Kaiser selbst gegenwärtig wäre. Daraus wir denn schließen, daß die Absendung nach England von der größten Bedeutung sei.

Man hat von der persischen Dichtkunst mit Wahrheit gesagt, sie sei in ewiger Diastole und Systole begriffen; vorstehende Gedichte bewahrheiten diese Ansicht. Immer geht es darin ins Grenzenlose und gleich wieder ins Bestimmte zurück. Der Herrscher ist Weltlicht und zugleich seines Reiches Herr, der Schirm, der ihn vor der Sonne schützt, breitet seine Schatten über die Weltflur aus, die Wohlgerüche seines Leibgurts sind dem Saturn noch ruchbar, und so weiter fort strebt alles hinaus und herein, aus den fabelhaftesten Zeiten zum augenblicklichen Hoftag. Hieraus lernen wir abermals, daß ihre Tropen, Metaphern, Hyperbeln niemals einzeln, sondern im Sinn und Zusammenhange des Ganzen aufzunehmen sind.

REVISION

Betrachtet man den Anteil, der von den ältesten bis auf die neusten Zeiten schriftlicher Überlieferung gegönnt worden, so findet sich derselbe meistens dadurch belebt, daß an jenen Pergamenten und Blättern immer noch etwas zu verändern und zu verbessern ist. Wäre es möglich, daß uns eine anerkannt fehlerlose Abschrift eines alten Autors eingehändigt würde, so möchte solcher vielleicht gar bald zur Seite liegen.

Auch darf nicht geleugnet werden, daß wir persönlich einem Buche gar manchen Druckfehler verzeihen, indem wir uns durch dessen Entdeckung geschmeichelt fühlen. Möge diese menschliche Eigenheit auch unserer Druckschrift zugute kommen, da, verschiedenen Mängeln abzuhelfen, manche Fehler zu verbessern, uns oder andern künftig vorbehalten bleibt; doch wird ein kleiner Beitrag hiezu nicht unfreundlich abgewiesen werden.

Zuvörderst also möge von der Rechtschreibung orientalischer Namen die Rede sein, an welchen eine durchgängige

Gleichheit kaum zu erreichen ist. Denn bei dem großen Unterschiede der östlichen und westlichen Sprachen hält es schwer, für die Alphabete jener bei uns reine Äquivalente zu finden. Da nun ferner die europäischen Sprachen unter sich wegen verschiedener Abstammung und einzelner Dialekte dem eignen Alphabet verschiedenen Wert und Bedeutung beilegen, so wird eine Übereinstimmung noch schwieriger.

Unter französischem Geleit sind wir hauptsächlich in jene Gegenden eingeführt worden. Herbelots Wörterbuch kam unsern Wünschen zu Hülfe. Nun mußte der französische Gelehrte orientalische Worte und Namen der nationellen Aussprache und Hörweise aneignen und gefällig machen, welches denn auch in deutsche Kultur nach und nach herüberging. So sagen wir noch Hegire lieber als Hedschra, des angenehmen Klanges und der alten Bekanntschaft wegen.

Wie viel haben an ihrer Seite die Engländer nicht geleistet! und, ob sie schon über die Aussprache ihres eignen Idioms nicht einig sind, sich doch, wie billig, des Rechts bedient, jene Namen nach ihrer Weise auszusprechen und zu schreiben, wodurch wir abermals in Schwanken und Zweifel geraten.

Die Deutschen, denen es am leichtesten fällt, zu schreiben wie sie sprechen, die sich fremden Klängen, Quantitäten und Akzenten nicht ungern gleichstellen, gingen ernstlich zu Werke. Eben aber weil sie dem Ausländischen und Fremden sich immer mehr anzunähern bemüht gewesen, so findet man auch hier zwischen älteren und neueren Schriften großen Unterschied, so daß man sich einer sichern Autorität zu unterwerfen kaum Überzeugung findet.

Dieser Sorge hat mich jedoch der ebenso einsichtige als gefällige Freund, J. G. L. Kosegarten, dem ich auch obige Übersetzung der kaiserlichen Gedichte verdanke, gar freundlich enthoben und Berichtigungen, wie sie im Register enthalten sind, wo auch zugleich einige Druckfehler bemerkt worden, mitgeteilt. Möge dieser zuverlässige Mann meine Vorbereitung zu einem künftigen „Divan" gleichfalls geneigt begünstigen.

REGISTER

Wir haben nun den guten Rat gesprochen
Und manchen unsrer Tage dran gewandt;
Mißtönt er etwa in des Menschen Ohr —
Nun, Botenpflicht ist sprechen. Damit gut.

SILVESTRE DE SACY

Unserm Meister, geh! verpfände
Dich, o Büchlein, traulich-froh;
Hier am Anfang, hier am Ende,
Östlich, westlich, *A* und Ω.

Goethes Ankündigung des West-östlichen Divans *im „Morgenblatt" 1816*

WEST-ÖSTLICHER DIVAN ODER VERSAMMLUNG DEUTSCHER GEDICHTE IN STETEM BEZUG AUF DEN ORIENT.

Das erste Gedicht, Hegire überschrieben, gibt uns von Sinn und Absicht des Ganzen sogleich genugsame Kenntnis. Es beginnt:

Nord und West und Süd zersplittern,
Throne bersten, Reiche zittern,
Flüchte du! im reinen Osten
Patriarchenluft zu kosten.
Unter Lieben, Trinken, Singen
Soll dich Chisers Quell verjüngen.

Der Dichter betrachtet sich als einen Reisenden. Schon ist er im Orient angelangt. Er freut sich an Sitten, Gebräuchen, an Gegenständen, religiösen Gesinnungen und Meinungen, ja, er lehnt den Verdacht nicht ab, daß er selbst ein Muselmann sei. In solchen allgemeinen Verhältnissen ist sein eignes Poetisches verwebt, und Gedichte dieser Art bilden das erste Buch unter der Rubrik Moganninameh, Buch des Dichters. Hierauf folgt Hafisnameh, das Buch Hafis, der Charakterisierung, Schätzung, Verehrung dieses außerordentlichen Mannes gewidmet. Auch wird das Verhältnis ausgesprochen, in welchem sich der Deutsche zu dem Perser fühlt, zu welchem er sich leidenschaftlich hingezogen äußert und ihn der Nacheiferung unerreichbar darstellt.

Das Buch der Liebe, heiße Leidenschaft zu einem verborgenen, unbekannten Gegenstand ausdrückend. Manche dieser Gedichte verleugnen die Sinnlichkeit nicht, manche aber können, nach orientalischer Weise, auch geistig gedeutet werden. Das Buch der Freunde enthält heitere Worte der Liebe und Neigung, welche, bei verschiedenen Gelegenheiten, geliebten und verehrten Personen, meist nach persischer Art mit goldbeblümten Rändern, überreicht worden, worauf die Gedichte selbst anspielen. Das Buch der Betrachtung ist praktischer Moral und Lebensklugheit gewidmet, orientalischer Sitte und Wendung gemäß. Das Buch des Unmuts enthält Gedichte, deren Art und Ton dem Osten nicht fremd ist. Denn gerade ihre Dichter, welche Gönnern und Beschützern die herrlichsten Lobpreisungen erteilen, verlieren alles Maß, wenn sie sich zurückgesetzt sehen oder nicht hinreichend belohnt glauben. Ferner liegen sie immer mit Mönchen, Heuchlern und dergleichen im Streit; auch mit der Welt, wie sie den verworrenen Gang der Dinge, der beinahe von Gott unabhängig erscheint, nennen, sind sie immerfort im Kampfe begriffen. Auf gleiche Weise verfährt der deutsche Dichter, indem er das, was ihn widerwärtig berührt, heftig und gewaltsam abweist. Mehrere dieser Gedichte werden sich erst in späten Zeiten für den Druck eignen. Timurnameh, Buch des Timur, faßt ungeheure Weltbegebenheiten wie in einem Spiegel auf, worin wir, zu Trost und Untrost, den Widerschein eigner Schicksale erblicken. Erfreulicher ist das Buch der Sprüche. Es besteht aus kleinen Gedichten, zu welchen orientalische Sinnreden meist den Anlaß gegeben. Das Buch der Parabeln enthält bildliche Darstellungen mit Anwendung auf menschliche Zustände. Das Buch Suleika, leidenschaftliche Gedichte enthaltend, unterscheidet sich vom Buch der Liebe dadurch, daß die Geliebte genannt ist, daß sie mit einem entschiedenen Charakter erscheint, ja persönlich als Dichterin auftritt und in froher Jugend mit dem Dichter, der sein Alter nicht verleugnet, an glühender Leidenschaft zu wetteifern scheint. Die Gegend, worin dieses Duodrama spielt, ist ganz persisch. Auch hier dringt sich manchmal eine geistige Bedeutung auf, und der Schleier irdischer Liebe scheint höhere Verhältnisse zu verhüllen. Sakinameh, Buch des Schenken. Der Dichter überwirft sich mit dem gemeinen Kellner und wählt einen anmutigen Knaben, der ihm den Genuß des Weins durch gefällige Bedienung versüße. Das Kind wird sein Lehrling, sein Vertrauter, dem er höhere Ansichten mitteilt. Eine wechselseitige edle Neigung belebt das ganze Buch. Buch des Parsen. Hier wird die Religion der Feueranbeter möglichst zur Darstellung gebracht, welches um so nötiger ist, als ohne einen klaren Begriff von diesem frühesten Zustande die Umwandlungen des Orients immer dunkel bleiben. Das Buch des Paradieses enthält sowohl die Sonderbarkeiten des mahometanischen Paradieses als auch die höheren Züge gläubigen Frommsinns, welche sich auf diese zugesagte künftige heitere Glückseligkeit beziehen. Man findet hier die Legende von den sieben Schläfern nach orientalischen Überlieferungen und andere, die im gleichen Sinn den fröhlichen Umtausch irdischer Glückseligkeit mit der himmlischen darstellen. Es schließt sich mit dem Abschiede des Dichters an sein Volk, und der Divan selbst ist geschlossen.

Wir haben für nötig erachtet, diese Anzeige vorauszuschicken, indem der Damenkalender für 1817 mehrere Glieder dieser Versammlung dem deutschen Publikum empfehlen wird.

v. Goethe

EPEN

DIE GEHEIMNISSE

Ein Fragment

Ein wunderbares Lied ist euch bereitet;
Vernehmt es gern und jeden ruft herbei!
Durch Berg' und Täler ist der Weg geleitet;
Hier ist der Blick beschränkt, dort wieder frei,
Und wenn der Pfad sacht in die Büsche gleitet,
So denket nicht, daß es ein Irrtum sei;
Wir wollen doch, wenn wir genug geklommen,
Zur rechten Zeit dem Ziele näher kommen.

Doch glaube keiner, daß mit allem Sinnen
Das ganze Lied er je enträtseln werde:
Gar viele müssen vieles hier gewinnen,
Gar manche Blüten bringt die Mutter Erde;
Der eine flieht mit düsterm Blick von hinnen,
Der andre weilt mit fröhlicher Gebärde:
Ein jeder soll nach seiner Lust genießen,
Für manchen Wandrer soll die Quelle fließen.

Ermüdet von des Tages langer Reise,
Die auf erhabnen Antrieb er getan,
An einem Stab nach frommer Wandrer Weise
Kam Bruder Markus, außer Steg und Bahn,
Verlangend nach geringem Trank und Speise,
In einem Tal am schönen Abend an,
Voll Hoffnung, in den waldbewachsnen Gründen
Ein gastfrei Dach für diese Nacht zu finden.

Am steilen Berge, der nun vor ihm stehet,
Glaubt er die Spuren eines Wegs zu sehn,
Er folgt dem Pfade, der in Krümmen gehet,
Und muß sich steigend um die Felsen drehn;

Bald sieht er sich hoch übers Tal erhöhet,
Die Sonne scheint ihm wieder freundlich schön,
Und bald sieht er mit innigem Vergnügen
Den Gipfel nah vor seinen Augen liegen.

Und nebenhin die Sonne, die im Neigen
Noch prachtvoll zwischen dunkeln Wolken thront;
Er sammelt Kraft, die Höhe zu ersteigen,
Dort hofft er seine Mühe bald belohnt.
„Nun“, spricht er zu sich selbst, „nun muß sich zeigen,
Ob etwas Menschlichs in der Nähe wohnt!“
Er steigt und horcht und ist wie neu geboren:
Ein Glockenklang erschallt in seinen Ohren.

Und wie er nun den Gipfel ganz erstiegen,
Sieht er ein nahes, sanft geschwungnes Tal.
Sein stilles Auge leuchtet von Vergnügen;
Denn vor dem Walde sieht er auf einmal
In grüner Au ein schön Gebäude liegen,
Soeben trifft's der letzte Sonnenstrahl:
Er eilt durch Wiesen, die der Tau befeuchtet,
Dem Kloster zu, das ihm entgegenleuchtet.

Schon sieht er dicht sich vor dem stillen Orte,
Der seinen Geist mit Ruh' und Hoffnung füllt,
Und auf dem Bogen der geschloßnen Pforte
Erblickt er ein geheimnisvolles Bild.
Er steht und sinnt und lispelt leise Worte
Der Andacht, die in seinem Herzen quillt,
Er steht und sinnt, was hat das zu bedeuten?
Die Sonne sinkt und es verklingt das Läuten!

Das Zeichen sieht er prächtig aufgerichtet,
Das aller Welt zu Trost und Hoffnung steht,
Zu dem viel tausend Geister sich verpflichtet,
Zu dem viel tausend Herzen warm gefleht,
Das die Gewalt des bittern Tods vernichtet,
Das in so mancher Siegesfahne weht:
Ein Labequell durchdringt die matten Glieder,
Er sieht das Kreuz und schlägt die Augen nieder.

Er fühlet neu, was dort für Heil entsprungen,
Den Glauben fühlt er einer halben Welt;
Doch von ganz neuem Sinn wird er durchdrungen,
Wie sich das Bild ihm hier vor Augen stellt:
Es steht das Kreuz mit Rosen dicht umschlungen.
Wer hat dem Kreuze Rosen zugesellt?
Es schwillt der Kranz, um recht von allen Seiten
Das schroffe Holz mit Weichheit zu begleiten.

Und leichte Silber-Himmelswolken schweben,
Mit Kreuz und Rosen sich empor zu schwingen,
Und aus der Mitte quillt ein heilig Leben
Dreifacher Strahlen, die aus einem Punkte dringen;
Von keinen Worten ist das Bild umgeben,
Die dem Geheimnis Sinn und Klarheit bringen.
Im Dämmerschein, der immer tiefer grauet,
Steht er und sinnt und fühlet sich erbauet.

Er klopft zuletzt, als schon die hohen Sterne
Ihr helles Auge zu ihm nieder wenden.
Das Tor geht auf und man empfängt ihn gerne
Mit offnen Armen, mit bereiten Händen.
Er sagt, woher er sei, von welcher Ferne
Ihn die Befehle höhrer Wesen senden.
Man horcht und staunt. Wie man den Unbekannten
Als Gast geehrt, ehrt man nun den Gesandten.

Ein jeder drängt sich zu, um auch zu hören,
Und ist bewegt von heimlicher Gewalt,
Kein Odem wagt den seltnen Gast zu stören,
Da jedes Wort im Herzen widerhallt.
Was er erzählet, wirkt wie tiefe Lehren
Der Weisheit, die von Kinderlippen schallt:
An Offenheit, an Unschuld der Gebärde
Scheint er ein Mensch von einer andern Erde.

„Willkommen", ruft zuletzt ein Greis, „willkommen,
Wenn deine Sendung Trost und Hoffnung trägt!
Du siehst uns an; wir alle stehn beklommen,
Obgleich dein Anblick unsre Seele regt:

Das schönste Glück, ach! wird uns weggenommen,
Von Sorgen sind wir und von Furcht bewegt.
Zur wicht'gen Stunde nehmen unsre Mauern
Dich Fremden auf, um auch mit uns zu trauern.

Denn ach, der Mann, der alle hier verbündet,
Den wir als Vater, Freund und Führer kennen,
Der Licht und Mut dem Leben angezündet,
In wenig Zeit wird er sich von uns trennen,
Er hat es erst vor kurzem selbst verkündet;
Doch will er weder Art noch Stunde nennen:
Und so ist uns sein ganz gewisses Scheiden
Geheimnisvoll und voller bittren Leiden.

Du siehest alle hier mit grauen Haaren,
Wie die Natur uns selbst zur Ruhe wies:
Wir nahmen keinen auf, den, jung an Jahren,
Sein Herz zu früh der Welt entsagen hieß.
Nachdem wir Lebens Lust und Last erfahren,
Der Wind nicht mehr in unsre Segel blies,
War uns erlaubt, mit Ehren hier zu landen,
Getrost, daß wir den sichern Hafen fanden.

Dem edlen Manne, der uns hergeleitet,
Wohnt Friede Gottes in der Brust;
Ich hab' ihn auf des Lebens Pfad begleitet,
Und bin mir alter Zeiten wohl bewußt;
Die Stunden, da er einsam sich bereitet,
Verkünden uns den nahenden Verlust.
Was ist der Mensch, warum kann er sein Leben
Umsonst, und nicht für einen Bessern geben?

Dies wäre nun mein einziges Verlangen;
Warum muß ich des Wunsches mich entschlagen?
Wie viele sind schon vor mir hingegangen!
Nur ihn muß ich am bittersten beklagen.
Wie hätt' er sonst so freundlich dich empfangen!
Allein er hat das Haus uns übertragen;
Zwar keinen noch zum Folger sich ernennet,
Doch lebt er schon im Geist von uns getrennet.

Und kommt nur täglich eine kleine Stunde,
Erzählet, und ist mehr als sonst gerührt:
Wir hören dann aus seinem eignen Munde,
Wie wunderbar die Vorsicht ihn geführt;
Wir merken auf, damit die sichre Kunde
Im Kleinsten auch die Nachwelt nicht verliert;
Auch sorgen wir, daß einer fleißig schreibe
Und sein Gedächtnis rein und wahrhaft bleibe.

Zwar vieles wollt' ich lieber selbst erzählen,
Als ich jetzt nur zu hören stille bin;
Der kleinste Umstand sollte mir nicht fehlen,
Noch hab' ich alles lebhaft in dem Sinn;
Ich höre zu und kann es kaum verhehlen,
Daß ich nicht stets damit zufrieden bin:
Sprech' ich einmal von allen diesen Dingen,
Sie sollen prächtiger aus meinem Munde klingen.

Als dritter Mann erzählt' ich mehr und freier,
Wie ihn ein Geist der Mutter früh verhieß,
Und wie ein Stern bei seiner Taufe Feier
Sich glänzender am Abendhimmel wies,
Und wie mit weiten Fittichen ein Geier
Im Hofe sich bei Tauben niederließ;
Nicht grimmigstoßend und, wie sonst, zu schaden,
Er schien sie sanft zur Einigkeit zu laden.

Dann hat er uns bescheidentlich verschwiegen,
Wie er als Kind die Otter überwand,
Die er um seiner Schwester Arm sich schmiegen,
Um die Entschlafne fest gewunden fand.
Die Amme floh und ließ den Säugling liegen;
Er drosselte den Wurm mit sichrer Hand:
Die Mutter kam und sah mit Freudebeben
Des Sohnes Taten und der Tochter Leben.

Und so verschwieg er auch, daß eine Quelle
Vor seinem Schwert aus trocknem Felsen sprang,
Stark wie ein Bach, sich mit bewegter Welle
Den Berg hinab bis in die Tiefe schlang:

Noch quillt sie fort so rasch, so silberhelle,
Als sie zuerst sich ihm entgegen drang,
Und die Gefährten, die das Wunder schauten,
Den heißen Durst zu stillen kaum getrauten.

Wenn einen Menschen die Natur erhoben,
Ist es kein Wunder, wenn ihm viel gelingt;
Man muß in ihm die Macht des Schöpfers loben,
Der schwachen Ton zu solcher Ehre bringt:
Doch wenn ein Mann von allen Lebensproben
Die sauerste besteht, sich selbst bezwingt;
Dann kann man ihn mit Freuden andern zeigen
Und sagen: ‚Das ist er, das ist sein eigen!‘

Denn alle Kraft dringt vorwärts in die Weite,
Zu leben und zu wirken hier und dort;
Dagegen engt und hemmt von jeder Seite
Der Strom der Welt und reißt uns mit sich fort:
In diesem innern Sturm und äußern Streite
Vernimmt der Geist ein schwer verstanden Wort:
‚Von der Gewalt, die alle Wesen bindet,
Befreit der Mensch sich, der sich überwindet.‘

Wie frühe war es, daß sein Herz ihn lehrte,
Was ich bei ihm kaum Tugend nennen darf;
Daß er des Vaters strenges Wort verehrte
Und willig war, wenn jener rauh und scharf
Der Jugend freie Zeit mit Dienst beschwerte,
Dem sich der Sohn mit Freuden unterwarf,
Wie, elternlos und irrend, wohl ein Knabe
Aus Not es tut um eine kleine Gabe.

Die Streiter mußt' er in das Feld begleiten,
Zuerst zu Fuß bei Sturm und Sonnenschein,
Die Pferde warten und den Tisch bereiten,
Und jedem alten Krieger dienstbar sein.
Gern und geschwind lief er zu allen Zeiten
Bei Tag und Nacht als Bote durch den Hain;
Und so gewohnt für andre nur zu leben,
Schien Mühe nur ihm Fröhlichkeit zu geben.

Wie er im Streit mit kühnem, muntermWesen
Die Pfeile las, die er am Boden fand,
Eilt' er hernach die Kräuter selbst zu lesen,
Mit denen er Verwundete verband:
Was er berührte, mußte gleich genesen,
Es freute sich der Kranke seiner Hand:
Wer wollt' ihn nicht mit Fröhlichkeit betrachten!
Und nur der Vater schien nicht sein zu achten.

Leicht, wie ein segelnd Schiff, das keine Schwere
Der Ladung fühlt und eilt von Port zu Port,
Trug er die Last der elterlichen Lehre;
Gehorsam war ihr erst- und letztes Wort;
Und wie den Knaben Lust, den Jüngling Ehre,
So zog ihn nur der fremde Wille fort.
Der Vater sann umsonst auf neue Proben,
Und wenn er fodern wollte, mußt' er loben.

Zuletzt gab sich auch dieser überwunden,
Bekannte tätig seines Sohnes Wert;
Die Rauhigkeit des Alten war verschwunden,
Er schenkt' auf einmal ihm ein köstlich Pferd;
Der Jüngling ward vom kleinen Dienst entbunden,
Er führte statt des kurzen Dolchs ein Schwert:
Und so trat er geprüft in einen Orden,
Zu dem er durch Geburt berechtigt worden.

So könnt' ich dir noch tagelang berichten,
Was jeden Hörer in Erstaunen setzt;
Sein Leben wird den köstlichsten Geschichten
Gewiß dereinst von Enkeln gleich gesetzt;
Was dem Gemüt in Fabeln und Gedichten
Unglaublich scheint und es doch hoch ergetzt,
Vernimmt es hier und mag sich gern bequemen,
Zwiefach erfreut für wahr es anzunehmen.

Und fragst du mich, wie der Erwählte heiße,
Den sich das Aug' der Vorsicht ausersah?
Den ich zwar oft, doch nie genugsam preise,
An dem so viel Unglaubliches geschah?

Humanus heißt der Heilige, der Weise,
Der beste Mann, den ich mit Augen sah:
Und sein Geschlecht, wie es die Fürsten nennen,
Sollst du zugleich mit seinen Ahnen kennen."

Der Alte sprach's und hätte mehr gesprochen,
Denn er war ganz der Wunderdinge voll,
Und wir ergetzen uns noch manche Wochen
An allem, was er uns erzählen soll;
Doch eben ward sein Reden unterbrochen,
Als gegen seinen Gast das Herz am stärksten quoll.
Die andern Brüder gingen bald und kamen,
Bis sie das Wort ihm von dem Munde nahmen.

Und da nun Markus nach genoßnem Mahle
Dem Herrn und seinen Wirten sich geneigt,
Erbat er sich noch eine reine Schale
Voll Wasser, und auch die ward ihm gereicht.
Dann führten sie ihn zu dem großen Saale,
Worin sich ihm ein seltner Anblick zeigt.
Was er dort sah, soll nicht verborgen bleiben,
Ich will es euch gewissenhaft beschreiben.

Kein Schmuck war hier, die Augen zu verblenden,
Ein kühnes Kreuzgewölbe stieg empor,
Und dreizehn Stühle sah er an den Wänden
Umher geordnet, wie im frommen Chor,
Gar zierlich ausgeschnitzt von klugen Händen;
Es stand ein kleiner Pult an jedem vor.
Man fühlte hier der Andacht sich ergeben,
Und Lebensruh und ein gesellig Leben.

Zu Häupten sah er dreizehn Schilde hangen,
Denn jedem Stuhl war eines zugezählt.
Sie schienen hier nicht ahnenstolz zu prangen,
Ein jedes schien bedeutend und gewählt,
Und Bruder Markus brannte vor Verlangen,
Zu wissen, was so manches Bild verhehlt;
Im mittelsten erblickt er jenes Zeichen
Zum zweitenmal, ein Kreuz mit Rosenzweigen.

Die Seele kann sich hier gar vieles bilden,
Ein Gegenstand zieht von dem andern fort;
Und Helme hängen über manchen Schilden,
Auch Schwert und Lanze sieht man hier und dort;
Die Waffen, wie man sie von Schlachtgefilden
Auflesen kann, verzieren diesen Ort:
Hier Fahnen und Gewehre fremder Lande,
Und, seh' ich recht, auch Ketten dort und Bande!

Ein jeder sinkt vor seinem Stuhle nieder,
Schlägt auf die Brust in still Gebet gekehrt;
Von ihren Lippen tönen kurze Lieder,
In denen sich andächt'ge Freude nährt;
Dann segnen sich die treu verbundnen Brüder
Zum kurzen Schlaf, den Phantasie nicht stört:
Nur Markus bleibt, indem die andern gehen,
Mit einigen im Saale schauend stehen.

So müd er ist, wünscht er noch fort zu wachen,
Denn kräftig reizt ihn manch und manches Bild:
Hier sieht er einen feuerfarbnen Drachen,
Der seinen Durst in wilden Flammen stillt;
Hier einen Arm in eines Bären Rachen,
Von dem das Blut in heißen Strömen quillt;
Die beiden Schilder hingen gleicher Weite
Beim Rosenkreuz zur recht- und linken Seite.

„Du kommst hierher auf wunderbaren Pfaden",
Spricht ihn der Alte wieder freundlich an;
„Laß diese Bilder dich zu bleiben laden,
Bis du erfährst, was mancher Held getan;
Was hier verborgen, ist nicht zu erraten,
Man zeige denn es dir vertraulich an;
Du ahnest wohl, wie manches hier gelitten,
Gelebt, verloren ward, und was erstritten.

Doch glaube nicht, daß nur von alten Zeiten
Der Greis erzählt, hier geht noch manches vor;
Das, was du siehst, will mehr und mehr bedeuten;
Ein Teppich deckt es bald und bald ein Flor.

Beliebt es dir, so magst du dich bereiten:
Du kamst, o Freund, nur erst durchs erste Tor;
Im Vorhof bist du freundlich aufgenommen,
Und scheinst mir wert, ins Innerste zu kommen."

Nach kurzem Schlaf in einer stillen Zelle
Weckt unsern Freund ein dumpfer Glockenton.
Er rafft sich auf mit unverdroßner Schnelle,
Dem Ruf der Andacht folgt der Himmelssohn.
Geschwind bekleidet eilt er nach der Schwelle,
Es eilt sein Herz voraus zur Kirche schon,
Gehorsam, ruhig, durch Gebet beflügelt;
Er klinkt am Schloß und findet es verriegelt.

Und wie er horcht, so wird in gleichen Zeiten
Dreimal ein Schlag auf hohles Erz erneut,
Nicht Schlag der Uhr und auch nicht Glockenläuten,
Ein Flötenton mischt sich von Zeit zu Zeit;
Der Schall, der seltsam ist und schwer zu deuten,
Bewegt sich so, daß er das Herz erfreut,
Einladend ernst, als wenn sich mit Gesängen
Zufriedne Paare durcheinander schlängen.

Er eilt ans Fenster, dort vielleicht zu schauen,
Was ihn verwirrt und wunderbar ergreift;
Er sieht den Tag im fernen Osten grauen,
Den Horizont mit leichtem Duft gestreift.
Und — soll er wirklich seinen Augen trauen? —
Ein seltsam Licht, das durch den Garten schweift:
Drei Jünglinge mit Fackeln in den Händen
Sieht er sich eilend durch die Gänge wenden.

Er sieht genau die weißen Kleider glänzen,
Die ihnen knapp und wohl am Leibe stehn,
Ihr lockig Haupt kann er mit Blumenkränzen,
Mit Rosen ihren Gurt umwunden sehn;
Es scheint, als kämen sie von nächt'gen Tänzen,
Von froher Mühe recht erquickt und schön.
Sie eilen nun und löschen wie die Sterne
Die Fackeln aus und schwinden in die Ferne.

Fragment aus der Fortsetzung

Wohin er auch die Blicke kehrt und wendet,
Je mehr erstaunt er über Kunst und Pracht,
Mit Vorsatz scheint der Reichtum hier verschwendet,
Es scheint, als habe sich nur alles selbst gemacht.
Soll er sich wundern, daß das Werk vollendet?
Soll er sich wundern, daß es so erdacht?
Ihn dünkt, als fang' er erst, mit himmlischem Entzücken,
Zu leben an in diesen Augenblicken.

DIE GEHEIMNISSE · FRAGMENT

(Aufsatz Goethes in Cottas „Morgenblatt" 1816.)

Meine werten Landsleute, besonders die jüngeren, erwiesen mir von jeher viel Vertrauen, welches sich noch zu vermehren scheint, gegenwärtig, wo nach Befreiung von äußerem Druck und wiederhergestellter innerer Ruhe ein jedes aufrichtige Streben nach dem Guten und Schönen sich aufs neue begünstigt fühlt. Mit welchem Dank und Anteil ich dieses erkenne, kann ich jedoch nur selten aussprechen, indem die Zeit nicht hinreicht, so mancherlei Obliegenheiten durchaus genugzutun. Daher bleibt zu meinem Leidwesen mancher Brief unbeantwortet, manche Frage unerörtert, manches Problem unaufgelöst.

Da ich jedoch bemerken kann, daß unter einer Menge von Wünschen und Forderungen sich mehrere finden, die ein allgemeineres Interesse zu haben scheinen, indem sie wiederholt an mich ergehen, so habe ich den Vorsatz gefaßt, über solche Punkte meine Erklärungen durch das „Morgenblatt" nach und nach bekannt zu machen und dadurch meine fernen, meist unbekannten Freunde sowie auch andere, welche vielleicht gleiche Wünsche hegen, insofern es sich tun läßt, zusammen zu befriedigen. Möge das Nachstehende die gewünschte Wirkung hervorbringen.

Eine Gesellschaft studierender Jünglinge in einer der ersten Städte Norddeutschlands haben ihren freundschaftlichen Zusammenkünften eine gewisse Form gegeben, so daß sie erst ein dichterisches Werk vorlesend, sodann, über dasselbe ihre Meinungen wechselseitig eröffnend, gesellige Stunden nützlich hinbringen. Derselbe Verein hat auch meinem Gedichte, „Die Geheimnisse“ überschrieben, seine Aufmerksamkeit gewidmet, sich darüber besprochen und, als die Meinungen nicht zu vereinigen gewesen, den Entschluß gefaßt, bei mir anzufragen, inwiefern es tulich sei, diese Rätsel aufzuklären; wobei sie mir zugleich eine gar wohl haltbare Meinung mitgeteilt, worin die meisten miteinander übereingekommen. Da ich nun in dem Antrage und der Art desselben so viel guten Willen, Sinn und Anstand finde, so will ich hierauf um so lieber eine Erklärung geben, als jenes rätselhafte Produkt die Auslegungsgabe schon manches Lesers beschäftigt hat, und ich in meinen schriftstellerischen Bekenntnissen wohl so bald an die Epoche nicht gelangen möchte, wo diese Arbeit veranlaßt und sogleich auf einmal in kurzer Zeit auf den Punkt gebracht worden, wie man sie kennt, alsdann aber unterbrochen und nie wieder vorgenommen wurde; es war in der Mitte der achtziger Jahre.

Ich darf voraussetzen, daß jenes Gedicht selbst dem Leser bekannt sei, doch will ich davon folgendes erwähnen: Man erinnert sich, daß ein junger Ordensgeistlicher, in einer gebirgigen Gegend verirrt, zuletzt im freundlichen Tale ein herrliches Gebäude antrifft, das auf Wohnung von frommen, geheimnisvollen Männern deutet. Er findet daselbst zwölf Ritter, welche nach überstandenem sturmvollem Leben, wo Mühe, Leiden und Gefahr sich andrängten, endlich hier zu wohnen und Gott im Stillen zu dienen, Verpflichtung übernommen. Ein dreizehnter, den sie für ihren Obern erkennen, ist eben im Begriff von ihnen zu scheiden: auf welche Art, bleibt verborgen; doch hatte er in den letzten Tagen seinen Lebenslauf zu erzählen angefangen, wovon dem neuangekommenen geistlichen Bruder eine kurze Andeutung bei guter Aufnahme zuteil wird. Eine geheimnisvolle Nachterscheinung festlicher Jünglinge, deren Fackeln bei eiligem Lauf den Garten erhellen, macht den Beschluß.

Um nun die weitere Absicht, ja den Plan im allgemeinen und somit auch den Zweck des Gedichtes zu bekennen, eröffne ich, daß der Leser durch eine Art von ideellem Montserrat geführt werden und, nachdem er durch die verschiedenen Regionen der Berg-, Felsen- und Klippenhöhen seinen Weg genommen, gelegentlich wieder auf weite und glückliche Ebenen gelangen sollte. Einen jeden der Rittermönche würde man in seiner Wohnung besucht und durch Anschauung klimatischer und nationaler Verschiedenheiten erfahren haben, daß die trefflichsten Männer von allen Enden der Erde sich hier versammeln mögen, wo jeder von ihnen Gott auf seine eigenste Weise im stillen verehre.

Der mit Bruder Markus herumwandelnde Leser oder Zuhörer wäre gewahr geworden, daß die verschiedensten Denk- und Empfindungsweisen, welche in dem Menschen durch Atmosphäre, Landstrich, Völkerschaft, Bedürfnis, Gewohnheit entwickelt oder ihm eingedrückt werden, sich hier am Orte in ausgezeichneten Individuen darzustellen und die Begier nach höchster Ausbildung, obgleich einzeln unvollkommen, durch Zusammenleben würdig auszusprechen berufen seien.

Damit dieses aber möglich werde, haben sie sich um einen Mann versammelt, der den Namen Humanus führt; wozu sie sich nicht entschlossen hätten, ohne sämtlich eine Ähnlichkeit, eine Annäherung zu ihm zu fühlen. Dieser Vermittler nun will unvermutet von ihnen scheiden, und sie vernehmen, so betäubt als erbaut, die Geschichte seiner vergangenen Zustände. Diese erzählt jedoch nicht er allein; sondern jeder von den Zwölfen, mit denen er sämtlich im Laufe der Zeiten in Berührung gekommen, kann von einem Teil dieses großen Lebenswandels Nachricht und Auskunft geben.

Hier würde sich denn gefunden haben, daß jede besondere Religion einen Moment ihrer höchsten Blüte und Frucht erreiche, worin sie jenem obern Führer und Vermittler sich angenaht, ja sich mit ihm vollkommen vereinigt. Diese Epochen sollten in jenen zwölf Repräsentanten verkörpert und fixiert erscheinen, so daß man jede

Anerkennung Gottes und der Tugend, sie zeige sich auch in noch so wunderbarer Gestalt, doch immer aller Ehren, aller Liebe würdig müßte gefunden haben. Und nun konnte nach langem Zusammenleben Humanus gar wohl von ihnen scheiden, weil sein Geist sich in ihnen allen verkörpert, allen angehörig, keines eigenen irdischen Gewandes mehr bedarf.

Wenn nun nach diesem Entwurf der Hörer, der Teilnehmer, durch alle Länder und Zeiten im Geiste geführt, überall das Erfreulichste, was die Liebe Gottes und der Menschen unter so mancherlei Gestalten hervorbringt, erfahren, so sollte daraus die angenehmste Empfindung entspringen, indem weder Abweichung, Mißbrauch noch Entstellung, wodurch jede Religion in gewissen Epochen verhaßt wird, zur Erscheinung gekommen wären.

Ereignet sich nun diese ganze Handlung in der Karwoche, ist das Hauptkennzeichen dieser Gesellschaft ein Kreuz, mit Rosen umwunden, so läßt sich leicht voraussehen, daß die durch den Ostertag besiegelte ewige Dauer erhöhter menschlicher Zustände auch hier bei dem Scheiden des Humanus sich tröstlich würde offenbart haben.

Damit aber ein so schöner Bund nicht ohne Haupt- und Mittelsperson bleibe, wird durch wunderbare Schickung und Offenbarung der arme Pilgrim Bruder Markus in die hohe Stelle eingesetzt, der ohne ausgebreitete Umsicht, ohne Streben nach Unerreichbarem, durch Demut, Ergebenheit, treue Tätigkeit im frommen Kreise gar wohl verdient, einer wohlwollenden Gesellschaft, so lange sie auf der Erde verweilt, vorzustehen.

Wäre dieses Gedicht vor dreißig Jahren, wo es ersonnen und angefangen worden, vollendet erschienen, so wäre es der Zeit einigermaßen vorgeeilt. Auch gegenwärtig, obgleich seit jener Epoche die Ideen sich erweitert, die Gefühle gereinigt, die Ansichten aufgeklärt haben, würde man das nun allgemein Anerkannte im poetischen Kleide vielleicht gerne sehen und sich daran in den Gesinnungen befestigen, in welchen ganz allein der Mensch auf seinem eigenen Montserrat Glück und Ruhe finden kann.

Weimar, den 9. April 1816.

REINEKE FUCHS

In zwölf Gesängen

ERSTER GESANG

Pfingsten, das liebliche Fest, war gekommen; es grünten und blühten
Feld und Wald; auf Hügeln und Höhn, in Büschen und Hecken
Übten ein fröhliches Lied die neuermunterten Vögel;
Jede Wiese sproßte von Blumen in duftenden Gründen,
Festlich heiter glänzte der Himmel und farbig die Erde.

Nobel, der König, versammelt den Hof; und seine Vasallen
Eilen gerufen herbei mit großem Gepränge; da kommen
Viele stolze Gesellen von allen Seiten und Enden,
Lütke, der Kranich, und Markart, der Häher, und alle die Besten.
Denn der König gedenkt mit allen seinen Baronen
Hof zu halten in Feier und Pracht; er läßt sie berufen
Alle miteinander, so gut die Großen als Kleinen.
Niemand sollte fehlen! und dennoch fehlte der Eine,
Reineke Fuchs, der Schelm! der viel begangenen Frevels
Halben des Hofs sich enthielt. So scheuet das böse Gewissen
Licht und Tag, es scheute der Fuchs die versammelten Herren.
Alle hatten zu klagen, er hatte sie alle beleidigt,
Und nur Grimbart, den Dachs, den Sohn des Bruders, verschont' er.

Isegrim aber, der Wolf, begann die Klage; von allen
Seinen Vettern und Gönnern, von allen Freunden begleitet,
Trat er vor den König und sprach die gerichtlichen Worte:
„Gnädigster König und Herr! vernehmet meine Beschwerden.

Edel seid Ihr und groß und ehrenvoll, jedem erzeigt Ihr
Recht und Gnade: so laßt Euch denn auch des Schadens erbarmen,
Den ich von Reineke Fuchs mit großer Schande gelitten.
Aber vor allen Dingen erbarmt Euch, daß er mein Weib so
Freventlich öfters verhöhnt und meine Kinder verletzt hat.
Ach! er hat sie mit Unrat besudelt, mit ätzendem Unflat,
Daß mir zu Hause noch drei in bittrer Blindheit sich quälen.
Zwar ist alle der Frevel schon lange zur Sprache gekommen,
Ja ein Tag war gesetzt, zu schlichten solche Beschwerden;
Er erbot sich zum Eide, doch bald besann er sich anders
Und entwischte behend nach seiner Feste. Das wissen
Alle Männer zu wohl, die hier und neben mir stehen.
Herr! ich könnte die Drangsal, die mir der Bube bereitet,
Nicht mit eilenden Worten in vielen Wochen erzählen.
Würde die Leinwand von Gent, so viel auch ihrer gemacht wird,
Alle zu Pergament, sie faßte die Streiche nicht alle,
Und ich schweige davon. Doch meines Weibes Entehrung
Frißt mir das Herz; ich räche sie auch, es werde, was wolle."

Als nun Isegrim so mit traurigem Mute gesprochen,
Trat ein Hündchen hervor, hieß Wackerlos, red'te französisch
Vor dem König: wie arm es gewesen und nichts ihm geblieben
Als ein Stückchen Wurst in einem Wintergebüsche;
Reineke hab' auch das ihm genommen! Jetzt sprang auch der Kater
Hinze zornig hervor und sprach: „Erhabner Gebieter,
Niemand beschwere sich mehr, daß ihm der Bösewicht schade,
Denn der König allein! Ich sag' Euch, in dieser Gesellschaft
Ist hier niemand, jung oder alt, er fürchtet den Frevler
Mehr als Euch! doch Wackerlos' Klage will wenig bedeuten,
Schon sind Jahre vorbei, seit diese Händel geschehen;
Mir gehörte die Wurst! Ich sollte mich damals beschweren.
Jagen war ich gegangen: auf meinem Wege durchsucht' ich
Eine Mühle zu Nacht; es schlief die Müllerin; sachte

Nahm ich ein Würstchen, ich will es gestehn; doch hatte zu dieser
Wackerlos irgend ein Recht, so dankt' er's meiner Bemühung."

Und der Panther begann: „Was helfen Klagen und Worte!
Wenig richten sie aus, genug, das Übel ist ruchtbar.
Er ist ein Dieb, ein Mörder! Ich darf es kühnlich behaupten,
Ja, es wissen's die Herren, er übet jeglichen Frevel.
Möchten doch alle die Edlen, ja selbst der erhabene König
Gut und Ehre verlieren; er lachte, gewänn' er nur etwa
Einen Bissen dabei von einem fetten Kapaune.
Laßt euch erzählen, wie er so übel an Lampen, dem Hasen,
Gestern tat; hier steht er! der Mann, der keinen verletzte.
Reineke stellte sich fromm und wollt' ihn allerlei Weisen
Kürzlich lehren und was zum Kaplan noch weiter gehöret,
Und sie setzten sich gegeneinander, begannen das Credo.
Aber Reineke konnte die alten Tücken nicht lassen;
Innerhalb unsers Königes Fried' und freiem Geleite
Hielt er Lampen gefaßt mit seinen Klauen und zerrte
Tückisch den redlichen Mann. Ich kam die Straße gegangen,
Hörte beider Gesang, der, kaum begonnen, schon wieder
Endete. Horchend wundert' ich mich, doch als ich hinzukam,
Kannt' ich Reineken stracks, er hatte Lampen beim Kragen;
Ja er hätt' ihm gewiß das Leben genommen, wofern ich
Nicht zum Glücke des Wegs gekommen wäre. Da steht er!
Seht die Wunden an ihm, dem frommen Manne, den keiner
Zu beleidigen denkt. Und will es unser Gebieter,
Wollt ihr Herren es leiden, daß so des Königes Friede,
Sein Geleit und Brief von einem Diebe verhöhnt wird;
O, so wird der König und seine Kinder noch späten
Vorwurf hören von Leuten, die Recht und Gerechtigkeit lieben."

Isegrim sagte darauf: „So wird es bleiben, und leider
Wird uns Reineke nie was Gutes erzeigen. O! läg' er
Lange tot; das wäre das beste für friedliche Leute;

Aber wird ihm diesmal verziehn, so wird er in kurzem
Etliche kühnlich berücken, die nun es am wenigsten glauben."

Reinekens Neffe, der Dachs, nahm jetzt die Rede, und mutig
Sprach er zu Reinekens Bestem, so falsch auch dieser bekannt war.
„Alt und wahr, Herr Isegrim!" sagt' er, „beweist sich das Sprichwort:
‚Feindes Mund frommt selten.' So hat auch wahrlich mein Oheim
Eurer Worte sich nicht zu getrösten. Doch ist es ein Leichtes.
Wär' er hier am Hofe so gut als Ihr, und erfreut' er
Sich des Königes Gnade, so möcht' es Euch sicher gereuen,
Daß Ihr so hämisch gesprochen und alte Geschichten erneuert.
Aber was Ihr Übels an Reineken selber verübet,
Übergeht Ihr; und doch, es wissen es manche der Herren,
Wie ihr zusammen ein Bündnis geschlossen und beide versprochen,
Als zwei gleiche Gesellen zu leben. Das muß ich erzählen;
Denn im Winter einmal erduldet' er große Gefahren
Euretwegen. Ein Fuhrmann, er hatte Fische geladen,
Fuhr die Straße; Ihr spürtet ihn aus und hättet um alles
Gern von der Ware gegessen; doch fehlt' es Euch leider am Gelde.
Da beredetet Ihr den Oheim, er legte sich listig
Grade für tot in den Weg. Es war beim Himmel ein kühnes
Abenteuer! Doch merket, was ihm für Fische geworden.
Und der Fuhrmann kam und sah im Gleise den Oheim,
Hastig zog er sein Schwert, ihm eins zu versetzen; der Kluge
Rührt' und regte sich nicht, als wär' er gestorben; der Fuhrmann
Wirft ihn auf seinen Karrn und freut sich des Balges im voraus.
Ja, das wagte mein Oheim für Isegrim; aber der Fuhrmann
Fuhr dahin, und Reineke warf von den Fischen herunter.
Isegrim kam von ferne geschlichen, verzehrte die Fische.
Reineken mochte nicht länger zu fahren belieben; er hub sich,

Sprang vom Karren und wünschte nun auch von der Beute zu speisen.
Aber Isegrim hatte sie alle verschlungen; er hatte
Über Not sich beladen, er wollte bersten. Die Gräten
Ließ er allein zurück und bot dem Freunde den Rest an.
Noch ein anderes Stückchen! auch dies erzähl' ich euch wahrhaft.
Reineken war es bewußt, bei einem Bauer am Nagel
Hing ein gemästetes Schwein, erst heute geschlachtet; das sagt' er
Treu dem Wolfe: sie gingen dahin, Gewinn und Gefahren
Redlich zu teilen. Doch Müh' und Gefahr trug jener alleine.
Denn er kroch zum Fenster hinein und warf mit Bemühen
Die gemeinsame Beute dem Wolf herunter; zum Unglück
Waren Hunde nicht fern, die ihn im Hause verspürten
Und ihm wacker das Fell zerzausten. Verwundet entkam er,
Eilig sucht' er Isegrim auf und klagt' ihm sein Leiden
Und verlangte sein Teil. Da sagte jener: ‚Ich habe
Dir ein köstliches Stück verwahrt; nun mache dich drüber
Und benage mir's wohl; wie wird das Fette dir schmecken!'
Und er brachte das Stück; das Krummholz war es, der Schlächter
Hatte daran das Schwein gehängt; der köstliche Braten
War vom gierigen Wolfe, dem Ungerechten, verschlungen.
Reineke konnte vor Zorn nicht reden, doch was er sich dachte,
Denket euch selbst. Herr König, gewiß, daß hundert und drüber
Solcher Stückchen der Wolf an meinem Oheim verschuldet!
Aber ich schweige davon. Wird Reineke selber gefordert,
Wird er sich besser verteid'gen. Indessen, gnädigster König,
Edler Gebieter, ich darf es bemerken: Ihr habet, es haben
Diese Herren gehört, wie töricht Isegrims Rede
Seinem eignen Weibe und ihrer Ehre zu nah' tritt,
Die er mit Leib und Leben beschützen sollte. Denn freilich
Sieben Jahre sind's her und drüber, da schenkte mein Oheim
Seine Lieb' und Treue zum guten Teile der schönen
Frauen Gieremund; solches geschah beim nächtlichen Tanze;
Isegrim war verreist, ich sag' es, wie mir's bekannt ist.

Freundlich und höflich ist sie ihm oft zu Willen geworden,
Und was ist es denn mehr? Sie bracht' es niemals zur Klage,
Ja, sie lebt und befindet sich wohl, was macht er für Wesen?
Wär' er klug, so schwieg er davon; es bringt ihm nur Schande."
Weiter sagte der Dachs: „Nun kommt das Märchen vom Hasen.
Eitel leeres Gewäsche! Den Schüler sollte der Meister
Etwa nicht züchtigen, wenn er nicht merkt und übel bestehet?
Sollte man nicht die Knaben bestrafen? und ginge der Leichtsinn,
Ginge die Unart so hin, wie sollte die Jugend erwachsen?
Nun klagt Wackerlos, wie er ein Würstchen im Winter verloren
Hinter der Hecke; das sollt' er nun lieber im stillen verschmerzen;
Denn wir hören es ja, sie war gestohlen; zerronnen
Wie gewonnen; und wer kann meinem Oheim verargen,
Daß er gestohlenes Gut dem Diebe genommen? Es sollen
Edle Männer von hoher Geburt sich gehässig den Dieben
Und gefährlich erzeigen. Ja, hätt' er ihn damals gehangen,
War es verzeihlich. Doch ließ er ihn los, den König zu ehren;
Denn am Leben zu strafen gehört dem König alleine.
Aber wenigen Danks kann sich mein Oheim getrösten,
So gerecht er auch sei und Übeltaten verwehret.
Denn seitdem des Königs Friede verkündiget worden,
Hält sich niemand wie er. Er hat sein Leben verändert,
Speiset nur einmal des Tags, lebt wie ein Klausner, kasteit sich,
Trägt ein härenes Kleid auf bloßem Leibe und hat schon
Lange von Wildpret und zahmem Fleische sich gänzlich enthalten,
Wie mir noch gestern einer erzählte, der bei ihm gewesen.
Malepartus, sein Schloß, hat er verlassen und baut sich
Eine Klause zur Wohnung. Wie er so mager geworden,
Bleich von Hunger und Durst und andern strengeren Bußen,
Die er reuig erträgt, das werdet ihr selber erfahren.

Denn was kann es ihm schaden, daß hier ihn jeder verklaget?
Kommt er hieher, so führt er sein Recht aus und macht sie zuschanden.“

Als nun Grimbart geendigt, erschien zu großem Erstaunen
Henning, der Hahn, mit seinem Geschlecht. Auf trauriger Bahre,
Ohne Hals und Kopf, ward eine Henne getragen,
Kratzfuß war es, die beste der eierlegenden Hennen.
Ach, es floß ihr Blut, und Reineke hatt' es vergossen!
Jetzo sollt' es der König erfahren. Als Henning, der wackre,
Vor dem König erschien, mit höchstbetrübter Gebärde,
Kamen mit ihm zwei Hähne, die gleichfalls trauerten. Kreyant
Hieß der eine, kein besserer Hahn war irgend zu finden
Zwischen Holland und Frankreich; der andere durft' ihm zur Seite
Stehen, Kantart genannt, ein stracker, kühner Geselle;
Beide trugen ein brennendes Licht: sie waren die Brüder
Der ermordeten Frau. Sie riefen über den Mörder
Ach und Weh! Es trugen die Bahr' zwei jüngere Hähne,
Und man konnte von fern die Jammerklage vernehmen.
Henning sprach: „Wir klagen den unersetzlichen Schaden,
Gnädigster Herr und König! Erbarmt Euch, wie ich verletzt bin,
Meine Kinder und ich. Hier seht Ihr Reinekens Werke!
Als der Winter vorbei, und Laub und Blumen und Blüten
Uns zur Fröhlichkeit riefen, erfreut' ich mich meines Geschlechtes,
Das so munter mit mir die schönen Tage verlebte!
Zehen junge Söhne, mit vierzehn Töchtern, sie waren
Voller Lust zu leben; mein Weib, die treffliche Henne,
Hatte sie alle zusammen in einem Sommer erzogen.
Alle waren so stark und wohl zufrieden; sie fanden
Ihre tägliche Nahrung an wohl gesicherter Stätte.
Reichen Mönchen gehörte der Hof, uns schirmte die Mauer,
Und sechs große Hunde, die wackern Genossen des Hauses,
Liebten meine Kinder und wachten über ihr Leben;
Reineken aber, den Dieb, verdroß es, daß wir in Frieden

Glückliche Tage verlebten und seine Ränke vermieden.
Immer schlich er bei Nacht um die Mauer und lauschte beim Tore;
Aber die Hunde bemerkten's; da mocht' er laufen! sie faßten
Wacker ihn endlich einmal und ruckten das Fell ihm zusammen;
Doch er rettete sich und ließ uns ein Weilchen in Ruhe.
Aber nun höret mich an! es währte nicht lange, so kam er
Als ein Klausner und brachte mir Brief und Siegel. Ich kannt' es:
Euer Siegel sah ich am Briefe; da fand ich geschrieben:
Daß Ihr festen Frieden so Tieren als Vögeln verkündigt.
Und er zeigte mir an: er sei ein Klausner geworden,
Habe strenge Gelübde getan, die Sünden zu büßen,
Deren Schuld er leider bekenne. Da habe nun keiner
Mehr vor ihm sich zu fürchten. Er habe heilig gelobet,
Nimmermehr Fleisch zu genießen. Er ließ mich die Kutte beschauen,
Zeigte sein Skapulier. Daneben wies er ein Zeugnis,
Das ihm der Prior gestellt, und, um mich sicher zu machen,
Unter der Kutte ein härenes Kleid. Dann ging er und sagte:
‚Gott, dem Herren, seid mir befohlen! ich habe noch vieles
Heute zu tun! ich habe die Sext und die None zu lesen
Und die Vesper dazu.' Er las im Gehen und dachte
Vieles Böse sich aus, er sann auf unser Verderben.
Ich mit erheitertem Herzen erzählte geschwinde den Kindern
Eures Briefes fröhliche Botschaft, es freuten sich alle.
Da nun Reineke Klausner geworden, so hatten wir weiter
Keine Sorge noch Furcht. Ich ging mit ihnen zusammen
Vor die Mauer hinaus, wir freuten uns alle der Freiheit.
Aber leider bekam es uns übel. Er lag im Gebüsche
Hinterlistig; da sprang er hervor und verrannt' uns die Pforte;
Meiner Söhne schönsten ergriff er und schleppt' ihn von dannen,
Und nun war kein Rat, nachdem er sie einmal gekostet;
Immer versucht' er es wieder; und weder Jäger noch Hunde
Konnten vor seinen Ränken bei Tag und Nacht uns bewahren.

So entriß er mir nun fast alle Kinder; von zwanzig
Bin ich auf fünfe gebracht, die andern raubt' er mir alle.
O, erbarmt Euch des bittern Schmerzes! er tötete gestern
Meine Tochter, es haben die Hunde den Leichnam gerettet.
Seht, hier liegt sie! Er hat es getan, o! nehmt es zu Herzen!"

Und der König begann: „Kommt näher, Grimbart, und sehet,
Also fastet der Klausner, und so beweist er die Buße!
Leb' ich noch aber ein Jahr, so soll es ihn wahrlich gereuen!
Doch was helfen die Worte! Vernehmet, trauriger Henning:
Eurer Tochter ermangl' es an nichts, was irgend den Toten
Nur zu Rechte geschieht. Ich lass' ihr Vigilie singen,
Sie mit großer Ehre zur Erde bestatten; dann wollen
Wir mit diesen Herren des Mordes Strafe bedenken."

Da gebot der König, man solle Vigilie singen.
Domino placebo begann die Gemeine, sie sangen
Alle Verse davon. Ich könnte ferner erzählen,
Wer die Lektion gesungen und wer die Responsen;
Aber es währte zu lang', ich lass' es lieber bewenden.
In ein Grab ward die Leiche gelegt und drüber ein schöner
Marmorstein, poliert wie ein Glas, gehauen im Viereck,
Groß und dick, und oben drauf war deutlich zu lesen:
„Kratzefuß, Tochter Hennings, des Hahns, die beste der Hennen,
Legte viel Eier ins Nest und wußte kluglich zu scharren.
Ach, hier liegt sie! durch Reinekens Mord den Ihren genommen.
Alle Welt soll erfahren, wie bös und falsch er gehandelt,
Und die Tote beklagen." So lautete, was man geschrieben.

Und es ließ der König darauf die Klügsten berufen,
Rat mit ihnen zu halten, wie er den Frevel bestrafte,
Der so klärlich vor ihn und seine Herren gebracht war.
Und sie rieten zuletzt: man habe dem listigen Frevler
Einen Boten zu senden, daß er um Liebes und Leides
Nicht sich entzöge, er solle sich stellen am Hofe des Königs
An dem Tage der Herrn, wenn sie zunächst sich versammeln;

Braun, den Bären, ernannte man aber zum Boten. Der König
Sprach zu Braun, dem Bären: „Ich sag' es, Euer Gebieter,
Daß Ihr mit Fleiß die Botschaft verrichtet! Doch rat' ich zur Vorsicht:
Denn es ist Reineke falsch und boshaft, allerlei Listen
Wird er gebrauchen, er wird Euch schmeicheln, er wird Euch belügen,
Hintergehen, wie er nur kann." — „Mit nichten", versetzte
Zuversichtlich der Bär; „bleibt ruhig! sollt' er sich irgend
Nur vermessen und mir zum Hohne das mindeste wagen,
Seht, ich schwör' es bei Gott! der möge mich strafen, wofern ich
Ihm nicht grimmig vergölte, daß er zu bleiben nicht wüßte."

ZWEITER GESANG

Also wandelte Braun auf seinem Weg zum Gebirge
Stolzen Mutes dahin durch eine Wüste, die groß war,
Lang und sandig und breit; und als er sie endlich durchzogen,
Kam er gegen die Berge, wo Reineke pflegte zu jagen;
Selbst noch Tages zuvor hatt' er sich dorten erlustigt;
Aber der Bär ging weiter nach Malepartus; da hatte
Reineke schöne Gebäude. Von allen Schlössern und Burgen,
Deren ihm viele gehörten, war Malepartus die beste.
Reineke wohnte daselbst, sobald er Übels besorgte.
Braun erreichte das Schloß und fand die gewöhnliche Pforte
Fest verschlossen. Da trat er davor und besann sich ein wenig;
Endlich rief er und sprach: „Herr Oheim, seid Ihr zu Hause?
Braun, der Bär, ist gekommen, des Königs gerichtlicher Bote.
Denn es hat der König geschworen, Ihr sollet bei Hofe
Vor Gericht Euch stellen, ich soll Euch holen, damit Ihr
Recht zu nehmen und Recht zu geben keinem verweigert,
Oder es soll Euch das Leben kosten; denn bleibt Ihr dahinten,

Ist mit Galgen und Rad Euch gedroht. Drum wählet das Beste,
Kommt und folget mir nach, sonst möcht' es Euch übel bekommen."

Reineke hörte genau vom Anfang zum Ende die Rede,
Lag und lauerte still und dachte: „Wenn es gelänge,
Daß ich dem plumpen Kompan die stolzen Worte bezahlte?
Laßt uns die Sache bedenken." Er ging in die Tiefe der Wohnung,
In die Winkel des Schlosses, denn künstlich war es gebauet.
Löcher fanden sich hier und Höhlen mit vielerlei Gängen,
Eng und lang, und mancherlei Türen zum Öffnen und Schließen,
Wie es Zeit war und Not. Erfuhr er, daß man ihn suchte
Wegen schelmischer Tat, da fand er die beste Beschirmung.
Auch aus Einfalt hatten sich oft in diesen Mäandern
Arme Tiere gefangen, willkommene Beute dem Räuber.
Reineke hatte die Worte gehört, doch fürchtet' er klüglich,
Andre möchten noch neben dem Boten im Hinterhalt liegen.
Als er sich aber versichert, der Bär sei einzeln gekommen,
Ging er listig hinaus und sagte: „Wertester Oheim,
Seid willkommen! Verzeiht mir! ich habe Vesper gelesen,
Darum ließ ich Euch warten. Ich dank' Euch, daß Ihr gekommen,
Denn es nutzt mir gewiß bei Hofe, so darf ich es hoffen.
Seid zu jeglicher Stunde, mein Oheim, willkommen! Indessen
Bleibt der Tadel für den, der Euch die Reise befohlen,
Denn sie ist weit und beschwerlich. O Himmel! wie Ihr erhitzt seid!
Eure Haare sind naß und Euer Odem beklommen.
Hatte der mächtige König sonst keinen Boten zu senden,
Als den edelsten Mann, den er am meisten erhöhet?
Aber so sollt' es wohl sein zu meinem Vorteil; ich bitte,
Helft mir am Hofe des Königs, allwo man mich übel verleumdet.
Morgen setzt' ich mir vor, trotz meiner mißlichen Lage,
Frei nach Hofe zu gehen, und so gedenk' ich noch immer;

Nur für heute bin ich zu schwer, die Reise zu machen.
Leider hab' ich zuviel von einer Speise gegessen,
Die mir übel bekommt; sie schmerzt mich gewaltig im Leibe."
Braun versetzte darauf: „Was war es, Oheim?" Der andre
Sagte dagegen: „Was könnt' es Euch helfen, und wenn ich's erzählte?
Kümmerlich frist' ich mein Leben; ich leid' es aber geduldig,
Ist ein armer Mann doch kein Graf! und findet zuweilen
Sich für uns und die Unsern nichts Besseres, müssen wir freilich
Honigscheiben verzehren, die sind wohl immer zu haben.
Doch ich esse sie nur aus Not; nun bin ich geschwollen.
Wider Willen schluckt' ich das Zeug, wie sollt' es gedeihen?
Kann ich es immer vermeiden, so bleibt mir's ferne vom Gaumen."

„Ei! was hab' ich gehört!" versetzte der Braune, „Herr Oheim!
Ei! verschmähet Ihr so den Honig, den mancher begehret?
Honig, muß ich Euch sagen, geht über alle Gerichte,
Wenigstens mir; o schafft mir davon, es soll Euch nicht reuen!
Dienen werd' ich Euch wieder." — „Ihr spottet", sagte der andre.
„Nein wahrhaftig!" verschwur sich der Bär, „es ist ernstlich gesprochen."
„Ist dem also", versetzte der Rote, „da kann ich Euch dienen,
Denn der Bauer Rüsteviel wohnt am Fuße des Berges.
Honig hat er! Gewiß mit allem Eurem Geschlechte
Saht Ihr niemal so viel beisammen." Da lüstet' es Braunen
Übermäßig nach dieser geliebten Speise. „O führt mich",
Rief er, „eilig dahin! Herr Oheim, ich will es gedenken,
Schafft mir Honig, und wenn ich auch nicht gesättiget werde." —
„Gehen wir", sagte der Fuchs; „es soll an Honig nicht fehlen,
Heute bin ich zwar schlecht zu Fuße; doch soll mir die Liebe,

Die ich Euch lange gewidmet, die sauern Tritte versüßen.
Denn ich kenne niemand von allen meinen Verwandten,
Den ich verehrte wie Euch! Doch kommt! Ihr werdet dagegen
An des Königes Hof am Herrentage mir dienen,
Daß ich der Feinde Gewalt und ihre Klagen beschäme.
Honigsatt mach' ich Euch heute, soviel Ihr immer nur tragen
Möget." – Es meinte der Schalk die Schläge der zornigen Bauern.

Reineke lief ihm zuvor, und blindlings folgte der Braune.
„Will mir's gelingen", so dachte der Fuchs, „ich bringe dich heute
Noch zu Markte, wo dir ein bittrer Honig zuteil wird."
Und sie kamen zu Rüsteviels Hofe; das freute den Bären,
Aber vergebens, wie Toren sich oft mit Hoffnung betrügen.

Abend war es geworden, und Reineke wußte, gewöhnlich
Liege Rüsteviel nun in seiner Kammer zu Bette,
Der ein Zimmermann war, ein tüchtiger Meister. Im Hofe
Lag ein eichener Stamm; er hatte, diesen zu trennen,
Schon zwei tüchtige Keile hineingetrieben, und oben
Klaffte gespalten der Baum fast ellenweit. Reineke merkt' es,
Und er sagte: „Mein Oheim, in diesem Baume befindet
Sich des Honiges mehr, als Ihr vermutet; nun stecket
Eure Schnauze hinein, so tief Ihr möget. Nur rat' ich,
Nehmet nicht gierig zuviel, es möcht' Euch übel bekommen."
„Meint Ihr", sagte der Bär, „ich sei ein Vielfraß? mit nichten!
Maß ist überall gut, bei allen Dingen." Und also
Ließ der Bär sich betören und steckte den Kopf in die Spalte
Bis an die Ohren hinein und auch die vordersten Füße.
Reineke machte sich dran, mit vielem Ziehen und Zerren
Bracht' er die Keile heraus: nun war der Braune gefangen,
Haupt und Füße geklemmt; es half kein Schelten noch Schmeicheln.

Vollauf hatte der Braune zu tun, so stark er und kühn war,
Und so hielt der Neffe mit List den Oheim gefangen.
Heulend plärrte der Bär, und mit den hintersten Füßen
Scharrt' er grimmig und lärmte so sehr, daß Rüsteviel aufsprang.
Was es wäre? dachte der Meister und brachte sein Beil mit,
Daß man bewaffnet ihn fände, wenn jemand zu schaden gedächte.

Braun befand sich indes in großen Ängsten; die Spalte
Klemmt' ihn gewaltig, er zog und zerrte, brüllend vor Schmerzen.
Aber mit alle der Pein war nichts gewonnen; er glaubte
Nimmer von dannen zu kommen; so meint' auch Reineke freudig.
Als er Rüsteviel sah von ferne schreiten, da rief er:
„Braun, wie steht es? Mäßiget Euch und schonet des Honigs!
Sagt, wie schmeckt es? Rüsteviel kommt und will Euch bewirten!
Nach der Mahlzeit bringt er ein Schlückchen, es mag Euch bekommen!"
Da ging Reineke wieder nach Malepartus, der Feste.
Aber Rüsteviel kam, und als er den Bären erblickte,
Lief er, die Bauern zu rufen, die noch in der Schenke beisammen
Schmauseten. „Kommt!" so rief er; „in meinem Hofe gefangen
Hat sich ein Bär, ich sage die Wahrheit." Sie folgten und liefen,
Jeder bewehrte sich eilig, so gut er konnte. Der eine
Nahm die Gabel zur Hand und seinen Rechen der andre,
Und der dritte, der vierte mit Spieß und Hacke bewaffnet
Kamen gesprungen, der fünfte mit einem Pfahle gerüstet.
Ja der Pfarrer und Küster, sie kamen mit ihrem Geräte.
Auch die Köchin des Pfaffen (sie hieß Frau Jutte, sie konnte
Grütze bereiten und kochen wie keine) blieb nicht dahinten,
Kam mit dem Rocken gelaufen, bei dem sie am Tage gesessen,
Dem unglücklichen Bären den Pelz zu waschen. Der Braune

Hörte den wachsenden Lärm in seinen schrecklichen Nöten,
Und er riß mit Gewalt das Haupt aus der Spalte; da blieb ihm
Haut und Haar des Gesichts bis zu den Ohren im Baume.
Nein! kein kläglicher Tier hat jemand gesehen! Es rieselt'
Über die Ohren das Blut. Was half ihm das Haupt zu befreien?
Denn es blieben die Pfoten im Baume stecken; da riß er
Hastig sie ruckend heraus; er raste sinnlos, die Klauen
Und von den Füßen das Fell blieb in der klemmenden Spalte.
Leider schmeckte dies nicht nach süßem Honig, wozu ihm
Reineke Hoffnung gemacht; die Reise war übel geraten,
Eine sorgliche Fahrt war Braunen geworden. Es blutet'
Ihm der Bart und die Füße dazu, er konnte nicht stehen,
Konnte nicht kriechen, noch gehn. Und Rüsteviel eilte zu schlagen,
Alle fielen ihn an, die mit dem Meister gekommen;
Ihn zu töten war ihr Begehr. Es führte der Pater
Einen langen Stab in der Hand und schlug ihn von ferne.
Kümmerlich wandt' er sich hin und her, es drängt' ihn der Haufen,
Einige hier mit Spießen, dort andre mit Beilen, es brachte
Hammer und Zange der Schmied, es kamen andre mit Schaufeln,
Andre mit Spaten, sie schlugen drauf los und riefen und schlugen,
Daß er vor schmerzlicher Angst in eignem Unflat sich wälzte.
Alle setzten ihm zu, es blieb auch keiner dahinten;
Der krummbeinige Schloppe mit dem breitnasigen Ludolf
Waren die Schlimmsten, und Gerold bewegte den hölzernen Flegel
Zwischen den krummen Fingern; ihm stand sein Schwager zur Seite,
Kückelrei war es, der Dicke, die beiden schlugen am meisten.
Abel Quack und Frau Jutte dazu, sie ließen's nicht fehlen;
Talke Lorden Quacks traf mit der Butte den Armen.
Und nicht diese Genannten allein, denn Männer und Weiber,

Alle liefen herzu und wollten das Leben des Bären.
Kückelrei machte das meiste Geschrei, er dünkte sich vornehm:
Denn Frau Willigetrud am hinteren Tore (man wußt' es)
War die Mutter, bekannt war nie sein Vater geworden.
Doch es meinten die Bauern, der Stoppelmäher, der schwarze
Sander, sagten sie, möcht' es wohl sein, ein stolzer Geselle,
Wenn er allein war. Es kamen auch Steine gewaltig geflogen,
Die den verzweifelten Braunen von allen Seiten bedrängten.
Nun sprang Rüsteviels Bruder hervor und schlug mit dem langen,
Dicken Knüttel den Bären aufs Haupt, daß Hören und Sehen
Ihm verging, doch fuhr er empor vom mächtigen Schlage.
Rasend fuhr er unter die Weiber, die untereinander
Taumelten, fielen und schrien, und einige stürzten ins Wasser,
Und das Wasser war tief. Da rief der Pater und sagte:
„Sehet, da unten schwimmt Frau Jutte, die Köchin, im Pelze,
Und der Rocken ist hier! O helft, ihr Männer! Ich gebe
Bier zwei Tonnen zum Lohn und großen Ablaß und Gnade."
Alle ließen für tot den Bären liegen und eilten
Nach den Weibern ans Wasser, man zog aufs Trockne die fünfe.
Da indessen die Männer am Ufer beschäftiget waren,
Kroch der Bär ins Wasser vor großem Elend und brummte
Vor entsetzlichem Weh. Er wollte sich lieber ersäufen
Als die Schläge so schändlich erdulden. Er hatte zu schwimmen
Nie versucht und hoffte sogleich das Leben zu enden.
Wider Vermuten fühlt' er sich schwimmen, und glücklich getragen
Ward er vom Wasser hinab, es sahen ihn alle die Bauern,
Riefen: „Das wird uns gewiß zur ewigen Schande gereichen!"
Und sie waren verdrießlich und schalten über die Weiber:
„Besser blieben sie doch zu Hause! Da seht nun, er schwimmet

Seiner Wege." Sie traten herzu, den Block zu besehen,
Und sie fanden darin noch Haut und Haare vom Kopfe
Und von den Füßen und lachten darob und riefen: „Du kommst uns
Sicher wieder, behalten wir doch die Ohren zum Pfande!"
So verhöhnten sie ihn noch über den Schaden, doch war er
Froh, daß er nur dem Übel entging. Er fluchte den Bauern,
Die ihn geschlagen, und klagte den Schmerz der Ohren und Füße;
Fluchte Reineken, der ihn verriet. Mit solchen Gebeten
Schwamm er weiter, es trieb ihn der Strom, der reißend und groß war,
Binnen weniger Zeit fast eine Meile hinunter,
Und da kroch er ans Land am selbigen Ufer und keichte.
Kein bedrängteres Tier hat je die Sonne gesehen!
Und er dachte den Morgen nicht zu erleben, er glaubte
Plötzlich zu sterben und rief: „O Reineke, falscher Verräter!
Loses Geschöpf!" Er dachte dabei der schlagenden Bauern,
Und er dachte des Baums und fluchte Reinekens Listen.

Aber Reineke Fuchs, nachdem er mit gutem Bedachte
Seinen Oheim zu Markte geführt, ihm Honig zu schaffen,
Lief er nach Hühnern, er wußte den Ort, und schnappte sich eines,
Lief und schleppte die Beute behend am Flusse hinunter.
Dann verzehrt' er sie gleich und eilte nach andern Geschäften
Immer am Flusse dahin und trank des Wassers und dachte:
„O wie bin ich so froh, daß ich den tölpischen Bären
So zu Hofe gebracht! Ich wette, Rüsteviel hat ihm
Wohl das Beil zu kosten gegeben. Es zeigte der Bär sich
Stets mir feindlich gesinnt, ich hab' es ihm wieder vergolten.
Oheim hab' ich ihn immer genannt, nun ist er am Baume
Tot geblieben, des will ich mich freun, so lang' ich nur lebe.
Klagen und schaden wird er nicht mehr!" — Und wie er so wandelt,
Schaut er am Ufer hinab und sieht den Bären sich wälzen.
Das verdroß ihn im Herzen, daß Braun lebendig entkommen.

„Rüsteviel“, rief er, „du lässiger Wicht! du grober Geselle!
Solche Speise verschmähst du? die fett und guten Geschmacks ist,
Die manch ehrlicher Mann sich wünscht und die so gemächlich
Dir zuhanden gekommen. Doch hat für deine Bewirtung
Dir der redliche Braun ein Pfand gelassen!“ So dacht’ er,
Als er den Braunen betrübt, ermattet und blutig erblickte.
Endlich rief er ihn an: „Herr Oheim, find’ ich Euch wieder?
Habt Ihr etwas vergessen bei Rüsteviel? Sagt mir, ich lass’ ihm
Wissen, wo Ihr geblieben. Doch soll ich sagen, ich glaube,
Vieles Honig habt Ihr gewiß dem Manne gestohlen,
Oder habt Ihr ihn redlich bezahlt? Wie ist es geschehen?
Ei! wie seid Ihr gemalt? Das ist ein schmähliches Wesen!
War der Honig nicht guten Geschmacks? Zu selbigem Preise
Steht noch manches zu Kauf! Doch, Oheim, saget mir eilig,
Welchem Orden habt Ihr Euch wohl so kürzlich gewidmet,
Daß Ihr ein rotes Barett auf Eurem Haupte zu tragen
Anfangt? Seid Ihr ein Abt? Es hat der Bader gewißlich,
Der die Platte Euch schor, nach Euren Ohren geschnappet.
Ihr verloret den Schopf, wie ich sehe, das Fell von den Wangen
Und die Handschuh’ dabei. Wo habt Ihr sie hängen gelassen?“
Und so mußte der Braune die vielen spöttischen Worte
Hintereinander vernehmen und konnte vor Schmerzen nicht reden,
Sich nicht raten noch helfen. Und um nicht weiter zu hören,
Kroch er ins Wasser zurück und trieb mit dem reißenden Strome
Nieder und landete drauf am flachen Ufer. Da lag er
Krank und elend und jammerte laut und sprach zu sich selber:
„Schlüge nur einer mich tot! Ich kann nicht gehen und sollte
Nach des Königes Hof die Reise vollenden und bleibe
So geschändet zurück von Reinekens bösem Verrate.

Bring' ich mein Leben davon, gewiß, dich soll es gereuen!"
Doch er raffte sich auf und schleppte mit gräßlichen Schmerzen
Durch vier Tage sich fort, und endlich kam er zu Hofe.

Als der König den Bären in seinem Elend erblickte,
Rief er: „Gnädiger Gott! Erkenn' ich Braunen? Wie kommt er
So geschändet?" Und Braun versetzte: „Leider erbärmlich
Ist das Ungemach, das Ihr erblickt; so hat mich der Frevler
Reineke schändlich verraten!" Da sprach der König entrüstet:
„Rächen will ich gewiß ohn' alle Gnade den Frevel.
Solch einen Herrn wie Braun, den sollte Reineke schänden?
Ja, bei meiner Ehre, bei meiner Krone! das schwör' ich,
Alles soll Reineke büßen, was Braun zu Rechte begehrt.
Halt' ich mein Wort nicht, so trag' ich kein Schwert mehr, ich will es geloben!"

Und der König gebot, es solle der Rat sich versammeln,
Überlegen und gleich der Frevel Strafe bestimmen.
Alle rieten darauf, wofern es dem König beliebte,
Solle man Reineken abermals fordern, er solle sich stellen,
Gegen Anspruch und Klage sein Recht zu wahren. Es könne
Hinze, der Kater, sogleich die Botschaft Reineken bringen,
Weil er klug und gewandt sei. So rieten sie alle zusammen.

Und es vereinigte sich der König mit seinen Genossen,
Sprach zu Hinzen: „Merket mir recht die Meinung der Herren!
Ließ' er sich aber zum drittenmal fordern, so soll es ihm selbst und
Seinem ganzen Geschlechte zum ewigen Schaden gereichen;
Ist er klug, so komm' er in Zeiten. Ihr schärft ihm die Lehre;
Andre verachtet er nur, doch Eurem Rate gehorcht er."

Aber Hinze versetzte: „Zum Schaden oder zum Frommen
Mag es gereichen, komm' ich zu ihm, wie soll ich's beginnen?

Meinetwegen tut oder laßt es, aber ich dächte,
Jeden andern zu schicken ist besser, da ich so klein bin.
Braun, der Bär, ist so groß und stark und konnt' ihn nicht zwingen,
Welcher Weise soll ich es enden? O! habt mich entschuldigt."

„Du beredest mich nicht", versetzte der König; „man findet
Manchen kleinen Mann voll List und Weisheit, die manchem
Großen fremd ist. Seid Ihr auch gleich kein Riese gewachsen,
Seid Ihr doch klug und gelehrt." Da gehorchte der Kater und sagte:
„Euer Wille geschehe! und kann ich ein Zeichen erblicken
Rechter Hand am Wege, so wird die Reise gelingen."

DRITTER GESANG

Nun war Hinze, der Kater, ein Stückchen Weges gegangen;
Einen Martinsvogel erblickt' er von weiten, da rief er:
„Edler Vogel! Glück auf! o wende die Flügel und fliege
Her zu meiner Rechten!" Es flog der Vogel und setzte
Sich zur Linken des Katers, auf einem Baume zu singen.
Hinze betrübte sich sehr, er glaubte sein Unglück zu hören,
Doch er machte nun selber sich Mut, wie mehrere pflegen.
Immer wandert' er fort nach Malepartus, da fand er
Vor dem Hause Reineken sitzen, er grüßt' ihn und sagte:
„Gott, der reiche, der gute, bescher' Euch glücklichen Abend!
Euer Leben bedrohet der König, wofern Ihr Euch weigert,
Mit nach Hofe zu kommen; und ferner läßt er Euch sagen:
Stehet den Klägern zu Recht, sonst werden's die Eurigen büßen."
Reineke sprach: „Willkommen dahier, geliebtester Neffe!
Möget Ihr Segen von Gott nach meinem Wunsche genießen."
Aber er dachte nicht so in seinem verrätrischen Herzen;

Neue Tücke sann er sich aus, er wollte den Boten
Wieder geschändet nach Hofe senden. Er nannte den Kater
Immer seinen Neffen und sagte: „Neffe, was setzt man
Euch für Speise nur vor? Man schläft gesättiget besser;
Einmal bin ich der Wirt, wir gingen dann morgen am Tage
Beide nach Hofe: so dünkt es mich gut. Von meinen Verwandten
Ist mir keiner bekannt, auf den ich mich lieber verließe.
Denn der gefräßige Bär war trotzig zu mir gekommen.
Er ist grimmig und stark, daß ich um vieles nicht hätte
Ihm zur Seite die Reise gewagt. Nun aber versteht sich's,
Gerne geh' ich mit Euch. Wir machen uns frühe des Morgens
Auf den Weg: so scheinet es mir das beste geraten."
Hinze versetzte darauf: „Es wäre besser, wir machten
Gleich uns fort nach Hofe, so wie wir gehen und stehen.
Auf der Heide scheinet der Mond, die Wege sind trocken."
Reineke sprach: „Ich finde bei Nacht das Reisen gefährlich.
Mancher grüßet uns freundlich bei Tage, doch käm' er im Finstern
Uns in den Weg, es möchte wohl kaum zum besten geraten."
Aber Hinze versetzte: „So laßt mich wissen, mein Neffe,
Bleib' ich hier, was sollen wir essen?" Und Reineke sagte:
„Ärmlich behelfen wir uns; doch wenn Ihr bleibet, so bring' ich
Frische Honigscheiben hervor, ich wähle die klärsten."
„Niemals ess' ich dergleichen", versetzte murrend der Kater;
„Fehlet Euch alles im Hause, so gebt eine Maus her! Mit dieser
Bin ich am besten versorgt, und sparet das Honig für andre."
„Eßt Ihr Mäuse so gern?" sprach Reineke; „redet mir ernstlich;
Damit kann ich Euch dienen. Es hat mein Nachbar, der Pfaffe,
Eine Scheun' im Hofe, darin sind Mäuse, man führe
Sie auf keinem Wagen hinweg; ich höre den Pfaffen
Klagen, daß sie bei Nacht und Tag ihm lästiger werden."

Unbedächtig sagte der Kater: „Tut mir die Liebe,
Bringet mich hin zu den Mäusen! denn über Wildpret und alles
Lob' ich mir Mäuse, die schmecken am besten." Und Reineke sagte:
„Nun wahrhaftig, Ihr sollt mir ein herrliches Gastmahl genießen.
Da mir bekannt ist, womit ich Euch diene, so laßt uns nicht zaudern."

Hinze glaubt' ihm und folgte; sie kamen zur Scheune des Pfaffen,
Zu der lehmernen Wand. Die hatte Reineke gestern
Klug durchgraben und hatte durchs Loch dem schlafenden Pfaffen
Seiner Hähne den besten entwendet. Das wollte Martinchen
Rächen, des geistlichen Herrn geliebtes Söhnchen; er knüpfte
Klug vor die Öffnung den Strick mit einer Schlinge; so hofft' er
Seinen Hahn zu rächen am wiederkehrenden Diebe.
Reineke wußt' und merkte sich das und sagte: „Geliebter
Neffe, kriechet hinein gerade zur Öffnung; ich halte
Wache davor, indessen Ihr mauset; Ihr werdet zu Haufen
Sie im Dunkeln erhaschen. O! höret, wie munter sie pfeifen!
Seid Ihr satt, so kommt nur zurück, Ihr findet mich wieder.
Trennen dürfen wir nicht uns diesen Abend, denn morgen
Gehen wir früh und kürzen den Weg mit muntern Gesprächen."
„Glaubt Ihr", sagte der Kater, „es sei hier sicher zu kriechen?
Denn es haben mitunter die Pfaffen auch Böses im Sinne."
Da versetzte der Fuchs, der Schelm: „Wer konnte das wissen!
Seid Ihr so blöde? Wir gehen zurück; es soll Euch mein Weibchen
Gut und mit Ehren empfangen, ein schmackhaft Essen bereiten;
Wenn es auch Mäuse nicht sind, so laßt es uns fröhlich verzehren."
Aber Hinze, der Kater, sprang in die Öffnung, er schämte

Sich vor Reinekens spottenden Worten und fiel in die Schlinge.
Also empfanden Reinekens Gäste die böse Bewirtung.

Da nun Hinze den Strick an seinem Halse verspürte,
Fuhr er ängstlich zusammen und übereilte sich furchtsam,
Denn er sprang mit Gewalt: da zog der Strick sich zusammen.
Kläglich rief er Reineken zu, der außer dem Loche
Horchte, sich hämisch erfreute und so zur Öffnung hineinsprach:
„Hinze, wie schmecken die Mäuse? Ihr findet sie, glaub' ich, gemästet.
Wüßte Martinchen doch nur, daß Ihr sein Wildpret verzehret;
Sicher brächt' er Euch Senf: er ist ein höflicher Knabe.
Singet man so bei Hofe zum Essen? Es klingt mir bedenklich.
Wüßt' ich Isegrim nur in diesem Loche, so wie ich
Euch zu Falle gebracht; er sollte mir alles bezahlen,
Was er mir Übels getan!" Und so ging Reineke weiter.
Aber er ging nicht allein um Diebereien zu üben;
Ehbruch, Rauben und Mord und Verrat, er hielt es nicht sündlich.
Und er hatte sich eben was ausgesonnen. Die schöne
Gieremund wollt' er besuchen in doppelter Absicht: fürs erste
Hofft' er von ihr zu erfahren, was eigentlich Isegrim klagte;
Zweitens wollte der Schalk die alten Sünden erneuern.
Isegrim war nach Hofe gegangen, das wollt' er benutzen.
Denn, wer zweifelt daran? es hatte die Neigung der Wölfin
Zu dem schändlichen Fuchse den Zorn des Wolfes entzündet.
Reineke trat in die Wohnung der Frauen und fand sie nicht heimisch.
„Grüß' euch Gott! Stiefkinderchen!" sagt' er, nicht mehr und nicht minder,
Nickte freundlich den Kleinen und eilte nach seinem Gewerbe.
Als Frau Gieremund kam des Morgens, wie es nur tagte,

Sprach sie: „Ist niemand kommen, nach mir zu fragen?“ — „Soeben
Geht Herr Pate Reineke fort, er wünscht’ Euch zu sprechen.
Alle, wie wir hier sind, hat er Stiefkinder geheißen.“
Da rief Gieremund aus: „Er soll es bezahlen!“ und eilte,
Diesen Frevel zu rächen zur selben Stunde. Sie wußte,
Wo er pflegte zu gehn; sie erreicht’ ihn, zornig begann sie:
„Was für Worte sind das? und was für schimpfliche Reden
Habt Ihr ohne Gewissen vor meinen Kindern gesprochen?
Büßen sollt Ihr dafür!“ So sprach sie zornig und zeigt’ ihm
Ein ergrimmtes Gesicht; sie faßt’ ihn am Barte, da fühlt’ er
Ihrer Zähne Gewalt und lief und wollt’ ihr entweichen;
Sie behend strich hinter ihm drein. Da gab es Geschichten —
Ein verfallenes Schloß war in der Nähe gelegen,
Hastig liefen die beiden hinein; es hatte sich aber
Altershalben die Mauer an einem Turme gespalten.
Reineke schlupfte hindurch; allein er mußte sich zwängen,
Denn die Spalte war eng; und eilig steckte die Wölfin,
Groß und stark wie sie war, den Kopf in die Spalte; sie drängte,
Schob und brach und zog und wollte folgen, und immer
Klemmte sie tiefer sich ein und konnte nicht vorwärts noch rückwärts.
Da das Reineke sah, lief er zur anderen Seite
Krummen Weges herein und kam und macht’ ihr zu schaffen.
Aber sie ließ es an Worten nicht fehlen, sie schalt ihn: „Du handelst
Als ein Schelm! ein Dieb!“ und Reineke sagte dagegen:
„Ist es noch niemals geschehen, so mag es jetzo geschehen.“

Wenig Ehre verschafft es, sein Weib mit andern zu sparen,
Wie nun Reineke tat. Gleichviel war alles dem Bösen.
Da nun endlich die Wölfin sich aus der Spalte gerettet,
War schon Reineke weg und seine Straße gegangen.
Und so dachte die Frau sich selber Recht zu verschaffen,
Ihrer Ehre zu wahren, und doppelt war sie verloren.

Lasset uns aber zurück nach Hinzen sehen. Der Arme,
Da er gefangen sich fühlte, beklagte nach Weise der Kater

Sich erbärmlich: das hörte Martinchen und sprang aus dem Bette.
„Gott sei Dank! Ich habe den Strick zur glücklichen Stunde
Vor die Öffnung geknüpft; der Dieb ist gefangen! Ich denke,
Wohl bezahlen soll er den Hahn!" so jauchzte Martinchen,
Zündete hurtig ein Licht an (im Hause schliefen die Leute);
Weckte Vater und Mutter darauf und alles Gesinde;
Rief: „Der Fuchs ist gefangen! wir wollen ihm dienen." Sie kamen
Alle, groß und klein, ja selbst der Pater erhub sich,
Warf ein Mäntelchen um; es lief mit doppelten Lichtern
Seine Köchin voran, und eilig hatte Martinchen
Einen Knüttel gefaßt und machte sich über den Kater,
Traf ihm Haut und Haupt und schlug ihm grimmig ein Aug' aus.
Alle schlugen auf ihn; es kam mit zackiger Gabel
Hastig der Pater herbei und glaubte den Räuber zu fällen.
Hinze dachte zu sterben; da sprang er wütend entschlossen
Zwischen die Schenkel des Pfaffen und biß und kratzte gefährlich,
Schändete grimmig den Mann und rächte grausam das Auge.
Schreiend stürzte der Pater und fiel ohnmächtig zur Erden.
Unbedachtsam schimpfte die Köchin: es habe der Teufel
Ihr zum Possen das Spiel selbst angerichtet. Und doppelt,
Dreifach schwur sie: wie gern verlöre sie, wäre das Unglück
Nicht dem Herren begegnet, ihr bißchen Habe zusammen.
Ja sie schwur: ein Schatz von Golde, wenn sie ihn hätte,
Sollte sie wahrlich nicht reuen, sie wollt' ihn missen. So jammert'
Sie die Schande des Herrn und seine schwere Verwundung.
Endlich brachten sie ihn mit vielen Klagen zu Bette,
Ließen Hinzen am Strick und hatten seiner vergessen.

Als nun Hinze der Kater in seiner Not sich allein sah,
Schmerzlich geschlagen und übel verwundet, so nahe dem Tode,
Faßt' er aus Liebe zum Leben den Strick und nagt' ihn behende.
„Sollt' ich mich etwa erlösen vom großen Übel?" so dacht' er.

Und es gelang ihm, der Strick zerriß. Wie fand er sich glücklich!
Eilte dem Ort zu entfliehn, wo er so vieles erduldet,
Hastig sprang er zum Loche heraus und eilte die Straße
Nach des Königes Hof, den er des Morgens erreichte.
Ärgerlich schalt er sich selbst: „So mußte dennoch der Teufel
Dich durch Reinekens List, des bösen Verräters, bezwingen!
Kommst du doch mit Schande zurück, am Auge geblendet
Und mit Schlägen schmerzlich beladen; wie mußt du dich schämen!"

Aber des Königes Zorn entbrannte heftig, er dräute
Dem Verräter den Tod ohn' alle Gnade. Da ließ er
Seine Räte versammeln; es kamen seine Baronen,
Seine Weisen zu ihm, er fragte: wie man den Frevler
Endlich brächte zu Recht, der schon so vieles verschuldet?
Als nun viele Beschwerden sich über Reineken häuften,
Redete Grimbart der Dachs: „Es mögen in diesem Gerichte
Viele Herren auch sein, die Reineken Übels gedenken,
Doch wird niemand die Rechte des freien Mannes verletzen.
Nun zum drittenmal muß man ihn fordern. Ist dieses geschehen,
Kommt er dann nicht, so möge das Recht ihn schuldig erkennen."
Da versetzte der König: „Ich fürchte, keiner von allen
Ginge, dem tückischen Manne die dritte Ladung zu bringen.
Wer hat ein Auge zu viel? Wer mag verwegen genug sein,
Leib und Leben zu wagen um diesen bösen Verräter?
Seine Gesundheit aufs Spiel zu setzen und dennoch am Ende
Reineken nicht zu stellen? Ich denke, niemand versucht es."

Überlaut versetzte der Dachs: „Herr König, begehret
Ihr es von mir, so will ich sogleich die Botschaft verrichten,
Sei es, wie es auch sei. Wollt Ihr mich öffentlich senden,
Oder geh' ich, als käm' ich von selber? Ihr dürft nur befehlen."
Da beschied ihn der König: „So geht dann! Alle die Klagen

Habt Ihr sämtlich gehört, und geht nur weislich zu Werke;
Denn es ist ein gefährlicher Mann." Und Grimbart versetzte:
„Einmal muß ich es wagen und hoff' ihn dennoch zu bringen."
So betrat er den Weg nach Malepartus, der Feste;
Reineken fand er daselbst mit Weib und Kindern und sagte:
„Oheim Reineke, seid mir gegrüßt! Ihr seid ein gelehrter,
Weiser, kluger Mann, wir müssen uns alle verwundern,
Wie Ihr des Königs Ladung verachtet, ich sage verspottet.
Deucht Euch nicht, es wäre nun Zeit? Es mehren sich immer
Klagen und böse Gerüchte von allen Seiten. Ich rat' Euch,
Kommt nach Hofe mit mir, es hilft kein längeres Zaudern.
Viele, viele Beschwerden sind vor den König gekommen,
Heute werdet Ihr nun zum dritten Male geladen;
Stellt Ihr Euch nicht, so seid Ihr verurteilt. Dann führet der König
Seine Vasallen hieher, Euch einzuschließen, in dieser
Feste Malepartus Euch zu belagern; so gehet
Ihr mit Weib und Kindern und Gut und Leben zugrunde.
Ihr entfliehet dem Könige nicht; drum ist es am besten,
Kommt nach Hofe mit mir! Es wird an listiger Wendung
Euch nicht fehlen, Ihr habt sie bereit und werdet Euch retten;
Denn Ihr habt ja wohl oft, auch an gerichtlichen Tagen,
Abenteuer bestanden, weit größer als dieses, und immer
Kamt Ihr glücklich davon und Eure Gegner in Schande."

Grimbart hatte gesprochen, und Reineke sagte dagegen:
„Oheim, Ihr ratet mir wohl, daß ich zu Hofe mich stelle,
Meines Rechtes selber zu wahren. Ich hoffe, der König
Wird mir Gnade gewähren; er weiß, wie sehr ich ihm nütze;
Aber er weiß auch, wie sehr ich deshalb den andern verhaßt bin.
Ohne mich kann der Hof nicht bestehn. Und hätt' ich noch zehnmal
Mehr verbrochen, so weiß ich es schon, sobald mir's gelinget,

Ihm in die Augen zu sehen und ihn zu sprechen, so fühlt er
Seinen Zorn im Busen bezwungen. Denn freilich begleiten
Viele den König und kommen, in seinem Rate zu sitzen;
Aber es geht ihm niemal zu Herzen; sie finden zusammen
Weder Rat noch Sinn. Doch bleibet an jeglichem Hofe,
Wo ich immer auch sei, der Ratschluß meinem Verstande.
Denn versammeln sich König und Herren, in kitzlichen Sachen
Klugen Rat zu ersinnen, so muß ihn Reineke finden.
Das mißgönnen mir viele. Die hab' ich leider zu fürchten,
Denn sie haben den Tod mir geschworen, und grade die Schlimmsten
Sind am Hofe versammelt, das macht mich eben bekümmert.
Über zehen und Mächtige sind's; wie kann ich alleine
Vielen widerstehn? Drum hab' ich immer gezaudert.
Gleichwohl find' ich es besser, mit Euch nach Hofe zu wandeln,
Meine Sache zu wahren; das soll mehr Ehre mir bringen,
Als durch Zaudern mein Weib und meine Kinder in Ängsten
Und Gefahren zu stürzen; wir wären alle verloren.
Denn der König ist mir zu mächtig, und was es auch wäre,
Müßt' ich tun, sobald er's befiehlt. Wir können versuchen,
Gute Verträge vielleicht mit unsern Feinden zu schließen."

Reineke sagte darnach: „Frau Ermelyn, nehmet der Kinder
(Ich empfehl' es Euch) wahr, vor allen andern des jüngsten,
Reinharts; es stehn ihm die Zähne so artig ums Mäulchen, ich hoff', er
Wird der leibhaftige Vater; und hier ist Rossel, das Schelmchen,
Der mir ebenso lieb ist. O! tut den Kindern zusammen
Etwas zugut, indes ich weg bin! Ich will's Euch gedenken,
Kehr' ich glücklich zurück und Ihr gehorchet den Worten."
Also schied er von dannen mit Grimbart, seinem Begleiter,
Ließ Frau Ermelyn dort mit beiden Söhnen und eilte;
Unberaten ließ er sein Haus; das schmerzte die Füchsin.

Beide waren noch nicht ein Stündchen Weges gegangen,
Als zu Grimbart Reineke sprach: „Mein teuerster Oheim,

Wertester Freund, ich muß Euch gestehn, ich bebe vor Sorgen.
Ich entschlage mich nicht des ängstlichen, bangen Gedankens,
Daß ich wirklich dem Tod entgegengehe. Da seh' ich
Meine Sünden vor mir, so viel ich deren begangen.
Ach! Ihr glaubet mir nicht die Unruh', die ich empfinde.
Laßt mich beichten! höret mich an! kein anderer Pater
Ist in der Nähe zu finden; und hab' ich alles vom Herzen,
Werd' ich nicht schlimmer darum vor meinem Könige stehen."
Grimbart sagte: „Verredet zuerst das Rauben und Stehlen,
Allen bösen Verrat und andre gewöhnliche Tücken,
Sonst kann Euch die Beichte nicht helfen." — „Ich weiß es", versetzte
Reineke; „darum laßt mich beginnen und höret bedächtig.

Confiteor tibi, Pater et Mater, daß ich der Otter,
Daß ich dem Kater und manchen gar manche Tücke versetzte,
Ich bekenn' es und lasse mir gern die Buße gefallen."
„Redet deutsch", versetzte der Dachs, „damit ich's verstehe."
Reineke sagte: „Ich habe mich freilich, wie sollt' ich es leugnen!
Gegen alle Tiere, die jetzo leben, versündigt.
Meinen Oheim, den Bären, den hielt ich im Baume gefangen;
Blutig ward ihm sein Haupt, und viele Prügel ertrug er.
Hinzen führt' ich nach Mäusen; allein am Stricke gehalten,
Mußt' er vieles erdulden und hat sein Auge verloren.
Und so klaget auch Henning mit Recht, ich raubt' ihm die Kinder,
Groß' und kleine, wie ich sie fand, und ließ sie mir schmecken.
Selbst verschont' ich des Königes nicht, und mancherlei Tücken
Übt' ich kühnlich an ihm und an der Königin selber;
Spät verwindet sie's nur. Und weiter muß ich bekennen:

Isegrim hab' ich, den Wolf, mit allem Fleiße geschändet;
Alles zu sagen fänd' ich nicht Zeit. So hab' ich ihn immer
Scherzend Oheim genannt, und wir sind keine Verwandte.
Einmal, es werden nun bald sechs Jahre, kam er nach Elkmar
Zu mir ins Kloster, ich wohnte daselbst, und bat mich um Beistand,
Weil er eben ein Mönch zu werden gedächte. Das, meint' er,
Wär' ein Handwerk für ihn, und zog die Glocke. Das Läuten
Freut' ihn so sehr! Ich band ihm darauf die vorderen Füße
Mit dem Seile zusammen, er war es zufrieden und stand so,
Zog und erlustigte sich und schien das Läuten zu lernen.
Doch es sollt' ihm die Kunst zu schlechter Ehre gedeihen,
Denn er läutete zu wie toll und törig. Die Leute
Liefen eilig bestürzt aus allen Straßen zusammen,
Denn sie glaubten, es sei ein großes Unglück begegnet;
Kamen und fanden ihn da, und eh' er sich eben erklärte,
Daß er den geistlichen Stand ergreifen wolle, so war er
Von der dringenden Menge beinah' zu Tode geschlagen.
Dennoch beharrte der Tor auf seinem Vorsatz und bat mich,
Daß ich ihm sollte mit Ehren zu einer Platte verhelfen;
Und ich ließ ihm das Haar auf seinem Scheitel versengen,
Daß die Schwarte davon zusammenschrumpfte. So hab' ich
Oft ihm Prügel und Stöße mit vieler Schande bereitet.
Fische lehrt' ich ihn fangen, sie sind ihm übel bekommen.
Einsmal folgt' er mir auch im Jülicher Lande, wir schlichen
Zu der Wohnung des Pfaffen, des reichsten in dortiger Gegend.
Einen Speicher hatte der Mann mit köstlichen Schinken,
Lange Seiten des zartesten Specks verwahrt' er daneben,
Und ein frisch gesalzenes Fleisch befand sich im Troge.
Durch die steinerne Mauer gelang es Isegrim endlich
Eine Spalte zu kratzen, die ihn gemächlich hindurchließ,
Und ich trieb ihn dazu, es trieb ihn seine Begierde.
Aber da konnt' er sich nicht im Überflusse bezwingen,
Übermäßig füllt' er sich an; da hemmte gewaltig
Den geschwollenen Leib und seine Rückkehr die Spalte.
Ach, wie klagt' er sie an, die ungetreue, sie ließ ihn
Hungrig hinein und wollte dem Satten die Rückkehr verwehren.

Und ich machte darauf ein großes Lärmen im Dorfe,
Daß ich die Menschen erregte, die Spuren des Wolfes zu finden.
Denn ich lief in die Wohnung des Pfaffen und traf ihn beim Essen,
Und ein fetter Kapaun ward eben vor ihn getragen,
Wohl gebraten; ich schnappte darnach und trug ihn von dannen.
Hastig wollte der Pfaffe mir nach und lärmte, da stieß er
Über den Haufen den Tisch mit Speisen und allem Getränke.
‚Schlaget, werfet, fanget und stechet!' so rief der ergrimmte
Pater und fiel und kühlte den Zorn (er hatte die Pfütze
Nicht gesehen) und lag. Und alle kamen und schrieen:
‚Schlagt!' Ich rannte davon und hinter mir alle zusammen,
Die mir das Schlimmste gedachten. Am meisten lärmte der Pfaffe:
‚Welch ein verwegener Dieb! Er nahm das Huhn mir vom Tische!'
Und so lief ich voraus, bis zu dem Speicher, da ließ ich
Wider Willen das Huhn zur Erde fallen, es ward mir
Endlich leider zu schwer; und so verlor mich die Menge.
Aber sie fanden das Huhn, und da der Pater es aufhub,
Ward er des Wolfes im Speicher gewahr, es sah ihn der Haufen.
Allen rief der Pater nun zu: ‚Hierher nur! und trefft ihn!
Uns ist ein anderer Dieb, ein Wolf, in die Hände gefallen,
Käm' er davon, wir wären beschimpft; es lachte wahrhaftig
Alles auf unsre Kosten im ganzen Jülicher Lande.'
Was er nur konnte, dachte der Wolf. Da regnet' es Schläge
Hierher und dorther ihm über den Leib und schmerzliche Wunden.
Alle schrien, so laut sie konnten; die übrigen Bauern
Liefen zusammen und streckten für tot ihn zur Erde darnieder.
Größeres Weh geschah ihm noch nie, so lang' er auch lebte.
Malt' es einer auf Leinwand, es wäre seltsam zu sehen,
Wie er dem Pfaffen den Speck und seine Schinken bezahlte.
Auf die Straße warfen sie ihn und schleppten ihn eilig

Über Stock und Stein; es war kein Leben zu spüren.
Und er hatte sich unrein gemacht, da warf man mit Abscheu
Vor das Dorf ihn hinaus; er lag in schlammiger Grube,
Denn sie glaubten ihn tot. In solcher schmählichen Ohnmacht
Blieb er, ich weiß nicht wie lange, bevor er sein Elend gewahr ward.
Wie er noch endlich entkommen, das hab' ich niemals erfahren.
Und doch schwur er hernach (es kann ein Jahr sein), mir immer
Treu und gewärtig zu bleiben; nur hat es nicht lange gedauert.
Denn warum er mir schwur, das konnt' ich leichtlich begreifen:
Gerne hätt' er einmal sich satt an Hühnern gegessen.
Und damit ich ihn tüchtig betröge, beschrieb ich ihm ernstlich
Einen Balken, auf dem sich ein Hahn des Abends gewöhnlich
Neben sieben Hühnern zu setzen pflegte. Da führt' ich
Ihn im stillen bei Nacht, es hatte zwölfe geschlagen,
Und der Laden des Fensters, mit leichter Latte gestützet,
Stand (ich wußt' es) noch offen. Ich tat, als wollt' ich hineingehn;
Aber ich schmiegte mich an und ließ dem Oheim den Vortritt.
‚Gehet frei nur hinein', so sagt' ich; ‚wollt Ihr gewinnen,
Seid geschäftig, es gilt! Ihr findet gemästete Hennen.'
Gar bedächtig kroch er hinein und tastete leise
Hier- und dahin und sagte zuletzt mit zornigen Worten:
‚O wie führt Ihr mich schlecht! ich finde wahrlich von Hühnern
Keine Feder.' Ich sprach: ‚Die vorne pflegten zu sitzen,
Hab' ich selber geholt, die andern sitzen dahinten.
Geht nur unverdrossen voran und tretet behutsam.'
Freilich der Balken war schmal, auf dem wir gingen. Ich ließ ihn
Immer voraus und hielt mich zurück und drückte mich rückwärts

Wieder zum Fenster hinaus und zog am Holze; der Laden
Schlug und klappte, das fuhr dem Wolf in die Glieder und schreckt' ihn;
Zitternd plumpt' er hinab vom schmalen Balken zur Erde.
Und erschrocken erwachten die Leute, sie schliefen am Feuer.
‚Sagt, was fiel zum Fenster herein?' so riefen sie alle,
Rafften behende sich auf, und eilig brannte die Lampe.
In der Ecke fanden sie ihn und schlugen und gerbten
Ihm gewaltig das Fell; mich wundert, wie er entkommen.

Weiter bekenn' ich vor Euch, daß ich Frau Gieremund heimlich
Öfters besucht und öffentlich auch. Das hätte nun freilich
Unterbleiben sollen, o wär' es niemals geschehen!
Denn so lange sie lebt, verwindet sie schwerlich die Schande.

Alles hab' ich Euch jetzt gebeichtet, dessen ich irgend
Mich zu erinnern vermag, was meine Seele beschweret.
Sprechet mich los! ich bitte darum; ich werde mit Demut
Jede Buße vollbringen, die schwerste, die Ihr mir auflegt."

Grimbart wußte sich schon in solchen Fällen zu nehmen,
Brach ein Reischen am Wege, dann sprach er: „Oheim, nun schlagt Euch
Dreimal über den Rücken mit diesem Reischen und legt es,
Wie ich's Euch zeige, zur Erde und springet dreimal darüber;
Dann mit Sanftmut küsset das Reis und zeigt Euch gehorsam.
Solche Buße leg' ich Euch auf und spreche von allen
Sünden und allen Strafen Euch los und ledig, vergeb' Euch
Alles im Namen des Herrn, so viel Ihr immer begangen."

Und als Reineke nun die Buße willig vollendet,
Sagte Grimbart: „Lasset an guten Werken, mein Oheim,
Eure Besserung spüren und leset Psalmen, besuchet
Fleißig die Kirchen und fastet an rechten gebotenen Tagen;
Wer Euch fraget, dem weiset den Weg und gebet den Armen

Gern und schwöret mir zu, das böse Leben zu lassen,
Alles Rauben und Stehlen, Verrat und böse Verführung,
Und so ist es gewiß, daß Ihr zu Gnaden gelanget.“
Reineke sprach: „So will ich es tun, so sei es geschworen!“

Und so war die Beichte vollendet. Da gingen sie weiter
Nach des Königes Hof. Der fromme Grimbart und jener
Kamen durch schwärzliche, fette Gebreite; sie sahen ein Kloster
Rechter Hand des Weges, es dienten geistliche Frauen
Spat und früh dem Herren daselbst und nährten im Hofe
Viele Hühner und Hähne, mit manchem schönen Kapaune,
Welche nach Futter zuweilen sich außer der Mauer zerstreuten.
Reineke pflegte sie oft zu besuchen. Da sagt' er zu Grimbart:
„Unser kürzester Weg geht an der Mauer vorüber“;
Aber er meinte die Hühner, wie sie im Freien spazierten.
Seinen Beichtiger führt' er dahin, sie nahten den Hühnern;
Da verdrehte der Schalk die gierigen Augen im Kopfe.
Ja, vor allem gefiel ihm ein Hahn, der jung und gemästet
Hinter den andern spazierte, den faßt' er treulich ins Auge,
Hastig sprang er hinter ihm drein; es stoben die Federn.

Aber Grimbart, entrüstet, verwies ihm den schändlichen Rückfall.
„Handelt Ihr so? unseliger Oheim, und wollt Ihr schon wieder
Um ein Huhn in Sünde geraten, nachdem Ihr gebeichtet?
Schöne Reue heiß' ich mir das!“ Und Reineke sagte:
„Hab' ich es doch in Gedanken getan! O teuerster Oheim,
Bittet zu Gott, er möge die Sünde mir gnädig vergeben.
Nimmer tu' ich es wieder und lass' es gerne.“ Sie kamen
Um das Kloster herum in ihre Straße, sie mußten
Über ein schmales Brückchen hinüber, und Reineke blickte
Wieder nach den Hühnern zurück; er zwang sich vergebens.
Hätte jemand das Haupt ihm abgeschlagen, es wäre
Nach den Hühnern geflogen; so heftig war die Begierde.

Grimbart sah es und rief: „Wo laßt Ihr, Neffe, die Augen
Wieder spazieren? Fürwahr, Ihr seid ein häßlicher Vielfraß!"
Reineke sagte darauf: „Das macht Ihr übel, Herr Oheim!
Übereilet Euch nicht und stört nicht meine Gebete;
Laßt ein Paternoster mich sprechen. Die Seelen der Hühner
Und der Gänse bedürfen es wohl, so viel ich den Nonnen,
Diesen heiligen Frauen, durch meine Klugheit entrissen."
Grimbart schwieg, und Reineke Fuchs verwandte das Haupt nicht
Von den Hühnern, solang' er sie sah. Doch endlich gelangten
Sie zur rechten Straße zurück und nahten dem Hofe.
Und als Reineke nun die Burg des Königs erblickte,
Ward er innig betrübt; denn heftig war er beschuldigt.

VIERTER GESANG

Als man bei Hofe vernahm, es komme Reineke wirklich,
Drängte sich jeder heraus, ihn zu sehn, die Großen und Kleinen,
Wenige freundlich gesinnt, fast alle hatten zu klagen.
Aber Reineken deuchte, das sei von keiner Bedeutung;
Wenigstens stellt' er sich so, da er mit Grimbart, dem Dachse,
Jetzo dreist und zierlich die hohe Straße daher ging.
Mutig kam er heran und gelassen, als wär' er des Königs
Eigener Sohn und frei und ledig von allen Gebrechen.
Ja, so trat er vor Nobel, den König, und stand im Palaste
Mitten unter den Herren; er wußte sich ruhig zu stellen.

„Edler König, gnädiger Herr!" begann er zu sprechen;
„Edel seid Ihr und groß, von Ehren und Würden der Erste;
Darum bitt' ich von Euch, mich heute rechtlich zu hören.
Keinen treueren Diener hat Eure fürstliche Gnade
Je gefunden als mich, das darf ich kühnlich behaupten.
Viele weiß ich am Hofe, die mich darüber verfolgen.
Eure Freundschaft würd' ich verlieren, woferne die Lügen

Meiner Feinde, wie sie es wünschen, Euch glaublich erschienen;
Aber glücklicherweise bedenkt Ihr jeglichen Vortrag,
Hört den Beklagten so gut als den Kläger; und haben sie vieles
Mir im Rücken gelogen, so bleib' ich ruhig und denke:
Meine Treue kennt Ihr genug, sie bringt mir Verfolgung."

„Schweiget!" versetzte der König; „es hilft kein Schwätzen und Schmeicheln,
Euer Frevel ist laut, und Euch erwartet die Strafe.
Habt Ihr den Frieden gehalten, den ich den Tieren geboten?
Den ich geschworen? Da steht der Hahn! Ihr habt ihm die Kinder,
Falscher, leidiger Dieb! eins nach dem andern entrissen.
Und wie lieb Ihr mich habt, das wollt Ihr, glaub' ich, beweisen,
Wenn Ihr mein Ansehn schmäht und meine Diener beschädigt.
Seine Gesundheit verlor der arme Hinze! Wie langsam
Wird der verwundete Braun von seinen Schmerzen genesen!
Aber ich schelt' Euch nicht weiter. Denn hier sind Kläger die Menge,
Viele bewiesene Taten. Ihr möchtet schwerlich entkommen."

„Bin ich, gnädiger Herr, deswegen strafbar", versetzte
Reineke; „kann ich davor, wenn Braun mit blutiger Platte
Wieder zurückkehrt? Wagt' er sich doch und wollte vermessen
Rüsteviels Honig verzehren; und kamen die tölpischen Bauern
Ihm zu Leibe, so ist er ja stark und mächtig an Gliedern;
Schlugen und schimpften sie ihn, eh' er ins Wasser gekommen,
Hätt' er als rüstiger Mann die Schande billig gerochen.
Und wenn Hinze, der Kater, den ich mit Ehren empfangen,
Nach Vermögen bewirtet, sich nicht vom Stehlen enthalten,

In die Wohnung des Pfaffen, so sehr ich ihn treulich verwarnte,
Sich bei Nacht geschlichen und dort was Übels erfahren:
Hab' ich Strafe verdient, weil jene töricht gehandelt?
Eurer fürstlichen Krone geschähe das wahrlich zu nahe!
Doch Ihr möget mit mir nach Eurem Willen verfahren
Und, so klar auch die Sache sich zeigt, beliebig verfügen:
Mag es zum Nutzen, mag es zum Schaden auch immer gereichen.
Soll ich gesotten, gebraten, geblendet oder gehangen
Werden oder geköpft, so mag es eben geschehen!
Alle sind wir in Eurer Gewalt, Ihr habt uns in Händen.
Mächtig seid Ihr und stark, was widerstünde der Schwache?
Wollt Ihr mich töten, das würde fürwahr ein geringer Gewinn sein.
Doch es komme, was will; ich stehe redlich zu Rechte."

Da begann der Widder Bellyn: „Die Zeit ist gekommen,
Laßt uns klagen!" Und Isegrim kam mit seinen Verwandten,
Hinze, der Kater, und Braun, der Bär, und Tiere zu Scharen.
Auch der Esel Boldewyn kam und Lampe, der Hase,
Wackerlos kam, das Hündchen, und Ryn, die Dogge, die Ziege
Metke, Hermen, der Bock, dazu das Eichhorn, die Wiesel
Und das Hermelin. Auch waren der Ochs und das Pferd nicht
Außen geblieben; daneben ersah man die Tiere der Wildnis,
Als den Hirsch und das Reh, und Bokert, den Biber, den Marder,
Das Kaninchen, den Eber, und alle drängten einander.
Bartolt, der Storch, und Markart, der Häher, und Lütke, der Kranich,
Flogen herüber; es meldeten sich auch Tybbke, die Ente,
Alheid, die Gans, und andere mehr mit ihren Beschwerden.
Henning, der traurige Hahn, mit seinen wenigen Kindern
Klagte heftig; es kamen herbei unzählige Vögel
Und der Tiere so viel, wer wüßte die Menge zu nennen!
Alle gingen dem Fuchs zu Leibe, sie hofften die Frevel
Nun zur Sprache zu bringen und seine Strafe zu sehen.

Vor den König drängten sie sich mit heftigen Reden,
Häuften Klagen auf Klagen, und alt' und neue Geschichten
Brachten sie vor. Man hatte noch nie an einem Gerichtstag
Vor des Königes Thron so viele Beschwerden gehöret.
Reineke stand und wußte darauf gar künstlich zu dienen:
Denn ergriff er das Wort, so floß die zierliche Rede
Seiner Entschuldigung her, als wär' es lautere Wahrheit.
Alles wußt' er beiseite zu lehnen und alles zu stellen.
Hörte man ihn, man wunderte sich und glaubt' ihn entschuldigt,
Ja, er hatte noch übriges Recht und vieles zu klagen.
Aber es standen zuletzt wahrhaftige, redliche Männer
Gegen Reineken auf, die wider ihn zeugten, und alle
Seine Frevel fanden sich klar. Nun war es geschehen!
Denn im Rate des Königs mit einer Stimme beschloß man:
Reineke Fuchs sei schuldig des Todes! so soll man ihn fahen,
Soll ihn binden und hängen an seinem Halse, damit er
Seine schweren Verbrechen mit schmählichem Tode verbüße.

Jetzt gab Reineke selbst das Spiel verloren; es hatten
Seine klugen Worte nur wenig geholfen. Der König
Sprach das Urteil selber. Da schwebte dem losen Verbrecher,
Als sie ihn fingen und banden, sein klägliches Ende vor Augen.

Wie nun nach Urteil und Recht gebunden Reineke dastand,
Seine Feinde sich regten, zum Tod ihn eilend zu führen,
Standen die Freunde betroffen und waren schmerzlich bekümmert,
Martin, der Affe, mit Grimbart und vielen aus Reinekens Sippschaft.
Ungern hörten sie an das Urteil und trauerten alle,
Mehr als man dächte. Denn Reineke war der ersten Baronen
Einer und stand nun entsetzt von allen Ehren und Würden
Und zum schmählichen Tode verdammt. Wie mußte der Anblick

Seine Verwandten empören! Sie nahmen alle zusammen
Urlaub vom Könige, räumten den Hof, so viele sie waren.

Aber dem Könige ward es verdrießlich, daß ihn so viele
Ritter verließen. Es zeigte sich nun die Menge Verwandten,
Die sich mit Reinekens Tod sehr unzufrieden entfernten.
Und der König sprach zu einem seiner Vertrauten:
„Freilich ist Reineke boshaft, allein man sollte bedenken,
Viele seiner Verwandten sind nicht zu entbehren am Hofe."

Aber Isegrim, Braun und Hinze, der Kater, sie waren
Um den Gebundnen geschäftig, sie wollten die schändliche Strafe,
Wie es der König gebot, an ihrem Feinde vollziehen,
Führten ihn hastig hinaus und sahen den Galgen von ferne.
Da begann der Kater erbost zum Wolfe zu sprechen:
„Nun bedenket, Herr Isegrim, wohl, wie Reineke damals
Alles tat und betrieb, wie seinem Hasse gelungen,
Euren Bruder am Galgen zu sehn. Wie zog er so fröhlich
Mit ihm hinaus! Versäumet ihm nicht die Schuld zu bezahlen.
Und gedenket, Herr Braun: er hat Euch schändlich verraten,
Euch in Rüsteviels Hofe dem groben, zornigen Volke,
Männern und Weibern, treulos geliefert und Schlägen und Wunden
Und der Schande dazu, die allerorten bekannt ist.
Habet acht und haltet zusammen! Entkäm' er uns heute,
Könnte sein Witz ihn befrein und seine listigen Ränke,
Niemals würd' uns die Stunde der süßen Rache beschert sein.
Laßt uns eilen und rächen, was er an allen verschuldet."

Isegrim sprach: „Was helfen die Worte? Geschwinde verschafft mir
Einen tüchtigen Strick; wir wollen die Qual ihm verkürzen."
Also sprachen sie wider den Fuchs und zogen die Straße.

Aber Reineke hörte sie schweigend; doch endlich begann er:

„Da ihr so grausam mich haßt und tödliche Rache begehret,
Wisset ihr doch kein Ende zu finden! Wie muß ich mich wundern!
Hinze wüßte wohl Rat zu einem tüchtigen Stricke:
Denn er hat ihn geprüft, als in des Pfaffen Behausung
Er sich nach Mäusen hinabließ und nicht mit Ehren davonkam.
Aber Isegrim, Ihr und Braun, ihr eilt ja gewaltig,
Euren Oheim zum Tode zu bringen; ihr meint, es gelänge."

Und der König erhob sich mit allen Herren des Hofes,
Um das Urteil vollstrecken zu sehn; es schloß an den Zug sich
Auch die Königin an, von ihren Frauen begleitet;
Hinter ihnen strömte die Menge der Armen und Reichen,
Alle wünschten Reinekens Tod und wollten ihn sehen.
Isegrim sprach indes mit seinen Verwandten und Freunden
Und ermahnete sie, ja fest aneinander geschlossen,
Auf den gebundenen Fuchs ein wachsam Auge zu haben;
Denn sie fürchteten immer, es möchte der Kluge sich retten.
Seinem Weibe befahl der Wolf besonders: „Bei deinem
Leben! siehe mir zu und hilf den Bösewicht halten.
Käm' er los, wir würden es alle gar schmählich empfinden."
Und zu Braunen sagt' er: „Gedenket, wie er Euch höhnte;
Alles könnt Ihr ihm nun mit reichlichen Zinsen bezahlen.
Hinze klettert und soll uns den Strick da oben befesten;
Haltet ihn und stehet mir bei, ich rücke die Leiter,
Wenig Minuten, so soll's um diesen Schelmen getan sein!"
Braun versetzte: „Stellt nur die Leiter, ich will ihn schon halten."

„Seht doch!" sagte Reineke drauf; „wie seid ihr geschäftig,
Euren Oheim zum Tode zu bringen! Ihr solltet ihn eher
Schützen und schirmen und, wär' er in Not, euch seiner erbarmen.
Gerne bät' ich um Gnade, allein was könnt' es mir helfen?
Isegrim haßt mich zu sehr, ja seinem Weibe gebeut er,
Mich zu halten und mir den Weg zur Flucht zu vertreten.

Dächte sie voriger Zeiten, sie könnte mir wahrlich nicht schaden.
Aber soll es nun über mich gehn, so wollt' ich, es wäre
Bald getan. So kam auch mein Vater in schreckliche Nöten,
Doch am Ende ging es geschwind. Es begleiteten freilich
Nicht so viele den sterbenden Mann. Doch wolltet ihr länger
Mich verschonen, es müßt' euch gewiß zur Schande gereichen."
„Hört ihr", sagte der Bär, „wie trotzig der Bösewicht redet?
Immer, immer hinauf! es ist sein Ende gekommen."

Ängstlich dachte Reineke nun: „O möcht' ich in diesen
Großen Nöten geschwind was glücklich Neues ersinnen,
Daß der König mir gnädig das Leben schenkte und diese
Grimmigen Feinde, die drei, in Schaden und Schande gerieten!
Laßt uns alles bedenken, und helfe, was helfen kann! denn hier
Gilt es den Hals, die Not ist dringend, wie soll ich entkommen?
Alles Übel häuft sich auf mich. Es zürnet der König,
Meine Freunde sind fort und meine Feinde gewaltig;
Selten hab' ich was Gutes getan, die Stärke des Königs,
Seiner Räte Verstand wahrhaftig wenig geachtet;
Vieles hab' ich verschuldet und hoffte dennoch, mein Unglück
Wieder zu wenden. Gelänge mir's nur, zum Worte zu kommen,
Wahrlich sie hingen mich nicht; ich lasse die Hoffnung nicht fahren."

Und er wandte darauf sich von der Leiter zum Volke,
Rief: „Ich sehe den Tod vor meinen Augen und werd' ihm
Nicht entgehen. Nur bitt' ich euch alle, so viele mich hören,
Um ein weniges nur, bevor ich die Erde verlasse.
Gerne möcht' ich vor euch in aller Wahrheit die Beichte
Noch zum letztenmal öffentlich sprechen und redlich bekennen

Alles Übel, das ich getan, damit nicht ein andrer
Etwa dieses und jenes von mir im stillen begangnen,
Unbekannten Verbrechens dereinst bezüchtiget werde;
So verhüt' ich zuletzt noch manches Übel, und hoffen
Kann ich, es werde mir's Gott in allen Gnaden gedenken."

Viele jammerte das. Sie sprachen untereinander:
„Klein ist die Bitte, gering nur die Frist!" Sie baten den König,
Und der König vergönnt' es. Da wurd' es Reineken wieder
Etwas leichter ums Herz, er hoffte glücklichen Ausgang;
Gleich benutzt' er den Raum, der ihm gegönnt war, und sagte:

„Spiritus Domini helfe mir nun! Ich sehe nicht einen
Unter der großen Versammlung, den ich nicht irgend beschädigt.
Erst, ich war noch ein kleiner Kompan und hatte die Brüste
Kaum zu saugen verlernt, da folgt' ich meinen Begierden
Unter die jungen Lämmer und Ziegen, die neben der Herde
Sich im Freien zerstreuten; ich hörte die blökenden Stimmen
Gar zu gerne, da lüstete mich nach leckerer Speise,
Lernte hurtig sie kennen. Ein Lämmchen biß ich zu Tode,
Leckte das Blut; es schmeckte mir köstlich! und tötete weiter
Vier der jüngsten Ziegen und aß sie und übte mich ferner;
Sparte keine Vögel, noch Hühner, noch Enten, noch Gänse,
Wo ich sie fand, und habe gar manches im Sande vergraben,
Was ich geschlachtet und was mir nicht alles zu essen beliebte.

Dann begegnet' es mir: in einem Winter am Rheine
Lernt' ich Isegrim kennen, er lauerte hinter den Bäumen.
Gleich versichert' er mir, ich sei aus seinem Geschlechte,
Ja, er wußte mir gar die Grade der Sippschaft am Finger
Vorzurechnen. Ich ließ mir's gefallen; wir schlossen ein Bündnis
Und gelobten einander, als treue Gesellen zu wandern;
Leider sollt' ich dadurch mir manches Übel bereiten.

Wir durchstrichen zusammen das Land. Da stahl er das Große,
Stahl ich das Kleine. Was wir gewonnen, das sollte gemein sein;
Aber es war nicht gemein, wie billig: er teilte nach Willkür;
Niemals empfing ich die Hälfte. Ja, Schlimmeres hab' ich erfahren.
Wenn er ein Kalb sich geraubt, sich einen Widder erbeutet,
Wenn ich im Überfluß sitzen ihn fand, er eben die Ziege,
Frisch geschlachtet, verzehrte, ein Bock ihm unter den Klauen
Lag und zappelte, grinst' er mich an und stellte sich grämlich,
Trieb mich knurrend hinweg: so war mein Teil ihm geblieben.
Immer ging es mir so, es mochte der Braten so groß sein,
Als er wollte. Ja, wenn es geschah, daß wir in Gesellschaft
Einen Ochsen gefangen, wir eine Kuh uns gewonnen,
Gleich erschienen sein Weib und sieben Kinder und warfen
Über die Beute sich her und drängten mich hinter die Mahlzeit.
Keine Rippe konnt' ich erlangen, sie wäre denn gänzlich
Glatt und trocken genagt; das sollte mir alles gefallen!
Aber Gott sei gedankt, ich litt deswegen nicht Hunger;
Heimlich nährt' ich mich wohl von meinem herrlichen Schatze,
Von dem Silber und Golde, das ich an sicherer Stätte
Heimlich verwahre; des hab' ich genug. Es schafft mir wahrhaftig
Ihn kein Wagen hinweg, und wenn er siebenmal führe."

Und es horchte der König, da von dem Schatze gesagt ward,
Neigte sich vor und sprach: „Von wannen ist er Euch kommen?
Saget an! ich meine den Schatz." Und Reineke sagte:
„Dieses Geheimnis verhehl' ich Euch nicht, was könnt' es mir helfen!

Denn ich nehme nichts mit von diesen köstlichen Dingen.
Aber wie Ihr befehlt, will ich Euch alles erzählen;
Denn es muß nun einmal heraus; um Liebes und Leides
Möcht' ich wahrhaftig das große Geheimnis nicht länger verhehlen:
Denn der Schatz war gestohlen. Es hatten sich viele verschworen,
Euch, Herr König, zu morden, und wurde zur selbigen Stunde
Nicht der Schatz mit Klugheit entwendet, so war es geschehen.
Merket es, gnädiger Herr! denn Euer Leben und Wohlfahrt
Hing an dem Schatz. Und daß man ihn stahl, das brachte denn leider
Meinen eigenen Vater in große Nöten, es bracht' ihn
Frühe zur traurigen Fahrt, vielleicht zu ewigem Schaden;
Aber, gnädiger Herr, zu Eurem Nutzen geschah es!"

Und die Königin hörte bestürzt die gräßliche Rede,
Das verworrne Geheimnis von ihres Gemahles Ermordung,
Von dem Verrat, vom Schatz und was er alles gesprochen.
„Ich vermahn' Euch, Reineke", rief sie, „bedenket! Die lange
Heimfahrt steht Euch bevor, entladet reuig die Seele;
Saget die lautere Wahrheit und redet mir deutlich vom Morde."
Und der König setzte hinzu: „Ein jeglicher schweige!
Reineke komme nun wieder herab und trete mir näher;
Denn es betrifft die Sache mich selbst, damit ich sie höre."

Reineke, der es vernahm, stand wieder getröstet, die Leiter
Stieg er zum großen Verdruß der Feindlichgesinnten herunter;
Und er nahte sich gleich dem König und seiner Gemahlin,
Die ihn eifrig befragten, wie diese Geschichte begegnet.

Da bereitet' er sich zu neuen gewaltigen Lügen.
„Könnt' ich des Königes Huld und seiner Gemahlin", so dacht' er,

„Wieder gewinnen, und könnte zugleich die List mir gelingen,
Daß ich die Feinde, die mich dem Tod entgegen geführet,
Selbst verdürbe, das rettete mich aus allen Gefahren.
Sicher wäre mir das ein unerwarteter Vorteil;
Aber ich sehe schon, Lügen bedarf es, und über die Maßen.“

Ungeduldig befragte die Königin Reineken weiter:
„Lasset uns deutlich vernehmen, wie diese Sache beschaffen!
Saget die Wahrheit, bedenkt das Gewissen, entladet die Seele!“
Reineke sagte darauf: „Ich will euch gerne berichten.
Sterben muß ich nun wohl; es ist kein Mittel dagegen.
Sollt’ ich meine Seele beladen am Ende des Lebens,
Ewige Strafe verwirken; es wäre töricht gehandelt.
Besser ist es, daß ich bekenne, und muß ich dann leider
Meine lieben Verwandten und meine Freunde verklagen,
Ach, was kann ich dafür! es drohen die Qualen der Hölle.“

Und es war dem Könige schon bei diesen Gesprächen
Schwer geworden ums Herz. Er sagte: „Sprichst du die Wahrheit?“
Da versetzte Reineke drauf mit verstellter Gebärde:
„Freilich bin ich ein sündiger Mensch; doch red’ ich die Wahrheit.
Könnt’ es mir nutzen, wenn ich Euch löge? Da würd’ ich mich selber
Ewig verdammen. Ihr wißt ja nun wohl, so ist es beschlossen,
Sterben muß ich, ich sehe den Tod und werde nicht lügen:
Denn es kann mir nicht Böses noch Gutes zur Hülfe gedeihen.“
Bebend sagte Reineke das und schien zu verzagen.

Und die Königin sprach: „Mich jammert seine Beklemmung;
Sehet ihn gnadenreich an, ich bitt’ Euch, mein Herr! und erwäget:
Manches Unheil wenden wir ab nach seinem Bekenntnis.

Laßt uns je eher je lieber den Grund der Geschichte vernehmen.
Heißet jeglichen schweigen und laßt ihn öffentlich sprechen."

Und der König gebot, da schwieg die ganze Versammlung.
Aber Reineke sprach: „Beliebt es Euch, gnädiger König,
So vernehmet, was ich Euch sage. Geschieht auch mein Vortrag
Ohne Brief und Papier, so soll er doch treu und genau sein;
Ihr erfahrt die Verschwörung, und niemands denk' ich zu schonen."

FÜNFTER GESANG

Nun vernehmet die List und wie der Fuchs sich gewendet,
Seine Frevel wieder zu decken und andern zu schaden.
Bodenlose Lügen ersann er, beschimpfte den Vater
Jenseit der Grube, beschwerte den Dachs mit großer Verleumdung,
Seinen redlichsten Freund, der ihm beständig gedienet.
So erlaubt' er sich alles, damit er seiner Erzählung
Glauben schaffte, damit er an seinen Verklägern sich rächte.

„Mein Herr Vater", sagt' er darauf, „war so glücklich gewesen,
König Emmrichs, des Mächtigen, Schatz auf verborgenen Wegen
Einst zu entdecken, doch bracht' ihm der Fund gar wenigen Nutzen.
Denn er überhob sich des großen Vermögens und schätzte
Seinesgleichen von nun an nicht mehr, und seine Gesellen
Achtet' er viel zu gering: er suchte sich höhere Freunde.
Hinze, den Kater, sendet' er ab in die wilden Ardennen,
Braun, den Bären, zu suchen, dem sollt' er Treue versprechen,
Sollt' ihn laden, nach Flandern zu kommen und König zu werden.

Als nun Braun das Schreiben gelesen, erfreut' es ihn herzlich;
Unverdrossen und kühn begab er sich eilig nach Flandern:
Denn er hatte schon lange so was in Gedanken getragen.
Meinen Vater fand er daselbst, der sah ihn mit Freuden,
Sendete gleich nach Isegrim aus und nach Grimbart, dem Weisen;
Und die vier verhandelten dann die Sache zusammen;
Doch der Fünfte dabei war Hinze, der Kater. Ein Dörfchen
Liegt allda, wird Ifte genannt, und grade da war es
Zwischen Ifte und Gent, wo sie zusammen gehandelt.
Eine lange düstere Nacht verbarg die Versammlung;
Nicht mit Gott! es hatte der Teufel, es hatte mein Vater
Sie in seiner Gewalt mit seinem leidigen Golde.
Sie beschlossen des Königes Tod, beschwuren zusammen
Festen, ewigen Bund, und also schwuren die fünfe
Sämtlich auf Isegrims Haupt: sie wollten Braunen, den Bären,
Sich zum Könige wählen und auf dem Stuhle zu Aachen
Mit der goldnen Krone das Reich ihm festlich versichern.
Wollte nun auch von des Königes Freunden und seinen Verwandten
Jemand dagegen sich setzen, den sollte mein Vater bereden
Oder bestechen und, ginge das nicht, sogleich ihn verjagen.
Das bekam ich zu wissen: denn Grimbart hatte sich einmal
Morgens lustig getrunken und war gesprächig geworden;
Seinem Weibe verschwätzte der Tor die Heimlichkeit alle,
Legte Schweigen ihr auf; da, glaubt' er, wäre geholfen.
Sie begegnete drauf bald meinem Weibe, die mußt' ihr
Der drei Könige Namen zum feierlichen Gelübde
Nennen, Ehr' und Treue verpfänden, um Liebes und Leides,
Niemand ein Wörtchen zu sagen, und so entdeckt' sie ihr alles.
Ebensowenig hat auch mein Weib das Versprechen gehalten:
Denn sobald sie mich fand, erzählte sie, was sie vernommen,
Gab mir ein Merkmal dazu, woran ich die Wahrheit der Rede

Leicht erkennte; doch war mir dadurch nur schlimmer geschehen.
Ich erinnerte mich der Frösche, deren Gequake
Bis zu den Ohren des Herrn im Himmel endlich gelangte.
Einen König wollten sie haben und wollten im Zwange
Leben, nachdem sie der Freiheit in allen Landen genossen.
Da erhörte sie Gott und sandte den Storch, der beständig
Sie verfolget und haßt und keinen Frieden gewähret.
Ohne Gnade behandelt er sie; nun klagen die Toren,
Aber leider zu spät; denn nun bezwingt sie der König."

Reineke redete laut zur ganzen Versammlung, es hörten
Alle Tiere sein Wort, und so verfolgt' er die Rede:
„Seht, für alle fürchtet' ich das. So wär' es geworden.
Herr, ich sorgte für Euch und hoffte beßre Belohnung.
Braunens Ränke sind mir bekannt, sein tückisches Wesen,
Manche Missetat auch von ihm; ich besorgte das Schlimmste.
Würd' er Herr, so wären wir alle zusammen verdorben.
‚Unser König ist edel geboren und mächtig und gnädig',
Dacht' ich im stillen bei mir, ‚es wär' ein trauriger Wechsel,
Einen Bären und tölpischen Taugenicht so zu erhöhen.'
Etliche Wochen sann ich darüber und sucht' es zu hindern.

Auch vor allem begriff ich es wohl: behielte mein Vater
Seinen Schatz in der Hand, so brächt' er viele zusammen,
Sicher gewänn' er das Spiel, und wir verlören den König.
Meine Sorge ging nun dahin, den Ort zu entdecken,
Wo der Schatz sich befände, damit ich ihn heimlich entführte.
Zog mein Vater ins Feld, der alte listige, lief er
Nach dem Walde bei Tag oder Nacht, in Frost oder Hitze,
Näss' oder Trockne, so war ich dahinter und spürte den Gang aus.

Einmal lag ich versteckt in der Erde mit Sorgen und Sinnen,
Wie ich entdeckte den Schatz, von dem mir so vieles bekannt war.
Da erblickt' ich den Vater aus einer Ritze sich schleichen,

Zwischen den Steinen kam er hervor und stieg aus der Tiefe.
Still und verborgen hielt ich mich da; er glaubte sich einsam,
Schaute sich überall um, und als er niemand bemerkte
Nah oder fern, begann er sein Spiel, ihr sollt es vernehmen.
Wieder mit Sande verstopft' er das Loch und wußte geschicklich
Mit dem übrigen Boden es gleich zu machen. Das konnte,
Wer nicht zusah, unmöglich erkennen. Und eh' er von dannen
Wanderte, wußt' er den Platz, wo seine Füße gestanden,
Über und über geschickt mit seinem Schwanze zu streichen
Und verwühlte die Spur mit seinem Munde. Das lernt' ich
Jenes Tages zuerst von meinem listigen Vater,
Der in Ränken und Schwänken und allen Streichen gewandt war.
Und so eilt' er hinweg nach seinem Gewerbe. Da sann ich,
Ob sich der herrliche Schatz wohl in der Nähe befände.
Eilig trat ich herbei und schritt zum Werke; die Ritze
Hatt' ich in weniger Zeit mit meinen Pfoten eröffnet,
Kroch begierig hinein. Da fand ich köstliche Sachen,
Feinen Silbers genug und roten Goldes! Wahrhaftig
Auch der Älteste hier hat nie so vieles gesehen.
Und ich machte mich dran mit meinem Weibe; wir trugen,
Schleppten bei Tag und bei Nacht; uns fehlten Karren und Wagen,
Viele Mühe kostet' es uns und manche Beschwernis.
Treulich hielt Frau Ermelyn aus; so hatten wir endlich
Die Kleinode hinweg zu einer Stätte getragen,
Die uns gelegener schien. Indessen hielt sich mein Vater
Täglich mit jenen zusammen, die unsern König verrieten.
Was sie beschlossen, das werdet Ihr hören und werdet erschrecken.

Braun und Isegrim sandten sofort in manche Provinzen
Offene Briefe, die Söldner zu locken: sie sollten zu Haufen
Eilig kommen, es wolle sie Braun mit Diensten versehen,
Milde woll' er sogar voraus die Söldner bezahlen.
Da durchstrich mein Vater die Länder und zeigte die Briefe,

Seines Schatzes gewiß, der, glaubt' er, läge geborgen.
Aber es war nun geschehn, er hätte mit allen Gesellen,
Sucht' er auch noch so genau, nicht einen Pfennig gefunden.

Keine Bemühung ließ er sich reun; so war er behende
Zwischen der Elb' und dem Rheine durch alle Länder gelaufen,
Manchen Söldner hatt' er gefunden und manchen gewonnen.
Kräftigen Nachdruck sollte das Geld den Worten verleihen.

Endlich kam der Sommer ins Land; zu seinen Gesellen
Kehrte mein Vater zurück. Da hatt' er von Sorgen und Nöten
Und von Angst zu erzählen, besonders, wie er beinahe
Vor den hohen Burgen in Sachsen sein Leben verloren,
Wo ihn Jäger mit Pferden und Hunden alltäglich verfolgten,
Daß er knapp und mit Not mit heilem Pelze davonkam.

Freudig zeigt' er darauf den vier Verrätern die Liste,
Welche Gesellen er alle mit Gold und Versprechen gewonnen.
Braunen erfreute die Botschaft; es lasen die fünfe zusammen,
Und es hieß: ‚Zwölfhundert von Isegrims kühnen Verwandten
Werden kommen mit offenen Mäulern und spitzigen Zähnen,
Ferner, die Kater und Bären sind alle für Braunen gewonnen,
Jeder Vielfraß und Dachs aus Sachsen und Thüringen stellt sich.'
Doch man solle sich ihnen zu der Bedingung verbinden:
Einen Monat des Soldes vorauszuzahlen; sie wollten
Alle dagegen mit Macht beim ersten Gebote sich stellen.
Gott sei ewig gedankt, daß ich die Plane gehindert!

Denn nachdem er nun alles besorgt, so eilte mein Vater
Über Feld und wollte den Schatz auch wieder beschauen.
Da ging erst die Bekümmernis an; da grub er und suchte.

Doch je länger er scharrte, je weniger fand er. Vergebens
War die Mühe, die er sich gab, und seine Verzweiflung:
Denn der Schatz war fort, er konnt' ihn nirgend entdecken.
Und vor Ärger und Scham — wie schrecklich quält die Erinnrung
Mich bei Tag und bei Nacht! — erhängte mein Vater sich selber.

Alles das hab' ich getan, die böse Tat zu verhindern.
Übel gerät es mir nun; jedoch es soll mich nicht reuen.
Isegrim aber und Braun, die gefräßigen, sitzen am nächsten
Bei dem König zu Rat. Und Reineke! wie dir dagegen,
Armer Mann, jetzt gedankt wird! daß du den leiblichen Vater
Hingegeben, den König zu retten. Wo sind sie zu finden,
Die sich selber verderben, nur Euch das Leben zu fristen?"

König und Königin hatten indes den Schatz zu gewinnen
Große Begierde gefühlt; sie traten seitwärts und riefen
Reineken, ihn besonders zu sprechen, und fragten behende:
„Saget an, wo habt Ihr den Schatz? Wir möchten es wissen."
Reineke ließ sich dagegen vernehmen: „Was könnt' es mir helfen,
Zeigt' ich die herrlichen Güter dem Könige, der mich verurteilt?
Glaubet er meinen Feinden doch mehr, den Dieben und Mördern,
Die euch mit Lügen beschweren, mein Leben mir abzugewinnen."

„Nein", versetzte die Königin, „nein! so soll es nicht werden!
Leben läßt Euch mein Herr, und das Vergangne vergißt er.
Er bezwingt sich und zürnet nicht mehr. Doch möget Ihr künftig
Klüger handeln, und treu und gewärtig dem Könige bleiben."

Reineke sagte: „Gnädige Frau, vermöget den König,
Mir zu geloben vor Euch, daß er mich wieder begnadigt,

Daß er mir alle Verbrechen und Schulden und alle den Unmut,
Den ich ihm leider erregt', auf keine Weise gedenket,
So besitzet gewiß in unsern Zeiten kein König
Solchen Reichtum, als er durch meine Treue gewinnet;
Groß ist der Schatz; ich zeige den Ort, ihr werdet erstaunen."

„Glaubet ihm nicht", versetzte der König; „doch wenn er von Stehlen,
Lügen und Rauben erzählet, das möget Ihr allenfalls glauben;
Denn ein größerer Lügner ist wahrlich niemals gewesen."

Und die Königin sprach: „Fürwahr, sein bisheriges Leben
Hat ihm wenig Vertrauen erworben; doch jetzo bedenket,
Seinen Oheim, den Dachs, und seinen eigenen Vater
Hat er diesmal bezüchtigt und ihre Frevel verkündigt.
Wollt' er, so konnt' er sie schonen und konnte von anderen Tieren
Solche Geschichten erzählen; er wird so törig nicht lügen."

„Meinet Ihr so", versetzte der König, „und denkt Ihr, es wäre
Wirklich zum besten geraten, daß nicht ein größeres Übel
Draus entstünde, so will ich es tun und diese Verbrechen
Reinekens über mich nehmen und seine verwundete Sache.
Einmal trau' ich, zum letztenmal noch! das mag er bedenken:
Denn ich schwör' es ihm zu bei meiner Krone! wofern er
Künftig frevelt und lügt, es soll ihn ewig gereuen;
Alles, wär' es ihm nur verwandt im zehenten Grade,
Wer sie auch wären, sie sollen's entgelten, und keiner entgeht mir,
Sollen in Unglück und Schmach und schwere Prozesse geraten!"

Als nun Reineke sah, wie schnell sich des Königs Gedanken

Wendeten, faßt' er ein Herz und sagte: „Sollt' ich so töricht
Handeln, gnädiger Herr, und Euch Geschichten erzählen,
Deren Wahrheit sich nicht in wenig Tagen bewiese?"

Und der König glaubte den Worten, und alles vergab er,
Erst des Vaters Verrat, dann Reinekens eigne Verbrechen.
Über die Maßen freute sich der; zur glücklichen Stunde
War er der Feinde Gewalt und seinem Verhängnis entronnen.

„Edler König, gnädiger Herr!" begann er zu sprechen,
„Möge Gott Euch alles vergelten und Eurer Gemahlin,
Was ihr an mir Unwürdigem tut; ich will es gedenken,
Und ich werde mich immer gar höchlich dankbar erzeigen.
Denn es lebet gewiß in allen Landen und Reichen
Niemand unter der Sonne, dem ich die herrlichen Schätze
Lieber gönnte denn eben euch beiden. Was habt ihr nicht alles
Mir für Gnade bewiesen! Dagegen geb' ich euch willig
König Emmerichs Schatz, so wie ihn dieser besessen.
Wo er liegt, beschreib' ich euch nun, ich sage die Wahrheit.

Höret! im Osten von Flandern ist eine Wüste, darinnen
Liegt ein einzelner Busch, heißt Hüsterlo, merket den Namen!
Dann ist ein Brunn, der Krekelborn heißt, ihr werdet verstehen,
Beide nicht weit auseinander. Es kommt in selbige Gegend
Weder Weib noch Mann im ganzen Jahre. Da wohnet
Nur die Eul' und der Schuhu, und dort begrub ich die Schätze.
Krekelborn heißt die Stätte, das merket und nützet das Zeichen.
Gehet selber dahin mit Eurer Gemahlin; es wäre
Niemand sicher genug, um ihn als Boten zu senden,
Und der Schade wäre zu groß; ich darf es nicht raten.
Selber müßt Ihr dahin. Bei Krekelborn geht Ihr vorüber,
Seht zwei junge Birken hernach, und merket! die eine
Steht nicht weit von dem Brunnen; so geht nun, gnädiger König,

Grad' auf die Birken los, denn drunter liegen die Schätze.
Kratzt und scharret nur zu; erst findet Ihr Moos an den Wurzeln,
Dann entdeckt Ihr sogleich die allerreichsten Geschmeide,
Golden, künstlich und schön, auch findet Ihr Emmerichs Krone;
Wäre des Bären Wille geschehn, der sollte sie tragen.
Manchen Zierat seht Ihr daran und Edelgesteine,
Goldnes Kunstwerk: man macht es nicht mehr, wer wollt' es bezahlen?
Sehet Ihr alle das Gut, o gnädiger König, beisammen,
Ja, ich bin es gewiß, Ihr denket meiner in Ehren.
‚Reineke, redlicher Fuchs!' so denkt Ihr, ‚der du so klüglich
Unter das Moos die Schätze gegraben, o mög' es dir immer,
Wo du auch sein magst, glücklich ergehn!'" So sagte der Heuchler.

Und der König versetzte darauf: „Ihr müßt mich begleiten;
Denn wie will ich allein die Stelle treffen? Ich habe
Wohl von Aachen gehört, wie auch von Lübeck und Cöllen
Und von Paris: doch Hüsterlo hört' ich im Leben nicht einmal
Nennen, ebensowenig als Krekelborn; sollt' ich nicht fürchten,
Daß du uns wieder belügst und solche Namen erdichtest?"

Reineke hörte nicht gern des Königs bedächtige Rede,
Sprach: „So weis' ich Euch doch nicht fern von hinnen, als hättet
Ihr am Jordan zu suchen. Wie schien' ich Euch jetzo verdächtig?
Nächst, ich bleibe dabei, ist alles in Flandern zu finden.
Laßt uns einige fragen; es mag es ein andrer versichern.
Krekelborn! Hüsterlo! sagt' ich, und also heißen die Namen."
Lampen rief er darauf, und Lampe zauderte bebend.
Reineke rief: „So kommt nur getrost, der König begehrt Euch,

Will, Ihr sollt bei Eid und bei Pflicht, die Ihr neulich geleistet,
Wahrhaft reden; so zeiget denn an, wofern Ihr es wisset,
Sagt, wo Hüsterlo liegt und Krekelborn! Lasset uns hören."

Lampe sprach: „Das kann ich wohl sagen. Es liegt in der Wüste
Krekelborn nahe bei Hüsterlo. Hüsterlo nennen die Leute
Jenen Busch, wo Simonet lange, der Krumme, sich aufhielt,
Falsche Münze zu schlagen mit seinen verwegnen Gesellen.
Vieles hab' ich daselbst von Frost und Hunger gelitten,
Wenn ich vor Rynen, dem Hund, in großen Nöten geflüchtet."
Reineke sagte darauf: „Ihr könnt Euch unter die andern
Wieder stellen; Ihr habet den König genugsam berichtet."
Und der König sagte zu Reineke: „Seid mir zufrieden,
Daß ich hastig gewesen und Eure Worte bezweifelt;
Aber sehet nun zu, mich an die Stelle zu bringen."

Reineke sprach: „Wie schätzt' ich mich glücklich, geziemt' es mir heute
Mit dem König zu gehn und ihm nach Flandern zu folgen;
Aber es müßt' Euch zur Sünde gereichen. So sehr ich mich schäme,
Muß es heraus, wie gern ich es auch noch länger verschwiege.
Isegrim ließ vor einiger Zeit zum Mönche sich weihen,
Zwar nicht etwa dem Herren zu dienen, er diente dem Magen;
Zehrte das Kloster fast auf, man reicht' ihm für sechse zu essen,
Alles war ihm zu wenig; er klagte mir Hunger und Kummer;
Endlich erbarmet' es mich, als ich ihn mager und krank sah,
Half ihm treulich davon, er ist mein naher Verwandter.
Und nun hab' ich darum den Bann des Papstes verschuldet,
Möchte nun ohne Verzug, mit Eurem Wissen und Willen,
Meine Seele beraten und morgen mit Aufgang der Sonne,
Gnad' und Ablaß zu suchen, nach Rom mich als Pilger begeben

Und von dannen über das Meer, so werden die Sünden
Alle von mir genommen, und kehr' ich wieder nach Hause,
Darf ich mit Ehren neben Euch gehn. Doch tät' ich es heute,
Würde jeglicher sagen: ‚Wie treibt es jetzo der König
Wieder mit Reineken, den er vor kurzem zum Tode verurteilt!
Und der über das alles im Bann des Papstes verstrickt ist!'
Gnädiger Herr, Ihr seht es wohl ein, wir lassen es lieber."

„Wahr", versetzte der König drauf, „das konnt' ich nicht wissen.
Bist du im Banne, so wär' mir's ein Vorwurf, dich mit mir zu führen,
Lampe kann mich, oder ein andrer, zum Borne begleiten.
Aber, Reineke, daß du vom Banne dich suchst zu befreien,
Find' ich nützlich und gut. Ich gebe dir gnädigen Urlaub,
Morgen beizeiten zu gehn; ich will die Wallfahrt nicht hindern.
Denn mir scheint, Ihr wollt Euch bekehren vom Bösen zum Guten.
Gott gesegne den Vorsatz und lass' Euch die Reise vollbringen!"

SECHSTER GESANG

So gelangte Reineke wieder zur Gnade des Königs.
Und es trat der König hervor auf erhabene Stätte,
Sprach vom Steine herab und hieß die sämtlichen Tiere
Stille schweigen; sie sollten ins Gras nach Stand und Geburt sich
Niederlassen. Und Reineke stand an der Königin Seite;
Aber der König begann mit großem Bedachte zu sprechen:

„Schweiget und höret mich an zusammen, Vögel und Tiere,
Arm' und Reiche, höret mich an, ihr Großen und Kleinen,
Meine Baronen und meine Genossen des Hofes und Hauses!
Reineke steht hier in meiner Gewalt; man dachte vor kurzem

Ihn zu hängen, doch hat er bei Hofe so manches Geheimnis
Dargetan, daß ich ihm glaube und wohlbedächtlich die Huld ihm
Wieder schenke. So hat auch die Königin, meine Gemahlin,
Sehr gebeten für ihn, so daß ich ihm günstig geworden,
Mich ihm völlig versöhnet und Leib und Leben und Güter
Frei ihm gegeben. Es schützt ihn fortan und schirmt ihn mein Friede;
Nun sei allen zusammen bei Leibesleben geboten:
Reineken sollt ihr überall ehren mit Weib und mit Kindern,
Wo sie euch immer bei Tag oder Nacht hinkünftig begegnen.
Ferner hör' ich von Reinekens Dingen nicht weitere Klage;
Hat er Übels getan, so ist es vorüber; er wird sich
Bessern und tut es gewiß. Denn morgen wird er beizeiten
Stab und Ränzel ergreifen, als frommer Pilger nach Rom gehn
Und von dannen über das Meer; auch kommt er nicht wieder,
Bis er vollkommenen Ablaß der sündigen Taten erlangt hat."

Hinze wandte sich drauf zu Braun und Isegrim zornig:
„Nun ist Mühe und Arbeit verloren!" so rief er, „o wär' ich
Weit von hier! Ist Reineke wieder zu Gnaden gekommen,
Braucht er jegliche Kunst, uns alle drei zu verderben.
Um ein Auge bin ich gebracht, ich fürchte fürs andre!"

„Guter Rat ist teuer", versetzte der Braune, „das seh' ich."
Isegrim sagte dagegen: „Das Ding ist seltsam! wir wollen
Grad' zum Könige gehn." Er trat verdrießlich mit Braunen
Gleich vor König und Königin auf, sie redeten vieles
Wider Reineken, redeten heftig; da sagte der König:
„Hörtet ihr's nicht? Ich hab' ihn aufs neue zu Gnaden empfangen."
Zornig sagt' es der König und ließ im Augenblick beide

Fahen, binden und schließen; denn er gedachte der Worte,
Die er von Reineken hatte vernommen, und ihres Verrates.

So veränderte sich in dieser Stunde die Sache
Reinekens völlig. Er machte sich los, und seine Verkläger
Wurden zuschanden; er wußte sogar es tückisch zu lenken,
Daß man dem Bären ein Stück von seinem Felle herabzog,
Fußlang, fußbreit, daß auf die Reise daraus ihm ein Ränzel
Fertig würde; so schien zum Pilger ihm wenig zu fehlen.
Aber die Königin bat er, auch Schuh' ihm zu schaffen, und sagte:
„Ihr erkennt mich, gnädige Frau, nun einmal für Euren
Pilger; helfet mir nun, daß ich die Reise vollbringe.
Isegrim hat vier tüchtige Schuhe, da wär' es wohl billig,
Daß er ein Paar mir davon zu meinem Wege verließe;
Schafft mir sie, gnädige Frau, durch meinen Herren, den König.
Auch entbehrte Frau Gieremund wohl ein Paar von den ihren,
Denn als Hausfrau bleibt sie doch meist in ihrem Gemache."

Diese Forderung fand die Königin billig. „Sie können
Jedes wahrlich ein Paar entbehren!" sagte sie gnädig.
Reineke dankte darauf und sagte mit freudiger Beugung:
„Krieg' ich doch nun vier tüchtige Schuhe, da will ich nicht zaudern.
Alles Guten, was ich sofort als Pilger vollbringe,
Werdet Ihr teilhaft gewiß! Ihr und mein gnädiger König;
Auf der Wallfahrt sind wir verpflichtet für alle zu beten,
Die uns irgend geholfen. Es lohne Gott Euch die Milde!"

An den vorderen Füßen verlor Herr Isegrim also
Seine Schuhe bis an die Knorren; desgleichen verschonte
Man Frau Gieremund nicht, sie mußte die hintersten lassen.

So verloren sie beide die Haut und Klauen der Füße,
Lagen erbärmlich mit Braunen zusammen und dachten zu sterben;
Aber der Heuchler hatte die Schuh' und das Ränzel gewonnen,

Trat herzu und spottete noch besonders der Wölfin:
„Liebe, Gute!“ sagt’ er zu ihr, „da sehet, wie zierlich
Eure Schuhe mir stehn, ich hoffe, sie sollen auch dauern.
Manche Mühe gabt Ihr Euch schon zu meinem Verderben,
Aber ich habe mich wieder bemüht; es ist mir gelungen.
Habt Ihr Freude gehabt, so kommt nun endlich die Reihe
Wieder an mich; so pflegt es zu gehn, man weiß sich zu fassen.
Wenn ich nun reise, so kann ich mich täglich der lieben Verwandten
Dankbar erinnern; Ihr habt mir die Schuhe gefällig gegeben,
Und es soll Euch nicht reuen; was ich an Ablaß verdiene,
Teil’ ich mit Euch, ich hol’ ihn zu Rom und über dem Meere.“

Und Frau Gieremund lag in großen Schmerzen, sie konnte
Fast nicht reden, doch griff sie sich an und sagte mit Seufzen:
„Unsre Sünden zu strafen, läßt Gott Euch alles gelingen.“
Aber Isegrim lag und schwieg mit Braunen zusammen;
Beide waren elend genug, gebunden, verwundet
Und vom Feinde verspottet. Es fehlte Hinze, der Kater;
Reineke wünschte so sehr, auch ihm das Wasser zu wärmen.

Nun beschäftigte sich der Heuchler, am anderen Morgen
Gleich die Schuhe zu schmieren, die seine Verwandten verloren,
Eilte dem Könige noch sich vorzustellen und sagte:
„Euer Knecht ist bereit, den heiligen Weg zu betreten;
Eurem Priester werdet Ihr nun in Gnaden befehlen,
Daß er mich segne, damit ich von hinnen mit Zuversicht scheide,
Daß mein Ausgang und Eingang gebenedeit sei!“ so sprach er.
Und es hatte der König den Widder zu seinem Kaplane;
Alle geistlichen Dinge besorgt er, es braucht ihn der König
Auch zum Schreiber, man nennt ihn Bellyn. Da ließ er ihn rufen,

Sagte: „Leset sogleich mir etliche heilige Worte
Über Reineken hier, ihn auf die Reise zu segnen,
Die er vorhat; er gehet nach Rom und über das Wasser.
Hänget das Ränzel ihm um und gebt ihm den Stab in die Hände.“
Und es erwiderte drauf Bellyn: „Herr König, Ihr habet,
Glaub' ich, vernommen, daß Reineke noch vom Banne nicht los ist.
Übels würd' ich deswegen von meinem Bischof erdulden,
Der es leichtlich erfährt und mich zu strafen Gewalt hat.
Aber ich tue Reineken selbst nichts Grades noch Krummes.
Könnte man freilich die Sache vermitteln, und sollt' es kein Vorwurf
Mir beim Bischof, Herrn Ohnegrund, werden, zürnte nicht etwa
Drüber der Propst, Herr Losefund, oder der Dechant
Rapiamus, ich segnet' ihn gern nach Eurem Befehle.“

Und der König versetzte: „Was soll das Reimen und Reden?
Viele Worte laßt Ihr uns hören und wenig dahinter.
Leset Ihr über Reineke mir nicht Grades noch Krummes,
Frag' ich den Teufel darnach! Was geht mich der Bischof im Dom an?
Reineke macht die Wallfahrt nach Rom, und wollt Ihr das hindern?“
Ängstlich kraute Bellyn sich hinter den Ohren; er scheute
Seines Königes Zorn und fing sogleich aus dem Buch an
Über den Pilger zu lesen, doch dieser achtet' es wenig.
Was es mochte, half es denn auch, das kann man sich denken.

Und nun war der Segen gelesen, da gab man ihm weiter
Ränzel und Stab, der Pilger war fertig, so log er die Wallfahrt.
Falsche Tränen liefen dem Schelmen die Wangen herunter
Und benetzten den Bart, als fühlt' er die schmerzlichste Reue.
Freilich schmerzt' es ihn auch, daß er nicht alle zusammen,
Wie sie waren, ins Unglück gebracht und drei nur geschändet.

Doch er stand und bat, sie möchten alle getreulich
Für ihn beten, so gut sie vermöchten. Er machte nun Anstalt,
Fortzueilen, er fühlte sich schuldig und hatte zu fürchten.
„Reineke“, sagte der König: „Ihr seid mir so eilig! Warum das?“
„Wer was Gutes beginnt, soll niemals weilen“, versetzte
Reineke drauf; „ich bitt' Euch um Urlaub, es ist die gerechte
Stunde gekommen, gnädiger Herr, und lasset mich wandern.“
„Habet Urlaub“, sagte der König, und also gebot er
Sämtlichen Herren des Hofs, dem falschen Pilger ein Stückchen
Weges zu folgen und ihn zu begleiten. Es lagen indessen
Braun und Isegrim, beide gefangen, in Jammer und Schmerzen.

Und so hatte denn Reineke wieder die Liebe des Königs
Völlig gewonnen und ging mit großen Ehren von Hofe,
Schien mit Ränzel und Stab nach dem heiligen Grabe zu wallen,
Hatt' er dort gleich so wenig zu tun als ein Maibaum in Aachen.
Ganz was anders führt' er im Schilde. Nun war ihm gelungen,
Einen flächsenen Bart und eine wächserne Nase
Seinem König zu drehen; es mußten ihm alle Verkläger
Folgen, da er nun ging, und ihn mit Ehren begleiten.
Und er konnte die Tücke nicht lassen und sagte noch scheidend:
„Sorget, gnädiger Herr, daß Euch die beiden Verräter
Nicht entgehen, und haltet sie wohl im Kerker gebunden.
Würden sie frei, sie ließen nicht ab mit schändlichen Werken.
Eurem Leben drohet Gefahr, Herr König, bedenkt es!“

Und so ging er dahin mit stillen, frommen Gebärden,
Mit einfältigem Wesen, als wüßt' er's eben nicht anders.

Drauf erhub sich der König zurück zu seinem Palaste,
Sämtliche Tiere folgten dahin. Nach seinem Befehle
Hatten sie Reineken erst ein Stückchen Weges begleitet;
Und es hatte der Schelm sich ängstlich und traurig gebärdet,
Daß er manchen gutmütigen Mann zum Mitleid bewegte.
Lampe, der Hase, besonders war sehr bekümmert. „Wir sollen,
Lieber Lampe“, sagte der Schelm, „und sollen wir scheiden?
Möcht’ es Euch und Bellyn, dem Widder, heute belieben,
Meine Straße mit mir noch ferner zu wandeln! Ihr würdet
Mir durch eure Gesellschaft die größte Wohltat erzeigen.
Ihr seid angenehme Begleiter und redliche Leute,
Jedermann redet nur Gutes von euch, das brächte mir Ehre;
Geistlich seid ihr und heiliger Sitte. Ihr lebet gerade,
Wie ich als Klausner gelebt. Ihr laßt euch mit Kräutern begnügen,
Pfleget mit Laub und Gras den Hunger zu stillen und fraget
Nie nach Brot oder Fleisch, noch andrer besonderer Speise.“
Also konnt’ er mit Lob der beiden Schwäche betören;
Beide gingen mit ihm zu seiner Wohnung und sahen
Malepartus, die Burg, und Reineke sagte zum Widder:
„Bleibet hier außen, Bellyn, und laßt die Gräser und Kräuter
Nach Belieben Euch schmecken; es bringen diese Gebirge
Manche Gewächse hervor, gesund und guten Geschmackes.
Lampen nehm’ ich mit mir; doch bittet ihn, daß er mein Weib mir
Trösten möge, die schon sich betrübt, und wird sie vernehmen,
Daß ich nach Rom als Pilger verreise, so wird sie verzweifeln.“
Süße Worte brauchte der Fuchs, die zwei zu betriegen.
Lampen führt’ er hinein, da fand er die traurige Füchsin
Liegen neben den Kindern, von großer Sorge bezwungen;
Denn sie glaubte nicht mehr, daß Reineke sollte von Hofe
Wiederkehren. Nun sah sie ihn aber mit Ränzel und Stabe;
Wunderbar kam es ihr vor, und sagte: „Reinhart, mein Lieber,
Saget mir doch, wie ist’s Euch gegangen? Was habt Ihr erfahren?“

Und er sprach: „Schon war ich verurteilt, gefangen, gebunden,
Aber der König bezeigte sich gnädig, befreite mich wieder,
Und ich zog als Pilger hinweg; es blieben zu Bürgen
Braun und Isegrim beide zurück. Dann hat mir der König
Lampen zur Sühne gegeben, und was wir nur wollen, geschieht ihm.
Denn es sagte der König zuletzt mit gutem Bescheide:
‚Lampe war es, der dich verriet.‘ So hat er wahrhaftig
Große Strafe verdient und soll mir alles entgelten.“
Aber Lampe vernahm erschrocken die drohenden Worte,
War verwirrt und wollte sich retten und eilte zu fliehen.
Reineke schnell vertrat ihm das Tor, es faßte der Mörder
Bei dem Halse den Armen, der laut und gräßlich um Hülfe
Schrie: „O helfet, Bellyn! Ich bin verloren! Der Pilger
Bringt mich um!“ Doch schrie er nicht lange; denn Reineke hatt' ihm
Bald die Kehle zerbissen. Und so empfing er den Gastfreund.
„Kommt nun“, sagt' er, „und essen wir schnell, denn fett ist der Hase,
Guten Geschmackes. Er ist wahrhaftig zum erstenmal etwas
Nütze, der alberne Geck; ich hatt' es ihm lange geschworen.
Aber nun ist es vorbei; nun mag der Verräter verklagen!“
Reineke machte sich dran mit Weib und Kindern, sie pflückten
Eilig dem Hasen das Fell und speisten mit gutem Behagen.
Köstlich schmeckt' es der Füchsin, und einmal über das andre:
„Dank sei König und Königin!“ rief sie, „wir haben durch ihre
Gnade das herrliche Mahl, Gott mög' es ihnen belohnen!“
„Esset nur“, sagte Reineke, „zu; es reichet für diesmal;
Alle werden wir satt, und mehreres denk' ich zu holen:
Denn es müssen doch alle zuletzt die Zeche bezahlen,
Die sich an Reineken machen und ihm zu schaden gedenken.“

Und Frau Ermelyn sprach: „Ich möchte fragen, wie seid Ihr

Los und ledig geworden?“ — „Ich brauchte“, sagt’ er dagegen,
„Viele Stunden, wollt’ ich erzählen, wie fein ich den König
Umgewendet und ihn und seine Gemahlin betrogen.
Ja, ich leugn’ es Euch nicht, es ist die Freundschaft nur dünne
Zwischen dem König und mir und wird nicht lange bestehen.
Wenn er die Wahrheit erfährt, er wird sich grimmig entrüsten.
Kriegt er mich wieder in seine Gewalt, nicht Gold und nicht Silber
Könnte mich retten, er folgt mir gewiß und sucht mich zu fangen.
Keine Gnade darf ich erwarten, das weiß ich am besten;
Ungehangen läßt er mich nicht, wir müssen uns retten.

Laßt uns nach Schwaben entfliehn! dort kennt uns niemand; wir halten
Uns nach Landes Weise daselbst. Hilf Himmel! es findet
Süße Speise sich da und alles Guten die Fülle:
Hühner, Gänse, Hasen, Kaninchen und Zucker und Datteln,
Feigen, Rosinen und Vögel von allen Arten und Größen;
Und man bäckt im Lande das Brot mit Butter und Eiern.
Rein und klar ist das Wasser, die Luft ist heiter und lieblich,
Fische gibt es genug, die heißen Gallinen, und andre
Heißen Pullus und Gallus und Anas, wer nennte sie alle?
Das sind Fische nach meinem Geschmack! Da brauch’ ich nicht eben
Tief ins Wasser zu tauchen; ich habe sie immer gegessen,
Da ich als Klausner mich hielt. Ja, Weibchen, wollen wir endlich
Friede genießen, so müssen wir hin, Ihr müßt mich begleiten.

Nun versteht mich nur wohl: es ließ mich diesmal der König
Wieder entwischen, weil ich ihm log von seltenen Dingen.
König Emmerichs herrlichen Schatz versprach ich zu liefern;

Den beschrieb ich, er läge bei Krekelborn. Werden sie kommen,
Dort zu suchen, so finden sie leider nicht dieses, noch jenes,
Werden vergeblich im Boden wühlen, und siehet der König
Dergestalt sich betrogen, so wird er schrecklich ergrimmen.
Denn was ich für Lügen ersann, bevor ich entwischte,
Könnt Ihr denken; fürwahr, es ging zunächst an den Kragen!
Niemals war ich in größerer Not, noch schlimmer geängstigt,
Nein! ich wünsche mir solche Gefahr nicht wieder zu sehen.
Kurz, es mag mir begegnen, was will, ich lasse mich niemals
Wieder nach Hofe bereden, um in des Königs Gewalt mich
Wieder zu geben; es brauchte wahrhaftig die größte Gewandtheit,
Meinen Daumen mit Not aus seinem Munde zu bringen."

Und Frau Ermelyn sagte betrübt: „Was wollte das werden?
Elend sind wir und fremd in jedem anderen Lande;
Hier ist alles nach unserm Begehren. Ihr bleibet der Meister
Eurer Bauern. Und habt Ihr ein Abenteuer zu wagen
Denn so nötig? Fürwahr, um Ungewisses zu suchen,
Das Gewisse zu lassen ist weder rätlich noch rühmlich.
Leben wir hier doch sicher genug! Wie stark ist die Feste!
Überzög' uns der König mit seinem Heere, belegt' er
Auch die Straße mit Macht; wir haben immer so viele
Seitentore, so viel geheime Wege, wir wollen
Glücklich entkommen. Ihr wißt es ja besser, was soll ich es sagen?
Uns mit Macht und Gewalt in seine Hände zu kriegen,
Viel gehörte dazu. Es macht mir keine Besorgnis.
Aber daß Ihr über das Meer zu gehen geschworen,
Das betrübt mich. Ich fasse mich kaum. Was könnte das werden!"

„Liebe Frau, bekümmert Euch nicht!" versetzte dagegen
Reineke; „höret mich an und merket: besser geschworen
Als verloren! So sagte mir einst ein Weiser im Beichtstuhl:
Ein gezwungener Eid bedeute wenig. Das kann mich

Keinen Katzenschwanz hindern! Ich meine den Eid, versteht nur.
Wie Ihr gesagt habt, soll es geschehen. Ich bleibe zu Hause.
Wenig hab' ich fürwahr in Rom zu suchen, und hätt' ich
Zehen Eide geschworen, so wollt' ich Jerusalem nimmer
Sehen; ich bleibe bei Euch und hab' es freilich bequemer;
Andrer Orten find' ich's nicht besser, als wie ich es habe.
Will mir der König Verdruß bereiten, ich muß es erwarten,
Stark und zu mächtig ist er für mich; doch kann es gelingen,
Daß ich ihn wieder betöre, die bunte Kappe mit Schellen
Über die Ohren ihm schiebe. Da soll er's, wenn ich's erlebe,
Schlimmer finden, als er es sucht. Das sei ihm geschworen!"

Ungeduldig begann Bellyn am Tore zu schmälen:
„Lampe, wollt Ihr nicht fort? So kommt doch! lasset uns gehen!"
Reineke hört' es und eilte hinaus und sagte: „Mein Lieber,
Lampe bittet Euch sehr, ihm zu vergeben, er freut sich
Drin mit seiner Frau Muhme; das werdet Ihr, sagt' er, ihm gönnen.
Gehet sachte voraus. Denn Ermelyn, seine Frau Muhme,
Läßt ihn so bald nicht hinweg; Ihr werdet die Freude nicht stören."

Da versetzte Bellyn: „Ich hörte schreien; was war es?
Lampen hört' ich; er rief mir: ‚Bellyn! zu Hülfe! zu Hülfe!'
Habt Ihr ihm etwas Übels getan?" Da sagte der kluge
Reineke: „Höret mich recht! Ich sprach von meiner gelobten
Wallfahrt; da wollte mein Weib darüber völlig verzweifeln,
Es befiel sie ein tödlicher Schrecken, sie lag uns in Ohnmacht.
Lampe sah das und fürchtete sich, und in der Verwirrung
Rief er: ‚Helfet, Bellyn, Bellyn! o säumet nicht lange,
Meine Muhme wird mir gewiß nicht wieder lebendig!'"
„Soviel weiß ich", sagte Bellyn, „er hat ängstlich gerufen."
„Nicht ein Härchen ist ihm verletzt", verschwur sich der Falsche;

„Lieber möchte mir selbst als Lampen was Böses begegnen.
Hörtet Ihr?“ sagte Reineke drauf, „es bat mich der König
Gestern, käm’ ich nach Hause, da sollt’ ich in einigen Briefen
Über wichtige Sachen ihm meine Gedanken vermelden.
Lieber Neffe, nehmet sie mit; ich habe sie fertig.
Schöne Dinge sag’ ich darin und rat’ ihm das Klügste.
Lampe war über die Maßen vergnügt, ich hörte mit Freuden
Ihn mit seiner Frau Muhme sich alter Geschichten erinnern.
Wie sie schwatzten! sie wurden nicht satt! Sie aßen und tranken;
Freuten sich übereinander; indessen schrieb ich die Briefe.“

„Lieber Reinhart“, sagte Bellyn, „Ihr müßt nur die Briefe
Wohl verwahren; es fehlt sie einzustecken ein Täschchen.
Wenn ich die Siegel zerbräche, das würde mir übel bekommen.“
Reineke sagte: „Das weiß ich zu machen. Ich denke, das Ränzel,
Das ich aus Braunens Felle bekam, wird eben sich schicken,
Es ist dicht und stark, darin verwahr’ ich die Briefe.
Und es wird Euch dagegen der König besonders belohnen;
Er empfängt Euch mit Ehren, Ihr seid ihm dreimal willkommen.“
Alles das glaubte der Widder Bellyn. Da eilte der andre
Wieder ins Haus, das Ränzel ergriff er und steckte behende
Lampens Haupt, des ermordeten, drein und dachte daneben,
Wie er dem armen Bellyn die Tasche zu öffnen verwehrte.

Und er sagte, wie er herauskam: „Hänget das Ränzel
Nur um den Hals und laßt Euch, mein Neffe, nicht etwa gelüsten,
In die Briefe zu sehen; es wäre schädliche Neugier:
Denn ich habe sie wohl verwahrt, so müßt Ihr sie lassen.
Selbst das Ränzel öffnet mir nicht! Ich habe den Knoten
Künstlich geknüpft, ich pflege das so in wichtigen Dingen
Zwischen dem König und mir; und findet der König die Riemen

So verschlungen, wie er gewohnt ist, so werdet Ihr Gnade
Und Geschenke verdienen als zuverlässiger Bote.

Ja, sobald Ihr den König erblickt und wollt noch in beßres
Ansehn Euch setzen bei ihm, so laßt ihn merken, als hättet
Ihr mit gutem Bedacht zu diesen Briefen geraten,
Ja dem Schreiber geholfen; es bringt Euch Vorteil und Ehre."
Und Bellyn ergötzte sich sehr und sprang von der Stätte,
Wo er stand, mit Freuden empor und hierhin und dorthin,
Sagte: „Reineke! Neffe und Herr, nun seh' ich, Ihr liebt mich,
Wollt mich ehren. Es wird vor allen Herren des Hofes
Mir zum Lobe gereichen, daß ich so gute Gedanken,
Schöne, zierliche Worte zusammenbringe. Denn freilich
Weiß ich nicht zu schreiben wie Ihr; doch sollen sie's meinen,
Und ich dank' es nur Euch. Zu meinem Besten geschah es,
Daß ich Euch folgte hierher. Nun sagt, was meint Ihr noch weiter?
Geht nicht Lampe mit mir in dieser Stunde von hinnen?"

„Nein! versteht mich!" sagte der Schalk; „noch ist es unmöglich.
Geht allmählich voraus, er soll Euch folgen, sobald ich
Einige Sachen von Wichtigkeit ihm vertraut und befohlen."
„Gott sei bei Euch!" sagte Bellyn; „so will ich denn gehen."
Und er eilete fort; um Mittag gelangt' er nach Hofe.

Als ihn der König ersah und zugleich das Ränzel erblickte,
Sprach er: „Saget, Bellyn, von wannen kommt Ihr? und wo ist
Reineke blieben? Ihr traget das Ränzel, was soll das bedeuten?"
Da versetzte Bellyn: „Er bat mich, gnädigster König,
Euch zwei Briefe zu bringen, wir haben sie beide zusammen
Ausgedacht. Ihr findet subtil die wichtigsten Sachen
Abgehandelt, und was sie enthalten, das hab' ich geraten;
Hier im Ränzel finden sie sich; er knüpfte den Knoten."

Und es ließ der König sogleich dem Biber gebieten,
Der Notarius war und Schreiber des Königs, man nennt ihn
Bokert. Es war sein Geschäft, die schweren, wichtigen Briefe
Vor dem König zu lesen, denn manche Sprache verstand er.
Auch nach Hinzen schickte der König, er sollte dabei sein.
Als nun Bokert den Knoten mit Hinze seinem Gesellen
Aufgelöset, zog er das Haupt des ermordeten Hasen
Mit Erstaunen hervor und rief: „Das heiß' ich mir Briefe!
Seltsam genug! Wer hat sie geschrieben? Wer kann es erklären?
Dies ist Lampens Kopf, es wird ihn niemand verkennen."

Und es erschraken König und Königin. Aber der König
Senkte sein Haupt und sprach: „O, Reineke! hätt' ich dich wieder."
König und Königin beide betrübten sich über die Maßen.
„Reineke hat mich betrogen!" so rief der König. „O, hätt' ich
Seinen schändlichen Lügen nicht Glauben gegeben!" so rief er,
Schien verworren, mit ihm verwirrten sich alle die Tiere.

Aber Lupardus begann, des Königs naher Verwandter:
„Traun! ich sehe nicht ein, warum Ihr also betrübt seid
Und die Königin auch. Entfernet diese Gedanken;
Fasset Mut! es möcht' Euch vor allen zur Schande gereichen.
Seid Ihr nicht Herr? Es müssen Euch alle, die hier sind, gehorchen."

„Eben deswegen", versetzte der König; „so laßt Euch nicht wundern,
Daß ich im Herzen betrübt bin. Ich habe mich leider vergangen;
Denn mich hat der Verräter mit schändlicher Tücke bewogen,
Meine Freunde zu strafen. Es liegen beide geschändet,
Braun und Isegrim; sollte mich's nicht von Herzen gereuen?

Ehre bringt es mir nicht, daß ich den besten Baronen
Meines Hofes so übel begegnet und daß ich dem Lügner
So viel Glauben geschenkt und ohne Vorsicht gehandelt.
Meiner Frauen folgt' ich zu schnell. Sie ließ sich betören,
Bat und flehte für ihn; o, wär' ich nur fester geblieben!
Nun ist die Reue zu spät, und aller Rat ist vergebens."

Und es sagte Lupardus: „Herr König, höret die Bitte,
Trauert nicht länger! was Übels geschehen ist, läßt sich vergleichen.
Gebet dem Bären, dem Wolfe, der Wölfin zur Sühne den Widder;
Denn es bekannte Bellyn gar offen und kecklich, er habe
Lampens Tod geraten; das mag er nun wieder bezahlen!
Und wir wollen hernach zusammen auf Reineken losgehn,
Werden ihn fangen, wenn es gerät; da hängt man ihn eilig;
Kommt er zum Worte, so schwätzt er sich los und wird nicht gehangen.
Aber ich weiß es gewiß, es lassen sich jene versöhnen."

Und der König hörte das gern; er sprach zu Lupardus:
„Euer Rat gefällt mir; so geht nun eilig und holet
Mir die beiden Baronen; sie sollen sich wieder mit Ehren
In dem Rate neben mich setzen. Laßt mir die Tiere
Sämtlich zusammenberufen, die hier bei Hofe gewesen;
Alle sollen erfahren, wie Reineke schändlich gelogen,
Wie er entgangen und dann mit Bellyn den Lampe getötet.
Alle sollen dem Wolf und dem Bären mit Ehrfurcht begegnen,
Und zur Sühne geb' ich den Herren, wie Ihr geraten,
Den Verräter Bellyn und seine Verwandten auf ewig."

Und es eilte Lupardus, bis er die beiden Gebundnen,
Braun und Isegrim, fand. Sie wurden gelöset; da sprach er:
„Guten Trost vernehmet von mir! Ich bringe des Königs
Festen Frieden und freies Geleit. Versteht mich, ihr Herren:
Hat der König euch Übels getan, so ist es ihm selber
Leid, er läßt es euch sagen und wünscht euch beide zufrieden;

Und zur Sühne sollt ihr Bellyn mit seinem Geschlechte,
Ja, mit allen Verwandten auf ewige Zeiten empfahen.
Ohne weiteres tastet sie an, ihr möget im Walde,
Möget im Felde sie finden, sie sind euch alle gegeben.
Dann erlaubt euch mein gnädiger Herr noch über das alles,
Reineken, der euch verriet, auf jede Weise zu schaden:
Ihn, sein Weib und Kinder und alle seine Verwandten
Mögt ihr verfolgen, wo ihr sie trefft, es hindert euch niemand.
Diese köstliche Freiheit verkünd' ich im Namen des Königs.
Er und alle, die nach ihm herrschen, sie werden es halten!
Nur vergesset denn auch, was euch Verdrießlichs begegnet,
Schwöret, ihm treu und gewärtig zu sein, ihr könnt es mit Ehren,
Nimmer verletzt er euch wieder; ich rat' euch, ergreifet den Vorschlag."

Also war die Sühne beschlossen; sie mußte der Widder
Mit dem Halse bezahlen, und alle seine Verwandten
Werden noch immer verfolgt von Isegrims mächtiger Sippschaft.
So begann der ewige Haß. Nun fahren die Wölfe
Ohne Scheu und Scham auf Lämmer und Schafe zu wüten
Fort, sie glauben das Recht auf ihrer Seite zu haben;
Keines verschonet ihr Grimm, sie lassen sich nimmer versöhnen.
Aber um Brauns und Isegrims willen und ihnen zu Ehren
Ließ der König den Hof zwölf Tage verlängern; er wollte
Öffentlich zeigen, wie ernst es ihm sei, die Herrn zu versöhnen.

SIEBENTER GESANG

Und nun sah man den Hof gar herrlich bestellt und bereitet,
Manche Ritter kamen dahin; den sämtlichen Tieren
Folgten unzählige Vögel, und alle zusammen verehrten
Braun und Isegrim hoch, die ihrer Leiden vergaßen.
Da ergötzte sich festlich die beste Gesellschaft, die jemals

Nur beisammen gewesen; Trompeten und Pauken erklangen,
Und den Hoftanz führte man auf mit guten Manieren.
Überflüssig war alles bereitet, was jeder begehrte.
Boten auf Boten gingen ins Land und luden die Gäste,
Vögel und Tiere machten sich auf; sie kamen zu Paaren,
Reiseten hin bei Tag und bei Nacht und eilten zu kommen.

Aber Reineke Fuchs lag auf der Lauer zu Hause,
Dachte nicht nach Hofe zu gehn, der verlogene Pilger;
Wenig Dankes erwartet' er sich. Nach altem Gebrauche
Seine Tücke zu üben gefiel am besten dem Schelme.
Und man hörte bei Hof die allerschönsten Gesänge;
Speis' und Trank ward über und über den Gästen gereichet;
Und man sah turnieren und fechten. Es hatte sich jeder
Zu den Seinen gesellt, da ward getanzt und gesungen,
Und man hörte Pfeifen dazwischen und hörte Schalmeien.
Freundlich schaute der König von seinem Saale hernieder;
Ihm behagte das große Getümmel, er sah es mit Freuden.

Und acht Tage waren vorbei (es hatte der König
Sich zu Tafel gesetzt mit seinen ersten Baronen,
Neben der Königin saß er), und blutig kam das Kaninchen
Vor den König getreten und sprach mit traurigem Sinne:

„Herr! Herr König! und alle zusammen! erbarmet euch meiner!
Denn ihr habt so argen Verrat und mördrische Taten,
Wie ich von Reineken diesmal erduldet, nur selten vernommen.
Gestern morgen fand ich ihn sitzen, es war um die sechste
Stunde, da ging ich die Straße vor Malepartus vorüber;
Und ich dachte den Weg in Frieden zu ziehen. Er hatte,
Wie ein Pilger gekleidet, als läs' er Morgengebete,
Sich vor seine Pforte gesetzt. Da wollt' ich behende
Meines Weges vorbei, zu Eurem Hofe zu kommen.
Als er mich sah, erhub er sich gleich und trat mir entgegen,
Und ich glaubt', er wollte mich grüßen; da faßt' er mich aber

Mit den Pfoten gar mörderlich an, und zwischen den Ohren
Fühlt' ich die Klauen und dachte wahrhaftig das Haupt zu verlieren:
Denn sie sind lang und scharf, er druckte mich nieder zur Erde.
Glücklicherweise macht' ich mich los, und da ich so leicht bin,
Konnt' ich entspringen; er knurrte mir nach und schwur, mich zu finden.
Aber ich schwieg und machte mich fort, doch leider behielt er
Mir ein Ohr zurück, ich komme mit blutigem Haupte.
Seht, vier Löcher trug ich davon! Ihr werdet begreifen,
Wie er mit Ungestüm schlug, fast wär' ich liegengeblieben.
Nun bedenket die Not, bedenket Euer Geleite!
Wer mag reisen? wer mag an Eurem Hofe sich finden,
Wenn der Räuber die Straße belegt und alle beschädigt?"

Und er endigte kaum, da kam die gesprächige Krähe,
Merkenau, sagte: „Würdiger Herr und gnädiger König!
Traurige Märe bring' ich vor Euch, ich bin nicht imstande,
Viel zu reden vor Jammer und Angst, ich fürchte, das bricht mir
Noch das Herz: so jämmerlich Ding begegnet' mir heute.
Scharfenebbe, mein Weib, und ich, wir gingen zusammen
Heute früh, und Reineke lag für tot auf der Heide,
Beide Augen im Kopfe verkehrt, es hing ihm die Zunge
Weit zum offenen Munde heraus. Da fing ich vor Schrecken
Laut an zu schrein. Er regte sich nicht, ich schrie und beklagt' ihn,
Rief: ‚O weh mir!' und ‚Ach!' und wiederholte die Klage:
‚Ach! er ist tot! wie dauert er mich! Wie bin ich bekümmert!'
Meine Frau betrübte sich auch; wir jammerten beide.
Und ich betastet' ihm Bauch und Haupt, es nahte desgleichen
Meine Frau sich und trat ihm ans Kinn, ob irgend der Atem
Einiges Leben verriet'; allein sie lauschte vergebens;
Beide hätten wir drauf geschworen. Nun höret das Unglück.

Wie sie nun traurig und ohne Besorgnis dem Munde des Schelmen
Ihren Schnabel näher gebracht, bemerkt' es der Unhold,
Schnappte grimmig nach ihr und riß das Haupt ihr herunter.
Wie ich erschrak, das will ich nicht sagen. ‚O weh mir! o weh mir!'
Schrie ich und rief. Da schoß er hervor und schnappte mit einmal
Auch nach mir; da fuhr ich zusammen und eilte zu fliehen.
Wär' ich nicht so behende gewesen, er hätte mich gleichfalls
Festgehalten; mit Not entkam ich den Klauen des Mörders;
Eilend erreicht' ich den Baum! O, hätt' ich mein trauriges Leben
Nicht gerettet! ich sah mein Weib in des Bösewichts Klauen,
Ach! er hatte die Gute gar bald gegessen. Er schien mir
So begierig und hungrig, als wollt' er noch einige speisen;
Nicht ein Beinchen ließ er zurück, kein Knöchelchen übrig.
Solchen Jammer sah ich mit an! Er eilte von dannen,
Aber ich konnt' es nicht lassen und flog mit traurigem Herzen
An die Stätte; da fand ich nur Blut und wenige Federn
Meines Weibes. Ich bringe sie her, Beweise der Untat.
Ach, erbarmt Euch, gnädiger Herr; denn solltet Ihr diesmal
Diesen Verräter verschonen, gerechte Rache verzögern,
Eurem Frieden und Eurem Geleite nicht Nachdruck verschaffen,
Vieles würde darüber gesprochen, es würd' Euch mißfallen.
Denn man sagt: der ist schuldig der Tat, der zu strafen Gewalt hat
Und nicht strafet; es spielet alsdann ein jeder den Herren.
Eurer Würde ging' es zu nah, Ihr mögt es bedenken."

Also hatte der Hof die Klage des guten Kaninchens
Und der Krähe vernommen. Da zürnte Nobel, der König,
Rief: „So sei es geschworen bei meiner ehlichen Treue,
Diesen Frevel bestraf' ich, man soll es lange gedenken!
Mein Geleit und Gebot zu verhöhnen! Ich will es nicht dulden.

Gar zu leicht vertraut' ich dem Schelm und ließ ihn entkommen,
Stattet' ihn selbst als Pilger noch aus und sah ihn von hinnen
Scheiden, als ging' er nach Rom. Was hat uns der Lügner nicht alles
Aufgeheftet! Wie wußt' er sich nicht der Königin Vorwort
Leicht zu gewinnen! Sie hat mich beredet, nun ist er entkommen;
Aber ich werde der letzte nicht sein, den es bitter gereute,
Frauenrat befolget zu haben. Und lassen wir länger
Ungestraft den Bösewicht laufen, wir müssen uns schämen.
Immer war er ein Schalk und wird es bleiben. Bedenket
Nun zusammen, ihr Herren, wie wir ihn fahen und richten!
Greifen wir ernstlich dazu, so wird die Sache gelingen."

Isegrimen und Braunen behagte die Rede des Königs.
„Werden wir doch am Ende gerochen!" so dachten sie beide.
Aber sie trauten sich nicht zu reden, sie sahen, der König
War verstörten Gemüts und zornig über die Maßen.
Und die Königin sagte zuletzt: „Ihr solltet so heftig,
Gnädiger Herr, nicht zürnen, so leicht nicht schwören; es leidet
Euer Ansehn dadurch und Eurer Worte Bedeutung.
Denn wir sehen die Wahrheit noch keinesweges am Tage;
Ist doch erst der Beklagte zu hören. Und wär' er zugegen,
Würde mancher verstummen, der wider Reineken redet.
Beide Parteien sind immer zu hören; denn mancher Verwegne
Klagt, um seine Verbrechen zu decken. Für klug und verständig
Hielt ich Reineken, dachte nichts Böses und hatte nur immer
Euer Bestes vor Augen, wiewohl es nun anders gekommen.
Denn sein Rat ist gut zu befolgen, wenn freilich sein Leben
Manchen Tadel verdient. Dabei ist seines Geschlechtes
Große Verbindung wohl zu bedenken. Es werden die Sachen
Nicht durch Übereilung gebessert, und was Ihr beschließet,
Werdet Ihr dennoch zuletzt als Herr und Gebieter vollziehen."

Und Lupardus sagte darauf: „Ihr höret so manchen;
Höret diesen denn auch. Er mag sich stellen, und was Ihr

Dann beschließt, vollziehe man gleich. So denken vermutlich
Diese sämtlichen Herrn mit Eurer edlen Gemahlin."

Isegrim sagte darauf: „Ein jeder rate zum Besten!
Herr Lupardus, höret mich an. Und wäre zur Stunde
Reineke hier und entledigte sich der doppelten Klage
Dieser beiden, so wär' es mir immer ein leichtes, zu zeigen,
Daß er das Leben verwirkt. Allein ich schweige von allem,
Bis wir ihn haben. Und habt Ihr vergessen, wie sehr er den König
Mit dem Schatze belogen? Den sollt' er in Hüsterlo neben
Krekelborn finden, und was der groben Lüge noch mehr war.
Alle hat er betrogen und mich und Braunen geschändet;
Aber ich setze mein Leben daran. So treibt es der Lügner
Auf der Heide. Nun streicht er herum und raubet und mordet.
Deucht es dem Könige gut und seinen Herren, so mag man
Also verfahren. Doch wär' es ihm Ernst, nach Hofe zu kommen,
Hätt' er sich lange gefunden. Es eilten die Boten des Königs
Durch das Land, die Gäste zu laden, doch blieb er zu Hause."

Und es sagte der König darauf: „Was sollen wir lange
Hier ihn erwarten? Bereitet euch alle (so sei es geboten!),
Mir am sechsten Tage zu folgen. Denn wahrlich das Ende
Dieser Beschwerden will ich erleben. Was sagen die Herren?
Wär' er nicht fähig, zuletzt ein Land zugrunde zu richten?
Macht euch fertig, so gut ihr nur könnt, und kommet im Harnisch,
Kommt mit Bogen und Spießen und allen andern Gewehren
Und betragt euch wacker und brav! Es führe mir jeder,
Denn ich schlage wohl Ritter im Felde, den Namen mit Ehren.
Malepartus, die Burg, belegen wir; was er im Haus hat,
Wollen wir sehen." Da riefen sie alle: „Wir werden gehorchen!"

Also dachte der König und seine Genossen, die Feste
Malepartus zu stürmen, den Fuchs zu strafen. Doch Grimbart,
Der im Rate gewesen, entfernte sich heimlich und eilte,
Reineken aufzusuchen und ihm die Nachricht zu bringen;
Traurend ging er und klagte vor sich und sagte die Worte:
„Ach, was kann es nun werden, mein Oheim! Billig bedauert
Dich dein ganzes Geschlecht, du Haupt des ganzen Geschlechtes!
Vor Gerichte vertratest du uns, wir waren geborgen:
Niemand konnte bestehn vor dir und deiner Gewandtheit.“

So erreicht' er das Schloß, und Reineken fand er im Freien
Sitzen; er hatte sich erst zwei junge Tauben gefangen;
Aus dem Neste wagten sie sich, den Flug zu versuchen,
Aber die Federn waren zu kurz; sie fielen zu Boden,
Nicht imstande, sich wieder zu heben, und Reineke griff sie;
Denn oft ging er umher, zu jagen. Da sah er von weiten
Grimbart kommen und wartete sein; er grüßt' ihn und sagte:
„Seid mir, Neffe, willkommen vor allen meines Geschlechtes!
Warum lauft Ihr so sehr? Ihr keichet! bringt Ihr was Neues?“
Ihm erwiderte Grimbart: „Die Zeitung, die ich vermelde,
Klingt nicht tröstlich, Ihr seht, ich komm' in Ängsten gelaufen;
Leben und Gut ist alles verloren! Ich habe des Königs
Zorn gesehen; er schwört, Euch zu fahen und schändlich zu töten.
Allen hat er befohlen, am sechsten Tage gewaffnet
Hier zu erscheinen mit Bogen und Schwert, mit Büchsen und Wagen.
Alles fällt nun über Euch her, bedenkt Euch in Zeiten!
Isegrim aber und Braun sind mit dem Könige wieder
Besser vertraut, als ich nur immer mit Euch bin, und alles,
Was sie wollen, geschieht. Den gräßlichsten Mörder und Räuber
Schilt Euch Isegrim laut, und so bewegt er den König.

Er wird Marschall; Ihr werdet es sehen in wenigen Wochen.
Das Kaninchen erschien, dazu die Krähe, sie brachten
Große Klagen gegen Euch vor. Und sollt' Euch der König
Diesmal fahen, so lebt Ihr nicht lange! das muß ich befürchten."

„Weiter nichts?" versetzte der Fuchs. „Das ficht mich nun alles
Keinen Pfifferling an. Und hätte der König mit seinem
Ganzen Rate doppelt und dreifach gelobt und geschworen:
Komm' ich nur selber dahin, ich hebe mich über sie alle.
Denn sie raten und raten und wissen es nimmer zu treffen.
Lieber Neffe, lasset das fahren und folgt mir und sehet,
Was ich Euch gebe. Da hab' ich soeben die Tauben gefangen,
Jung und fett. Es bleibt mir das liebste von allen Gerichten!
Denn sie sind leicht zu verdauen, man schluckt sie nur eben hinunter;
Und die Knöchelchen schmecken so süß! sie schmelzen im Munde,
Sind halb Milch, halb Blut. Die leichte Speise bekommt mir,
Und mein Weib ist von gleichem Geschmack. So kommt nur, sie wird uns
Freundlich empfangen; doch merke sie nicht, warum Ihr gekommen!
Jede Kleinigkeit fällt ihr aufs Herz und macht ihr zu schaffen.
Morgen geh' ich nach Hofe mit Euch, da hoff' ich, Ihr werdet,
Lieber Neffe, mir helfen, so wie es Verwandten geziemet."

„Leben und Gut verpflicht' ich Euch gern zu Eurem Behufe",
Sagte der Dachs, und Reineke sprach: „Ich will es gedenken;
Leb' ich lange, so soll es Euch frommen!" Der andre versetzte:
„Tretet immer getrost vor die Herren und wahret zum besten

Eure Sache, sie werden Euch hören; auch stimmte Lupardus
Schon dahin, man sollt' Euch nicht strafen, bevor Ihr genugsam
Euch verteidigt; es meinte das gleiche die Königin selber.
Merket den Umstand und sucht ihn zu nutzen!" Doch Reineke sagte:
„Seid nur gelassen, es findet sich alles. Der zornige König,
Wenn er mich hört, verändert den Sinn, es frommt mir am Ende."

Und so gingen sie beide hinein und wurden gefällig
Von der Hausfrau empfangen; sie brachte, was sie nur hatte.
Und man teilte die Tauben, man fand sie schmackhaft, und jedes
Speiste sein Teil, sie wurden nicht satt und hätten gewißlich
Ein halb Dutzend verzehrt, wofern sie zu haben gewesen.

Reineke sagte zum Dachse: „Bekennt mir, Oheim, ich habe
Kinder trefflicher Art, sie müssen jedem gefallen.
Sagt mir, wie Euch Rossel behagt und Reinhart der Kleine.
Sie vermehren einst unser Geschlecht und fangen allmählich
An sich zu bilden, sie machen mir Freude von Morgen bis Abend.
Einer fängt sich ein Huhn, der andre hascht sich ein Küchlein;
Auch ins Wasser ducken sie brav, die Ente zu holen
Und den Kiebitz. Ich schickte sie gern noch öfter zu jagen;
Aber Klugheit muß ich vor allem sie lehren und Vorsicht,
Wie sie vor Strick und Jäger und Hunden sich weise bewahren.
Und verstehen sie dann das rechte Wesen und sind sie
Abgerichtet, wie sich's gehört, dann sollen sie täglich
Speise holen und bringen und soll im Hause nichts fehlen.
Denn sie schlagen mir nach und spielen grimmige Spiele.
Wenn sie's beginnen, so ziehn den kürzern die übrigen Tiere,
An der Kehle fühlt sie der Gegner und zappelt nicht lange:

Das ist Reinekens Art und Spiel. Auch greifen sie hastig,
Und ihr Sprung ist gewiß; das dünkt mich eben das Rechte!“

Grimbart sprach: „Es gereichet zur Ehre und mag man sich freuen,
Kinder zu haben, wie man sie wünscht, und die zum Gewerbe
Bald sich gewöhnen, den Eltern zu helfen. Ich freue mich herzlich,
Sie von meinem Geschlechte zu wissen, und hoffe das Beste.“
„Mag es für heute bewenden“, versetzte Reineke; „gehn wir
Schlafen, denn alle sind müd’, und Grimbart besonders ermattet.“
Und sie legten sich nieder im Saale, der über und über
War mit Heu und Blättern bedeckt, und schliefen zusammen.

Aber Reineke wachte vor Angst; es schien ihm die Sache
Guten Rats zu bedürfen, und sinnend fand ihn der Morgen.
Und er hub vom Lager sich auf und sagte zu seinem
Weibe: „Betrübt Euch nicht, es hat mich Grimbart gebeten,
Mit nach Hofe zu gehn; Ihr bleibet ruhig zu Hause.
Redet jemand von mir, so kehret es immer zum Besten
Und verwahret die Burg, so ist uns allen geraten.“

Und Frau Ermelyn sprach: „Ich find’ es seltsam! Ihr wagt es,
Wieder nach Hofe zu gehn, wo Eurer so übel gedacht wird.
Seid Ihr genötigt? Ich seh’ es nicht ein, bedenkt das Vergangne!“
„Freilich“, sagte Reineke drauf; „es war nicht zu scherzen;
Viele wollten mir übel, ich kam in große Bedrängnis;
Aber mancherlei Dinge begegnen unter der Sonne.
Wider alles Vermuten erfährt man dieses und jenes,
Und wer was zu haben vermeint, vermißt es auf einmal.
Also laßt mich nur gehn, ich habe dort manches zu schaffen.
Bleibet ruhig, das bitt’ ich Euch sehr, Ihr habet nicht nötig,

Euch zu ängstigen. Wartet es ab! Ihr sehet, mein Liebchen,
Ist es mir immer nur möglich, in fünf, sechs Tagen mich wieder."
Und so schied er von dannen, begleitet von Grimbart, dem Dachse.

ACHTER GESANG

Weiter gingen sie nun zusammen über die Heide,
Grimbart und Reineke, grade den Weg zum Schlosse des Königs.
Aber Reineke sprach: „Es falle, wie es auch wolle,
Diesmal ahnet es mir, die Reise führet zum Besten.
Lieber Oheim, höret mich nun! Seitdem ich zum letzten
Euch gebeichtet, verging ich mich wieder in sündigem Wesen;
Höret Großes und Kleines und was ich damals vergessen.

Von dem Leibe des Bären und seinem Felle verschafft' ich
Mir ein tüchtiges Stück; es ließen der Wolf und die Wölfin
Ihre Schuhe mir ab; so hab' ich mein Mütchen gekühlet.
Meine Lüge verschaffte mir das, ich wußte den König
Aufzubringen und hab' ihn dabei entsetzlich betrogen:
Denn ich erzählt' ihm ein Märchen, und Schätze wußt' ich zu dichten.
Ja, ich hatte daran nicht genug, ich tötete Lampen,
Ich bepackte Bellyn mit dem Haupt des Ermordeten; grimmig
Sah der König auf ihn, er mußte die Zeche bezahlen.
Und das Kaninchen, ich drückt' es gewaltig hinter die Ohren,
Daß es beinah' das Leben verlor, und war mir verdrießlich,
Daß es entkam. Auch muß ich bekennen, die Krähe beklagt sich
Nicht mit Unrecht, ich habe Frau Scharfenebbe, sein Weibchen,
Aufgegessen. Das hab' ich begangen, seitdem ich gebeichtet.

Aber damals vergaß ich nur eines, ich will es erzählen,
Eine Schalkheit, die ich beging, Ihr müßt sie erfahren,
Denn ich möchte nicht gern so etwas tragen; ich lud es
Damals dem Wolf auf den Rücken. Wir gingen nämlich zusammen
Zwischen Kackyß und Elverdingen, da sahn wir von weiten
Eine Stute mit ihrem Fohlen, und eins wie das andre
Wie ein Rabe so schwarz. Vier Monat mochte das Fohlen
Alt sein, und Isegrim war vom Hunger gepeinigt, da bat er:
‚Fraget mir doch, verkauft uns die Stute nicht etwa das Fohlen?
Und wie teuer?‘ Da ging ich zu ihr und wagte das Stückchen.
‚Liebe Frau Mähre‘, sagt' ich zu ihr, ‚das Fohlen ist Euer,
Wie ich weiß; verkauft Ihr es wohl? Das möcht' ich erfahren.‘
Sie versetzte: ‚Bezahlt Ihr es gut, so kann ich es missen,
Und die Summe, für die es mir feil ist, Ihr werdet sie lesen,
Hinten steht sie geschrieben an meinem Fuße.‘ Da merkt' ich,
Was sie wollte, versetzte darauf: ‚Ich muß Euch bekennen,
Lesen und schreiben gelingt mir nicht eben so, wie ich es wünschte,
Auch begehr' ich des Kindes nicht selbst: denn Isegrim möchte
Das Verhältnis eigentlich wissen; er hat mich gesendet.‘

‚Laßt ihn kommen‘, versetzte sie drauf; ‚er soll es erfahren.‘
Und ich ging, und Isegrim stand und wartete meiner.
‚Wollt Ihr Euch sättigen‘, sagt' ich zu ihm; ‚so geht nur, die Mähre
Gibt Euch das Fohlen, es steht der Preis am hinteren Fuße
Unten geschrieben; ich möchte nur, sagte sie, selber da nachsehn.
Aber zu meinem Verdruß mußt' ich schon manches versäumen,
Weil ich nicht lesen und schreiben gelernt. Versucht es, mein Oheim,

Und beschauet die Schrift, Ihr werdet vielleicht sie verstehen.‘

Isegrim sagte: ‚Was sollt’ ich nicht lesen! das wäre mir seltsam!
Deutsch, Latein und Welsch, sogar Französisch versteh’ ich:
Denn in Erfurt hab’ ich mich wohl zur Schule gehalten
Bei den Weisen, Gelahrten und mit den Meistern des Rechtes
Fragen und Urteil gestellt; ich habe meine Lizenzen
Förmlich genommen, und was für Skripturen man immer auch findet,
Les’ ich, als wär’ es mein Name. Drum wird es mir heute nicht fehlen.
Bleibet! ich geh’ und lese die Schrift, wir wollen doch sehen!‘

Und er ging und fragte die Frau: ‚Wie teuer das Fohlen?
Macht es billig!‘ Sie sagte darauf: ‚Ihr dürft nur die Summe
Lesen, sie stehet geschrieben an meinem hinteren Fuße.‘
‚Laßt mich sehen!‘ versetzte der Wolf. Sie sagte: ‚Das tu’ ich!‘
Und sie hub den Fuß empor aus dem Grase, der war erst
Mit sechs Nägeln beschlagen; sie schlug gar richtig und fehlte
Nicht ein Härchen, sie traf ihm den Kopf, er stürzte zur Erden,
Lag betäubt wie tot. Sie aber eilte von dannen,
Was sie konnte. So lag er verwundet, es dauerte lange.
Eine Stunde verging, da regt’ er sich wieder und heulte
Wie ein Hund. Ich trat ihm zur Seite und sagte: ‚Herr Oheim,
Wo ist die Stute? Wie schmeckte das Fohlen? Ihr habt Euch gesättigt,
Habt mich vergessen: Ihr tatet nicht wohl; ich brachte die Botschaft!
Nach der Mahlzeit schmeckte das Schläfchen. Wie lautete, sagt mir,
Unter dem Fuße die Schrift? Ihr seid ein großer Gelehrter.‘

„Ach!‘ versetzt’ er, „spottet Ihr noch? Wie bin ich so übel
Diesmal gefahren! Es sollte fürwahr ein Stein sich erbarmen.
Die langbeinige Mähre! Der Henker mag’s ihr bezahlen!
Denn der Fuß war mit Eisen beschlagen, das waren die Schriften!
Neue Nägel! Ich habe davon sechs Wunden im Kopfe.‘

Kaum behielt er sein Leben. Ich habe nun alles gebeichtet,
Lieber Neffe! vergebet mir nun die sündigen Werke!
Wie es bei Hofe gerät, ist mißlich; aber ich habe
Mein Gewissen befreit und mich von Sünden gereinigt.
Saget nun, wie ich mich beßre, damit ich zu Gnaden gelange.“

Grimbart sprach: „Ich find’ Euch von neuem mit Sünden beladen.
Doch es werden die Toten nicht wieder lebendig; es wäre
Freilich besser, wenn sie noch lebten. So will ich, mein Oheim,
In Betrachtung der schrecklichen Stunde, der Nähe des Todes,
Der Euch droht, die Sünde vergeben als Diener des Herren;
Denn sie streben Euch nach mit Gewalt, ich fürchte das Schlimmste,
Und man wird Euch vor allem das Haupt des Hasen gedenken!
Große Dreistigkeit war es, gesteht’s, den König zu reizen,
Und es schadet Euch mehr, als Euer Leichtsinn gedacht hat.“

„Nicht ein Haar!“ versetzte der Schelm; „und daß ich Euch sage,
Durch die Welt sich zu helfen ist ganz was Eignes; man kann sich
Nicht so heilig bewahren als wie im Kloster, das wißt Ihr.
Handelt einer mit Honig, er leckt zuweilen die Finger.
Lampe reizte mich sehr; er sprang herüber, hinüber,
Mir vor den Augen herum, sein fettes Wesen gefiel mir,

Und ich setzte die Liebe beiseite. So gönnt' ich Bellynen
Wenig Gutes. Sie haben den Schaden; ich habe die Sünde.
Aber sie sind zum Teil auch so plump, in jeglichen Dingen
Grob und stumpf. Ich sollte noch viel Zeremonien machen?
Wenig Lust behielt ich dazu. Ich hatte von Hofe
Mich mit Ängsten gerettet und lehrte sie dieses und jenes,
Aber es wollte nicht fort. Zwar jeder sollte den Nächsten
Lieben, das muß ich gestehn; indessen achtet' ich diese
Wenig, und tot ist tot, so sagt Ihr selber. Doch laßt uns
Andre Dinge besprechen; es sind gefährliche Zeiten,
Denn wie geht es von oben herab? Man soll ja nicht reden;
Doch wir andern merken darauf und denken das Unsre.

Raubt der König ja selbst so gut als einer, wir wissen's;
Was er selber nicht nimmt, das läßt er Bären und Wölfe
Holen und glaubt, es geschähe mit Recht. Da findet sich keiner,
Der sich getraut, ihm die Wahrheit zu sagen, so weit hinein ist es
Böse, kein Beichtiger, kein Kaplan; sie schweigen! Warum das?
Sie genießen es mit, und wär' nur ein Rock zu gewinnen.
Komme dann einer und klage! der haschte mit gleichem Gewinne
Nach der Luft, er tötet die Zeit und beschäftigte besser
Sich mit neuem Erwerb. Denn fort ist fort, und was einmal
Dir ein Mächtiger nimmt, das hast du besessen. Der Klage
Gibt man wenig Gehör, und sie ermüdet am Ende.
Unser Herr ist der Löwe, und alles an sich zu reißen,
Hält er seiner Würde gemäß. Er nennt uns gewöhnlich
Seine Leute. Fürwahr, das Unsre, scheint es, gehört ihm!

Darf ich reden, mein Oheim? Der edle König, er liebt sich
Ganz besonders Leute, die bringen und die nach der Weise,
Die er singt, zu tanzen verstehn. Man sieht es zu deutlich.
Daß der Wolf und der Bär zum Rate wieder gelangen,
Schadet noch manchem. Sie stehlen und rauben; es liebt sie der König;
Jeglicher sieht es und schweigt: er denkt an die Reihe zu kommen.

Mehr als vier befinden sich so zur Seite des Herren,
Ausgezeichnet vor allen, sie sind die Größten am Hofe.
Nimmt ein armer Teufel, wie Reineke, irgend ein Hühnchen,
Wollen sie alle gleich über ihn her, ihn suchen und fangen,
Und verdammen ihn laut mit einer Stimme zum Tode.
Kleine Diebe hängt man so weg, es haben die großen
Starken Vorsprung, mögen das Land und die Schlösser verwalten.
Sehet, Oheim, bemerk' ich nun das und sinne darüber,
Nun, so spiel' ich halt auch mein Spiel und denke daneben
Öfters bei mir: es muß ja wohl recht sein; tun's doch so viele!
Freilich regt sich dann auch das Gewissen und zeigt mir von ferne
Gottes Zorn und Gericht und läßt mich das Ende bedenken.
Ungerecht Gut, so klein es auch sei, man muß es erstatten.
Und da fühl' ich denn Reu' im Herzen; doch währt es nicht lange.
Ja, was hilft dich's, der Beste zu sein, es bleiben die Besten
Doch nicht unberedet in diesen Zeiten vom Volke.
Denn es weiß die Menge genau nach allem zu forschen,
Niemand vergessen sie leicht, erfinden dieses und jenes;
Wenig Gutes ist in der Gemeine, und wirklich verdienen
Wenige drunter auch gute, gerechte Herren zu haben.
Denn sie singen und sagen vom Bösen immer und immer;
Auch das Gute wissen sie zwar von großen und kleinen
Herren, doch schweigt man davon, und selten kommt es zur Sprache.
Doch das Schlimmste find' ich den Dünkel des irrigen Wahnes,
Der die Menschen ergreift: es könne jeder im Taumel
Seines heftigen Wollens die Welt beherrschen und richten.
Hielte doch jeder sein Weib und seine Kinder in Ordnung,
Wüßte sein trotzig Gesinde zu bändigen, könnte sich stille,
Wenn die Toren verschwenden, in mäßigem Leben erfreuen.
Aber wie sollte die Welt sich verbessern? Es läßt sich ein jeder
Alles zu und will mit Gewalt die andern bezwingen.
Und so sinken wir tiefer und immer tiefer ins Arge.

Afterreden, Lug und Verrat und Diebstahl, und falscher
Eidschwur, Rauben und Morden, man hört nichts anders erzählen.
Falsche Propheten und Heuchler betriegen schändlich die Menschen.

Jeder lebt nur so hin! und will man sie treulich ermahnen,
Nehmen sie's leicht und sagen auch wohl: ‚Ei, wäre die Sünde
Groß und schwer, wie hier und dort uns manche Gelehrte
Predigen, würde der Pfaffe die Sünde selber vermeiden.'
Sie entschuldigen sich mit bösem Exempel und gleichen
Gänzlich dem Affengeschlecht, das, nachzuahmen geboren,
Weil es nicht denket und wählt, empfindlichen Schaden erduldet.

Freilich sollten die geistlichen Herren sich besser betragen!
Manches könnten sie tun, wofern sie es heimlich vollbrächten:
Aber sie schonen uns nicht, uns andre Laien, und treiben
Alles, was ihnen beliebt, vor unsern Augen, als wären
Wir mit Blindheit geschlagen; allein wir sehen zu deutlich,
Ihre Gelübde gefallen den guten Herren so wenig,
Als sie dem sündigen Freunde der weltlichen Werke behagen.

Denn so haben über den Alpen die Pfaffen gewöhnlich
Eigens ein Liebchen; nicht weniger sind in diesen Provinzen,
Die sich sündlich vergehn. Man will mir sagen, sie haben
Kinder wie andre verehlichte Leute; und sie zu versorgen
Sind sie eifrig bemüht und bringen sie hoch in die Höhe.
Diese denken hernach nicht weiter, woher sie gekommen,
Lassen niemand den Rang und gehen stolz und gerade,
Eben als wären sie edlen Geschlechts, und bleiben der Meinung,
Ihre Sache sei richtig. So pflegte man aber vor diesem
Pfaffenkinder so hoch nicht zu halten; nun heißen sie alle

Herren und Frauen. Das Geld ist freilich alles vermögend.
Selten findet man fürstliche Lande, worin nicht die Pfaffen
Zölle und Zinsen erhüben und Dörfer und Mühlen benutzten.
Diese verkehren die Welt, es lernt die Gemeine das Böse:
Denn man sieht, so hält es der Pfaffe, da sündiget jeder,
Und vom Guten leitet hinweg ein Blinder den andern.
Ja, wer merkte denn wohl die guten Werke der frommen
Priester, und wie sie die heilige Kirche mit gutem Exempel
Auferbauen? Wer lebt nun darnach? Man stärkt sich im Bösen.
So geschieht es im Volke, wie sollte die Welt sich verbessern?

Aber höret mich weiter. Ist einer unecht geboren,
Sei er ruhig darüber, was kann er weiter zur Sache?
Denn ich meine nur so, versteht mich. Wird sich ein solcher
Nur mit Demut betragen und nicht durch eitles Benehmen
Andre reizen, so fällt es nicht auf, und hätte man unrecht,
Über dergleichen Leute zu reden. Es macht die Geburt uns
Weder edel noch gut, noch kann sie zur Schande gereichen.
Aber Tugend und Laster, sie unterscheiden die Menschen.
Gute, gelehrte geistliche Männer, man hält sie, wie billig,
Hoch in Ehren, doch geben die bösen ein böses Exempel.
Predigt so einer das Beste, so sagen doch endlich die Laien:
‚Spricht er das Gute und tut er das Böse, was soll man erwählen?'
Auch der Kirche tut er nichts Gutes, er prediget jedem:
‚Leget nur aus und bauet die Kirche; das rat' ich, ihr Lieben,
Wollt ihr Gnade verdienen und Ablaß!' so schließt er die Rede,
Und er legt wohl wenig dazu, ja gar nichts, und fiele
Seinetwegen die Kirche zusammen. So hält er denn weiter
Für die beste Weise zu leben, sich köstlich zu kleiden,
Lecker zu essen. Und hat sich so einer um weltliche Sachen
Übermäßig bekümmert, wie will er beten und singen?
Gute Priester sind täglich und stündlich im Dienste des Herren
Fleißig begriffen und üben das Gute; der heiligen Kirche

Sind sie nütze; sie wissen die Laien durch gutes Exempel
Auf dem Wege des Heils zur rechten Pforte zu leiten.

Aber ich kenne denn auch die Bekappten; sie plärren und plappern
Immer zum Scheine so fort und suchen immer die Reichen;
Wissen den Leuten zu schmeicheln und gehn am liebsten zu Gaste.
Bittet man einen, so kommt auch der zweite; da finden sich weiter
Noch zu diesen zwei oder drei. Und wer in dem Kloster
Gut zu schwatzen versteht, der wird im Orden erhoben,
Wird zum Lesemeister, zum Kustos oder zum Prior.
Andere stehen beiseite. Die Schüsseln werden gar ungleich
Aufgetragen. Denn einige müssen des Nachts in dem Chore
Singen, lesen, die Gräber umgehn; die anderen haben
Guten Vorteil und Ruh' und essen die köstlichen Bissen.

Und die Legaten des Papsts, die Äbte, Pröpste, Prälaten,
Die Beginen und Nonnen, da wäre vieles zu sagen!
Überall heißt es: ‚Gebt mir das Eure und laßt mir das Meine.‘
Wenige finden sich wahrlich, nicht sieben, welche der Vorschrift
Ihres Ordens gemäß ein heiliges Leben beweisen.
Und so ist der geistliche Stand gar schwach und gebrechlich.“

„Oheim!“ sagte der Dachs, „ich find' es besonders, Ihr beichtet
Fremde Sünden. Was will es Euch helfen? Mich dünket, es wären
Eurer eignen genug. Und sagt mir, Oheim, was habt Ihr
Um die Geistlichkeit Euch zu bekümmern und dieses und jenes?
Seine Bürde mag jeglicher tragen, und jeglicher gebe
Red' und Antwort, wie er in seinem Stande die Pflichten
Zu erfüllen strebt; dem soll sich niemand entziehen,
Weder Alte noch Junge, hier außen oder im Kloster.

Doch Ihr redet zuviel von allerlei Dingen und könntet
Mich zuletzt zum Irrtum verleiten. Ihr kennet vortrefflich,
Wie die Welt nun besteht und alle Dinge sich fügen;
Niemand schickte sich besser zum Pfaffen. Ich käme mit andern
Schafen zu beichten bei Euch und Eurer Lehre zu horchen,
Eure Weisheit zu lernen; denn freilich muß ich gestehen:
Stumpf und grob sind die meisten von uns und hätten's vonnöten."

Also hatten sie sich dem Hofe des Königs genähert.
Reineke sagte: „So ist es gewagt!" und nahm sich zusammen.
Und sie begegneten Martin, dem Affen, der hatte sich eben
Aufgemacht und wollte nach Rom; er grüßte die beiden.
„Lieber Oheim, fasset ein Herz!" so sprach er zum Fuchse,
Fragt' ihn dieses und jenes, obschon ihm die Sache bekannt war.
„Ach, wie ist mir das Glück in diesen Tagen entgegen!"
Sagte Reineke drauf; „da haben mich etliche Diebe
Wieder beschuldigt, wer sie auch sind; besonders die Krähe
Mit dem Kaninchen; sein Weib verlor das eine, dem andern
Fehlt ein Ohr. Was kümmert mich das? Und könnt' ich nur selber
Mit dem Könige reden, sie beide sollten's empfinden.
Aber mich hindert am meisten, daß ich im Banne des Papstes
Leider noch bin. Nun hat in der Sache der Dompropst die Vollmacht,
Der beim Könige gilt. Und in dem Banne befind' ich
Mich um Isegrims willen, der einst ein Klausner geworden,
Aber dem Kloster entlief, von Elkmar, wo er gewohnet.
Und er schwur, so könnt' er nicht leben, man halt' ihn zu strenge,
Lange könn' er nicht fasten und könne nicht immer so lesen.
Damals half ich ihm fort. Es reut mich; denn er verleumdet
Mich beim Könige nun und sucht mir immer zu schaden.
Soll ich nach Rom? Wie werden indes zu Hause die Meinen

In Verlegenheit sein! Denn Isegrim kann es nicht lassen,
Wo er sie findet, beschädigt er sie. Auch sind noch so viele,
Die mir Übels gedenken und sich an die Meinigen halten.
Wär' ich aus dem Banne gelöst, so hätt' ich es besser,
Könnte gemächlich mein Glück bei Hofe wieder versuchen."

Martin versetzte: „Da kann ich Euch helfen, es trifft sich! Soeben
Geh' ich nach Rom und nütz' Euch daselbst mit künstlichen Stücken.
Unterdrücken lass' ich Euch nicht! Als Schreiber des Bischofs,
Dünkt mich, versteh' ich das Werk. Ich schaffe, daß man den Dompropst
Grade nach Rom zitiert, da will ich gegen ihn fechten.
Seht nur, Oheim, ich treibe die Sache und weiß sie zu leiten;
Exequieren lass' ich das Urteil, Ihr werdet mir sicher
Absolviert, ich bring' es Euch mit; es sollen die Feinde
Übel sich freun und ihr Geld zusamt der Mühe verlieren:
Denn ich kenne den Gang der Dinge zu Rom und verstehe,
Was zu tun und zu lassen. Da ist Herr Simon, mein Oheim,
Angesehn und mächtig; er hilft den guten Bezahlern.
Schalkefund, das ist ein Herr! und Doktor Greifzu und andre,
Wendemantel und Losefund hab' ich alle zu Freunden.
Meine Gelder schickt' ich voraus; denn, seht nur, so wird man
Dort am besten bekannt. Sie reden wohl von Zitieren:
Aber das Geld begehren sie nur. Und wäre die Sache
Noch so krumm, ich mache sie grad' mit guter Bezahlung.
Bringst du Geld, so findest du Gnade; sobald es dir mangelt,
Schließen die Türen sich zu. Ihr bleibet ruhig im Lande;
Eurer Sache nehm' ich mich an, ich löse den Knoten.
Geht nur nach Hofe, Ihr werdet daselbst Frau Rückenau finden,
Meine Gattin; es liebt sie der König, unser Gebieter,
Und die Königin auch, sie ist behenden Verstandes.
Sprecht sie an, sie ist klug, verwendet sich gerne für Freunde.

Viele Verwandte findet Ihr da. Es hilft nicht immer,
Recht zu haben. Ihr findet bei ihr zwei Schwestern, und meiner
Kinder sind drei, daneben noch manche von Eurem Geschlechte,
Euch zu dienen bereit, wie Ihr es immer begehret.
Und versagte man Euch das Recht, so sollt Ihr erfahren,
Was ich vermag. Und wenn man Euch druckt, berichtet mir's eilig!
Und ich lasse das Land in Bann tun, den König und alle
Weiber und Männer und Kinder. Ein Interdikt will ich senden,
Singen soll man nicht mehr, noch Messe lesen, noch taufen,
Noch begraben, was es auch sei. Des tröstet Euch, Neffe!

Denn der Papst ist alt und krank und nimmt sich der Dinge
Weiter nicht an, man achtet ihn wenig. Auch hat nun am Hofe
Kardinal Ohnegenüge die ganze Gewalt, der ein junger
Rüstiger Mann ist, ein feuriger Mann von schnellem Entschlusse.
Dieser liebt ein Weib, das ich kenne; sie soll ihm ein Schreiben
Bringen, und was sie begehrt, das weiß sie trefflich zu machen.
Und sein Schreiber Johannes Partei, der kennt aufs genauste
Alte und neue Münze; dann Horchegenau, sein Geselle,
Ist ein Hofmann; Schleifen und Wenden ist Notarius,
Baccalaureus beider Rechte, und bleibt er nur etwa
Noch ein Jahr, so ist er vollkommen in praktischen Schriften.
Dann sind noch zwei Richter daselbst, die heißen Moneta
Und Donarius; sprechen sie ab, so bleibt es gesprochen.

So verübt man in Rom gar manche Listen und Tücken,
Die der Papst nicht erfährt. Man muß sich Freunde verschaffen!

Denn durch sie vergibt man die Sünden und löset die Völker
Aus dem Banne. Verlaßt Euch darauf, mein wertester Oheim!
Denn es weiß der König schon lang', ich lass' Euch nicht fallen;
Eure Sache führ' ich hinaus und bin es vermögend.
Ferner mag er bedenken, es sind gar viele den Affen
Und den Füchsen verwandt, die ihn am besten beraten,
Und das hilft Euch gewiß, es gehe, wie es auch wolle."

Reineke sprach: „Das tröstet mich sehr; ich denk' es Euch wieder,
Komm' ich diesmal nur los." Und einer empfahl sich dem andern.
Ohne Geleit ging Reineke nun mit Grimbart dem Dachse
Nach dem Hofe des Königs, wo man ihm übel gesinnt war.

NEUNTER GESANG

Reineke war nach Hofe gelangt, er dachte die Klagen
Abzuwenden, die ihn bedrohten. Doch als er die vielen
Feinde beisammen erblickte, wie alle standen und alle
Sich zu rächen begehrten und ihn am Leben zu strafen,
Fiel ihm der Mut; er zweifelte nun, doch ging er mit Kühnheit
Grade durch alle Baronen, und Grimbart ging ihm zur Seite;
Sie gelangten zum Throne des Königs, da lispelte Grimbart:
„Seid nicht furchtsam, Reineke, diesmal; gedenket: dem Blöden
Wird das Glück nicht zuteil, der Kühne sucht die Gefahr auf
Und erfreut sich mit ihr; sie hilft ihm wieder entkommen."
Reineke sprach: „Ihr sagt mir die Wahrheit, ich danke zum schönsten
Für den herrlichen Trost, und komm' ich wieder in Freiheit,

Werd' ich's gedenken." Er sah nun umher, und viele Verwandte
Fanden sich unter der Schar, doch wenige Gönner, den meisten
Pflegt' er übel zu dienen; ja, unter den Ottern und Bibern,
Unter Großen und Kleinen trieb er sein schelmisches Wesen.
Doch entdeckt' er noch Freunde genug im Saale des Königs.

Reineke kniete vorm Throne zur Erden und sagte bedächtig:
„Gott, dem alles bekannt ist, und der in Ewigkeit mächtig
Bleibt, bewahr' Euch, mein Herr und König, bewahre nicht minder
Meine Frau, die Königin, immer, und beiden zusammen
Geb' er Weisheit und gute Gedanken, damit sie besonnen
Recht und Unrecht erkennen; denn viele Falschheit ist jetzo
Unter den Menschen im Gange. Da scheinen viele von außen,
Was sie nicht sind. O hätte doch jeder am Vorhaupt geschrieben,
Wie er gedenkt, und säh' es der König! da würde sich zeigen,
Daß ich nicht lüge und daß ich Euch immer zu dienen bereit bin.
Zwar verklagen die Bösen mich heftig; sie möchten mir gerne
Schaden und Eurer Huld mich berauben, als wär' ich derselben
Unwert. Aber ich kenne die strenge Gerechtigkeitsliebe
Meines Königs und Herrn, denn ihn verleitete keiner,
Je die Wege des Rechtes zu schmälern; so wird es auch bleiben."

Alles kam und drängte sich nun, ein jeglicher mußte
Reinekens Kühnheit bewundern, es wünscht' ihn jeder zu hören;
Seine Verbrechen waren bekannt, wie wollt' er entrinnen?

„Reineke, Bösewicht!“ sagte der König, „für diesmal erretten
Deine losen Worte dich nicht, sie helfen nicht länger,
Lügen und Trug zu verkleiden, nun bist du ans Ende gekommen.
Denn du hast die Treue zu mir, ich glaube, bewiesen
Am Kaninchen und an der Krähe! Das wäre genugsam.
Aber du übest Verrat an allen Orten und Enden;
Deine Streiche sind falsch und behende, doch werden sie nicht mehr
Lange dauern, denn voll ist das Maß, ich schelte nicht länger.“

Reineke dachte: „Wie wird es mir gehn? O hätt' ich nur wieder
Meine Behausung erreicht! Wo will ich Mittel ersinnen?
Wie es auch geht, ich muß nun hindurch, versuchen wir alles.“

„Mächtiger König, edelster Fürst!“ so ließ er sich hören;
„Meint Ihr, ich habe den Tod verdient, so habt Ihr die Sache
Nicht von der rechten Seite betrachtet; drum bitt' ich, Ihr wollet
Erst mich hören. Ich habe ja sonst Euch nützlich geraten,
In der Not bin ich bei Euch geblieben, wenn etliche wichen,
Die sich zwischen uns beide nun stellen zu meinem Verderben
Und die Gelegenheit nützen, wenn ich entfernt bin. Ihr möget,
Edler König, hab' ich gesprochen, die Sache dann schlichten;
Werd' ich schuldig befunden, so muß ich es freilich ertragen.
Wenig habt Ihr meiner gedacht, indes ich im Lande
Vieler Orten und Enden die sorglichste Wache gehalten.
Meint Ihr, ich wäre nach Hofe gekommen, wofern ich mich schuldig
Wußte groß- oder kleiner Vergehn? Ich würde bedächtig
Eure Gegenwart fliehn und meine Feinde vermeiden.

Nein, mich hätten gewiß aus meiner Feste nicht sollen
Alle Schätze der Welt hierher verleiten; da war ich
Frei auf eigenem Grund und Boden. Nun bin ich mir aber
Keines Übels bewußt, und also bin ich gekommen.
Eben stand ich Wache zu halten; da brachte mein Oheim
Mir die Zeitung, ich solle nach Hof. Ich hatte von neuem,
Wie ich dem Bann mich entzöge, gedacht, darüber mit Martin
Vieles gesprochen, und er gelobte mir heilig, er wolle
Mich von dieser Bürde befrein. ‚Ich werde nach Rom gehn‘,
Sagt' er, ‚und nehme die Sache von nun an völlig auf meine
Schultern, geht nur nach Hofe, des Bannes werdet Ihr ledig.‘
Sehet, so hat mir Martin geraten, er muß es verstehen:
Denn der vortreffliche Bischof, Herr Ohnegrund, braucht ihn beständig;
Schon fünf Jahre dient er demselben in rechtlichen Sachen.
Und so kam ich hieher und finde Klagen auf Klagen.
Das Kaninchen, der Äugler, verleumdet mich; aber es steht nun
Reineke hier: so tret' er hervor mir unter die Augen!
Denn es ist freilich was Leichtes, sich über Entfernte beklagen,
Aber man soll den Gegenteil hören, bevor man ihn richtet.
Diese falschen Gesellen, bei meiner Treue! sie haben
Gutes genossen von mir, die Krähe mit dem Kaninchen:
Denn vorgestern am Morgen in aller Frühe begegnet'
Mir das Kaninchen und grüßte mich schön; ich hatte soeben
Vor mein Schloß mich gestellt und las die Gebete des Morgens.
Und er zeigte mir an, er gehe nach Hofe; da sagt' ich:
‚Gott begleit' Euch!‘ Er klagte darauf: ‚Wie hungrig und müde
Bin ich geworden!‘ Da fragt' ich ihn freundlich: ‚Begehrt Ihr zu essen?‘
‚Dankbar nehm' ich es an‘, versetzt' er. Aber ich sagte:
‚Geb' ich's doch gerne.‘ So ging ich mit ihm und bracht' ihm behende
Kirschen und Butter: ich pflege kein Fleisch am Mittwoch zu essen.

Und er sättigte sich mit Brot und Butter und Früchten.
Aber es trat mein Söhnchen, das jüngste, zum Tische, zu sehen,
Ob was übriggeblieben: denn Kinder lieben das Essen;
Und der Knabe haschte darnach. Da schlug das Kaninchen
Hastig ihn über das Maul, es bluteten Lippen und Zähne.
Reinhart, mein andrer, sah die Begegnung und faßte den Äugler
Grad' an der Kehle, spielte sein Spiel und rächte den Bruder.
Das geschah, nicht mehr und nicht minder. Ich säumte nicht lange,
Lief und strafte die Knaben und brachte mit Mühe die beiden
Auseinander. Kriegt' er was ab, so mag er es tragen,
Denn er hatte noch mehr verdient; auch wären die Jungen,
Hätt' ich es übel gemeint, mit ihm wohl fertig geworden.
Und so dankt er mir nun! Ich riß ihm, sagt er, ein Ohr ab;
Ehre hat er genossen und hat ein Zeichen behalten.

Ferner kam die Krähe zu mir und klagte: die Gattin
Hab' er verloren, sie habe sich leider zu Tode gegessen,
Einen ziemlichen Fisch mit allen Gräten verschlungen;
Wo es geschah, das weiß er am besten, nun sagt er: ich habe
Sie gemordet; er tat es wohl selbst, und würde man ernstlich
Ihn verhören, dürft' ich es tun, er spräche wohl anders.
Denn sie fliegen, es reichet kein Sprung so hoch, in die Lüfte.

Will nun solcher verbotenen Taten mich jemand bezüchten;
Tu' er's mit redlichen gültigen Zeugen: denn also gehört sich's
Gegen edle Männer zu rechten; ich müßt' es erwarten.
Aber finden sich keine, so gibt's ein anderes Mittel.
Hier! ich bin zum Kampfe bereit! man setze den Tag an
Und den Ort. Es zeige sich dann ein würdiger Gegner,
Gleich mit mir von Geburt, ein jeder führe sein Recht aus.
Wer dann Ehre gewinnt, dem mag sie bleiben. So hat es
Immer zu Rechte gegolten, und ich verlang' es nicht besser."

Alle standen und hörten und waren über die Worte
Reinekens höchlich verwundert, die er so trotzig gesprochen.
Und es erschraken die beiden, die Krähe mit dem Kaninchen,
Räumten den Hof und trauten nicht weiter ein Wörtchen zu sprechen;
Gingen und sagten untereinander: „Es wäre nicht ratsam,
Gegen ihn weiter zu rechten. Wir möchten alles versuchen
Und wir kämen nicht aus. Wer hat's gesehen? Wir waren
Ganz allein mit dem Schelm; wer sollte zeugen? Am Ende
Bleibt der Schaden uns doch. Für alle seine Verbrechen
Warte der Henker ihm auf und lohn' ihm, wie er's verdiente!
Kämpfen will er mit uns? das möcht' uns übel bekommen.
Nein fürwahr, wir lassen es lieber. Denn falsch und behende,
Lose und tückisch kennen wir ihn. Es wären ihm wahrlich
Unser fünfe zu wenig, wir müßten es teuer bezahlen."

Isegrim aber und Braunen war übel zumute; sie sahen
Ungern die beiden von Hofe sich schleichen. Da sagte der König:
„Hat noch jemand zu klagen, der komme! Laßt uns vernehmen!
Gestern drohten so viele, hier steht der Beklagte! Wo sind sie?"

Reineke sagte: „So pflegt es zu gehn; man klagt und beschuldigt
Diesen und jenen; doch stünd' er dabei, man bliebe zu Hause.
Diese losen Verräter, die Krähe mit dem Kaninchen,
Hätten mich gern in Schande gebracht und Schaden und Strafe,
Aber sie bitten mir's ab, und ich vergebe; denn freilich,
Da ich komme, bedenken sie sich und weichen zur Seite.
Wie beschämt' ich sie nicht! Ihr sehet, wie es gefährlich
Ist, die losen Verleumder entfernter Diener zu hören;
Sie verdrehen das Rechte und sind den Besten gehässig.
Andre dauern mich nur, an mir ist wenig gelegen."

„Höre mich“, sagte der König darauf, „du loser Verräter!
Sage, was trieb dich dazu, daß du mir Lampen, den treuen,
Der mir die Briefe zu tragen pflegte, so schmählich getötet?
Hatt' ich nicht alles vergeben, so viel du immer verbrochen?
Ränzel und Stab empfingst du von mir, so warst du versehen,
Solltest nach Rom und über das Meer; ich gönnte dir alles,
Und ich hoffte Beßrung von dir. Nun seh' ich zum Anfang,
Wie du Lampen gemordet; es mußte Bellyn dir zum Boten
Dienen, der brachte das Haupt im Ränzel getragen und sagte
Öffentlich aus, er bringe mir Briefe, die ihr zusammen
Ausgedacht und geschrieben, er habe das Beste geraten.
Und im Ränzel fand sich das Haupt, nicht mehr und nicht minder.
Mir zum Hohne tatet ihr das. Bellynen behielt ich
Gleich zum Pfande, sein Leben verlor er; nun geht es an deines.“

Reineke sagte: „Was hör' ich? Ist Lampe tot? und Bellynen
Find' ich nicht mehr? Was wird nun aus mir? O, wär' ich gestorben!
Ach, mit beiden geht mir ein Schatz, der größte, verloren!
Denn ich sandt' Euch durch sie Kleinode, welche nicht besser
Über der Erde sich finden. Wer sollte glauben, der Widder
Würde Lampen ermorden und Euch der Schätze berauben?
Hüte sich einer, wo niemand Gefahr und Tücke vermutet.“

Zornig hörte der König nicht aus, was Reineke sagte,
Wandte sich weg nach seinem Gemach und hatte nicht deutlich
Reinekens Rede vernommen, er dacht' ihn am Leben zu strafen;
Und er fand die Königin eben in seinem Gemache
Mit Frau Rückenau stehn. Es war die Äffin besonders
König und Königin lieb. Das sollte Reineken helfen.

Unterrichtet war sie und klug und wußte zu reden;
Wo sie erschien, sah jeder auf sie und ehrte sie höchlich.
Diese merkte des Königs Verdruß und sprach mit Bedachte:
„Wenn Ihr, gnädiger Herr, auf meine Bitte zuweilen
Hörtet, gereut' es Euch nie, und Ihr vergabt mir die Kühnheit,
Wenn Ihr zürntet, ein Wort gelinder Meinung zu sagen.
Seid auch diesmal geneigt, mich anzuhören, betrifft es
Doch mein eignes Geschlecht! Wer kann die Seinen verleugnen?
Reineke, wie er auch sei, ist mein Verwandter, und soll ich,
Wie sein Betragen mir scheint, aufrichtig bekennen: ich denke,
Da er zu Rechte sich stellt, von seiner Sache das Beste.
Mußte sein Vater doch auch, den Euer Vater begünstigt,
Viel von losen Mäulern erdulden und falschen Verklägern!
Doch beschämt' er sie stets. Sobald man die Sache genauer
Untersuchte, fand es sich klar: die tückischen Neider
Suchten Verdienste sogar als schwere Verbrechen zu deuten.
So erhielt er sich immer in größerem Ansehn bei Hof als
Braun und Isegrim jetzt: denn diesen wäre zu wünschen,
Daß sie alle Beschwerden auch zu beseitigen wüßten,
Die man häufig über sie hört; allein sie verstehen
Wenig vom Rechte, so zeigt es ihr Rat, so zeigt es ihr Leben."

Doch der König versetzte darauf: „Wie kann es Euch wundern,
Daß ich Reineken gram bin, dem Diebe, der mir vor kurzem
Lampen getötet, Bellynen verführt und frecher als jemals
Alles leugnet und sich als treuen und redlichen Diener
Anzupreisen erkühnt, indessen alle zusammen
Laute Klagen erheben und nur zu deutlich beweisen,
Wie er mein sicher Geleite verletzt und wie er mit Stehlen,
Rauben und Morden das Land und meine Getreuen beschädigt.
Nein! Ich duld' es nicht länger!" Dagegen sagte die Äffin:
„Freilich ist's nicht vielen gegeben, in jeglichen Fällen
Klug zu handeln und klug zu raten, und wem es gelinget,
Der erwirbt sich Vertrauen; allein es suchen die Neider

Ihm dagegen heimlich zu schaden, und werden sie zahlreich,
Treten sie öffentlich auf. So ist es Reineken mehrmals
Schon ergangen; doch werden sie nicht die Erinnrung vertilgen,
Wie er in Fällen Euch weise geraten, wenn alle verstummten.
Wißt Ihr noch? vor kurzem geschah's. Der Mann und die Schlange
Kamen vor Euch, und niemand verstund die Sache zu schlichten;
Aber Reineke fand's, Ihr lobtet ihn damals vor allen."

Und der König versetzte nach kurzem Bedenken dagegen:
„Ich erinnre der Sache mich wohl, doch hab' ich vergessen,
Wie sie zusammenhing; sie war verworren, so dünkt mich.
Wißt Ihr sie noch, so laßt sie mich hören, es macht mir Vergnügen."
Und sie sagte: „Befiehlt es mein Herr, so soll es geschehen.

Eben sind's zwei Jahre, da kam ein Lindwurm und klagte
Stürmisch, gnädiger Herr, vor Euch: es woll' ihm ein Bauer
Nicht im Rechte sich fügen, ein Mann, den zweimal das Urteil
Nicht begünstigt. Er brachte den Bauer vor Euern Gerichtshof
Und erzählte die Sache mit vielen heftigen Worten.

Durch ein Loch im Zaune zu kriechen gedachte die Schlange,
Fing sich aber im Stricke, der vor die Öffnung gelegt war;
Fester zog die Schlinge sich zu, sie hätte das Leben
Dort gelassen, da kam ihr zum Glück ein Wandrer gegangen.
Ängstlich rief sie: ‚Erbarme dich meiner und mache mich ledig!
Laß dich erbitten!' Da sagte der Mann: ‚Ich will dich erlösen,
Denn mich jammert dein Elend; allein erst sollst du mir schwören,

Mir nichts Leides zu tun.‘ Die Schlange fand sich erbötig,
Schwur den teuersten Eid: sie wolle auf keinerlei Weise
Ihren Befreier verletzen, und so erlöste der Mann sie.

Und sie gingen ein Weilchen zusammen, da fühlte die Schlange
Schmerzlichen Hunger, sie schoß auf den Mann und wollt' ihn erwürgen,
Ihn verzehren; mit Angst und Not entsprang ihr der Arme.
‚Das ist mein Dank? Das hab' ich verdient?‘ so rief er; ‚und hast du
Nicht geschworen den teuersten Eid?‘ Da sagte die Schlange:
‚Leider nötiget mich der Hunger, ich kann mir nicht helfen;
Not erkennt kein Gebot, und so besteht es zu Rechte.‘

Da versetzte der Mann: ‚So schone nur meiner so lange,
Bis wir zu Leuten kommen, die unparteiisch uns richten.‘
Und es sagte der Wurm: ‚Ich will mich so lange gedulden.‘

Also gingen sie weiter und fanden über dem Wasser
Pflückebeutel, den Raben, mit seinem Sohne; man nennt ihn
Quackeler. Und die Schlange berief sie zu sich und sagte:
‚Kommt und höret!‘ Es hörte die Sache der Rabe bedächtig,
Und er richtete gleich: den Mann zu essen. Er hoffte
Selbst ein Stück zu gewinnen. Da freute die Schlange sich höchlich:
‚Nun, ich habe gesiegt! es kann mir's niemand verdenken.‘
‚Nein‘, versetzte der Mann, ‚ich habe nicht völlig verloren;
Sollt' ein Räuber zum Tode verdammen? und sollte nur Einer
Richten? ich fordere ferner Gehör, im Gange des Rechtes;
Laßt uns vor vier, vor zehn die Sache bringen und hören.‘

‚Gehn wir!‘ sagte die Schlange. Sie gingen, und es begegnet'
Ihnen der Wolf und der Bär, und alle traten zusammen.
Alles befürchtete nun der Mann: denn zwischen den fünfen
War es gefährlich zu stehn und zwischen solchen Gesellen;

Ihn umringten die Schlange, der Wolf, der Bär und die Raben.
Bange war ihm genug: denn bald verglichen sich beide,
Wolf und Bär, das Urteil in dieser Maße zu fällen:
Töten dürfe die Schlange den Mann; der leidige Hunger
Kenne keine Gesetze, die Not entbinde vom Eidschwur.
Sorgen und Angst befielen den Wandrer, denn alle zusammen
Wollten sein Leben. Da schoß die Schlange mit grimmigem Zischen,
Spritzte Geifer auf ihn, und ängstlich sprang er zur Seite.
‚Großes Unrecht', rief er, ‚begehst du! Wer hat dich zum Herren
Über mein Leben gemacht?' Sie sprach: ‚Du hast es vernommen;
Zweimal sprachen die Richter, und zweimal hast du verloren.'
Ihr versetzte der Mann: ‚Sie rauben selber und stehlen;
Ich erkenne sie nicht, wir wollen zum Könige gehen.
Mag er sprechen, ich füge mich drein, und wenn ich verliere,
Hab' ich noch Übels genug, allein ich will es ertragen.'
Spottend sagte der Wolf und der Bär: ‚Du magst es versuchen,
Aber die Schlange gewinnt, sie wird's nicht besser begehren.'
Denn sie dachten, es würden die sämtlichen Herren des Hofes
Sprechen wie sie, und gingen getrost und führten den Wandrer,
Kamen vor Euch, die Schlange, der Wolf, der Bär und die Raben;
Ja, selbdritt erschien der Wolf, er hatte zwei Kinder,
Eitelbauch hieß der eine, der andere Nimmersatt, beide
Machten dem Mann am meisten zu schaffen. Sie waren gekommen,
Auch ihr Teil zu verzehren: denn sie sind immer begierig;
Heulten damals vor Euch mit unerträglicher Grobheit,
Ihr verbotet den Hof den beiden plumpen Gesellen.
Da berief sich der Mann auf Eure Gnaden, erzählte,

Wie ihn die Schlange zu töten gedenke, sie habe der Wohltat
Völlig vergessen, sie breche den Eid! So fleht' er um Rettung.
Aber die Schlange leugnete nicht: ‚Es zwingt mich des Hungers
Allgewaltige Not, sie kennet keine Gesetze.‘

Gnädiger Herr, da wart Ihr bekümmert. Es schien Euch die Sache
Gar bedenklich zu sein und rechtlich schwer zu entscheiden.
Denn es schien Euch hart, den guten Mann zu verdammen,
Der sich hülfreich bewiesen; allein Ihr dachtet dagegen
Auch des schmählichen Hungers. Und so berieft Ihr die Räte.
Leider war die Meinung der meisten dem Manne zum Nachteil;
Denn sie wünschten die Mahlzeit und dachten der Schlange zu helfen.
Doch Ihr sendetet Boten nach Reineken: alle die andern
Sprachen gar manches und konnten die Sache zu Rechte nicht scheiden.
Reineke kam und hörte den Vortrag, Ihr legtet das Urteil
Ihm in die Hände, und wie er es spräche, so sollt' es geschehen.

Reineke sprach mit gutem Bedacht: ‚Ich finde vor allem
Nötig, den Ort zu besuchen, und seh' ich die Schlange gebunden,
Wie der Bauer sie fand, so wird das Urteil sich geben.‘
Und man band die Schlange von neuem an selbiger Stätte,
In der Maße, wie sie der Bauer im Zaune gefunden.

Reineke sagte darauf: ‚Hier ist nun jedes von beiden
Wieder im vorigen Stand, und keines hat weder gewonnen,
Noch verloren; jetzt zeigt sich das Recht, so scheint mir's, von selber.
Denn beliebt es dem Manne, so mag er die Schlange noch einmal
Aus der Schlinge befrein; wo nicht, so läßt er sie hängen;

Frei, mit Ehren geht er die Straße nach seinen Geschäften.
Da sie untreu geworden, als sie die Wohltat empfangen,
Hat der Mann nun billig die Wahl. Das scheint mir des Rechtes
Wahrer Sinn; wer's besser versteht, der lass' es uns hören.'

Damals gefiel Euch das Urteil und Euren Räten zusammen;
Reineke wurde gepriesen, der Bauer dankt' Euch, und jeder
Rühmte Reinekens Klugheit, ihn rühmte die Königin selber.
Vieles wurde gesprochen: im Kriege wären noch eher
Isegrim und Braun zu gebrauchen, man fürchte sie beide
Weit und breit, sie fänden sich gern, wo alles verzehrt wird.
Groß und stark und kühn sei jeder, man könn' es nicht leugnen;
Doch im Rate fehle gar oft die nötige Klugheit:
Denn sie pflegen zu sehr auf ihre Stärke zu trotzen,
Kommt man ins Feld und naht sich dem Werke, da hinkt es gewaltig.
Mutiger kann man nichts sehn, als sie zu Hause sich zeigen;
Draußen liegen sie gern im Hinterhalt. Setzt es denn einmal
Tüchtige Schläge, so nimmt man sie mit, so gut als ein andrer.
Bären und Wölfe verderben das Land; es kümmert sie wenig,
Wessen Haus die Flamme verzehrt, sie pflegen sich immer
An den Kohlen zu wärmen, und sie erbarmen sich keines,
Wenn ihr Kropf sich nur füllt. Man schlürft die Eier hinunter,
Läßt den Armen die Schalen und glaubt noch redlich zu teilen.
Reineke Fuchs mit seinem Geschlecht versteht sich dagegen
Wohl auf Weisheit und Rat, und hat er nun etwas versehen,
Gnädiger Herr, so ist er kein Stein. Doch wird Euch ein andrer
Niemals besser beraten. Darum verzeiht ihm, ich bitte!"

Da versetzte der König: „Ich will es bedenken. Das Urteil
Ward gesprochen, wie Ihr erzählt, es büßte die Schlange.
Doch von Grund aus bleibt er ein Schalk, wie sollt' er sich bessern?
Macht man ein Bündnis mit ihm, so bleibt man am Ende betrogen;
Denn er dreht sich so listig heraus, wer ist ihm gewachsen?
Wolf und Bär und Kater, Kaninchen und Krähe, sie sind ihm
Nicht behende genug, er bringt sie in Schaden und Schande.
Diesem behielt er ein Ohr, dem andern das Auge, das Leben
Raubt' er dem Dritten! fürwahr, ich weiß nicht, wie Ihr dem Bösen
So zu Gunsten sprecht und seine Sache verteidigt."
„Gnädiger Herr", versetzte die Äffin, „ich kann es nicht bergen;
Sein Geschlecht ist edel und groß, Ihr mögt es bedenken."

Da erhub sich der König, herauszutreten, es stunden
Alle zusammen und warteten sein; er sah in dem Kreise
Viele von Reinekens nächsten Verwandten, sie waren gekommen,
Ihren Vetter zu schützen, sie wären schwerlich zu nennen.
Und er sah das große Geschlecht, er sah auf der andern
Seite Reinekens Feinde: es schien der Hof sich zu teilen.

Da begann der König: „So höre mich, Reineke! Kannst du
Solchen Frevel entschuld'gen, daß du mit Hülfe Bellynens
Meinen frommen Lampe getötet? und daß ihr Verwegnen
Mir sein Haupt ins Ränzel gesteckt, als wären es Briefe?
Mich zu höhnen tatet ihr das; ich habe den einen
Schon bestraft, es büßte Bellyn; erwarte das gleiche."

„Weh mir!" sagte Reineke drauf, „o wär' ich gestorben!
Höret mich an, und wie es sich findet, so mag es geschehen:

Bin ich schuldig, so tötet mich gleich, ich werde doch nimmer
Aus der Not und Sorge mich retten, ich bleibe verloren.
Denn der Verräter Bellyn, er unterschlug mir die größten
Schätze, kein Sterblicher hat dergleichen jemals gesehen.
Ach, sie kosten Lampen das Leben! Ich hatte sie beiden
Anvertraut, nun raubte Bellyn die köstlichen Sachen.
Ließen sie sich doch wieder erforschen! Allein ich befürchte,
Niemand findet sie mehr, sie bleiben auf immer verloren."

Aber die Äffin versetzte darauf: „Wer wollte verzweifeln?
Sind sie nur über der Erde, so ist noch Hoffnung zu schöpfen.
Früh und späte wollen wir gehn, und Laien und Pfaffen
Emsig fragen; doch zeiget uns an, wie waren die Schätze?"

Reineke sagte: „Sie waren so köstlich, wir finden sie nimmer;
Wer sie besitzt, verwahrt sie gewiß. Wie wird sich darüber
Nicht Frau Ermelyn quälen! Sie wird mir's niemals verzeihen.
Denn sie mißriet mir, den beiden das köstliche Kleinod zu geben.
Nun erfindet man Lügen auf mich und will mich verklagen;
Doch ich verfechte mein Recht, erwarte das Urteil, und werd' ich
Losgesprochen, so reis' ich umher durch Länder und Reiche,
Suche die Schätze zu schaffen, und sollt' ich mein Leben verlieren."

ZEHNTER GESANG

„O mein König", sagte darauf der listige Redner:
„Laßt mich, edelster Fürst, vor meinen Freunden erzählen,
Was Euch alles von mir an köstlichen Dingen bestimmt war.
Habt Ihr sie gleich nicht erhalten, so war mein Wille doch löblich."
„Sage nur an", versetzte der König, „und kürze die Worte."

„Glück und Ehre sind hin! Ihr werdet alles erfahren“,
Sagte Reineke traurig. „Das erste köstliche Kleinod
War ein Ring. Ich gab ihn Bellynen, er sollt’ ihn dem König
Überliefern. Es war auf wunderbarliche Weise
Dieser Ring zusammengesetzt und würdig, im Schatze
Meines Fürsten zu glänzen, aus feinem Golde gebildet.
Auf der inneren Seite, die nach dem Finger sich kehret,
Standen Lettern gegraben und eingeschmolzen; es waren
Drei hebräische Worte von ganz besonderer Deutung.
Niemand erklärte so leicht in diesen Landen die Züge;
Meister Abryon nur von Trier, der konnte sie lesen.
Es ist ein Jude, gelehrt, und alle Zungen und Sprachen
Kennt er, die von Poitou bis Lüneburg werden gesprochen;
Und auf Kräuter und Steine versteht sich der Jude besonders.

Als ich den Ring ihm gezeigt, da sagt’ er: ‚Köstliche Dinge
Sind hierinnen verborgen. Die drei gegrabenen Namen
Brachte Seth, der Fromme, vom Paradiese hernieder,
Als er das Öl der Barmherzigkeit suchte; und wer ihn am Finger
Trägt, der findet sich frei von allen Gefahren. Es werden
Weder Donner noch Blitz noch Zauberei ihn verletzen.‘
Ferner sagte der Meister: er habe gelesen, es könne,
Wer den Ring am Finger bewahrt, in grimmiger Kälte
Nicht erfrieren; er lebe gewiß ein ruhiges Alter.
Außen stand ein Edelgestein, ein heller Karfunkel,
Dieser leuchtete nachts und zeigte deutlich die Sachen.
Viele Kräfte hatte der Stein; er heilte die Kranken;
Wer ihn berührte, fühlte sich frei von allen Gebrechen,
Aller Bedrängnis, nur ließ sich der Tod allein nicht bezwingen.
Weiter entdeckte der Meister des Steines herrliche Kräfte:
‚Glücklich reist der Besitzer durch alle Lande, ihm schadet
Weder Wasser noch Feuer; gefangen oder verraten
Kann er nicht werden, und jeder Gewalt des Feindes entgeht er.
Und besieht er nüchtern den Stein, so wird er im Kampfe

Hundert überwinden und mehr. Die Tugend des Steines
Nimmt dem Gifte die Wirkung und allen schädlichen Säften.
Ebenso vertilgt sie den Haß, und sollte gleich mancher
Den Besitzer nicht lieben; er fühlt sich in kurzem verändert.‘

Wer vermöchte die Kräfte des Steines alle zu zählen,
Den ich im Schatze des Vaters gefunden und den ich dem König
Nun zu senden gedachte? Denn solches köstlichen Ringes
War ich nicht wert; ich wußt' es recht wohl; er sollte dem einen,
Der von allen der Edelste bleibt, so dacht' ich, gehören:
Unser Wohl beruht nur auf ihm und unser Vermögen,
Und ich hoffte sein Leben vor allem Übel zu schützen.

Ferner sollte Widder Bellyn der Königin gleichfalls
Kamm und Spiegel verehren, damit sie meiner gedächte.
Diese hatt' ich einmal zur Lust vom Schatze des Vaters
Zu mir genommen, es fand sich auf Erden kein schöneres Kunstwerk.
O wie oft versucht' es mein Weib und wollte sie haben!
Sie verlangte nichts weiter von allen Gütern der Erde,
Und wir stritten darum; sie konnte mich niemals bewegen.
Doch nun sendet' ich Spiegel und Kamm mit gutem Bedachte
Meiner gnädigen Frauen, der Königin, welche mir immer
Große Wohltat erwies und mich vor Übel beschirmte;
Öfters hat sie für mich ein günstiges Wörtchen gesprochen;
Edel ist sie, von hoher Geburt, es ziert sie die Tugend,
Und ihr altes Geschlecht bewährt sich in Worten und Werken:
Würdig war sie des Spiegels und Kammes! die hat sie nun leider
Nicht mit Augen gesehn, sie bleiben auf immer verloren.

Nun vom Kamme zu reden. Zu diesem hatte der Künstler
Pantherknochen genommen, die Reste des edlen Geschöpfes,
Zwischen Indien wohnt es und zwischen dem Paradiese.

Allerlei Farben zieren sein Fell, und süße Gerüche
Breiten sich aus, wohin es sich wendet, darum auch die Tiere
Seine Fährte so gern auf allen Wegen verfolgen;
Denn sie werden gesund von diesem Geruche, das fühlen
Und bekennen sie alle. Von solchen Knochen und Beinen
War der zierliche Kamm mit vielem Fleiße gebildet,
Klar wie Silber und weiß von unaussprechlicher Reinheit,
Und des Kammes Geruch ging über Nelken und Zimmet.
Stirbt das Tier, so fährt der Geruch in alle Gebeine,
Bleibt beständig darin und läßt sie nimmer verwesen,
Alle Seuche treibt er hinweg und alle Vergiftung.

Ferner sah man die köstlichsten Bilder am Rücken des Kammes
Hocherhaben, durchflochten mit goldenen zierlichen Ranken
Und mit rot- und blauer Lasur. Im mittelsten Felde
War die Geschichte künstlich gebildet, wie Paris von Troja
Eines Tages am Brunnen saß, drei göttliche Frauen
Vor sich sah, man nannte sie Pallas und Juno und Venus.
Lange stritten sie erst, denn jegliche wollte den Apfel
Gerne besitzen, der ihnen bisher zusammen gehörte;
Endlich verglichen sie sich: es solle den goldenen Apfel
Paris der Schönsten bestimmen, sie sollt' allein ihn behalten.

Und der Jüngling beschaute sie wohl mit gutem Bedachte.
Juno sagte zu ihm: ‚Erhalt' ich den Apfel, erkennst du
Mich für die Schönste, so wirst du der Erste vor allen an Reichtum.'
Pallas versetzte: ‚Bedenke dich wohl und gib mir den Apfel,
Und du wirst der mächtigste Mann; es fürchten dich alle,
Wird dein Name genannt, so Feind' als Freunde zusammen.'
Venus sprach: ‚Was soll die Gewalt? Was sollen die Schätze?
Ist dein Vater nicht König Priamus? Deine Gebrüder
Hektor und andre, sind sie nicht reich und mächtig im Lande?
Ist nicht Troja geschützt von seinem Heere? Und habt ihr
Nicht umher das Land bezwungen und fernere Völker?

Wirst du die Schönste mich preisen und mir den Apfel erteilen,
Sollst du des herrlichsten Schatzes auf dieser Erde dich freuen.
Dieser Schatz ist ein treffliches Weib, die Schönste von allen,
Tugendsam, edel und weise, wer könnte würdig sie loben?
Gib mir den Apfel, du sollst des griechischen Königs Gemahlin,
Helena mein' ich, die Schöne, den Schatz der Schätze, besitzen.‘

Und er gab ihr den Apfel und pries sie vor allen die Schönste.
Aber sie half ihm dagegen die schöne Königin rauben,
Menelaus' Gemahlin, sie ward in Troja die Seine.
Diese Geschichte sah man erhaben im mittelsten Felde.
Und es waren Schilder umher mit künstlichen Schriften;
Jeder durfte nur lesen, und so verstand er die Fabel.

Höret nun weiter vom Spiegel, daran die Stelle des Glases
Ein Beryll vertrat von großer Klarheit und Schönheit;
Alles zeigte sich drin, und wenn es meilenweit vorging,
War es Tag oder Nacht. Und hatte jemand im Antlitz
Einen Fehler, wie er auch war, ein Fleckchen im Auge,
Durft' er sich nur im Spiegel besehn, so gingen von Stund an
Alle Mängel hinweg und alle fremden Gebrechen.
Ist's ein Wunder, daß mich es verdrießt, den Spiegel zu missen?
Und es war ein köstliches Holz zur Fassung der Tafel,
Sethym heißt es, genommen, von festem, glänzendem Wuchse,
Keine Würmer stechen es an und wird auch, wie billig,
Höher gehalten als Gold, nur Ebenholz kommt ihm am nächsten.
Denn aus diesem verfertigt' einmal ein trefflicher Künstler
Unter König Krompardes ein Pferd von seltnem Vermögen,

Eine Stunde brauchte der Reiter und mehr nicht zu hundert
Meilen. Ich könnte die Sache für jetzt nicht gründlich erzählen,
Denn es fand sich kein ähnliches Roß, so lange die Welt steht.

Anderthalb Fuß war rings die ganze Breite des Rahmens
Um die Tafel herum, geziert mit künstlichem Schnitzwerk,
Und mit goldenen Lettern stand unter jeglichem Bilde,
Wie sich's gehört, die Bedeutung geschrieben. Ich will die Geschichten
Kürzlich erzählen. Die erste war von dem neidischen Pferde:
Um die Wette gedacht' es mit einem Hirsche zu laufen;
Aber hinter ihm blieb es zurück, das schmerzte gewaltig;
Und es eilte darauf mit einem Hirten zu reden,
Sprach: ‚Du findest dein Glück, wenn du mir eilig gehorchest.
Setze dich auf, ich bringe dich hin, es hat sich vor kurzem
Dort ein Hirsch im Walde verborgen, den sollst du gewinnen;
Fleisch und Haut und Geweih, du magst sie teuer verkaufen,
Setze dich auf, wir wollen ihm nach!' — ‚Das will ich wohl wagen!'
Sagte der Hirt und setzte sich auf, sie eilten von dannen.
Und sie erblickten den Hirsch in kurzem, folgten behende
Seiner Spur und jagten ihm nach. Er hatte den Vorsprung,
Und es ward dem Pferde zu sauer, da sagt' es zum Manne:
‚Sitze was ab, ich bin müde geworden, der Ruhe bedarf ich.'
‚Nein! wahrhaftig', versetzte der Mann, ‚du sollst mir gehorchen,
Meine Sporen sollst du empfinden, du hast mich ja selber
Zu dem Ritte gebracht'; und so bezwang es der Reiter.
Seht, so lohnet sich der mit vielem Bösen, der, andern
Schaden zu bringen, sich selbst mit Pein und Übel beladet.

Ferner zeig' ich Euch an, was auf dem Spiegel gebildet
Stand: Wie ein Esel und Hund bei einem Reichen in Diensten

Beide gewesen, so war denn der Hund nun freilich der Liebling,
Denn er saß beim Tische des Herrn und aß mit demselben
Fisch und Fleisch und ruhte wohl auch im Schoße des Gönners,
Der ihm das beste Brot zu reichen pflegte; dagegen
Wedelte mit dem Schwanze der Hund und leckte den Herren.

Boldewyn sah das Glück des Hundes, und traurig im Herzen
Ward der Esel und sagte bei sich: ‚Wo denkt doch der Herr hin,
Daß er dem faulen Geschöpfe so äußerst freundlich begegnet?
Springt das Tier nicht auf ihm herum und leckt ihn am Barte!
Und ich muß die Arbeit verrichten und schleppe die Säcke.
Er probier' es einmal und tu' mit fünf, ja mit zehen
Hunden im Jahre so viel, als ich des Monats verrichte!
Und doch wird ihm das Beste gereicht, mich speist man mit Stroh ab;
Läßt auf der harten Erde mich liegen, und wo man mich hintreibt
Oder reitet, spottet man meiner. Ich kann und ich will es
Länger nicht dulden, will auch des Herren Gunst mir erwerben.'

Als er so sprach, kam eben sein Herr die Straße gegangen;
Da erhub der Esel den Schwanz und bäumte sich springend
Über den Herren und schrie und sang und plärrte gewaltig,
Leckt' ihm den Bart und wollte nach Art und Weise des Hundes
An die Wange sich schmiegen und stieß ihm einige Beulen.
Ängstlich entsprang ihm der Herr und rief: ‚O! fangt mir den Esel,
Schlagt ihn tot!' Es kamen die Knechte, da regnet' es Prügel,
Nach dem Stalle trieb man ihn fort: da blieb er ein Esel.

Mancher findet sich noch von seinem Geschlechte, der andern
Ihre Wohlfahrt mißgönnt und sich nicht besser befindet.
Kommt dann aber einmal so einer in reichlichen Zustand,
Schickt sich's grad', als äße das Schwein mit Löffeln die Suppe,
Nicht viel besser fürwahr. Der Esel trage die Säcke,
Habe Stroh zum Lager und finde Disteln zur Nahrung.
Will man ihn anders behandeln, so bleibt es doch immer beim alten.
Wo ein Esel zur Herrschaft gelangt, kann's wenig gedeihen.
Ihren Vorteil suchen sie wohl, was kümmert sie weiter?

Ferner sollt Ihr erfahren, mein König, und laßt Euch die Rede
Nicht verdrießen, es stand noch auf dem Rahmen des Spiegels
Schön gebildet und deutlich beschrieben, wie ehmals mein Vater
Sich mit Hinzen verbündet, auf Abenteuer zu ziehen,
Und wie beide heilig geschworen, in allen Gefahren
Tapfer zusammenzuhalten und jede Beute zu teilen.
Als sie nun vorwärts zogen, bemerkten sie Jäger und Hunde
Nicht gar ferne vom Wege; da sagte Hinze, der Kater:
‚Guter Rat scheint teuer zu werden!' Mein Alter versetzte:
‚Wunderlich sieht es wohl aus, doch hab' ich mit herrlichem Rate
Meinen Sack noch gefüllt, und wir gedenken des Eides,
Halten wacker zusammen, das bleibt vor allem das Erste.'
Hinze sagte dagegen: ‚Es gehe, wie es auch wolle,
Bleibt mir doch ein Mittel bekannt, das denk' ich zu brauchen.'
Und so sprang er behend auf einen Baum, sich zu retten
Vor der Hunde Gewalt, und so verließ er den Oheim.
Ängstlich stand mein Vater nun da; es kamen die Jäger.
Hinze sprach: ‚Nun, Oheim? Wie steht's? So öffnet den Sack doch!
Ist er voll Rates, so braucht ihn doch jetzt, die Zeit ist gekommen.'

Und die Jäger bliesen das Horn und riefen einander.
Lief mein Vater, so liefen die Hunde, sie folgten mit Bellen,
Und er schwitzte vor Angst, und häufige Losung entfiel ihm;
Leichter fand er sich da, und so entging er den Feinden.

Schändlich, Ihr habt es gehört, verriet ihn der nächste Verwandte,
Dem er sich doch am meisten vertraut. Es ging ihm ans Leben,
Denn die Hunde waren zu schnell, und hätt' er nicht eilig
Einer Höhle sich wieder erinnert, so war es geschehen;
Aber da schlupft' er hinein, und ihn verloren die Feinde.
Solcher Bursche gibt es noch viel, wie Hinze sich damals
Gegen den Vater bewies: wie sollt' ich ihn lieben und ehren?
Halb zwar hab' ich's vergeben, doch bleibt noch etwas zurücke.
All dies war auf dem Spiegel geschnitten mit Bildern und Worten.

Ferner sah man daselbst ein eignes Stückchen vom Wolfe,
Wie er zu danken bereit ist für Gutes, das er empfangen.
Auf dem Anger fand er ein Pferd, woran nur die Knochen
Übrig waren; doch hungert' ihn sehr, er nagte sie gierig,
Und es kam ihm ein spitziges Bein die Quer' in den Kragen;
Ängstlich stellt' er sich an, es war ihm übel geraten.
Boten auf Boten sendet' er fort, die Ärzte zu rufen;
Niemand vermochte zu helfen, wiewohl er große Belohnung
Allen geboten. Da meldete sich am Ende der Kranich,
Mit dem roten Barett auf dem Haupt. Ihm flehte der Kranke:
‚Doktor, helft mir geschwind von diesen Nöten! Ich geb' Euch,
Bringt Ihr den Knochen heraus, so viel Ihr immer begehret.'

Also glaubte der Kranich den Worten und steckte den Schnabel
Mit dem Haupt in den Rachen des Wolfes und holte den Knochen.
‚Weh mir!' heulte der Wolf, ‚du tust mir Schaden! Es schmerzet!

Laß es nicht wieder geschehn! Für heute sei es vergeben.
Wär' es ein andrer, ich hätte das nicht geduldig gelitten.'
‚Gebt Euch zufrieden', versetzte der Kranich; ‚Ihr seid nun genesen;
Gebt mir den Lohn, ich hab' ihn verdient, ich hab' Euch geholfen.'
‚Höret den Gecken!' sagte der Wolf; ‚ich habe das Übel,
Er verlangt die Belohnung und hat die Gnade vergessen,
Die ich ihm eben erwies. Hab' ich ihm Schnabel und Schädel,
Den ich im Munde gefühlt, nicht unbeschädigt entlassen?
Hat mir der Schäker nicht Schmerzen gemacht? Ich könnte wahrhaftig,
Ist von Belohnung die Rede, sie selbst am ersten verlangen.'
Also pflegen die Schälke mit ihren Knechten zu handeln.

Diese Geschichten und mehr verzierten, künstlich geschnitten,
Rings die Fassung des Spiegels und mancher gegrabene Zierat,
Manche goldene Schrift. Ich hielt des köstlichen Kleinods
Mich nicht wert, ich bin zu gering und sandt' es deswegen
Meiner Frauen, der Königin, zu. Ich dachte durch solches
Ihr und ihrem Gemahl mich ehrerbietig zu zeigen.
Meine Kinder betrübten sich sehr, die artigen Knaben,
Als ich den Spiegel dahingab. Sie sprangen gewöhnlich und spielten
Vor dem Glase, beschauten sich gern, sie sahen die Schwänzchen
Hängen vom Rücken herab und lachten den eigenen Mäulchen.
Leider vermutet' ich nicht den Tod des ehrlichen Lampe,
Da ich ihm und Bellyn auf Treu und Glauben die Schätze
Heilig empfahl; ich hielt sie beide für redliche Leute,
Keine besseren Freunde gedacht' ich jemals zu haben.
Wehe sei über den Mörder gerufen! Ich will es erfahren,
Wer die Schätze verborgen, es bleibt kein Mörder verhohlen.
Wüßte doch ein und andrer vielleicht im Kreis hier zu sagen,
Wo die Schätze geblieben und wie man Lampen getötet!

Seht, mein gnädiger König, es kommen täglich so viele
Wichtige Sachen vor Euch; Ihr könnt nicht alles behalten;
Doch vielleicht gedenket Ihr noch des herrlichen Dienstes,
Den mein Vater dem Euren an dieser Stätte bewiesen.
Krank lag Euer Vater, sein Leben rettete meiner,
Und doch sagt Ihr, ich habe noch nie, es habe mein Vater
Euch nichts Gutes erzeigt. Beliebt mich weiter zu hören.
Sei es mit Eurer Erlaubnis gesagt: Es fand sich am Hofe
Eures Vaters der meine bei großen Würden und Ehren
Als erfahrener Arzt. Er wußte das Wasser des Kranken
Klug zu besehn: er half der Natur; was immer den Augen,
Was den edelsten Gliedern gebrach, gelang ihm zu heilen;
Kannte wohl die emetischen Kräfte, verstand auch daneben
Auf die Zähne sich gut und holte die schmerzenden spielend.
Gerne glaub' ich, Ihr habt es vergessen; es wäre kein Wunder;
Denn drei Jahre hattet Ihr nur. Es legte sich damals
Euer Vater im Winter mit großen Schmerzen zu Bette,
Ja, man mußt' ihn heben und tragen. Da ließ er die Ärzte
Zwischen hier und Rom zusammenberufen, und alle
Gaben ihn auf; er schickte zuletzt, man holte den Alten;
Dieser hörte die Not und sah die gefährliche Krankheit.

Meinen Vater jammert' es sehr, er sagte: ‚Mein König,
Gnädiger Herr, ich setzte, wie gern! mein eigenes Leben,
Könnt' ich Euch retten, daran! doch laßt im Glase mich Euer
Wasser besehn.' Der König befolgte die Worte des Vaters,
Aber klagte dabei, es werde je länger je schlimmer.
Auf dem Spiegel war es gebildet, wie glücklich zur Stunde
Euer Vater genesen. Denn meiner sagte bedächtig:
‚Wenn Ihr Gesundheit verlangt, entschließt Euch ohne Versäumnis,
Eines Wolfes Leber zu speisen, doch sollte derselbe
Sieben Jahre zum wenigsten haben; die müßt Ihr verzehren.
Sparen dürft Ihr mir nicht, denn Euer Leben betrifft es.
Euer Wasser zeuget nur Blut, entschließt Euch geschwinde!'

In dem Kreise befand sich der Wolf und hört' es nicht gerne.
Euer Vater sagte darauf: ‚Ihr habt es vernommen,
Höret, Herr Wolf, Ihr werdet mir nicht zu meiner Genesung
Eure Leber verweigern.' Der Wolf versetzte dagegen:
‚Nicht fünf Jahre bin ich geboren! was kann ich Euch nutzen?'
‚Eitles Geschwätz!' versetzte mein Vater; ‚es soll uns nicht hindern,
An der Leber seh' ich das gleich.' Es mußte zur Stelle
Nach der Küche der Wolf, und brauchbar fand sich die Leber.
Euer Vater verzehrte sie stracks. Zur selbigen Stunde
War er von aller Krankheit befreit und allen Gebrechen.
Meinem Vater dankt' er genug, es mußt' ihn ein jeder
Doktor heißen am Hofe; man durft' es niemals vergessen.

Also ging mein Vater beständig dem König zur Rechten.
Euer Vater verehrt' ihm hernach, ich weiß es am besten,
Eine goldene Spange mit einem roten Barette,
Sie vor allen Herren zu tragen; so haben ihn alle
Hoch in Ehren gehalten. Es hat sich aber mit seinem
Sohne leider geändert, und an die Tugend des Vaters
Wird nicht weiter gedacht. Die allergierigsten Schälke
Werden erhoben, und Nutz und Gewinn bedenkt man alleine,
Recht und Weisheit stehen zurück. Es werden die Diener
Große Herren, das muß der Arme gewöhnlich entgelten.
Hat ein solcher Macht und Gewalt, so schlägt er nur blindlings
Unter die Leute, gedenket nicht mehr, woher er gekommen;
Seinen Vorteil gedenkt er aus allem Spiele zu nehmen.
Um die Großen finden sich viele von diesem Gelichter.
Keine Bitte hören sie je, wozu nicht die Gabe
Gleich sich reichlich gesellt, und wenn sie die Leute bescheiden,
Heißt es: ‚Bringt nur! und bringt!' zum ersten, zweiten und dritten.

Solche gierige Wölfe behalten köstliche Bissen
Gerne für sich, und wär' es zu tun, mit kleinem Verluste

Ihres Herren Leben zu retten, sie trügen Bedenken.
Wollte der Wolf doch die Leber nicht lassen, dem König zu dienen!
Und was Leber! Ich sag' es heraus! Es möchten auch zwanzig
Wölfe das Leben verlieren, behielte der König und seine
Teure Gemahlin das ihre, so wär' es weniger Schade.
Denn ein schlechter Same, was kann er Gutes erzeugen?
Was in Eurer Jugend geschah, Ihr habt es vergessen;
Aber ich weiß es genau, als wär' es gestern geschehen.
Auf dem Spiegel stand die Geschichte, so wollt' es mein Vater;
Edelsteine zierten das Werk und goldene Ranken.
Könnt' ich den Spiegel erfragen, ich wagte Vermögen und Leben."

„Reineke", sagte der König, „die Rede hab' ich verstanden,
Habe die Worte gehört und was du alles erzähltest.
War dein Vater so groß hier am Hofe und hat er so viele
Nützliche Taten getan, das mag wohl lange schon her sein.
Ich erinnre mich's nicht, auch hat mir's niemand berichtet.
Eure Händel dagegen, die kommen mir öfters zu Ohren,
Immer seid Ihr im Spiele, so hör' ich wenigstens sagen;
Tun sie Euch Unrecht damit und sind es alte Geschichten,
Möcht' ich einmal was Gutes vernehmen; es findet sich selten."

„Herr", versetzte Reineke drauf, „ich darf mich hierüber
Wohl erklären vor Euch, denn mich betrifft ja die Sache.
Gutes hab' ich Euch selber getan! es sei Euch nicht etwa
Vorgeworfen; behüte mich Gott! ich erkenne mich schuldig,
Euch zu leisten, soviel ich vermag. Ihr habt die Geschichte
Ganz gewiß nicht vergessen. Ich war mit Isegrim glücklich
Einst, ein Schwein zu erjagen, es schrie, wir bissen es nieder,
Und Ihr kamt und klagtet so sehr und sagtet: es käme
Eure Frau noch hinter Euch drein, und teilte nur jemand
Wenige Speise mit Euch, so wär' Euch beiden geholfen.

‚Gebet von eurem Gewinne was ab!‘ so sagtet Ihr damals.
Isegrim sagte wohl: ‚Ja!‘; doch murmelt' er unter dem Barte,
Daß man kaum es verstand. Ich aber sagte dagegen:
‚Herr! es ist Euch gegönnt, und wären's der Schweine die Menge.
Sagt, wer soll es verteilen?‘ — ‚Der Wolf!‘ versetztet Ihr wieder.
Isegrim freute sich sehr; er teilte, wie er gewohnt war,
Ohne Scham und Scheu und gab Euch eben ein Vierteil,
Eurer Frauen das andre, und er fiel über die Hälfte,
Schlang begierig hinein und reichte mir außer den Ohren
Nur die Nase noch hin und eine Hälfte der Lunge;
Alles andre behielt er für sich, Ihr habt es gesehen.
Wenig Edelmut zeigt' er uns da. Ihr wißt es, mein König!
Euer Teil verzehrtet Ihr bald, doch merkt' ich, Ihr hattet
Nicht den Hunger gestillt, nur Isegrim wollt' es nicht sehen,
Aß und kaute so fort und bot Euch nicht das geringste.
Aber da traft Ihr ihn auch mit Euren Tatzen gewaltig
Hinter die Ohren, verschobt ihm das Fell, mit blutiger Glatze
Lief er davon, mit Beulen am Kopf und heulte vor Schmerzen.
Und Ihr rieft ihm noch zu: ‚Komm wieder, lerne dich schämen!
Teilst du wieder, so triff mir's besser, sonst will ich dir's zeigen.
Jetzt mach' eilig dich fort und bring' uns ferner zu essen!‘
‚Herr! gebietet Ihr das?‘ versetzt' ich, ‚so will ich ihm folgen,
Und ich weiß, ich hole schon was.‘ Ihr wart es zufrieden.
Ungeschickt hielt sich Isegrim damals; er blutete, seufzte,
Klagte mir vor; doch trieb ich ihn an, wir jagten zusammen,
Fingen ein Kalb! Ihr liebt Euch die Speise. Und als wir es brachten,
Fand sich's fett; Ihr lachtet dazu und sagtet zu meinem
Lobe manch freundliches Wort; ich wäre, meintet Ihr, trefflich
Auszusenden zur Stunde der Not, und sagtet daneben:

,Teile das Kalb!' Da sprach ich: ,Die Hälfte gehöret schon Euer!
Und die Hälfte gehört der Königin; was sich im Leibe
Findet, als Herz und Leber und Lunge, gehöret, wie billig,
Euern Kindern; ich nehme die Füße, die lieb' ich zu nagen,
Und das Haupt behalte der Wolf, die köstliche Speise.'

Als Ihr die Rede vernommen, versetztet Ihr: ,Sage! wer hat dich
So nach Hofart teilen gelehrt? ich möcht' es erfahren?'
Da versetzt' ich: ,Mein Lehrer ist nah', denn dieser mit rotem
Kopfe, mit blutiger Glatze, hat mir das Verständnis geöffnet,
Ich bemerkte genau, wie er heut frühe das Ferkel
Teilte, da lernt' ich den Sinn von solcher Teilung begreifen;
Kalb oder Schwein, ich find' es nun leicht und werde nicht fehlen.'

Schaden und Schande befiel den Wolf und seine Begierde.
Seinesgleichen gibt es genug! Sie schlingen der Güter
Reichliche Früchte zusamt den Untersassen hinunter.
Alles Wohl zerstören sie leicht, und keine Verschonung
Ist zu erwarten, und wehe dem Lande, das selbige nähret!

Seht! Herr König, so hab' ich Euch oft in Ehren gehalten.
Alles, was ich besitze, und was ich nur immer gewinne,
Alles widm' ich Euch gern und Eurer Königin; sei es
Wenig oder auch viel, Ihr nehmt das meiste von allem.
Wenn Ihr des Kalbes und Schweines gedenkt, so merkt Ihr die Wahrheit,
Wo die rechte Treue sich findet. Und dürfte wohl etwa
Isegrim sich mit Reineken messen? Doch leider im Ansehn
Steht der Wolf als oberster Vogt, und alle bedrängt er.
Euren Vorteil besorgt er nicht sehr; zum Halben und Ganzen
Weiß er den seinen zu fördern. So führt er freilich mit Braunen

Nun das Wort, und Reinekens Rede wird wenig geachtet.

Herr! es ist wahr, man hat mich verklagt, ich werde nicht weichen,
Denn ich muß nun hindurch, und also sei es gesprochen:
Ist hier einer, der glaubt zu beweisen, so komm' er mit Zeugen,
Halte sich fest an die Sache und setze gerichtlich zum Pfande
Sein Vermögen, sein Ohr, sein Leben, wenn er verlöre,
Und ich setze das gleiche dagegen: so hat es zu Rechte
Stets gegolten, so halte man's noch, und alle die Sache,
Wie man sie für und wider gesprochen, sie werde getreulich
Solcherweise geführt und gerichtet; ich darf es verlangen!"

„Wie es auch sei", versetzte der König, „am Wege des Rechtes
Will und kann ich nicht schmälern, ich hab' es auch niemals gelitten.
Groß ist zwar der Verdacht, du habest an Lampens Ermordung
Teilgenommen, des redlichen Boten! ich liebt' ihn besonders
Und verlor ihn nicht gern, betrübte mich über die Maßen,
Als man sein blutiges Haupt aus deinem Ränzel herauszog;
Auf der Stelle büßt' es Bellyn, der böse Begleiter;
Und du magst die Sache nun weiter gerichtlich verfechten.
Was mich selber betrifft, vergeb' ich Reineken alles,
Denn er hielt sich zu mir in manchen bedenklichen Fällen.
Hätte weiter jemand zu klagen, wir wollen ihn hören;
Stell' er unbescholtene Zeugen und bringe die Klage
Gegen Reineken ordentlich vor, hier steht er zu Rechte!"

Reineke sagte: „Gnädiger Herr! ich danke zum besten.
Jeden hört Ihr, und jeder genießt die Wohltat des Rechtes.
Laßt mich heilig beteuern, mit welchem traurigen Herzen
Ich Bellyn und Lampen entließ; mir ahnete, glaub' ich,
Was den beiden sollte geschehn, ich liebte sie zärtlich."

So staffierte Reineke klug Erzählung und Worte.
Jedermann glaubt' ihm; er hatte die Schätze so zierlich beschrieben,
Sich so ernstlich betragen; er schien die Wahrheit zu reden.
Ja, man sucht' ihn zu trösten. Und so betrog er den König,
Dem die Schätze gefielen; er hätte sie gerne besessen,
Sagte zu Reineken: „Gebt Euch zufrieden, Ihr reiset und suchet
Weit und breit, das Verlorne zu finden, das mögliche tut Ihr;
Wenn Ihr meiner Hülfe bedürft, sie steht Euch zu Diensten."

„Dankbar", sagte Reineke drauf, „erkenn' ich die Gnade;
Diese Worte richten mich auf und lassen mich hoffen.
Raub und Mord zu bestrafen ist Eure höchste Behörde.
Dunkel bleibt mir die Sache, doch wird sich's finden; ich sehe
Mit dem größten Fleiße darnach und werde des Tages
Emsig reisen und nachts und alle Leute befragen.
Hab' ich erfahren, wo sie sich finden, und kann sie nicht selber
Wieder gewinnen, wär' ich zu schwach, so bitt' ich um Hülfe,
Die gewährt Ihr alsdann, und sicher wird es geraten.
Bring' ich glücklich die Schätze vor Euch, so find' ich am Ende
Meine Mühe belohnt und meine Treue bewähret."

Gerne hört' es der König und fiel in allem und jedem
Reineken bei, der hatte die Lüge so künstlich geflochten.
Alle die andern glaubten es auch; er durfte nun wieder
Reisen und gehen, wohin ihm gefiel und ohne zu fragen.

Aber Isegrim konnte sich länger nicht halten, und knirschend
Sprach er: „Gnädiger Herr! So glaubt Ihr wieder dem Diebe,
Der Euch zwei- und dreifach belog? Wen sollt' es nicht wundern!

Seht Ihr nicht, daß der Schalk Euch betriegt und uns alle beschädigt?
Wahrheit redet er nie, und eitel Lügen ersinnt er.
Aber ich lass' ihn so leicht nicht davon! Ihr sollt es erfahren,
Daß er ein Schelm ist und falsch. Ich weiß drei große Verbrechen,
Die er begangen; er soll nicht entgehn, und sollten wir kämpfen.
Zwar man fordert Zeugen von uns, was wollte das helfen?
Stünden sie hier und sprächen und zeugten den ganzen Gerichtstag,
Könnte das fruchten? Er täte nur immer nach seinem Belieben.
Oft sind keine Zeugen zu stellen, da sollte der Frevler
Nach wie vor die Tücke verüben? Wer traut sich zu reden?
Jedem hängt er was an, und jeder fürchtet den Schaden.
Ihr und die Euren empfinden es auch und alle zusammen.
Heute will ich ihn halten, er soll nicht wanken noch weichen,
Und er soll zu Rechte mir stehn, nun mag er sich wahren!"

EILFTER GESANG

Isegrim klagte, der Wolf, und sprach: „Ihr werdet verstehen!
Reineke, gnädiger König, so wie er immer ein Schalk war,
Bleibt er es auch und steht und redet schändliche Dinge,
Mein Geschlecht zu beschimpfen und mich. So hat er mir immer,
Meinem Weibe noch mehr empfindliche Schande bereitet.
So bewog er sie einst, in einem Teiche zu waten
Durch den Morast, und hatte versprochen, sie solle des Tages
Viele Fische gewinnen; sie habe den Schwanz nur ins Wasser
Einzutauchen und hängen zu lassen: es würden die Fische
Fest sich beißen, sie könne selbviert nicht alle verzehren.
Watend kam sie darauf und schwimmend gegen das Ende,

Gegen den Zapfen; da hatte das Wasser sich tiefer gesammelt,
Und er hieß sie den Schwanz ins Wasser hängen. Die Kälte
Gegen Abend war groß, und grimmig begann es zu frieren,
Daß sie fast nicht länger sich hielt; so war auch in kurzem
Ihr der Schwanz ins Eis gefroren, sie konnt' ihn nicht regen,
Glaubte, die Fische wären so schwer, es wäre gelungen.
Reineke merkt' es, der schändliche Dieb, und was er getrieben,
Darf ich nicht sagen, er kam und übermannte sie leider.
Von der Stelle soll er mir nicht! Es kostet der Frevel
Einen von beiden, wie Ihr uns seht, noch heute das Leben.
Denn er schwätzt sich nicht durch; ich hab' ihn selber betroffen
Über der Tat, mich führte der Zufall am Hügel den Weg her.
Laut um Hülfe hört' ich sie schreien, die arme Betrogne,
Fest im Eise stand sie gefangen und konnt' ihm nicht wehren,
Und ich kam und mußte mit eignen Augen das alles
Sehen! Ein Wunder fürwahr, daß mir das Herz nicht gebrochen.
‚Reineke!' rief ich, ‚was tust du?' Er hörte mich kommen und eilte
Seine Straße. Da ging ich hinzu mit traurigem Herzen,
Mußte waten und frieren im kalten Wasser und konnte
Nur mit Mühe das Eis zerbrechen, mein Weib zu erlösen.
Ach, es ging nicht glücklich vonstatten! Sie zerrte gewaltig,
Und es blieb ihr ein Viertel des Schwanzes im Eise gefangen.
Jammernd klagte sie laut und viel, das hörten die Bauern,
Kamen hervor und spürten uns aus und riefen einander.
Hitzig liefen sie über den Damm mit Piken und Äxten,
Mit dem Rocken kamen die Weiber und lärmten gewaltig:
‚Fangt sie! Schlagt nur und werft!' so riefen sie gegeneinander.
Angst wie damals empfand ich noch nie, das gleiche bekennet
Gieremund auch, wir retteten kaum mit Mühe das Leben,

Liefen, es rauchte das Fell. Da kam ein Bube gelaufen,
Ein vertrackter Geselle, mit einer Pike bewaffnet,
Leicht zu Fuße, stach er nach uns und drängt' uns gewaltig.
Wäre die Nacht nicht gekommen, wir hätten das Leben gelassen.
Und die Weiber riefen noch immer, die Hexen, wir hätten
Ihre Schafe gefressen. Sie hätten uns gerne getroffen,
Schimpften und schmähten hinter uns drein. Wir wandten uns aber
Von dem Lande wieder zum Wasser und schlupften behende
Zwischen die Binsen; da trauten die Bauern nicht weiter zu folgen,
Denn es war dunkel geworden, sie machten sich wieder nach Hause.
Knapp entkamen wir so. Ihr sehet, gnädiger König,
Überwältigung, Mord und Verrat, von solchen Verbrechen
Ist die Rede, die werdet Ihr streng, mein König, bestrafen."

Als der König die Klage vernommen, versetzt' er: „Es werde
Rechtlich hierüber erkannt, doch laßt uns Reineken hören."
Reineke sprach: „Verhielt' es sich also, würde die Sache
Wenig Ehre mir bringen, und Gott bewahre mich gnädig,
Daß man es fände, wie er erzählt! Doch will ich nicht leugnen,
Daß ich sie Fische fangen gelehrt und auch ihr die beste
Straße, zu Wasser zu kommen, und sie zu dem Teiche gewiesen.
Aber sie lief so gierig darnach, sobald sie nur Fische
Nennen gehört, und Weg und Maß und Lehre vergaß sie.
Blieb sie fest im Eise befroren, so hatte sie freilich
Viel zu lange gesessen; denn hätte sie zeitig gezogen,
Hätte sie Fische genug zum köstlichen Mahle gefangen.
Allzugroße Begierde wird immer schädlich. Gewöhnt sich
Ungenügsam das Herz, so muß es vieles vermissen.
Wer den Geist der Gierigkeit hat, er lebt nur in Sorgen,
Niemand sättiget ihn. Frau Gieremund hat es erfahren,
Da sie im Eise befror. Sie dankt nun meiner Bemühung

Schlecht. Das hab' ich davon, daß ich ihr redlich geholfen!
Denn ich schob und wollte mit allen Kräften sie heben,
Doch sie war mir zu schwer, und über dieser Bemühung
Traf mich Isegrim an, der längs dem Ufer daherging,
Stand dadroben und rief und fluchte grimmig herunter.
Ja, fürwahr ich erschrak, den schönen Segen zu hören.
Eins und zwei- und dreimal warf er die gräßlichsten Flüche
Über mich her und schrie, von wildem Zorne getrieben,
Und ich dachte: ‚Du machst dich davon und wartest nicht länger;
Besser laufen als faulen.' Ich hatt' es eben getroffen,
Denn er hätte mich damals zerrissen. Und wenn es begegnet,
Daß zwei Hunde sich beißen um *einen* Knochen, da muß wohl
Einer verlieren. So schien mir auch da das Beste geraten,
Seinem Zorn zu entweichen und seinem verworrnen Gemüte.
Grimmig war er und bleibt es, wie kann er's leugnen? Befraget
Seine Frau; was hab' ich mit ihm, dem Lügner, zu schaffen?
Denn sobald er sein Weib im Eise befroren bemerkte,
Flucht' und schalt er gewaltig und kam und half ihr entkommen.
Machten die Bauern sich hinter sie her, so war es zum Besten;
Denn so kam ihr Blut in Bewegung, sie froren nicht länger.
Was ist weiter zu sagen? Es ist ein schlechtes Benehmen,
Wer sein eigenes Weib mit solchen Lügen beschimpfet.
Fragt sie selber, da steht sie, und hätt' er die Wahrheit gesprochen,
Würde sie selber zu klagen nicht fehlen. Indessen erbitt' ich
Eine Woche mir Frist, mit meinen Freunden zu sprechen,
Was für Antwort dem Wolf und seiner Klage gebühret."

Gieremund sagte darauf: „In Eurem Treiben und Wesen
Ist nur Schalkheit, wir wissen es wohl, und Lügen und Trügen,
Büberei, Täuschung und Trotz. Wer Euren verfänglichen Reden

Glaubt, wird sicher am Ende beschädigt. Immer gebraucht Ihr
Lose, verworrene Worte. So hab' ich's am Borne gefunden.
Denn zwei Eimer hingen daran, Ihr hattet in einen,
Weiß ich warum? Euch gesetzt und wart hernieder gefahren;
Nun vermochtet Ihr nicht, Euch selber wieder zu heben,
Und Ihr klagtet gewaltig. Des Morgens kam ich zum Brunnen,
Fragte: ‚Wer bracht' Euch herein?' Ihr sagtet: ‚Kommt Ihr doch eben,
Liebe Gevatterin, recht! Ich gönn' Euch jeglichen Vorteil;
Steigt in den Eimer da droben, so fahrt Ihr hernieder und esset
Hier an Fischen Euch satt.' Ich war zum Unglück gekommen,
Denn ich glaubt' es, Ihr schwurt noch dazu: Ihr hättet so viele
Fische verzehrt, es schmerz' Euch der Leib. Ich ließ mich betören,
Dumm wie ich war, und stieg in den Eimer; da ging er hernieder
Und der andere wieder herauf, Ihr kamt mir entgegen.
Wunderlich schien mir's zu sein, ich fragte voller Erstaunen:
‚Sagt, wie gehet das zu?' Ihr aber sagtet dawider:
‚Auf und ab, so geht's in der Welt, so geht es uns beiden.
Ist es doch also der Lauf. Erniedrigt werden die einen
Und die andern erhöht, nach eines jeglichen Tugend.'
Aus dem Eimer sprangt Ihr und lieft und eiltet von dannen.
Aber ich saß im Brunnen bekümmert und mußte den Tag lang
Harren und Schläge genug am selbigen Abend erdulden,
Eh' ich entkam. Es traten zum Brunnen einige Bauern,
Sie bemerkten mich da. Von grimmigem Hunger gepeinigt,
Saß ich in Trauer und Angst, erbärmlich war mir zumute.
Untereinander sprachen die Bauern: ‚Da sieh nur, im Eimer
Sitzt da unten der Feind, der unsre Schafe vermindert.'
‚Hol' ihn herauf', versetzte der eine; ‚ich halte mich fertig
Und empfang' ihn am Rand, er soll uns die Lämmer bezahlen!'

Wie er mich aber empfing, das war ein Jammer! Es fielen
Schläg' auf Schläge mir über den Pelz, ich hatte mein Leben
Keinen traurigern Tag, und kaum entrann ich dem Tode."

Reineke sagte darauf: „Bedenkt genauer die Folgen,
Und Ihr findet gewiß, wie heilsam die Schläge gewesen.
Ich für meine Person mag lieber dergleichen entbehren,
Und wie die Sache stand, so mußte wohl eines von beiden
Sich mit den Schlägen beladen, wir konnten zugleich nicht entgehen.
Wenn Ihr's Euch merkt, so nutzt es Euch wohl, und künftig vertraut Ihr
Keinem so leicht in ähnlichen Fällen. Die Welt ist voll Schalkheit."

„Ja", versetzte der Wolf, „was braucht es weiter Beweise!
Niemand verletzte mich mehr als dieser böse Verräter.
Eines erzählt' ich noch nicht, wie er in Sachsen mich einmal
Unter das Affengeschlecht zu Schand' und Schaden geführet.
Er beredete mich, in eine Höhle zu kriechen,
Und er wußte voraus, es würde mir Übels begegnen.
Wär' ich nicht eilig entflohn, ich wär' um Augen und Ohren
Dort gekommen. Er sagte vorher mit gleißenden Worten:
Seine Frau Muhme find' ich daselbst, er meinte die Äffin;
Doch es verdroß ihn, daß ich entkam. Er schickte mich tückisch
In das abscheuliche Nest, ich dacht', es wäre die Hölle."

Reineke sagte darauf vor allen Herren des Hofes:
„Isegrim redet verwirrt, er scheint nicht völlig bei Sinnen.
Von der Äffin will er erzählen, so sag' er es deutlich.
Drittehalb Jahr' sind's her, als nach dem Lande zu Sachsen
Er mit großem Prassen gezogen, wohin ich ihm folgte.
Das ist wahr, das übrige lügt er. Es waren nicht Affen,
Meerkatzen waren's, von welchen er redet; und nimmermehr werd' ich
Diese für meine Muhmen erkennen. Martin, der Affe,

Und Frau Rückenau sind mir verwandt. Sie ehr' ich als Muhme,
Ihn als Vetter und rühme mich des. Notarius ist er
Und versteht sich aufs Recht. Doch was von jenen Geschöpfen
Isegrim sagt, geschieht mir zum Hohn, ich habe mit ihnen
Nichts zu tun, und nie sind's meine Verwandten gewesen;
Denn sie gleichen dem höllischen Teufel. Und daß ich die Alte
Damals Muhme geheißen, das tat ich mit gutem Bedachte.
Nichts verlor ich dabei, das will ich gerne gestehen:
Gut gastierte sie mich, sonst hätte sie mögen ersticken.

Seht, ihr Herren, wir hatten den Weg zur Seite gelassen,
Gingen hinter dem Berg, und eine düstere Höhle,
Tief und lang, bemerkten wir da. Es fühlte sich aber
Isegrim krank, wie gewöhnlich, vor Hunger. Wann hätt' ihn auch jemals
Einer so satt gesehen, daß er zufrieden gewesen?
Und ich sagte zu ihm: ‚In dieser Höhle befindet
Speise fürwahr sich genug, ich zweifle nicht, ihre Bewohner
Teilen gerne mit uns, was sie haben, wir kommen gelegen.'
Isegrim aber versetzte darauf: ‚Ich werde, mein Oheim,
Unter dem Baume hier warten, Ihr seid in allem geschickter,
Neue Bekannte zu machen, und wenn Euch Essen gereicht wird,
Tut mir's zu wissen!' So dachte der Schalk, auf meine Gefahr erst
Abzuwarten, was sich ergäbe; ich aber begab mich
In die Höhle hinein. Nicht ohne Schauer durchwandert'
Ich den langen und krummen Gang, er wollte nicht enden.
Aber was ich dann fand — den Schrecken wollt' ich um vieles
Rotes Gold nicht zweimal in meinem Leben erfahren!
Welch ein Nest voll häßlicher Tiere, großer und kleiner!
Und die Mutter dabei, ich dacht', es wäre der Teufel.
Weit und groß ihr Maul mit langen häßlichen Zähnen,
Lange Nägel an Händen und Füßen und hinten ein langer
Schwanz an den Rücken gesetzt; so was Abscheuliches hab' ich

Nicht im Leben gesehn! Die schwarzen, leidigen Kinder
Waren seltsam gebildet wie lauter junge Gespenster.
Greulich sah sie mich an. Ich dachte: ‚Wär' ich von dannen!'
Größer war sie als Isegrim selbst und einige Kinder
Fast von gleicher Statur. Im faulen Heue gebettet
Fand ich die garstige Brut und über und über beschlabbert
Bis an die Ohren mit Kot, es stank in ihrem Reviere
Ärger als höllisches Pech. Die reine Wahrheit zu sagen:
Wenig gefiel es mir da, denn ihrer waren so viele,
Und ich stand nur allein. Sie zogen greuliche Fratzen.
Da besann ich mich denn, und einen Ausweg versucht' ich,
Grüßte sie schön — ich meint' es nicht so — und wußte so freundlich
Und bekannt mich zu stellen. ‚Frau Muhme!' sagt' ich zur Alten,
Vettern hieß ich die Kinder und ließ es an Worten nicht fehlen.
‚Spar' Euch der gnädige Gott auf lange, glückliche Zeiten!
Sind das Eure Kinder? Fürwahr! ich sollte nicht fragen;
Wie behagen sie mir! Hilf Himmel! wie sie so lustig,
Wie sie so schön sind! Man nähme sie alle für Söhne des Königs.
Seid mir vielmal gelobt, daß ihr mit würdigen Sprossen
Mehret unser Geschlecht, ich freue mich über die Maßen.
Glücklich find' ich mich nun, von solchen Öhmen zu wissen;
Denn zu Zeiten der Not bedarf man seiner Verwandten.'

Als ich ihr so viel Ehre geboten, wiewohl ich es anders
Meinte, bezeigte sie mir von ihrer Seite desgleichen,
Hieß mich Oheim und tat so bekannt, so wenig die Närrin
Auch zu meinem Geschlechte gehört. Doch konnte für diesmal
Gar nicht schaden, sie Muhme zu heißen. Ich schwitzte dazwischen
Über und über vor Angst; allein sie redete freundlich:
‚Reineke, werter Verwandter, ich heiß' Euch schönstens willkommen!
Seid Ihr auch wohl? Ich bin Euch mein ganzes Leben verbunden,

Daß Ihr zu mir gekommen. Ihr lehret kluge Gedanken
Meine Kinder fortan, daß sie zu Ehren gelangen.‘
Also hört’ ich sie reden, das hatt’ ich mit wenigen Worten,
Daß ich sie Muhme genannt und daß ich die Wahrheit geschonet,
Reichlich verdient. Doch wär’ ich so gern im Freien gewesen.
Aber sie ließ mich nicht fort und sprach: ‚Ihr dürfet, mein Oheim,
Unbewirtet nicht weg! Verweilet, laßt Euch bedienen.‘
Und sie brachte mir Speise genug; ich wüßte sie wahrlich
Jetzt nicht alle zu nennen; verwundert war ich zum höchsten,
Wie sie zu allem gekommen. Von Fischen, Rehen und anderm
Guten Wildpret, ich speiste davon, es schmeckte mir herrlich.
Als ich zur G’nüge gegessen, belud sie mich über das alles,
Bracht’ ein Stück vom Hirsche getragen, ich sollt’ es nach Hause
Zu den Meinigen bringen, und ich empfahl mich zum besten.
‚Reineke‘, sagte sie noch, ‚besucht mich öfters!‘ Ich hätte,
Was sie wollte, versprochen, ich machte, daß ich herauskam.
Lieblich war es nicht da für Augen und Nase, ich hätte
Mir den Tod beinahe geholt; ich suchte zu fliehen,
Lief behende den Gang bis zu der Öffnung am Baume.
Isegrim lag und stöhnte daselbst; ich sagte: ‚Wie geht’s Euch,
Oheim?‘ Er sprach: ‚Nicht wohl! ich muß vor Hunger verderben.‘
Ich erbarmte mich seiner und gab ihm den köstlichen Braten,
Den ich mit mir gebracht. Er aß mit großer Begierde,
Vielen Dank erzeigt’ er mir da; nun hat er’s vergessen!
Als er nun fertig geworden, begann er: ‚Laßt mich erfahren,
Wer die Höhle bewohnt? Wie habt Ihr’s drinne gefunden?
Gut oder schlecht?‘ Ich sagt’ ihm darauf die lauterste Wahrheit,

Unterrichtet' ihn wohl. Das Nest sei böse, dagegen
Finde sich drin viel köstliche Speise. Sobald er begehre
Seinen Teil zu erhalten, so mög' er kecklich hineingehn,
Nur vor allem sich hüten, die grade Wahrheit zu sagen.
,Soll es Euch nach Wünschen ergehn, so spart mir die Wahrheit!'
Wiederholt' ich ihm noch; ,denn führt sie jemand beständig
Unklug im Munde, der leidet Verfolgung, wohin er sich wendet;
Überall steht er zurück, die andern werden geladen.'
Also hieß ich ihn gehn; ich lehrt' ihn: was er auch fände,
Sollt' er reden, was jeglicher gerne zu hören begehret,
Und man werd' ihn freundlich empfangen. Das waren die Worte,
Gnädiger König und Herr, nach meinem besten Gewissen.
Aber das Gegenteil tat er hernach, und kriegt' er darüber
Etwas ab, so hab' er es auch; er sollte mir folgen.
Grau sind seine Zotteln fürwahr, doch sucht man die Weisheit
Nur vergebens dahinter. Es achten solche Gesellen
Weder Klugheit noch feine Gedanken; es bleibet dem groben,
Tölpischen Volke der Wert von aller Weisheit verborgen.
Treulich schärft' ich ihm ein, die Wahrheit diesmal zu sparen;
,Weiß ich doch selbst, was sich ziemt!' versetzt' er trotzig dagegen,
Und so trabt' er die Höhle hinein, da hat er's getroffen.

Hinten saß das abscheuliche Weib, er glaubte, den Teufel
Vor sich zu sehn! die Kinder dazu! da rief er betroffen:
,Hülfe! Was für abscheuliche Tiere! Sind diese Geschöpfe
Eure Kinder? Sie scheinen fürwahr ein Höllengesindel.
Geht, ertränkt sie, das wäre das beste, damit sich die Brut nicht
Über die Erde verbreite! Wenn es die meinigen wären,
Ich erdrosselte sie. Man finge wahrlich mit ihnen
Junge Teufel, man brauchte sie nur in einem Moraste
Auf das Schilf zu binden, die garstigen, schmutzigen Rangen!
Ja, Mooraffen sollten sie heißen, da paßte der Name!'

Eilig versetzte die Mutter und sprach mit zornigen Worten:
,Welcher Teufel schickt uns den Boten? Wer hat Euch gerufen,
Hier uns grob zu begegnen? Und meine Kinder! Was habt Ihr,
Schön oder häßlich, mit ihnen zu tun? Soeben verläßt uns
Reineke Fuchs, der erfahrene Mann, der muß es verstehen;
Meine Kinder, beteuert' er hoch, er finde sie sämtlich
Schön und sittig, von guter Manier, er mochte mit Freuden
Sie für seine Verwandten erkennen. Das hat er uns alles
Hier an diesem Platz vor einer Stunde versichert.
Wenn sie Euch nicht, wie ihm, gefallen, so hat Euch wahrhaftig
Niemand zu kommen gebeten. Das mögt Ihr, Isegrim, wissen.'

Und er forderte gleich von ihr zu essen und sagte:
,Holt herbei, sonst helf' ich Euch suchen! was wollen die Reden
Weiter helfen?' Er machte sich dran und wollte gewaltsam
Ihren Vorrat betasten; das war ihm übel geraten!
Denn sie warf sich über ihn her, zerbiß und zerkratzt' ihm
Mit den Nägeln das Fell und klaut' und zerrt' ihn gewaltig;
Ihre Kinder taten das gleiche, sie bissen und krammten
Greulich auf ihn; da heult' er und schrie mit blutigen Wangen,
Wehrte sich nicht und lief mit hastigen Schritten zur Öffnung.
Übel zerbissen sah ich ihn kommen, zerkratzt, und die Fetzen
Hingen herum, ein Ohr war gespalten und blutig die Nase,
Manche Wunde kneipten sie ihm und hatten das Fell ihm
Garstig zusammengeruckt. Ich fragt' ihn, wie er heraustrat:
,Habt Ihr die Wahrheit gesagt?' Er aber sagte dagegen:
,Wie ich's gefunden, so hab' ich gesprochen. Die leidige Hexe
Hat mich übel geschändet; ich wollte, sie wäre hier außen,

Teuer bezahlte sie mir's! Was dünkt Euch, Reineke? habt Ihr
Jemals solche Kinder gesehn? so garstig, so böse?
Da ich's ihr sagte, da war es geschehn, da fand ich nicht weiter
Gnade vor ihr und habe mich übel im Loche befunden.'

,Seid Ihr verrückt?' versetzt' ich ihm drauf; ,ich hab' es Euch anders
Weislich geheißen. Ich grüß' Euch zum schönsten (so solltet Ihr sagen),
Liebe Muhme, wie geht es mit Euch? Wie geht es den lieben
Artigen Kindern? Ich freue mich sehr, die großen und kleinen
Neffen wieder zu sehn.' Doch Isegrim sagte dagegen:
,Muhme das Weib zu begrüßen? und Neffen die häßlichen Kinder?
Nehm' sie der Teufel zu sich! Mir graut vor solcher Verwandtschaft.
Pfui! ein ganz abscheuliches Pack! ich seh' sie nicht wieder.'
Darum ward er so übel bezahlt. Nun richtet, Herr König!
Sagt er mit Recht, ich hab' ihn verraten? Er mag es gestehen,
Hat die Sache sich nicht, wie ich erzähle, begeben?"

Isegrim sprach entschlossen dagegen: „Wir machen wahrhaftig
Diesen Streit mit Worten nicht aus. Was sollen wir keifen?
Recht bleibt Recht, und wer es auch hat, es zeigt sich am Ende.
Trotzig, Reineke, tretet Ihr auf, so mögt Ihr es haben!
Kämpfen wollen wir gegeneinander, da wird es sich finden.
Vieles wißt Ihr zu sagen, wie vor der Affen Behausung
Ich so großen Hunger gelitten, und wie Ihr mich damals
Treulich genährt. Ich wüßte nicht wie! Es war nur ein Knochen,
Den Ihr brachtet, das Fleisch vermutlich speistet Ihr selber.
Wo Ihr stehet, spottet Ihr mein und redet verwegen

Meiner Ehre zu nah. Ihr habt mit schändlichen Lügen
Mich verdächtig gemacht, als hätt' ich böse Verschwörung
Gegen den König im Sinne gehabt und hätte sein Leben
Ihm zu rauben gewünscht; Ihr aber prahltet dagegen
Ihm von Schätzen was vor; er möchte schwerlich sie finden!
Schmählich behandeltet Ihr mein Weib und sollt es mir büßen.
Dieser Sachen klag' ich Euch an! ich denke, zu kämpfen
Über Altes und Neues, und wiederhol' es: ein Mörder,
Ein Verräter seid Ihr, ein Dieb; und Leben um Leben
Wollen wir kämpfen, es endige nun das Keifen und Schelten.
Einen Handschuh biet' ich Euch an, so wie ihn zu Rechte
Jeder Fordernde reicht; Ihr mögt ihn zum Pfande behalten,
Und wir finden uns bald. Der König hat es vernommen,
Alle die Herren haben's gehört! ich hoffe, sie werden
Zeugen sein des rechtlichen Kampfs. Ihr sollt nicht entweichen,
Bis die Sache sich endlich entscheidet, dann wollen wir sehen."

Reineke dachte bei sich: „Das geht um Vermögen und Leben!
Groß ist er, ich aber bin klein, und könnt' es mir diesmal
Etwa mißlingen, so hätten mir alle die listigen Streiche
Wenig geholfen. Doch warten wir's ab. Denn wenn ich's bedenke,
Bin ich im Vorteil: verlor er ja schon die vordersten Klauen!
Ist der Tor nicht kühler geworden, so soll er am Ende
Seinen Willen nicht haben, es koste, was es auch wolle."

Reineke sagte zum Wolfe darauf: „Ihr mögt mir wohl selber
Ein Verräter, Isegrim, sein und alle Beschwerden,
Die Ihr auf mich zu bringen gedenket, sind alle gelogen.
Wollt Ihr kämpfen? ich wag' es mit Euch und werde nicht wanken.
Lange wünscht' ich mir das! hier ist mein Handschuh dagegen."

So empfing der König die Pfänder, es reichten sie beide
Kühnlich. Er sagte darauf: „Ihr sollt mir Bürgen bestellen,

Daß Ihr morgen zum Kampfe nicht fehlt; denn beide Parteien
Find' ich verworren, wer mag die Reden alle verstehen?"
Isegrims Bürgen wurden sogleich der Bär und der Kater,
Braun und Hinze; für Reineken aber verbürgten sich gleichfalls
Vetter Moneke, Sohn von Märtenaffe, mit Grimbart.

„Reineke", sagte Frau Rückenau drauf, „nun bleibet gelassen,
Klug von Sinnen! Es lehrte mein Mann, der jetzo nach Rom ist,
Euer Oheim, mich einst ein Gebet; es hatte dasselbe
Abt von Schluckauf gesetzt und gab es meinem Gemahle,
Dem er sich günstig erwies, auf einem Zettel geschrieben.
‚Dieses Gebet', so sagte der Abt, ‚ist heilsam den Männern,
Die ins Gefecht sich begeben; man muß es nüchtern des Morgens
Überlesen, so bleibt man des Tags von Not und Gefahren
Völlig befreit, vorm Tode geschützt, vor Schmerzen und Wunden.'
Tröstet Euch, Neffe, damit, ich will es morgen beizeiten
Über Euch lesen, so geht Ihr getrost und ohne Besorgnis."
„Liebe Muhme", versetzte der Fuchs, „ich danke von Herzen,
Ich gedenk' es Euch wieder. Doch muß mir immer am meisten
Meiner Sache Gerechtigkeit helfen und meine Gewandtheit."

Reinekens Freunde blieben beisammen die Nacht durch und scheuchten
Seine Grillen durch muntre Gespräche. Frau Rückenau aber
War vor allen besorgt und geschäftig, sie ließ ihn behende
Zwischen Kopf und Schwanz und Brust und Bauche bescheren
Und mit Fett und Öle bestreichen; es zeigte sich aber
Reineke fett und rund und wohl zu Fuße. Daneben
Sprach sie: „Höret mich an, bedenket, was Ihr zu tun habt,
Höret den Rat verständiger Freunde, das hilft Euch am besten.

Trinket nur brav und haltet das Wasser, und kommt Ihr des Morgens
In den Kreis, so macht es gescheit, benetzet den rauhen
Wedel über und über und sucht den Gegner zu treffen;
Könnt Ihr die Augen ihm salben, so ist's am besten geraten,
Sein Gesicht verdunkelt sich gleich. Es kommt Euch zustatten
Und ihn hindert es sehr. Auch müßt Ihr anfangs Euch furchtsam
Stellen und gegen den Wind mit flüchtigen Füßen entweichen.
Wenn er Euch folget, erregt nur den Staub, auf daß Ihr die Augen
Ihm mit Unrat und Sande verschließt. Dann springet zur Seite,
Paßt auf jede Bewegung, und wenn er die Augen sich auswischt:
Nehmt des Vorteils gewahr und salbt ihm aufs neue die Augen
Mit dem ätzenden Wasser, damit er völlig verblinde,
Nicht mehr wisse, wo aus noch ein, und der Sieg Euch verbleibe.
Lieber Neffe, schlaft nur ein wenig, wir wollen Euch wecken,
Wenn es Zeit ist. Doch will ich sogleich die heiligen Worte
Über Euch lesen, von welchen ich sprach, auf daß ich Euch stärke."
Und sie legt' ihm die Hand aufs Haupt und sagte die Worte:
„Nekräst negibaul geid sum namteflih dnudna mein tedachs!
Nun Glück auf! nun seid Ihr verwahrt!" Das nämliche sagte
Oheim Grimbart; dann führten sie ihn und legten ihn schlafen.
Ruhig schlief er. Die Sonne ging auf; da kamen die Otter
Und der Dachs, den Vetter zu wecken. Sie grüßten ihn freundlich,
Und sie sagten: „Bereitet Euch wohl!" Da brachte die Otter
Eine junge Ente hervor und reicht' sie ihm sagend:

„Eßt, ich habe sie Euch mit manchem Sprunge gewonnen
An dem Damme bei Hünerbrot! laßt's Euch belieben, mein Vetter."

„Gutes Handgeld ist das", versetzte Reineke munter;
„So was verschmäh' ich nicht leicht. Das möge Gott Euch vergelten,
Daß Ihr meiner gedenkt!" Er ließ das Essen sich schmecken
Und das Trinken dazu und ging mit seinen Verwandten
In den Kreis, auf den ebenen Sand, da sollte man kämpfen.

ZWÖLFTER GESANG

Als der König Reineken sah, wie dieser am Kreise
Glatt geschoren sich zeigte, mit Öl und schlüpfrigem Fette
Über und über gesalbt, da lacht' er über die Maßen.
„Fuchs! wer lehrte dich das?" so rief er; „mag man doch billig
Reineke Fuchs dich heißen, du bist beständig der Lose!
Allerorten kennst du ein Loch und weißt dir zu helfen."

Reineke neigte sich tief vor dem Könige, neigte besonders
Vor der Königin sich und kam mit mutigen Sprüngen
In den Kreis. Da hatte der Wolf mit seinen Verwandten
Schon sich gefunden; sie wünschten dem Fuchs ein schmähliches Ende;
Manches zornige Wort und manche Drohung vernahm er.
Aber Lynx und Lupardus, die Wärter des Kreises, sie brachten
Nun die Heil'gen hervor, und beide Kämpfer beschwuren,
Wolf und Fuchs, mit Bedacht die zu behauptende Sache.

Isegrim schwur mit heftigen Worten und drohenden Blicken:
Reineke sei ein Verräter, ein Dieb, ein Mörder und aller
Missetat schuldig, er sei auf Gewalt und Ehbruch betreten,
Falsch in jeglicher Sache, das gelte Leben um Leben!
Reineke schwur zur Stelle dagegen: er seie sich keiner

Dieser Verbrechen bewußt und Isegrim lüge wie immer,
Schwöre falsch wie gewöhnlich, doch soll' es ihm nimmer gelingen,
Seine Lüge zur Wahrheit zu machen, am wenigsten diesmal.
Und es sagten die Wärter des Kreises: „Ein jeglicher tue,
Was er schuldig zu tun ist! das Recht wird bald sich ergeben."
Groß und klein verließen den Kreis, die beiden alleine
Drin zu verschließen; geschwind begann die Äffin zu flüstern:
„Merket, was ich Euch sagte, vergeßt nicht dem Rate zu folgen!"
Reineke sagte heiter darauf: „Die gute Vermahnung
Macht mich mutiger gehn. Getrost! ich werde der Kühnheit
Und der List auch jetzt nicht vergessen, durch die ich aus manchen
Größren Gefahren entronnen, worein ich öfters geraten,
Wenn ich mir dieses und jenes geholt, was bis jetzt nicht bezahlt ist,
Und mein Leben kühnlich gewagt. Wie sollt' ich nicht jetzo
Gegen den Bösewicht stehen? Ich hoff' ihn gewißlich zu schänden,
Ihn und sein ganzes Geschlecht, und Ehre den Meinen zu bringen.
Was er auch lügt, ich tränk' es ihm ein." Nun ließ man die beiden
In dem Kreise zusammen, und alle schauten begierig.

Isegrim zeigte sich wild und grimmig, reckte die Tatzen,
Kam daher mit offenem Maul und gewaltigen Sprüngen.
Reineke, leichter als er, entsprang dem stürmenden Gegner
Und benetzte behende den rauhen Wedel mit seinem
Ätzenden Wasser und schleift' ihn im Staube, mit Sand ihn zu füllen.
Isegrim dachte, nun hab' er ihn schon! da schlug ihm der Lose
Über die Augen den Schwanz, und Hören und Sehen verging ihm.

Nicht das erste Mal übt' er die List, schon viele Geschöpfe
Hatten die schädliche Kraft des ätzenden Wassers erfahren.
Isegrims Kinder blendet' er so, wie anfangs gesagt ist.
Und nun dacht' er, den Vater zu zeichnen. Nachdem er dem Gegner
So die Augen gesalbt, entsprang er seitwärts und stellte
Gegen den Wind sich, rührte den Sand und jagte des Staubes
Viel in die Augen des Wolfs, der sich mit Reiben und Wischen
Hastig und übel benahm und seine Schmerzen vermehrte.
Reineke wußte dagegen geschickt den Wedel zu führen,
Seinen Gegner aufs neue zu treffen und gänzlich zu blenden.
Übel bekam es dem Wolfe! denn seinen Vorteil benutzte
Nun der Fuchs. Sobald er die schmerzlich tränenden Augen
Seines Feindes erblickte, begann er mit heftigen Sprüngen,
Mit gewaltigen Schlägen auf ihn zu stürmen, zu kratzen
Und zu beißen und immer die Augen ihm wieder zu salben.
Halb von Sinnen tappte der Wolf, da spottete seiner
Reineke dreister und sprach: „Herr Wolf, Ihr habt wohl vorzeiten
Manch unschuldiges Lamm verschlungen, in Euerem Leben
Manch unsträfliches Tier verzehrt; ich hoffe, sie sollen
Künftig Ruhe genießen; auf alle Fälle bequemt Ihr
Euch, sie in Frieden zu lassen, und nehmet Segen zum Lohne.
Eure Seele gewinnt bei dieser Buße, besonders
Wenn Ihr das Ende geduldig erwartet. Ihr werdet für diesmal
Nicht aus meinen Händen entrinnen, Ihr müßtet mit Bitten
Mich versöhnen, da schont' ich Euch wohl und ließ' Euch das Leben."

Hastig sagte Reineke das und hatte den Gegner
Fest an der Kehle gepackt und hofft' ihn also zu zwingen.
Isegrim aber, stärker als er, bewegte sich grimmig,
Mit zwei Zügen riß er sich los. Doch Reineke griff ihm
Ins Gesicht, verwundet' ihn hart und riß ihm ein Auge
Aus dem Kopfe, es rann ihm das Blut die Nase herunter.

Reineke rief: „So wollt' ich es haben! so ist es gelungen!"
Blutend verzagte der Wolf, und sein verlorenes Auge
Macht' ihn rasend, er sprang, vergessend Wunden und Schmerzen,
Gegen Reineken los und druckt' ihn nieder zu Boden.
Übel befand sich der Fuchs, und wenig half ihm die Klugheit.
Einen der vorderen Füße, die er als Hände gebrauchte,
Faßt' ihm Isegrim schnell und hielt ihn zwischen den Zähnen.
Reineke lag bekümmert am Boden, er sorgte zur Stunde,
Seine Hand zu verlieren, und dachte tausend Gedanken.
Isegrim brummte dagegen mit hohler Stimme die Worte:

„Deine Stunde, Dieb, ist gekommen! Ergib dich zur Stelle,
Oder ich schlage dich tot für deine betrüglichen Taten!
Ich bezahle dich nun, es hat dir wenig geholfen,
Staub zu kratzen, Wasser zu lassen, das Fell zu bescheren,
Dich zu schmieren. Wehe dir nun! du hast mir so vieles
Übel getan, gelogen auf mich, mir das Auge geblendet,
Aber du sollst nicht entgehn, ergib dich oder ich beiße!"

Reineke dachte: „Nun geht es mir schlimm, was soll ich beginnen?
Geb' ich mich nicht, so bringt er mich um, und wenn ich mich gebe,
Bin ich auf ewig beschimpft. Ja, ich verdiene die Strafe,
Denn ich hab' ihn zu übel behandelt, zu gröblich beleidigt."
Süße Worte versucht' er darauf, den Gegner zu mildern.
„Lieber Oheim!" sagt' er zu ihm, „ich werde mit Freuden
Euer Lehnsmann sogleich mit allem, was ich besitze.
Gerne geh' ich als Pilger für Euch zum heiligen Grabe,
In das heilige Land, in alle Kirchen und bringe
Ablaß genug von dannen zurück. Es gereichet derselbe
Eurer Seele zu Nutz und soll für Vater und Mutter
Übrigbleiben, damit sich auch die im ewigen Leben
Dieser Wohltat erfreun; wer ist nicht ihrer bedürftig?
Ich verehr' Euch, als wärt Ihr der Papst, und schwöre den teuren

Heiligen Eid, von jetzt auf alle künftigen Zeiten
Ganz der Eure zu sein mit allen meinen Verwandten.
Alle sollen Euch dienen zu jeder Stunde. So schwör' ich!
Was ich dem Königе selbst nicht verspräche, das sei Euch geboten,
Nehmt Ihr es an, so wird Euch dereinst die Herrschaft des Landes.
Alles, was ich zu fangen verstehe, das will ich Euch bringen:
Gänse, Hühner, Enten und Fische, bevor ich das mindste
Solcher Speise verzehre, ich lass' Euch immer die Auswahl,
Eurem Weib und Kindern. Ich will mit Fleiße darneben
Euer Leben beraten, es soll Euch kein Übel berühren.
Lose heiß' ich, und Ihr seid stark, so können wir beide
Große Dinge verrichten. Zusammen müssen wir halten,
Einer mit Macht, der andre mit Rat, wer wollt' uns bezwingen?
Kämpfen wir gegeneinander, so ist es übel gehandelt.
Ja, ich hätt' es niemals getan, wofern ich nur schicklich
Hätte den Kampf zu vermeiden gewußt; Ihr fordertet aber,
Und ich mußte denn wohl mich ehrenhalber bequemen.
Aber ich habe mich höflich gehalten und während des Streites
Meine ganze Macht nicht bewiesen; ‚es muß dir', so dacht' ich,
‚Deinen Oheim zu schonen, zur größten Ehre gereichen.'
Hätt' ich Euch aber gehaßt, es wär' Euch anders gegangen.
Wenig Schaden habt Ihr gelitten, und wenn aus Versehen
Euer Auge verletzt ist, so bin ich herzlich bekümmert.
Doch das Beste bleibt mir dabei, ich kenne das Mittel,
Euch zu heilen, und teil' ich's Euch mit, Ihr werdet mir's danken.
Bliebe das Auge gleich weg und seid Ihr sonst nur genesen,
Ist es Euch immer bequem; Ihr habet, legt Ihr Euch schlafen,
Nur ein Fenster zu schließen, wir andern bemühen uns doppelt.
Euch zu versöhnen, sollen sogleich sich meine Verwandten
Vor Euch neigen, mein Weib und meine Kinder, sie sollen
Vor des Königes Augen im Angesicht dieser Versammlung
Euch ersuchen und bitten, daß Ihr mir gnädig vergebet

Und mein Leben mir schenkt. Dann will ich offen bekennen,
Daß ich unwahr gesprochen und Euch mit Lügen geschändet,
Euch betrogen, wo ich gekonnt. Ich verspreche zu schwören,
Daß mir von Euch nichts Böses bekannt ist, und daß ich von nun an
Nimmer Euch zu beleidigen denke. Wie könntet Ihr jemals
Größere Sühne verlangen als die, wozu ich bereit bin?
Schlagt Ihr mich tot, was habt Ihr davon? Es bleiben Euch immer
Meine Verwandten zu fürchten und meine Freunde; dagegen
Wenn Ihr mich schont, verlaßt Ihr mit Ruhm und Ehren den Kampfplatz,
Scheinet jeglichem edel und weise: denn höher vermag sich
Niemand zu heben, als wenn er vergibt. Es kommt Euch so bald nicht
Diese Gelegenheit wieder, benutzt sie. Übrigens kann mir
Jetzt ganz einerlei sein zu sterben oder zu leben."

„Falscher Fuchs!" versetzte der Wolf, „wie wärst du so gerne
Wieder los! Doch wäre die Welt von Golde geschaffen
Und du bötest sie mir in deinen Nöten, ich würde
Dich nicht lassen. Du hast mir so oft vergeblich geschworen,
Falscher Geselle! Gewiß, nicht Eierschalen erhielt' ich,
Ließ' ich dich los. Ich achte nicht viel auf deine Verwandten;
Ich erwarte, was sie vermögen, und denke so ziemlich
Ihre Feindschaft zu tragen. Du Schadenfroher! wie würdest
Du nicht spotten, gäb' ich dich frei auf deine Beteurung.
Wer dich nicht kennte, wäre betrogen. Du hast mich, so sagst du,
Heute geschont, du leidiger Dieb! und hängt mir das Auge
Nicht zum Kopfe heraus? Du Bösewicht, hast du die Haut mir
Nicht an zwanzig Orten verletzt? und konnt' ich nur einmal
Wieder zu Atem gelangen, da du den Vorteil gewonnen?
Töricht wär' es gehandelt, wenn ich für Schaden und Schande

Dir nun Gnad' und Mitleid erzeigte. Du brachtest, Verräter,
Mich und mein Weib in Schaden und Schmach, das kostet dein Leben."

Also sagte der Wolf. Indessen hatte der Lose
Zwischen die Schenkel des Gegners die andre Tatze geschoben,
Bei den empfindlichsten Teilen ergriff er denselben und ruckte,
Zerrt' ihn grausam, ich sage nicht mehr — Erbärmlich zu schreien
Und zu heulen begann der Wolf mit offenem Munde.
Reineke zog die Tatze behend aus den klemmenden Zähnen,
Hielt mit beiden den Wolf nun immer fester und fester,
Kneipt' und zog, da heulte der Wolf und schrie so gewaltig,
Daß er Blut zu speien begann, es brach ihm vor Schmerzen
Über und über der Schweiß durch seine Zotten, er löste
Sich vor Angst. Das freute den Fuchs, nun hofft' er zu siegen,
Hielt ihn immer mit Händen und Zähnen, und große Bedrängnis,
Große Pein kam über den Wolf, er gab sich verloren.
Blut rann über sein Haupt, aus seinen Augen, er stürzte
Nieder betäubt. Es hätte der Fuchs des Goldes die Fülle
Nicht für diesen Anblick genommen, so hielt er ihn immer
Fest und schleppte den Wolf und zog, daß alle das Elend
Sahen, und kneipt' und druckt' und biß und klaute den Armen,
Der mit dumpfem Geheul im Staub und eigenen Unrat
Sich mit Zuckungen wälzte, mit ungebärdigem Wesen.

Seine Freunde jammerten laut, sie baten den König,
Aufzunehmen den Kampf, wenn es ihm also beliebte.
Und der König versetzte: „Sobald euch allen bedünket,
Allen lieb ist, daß es geschehe, so bin ich's zufrieden."

Und der König gebot, die beiden Wärter des Kreises,
Lynx und Lupardus, sollten zu beiden Kämpfern hineingehn.

Und sie traten darauf in die Schranken und sprachen dem Sieger
Reineke zu: es sei genug nun, es wünsche der König
Aufzunehmen den Kampf, den Zwist geendigt zu sehen.
„Er verlangt", so fuhren sie fort, „Ihr mögt ihm den Gegner
Überlassen, das Leben dem Überwundenen schenken.
Denn wenn einer getötet in diesem Zweikampf erläge,
Wäre es schade auf jeglicher Seite. Ihr habt ja den Vorteil!
Alle sahen es, Klein' und Große. Auch fallen die besten
Männer Euch bei, Ihr habt sie für Euch auf immer gewonnen."

Reineke sprach: „Ich werde dafür mich dankbar beweisen!
Gerne folg' ich dem Willen des Königs, und was sich gebühret,
Tu' ich gern; ich habe gesiegt, und Schöners verlang' ich
Nichts zu erleben! Es gönne mir nur der König das Eine,
Daß ich meine Freunde befrage." Da riefen die Freunde
Reinekens alle: „Es dünket uns gut, den Willen des Königs
Gleich zu erfüllen." Sie kamen zu Scharen zum Sieger gelaufen,
Alle Verwandte, der Dachs und der Affe und Otter und Biber.
Seine Freunde waren nun auch der Marder, die Wiesel,
Hermelin und Eichhorn und viele, die ihn befeindet,
Seinen Namen zuvor nicht nennen mochten, sie liefen
Alle zu ihm. Da fanden sich auch, die sonst ihn verklagten,
Seine Verwandten anjetzt, und brachten Weiber und Kinder,
Große, mittlere, kleine, dazu die kleinsten, es tat ihm
Jeglicher schön, sie schmeichelten ihm und konnten nicht enden.

In der Welt geht's immer so zu. Dem Glücklichen sagt man:
„Bleibet lange gesund!" er findet Freunde die Menge.
Aber wem es übel gerät, der mag sich gedulden!
Ebenso fand es sich hier. Ein jeglicher wollte der Nächste

Neben dem Sieger sich blähn. Die einen flöteten, andre
Sangen, bliesen Posaunen und schlugen Pauken dazwischen.
Reinekens Freunde sprachen zu ihm: „Erfreut Euch, Ihr habet
Euch und Euer Geschlecht in dieser Stunde gehoben!
Sehr betrübten wir uns, Euch unterliegen zu sehen,
Doch es wandte sich bald, es war ein treffliches Stückchen."
Reineke sprach: „Es ist mir geglückt", und dankte den Freunden.
Also gingen sie hin mit großem Getümmel, vor allen
Reineke mit den Wärtern des Kreises, und so gelangten
Sie zum Throne des Königs, da kniete Reineke nieder.
Aufstehn hieß ihn der König und sagte vor allen den Herren:
„Euren Tag bewahrtet Ihr wohl; ihr habet mit Ehren
Eure Sache vollführt, deswegen sprech' ich Euch ledig;
Alle Strafe hebet sich auf, ich werde darüber
Nächstens sprechen im Rat mit meinen Edlen, sobald nur
Isegrim wieder geheilt ist; für heute schließ' ich die Sache."

„Eurem Rate, gnädiger Herr", versetzte bescheiden
Reineke drauf, „ist heilsam zu folgen. Ihr wißt es am besten.
Als ich hierher kam, klagten so viele, sie logen dem Wolfe,
Meinem mächtigen Feinde, zulieb, der wollte mich stürzen,
Hatte mich fast in seiner Gewalt, da riefen die andern:
‚Kreuzige!', klagten mit ihm, nur mich aufs Letzte zu bringen,
Ihm gefällig zu sein; denn alle konnten bemerken:
Besser stand er bei Euch als ich, und keiner gedachte
Weder ans Ende noch wie sich vielleicht die Wahrheit verhalte.
Jenen Hunden vergleich' ich sie wohl, die pflegten in Menge
Vor der Küche zu stehn und hofften, es werde wohl ihrer
Auch der günstige Koch mit einigen Knochen gedenken.
Einen ihrer Gesellen erblickten die wartenden Hunde,
Der ein Stück gesottenes Fleisch dem Koche genommen
Und nicht eilig genug zu seinem Unglück davonsprang.
Denn es begoß ihn der Koch mit heißem Wasser von hinten

Und verbrüht' ihm den Schwanz; doch ließ er die Beute nicht fallen,
Mengte sich unter die andern, sie aber sprachen zusammen:
‚Seht, wie diesen der Koch vor allen andern begünstigt!
Seht, welch köstliches Stück er ihm gab!' und jener versetzte:
‚Wenig begreift ihr davon, ihr lobt und preist mich von vorne,
Wo es euch freilich gefällt, das köstliche Fleisch zu erblicken;
Aber beseht mich von hinten und preist mich glücklich, wofern ihr
Eure Meinung nicht ändert.' Da sie ihn aber besahen,
War er schrecklich verbrannt, es fielen die Haare herunter,
Und die Haut verschrumpft' ihm am Leib. Ein Grauen befiel sie,
Niemand wollte zur Küche; sie liefen und ließen ihn stehen.
Herr, die Gierigen mein' ich hiermit. Solange sie mächtig
Sind, verlangt sie ein jeder zu seinem Freunde zu haben.
Stündlich sieht man sie an, sie tragen das Fleisch in dem Munde.
Wer sich nicht nach ihnen bequemt, der muß es entgelten,
Loben muß man sie immer, so übel sie handeln, und also
Stärkt man sie nur in sträflicher Tat. So tut es ein jeder,
Der nicht das Ende bedenkt. Doch werden solche Gesellen
Öfters gestraft, und ihre Gewalt nimmt ein trauriges Ende.
Niemand leidet sie mehr, so fallen zur Rechten und Linken
Ihnen die Haare vom Leibe. Das sind die vorigen Freunde,
Groß und klein, sie fallen nun ab und lassen sie nackend.
So wie sämtliche Hunde sogleich den Gesellen verließen,
Als sie den Schaden bemerkt und seine geschändete Hälfte.
Gnädiger Herr, Ihr werdet verstehn, von Reineken soll man
Nie so reden, es sollen die Freunde sich meiner nicht schämen.
Euer Gnaden dank' ich aufs beste, und könnt' ich nur immer
Euren Willen erfahren, ich würd' ihn gerne vollbringen."

„Viele Worte helfen uns nichts", versetzte der König;
„Alles hab' ich gehört und, was Ihr meinet, verstanden.
Euch, als edlen Baron, Euch will ich im Rate wie vormals
Wieder sehen, ich mach' Euch zur Pflicht, zu jeglicher Stunde
Meinen geheimen Rat zu besuchen. So bring' ich Euch wieder
Völlig zu Ehren und Macht, und Ihr verdient es, ich hoffe.
Helfet alles zum besten wenden. Ich kann Euch am Hofe
Nicht entbehren, und wenn Ihr die Weisheit mit Tugend verbindet,
So wird niemand über Euch gehn und schärfer und klüger
Rat und Wege bezeichnen. Ich werde künftig die Klagen
Über Euch weiter nicht hören. Und Ihr sollt immer an meiner
Stelle reden und handeln als Kanzler des Reiches. Es sei Euch
Also mein Siegel befohlen, und was Ihr tuet und schreibet,
Bleibe getan und geschrieben." — So hat nun Reineke billig
Sich zu großen Gunsten geschwungen, und alles befolgt man,
Was er rät und beschließt, zu Frommen oder zu Schaden.

Reineke dankte dem König und sprach: „Mein edler Gebieter,
Zu viel Ehre tut Ihr mir an, ich will es gedenken,
Wie ich hoffe Verstand zu behalten. Ihr sollt es erfahren."

Wie es dem Wolf indessen erging, vernehmen wir kürzlich.
Überwunden lag er im Kreise und übel behandelt,
Weib und Freunde gingen zu ihm und Hinze, der Kater,
Braun, der Bär, und Kind und Gesind' und seine Verwandten,
Klagend legten sie ihn auf eine Bahre (man hatte
Wohl mit Heu sie gepolstert, ihn warm zu halten) und trugen
Aus dem Kreis ihn heraus. Man untersuchte die Wunden,
Zählete sechsundzwanzig; es kamen viele Chirurgen,
Die sogleich ihn verbanden und heilende Tropfen ihm reichten.

Alle Glieder waren ihm lahm. Sie rieben ihm gleichfalls
Kraut ins Ohr, er nieste gewaltig von vornen und hinten.
Und sie sprachen zusammen: „Wir wollen ihn salben und baden“;
Trösteten solchergestalt des Wolfes traurige Sippschaft;
Legten ihn sorglich zu Bette; da schlief er, aber nicht lange,
Wachte verworren und kümmerte sich, die Schande, die Schmerzen
Setzten ihm zu, er jammerte laut und schien zu verzweifeln;
Sorglich wartete Gieremund sein mit traurigem Mute,
Dachte den großen Verlust. Mit mannigfaltigen Schmerzen
Stand sie, bedauerte sich und ihre Kinder und Freunde,
Sah den leidenden Mann, er konnt' es niemals verwinden,
Raste vor Schmerz, der Schmerz war groß und traurig die Folgen.

Reineken aber behagte das wohl, er schwatzte vergnüglich
Seinen Freunden was vor und hörte sich preisen und loben.
Hohen Mutes schied er von dannen. Der gnädige König
Sandte Geleite mit ihm und sagte fröhlich zum Abschied:
„Kommt bald wieder!“ Da kniete der Fuchs am Throne zur Erden,
Sprach: „Ich dank' Euch von Herzen und meiner gnädigen Frauen,
Eurem Rate, den Herren zusamt. Es spare, mein König,
Gott zu vielen Ehren Euch auf, und was Ihr begehret,
Tu' ich gern, ich lieb' Euch gewiß und bin es Euch schuldig.
Jetzo, wenn Ihr's vergönnt, gedenk' ich nach Hause zu reisen,
Meine Frau und Kinder zu sehn, sie warten und trauren.“

„Reiset nur hin“, versetzte der König, „und fürchtet nichts weiter.“
Also machte sich Reineke fort, vor allen begünstigt.
Manche seines Gelichters verstehen dieselbigen Künste,
Rote Bärte tragen nicht alle; doch sind sie geborgen.

Reineke zog mit seinem Geschlecht, mit vierzig Verwandten,
Stolz von Hofe, sie waren geehrt und freuten sich dessen.

Als ein Herr trat Reineke vor, es folgten die andern.
Frohen Mutes erzeigt' er sich da, es war ihm der Wedel
Breit geworden, er hatte die Gunst des Königs gefunden,
War nun wieder im Rat und dachte, wie er es nutzte.
„Wen ich liebe, dem frommt's, und meine Freunde genießen's";
Also dacht' er; „die Weisheit ist mehr als Gold zu verehren."

So begab sich Reineke fort, begleitet von allen
Seinen Freunden, den Weg nach Malepartus, der Feste.
Allen zeigt' er sich dankbar, die sich ihm günstig erwiesen,
Die in bedenklicher Zeit an seiner Seite gestanden.
Seine Dienste bot er dagegen; sie schieden und gingen
Zu den Seinigen jeder, und er in seiner Behausung
Fand sein Weib, Frau Ermelyn, wohl; sie grüßt' ihn mit Freuden,
Fragte nach seinem Verdruß, und wie er wieder entkommen.
Reineke sagte: „Gelang es mir doch! ich habe mich wieder
In die Gunst des Königs gehoben, ich werde wie vormals
Wieder im Rate mich finden, und unserm ganzen Geschlechte
Wird es zur Ehre gedeihn. Er hat mich zum Kanzler des Reiches
Laut vor allen ernannt und mir das Siegel befohlen.
Alles, was Reineke tut und schreibt, es bleibet für immer
Wohlgetan und geschrieben, das mag sich jeglicher merken!

Unterwiesen hab' ich den Wolf in wenig Minuten,
Und er klagt mir nicht mehr. Geblendet ist er, verwundet
Und beschimpft sein ganzes Geschlecht; ich hab' ihn gezeichnet!
Wenig nützt er künftig der Welt. Wir kämpften zusammen,
Und ich hab' ihn untergebracht. Er wird mir auch schwerlich
Wieder gesund. Was liegt mir daran? Ich bleibe sein Vormann,
Aller seiner Gesellen, die mit ihm halten und stehen."

Reinekens Frau vergnügte sich sehr, so wuchs auch den beiden
Kleinen Knaben der Mut bei ihres Vaters Erhöhung.
Untereinander sprachen sie froh: „Vergnügliche Tage
Leben wir nun, von allen verehrt, und denken indessen,
Unsre Burg zu befest'gen und heiter und sorglos zu leben."

Hochgeehrt ist Reineke nun! Zur Weisheit bekehre
Bald sich jeder und meide das Böse, verehre die Tugend!
Dieses ist der Sinn des Gesangs, in welchem der Dichter
Fabel und Wahrheit gemischt, damit ihr das Böse vom Guten
Sondern möget und schätzen die Weisheit, damit auch die Käufer
Dieses Buchs vom Laufe der Welt sich täglich belehren.
Denn so ist es beschaffen, so wird es bleiben, und also
Endigt sich unser Gedicht von Reinekens Wesen und Taten.
Uns verhelfe der Herr zur ewigen Herrlichkeit! Amen.

HERMANN UND DOROTHEA

I

KALLIOPE
SCHICKSAL UND ANTEIL

„Hab' ich den Markt und die Straßen doch nie so einsam gesehen!
Ist doch die Stadt wie gekehrt! wie ausgestorben! Nicht funfzig,
Deucht mir, blieben zurück von allen unsern Bewohnern.
Was die Neugier nicht tut! So rennt und läuft nun ein jeder,
Um den traurigen Zug der armen Vertriebnen zu sehen.
Bis zum Dammweg, welchen sie ziehn, ist's immer ein Stündchen,
Und da läuft man hinab im heißen Staube des Mittags.
Möcht' ich mich doch nicht rühren vom Platz, um zu sehen das Elend
Guter fliehender Menschen, die nun, mit geretteter Habe,
Leider das überrheinische Land, das schöne, verlassend,
Zu uns herüberkommen und durch den glücklichen Winkel
Dieses fruchtbaren Tals und seiner Krümmungen wandern.
Trefflich hast du gehandelt, o Frau, daß du milde den Sohn fort
Schicktest mit altem Linnen und etwas Essen und Trinken,
Um es den Armen zu spenden; denn Geben ist Sache des Reichen.
Was der Junge doch fährt, und wie er bändigt die Hengste!
Sehr gut nimmt das Kütschchen sich aus, das neue; bequemlich
Säßen viere darin und auf dem Bocke der Kutscher.
Diesmal fuhr er allein; wie rollt' es leicht um die Ecke!"
So sprach, unter dem Tore des Hauses sitzend am Markte,
Wohlbehaglich zur Frau der Wirt zum Goldenen Löwen.

Und es versetzte darauf die kluge, verständige Hausfrau:
„Vater, nicht gerne verschenk' ich die abgetragene Leinwand;
Denn sie ist zu manchem Gebrauch und für Geld nicht zu haben,
Wenn man ihrer bedarf. Doch heute gab ich so gerne
Manches bessere Stück an Überzügen und Hemden;
Denn ich hörte von Kindern und Alten, die nackend daher gehn.
Wirst du mir aber verzeihn? denn auch dein Schrank ist geplündert.
Und besonders den Schlafrock mit indianischen Blumen,
Von dem feinsten Kattun, mit feinem Flanelle gefüttert,
Gab ich hin; er ist dünn und alt und ganz aus der Mode."

Aber es lächelte drauf der treffliche Hauswirt und sagte:
„Ungern vermiss' ich ihn doch, den alten kattunenen Schlafrock
Echt ostindischen Stoffs; so etwas kriegt man nicht wieder.
Wohl! ich trug ihn nicht mehr. Man will jetzt freilich, der Mann soll
Immer gehn im Surtout und in der Pekesche sich zeigen,
Immer gestiefelt sein; verbannt ist Pantoffel und Mütze." —

„Siehe!" versetzte die Frau, „dort kommen schon einige wieder,
Die den Zug mit gesehn; er muß doch wohl schon vorbei sein.
Seht, wie allen die Schuhe so staubig sind! wie die Gesichter
Glühen! und jeglicher führt das Schnupftuch und wischt sich den Schweiß ab.
Möcht' ich doch auch in der Hitze nach solchem Schauspiel so weit nicht
Laufen und leiden! Fürwahr, ich habe genug am Erzählten."

Und es sagte darauf der gute Vater mit Nachdruck:
„Solch ein Wetter ist selten zu solcher Ernte gekommen,
Und wir bringen die Frucht herein, wie das Heu schon herein ist,

Trocken; der Himmel ist hell, es ist kein Wölkchen zu sehen,
Und von Morgen wehet der Wind mit lieblicher Kühlung.
Das ist beständiges Wetter! und überreif ist das Korn schon;
Morgen fangen wir an zu schneiden die reichliche Ernte."

Als er so sprach, vermehrten sich immer die Scharen der Männer
Und der Weiber, die über den Markt sich nach Hause begaben;
Und so kam auch zurück mit seinen Töchtern gefahren
Rasch an die andere Seite des Markts der begüterte Nachbar
An sein erneuertes Haus, der erste Kaufmann des Ortes,
Im geöffneten Wagen (er war in Landau verfertigt).
Lebhaft wurden die Gassen; denn wohl war bevölkert das Städtchen,
Mancher Fabriken befliß man sich da und manches Gewerbes.

Und so saß das trauliche Paar, sich unter dem Torweg
Über das wandernde Volk mit mancher Bemerkung ergötzend.
Endlich aber begann die würdige Hausfrau und sagte:
„Seht! dort kommt der Prediger her; es kommt auch der Nachbar
Apotheker mit ihm: die sollen uns alles erzählen,
Was sie draußen gesehn und was zu schauen nicht froh macht."

Freundlich kamen heran die beiden und grüßten das Eh'paar,
Setzten sich auf die Bänke, die hölzernen, unter dem Torweg,
Staub von den Füßen schüttelnd und Luft mit dem Tuche sich fächelnd.
Da begann denn zuerst, nach wechselseitigen Grüßen,
Der Apotheker zu sprechen und sagte, beinahe verdrießlich:
„So sind die Menschen fürwahr! und einer ist doch wie der andre,

Daß er zu gaffen sich freut, wenn den Nächsten ein Unglück befället!
Läuft doch jeder, die Flamme zu sehn, die verderblich emporschlägt,
Jeder den armen Verbrecher, der peinlich zum Tode geführt wird.
Jeder spaziert nun hinaus, zu schauen der guten Vertriebnen
Elend, und niemand bedenkt, daß ihn das ähnliche Schicksal
Auch vielleicht zunächst betreffen kann, oder doch künftig.
Unverzeihlich find' ich den Leichtsinn; doch liegt er im Menschen."

Und es sagte darauf der edle, verständige Pfarrherr,
Er, die Zierde der Stadt, ein Jüngling, näher dem Manne.
Dieser kannte das Leben und kannte der Hörer Bedürfnis,
War vom hohen Werte der heiligen Schriften durchdrungen,
Die uns der Menschen Geschick enthüllen und ihre Gesinnung;
Und so kannt' er auch wohl die besten weltlichen Schriften.
Dieser sprach: „Ich tadle nicht gern, was immer dem Menschen
Für unschädliche Triebe die gute Mutter Natur gab;
Denn was Verstand und Vernunft nicht immer vermögen, vermag oft
Solch ein glücklicher Hang, der unwiderstehlich uns leitet.
Lockte die Neugier nicht den Menschen mit heftigen Reizen,
Sagt! erführ' er wohl je, wie schön sich die weltlichen Dinge
Gegeneinander verhalten? Denn erst verlangt er das Neue,
Suchet das Nützliche dann mit unermüdetem Fleiße;
Endlich begehrt er das Gute, das ihn erhebet und wert macht.
In der Jugend ist ihm ein froher Gefährte der Leichtsinn,
Der die Gefahr ihm verbirgt und heilsam geschwinde die Spuren
Tilget des schmerzlichen Übels, sobald es nur irgend vorbeizog.
Freilich ist er zu preisen, der Mann, dem in reiferen Jahren
Sich der gesetzte Verstand aus solchem Frohsinn entwickelt,

Der im Glück wie im Unglück sich eifrig und tätig bestrebet;
Denn das Gute bringt er hervor und ersetzet den Schaden."

Freundlich begann sogleich die ungeduldige Hausfrau:
„Saget uns, was ihr gesehn; denn das begehrt' ich zu wissen."

„Schwerlich", versetzte darauf der Apotheker mit Nachdruck,
„Werd' ich so bald mich freun nach dem, was ich alles erfahren.
Und wer erzählet es wohl, das mannigfaltigste Elend!
Schon von ferne sahn wir den Staub, noch eh' wir die Wiesen
Abwärts kamen; der Zug war schon von Hügel zu Hügel
Unabsehlich dahin, man konnte wenig erkennen.
Als wir nun aber den Weg, der quer durchs Tal geht, erreichten,
War Gedräng' und Getümmel noch groß der Wandrer und Wagen.
Leider sahen wir noch genug der Armen vorbeiziehn,
Konnten einzeln erfahren, wie bitter die schmerzliche Flucht sei
Und wie froh das Gefühl des eilig geretteten Lebens.
Traurig war es, zu sehn die mannigfaltige Habe,
Die ein Haus nur verbirgt, das wohlversehne, und die ein
Guter Wirt umher an die rechten Stellen gesetzt hat,
Immer bereit zum Gebrauche, denn alles ist nötig und nützlich,
Nun zu sehen das alles, auf mancherlei Wagen und Karren
Durcheinander geladen, mit Übereilung geflüchtet.
Über dem Schranke lieget das Sieb und die wollene Decke;
In dem Backtrog das Bett und das Leintuch über dem Spiegel.
Ach! und es nimmt die Gefahr, wie wir beim Brande vor zwanzig
Jahren auch wohl gesehn, dem Menschen alle Besinnung,
Daß er das Unbedeutende faßt und das Teure zurückläßt.

Also führten auch hier mit unbesonnener Sorgfalt
Schlechte Dinge sie fort, die Ochsen und Pferde beschwerend:
Alte Bretter und Fässer, den Gänsestall und den Käfig.
Auch so keuchten die Weiber und Kinder, mit Bündeln sich schleppend,
Unter Körben und Butten voll Sachen keines Gebrauches;
Denn es verläßt der Mensch so ungern das Letzte der Habe.
Und so zog auf dem staubigen Weg der drängende Zug fort,
Ordnungslos und verwirrt. Mit schwächeren Tieren der eine
Wünschte langsam zu fahren, ein andrer emsig zu eilen.
Da entstand ein Geschrei der gequetschten Weiber und Kinder
Und ein Blöken des Viehes, dazwischen der Hunde Gebelfer
Und ein Wehlaut der Alten und Kranken, die hoch auf dem schweren
Übergepackten Wagen auf Betten saßen und schwankten.
Aber, aus dem Gleise gedrängt, nach dem Rande des Hochwegs
Irrte das knarrende Rad; es stürzt' in den Graben das Fuhrwerk,
Umgeschlagen, und weithin entstürzten im Schwunge die Menschen
Mit entsetzlichem Schrein in das Feld hin, aber doch glücklich.
Später stürzten die Kasten und fielen näher dem Wagen.
Wahrlich, wer im Fallen sie sah, der erwartete nun, sie
Unter der Last der Kisten und Schränke zerschmettert zu schauen.
Und so lag zerbrochen der Wagen und hülflos die Menschen;
Denn die übrigen gingen und zogen eilig vorüber,
Nur sich selber bedenkend und hingerissen vom Strome.
Und wir eilten hinzu und fanden die Kranken und Alten,
Die zu Haus und im Bett schon kaum ihr dauerndes Leiden

Trügen, hier auf dem Boden, beschädigt, ächzen und jammern,
Von der Sonne verbrannt und erstickt vom wogenden Staube."

Und es sagte darauf gerührt der menschliche Hauswirt:
„Möge doch Hermann sie treffen und sie erquicken und kleiden!
Ungern würd' ich sie sehn; mich schmerzt der Anblick des Jammers.
Schon von dem ersten Bericht so großer Leiden gerühret,
Schickten wir eilend ein Scherflein von unserm Überfluß, daß nur
Einige würden gestärkt, und schienen uns selber beruhigt.
Aber laßt uns nicht mehr die traurigen Bilder erneuern;
Denn es beschleichet die Furcht gar bald die Herzen der Menschen
Und die Sorge, die mehr als selbst mir das Übel verhaßt ist.
Tretet herein in den hinteren Raum, das kühlere Sälchen!
Nie scheint Sonne dahin, nie dringet wärmere Luft dort
Durch die stärkeren Mauern; und Mütterchen bringt uns ein Gläschen
Dreiundachtziger her, damit wir die Grillen vertreiben.
Hier ist nicht freundlich zu trinken; die Fliegen umsummen die Gläser."
Und sie gingen dahin und freuten sich alle der Kühlung.

Sorgsam brachte die Mutter des klaren, herrlichen Weines
In geschliffener Flasche auf blankem, zinnernem Runde,
Mit den grünlichen Römern, den echten Bechern des Rheinweins.
Und so sitzend, umgaben die drei den glänzend gebohnten,
Runden, braunen Tisch, er stand auf mächtigen Füßen.
Heiter klangen sogleich die Gläser des Wirtes und Pfarrers;
Doch unbeweglich hielt der Dritte denkend das seine,
Und es fordert' ihn auf der Wirt mit freundlichen Worten:

„Frisch, Herr Nachbar, getrunken! denn noch bewahrte vor Unglück

Gott uns gnädig und wird auch künftig uns also bewahren.
Denn wer erkennet es nicht, daß seit dem schrecklichen Brande,
Da er so hart uns gestraft, er uns nun beständig erfreut hat
Und beständig beschützt, so wie der Mensch sich des Auges
Köstlichen Apfel bewahrt, der vor allen Gliedern ihm lieb ist.
Sollt' er fernerhin nicht uns schützen und Hülfe bereiten?
Denn man sieht es erst recht, wie viel er vermag, in Gefahren;
Sollt' er die blühende Stadt, die er erst durch fleißige Bürger
Neu aus der Asche gebaut und dann sie reichlich gesegnet,
Jetzo wieder zerstören und alle Bemühung vernichten?"

Heiter sagte darauf der treffliche Pfarrer und milde:
„Haltet am Glauben fest und fest an dieser Gesinnung;
Denn sie macht im Glücke verständig und sicher, im Unglück
Reicht sie den schönsten Trost und belebt die herrlichste Hoffnung."

Da versetzte der Wirt mit männlichen, klugen Gedanken:
„Wie begrüßt' ich so oft mit Staunen die Fluten des Rheinstroms,
Wenn ich, reisend nach meinem Geschäft, ihm wieder mich nahte!
Immer schien er mir groß und erhob mir Sinn und Gemüte;
Aber ich konnte nicht denken, daß bald sein liebliches Ufer
Sollte werden ein Wall, um abzuwehren den Franken,
Und sein verbreitetes Bett ein allverhindernder Graben.
Seht, so schützt die Natur, so schützen die wackeren Deutschen,
Und so schützt uns der Herr; wer wollte törich verzagen?
Müde schon sind die Streiter, und alles deutet auf Frieden.
Möge doch auch, wenn das Fest, das lang' erwünschte, gefeiert
Wird, in unserer Kirche die Glocke dann tönt zu der Orgel
Und die Trompete schmettert, das hohe Tedeum begleitend, —

Möge mein Hermann doch auch an diesem Tage, Herr Pfarrer,
Mit der Braut entschlossen vor Euch am Altare sich stellen
Und das glückliche Fest, in allen den Landen begangen,
Auch mir künftig erscheinen, der häuslichen Freuden ein Jahrstag!
Aber ungern seh' ich den Jüngling, der immer so tätig
Mir in dem Hause sich regt, nach außen langsam und schüchtern.
Wenig findet er Lust, sich unter Leuten zu zeigen;
Ja, er vermeidet sogar der jungen Mädchen Gesellschaft
Und den fröhlichen Tanz, den alle Jugend begehret."

Also sprach er und horchte. Man hörte der stampfenden Pferde
Fernes Getöse sich nahn, man hörte den rollenden Wagen,
Der mit gewaltiger Eile nun donnert' unter den Torweg.

II

TERPSICHORE

HERMANN

Als nun der wohlgebildete Sohn ins Zimmer hereintrat,
Schaute der Prediger ihm mit scharfen Blicken entgegen
Und betrachtete seine Gestalt und sein ganzes Benehmen
Mit dem Auge des Forschers, der leicht die Mienen enträtselt;
Lächelte dann und sprach zu ihm mit traulichen Worten:
„Kommt Ihr doch als ein veränderter Mensch! Ich habe noch niemals
Euch so munter gesehn und Eure Blicke so lebhaft.
Fröhlich kommt Ihr und heiter; man sieht, Ihr habet die Gaben
Unter die Armen verteilt und ihren Segen empfangen."

Ruhig erwiderte drauf der Sohn mit ernstlichen Worten:
„Ob ich löblich gehandelt, ich weiß es nicht; aber mein Herz hat

Mich geheißen zu tun, so wie ich genau nun erzähle.
Mutter, Ihr kramtet so lange, die alten Stücke zu suchen
Und zu wählen; nur spät war erst das Bündel zusammen,
Auch der Wein und das Bier ward langsam, sorglich gepacket.
Als ich nun endlich vors Tor und auf die Straße hinauskam,
Strömte zurück die Menge der Bürger mit Weibern und Kindern,
Mir entgegen; denn fern war schon der Zug der Vertriebnen.
Schneller hielt ich mich dran und fuhr behende dem Dorf zu,
Wo sie, wie ich gehört, heut übernachten und rasten.
Als ich nun meines Weges die neue Straße hinanfuhr,
Fiel mir ein Wagen ins Auge, von tüchtigen Bäumen gefüget,
Von zwei Ochsen gezogen, den größten und stärksten des Auslands,
Nebenher aber ging mit starken Schritten ein Mädchen,
Lenkte mit langem Stabe die beiden gewaltigen Tiere,
Trieb sie an und hielt sie zurück, sie leitete klüglich.
Als mich das Mädchen erblickte, so trat sie den Pferden gelassen
Näher und sagte zu mir: ‚Nicht immer war es mit uns so
Jammervoll, als Ihr uns heut auf diesen Wegen erblicket.
Noch nicht bin ich gewohnt, vom Fremden die Gabe zu heischen,
Die er oft ungern gibt, um loszuwerden den Armen;
Aber mich dränget die Not, zu reden. Hier auf dem Strohe
Liegt die erst entbundene Frau des reichen Besitzers,
Die ich mit Stieren und Wagen noch kaum, die Schwangre, gerettet.
Spät nur kommen wir nach, und kaum das Leben erhielt sie.
Nun liegt, neugeboren, das Kind ihr nackend im Arme,
Und mit wenigem nur vermögen die Unsern zu helfen,
Wenn wir im nächsten Dorf, wo wir heute zu rasten gedenken,
Auch sie finden, wiewohl ich fürchte, sie sind schon vorüber.

Wär' Euch irgend von Leinwand nur was Entbehrliches, wenn Ihr
Hier aus der Nachbarschaft seid, so spendet's gütig den Armen.'

Also sprach sie, und matt erhob sich vom Strohe die bleiche
Wöchnerin, schaute nach mir; ich aber sagte dagegen:
‚Guten Menschen, fürwahr, spricht oft ein himmlischer Geist zu,
Daß sie fühlen die Not, die dem armen Bruder bevorsteht;
Denn so gab mir die Mutter, im Vorgefühle von eurem
Jammer, ein Bündel, sogleich es der nackten Notdurft zu reichen.'
Und ich löste die Knoten der Schnur und gab ihr den Schlafrock
Unsers Vaters dahin und gab ihr Hemden und Leintuch.
Und sie dankte mit Freuden und rief: ‚Der Glückliche glaubt nicht,
Daß noch Wunder geschehn; denn nur im Elend erkennt man
Gottes Hand und Finger, der gute Menschen zum Guten
Leitet. Was er durch Euch an uns tut, tu' er Euch selber.'
Und ich sah die Wöchnerin froh die verschiedene Leinwand,
Aber besonders den weichen Flanell des Schlafrocks befühlen.
‚Eilen wir', sagte zu ihr die Jungfrau, ‚dem Dorf zu, in welchem
Unsre Gemeine schon rastet und diese Nacht durch sich aufhält;
Dort besorg' ich sogleich das Kinderzeug, alles und jedes.'
Und sie grüßte mich noch und sprach den herzlichsten Dank aus,
Trieb die Ochsen; da ging der Wagen. Ich aber verweilte,
Hielt die Pferde noch an; denn Zwiespalt war mir im Herzen,
Ob ich mit eilenden Rossen das Dorf erreichte, die Speisen
Unter das übrige Volk zu spenden, oder sogleich hier

Alles dem Mädchen gäbe, damit sie es weislich verteilte.
Und ich entschied mich gleich in meinem Herzen und fuhr ihr
Sachte nach und erreichte sie bald und sagte behende:
,Gutes Mädchen, mir hat die Mutter nicht Leinwand alleine
Auf den Wagen gegeben, damit ich den Nackten bekleide,
Sondern sie fügte dazu noch Speis' und manches Getränke,
Und es ist mir genug davon im Kasten des Wagens.
Nun bin ich aber geneigt, auch diese Gaben in deine
Hand zu legen, und so erfüll' ich am besten den Auftrag;
Du verteilst sie mit Sinn, ich müßte dem Zufall gehorchen.'
Drauf versetzte das Mädchen: ,Mit aller Treue verwend' ich
Eure Gaben; der Dürftige soll sich derselben erfreuen.'
Also sprach sie. Ich öffnete schnell die Kasten des Wagens,
Brachte die Schinken hervor, die schweren, brachte die Brote,
Flaschen Weines und Biers und reicht' ihr alles und jedes.
Gerne hätt' ich noch mehr ihr gegeben; doch leer war der Kasten.
Alles packte sie drauf zu der Wöchnerin Füßen und zog so
Weiter; ich eilte zurück mit meinen Pferden der Stadt zu."

Als nun Hermann geendet, da nahm der gesprächige Nachbar
Gleich das Wort und rief: „O glücklich, wer in den Tagen
Dieser Flucht und Verwirrung in seinem Haus nur allein lebt,
Wem nicht Frau und Kinder zur Seite bange sich schmiegen!
Glücklich fühl' ich mich jetzt; ich möcht' um vieles nicht heute
Vater heißen und nicht für Frau und Kinder besorgt sein.
Öfters dacht' ich mir auch schon die Flucht und habe die besten
Sachen zusammengepackt, das alte Geld und die Ketten
Meiner seligen Mutter, das alles noch heilig verwahrt liegt.
Freilich bliebe noch vieles zurück, das so leicht nicht geschafft wird.

Selbst die Kräuter und Wurzeln, mit vielem Fleiße gesammelt,
Mißt' ich ungern, wenn auch der Wert der Ware nicht groß ist.
Bleibt der Provisor zurück, so geh' ich getröstet von Hause.
Hab' ich die Barschaft gerettet und meinen Körper, so hab' ich
Alles gerettet; der einzelne Mann entfliehet am leichtsten."

„Nachbar", versetzte darauf der junge Hermann mit Nachdruck:
„Keinesweges denk' ich wie Ihr und tadle die Rede.
Ist wohl der ein würdiger Mann, der im Glück und im Unglück
Sich nur allein bedenkt und Leiden und Freuden zu teilen
Nicht verstehet und nicht dazu von Herzen bewegt wird?
Lieber möcht' ich als je mich heute zur Heirat entschließen;
Denn manch gutes Mädchen bedarf des schützenden Mannes
Und der Mann des erheiternden Weibs, wenn ihm Unglück bevorsteht."

Lächelnd sagte darauf der Vater: „So hör' ich dich gerne!
Solch ein vernünftiges Wort hast du mir selten gesprochen."

Aber es fiel sogleich die gute Mutter behend ein:
„Sohn, fürwahr! du hast recht; wir Eltern gaben das Beispiel.
Denn wir haben uns nicht an fröhlichen Tagen erwählet,
Und uns knüpfte vielmehr die traurigste Stunde zusammen.
Montag morgens — ich weiß es genau, denn tages vorher war
Jener schreckliche Brand, der unser Städtchen verzehrte —
Zwanzig Jahre sind's nun; es war ein Sonntag wie heute,
Heiß und trocken die Zeit und wenig Wasser im Orte.
Alle Leute waren, spazierend in festlichen Kleidern,
Auf den Dörfern verteilt und in den Schenken und Mühlen.
Und am Ende der Stadt begann das Feuer. Der Brand lief

Eilig die Straßen hindurch, erzeugend sich selber den Zugwind.
Und es brannten die Scheunen der reichgesammelten Ernte,
Und es brannten die Straßen bis zu dem Markt, und das Haus war
Meines Vaters hierneben verzehrt und dieses zugleich mit.
Wenig flüchteten wir. Ich saß die traurige Nacht durch
Vor der Stadt auf dem Anger, die Kasten und Betten bewahrend;
Doch zuletzt befiel mich der Schlaf, und als nun des Morgens
Mich die Kühlung erweckte, die vor der Sonne herabfällt,
Sah ich den Rauch und die Glut und die hohlen Mauern und Essen.
Da war beklemmt mein Herz; allein die Sonne ging wieder
Herrlicher auf als je und flößte mir Mut in die Seele.
Da erhob ich mich eilend. Es trieb mich, die Stätte zu sehen,
Wo die Wohnung gestanden, und ob sich die Hühner gerettet,
Die ich besonders geliebt: denn kindisch war mein Gemüt noch.
Als ich nun über die Trümmer des Hauses und Hofes daher stieg,
Die noch rauchten, und so die Wohnung wüst und zerstört sah,
Kamst du zur andern Seite herauf und durchsuchtest die Stätte.
Dir war ein Pferd in dem Stalle verschüttet; die glimmenden Balken
Lagen darüber und Schutt, und nichts zu sehn war vom Tiere.
Also standen wir gegeneinander, bedenklich und traurig:
Denn die Wand war gefallen, die unsere Höfe geschieden.
Und du faßtest darauf mich bei der Hand an und sagtest:
‚Lieschen, wie kommst du hieher? Geh weg! du verbrennest die Sohlen;
Denn der Schutt ist heiß, er sengt mir die stärkeren Stiefeln.‘
Und du hobest mich auf und trugst mich herüber durch deinen

Hof weg. Da stand noch das Tor des Hauses mit seinem Gewölbe,
Wie es jetzt steht; es war allein von allem geblieben.
Und du setztest mich nieder und küßtest mich, und ich verwehrt' es.
Aber du sagtest darauf mit freundlich bedeutenden Worten:
‚Siehe, das Haus liegt nieder. Bleib hier und hilf mir es bauen,
Und ich helfe dagegen auch deinem Vater an seinem.'
Doch ich verstand dich nicht, bis du zum Vater die Mutter
Schicktest und schnell das Gelübd' der fröhlichen Ehe vollbracht war.
Noch erinnr' ich mich heute des halbverbrannten Gebälkes
Freudig und sehe die Sonne noch immer so herrlich heraufgehn;
Denn mir gab der Tag den Gemahl, es haben die ersten
Zeiten der wilden Zerstörung den Sohn mir der Jugend gegeben.
Darum lob' ich dich, Hermann, daß du mit reinem Vertrauen
Auch ein Mädchen dir denkst in diesen traurigen Zeiten
Und es wagtest, zu frein im Krieg und über den Trümmern."

Da versetzte sogleich der Vater lebhaft und sagte:
„Die Gesinnung ist löblich, und wahr ist auch die Geschichte,
Mütterchen, die du erzählst; denn so ist alles begegnet.
Aber besser ist besser. Nicht einen jeden betrifft es,
Anzufangen von vorn sein ganzes Leben und Wesen;
Nicht soll jeder sich quälen, wie wir und andere taten,
O, wie glücklich ist der, dem Vater und Mutter das Haus schon
Wohlbestellt übergeben, und der mit Gedeihen es ausziert!
Aller Anfang ist schwer, am schwersten der Anfang der Wirtschaft.
Mancherlei Dinge bedarf der Mensch, und alles wird täglich
Teurer; da seh' er sich vor, des Geldes mehr zu erwerben.
Und so hoff' ich von dir, mein Hermann, daß du mir nächstens

In das Haus die Braut mit schöner Mitgift hereinführst;
Denn ein wackerer Mann verdient ein begütertes Mädchen,
Und es behaget so wohl, wenn mit dem gewünscheten Weibchen
Auch in Körben und Kasten die nützliche Gabe hereinkommt.
Nicht umsonst bereitet durch manche Jahre die Mutter
Viele Leinwand der Tochter von feinem und starkem Gewebe;
Nicht umsonst verehren die Paten ihr Silbergeräte,
Und der Vater sondert im Pulte das seltene Goldstück:
Denn sie soll dereinst mit ihren Gütern und Gaben
Jenen Jüngling erfreun, der sie vor allen erwählt hat.
Ja, ich weiß, wie behaglich ein Weibchen im Hause sich findet,
Das ihr eignes Gerät in Küch' und Zimmern erkennet
Und das Bette sich selbst und den Tisch sich selber gedeckt hat.
Nur wohl ausgestattet möcht' ich im Hause die Braut sehn;
Denn die Arme wird doch nur zuletzt vom Manne verachtet,
Und er hält sie als Magd, die als Magd mit dem Bündel hereinkam.
Ungerecht bleiben die Männer, und die Zeiten der Liebe vergehen.
Ja, mein Hermann, du würdest mein Alter höchlich erfreuen,
Wenn du mir bald ins Haus ein Schwiegertöchterchen brächtest
Aus der Nachbarschaft her, aus jenem Hause, dem grünen.
Reich ist der Mann fürwahr: sein Handel und seine Fabriken
Machen ihn täglich reicher: denn wo gewinnt nicht der Kaufmann?
Nur drei Töchter sind da; sie teilen allein das Vermögen.
Schon ist die ältste bestimmt, ich weiß es; aber die zweite
Wie die dritte sind noch, und vielleicht nicht lange, zu haben.
Wär' ich an deiner Statt, ich hätte bis jetzt nicht gezaudert,
Eins mir der Mädchen geholt, so wie ich das Mütterchen forttrug."

Da versetzte der Sohn bescheiden dem dringenden Vater:
„Wirklich, mein Wille war auch wie Eurer, eine der Töchter
Unsers Nachbars zu wählen. Wir sind zusammen erzogen,
Spielten neben dem Brunnen am Markt in früheren Zeiten,
Und ich habe sie oft vor der Knaben Wildheit beschützet.
Doch das ist lange schon her; es bleiben die wachsenden Mädchen
Endlich billig zu Haus und fliehn die wilderen Spiele.
Wohlgezogen sind sie gewiß! Ich ging auch zuzeiten
Noch aus alter Bekanntschaft, so wie Ihr es wünschtet, hinüber;
Aber ich konnte mich nie in ihrem Umgang erfreuen.
Denn sie tadelten stets an mir, das mußt' ich ertragen:
Gar zu lang war mein Rock, zu grob das Tuch und die Farbe
Gar zu gemein und die Haare nicht recht gestutzt und gekräuselt.
Endlich hatt' ich im Sinne, mich auch zu putzen wie jene
Handelsbübchen, die stets am Sonntag drüben sich zeigen
Und um die halbseiden im Sommer das Läppchen herumhängt.
Aber noch früh genug merkt' ich, sie hatten mich immer zum besten;
Und das war mir empfindlich, mein Stolz war beleidigt; doch mehr noch
Kränkte mich's tief, daß so sie den guten Willen verkannten,
Den ich gegen sie hegte, besonders Minchen, die Jüngste.
Denn so war ich zuletzt an Ostern hinübergegangen,
Hatte den neuen Rock, der jetzt nur oben im Schrank hängt,
Angezogen und war frisiert wie die übrigen Bursche.
Als ich eintrat, kicherten sie; doch zog ich's auf mich nicht.
Minchen saß am Klavier; es war der Vater zugegen,
Hörte die Töchterchen singen und war entzückt und in Laune.
Manches verstand ich nicht, was in den Liedern gesagt war,
Aber ich hörte viel von Pamina, viel von Tamino,
Und ich wollte doch auch nicht stumm sein! Sobald sie geendet,
Fragt' ich dem Texte nach und nach den beiden Personen.

Alle schwiegen darauf und lächelten; aber der Vater
Sagte: ‚Nicht wahr, mein Freund, Er kennt nur Adam und Eva?'
Niemand hielt sich alsdann, und laut auf lachten die Mädchen,
Laut auf lachten die Knaben, es hielt den Bauch sich der Alte.
Fallen ließ ich den Hut vor Verlegenheit, und das Gekicher
Dauerte fort und fort, so viel sie auch sangen und spielten.
Und ich eilte beschämt und verdrießlich wieder nach Hause,
Hängte den Rock in den Schrank und zog die Haare herunter
Mit den Fingern und schwur, nicht mehr zu betreten die Schwelle.
Und ich hatte wohl recht; denn eitel sind sie und lieblos,
Und ich höre, noch heiß' ich bei ihnen immer Tamino."

Da versetzte die Mutter: „Du solltest, Hermann, so lange
Mit den Kindern nicht zürnen; denn Kinder sind sie ja sämtlich.
Minchen fürwahr ist gut und war dir immer gewogen;
Neulich fragte sie noch nach dir. Die solltest du wählen!"

Da versetzte bedenklich der Sohn: „Ich weiß nicht, es prägte
Jener Verdruß sich so tief bei mir ein, ich möchte fürwahr nicht
Sie am Klaviere mehr sehn und ihre Liedchen vernehmen."

Doch der Vater fuhr auf und sprach die zornigen Worte:
„Wenig Freud' erleb' ich an dir! Ich sagt' es doch immer,
Als du zu Pferden nur und Lust nur bezeigtest zum Acker:
Was ein Knecht schon verrichtet des wohlbegüterten Mannes,
Tust du; indessen muß der Vater des Sohnes entbehren,
Der ihm zur Ehre doch auch vor andern Bürgern sich zeigte.
Und so täuschte mich früh mit leerer Hoffnung die Mutter,
Wenn in der Schule das Lesen und Schreiben und Lernen dir niemals
Wie den andern gelang und du immer der Unterste saßest.

Freilich! das kommt daher, wenn Ehrgefühl nicht im Busen
Eines Jünglinges lebt, und wenn er nicht höher hinauf will.
Hätte mein Vater gesorgt für mich, so wie ich für dich tat,
Mich zur Schule gesendet und mir die Lehrer gehalten,
Ja, ich wäre was anders als Wirt zum Goldenen Löwen!"

Aber der Sohn stand auf und nahte sich schweigend der Türe,
Langsam und ohne Geräusch; allein der Vater, entrüstet,
Rief ihm nach: „So gehe nur hin! ich kenne den Trotzkopf!
Geh und führe fortan die Wirtschaft, daß ich nicht schelte;
Aber denke nur nicht, du wollest ein bäurisches Mädchen
Je mir bringen ins Haus, als Schwiegertochter, die Trulle!
Lange hab' ich gelebt und weiß mit Menschen zu handeln,
Weiß zu bewirten die Herren und Frauen, daß sie zufrieden
Von mir weggehn; ich weiß den Fremden gefällig zu schmeicheln.
Aber so soll mir denn auch ein Schwiegertöchterchen endlich
Wiederbegegnen und so mir die viele Mühe versüßen;
Spielen soll sie mir auch das Klavier; es sollen die schönsten,
Besten Leute der Stadt sich mit Vergnügen versammeln,
Wie es Sonntags geschieht im Hause des Nachbars!" Da drückte
Leise der Sohn auf die Klinke, und so verließ er die Stube.

III

THALIA

DIE BÜRGER

Also entwich der bescheidene Sohn der heftigen Rede;
Aber der Vater fuhr in der Art fort, wie er begonnen:
„Was im Menschen nicht ist, kommt auch nicht aus ihm, und schwerlich
Wird mich des herzlichsten Wunsches Erfüllung jemals erfreuen,
Daß der Sohn dem Vater nicht gleich sei, sondern ein Beßrer.

Denn was wäre das Haus, was wäre die Stadt, wenn nicht immer
Jeder gedächte mit Lust zu erhalten und zu erneuen
Und zu verbessern auch, wie die Zeit uns lehrt und das Ausland!
Soll doch nicht als ein Pilz der Mensch dem Boden entwachsen
Und verfaulen geschwind an dem Platze, der ihn erzeugt hat,
Keine Spur nachlassend von seiner lebendigen Wirkung!
Sieht man am Hause doch gleich so deutlich, wes Sinnes der Herr sei,
Wie man, das Städtchen betretend, die Obrigkeiten beurteilt.
Denn wo die Türme verfallen und Mauern, wo in den Gräben
Unrat sich häufet und Unrat auf allen Gassen herumliegt,
Wo der Stein aus der Fuge sich rückt und nicht wieder gesetzt wird,
Wo der Balken verfault und das Haus vergeblich die neue
Unterstützung erwartet: der Ort ist übel regieret.
Denn wo nicht immer von oben die Ordnung und Reinlichkeit wirket,
Da gewöhnet sich leicht der Bürger zu schmutzigem Saumsal,
Wie der Bettler sich auch an lumpige Kleider gewöhnet.
Darum hab' ich gewünscht, es solle sich Hermann auf Reisen
Bald begeben und sehn zum wenigsten Straßburg und Frankfurt
Und das freundliche Mannheim, das gleich und heiter gebaut ist.
Denn wer die Städte gesehn, die großen und reinlichen, ruht nicht,
Künftig die Vaterstadt selbst, so klein sie auch sei, zu verzieren.
Lobt nicht der Fremde bei uns die ausgebesserten Tore
Und den geweißten Turm und die wohlerneuerte Kirche?
Rühmt nicht jeder das Pflaster, die wasserreichen, verdeckten,

Wohlverteilten Kanäle, die Nutzen und Sicherheit bringen,
Daß dem Feuer sogleich beim ersten Ausbruch gewehrt sei?
Ist das nicht alles geschehn seit jenem schrecklichen Brande?
Bauherr war ich sechsmal im Rat und habe mir Beifall,
Habe mir herzlichen Dank von guten Bürgern verdienet,
Was ich angab, emsig betrieben, und so auch die Anstalt
Redlicher Männer vollführt, die sie unvollendet verließen.
So kam endlich die Lust in jedes Mitglied des Rates.
Alle bestreben sich jetzt, und schon ist der neue Chausseebau
Fest beschlossen, der uns mit der großen Straße verbindet.
Aber ich fürchte nur sehr, so wird die Jugend nicht handeln!
Denn die einen, sie denken auf Lust und vergänglichen Putz nur;
Andere hocken zu Haus und brüten hinter dem Ofen.
Und das fürcht' ich, ein solcher wird Hermann immer mir bleiben."

Und es versetzte sogleich die gute, verständige Mutter:
„Immer bist du doch, Vater, so ungerecht gegen den Sohn, und
So wird am wenigsten dir dein Wunsch des Guten erfüllet.
Denn wir können die Kinder nach unserem Sinne nicht formen;
So wie Gott sie uns gab, so muß man sie haben und lieben,
Sie erziehen aufs beste und jeglichen lassen gewähren.
Denn der eine hat die, die anderen andere Gaben;
Jeder braucht sie, und jeder ist doch nur auf eigene Weise
Gut und glücklich. Ich lasse mir meinen Hermann nicht schelten;
Denn, ich weiß es, er ist der Güter, die er dereinst erbt,
Wert und ein trefflicher Wirt, ein Muster Bürgern und Bauern,
Und im Rate gewiß, ich seh' es voraus, nicht der Letzte.
Aber täglich mit Schelten und Tadeln hemmst du dem Armen
Allen Mut in der Brust, so wie du es heute getan hast."
Und sie verließ die Stube sogleich und eilte dem Sohn nach,
Daß sie ihn irgendwo fänd' und ihn mit gütigen Worten
Wieder erfreute; denn er, der treffliche Sohn, er verdient' es.

Lächelnd sagte darauf, sobald sie hinweg war, der Vater:
„Sind doch ein wunderlich Volk die Weiber so wie die Kinder!
Jedes lebet so gern nach seinem eignen Belieben,
Und man sollte hernach nur immer loben und streicheln.
Einmal für allemal gilt das wahre Sprüchlein der Alten:
Wer nicht vorwärts geht, der kommt zurücke! So bleibt es."

Und es versetzte darauf der Apotheker bedächtig:
„Gerne geb' ich es zu, Herr Nachbar, und sehe mich immer
Selbst nach dem Besseren um, wofern es nicht teuer, doch neu ist;
Aber hilft es fürwahr, wenn man nicht die Fülle des Gelds hat,
Tätig und rührig zu sein und innen und außen zu bessern?
Nur zu sehr ist der Bürger beschränkt; das Gute vermag er
Nicht zu erlangen, wenn er es kennt. Zu schwach ist sein Beutel,
Das Bedürfnis zu groß; so wird er immer gehindert.
Manches hätt' ich getan; allein wer scheut nicht die Kosten
Solcher Verändrung, besonders in diesen gefährlichen Zeiten!
Lange lachte mir schon mein Haus im modischen Kleidchen,
Lange glänzten durchaus mit großen Scheiben die Fenster;
Aber wer tut dem Kaufmann es nach, der bei seinem Vermögen
Auch die Wege noch kennt, auf welchen das Beste zu haben?
Seht nur das Haus an da drüben, das neue! Wie prächtig in grünen
Feldern die Stukkatur der weißen Schnörkel sich ausnimmt!
Groß sind die Tafeln der Fenster; wie glänzen und spiegeln die Scheiben,
Daß verdunkelt stehn die übrigen Häuser des Marktes!
Und doch waren die unsern gleich nach dem Brande die schönsten,
Die Apotheke zum Engel so wie der Goldene Löwe.
So war mein Garten auch in der ganzen Gegend berühmt, und
Jeder Reisende stand und sah durch die roten Staketen

Nach den Bettlern von Stein und nach den farbigen Zwergen.
Wem ich den Kaffee dann gar in dem herrlichen Grottenwerk reichte,
Das nun freilich verstaubt und halb verfallen mir dasteht,
Der erfreute sich hoch des farbig schimmernden Lichtes
Schöngeordneter Muscheln; und mit geblendetem Auge
Schaute der Kenner selbst den Bleiglanz und die Korallen.
Ebenso ward in dem Saale die Malerei auch bewundert,
Wo die geputzten Herren und Damen im Garten spazieren
Und mit spitzigen Fingern die Blumen reichen und halten.
Ja, wer sähe das jetzt nur noch an! Ich gehe verdrießlich
Kaum mehr hinaus; denn alles soll anders sein und geschmackvoll,
Wie sie's heißen, und weiß die Latten und hölzernen Bänke.
Alles ist einfach und glatt; nicht Schnitzwerk oder Vergoldung
Will man mehr, und es kostet das fremde Holz nun am meisten.
Nun, ich wär' es zufrieden, mir auch was Neues zu schaffen;
Auch zu gehn mit der Zeit und oft zu verändern den Hausrat;
Aber es fürchtet sich jeder, auch nur zu rücken das Kleinste,
Denn wer vermöchte wohl jetzt die Arbeitsleute zu zahlen?
Neulich kam mir's in Sinn, den Engel Michael wieder,
Der mir die Offizin bezeichnet, vergolden zu lassen,
Und den greulichen Drachen, der ihm zu Füßen sich windet;
Aber ich ließ ihn verbräunt, wie er ist; mich schreckte die Fordrung."

IV

EUTERPE

MUTTER UND SOHN

Also sprachen die Männer, sich unterhaltend. Die Mutter
Ging indessen, den Sohn erst vor dem Hause zu suchen,
Auf der steinernen Bank, wo sein gewöhnlicher Sitz war.

Als sie daselbst ihn nicht fand, so ging sie, im Stalle zu schauen,
Ob er die herrlichen Pferde, die Hengste, selber besorgte,
Die er als Fohlen gekauft und die er niemand vertraute.
Und es sagte der Knecht: „Er ist in den Garten gegangen.“
Da durchschritt sie behende die langen doppelten Höfe,
Ließ die Ställe zurück und die wohlgezimmerten Scheunen,
Trat in den Garten, der weit bis an die Mauern des Städtchens
Reichte, schritt ihn hindurch und freute sich jegliches Wachstums,
Stellte die Stützen zurecht, auf denen beladen die Äste
Ruhten des Apfelbaums wie des Birnbaums lastende Zweige,
Nahm gleich einige Raupen vom kräftig strotzenden Kohl weg;
Denn ein geschäftiges Weib tut keine Schritte vergebens.
Also war sie ans Ende des langen Gartens gekommen,
Bis zur Laube, mit Geißblatt bedeckt; nicht fand sie den Sohn da,
Ebensowenig, als sie bis jetzt ihn im Garten erblickte.
Aber nur angelehnt war das Pförtchen, das aus der Laube,
Aus besonderer Gunst, durch die Mauer des Städtchens gebrochen
Hatte der Ahnherr einst, der würdige Burgemeister.
Und so ging sie bequem den trocknen Graben hinüber,
Wo an der Straße sogleich der wohlumzäunete Weinberg
Aufstieg steileren Pfads, die Fläche zur Sonne gekehret.
Auch den schritt sie hinauf und freute der Fülle der Trauben
Sich im Steigen, die kaum sich unter den Blättern verbargen.
Schattig war und bedeckt der hohe mittlere Laubgang,
Den man auf Stufen erstieg von unbehauenen Platten.
Und es hingen herein Gutedel und Muskateller,
Rötlichblaue daneben von ganz besonderer Größe,
Alle mit Fleiße gepflanzt, der Gäste Nachtisch zu zieren.
Aber den übrigen Berg bedeckten einzelne Stöcke,
Kleinere Trauben tragend, von denen der köstliche Wein kommt.

Also schritt sie hinauf, sich schon des Herbstes erfreuend
Und des festlichen Tags, an dem die Gegend im Jubel
Trauben lieset und tritt und den Most in die Fässer versammelt,
Feuerwerke des Abends von allen Orten und Enden
Leuchten und knallen und so der Ernten schönste geehrt wird.
Doch unruhiger ging sie, nachdem sie dem Sohne gerufen
Zwei-, auch dreimal und nur das Echo vielfach zurückkam,
Das von den Türmen der Stadt, ein sehr geschwätziges, herklang.
Ihn zu suchen war ihr so fremd; er entfernte sich niemals
Weit, er sagt' es ihr denn, um zu verhüten die Sorge
Seiner liebenden Mutter und ihre Furcht vor dem Unfall.
Aber sie hoffte noch stets, ihn doch auf dem Wege zu finden;
Denn die Türen, die untre so wie die obre, des Weinbergs
Standen gleichfalls offen. Und so nun trat sie ins Feld ein,
Das mit weiter Fläche den Rücken des Hügels bedeckte.
Immer noch wandelte sie auf eigenem Boden und freute
Sich der eigenen Saat und des herrlich nickenden Kornes,
Das mit goldener Kraft sich im ganzen Felde bewegte.
Zwischen den Äckern schritt sie hindurch auf dem Raine den Fußpfad,
Hatte den Birnbaum im Auge, den großen, der auf dem Hügel
Stand, die Grenze der Felder, die ihrem Hause gehörten.
Wer ihn gepflanzt, man konnt' es nicht wissen. Er war in der Gegend
Weit und breit gesehn, und berühmt die Früchte des Baumes.
Unter ihm pflegten die Schnitter des Mahls sich zu freuen am Mittag
Und die Hirten des Viehs in seinem Schatten zu warten;
Bänke fanden sie da von rohen Steinen und Rasen.
Und sie irrete nicht; dort saß ihr Hermann und ruhte,
Saß mit dem Arme gestützt und schien in die Gegend zu schauen
Jenseits nach dem Gebirg'; er kehrte der Mutter den Rücken.
Sachte schlich sie hinan und rührt' ihm leise die Schulter.
Und er wandte sich schnell; da sah sie ihm Tränen im Auge.

„Mutter“, sagt’ er betroffen, „Ihr überrascht mich!“ Und eilig
Trocknet’ er ab die Träne, der Jüngling edlen Gefühles.
„Wie? du weinest, mein Sohn?“ versetzte die Mutter betroffen:
„Daran kenn’ ich dich nicht! ich habe das niemals erfahren!
Sag’, was beklemmt dir das Herz? was treibt dich, einsam zu sitzen
Unter dem Birnbaum hier? was bringt dir Tränen ins Auge?“

Und es nahm sich zusammen der treffliche Jüngling und sagte:
„Wahrlich, dem ist kein Herz im ehernen Busen, der jetzo
Nicht die Not der Menschen, der umgetriebnen, empfindet;
Dem ist kein Sinn in dem Haupte, der nicht um sein eigenes Wohl sich
Und um des Vaterlands Wohl in diesen Tagen bekümmert.
Was ich heute gesehn und gehört, das rührte das Herz mir;
Und nun ging ich heraus und sah die herrliche, weite
Landschaft, die sich vor uns in fruchtbaren Hügeln umherschlingt;
Sah die goldene Frucht den Garben entgegen sich neigen
Und ein reichliches Obst uns volle Kammern versprechen.
Aber, ach! wie nah ist der Feind! Die Fluten des Rheines
Schützen uns zwar; doch ach! was sind nun Fluten und Berge
Jenem schrecklichen Volke, das wie ein Gewitter daherzieht!
Denn sie rufen zusammen aus allen Enden die Jugend
Wie das Alter und dringen gewaltig vor, und die Menge
Scheut den Tod nicht; es dringt gleich nach der Menge die Menge.
Ach! und ein Deutscher wagt in seinem Hause zu bleiben?
Hofft vielleicht zu entgehen dem alles bedrohenden Unfall?
Liebe Mutter, ich sag’ Euch, am heutigen Tage verdrießt mich,
Daß man mich neulich entschuldigt, als man die Streitenden auslas
Aus den Bürgern. Fürwahr! ich bin der einzige Sohn nur

Und die Wirtschaft ist groß, und wichtig unser Gewerbe;
Aber wär' ich nicht besser, zu widerstehen da vorne
An der Grenze, als hier zu erwarten Elend und Knechtschaft?
Ja, mir hat es der Geist gesagt, und im innersten Busen
Regt sich Mut und Begier, dem Vaterlande zu leben
Und zu sterben und andern ein würdiges Beispiel zu geben.
Wahrlich, wäre die Kraft der deutschen Jugend beisammen,
An der Grenze, verbündet, nicht nachzugeben den Fremden,
O, sie sollten uns nicht den herrlichen Boden betreten
Und vor unseren Augen die Früchte des Landes verzehren,
Nicht den Männern gebieten und rauben Weiber und Mädchen!
Sehet, Mutter, mir ist im tiefsten Herzen beschlossen,
Bald zu tun und gleich, was recht mir deucht und verständig;
Denn wer lange bedenkt, der wählt nicht immer das Beste.
Sehet, ich werde nicht wieder nach Hause kehren! Von hier aus
Geh' ich gerad' in die Stadt und übergebe den Kriegern
Diesen Arm und dies Herz, dem Vaterlande zu dienen.
Sage der Vater alsdann, ob nicht der Ehre Gefühl mir
Auch den Busen belebt und ob ich nicht höher hinauf will!"

Da versetzte bedeutend die gute, verständige Mutter,
Stille Tränen vergießend, sie kamen ihr leichtlich ins Auge:
„Sohn, was hat sich in dir verändert und deinem Gemüte,
Daß du zu deiner Mutter nicht redest wie gestern und immer,
Offen und frei, und sagst, was deinen Wünschen gemäß ist?
Hörte jetzt ein Dritter dich reden, er würde fürwahr dich
Höchlich loben und deinen Entschluß als den edelsten preisen,
Durch dein Wort verführt und deine bedeutenden Reden.
Doch ich tadle dich nur; denn sieh', ich kenne dich besser.
Du verbirgst dein Herz und hast ganz andre Gedanken.
Denn ich weiß es, dich ruft nicht die Trommel, nicht die Trompete,
Nicht begehrst du zu scheinen in der Montur vor den Mädchen;

Denn es ist deine Bestimmung, so wacker und brav du auch sonst bist,
Wohl zu verwahren das Haus und stille das Feld zu besorgen.
Darum sage mir frei: was dringt dich zu dieser Entschließung?"

Ernsthaft sagte der Sohn: „Ihr irret, Mutter. Ein Tag ist
Nicht dem anderen gleich. Der Jüngling reifet zum Manne;
Besser im stillen reift er zur Tat oft als im Geräusche
Wilden schwankenden Lebens, das manchen Jüngling verderbt hat.
Und so still ich auch bin und war, so hat in der Brust mir
Doch sich gebildet ein Herz, das Unrecht hasset und Unbill,
Und ich verstehe recht gut die weltlichen Dinge zu sondern;
Auch hat die Arbeit den Arm und die Füße mächtig gestärket.
Alles, fühl' ich, ist wahr; ich darf es kühnlich behaupten.
Und doch tadelt Ihr mich mit Recht, o Mutter, und habt mich
Auf halbwahren Worten ertappt und halber Verstellung.
Denn, gesteh' ich es nur, nicht ruft die nahe Gefahr mich
Aus dem Hause des Vaters und nicht der hohe Gedanke,
Meinem Vaterland hülfreich zu sein und schrecklich den Feinden.
Worte waren es nur, die ich sprach: sie sollten vor Euch nur
Meine Gefühle verstecken, die mir das Herz zerreißen.
Und so laßt mich, o Mutter! Denn da ich vergebliche Wünsche
Hege im Busen, so mag auch mein Leben vergeblich dahingehn.
Denn ich weiß es recht wohl: der einzelne schadet sich selber,
Der sich hingibt, wenn sich nicht alle zum Ganzen bestreben."

„Fahre nur fort", so sagte darauf die verständige Mutter,
„Alles mir zu erzählen, das Größte wie das Geringste!

Denn die Männer sind heftig und denken nur immer das Letzte,
Und die Hindernis treibt die Heftigen leicht von dem Wege;
Aber ein Weib ist geschickt, auf Mittel zu denken, und wandelt
Auch den Umweg, geschickt zu ihrem Zweck zu gelangen.
Sage mir alles daher, warum du so heftig bewegt bist,
Wie ich dich niemals gesehn, und das Blut dir wallt in den Adern,
Wider Willen die Träne dem Auge sich dringt zu entstürzen."

Da überließ sich dem Schmerze der gute Jüngling und weinte,
Weinte laut an der Brust der Mutter und sprach so erweichet:
„Wahrlich! des Vaters Wort hat heute mich kränkend getroffen,
Das ich niemals verdient, nicht heut und keinen der Tage.
Denn die Eltern zu ehren war früh mein Liebstes, und niemand
Schien mir klüger zu sein und weiser, als die mich erzeugten
Und mit Ernst mir in dunkeler Zeit der Kindheit geboten.
Vieles hab' ich fürwahr von meinen Gespielen geduldet,
Wenn sie mit Tücke mir oft den guten Willen vergalten;
Oftmals hab' ich an ihnen nicht Wurf noch Streiche gerochen:
Aber spotteten sie mir den Vater aus, wenn er Sonntags
Aus der Kirche kam mit würdig bedächtigem Schritte;
Lachten sie über das Band der Mütze, die Blumen des Schlafrocks,
Den er so stattlich trug und der erst heute verschenkt ward:
Fürchterlich ballte sich gleich die Faust mir; mit grimmigem Wüten
Fiel ich sie an und schlug und traf mit blindem Beginnen,
Ohne zu sehen wohin. Sie heulten mit blutigen Nasen
Und entrissen sich kaum den wütenden Tritten und Schlägen.

Und so wuchs ich heran, um viel vom Vater zu dulden,
Der statt anderer mich gar oft mit Worten herumnahm,
Wenn bei Rat ihm Verdruß in der letzten Sitzung erregt ward;
Und ich büßte den Streit und die Ränke seiner Kollegen.
Oftmals habt Ihr mich selbst bedauert; denn vieles ertrug ich,
Stets in Gedanken der Eltern von Herzen zu ehrende Wohltat,
Die nur sinnen, für uns zu mehren die Hab' und die Güter,
Und sich selber manches entziehn, um zu sparen den Kindern.
Aber, ach! nicht das Sparen allein, um spät zu genießen,
Macht das Glück, es macht nicht das Glück der Haufe beim Haufen,
Nicht der Acker am Acker, so schön sich die Güter auch schließen.
Denn der Vater wird alt, und mit ihm altern die Söhne,
Ohne die Freude des Tags und mit der Sorge für morgen.
Sagt mir und schauet hinab, wie herrlich liegen die schönen,
Reichen Gebreite nicht da, und unten Weinberg und Gärten,
Dort die Scheunen und Ställe, die schöne Reihe der Güter!
Aber seh' ich dann dort das Hinterhaus, wo an dem Giebel
Sich das Fenster uns zeigt von meinem Stübchen im Dache,
Denk' ich die Zeiten zurück, wie manche Nacht ich den Mond schon
Dort erwartet und schon so manchen Morgen die Sonne,
Wenn der gesunde Schlaf mir nur wenige Stunden genügte:
Ach! da kommt mir so einsam vor wie die Kammer der Hof und
Garten, das herrliche Feld, das über die Hügel sich hinstreckt;
Alles liegt so öde vor mir: ich entbehre der Gattin."

Da antwortete drauf die gute Mutter verständig:
„Sohn, mehr wünschest du nicht, die Braut in die Kammer zu führen,
Daß dir werde die Nacht zur schönen Hälfte des Lebens
Und die Arbeit des Tags dir freier und eigener werde,

Als der Vater es wünscht und die Mutter. Wir haben dir immer
Zugeredet, ja dich getrieben, ein Mädchen zu wählen.
Aber mir ist es bekannt, und jetzo sagt es das Herz mir:
Wenn die Stunde nicht kommt, die rechte, wenn nicht das rechte
Mädchen zur Stunde sich zeigt, so bleibt das Wählen im Weiten,
Und es wirket die Furcht, die falsche zu greifen, am meisten.
Soll ich dir sagen, mein Sohn, so hast du, ich glaube, gewählet,
Denn dein Herz ist getroffen und mehr als gewöhnlich empfindlich.
Sag' es gerad' nur heraus, denn mir schon sagt es die Seele:
Jenes Mädchen ist's, das vertriebene, die du gewählt hast."

„Liebe Mutter, Ihr sagt's!" versetzte lebhaft der Sohn drauf.
„Ja, sie ist's! und führ' ich sie nicht als Braut mir nach Hause
Heute noch, ziehet sie fort, verschwindet vielleicht mir auf immer
In der Verwirrung des Kriegs und im traurigen Hin- und Herziehn.
Mutter, ewig umsonst gedeiht mir die reiche Besitzung
Dann vor Augen; umsonst sind künftige Jahre mir fruchtbar.
Ja, das gewohnte Haus und der Garten ist mir zuwider;
Ach! und die Liebe der Mutter, sie selbst nicht tröstet den Armen.
Denn es löset die Liebe, das fühl' ich, jegliche Bande,
Wenn sie die ihrigen knüpft; und nicht das Mädchen allein läßt
Vater und Mutter zurück, wenn sie dem erwähleten Mann folgt;
Auch der Jüngling, er weiß nichts mehr von Mutter und Vater,
Wenn er das Mädchen sieht, das einziggeliebte, davonziehn.
Darum lasset mich gehn, wohin die Verzweiflung mich antreibt!

Denn mein Vater, er hat die entscheidenden Worte gesprochen,
Und sein Haus ist nicht mehr das meine, wenn er das Mädchen
Ausschließt, das ich allein nach Haus zu führen begehre.“

Da versetzte behend die gute, verständige Mutter:
„Stehen wie Felsen doch zwei Männer gegeneinander!
Unbewegt und stolz will keiner dem andern sich nähern,
Keiner zum guten Worte, dem ersten, die Zunge bewegen.
Darum sag' ich dir, Sohn: noch lebt die Hoffnung in meinem
Herzen, daß er sie dir, wenn sie gut und brav ist, verlobe,
Obgleich arm, so entschieden er auch die Arme versagt hat.
Denn er redet gar manches in seiner heftigen Art aus,
Das er doch nicht vollbringt; so gibt er auch zu das Versagte.
Aber ein gutes Wort verlangt er und kann es verlangen;
Denn er ist Vater! Auch wissen wir wohl, sein Zorn ist nach Tische,
Wo er heftiger spricht und anderer Gründe bezweifelt,
Nie bedeutend; es reget der Wein dann jegliche Kraft auf
Seines heftigen Wollens und läßt ihn die Worte der andern
Nicht vernehmen, er hört und fühlt alleine sich selber.
Aber es kommt der Abend heran, und die vielen Gespräche
Sind nun zwischen ihm und seinen Freunden gewechselt.
Milder ist er fürwahr, ich weiß, wenn das Räuschchen vorbei ist
Und er das Unrecht fühlt, das er andern lebhaft erzeigte.
Komm! wir wagen es gleich; das Frischgewagte gerät nur,
Und wir bedürfen der Freunde, die jetzo bei ihm noch versammelt
Sitzen; besonders wird uns der würdige Geistliche helfen.“

Also sprach sie behende und zog, vom Steine sich hebend,
Auch vom Sitze den Sohn, den willig folgenden. Beide
Kamen schweigend herunter, den wichtigen Vorsatz bedenkend.

V

POLYHYMNIA
DER WELTBÜRGER

Aber es saßen die drei noch immer sprechend zusammen,
Mit dem geistlichen Herrn der Apotheker beim Wirte,
Und es war das Gespräch noch immer ebendasselbe,
Das viel hin und her nach allen Seiten geführt ward.
Aber der treffliche Pfarrer versetzte, würdig gesinnt, drauf:
„Widersprechen will ich Euch nicht. Ich weiß es, der Mensch soll
Immer streben zum Bessern; und, wie wir sehen, er strebt auch
Immer dem Höheren nach, zum wenigsten sucht er das Neue.
Aber geht nicht zu weit! Denn neben diesen Gefühlen
Gab die Natur uns auch die Lust zu verharren im Alten
Und sich dessen zu freun, was jeder lange gewohnt ist.
Aller Zustand ist gut, der natürlich ist und vernünftig.
Vieles wünscht sich der Mensch, und doch bedarf er nur wenig;
Denn die Tage sind kurz, und beschränkt der Sterblichen Schicksal.
Niemals tadl' ich den Mann, der immer, tätig und rastlos
Umgetrieben, das Meer und alle Straßen der Erde
Kühn und emsig befährt und sich des Gewinnes erfreuet,
Welcher sich reichlich um ihn und um die Seinen herum häuft;
Aber jener ist auch mir wert, der ruhige Bürger,
Der sein väterlich Erbe mit stillen Schritten umgehet
Und die Erde besorgt, so wie es die Stunden gebieten.
Nicht verändert sich ihm in jedem Jahre der Boden,
Nicht streckt eilig der Baum, der neugepflanzte, die Arme
Gegen den Himmel aus, mit reichlichen Blüten gezieret.
Nein, der Mann bedarf der Geduld; er bedarf auch des reinen,
Immer gleichen, ruhigen Sinns und des graden Verstandes.
Denn nur wenige Samen vertraut er der nährenden Erde,

Wenige Tiere nur versteht er mehrend zu ziehen;
Denn das Nützliche bleibt allein sein ganzer Gedanke.
Glücklich, wem die Natur ein so gestimmtes Gemüt gab!
Er ernähret uns alle. Und Heil dem Bürger des kleinen
Städtchens, der ländlich Gewerb' mit Bürgergewerbe gepaaret!
Auf ihm liegt nicht der Druck, der ängstlich den Landmann beschränket;
Ihn verwirrt nicht die Sorge der vielbegehrenden Städter,
Die dem Reicheren stets und dem Höheren, wenig vermögend,
Nachzustreben gewohnt sind, besonders die Weiber und Mädchen.
Segnet immer darum des Sohnes ruhig Bemühen
Und die Gattin, die einst er, die gleichgesinnte, sich wählet."

Also sprach er. Es trat die Mutter zugleich mit dem Sohn ein,
Führend ihn bei der Hand und vor den Gatten ihn stellend.
„Vater", sprach sie, „wie oft gedachten wir, untereinander
Schwatzend, des fröhlichen Tags, der kommen würde, wenn künftig
Hermann, seine Braut sich erwählend, uns endlich erfreute!
Hin und wider dachten wir da; bald dieses, bald jenes
Mädchen bestimmten wir ihm mit elterlichem Geschwätze.
Nun ist er kommen, der Tag; nun hat die Braut ihm der Himmel
Hergeführt und gezeigt, es hat sein Herz nun entschieden.
Sagten wir damals nicht immer, er solle selber sich wählen?
Wünschtest du nicht noch vorhin, er möchte heiter und lebhaft
Für ein Mädchen empfinden? Nun ist die Stunde gekommen!
Ja, er hat gefühlt und gewählt und ist männlich entschieden:
Jenes Mädchen ist's, die Fremde, die ihm begegnet.
Gib sie ihm; oder er bleibt, so schwur er, im ledigen Stande."

Und es sagte der Sohn: „Die gebt mir, Vater! Mein Herz hat
Rein und sicher gewählt; Euch ist sie die würdigste Tochter."

Aber der Vater schwieg. Da stand der Geistliche schnell auf,
Nahm das Wort und sprach: „Der Augenblick nur entscheidet
Über das Leben des Menschen und über sein ganzes Geschicke;
Denn nach langer Beratung ist doch ein jeder Entschluß nur
Werk des Moments, es ergreift doch nur der Verständ'ge das Rechte.
Immer gefährlicher ist's, beim Wählen dieses und jenes
Nebenher zu bedenken und so das Gefühl zu verwirren.
Rein ist Hermann: ich kenn' ihn von Jugend auf, und er streckte
Schon als Knabe die Hände nicht aus nach diesem und jenem.
Was er begehrte, das war ihm gemäß; so hielt er es fest auch.
Seid nicht scheu und verwundert, daß nun auf einmal erscheinet,
Was Ihr so lange gewünscht. Es hat die Erscheinung fürwahr nicht
Jetzt die Gestalt des Wunsches, so wie Ihr ihn etwa geheget.
Denn die Wünsche verhüllen uns selbst das Gewünschte; die Gaben
Kommen von oben herab in ihren eignen Gestalten.
Nun verkennet es nicht, das Mädchen, das Eurem geliebten,
Guten, verständigen Sohn zuerst die Seele bewegt hat.
Glücklich ist der, dem sogleich die erste Geliebte die Hand reicht,
Dem der lieblichste Wunsch nicht heimlich im Herzen verschmachtet!
Ja, ich seh' es ihm an, es ist sein Schicksal entschieden.

Wahre Neigung vollendet sogleich zum Manne den Jüngling.
Nicht beweglich ist er; ich fürchte, versagt Ihr ihm dieses,
Gehen die Jahre dahin, die schönsten, in traurigem Leben.“

Da versetzte sogleich der Apotheker bedächtig,
Dem schon lange das Wort von der Lippe zu springen bereit war:
„Laßt uns auch diesmal doch nur die Mittelstraße betreten!
Eile mit Weile! das war selbst Kaiser Augustus' Devise.
Gerne schick' ich mich an, den lieben Nachbarn zu dienen,
Meinen geringen Verstand zu ihrem Nutzen zu brauchen:
Und besonders bedarf die Jugend, daß man sie leite.
Laßt mich also hinaus; ich will es prüfen, das Mädchen,
Will die Gemeinde befragen, in der sie lebt und bekannt ist.
Niemand betrügt mich so leicht; ich weiß die Worte zu schätzen.“

Da versetzte sogleich der Sohn mit geflügelten Worten:
„Tut es, Nachbar, und geht und erkundigt Euch! Aber ich wünsche,
Daß der Herr Pfarrer sich auch in Eurer Gesellschaft befinde;
Zwei so treffliche Männer sind unverwerfliche Zeugen.
O, mein Vater! sie ist nicht hergelaufen, das Mädchen,
Keine, die durch das Land auf Abenteuer umherschweift
Und den Jüngling bestrickt, den unerfahrnen, mit Ränken.
Nein, das wilde Geschick des allverderblichen Krieges,
Das die Welt zerstört und manches feste Gebäude
Schon aus dem Grunde gehoben, hat auch die Arme vertrieben.
Streifen nicht herrliche Männer von hoher Geburt nun im Elend?
Fürsten fliehen vermummt, und Könige leben verbannet.
Ach, so ist auch sie, von ihren Schwestern die beste,
Aus dem Lande getrieben; ihr eignes Unglück vergessend,
Steht sie anderen bei, ist ohne Hülfe noch hülfreich.

Groß sind Jammer und Not, die über die Erde sich breiten;
Sollte nicht auch ein Glück aus diesem Unglück hervorgehn
Und ich, im Arme der Braut, der zuverlässigen Gattin,
Mich nicht erfreuen des Kriegs, so wie Ihr des Brandes Euch freutet?"

Da versetzte der Vater und tat bedeutend den Mund auf:
„Wie ist, o Sohn, dir die Zunge gelöst, die schon dir im Munde
Lange Jahre gestockt und nur sich dürftig bewegte!
Muß ich doch heut erfahren, was jedem Vater gedroht ist:
Daß den Willen des Sohns, den heftigen, gerne die Mutter
Allzugelind begünstigt und jeder Nachbar Partei nimmt,
Wenn es über den Vater nur hergeht oder den Eh'mann.
Aber ich will euch zusammen nicht widerstehen; was hülf' es?
Denn ich sehe doch schon hier Trotz und Tränen im voraus.
Gehet und prüfet und bringt in Gottes Namen die Tochter
Mir ins Haus; wo nicht, so mag er das Mädchen vergessen!"

Also der Vater. Es rief der Sohn mit froher Gebärde:
„Noch vor Abend ist Euch die trefflichste Tochter bescheret,
Wie sie der Mann sich wünscht, dem ein kluger Sinn in der Brust lebt.
Glücklich ist die Gute dann auch, so darf ich es hoffen.
Ja, sie danket mir ewig, daß ich ihr Vater und Mutter
Wiedergegeben in euch, so wie sie verständige Kinder
Wünschen. Aber ich zaudre nicht mehr; ich schirre die Pferde
Gleich und führe die Freunde hinaus auf die Spur der Geliebten,
Überlasse die Männer sich selbst und der eigenen Klugheit,
Richte, so schwör' ich Euch zu, mich ganz nach ihrer Entscheidung,
Und ich seh' es nicht wieder, als bis es mein ist, das Mädchen."

Und so ging er hinaus, indessen manches die andern
Weislich erwogen und schnell die wichtige Sache besprachen.

Hermann eilte zum Stalle sogleich, wo die mutigen Hengste
Ruhig standen und rasch den reinen Hafer verzehrten
Und das trockene Heu, auf der besten Wiese gehauen.
Eilig legt' er ihnen darauf das blanke Gebiß an,
Zog die Riemen sogleich durch die schön versilberten Schnallen
Und befestigte dann die langen, breiteren Zügel,
Führte die Pferde heraus in den Hof, wo der willige Knecht schon
Vorgeschoben die Kutsche, sie leicht an der Deichsel bewegend.
Abgemessen knüpften sie drauf an die Waage mit saubern
Stricken die rasche Kraft der leicht hinziehenden Pferde.
Hermann faßte die Peitsche; dann saß er und rollt' in den Torweg.
Als die Freunde nun gleich die geräumigen Plätze genommen,
Rollte der Wagen eilig und ließ das Pflaster zurücke,
Ließ zurück die Mauern der Stadt und die reinlichen Türme.
So fuhr Hermann dahin der wohlbekannten Chaussee zu,
Rasch, und säumete nicht und fuhr bergan wie bergunter.
Als er aber nunmehr den Turm des Dorfes erblickte
Und nicht fern mehr lagen die gartenumgebenen Häuser,
Dacht' er bei sich selbst, nun anzuhalten die Pferde.

Von dem würdigen Dunkel erhabener Linden umschattet,
Die Jahrhunderte schon an dieser Stelle gewurzelt,
War mit Rasen bedeckt ein weiter grünender Anger
Vor dem Dorfe, den Bauern und nahen Städtern ein Lustort.
Flachgegraben befand sich unter den Bäumen ein Brunnen.
Stieg man die Stufen hinab, so zeigten sich steinerne Bänke,
Rings um die Quelle gesetzt, die immer lebendig hervorquoll,

Reinlich, mit niedriger Mauer gefaßt, zu schöpfen bequemlich.
Hermann aber beschloß, in diesem Schatten die Pferde
Mit dem Wagen zu halten. Er tat so und sagte die Worte:
„Steiget, Freunde, nun aus und geht, damit ihr erfahret,
Ob das Mädchen auch wert der Hand sei, die ich ihr biete.
Zwar ich glaub' es, und mir erzählt ihr nichts Neues und Seltnes;
Hätt' ich allein zu tun, so ging' ich behend zu dem Dorf hin,
Und mit wenigen Worten entschiede die Gute mein Schicksal.
Und ihr werdet sie bald vor allen andern erkennen;
Denn wohl schwerlich ist an Bildung ihr eine vergleichbar.
Aber ich geb' euch noch die Zeichen der reinlichen Kleider:
Denn der rote Latz erhebt den gewölbeten Busen,
Schön geschnürt, und es liegt das schwarze Mieder ihr knapp an;
Sauber hat sie den Saum des Hemdes zur Krause gefaltet,
Die ihr das Kinn umgibt, das runde, mit reinlicher Anmut;
Frei und heiter zeigt sich des Kopfes zierliches Eirund;
Stark sind vielmal die Zöpfe um silberne Nadeln gewickelt;
Vielgefaltet und blau fängt unter dem Latze der Rock an
Und umschlägt ihr im Gehn die wohlgebildeten Knöchel.
Doch das will ich euch sagen und noch mir ausdrücklich erbitten:
Redet nicht mit dem Mädchen und laßt nicht merken die Absicht,
Sondern befraget die andern und hört, was sie alles erzählen.
Habt ihr Nachricht genug, zu beruhigen Vater und Mutter,
Kehret zu mir dann zurück, und wir bedenken das Weitre.
Also dacht' ich mir's aus den Weg her, den wir gefahren."

Also sprach er. Es gingen darauf die Freunde dem Dorf zu,
Wo in Gärten und Scheunen und Häusern die Menge von Menschen
Wimmelte, Karrn an Karrn die breite Straße dahin stand.

Männer versorgten das brüllende Vieh und die Pferd' an den Wagen,
Wäsche trockneten emsig auf allen Hecken die Weiber,
Und es ergötzten die Kinder sich plätschernd im Wasser des Baches.
Also durch die Wagen sich drängend, durch Menschen und Tiere,
Sahen sie rechts und links sich um, die gesendeten Späher,
Ob sie nicht etwa das Bild des bezeichneten Mädchens erblickten;
Aber keine von allen erschien die herrliche Jungfrau.
Stärker fanden sie bald das Gedränge. Da war um die Wagen
Streit der drohenden Männer, worein sich mischten die Weiber,
Schreiend. Da nahte sich schnell mit würdigen Schritten ein Alter,
Trat zu den Scheltenden hin; und sogleich verklang das Getöse,
Als er Ruhe gebot und väterlich ernst sie bedrohte.
„Hat uns", rief er, „noch nicht das Unglück also gebändigt,
Daß wir endlich verstehn, uns untereinander zu dulden
Und zu vertragen, wenn auch nicht jeder die Handlungen abmißt?
Unverträglich fürwahr ist der Glückliche! Werden die Leiden
Endlich euch lehren, nicht mehr wie sonst mit dem Bruder zu hadern?
Gönnet einander den Platz auf fremdem Boden und teilet,
Was ihr habet, zusammen, damit ihr Barmherzigkeit findet!"

Also sagte der Mann, und alle schwiegen; verträglich
Ordneten Vieh und Wagen die wieder besänftigten Menschen.
Als der Geistliche nun die Rede des Mannes vernommen
Und den ruhigen Sinn des fremden Richters entdeckte,
Trat er an ihn heran und sprach die bedeutenden Worte:
„Vater, fürwahr! wenn das Volk in glücklichen Tagen dahinlebt,
Von der Erde sich nährend, die weit und breit sich auftut

Und die erwünschten Gaben in Jahren und Monden erneuert,
Da geht alles von selbst, und jeder ist sich der Klügste
Wie der Beste; und so bestehen sie nebeneinander,
Und der vernünftigste Mann ist wie ein andrer gehalten:
Denn was alles geschieht, geht still, wie von selber, den Gang fort.
Aber zerrüttet die Not die gewöhnlichen Wege des Lebens,
Reißt das Gebäude nieder und wühlet Garten und Saat um,
Treibt den Mann und das Weib vom Raume der traulichen Wohnung,
Schleppt in die Irre sie fort durch ängstliche Tage und Nächte:
Ach! da sieht man sich um, wer wohl der verständigste Mann sei,
Und er redet nicht mehr die herrlichen Worte vergebens.
Sagt mir, Vater, Ihr seid gewiß der Richter von diesen
Flüchtigen Männern, der Ihr sogleich die Gemüter beruhigt?
Ja, Ihr erscheint mir heut als einer der ältesten Führer,
Die durch Wüsten und Irren vertriebene Völker geleitet.
Denk' ich doch eben, ich rede mit Josua oder mit Moses."

Und es versetzte darauf mit ernstem Blicke der Richter:
„Wahrlich, unsere Zeit vergleicht sich den seltensten Zeiten,
Die die Geschichte bemerkt, die heilige wie die gemeine.
Denn wer gestern und heut in diesen Tagen gelebt hat,
Hat schon Jahre gelebt: so drängen sich alle Geschichten.
Denk' ich ein wenig zurück, so scheint mir ein graues Alter
Auf dem Haupte zu liegen, und doch ist die Kraft noch lebendig.
O, wir anderen dürfen uns wohl mit jenen vergleichen,
Denen in ernster Stund' erschien im feurigen Busche
Gott der Herr; auch uns erschien er in Wolken und Feuer."

Als nun der Pfarrer darauf noch weiter zu sprechen geneigt war
Und das Schicksal des Manns und der Seinen zu hören verlangte,

Sagte behend der Gefährte mit heimlichen Worten ins Ohr ihm:
„Sprecht mit dem Richter nur fort und bringt das Gespräch auf das Mädchen.
Aber ich gehe herum, sie aufzusuchen, und komme
Wieder, sobald ich sie finde." Es nickte der Pfarrer dagegen,
Und durch die Hecken und Gärten und Scheunen suchte der Späher.

VI

KLIO

DAS ZEITALTER

Als nun der geistliche Herr den fremden Richter befragte,
Was die Gemeine gelitten, wie lang' sie von Hause vertrieben,
Sagte der Mann darauf: „Nicht kurz sind unsere Leiden;
Denn wir haben das Bittre der sämtlichen Jahre getrunken,
Schrecklicher, weil auch uns die schönste Hoffnung zerstört ward.
Denn wer leugnet es wohl, daß hoch sich das Herz ihm erhoben,
Ihm die freiere Brust mit reineren Pulsen geschlagen,
Als sich der erste Glanz der neuen Sonne heranhob,
Als man hörte vom Rechte der Menschen, das allen gemein sei,
Von der begeisternden Freiheit und von der löblichen Gleichheit!
Damals hoffte jeder sich selbst zu leben; es schien sich
Aufzulösen das Band, das viele Länder umstrickte,
Das der Müßiggang und der Eigennutz in der Hand hielt.
Schauten nicht alle Völker in jenen drängenden Tagen
Nach der Hauptstadt der Welt, die es schon so lange gewesen
Und jetzt mehr als je den herrlichen Namen verdiente?
Waren nicht jener Männer, der ersten Verkünder der Botschaft,

Namen den höchsten gleich, die unter die Sterne gesetzt sind?
Wuchs nicht jeglichem Menschen der Mut und der Geist und die Sprache?

Und wir waren zuerst als Nachbarn lebhaft entzündet.
Drauf begann der Krieg, und die Züge bewaffneter Franken
Rückten näher; allein sie schienen nur Freundschaft zu bringen.
Und die brachten sie auch: denn ihnen erhöht war die Seele
Allen; sie pflanzten mit Lust die munteren Bäume der Freiheit,
Jedem das Seine versprechend und jedem die eigne Regierung.
Hoch erfreute sich da die Jugend, sich freute das Alter,
Und der muntere Tanz begann um die neue Standarte.
So gewannen sie bald, die überwiegenden Franken,
Erst der Männer Geist mit feurigem, munterm Beginnen,
Dann die Herzen der Weiber mit unwiderstehlicher Anmut.
Leicht selbst schien uns der Druck des vielbedürfenden Krieges;
Denn die Hoffnung umschwebte vor unsern Augen die Ferne,
Lockte die Blicke hinaus in neueröffnete Bahnen.

O, wie froh ist die Zeit, wenn mit der Braut sich der Bräut'gam
Schwinget im Tanze, den Tag der gewünschten Verbindung erwartend!
Aber herrlicher war die Zeit, in der uns das Höchste,
Was der Mensch sich denkt, als nah und erreichbar sich zeigte.
Da war jedem die Zunge gelöst; es sprachen die Greise,
Männer und Jünglinge laut voll hohen Sinns und Gefühles.

Aber der Himmel trübte sich bald. Um den Vorteil der Herrschaft

Stritt ein verderbtes Geschlecht, unwürdig, das Gute zu schaffen.
Sie ermordeten sich und unterdrückten die neuen
Nachbarn und Brüder und sandten die eigennützige Menge.
Und es praßten bei uns die Obern und raubten im großen,
Und es raubten und praßten bis zu dem Kleinsten die Kleinen;
Jeder schien nur besorgt, es bleibe was übrig für morgen.
Allzugroß war die Not, und täglich wuchs die Bedrückung;
Niemand vernahm das Geschrei, sie waren die Herren des Tages.
Da fiel Kummer und Wut auch selbst ein gelaßnes Gemüt an;
Jeder sann nur und schwur, die Beleidigung alle zu rächen
Und den bittern Verlust der doppelt betrogenen Hoffnung.
Und es wendete sich das Glück auf die Seite der Deutschen,
Und der Franke floh mit eiligen Märschen zurücke.
Ach, da fühlten wir erst das traurige Schicksal des Krieges!
Denn der Sieger ist groß und gut; zum wenigsten scheint er's,
Und er schonet den Mann, den besiegten, als wär' er der seine,
Wenn er ihm täglich nützt und mit den Gütern ihm dienet.
Aber der Flüchtige kennt kein Gesetz; denn er wehrt nur den Tod ab
Und verzehret nur schnell und ohne Rücksicht die Güter.
Dann ist sein Gemüt auch erhitzt, und es kehrt die Verzweiflung
Aus dem Herzen hervor das frevelhafte Beginnen.
Nichts ist heilig ihm mehr; er raubt es. Die wilde Begierde
Dringt mit Gewalt auf das Weib und macht die Lust zum Entsetzen.
Überall sieht er den Tod und genießt die letzten Minuten
Grausam, freut sich des Bluts und freut sich des heulenden Jammers.

Grimmig erhob sich darauf in unsern Männern die Wut nun,
Das Verlorne zu rächen und zu verteid'gen die Reste.

Alles ergriff die Waffen, gelockt von der Eile des Flüchtlings
Und vom blassen Gesicht und scheu unsicheren Blicke.
Rastlos nun erklang das Getön der stürmenden Glocke,
Und die künft'ge Gefahr hielt nicht die grimmige Wut auf.
Schnell verwandelte sich des Feldbaus friedliche Rüstung
Nun in Wehre; da troff von Blute Gabel und Sense.
Ohne Begnadigung fiel der Feind und ohne Verschonung;
Überall raste die Wut und die feige, tückische Schwäche.
Möcht' ich den Menschen doch nie in dieser schnöden Verirrung
Wiedersehn! Das wütende Tier ist ein besserer Anblick.
Sprech' er doch nie von Freiheit, als könn' er sich selber regieren!
Losgebunden erscheint, sobald die Schranken hinweg sind,
Alles Böse, das tief das Gesetz in die Winkel zurücktrieb."

„Trefflicher Mann!" versetzte darauf der Pfarrer mit Nachdruck,
„Wenn Ihr den Menschen verkennt, so kann ich Euch darum nicht schelten;
Habt Ihr doch Böses genug erlitten vom wüsten Beginnen!
Wolltet Ihr aber zurück die traurigen Tage durchschauen,
Würdet Ihr selber gestehen, wie oft Ihr auch Gutes erblicktet,
Manches Treffliche, das verborgen bleibt in dem Herzen,
Regt die Gefahr es nicht auf, und drängt die Not nicht den Menschen,
Daß er als Engel sich zeig', erscheine den andern ein Schutzgott."

Lächelnd versetzte darauf der alte, würdige Richter:
„Ihr erinnert mich klug, wie oft nach dem Brande des Hauses
Man den betrübten Besitzer an Gold und Silber erinnert,
Das geschmolzen im Schutt nun überblieben zerstreut liegt.
Wenig ist es fürwahr, doch auch das wenige köstlich;
Und der Verarmte gräbet ihm nach und freut sich des Fundes.

Und so kehr' ich auch gern die heitern Gedanken zu jenen
Wenigen guten Taten, die aufbewahrt das Gedächtnis.
Ja, ich will es nicht leugnen, ich sah sich Feinde versöhnen,
Um die Stadt vom Übel zu retten; ich sah auch der Freunde,
Sah der Eltern Lieb' und der Kinder Unmögliches wagen;
Sah, wie der Jüngling auf einmal zum Mann ward, sah, wie der Greis sich
Wieder verjüngte, das Kind sich selbst als Jüngling enthüllte.
Ja, und das schwache Geschlecht, so wie es gewöhnlich genannt wird,
Zeigte sich tapfer und mächtig und gegenwärtigen Geistes.
Und so laßt mich vor allen der schönen Tat noch erwähnen,
Die hochherzig ein Mädchen vollbrachte, die treffliche Jungfrau,
Die auf dem großen Gehöft allein mit den Mädchen zurückblieb;
Denn es waren die Männer auch gegen die Fremden gezogen.
Da überfiel den Hof ein Trupp verlaufnen Gesindels
Plündernd und drängte sogleich sich in die Zimmer der Frauen.
Sie erblickten das Bild der schön erwachsenen Jungfrau
Und die lieblichen Mädchen, noch eher Kinder zu heißen.
Da ergriff sie wilde Begier; sie stürmten gefühllos
Auf die zitternde Schar und aufs hochherzige Mädchen.
Aber sie riß dem einen sogleich von der Seite den Säbel,
Hieb ihn nieder gewaltig; er stürzt' ihr blutend zu Füßen.
Dann mit männlichen Streichen befreite sie tapfer die Mädchen,
Traf noch viere der Räuber; doch die entflohen dem Tode.
Dann verschloß sie den Hof und harrte der Hülfe bewaffnet."

Als der Geistliche nun das Lob des Mädchens vernommen,
Stieg die Hoffnung sogleich für seinen Freund im Gemüt auf,
Und er war im Begriff, zu fragen, wohin sie geraten,
Ob auf der traurigen Flucht sie nun mit dem Volk sich befinde.

Aber da trat herbei der Apotheker behende,
Zupfte den geistlichen Herrn und sagte die wispernden Worte:
„Hab' ich doch endlich das Mädchen aus vielen hundert gefunden
Nach der Beschreibung! So kommt und sehet sie selber mit Augen!
Nehmet den Richter mit Euch, damit wir das Weitere hören!"
Und sie kehrten sich um, und weg war gerufen der Richter
Von den Seinen, die ihn, bedürftig des Rates, verlangten.
Doch es folgte sogleich dem Apotheker der Pfarrherr
An die Lücke des Zauns, und jener deutete listig.
„Seht Ihr", sagt' er, „das Mädchen? Sie hat die Puppe gewickelt,
Und ich erkenne genau den alten Kattun und den blauen
Kissenüberzug wohl, den ihr Hermann im Bündel gebracht hat.
Sie verwendete schnell, fürwahr, und gut die Geschenke.
Diese sind deutliche Zeichen, es treffen die übrigen alle:
Denn der rote Latz erhebt den gewölbeten Busen,
Schön geschnürt, und es liegt das schwarze Mieder ihr knapp an;
Sauber ist der Saum des Hemdes zur Krause gefaltet
Und umgibt ihr das Kinn, das runde, mit reinlicher Anmut;
Frei und heiter zeigt sich des Kopfes zierliches Eirund
Und die starken Zöpfe um silberne Nadeln gewickelt;
Sitzt sie gleich, so sehen wir doch die treffliche Größe,
Und den blauen Rock, der vielgefaltet vom Busen
Reichlich herunterwallt zum wohlgebildeten Knöchel.
Ohne Zweifel, sie ist's. Drum kommet, damit wir vernehmen,
Ob sie gut und tugendhaft sei, ein häusliches Mädchen."

Da versetzte der Pfarrer, mit Blicken die Sitzende prüfend:
„Daß sie den Jüngling entzückt, fürwahr, es ist mir kein Wunder;

Denn sie hält vor dem Blick des erfahrenen Mannes die Probe.
Glücklich, wem doch Mutter Natur die rechte Gestalt gab!
Denn sie empfiehlet ihn stets, und nirgends ist er ein Fremdling.
Jeder nahet sich gern, und jeder möchte verweilen,
Wenn die Gefälligkeit nur sich zu der Gestalt noch gesellet.
Ich versichr' Euch, es ist dem Jüngling ein Mädchen gefunden,
Das ihm die künftigen Tage des Lebens herrlich erheitert,
Treu mit weiblicher Kraft durch alle Zeiten ihm beisteht.
So ein vollkommener Körper gewiß verwahrt auch die Seele
Rein, und die rüstige Jugend verspricht ein glückliches Alter."

Und es sagte darauf der Apotheker bedenklich:
„Trüget doch öfter der Schein! Ich mag dem Äußern nicht trauen;
Denn ich habe das Sprichwort so oft erprobet gefunden:
‚Eh' du den Scheffel Salz mit dem neuen Bekannten verzehret,
Darfst du nicht leichtlich ihm trauen; dich macht die Zeit nur gewisser,
Wie du es habest mit ihm und wie die Freundschaft bestehe.'
Lasset uns also zuerst bei guten Leuten uns umtun,
Denen das Mädchen bekannt ist, und die uns von ihr nun erzählen."

„Auch ich lobe die Vorsicht", versetzte der Geistliche folgend;
„Frein wir doch nicht für uns! Für andere frein ist bedenklich."
Und sie gingen darauf dem wackern Richter entgegen,
Der in seinen Geschäften die Straße wieder heraufkam.
Und zu ihm sprach sogleich der kluge Pfarrer mit Vorsicht:

„Sagt! wir haben ein Mädchen gesehn, das im Garten zunächst hier
Unter dem Apfelbaum sitzt und Kindern Kleider verfertigt
Aus getragnem Kattun, der ihr vermutlich geschenkt ward.
Uns gefiel die Gestalt; sie scheint der Wackeren eine.
Saget uns, was Ihr wißt; wir fragen aus löblicher Absicht.“

Als in den Garten zu blicken der Richter sogleich nun herzutrat,
Sagt' er: „Diese kennet ihr schon; denn wenn ich erzählte
Von der herrlichen Tat, die jene Jungfrau verrichtet,
Als sie das Schwert ergriff und sich und die Ihren beschützte —
Diese war's! Ihr seht es ihr an, sie ist rüstig geboren,
Aber so gut wie stark; denn ihren alten Verwandten
Pflegte sie bis zum Tode, da ihn der Jammer dahinriß
Über des Städtchens Not und seiner Besitzung Gefahren.
Auch mit stillem Gemüt hat sie die Schmerzen ertragen
Über des Bräutigams Tod, der, ein edler Jüngling, im ersten
Feuer des hohen Gedankens, nach edler Freiheit zu streben,
Selbst hinging nach Paris und bald den schrecklichen Tod fand;
Denn wie zu Hause, so dort bestritt er Willkür und Ränke.“
Also sagte der Richter. Die beiden schieden und dankten,
Und der Geistliche zog ein Goldstück (das Silber des Beutels
War vor wenigen Stunden von ihm schon milde verspendet,
Als er die Flüchtlinge sah in traurigen Haufen vorbeiziehn).
Und er reicht' es dem Schulzen und sagte: „Teilet den Pfennig
Unter die Dürftigen aus, und Gott vermehre die Gabe!“
Doch es weigerte sich der Mann und sagte: „Wir haben
Manchen Taler gerettet und manche Kleider und Sachen,
Und ich hoffe, wir kehren zurück, noch eh' es verzehrt ist.“

Da versetzte der Pfarrer und drückt' ihm das Geld in die Hand ein:

„Niemand säume, zu geben in diesen Tagen, und niemand
Weigre sich, anzunehmen, was ihm die Milde geboten!
Niemand weiß, wie lang' er es hat, was er ruhig besitzet;
Niemand, wie lang' er noch in fremden Landen umherzieht
Und des Ackers entbehrt und des Gartens, der ihn ernähret."

„Ei doch!" sagte darauf der Apotheker geschäftig,
„Wäre mir jetzt nur Geld in der Tasche, so solltet Ihr's haben,
Groß wie klein; denn viele gewiß der Euren bedürfen's.
Unbeschenkt doch lass' ich Euch nicht, damit Ihr den Willen
Sehet, woferne die Tat auch hinter dem Willen zurückbleibt."
Also sprach er und zog den gestickten ledernen Beutel
An den Riemen hervor, worin der Tobak ihm verwahrt war,
Öffnete zierlich und teilte; da fanden sich einige Pfeifen.
„Klein ist die Gabe", setzt' er dazu. Da sagte der Schultheiß:
„Guter Tobak ist doch dem Reisenden immer willkommen."
Und es lobte darauf der Apotheker den Knaster.

Aber der Pfarrherr zog ihn hinweg, und sie schieden vom Richter.
„Eilen wir!" sprach der verständige Mann; „es wartet der Jüngling
Peinlich. Er höre so schnell als möglich die fröhliche Botschaft."
Und sie eilten und kamen und fanden den Jüngling gelehnet
An den Wagen unter den Linden. Die Pferde zerstampften
Wild den Rasen; er hielt sie im Zaum und stand in Gedanken,
Blickte still vor sich hin und sah die Freunde nicht eher,
Bis sie kommend ihn riefen und fröhliche Zeichen ihm gaben.

Schon von ferne begann der Apotheker zu sprechen;
Doch sie traten näher hinzu. Da faßte der Pfarrherr
Seine Hand und sprach und nahm dem Gefährten das Wort weg:
„Heil dir, junger Mann! dein treues Auge, dein treues
Herz hat richtig gewählt! Glück dir und dem Weibe der Jugend!
Deiner ist sie wert; drum komm und wende den Wagen,
Daß wir fahrend sogleich die Ecke des Dorfes erreichen,
Um sie werben und bald nach Hause führen die Gute."

Aber der Jüngling stand, und ohne Zeichen der Freude
Hört' er die Worte des Boten, die himmlisch waren und tröstlich,
Seufzete tief und sprach: „Wir kamen mit eilendem Fuhrwerk,
Und wir ziehen vielleicht beschämt und langsam nach Hause;
Denn hier hat mich, seitdem ich warte, die Sorge befallen,
Argwohn und Zweifel und alles, was nur ein liebendes Herz kränkt.
Glaubt ihr, wenn wir nur kommen, so werde das Mädchen uns folgen,
Weil wir reich sind, aber sie arm und vertrieben einherzieht?
Armut selbst macht stolz, die unverdiente. Genügsam
Scheint das Mädchen und tätig; und so gehört ihr die Welt an.
Glaubt ihr, es sei ein Weib von solcher Schönheit und Sitte
Aufgewachsen, um nie den guten Jüngling zu reizen?
Glaubt ihr, sie habe bis jetzt ihr Herz verschlossen der Liebe?
Fahret nicht rasch bis hinan; wir möchten zu unsrer Beschämung
Sachte die Pferde herum nach Hause lenken. Ich fürchte,
Irgendein Jüngling besitzt dies Herz, und die wackere Hand hat
Eingeschlagen und schon dem Glücklichen Treue versprochen.
Ach! da steh' ich vor ihr mit meinem Antrag beschämet."

Ihn zu trösten, öffnete drauf der Pfarrer den Mund schon;
Doch es fiel der Gefährte mit seiner gesprächigen Art ein:
„Freilich! so wären wir nicht vorzeiten verlegen gewesen,
Da ein jedes Geschäft nach seiner Weise vollbracht ward.
Hatten die Eltern die Braut für ihren Sohn sich ersehen,
Ward zuvörderst ein Freund vom Hause vertraulich gerufen;
Diesen sandte man dann als Freiersmann zu den Eltern
Der erkorenen Braut, der dann in stattlichem Putze
Sonntags etwa nach Tische den würdigen Bürger besuchte,
Freundliche Worte mit ihm im allgemeinen zuvörderst
Wechselnd und klug das Gespräch zu lenken und wenden verstehend.
Endlich nach langem Umschweif ward auch der Tochter erwähnet
Rühmlich und rühmlich des Manns und des Hauses, von dem man gesandt war.
Kluge Leute merkten die Absicht; der kluge Gesandte
Merkte den Willen gar bald und konnte sich weiter erklären.
Lehnte den Antrag man ab, so war auch ein Korb nicht verdrießlich.
Aber gelang es denn auch, so war der Freiersmann immer
In dem Hause der Erste bei jedem häuslichen Feste;
Denn es erinnerte sich durchs ganze Leben das Eh'paar,
Daß die geschickte Hand den ersten Knoten geschlungen.
Jetzt ist aber das alles mit andern guten Gebräuchen
Aus der Mode gekommen, und jeder freit für sich selber.
Nehme denn jeglicher auch den Korb mit eigenen Händen,
Der ihm etwa beschert ist, und stehe beschämt vor dem Mädchen!"

„Sei es, wie ihm auch sei!" versetzte der Jüngling, der kaum auf
Alle die Worte gehört und schon sich im stillen entschlossen:
„Selber geh' ich und will mein Schicksal selber erfahren
Aus dem Munde des Mädchens, zu dem ich das größte Vertrauen
Hege, das irgendein Mensch nur je zu dem Weibe gehegt hat.

Was sie sagt, das ist gut, es ist vernünftig, das weiß ich.
Soll ich sie auch zum letztenmal sehn, so will ich noch einmal
Diesem offenen Blick des schwarzen Auges begegnen;
Drück' ich sie nie an das Herz, so will ich die Brust und die Schultern
Einmal noch sehn, die mein Arm so sehr zu umschließen begehret;
Will den Mund noch sehen, von dem ein Kuß und das Ja mich
Glücklich macht auf ewig, das Nein mich auf ewig zerstöret.
Aber laßt mich allein! Ihr sollt nicht warten. Begebet
Euch zu Vater und Mutter zurück, damit sie erfahren,
Daß sich der Sohn nicht geirrt, und daß es wert ist, das Mädchen.
Und so laßt mich allein! Den Fußweg über den Hügel
An dem Birnbaum hin und unsern Weinberg hinunter
Geh' ich näher nach Hause zurück. O, daß ich die Traute
Freudig und schnell heimführte! Vielleicht auch schleich' ich alleine
Jene Pfade nach Haus und betrete froh sie nicht wieder."

Also sprach er und gab dem geistlichen Herrn die Zügel,
Der verständig sie faßte, die schäumenden Rosse beherrschend,
Schnell den Wagen bestieg und den Sitz des Führers besetzte.
Aber du zaudertest noch, vorsichtiger Nachbar, und sagtest:
„Gerne vertrau' ich, mein Freund, Euch Seel' und Geist und Gemüt an;
Aber Leib und Gebein ist nicht zum besten verwahret,
Wenn die geistliche Hand der weltlichen Zügel sich anmaßt."
Doch du lächeltest drauf, verständiger Pfarrer, und sagtest:
„Sitzet nur ein, und getrost vertraut mir den Leib wie die Seele;
Denn geschickt ist die Hand schon lange, den Zügel zu führen,
Und das Auge geübt, die künstlichste Wendung zu treffen.

Denn wir waren in Straßburg gewohnt, den Wagen zu lenken,
Als ich den jungen Baron dahin begleitete; täglich
Rollte der Wagen, geleitet von mir, das hallende Tor durch,
Staubige Wege hinaus, bis fern zu den Auen und Linden,
Mitten durch Scharen des Volks, das mit Spazieren den Tag lebt."

Halb getröstet bestieg darauf der Nachbar den Wagen,
Saß wie einer, der sich zum weislichen Sprunge bereitet;
Und die Hengste rannten nach Hause, begierig des Stalles.
Aber die Wolke des Staubs quoll unter den mächtigen Hufen.
Lange noch stand der Jüngling und sah den Staub sich erheben,
Sah den Staub sich zerstreun; so stand er ohne Gedanken.

VII

ERATO
DOROTHEA

Wie der wandernde Mann, der vor dem Sinken der Sonne
Sie noch einmal ins Auge, die schnellverschwindende, faßte,
Dann im dunkeln Gebüsch und an der Seite des Felsens
Schweben siehet ihr Bild; wohin er die Blicke nur wendet,
Eilet es vor und glänzt und schwankt in herrlichen Farben:
So bewegte vor Hermann die liebliche Bildung des Mädchens
Sanft sich vorbei und schien dem Pfad ins Getreide zu folgen.
Aber er fuhr aus dem staunenden Traum auf, wendete langsam
Nach dem Dorfe sich zu und staunte wieder; denn wieder
Kam ihm die hohe Gestalt des herrlichen Mädchens entgegen.
Fest betrachtet' er sie; es war kein Scheinbild, sie war es
Selber. Den größeren Krug und einen kleinern am Henkel

Tragend in jeglicher Hand: so schritt sie geschäftig zum
Brunnen.
Und er ging ihr freudig entgegen. Es gab ihm ihr Anblick
Mut und Kraft; er sprach zu seiner Verwunderten also:
„Find' ich dich, wackeres Mädchen, so bald aufs neue beschäftigt,
Hülfreich andern zu sein und gern zu erquicken die Menschen?
Sag', warum kommst du allein zum Quell, der doch so entfernt liegt,
Da sich andere doch mit dem Wasser des Dorfes begnügen?
Freilich ist dies von besonderer Kraft und lieblich zu kosten.
Jener Kranken bringst du es wohl, die du treulich gerettet?"

Freundlich begrüßte sogleich das gute Mädchen den Jüngling,
Sprach: „So ist schon hier der Weg mir zum Brunnen belohnet,
Da ich finde den Guten, der uns so vieles gereicht hat;
Denn der Anblick des Gebers ist wie die Gaben erfreulich.
Kommt und sehet doch selber, wer Eure Milde genossen,
Und empfanget den ruhigen Dank von allen Erquickten.
Daß Ihr aber sogleich vernehmet, warum ich gekommen,
Hier zu schöpfen, wo rein und unablässig der Quell fließt,
Sag' ich Euch dies: es haben die unvorsichtigen Menschen
Alles Wasser getrübt im Dorfe, mit Pferden und Ochsen
Gleich durchwatend den Quell, der Wasser bringt den Bewohnern.
Und so haben sie auch mit Waschen und Reinigen alle
Tröge des Dorfes beschmutzt und alle Brunnen besudelt;
Denn ein jeglicher denkt nur, sich selbst und das nächste Bedürfnis
Schnell zu befried'gen und rasch, und nicht des Folgenden denkt er."

Also sprach sie und war die breiten Stufen hinunter
Mit dem Begleiter gelangt; und auf das Mäuerchen setzten
Beide sich nieder des Quells. Sie beugte sich über, zu schöpfen;

Und er faßte den anderen Krug und beugte sich über.
Und sie sahen gespiegelt ihr Bild in der Bläue des Himmels
Schwanken und nickten sich zu und grüßten sich freundlich im Spiegel.
„Laß mich trinken", sagte darauf der heitere Jüngling;
Und sie reicht' ihm den Krug. Dann ruhten sie beide, vertraulich
Auf die Gefäße gelehnt; sie aber sagte zum Freunde:
„Sage, wie find' ich dich hier? und ohne Wagen und Pferde
Ferne vom Ort, wo ich erst dich gesehn? wie bist du gekommen?"

Denkend schaute Hermann zur Erde; dann hob er die Blicke
Ruhig gegen sie auf und sah ihr freundlich ins Auge,
Fühlte sich still und getrost. Jedoch ihr von Liebe zu sprechen,
Wär' ihm unmöglich gewesen; ihr Auge blickte nicht Liebe,
Aber hellen Verstand und gebot, verständig zu reden.
Und er faßte sich schnell und sagte traulich zum Mädchen:
„Laß mich reden, mein Kind, und deine Fragen erwidern.
Deinetwegen kam ich hierher! was soll ich's verbergen?
Denn ich lebe beglückt mit beiden liebenden Eltern,
Denen ich treulich das Haus und die Güter helfe verwalten
Als der einzige Sohn, und unsre Geschäfte sind vielfach.
Alle Felder besorg' ich: der Vater waltet im Hause
Fleißig; die tätige Mutter belebt im ganzen die Wirtschaft.
Aber du hast gewiß auch erfahren, wie sehr das Gesinde
Bald durch Leichtsinn und bald durch Untreu' plaget die Hausfrau,
Immer sie nötigt zu wechseln und Fehler um Fehler zu tauschen.
Lange wünschte die Mutter daher sich ein Mädchen im Hause,
Das mit der Hand nicht allein, das auch mit dem Herzen ihr hülfe,
An der Tochter Statt, der leider frühe verlornen.
Nun, als ich heut am Wagen dich sah in froher Gewandtheit,
Sah die Stärke des Arms und die volle Gesundheit der Glieder,

Als ich die Worte vernahm, die verständigen, war ich betroffen,
Und ich eilte nach Hause, den Eltern und Freunden die Fremde
Rühmend nach ihrem Verdienst. Nun komm' ich, dir aber zu sagen,
Was sie wünschen, wie ich. — Verzeih mir die stotternde Rede."

„Scheuet Euch nicht", so sagte sie drauf, „das Weitre zu sprechen;
Ihr beleidigt mich nicht, ich hab' es dankbar empfunden.
Sagt es nur grad' heraus; mich kann das Wort nicht erschrecken:
Dingen möchtet Ihr mich als Magd für Vater und Mutter,
Zu versehen das Haus, das wohlerhalten Euch dasteht;
Und Ihr glaubet an mir ein tüchtiges Mädchen zu finden,
Zu der Arbeit geschickt und nicht von rohem Gemüte.
Euer Antrag war kurz; so soll die Antwort auch kurz sein.
Ja, ich gehe mit Euch und folge dem Rufe des Schicksals.
Meine Pflicht ist erfüllt, ich habe die Wöchnerin wieder
Zu den Ihren gebracht, sie freuen sich alle der Rettung;
Schon sind die meisten beisammen, die übrigen werden sich finden.
Alle denken gewiß, in kurzen Tagen zur Heimat
Wiederzukehren; so pflegt sich stets der Vertriebne zu schmeicheln.
Aber ich täusche mich nicht mit leichter Hoffnung in diesen
Traurigen Tagen, die uns noch traurige Tage versprechen:
Denn gelöst sind die Bande der Welt; wer knüpfet sie wieder
Als allein nur die Not, die höchste, die uns bevorsteht?
Kann ich im Hause des würdigen Manns mich dienend ernähren
Unter den Augen der trefflichen Frau, so tu' ich es gerne,
Denn ein wanderndes Mädchen ist immer von schwankendem Rufe.
Ja, ich gehe mit Euch, sobald ich die Krüge den Freunden

Wiedergebracht und noch mir den Segen der Guten erbeten.
Kommt! Ihr müsset sie sehen, und mich von ihnen empfangen."

Fröhlich hörte der Jüngling des willigen Mädchens Entschließung,
Zweifelnd, ob er ihr nun die Wahrheit sollte gestehen.
Aber es schien ihm das beste zu sein, in dem Wahn sie zu lassen,
In sein Haus sie zu führen, zu werben um Liebe nur dort erst.
Ach! und den goldenen Ring erblickt' er am Finger des Mädchens;
Und so ließ er sie sprechen und horchte fleißig den Worten.

„Laßt uns", fuhr sie nun fort, „zurücke kehren! Die Mädchen
Werden immer getadelt, die lange beim Brunnen verweilen;
Und doch ist es am rinnenden Quell so lieblich zu schwätzen."
Also standen sie auf und schauten beide noch einmal
In den Brunnen zurück, und süßes Verlangen ergriff sie.

Schweigend nahm sie darauf die beiden Krüge beim Henkel,
Stieg die Stufen hinan, und Hermann folgte der Lieben.
Einen Krug verlangt' er von ihr, die Bürde zu teilen.
„Laßt ihn", sprach sie; „es trägt sich besser die gleichere Last so.
Und der Herr, der künftig befiehlt, er soll mir nicht dienen.
Seht mich so ernst nicht an, als wäre mein Schicksal bedenklich!
Dienen lerne beizeiten das Weib nach ihrer Bestimmung;
Denn durch Dienen allein gelangt sie endlich zum Herrschen,
Zu der verdienten Gewalt, die doch ihr im Hause gehöret.
Dienet die Schwester dem Bruder doch früh, sie dienet den Eltern,
Und ihr Leben ist immer ein ewiges Gehen und Kommen
Oder ein Heben und Tragen, Bereiten und Schaffen für andre.

Wohl ihr, wenn sie daran sich gewöhnt, daß kein Weg ihr zu sauer
Wird, und die Stunden der Nacht ihr sind wie die Stunden des Tages,
Daß ihr niemals die Arbeit zu klein und die Nadel zu fein dünkt,
Daß sie sich ganz vergißt und leben mag nur in andern!
Denn als Mutter, fürwahr, bedarf sie der Tugenden alle,
Wenn der Säugling die Krankende weckt und Nahrung begehret
Von der Schwachen, und so zu Schmerzen Sorgen sich häufen.
Zwanzig Männer verbunden ertrügen nicht diese Beschwerde,
Und sie sollen es nicht; doch sollen sie dankbar es einsehn."

Also sprach sie und war mit ihrem stillen Begleiter
Durch den Garten gekommen bis an die Tenne der Scheune,
Wo die Wöchnerin lag, die sie froh mit den Töchtern verlassen,
Jenen geretteten Mädchen, den schönen Bildern der Unschuld.
Beide traten hinein; und von der anderen Seite
Trat, ein Kind an jeglicher Hand, der Richter zugleich ein.
Diese waren bisher der jammernden Mutter verloren;
Aber gefunden hatte sie nun im Gewimmel der Alte.
Und sie sprangen mit Lust, die liebe Mutter zu grüßen,
Sich des Bruders zu freun, des unbekannten Gespielen.
Auf Dorotheen sprangen sie dann und grüßten sie freundlich,
Brot verlangend und Obst, vor allem aber zu trinken.
Und sie reichte das Wasser herum. Da tranken die Kinder
Und die Wöchnerin trank mit den Töchtern, so trank auch der Richter.
Alle waren geletzt und lobten das herrliche Wasser;
Säuerlich war's und erquicklich, gesund zu trinken den Menschen.

Da versetzte das Mädchen mit ernsten Blicken und sagte:
„Freunde, dieses ist wohl das letzte Mal, daß ich den Krug euch

Führe zum Munde, daß ich die Lippen mit Wasser euch netze;
Aber wenn euch fortan am heißen Tage der Trunk labt,
Wenn ihr im Schatten der Ruh' und der reinen Quellen genießet,
Dann gedenket auch mein und meines freundlichen Dienstes,
Den ich aus Liebe mehr als aus Verwandtschaft geleistet.
Was ihr mir Gutes erzeigt, erkenn' ich durchs künftige Leben.
Ungern lass' ich euch zwar; doch jeder ist diesmal dem andern
Mehr zur Last als zum Trost, und alle müssen wir endlich
Uns im fremden Lande zerstreun, wenn die Rückkehr versagt ist.
Seht, hier steht der Jüngling, dem wir die Gaben verdanken,
Diese Hülle des Kinds und jene willkommene Speise.
Dieser kommt und wirbt, in seinem Haus mich zu sehen,
Daß ich diene daselbst den reichen trefflichen Eltern;
Und ich schlag' es nicht ab; denn überall dienet das Mädchen,
Und ihr wäre zur Last, bedient im Hause zu ruhen.
Also folg' ich ihm gern; er scheint ein verständiger Jüngling,
Und so werden die Eltern es sein, wie Reichen geziemet.
Darum lebet nun wohl, geliebte Freundin, und freuet
Euch des lebendigen Säuglings, der schon so gesund Euch anblickt.
Drücket Ihr ihn an die Brust in diesen farbigen Wickeln,
O, so gedenket des Jünglings, des guten, der sie uns reichte,
Und der künftig auch mich, die Eure, nähret und kleidet.
Und Ihr, trefflicher Mann", so sprach sie, gewendet zum Richter,
„Habet Dank, daß Ihr Vater mir wart in mancherlei Fällen!"

Und sie kniete darauf zur guten Wöchnerin nieder,
Küßte die weinende Frau und vernahm des Segens Gelispel.
Aber du sagtest indes, ehrwürdiger Richter, zu Hermann:
„Billig seid Ihr, o Freund, zu den guten Wirten zu zählen,

Die mit tüchtigen Menschen den Haushalt zu führen bedacht sind.
Denn ich habe wohl oft gesehn, daß man Rinder und Pferde
Sowie Schafe genau bei Tausch und Handel betrachtet;
Aber den Menschen, der alles erhält, wenn er tüchtig und gut ist,
Und der alles zerstreut und zerstört durch falsches Beginnen,
Diesen nimmt man nur so auf Glück und Zufall ins Haus ein
Und bereuet zu spät ein übereiltes Entschließen.
Aber es scheint, Ihr versteht's; denn Ihr habt ein Mädchen erwählet,
Euch zu dienen im Haus und Euren Eltern, das brav ist.
Haltet sie wohl! Ihr werdet, solang' sie der Wirtschaft sich annimmt,
Nicht die Schwester vermissen, noch Eure Eltern die Tochter."

Viele kamen indes, der Wöchnerin nahe Verwandte,
Manches bringend und ihr die bessere Wohnung verkündend.
Alle vernahmen des Mädchens Entschluß und segneten Hermann
Mit bedeutenden Blicken und mit besondern Gedanken.
Denn so sagte wohl eine zur andern flüchtig ans Ohr hin:
„Wenn aus dem Herrn ein Bräutigam wird, so ist sie geborgen."
Hermann faßte darauf sie bei der Hand an und sagte:
„Laß uns gehen; es neigt sich der Tag, und fern ist das Städtchen."
Lebhaft gesprächig umarmten darauf Dorotheen die Weiber.
Hermann zog sie hinweg; noch viele Grüße befahl sie.
Aber da fielen die Kinder mit Schrein und entsetzlichem Weinen
Ihr in die Kleider und wollten die zweite Mutter nicht lassen.
Aber ein' und die andre der Weiber sagte gebietend:

„Stille, Kinder! sie geht in die Stadt und bringt euch des guten
Zuckerbrotes genug, das euch der Bruder bestellte,
Als der Storch ihn jüngst beim Zuckerbäcker vorbeitrug,
Und ihr sehet sie bald mit den schön vergoldeten Deuten."
Und so ließen die Kinder sie los, und Hermann entriß sie
Noch den Umarmungen kaum und den ferne winkenden Tüchern.

VIII

MELPOMENE

HERMANN UND DOROTHEA

Also gingen die zwei entgegen der sinkenden Sonne,
Die in Wolken sich tief, gewitterdrohend, verhüllte,
Aus dem Schleier bald hier, bald dort mit glühenden Blicken
Strahlend über das Feld die ahnungsvolle Beleuchtung.
„Möge das drohende Wetter", so sagte Hermann, „nicht etwa
Schloßen uns bringen und heftigen Guß; denn schön ist die Ernte."
Und sie freuten sich beide des hohen, wankenden Kornes,
Das die Durchschreitenden fast, die hohen Gestalten, erreichte.
Und es sagte darauf das Mädchen zum leitenden Freunde:
„Guter, dem ich zunächst ein freundlich Schicksal verdanke,
Dach und Fach, wenn im Freien so manchem Vertriebnen der Sturm dräut,
Saget mir jetzt vor allem und lehret die Eltern mich kennen,
Denen ich künftig zu dienen von ganzer Seele geneigt bin;
Denn kennt jemand den Herrn, so kann er ihm leichter genugtun,
Wenn er die Dinge bedenkt, die jenem die wichtigsten scheinen
Und auf die er den Sinn, den festbestimmten, gesetzt hat.
Darum saget mir doch: wie gewinn' ich Vater und Mutter?"

Und es versetzte dagegen der gute, verständige Jüngling:
„O, wie geb' ich dir recht, du kluges, treffliches Mädchen,
Daß du zuvörderst dich nach dem Sinne der Eltern befragest!
Denn so strebt' ich bisher vergebens, dem Vater zu dienen,
Wenn ich der Wirtschaft mich als wie der meinigen annahm,
Früh den Acker und spät und so besorgend den Weinberg.
Meine Mutter befriedigt' ich wohl, sie wußt' es zu schätzen;
Und so wirst du ihr auch das trefflichste Mädchen erscheinen,
Wenn du das Haus besorgst, als wenn du das deine bedächtest.
Aber dem Vater nicht so; denn dieser liebet den Schein auch.
Gutes Mädchen, halte mich nicht für kalt und gefühllos,
Wenn ich den Vater dir sogleich, der Fremden, enthülle.
Ja, ich schwör' es, das erste Mal ist's, daß frei mir ein solches
Wort die Zunge verläßt, die nicht zu schwatzen gewohnt ist;
Aber du lockst mir hervor aus der Brust ein jedes Vertrauen.
Einige Zierde verlangt der gute Vater im Leben,
Wünschet äußere Zeichen der Liebe sowie der Verehrung,
Und er würde vielleicht vom schlechteren Diener befriedigt,
Der dies wüßte zu nutzen, und würde dem besseren gram sein."

Freudig sagte sie drauf, zugleich die schnelleren Schritte
Durch den dunkelnden Pfad verdoppelnd mit leichter Bewegung:
„Beide zusammen hoff' ich fürwahr zufriedenzustellen;
Denn der Mutter Sinn ist wie mein eigenes Wesen,
Und der äußeren Zierde bin ich von Jugend nicht fremde.
Unsere Nachbarn, die Franken, in ihren früheren Zeiten
Hielten auf Höflichkeit viel; sie war dem Edlen und Bürger
Wie den Bauern gemein, und jeder empfahl sie den Seinen.
Und so brachten bei uns auf deutscher Seite gewöhnlich
Auch die Kinder des Morgens mit Händeküssen und Knickschen

Segenswünsche den Eltern und hielten sittlich den Tag aus.
Alles, was ich gelernt und was ich von jung auf gewohnt bin,
Was von Herzen mir geht — ich will es dem Alten erzeigen.
Aber wer sagt mir nunmehr: wie soll ich dir selber begegnen,
Dir, dem einzigen Sohn und künftig meinem Gebieter?“

Also sprach sie, und eben gelangten sie unter den Birnbaum.
Herrlich glänzte der Mond, der volle, vom Himmel herunter;
Nacht war's, völlig bedeckt das letzte Schimmern der Sonne.
Und so lagen vor ihnen in Massen gegeneinander
Lichter, hell wie der Tag, und Schatten dunkeler Nächte.
Und es hörte die Frage, die freundliche, gern in dem Schatten
Hermann des herrlichen Baums, am Orte, der ihm so lieb war,
Der noch heute die Tränen um seine Vertriebne gesehen.
Und indem sie sich nieder ein wenig zu ruhen gesetzet,
Sagte der liebende Jüngling, die Hand des Mädchens ergreifend:
„Laß dein Herz dir es sagen und folg' ihm frei nur in allem!“
Aber er wagte kein weiteres Wort, so sehr auch die Stunde
Günstig war; er fürchtete, nur ein Nein zu ereilen,
Ach, und er fühlte den Ring am Finger, das schmerzliche Zeichen.
Also saßen sie still und schweigend nebeneinander;
Aber das Mädchen begann und sagte: „Wie find' ich des Mondes
Herrlichen Schein so süß! er ist der Klarheit des Tags gleich.
Seh' ich doch dort in der Stadt die Häuser deutlich und Höfe,
An dem Giebel ein Fenster; mich deucht, ich zähle die Scheiben.“

„Was du siehst“, versetzte darauf der gehaltene Jüngling,
„Das ist unsere Wohnung, in die ich nieder dich führe,
Und dies Fenster dort ist meines Zimmers im Dache,
Das vielleicht das deine nun wird; wir verändern im Hause.
Diese Felder sind unser, sie reifen zur morgenden Ernte:
Hier im Schatten wollen wir ruhn und des Mahles genießen.
Aber laß uns nunmehr hinab durch Weinberg und Garten
Steigen; denn sieh, es rückt das schwere Gewitter herüber,
Wetterleuchtend und bald verschlingend den lieblichen Vollmond.“
Und so standen sie auf und wandelten nieder das Feld hin
Durch das mächtige Korn, der nächtlichen Klarheit sich freuend;
Und sie waren zum Weinberg gelangt und traten ins Dunkel.

Und so leitet’ er sie die vielen Platten hinunter,
Die, unbehauen gelegt, als Stufen dienten im Laubgang.
Langsam schritt sie hinab, auf seinen Schultern die Hände;
Und mit schwankenden Lichtern durchs Laub überblickte der Mond sie,
Eh’ er, von Wetterwolken umhüllt, im Dunkeln das Paar ließ.
Sorglich stützte der Starke das Mädchen, das über ihn herhing;
Aber sie, unkundig des Steigs und der roheren Stufen,
Fehlte tretend, es knackte der Fuß, sie drohte zu fallen.
Eilig streckte gewandt der sinnige Jüngling den Arm aus,
Hielt empor die Geliebte; sie sank ihm leis’ auf die Schulter,
Brust war gesenkt an Brust und Wang’ an Wange. So stand er,
Starr wie ein Marmorbild, vom ernsten Willen gebändigt,
Drückte nicht fester sie an, er stemmte sich gegen die Schwere.
Und so fühlt’ er die herrliche Last, die Wärme des Herzens
Und den Balsam des Atems, an seinen Lippen verhauchet,
Trug mit Mannesgefühl die Heldengröße des Weibes.

Doch sie verhehlte den Schmerz und sagte die scherzenden Worte:
„Das bedeutet Verdruß, so sagen bedenkliche Leute,
Wenn beim Eintritt ins Haus nicht fern von der Schwelle der Fuß knackt.
Hätt' ich mir doch fürwahr ein besseres Zeichen gewünschet!
Laß uns ein wenig verweilen, damit dich die Eltern nicht tadeln
Wegen der hinkenden Magd und ein schlechter Wirt du erscheinest."

IX

URANIA

AUSSICHT

Musen, die ihr so gern die herzliche Liebe begünstigt,
Auf dem Wege bisher den trefflichen Jüngling geleitet,
An die Brust ihm das Mädchen noch vor der Verlobung gedrückt habt:
Helfet auch ferner den Bund des lieblichen Paares vollenden,
Teilet die Wolken sogleich, die über ihr Glück sich heraufziehn!
Aber saget vor allem, was jetzt im Hause geschiehet!

Ungeduldig betrat die Mutter zum drittenmal wieder
Schon das Zimmer der Männer, das sorglich erst sie verlassen,
Sprechend vom nahen Gewitter, vom schnellen Verdunkeln des Mondes,
Dann vom Außenbleiben des Sohns und der Nächte Gefahren;
Tadelte lebhaft die Freunde, daß, ohne das Mädchen zu sprechen,
Ohne zu werben für ihn, sie so bald sich vom Jüngling getrennet.

„Mache nicht schlimmer das Übel!" versetzt' unmutig der Vater;
„Denn du siehst, wir harren ja selbst und warten des Ausgangs."

Aber gelassen begann der Nachbar sitzend zu sprechen:
„Immer verdank' ich es doch in solch unruhiger Stunde
Meinem seligen Vater, der mir als Knaben die Wurzel
Aller Ungeduld ausriß, daß auch kein Fäschen zurückblieb
Und ich erwarten lernte sogleich wie keiner der Weisen."
„Sagt", versetzte der Pfarrer, „welch Kunststück brauchte der Alte?"
„Das erzähl' ich Euch gern, denn jeder kann es sich merken",
Sagte der Nachbar darauf. „Als Knabe stand ich am Sonntag
Ungeduldig einmal, die Kutsche begierig erwartend,
Die uns sollte hinaus zum Brunnen führen der Linden.
Doch sie kam nicht; ich lief wie ein Wiesel dahin und dorthin,
Treppen hinauf und hinab und von dem Fenster zur Türe.
Meine Hände prickelten mir; ich kratzte die Tische,
Trappelte stampfend herum, und nahe war mir das Weinen.
Alles sah der gelassene Mann; doch als ich es endlich
Gar zu töricht betrieb, ergriff er mich ruhig beim Arme,
Führte zum Fenster mich hin und sprach die bedenklichen Worte:
‚Siehst du des Tischlers da drüben für heute geschlossene Werkstatt?
Morgen öffnet er sie; da rühret sich Hobel und Säge,
Und so geht es von frühe bis Abend die fleißigen Stunden.
Aber bedenke dir dies: der Morgen wird künftig erscheinen,
Da der Meister sich regt mit allen seinen Gesellen,
Dir den Sarg zu bereiten und schnell und geschickt zu vollenden;
Und sie tragen das bretterne Haus geschäftig herüber,
Das den Geduld'gen zuletzt und den Ungeduldigen aufnimmt
Und gar bald ein drückendes Dach zu tragen bestimmt ist.'

Alles sah ich sogleich im Geiste wirklich geschehen,
Sah die Bretter gefügt und die schwarze Farbe bereitet,
Saß geduldig nunmehr und harrete ruhig der Kutsche.
Rennen andere nun in zweifelhafter Erwartung
Ungebärdig herum, da muß ich des Sarges gedenken."

Lächelnd sagte der Pfarrer: „Des Todes rührendes Bild steht
Nicht als Schrecken dem Weisen und nicht als Ende dem Frommen.
Jenen drängt es ins Leben zurück und lehret ihn handeln;
Diesem stärkt es zu künftigem Heil im Trübsal die Hoffnung;
Beiden wird zum Leben der Tod. Der Vater mit Unrecht
Hat dem empfindlichen Knaben den Tod im Tode gewiesen.
Zeige man doch dem Jüngling des edel reifenden Alters
Wert und dem Alter die Jugend, daß beide des ewigen Kreises
Sich erfreuen und so sich Leben im Leben vollende!"

Aber die Tür ging auf. Es zeigte das herrliche Paar sich,
Und es erstaunten die Freunde, die liebenden Eltern erstaunten
Über die Bildung der Braut, des Bräutigams Bildung vergleichbar;
Ja, es schien die Türe zu klein, die hohen Gestalten
Einzulassen, die nun zusammen betraten die Schwelle.
Hermann stellte den Eltern sie vor mit fliegenden Worten.
„Hier ist", sagt' er, „ein Mädchen, so wie ihr im Hause sie wünschet.
Lieber Vater, empfanget sie gut; sie verdient es. Und liebe
Mutter, befragt sie sogleich nach dem ganzen Umfang der Wirtschaft,
Daß Ihr seht, wie sehr sie verdient, Euch näher zu werden."
Eilig führt' er darauf den trefflichen Pfarrer beiseite,
Sagte: „Würdiger Herr, nun helft mir aus dieser Besorgnis
Schnell und löset den Knoten, vor dessen Entwicklung ich schaudre.

Denn ich habe das Mädchen als meine Braut nicht geworben,
Sondern sie glaubt, als Magd in das Haus zu gehn, und ich fürchte,
Daß unwillig sie flieht, sobald wir gedenken der Heirat.
Aber entschieden sei es sogleich! Nicht länger im Irrtum
Soll sie bleiben, wie ich nicht länger den Zweifel ertrage.
Eilet und zeiget auch hier die Weisheit, die wir verehren!"
Und es wendete sich der Geistliche gleich zur Gesellschaft.
Aber leider getrübt war durch die Rede des Vaters
Schon die Seele des Mädchens; er hatte die munteren Worte
Mit behaglicher Art, im guten Sinne gesprochen:
„Ja, das gefällt mir, mein Kind! Mit Freuden erfahr' ich, der Sohn hat
Auch wie der Vater Geschmack, der seinerzeit es gewiesen,
Immer die Schönste zum Tanze geführt und endlich die Schönste
In sein Haus als Frau sich geholt; das Mütterchen war es.
Denn an der Braut, die der Mann sich erwählt, läßt gleich sich erkennen,
Welches Geistes er ist, und ob er sich eigenen Wert fühlt.
Aber Ihr brauchtet wohl auch nur wenig Zeit zur Entschließung?
Denn mich dünket fürwahr, ihm ist so schwer nicht zu folgen."

Hermann hörte die Worte nur flüchtig; ihm bebten die Glieder
Innen, und stille war der ganze Kreis nun auf einmal.

Aber das treffliche Mädchen, von solchen spöttischen Worten,
Wie sie ihr schienen, verletzt und tief in der Seele getroffen,
Stand, mit fliegender Röte die Wange bis gegen den Nacken
Übergossen; doch hielt sie sich an und nahm sich zusammen,
Sprach zu dem Alten darauf, nicht völlig die Schmerzen verbergend:
„Traun! zu solchem Empfang hat mich der Sohn nicht bereitet,

Der mir des Vaters Art geschildert, des trefflichen Bürgers;
Und ich weiß, ich stehe vor Euch, dem gebildeten Manne,
Der sich klug mit jedem beträgt und gemäß den Personen.
Aber so scheint es, Ihr fühlt nicht Mitleid genug mit der Armen,
Die nun die Schwelle betritt und die Euch zu dienen bereit ist;
Denn sonst würdet Ihr nicht mit bitterem Spotte mir zeigen,
Wie entfernt mein Geschick von Eurem Sohn und von Euch sei.
Freilich tret' ich nur arm, mit kleinem Bündel ins Haus ein,
Das, mit allem versehn, die frohen Bewohner gewiß macht;
Aber ich kenne mich wohl und fühle das ganze Verhältnis.
Ist es edel, mich gleich mit solchem Spotte zu treffen,
Der auf der Schwelle beinah mich schon aus dem Hause zurücktreibt?"

Bang bewegte sich Hermann und winkte dem geistlichen Freunde,
Daß er ins Mittel sich schlüge, sogleich zu verscheuchen den Irrtum.
Eilig trat der Kluge heran und schaute des Mädchens
Stillen Verdruß und gehaltenen Schmerz und Tränen im Auge.
Da befahl ihm sein Geist, nicht gleich die Verwirrung zu lösen,
Sondern vielmehr das bewegte Gemüt zu prüfen des Mädchens.
Und er sagte darauf zu ihr mit versuchenden Worten:
„Sicher, du überlegtest nicht wohl, o Mädchen des Auslands,
Wenn du bei Fremden zu dienen dich allzu eilig entschlossest,
Was es heiße, das Haus des gebietenden Herrn zu betreten;
Denn der Handschlag bestimmt das ganze Schicksal des Jahres,
Und gar vieles zu dulden verbindet ein einziges Jawort.
Sind doch nicht das Schwerste des Diensts die ermüdenden Wege,

Nicht der bittere Schweiß der ewig drängenden Arbeit;
Denn mit dem Knechte zugleich bemüht sich der tätige Freie.
Aber zu dulden die Laune des Herrn, wenn er ungerecht tadelt
Oder dieses und jenes begehrt, mit sich selber in Zwiespalt,
Und die Heftigkeit noch der Frauen, die leicht sich erzürnet,
Mit der Kinder roher und übermütiger Unart:
Das ist schwer zu ertragen und doch die Pflicht zu erfüllen
Ungesäumt und rasch und selbst nicht mürrisch zu stocken.
Doch du scheinst mir dazu nicht geschickt, da die Scherze des Vaters
Schon dich treffen so tief und doch nichts gewöhnlicher vorkommt,
Als ein Mädchen zu plagen, daß wohl ihr ein Jüngling gefalle.“

Also sprach er. Es fühlte die treffende Rede das Mädchen,
Und sie hielt sich nicht mehr; es zeigten sich ihre Gefühle
Mächtig, es hob sich die Brust, aus der ein Seufzer hervordrang,
Und sie sagte sogleich mit heiß vergossenen Tränen:
„O, nie weiß der verständige Mann, der im Schmerz uns zu raten
Denkt, wie wenig sein Wort, das kalte, die Brust zu befreien
Je von dem Leiden vermag, das ein hohes Schicksal uns auflegt.
Ihr seid glücklich und froh, wie sollt' ein Scherz Euch verwunden?
Doch der Krankende fühlt auch schmerzlich die leise Berührung.
Nein; es hülfe mir nichts, wenn selbst mir Verstellung gelänge.
Zeige sich gleich, was später nur tiefere Schmerzen vermehrte
Und mich drängte vielleicht in stillverzehrendes Elend.
Laßt mich wieder hinweg! Ich darf im Hause nicht bleiben;

Ich will fort und gehe, die armen Meinen zu suchen,
Die ich im Unglück verließ, für mich nur das Bessere wählend.
Dies ist mein fester Entschluß; und ich darf euch darum nun bekennen,
Was im Herzen sich sonst wohl Jahre hätte verborgen.
Ja, des Vaters Spott hat tief mich getroffen: nicht, weil ich
Stolz und empfindlich bin, wie es wohl der Magd nicht geziemet,
Sondern weil mir fürwahr im Herzen die Neigung sich regte
Gegen den Jüngling, der heute mir als ein Erretter erschienen.
Denn als er erst auf der Straße mich ließ, so war er mir immer
In Gedanken geblieben; ich dachte des glücklichen Mädchens,
Das er vielleicht schon als Braut im Herzen möchte bewahren.
Und als ich wieder am Brunnen ihn fand, da freut' ich mich seines
Anblicks so sehr, als wär' mir der Himmlischen einer erschienen.
Und ich folgt' ihm so gern, als nun er zur Magd mich geworben.
Doch mir schmeichelte freilich das Herz (ich will es gestehen)
Auf dem Wege hierher, als könnt' ich vielleicht ihn verdienen,
Wenn ich würde des Hauses dereinst unentbehrliche Stütze.
Aber ach! nun seh' ich zuerst die Gefahren, in die ich
Mich begab, so nah dem still Geliebten zu wohnen.
Nun erst fühl' ich, wie weit ein armes Mädchen entfernt ist
Von dem reicheren Jüngling, und wenn sie die Tüchtigste wäre.
Alles das hab' ich gesagt, damit ihr das Herz nicht verkennet,
Das ein Zufall beleidigt, dem ich die Besinnung verdanke.
Denn das mußt' ich erwarten, die stillen Wünsche verbergend,

Daß er sich brächte zunächst die Braut zum Hause geführet;
Und wie hätt' ich alsdann die heimlichen Schmerzen ertragen?
Glücklich bin ich gewarnt und glücklich löst das Geheimnis
Von dem Busen sich los, jetzt, da noch das Übel ist heilbar.
Aber das sei nun gesagt! Und nun soll im Hause mich länger
Hier nichts halten, wo ich beschämt und ängstlich nur stehe,
Frei die Neigung bekennend und jene törichte Hoffnung.
Nicht die Nacht, die breit sich bedeckt mit sinkenden Wolken,
Nicht der rollende Donner (ich hör' ihn) soll mich verhindern,
Nicht des Regens Guß, der draußen gewaltsam herabschlägt,
Noch der sausende Sturm. Das hab' ich alles ertragen
Auf der traurigen Flucht und nah am verfolgenden Feinde.
Und ich gehe nun wieder hinaus, wie ich lange gewohnt bin,
Von dem Strudel der Zeit ergriffen, von allem zu scheiden.
Lebet wohl! ich bleibe nicht länger; es ist nun geschehen."

Also sprach sie, sich rasch zurück nach der Türe bewegend,
Unter dem Arm das Bündelchen noch, das sie brachte, bewahrend.
Aber die Mutter ergriff mit beiden Armen das Mädchen,
Um den Leib sie fassend, und rief verwundert und staunend:
„Sag', was bedeutet mir dies? und diese vergeblichen Tränen?
Nein, ich lasse dich nicht; du bist mir des Sohnes Verlobte."
Aber der Vater stand mit Widerwillen dagegen,
Auf die Weinende schauend, und sprach die verdrießlichen Worte:
„Also das ist mir zuletzt für die höchste Nachsicht geworden,

Daß mir das Unangenehmste geschieht noch zum Schlusse des Tages!
Denn mir ist unleidlicher nichts als Tränen der Weiber,
Leidenschaftlich Geschrei, das heftig verworren beginnet,
Was mit ein wenig Vernunft sich ließe gemächlicher schlichten.
Mir ist lästig, noch länger dies wunderliche Beginnen
Anzuschauen. Vollendet es selbst! ich gehe zu Bette."
Und er wandte sich schnell und eilte zur Kammer zu gehen,
Wo ihm das Eh'bett stand und wo er zu ruhen gewohnt war.
Aber ihn hielt der Sohn und sagte die flehenden Worte:
„Vater, eilet nur nicht und zürnt nicht über das Mädchen!
Ich nur habe die Schuld von aller Verwirrung zu tragen,
Die unerwartet der Freund noch durch Verstellung vermehrt hat.
Redet, würdiger Herr! denn Euch vertraut' ich die Sache.
Häufet nicht Angst und Verdruß; vollendet lieber das Ganze!
Denn ich möchte so hoch Euch nicht in Zukunft verehren,
Wenn Ihr Schadenfreude nur übt statt herrlicher Weisheit."

Lächelnd versetzte darauf der würdige Pfarrer und sagte:
„Welche Klugheit hätte denn wohl das schöne Bekenntnis
Dieser Guten entlockt und uns enthüllt ihr Gemüte?
Ist nicht die Sorge sogleich dir zur Wonn' und Freude geworden?
Rede darum nur selbst! was bedarf es fremder Erklärung?"
Nun trat Hermann hervor und sprach die freundlichen Worte:
„Laß dich die Tränen nicht reun noch diese flüchtigen Schmerzen;
Denn sie vollenden mein Glück und, wie ich wünsche, das deine.
Nicht das treffliche Mädchen als Magd, die Fremde, zu dingen,
Kam ich zum Brunnen; ich kam, um deine Liebe zu werben.

Aber, ach! mein schüchterner Blick, er konnte die Neigung
Deines Herzens nicht sehn; nur Freundlichkeit sah er im Auge,
Als aus dem Spiegel du ihn des ruhigen Brunnens begrüßtest.
Dich ins Haus nur zu führen, es war schon die Hälfte des Glückes.
Aber nun vollendest du mir's! O, sei mir gesegnet!"
Und es schaute das Mädchen mit tiefer Rührung zum Jüngling
Und vermied nicht Umarmung und Kuß, den Gipfel der Freude,
Wenn sie den Liebenden sind die lang' ersehnte Versichrung
Künftigen Glücks im Leben, das nun ein unendliches scheinet.

Und den übrigen hatte der Pfarrherr alles erkläret.
Aber das Mädchen kam, vor dem Vater sich herzlich mit Anmut
Neigend und so ihm die Hand, die zurückgezogene, küssend,
Sprach: „Ihr werdet gerecht der Überraschten verzeihen,
Erst die Tränen des Schmerzes und nun die Tränen der Freude.
O, vergebt mir jenes Gefühl! vergebt mir auch dieses,
Und laßt nur mich ins Glück, das neu mir gegönnte, mich finden!
Ja, der erste Verdruß, an dem ich Verworrene schuld war,
Sei der letzte zugleich! Wozu die Magd sich verpflichtet,
Treu zu liebendem Dienst, den soll die Tochter Euch leisten!"

Und der Vater umarmte sie gleich, die Tränen verbergend.
Traulich kam die Mutter herbei und küßte sie herzlich,
Schüttelte Hand in Hand; es schwiegen die weinenden Frauen.

Eilig faßte darauf der gute, verständige Pfarrherr
Erst des Vaters Hand und zog ihm vom Finger den Trauring
(Nicht so leicht; er war vom rundlichen Gliede gehalten),
Nahm den Ring der Mutter darauf und verlobte die Kinder;
Sprach: „Noch einmal sei der goldenen Reifen Bestimmung,
Fest ein Band zu knüpfen, das völlig gleiche dem alten.
Dieser Jüngling ist tief von der Liebe zum Mädchen durchdrungen,
Und das Mädchen gesteht, daß auch ihr der Jüngling erwünscht ist.
Also verlob' ich euch hier und segn' euch künftigen Zeiten
Mit dem Willen der Eltern und mit dem Zeugnis des Freundes."

Und es neigte sich gleich mit Segenswünschen der Nachbar.
Aber als der geistliche Herr den goldenen Reif nun
Steckt' an die Hand des Mädchens, erblickt' er den anderen staunend,
Den schon Hermann zuvor am Brunnen sorglich betrachtet.
Und er sagte darauf mit freundlich scherzenden Worten:
„Wie! du verlobest dich schon zum zweitenmal? Daß nicht der erste
Bräutigam bei dem Altar sich zeige mit hinderndem Einspruch!"

Aber sie sagte darauf: „O, laßt mich dieser Erinnrung
Einen Augenblick weihen! Denn wohl verdient sie der Gute,
Der mir ihn scheidend gab und nicht zur Heimat zurückkam.
Alles sah er voraus, als rasch die Liebe der Freiheit,
Als ihn die Lust, im neuen, veränderten Wesen zu wirken,
Trieb, nach Paris zu gehn, dahin, wo er Kerker und Tod fand.
‚Lebe glücklich', sagt' er. ‚Ich gehe; denn alles bewegt sich
Jetzt auf Erden einmal, es scheint sich alles zu trennen.
Grundgesetze lösen sich auf der festesten Staaten,

Und es löst der Besitz sich los vom alten Besitzer,
Freund sich los von Freund: so löst sich Liebe von Liebe.
Ich verlasse dich hier, und wo ich jemals dich wieder
Finde — wer weiß es? Vielleicht sind diese Gespräche die letzten.
Nur ein Fremdling, sagt man mit Recht, ist der Mensch hier auf Erden;
Mehr ein Fremdling als jemals ist nun ein jeder geworden.
Uns gehört der Boden nicht mehr; es wandern die Schätze;
Gold und Silber schmilzt aus den alten heiligen Formen;
Alles regt sich, als wollte die Welt, die gestaltete, rückwärts
Lösen in Chaos und Nacht sich auf und neu sich gestalten.
Du bewahrst mir dein Herz; und finden dereinst wir uns wieder
Über den Trümmern der Welt, so sind wir erneute Geschöpfe,
Umgebildet und frei und unabhängig vom Schicksal.
Denn was fesselte den, der solche Tage durchlebt hat!
Aber soll es nicht sein, daß je wir, aus diesen Gefahren
Glücklich entronnen, uns einst mit Freuden wieder umfangen,
O, so erhalte mein schwebendes Bild vor deinen Gedanken,
Daß du mit gleichem Mute zu Glück und Unglück bereit seist!
Locket neue Wohnung dich an und neue Verbindung,
So genieße mit Dank, was dann dir das Schicksal bereitet.
Liebe die Liebenden rein und halte dem Guten dich dankbar.
Aber dann auch setze nur leicht den beweglichen Fuß auf;
Denn es lauert der doppelte Schmerz des neuen Verlustes.
Heilig sei dir der Tag; doch schätze das Leben nicht höher
Als ein anderes Gut, und alle Güter sind trüglich.‘
Also sprach er; und nie erschien der Edle mir wieder.
Alles verlor ich indes, und tausendmal dacht’ ich der Warnung.
Nun auch denk’ ich des Worts, da schön mir die Liebe das Glück hier
Neu bereitet und mir die herrlichsten Hoffnungen aufschließt.

O verzeih, mein trefflicher Freund, daß ich, selbst an dem Arm dich
Haltend, bebe! So scheint dem endlich gelandeten Schiffer
Auch der sicherste Grund des festesten Bodens zu schwanken.“

Also sprach sie und steckte die Ringe nebeneinander.
Aber der Bräutigam sprach mit edler, männlicher Rührung:
„Desto fester sei bei der allgemeinen Erschüttrung,
Dorothea, der Bund! Wir wollen halten und dauern,
Fest uns halten und fest der schönen Güter Besitztum.
Denn der Mensch, der zur schwankenden Zeit auch schwankend gesinnt ist,
Der vermehret das Übel und breitet es weiter und weiter;
Aber wer fest auf dem Sinne beharrt, der bildet die Welt sich.
Nicht dem Deutschen geziemt es, die fürchterliche Bewegung
Fortzuleiten und auch zu wanken hierhin und dorthin.
‚Dies ist unser!‘ so laß uns sagen und so es behaupten!
Denn es werden noch stets die entschlossenen Völker gepriesen,
Die für Gott und Gesetz, für Eltern, Weiber und Kinder
Stritten und gegen den Feind zusammenstehend erlagen.
Du bist mein; und nun ist das Meine meiner als jemals.
Nicht mit Kummer will ich's bewahren und sorgend genießen,
Sondern mit Mut und Kraft. Und drohen diesmal die Feinde
Oder künftig, so rüste mich selbst und reiche die Waffen.
Weiß ich durch dich nur versorgt das Haus und die lieben den Eltern,
O, so stellt sich die Brust dem Feinde sicher entgegen.
Und gedächte jeder wie ich, so stünde die Macht auf
Gegen die Macht, und wir erfreuten uns alle des Friedens.“

ACHILLEIS

ERSTER GESANG

Hoch zu Flammen entbrannte die mächtige Lohe noch einmal,
Strebend gegen den Himmel, und Ilios' Mauern erschienen
Rot durch die finstere Nacht; der aufgeschichteten Waldung
Ungeheures Gerüst, zusammenstürzend, erregte
Mächtige Glut zuletzt. Da senkten sich Hektors Gebeine
Nieder, und Asche lag der edelste Troer am Boden.

Nun erhob sich Achilleus vom Sitz vor seinem Gezelte,
Wo er die Stunden durchwachte, die nächtlichen, schaute der Flammen
Fernes schreckliches Spiel und des wechselnden Feuers Bewegung,
Ohne die Augen zu wenden von Pergamos' rötlicher Feste.
Tief im Herzen empfand er den Haß noch gegen den Toten,
Der ihm den Freund erschlug und der nun bestattet dahinsank.

Aber als nun die Wut nachließ des fressenden Feuers
Allgemach und zugleich mit Rosenfingern die Göttin
Schmückete Land und Meer, daß der Flammen Schrecknisse bleichten,
Wandte sich, tief bewegt und sanft, der große Pelide
Gegen Antilochos hin und sprach die gewichtigen Worte:
„So wird kommen der Tag, da bald von Ilios' Trümmern
Rauch und Qualm sich erhebt, von thrakischen Lüften getrieben,
Idas langes Gebirg' und Gargaros' Höhe verdunkelt;
Aber ich werd' ihn nicht sehen! Die Völkerweckerin Eos
Fand mich, Patroklos' Gebein zusammenlesend, sie findet
Hektors Brüder anjetzt in gleichem frommen Geschäfte,

Und dich mag sie auch bald, mein trauter Antilochos, finden,
Daß du den leichten Rest des Freundes jammernd bestattest.
Soll dies also nun sein, wie mir es die Götter entbieten,
Sei es! Gedenken wir nur des Nötigen, was noch zu tun ist.
Denn mich soll, vereint mit meinem Freunde Patroklos,
Ehren ein herrlicher Hügel, am hohen Gestade des Meeres
Aufgerichtet, den Völkern und künftigen Zeiten ein Denkmal.
Fleißig haben mir schon die rüstigen Myrmidonen
Rings umgraben den Raum, die Erde warfen sie einwärts,
Gleichsam schützenden Wall aufführend gegen des Feindes
Andrang. Also umgrenzten den weiten Raum sie geschäftig.
Aber wachsen soll mir das Werk! Ich eile, die Scharen
Aufzurufen, die mir noch Erde mit Erde zu häufen
Willig sind, und so vielleicht befördr' ich die Hälfte;
Euer sei die Vollendung, wenn bald mich die Urne gefaßt hat."

Also sprach er und ging und schritt durch die Reihe der Zelte,
Winkend jenem und diesem und rufend andre zusammen.
Alle sogleich nun erregt ergriffen das starke Geräte,
Schaufel und Hacke mit Lust, daß der Klang des Erzes ertönte,
Auch den gewaltigen Pfahl, den steinbewegenden Hebel.
Und so zogen sie fort, gedrängt aus dem Lager ergossen,
Aufwärts den sanften Pfad, und schweigend eilte die Menge.
Wie wenn zum Überfall gerüstet nächtlich die Auswahl
Stille ziehet des Heers, mit leisen Tritten die Reihe
Wandelt und jeder die Schritte mißt und jeder den Atem
Anhält, in feindliche Stadt, die schlechtbewachte, zu dringen:
Also zogen auch sie, und aller tätige Stille
Ehrte das ernste Geschäft und ihres Königes Schmerzen.

Als sie aber den Rücken des wellenbespületen Hügels
Bald erreichten und nun des Meeres Weite sich auftat,
Blickte freundlich Eos sie an aus der heiligen Frühe
Fernem Nebelgewölk, und jedem erquickte das Herz sie.
Alle stürzten sogleich dem Graben zu, gierig der Arbeit,
Rissen in Schollen auf den lange betretenen Boden,

Warfen schaufelnd ihn fort, ihn trugen andre mit Körben
Aufwärts. In Helm und Schild einfüllen sah man die einen,
Und der Zipfel des Kleids war anderen statt des Gefäßes.

Itzt eröffneten heftig des Himmels Pforte die Horen,
Und das wilde Gespann des Helios, brausend erhub sich's.
Rasch erleuchtet' er gleich die frommen Äthiopen,
Welche die äußersten wohnen von allen Völkern der Erde.
Schüttlend bald die glühenden Locken, entstieg er des Ida
Wäldern, um klagenden Troern, um rüst'gen Achaiern zu
leuchten.

Aber die Horen indes, zum Äther strebend, erreichten
Zeus Kronions heiliges Haus, das sie ewig begrüßen.
Und sie traten hinein, da begegnete ihnen Hephaistos
Eilig, hinkend und sprach auffordernde Worte zu ihnen:
„Trügliche! Glücklichen Schnelle, den Harrenden Lang-
same! hört mich!
Diesen Saal erbaut' ich, dem Willen des Vaters gehorsam,
Nach dem göttlichen Maß des herrlichsten Musengesanges;
Sparte nicht Gold und Silber, noch Erz und bleiches Me-
tall nicht;
Und so wie ich's vollendet, vollkommen stehet das Werk noch,
Ungekränkt von der Zeit. Denn hier ergreift es der Rost
nicht,
Noch erreicht es der Staub, des irdischen Wandrers Gefährte.
Alles hab' ich getan, was irgend schaffende Kunst kann.
Unerschütterlich ruht die hohe Decke des Hauses,
Und zum Schritte ladet der glatte Boden den Fuß ein.
Jedem Herrscher folget sein Thron, wohin er gebietet,
Wie dem Jäger der Hund, und goldene wandelnde Knaben
Schuf ich, welche Kronion, den kommenden, unterstützen,
Wie ich mir eherne Mädchen erschuf. Doch alles ist leblos!
Euch allein ist gegeben, den Charitinnen und euch nur,
Über das tote Gebild des Lebens Reize zu streuen.
Auf denn! sparet mir nichts und gießt aus dem heiligen
Salbhorn
Liebreiz herrlich umher, damit ich mich freue des Werkes
Und die Götter entzückt so fort mich preisen wie anfangs."

Und sie lächelten sanft, die beweglichen, nickten dem Alten
Freundlich und gossen umher verschwenderisch Leben und Licht aus,
Daß kein Mensch es ertrüg' und daß es die Götter entzückte.

Also gegen die Schwelle bewegte sich eilig Hephaistos,
Auf die Arbeit gesinnt, denn diese nur regte das Herz ihm.
Da begegnet' ihm Here, von Pallas Athene begleitet,
Sprechend wechselndes Wort; und als den Sohn sie erblickte,
Hielt sie ihn an sogleich und sprach, die göttliche Here:
„Sohn, du mangelst nun bald des selbstgefälligen Ruhmes,
Daß du Waffen bereitest, vom Tode zu schützen die Menschen,
Alle Kunst erschöpfend, wie diese dich bittet und jene
Göttin; denn nah' ist der Tag, da zeitig der große Pelide
Sinken wird in den Staub, der Sterblichen Grenze bezeichnend.
Schutz nicht ist ihm dein Helm, noch der Harnisch, auch nicht des Schildes
Umfang, wenn ihn bestreiten die finsteren Keren des Todes."

Aber der künstliche Gott Hephaistos sagte dagegen:
„Warum spottest du mein, o Mutter, daß ich geschäftig
Mich der Thetis bewies und jene Waffen verfertigt?
Käme doch Gleiches nicht vom Amboß irdischer Männer;
Ja, mit meinem Gerät verfertigte selbst sie ein Gott nicht,
Angegossen dem Leib, wie Flügel den Helden erhebend,
Undurchdringlich und reich, ein Wunder staunendem Anblick.
Denn was ein Gott den Menschen verleiht, ist segnende Gabe,
Nicht wie ein Feindesgeschenk, das nur zum Verderben bewahrt wird.
Und mir wäre gewiß Patroklos glücklich und siegreich
Wiedergekehrt, wofern nicht Phöbos den Helm von dem Haupt ihm
Schlug und den Harnisch trennte, so daß der Entblößte dahinsank.
Aber soll es denn sein und fordert den Menschen das Schicksal,

Schützte die Waffe nicht, die göttlichste, schützte die Ägis
Selbst nicht, die Göttern allein die traurigen Tage davonscheucht.
Doch was kümmert es mich! Wer Waffen schmiedet, bereitet
Krieg und muß davon der Zither Klang nicht erwarten."
Also sprach er und ging und murrte, die Göttinnen lachten.

Unterdessen betraten den Saal die übrigen Götter.
Artemis kam, die frühe, schon freudig des siegenden Pfeiles,
Der den stärksten Hirsch ihr erlegt an den Quellen des Ida.
Auch mit Iris Hermeias, dazu die erhabene Leto,
Ewig der Here verhaßt, ihr ähnlich, milderes Wesens.
Phöbos folgt ihr, des Sohns erfreut sich die göttliche Mutter.
Ares schreitet mächtig heran, behende, der Krieger,
Keinem freundlich, und nur bezähmt ihn Kypris, die holde.
Spät kam Aphrodite herbei, die äugelnde Göttin,
Die von Liebenden sich in Morgenstunden so ungern
Trennet. Reizend ermattet, als hätte die Nacht ihr zur Ruhe
Nicht genüget, so senkte sie sich in die Arme des Thrones.

Und es leuchtete sanft die Hallen her, Wehen des Äthers
Drang aus den Weiten hervor, Kronions Nähe verkündend.
Gleich nun trat er heran aus dem hohen Gemach zur Versammlung,
Unterstützt durch Hephaistos' Gebild'. So gleitet' er herrlich
Bis zum goldenen Thron, dem künstlichen, saß, und die andern
Stehenden neigten sich ihm und setzten sich, jeder gesondert.

Munter eilten sogleich die schenkbeflißnen, gewandten
Jugendgötter hervor, die Charitinnen und Hebe,
Spendeten ringsumher des reichen ambrosischen Gischtes,
Voll, nicht überfließend, Genuß den Uranionen.
Nur zu Kronion trat Ganymed mit dem Ernste des ersten
Jünglingsblickes im kindlichen Aug', und es freute der Gott sich.
Also genossen sie still die Fülle der Seligkeit alle.

Aber Thetis erschien, die göttliche, traurenden Blickes,
Vollgestaltet und groß, die lieblichste Tochter des Nereus,
Und zu Here sogleich gewendet sprach sie das Wort aus:
„Göttin, nicht weggekehrt empfange mich! Lerne gerecht sein!
Denn ich schwör' es bei jenen, die, unten im Tartarus wohnend,
Sitzen um Kronos umher und über der stygischen Quelle,
Späte Rächer dereinst des falsch gesprochenen Schwures:
Nicht her bin ich gekommen, damit ich hemme des Sohnes
Nur zu gewisses Geschick und den traurigen Tag ihm entferne;
Nein, mich treibet herauf aus des Meeres Purpurbehausung
Unbezwinglicher Schmerz, ob in der olympischen Höhe
Irgend ich lindern möchte die jammervolle Beängstung.
Denn mich rufet der Sohn nicht mehr an, er stehet am Ufer,
Mein vergessend und nur des Freundes sehnlich gedenkend,
Der nun vor ihm hinab in des Aïs dunkle Behausung
Stieg, und dem er sich nach selbst hin zu den Schatten bestrebet.
Ja, ich mag ihn nicht sehn, nicht sprechen. Hülf' es, einander
Unvermeidliche Not zusammen jammernd zu klagen?"

Heftig wandte Here sich um, und fürchterlich blickend
Sprach sie, voller Verdruß, zur Traurigen kränkende Worte:
„Gleisnerin, unerforschte, dem Meer gleich, das dich erzeugt hat!
Trauen soll ich? und gar mit freundlichem Blick dich empfangen?
Dich, die tausendfach mich gekränkt, wie sonst, so vor kurzem,
Die mir die edelsten Krieger zum Tod befördert, um ihres
Sohns unerträglichem Sinn, dem unvernünft'gen, zu schmeicheln.
Glaubst du, ich kenne dich nicht und denke nicht jenes Beginnens,
Da dir als Bräutigam schon Kronion herrlich hinabstieg,
Mich, die Gattin und Schwester, verließ und die Tochter des Nereus

Himmelskönigin hoffte zu sein, entzündet von Hochmut?
Doch wohl kehrt' er zurück, der Göttliche, von des Titanen
Weiser Sage geschreckt, der aus dem verdammlichen Bette
Ihm den gefährlichsten Sohn verkündet. Prometheus verstand es!
Denn von dir und dem sterblichen Mann ist entsprungen ein Untier,
An der Chimära Statt und des erdeverwüstenden Drachens.
Hätt' ein Gott ihn gezeugt, wer sicherte Göttern den Äther?
Und wie jener die Welt, verwüstete dieser den Himmel.
Und doch seh' ich dich nie herannahn, daß nicht, erheitert,
Dir der Kronide winkt und leicht an der Wange dir streichelt;
Ja, daß er alles bewilligt, der Schreckliche, mich zu verkürzen.
Unbefriedigte Lust welkt nie in dem Busen des Mannes!"

Und die Tochter versetzte des wahrhaft sprechenden Nereus:
„Grausame! welcherlei Rede versendest du! Pfeile des Hasses!
Nicht verschonst du der Mutter Schmerz, den schrecklichsten aller,
Die das nahe Geschick des Sohnes, bekümmert, umher klagt.
Wohl erfuhrest du nicht, wie dieser Jammer im Busen
Wütet des sterblichen Weibes, so wie der unsterblichen Göttin.
Denn von Kronion gezeugt, umwohnen dich herrliche Söhne,
Ewig rüstig und jung, und du erfreust dich der hohen.
Doch du jammertest selbst, in ängstliche Klagen ergossen,
Jenes Tags, da Kronion, erzürnt, den treuen Hephaistos,
Deinetwegen, hinab auf Lemnos' Boden geschleudert,
Und der Herrliche lag, an dem Fuße verletzt, wie ein Erdsohn.
Damals schrieest du laut zu den Nymphen der schattigen Insel,
Riefest den Päon herbei und wartetest selber des Schadens.
Ja, noch jetzt betrübt dich der Fehl des hinkenden Sohnes.
Eilt er geschäftig umher, wohlwollend, daß er den Göttern
Reiche des köstlichen Tranks, und trägt er die goldene Schale

Schwankend, ernstlich besorgt, damit er nicht etwa vergieße,
Und unendlich Gelächter entsteht von den seligen Göttern:
Immer zeigst du allein dich ernst und nimmst dich des Sohns an.
Und ich suchte mir nicht des Jammers gesellige Lindrung
Heute, da mir der Tod des herrlichen, einz'gen bevorsteht?
Denn mir hat es zu fest der graue Vater verkündet,
Nereus, der wahre Mund, des Künftigen göttlicher Forscher,
Jenes Tages, als ihr, versammelt, ihr ewigen Götter,
Mir das erzwungene Fest, des sterblichen Mannes Umarmung,
In des Pelions Wäldern, herniedersteigend, gefeiert.
Damals kündete gleich der Greis mir den herrlichen Sohn an,
Vorzuziehen dem Vater, denn also wollt' es das Schicksal;
Doch er verkündet' zugleich der traurigen Tage Verkürzung.
Also wälzten sich mir die eilenden Jahre vorüber,
Unaufhaltsam, den Sohn zur schwarzen Pforte des Aïs
Drängend. Was half mir die Kunst und die List? was die läuternde Flamme?
Was das weibliche Kleid? Den Edelsten rissen zum Kriege
Unbegrenzte Begier nach Ruhm und die Bande des Schicksals.
Traurige Tage hat er verlebt, sie gehen zu Ende
Gleich. Mir ist bekannt des hohen Geschickes Bedingung.
Ewig bleibt ihm gesicherter Ruhm, doch die Waffen der Keren
Drohen ihm nah' und gewiß, ihn rettete selbst nicht Kronion."
Also sprach sie und ging und setzte sich Leto zur Seite,
Die ein mütterlich Herz vor den übrigen Uranionen
Hegt' im Busen, und dort genoß sie die Fülle des Schmerzens.

Ernst nun wandte Kronion und mild sein göttliches Antlitz
Gegen die Klagende hin, und väterlich also begann er:
„Tochter, sollt' ich von dir der Lästerung heftige Worte
Jemals im Ohre vernehmen! wie sie ein Titan wohl im Unmut

Ausstößt gegen die Götter, die hoch den Olympos beherrschen.
Selber sprichst du dem Sohn das Leben ab, töricht verzweifelnd?
Hoffnung bleibt mit dem Leben vermählt, die schmeichelnde Göttin,
Angenehm vor vielen, die als getreue Dämonen
Mit den sterblichen Menschen die wechselnden Tage durchwallen.
Ihr verschließt sich nicht der Olymp, ja selber des Aïs
Grause Wohnung eröffnet sich ihr, und das eherne Schicksal
Lächelt, wenn sie sich ihm, die Holde, schmeichlerisch andrängt.
Gab doch die undurchdringliche Nacht Admetos' Gemahlin
Meinem Sohne zurück, dem unbezwingbaren! Stieg nicht
Protesilaos herauf, die traurende Gattin umfangend?
Und erweichte sich nicht Persephone, als sie dort unten
Hörte des Orpheus Gesang und unbezwingliche Sehnsucht?
Ward nicht Asklepios' Kraft von meinem Strahle gebändigt,
Der, verwegen genug, die Toten dem Leben zurückgab?
Selbst für den Toten hofft der Lebende. Willst du verzweifeln,
Da der Lebendige noch das Licht der Sonne genießet?
Nicht ist fest umzäunt die Grenze des Lebens; ein Gott treibt,
Ja, es treibet der Mensch sie zurück, die Keren des Todes.
Darum laß mir nicht sinken den Mut! bewahre vor Frevel
Deine Lippen und schleuß dem feindlichen Spotte dein Ohr zu.
Oft begrub schon der Kranke den Arzt, der das Leben ihm kürzlich
Abgesprochen, genesen und froh der beleuchtenden Sonne.
Dränget nicht oft Poseidon den Kiel des Schiffes gewaltig
Nach der verderblichen Syrt' und spaltet Planken und Ribben?
Gleich entsinket das Ruder der Hand, und des berstenden Schiffes
Trümmer, von Männern gefaßt, zerstreuet der Gott in den Wogen.

Alle will er verderben, doch rettet manchen der Dämon.
So auch weiß, mich dünkt, kein Gott noch der Göttinnen erste,
Wem von Ilios' Feld Rückkehr nach Hause bestimmt sei."

Also sprach er und schwieg; da riß die göttliche Here
Schnell vom Sitze sich auf und stand, wie ein Berg in dem Meer steht,
Dessen erhabene Gipfel des Äthers Wetter umleuchten.
Zürnend sprach sie und hoch, die Einzige, würdiges Wesens:
„Schrecklicher, wankend Gesinnter! was sollen die täuschenden Worte?
Sprächest du mich zu reizen etwa? und dich zu ergötzen,
Wenn ich zürne, mir so vor den Himmlischen Schmach zu bereiten?
Denn ich glaube wohl kaum, daß ernstlich das Wort dir bedacht sei.
Ilios fällt! du schwurst es mir selbst, und die Winke des Schicksals
Deuten alle dahin, so mag denn auch fallen Achilleus!
Er, der Beste der Griechen, der würdige Liebling der Götter.
Denn wer im Wege steht dem Geschick, das dem endlichen Ziele
Furchtbar zueilt, stürzt in den Staub, ihn zerstampfen die Rosse,
Ihn zerquetschet das Rad des ehernen heiligen Wagens.
Also acht' ich es nicht, wieviel du auch Zweifel erregest,
Jene vielleicht zu erquicken, die weich sich den Schmerzen dahingibt.
Aber dies sag' ich dir doch, und nimm dir solches zu Herzen:
Willkür bleibet ewig verhaßt den Göttern und Menschen,
Wenn sie in Taten sich zeigt, auch nur in Worten sich kundgibt.
Denn so hoch wir auch stehn, so ist der ewigen Götter
Ewigste Themis allein, und diese muß dauren und walten,
Wenn dein Reich dereinst, so spät es auch sei, der Titanen
Übermächtiger Kraft, der lange gebändigten, weichet."

Aber unbewegt und heiter versetzte Kronion:
„Weise sprichst du, nicht handelst du so, denn es bleibet verwerflich,
Auf der Erd' und im Himmel, wenn sich der Genosse des Herrschers
Zu den Widersachern gesellt, geschäh' es in Taten
Oder Worten; das Wort ist nahenden Taten ein Herold.
Also bedeut' ich dir dieses: beliebt's, Unruhige, dir noch
Heute des Kronos Reich, da unten waltend, zu teilen;
Steig entschlossen hinab, erharre den Tag der Titanen,
Der, mich dünkt, noch weit vom Lichte des Äthers entfernt ist.
Aber euch anderen sag' ich es an: noch drängt nicht Verderben
Unaufhaltsam heran, die Mauern Trojas zu stürzen,
Auf denn! wer Troja beschützt, beschütze zugleich den Achilleus,
Und den übrigen steht, mich dünkt, ein trauriges Werk vor,
Wenn sie den trefflichsten Mann der begünstigten Danaer töten."
Also sprechend erhub er vom Thron sich nach seinen Gemächern.

Und von dem Sitze bewegt, entfernten sich Leto und Thetis
In die Tiefe der Hallen; des einsamen Wechselgespräches
Traurige Wonne begehrend, und keiner folgte den beiden.
Nun zu Ares gekehrt, rief aus die erhabene Here:
„Sohn! was sinnest nun du, des ungebändigte Willkür
Diesen und jenen begünstigt, den einen bald und den andern
Mit dem wechselnden Glück der schrecklichen Waffen erfreuet?
Dir liegt nimmer das Ziel im Sinn, wohin es gesteckt sei,
Augenblickliche Kraft nur und Wut und unendlicher Jammer.
Also denk' ich, du werdest nun bald, in der Mitte der Troer,
Selbst den Achilleus bekämpfen, der endlich seinem Geschick naht
Und nicht unwert ist, von Götterhänden zu fallen."

Aber Ares versetzte darauf, mit Adel und Ehrfurcht:
„Mutter, dieses gebiete mir nicht; denn solches zu enden
Ziemte nimmer dem Gott. Es mögen die sterblichen Menschen
Untereinander sich töten, so wie sie des Sieges Begier treibt.
Mein ist, sie aufzuregen, aus ferner friedlicher Wohnung,
Wo sie unbedrängt die herrlichen Tage genießen,
Sich um die Gaben der Ceres, der Nährerin, emsig bemühend.
Aber ich mahne sie auf, von Ossa begleitet; der fernen
Schlachten Getümmel erklingt vor ihren Ohren, es sauset
Schon der Sturm des Gefechts um sie her und erregt die Gemüter
Grenzenlos; nichts hält sie zurück, und in mutigem Drange
Schreiten sie lechzend heran, der Todesgefahren begierig.
Also zieh' ich nun hin, den Sohn der lieblichen Eos,
Memnon, aufzurufen und äthiopische Völker;
Auch das Amazonengeschlecht, dem Männer verhaßt sind."
Also sprach er und wandte sich ab; doch Kypris, die holde,
Faßt' ihn und sah ihm ins Aug' und sprach mit herrlichem Lächeln:

„Wilder, stürmst du so fort, die letzten Völker der Erde
Aufzufordern zum Kampf, der um ein Weib hier gekämpft wird!
Tu es, ich halte dich nicht! Denn um die schönste der Frauen
Ist es ein werterer Kampf als je um der Güter Besitztum.
Aber errege mir nicht die äthiopischen Völker,
Die den Göttern so oft die frömmsten Feste bekränzen,
Reines Lebens; ich gab die schönsten Gaben den Guten,
Ewigen Liebesgenuß und unendlicher Kinder Umgebung.
Aber sei mir gepriesen, wenn du unweibliche Scharen
Wilder Amazonen zum Todeskampfe heranführst;
Denn mir sind sie verhaßt, die rohen, welche der Männer
Süße Gemeinschaft fliehn und Pferdebändigerinnen
Jeden reinlichen Reiz, den Schmuck der Weiber, entbehren."

Also sprach sie und sah dem Eilenden nach; doch behende
Wandte die Augen sie ab, des Phöbos Wege zu spähen,
Der sich von dem Olympos zur blühenden Erde herabließ,

Dann das Meer durchschritt, die Inseln alle vermeidend,
Nach dem Thymbräischen Tal hineilete, wo ihm ein Tempel
Ernst und würdig stand, von Trojas Völkern umflossen,
Als es Friede noch war, wo alles der Feste begehret.
Aber nun stand er leer und ohne Feier und Wettkampf.
Dort erblickt' ihn die kluge, gewandte Kypris, die Göttin,
Ihm zu begegnen gesinnt, denn mancherlei wälzt' sie im
Busen.

Und zu Here sprach die ernste Pallas Athene:
„Göttin! du zürnest mir nicht. Ich steige jetzo hernieder,
Jenem zur Seite zu treten, den bald nun das Schicksal ereilet.
Solch ein schönes Leben verdient nicht zu enden in Unmut.
Gern gesteh' ich es dir, vor allen Helden der Vorzeit,
Wie auch der Gegenwart, lag stets mir Achilleus am Herzen;
Ja, ich hätte mich ihm verbunden in Lieb' und Umarmung,
Könnten Tritogeneien die Werke der Kypris geziemen;
Aber wie er den Freund mit gewaltiger Neigung umfaßt hat,
Also halt' ich auch ihn; und so wie er jenen bejammert,
Werd' ich, wenn er nun fällt, den Sterblichen klagen, die
Göttin.
Ach! daß schon so frühe das schöne Bildnis der Erde
Fehlen soll, die breit und weit am Gemeinen sich freuet!
Daß der schöne Leib, das herrliche Lebensgebäude,
Fressender Flamme soll dahingegeben zerstieben!
Ach! und daß er sich nicht, der edle Jüngling, zum Manne
Bilden soll! Ein fürstlicher Mann ist so nötig auf Erden,
Daß die jüngere Wut, des wilden Zerstörens Begierde
Sich als mächtiger Sinn, als schaffender, endlich beweise,
Der die Ordnung bestimmt, nach welcher sich Tausende
richten.
Nicht mehr gleicht der Vollendete dann dem stürmenden
Ares,
Dem die Schlacht nur genügt, die männertötende! Nein, er
Gleicht dem Kroniden selbst, von dem ausgehet die Wohlfahrt.
Städte zerstört er nicht mehr, er baut sie; fernem Gestade
Führt er den Überfluß der Bürger zu; Küsten und Syrten
Wimmeln von neuem Volk, des Raums und der Nahrung
begierig.

Dieser aber baut sich sein Grab. Nicht kann oder soll ich
Meinen Liebling zurück von der Pforte des Aïs geleiten,
Die er schon forschend umgeht und sucht, dem Freunde zu folgen,
Die ihm, so nahe sie klafft, noch nächtliche Dunkel umhüllen."
Also sprach sie und blickte schrecklich hinaus in den weiten
Äther. Schrecklich blicket ein Gott da, wo Sterbliche weinen.

Aber Here versetzte, der Freundin die Schulter berührend:
„Tochter, ich teile mit dir die Schmerzen, die dich ergreifen;
Denn wir denken ja gleich in vielem, so auch in diesem,
Daß ich vermeide des Mannes Umarmung, du sie verabscheust.
Aber desto geehrter ist stets uns der Würdige. Vielen
Frauen ist ein Weichling erwünscht, wie Anchises, der blonde,
Oder Endymion gar, der nur als Schläfer geliebt ward.
Aber fasse dich nun, Kronions würdige Tochter,
Steige hinab zum Peliden und fülle mit göttlichem Leben
Seinen Busen, damit er vor allen sterblichen Menschen
Heute der glücklichste sei, des künftigen Ruhmes gedenkend,
Und ihm der Stunde Hand die Fülle des Ewigen reiche."

Pallas eilig schmückte den Fuß mit den goldenen Sohlen,
Die durch den weiten Raum des Himmels und über das Meer sie
Tragen, schritt so hinaus und durchstrich die ätherischen Räume
Sowie die untere Luft, und auf die Skamandrische Höhe
Senkte sie schnell sich hinab, ans weitgesehene Grabmal
Äsyetes'. Nicht blickte sie erst nach der Feste der Stadt hin,
Nicht in das ruhige Feld, das zwischen des heiligen Xanthos
Immer fließendem Schmuck und des Simois steinigem, breitem,
Trockenem Bette, hinab nach dem kiesigen Ufer sich strecket.

Nicht durchlief ihr Blick die Reihen der Schiffe, der Zelte,
Spähete nicht im Gewimmel herum des geschäftigen Lagers;
Meerwärts wandte die Göttliche sich, der Sigeische Hügel
Füllt' ihr das Auge, sie sah den rüstigen Peleionen
Seinem geschäftigen Volke der Myrmidonen gebietend.

Gleich der beweglichen Schar Ameisen, deren Geschäfte
Tief im Walde der eilende Tritt des Jägers gestöret,
Ihren Haufen zerstreuend, wie lang' er und sorglich getürmt war;
Schnell die gesellige Menge, zu tausend Scharen zerstoben,
Wimmelt sie hin und her, und einzelne Tausende wimmeln,
Jede das Nächste fassend und sich nach der Mitte bestrebend,
Hin nach dem alten Gebäude des labyrinthischen Kegels:
Also die Myrmidonen, sie häuften Erde mit Erde,
Rings von außen den Wall auftürmend, also erwuchs er
Höher, augenblicks, hinauf in beschriebenem Kreise.

Aber Achilleus stand im Grunde des Bechers, umgeben
Rings von dem stürzenden Wall, der nun ihm ein Denkmal emporstieg.
Hinter ihn trat Athene, nicht fern, des Antilochos Bildung
Hüllte die Göttin ein, nicht ganz, denn herrlicher schien er.
Bald nun zurückgewandt, erblickte den Freund der Pelide
Freudig, ging ihm entgegen und sprach, die Hand ihm ergreifend:
„Trauter, kommst du mir auch, das ernste Geschäft zu befördern,
Das der Jünglinge Fleiß mir nah' und näher vollbringet?
Sieh! wie rings der Damm sich erhebt und schon nach der Mitte
Sich der rollende Schutt, den Kreis verengend, herandrängt.
Solches mag die Menge vollenden, doch dir sei empfohlen,
In der Mitte das Dach, den Schirm der Urne, zu bauen.
Hier! zwei Platten sondert' ich aus, beim Graben gefundne
Ungeheure; gewiß der Erderschüttrer Poseidon
Riß vom hohen Gebirge sie los und schleuderte hierher
Sie, an des Meeres Rand, mit Kies und Erde sie deckend.
Diese bereiteten, stelle sie auf, aneinander sie lehnend,

Baue das feste Gezelt! Darunter möge die Urne
Stehen, heimlich verwahrt, fern bis ans Ende der Tage.
Fülle die Lücke sodann des tiefen Raumes mit Erde,
Immer weiter heran, bis daß der vollendete Kegel,
Auf sich selber gestützt, den künftigen Menschen ein Mal sei."

Also sprach er, und Zeus' klaräugige Tochter Athene
Hielt ihm die Hände noch fest, die schrecklichen, denen im Streite
Ungern nahet ein Mann, und wenn er der trefflichste wäre.
Diese drückt' sie geschlossen, mit göttlicher freundlicher Stärke,
Wiederholend, und sprach die holden, erfreuenden Worte:
„Lieber, was du gebeutst, vollendet künftig der Deinen
Letzter, sei es nun ich, sei auch es ein andrer, wer weiß es.
Aber laß uns sogleich, aus diesem drängenden Kreise
Steigend hinauf, des Walles erhabenen Rücken umschreiten.
Dorten zeigt sich das Meer und das Land und die Inseln der Ferne."
Also sprach sie und regte sein Herz und hob, an der Hand ihn
Führend, leicht ihn hinauf, und also wandelten beide
Um den erhabenen Rand des immer wachsenden Dammes.

Aber die Göttin begann, die blauen glänzenden Augen
Gegen das Meer gewendet, versuchende, freundliche Worte:
„Welche Segel sind dies, die zahlreich, hintereinander,
Streben dem Ufer zu, in weite Reihe gedehnet?
Diese nahen, mich dünkt, so bald nicht der heiligen Erde,
Denn vom Strande der Wind weht morgendlich ihnen entgegen."

„Irret der Blick mich nicht", versetzte der große Pelide,
„Trüget mich nicht das Bild der bunten Schiffe, so sind es
Kühne phönikische Männer, begierig mancherlei Reichtums.
Aus den Inseln führen sie her willkommene Nahrung
Zu dem achaiischen Heer, das lange vermißte die Zufuhr,
Wein und getrocknete Frucht und Herden blökenden Viehes.
Ja, sie sollen gelandet, mich dünkt, die Völker erquicken,
Ehe die drängende Schlacht die neugestärkten heranruft."

„Wahrlich!" versetzte darauf die bläulich blickende Göttin,
„Keinesweges irrte der Mann, der, hier an der Küste
Sich die Warte zu schaffen, die Seinigen sämtlich erregte,
Künftig ins hohe Meer nach kommenden Schiffen zu spähen,
Oder ein Feuer zu zünden, der Steuernden nächtliches Zeichen.
Denn der weiteste Raum eröffnet hier sich den Augen,
Nimmer leer; ein Schiff begegnet strebenden Schiffen,
Oder folgt. Fürwahr! ein Mann von Okeanos' Strömen
Kommend und körniges Gold des hintersten Phasis im hohlen
Schiffe führend, begierig nach Tausch das Meer zu durchstreifen,
Immer würd' er gesehn, wohin er sich wendete. Schifft' er
Durch die salzige Flut des breiten Hellespontos
Nach des Kroniden Wieg' und nach den Strömen Ägyptos',
Die Tritonische Syrte zu sehen verlangend, vielleicht auch
An dem Ende der Erde die niedersteigenden Rosse
Helios' zu begrüßen und dann nach Hause zu kehren,
Reich mit Waren beladen, wie manche Küste geboten,
Dieser würde gesehn so hinwärts also auch herwärts.
Selbst auch wohnet, mich deucht, dort hinten zu, wo sich die Nacht nie
Trennt von der heiligen Erde, der ewigen Nebel verdrossen,
Mancher entschlossene Mann, auf Abenteuer begierig,
Und er wagt sich ins offene Meer; nach dem fröhlichen Tag zu
Steuernd gelangt er hieher und zeigt den Hügel von ferne
Seinen Gesellen und fragt, was hier das Zeichen bedeute."

Und mit heiterem Blick erwiderte froh der Pelide:
„Weislich sagst du mir das, des weisesten Vaters Erzeugter!
Nicht allein bedenkend, was jetzt dir das Auge berühret,
Sondern das Künftige schauend und heiligen Sehern vergleichbar.
Gerne hör' ich dich an, die holden Reden erzeugen
Neue Wonne der Brust, die schon so lang' ich entbehre.
Wohl wird mancher daher die blaue Woge durchschneiden,
Schauen das herrliche Mal und zu den Ruderern sprechen:
‚Hier liegt keineswegs der Achaier Geringster bestattet,

Denen zurück den Weg der Moiren Strenge versagt hat;
Denn nicht wenige trugen den türmenden Hügel zusammen.‘“

„Nein! so redet er nicht“, versetzte heftig die Göttin;
„‚Sehet!‘ ruft er entzückt, von fern den Gipfel erblickend,
‚Dort ist das herrliche Mal des einzigen großen Peliden,
Den so frühe der Erde der Moiren Willkür entrissen.‘
Denn das sag' ich dir an, ein wahrheitsliebender Seher,
Dem jetzt augenblicks das Künftige Götter enthüllen:
Weit von Okeanos' Strom, wo die Rosse Helios herführt,
Über den Scheitel sie lenkend, bis hin, wo er abends hinabsteigt,
Ja, so weit nur der Tag und die Nacht reicht, siehe, verbreitet
Sich dein herrlicher Ruhm, und alle Völker verehren
Deine treffende Wahl des kurzen rühmlichen Lebens.
Köstliches hast du erwählt. Wer jung die Erde verlassen,
Wandelt auch ewig jung im Reiche Persephoneias,
Ewig erscheint er jung den Künftigen, ewig ersehnet.
Stirbt mein Vater dereinst, der graue reisige Nestor,
Wer beklagt ihn alsdann? Und selbst von dem Auge des Sohnes
Wälzet die Träne sich kaum, die gelinde. Völlig vollendet
Liegt der ruhende Greis, der Sterblichen herrliches Muster.
Aber der Jüngling fallend erregt unendliche Sehnsucht
Allen Künftigen auf, und jedem stirbt er aufs neue,
Der die rühmliche Tat mit rühmlichen Taten gekrönt wünscht.“

Gleich versetzte darauf einstimmende Reden Achilleus:
„Ja, so schätzet der Mensch das Leben, als heiliges Kleinod,
Daß er jenen am meisten verehrt, der es trotzig verschmähet.
Manche Tugenden gibt's der hohen verständigen Weisheit,
Manche der Treu' und der Pflicht und der alles umfassenden Liebe;
Aber keine wird so verehrt von sämtlichen Menschen
Als der festere Sinn, der, statt dem Tode zu weichen,
Selbst der Keren Gewalt zum Streite mutig heranruft.

Auch ehrwürdig sogar erscheinet künft'gen Geschlechtern
Jener, der, nahe bedrängt von Schand' und Jammer, entschlossen
Selber die Schärfe des Erzes zum zarten Leibe gewendet.
Wider Willen folgt ihm der Ruhm; aus der Hand der Verzweiflung
Nimmt er den herrlichen Kranz des unverwelklichen Sieges."

Also sprach er, doch ihm erwiderte Pallas Athene:
„Schickliches hast du gesprochen, denn so begegnet's den Menschen.
Selbst den Geringsten erhebt der Todesgefahren Verachtung.
Herrlich steht in der Schlacht ein Knecht an des Königes Seite.
Selbst des häuslichen Weibes Ruhm verbreitet die Erde.
Immer noch wird Alkestis, die stille Gattin, genennet
Unter den Helden, die sich für ihren Admetos dahingab.
Aber keinem steht ein herrlicher größeres Los vor
Als dem, welcher im Streit unzähliger Männer der erste
Ohne Frage gilt, die hier, achaiischer Abkunft
Oder heimische Phrygen, unendliche Kämpfe durchstreiten.
Mnemosyne wird eh' mit ihren herrlichen Töchtern
Jener Schlachten vergessen, der ersten göttlichen Kämpfe,
Die dem Kroniden das Reich befestigten, wo sich die Erde,
Wo sich Himmel und Meer bewegten in flammendem Anteil,
Eh die Erinnrung verlöschen der argonautischen Kühnheit,
Und herkulischer Kraft nicht mehr die Erde gedenken,
Als daß dieses Gefild' und diese Küste nicht sollten
Künden hinfort zehnjährigen Kampf und die Gipfel der Taten.
Und dir war es bestimmt, in diesem herrlichen Kriege,
Der ganz Hellas erregt und seine rüstigen Streiter
Über das Meer getrieben, so wie die letzten Barbaren,
Bundesgenossen der Troer, hieher zum Kampfe gefordert,
Immer der Erste genannt zu sein, als Führer der Völker.
Wo sich nun künftig der Kranz der ruhigen Männer versammelt
Und den Sänger vernimmt, in sicherem Hafen gelandet,

Ruhend auf gehauenem Stein von der Arbeit des Ruders
Und vom schrecklichen Kampf mit unbezwinglichen Wellen;
Auch am heiligen Fest um den herrlichen Tempel gelagert
Zeus', des Olympiers, oder des fernetreffenden Phöbos,
Wenn der rühmliche Preis den glücklichen Siegern erteilt
ward:
Immer wird dein Name zuerst von den Lippen des Sängers
Fließen, wenn er voran des Gottes preisend erwähnte.
Allen erhebst du das Herz, als gegenwärtig, und allen
Tapfern verschwindet der Ruhm, sich auf dich Einen ver-
einend."

Drauf mit ernstem Blick versetzte lebhaft Achilleus:
„Dieses redest du bieder und wohl, ein verständiger Jüngling.
Denn zwar reizt es den Mann, zu sehn die drängende Menge
Seinetwegen versammelt, im Leben, gierig des Schauens,
Und so freut es ihn auch, den holden Sänger zu denken,
Der des Gesanges Kranz mit seinem Namen verflechtet;
Aber reizender ist's, sich nahverwandter Gesinnung
Edeler Männer zu freun, im Leben, so auch im Tode.
Denn mir ward auf der Erde nichts Köstlichers jemals ge-
geben,
Als wenn mir Ajax die Hand, der Telamonier, schüttelt,
Abends, nach geendigter Schlacht und gewaltiger Mühe,
Sich des Sieges erfreuend und niedergemordeter Feinde.
Wahrlich, das kurze Leben, es wäre dem Menschen zu
gönnen,
Daß er es froh vollbrächte, vom Morgen bis an den Abend
Unter der Halle sitzend und Speise die Fülle genießend,
Auch dazu den stärkenden Wein, den Sorgenbezwinger,
Wenn der Sänger indes Vergangnes und Künftiges brächte.
Aber ihm ward so wohl nicht jenes Tages beschieden,
Da Kronion erzürnt dem klugen Iapetiden
Und Pandorens Gebild Hephaistos dem König geschaffen;
Damals war beschlossen der unvermeidliche Jammer
Allen sterblichen Menschen, die je die Erde bewohnen,
Denen Helios nur zu trüglichen Hoffnungen leuchtet,
Trügend selbst durch himmlischen Glanz und erquickende
Strahlen.

Denn im Busen des Menschen ist stets des unendlichen Haders
Quelle zu fließen geneigt, des ruhigsten Hauses Verderber.
Neid und Herrschsucht und Wunsch des unbedingten Besitzes
Weit verteileten Guts, der Herden, so wie des Weibes,
Die ihm göttlich scheinend gefährlichen Jammer ins Haus bringt.
Und wo rastet der Mensch von Müh' und gewaltigem Streben,
Der die Meere befährt im hohlen Schiffe? die Erde,
Kräftigen Stieren folgend, mit schicklicher Furche durchziehet?
Überall sind Gefahren ihm nah', und Tyche, der Moiren
Älteste, reget den Boden der Erde so gut als das Meer auf.
Also sag' ich dir dies: der Glücklichste denke zum Streite
Immer gerüstet zu sein, und jeder gleiche dem Krieger,
Der von Helios' Blick zu scheiden immer bereit ist."

Lächelnd versetzte darauf die Göttin Pallas Athene:
„Laß dies alles uns nun beseitigen! Jegliche Rede,
Wie sie auch weise sei, der erdegeborenen Menschen
Löset die Rätsel nicht der undurchdringlichen Zukunft.
Darum gedenk' ich besser des Zwecks, warum ich gekommen,
Dich zu fragen, ob du vielleicht mir irgend gebötest,
Dir sogleich zu besorgen das Nötige, wie auch den Deinen."

Und mit heiterem Ernst versetzte der große Pelide:
„Wohl erinnerst du mich, der Weisere, was es bedürfe.
Mich zwar reizet der Hunger nicht mehr, noch der Durst, noch ein andres
Erdegebornes Verlangen zur Feier fröhlicher Stunden;
Aber diesen ist nicht, den treu arbeitenden Männern,
In der Mühe selbst der Mühe Labung gegeben.
Forderst du auf der Deinigen Kraft, so mußt du sie stärken
Mit den Gaben der Ceres, die alles Nährende spendet.
Darum eile hinab, mein Freund, und sende des Brotes
Und des Weines genug, damit wir fördern die Arbeit.

Und am Abende soll der Geruch willkommenen Fleisches
Euch entgegendampfen, das erst geschlachtet dahinfiel.“
Also sprach er laut; die Seinen hörten die Worte,
Lächelnd untereinander, erquickt vom Schweiße der Arbeit.

Aber hinab stieg Pallas, die göttliche, fliegenden Schrittes
Und erreichte sogleich der Myrmidonen Gezelte,
Unten am Fuße des Hügels, die rechte Seite des Lagers
Treu bewachend; es fiel dies Los dem hohen Achilleus.
Gleich erregte die Göttin die stets vorsichtigen Männer,
Welche, die goldene Frucht der Erde reichlich bewahrend,
Sie dem streitenden Mann zu reichen immer bereit sind.
Diese nun rief sie an und sprach die gebietenden Worte:
„Auf! Was säumet ihr nun, des Brotes willkommene Nahrung
Und des Weines hinauf den Schwerbemühten zu bringen,
Die nicht heut am Gezelt in frohem Geschwätze versammelt
Sitzen, das Feuer schürend, sich tägliche Nahrung bereiten!
Auf! ihr Faulen, schaffet sogleich den tätigen Männern,
Was der Magen bedarf; denn allzuoft nur verkürzt ihr
Streitendem Volke den schuldigen Lohn verheißener Nahrung.
Aber, mich dünkt, euch soll des Herrschenden Zorn noch ereilen,
Der den Krieger nicht her um euretwillen geführt hat.“
Also sprach sie, und jene gehorchten, verdrossenes Herzens,
Eilend und schafften die Fülle heraus, die Mäuler beladend.

KOMMENTARTEIL

GOETHE UND SEINE ZEITGENOSSEN ÜBER DEN „WEST-ÖSTLICHEN DIVAN“

GOETHE

An Knebel. Weimar, 11. Januar 1815.

... So habe ich mich die Zeit her meist im Orient aufgehalten, wo denn freilich eine reiche Ernte zu finden ist. Man unterrichtet sich im Allgemeinen und Zerstückelten wohl von so einer großen Existenz; geht man aber einmal ernstlich hinein, so ist es vollkommen, als wenn man ins Meer geriete.

Indessen ist es doch auch angenehm, in einem so breiten Elemente zu schwimmen und seine Kräfte darin zu üben. Ich tue dies nach meiner Weise, indem ich immer etwas nachbilde und mir so Sinn und Form jener Dichtarten aneigne.

Es ist wunderlich zu sehen, wie die verschiedenen Nationen: Franzosen, Engländer, Deutsche, wie die verschiedenen Stände: Theologen, Ärzte, Moralisten, Geschichtschreiber und Dichter den ungeheuren Stoff, jeder nach seiner Art, behandelt, und so muß man es denn auch machen, wenn man ihm etwas abgewinnen will, und sollte man dabei auch die Rolle des Kindes spielen, das mit einer Muschel den Ozean in sein Grübchen schöpfen will.

Die Gedichte, denen du deinen Beifall schenktest, sind indessen wohl aufs Doppelte angewachsen.

An Chr. Fr. Schlosser. Weimar, 23. Januar 1815.

Was mich aber jetzo beinahe ausschließlich beschäftigt, gesteh ich Ihnen am liebsten, da ich dabei mit Freude Ihrer gedenken kann. Ich habe mich nämlich, mit aller Gewalt und allem Vermögen, nach dem Orient geworfen, dem Lande des Glaubens, der Offenbarungen, Weissagungen und Verheißungen. Bei unserer Lebens- und Studien-Weise vernimmt man so viel von allen Seiten her, begnügt sich mit enzyklopädischem Wissen und den allgemeinsten Begriffen; dringt man aber selbst in ein solches Land, um die Eigentümlichkeiten seines Zustandes zu fassen, so gewinnt alles ein lebendigeres Ansehen.

Ich habe mich gleich in Gesellschaft der persischen Dichter begeben, ihren Scherz und Ernst nachgebildet. Schiras, als den poetischen Mittelpunkt, habe ich mir zum Aufenthalte gewählt, von da ich meine Streifzüge (nach Art jener unzähligen kleinen Dynasten, nur unschuldiger wie sie) nach allen Seiten ausdehne.

China und Japan hatte ich vor einem Jahr fleißig durchreist und mich mit jenem Riesenstaat ziemlich bekannt gemacht. Nun will ich mich innerhalb der Grenzlinie der Eroberungen Timurs halten, weil ich dadurch an einem abermaligen Besuch im jugendlieben Palästina nicht gehindert werde.

Wenig fehlt, daß ich noch Arabisch lerne, wenigstens soviel will ich mich in den Schreibezügen üben, daß ich die Amulette, Talismane, Abraxas und Siegel in der Urschrift nachbilden kann.

In keiner Sprache ist vielleicht Geist, Wort und Schrift so uranfänglich zusammengekörpert. *(Briefe HA, Bd. 3, S. 290f.)*

An Knebel. Weimar, 8. Februar 1815.

Meine Schatzkammer füllt sich täglich mehr mit Reichtümern aus Osten; wie ich sie ordnen und aufstutzen kann, muß die Zeit lehren. Ich segne meinen Entschluß zu dieser Hegire, denn ich bin dadurch der Zeit und dem lieben Mittel-Europa entrückt, welches für eine große Gunst des Himmels anzusehen ist, die nicht einem jeden widerfährt.

An Cotta. Weimar, 16. Mai 1815.

Ich habe mich nämlich im Stillen längst mit orientalischer Literatur beschäftigt, und um mich inniger mit derselben bekannt zu machen, mehreres in Sinn und Art des Orients gedichtet. Meine Absicht ist dabei, auf heitere Weise den Westen und Osten, das Vergangene und Gegenwärtige, das Persische und Deutsche zu verknüpfen, und beiderseitige Sitten und Denkarten übereinander greifen zu lassen. Ew. Wohlgeb. vorjähriges freundliches Geschenk der Übersetzung des Hafis hat mich aufs neue angeregt, und es liegt bei mir schon eine ziemliches Bändchen beisammen, welches, vermehrt, künftig unter folgendem Titel hervortreten könnte:

Versammlung deutscher Gedichte, mit stetem Bezug auf den Divan des persischen Sängers Mahomed Schemseddin Hafis.

Sei das Wort die Braut genannt,
Bräutigam der Geist,
Diese Hochzeit hat gekannt
Wer Hafisen preist.

Außer dem genannten Hafis ist auf die orientalische Poesie und Literatur überhaupt Rücksicht genommen, von den Moallakat und dem Koran bis auf Dschami, ja die türkischen Dichter sind nicht außer acht gelassen. Ferner bin ich bedacht, den vorzüglichsten Männern, welchen diese Literatur in Europa so vieles zu verdanken hat, jedem ein poetisches Monument in seiner Art zu errichten, den verstorbenen sowohl als lebenden, wobei die Reisenden nicht vergessen sind, und woraus große Mannigfaltigkeit entsteht.

Diesen deutschen Divan wünscht' ich, in Form eines Taschenbuchs, in viele Hände, wozu aber noch Zeit ist, denn er muß sich noch um manche Glieder vermehren. Ew. Wohlgeb. aber vertraue ich dieses voraus, weil ich zu solchem Zwecke schon manches vorgearbeitet sehe, und noch vorzubereiten wäre. So haben Sie z. B. die von Hammersche Übersetzung des Hafis drucken lassen, ein sehr verdienstliches Werk, und für mich von großem Wert, das aber doch nicht viele Leser findet, indem es in Zuständen, Gesinnung und Dichtungsart allzusehr von uns abliegt ...
(Briefe HA, Bd. 3, S. 306f.)

An Zelter. Weimar, 17. Mai 1815.

Um dir ein neues Gedicht zu schicken, habe ich meinen orientalischen Divan gemustert, dabei aber erst klar gesehen, wie diese Dichtungsart zur Reflexion hintreibt, denn ich fand darunter nichts Singbares, besonders für die Liedertafel, wofür doch eigentlich zu sorgen ist. Denn was nicht gesellig gesungen werden kann, ist wirklich kein Gesang, wie ein Monolog kein Drama ...

Eh ich abschließe, seh ich meinen Divan nochmals durch, und finde noch eine zweite Ursache, warum ich dir daraus kein Gedicht senden kann, welches jedoch zum Lobe der Sammlung gereicht. Jedes einzelne Glied nämlich ist so durchdrungen von dem Sinn des Ganzen, ist so innig orientalisch, bezieht sich auf Sitten, Gebräuche, Religion und muß von einem vorhergehenden Gedicht erst exponiert sein, wenn es auf Einbildungskraft oder Gefühl wirken soll. Ich habe selbst noch nicht gewußt, welches wunderliche Ganze ich daraus vorbereitet. Das erste Hundert Gedichte ist beinahe schon voll; wenn ich das zweite erreicht habe, so wird die Versammlung schon ein ernsteres Gesicht machen.

An Christiane. Wiesbaden, 7. Juni 1815.

Die Rosen blühen vollkommen, die Nachtigallen singen, wie man nur wünscht, und so ist es keine Kunst, sich nach Schiras zu versetzen. Auch sind die neuen Glieder des „Divans" reinlich eingeschaltet und ein frischer Adreßkalender der ganzen Versammlung geschrieben, die sich nunmehr auf hundert beläuft, die Beigänger und kleine Dienerschaft nicht gerechnet.

Aus Boisserées Tagebuch. Wiesbaden, 3. August 1815.

Neue Arbeit der „Divan". Aneignung des Orientalismus – Napoleon, unsere Zeit bieten reichen Stoff dazu. Timur, Dschengis Khan, Naturkräften ähnlich, in einem Menschen erscheinend. Freiheit der Form, abgerissen, einzeln – und doch bringt er von den Alten mehr Bildung und Bildlichkeit mit. Das ist gerade das einzige, was den Orientalen abgeht, die Bilder –. Insoweit sei er so eitel und übertrieben, zu sagen, daß er darüber stehe, das Alte und Neue verbinde.

An Zelter. Weimar, 29. Oktober 1815.

Sodann verkündige, wie mein „Divan“ um viele Glieder vermehrt ist, worunter sich welche von der jüngsten und frischesten Sorte befinden. Er kann nun schon, dem verschiedenen Inhalt gemäß, in Bücher abgeteilt werden; manches Singbare wird sich darunter finden, doch waltet, nach orientalischer Art, die Reflexion am meisten darin, wie es auch den Jahren des Dichters geziemt.

24. Februar 1816: Goethes Ankündigung des Westöstlichen Divan *im „Morgenblatt für gebildete Stände“ (S. 268–270).*

An Zelter. Weimar, 11. März 1816.

Der „Divan“ ist angewachsen und stark. Die Dichtart, die ich ohne weitere Reflexion ergriffen und geübt habe, hat das Eigene, daß sie fast, wie das Sonett, dem Gesang widerstrebt; auch ist es merkwürdig genug, daß die Orientalen ihre Lieder durch Schreiben, nicht durch Singen verherrlichen. Indessen ist es eine Dichtart, die meinem Alter zusagt, meiner Denkweise, Erfahrung und Umsicht, wobei sie erlaubt, in Liebesangelegenheiten so albern zu sein, als nur immer die Jugend.

Daß ein Gedicht durch die graphische Darstellung verherrlicht *(d.h. als etwas Kostbares bezeichnet) wird, ist im* Divan *S. 86,* Abglanz, *Vers 22 ausgesprochen. Ähnlich S. 67, Zeile 3–5; S. 70* Die schön geschriebenen, / Herrlich umgüldeten …

An Sartorius. Weimar, 23. Februar 1818.

Der „Divan“ ist auch in Druck gegeben, bei dessen Revision ich mich immer mit Vergnügen der guten Stunden erinnere, die ich mit meinen werten Freunden und Gevattern zugebracht. Gelangt dieser Aftermahometaner dereinst zu Ihnen, so werden Sie ihn in seiner Maskenhülle freundlich aufnehmen, indem Sie einen wohlbekannten Freund dahinter nicht verkennen.

An Ottilie von Goethe. Jena, 21. Juni 1818.

Die Wirkung dieser Gedichte empfindest du ganz richtig, ihre Bestimmung ist, uns von der bedingenden Gegenwart abzulösen und uns für den Augenblick dem Gefühl nach in eine grenzenlose Freiheit zu versetzen. Dies ist zu einer jeden Zeit wohltätig, besonders zu der unseren.

An S. Boisserée. Weimar, 26. September 1818.

Der Divan ist abgedruckt, wird aber noch zurückgehalten, weil Erläuterungen und Aufklärungen anzufügen sind. Denn ich hatte an meinen bisherigen Hörern und Lesern (alles höchst gebildete Personen) gar sehr zu bemerken, daß der Orient ihnen völlig unbekannt sei; weshalb ich denn, den augenblicklichen Genuß zu befördern, die nötigen Vorkehrungen treffe. Sie können denken, wie oft mir unter diesen Arbeiten der Heidelberger Platz und Schloß unter die Augen tritt.

An Zelter. Jena, 7. Oktober 1819.

Möchtest du aus diesem Büchlein dich wieder aufs neue erbaut fühlen. Es steckt viel drin, man kann viel herausnehmen und viel hineinlegen.

An Zelter. Karlsbad, 11. Mai 1820.

Möge mein Divan dir immer empfohlen bleiben. Ich weiß, was ich hineingelegt habe, welches auf mancherlei Weise herauszuwickeln und zu nutzen ist. Eberwein hat einige Lieder gesetzt, sage mir dein Urteil darüber. Deine Kompositionen fühle ich sogleich mit meinen Liedern identisch, die Musik nimmt nur, wie ein einströmendes Gas, den Luftballon mit in die Höhe. Bei andern Komponisten muß ich erst aufmerken, wie sie das Lied genommen, was sie daraus gemacht haben.

Unter den Eberweinischen hat das eine:

pp. Jussuphs Reize möcht ich borgen pp. *(S. 71)*

mich und andere besonders angesprochen (wie sie es heißen). Die Frau trug sie recht gut, fließend und gefällig vor.

Indessen sammeln sich wieder neue Gedichte zum Divan. Diese mohammedanische Religion, Mythologie, Sitte geben Raum einer Poesie, wie sie meinen Jahren ziemt. Unbedingtes Ergeben in den unergründlichen Willen Gottes, heiterer Überblick des beweglichen, immer kreis- und spiralartig wiederkehrenden Erdetreibens, Liebe, Neigung zwischen zwei Welten schwebend, alles Reale geläutert, sich symbolisch auflösend. Was will der Großpapa weiter?

Eckermann über ein Gespräch, das er auf den 12. Januar 1827 datiert. Das Hauskonzert fand aber, wie Goethes Tagebuch zeigt, am 14. Januar statt.

Zum Schluß des schönen Abends sang Madame Eberwein auf Goethes Wunsch einige Lieder des „Divans“ nach den bekannten Kompositionen ihres Gatten. Die Stelle: „Jussuphs Reize möcht ich borgen *(S. 71)*“ gefiel Goethen ganz besonders. Eberwein, sagte er zu mir, übertrifft sich mitunter selber. Er bat sodann noch um das Lied: „Ach!

um deine feuchten Schwingen“, welches gleichfalls die tiefsten Empfindungen anzuregen geeignet war.

Nachdem die Gesellschaft gegangen, blieb ich noch einige Augenblicke mit Goethe allein. Ich habe, sagte er, diesen Abend die Bemerkung gemacht, daß diese Lieder des „Divan“ gar kein Verhältnis mehr zu mir haben. Sowohl was darin orientalisch als was darin leidenschaftlich ist, hat aufgehört in mir fortzuleben; es ist wie eine abgestreifte Schlangenhaut am Wege liegen geblieben.

Tag- und Jahreshefte, *Abschnitt* 1815 *und* 1818.

Abgedruckt in Bd. 10, S. 514, 18–516, 11; und S. 521, 14–36.

ÄUSSERUNGEN VON ZEITGENOSSEN

Uwarow an Goethe. St. Petersburg, 10. (23.) August 1818.

Sergej Semenowitsch Graf Uwarow, 1786–1855, hatte in Göttingen studiert, war dann im russischen diplomatischen Dienst tätig und beschäftigte sich wissenschaftlich mit Orientalistik. 1818 wurde er Präsident der Akademie der Wissenschaften in Petersburg. Er stand mit Goethe seit 1810 in Briefwechsel.

Edler, herrlicher Freund,

Wie könnte ich Ihnen das Gefühl begreiflich machen, mit welchem ich Ihr Schreiben vom 18. Mai und die dabei liegenden Gedichte erhalten und gelesen habe! – Ihre Wanderungen nach dem Ur-Quell der orientalischen Poesie sind im eigentlichen Sinne Eroberungen; denn sie erweitern das Gebiet der Kunst und flechten neugestaltete, duftende Blumen in den Kranz Ihrer Gedichte hinein. Wie beneidenswert ist die wunderbare Eigentümlichkeit, mit der Sie sich in die verschiedenartigsten Formen versetzen und in denselben immer zu gleicher Klassizität gelangen – denn klassisch ist Hafis ebenso wie Pindar; nur gehört er einer andern Natur an – der reichen, erschöpfenden, wollustatmenden Natur des Orients, wo der Mensch eher das Produkt einer üppigen Vegetation als der sinnbegabte Herrscher der Welt zu sein scheint.

November 1819. In der „Allgemeinen Literatur-Zeitung“ in Halle erscheint eine ausführliche Rezension des Divan von dem Jenaer Orientalisten J. G. L. Kosegarten. Sie enthält vom Standpunkt des Arabisten und Iranisten eine Anerkennung der Leistung, die wesentlichen Züge der östlichen Dichtung zu erkennen und im Zusammenhang der Gesamtkultur darzustellen. – Wieder abgedruckt: Fambach, Goethe und seine Kritiker, 1955, S. 239–251. – Teilabdruck: Divan, Gesamt-Ausgabe von Hans-J. Weitz, 1972, S. 423–425.

Sulpiz Boisserée an Goethe. Stuttgart, 23. März 1820.

In Ihrem „Divan“ ergötze ich mich alle Tage. Das Buch ist recht wie ein Kästchen voll Perlen und Edelsteine; man muß es immer wieder öffnen, bald dies, bald jenes zu betrachten, und wird nicht satt, sich an dem stillen Licht des einen, an dem blitzenden Glanz und den schönen Farben des anderen zu weiden; so viel Weisheit, Geist und Liebe ist darin enthalten.

Matthäus v. Collin, Aus einer Besprechung des „Divan“ in den Wiener „Jahrbüchern der Literatur“, Herbst 1822.

Jedermann wird, was den poetischen Teil des Divans betrifft, anerkennen müssen, daß das Gebiet der Poesie durch die Dichtungen, die er enthält, wahrhaft erweitert worden sei. Sie kleiden oft eigentümliche heimatliche Ideen in persisches Gewand, wenn sie nicht, bestimmt an Ausdrücken Hafisens sich erfreuend, diese wiederholen, dort vorfindige Bilder erneuern ... Überall aber ist auch hier die Selbständigkeit des Deutschen sichergestellt ... Von Wein und Liebe zu singen ist gewiß nichts Neues noch Merkwürdiges. Allein es ist eben das Ungewöhnliche in dieser scheinbaren Alltäglichkeit, und die aus dieser Ungewöhnlichkeit selbst wieder hervorleuchtende wunderbare Übereinstimmung der Ideen und Empfindungen, was einen so großen Dichter wie Goethe in den Jahren des gereiftesten Urteils so zu dichten veranlassen konnte ... Diese Übereinstimmung weiset unmittelbar auf die gemeinsame Würde des Menschengeschlechtes ... Den Deutschen ziert aber vor allen Völkern dies Herausstreben aus angeborner Beschränkung; nicht zwar um die eigene Individualität an eine fremde zu vergeuden, sondern um sie zu erweitern und alles, was eigentliche Einseitigkeit wäre, von ihr abzustreifen. Inbesondere war dies der Charakter Goethescher Dichtung von ihrer ersten Entstehung an bis in diese letzte Zeit später Blüten seines reich ausgestatteten Geistes. Die Einheit in seinen mannigfaltigen Dichtungen ist eben jenes große Bestreben, nicht die nächste Umgebung des Vaterlandes nur, sondern die Welt im Geiste zu erfassen und ein klares und reines Bild der Menschheit darzustellen.

Hegel in seinen Berliner Vorlesungen, zwischen 1820 und 1830.

Hegel hat den Westöstlichen Divan *besonders häufig in seinen Vorlesungen erwähnt, und zwar in seinen „Vorlesungen über die Philosophie der Geschichte“, die er in den Jahren 1822–1831 mehrfach gelesen hat, und in den „Vorlesungen über die Ästhetik“, die er in Berlin zuerst 1820/21, zuletzt 1828/29 gehalten hat. Hegel starb 1831, ein Jahr vor Goethe. Er hat sich mit dem* Divan *anscheinend bald nach dem Erscheinen der Erstausgabe beschäftigt. Er sah zu dieser Zeit ringsum die ro-*

mantischen Lyriker und deren dilettantische Nachfolger, die meinten, wenn man eine Empfindung habe und reimen könne, sei Dichtung geschaffen. Als Gegensatz dazu versuchte er am Divan *seinen Hörern den Charakter eines formgewordenen, von der Subjektivität des Verfassers losgelösten Kunstwerkes klar zu machen.*

Im Kampfe mit den Sarazenen hatte sich die europäische Tapferkeit zum schönen, edlen Rittertum idealisiert; Wissenschaft und Kenntnisse, insbesondere der Philosophie, sind von den Arabern ins Abendland gekommen; eine edle Poesie und freie Phantasie ist bei den Germanen im Orient angezündet worden, und so hat sich auch Goethe an das Morgenland gewandt und in seinem „Divan“ eine Perlenschnur geliefert, die an Innigkeit und Glückseligkeit der Phantasie alles übertrifft. (Vorlesungen über die Philosophie der Geschichte, 4. Teil, 1. Abschn., 2. Kap.: „Der Muhamedanismus“.)

Goethe hat sich viel Mühe gegeben, die Philostratischen Gemälde den Malern zu näherer Beherzigung und Nachbildung vorstellig zu machen, doch hat er wenig damit ausgerichtet; dergleichen antike Gegenstände in ihrer antiken Gegenwart und Wirklichkeit bleiben dem modernen Publikum wie den Malern immer etwas Fremdes. Dagegen ist es Goethe selber in einem weit tieferen Geiste gelungen, durch seinen „West-östlichen Divan“ noch in den späteren Jahren seines freien Innern den Orient in unsere heutige Poesie hineinzuziehen und ihn der heutigen Anschauung anzueignen. Bei dieser Aneignung hat er sehr wohl gewußt, daß er ein westlicher Mensch und ein Deutscher sei, und so hat er wohl den morgenländischen Grundton in Rücksicht auf den östlichen Charakter der Situationen und Verhältnisse durchweg angeschlagen, ebensosehr aber unserem heutigen Bewußtsein und seiner eigenen Individualität das vollständigste Recht widerfahren lassen. In dieser Weise ist es dem Künstler allerdings erlaubt, seine Stoffe aus fernen Himmelsstrichen, vergangenen Zeiten und fremden Völkern zu entlehnen und auch im ganzen und großen der Mythologie, den Sitten und Institutionen ihre historische Gestalt zu bewahren; zugleich aber muß er diese Gestalten nur als Rahmen seiner Gemälde benutzen, das Innere dagegen dem wesentlichen tieferen Bewußtsein seiner Gegenwart in einer Art anpassen, als deren bewunderungswürdigstes Beispiel bis jetzt noch immer Goethes „Iphigenie“ dasteht. (Vorlesungen über die Ästhetik, 1. Teil, 3. Kap., III, 3: Die Äußerlichkeit des idealen Kunstwerkes im Verhältnis zum Publikum.)

Bei ausgebildeter Reflexion und Sprache wird jedem bei den meisten Gegenständen und Verhältnissen irgend etwas einfallen, das er nun auch, wie jeder einen Brief zu schreiben versteht, auszudrücken die

Geschicklichkeit hat. Solch eines allgemeinen, oft – wenn auch mit neuen Nuancen – wiederholten Singsangs wird man bald überdrüssig. Es handelt sich deshalb auf dieser Stufe hauptsächlich darum, daß sich das Gemüt mit seiner Innigkeit, daß sich ein tiefer Geist und reiches Bewußtsein in die Zustände, Situationen usf. ganz hineinlebe, darin verweile und aus dem Gegenstande dadurch etwas Neues, Schönes, in sich selbst Wertvolles mache.

Hierfür geben besonders die Perser und Araber in der morgenländischen Pracht ihrer Bilder, in der Seligkeit der Phantasie, welche sich ganz theoretisch mit ihren Gegenständen zu tun macht, ein glänzendes Vorbild selbst für die Gegenwart und die subjektive heutige Innigkeit ab. Auch die Spanier und Italiener haben hierin Vortreffliches geleistet ...

Auf dem Standpunkte einer gleich geistreichen Freiheit, aber subjektiv innigeren Tiefe der Phantasie stehen unter neueren Dichtern hauptsächlich Goethe in seinem ,,West-östlichen Divan" und Rückert. Besonders unterscheiden sich Goethes Gedichte im ,,Divan" wesentlich von seinen früheren. In »Willkommen und Abschied« z. B. ist die Sprache, die Schilderung zwar schön, die Empfindung innig, aber sonst die Situation ganz gewöhnlich, der Ausgang trivial, und die Phantasie und ihre Freiheit hat nichts weiter hinzugetan. Ganz anders ist das Gedicht im ,,West-östlichen Divan", »Wiederfinden« überschrieben. Hier ist die Liebe ganz in die Phantasie, deren Bewegung, Glück, Seligkeit herübergestellt. Überhaupt haben wir in den ähnlichen Produktionen dieser Art keine subjektive Sehnsucht, kein Verliebtsein, keine Begierde vor uns, sondern ein reines Gefallen an den Gegenständen, ein unerschöpfliches Sich-Ergehen der Phantasie, ein harmloses Spielen, eine Freiheit in den Tändeleien auch der Reime und künstlichen Versmaße, und dabei eine Innigkeit und Froheit des sich in sich selber bewegenden Gemütes, welche durch die Heiterkeit des Gestaltens die Seele hoch über alle peinliche Verflechtung in die Beschränkung der Wirklichkeit hinausheben. (Ebd., II. Teil, 3. Abschn., 3. Kap., 3 c: Das Ende der romantischen Kunstform.)

Volkslieder ... Ihnen gegenüber stehen die Lieder einer schon in sich vielfach bereicherten Bildung, welche ... sich an die Natur und an Situationen des engeren menschlichen Lebens wendet und diese Gegenstände sowie die Gefühle dabei und darüber beschreibt, indem der Dichter in sich zurückgeht und sich an seiner eigenen Subjektivität und deren Herzensregungen weidet. Bleiben dergleichen Lieder bei der bloßen Beschreibung, besonders von Naturgegenständen, stehen, so werden sie leicht trivial und zeugen von keiner schöpferischen Phantasie. Auch mit dem Beschreiben der Empfindungen über etwas geht es häufig nicht besser. Vor allem muß der Dichter bei solcher Schilderung der Gegenstände und Empfindungen nicht mehr in der Befangenheit der unmittelbaren Wünsche und Begierden stehen, sondern in theoretischer Freiheit sich schon ebensosehr darüber erhoben haben, so daß es ihm nur auf die Befriedigung ankommt, welche die Phantasie als solche gibt. Diese unbekümmerte Freiheit, diese Ausweitung des Herzens und Befriedigung im Elemente der Vorstellung gibt z. B. vielen der Anakreontischen Lieder sowie den Gedichten des Hafis und dem Goetheschen „West-östlichen Divan“ den schönsten Reiz geistiger Freiheit und Poesie. (Ebd., III. Teil, 3. Abschn., 3. Kap. Die lyrische Poesie, 2c: Die Arten der eigentlichen Lyrik.)

1824. In Brockhaus' „Conversations-Lexikon“ erscheint ein Artikel über Goethe, verfaßt von Karl Förster. (Wieder abgedruckt: Mandelkow, Goethe im Urteil seiner Kritiker, Bd. 1, S. 368–376). Darin heißt es unter anderem:

Durch alle Lieder des „Divan“ weht das ungetrübte Gefühl einer unerwartet eingetretenen Befriedigung mit dem Leben und einer heitern Zufriedenheit mit jedem Zustande des Daseins. Der Zeitraum, um welchen diese Sammlung lyrischer Gedichte entstanden ist, kündigt sich deutlich durch dasjenige Lied an, welches sie eröffnet ... Der mit sich und der Außenwelt einig gewordene Mensch widersteht den äußern Drangsalen und wird keineswegs durch sie entmutigt. Ist es wohl möglich, vollkommen und reiner guten Mutes zu sein wie der Dichter des „Divan“? Nur scheint diese Sammlung noch nicht das richtige Verständnis gefunden zu haben, dessen sie bedarf.

Aus einem anonymen Gedicht „Dem achtzigsten Geburtstag Goethes“, das Goethe zum 28. August 1828 aus Gotha zugeschickt bekam. Er ließ die Verse auf den „Divan“ abschreiben und sandte sie am 1. September 1828 aus Dornburg an Kanzler v. Müller.

Der „Divan“:
Ein Schirasbecher,
Mut sprudelnd zum Leben
Und gläubigen Kämpfen;
Ein Iransgarten,
Von Rosendüften
Reinmenschlichster Lehre,
Und Nachtigalliedern
Liebherzigster Innigkeit
Klangvoll durchwürzet;
Der Vorhöfe einer

Zum Heiligtume
Des Buchs der Bücher;
Ein Sonnenaufgang,
Der Thron des Heiligsten, Höchsten,
Von Wahrheit und Liebe umfunkelt.

Und Suleika?
Seht doch hin,
Die ihr reinen Herzens seid,
Was ist des Dichters Geliebte,
Die Sonne der Sonnen?
Was ist sein liebeverklärtes Ich,
Der Stern der Sterne?
Unwandelbar verbunden
In blühender Bräutlichkeit, ist
Sie holdeste fehllose Gattin;
Reintreuester Gatte liebt er
Stets zärtlicher, wahrer;
Die Glücklichsten verknüpfen
Mit köstlichem Besitz fürs Leben
Den Zartsinn, die Innigkeit,
Die begeisternde Glut,
Die lautere Seelenfülle
Der ersten Liebe;
Suleika schließt mit ihrem Hatem
Paradiesischen Bund,
Beide Welten umfassend.

NACHWORT ZUM „WEST-ÖSTLICHEN DIVAN“

Divan ist ein persisches Wort und heißt „Versammlung“, „Gruppe“, insbesondere „Liedersammlung“. Goethe legt eine west-östliche Liedersammlung vor, einen Gedichtkreis, der in sich gerundet neben seinen übrigen Gedichten steht, vergleichbar etwa den *Römischen Elegien*. Jene hießen ursprünglich *Erotica Romana,* d.h. Liebesgedichte im römischen Stil. So wie dort römisch gedacht und gelebt wird, so hier persisch. Der ursprüngliche Titel hieß: *Versammlung deutscher Gedichte mit stetem Bezug auf den „Divan“ des persischen Sängers Mahomed Schemseddin Hafis.* (Zu *Divan* = „Versammlung“ vgl. S. 69, Vers 31, ferner *Noten und Abhandlungen* S. 150,26.)

Im Juni 1814 lernte Goethe den „Divan“ des Hafis in der Übersetzung von Josef v. Hammer kennen. Die Begegnung machte für ihn Epoche. Weder früher noch später hätte sie ihn so tief berühren können wie eben jetzt, als der Geist des mit Bewußtsein gelebten Alters sich mit einer neu durchbrechenden gesunden Kraft des Erlebens und Schaffens vereinigte. Lebensnähe und Abstand der eigenen Weltschau gaben die rechte Bereitschaft, um die Verbindung von Leidenschaft und Geist in der östlichen Dichtung zu verstehen. Die orientalische Welt war Goethe nicht fremd. Zwar hatte die Bemühung um das griechisch-römische Altertum stets für ihn im Vordergrund gestanden, daneben aber war als eine schmalere, doch niemals abreißende Linie immer die Beschäftigung mit dem Osten hergegangen. Aus den Büchern Mose hatte er als Knabe die Welt der Patriarchen kennen gelernt, und im Alter sagte er rückschauend: *Es schlingt sich die daher für mich gewonnene Kultur durch mein ganzes Leben und wird noch manchmal in unerwarteten Erscheinungen hervortreten.* (An Rochlitz 30. Jan. 1812.) Herder hatte ihn in Straßburg die Bibel als Kulturgeschichte des alten Orients sehen gelehrt; und Herder war es, der in den folgenden Jahren den Deutschen überhaupt das große, Zeiten und Völker umfassende Kulturbild schuf. Hier nehmen neben den Griechen und Römern die Juden, Araber, Perser einer wesentliche Stellung ein. Herder kannte Hafis, übersetzte Saadi und griff weiter bis zur indischen und chinesischen Dichtung. Was die gelehrten Orientalisten erarbeitet hatten, wurde durch ihn Bestandteil des allgemeinen deutschen Weltbildes, zumal in seinen „Ideen“. Goethe übersetzte in Straßburg Teile des „Hohen Lieds“ als weltliche Liebesdichtung; er befaßte sich 1773 mit arabischer Kultur für ein *Mahomet*-Drama; 1783 übersetzte er alte Beduinendichtungen auf

Grund einer Veröffentlichung des englischen Arabisten Jones; 1797 schrieb er eine in der Frankfurter Zeit begonnene Untersuchung zu Ende, *Israel in der Wüste*, die er später in die *Noten* zum *Divan* aufnahm (S. 207–225). Als er 1811 in *Dichtung und Wahrheit* seine Jugend darstellte, schob er einen ausführlichen Abschnitt über die alttestamentlichen Patriarchen ein (Bd. 9, S. 129,10–140,26); er schildert ihr Leben als *Urgeschichte* (129,23), die *Erzväter* gehörten zum *Hirtenstande* (135,21), sie lebten in Naturformen des menschlichen Daseins und in dem Bewußtsein, stets unter Gottes Auge zu stehen. Diese Zustände der Patriarchen (1. Mose 12–50) empfand Goethe als ursprünglich, naturhaft; solche Lebensformen suchte er bei den Morgenländern wie bei den Griechen. In allen Jahren seit seiner Jugend las er gern asiatische Reisebeschreibungen, und er behielt die gelehrte Orientalistik im Auge; ihre Hauptwerke, französisch, englisch, lateinisch und deutsch, waren ihm nicht fremd, so daß er – unter anderem – Fachmann genug war, um die Besetzung des orientalistischen Lehrstuhls in Jena zu beraten.

Von der großen persischen Dichtung des 11. bis 15. Jahrhunderts war in Deutschland vor allem Saadi bekannt, dessen Sittensprüche schon Olearius im 17. Jahrhundert wie auch später Herder zur Übersetzung gereizt hatten. Nun trat 1812–13 auch Hafis in deutscher Sprache hervor. Goethe war erstaunt: In einer fernen Zeit, einer anderen Kultur war hier ein Dichter, in dem er sich selbst wiederfand: Lebensfreudig, diesseitig, aber letztlich voll tiefer religiöser Sehnsucht, vom Irdischen auf das Ewige schließend, mystisch die Dinglichkeit überwindend; Gedichte von Liebe, Wein, Nachtigall und Rose, erfüllt von Leidenschaft, doch zugleich diese sich bewußt machend, ja mit ihr spielend; das Eigentliche nicht ein Gegenstand, nicht eine Stimmung, sondern Geist. Dieser weltfrohe Mystiker mißverstanden und angegriffen von engherzigen Eiferern, denen er gelegentlich scharf und überlegen antwortet. Lange Zeit trägt ihn eine reiche und glückliche Kultur. Dann kommt mit Timur eine Zeit der Gewalt, das Bild des Lebens wandelt sich, ohne ihn aber innerlich verändern zu können. Parallelen genug, vor allem im Gehalt, der Mischung von Gegenständlichkeit und Symbolik. Da sind bei Hafis Verse, die irdische Liebe auszusprechen scheinen, die aber vielleicht auch nur bildhaft sind für Gottesliebe. Sind sie das eine oder das andere? Sie sind beides; eben das ist östliche Art. (Wohl bei allen Völkern hat die religiöse Mystik zur Sprache der Liebe gegriffen.) Der Wein ist der Wein und zugleich berauschendes Übermaß des Anteilhabens am Göttlichen der Welt. Alles ist zugleich sinnlich und geistig, dinglich und geheimnisvoll. Für Hafis, dem in solcher Weise die Welt transparent wird, gilt nicht der Weg der Orthodoxie, doch auch nicht der einer rauschhaft-ekstatischen Mystik. Aus beiden Richtungen greift man ihn an, die Tiefe seiner sich heiter äußernden Weltschau nicht erkennend. Traf das nicht alles auch auf denjenigen zu, der nun diesen neuen *Divan* schrieb? Auch ihm war die Welt *heilig öffentlich Geheimnis* (Bd. 1, S. 358), Abglanz des Unendlichen, *Gleichnis* Gottes (Bd. 1, S. 357; Bd. 2, S. 122). *Das Wahre, mit dem Göttlichen identisch, läßt sich niemals von uns direkt erkennen, wir schauen es nur im Abglanz, im Beispiel, Symbol ...* (*Witterungslehre*, Bd. 13, S. 305). Auch er hatte die Kraft, das einzelne symbolisch aufzulösen, und zugleich das Wissen, nie über das Symbol hinauszukommen, das Wissen um die eigene Bedingtheit, das in der Freiheit der Ironie sich äußert. Er schildert Hafis *von der Fülle der Welt seinen Teil dahinnehmend, in die Geheimnisse der Gottheit von fern hineinblickend, dagegen aber auch einmal Religionsübung und Sinnenlust ablehnend ... wie denn überhaupt diese Dichtart ... durchaus eine skeptische Beweglichkeit behalten muß ...* (*Noten und Abhandlungen*, S. 159.) Er schreibt: *Der höchste Charakter orientalischer Dichtkunst ist, was wir Deutsche Geist nennen, das Vorwaltende des oberen Leitenden ... Der Geist gehört vorzüglich dem Alter oder einer alternden Weltepoche. Übersicht des Weltwesens, Ironie, freien Gebrauch der Talente finden wir in allen Dichtern des Orients.* (Ebd., S. 165.) Er sagt: *Auch ihre Mystik sollte uns ansprechen.* (Ebd., S. 169.) Und in bezug auf den Stil, den diese irdische Mystik dichterisch hervorbringt: *Ferner kostet's dem orientalischen Dichter nichts, uns von der Erde in den Himmel zu erheben und von da wieder herunterzustürzen oder umgekehrt.* (*Noten und Abhandl.*, S. 163.) Alle diese Sätze ließen sich auch auf seine eigenen Werke, die Alterswerke, anwenden. Er wußte das selbst. In einem Brief an Zelter vom 11. Mai 1820 hat er die Parallelen deutlich gezogen: *Indessen sammeln sich neue Gedichte zum „Divan". Diese mohammedanische Religion, Mythologie, Sitte geben Raum einer Poesie, wie sie meinen Jahren ziemt. Unbedingtes Ergeben in den unergründlichen Willen Gottes, heiterer Überblick des beweglichen, immer kreis- und spiralartig wiederkehrenden Erdetreibens, Liebe, Neigung, zwischen zwei Welten schwebend, alles Reale geläutert, sich symbolisch auflösend. Was will der Großpapa weiter?* Dieser Satz hat selbst *Divan*-Stil, von nüchterner Mitteilung ins Tiefste, Ernsteste springend, das er wie mit Zauberformeln erfaßt, um dann zurückzuspringen in Scherz und Alltag, als seien die eben gegebenen Worte mit ihrer grandiosen Formulierung gar nicht weiter wichtig. Das Gegenteil also von Pathos, denn das Ernste hält stand, auch wenn der Scherz folgt. Selbstironie, *skeptische Beweglichkeit.* Immer wieder kommt man bei der Charakteristik des *Divan* auf das Wort, das Goethe selbst in diesem Zusammenhange benutzte: *Geist* (*Nimmer will ich dich ...* S. 75; *Noten und Abhandl.*, S. 165,19). So sagt er: *Manche dieser Gedichte verleugnen die Sinnlichkeit nicht, manche aber können ... auch geistig gedeutet werden.* (S. 268,31 ff.) *Der geistreiche Mensch ...*

betrachtet alles, was sich den Sinnen darbietet, als eine Vermummung, wohinter ein höheres geistiges Leben sich schalkhaft-eigensinnig versteckt, um uns ... in edlere Regionen aufzulocken. (S. 197,1–6.)

Das war es, was Goethe an Hafis anzog, was ihm das beglückende Erlebnis brachte, einem innerlich Verwandten zu begegnen. Was ihn weniger anzog, war die Form (S. 182,1–12). Das persische Ghasel, 7–12 Doppelverse, hat ein einziges Wort, das am Ende jeder zweiten Zeile sich wiederholt, und vor diesem sich wiederholenden Wort meist noch andre, die untereinander reimen, und zwar auf einen einzigen Reim. Eine höchst künstliche Form, die im Deutschen später Rückert nachgebildet hat. Hammer hat es nur in einigen Fällen und ungenau versucht. Goethe hat die Form des Ghasels niemals genau nachgeahmt. Aber sein *Divan* hat einige Gedichte, die Ähnlichkeit mit dieser aufweisen, z. B. *Höchste Gunst* (S. 41), *Da du nun Suleika heißest* ... (S. 63) und *Sie haben wegen der Trunkenheit* (S. 92). Doch das sind Sonderfälle: Das eine Mal liegt die Pointe darin, daß Herrscher und Dichter einander gefunden haben und das Wort *gefunden* nun dauernd wiederholt wird; das andre Mal darin, daß der Dichter nur daran denkt, was in Zukunft *sein* wird; das dritte Mal ist es eine Sprache des Rauschs, die mit der Hartnäckigkeit des Weinseligen immerzu dasselbe wiederholt, so daß auch hier die Wiederholung ihre innere Begründung hat. Eine Sonderstellung hat das Gedicht *In tausend Formen* (S. 88); je zwei Verse gehören zusammen, und jede dieser Gruppen sagt nur: ich denke an dich; deswegen endet jede mit *dich,* und so ergibt sich zwanglos eine Form, welche dem persischen Ghasel nahe kommt. Die persische Lyrik, durch den Formzwang des einen Reimworts gefesselt, versucht nun, das sich wiederholende Gleiche jedesmal in anderem Zusammenhang zu bringen. Sie ist nicht gestaltet durch die Diktion des Erlebnisses wie deutsche Lyrik der Goethezeit, sondern ist formbewußte Sprachkunst, die einen Kreis fester Themen zu den gegebenen Reimwörtern in zierlichste Wendungen, in geistreichste Bilder bringt. Eine rhetorische Form also und als solche vergleichbar der deutschen Barockdichtung. Goethe hat manches an diesem Stil, den er bei Hammer durchschimmern fühlte, reizvoll gefunden und seiner Alterssprache eingefügt; da ist der übertreibend durchgeführte Vergleich: *Findet sie ein Häufchen Asche, / Sagt sie: „Der verbrannte mir."* (S. 75.) Oder das aus Hafis stammende Bild: *du mein Mondgesicht, / O, du mein Phosphor, meine Kerze* ... (S. 82.)

Vor allem aber wirkten Stoff und Gehalt, der „Divan" des Hafis als großer Kreis von Themen, die auch Goethes eigene Themen waren und nun plötzlich ihn trieben, das eigene Wort dem des Persers zur Seite zu setzen. Goethe schrieb seine Gedichte jetzt *mit stetem Bezug auf den Divan des Hafis* (wie er im ersten Titel-Entwurf sagt). Er hat in den Anfängen der *Divan*-Dichtung selbst solche Beziehungen vermerkt.

Das Gedicht *Selige Sehnsucht* (S. 18) hatte zunächst die Überschrift *Buch Sad, Gasele 1*. Damit bezeichnet Goethe das Gedicht, an welches er anknüpft (vgl. die Anmkg. zu *Selige Sehnsucht*). Er hat aber nicht ein einziges Mal ein Gedicht von Hafis als Ganzes übernommen und umgearbeitet. Das liegt wohl daran, daß die Gedichtstruktur bei Hafis anders ist. (Dies und das Folgende bezieht sich nur auf Hafis, wie er in der Hammerschen Übersetzung erscheint, nicht auf die iranischen Originale, mit denen die heutige Orientalistik sich befaßt.) Goethe war sich darüber klar. In seinen *Noten und Abhandlungen* spricht er davon, daß das Ghasel, da es immer wieder das gleiche Reimwort wiederholt, es aber jedesmal in anderem Zusammenhang bringen muß, *statt den Geist zu sammeln, selben zerstreut, indem der Reim auf ganz fremdartige Gegenstände hinweist. Dadurch erhalten ihre Gedichte einen Anstrich von Quodlibet.* (S. 182,4ff.) Dieses aus Teilen Zusammengesetzte (*Quodlibet*) mußte Goethe fremd bleiben. Er hat also immer nur einzelne Motive aus Hafis übernommen. Und auch in den Motiven wählt er aus und wandelt um. Die Beziehung zu dem Knaben ist bei Hafis anderer Art; eine individuelle Frauengestalt wie Suleika kommt bei ihm nicht vor. Manches hat Goethe wörtlich oder fast wörtlich übernommen, so etwa die Zeile des Hafis „Ich will küssen, küssen, sprach ich". (Vgl. *Vollmondnacht* S. 84 u. Anmkg.) Hafis gibt im Ghasel selten ein geschlossenes Zustandsbild, Goethe bleibt auch im *Divan* bei dieser seiner Gedichtform. Dagegen gibt Hafis Aneinanderreihungen von Einzelmotiven, die Goethe in dieser Form nicht brauchen konnte, wohl aber einzeln, entfaltet oder neu zusammengefügt. Dazu kam ein anderes. Joseph v. Hammer hatte zwar ein Organ für die dichterische Schönheit in den Gedichten des Hafis, doch ihm mangelte die Kraft, sie wiederzugeben. Seine Worte sind öfters farblos, seine Rhythmen ohne Musikalität. Oft benutzt er Hexameter und Pentameter, deren Klang nicht zu dem der altpersischen Gedichte paßt. Man spürt durch die ungeschickte Wiedergabe etwas von dem Original, doch das, was vorliegt, erscheint als eine Art Halbheit. Als Goethe las, begannen in ihm diese Worte zu klingen und, um recht Klang zu werden, sich umzuwandeln. Die eigene Produktivität meldete sich, um aus dem, was er hier vorfand, etwas zu machen, aus den Motiven des Hafis, aus den Verdeutschungen Hammers. Er las sich ein und formte seine Gedichte, wie sie ihm in den Sinn kamen, mit *Medschnun* und *Leila, Rose* und *Nachtigall, Hudhud* als Liebesboten, *Wimpernpfeilen, Lockenschlangen* und *Mondgesicht* – auch auf die Gefahr hin, den Leser zu befremden. Er schritt dann von Hafis weiter zu anderen östlichen Dichtungen. Gelegentlich blieb er dem Vorbild ganz nahe. Bei Heinrich v. Diez, „Denkwürdigkeiten von Asien", fand er eine Übersetzung aus dem Türkischen des Nischani:

Die Kunst der Liebe anfangend, las ich mit Aufmerksamkeit in vielen Kapiteln
Ein mit Texten der Leiden und mit Abschnitten der Trennung angefülltes Buch.
Es hatte ins Kurze gezogen die Kapitel der Vereinigung, aber vom Kummer
Hatte es die Erklärungen verlängert ohne Ende und Maß.
O Nischani! am Ende hat dich auf den rechten Weg geführt der Meister der Liebe.
Auf unauflösliche Fragen kommt nur dem Geliebten die Antwort zu.

Daraus wurde sein Gedicht *Lesebuch* (S. 28). Auch wo er das Vorbild Satz für Satz nachzeichnet, wird schon allein durch den Rhythmus etwas anderes daraus, ja erst eigentlich ein Gedicht. Es ist, als hätten die östlichen Formulierungen die jeweils parallelen Motive aus ihm herausgeholt, die längst in ihm ruhten, aber nicht Form geworden waren. Es ist, als sei eine Staumauer geöffnet und nun der Strom in Fluß gekommen. Es hatte eine solche Stauung in ihm gegeben, zumal für seine Lyrik. Sie bedurfte des lösenden Reizes. Und der war Hafis. (Vgl. Bd. 10, S. 514,18–515,31 u. Anmkg.)

Er kam zur rechten Zeit. Eben jetzt, im Sommer 1814, fühlte Goethe sich innerlich erfrischt, verjüngt, schaffensfroh. Im Mai war der Pariser Friede geschlossen. Die drückende Zeit der Kriegsjahre war vorüber; der *3. Teil* von *Dichtung und Wahrheit* war abgeschlossen. Für eine neue große Ausgabe der gesammelten Werke hatte er die mühsamste Vorarbeit, eine Neuordnung aller Gedichte, erledigt, das übrige war nicht mehr schwierig. Deutschland war wieder frei von Kriegslärm, man konnte reisen. Es zog ihn in die alte Heimat, die er seit 1797 nicht mehr gesehen hatte. Vom 13. Mai bis zum 28. Juni blieb er in dem kleinen Badeort Berka bei Weimar: ländliche Stille, an den Abenden Bachsche und Mozartsche Musik, gespielt durch den Organisten Schütz. Es ist, als ob Goethes Natur sich hier ganz in sich zusammenzieht, bevor sie sich grenzenlos ausweitet. Hier las er zum ersten Mal Hafis. Dann war er 4 Wochen in Weimar, um laufende Arbeiten abzuschließen. Am 25. Juli bestieg er den Wagen, in Reisestimmung. Der Rhein lockte, die mildere Luft, der Wein, die Kunstschätze der Brüder Boisserée und das ganze Reiseleben, bei dem man gefeiert wurde als großer Dichter und eigentlich lebte, was man war, nicht Weimarer Enge, wo jeder auf seinen Alltag starrte und mit ihm sein Konto hatte ... (Bd. 1, S. 321, Nr. 107). Der Hafis-Band lag neben ihm. Ungeahnt, plötzlich, schrieb er am ersten Tag, auf der Fahrt bis Eisenach, mehrere Gedichte: das vom Gegensatz zwischen lachender Landschaft und sinnlosem Krieg, ein Rückblick (*Liebliches,* S. 14); und das vom Licht, das ihm leuchten werde, trotz seines Alters, ein Vorblick (*Phänomen,* S. 13). Er setzte in dieser Zeit unter alle Gedichte Ort und Tag; wir besitzen sie handschriftlich. Am nächsten Tage, auf der Fahrt von Eisenach bis Fulda, wurden es nicht weniger als neun; Gedichte von dem souveränen Bewußtsein der Überlegenheit, verbunden mit Verwandlung der Dinge in Spiel: *Ros' und Lilie morgentaulich* ... (S. 15), *Übermacht, ihr könnt es spüren* ... (S. 44), *Wenn links an Baches Rand* ... (S. 14) u. a. m. Ein Sturm des Schaffens wie in der Jugend, verbunden mit der Bewußtheit, dem Lächeln des Alters. Und in den nächsten Tagen geht es so fort. Bei der Ankunft in Wiesbaden, am 29. Juli, entsteht *All-Leben* (S. 17), zwei Tage später *Selige Sehnsucht* (S. 18).

Und die Sommer- und Herbsttage im Rheingau bringen alles, was er sich erhofft hatte. Er nimmt am Rochus-Fest in Bingen teil, eintauchend in Stimmung und Hauch westdeutschen volkstümlichen Lebens, genießt Landschaft, Wein und Freunde auf dem Weingut der Brentanos in Winkel, läßt sich treiben im Trubel der Frankfurter Herbstmesse, entdeckt für sich mit jugendlicher Begeisterungskraft die altdeutsche Malerei in der Heidelberger Sammlung der Brüder Boisserée. Es entstehen die ersten Gedichte des *Schenkenbuchs.* In Frankfurt ist er im Oktober viel mit Johann Jakob Willemer und dessen 30jähriger – dritter – Gattin Marianne zusammen. Am Abend des 18. Oktober sehen sie von deren Weinberghaus rings im Lande die Freudenfeuer zum Jahrestag der Schlacht bei Leipzig. Diesen Tag haben Goethe und Marianne später immer für sich gefeiert. Er muß ihnen viel bedeutet haben. Zwei Tage später reist Goethe nach Weimar zurück.

Die Gedichte an Hafis, deren er im Juli eine kleine Gruppe zu sammeln hoffte, waren über Erwarten angewachsen, und der Orient hält ihn weiter fest. Jetzt beginnt er, mit System die großen Werke der Orientalistik zu lesen, die alten Bücher des trefflichen Olearius, die neueren von Jones und Diez, Hammers dickleibige „Fundgruben des Orients" und andere mehr. Und seine Gedichte weiten sich in neue Richtung: *Vermächtnis altpersischen Glaubens,* vom 13. März 1815, stößt vor ins Religiöse. – Es lockt ihn, die Reise zu wiederholen, es lockt des Westens *Glanz und Heiterkeit* (an Nikolaus Meyer, 18. 1. 1815), und diesmal besteigt er den Wagen schon am 24. Mai. Und wieder bricht die Lyrik hervor: Sechs Gedichte datiert er in Eisenach; diesmal anderer Art: *Daß Suleika von Jussuph entzückt war* ... (S. 62), *Da du nun Suleika heißest* ... (S. 63), anknüpfend, wo in den letzten Frankfurter Tagen der Faden abgerissen war. Dann folgen Wochen der Badekur in Wiesbaden. Das *Schenkenbuch* wird vollständiger. Am 30. Mai ordnet er alle *Divan*-Gedichte und legt ein Verzeichnis von ihnen an. Man kann aus ihm ersehen, was damals fertig war. Sulpiz Boisserée, seit 1811 ihm nahe, kommt auf seinen Wunsch am 2. August und bleibt dann bis zum 9. Oktober an seiner Seite, der junge, kluge, weitblickende Katholik, taktvoll und zurückhaltend. Boisserées klarsichtiges Tagebuch dieser Wochen, das Geschehen und Gespräche in Stichworten verzeichnet, ist unschätzbares Zeugnis des Lebens. Willemer lädt Goethe ein auf sein Landhaus, die „Gerbermühle" am Main. Und Goethe folgt. Vom

12. August bis zum 18. September hat er hier gelebt. Nur einige Tage war er zwischendurch in Frankfurt in Willemers Stadthaus.

Er brachte zur „Gerbermühle" den „Divan" des Hafis mit und schenkte Marianne ein Exemplar. Mit der Einfühlung der Liebenden und der Künstlerin ergriff sie sofort diese Welt und erkannte, wie sie auf Goethe wirkte. Auch sie fand ihrerseits Töne darin, die ihr gemäß waren. Bei östlicher Dichtung liegt die Schönheit oft weniger im ganzen Gedicht als in einzelnen Zeilen und Verspaaren. Und sie erfand nun die Kunst, einzelne Zeilen und Strophen aus Hafis zusammenzustellen, um dem Geliebten sich mitzuteilen. Sie erfand die Chiffre-Gedichte, die nur ein paar Zahlen von Band, Seiten und Zeilen notieren, niemandem verständlich außer dem, der den Schlüssel besitzt. So sandte sie z.B. – später – einen Zettel mit folgenden Zahlen:

I 404, 19–20
281, 23–24

Aufgelöst ergibt das:

Lange hat mir der Freund schon keine Botschaft gesendet,
Lange hat er mir Brief, Wort und Gruß nicht gesandt.
Beglückt der Kranke, welcher stets
Von seinem Freunde Kunde hat.

Daraus erwuchs dann wiederum Goethes Gedicht *Und warum sendet* ... (S. 124). Die meisten ihrer Chiffre-Gedichte sind länger als dieses, sie sind alle mit größtem Feingefühl zusammengestellt und übertreffen Goethes gleicherart komponierte Gegenbriefe. Beide haben in diesen und späteren Wochen immer wieder in Hafis geblättert, um solche Briefe zu formen. Fortan bedeutet für Goethe dessen „Divan" noch viel mehr als bisher. Nicht nur sich selbst fand er in ihm, sondern auch die Geliebte. Es gibt Dichtungen oder Musikwerke, die Liebende gemeinsam erleben, die für sie zu „ihrem" Werk werden und die sie später nie anders hören können als in entrückender Erinnerung an den anderen. Das war für Goethe und Marianne Hafis' „Divan".

Sie war ihm gefolgt in seine östliche Welt, in der er bisher ganz einsam war. Aber noch mehr: Als er ihr im September die Zeilen gab *Nicht Gelegenheit macht Diebe* ... (S. 63), reichte sie ihm an einem der nächsten Tage *Hochbeglückt in deiner Liebe* ... (S. 64). Später schrieb sie, Hafismotive aufnehmend, die Lieder an den Ostwind und an den Westwind (S. 80, 82). Sie selbst wurde zur Dichterin unter dem Anhauch Goethescher Kunst und in einem Erlebnis, das für sie selbst – vielleicht – Einsatz ihrer ganzen Existenz war. Als Goethe einst die *Sonette* schrieb (Bd. 1, S. 294–303), schwebte ihm vor, die Ganzheit der Liebe dadurch anzudeuten, daß er beiden Liebenden Sprache gab. Doch er mußte die Verse des Mädchens selbst dichten. Hier aber war die

Ganzheit der Welt nicht nur im gelebten Leben des Ich und des Du, sondern auch in der Sprache, die beide fanden. Und so nahm er ihre Gedichte in seinen *Divan* auf. Freilich dichtete er sie etwas um. Mariannes Verse waren private Briefgedichte; sie bleibt darin zurückhaltend und vergißt keinen Augenblick ihre eigene Ehe und die Goethes. Die Suleika des *Divan* ist literarische Gestalt; sie spricht ihre Leidenschaft frei aus und braucht auf niemanden Rücksicht zu nehmen.

Am 18. September reiste Goethe ab nach Heidelberg. Am 23. folgten ihm Willemer und Marianne dorthin, am 26. fuhren sie wieder ab. In diesen Tagen entstanden *An vollen Büschelzweigen* ... (S. 77), *Wiederfinden* (S. 83), *Volk und Knecht und Überwinder* ... (S. 71), die großen Deutungen des persönlich Erlebten als Weltgesetz. Am 9. Oktober trennte sich Boisserée von Goethe in Würzburg, 2 Tage später traf Goethe in Weimar ein. Was hatte die Reise gebracht? Tage begeisterter Höhe ohnegleichen, zahlreiche Gedichte – von neuer, eigener Art –, fast das ganze *Buch Suleika*, aber auch – ihm und vollends ihr – schmerzende Wunden, die tief gingen. Und nun folgen zu Beginn des Winters die düstersten, schmerzlichsten Klänge des *Divan: Hochbild* (S. 81), *Nachklang* (S. 81) und *Lesebuch* (S. 28). Dann versiegt der Quell. Nur die Sprüche vermehren sich weiter, und die Arbeit an den *Noten und Abhandlungen* schreitet vor. Goethe teilt den *Divan* in Bücher. 1818 beginnt der Druck. Und nun, da er das Ganze übersieht, ergreift es ihn nochmals. Es entstehen *Die Jahre nahmen dir* ... (S. 39), dann das *Behramgur*-Gedicht (S. 79), das noch einmal die ganze Seligkeit des Gebens und Nehmens zusammenfaßt, und *Höheres und Höchstes* (S. 116), ins Religiöse emporsteigend. 1819 erscheint das Werk. Aber noch hatte es nicht seine letzte Gestalt. 1820 entstehen auf der Reise nach Karlsbad fünf große Gedichte für das *Buch des Paradieses* (S. 107, 110, 111, 112, 115), sie erst geben dem religiösen Bereiche seine schwebende Leichtigkeit; und sie nehmen zugleich noch einmal das Thema der Liebe auf, die Einheit beider Bereiche offenbarend, die den Kern des *Divan* bildet. In diesen Wochen schreibt Goethe die (bereits zitierte) grandiose *Divan*-Charakteristik an Zelter: *Unbedingtes Ergeben in den unergründlichen Willen Gottes* ... (11. Mai 1820).

Die meisten *Divan*-Gedichte sind in Goethes eigener Handschrift erhalten, in Reinschrift-Blättern, mit großer klarer Schrift geschrieben; er hat sie meist mit Ort und Tag signiert, denn sie waren ihm Dokumente seiner inneren Geschichte. Diese Reinschrift legte er für sich selbst an. Später ließ er sie von einem Schreiber abschreiben, brachte noch ein paar Korrekturen an und gab das Werk zum Druck. Hier ließ er natürlich Ort und Datum bei den Gedichten fort. Der *Divan* ist nicht einfach Selbstbildnis, und die Anordnung, die Goethe ihm gab, ist keine biographische, sondern eine thematische. Doch er trieb das zyklische Prinzip nicht so weit, daß er die einzelnen Bücher mit Vorsatz ausgestaltete. Einige wurden lang, andre blieben kurz; und eins, das er plante (das *Buch der Freunde,* S. 268,34ff.), kam überhaupt nicht zustande. Dennoch ist das Ganze ein wohlausgewogener Zyklus, vor allem durch die Einheit und das Gleichgewicht der Persönlichkeit, die darin nach allen Seiten sich entfaltet; ein geistiger Raum, in dem man sich bewegend immer wieder die Weite bewundert. Ihn konnte nur formen, wer in einem reichen Leben die Fülle der Welt in sich aufgenommen hatte. Es ist das Werk eines alternden Mannes, nicht eines Jünglings, ein lyrischer Zyklus ohnegleichen. Goethe selbst schrieb an Zelter im Mai 1815 über seinen *Divan: Jedes einzelne Glied ... ist so durchdrungen von dem Sinn des Ganzen, ist so innig orientalisch ... und muß von einem vorhergehenden Gedicht erst exponiert sein, wenn es auf Einbildungskraft oder Gefühl wirken soll. Ich habe selbst noch nicht gewußt, welches wunderliche Ganze ich daraus vorbereitet ...* Es ist der zyklische Charakter, den seine Alterswerke überhaupt haben und den er in der hellsichtigen Klarheit, die er im Alter über sich hatte, gegen den Orientalisten Iken kennzeichnete: *Da sich gar manches unserer Erfahrungen nicht rund aussprechen und direkt mitteilen läßt, so habe ich seit langem das Mittel gewählt, durch einander gegenübergestellte und sich gleichsam in einander abspiegelnde Gebilde den geheimeren Sinn dem Aufmerkenden zu offenbaren.* (27. 9. 1827.) Die Worte, die er über Hafis sagt, gelten für den *Divan* selbst: *Dein Lied ist drehend wie das Sterngewölbe, / Anfang und Ende immerfort dasselbe* ... usw. (S. 23). Die Grundmotive ziehen sich durch das ganze Werk. Die religiöse Sehnsucht ist im *Buch des Sängers* wie in den drei letzten, im engeren Sinne religiösen Büchern, aber auch in allen anderen: *In allen Elementen Gottes Gegenwart* (S. 99). Und ebenso ist in allen Büchern das Motiv der Liebe und in allen das der Überlegenheit. Die lyrischen und die spruchhaften Bücher machen hierin nicht großen Unterschied. Was das eine Mal mehr vom Herzen aus gesagt ist, wird das andere Mal mehr betrachtend von den Dingen aus gesagt. Die große Persönlichkeit entfaltet sich in alle Bereiche – das ergibt den Zyklus –, zunächst als Dichter-Sein und dichterische Weltauffassung (Buch I–III), dann mehr betrachtend, nüchterner, und als Mensch von Rang und Tätigkeit auch in Kampfstellung geratend (Buch IV–VI). Menschliche Beziehungen im negativen Sinne sind die Widersacher (Buch V und VI) und, als ein Anderssein im Großen, Timur, der Tyrann (Buch VII); im positiven – als Liebe und Geist – sind es Suleika und der Schenke (Buch VIII und IX). Die letzten Bücher (X–XII) ergänzen den religiösen Ausblick, der schon in allen anderen angelegt ist, und überwölben dadurch den ganzen Zyklus. Noch einmal erklingen die großen Themen: Die Menschenwelt als Gleichnis einer höheren Welt; der Übergang von jener in diese;

parsischer Naturkult und islamische Jenseitslegenden als Symbolsprache einer umfassenden Urreligion. Es liegt dem Dichter fern, das, was er hier aussagt, anderen aufdringen zu wollen. Mit eigenartiger Mischung von Mystik und Ironie sagt er, was er erkennt, und setzt es wieder in die Schwebe; denn er weiß durchaus die eigene Bedingtheit.

Das dichterische Ich bleibt der Mittelpunkt, doch da es mit der Goetheschen Leichtigkeit da ist, beschwert es den Leser nie, obgleich es seine Kraft und Sicherheit frei heraus äußert – *Dichten ist ein Übermut* (S. 16) – und keinen Hehl macht aus seinem Spott über die kleinen Geister, die *Knitterer* und *Zersplitterer* (S. 46): *Übermacht, ihr könnt es spüren* ... (S. 44), *Wirbelwind und trocknen Kot, / Laß sie drehn und stäuben* (S. 48). Immer wieder setzt er sich den Tyrannen und dem Kaiser gleich. Höhe hier und dort. *Was ist denn Hoheit? Mir ist sie geläufig!* (S. 68). Der Kaiser imponiert ihm nicht, denn *er weiß nicht, wie man liebt* (S. 69). Und sollte er nochmals auf die Erde kommen müssen, so will er wieder ein Dichter sein, *allenfalls der Kaiser* (S. 72). Diese Überlegenheit erscheint im *Buch Suleika* und *Schenkenbuch* im Spiegel, wie sie andre beeindruckt, und sie hält durch bis ins Paradies: *Nicht so vieles Federlesen! / Laß mich immer nur herein* ... (S. 110). Und auch hier, wie schon das Wort *Federlesen* zeigt, ohne das falsche Pathos, das man später oft diesen Worten beigemessen hat. Das Ich hat seine Kraft und Übermacht, weil es sich zugleich verschwenden kann. Gewiß, er fühlt sich wie der Kaiser: ... *ich bin so groß als er,* doch mit einer Voraussetzung: *Du schaust mich an* ... (S. 68). Und in bezug auf Suleika sagt er: *Hätte sie sich weggewendet, / Augenblicks verlör' ich mich* (S. 72.) Die Dialektik der Persönlichkeit besteht darin, daß sie am stärksten Ich ist, wenn sie am stärksten dem Du gehört. Darum ist das Gedicht, in dem diese Worte vorkommen (S. 71/72), aus dem Mittelpunkt des *Divan* geschrieben. – Verbunden mit diesem Motiv – das man das *Übermacht*-Motiv oder *Kaiser*-Motiv nennen könnte – steht ein anderes, das Motiv der jugendlichen Kraft des Alternden. Es beginnt schon im ersten Buch – *Sind gleich die Haare weiß, / Doch wirst du lieben* (S. 13) –, kommt dann im *Buch des Unmuts* in der Umkehrung wieder (und in anderer Stimme) als böswilliger Spott der anderen: *Wie aus dem Lebensplunder / Erwarbst du diesen Zunder, / Der Funken letzte Gluten / Von frischem zu ermuten?* (S. 42) und findet seinen Höhepunkt im *Buch Suleika*: *Nur dies Herz, es ist von Dauer, / Schwillt in jugendlichstem Flor* ... (S. 74). – So verbindet es sich mit dem Motiv der Liebe, das den ganzen *Divan* durchzieht, persönlich, mythologisch, kosmisch, paradiesisch. *Selige Sehnsucht* (S. 18) und *Wiederfinden* (S. 83) sind so typische *Divan*-Gedichte, weil hier das Kosmische der Liebe das Thema bildet; das *Buch Suleika* weist am Ende über sich hinaus ins Religiöse, und das *Buch des Paradieses* knüpft hier an und ist vom Thema der Liebe durchzogen. – So geht dieser Themenkreis schließlich in den höchsten über, in den religiösen, der das ganze Werk durchtönt – ist doch *in allen Elementen Gottes Gegenwart* (S. 99) – und in den beiden letzten Büchern stimmführend wird. Parsismus und Islam, westlichen Lesern nur wenig bekannt, und eben darum dichterisch wandelbar, konnten dazu dienen, das Goethesche Bild der Welt darzustellen, in welchem über dem menschlichen Bereich sich *Höheres und Höchstes* wölbt (S. 116f.).

Der *Divan* ist Selbstaussage des Alternden, die fast allzu intim erscheinen könnte, wäre ihr nicht die Waage gehalten durch die enge Bindung an die orientalischen Vorbilder, zumal an Hafis, und durch die große Kunst der Form. So sehr das Werk als Gehalt und Sprache seinen Dichter offenbart, so wenig ist es Biographie. Es formt als Werk seine eigene Welt. Hatem ist nicht Goethe und Suleika nicht Marianne. Man kann den *Divan* verstehen, ohne das Biographische zu wissen. Das Östliche ist Selbstverhüllung, ist Glaube an ein Allgemeines, das beide Bereiche verbindet, und Vertrauen zur eigenen inneren Weite, die auch einen dem östlichen Geist analogen Bezirk in sich birgt. In dem Zeitpunkt, als Goethe das Persische brauchen kann, greift er es auf, und kaum hat er es ergriffen, so behandelt er es, als sei es selbstverständlich. Der Leser weiß vielleicht, wer die *Transoxanen* sind (S. 40), aber *Leila und Medschnun* (S. 64) wird er schwerlich kennen, und zu wissen, *wie Schehâb-eddin sich auf Arafat entmantelt* (S. 33), ist nur möglich bei höchst spezieller Kenntnis der Fachliteratur. Goethe hat es wenige Jahre früher selbst nicht gewußt. In diesen Zügen setzt der *Divan* fort, was in Goethes Jugend begonnen, als er *Sturmlied* (Bd. 1, S. 33) und *Harzreise* (Bd. 1, S. 50) schrieb: Was in ihm zur dichterischen Assoziation sich verknüpft hat, wird nicht mehr getrennt. Weil das Östliche jetzt eingewachsen ist in seine dichterische Welt, wird es ausgesprochen, auch wenn manches nun des Kommentars bedarf. Der Dichter sagt zu Beginn, daß seine Fahrt in den Osten eine geistige Reise sei. (S. 7.) Er behandelt als gegenwärtig die westlichen Motive wie *Wald* und *Ritterschloß* (S. 15) und Kastanien (S. 77), die östlichen sind immer durch die *Einbildungskraft* hervorgerufen (Bd. 10, S. 515,2). Darum kann er westliche und östliche Motive so mühelos mischen. Er erlebt mit dem Schenken die Sommernacht vor östlichen Zelten, aber die Nacht ist nordisch kurz. Mit Suleika spricht er vom Venetianischen Dogen und mit dem Schenken von Hesperus und Aurora. Alles ist freies Spiel des Geistes. Er weiß, daß er spielt, er will es. Dadurch das Bewußte, das Helle, das in dieser Weise weder die Werke seiner Jugend noch die der Klassik haben. Keine *Dumpfheit* (Bd. 1, S. 132): *Daß ich mir bewußt sei, / Darauf kommt es überall an* ... (S. 93.) Und als Gegensatz das Motiv vom Rausch des Weins und der Liebe. Zu der hellen Bewußtheit des Zyklus gehört der leichte geistige Witz, der vielen Gedichten eigen ist; er fehlt nur in einigen Gedichten mit religiösen Themen, so in *Vermächtnis altpersischen Glaubens* (S. 104), in *Wiederfinden* (S. 83) und in *Selige Sehnsucht* (S. 18). Doch da, wo man vielleicht nur Ernst erwarten würde, im *Buch des Paradieses,* kehrt er zur sublimen Heiterkeit gesteigert wieder. Über die hohen Dinge des Lebens wird fast immer ganz leicht gesprochen. Das ist Übermacht, Geist, Lächeln der Weisheit, Virtuosität, Altersstil. Vollendete Ironie und keine Spur von Zynismus. Welche Gesundheit gehört dazu, dies zu erreichen! Man muß sich in diesen leichten, überlegenen Klang hineinhören. *Höchstes Glück der Erdenkinder* ... Ein Jahrhundert lang hat man diese Worte über *Persönlichkeit* in Zusammenhänge gebracht, die ihnen fremd sind; denn man muß weiterlesen: *Kann wohl sein! so wird gemeinet: Doch ich bin auf andrer Spur* ... und dann den heiteren Schluß (S. 71/72)! Das ist alles leicht, spielerisch, weil die Dialektik der Liebe darin besteht, zu sein und nicht zu sein, die des Geistes darin, zu wissen und zugleich die Bedingtheit dieses Wissens zu sehn, ein Firmament zu erkennen und zugleich zu wissen, es sei zur Hälfte Projektion des eigenen Ich. Auch in der Musik (und gerade da) gibt es reines Spiel, ohne Schwere – aber darum nicht etwa ohne Tiefe –, man darf es nicht falsch betonen und nicht zerdehnen. Und ähnlich hier. *Was ist denn Hoheit? Mir ist sie geläufig* ... (S. 68). Das heißt nur: Höher hat's keiner gebracht; Kaiser-Sein ist Gipfelleistung, aber so lieben wie ich – ist es auch! Es ist Goethes Eigenart seit je, meist im Klang eine Stufe niedriger zu greifen, als man erwarten würde. Oft verhüllt er Gesagtes dadurch, daß er es so sagt, als sei es belanglos. Er weiß seine Bedeutung, aber er spricht von ihr nicht, ohne zugleich jedes Sich-Wichtignehmen zu ironisieren. Sprache des Weltmanns, Sprache des Alternden. Es ist bezeichnend für die Gedichte Mariannes im *Divan,* daß ihnen dieses Element des Spiels und der Ironie fehlt. Sie lebt in ihnen, ganz. Auch er ist in seinen *Divan*-Gedichten, aber er ist zugleich auch noch daneben, sieht das Gedicht und sieht sich selbst. – Zum Spielerisch-Ironischen des *Divan,* zu Verhüllung und Preisgabe des Ich gehört auch das Element des Rätsels, des Geheimnisvollen. Wer ist die Geliebte im Gedicht *Geheimstes?* Er spottet: *Ungehindert, liebe Herren, / Sucht sie auf* ... (S. 33). Aber welchen Reiz hätte ein Rätsel, das unlösbar ist? Er hat es mit raffiniertestem Geschick so verrätselt, daß die Lösung jahrzehntelang völlig unmöglich war. Aber als man dann seinen gesamten Briefwechsel in großen Ausgaben ediert hatte und alles mit allem kombinieren konnte, da wurde es gelöst. Hat er damit gerechnet? Was er verrätselt hat, ist freilich unvergleichlich, würdig dieses ganzen Zyklus: das *Liebchen* ist die Kaiserin selbst, die als schöne junge Frau ihn entzückt hat; sie hatte es ihm verboten, ihren Namen verehrend in seiner Dichtung zu nennen. Er hat ihn auch nicht genannt, gewiß nicht. Und doch ...! – Zu den Geheimnissen des *Divan* gehört auch Mariannes Anteil. Hinweise auf ihre Gedichte gibt es im *Divan* genug. Hatem sagt von Suleika: *Selbstgefühltes Lied entquillet, / Selbstgedichtetes dem Mund.* (S. 74.) Doch keiner der zeitgenössischen Leser ahnte, daß das mehr als ein literarisches Motiv sei. Nur Marianne und Goethe wußten es, und nur durch Mariannes Erzählung an Herman Grimm – in den fünfziger Jahren – und durch seine Veröffentlichung nach ihrem Tode – 1869 – ist es bekannt geworden. Und wie weit Mariannes Anteil im einzelnen reicht, wird niemals völlig auszumachen sein.

Dieser Geist der Helle, des Spiels, des Bewußtseins und zugleich der Tiefe formt den Stil. Der Klang der Verse ist leicht, flüssig, heiter. Meist sind es vierzeilige kurze Strophen. Unter diesen fällt ein Strophentyp auf, welcher häufiger als andere vorkommt und der inneren Haltung des *Divan*-Dichters besonders zu entsprechen scheint:

...Wie des Goldschmieds Basarlädchen
Vielgefärbt, geschliffne Lichter,
So umgeben hübsche Mädchen
Den beinah ergrauten Dichter. (S. 72).

Jede Zeile ohne Auftakt, und jede hat 4 Hebungen; es ist ein Vers, der kraftvoll und leicht klingt. Der Kreuzreim bindet jeweilig die kleine Strophe zum festen Gefüge und bringt die Musikalität. In diese Versart passen Sätze von heiterer Geistigkeit, und zugleich vermag sie sich zu verlangsamen zu nachdenklich deutendem Wort (S. 18f.). – In den Klang dieser Reimstrophen fügt sich ein reicher Wortschatz, der in bunter Fülle die Farben verschiedenster Bereiche verbindet: Alltägliches und Feierliches, neueste Ausdruckskunst und alte orientalische Rhetorik (der Worte wie *Lockenschlangen* und *Mondgesicht*, S. 67 u. 82, entstammen). Mitunter wird die Sprache lässig bis zum Rande des Unverständlichen (S. 36 *Haben sie* ...), dann wieder prägnant in höchster Vollendung. Auch die Gedichte selbst sind von verschiedenster Art; es gibt liedhafte Aussage des erfüllten Augenblicks; lehrhafte kleine Sprüche; feierlich-große Lehrgedichte wie das *Vermächtnis altpersischen Glaubens;* aber auch zarte Pastellskizzen wie die Kurzgedichte im *Schenkenbuch*.

Infolge dieses Stils und Gehalts hat der *Divan* stets nur wenige Leser gefunden. Ein Zyklus fordert immer ein besonderes Maß von tätiger Anteilnahme. Goethe sagt selbst, daß der *geheimere Sinn*, wie eins das andere spiegelt, nur *dem Aufmerkenden* sich offenbare (an Iken, 27. 9. 1827). Man muß nicht nur das *Buch des Paradieses* vom *Buch des Sängers* aus sehen, sondern auch das *Buch des Sängers* vom *Buch des Paradieses* aus, muß das Ganze kennen, um das einzelne voll zu würdigen.

Doch das ist es nicht allein. Man muß eine eigene innere Erfahrung mitbringen, um diesen geistigen Raum ausmessen zu können. Zwar gilt für alle Dichtung, daß sie sich nur soweit gibt, wie sie der Leser zu fassen vermag. Doch hier wird das in besonderem Maße spürbar, zumal hier der Stoff so wenig bedeutet, die Haltung alles. Um sich damit in Einklang zu setzen, bedarf es meist eines nicht geringen Teils der Jahre, die Goethe hatte, als er dies schrieb. Es ist ein Buch für Reife, aber zugleich eines für Liebende. Goethe und Marianne fanden in Hafis die Zeilen, die sie einander sandten, und sie dachten wohl nicht, daß sie ein Buch schufen, das unendlich mehr als jenes selbst eine Chiffren-Sprache bilde, in welcher Liebende alles finden als sei sie eigens für sie gemacht. Und ähnliches gilt für alle Bereiche, vom Unmut bis zum Paradiese: es ist ein geistiger Raum, in welchem man sich bewegen kann und dabei teilhaft wird an der Freiheit, aus der heraus er geschaffen ist.

Bei dem allen ist der *Divan* zugleich ein Buch der Begegnung, er ist *west-östlich.* Zwei Literaturen, zwei Kulturen begegnen einander. Die sonst übliche Form dafür ist die Übersetzung oder der Bericht. Beides gab es in der Orientalistik bereits mehrfach. Dieses aber ist eine schöpferische Dichtung, in welcher eine Kultur die andere spiegelt, ihre Motive übernimmt, in höchsten Bereichen mit ihr verschmilzt. Es war ein neuer Buchtyp, ein Werk, das nicht seinesgleichen hatte. Man war damals gewohnt, biblische Motive in der Kirchenlieddichtung weiterzuführen, man war auch darin geübt, griechisch-römische Motive dichterisch neu zu gestalten. Hier aber griff Goethe hinüber in östliche Kulturen, die damals wenig beachtet waren, denn es war eine Zeit, die infolge der Kriege gegen Napoleon und der romantischen Bewegung mehr an die eigene nationale Vergangenheit dachte. Er tat es, einer scheinbar zufälligen äußerlichen Anregung folgend: sein Verleger Cotta schenkte ihm Hammers Hafis-Übersetzung. Doch der tiefere Grund war, daß er in den Kulturen des vorderen Orients seit seiner Jugend Grundformen des Allgemein-Menschlichen sah und sich an ihnen gebildet hatte. Es ist, als habe er geahnt, daß die Zukunft der Weltkultur davon abhänge, daß geistige Begegnungen glückten. So wie Herder für diese Aufgabe in seinen „Ideen" getan hatte, was er als Kulturphilosoph konnte, so tat es Goethe nun im *Divan* als Dichter. Wenige Jahre später prägte er den Begriff und das Wort *Weltliteratur* (Bd. 12, S. 361–364 u. Anmkg.). Im *Divan* hat er das Geben und Nehmen, die geistige Begegnung, die in dieser Vorstellung enthalten ist, schöpferisch gestaltet.

Weil der *Divan* Begegnung mit einer fremden Kultur ist, ist er nicht nur eine Lyrik-Sammlung; er hat noch einen zweiten Teil, die *Noten und Abhandlungen.* Goethe wußte, daß den Lesern seine Wendung zum Osten unerwartet käme und viele Schwierigkeiten bereiten würde. Er hatte einige der *Divan*-Gedichte 1816 im „Morgenblatt für gebildete

Stände“ zum Abdruck gebracht, einige dann im „Taschenbuch für Damen auf das Jahr 1817“; da zeigte sich, daß die Leser mancherlei Hilfen brauchten, die sie bei Motiven aus der griechisch-römischen Welt nicht nötig hatten (Bd. 10, S. 521,14–36). Goethe entschloß sich, den Gedichten einen Prosateil beizufügen, eine kleine Literaturgeschichte im Rahmen einer allgemeinen Kulturdarstellung, die über Religion, Staatsform usw. berichtet. Es reizte ihn, das, was er vor sich sah, in dieser Weise darzustellen.

Für seine Orient-Studien hatte er eine beträchtliche Anzahl von Werken der Orientalistik gelesen. Er hat in den *Tag- und Jahresheften* (Bd. 10, S. 514f. und S. 521,14–36) selbst darüber berichtet. Die Fachleute, deren Schriften er nutzte, hatten gelehrte Spezialarbeiten geliefert, Nachschlagewerke, Übersetzungen, Aufsätze. Er selbst war kein Orientalist, und das, was er bringen wollte, war etwas anderes: eine Gesamtschau, welche die Dichtung in den allgemeinen Zusammenhang der Kultur stellt. Eine solche gab es zu dieser Zeit nicht. Dem heutigen Leser fällt meist nicht auf, wie reichhaltig, knapp und wohlabgewogen die *Noten und Abhandlungen* sind, denn er kennt nicht die Dürftigkeit der damaligen orientalistischen Literatur. Die Folgezeit aber hat in der Weise, wie Goethe schrieb, weitergearbeitet. Innerhalb von Goethes Schriften sind die *Noten und Abhandlungen* sein größtes geschichtliches Werk neben der *Geschichte der Farbenlehre*.

Die einzelnen Punkte, die darzustellen waren, ergaben sich aus dem historischen Stoff. Doch die Art der Behandlung zeigt Goethes geistige Eigenart. Er zielt auf das Grundsätzliche und sagt es knapp. 13 Zeilen genügen ihm für das Thema der Menschenauslese in verschiedenen Staatsformen (147,28–148,3). Er äußert sich darüber anläßlich der östlichen Könige und Statthalter. Seine Erfahrungen und Überlegungen stammten aus Europa. Da gab es eine Menschenauslese in Frankreich vor der Revolution, eine andere während der Revolution, eine andere unter Napoleon. Demokratien wie die Schweiz und die deutschen Hansestädte unterschieden sich darin von den Fürstenstaaten. Die zusammenfassende Äußerung wurde Goethe aber entlockt, als er nun den Osten darstellte. Ebenso hatte er über die Grundformen der Dichtung oft nachgedacht, doch erst hier sagt er Zusammenfassendes (187,29–188,12). Ähnlich ist es mit den Religionen; in 28 Zeilen gibt er Charakteristiken von vier Religionen, wie er sie in solcher Weise sonst niemals gegeben hat (149,7–34). Die Darstellung des Ostens veranlaßte ihn zu diesen Äußerungen. Insofern ist die Entstehung der *Noten und Abhandlungen* ähnlich wie die der Gedichte, die ebenfalls durch die östlichen Anregungen herausgelockt waren. Die Darstellungsweise aber bleibt durchaus westlich. Der Stil der östlichen Dichtung wird beschrieben mit Fachausdrücken, die aus der griechisch-römischen Rhetorik stammen, wie *Tropen* (171,20 u.ö.), *Hyperbel* (195,31), *Metapher* (263,16), *Panegyrist* (178,17) usw. Das war nicht anders möglich. Goethes Nachschlagewerk dafür war Ernesti, Lexicon technologiae Latinorum rhetoricae, 1797. (Bd. 10, S. 513,27–34.)

Die Beschäftigung mit dem Osten rundete sich in solcher Weise zum Bilde. In Einzelheiten durch die neuere Forschung überholt, hat es methodisch und künstlerisch seinen bleibenden Wert. Es zeigt, wie Goethe mit seinem Einfühlungsvermögen ein ganzes Kulturgefüge auffaßt und in großen Zügen schildert. Er bewegt sich dabei zwischen gegenständlichen Einzelheiten und allgemeiner Betrachtung. So fallen bedeutsame allgemeine Worte über Religion (135,2ff.; 148,24ff.; 149,7ff.), über das *Gebet* (135,24ff.), *Freiheit und Knechtschaft* (175,14ff.), über *die Roheit des Überwinders* und die *Bildung des Überwundenen* (146,34ff.), über Despotismus (236,24ff.); ganz nebenher wird ein kleines Lob der konstitutionellen Monarchie eingeschoben, die Sachsen-Weimar als erster deutscher Staat eingeführt hatte (239,2). Besonders ist natürlich von der Dichtung die Rede, und vieles hier gehört zum Wichtigsten, was Goethe darüber theoretisch geäußert hat. Allgemeine Gedanken über *Form, Stoff und Gehalt* (178,24ff.), über die Gattungen (187,11ff.), über die Aufgabe des Dichters (156,8ff.), über die Beziehung von Sprache und Dichtung (179,2ff.), über Bildlichkeit (180,16ff.), über das Übersetzen aus fremden Sprachen (255,6ff.) – dies alles gibt den Hintergrund für die Gesamtcharakteristik der orientalischen Dichtung (165,17ff.). Goethe zeigt dabei ein für seine Zeit ungewöhnliches Verständnis auch für diejenigen Eigenheiten, die dem neuzeitlichen abendländischen Geiste und auch ihm selbst – seiner ganzen Entwicklung nach – nicht geläufig waren, für das Rhetorische (159,3–17) und das Panegyrische (172ff., 195). Seinem organischen Blick entsprach es, die Kunst in die Gesamtkultur hineinzustellen und die wechselseitigen Zusammenhänge von Religion, Staat und Kunst zu erkennen, so daß seine Darstellung wie ein Vorklang von Burckhardts späteren Betrachtungen erscheint (Kunst und Religion S. 141, 146; Prophet und Dichter S. 143; Staat und Dichtung S. 147).

Das Ganze ist übersichtlich gegliedert. Die Hauptteile sind:

1. Geschichte und Charakter der orientalischen Dichtung, S. 128–194. Dieses ist der gedanklich bedeutendste Teil.
2. Interpretation des *Divan* und Pläne für seine Weiterführung, S. 195–206. Unschätzbar als Charakteristik der einzelnen *Divan*-Bücher, alles übertreffend, was je von Späteren darüber gesagt ist.
3. Exkurs: *Israel in der Wüste*. Beispiel historisch-kritischer Betrachtung. S. 207–225.
4. Goethes Quellen seiner Orientstudien, zugleich eine Skizze der Orient-Auffassung des Abendlandes seit dem Mittelalter, S. 225–264.

Durchgehend mit Erzählergeschick dargestellt, zum Teil fast novellesk geformt (S. 228–242).

In dem Hauptteil schreitet die Darstellung stetig fort. Doch das bleibt nicht so. *Israel in der Wüste* ist nur deswegen eingeschoben, weil Goethe diesen Aufsatz fertig unter seinen Papieren hatte und ihn endlich einmal zum Druck bringen wollte. Nicht ganz organisch eingefügt sind auch die Briefe und Gedichte des persischen Gesandten in St. Petersburg, obgleich sie bezeichnend sind für den Traditionalismus persischer Literatur (258,9–263,18). Hier waltet bereits das Kompositionsprinzip, das später für die *Wanderjahre* und andere Alterswerke bezeichnend ist: es werden Bestandteile aus verschiedensten Bereichen zusammengestellt, die Goethe beachtenswert und mitteilenswert sind. Er sagte zu den *Wanderjahren*, sie seien *nicht aus einem Stücke*, aber doch *gewiß in einem Sinne* (an Boisserée 23. Juli 1821). Ähnlich ist es hier.

Durchaus gelungen ist aber das Wesentlichste: die innere Beziehung des Lyrik-Teils und des Abhandlung-Teils. Es gibt auch heute keine bessere Einführung in den Gedichtteil als Goethes eigene *Noten und Abhandlungen* dazu. Er ließ von Kosegarten ein Namenregister herstellen und fügte es dem Druck bei (S. 265–267), damit der Leser die Namen im Text wiederfinden könne in dem Prosa-Anhang. Die *Noten und Abhandlungen* erklären aber nicht nur Einzelheiten, sondern auch manches der geistigen Haltung; daß z.B. das *Übermacht*-Motiv der Gedichte weitgehend Übernahme aus östlichen Quellen ist, wird an dieser Stelle deutlich (198,7ff.). So sehr der dichterische Teil und der historische Teil jeder seine eigene Methode haben, sie ergänzen einander, jeder Teil ist offen in Richtung auf den anderen. Der *Divan* ist also nicht nur eine Begegnung von Osten und Westen, sondern auch eine Begegnung von lyrischem und historischem Geist. Daß sie in dieser Weise gelingen konnte, ist begründet in Goethes innerer Weite, in seinem Begabungsreichtum (er konnte Lyriker und Historiker sein), in seiner Gabe, das Auseinanderliegende in organische Beziehung zu setzen, also letzten Endes in seiner Persönlichkeit.

Als Goethes *Divan* 1819 erschien, war diese Wendung zu der östlichen Welt für die Goethe-Leser unerwartet und befremdlich, denn Goethes Werke der letzten Jahre und Jahrzehnte hatten, sofern sie an Traditionen anknüpften, antike und europäische Vorbilder gehabt. Die östliche Welt als solche war den deutschen Lesern aber nicht ganz fremd. Das, was die Orientalisten in England, Frankreich und Deutschland geschrieben hatten, blieb freilich auf einen kleinen Leserkreis beschränkt; doch es wurde aufgenommen und verarbeitet von Herder, und was dieser schrieb, drang in breitere Kreise und regte jüngere Schriftsteller an. Er ist der erste, der eine ostwestliche geistige Begegnung in großem Stil literarisch gestaltete. Sie zieht sich als ein großes Thema durch seine Schriften von den Anfängen bis zum Ende. Niemand hat in seiner Zeit so wie er den Horizont der Deutschen in dieser Richtung erweitert. Er zog übersetzend und interpretierend jüdische, arabische, persische, indische, chinesische Dichtung in den Bereich seiner Betrachtung, und zwar nicht wie frühere Schriftsteller als etwas Exotisch-Seltsames, sondern als Dokumente der Humanität, die in allen Völkern und Kulturen sich ausgestaltet, mehr oder minder großartig, jeweilig verschieden und doch im rein Menschlichen übereinstimmend. Vieles, was dem *Divan*-Leser eine Neuentdekkung Goethes zu sein scheint, ist schon bei Herder vorhanden. So veröffentlichte er 1795 in Schillers „Horen" (11. Stück, S. 104) ein Gedicht über Medschnun und Leila (in Suphans Ausgabe Bd. 26, S. 418), die in Goethes *Divan* so oft genannt sind (S. 27, 33, 46, 64, 125). In seinen „Blumen aus morgenländischen Dichtern" stehen Gedichte über Hatem Thai (Suphan 26, S. 376), der im *Divan* an so bedeutsamer Stelle (S. 63ff.) auftritt, und über Tau und Perle (Suphan Bd. 26, S. 400) wie im *Divan* (S. 100). Hier stehen auch die Verse

Die du die Liebe singst, o Nachtigall, lerne die Liebe
Von der Mücke, die sich stumm in der Flamme verzehrt.
(Suphan Bd. 26, S. 372)

ein Motiv aus dem *Divan* (S. 18f.) vorwegnehmend. Doch auch die Unterschiede sind deutlich. Herder übersetzte meist in Distichen und trug damit einen Klang in seine Bearbeitung hinein, der den Vorbildern oft wenig entspricht. Sein Interesse liegt im Ethischen und Lehrhaften, man spürt den Theologen. Er beschränkt sich darauf, zu übersetzen, zu bearbeiten, zu erklären. Goethe dagegen schafft als Dichter etwas Eigenes und Neues. Bei ihm steht das Thema der Liebe im Mittelpunkt *(Buch Suleika)*, die *Parabeln* stehen mehr am Rande. Bei Herder ist es umgekehrt. Goethes Liebling ist Hafis. Auch Herder weiß von Hafis, doch sein Liebling ist Saadi, und dessen Parabeln sind diejenige Gattung, welche er vor allem zu würdigen und weiterzuentwickeln versteht.

Herders Studien gingen aus vom Alten Testament. Er untersucht, was dort alte Volksdichtung ist, er setzt die Psalmen in Beziehung zu altgriechischer Lyrik und zu europäischer religiöser Dichtung. 1778 erschien seine Übersetzung und Auslegung des Hohen Lieds, „Lieder der Liebe"; 1782–87 folgte die Abhandlung „Vom Geist der Ebräischen Poesie", mit eingestreuten Übersetzungen, vor allem aus den Psalmen. 1787 versucht er in „Persepolis" ein Bild des alten Persien zu geben. 1791, im 19. Buch der „Ideen zur Philosophie der Geschichte der Menschheit", gibt er eine zusammenfassende Darstellung der Kultur des Islam. 1792, im 4. Teil der „Zerstreuten Blätter", folgt eine ganze Fülle von Übersetzungen und Aufsätzen, die gefällig und zugleich tiefsinnig den Leser in den Orient führen: „Blumen aus morgenländischen Dichtern gesammelt" (Übersetzungen, meist nach Saadi); ein Aufsatz „Spruch und Bild, insonderheit bei den Morgenländern"; dann „Gedanken einiger Bramanen" (Übersetzungen, hauptsächlich aus der Bhagavadgita); und der Aufsatz „Über ein morgenländisches Drama" (ein begeistertes Lob von Kalidasas „Sakuntala"). Und das ist noch keinesfalls alles. In Herders weltüberschauendem Lebenswerk ist derjenige Teil, welcher den Osten in die deutsche literarische Kultur hereinholt, außerordentlich reich. Jeder Leser Herders, der ihn als Philosophen, Historiker, Theologen, Dichter schätzte, begegnete immer auch seiner Deutung der persischen und arabischen Welt. Nach und nach traten diese Schriften hervor. Nach Herders Tode wurden sie dann 1805–1820 in der Ausgabe der „Sämtlichen Werke" alle noch einmal abgedruckt. Das war in den Jahren, bevor Goethes *Divan* erschien. Für die Kenntnis des Ostens hat Herder also viel bedeutet. Er war kein Fachmann wie Diez und Hammer. Er konnte hebräisch, nicht aber arabisch oder persisch. Er benutzte die Übersetzungen der Fachleute. Auf diese ging auch Goethe zurück, und das bedeutete, daß er Herders Übertragungen nicht brauchte. Daß Herder ihm aber in seinen Anfängen den rechten Weg gewiesen hatte, wird am Anfang der *Noten und Abhandlungen* dankbar vermerkt, und er gedenkt der Herderschen Gespräche, *eines hohen Genusses, dem reinen orientalischen Sonnenaufgang zu vergleichen* (S. 128, 21–24).

Goethes Quellen seiner Orient-Kenntnis hat er selbst in den *Noten und Abhandlungen* genannt (S. 225–267), die Werke von Diez, Hammer, Silvestre de Sacy und anderen. Es gab erst verhältnismäßig wenig deutsche Übersetzungen; deswegen zog er lateinische, französische, englische und italienische heran, die er dank seiner Sprachkenntnisse alle mühelos lesen konnte. Die Tagebücher und die erhalten gebliebenen Handschriften geben uns genauen Einblick in diese Studien. Das Erstaunliche ist, daß er in kurzer Zeit auf Grund seines Materials ein so gutes Gesamtbild erhielt und daß er gleichzeitig seine anderen Studien in Morphologie, Geologie, Farbenlehre und Kunstgeschichte fortsetzte.

Wegen der vielen Beziehungen zu östlicher Dichtung ist es wohl sachgerecht, in den Anmerkungen einiges aus den Werken mitzuteilen, die Goethe benutzt hat. Es gibt Gedichte, die Satz für Satz einem östlichen Vorbild folgen, z. B. *Der Winter und Timur* (S. 60f.), es gibt andere, die Motive eines Gedichts aufnehmen und umgestalten wie *Selige Sehnsucht* (S. 18f.); und es gibt solche, die nur ganz allgemein östliche Motive verwerten wie *Höheres und Höchstes* (S. 116f.). Anführungen von Parallelstellen bedeuten nicht, daß man Goethes Benutzung dieser Stellen mit Sicherheit nachweisen kann, sondern meist nur, daß diese Annahme sehr nahe liegt und daß er auch etwas Ähnliches gelesen haben kann. Die persische Dichtung in der Zeit des Hafis lebt aus einer breiten literarischen Tradition. Feste Motive und Formulierungen werden bei einem Dichter immer neu kombiniert und werden von einem Dichter zum anderen weitergegeben. Wenn also unser Kommentar z. B. eine Hafis-Stelle nennt, kann Goethe auch von einer anderen ähnlichen Stelle angeregt sein, sofern nicht wörtliche Übereinstimmung besteht. Die angeführten Stellen sollen nur das Phänomen der Spiegelung zeigen und einiges Material bieten, um zu sehen, wie Goethe bei Übersetzung und Umarbeitung vorgeht. Die Umgestaltung in passende deutsche Rhythmen und ein paar kleine Änderungen in der Diktion wirken oft Wunder.

1834 veröffentlichte Chr. Wurm seinen „Kommentar zu Goethes West-östlichem Divan". Dieses Werk trägt Stellen aus Hafis, Saadi, Olearius, Chardin usw. zusammen, die Goethes östliche Anspielungen erläutern. Wurm wußte über Goethes orientalische Lektüre nur das, was in den *Noten und Abhandlungen* steht und was Goethe in den *Annalen* mitteilt. Wir kennen heute seine Tagebücher, in denen er sehr oft verzeichnet, was er las, wir haben das Verzeichnis seiner Buchentleihungen aus der Weimarer Bibliothek und den Katalog seiner eigenen Bücherei. Außerdem haben wir aus den Handschriften die Datierungen vieler Gedichte. Oft ergibt sich bereits eine Beziehung, wenn man nur unter dem Datum, das die Gedichthandschrift trägt, im Tagebuch nachsieht und die Lektüre dieses und der vorhergehenden Tage feststellt. Wurms Ergebnisse sind auch heute noch wertvoll, doch darf man nicht bei einem Gedicht von 1815 ein Buch, das Goethe nachweislich erst 1818 las, als „Quelle" nennen. – Weitere Untersuchungen über den *Divan* und seine orientalischen Anregungen enthalten Burdachs Kommentar, 1905, und insbesondere die Arbeiten von Katharina und Momme Mommsen, 1961 ff.

Als der *Divan* 1819 erschien, hat man ihn wenig beachtet, kaum verstanden. Das 19. Jahrhundert hatte für seine Geistigkeit und Stilform wenig Sinn und sah in ihr ein bedauerliches Absinken im Vergleich zu der Lyrik der Jugend und der klassischen Zeit. Erst um 1900 kam ein Wandel. Bahnbrechend war Konrad Burdach. Da er aber durchaus im Zeichen eines biographisch-psychologischen Verstehens stand, schien es, als sei der *Divan* nur auf diesem Wege zu erfassen. Erst neuere Arbeiten, zumal die von Kommerell, haben gezeigt, daß er auch ganz als Werk, als geistige Welt, zu interpretieren sei. Was das 19. Jahrhundert versäumte, versuchte das 20. nachzuholen, es erschienen zahlreiche Arbeiten zum *Divan*, die vieles aufhellten.

Wer sich näher mit dem *Divan* befassen will, muß wegen der Mitteilungen über das handschriftliche Material die Weimarer Ausgabe und vor allem die Ausgabe von Hans Albert Maier, 1965, heranziehen. Die Kommentare von Burdach (Jubil.-Ausg., 1905), Richter (Fest-Ausg., 1924), Beutler (1943 u. ö.), Hans-J. Weitz (1951 u. ö.), Rychner (1952) und Ursula und Manfred Beyer (Berliner Ausgabe, 1965 u. ö.) sind alle leicht übersichtlich angeordnet und werden daher im folgenden nicht jedesmal bei der Spezialliteratur zu den einzelnen Büchern und Gedichten genannt.

Die Erläuterung einzelner Wörter findet man in dem großen „Wörterbuch zu Goethes West-östlichem Divan" von Christa Dill, Tübingen 1987. Es ist in dem folgenden Kommentar nicht bei jeder Wort-Erklärung genannnt. Der Hinweis hier möge ein- für allemal genügen.

ANMERKUNGEN

Buch des Sängers

Das Buch beginnt mit einem Gedicht, das den geistigen Aufbruch in die Welt des Orients bezeichnet, und die folgenden Gedichte sind dann ein dauerndes Beziehung-Setzen von Osten und Westen. Das Einleitungsgedicht hebt hervor, was der Dichter im Osten sucht: *Patriarchenluft, des Ursprungs Tiefe.* Das ist eine bestimmte Sicht, die Goethe seit seiner Kindheit hatte. Von seiner Jugend schreibt er ... *wenn es auch draußen noch so wild und wunderlich herging ... so flüchtete ich gern nach jenen morgenländischen Gegenden ... und fand mich dort unter den ausgebreiteten Hirtenstämmen.* (Bd. 9, S. 140,17ff.) In einem Brief an Rochlitz vom 30. Jan. 1812 sagt er dazu: *Es schlingt sich die daher für mich gewonnene Kultur durch mein ganzes Leben und wird noch manchmal in unerwarteten Erscheinungen hervortreten.* Das klingt fast, als sei der *Divan* hier schon vorausgeahnt. Jedenfalls war es für Goethe bekanntes Gebiet; er wußte, was er suchte, als er die geistige Reise antrat. Als er diese in den *Annalen* darstellt, sagt er: *Ich rief die „Moallakats" hervor, deren ich einige gleich nach ihrer Erscheinung übersetzt hatte. Den Beduinenzustand bracht' ich mir vor die Einbildungskraft.* (Bd. 10, S. 514,38ff.) Mit dem Wort *Einbildungskraft* bezeichnete Goethe in klarer Selbsterkenntnis, wie er als dichterische Persönlichkeit auf das Gelesene reagierte. Es wurde in ihm lebendig. Das sagt er auch von der Jugendlektüre der Bücher Mose: *Die Bemühungen ... endigten zuletzt damit, daß von jenem ... Lande ... sowie von den Völkern und Ereignissen ... eine lebhaftere Vorstellung in meiner Einbildungskraft hervorging.* (Bd. 9, S. 129,13–20.) Ähnlich wie Homer und die griechischen Sagen auf Goethes Imagination wirkten, taten es auch die Erzählungen von den Patriarchen und anderes orientalisches Erzählgut. Die Beziehung zu Griechenland fand in dramatischen und epischen Werken ihren Ausdruck, die zum Osten wurde zu einem Kreis von Gedichten. Nun gehen Goethes lyrische Gedichte oft von einem unmittelbaren Eindruck aus; hier aber wird dieser fast immer in einem östlichen Motiv gespiegelt; oder der Dichter ruft sich östliche Zustände hervor und läßt diese auf sich, den Abendländer, einwirken. Darum sagt das Einleitungsgedicht in fünfmaliger Wiederholung, was er im Osten *will* (Vers 5, 15, 19, 23, 31); es beginnt mit einem Imperativ (3) und sagt, was geschehen *soll* (6). Daß es sich bei allem um eine geistige Reise handelt, wird auch in denjenigen Gedichten deutlich, welche des Dichters unmittelbare Umwelt darstellen (S. 13–15): In *Liebliches* befindet er sich in *des Nordens trüben Gauen* und bringt die *Zelte des Vesires* nur als Vergleich. *Im Gegenwärtigen Vergangnes* zeigt deutsche Landschaft mit *Wald* und *Ritterschloß* und bringt erst am Ende, bei heiter-weiser Altersbetrachtung, die *Wendung* zu *Hafisen.* In *All-Leben* vergleicht der Dichter die südliche Welt des Hafis mit *dem stets umhüllten Norden,* in dem er sich befindet, und gedenkt seiner Italienreise. Andre Gedichte haben rein östliche Motive (*Segenspfänder* S. 8f.; *Vier Gnaden* S. 10f.). Das Buch gipfelt in dem Gedicht *Selige Sehnsucht,* das über den Bereich der Vergleiche und Beziehungen hinausführt, indem es einen inneren Vorgang ausspricht, der im Osten wie im Westen dem tief Erlebenden möglich ist; die west-östliche Spannung der vorigen Gedichte ist hier in einer höheren Einheit aufgelöst. – Goethes eigene Äußerungen über dieses Buch: S. 195,17ff. und 268,7ff.

Sowohl in den Büchern Mose wie in den Beduinendichtungen der „Moallakat" fand Goethe Naturformen des Lebens. Während die *Noten und Abhandlungen* zunächst das Hirtenleben der Araber und dann die komplizierteren Kulturformen Persiens schildern, sind in der Dichtung die Motive bunt gemischt, doch so, daß im *Buch des Sängers* der *Beduinenzustand* (Bd. 10, S. 515, 2) vielfach hervortritt, während z. B. das *Buch Suleika* nach Goethes eigenen Worten *ganz persisch* ist (Bd. 2, S. 269,30). – Auch im „Divan" des Hafis heißt ein Buch „Moganni Nameh", d. h. „Buch des Sängers" (Hafis ed. Hammer Bd. 2, S. 484–488), es hat aber nur ein einziges langes Gedicht „Sänger mit dem hohen Tone / Spiele mir die Kaiserweise ..." Hammer benutzt hier Vierheber ohne Auftakt, mit klingendem Versschluß; Goethe hat im Einleitungsgedicht das gleiche Metrum.

S. 7. ZWANZIG JAHRE ... Dieser Motto-Vers steht im Zusammenhang mit dem darauf folgenden Gedichtbeginn *Nord und West und Süd zersplittern ...,* der die Situation zur Zeit Napoleons, insbesondere die von 1806 bezeichnet, welche Goethe intensiv miterlebte. Die *Zwanzig Jahre* sind also die Zeit davor. Eine Reihe schöner Jahre setzte für Goethe mit der Reise nach Italien ein, das war 1786 – die Zeitangabe stimmt also nicht nur poetisch-ungefähr, sondern sogar genau. Daß 1806 eine veränderte Epoche begann, spricht Goethe in vielen Briefen aus, z. B. dem an Carl August vom 25. 12. 1806, und auch im *Epimenides.* In einem Brief an Zelter vom 6. Nov. 1830 setzt er *die Epoche um 1806 usw.* deutlich gegen die vorhergehende ab. – Das Wort *Reihe* in Vers 3 bezieht sich auf *Zwanzig Jahre* in Vers 1.

Goethe hatte bis 1786 viel in der Verwaltung von Sachsen-Weimar mitgearbeitet und deswegen auf vieles verzichtet. Seine Dichtung hatte darunter gelitten. Seit 1786 lebte er als Schriftsteller, und der Staat Carl Augusts begünstigte diese Existenz, insofern paßt der Vergleich mit den *Barmekiden.* Dann aber machte das Jahr 1806 Epoche. Beinahe wären Goethes sämtliche Manuskripte (*Farbenlehre, Faust I* usw.) verlorengegangen (wie der gesamte Besitz des Malers G. M. Kraus). In einem Brief an Knebel vom 24. Dez. 1824 sagte Goethe über die Durchsicht seiner Korrespondenz mit Schiller: *Sie endigt 1805, und wenn man denkt, daß*

1806 die Invasion der Franzosen eintrat, so sieht man beim ersten Anblick, daß sie eine Epoche abschließt, von der uns kaum eine Erinnerung übrig bleibt. Jene Weise sich zu bilden, die sich aus der langen Friedens-Epoche des Nordens entwickelte und immerfort steigerte, ward gewaltsam unterbrochen ... (Briefe Bd. 4, S. 132). In der Rückschau erscheint ihm hier die Zeit vor 1806 als eine einheitliche *Epoche*, und aus der Rückschau ist auch im *Divan*, der 1819 erschien, der Zeitabschnitt vor 1806 gedeutet. – Was mit den *Barmekiden* gemeint ist, hat Goethe selbst S. 138,20–24 und 147,1–13 in schönster Weise erläutert. Sie waren Nachkommen des Priesters und Arztes Barmek, nahmen am Hofe der Abbassiden hervorragende Stellungen ein und waren Beschützer und Förderer der Dichtung und Bildung. Vgl. S. 147,1–13 und auch 138,20–24. – Katharina Mommsen, Die Barmekiden im Westöstl. Divan. (Jb.) Goethe 14/15, 1953, S. 279–301. – Ursula Wertheim, Die Barmekiden im Divan. (Jb.) Goethe 27, 1965, S. 45–79.

S. 7. HEGIRE. Das Gedicht faßt als Vorklang viele Motive des gesamten Werkes zusammen: Die Spiegelung der eigenen Weltbetrachtung in der des Ostens, Verjüngung, Hafis, Liebe, Religiöses. Liedhaft-klangvoll mit der Frische eines Aufbruchs und reicher Kraft. – *Hegire* ist die französische Form für arabisch „Hedschra", die in Goethes Zeit geläufig war. Hedschra ist die Auswanderung Mohammeds von Mekka nach Medina im Jahre 622, die Epoche machte in der Geschichte des Islam und mit der die mohammedanische Zeitrechnung beginnt. Schon der erste künstlerische Kommentator des *Divan*, G. v. Loeper, sagte bündig: „So steht hier die Überschrift in doppeltem Sinne: als Flucht des Dichters in den Orient und als Anfang einer neuen Zeitrechnung." – *Nord und West und Süd* ... Anspielung auf die politischen Ereignisse 1806–1814; Parallele zu der Zeit des Hafis, als Timur seine großen Eroberungen machte. Die militärischen Eroberungen und politischen Unternehmungen Napoleons erstreckten sich in *Nord* bis Norwegen und Rußland, in *West* bis Spanien und Portugal, in *Süd* bis Italien und Ägypten. *Throne bersten*: z. B. der deutsche Kaiserthron und der Neapolitanische Königsthron. *Reiche zittern*: das galt in der Napoleonischen Zeit für die Schweiz, Österreich, Spanien, Portugal, Dänemark, Preußen und alle deutschen Kleinstaaten. 1814 kam dann die Schicksalswende: da barst der Thron Napoleons und Frankreich zitterte. – Vers 4 *Patriarchenluft*: Die *Patriarchen* verkörpern für Goethe Naturformen des Lebens. (Bd. 9, S. 129,21–140,26 u. Anmkg. Vgl. auch Bd. 6, S. 10,9.) Ihnen eignet eine starke, nicht intellektuell überformte Religiosität. Goethe schreibt an Schlosser 23. Jan. 1815: *Ich hab mich ... mit aller Gewalt und allem Vermögen nach dem Orient geworfen, dem Lande des Glaubens, der Offenbarungen, Weissagungen und Verheißungen* ... Vers 6 *Chisers Quell*. Chiser, in vielen östlichen Dichtungen erwähnt, hütet den Quell des Lebens, in grünem Kleide, denn Grün ist die Farbe der Natur im Frühling. Zu Hafis kam, nachdem dieser 40 Tage und Nächte asketisch gelebt hatte, Chiser mit einem gefüllten Becher. Mit diesem Trunk gab er ihm die Dichterweihe und unsterblichen Ruhm. – 13 *Wo sie Väter ...* Die Verehrung der Vorfahren und die Auflehnung gegen Fremdherrschaft gehören als wesentliche Züge zu der Kultur der Beduinen; Goethe fand sie in den Moallakat und in der Darstellung dieser Kultur bei dem Moallakat-Übersetzer Anton Theodor Hartmann. – 15 *Jugendschranke*: die Bedingtheit dieser jugendlichen Kultur, deren Vorteile die Nachteile überwiegen. Von der Jugend der Kulturen hatten Herder und der Moallakat-Übersetzer Hartmann gesprochen. Vgl. Bd. 9, S. 223,18–20; Bd. 12, S. 298,33 ff. – 22 *Moschus*: Duftstoff, der im Orient gehandelt wurde. – 26 *Trösten, Hafis, deine Lieder*: dazu Goethes Bemerkungen S. 161,39–162,4. – 32 *Heil'ger Hafis* etwa in dem Sinne: hochverehrter, mir vorbildlicher Hafis, dem ich nachstreben will. (Vgl. S. 24 *Offenbar Geheimnis* u. Anmkg.) – 34 *Ambralocken*: das Ambra (arab.) ist ein angenehm duftendes Harz; das Wort *Ambralocken* kommt bei Hafis vor, z. B. II,307. – 35 *Huris*: Zu den islamischen Paradieses-Vorstellungen gehört, daß die Glaubenshelden dort von jungen und schönen Huris empfangen werden, ein Motiv, das im *Divan* S. 110ff. aufgenommen ist. – 39f. *Dichterworte um des Paradieses Pforte ...* Dieses Motiv wird S. 111f. näher ausgeführt.

Handschr.: *Weimar, 24. Dez. 1814.* – Facsimile: Schr. G. Ges., 26. – Goethe über dieses Gedicht: Bd. 2, S. 127,3–28. – G. v. Loeper: Hempelsche Ausgabe, Bd. 4, 1872, S. 4. – Über Chiser: Hafis übers. von Hammer I, S. 190, 277, 332, 361 u.ö.; Chr. Wurm S. 24–27. – Katharina Mommsen, Goethe und die Moallakat. Bln. 1960. S. 24–38. – E. Grumach, Goethes Reinschrift der „Hegire". In: Festschr. f. Wilhelm Eilers. Wiesbaden 1967, S. 536–545. – Kath. Mommsen, Goethe u. die arabische Welt. 1989. S. 79–93. – Chr. Dill, *Divan*-Wb., *„Hegire"*, *„Chiser"* usw.

S. 8. SEGENSPFÄNDER. Anschließend an das vorige Gedicht; der Reisende lernt seine neue Umwelt näher kennen, zunächst religiös begründete Gebräuche und Gegenstände. Er nennt verschiedene Arten von *Segenspfändern*, die man bei sich trägt. Die *Talismane* bestehen aus Stein; *Karneol* und *Onyx* waren beliebte Steinarten für dergleichen Arbeiten. Goethe besaß in seinen Sammlungen viele antike und neuere geschnittene Steine aus Karneol und Onyx (Schuchardt Bd. 2, S. 3–8, 367f.). *Amulette* sind Unglück abwehrende oder Glück bringende Gegenstände, ursprünglich Edelsteine, Perlenschnüre oder dergleichen, dann Papiere mit einer Inschrift. Diese Inschriften sind Suren des Korans, Gebetsformeln oder die Namen Allahs oder seines Propheten. 19 *Skapulier*: Schulterkleid, wie es z. B. manche Mönchsorden tragen. Auf den *Siegelringen* muß die Inschrift kurz sein, ein Name oder ein kleiner Spruch. *Abraxas* sind Talismane, die seltsame Bilder zeigen (etwa Mischwesen aus Körperteilen von Hahn, Mensch und Schlange), deswegen wollte Winckelmann ihnen keinen künstlerischen Wert zuerkennen und Goethe rechnete sie zu denjenigen Darstellungen, die er *fratzenhaft* nannte. Auch die *Abraxas* wurden als Glücksbringer getragen wie die Talismane. – Das Tagebuch notiert am 1. Jan. 1815: *Amulette*. Vielleicht sind damals aber noch nicht alle Strophen entstanden. Am 3. August 1815 Boisserée vorgelesen.

Fundgruben des Orients, hrsg. v. J. v. Hammer, Bd. 4. 1814. S. 155–166. – Chr. Wurm S. 31–37. – M. Mommsen, Studien zum Westöstl. Divan. 1961. S. 148–151. – Goethe-Wörterbuch, Art. ,,Abraxas" und ,,Amulett". – Zu *Ein Siegelring* ...: St. Atkins, Euphorion 59, 1965, S. 179f.

S. 9. FREISINN. Zwei spruchhafte Gedichte, hier wohl eingefügt wegen ihrer Bedeutung als Selbstdeutung des *Sängers* und als Überleitung zu *Talismane*.

Bei Hafis II, S. 265 heißt es: ,,Ei, laß uns tummeln unser Roß / Vor aller Augen aufrecht." Und in den ,,Fundgruben" Bd. 4, S. 36: ,,Der Mann, der einst einen Antrag zur Unterwürfigkeit mit der kurzen Antwort zurückwies: Über seiner Mütze sehe er nur die Sterne." Ebd. Bd. 1, S. 1: „Er hat euch die Gestirne gesetzt als Leiter in der Finsternis zu Land und See." – 1816 im „Morgenblatt" gedruckt als Strophe 6 und 7 der *Talismane*, die im *Divan* nun als eigene Gedichtgruppe folgen.

S. 10. TALISMANE. Die Überschrift knüpft an das an, was im Gedicht *Segenspfänder* (S. 8) über den *Talisman* gesagt ist. – Fünf spruchhafte Gedichte, Kernsätze Goethescher Weltschau, doch z.T. an östliche Vorbilder anknüpfend. Hammers Motto für seine ,,Fundgruben" war: ,,Sag: Gottes ist der Orient und Gottes ist der Okzident. Er leitet, wen er will, den wahren Pfad." (Koran, Sure 2.) Daraus wurde bei Goethe zunächst:

Gottes ist der Orient
Gottes ist der Okzident.
Auch den Norden wie den Süden
Hat sein Auge nie gemieden.

Dann Änderung in die bleibende Fassung. – Die erste Zeile nennt *Gott*, die vorletzte ebenfalls; teils wird etwas über ihn ausgesagt, teils wird er im *Du*-Ton angeredet (10). Alle 5 *Talismane* haben eine Beziehung zu ihm. *7 hundert Namen:* Einer von diesen war „der Allgerechte". Vgl. *Noten u. Abhandl.* S. 156, 11–27. – 13 *Ob* in der Bedeutung ,,sofern, im Falle daß" (Dt. Wb. 7, 1889, Sp. 1051). Wenn der Mensch auch an irdische Aufgaben denkt, dann doch so, daß er sie vom Geiste her anfaßt, und dieser Geist steht als Bleibendes in einem gottgewollten Zusammenhang. – 16 *in sich selbst gedrängt*: gereinigt vom Materiellen. Vgl. Bd. 1, S. 368 *Eins und Alles*, Bd. 2, S. 116f. *Höheres und Höchstes*, Bd. 3 *Faust*, insbes. 11862ff., 11954ff. – 17 *Im Atemholen* ... Goethe benutzt dieses Bild mehrfach (z.B. auch in den *Wanderjahren*, Bd. 8, S. 263,15f.) und verbindet es mit der Vorstellung von *Systole*, d.h. Zusammenziehung (in das Ich) und *Diastole,* d. h. Ausweitung (in die Welt) als Grunderscheinungen des Lebens. (Bd. 12, S. 436, Nr. 520; Bd. 13, S. 27,11f.; 337,12ff.; 488,12).

Handschr.-Facsimile: Schr. G. Ges, 26. Und: Goethe und seine Welt, 1932, S. 202. – 9–12 vielleicht in Anlehnung an die 1. Sure des Korans, in der es u. a. heißt: ,,Leite uns den rechten Pfad, den Pfad derer, denen du gnädig bist, nicht derer, denen du zürnst, und nicht der Irrenden." – Goethe benutzte Olearius' Saadi-Übersetzung. Dort steht im Anfang der ,,Vorrede Schich Saadi über den Persianischen Gülustan oder Rosenthal": ,,Ein jeglicher Athem, den man in sich zeucht, hilft zur Verlängerung des Lebens, und der wieder aus uns gehet, erfreuet den Geist. Darumb sind im Athemholen des Menschen zweyerlei Gnaden, und für jegliche soll man von Hertzen dancken ..." Diese Stelle hatte auch Herder übersetzt (Werke, hrsg. von Suphan, Bd. 8, S. 279 und Bd. 26, S. 370). – E. A. Boucke, Wort und Bedeutung in Goethes Sprache. 1901. S. 257f. – E. A. Boucke, Goethes Weltanschauung. 1907. S. 326f., 395.

S. 10. VIER GNADEN. Chardin, Voyages, Bd. 5, S. 258, schreibt (ins Deutsche übersetzt): ,,... daher sagen die Araber, Gott habe sie vor andern Völkern mit vier Gaben begünstigt, nämlich erstlich habe er ihnen Turbane gegeben, mit denen man ein besseres Ansehn habe als mit den Tiaren der Monarchen; Gezelte, die schöner wären als Häuser; Schwerter oder Säbel, die sie besser beschützten als andere Völker ihre Schlösser und Burgen; und endlich die Gedichte, die viel vortrefflicher wären als die Schriften und Bücher der umliegenden Völker" (Chr. Wurm S. 40.) – 13f. *Und Blumen sing' ich* ... Der Dichter weiß die Blumen auf dem Schal des Mädchens zu deuten, und sie wiederum versteht, was er ihr im Liede ,,durch die Blume" sagt. Dazu das Kapitel in den *Noten und Abhandlungen* S. 190,17–193,8. – 17ff.: Seine neuen Gedichte als *Blumen* und *Früchte* für den Leser, lyrisch und lehrhaft zugleich, auch mit neuem innerem Sinn. Chardin Bd. 5, S. 262: ,,Der gewöhnlichste Gegenstand ihrer Poesie ist die Moral". Oelsner, Mohammed S. 210: ,,Das Studium der Moral war bei ihnen stets mit dem Studium der Poesie verbunden." (Chr. Wurm S. 41.) Dichtung also in dem alten Sinne von ,,prodesse" (nützen) und ,,delectare" (erfreuen), wie man so gern aus Horaz (De arte poetica) zitierte, auf neue Weise gebracht. – Handschr.: *d. 6. Febr. 1814.* Vermutlich verschrieben für „1815". – Handschr.-Facsimile: Schr. G. Ges., 26.

S. 11 GESTÄNDNIS. Handschr.: *Frankfurt, 27. Mai 1815.* Über einen ersten Entwurf (in Weimar) und die Reinschrift (in Düsseldorf): H. A. Maier, 1965, S. 92f. und Abb. 1. – Thematisch verwandt: S. 97 Vers 23f. und Bd. 1, S. 244 *Dichter lieben nicht* ... – 8 *untern Scheffel*: der *Scheffel* ist ein Hohlmaß, insbesondere für Getreide. Zu Goethes Zeit war die Wendung ,,das Licht unter den Scheffel setzen" durch Matthäus 5,15 bekannt und in vielen Abwandlungen gebräuchlich.

S. 12. ELEMENTE. „Jones hat unter den Einteilungen, in welche er die morgenländische Poesie bringt, das Liebesgedicht, das Heldengedicht und die Satire. Die Araber und Perser haben in sehr vielen Gedichten mit allem Reichtum der Bilder und mit der glühendsten Phantasie die Liebe besungen. Und die Perser sind hierin beinahe in ausschließendem Vorzug ... Als ein besonderes Element des Liedes konnte auch der Wein aufgeführt werden, der wohl keinen Asiaten mehr begeisterte als Hafis." (Chr. Wurm S. 42.) Alle vier Motivkreise kommen im „Divan" des Hafis vor. In Goethes *Divan* gibt es Liebe, Wein und Polemik. Es fehlt der *Waffenklang*. Dem *Divan*-Dichter stand dieses Thema fern, und selbst in dem gleichzeitigen *Epimenides*-Drama, wo es vom Stoff her gefordert war, kommt es nur am Rande vor und nicht im Sinne des Heldenliedes. – 13 *gefodert*: alte Form für „gefordert". – 24 *Drommete* = Trompete. – Handschr. *Weimar, 22. Juli 1814.*

S. 12. ERSCHAFFEN UND BELEBEN. *Erschaffen* wurde Adam durch Gott, *belebt* wurde er erst, als er den Wein erhielt. Dies ist ein scherzhaftes Motiv, das bei Hafis mehrfach vorkommt. Es wird hier herübergenommen ins burschikos-heitere Gesellschaftslied der Goethezeit. – Es ist wohl das älteste *Divan*-Gedicht, denn die Handschrift notiert: *Berka, 21. Juni 1814.* – Hans-J. Weitz, Das früheste Gedicht im „West-östl. Divan". Jahrb. der Sammlung Kippenberg, N. F. 3, 1974, S. 158–189.

In Berka fing Goethe an, Hafis zu lesen. Nicht die tiefste Seite des persischen Dichters ergab die erste produktive Berührung, sondern der Typ heiter-geselliger Dichtung, der bereits eine Entsprechung hatte in Goethes Lyrik (Bd. 1, S. 94f., 263f.). – Hafis I, 106: „Es ward mein Staub am Schöpfungstag / Mit Wein geknetet." Ebd. II, 182: „Einstens ward der Staub des Körpers / Abgeknetet mit dem Wein, / Sagt, was fordert Ihr, ihr Tadler, / Kann darauf Verzicht ich tun?" Ferner I, 234: „Die Säuerung von Adams Stoff, / Nichts andres ist der Trinker Tun." Zu dieser Stelle macht Hammer die Anmerkung: „Trinken heißt nichts anderes, als den Erdenteig säuern, aus dem Adam geknetet ward; ohne diese Säuerung bliebe der Mensch ein abgeschmackter ungegorener Klumpen." – *Die Elohim*: alttestamentliche Bezeichnung für Gott. Vgl. in den *Noten und Abhandl.* S. 170,4; ferner Bd. 8, S. 329,16; insbesondere Bd. 9, S. 129,36 u. Anmkg.; 352,9; Bd. 13, S. 521,20. – 11 *Noah*: anknüpfend an 1. Mose 9,20 über die Situation nach der Sintflut: „Noah aber fing an und ward ein Ackermann und pflanzte Weinberge. Und da er des Weines trank, ward er trunken ..."

S. 13. PHÄNOMEN. Beginn der in engerem Sinne lyrischen Gedichte. Die Sonne und die *Regenwand* ergeben einen farbigen Regenbogen; die Sonne im *Nebel* ergibt auch einen Bogen, weiß (oder nur ganz wenig farbig), aber doch Bogen des Lichts. Das Motiv wird symbolisch genommen und gleichzeitig ins Heiter-Spielerische gewendet. Damit ist eine Tonart angeschlagen, die fortan durch das ganze Werk geht, und das Thema des Alters ist ins Spiel gebracht. Das Gedicht stammt aus der frühesten *Divan*-Zeit, vor den Erlebnissen der Rhein-Reise; es ist am ersten Tage der Fahrt von Weimar nach Frankfurt geschrieben. Ein neuer Aufbruch – mit leiser Selbstironie –, dessen Kraft sich in der spielerischen Meisterschaft der beschwingten Form verkörpert. – Handschrift: *25. Juli 1814.*

Der Regenbogen spielt in Goethes Dichtung eine bedeutende Rolle. Beispiele: Bd. 1, S. 261; 377; Bd. 2, S. 81; Bd. 3, S. 149 u. ö. – Das Motiv, daß der Gealterte wieder liebt, kommt auch bei Hafis vor (1, 120f. u. ö.). – Günther Müller, Gesch. des dt. Liedes. München 1925. S. 248. – Über das optische Phänomen des Nebelbogens (ohne Bezug auf Goethe): Jos. Maria Pernter und Felix M. Exner, Meteorologische Optik. 2. Aufl. Wien u. Lpz. 1922. S. 532–534, 588–595.

S. 14. LIEBLICHES. Wie das vorige Gedicht geht dieses von einem Natureindruck aus; es gehört zu denen, die ein Motiv aus *des Nordens trüben Gauen* (Vers 12) haben, doch dabei *westöstlich* bleiben, weil der Dichter in Gedanken im Orient lebt. Sein Kernmotiv ist der in jedem Krieg erschütternde Gegensatz von friedlicher Landschaft und zerstörendem Geschehen (13–16); er wurde Goethe besonders sinnfällig beim Anblick der Erfurter Blumenfelder, über welche nicht lange davor noch die Heere Napoleons und der Verbündeten gezogen waren. Zu Anfang ein bildhafter Eindruck, wiedergegeben mit der Sprachkraft des Altersstils (Vers 3f.). – *Sehe* ist keine sprachliche Eigenwilligkeit, sondern ein damals noch gebräuchliches Wort für „Sicht, Sehkraft" (bei Gellert, Klopstock, Lessing usw.; dazu Dt. Wb. 10,1. Lpz. 1905. Sp. 128f.; Adelung weist darauf hin, daß es zumal „im gemeinen Leben", bei Jägern usw. üblich sei). – *Schiras* in der Nähe des Persischen Golfs, in fruchtbarer Landschaft, berühmt durch Früchte, Wein und Blumen, Geburtsort des Hafis. – *der Gescheute*: die im 18. Jahrhundert und auch bei Goethe oft gebrauchte Form für „der Gescheite", d. h. der Kluge, Vorausdenkende. – Dill, *Divan*-Wb., *„Schiras"* usw.

Handschr.: *25. Juli 1814.* Das Gedicht entstand also auf der Fahrt von Weimar nach Eisenach, die über Erfurt führte. Die erste Fassung hatte die Überschrift *Bunte Felder* und Vers 14 lautete: *Die um Erfurt sich erstrecken.*

S. 14. ZWIESPALT. Der Gegensatz von Kriegerischem und Friedlichem verbindet das Gedicht mit dem vorigen. *Mavors:* der Kriegsgott Mars. *Kriegesthunder*: Kriegsdonner. Tunder, Dunder: alte Nebenform zu „Donner", noch bei Hans Sachs und mundartlich. Von Goethe wohl an das englische „thunder" angelehnt. (Art. „Donner" im Dt. Wb.; bei Trübner-Götze u. a.) – In der Handschrift hat Goethe nach Vers 12 geschrieben *v. l.,* d. h. „varia lectio" = andere Lesung. Die Zeilen 13–16 waren also als eventueller Ersatz für 9–12 gedacht. Dann aber hat er v. l.

wieder gestrichen und beide Fassungen hintereinander stehen gelassen. – In dem Wiesbadener Register bezieht sich die Notiz *Liebe und Krieg* auf dieses Gedicht. – Entstanden wie das vorige auf der Reise. Handschr.: *26. Juli 1814.*

S. 15. IM GEGENWÄRTIGEN VERGANGNES. Wie in *Phänomen* und *Liebliches* zunächst ein angeschautes (westliches, nicht östliches) Augenblicksbild; dann davon ausgehend Erinnerung an früher Erlebtes; von da Beherzigung des Allgemeinen, immer Wiederkehrenden, und Wendung vom Selbstgespräch zur Sprache an andere. Es mischen sich lyrische Zartheit, gedankliche Betrachtung, Anklang ans Lehrhafte, scherzende Leichtigkeit. Das Ganze aus dem Lebensgefühl dessen, der viel erlebt hat (9ff.) und tief erlebnisfähig geblieben ist (1ff.), doch nun mit Weisheit erlebt, das Nahe und das Weite (17ff.). Ein Tageslauf, der *morgentaulich* beginnt und mit *des Tags Vollendung* schließt. Die beiden ersten Strophen eine der größten sprachlichen Leistungen im *Divan.* 1–8: Morgenstimmung und Wartburgmotiv; das Bild erweitert sich stufenweise: Garten, Felsen, Burg, Bergkette. 9–16: Hier hatte Goethe früher oft bei Hofjagden geweilt und liebeglühend an Frau v. Stein geschrieben. – Entstanden wie das vorige auf der Reise. Handschr.: *Fulda, 26. Juli 1814, Abends 6 Uhr.* Das Tagebuch notiert an diesem Tage: *Fünf Uhr von Eisenach. Herrlicher Tag. Berka. Vach* (d.h.: Vacha). *Hünfeld Jahrmarkt. Fulda Sechs Uhr.*

Kurz interpretiert von Kommerell S. 127f.; Rychner S. 416f.; Pyritz, Goethe-Studien, 1962, S. 205; E. Trunz, Weltbild und Dichtung im Zeitalter Goethes. Schr. G. Ges., 63. S. 70f.; ausführlich von Hans-Egon Haß in dem Sammelwerk „Die dt. Lyrik", Bd. 1, Düsseldorf 1956, S. 290–317.

S. 16. LIED UND GEBILDE. Die im Titel ausgesprochene Unterscheidung wird im Gedicht näher bestimmt: Grieche – Orientale; Ton – Wasser; Plastik – Lyrik; das Schlußbild für das Wunder der Formung des Formlosen stammt aus einer Goethe seit langem bekannten indischen Legende und wurde später von ihm wieder in der *Paria*-Trilogie benutzt (Bd. 1, S. 316f.). Auch dort ist es verbunden mit dem Motiv der Reinheit, das seit den ersten Weimarer Jahren in Goethes Gedanken über sittliche Bildung, Kunstschaffen und Naturanschauung wesentlich ist.

Goethes Reinschrift ist nicht erhalten, daher auch keine Datierung. Ob die Notiz im Wiesbadener Verzeichnis *Dichtungsarten* dieses Gedicht meint – wie Hans Albert Maier annimmt –, ist fraglich. – Staiger, Goethe. Bd. 3, S. 13f. – Pryitz, Goethe-Studien, 1962, S. 198. – Über das Motiv des „Reinen" (ohne spezielle Anwendung auf dieses Gedicht): A. Beck in: Goethe 7, S. 160–169 und 8, 1943, S. 19–57.

S. 16. DREISTIGKEIT. Dem *Buch des Sängers* entsprechend handelt dieses Gedicht wie das vorige und wie das folgende von dem Dichten selbst und vom Dichter. Das Wort *Dreistigkeit* hier wie bei Goethe oft ohne negativen Sinn: Zuversicht, Beherztheit, Selbstvertrauen. (Ähnlich S. 39 *ein dreistes Wagen.*) Das Thema der Selbstsicherheit zieht sich durch den ganzen *Divan* (S. 44, 68 u. ö.). Das Schlußmotiv, daß der Dichter durch das Dichten sich selbst heilt (11f.), verbindet dieses Gedicht mit dem vorigen *(Löscht' ich so der Seele Brand, / Lied, es wird erschallen)* und manchen anderen (Bd. 1, S. 381 *An Werther* 47–50; Bd. 1, S. 390 *Es spricht sich aus . . .*). – Ungewöhnlich – auch für Goethe – sind die Reime in den Versen 1, 3, 5 usw.: *áll àn – Schául àn* usw. Jeweilig zwei reimende Silben, aber jede hat eine Hebung, die erste eine etwas stärkere. Dagegen haben die Zeilen 2, 4, 6 usw. normale Reime: Hebung und Senkung. (Heusler, Dt. Versgeschichte Bd. 3, S. 102.) – In Goethes Reinschrift datiert *Weimar, 23. Dez. 1814.* – 4 *zum Ton sich rundet*: „rund" (lat. rotundus) als Metapher für „wohlgefügt, harmonisch" schon bei Cicero, Aulus Gellius und besonders bei Horaz an berühmter Stelle, wo er in „De arte poetica" 323f. sagt „Grais ingenium, Grais dedit ore rotundo Musa loqui . . ." (Den Griechen gab es ihre Begabung, den Griechen gab es die Muse, in gerundeter Rede zu sprechen); von da aus kam dann ein Artikel „rotundus" in J. Chr. Th. Ernestis „Lexicon technologiae Latinorum rhetoricae", 1797, das Goethe viel benutzt hat. – Vgl. S. 15, Vers 14 *runden Tons.*

S. 16. DERB UND TÜCHTIG. Das Wort *derb* hat bei Goethe etwa die Bedeutung „rechtschaffen, kernig, voll Saft und Kraft" (Bd. 8, S. 8,29; Bd. 9, S. 510,24; Bd. 10, S. 37,16 u. 46,1; Bd. 12, S. 121,28). Jacob Grimm erläutert es als „mutig, kühn, offen, stark, tüchtig, auch grob im Gegensatz zu fein, doch ohne damit zu tadeln" (Dt. Wb. 2, 1860, Sp. 1012). Das Motiv des Selbstgefühls verbindet mit *Dreistigkeit* (S. 16), das der Polemik gegen geistige Enge (21ff.) mit *Übermacht, ihr könnt es spüren* (S. 44); energische leichte Rhythmen, die Wortwahl bis in den Bereich des Burschikosen greifend. Daher das bei Goethe seltene Wort *kaputt,* das aus dem Kartenspiel stammt (Dt. Wb. 2, 1860, Sp. 606f.) und ursprünglich französisch ist („capot"), hier etwa in der Bedeutung „handlungsunfähig" (zum Dichten). – 21 *Mönchlein ohne Kapp' und Kutt'*: solche, die ohne Mönche zu sein, kirchlich-mahnend reden; an anderer Stelle spricht Goethe von *Geschmäcklerpfaffenwesen* (Bd. 9, S. 592,6); in seiner Polemik gegen die Romantik gibt es mancherlei Äußerungen dieser Art. – Handschr.: *26. Juli 1814.*

S. 17. ALL–LEBEN. Das Motiv des *Staubs* kommt bei Hafis oft vor (Chr. Wurm hat solche Stellen zusammengestellt); Goethe sagt, daß Hafis es *gar geschickt bezwinge* (1–4). Er wiederholt zusammenfassend solche Motive aus Hafis (5–12) und hebt hervor, daß sie sich meist mit dem Motiv der *Pforte* der Geliebten verbinden (9). Er erinnert sich an Trockenheit und Staub auf seiner italienischen Reise (13–16), auch dort gab es *liebe Pforten,* doch das ist lange her (17f.). Dann folgt das Gegenthema: Der *Gewitterregen* (19). Seine Verbindung mit dem Staub schafft Lebensatmosphäre (20–28), die mit dem Titel des Gedichts gemeint ist. Daß das Thema der Verbindung von durstender Erde und dem von oben kommenden Regen auch symbolisch gemeint sei, ist nur in der Wendung *Heile mich, Gewitterregen* angedeutet. – 8 *Mahmud* (spr. Machmut, arab. „der Gepriesene"), Beiname verschiedener Kalifen (vgl. S. 148, 13ff.). – 20 *es grunelt*: von „grüneln, gruneln"; mundartliches Wort für „nach frischem Grün riechen, grün werden, grün zu werden anfangen" (Dt. Wb., Bd. 4,1. Lpz. 1935. Sp. 938f.), in diesem Sinne auch von Marianne v. Willemer benutzt in ihrem Brief an Goethe vom 16. April 1825 „Wir warten nun noch in Geduld, bis es grünelt, und dann wird auch gleich hinausgezogen." Goethe erhebt das Wort ins Dichterische und benutzt es in dem – z.T. symbolischen – Motivkreis von Feuchtigkeit und Wachstumsatmosphäre, wozu gelegentlich Schmerz und Träne kommen, aus denen innere Erneuerung (und Dichtung) entsteht. (*Faust* 8266 und *Divan* S. 124, Vers 15.) An den Botaniker Nees von Esenbeck schreibt er am 18. Juni 1816 bei Gelegenheit von dessen Werk „Die Algen des süßen Wassers": *Die Gesetze der Umwandlung und Umgestaltung, die wir anerkennen, erscheinen hier vor- und rückwärts in ihrem elementarsten Wirken, und wenn es eine ahndungsvolle Betrachtung ist, daß ... ein Gewitterregen ... sogleich belebt, wie der grunelnde Geruch erquicklich andeutet, so ist es anderseits ebenso wichtig zu schauen, wie ein höheres Leben sich nicht sogleich aufgeben kann, ja lieber in geringerer Eigenschaft und Erscheinung fortwirkt, als daß es dem Tode sich entschieden überließe.* – Handschr.: *29. Juli 1814, unterwegs in der Nacht.* Tagebuch 29. Juli 1814: ... *ein Gewitter türmt sich auf. Um sechse von Frankfurt. Wenig Regen. Um eilf in Wiesbaden. Heiß.* – Facsimile der Handschrift: Schr. G. Ges., 26.

S. 18. SELIGE SEHNSUCHT. Das Wort *selig* ist im Sprachgebrauch Goethes und seiner Zeit mehr auf den religiösen Bereich bezogen als heute. (Vgl. Bd. 1, S. 384, Vers 83.) Adelung schreibt in seinem Wörterbuch: „Selig: der himmlischen Glückseligkeit nach diesem Leben teilhaftig. Selig werden, selig sterben; die Seligen im Himmel" usw. Er nennt daneben die Bedeutung: „Sich der Vereinigung mit Gott mit anschauender Lust bewußt, und in diesem Bewußtsein gegründet, z.B. tugendhafte und selige Empfindungen des Herzens gegen Gott." – Im allgemeinen ist Goethes Sprache so, daß durch die Art des Sprechens selbst das Ausgesagte geschützt ist; hier aber eine ausdrücklich verwahrende, beschützende Eingangsstrophe. (Vgl. S. 54, Nr. 26; S. 56 Nr. 36; *Faust* 590ff.) Das Gedicht steht am Ende des 1. Buches, weil dessen Aussagen in ihm einen Höhepunkt finden und weil von hier Verbindungen in die folgenden Bücher führen. Es faßt tiefste Motive des *Divan* zusammen, das Motiv der Liebe weist zum *Buch der Liebe* und zum *Buch Suleika,* das Motiv des religiösen Strebens (Sehnsucht nach anderer Existenz) zum *Buch des Parsen* und *Buch des Paradieses.* Zwar schwingt auch in jenen das Religiöse mit und in diesen das Erotische, hier aber ist die innere Beziehung beider Bereiche ausgesprochen, die Goethe nur selten aufdeckt (so in dem Jugendfragment *Prometheus* Bd. 4, S. 185–187; auch – karger, spröder – in der späten *Elegie* Bd. 1, S. 383f., Vers 73–84). – Das Gedicht hat als Grundvorstellung die Beziehung von irdischer Liebe und himmlischer Liebe und im Zusammenhang damit die Polarität von Licht und Dunkel. Die *Erde* ist *dunkel* (20), zu ihr gehört der *Finsternis Beschattung.* Der Gegensatz ist das *Licht,* nach welchem der Mensch *begierig* ist (15). Die *stille Kerze,* in welcher der *Schmetterling* verbrennt, wird zum Sinnbild dieses höheren Lichts und eines höheren *Flammentods.* Solange der Mensch nicht fähig ist, sich nach ihm zu sehnen *(Selige Sehnsucht),* bleibt er – die Licht-Metaphorik wird fortgeführt – ein *trüber Gast.* Das Wort *trüb* bedeutet: für das Licht nur halb durchlässig, d.h. noch weitgehend dem Irdisch-Materiellen verbunden, noch nicht dem göttlichen Licht zugehörig; das *Trübe* öffnet sich nur begrenzt dem Licht, setzt ihm noch Widerstand entgegen, nur das Reine öffnet sich ihm und wird von ihm erfüllt. Eine *Farbenlehre*-Vorstellung wird hier zu dichterischem Symbol. (Bd. 13, *§ 146–152, 156, 160–175, 338, 483–485* u.ö.; Bd. 1, S. 380, Vers 19 *mein trüber Blick;* Bd. 2, S. 83, Vers 29f.) – Handschriftlich mit der Unterschrift *Wiesbaden, den 31. Juli 1814* und der Überschrift *Buch Sad, Gasele 1;* d.h. zu diesem Ghasel des Hafis ist das Gedicht eine Gegengabe. Dann die Überschriften *Selbstopfer* und *Vollendung;* erst in der letzten Fassung *Selige Sehnsucht.* Das Gedicht von Hafis, auf welches Goethe sich (wie die erste Überschrift selbst sagt) bezieht, lautet in Hammers Übersetzung:

Keiner kann sich aus den Banden
Deines Haars befreien,
Ohne Furcht vor der Vergeltung
Schleppst du die Verliebten.
Bis nicht in des Elends Wüsten
Der Verliebte wandert,
Kann er in der Seele Inners
Heiligstes nicht dringen.

Deiner Wimpern Spitzen würden
Selbst Kustem besiegen,
Deiner Brauen Schütze würde
Selbst Wakaß beschämen.
Wie die Kerze brennt die Seele,
Hell an Liebesflammen
Und mit reinem Sinne hab' ich
Meinen Leib geopfert.

Bis du nicht wie Schmetterlinge
Aus Begier verbrennest,
Kannst du nimmer Rettung finden
Von dem Gram der Liebe.
Du hast in des Flatterhaften
Seele Glut geworfen,
Ob sie gleich längst aus Begierde
Dich zu schauen tanzte.

Sieh, der Chymiker der Liebe
Wird den Staub des Körpers,
Wenn er noch so bleiern wäre,
Doch in Gold verwandeln.
O Hafis! kennt wohl der Pöbel
Großer Perlen Zahlwert?
Gib die köstlichen Juwelen
Nur den Eingeweihten. (II, 90f.)

Goethe hat also das Ghasel nicht als Ganzes nach- und umgebildet, sondern nur Teile herausgegriffen. Ähnlich wie das Gedicht *Selige Sehnsucht* Beziehungen hat zu Motiven in vielen anderen Gedichten Goethes, so hat dieses Ghasel des Hafis motivische Beziehungen zu vielen anderen seiner Gedichte. Das Motiv des Schmetterlings und der Kerze kommt bei Hafis häufig vor, z.B. II, 443: „Rohe haben nicht Kraft, dem Schmetterling gleich zu verbrennen." II, 37: „Der Schmetterling brennet am Licht/Im Genuß der Liebe." (Andere Stellen: I, 364; 419; II, 17; 72; 183; 220; 402.) Bd. II, 106f. steht ein ganzes Ghasel mit dem Reim „Kerze", in welchem natürlich auch das Motiv des Schmetterlings vorkommt.

Motivisch Verwandtes gibt es in dem Gedicht *Im Grenzenlosen sich zu finden, / Wird gern der einzelne verschwinden* ... (B. 1, S. 368), da hier der gleiche Bereich einer inneren Sehnsucht ausgesprochen ist. Dort ist ein Motivkreis ausführlicher entfaltet, der in *Selige Sehnsucht* nur knapp angedeutet ist. Das Wort *Kühlung* hängt zusammen mit „Kühle", das – in Nachwirkung der alten Temperamentenlehre – im 18. Jahrundert mitunter das Gegenteil von „Fieber" ist und die Bedeutung „Erquickung, Befreiung von einem fieberhaften Zustand" annimmt. (Dt. Wb. 5, 1873, Sp. 2563f., 2565f.; Herder, Werke ed. Suphan 8,279; Herder an Klopstock 3. 7. 1783; Adelung.) – Zu Goethes Verwendung des Wortes *trüb (trüber Gast)* vgl. das Sachregister in Bd. 14. – Das Motiv des verbrennenden Schmetterlings gibt es auch sonst in persischer Dichtung, z. B. bei Saadi. Doch hat Goethe andere persische Werke erst später herangezogen, im Juli 1814 in Wiesbaden hatte er nur Hafis zur Hand. Wie sehr das Motiv ihn anzog, zeigt das Nachlaßgedicht *Sollt' ich nicht ein Gleichnis brauchen* (S. 122), ferner eine Notiz im Tagebuch am 12. Dez. 1814 in Jena, als er sich aus der Bibliothek Thomas Hyde, Historia religionis veterum Persarum, Oxonii 1720, ausgeliehen hatte: *Hundert Jahre bete das Feuer an, falle einen Augenblick hinein, und du verbrennst. (Scheich Saadi) Hyde 343.* –

Handschr.-Facsimile: Schr. G. Ges., 26; auch: Schaeder, Titelbild; ferner: Goethe und seine Welt, 1932, S. 192. – H. H. Schaeder, Die persische Vorlage von Goethes „Seliger Sehnsucht". Festschr. f. Spranger. Lpz. 1942. S. 93–102. – Schaeder, Goethes Erlebnis des Ostens, S. 84–89 u. 168f. – Johannes Pfeiffer, Umgang mit Dichtung. 5. Aufl. Lpz. 1947 u. ö. S. 77–78. – Eduard Spranger, Goethe. Seine geistige Welt. Tübingen 1967. S. 156f., 260. – J. Boyd, Notes to Goethe's poems. II. Oxford 1949. S. 178–183. – F. Otto Schrader, „Selige Sehnsucht". Euphorion

46, 1952, S. 48–58. – Staiger Bd. 3, S. 35–37. – Pyritz, Goethe-Studien. 1962. S. 213–216. – Ewald Rösch, Goethes „Selige Sehnsucht". German.-Roman. Monatsschrift, N. F. 20, 1970, S. 241–256.

S. 19. TUT EIN SCHILF ... Arabeskenhaft, bezeichnend für den *Divan*-Stil ein leichter Ausklang nach dem vollen hohen Klang des vorigen Gedichts. – *ein Schilf*: das Zuckerrohr; *Welten zu versüßen*: die rhetorische Figur der Hyperbel (Übertreibung), im Orient wie im Okzident beliebt, hier in spielerischer Verwendung. – Undatiert.

Bei Hafis ist oft von dem „Zucker" (der Dichtung) die Rede, z.B. II, 242: „Ich bin der süße Sänger,/Der durch des Wortes Zauber / Vom Rohr der Feder Zucker / Und reinen Kandel träufet." Ähnlich II, 305; 411; 563. Hafis hatte den Beinamen „der Zuckerlippichte" (Hammer I, S. XXIII). Auch sonst kommt die Metapher des Zuckers in der persischen Dichtung vor, z. B. bei Saadi in der Vorrede zu seinem „Rosental": „Des Saadi Gedächtnis ist glückselig ... und das Lob seiner Sprüche gehet durch die weite Welt; die Worte, so aus seiner Feder geflossen, werden als Zucker beliebet ..." Dazu macht Olearius die Anmerkung: „Aus seiner Feder geflossen: im Text stehet Arundo, bedeutet Reth oder Rohr; er gebraucht gar eine liebliche Allegoriam, dann die Schreibfedern sind von Reth, so bei Wasit häufig wachsen soll, und der Zucker wird auch aus Reth, wiewohl es anderer Art ist, gezogen." (Ausgabe von 1686, Blatt B 1.)

Buch Hafis

Hafis stand Goethe von allen östlichen Dichtern am nächsten. Darum entstanden mehrere Gedichte auf ihn, die sich zu einem Buch runden ließen. Dieses setzt die west-östliche Dialektik fort, welche schon für das erste Buch bezeichnend war. Deswegen ist das Anfangsgedicht ein Dialog zwischen dem westlichen und dem östlichen Dichter. Die folgenden Gedichte gelten der Begegnung: Östliches wird mitgeteilt, und *Der Deutsche dankt*. Er läßt sich von Hafis anregen und kann nun sagen, sein Lied sei jetzt *älter* – denn es geht auf dessen Dichtung zurück – und *neuer*, denn es bringt Töne, welche die eigene Dichtung bisher nicht hatte. Der Charakter von Hafis' Dichtertum wird in mehreren Gedichten gezeigt – aus innerer Nähe heraus, die überzeugt ist, das Richtige zu treffen –, seine Religiosität *(Beiname; Fetwa; Offenbar Geheimnis)*, seine Form *(Nachbildung)*, sein Bereich der Themen *(Unbegrenzt; An Hafis)*. Mit dem begeisterten Bekenntnis zu ihm verbindet sich allgemeine Deutung, was Dichtung sei; denn ein so umfassendes Gefüge wie der *Divan* mußte auch der Dichtung ihren Platz bestimmen. – Nicht aufgenommen wurde das Gedicht *Hafis, dir sich gleich zu stellen* (S. 121), das sich im Nachlaß fand. – Goethes eigene Äußerungen zu diesem Buch: S. 196,4ff., 268,23ff.

Hafis (Hafiz, Hafez bedeutet „der den Koran auswendig weiß"), geb. 1326 in Schiras, gest. 1390 ebenda, lehrte an der mohammedanischen theologischen Schule in Schiras, wurde von dem Schah Shodja (1364–84) begünstigt, doch 1369 auf Veranlassung der Geistlichen vom Hofe verwiesen. Seine Dichtungen machten ihn berühmt. Als 1387 Timur Lenk (Tamerlan) zeitweilig Schiras besetzte, kam es zu einer Begegnung zwischen beiden. Durch seine zugleich irdischen und mystisch-religiösen Ghaselen ist er der größte Lyriker Persiens. Seine Gedichte blieben bis in die Gegenwart bekannt und beliebt.

Goethe kannte Hafis nur auf Grund von Hammers Übersetzung und aus den Mitteilungen bei Jones u. a. Die moderne Iranistik ist der Meinung, daß Hammer auf Grund einer späten Handschrift gearbeitet hat und Hafis' Gedichte in der ursprünglichen Form nicht kannte. Manche Fragen wie die der Einheitlichkeit der Ghaselen, der Bedeutung des Fürstenlobs, der mystischen Allegorie usw. erscheinen in der Forschung des 20. Jahrunderts anders als bei Hammer. Darüber: Hans Robert Roemer, Probleme der Hafizforschung. Abhandl. d. Akad. d. Wiss. u. Lit. in Mainz, Klasse der Lit., Jahrg. 1951, Nr. 3. – Diethelm Balke, Westöstliche Gedichtformen. Diss. Bonn 1952. (Masch.) – Neuere Hafis-Übersetzungen gibt es von Rosenzweig-Schwannau, 1858–1864; G. Jacob, 1922; Rolf-Dietrich Keil, 1957; Cyrus Atabay, 1965; Joh. Christoph Bürgel, 1977. Außerdem findet man einzelne Gedichte in Anthologien wie: Orientalische Dichtung. In der Übersetzung Friedrich Rückerts. Hrsg. von Annemarie Schimmel. Bremen 1963. – Die Hafis-Ausgabe von Bürgel (Reclam 1977) enthält eine Bibliographie der Übersetzungen.

Mehrere Gedichte des *Buchs Hafis* entstanden, als Goethe seit dem Juni 1814 Hammers Übersetzung las, andere, als er seit dem Dezember 1814 Jones heranzog, der noch zu der alten rationalistischen Geistesart gehörte und dementsprechend die „mystischen" Kommentatoren (zu Unrecht) unsinnig fand. Jones und Hammer zitieren dauernd als Parallelen antike Dichter, zumal Horaz, und haben sich und anderen dadurch den unmittelbaren Zugang zu Hafis – insbesondere zu seiner Mystik und Emblematik – erschwert. Goethe hat den Vergleich mit Horaz in seine *Noten und Abhandlungen* (S. 183,4ff.) übernommen. Als er die *Noten* 1818 vollendete, wußte er über Hafis und seine Stellung in der persischen Literatur mehr als 1815, als die meisten Gedichte des *Buchs Hafis* entstanden, denn dazwischen lag das Studium der orientalistischen Forschung. – Kommerell S. 252–258.

S. 20. SEI DAS WORT ... Bei Hafis (I, 367f.) kommen die Verse vor: „Keiner hat noch Gedanken / Wie Hafis entschleiert, / Seit die Locken der Wortbraut / Sind gekräuselt worden." Diese Zeilen setzte Hammer als Motto auf das Titelblatt seines 1. Bandes. – Burdach (Jubil.-Ausg. 5,339): „Erst Goethe hat das zu Grunde liegende Bild wahrhaft künstlerisch und in unvergeßlicher Prägung herausgearbeitet." – In dem Wiesbadener Verzeichnis vom 30. Mai 1815 sind diese Verse das Motto des gesamten *Divan.* – Handschr.-Facs.: Schr. G. Ges., 26.

S. 20. BEINAME. Zu diesem Gedicht sagt Goethe Erläuterndes in den *Noten und Abhandlungen* S. 157,30–159,30 und 193,14–30. –

1 *Mohammed Schemseddin* ist der ursprüngliche Name; später erhielt der Dichter den Beinamen, unter welchem er bekannt blieb; ein *Hafis* ist jemand, der den Koran auswendig kann. – 2 *hehre* etwa in dem Sinne „herrliche, hochherzige"; das Wort *hehr,* noch Adelung, 2. Aufl. 1796, nur aus der Sprache des Mittelalters bekannt, wurde um 1800 wieder aufgenommen. (Bd. 1, S. 349 u. 385; Bd. 10, S. 521,37.) – 4 *erwidre*: beantworte. – 9 *gemeinen Tages Schlechtnis*: das Schlechte des Alltags. Zu dem Wort *Schlechtnis* hat das Dt. Wb. 9,1899, Sp. 544 nur diese Stelle als Beleg und sagt „von Goethe geschaffen". – 21 *Tuch der Tücher*: das Schweißtuch der hl. Veronika. Vgl. Bd. 10, S. 46,36ff. und Bd. 12, S. 152,14ff. – 24 *Trotz Verneinung* ... Das *Bild des Glaubens* sind Erzählungen der Bibel (die für Goethe etwas anderes sind als das Christentum, wie es sich später im Laufe der Jahrhunderte entwickelt hat). Vielleicht denkt er an die Patriarchen *(Flüchte du, im reinen Osten / Patriarchenluft zu kosten),* die er in *Dichtung und Wahrheit* ausführlich darstellt (Bd. 9, S. 129,10–140,8). *Verneinung* bezieht sich auf den Materialismus des 18. Jahrhunderts (Bd. 9, S. 490,8ff.), *Hindrung, Raubens* auf die Bibelkritik und die Lehre von der „natürlichen Religion". Darüber handelte Goethe zwei Jahre vor dem Entstehen dieses Gedichts in *Dichtung und Wahrheit* (Bd. 9, s. 274,24– 276,27), wobei z. T. wörtliche Anklänge an das Gedicht vorkommen. *Engländer, Franzosen, Deutsche hatten die Bibel mit mehr oder weniger Heftigkeit, Scharfsinn, Frechheit, Mutwillen angegriffen ... Ich für meine Person hatte sie lieb und wert: denn fast ihr allein war ich meine sittliche Bildung schuldig, und die Begebenheiten, die Lehren, die Symbole, die Gleichnisse, alles hatte sich tief bei mir eingedrückt und war auf eine oder die andere Weise wirksam gewesen. Mir mißfielen daher die ungerechten, spöttlichen, und verdrehenden Angriffe.* (Bd. 9, S. 274,32ff.) In Goethes Jugend begann die historisch-kritische Betrachtung der Bibel; als er *Dichtung und Wahrheit* schrieb, hatte sie sich weitgehend durchgesetzt (Bd. 9, S. 508,39–509,5). Daneben gab es Strömungen, die gerade die dunkelsten Stellen (Apokalypse usw.) zum Gegenstand ihrer eigenwilligen Spekulationen machten (Bd. 9, S. 275,29–276,22) und dadurch für andere hindernd wirkten. Goethe hat die Kritik grundsätzlich bejaht (Bd. 9, S. 510,38ff.), doch ahnte er früh, daß dadurch *der poetische Gehalt jener Schriften mit dem prophetischen verloren gehen müsse.* (Bd. 9, S. 276,25ff.) Als das eigentliche Wertvolle, Bildende sah er die religiösen Grundanschauungen, an welche in den Zeilen 19ff. des Gedichts gedacht ist. Die *Erzväter* waren *keineswegs Tugendbilder,* hatten aber den *unerschütterlichen Glauben, daß Gott sich ihrer und der Ihrigen annehme* (Bd. 9, S. 138, 15–22). An versteckter Stelle kehrt das Motiv des *gottgeführten Menschen* wieder (Bd. 10, S. 308,4), diesmal mit Bezug auf das Ich, doch in verallgemeinernder Form, wie Goethe es in

dergleichen Fällen liebt. In *Dichtung und Wahrheit* sagt er – z. T. wieder wörtlich an das Gedicht anklingend –, daß Kritik ... *wenn sie auch imstande sein sollte, das Ganze zu zerstückeln ... dennoch niemals dahin gelangen würde, uns den eigentlichen Grund, an dem wir festhalten, zu rauben* (Bd. 9, S. 510,7–10). Und er fährt fort: *Die derbe Natürlichkeit des Alten Testaments und die zarte Naivetät des Neuen hatte mich im einzelnen angezogen ... ich hatte überhaupt zu viel Gemüt an dieses Buch verwandt, als daß ich es jemals wieder hätte entbehren sollen. Eben von dieser gemütlichen Seite war ich gegen alle Spöttereien geschützt, weil ich deren Unredlichkeit sogleich einsah. Ich verabscheute sie nicht nur, sondern ich konnte darüber in Wut geraten ...* (Bd. 9, S. 510,24ff.) – 25 *heiter* in der Bedeutung der Goetheschen Alterssprache: zu Geist werdend, das Irdische überwindend. – Handschr.: *26. Juni 1814*, also aus der Berkaer Zeit der Hafis-Lektüre. – Das Gedicht findet eine Ergänzung in *Offenbar Geheimnis* (S. 24), wo Hafis in seiner Religiosität dargestellt wird, welche der westliche Dichter besser als viele andere erkennt; er ist *ohne fromm zu sein, selig*, d. h. ohne den Kirchenpflichten zu entsprechen, Gott zugewandt. Es kommt darauf an, eine persönliche religiöse Beziehung zu haben, nicht auf den Inhalt einer Lehrmeinung, erst recht nicht auf kirchliche Gebräuche.

Hafis II, 223: „Stehe auf am frühen Morgen, / Suche wie Hafis dein Heil, / Durch den Koran hab' ich alles, / Was mir je gelang, gemacht." Und II, 392: „Das schönste Lied, das ich je sah, / Gehört Hafisen, / Ich schwör' es beim Koran, den du / In deiner Brust hast." – Bd. 14, Bibliographie, Abschnitt „Religion". – Gertrud Janzer, Goethe und die Bibel. Lpz. 1929. – Goethe-Handbuch, Bd. 1, 1961, Art. „Bibel".

S. 21. ANKLAGE. Setzt die im vorigen aufgeworfene Frage nach dem Verhältnis von Dichtung und Religion fort und gehört eng zusammen mit den drei folgenden. Es ist ein Rollen-Gedicht. Ein orthodoxer Moslem spricht sein Mißtrauen gegen den Dichter aus und fordert ein Gutachten *(Fetwa)* der Autoritäten. – 10 *eigensinn'gem Lieben*: vgl. Bd. 1, S. 370 *ein Liebewerk nach eignem Willen.* – 11 *Öde*: Einsamkeit, Ort der Gefahr, Chaos. – Zum Thema *Poesie* und *Einsamkeit*: *Faust* 5696.

17 *da*: während. – 22 *Mirza*: Sam Mirza im 16. Jahrhundert, von dessen Anthologie Silvestre de Sacy 4, S. 275 sagt, sie bringe auch Gedichte von Feinden des Reichs und seiner Religion. – Anregung: Koran, Sure 26, Vers 220–225 (Hammers „Fundgruben", Bd. 3, S. 255). – Handschr.: *10. März 1815*. – H. A. Maier, 1965, S. 118ff. – Kath. Mommsen S. 462f.

S. 22. FETWA. Das vorige Gedicht war *Anklage* aus dem Kreise der Orthodoxen, die Dichtung bleibe nicht in der Bahn des rechten Glaubens. Daraufhin hier das *Fetwa*, d. h. Gutachten einer kirchlichen Autorität, wie man es in dergleichen Fällen im Orient anzufordern pflegte.

Ebusuud Efendi, im 16. Jahrhundert ein berühmter Mufti in Konstantinopel, von osmanisch-orthodoxen Kreisen um ein Gutachten über Hafis angegangen, schrieb: „Die Gedichte Hafisens enthalten viele ausgemachte und unumstößliche Wahrheiten, aber hie und da finden sich auch Kleinigkeiten, die wirklich außer den Grenzen des Gesetzes liegen. Das sicherste ist, diese Verse wohl voneinander zu unterscheiden, Schlangengift nicht für Theriak anzunehmen, sich nur der reinen Wollust guter Handlungen zu überlassen und vor jener, welche ewige Pein nach sich zieht, zu verwahren. Dies schrieb der arme Ebusuud, dem Gott seine Sünden verzeihen wolle." (Hammer, Hafis I, S. XXXIV.) Goethe gefiel dieses Gutachten, das den „Divan" nicht verwirft, sondern ihn kritisch zu lesen rät, und besonders wohl die Hinzufügung, nicht die Worte seien schädlich, sondern die Handlungen der Menschen, für die jeder selbst die Verantwortung tragen müsse, so gut, daß er es in seine Verse umsetzte. – *Theriak*: uraltes Gegengift gegen Schlangenbiß, dann auch Heilmittel allgemein; Adelung: „eine aus gewissen gepülverten Pflanzenteilchen mit Honig zu einer Latwerge verdickte Arznei wider das Gift". – *Ebusuud*: viersilbig gesprochen.

In der *Divan*-Reinschrift auf einer Seite mit dem folgenden Gedicht. Unterschrift: *Berka Juli – Jena Dez. 1814.* Die erste dieser Angaben bezieht sich auf *Fetwa.* Nun ist Goethe aber – laut Tagebuch – am 28. Juni von Berka nach Weimar gefahren, wo er dann bis zur Abreise nach Wiesbaden blieb. Die Notiz *Berka Juli* hat er vermutlich im Dezember hinzugefügt, als er das zweite Gedicht datierte. Jedenfalls stammt *Fetwa* aus der Berkaer Zeit, d. h. dem Juni 1814, der Zeit der *Divan*-Anfänge. – Schaeder S. 119. – Chr. Wurm S. 66–71.

S. 22. DER DEUTSCHE DANKT. Unmittelbar anschließend an das vorige Gutachten, welches das dichterische Werk als Ganzes faßt und von Gesinnungen und Taten aus urteilt. Bedeutsam besonders die Verse 10–12. – *Heil'ge*: fromme Gutachter, anknüpfend an *Heiliger Ebusuud.* – 14 *Huris ... im Paradiese*: das Motiv folgt ausführlich S. 110f. – Handschr.: *Jena, Dezember 1814.* – Pyritz, Goethe-Studien, 1962, S. 205f.

S. 22. FETWA. Wieder, wie im vorletzten Gedicht, ein Gutachten des geistlichen Richters. Auch dies nur dichterische Umarbeitung eines tatsächlichen solchen *Fetwa* (Toderini, Lit. d. Türken, übers. von Hausleutner. Kbg. 1790. S. 207), das in der Tat salomonisch ist: Es verbietet dem Alltagsmenschen zu denken und zu sprechen wie der Dichter Misri, doch für diesen selbst macht es eine Ausnahme; sein Dichten sei Gabe Allahs, Misri sei zu Allah unmittelbar und also im Schreiben frei. Einerseits lehnt der Mufti durch die symbolische Geste des Verbrennens den Inhalt der Gedichte für sich und andre ab, anderseits gestattet er Misri, zu schreiben, wie er will. Mit dieser Anerkennung der Eigengesetzlichkeit der Kunst schließt die Gruppe der ersten 5 Gedichte des Buchs, die alle das Thema Dichter und Rechtgläubigkeit behandeln. – Entstanden, wie aus dem Briefwechsel Goethe-Knebel hervorgeht, zwischen 25. 1. und 8. 2. 1815. – Chr. Wurm S. 71–73.

S. 23. UNBEGRENZT. Unter den vielen Versen an Hafis ist dies schlechthin das Gedicht der Begegnung. Die mosaikartige Motivfülle ist selbst Hafisisch. Kurze Charakteristik von dessen Stil: kaleidoskopartig, zyklisch (1–6); kurze Aufzählung von dessen Hauptmotiven (7–12); dann der Jubel der Begegnung in der Strophe von den *Zwillingen* (13–18). Alles von Hafis Gesagte also indirekt (durch dieses Bild) auch auf das Ich bezogen. In den Werken der Klassik war auf- und absteigende Linie; die Alterswerke *(Divan, Wanderjahre)* sind zyklisch, ein Motiv das andere spiegelnd, die Reihenfolge auswechselbar; auch bei Hafis ein Rund der Motive ohne Anfang und Ende, jedes nach allen Seiten beziehungsreich, nach östlicher Art ohne strenge Komposition (vgl. S. 16 *Aber uns ist wonnereich* ...). In dieser Bruderschaft erwächst dem westlichen Dichter ein Lied, das *neuer* ist, d. h. andere Töne als bisher (das Verjüngungsmotiv klingt leise an), und zugleich *älter* durch Spiegelung der Hafisischen Dichtung. – Schon bei Hafis selbst kommt das Motiv vor: „Du, Hafis, gleichest einem Kreise." (Hammer II, 442). – Vor dem 30. 5. 1815, da im Wiesbadener Verzeichnis. – Pyritz, Goethe-Studien, 1962, S. 197. – J. Boyd, Notes to Goethe's poems. II. 1949. S. 183–185.

S. 23. NACHBILDUNG. Die innere Nähe zu Hafis bringt nun auch die Frage der Form, des Ghasels. Hier bleibt der westliche Dichter zögernd, während er im übrigen erneut beteuert, daß ihn die Berührung durch Hafis in Glut gesetzt habe. Das Gedicht hat in den Versen 1–10 nur 2 Reime; die Verse 11–12 mit dem paarigen dritten Reim geben den Abschluß. Die Häufigkeit des Reims in den Versen 1–10 erinnert an die Reimwiederholungen in der Ghasel-Form. – 2 *Wiederholen* des gleichen Worts im Ghasel. – 6 *begünstigter vor allen*: Hafis ist von der Muse mehr begünstigt als alle, da er die Ghasel-Form so mühelos meistert. – 8 *Die Kaiserstadt*: Anspielung auf den Brand Moskaus 1812. – 10 *Er*: der Funke (7). – Die Strophe *Zugemeßne Rhythmen* ... wurde von Düntzer, Burdach, Richter u. a. auf die genaue Nachahmung des persischen Ghasels bezogen; Pyritz (Goethe-Studien, 1962, S. 197) faßt sie als „Absage an die klassische Versform (Hexameter, Distichon) – die schärfste, die Goethe je ausgesprochen hat". Ich halte sie für eine ganz allgemeine Absage an feste, vorgeschriebene Form, ähnlich wie Beutler es tut, der hier Goethes Selbständigkeit innerhalb des Traditionellen sieht, die er gegenüber Hafis ähnlich wahrte wie gegenüber der griechisch-römischen Dichtung. Zelter in seinem Brief an Goethe vom

11. Febr. 1820 sagt, daß er (Zelter) mit den *hohlen Masken* den klassischen Philologen F. A. Wolf ärgern wolle. Damit ist aber nicht gesagt, daß Goethe diese Formulierung so gemeint habe. – 3 *widern* = widerstreben, zuwider sein. – Tagebuch 7. 12. 1814 (Jena): *Hafis und Nachahmung*. Dann im Wiesb. Verz. – Handschr.-Facs.: Schr. G. Ges., 26. – Kommerell S. 256.

S. 24. OFFENBAR GEHEIMNIS. Ursprünglicher Titel: *Mystische Zunge*. Handschr.: *Jena, 10. Dez. 1814*. Goethe wußte aus Hammers Vorrede, daß man in Persien Hafis als „die mystische Zunge" bezeichnete und daß einige Kommentatoren alle seine Aussagen allegorisch deuteten. Sein Tagebuch verzeichnet, daß er am 8., 9. und 10. Dezember 1814 das Buch von J. Jones, Poeseos Asiaticae commentariorum libri VI, 1777, las. Jones und sein Herausgeber Eichhorn, beide an Horaz geschult, sind der Meinung, daß die „mystische" Allegorisierung der Gedichte des Hafis nicht sachgemäß sei und bei den Kommentatoren zum Schluß ganz unsinnig geworden sei („deliravit"). Zu diesen Interpreten passe die Bezeichnung „mystische Sprache" (Lingua arcana, mystica) besser als zu Hafis selbst. (Jones S. 87.) Da Goethe an dem Tage, als er dies gelesen hatte, das Gedicht schrieb, darf man wohl annehmen, daß der Abschnitt bei Jones es auslöste. – Das Gedicht spricht davon, wie Hafis ist und wie er aufgefaßt wird. Daß der Dichter eine Aussage über das Wesen des großen Persers wagt, kommt aus innerer Nähe, tiefem Verbundensein (wie es das Gedicht *Unbegrenzt* ausgesprochen hat). Die Art der Weltschau verbindet den westlichen und den östlichen Dichter, der, *ohne fromm zu sein, selig* ist. *Fromm* bedeutet: pflichttreu, zumal gegen Kirchenpflichten (wie Bd. 1, S. 334f. *Ich habe nichts gegen die Frömmigkeit*). *Selig* bedeutet: Gott zugewandt (wie S. 18 *Selige Sehnsucht;* Bd. 1, S. 384 *selige Höhe;* Bd. 14, S. 53,35). Diesen Wesenszug des Hafis können seine Kommentatoren nicht erkennen, da sie ihn nicht nacherleben können, sondern nur an Worten hängen (darum: *die Wortgelehrten).* Sie haben Hafis *die mystische Zunge* genannt. Das Wort paßt wohl, nur das, was sie sich dabei denken, paßt nicht. Das Gedicht gipfelt in dem Gegensatz von *mystisch* ... *unlauter* (5–7) und *mystisch rein* (9). Die Kommentatoren machen aus Hafis' Gedichten ein allegorisches System, das ist etwas *Närrisches* und Dunkles; es ist ihr eigenes Gedankengut (Metapher: ihr *Wein*), dieses ist *unlauter* (d.h. undurchsichtig, unklar) und wird von ihnen als *mystisch* bezeichnet (5). Er dagegen ist in anderer Weise *mystisch*. Das Wort *rein* bedeutet: Durchlässig für das göttliche Licht, insofern paßt es zu *selig* (gottzugewandt), denn Hafis sieht im Irdischen die göttliche Ordnung. Goethe nennt den Chor, welcher *alles Vergängliche* als ein *Gleichnis* Gottes deutet, *Chorus mysticus.* In diesem Sinne ist Hafis *mystisch,* nicht in dem der *Wortgelehrten.* Das Wort *weil* in Vers 10 ist temporal („weilen"), wie es in der Goethezeit noch häufig vorkommt (Dt. Wb. 14,1. 1955. Sp. 762–770) und auch bei Goethe selbst mehrfach begegnet (Bd. 1, S. 139; *Faust* 1139; W. A. 3, S. 262 *Zahme Xenien* II, 484f.). – Die Aussage über Hafis in diesem Gedicht paßt zu der in den *Noten u. Abh.*, wo er genannt wird *in die Geheimnisse der Gottheit von fern hineinblickend* (Bd. 2, S. 159,25f.); die Aussage über Mystik paßt zu der in der *Farbenlehre,* wo die Verse *Wär' nicht das Auge sonnenhaft* als Worte eines *Mystikers* bezeichnet werden. (Bd. 13, S. 324,4ff.) Der Titel *Offenbar Geheimnis* erinnert an die Wendung *Heilig öffentlich Geheimnis* (Bd. 1, S. 358), mit der in den weltanschaulichen Gedichten eine ähnliche Sehweise bezeichnet ist. Das Weltanschauliche wird aber hier im Gedicht gleichsam beiläufig, nur in leichter Art gesagt, es fügt sich dem beschwingten Rhythmus der Aussage ein. Der Dichter hat eben von den *Wortgelehrten* gelesen und weist nun ihre Meinung zurück, so überlegen und sicher, daß nicht einmal Ärger durchklingt; es ist Anrede eines Großen an einen anderen, über Jahrhunderte und Räume hinweg. – Goethe rückt hier Hafis eng an seine eigene religiöse Weltschau heran. Ob er damit den historischen Hafis trifft, der zu den Sofis gehörte und viel mystisches Gedankengut aussprach, ist eine andere Frage. – Zu Goethes Gebrauch des Wortes *mystisch* vgl. Bd. 12, S. 375 Nr. 73, 74 und das Stichwort *mystisch* im Sachregister in Bd. 14.

In der Reinschrift, in der Erstausgabe und in der *Ausg. l. Hd.* fehlt in Zeile 9 jede Interpunktion. Goethe läßt öfters am Versende, wo die Stimme ohnehin eine Pause macht, das Komma fort. – Schaeder schreibt S. 176 „*rein* ist als Adverb in der Bedeutung ‚bloß', ‚lediglich' zu fassen". Ich halte das für ein Mißverständnis, ebenso die Interpunktion der Akad.-Ausg., die vor *rein* ein Komma setzt. *Rein* kommt bei Goethe gelegentlich adverbiell vor, aber meist in der Bedeutung „ganz, völlig" (Bd. 1, S. 123 *rein genau; Faust* 1416; Bd. 9, S. 581,31; Fischer, Goethe-Wortschatz S. 500; Dt. Wb. 8, 1893, Sp. 698), und niemals in der Verbindung mit *weil* einen Nebensatz einleitend: außerdem würde durch ein Komma vor *rein* und die Verbindung *rein weil* (= nur weil) die Struktur des Gedichts mit dem Gegensatz von *unlauter* und *rein* zerstört. – Chr. Wurm S. 74–77. – Kommerell S. 257. – Ursula Wertheim, Von Tasso zu Hafis. Bln. (Ost) 1965. S. 113–136. – Erich Trunz, Goethes Gedicht an Hafis „Offenbar Geheimnis". Festschr. f. Herbert v. Einem. Bln. (West) 1965. S. 252–265. Wiederabgedruckt in: Trunz, Studien zu Goethes Alterswerken. Frankfurt a. M. 1971, S. 229–250.

S. 25. WINK. Anknüpfend an das vorige, nicht als Einschränkung oder Widerruf, sondern als Ergänzung. Wenn auch die Allegorisierung falsch ist, *einfach* gelten die Worte des Hafis nicht; keine Allegorie, kein Realismus, sondern Symbol: Die Dinge weisen über sich hinaus. (Der Wein bleibt Wein, jedoch bedeutet er Begeisterung, und diese geht über in ein Schauen höherer Zusammenhänge usw.) Eine Haltung, die

Goethe als verwandt empfand und aus der heraus sein eigener *Divan* entstand. – Im Wiesbadener Verzeichnis, also vor dem 30. Mai 1815.

S. 25. AN HAFIS. Abschließende große Zusammenfassung der Hauptmotive von Hafis' geistiger Welt, zugleich Zusammenfassung dessen, was dann im *Buch der Liebe, Buch der Betrachtungen, Buch Suleika, Schenkenbuch* usw. aufgefächert erscheint. Liebessehnsucht (1–6), Liebesschicksal (7–8), die Gestalt der Geliebten (9–16), ihr Antlitz (17–22), ihr Gesang (23–32), der Wein (33–36), der geliebte Knabe (37–40), die pädagogische Beziehung zu ihm (41–44), geistige Gemeinschaft mit anderen Denkern (45–48), Beziehung zu Fürsten und Mächtigen (49–52). Motiv locker an Motiv gereiht nach orientalischer Art, aber zugleich so, daß eins aus dem anderen folgt. Die Einzelbilder z. T. typisch östlich (12; 31/32); und auch hier am Ende das Motiv der Begegnung (55). – 3 *Sehnsucht* im allgemeinen Sinne, das Wort kommt im Sinne von Liebessehnsucht vor, aber auch als religiöse Sehnsucht, oder beides vereinend. (Vgl. Bd. 2, S. 18; 51f.; 82; Bd. 14, S. 54,2.) – 4 *streng*: fest. – 9 *Verzeihe, Meister*: Anrede an Hafis. Etwa: daß ich oft – wie du weißt – zu kühn bin (anknüpfend an *verwegen* in Vers 8). – 10 *sich vermessen*: sich erkühnen wie *Faust* 621, 623, 710, 1709. – 12 *Zypresse* kommt als Bild für die Geliebte bei Hafis vor: I, 250; II, 430. – 16 *Oden* = Odem, Atem. – 22 Dazu *Noten u. Abh.* über Gleichnisse: *Die Stirn der Schönen als Glättstein der Herzen.* (S. 181,14.) – 42 *Orden*: Ordnung. – 56 *mild* kommt bei Goethe in den Bedeutungen „freundlich" und „reich spendend, freigebig" vor, die mitunter in einander übergehen. – Handschr.: *Karlsbad, 11. Sept. 1818.*

Buch der Liebe

Goethes eigene Charakteristik dieses Buches: S. 196,28ff. und 268,30ff. Es zeigt verschiedene Formen der Liebe, von der Leidenschaft bis zur abstandhaltenden Minne; glückliche und unglückliche Neigung; dabei werden viele Gestalten und Motive östlicher Dichtung herangezogen. In seiner Vielgestaltigkeit verkörpert das Buch einen weiten Lebensbereich; es ist in sich gerundet, zugleich aber bildet es innerhalb des gesamten *Divan* Hintergrund und Gegensatz zum *Buch Suleika,* in welchem zwei Gestalten die Liebe schlechthin verkörpern.

S. 27. SAGE MIR ... Der kleine Vorspruch ist erstmalig in der *Ausgabe letzter Hand* gedruckt. Er ist in der Forschung nicht näher behandelt, ist aber nicht ohne Probleme. Es ist ein Gedicht von zwei viertaktigen oder von vier zweitaktigen Versen. Der Druck ist so, daß ein möglichst schmales Schriftbild erzielt wird. Goethesche Motto-Verse pflegen klare Grundakkorde zu geben. Nimmt man das Gedicht, wie es ist, so ist das keineswegs der Fall. Jemand fragt den anderen, was das eigene Herz begehrt und fügt hinzu, dieses Herz sei bei dem anderen. Das ist eine sehr gewundene Linienführung. Anders, wenn man die Verse als Frage und Antwort faßt. Die Antwort ist eindeutig. Die (der) Antwortende spricht über ihr (sein) Herz. Dann müßte aber die Frage vorher sich ebenfalls auf dieses beziehn, es müßte heißen *Was dein Herz begehrt.* Der Vorspruch ist nur in einer Handschrift Johns und in dem Druck von 1827 vorhanden, nicht in einer Handschrift Goethes. Hat vielleicht John hier – wie an zahlreichen anderen Stellen – sich verschrieben? Daß er oft Fehler machte, weiß ich aus eigener Beschäftigung mit den Handschriften in Weimar. Der beste Kenner der *Divan*-Handschriften, Hans Albert Maier, spricht in seiner Edition S. 39 von Johns vielen „Verschreibungen" und S. 23 von Johns „unglaublichen Fehlern". Weil bei der *Ausg. l. Hd.* alles sehr schnell gehn mußte und weil Goethe und seine Mitarbeiter vermutlich mehr auf die Gedichte als die Motto-Verse achteten, können sie leicht den kleinen Fehler in dem Vorspruch übersehen haben. Setzt man *dein* statt *mein*, so hat das kleine Gedicht den Zauber der Wechselseitigkeit, die Anmut der Variation und die Klarheit der Fügung, die bei Goethe zu einem Motto-Vers gehört. – Genio huius loci. Festschr. f. Leiva Petersen. Hrsg. von D. Kuhn u. B. Zeller. 1982. S. 259–266.

S. 27. MUSTERBILDER. Als Einleitung zu dem ganzen Buch verschiedene Formen der Liebe in Gestalten aus Sage und Dichtung (wie man sie auch im Abendland zusammenstellen könnte: Tristan und Isolde, Romeo und Julia, Faust und Gretchen usw.), glücklich, tragisch, verzichtend, vergeistigend usw. – *Rustan und Rodawu*: Firdusi (*Noten und Abhandl.* S. 153) schildert in seinem „Königsbuch", wie die schöne Rodawu und der Held Sal bereits auf Grund bloßer Erzählungen für einander entbrennen, erst recht dann, als sie einander sehen. Ihr Sohn ist Rustan, der berühmte persische Sagenheld, dessen Namen Goethe hier versehentlich für den des Sal einsetzt. – *Jussuph und Suleika*: Die biblische Geschichte von Joseph und der Frau des Potiphar war im Orient weiterentwickelt und umgewandelt. Im Traume schon hat Suleika Jussuph gesehen; als sie ihn kennenlernt, entbrennt sie in Leidenschaft, bewahrt diese aber in sich; und als sie deren Hoffnungslosigkeit erkennt, versteht sie es, von der Liebe zu dem schönen Jüngling zur Liebe zum Schönen schlechthin und schließlich zur Liebe zu Gott sich zu entwickeln, wobei sie dann zum Islam übertritt. – *Ferhad und Schirin*: Der Bildhauer und Baumeister Ferhad liebte die Königstochter Schirin, welche die Gattin des großen Sassaniden Chosru wurde. Das Leid, ihr fern zu sein, steigerte sich durch eine versehentliche Nachricht, daß sie gestorben sei, so daß er sich das Leben nahm. Daraufhin suchte auch sie den Tod, denn auch sie hatte ihrerseits ihn geliebt. – *Medschnun und Leila* sind Liebende, die nicht zueinander können (das Motiv von Romeo und Julia, verschärft durch den Stammesgeist der Beduinen); Leila wird von ihrer Familie einem ungeliebten Manne verheiratet, Medschnun flieht in die Wüste, wo er infolge von Entbehrungen halb wahnsinnig wird. Sie sehen sich kurz. Dann folgt eine neue hoffnungslose Trennung, und in ihr sterben beide bald nacheinander. Im Paradiese aber bleiben sie zusammen. (Auch erwähnt: S. 33, 46, 64, 125.) – *Dschemil* und *Boteinah* lieben einander leidenschaftlich und mit steter Treue und werden deswegen viel genannt; daraufhin läßt der Kalif Abdalmalek sie vor sich kommen, findet aber Boteinah „schwarz und mager" und wenig anziehend (wie Herbelot schreibt); er spricht das in einem improvisierten Verse aus, woraufhin sie ihm schlagfertig in gleicher Weise antwortet. – *Salomo und die Braune*: der jüdische König Salomo und die Königin Balkis von Saba. Die persische Sage weiß von ihnen einen ganzen Liebesroman zu berichten, wobei der Wiedehopf, Hudhud, die Briefe vermittelt. (Vgl. S. 31.) – Die sechsfache Aufzählung ebenso wie einleitendes und endendes Verspaar einprägsam, spruchhaft, die rechte Form für *Musterbilder*.

Vor dem 30. Mai 1815, da im Wiesbadener Register. – Goethe fand diese Liebespaare in vielen Werken seiner östlichen Lektüre. Einzelheiten bei Chr. Wurm S. 82–95, 100–102, 205–207. – Bei Hafis kommen besonders *Ferhad und Schirin* vor (Hammer I, 229; 285; 329; 410 u. ö.) und *Medschnun und Leila* (I, 127; 360; II, 357; 434; 455). – Herbert W. Duda, Das romantische Liebesepos der Perser, Festschrift zum 200. Geburtstag Goethes. Hrsg. von E. Castle. Wien 1949. S. 74–80. – Chr. Dill, *Divan*-Wb.

S. 27. NOCH EIN PAAR. *Wamik* und *Asra* waren ein Liebespaar in der ältesten persischen Dichtung aus vormohammedanischer Zeit. Religiöse Unduldsamkeit vernichtete dann alle damaligen Bücher. Man nannte die beiden Namen hinfort noch oft, doch wußte man nichts mehr von ihnen zu sagen, außer daß es ein Liebespaar sei. – In der Ausgabe von 1819 in den Abschnitt *Künftiger Divan* der *Noten und Abhandlungen* eingeschoben, 1827 ins *Buch der Liebe* gesetzt, ohne aber an jener Stelle gestrichen zu werden.

S. 28. LESEBUCH. Die vorigen fortsetzend hier angereiht als scheinbar verallgemeinerndes Gedicht, doch im Grunde aus einer augenblicklichen Gestimmtheit heraus, Übergang zu den folgenden Situations- und Stimmungsgedichten. Das Vorbild eine Übersetzung in Diez' „Denkwürdigkeiten" (vgl. den Text oben in dem Nachwort), welcher Diez sachkundig hinzufügte: „‚Meister der Liebe' und ‚Geliebter', deuten hier auf Gott. Jede Zeile spricht nur von der Liebe zu Gott." Dieses religiös-allegorische Gedicht hat Goethe verwandelt in ein weltliches Liebesgedicht. Reimfreie Trochäen, vier- und dreitaktig, fast wie freie

Rhythmen, eine tiefe Traurigkeit im Klang, pausenreich, ein ganz eigen Goethescher Rhythmus, man spürt in ihm den persönlichen Klang (wie in *Schlechter Trost* S. 30) stärker als anderswo im *Buch der Liebe*, trotz der engen Bindung an das Vorbild. Daß am Ende *Nisami* angesprochen wird, geht darauf zurück, daß dieser wie kein anderer ein Dichter der Liebe ist, wie es die *Noten und Abhandlungen* S. 155,16–30 in knapper Form schildern; auch dort Liebe, Trennung, Wiedervereinigung; wegen dieser Verwandtschaft die Anrede.

Goethe hat den türkischen Dichter Nischani, dem er das Gedicht nachdichtete, hier verwechselt mit dem persischen Dichter Nisami, dessen Name ihm geläufiger war (*Noten u. Abh.* S. 155). – Datiert: *12. Januar 1816.* Vgl. H. A. Maier S. 141.

S. 28. JA, DIE AUGEN ... Handschr.: *21. Juli,* ohne Jahr; durch Vergleich mit anderen Blättern erweisbar: 1818. Also aus der Zeit des Druckes der 1. Auflage des *Divan,* die alles Erlebte neu lebendig machte; Sehnsucht, Erinnerung und Vergegenwärtigung ins Enge gezogen als lyrisches Kurzgedicht. 1827 ins *Buch der Liebe* eingereiht. – Pyritz S. 83.

S. 28. GEWARNT. Die *Locken* sind ein häufiges Motiv bei Hafis. Goethe erwähnt es in seinen *Noten u. Abhandl.* S. 180,33–181,9. – Anspielung auf die Damen-Frisuren der Zeit, die Lockenfrisur (kurz geschnitten) aus der Empire-Zeit, die Goethe vor allem bei Christiane, bei Caroline Ulrich und bei Marianne v. Willemer vor sich hatte, und die Zopf-Mode der Romantik, die zu der Zeit, als dieses Gedicht entstand, beliebt wurde. Die langen geflochtenen Zöpfe, zu einem Aufbau zusammengelegt, werden mit einem *Helme* (7) verglichen. Die Entscheidung fällt leicht: nicht diese neumodischen *schweren Ketten,* sondern die bisherigen *leichten Schlingen.* – Vor dem 30. Mai 1815.

In einem Chiffren-Brief an Marianne v. Willemer zitiert Goethe Hafis I, 19: „Wüßte der Verstand, wie selig / Herzen in den Locken ruhen, / O! es würden die Verständ'gen / Unsrer Bande wegen närrisch ..." Eine andere typische Stelle bei Hafis ist: „In deinem Lockennetz hat sich mein Herz verstricket". (I, 138.)

S. 29. VERSUNKEN. *Bogen*: die Augenbrauen; *der fünfgezackte Kamm*: die Hand. – Hans-J. Weitz im Jahrbuch d. Sammlung Kippenberg N. F. 3, 1974, S. 158–189 bezieht das Gedicht auf Caroline Ulrich und datiert es auf März 1814.

S. 29. BEDENKLICH. Nach altem Glauben hat der Smaragd stärkende Kraft für die Augen und die Fähigkeit, Wunden zu heilen. Diejenige, welche hier den Edelstein trägt, könnte aber leicht Wunden des Herzens verursachen. Spielerische Pointierung, Freude der Könnerschaft und zugleich ein kleiner Ausblick in Abgründiges, insofern typischer *Divan*-Stil. – Entstanden am 30. 9. 1815 in Mannheim anläßlich eines Smaragdringes der holländischen Baronesse Betty Strick van Linschoten, aus Gedankenkreisen der soeben durchlebten, von Erquickung und Gefährdung erfüllten Heidelberger Tage. – H. Wahl, Der Smaragd der schönen Holländerin. (Jb.) Goethe 1, 1936, S. 141–143. – Pyritz S. 50.

S. 30. LIEBCHEN, ACH! ... Wieder leicht-liedhaft, Tiefgründiges fast überspielend. Die Antithese der inneren Unendlichkeit, aus der heraus Liebeslieder entstehen, und der Starrheit und Begrenztheit des gedruckten Buches. Dann die Antithese der Vergänglichkeit der Dinge und der Dauer des Gedruckten, das gleichsam die Zeit zum Stehen bringt. Von da die neue Bewertung des Buches, dem die Liebe an Unwandelbarkeit gleich sein will. In der munterflüssigen Form logischklar gefügt. Das Motiv der Wechselseitigkeit des Dichtens (4) weist bereits herüber zum *Buch Suleika.* Das Wort *Liebchen* steht bei Goethe nah bei *Liebste, Geliebte,* oft synonym, es hat nicht den leichten Klang, den es in späterer Zeit erhielt. Das Diminutiv ist Vermeidung des Pathetischen und Ausdruck der Nähe. – Nicht im Druck von 1819, erst in dem von 1827. Von diesem Gedicht gibt es eine eigenhändige Handschrift auf einem Blatt mit Zierrand, von Goethe für Marianne v. Willemer geschrieben, in Privatbesitz (beschrieben: H. A. Maier S. 57 und 149). Goethe hat diese Verse also vermutlich 1819 der Übersendung des gedruckten *Divan* beigefügt.

S. 30. SCHLECHTER TROST. Im *Divan* wäre nicht die Ganzheit der Liebe und des Menschen ohne diese Töne (S. 28 *Lesebuch,* S. 81 *Nachklang,* S. 124 *Laßt mich weinen ...).* Im Vergleich mit Gedichten des Liebesschmerzes aus Goethes früherer Lyrik hat dieses zugleich wach-bewußte Selbstironie, doch der Schmerz ist darum nicht geringer. Nicht nur (wie in jenen) das Ich, sondern auch die Nachtgespenster, *völlig unbekümmert.* Darum die sachliche, der Prosa nahe Sprache. Die innere Sehnsucht stößt gegen einen anderen Bereich, der den Sieg behält. Die Freien Rhythmen sind in diesem Falle schwunglos und pausenreich; so symbolisiert der Klang das trostlose Sprechen ins Leere. – Handschr.: *24. Mai 1815.*

Bei Hafis II, 132 stehen die Verse: „Des Blutes halb, das gestern Nachts / Geflossen ist von meinen Augen, / War vor den Nachtgesichtern ich / Im Falle mich zu schämen.“ – Pyritz, Goethe-Studien, 1962, S. 199f.

S. 31. GENÜGSAM. Handschriftlich entworfen auf einem Blatt mit mehreren Gedichtskizzen von 1815. – Hans Albert Maier S. 151f.

S. 31. GRUSS. Freie Rhythmen, diesmal nicht stumpf und klanglos wie in *Schlechter Trost,* sondern frisch-lebendig; Ankunft in der Landschaft, wo die Geliebte wohnt (wo aber auch das Gestein den Blick des Geologen fesselt). Sie soll sogleich die Nähe des Liebenden wissen, durch den Liebesboten, den Wiedehopf: ein häufiges Motiv bei Hafis (I, 140, 267, 306; II, 221), zu dem Hammer bemerkt: „Hudhud, der Wiedhopf, der mit Federn gekrönte Vogel, den Salomon zu seinem Liebesbotschafter an die Königin von Saba gebrauchte." (I, 306.)

Handschr.: *Frankfurt, 27. Mai 1815.* Am Abend davor war Goethe, aus Weimar kommend, eingetroffen. – Pyritz, Goethe-Studien, 1962, S. 201 f.

S. 32. ERGEBUNG. Eins der vielen Dialog-Gedichte. Die Überschrift im ersten Druck (Taschenbuch für Damen, 1817) *Teilnahme* betont das Interesse der Mitmenschen an dem Dichter, die Überschrift *Ergebung* sein Sich-Abfinden mit schwerer Situation (wie *Lesebuch* S. 28, *Schlechter Trost* S. 30, *Eine Stelle suchte* S. 32). Das Motiv der Kerze kommt bei Hafis (I, 148; II, 31, 106, 280 u. ö.), in der europäischen Renaissance- und Barockdichtung und bei Goethe vor als ein Symbol, das ein Urphänomen des Lebens repräsentiert. – Handschr.: *Frankfurt, 27. Mai 1815.*

S. 32. EINE STELLE SUCHTE ... Erstmalig in der Ausgabe von 1827. – Bei Hafis II, 131: „Dein Schmerz fand's nirgends so / Wie in dem Herzen wüste, / Deswegen hat er sich / Ins enge Herz genistet." Dies ist die vorletzte Strophe aus einem neunstrophigen Gedicht; Goethe hob sie heraus, formte sie rhythmisch und sprachlich um; typisch für die Art, wie er aus einem Motiv der Hammerschen Hafis-Übersetzung ein Gedicht macht.

S. 32. UNVERMEIDLICH. Hafis II, 87: „Wer kann wohl gebieten den Vögeln / Still zu sein auf der Flur? / Wenn nach deinem Zeichen ich dürste, / Wo ist dann die Geduld?" (Aus der Mitte eines Gedichts von 32 Zeilen.) – Handschr.: *Wiesbaden, 31. August 1814.*

S. 32. GEHEIMES. Hafis I, 368: „Über meines Liebchens Äugeln / Staunen alle Unerfahrne, / Ich bin so wie ich erscheine, / Während sie es anders wissen." (Anfang eines Gedichts von 44 Zeilen.) – Titel zunächst: *Glücklich Geheimnis.* Handschr.: *Wiesbaden, 31. August 1814.*

S. 33. GEHEIMSTES. Der Anfang ironisiert diejenigen, welche in des Dichters Werken nur Biographisches suchen. Er sagt: Die ich hier meine, werdet ihr nicht finden, denn ich lasse hier größtes Geheimnis walten; würdet ihr vor ihr stehen, ihr würdet erschrecken, und ginge sie fort, ihr würdet noch ihre Atmosphäre herrlich finden. – Gelöst wurde das Rätsel dieses Gedichts erst 1885 durch H. Düntzer, da vor dieser Zeit noch nicht genug Quellen vorlagen. Gemeint ist keine Geringere als Maria Ludovica, Kaiserin von Österreich (1787–1816), mit der Goethe 1810 und 1812 in Karlsbad viel zusammen war, eine der Frauen, die ihm tiefsten Eindruck machten. Er schrieb damals begeistert über sie an den Grafen Reinhard (13. 8. 1812), sie erfuhr davon und ließ ihn durch ihre Hofdame Gräfin O'Donell, die mit ihm befreundet war, bitten, sie nie in seiner Dichtung zu verherrlichen. Er versprach es. Als Herzog Carl August 1815 auf dem Wiener Kongreß die Kaiserin sprach, fragte sie mit lebhafter Freundlichkeit nach Goethe und ließ ihm Grüße sagen. Carl August berichtete, und Goethe war tief erfreut. Er hat Wort gehalten: Unter den Frauen, die seine Dichtung verherrlicht, kommt die Kaiserin nicht vor. Und doch, seine liebende Verehrung hat sich ausgesprochen, ganz versteckt, in diesem Gedicht. Das zeigen motivische Parallelen. Zu Vers 11 *Ihr erschrecket ...* der Brief an Christiane vom 19. Juli 1812, welcher über den Umgang mit der Kaiserin erzählt: *Ihr würdet über gewisse Dinge ... erstaunen, beinahe erschrecken ...* In Vers 13–14 ein Motiv aus den „Fundgruben des Orients" 4,170: Der Vorbeter Schehâb-eddin ging auf den heiligen Berg Arafat bei Mekka zu dem Heiligtum. Davor stehend dachte er: Ich liebe Gott und denke täglich an ihn. Aber fragt er wohl auch je nach mir? Während er so dachte, trat der Priester aus dem Heiligtum und sagte: „Ich bringe dir Gutes; der, den du liebst, hat nach dir gefragt trotz aller deiner Unvollkommenheit. Lege deinen Mantel ab und komm dankend in das Heiligtum." Goethe übertrug die religiöse Erzählung ins Weltliche. Er hatte gefragt wie Schehâb-eddin. Und Carl Augusts Brief vom 16. 1. 1815 sagte ihm genau das, was der Priester auf Arafat sagte. Er antwortete Carl August am 29. 1.: *Im Orient, wo ich mich jetzt gewöhnlich aufhalte, wird es schon für das höchste Glück geachtet, wenn von irgend einem demütigen Knecht vor dem Angesichte der Herrin gesprochen wird und sie es auch nur geschehen läßt. Zu wie vielen Kniebeugungen würde derjenige hingerissen werden, dessen sie selbst erwähnte! Möchte ich doch allerhöchsten Ortes nur manchmal namensweise erscheinen dürfen!* Im Zusammenhang von Goethes zurückhaltendem Briefstil bedeutet solcher Überschwang viel. Die Sätze des Briefs sind Parallele zu Vers 17–20 des Gedichts. Dabei ist der Witz: Der Leser meint, durch das Wort *oder* würden verschiedene Gestalten in Parallele gesetzt; der Dichter aber denkt vor und hinter dem Wort *oder* an die gleiche Gestalt! 21–24: Die Sippen *Medschnuns* und *Leilas* waren verfeindet (vgl. S. 27 *Musterbilder* und Anmkg.), darum durfte man seinen Namen vor ihr nicht nennen. So ist es hier glücklicherweise nicht, dieser *höchste Jammer* ist ihm erspart. Carl Augusts Brief hat ihm gesagt, daß sie gern seinen Namen hört, ja ihn selber nennt. Er aber bleibt auf ihren Wunsch hin zurückhaltend, aus der Ferne und Stille verehrend. Will man diese Haltung kennzeichnen, so kommt man in die Nähe des mittelalterlichen Begriffs der Hohen Minne; Verehrung der Herrin, die als Ideal erscheint; sie vereint höchstes Frauentum mit hohem Stande; der Dichter dient ihr um des Grußes willen; darüber hinaus führt kein Wunsch. So gibt es unter den vielen Formen der Liebe in Goethes Lyrik auch diese, innerhalb des *Buchs der Liebe* eine der wesentlichsten, die geistigste; darum am Buchschluß, als Steigerung. Schon die Lida-Lyrik (Bd. I, S. 121–130) kannte Verehrung und Vergeistigung, doch in anderen Zusammenhängen. Hier bildet sie das Hauptmotiv, aber völlig verschlüsselt. Das scherzhaft-leicht beginnende Gedicht enthält in der Tat *Geheimstes;* das Gleichnis für die demütige Verehrung stammt aus religiösem Bereich. (Auch im Minnesang berührten sich weltliche und geistliche Sprache der Liebe.) – Das Gedicht steht im Wiesbadener Verzeichnis vom 30. Mai 1815 und ist vermutlich bald nach Carl Augusts Brief vom 16. Jan. 1815 geschrieben – 12 *ihr kost dem Scheine*: ihr wäret noch von dem Glanz entzückt.

Von den handschriftlichen Lesarten bemerkenswert: Überschrift *Offenbar Geheimnis* 13 *Wüßtet* 15 *Hieltet niemand.* – Anspielungen auf Kaiserin Maria Ludovica und das Haus Este, dem sie enstammte, sind – vermutlich – noch folgende Stellen im *Divan*: S. 41, Vers 4 *eine Herrin* und in den *Noten und Abhandlungen* S. 138, 22f. *ein ungefähr ähnliches Geschlecht dieser Art zu unsern Zeiten* (das Haus Este); ferner – ganz verdeckt – *Woher ich kam* ... (S. 38) mit dem Motiv des *Schmerzes* über ihren frühen Tod. Wie tief dieser Verlust Goethe bewegte, geht daraus hervor, daß in einen Geschäftsbrief an Cotta vom 3. Juni 1816 die Worte einflossen: *Der doppelt große Verlust, den ich dieses Jahr durch den Tod der Erbgroßherzogin von Mecklenburg* (Caroline, Tochter Carl Augusts, Goethe seit ihrer Kindheit in freundschaftlich-nahem Umgang verbunden, vgl. Bd. 1, S. 259f.) *und der Kaiserin von Österreich erlitten, hat mich so getroffen, daß mein poetisches Talent darüber verstummt.* Und noch fünf Jahre später schreibt er an den Grafen Reinhard: *Den Tod der höchstseligen Kaiserin hab' ich noch nicht verwunden, es ist eben, als wenn man einen Hauptstern am Himmel vermißte, den man nächtlich wiederzusehen die erfreuliche Gewohnheit hatte.* (5. März 1821.) – H. Düntzer, Goethes Verehrung der Kaiserin Maria Ludovica. Köln u. Lpz. 1885. – Goethe und die Gräfin O'Donell. Hrsg. von R. M. Werner, Bln. 1884. – Goethe und Österreich. Hrsg. von A. Sauer. Bd. 1. Weimar 1902. = Schr. G. Ges., 17. Insbes. S. XXIV–LXVII und 43–48. – Briefwechsel des Großherzogs Carl August mit Goethe. Hrsg. von H. Wahl. Bd. 2. Bln. 1916. S. 114ff.; Bd. 3, 1918, S. 481. – Kommerell S. 190, 274f. – Hugo Siebenschein, Goethe und Maria Ludovica. Wiss. Zeitschr. der Univ. Jena 7, 1957/58, Gesellschafts- u. Sprachwiss. Reihe, S. 363–375. – Kath. Mommsen in: (Jb.) Goethe 14/15, 1952/53, S. 286–292. – Kath. Mommsen, Goethe und Diez. Bln. 1961. S. 142–155.

Buch der Betrachtungen

Goethes eigene Äußerungen zu diesem Buch: S. 197,9ff. und 269,1ff. – Spruchhafte Dichtung wie die beiden folgenden Bücher; im *Buch der Sprüche* kurze Vier- und Zweizeiler, hier längere Sprüche; beide rahmen das polemische *Buch des Unmuts* ein. Goethes Natur entsprach nicht nur das Lyrische, sondern auch das Betrachtende und Lehrhafte, zumal in seinem Alter. Darum liebte er altdeutsche und persische Spruchdichtung; aus jener nahm er Anregungen auf für die sogenannten *Zahmen Xenien* (Bd. 1, S. 304–337), aus dieser für die Spruchbücher im *Divan.*

Wolfgang Preisendanz, Die Spruchform in der Lyrik des alten Goethe. Heidelberg 1952. (196 S.) – Katharina Mommsen, Goethe und Diez. Bln. 1961. (Sitzungsber. d. dt. Akad. d. Wiss.)

S. 34. HÖRE DEN RAT ... G. v. Loeper in der Hempelschen Ausgabe, Bd. 4, 1872, S. 58: „Diese beiden Strophen sind als Motto oder Prooemium des ganzen Buchs anzusehn." – *das Beste wollen*: vgl. Goethes Betonung *praktischer Moral* S. 269,2. – Hafis II,459: „Höre den Rat, den die Leier tönet, / Doch er nützet nur, wenn du fähig bist! / Jegliches Blatt ist ein Buch der Weisheit, / Schade, daß du so träg' und sorglos bist!" – Handschr.: *Juli 1814.*

S. 34. FÜNF DINGE. Handschr.: *Jena, 15. Dezember 1814.* Das Tagebuch vom 12. und 14. Dezember meldet Beschäftigung mit den „Fundgruben des Orients". Ursprünglicher Titel: *Fünf Dinge unfruchtbar.*

„Fundgruben" Bd. 2, S. 229: „Cinq sortes des choses ne sont jamais le produit de cinq autres et ne sauroient en provenir: grave dans ta mémoire cet avis que tu reçois de moi. L'amitié ne se trouve point dans le cœur des rois; c'est une vérité indubitable confirmée par le témoignage des hommes instruits. Tu ne verras point de politesse dans les hommes d'une condition vile et un homme d'un mauvais caractère ne parviendra point à la grandeur. L'envieux qui regarde avec jalousie la fortune d'autrui, pourroit-il avoir l'odorat sensible au parfum de la compassion? Le menteur qui ne parle jamais suivant la vérité, ne mérite pas qu'on attende de lui aucune fidélité." Aus dem „Pend-Nameh" in der Übersetzung von Silvestre de Sacy. – H. A. Maier, Kommentar S. 164.

S. 34. FÜNF ANDERE. Gegenstück zum vorigen, in seiner Auffassung der Zeit und der Tätigkeit mehr westlichen Geistes; zugleich anklingend an altdeutsche Sprüche. Ähnliche Gedanken auch sonst bei Goethe: Bd. 1, S. 353 *Ihrer sechzig ...;* Bd. 2, S. 52, Nr. 12; Bd. 7, S. 415,36ff.; Bd. 8, S. 405,18ff. u. ö. – Ursprünglicher Titel: *Fünf Dinge fruchtbar.* Handschr.: *Jena, 16. Dezember 1814.* Die Handschrift befindet sich seit 1970 im Goethe-Museum in Düsseldorf. Dazu: Jörn Göres im Goethe-Jahrbuch 90, 1973, S. 265–280.

S. 35. LIEBLICH IST ... Handschr.: *26. Juli 1814.* Titel im Wiesbadener Verzeichnis: *Schön Bittende.* Erster Druck in: Gaben der Milde ... zum Vorteil hilfloser Krieger hrsg. von F. W. Gubitz. Bd. 2. Bln.

1817. Hier zusammen mit dem folgenden Gedicht; Überschrift: *Wonne des Gebens;* das folgende beginnt hier mit der Zeile *Was in vielen Büchern steht.*

S. 35. UND WAS ... Thematisch zusammengehörig mit dem vorigen.

Im *Pend-Nameh* des Ferid-eddin Attar, in der Übersetzung des großen Orientalisten Silvestre de Sacy, fand Goethe die Sätze: „Si tu fais quelque aumône, que ce soit ta main elle-même qui la distribue: que tes richesses distribuées par toi-même soient un legs pour la subsistance du pauvre. Il y a plus de mérite à donner une drachme de sa propre main, qu'à en laisser cent après sa mort. Quand tu ne donnerois qu'une datte fraîchement cueillie, cette aumône seroit plus meritoire qu'un legs de cent marcs d'or." – Vgl. *Buch der Sprüche* Nr. 13 u. 30; Bd. 12, S. 521 u. 522. – Das „Pend-Nameh" (Buch des guten Rats) ist auch Quelle für S. 34 *Fünf Dinge.* Die umfangreiche französische Übersetzung von Silvestre de Sacy steht im 2. Band von Hammers „Fundgruben", 1811.

S. 35. REITEST DU ... Im Wiesbadener Verzeichnis vom 30. Mai 1815 unter dem Titel *Ungewisses.* Das Reinschrift-Blatt Goethes hat das Datum *Frankfurt, 27. März 1815.* Das war Goethes Ankunftstag in Frankfurt. Ungewißheit der Zukunft, Zuversicht, gelassene Erwartung; dinglich in Beispielen, die Stimmung im Sprachklang. – 9 *So* bezieht sich auf alles vorhergehende, d. h. das viele, das offen ist, und das wenige, das zu Hoffnung berechtigt. *empfohlen* = in Beziehung gesetzt; Adelungs Wörterbuch umschreibt „anvertraut, übergeben"; Schellers lat.-dt. Wörterbuch Bd. I, 1788, übersetzt „commendare" und „demandare" mit *empfehlen* und erläutert, daß diese Wörter zunächst nur „übergeben" bedeuten und erst in gewandeltem Wortsinn auch „lobend übergeben". Bei Goethe hat das Wort hier also die ältere und ursprüngliche Bedeutung (mhd. emphelhen = übergeben). So auch in Bd. 1, S. 199 Vers 14 und *Faust* 11336.

S. 36. DEN GRUSS ... Eine Handschrift hat die Überschrift *Des Herrn Generals Grafen v. Gneisenau Exzellenz* und Datum *Jena, 12. Juli 1819.* Bezeichnend für Goethes Art, tätigen bedeutenden Männern anderer Lebensbereiche zu begegnen. Aus einer persönlichen Beziehung und Gelegenheit entsteht (vielleicht durch ein paralleles Begegnungs-Motiv in orientalischer Dichtung gefördert) ein ganz allgemein gehaltenes Gedicht des Gebens und Nehmens von Mensch zu Mensch.

Gneisenau war von Jugend an ein Verehrer Goethes. Als im Frühling 1819 August und Ottilie v. Goethe in Berlin waren, lernten sie ihn am 16. Mai bei Savignys kennen, waren am 20. Mai mit ihm bei Frau v. Hellwig zusammen und am 24. bei Fürstin Radziwill. Am 26. waren sie zum Essen bei Gneisenau eingeladen, am 27. mit ihm zusammen bei dem Kronprinzen. Am 1. Juni, als sie zur Abreise packten, machte Gneisenau ihnen (sie wohnten bei Zelter) einen

Abschiedsbesuch. Ottilie bat ihn um ein paar Zeilen für die Autographensammlung Goethes, und er schrieb einen Brief, in dem es u. a. heißt: „Ein Brief errötet und stottert nicht, darum wird es mir leichter, mich bei Ihnen schriftlich einzuführen als vor jenen dreißig Jahren mündlich ..." Es hatte also einmal eine Begegnung gegeben, vielleicht 1790, als Goethe den Herzog Carl August in das Feldlager der preußischen Truppen in Schlesien begleitete. Gneisenau war damals ein junger Offizier, und Goethe hatte wohl diese einstige Begegnung längst vergessen. Ottilie hat Gneisenaus Brief vermutlich nicht mit der Post geschickt, sondern ihn persönlich mitgebracht und Goethe am 4. Juli gegeben. Goethe war in den nächsten Wochen in Jena. Am 11. Juli, als das Gedicht entstand, beschäftigte er sich wieder mit dem „Buch des Kabus". Dort gibt es das Motiv vom *Gruß des Unbekannten,* das gut zu der einstigen Situation paßte, auf welche Gneisenau anspielte. Vielleicht kommt von dort auch die Metapher des Warentauschs. Goethe schickte am 12. Juli das Gedicht an Ottilie nach Weimar mit den Worten: *Deiner Sagazität wird nicht entgehen, was Inliegendes an Grafen Gneisenau Gerichtetes eigentlich für Bedeutung habe. Es ist, wie Du siehst, Erwiderung, Erinnerung, Entschuldigung, Dank und was nicht alles zugleich ...* August v. Goethe meldete dem Vater am 17. Juli, daß das Gedicht weitergeleitet sei. – 1827 kam es in den *Divan.* – Weim. Ausg., Briefe, Bd. 31, S. 201, 229, 389. – Aus Berliner Briefen Augusts v. Goethe, G. Jb. 28, 1907, S. 26–56. – Erich Weniger, Goethe und die Generale, Stuttg. 1959. Insbes. S. 192–199. – Katharina Mommsen, Goethe u. Diez. Bln. 1961. S. 132–141. – Goethes Autographen-Sammlung. Katalog. Bearb. von J.-J. Schreckenbach. Weimar 1961. Nr. 586. – Hans Albert Maier S. 169–171.

S. 36. HABEN SIE ... Zurückweisung der vielen negativen und verständnislosen Kritik, Vermissen produktiver Kritik. Die Abwehr gegen die anderen verwandelt sich in eine Abrechnung mit sich selbst, Erkenntnis von Fehlern und selbstsicheres Weiterwirken ins rechte Verhältnis setzend. – Erst in der *Ausg. l. Hd.,* 1827. Entstehungszeit unbekannt, vielleicht zwischen 1819 und 1825.

Handschr. zunächst 10 *Blieb ihm nicht verhehlt.* – Der Ghaselform angenähert, immer wieder der gleiche Reim, diesmal wie ein Sinnbild der immer gleichen Vorwürfe. Vom Ich wird erst in der Du-Form gesprochen (1–9), dann in der Ich-Form (10–16), in der 1. Fassung sogar noch in der Er-Form (10). Das ist eine Eigenheit, die auch bei Hafis vorkommt und welche Hammer beibehält und in seinem Vorwort (das Goethe genau kannte) ausdrücklich erwähnt. Hammer schreibt S. VII, er habe, um Eigenarten der Hafisischen Dichtung nicht zu verwischen, „die beständige Personenwechselung, vermög welcher der Dichter in einer und derselben Gasel von sich bald in der ersten, bald in der zweiten, bald in der dritten Person spricht, in keine Einheit verschmolzen". Goethes Berater Göttling tadelte diese Schreibweise, und Goethe schrieb ihm darauf am 9. April 1825: *Vielleicht könnte man dem bezeichneten Gedicht dadurch helfen, daß man aus der zweiten Person gleich in die erste überginge und das dazwischen liegende „ihm" in „mir" verwandelte, so daß der durch den Tadel gleichsam Entzweite in persönlicher Einheit seine Rechtfertigung ausspräche.* – Der Dichter sagt monologisierend, man habe viel von dem, was er (angeblich) falsch gemacht habe, gesprochen, nicht ohne Gewaltsamkeiten. Hätte man statt dessen gesagt, wo denn sein eigentliches

Können liege, und ihm da Aufgaben genannt, dann wäre er früher zu dem *Allerbesten* gelangt, das immer nur wenige (vgl. Bd. 1, S. 370, Vers 36) um sich versammelt. Doch nun hat er den Weg dorthin gefunden (bescheiden sagt er: *als Schüler*, und nicht das Ich wird zum Subjekt gemacht, sondern *das Allerbeste*), deswegen erkennt er jetzt von sich aus, was er für Fehler gemacht habe, und er greift zu dem aus christlichem Sprachschatz stammenden Worte vom Nutzen *(Frommen)* der *Buße*, um dieses In-sich-Gehen auszudrücken. – 1 *Haben sie* statt „sie haben"; Düntzers Bemerkung „eine Umstellung, die sich Goethe bei trochäischen Versen häufig gestattet", dürfte im allgemeinen richtig sein; dazu kommt hier der etwas lässig-monologisierende Sprachstil. – 10 *Blieb* = wäre geblieben; ähnlich S. 59 *war* = wäre gewesen; *Faust* 11961; Bd. I, S. 77 *war*. – Textkritisches: W.A. 53, S. 532 u. 563 und H.A. Maier S. 171ff. – Rychner S. 453f. – *Divan*-Wb. 421.

S. 36. MÄRKTE REIZEN ... Gegen die Vielheit des Wissens, das in der Öffentlichkeit (1) und durch Fleiß (5) erworben wird; nicht Zersplitterung, sondern Sammlung; die rechte Haltung: *reine Liebe* (11). Dieser Gedankengang und die spruchhafte Formulierung erinnern an andere ähnliche Sätze: nicht Vielwisserei, sondern die Fähigkeit zum *Erstaunen* sei das, worauf es ankomme (Bd. 1, S. 358). Das Motiv der *Liebe*: Bd. 1, S. 367 *Das alles ist ein Turm zu Babel, Wenn es die Liebe nicht vereint* und Bd. 2, S. 39 *Es bleibt Idee und Liebe*. Das Motiv des Sich-Sammelns: Bd. 1, S. 340 *Denn ein äußerlich Zerstreuen, Das sich in sich selbst zerschellt, Fordert inneres Erneuen, Das den Sinn zusammenhält.*

Von Hans-J. Weitz und H. A. Maier datiert: 1819, Karlsbad. Dort hatte Goethe eine katholische Bibelübersetzung zur Hand (Tagebuch 24. Sept. 1819), aus der er sich 1. Kor. VIII, 1–3 notierte: „Das Wissen bläset auf: Aber die Lieb erbaut. So sich jemand bedunken läßt, daß er etwas wisse, der erkennet noch nicht, wie es ihm gebühre zu wissen. So aber jemand Gott liebet, derselbig wird von ihm erkannt." – Weim. Ausg. 53,361. – Pyritz, Goethe-Studien, 1962, S. 211. – Hans Albrecht Maier in: Neophilologus 1963, S. 115–120.

S. 37. WIE ICH SO EHRLICH ... Zuerst 1827.

S. 37. FRAGE NICHT ... *Gottes Stadt* (in der Formulierung, nicht in der Anwendung wohl nach Psalm 46,5): die Welt. – Bild des Lebenswegs eines sittlich-tätigen Mannes im Zusammenhang des kulturellen und staatlichen Gefüges, von Goethe benutzt als Festgedicht für Karl Kirms und Ernst Konstantin v. Schardt bei ihrem 50jährigen Dienstjubiläum als Weimarische Geheimräte am 30. Mai 1815.

Innere Beziehung zu Bd. 1, S. 308 *Niemand wird ...*; Bd. 12, *Max. u. Refl.* Nr. 1087ff. – Anklänge an das von Goethe hochgeschätzte „Buch des Kabus". – Kath. Mommsen, Goethe und Diez, 1961, S. 120–132.

S. 38. WOHER ICH KAM ... Trotz des lyrischen Charakters hier eingeschaltet; vielleicht weil das vorige Gedicht eine geheime Beziehung zu Carl August hat, dieses eine solche zu Maria Ludovica, die beide einander kannten und schätzten, beide der Sphäre der Herrscher angehörten; Goethe empfand seine Beziehung zu beiden als schicksalhafte Fügung und hat beide gemeinsam in *Höchste Gunst* (S. 41) gepriesen. Entstanden (laut Handschrift) am 13. Sept. 1818 in Franzensbad. Hier hatte Goethe am 25. Juli 1818 auf der Durchreise zufällig Gräfin Josephine O'Donell, die frühere Hofdame der Kaiserin, getroffen. Das Gespräch war Erinnerung an die von beiden sehr geliebte, 1816 verstorbene Kaiserin, Wehmut des Verlusts und Freude des Wiedersehens. Als Goethe am 13. September, nach einer Kur in Karlsbad, wieder in Franzensbad war – diesmal allein –, entstand das Gedicht. Das *Woher* am Beginn faßt wie der Anfang des vorigen Gedichts Realität und Geheimnis zusammen. Die Strophe ist eine sechszeilige Stanze, eine Form, welche Goethe meist für längere Gedichte benutzte, vorwiegend solche hohen Stils; andeutend, bruchstückhaft, wirkt sie wie ein Glied einer Kette, unvollendbar. – Vgl. S. 33 *Geheimstes* u. Anm.

Goethe und Österreich. Hrsg. von A. Sauer. Bd. 1. 1902. = Schr. G. Ges., 17. Insbes. S. LXIII–LXVII und S. 88–109. – Das Zusammentreffen in Franzensbad am 25. Juli 1818 war zufällig. Goethe erfuhr bei der Ankunft, daß Gräfin O'Donell dort sei, und ging – obgleich es bereits Abend war – zu ihr. Dieses Zusammentreffen wird in den Briefen immer wieder erwähnt (z. B. in Goethes Brief vom 4. August 1818), noch nach Jahren: „ein schöner Traum" (Gräfin O'Donell am 9. Dez. 1819), *Als ich durch Franzensbrunn fuhr, erinnerte ich mich der schönen Stunde* (Goethe am 30. Juni 1823) usw.

S. 38. ES GEHT EINS ... Beziehung zu Bd. 1, S. 307 *Gott hat die Gradheit selbst ans Herz genommen* ... – 1827 eingereiht. – Christoph Perels in: Jahrb. d. Fr. dt. Hochstifts 1990. S. 94–111.

S. 38. BEHANDELT DIE ... Im Wiesbadener Register vom 30. 5. 1815 mit dem Titel *Adam und Eva.* Am 4. August 1815 Boisserée vorgelesen.

Fundgruben des Orients Bd. 1, S. 278: „Behandelt die Frauen mit Nachsicht; denn das Weib ward erschaffen aus einer krummen Rippe. Wenn du sie gerade machen willst, so brichst du sie, und wenn du sie ruhig läßt, so hörte sie nicht auf, krumm zu sein. Behandelt mit Nachsicht die Frauen."

S. 38. DAS LEBEN IST EIN SCHLECHTER SPASS ... 1827 eingereiht.

S. 39. DAS LEBEN IST EIN GÄNSESPIEL ... Anknüpfend an ein Gesellschaftsspiel mit Würfeln. Die Gänse-Figuren rücken um die gewürfelte Zahl vor. Kommt man auf ein Feld, wo eine rückwärtsblickende Gans gemalt ist, muß man zurück oder muß warten. Kommt man auf ein Feld, wo eine tote Gans abgebildet ist, so scheidet man aus. – Goethe benutzte das Bild vom *Gänsespiel* des Lebens auch in Briefen an

Marianne v. Willemer (3. 1. 1828) und an Zelter (14. 12. 1830). – Handschr.: *Jena, 15. Dez. 1814.* – Interpretiert von St. Atkins in: Festschr. f. Bernhard Blume, Göttingen 1967. S. 90–102.

S. 39. DIE JAHRE NAHMEN DIR ... Wie in mehreren Sprüchen in Versen erst die Frage der anderen, dann die Antwort des Dichters. Durch den Schluß eins der bedeutendsten *Divan*-Gedichte. – 3 *Tand*: wertlose Sache, „Spielzeug". – 8 *dreist*: beherzt (wie S. 16 *Dreistigkeit).* – Das Wort *Idee* kommt im *Divan* sonst nicht vor, ist aber für seinen geistigen Raum wesentlich. In den übrigen Alterswerken ist es häufig. *Was man Idee nennt: das, was immer zur Erscheinung kommt und daher als Gesetz aller Erscheinungen uns entgegentritt.* (Bd. 12, S. 366.) Idee ist Ordnung des Weltgeistes, an welcher der menschliche Geist Anteil haben kann in seinen Aufschwüngen der Vernunft. Im Bereich des Gefühls ist Anteilhaben an der Weltseele möglich in der Liebe. Als Wege zum Absoluten gehören beide zusammen. Die Zusammenstellung *Idee und Liebe* gibt es auch in den Sprüchen der *Wanderjahre* Bd. 8, S. 474 Nr. 95. In den *Maximen und Reflexionen* (Bd. 12) sprechen viele Sätze von der *Idee,* z.B. Nr. 12–14, 57, 133, 393, 409, 539, 1297. Auch in den Schriften zur Naturwissenschaft kommt das Thema vor, und der kleine Aufsatz *Bedenken und Ergebung* handelt eigens über Idee und Wirklichkeit (Bd. 13, S. 31 f.). – Bd. 14, Sach-Register *Ideal, Idee* usw.; Briefe Bd. 4, Begriffsregister *Ideal, Idee* usw. – Handschr.: *Zinne 19. Febr. 1818.*

Die *Zinne* nannte Goethe sein Arbeitszimmer in einem Erker des Gasthauses zur Tanne in Camsdorf bei Jena, von wo er eine schöne Aussicht hatte. (Brief an August und Ottilie 10. Febr. 1818; an L. Seidler 12. Febr.; an Zelter 16. Febr. 1818.) – E. A. Boucke, Goethes Weltanschauung. Stuttg. 1907. S. 212, 251–254. – G. Simmel, Goethe. Lpz. 1912. S. 50–63, 121 ff. – F. Weinhandl, Die Metaphysik Goethes. Bln. 1932. S. 59, 108–125, 238–261. – H. Leisegang, Goethes Denken. Lpz. 1932. S. 95–121, 145 f. – E. Spranger, Goethe. Tübingen 1967. S. 392 ff. u. ö. – Hermann Schmitz, Goethes Altersdenken. Bonn 1959. S. 33–53 u. ö.

S. 39. VOR DEN WISSENDEN ... 1 f.: Als Frager sich an den Wissenden (den Fachmann) wenden, ist in allen Fällen das Beste; so tat es Goethe bei seinen Orient-Studien, indem er die Schriften des Göttinger Orientalisten Eichhorn (vgl. *Noten und Abhandl.* S. 246,25–247,5), die dieser ihm geschenkt hatte, durcharbeitete. Die Verse wurden ihm 1819 zusammen mit einem *Divan*-Exemplar als Dank geschickt. Handschr.: *Weimar, 16. Nov. 1819.* – 1827 in den Text aufgenommen.

S. 40. FREIGEBIGER WIRD ... In der *Divan*-Reinschrift undatiert. – 6 *Gimpel*: der Vogelname (für den Dompfaff) wird übertragen gebraucht für „einfältiger, beschränkter, leichtgläubiger Mensch". (Dt.

Wb. 4,1. 4. Teil. 1949. Sp. 7515. Hugo Suolahti, Die dt. Vogelnamen. Straßbg. 1909. S. 137–140.)

Ermatinger (Ausg. Bong) erläutert Vers 4: „bis zur Leere, zum Nichts ausgeweitet, sein geistiger Gehalt ausgesogen." – Es kommt darauf an, in welchem Ton man diese Verse spricht, denn erst dann wird die Distanz spürbar. Wenn man Anführungszeichen hinzudenkt, wird der Sinn deutlicher: Der Freigebige „wird betrogen", der Geizige „ausgesogen" usw., d. h.: Der Freigebige behauptet, betrogen zu werden, und das glaubt man ihm, der Geizige sagt, er werde ausgesogen, der Verständige stellt sich als irregeleitet dar, wenn er einmal etwas verkehrt macht, der Törichte schiebt die Schuld für sein Unglück den anderen zu anstatt sich selbst usw. So stellt jeder ein Bild von sich selbst her, das auf andre wirkt und das für ihn mehr oder minder vorteilhaft ist. Es kommt darauf an, dies zu durchschauen und in dem Spiel so mitzuspielen, daß man gut abschneidet. Diesen Gedanken würde man eher im *Buch des Unmuts* erwarten. Im *Märchen* heißt es: *Drei sind, die da herrschen auf Erden: Die Weisheit, der Schein und die Gewalt.* (Bd. 6, S. 236,30f.) Hier ist nur von der zweiten dieser Mächte (dem, was einer vorstellt) die Rede. Da der sittliche Mensch aber zunächst an die erste denkt, ist der Schluß des Gedichts provokativ-ironisch. – Einen ähnlichen Schluß hat das kleine Gedicht *Im neuen Jahre Glück und Heil, / Auf Weh und Wunden gute Salbe! / Auf groben Klotz ein grober Keil! / Auf einen Schelmen anderthalbe!* (WA 2, S. 223.)

S. 40. WER BEFEHLEN KANN ... Mit der Überschrift *Herrenrecht und Dienstpflicht* im Wiesbadener Verzeichnis; also vor dem 30. 5. 1815. Dieses und die beiden folgenden Gedichte sind verbunden durch das Motiv des Herrschers. Hier der Herrscher und die Untertanen und der Herrscher vor Gott; im folgenden: Herrscher und Dichter; im dritten: der Dichter in bezug zum Herrscher und zu der Fürstin.

S. 40. AN SCHACH SEDSCHAN ... Der Schach Schedschaa – Goethe schreibt *Sedschan* – war für Hafis, was für Goethe Carl August war. Auf diesen zielt *und seinesgleichen.* Das Ganze durchaus west-östliche Parallele. Die *Transoxanen* sind die Bewohner der Provinz Transoxanien, der Lande jenseits des Oxus, d.h. des Flusses Amudarja, der Gegend von Bochara. Sie galten als Erfinder der Janitscharenmusik, die laut und kriegerisch ist, mit Pauken und Schellen. (Vgl. Goethe an Zelter 10. Dez. 1816. Weim. Ausg. IV 27, S. 262.) Zwischen solchem *Schall und Klang* ist Carl August auf dem Wiener Kongreß, wo er vom 17. Sept. 1814 bis 2. Juni 1815 sich aufhielt, während Goethe in Weimar an seinem *Divan* arbeitete. Gegensätzlich also *unser Sang,* der ihn dort sucht und ihm dankt. Der Dichter und sein Werk sind *lebendig* durch ihn, den Fürsten, den die Schlußzeilen (7–8) mit einer im Orient gegen Herrscher gebräuchlichen Formel grüßen. Rhythmisch kräftig und klangvoll, in *Divan*-Art anspielungsreich, Ernstes heiter sagend.

Schah Schedschaa wird bei Hafis häufig erwähnt, z.B. I 197, 270; II 73, 82, 102, 103, 105, 505–510. Hammer schreibt dazu in seiner Einleitung: „Die Fürsten aus der Familie Mosaffer, deren Hafis mit besonderem Preise gedenkt, sind die Schahe Schedschaa, Johja und Mansur ... Von diesen drei Fürsten war aber keiner den Wissenschaften und der Dichtkunst mehr hold als Schah Schedscha ... Hafis war der Lobredner seiner Regierung." (Bd. I, S. XXIX.) – Am 8. Jan. 1815 entlieh Goethe aus der Weimarer Bibliothek das ,,Buch des Kabus" übers. von Diez, das Tagebuch verzeichnet Beschäftigung damit seit dem 11. Januar. Dort steht S. 240: ,,Es gibt noch andere Segenswünsche, die zu Lebenden gesagt werden, z. B. ,Dein Leben daure lang!' oder zu Königen: ,Dein Reich daure beständig!'" (vgl. *Noten und Abhdl.* S. 247,22–252,39). Den allgemeinen Hintergrund geben Goethes Äußerungen über enkomiastische Dichtung in den *Noten und Abhandl.* S. 154,16–38 und S. 199,32–39. Parallelen zeigt sein Brief an Carl August vom 22. 4. 1815. – Entstanden wohl im ersten Drittel des Jahres 1815.

S. 41. HÖCHSTE GUNST. Angeschlossen an das vorige durch das gemeinsame Thema der Beziehung zum Fürsten. Der in seiner Jugend *Ungezähmte* fand einen Fürsten, in dessen Nähe er im Laufe der Jahre höfisch geformt wurde. So gewandelt, begegnete er als reifer Mann *(nach manchem Jahr)* einer *Herrin.* Im Zusammenhang dieses und des vorigen Gedichts darf man an eine Fürstin denken; da die Überschrift nicht von ,,hoher", sondern von *höchster Gunst* spricht, sogar an eine sehr hochgestellte. Verehrung der Frau und der Fürstin fallen hier zusammen. Das paßt auf Kaiserin Maria Ludovica, auf die auch das Gedicht *Geheimstes* zielt. (S. 33 u. Anmkg.) Goethe bezeichnete sie im Brief an Carl August vom 29. Jan. 1815 als *die Herrin.* Carl August (der *Herr*) war vom September 1814 bis Juni 1815 in Wien auf dem Kongreß. Er sprach dort mit Maria Ludovica über Goethe und schrieb an diesen am 16. Jan. 1815: ,,Die Kaiserin hat mir aufgetragen, Dir viel Schönes von ihr zu sagen." Hierauf beziehen sich wohl die Verse 11f. Das zum Sprichwort gewordene Bibelwort (Matth. 6,24) sagt zwar, niemand könne *zweien Herren* dienen, doch in diesem Fall ist es möglich, denn es sind *Herr* und *Herrin* und das *Dienen* ist hier von besonderer und ganz verschiedener Art. Die *Herrin* bleibt also durchaus verrätselt (denn Goethe hatte der Kaiserin versprochen, sie in seiner Dichtung nicht zu besingen) und war höchstens für Carl August erkennbar, weil er dieses Gedicht wie das vorige auf die Situation des Wiener Kongresses und seine Gespräche mit der von Goethe verehrten Kaiserin beziehen konnte. Goethe nennt auch in den Briefen an Gräfin Josephine O'Donell vom 24. Nov. 1812 und 22. Jan. 1813 die Kaiserin *die Herrin.* Gräfin O'Donell als Hofdame der Kaiserin teilte Goethe in einem Brief vom 4. Jan. 1813 mit, die Kaiserin wünsche in keinem seiner Werke ,,genannt oder erraten" zu werden. Goethe hat diesen Wunsch erfüllt und seine Aussage so verschlüsselt, daß kein Zeitgenosse den Bezug geahnt hat. Heute, nach Veröffentlichung vieler Briefe, ist bei genauem Hinsehen die Beziehung zu Maria Ludovica gut erkennbar. – Alle bisherigen Kommentatoren sind, soweit ich sehe, darin einig, daß der *Herr* Carl August sei. (Das liegt schon nahe durch die Beziehung zu dem vorigen Gedicht.) Anders bei der *Herrin.* Düntzer, Burdach, Richter, Beutler, Rychner sagen: Herzogin Luise. Hammerich sagt: Christiane. Hugo Siebenschein und Günther Jungbluth sagen: Maria Ludovica. Ich halte die Deutung auf Herzogin Luise nicht für zutreffend, denn die *Herrin* ist hier abgehoben von dem *Herrn,* sowohl durch den neuen Satz wie durch die Bestimmung *nach manchem Jahr.* (Goethe hatte die Herzogin Luise gleichzeitig mit Carl August in seiner Jugend kennengelernt, und *gezähmt* wurde er damals mehr durch sie als durch ihn.) Bei einem Fürstenpaar würde Goethe wohl auch schwerlich von *zweien Herren* sprechen. Der Witz des verschlüsselten Gedichts liegt darin, daß die beiden zunächst einzeln Eingeführten (Vers 1–2 und Vers 3–4) später parallel genannt werden, daß dabei aber die Prädikate in ganz verschiedener Weise zutreffen; die *Prüfung* durch Carl August war durchaus anderer Art als die durch die Kaiserin, ebenso wie das *Bewahren* bei beiden ganz verschieden war, und doch trifft das Wort in beiden Fällen. – Durch die Wiederholung eines Reimworts ist das Gedicht der Ghasel-Form angenähert. Burdach in der Jubil.-Ausg. 5, S. 355: „Das in allen geraden Zeilen wiederkehrende *gefunden* schlängelt sich wie ein Silberfaden eines behaglichen Flusses durch die sonnige Landschaft dieses von Glücks- und Dankesgefühl gesättigten Gedichts." – Nach Eckermann-Riemers Angabe in der Quart-Ausgabe (1836): 27. Mai 1815.

In Vers 3 fehlt im Erstdruck und in der *Ausg. l. Hd.* jede Interpunktion; will man solche setzen, dann wohl am besten so wie Rychners Ausgabe: *Und, gezähmt, nach manchem Jahr ...* – Goethe und Österreich. Hrsg. von A. Sauer Bd. 1. 1902. (Schr. G. Ges., 17) S. XXIV–LXVII und 25–109. – Joh. Urzidil, Goethe in Böhmen. Zürich 1965. S. 144–154. – Hugo Siebenschein, Goethe und Maria Ludovica. Wiss. Ztschr. d. Univ. Jena, Gesellschafts- u. sprachwiss. Reihe, 7, 1957/58, S. 363–375. – L. L. Hammerich, Zwei kleine Goethestudien. København 1962. S. 24–29.

S. 41. FERDUSI SPRICHT. Bei Ferdusi, Schahnameh (d. h. „Königsbuch") in Hammers „Fundgruben", Bd. 2 S. 64 steht:

O Welt! wie schamlos und boshaft du bist!
Du nährst und erziehst und tötest zugleich.

Goethe übernahm diese 2 Verse wörtlich und setzte seine Antwort hinzu, das Schicksal nicht von außen, sondern von innen sehend. Die dialogische Aufteilung des Vierzeilers ähnlich wie Bd. 1, S. 324 und 390. – Im Wiesbadener Verzeichnis, also vor dem 30. Mai 1815.

S. 41. WAS HEISST ... Burdach, Jubil.-Ausg. 5, S. 355: „Die Verse ... nehmen zwar das letzte Wort *reich* auf, geben ihm aber einen tieferen Sinn: der wahre *Reichtum* besteht nur in dem eigenen Gefühl, in der *im Eigensinn seligen Wonne.* Ihn hat der Bettler, der sich an der Sonne wärmt, so gut als der am Besitz Reiche. So möge denn jeder dieser letzteren *(Es möge doch ...)* das Glück des Bettlers sich zum Muster nehmen. Vgl. *Und ein Bettler sein wie ich* (S. 70)." – Handschr.: *1. Juli 1815.*

S. 41. DSCHELAL-EDDIN RUMI SPRICHT. Das Motiv des Lebens als Traum gibt es in der persischen Dichtung wie auch in der europäischen Barockliteratur. In den *Noten und Abhandlungen* wird erwähnt, daß man über *die traumartige Vergänglichkeit irdischer Dinge die traurigsten Betrachtungen* anstellte (S. 150,36f.) und daß Dschelâl-eddîn Rumi sich geistig *ins Abstruse gewendet* habe (S. 156,29). Goethe hatte als Vorlage einen Abschnitt aus Herbelot, Bibliothèque orientale, 1697, S. 302: „Si vous vous y arrêtez (il parle du monde) vous connoîtrez que ce n'est que le phantôme d'un songe. Si vous y voyagez vous n'y trouverez pour giste que le logis du destin: Vous ne pouvez jamais vous asseurer ni de sa chaleur, ni de sa fraîcheur. Et si vous êtes quelquefois ébloui par son éclat, songez qu'il se flêtrira bientôt." Goethes Vierzeiler ist also eine ziemlich genaue Übersetzung. Das bedeutet aber nicht, daß Goethe der gleichen Meinung sei wie der östliche Dichter – im Gegenteil. Er gibt seine Antwort in dem folgenden Gedicht, das äußerlich keinen Zusammenhang bekundet, außer daß auch dort jemand spricht und in Zeile 2 das Thema der Vergänglichkeit aufnimmt. Hier wird jener traumartigen Vergänglichkeit der erfüllte Augenblick gegenübergestellt.

Goethe gab außerdem noch eine zweite Antwort, die aber kam nicht in den *Divan,* sondern in die Gruppe *Sprichwörtliches* seiner Gedichte, die er im Januar und Februar 1815 redigierte (Ausgabe B, 1815). Dort steht das Gedicht:

Verweile nicht und sei dir selbst ein Traum,
Und wie du reisest, danke jedem Raum,
Bequeme dich dem Heißen wie dem Kalten;
Dir wird die Welt, du wirst ihr nie veralten. (Bd. 1, S. 314.)

Das *nicht* in Vers 1 bezieht sich auf die ganze Zeile; also: Verweile nicht so in der Welt, daß sie dir ein Traum sei. Und dann die Goethesche Mahnung, sich zu allem in Beziehung zu setzen, lernend, tätig und dankbar. – Goethe entlieh Herbelots Werk vom 22. Dez. 1814 bis 22. März 1815. – Im Wiesbadener Register vom 30. Mai 1815: *Rumi.*

S. 41. SULEIKA SPRICHT. Undatiert. 1819 in der Erstausgabe. – Das im vorigen Gedicht berührte Thema des Alterns und Vergehens wird weitergeführt und abgewandelt. Suleika sagt: In meiner Schönheit ist etwas Ewiges, insofern als sie Idee Gottes ist. Auf solche Weise endet das *Buch der Betrachtungen* tiefsinnig und anmutig zugleich und weist dabei hinüber zum *Buch Suleika.* Das letzte Wort *Augenblick* ist zwar

Zeitbestimmung, aber zugleich auch, wie die 1. Zeile sagt, Blick der Augen.

Ob die Überschrift besagt, daß Suleika so spricht wie im *Buch Suleika* oder nur so wie die Geliebte der *Elegie*, von der es heißt *Es ist, als wenn sie sagte* (Bd. 1, S. 384, Vers 91ff.), bleibt offen. – Zu Goethes Deutung des *Augenblicks*: Bd. 1, S. 185, 307, 370, 384; Bd. 2, S. 115 u. ö. Ferner Bd. 14, Sachregister („Augenblick, erfüllter"), und: Wolfgang Schadewaldt, Goethestudien, 1963, S. 203, 243ff., 371ff., 435–446. – Rychner S. 461f. – Pyritz, Goethe-Studien, 1962, S. 207.

Buch des Unmuts

Zu Goethes Dichtung als Ausdruck eines ganzen Menschen gehört auch das Polemische; nicht spontan, es ist Abwehr von Angriffen, Zurechtstellung von Unsinn. Goethe erfuhr viele kleinliche Angriffe. Man warf ihm vor: Stolz, Gottlosigkeit, Fürstenknechtschaft, unsittliches Privatleben, mangelndes Nationalgefühl, naturwissenschaftlichen Unsinn, unmoralische Dichtung, schlechte Hexameter und noch manches andere. Er aber behauptete sich. Meist schwieg er, doch gelegentlich explodierte sein Zorn, sei es in Gesprächen, sei es in kleinen Versen. Entweder greift er den Gegner frisch und vernichtend an; oder er sagt ihm ein höflich-ironisches Wort und kehrt ihm den Rücken. Auch gibt es mürrische Selbstgespräche zum verworrenen Weltlauf. Ärger ist keine Stimmung für Lyrik. Man fühlt die stockende Sprache. Doch wenn der Kraftvolle im Bewußtsein seines Könnens die törichte Kritik mit souveräner Gebärde beiseite schiebt, dann wird auch der *Unmut* zum hinreißenden Klang. (S. 47 *Hab' ich euch denn je geraten ...*; *Übers Niederträchtige ...*) Im *Divan* als Ganzheit durfte auch dieser Ton nicht fehlen, zumal er auch bei Hafis vorhanden ist. So ist das *Buch des Unmuts* in seinen Höhepunkten auch ein Buch des *Übermuts* (S. 16), der *Übermacht* (S. 44). Die Haltung des Sprechenden ist abwechselnd zurückweisend, tadelnd, ironisch, gereizt, vor allem aber selbstsicher. Aus der allgemeinen Frage nach dem einzelnen und seiner Umwelt wird beim Künstler das Problem der Anerkennung und die Frage nach dem Sosein als Schicksal und der inneren Berechtigung seines Tuns. Dadurch ist das Buch mit den anderen Büchern im *Divan* eng verbunden. – Goethes eigene Äußerungen über dieses Buch: S. 197,22ff. und 269,4ff. – Eckermann schreibt unter dem Datum 4. Jan. 1824: „Hernach sprachen wir über den *Divan*, besonders über das *Buch des Unmuts*, worin manches ausgeschüttet, was er gegen seine Feinde auf dem Herzen hatte. *Ich habe mich übrigens sehr mäßig gehalten*, fügte er hinzu, *wenn ich alles hätte aussprechen wollen, was mich wurmte und mir zu schaffen machte, so hätten die wenigen Seiten wohl zu einem ganzen Bande anwachsen können ...*"

S. 42. WO HAST DU DAS ... Frage der Verständnislosen, wie der Dichter zu seiner *Divan*-Poesie komme, die sie für aufglimmende *(Fünkeln)* Greisendichtung *(letzte Gluten)* halten. Und seine Antwort: kein Sich-Verlieren in ein wertloses Leben *(Lebensplunder)*, sondern Verjüngung und Eroberung eines weiten neuen Bereichs; und nun Bilder aus diesem: Hirtenidyll, Kriegeradel, Karawanenleben, ins Endlose weiterführend wie auf eine Fata Morgana zu. – *Plunder*: wertloses, unbrauchbares Zeug (geringschätzig), *Lebensplunder*: Goethesche Neubildung (Dt. Wb.). *Zunder*: ein in Goethes Zeit alltägliches Wort, da man beim Feuermachen Funken schlug, die auf den *Zunder* fallen mußten, der dann in Brand geriet. 6 *ermuten*: beleben, stärken, begeistern; so auch S. 24, Vers 12. – 7 *bedünkeln*: Nebenform zu „bedünken" (scheinen); wegen des Anklangs an „Dünkel" mit dem Nebensinn: Wenn ihr so dächtet, wäre es dünkelhaft. – 8 *gemein*: alltäglich, auch geistlos, ohne Tendenz der Steigerung; wie Bd. 1, S. 257 Vers 32 u. Anmkg. – *Fünkeln*: Vom 16. Jahrhundert bis zu Goethes Zeit häufige Nebenform zu „funkeln" (Dt. Wb. 4,1 Sp. 604f.). – 30 *Der Streif erlogner Meere*: der „Wasserschein" der Fata Morgana; Goethe notierte sich, als er Chardin las: *In der Wüste das Wasser vorgespiegelt.* (Akad.-Ausg., Bd. 3, S. 146.) Das Motiv kommt auch bei Hafis vor und wird von Hammer (II, 457) erläutert. – Im Wiesbadener Register, also vor dem 30. Mai 1815.

R.A. Schröder, Werke, Bd. 2, 1952, S. 536. – Kath. Mommsen, Goethe und die arabische Welt. Frankf. 1988. S. 93–113.

S. 43. KEINEN REIMER ... Gegen jede egozentrische Enge. Beim Künstler mag sie hingehen – im Zusammenhang des Schöpferischen –, schlimmer ist sie unter Politikern, Generationen, Völkern. Dadurch thematisch verwandt mit *Und wer franzet oder britet* S. 49. – 9 *juste* = just; mehrfach bei Goethe, eine Art Füllwort, in der Bedeutung „gerade, recht so" usw. – 10 *Antichambre*: Vorzimmer eines Fürsten. – 12 *Koriander*: Gewürz, die Früchte der Korianderpflanze, kugelig, in Größe von Pfefferkörnern; sie enthalten ein aromatisches Öl. – 13–16: ein ähnliches Bild zeigt der Spruch: „*Was lassen sie denn übrig zuletzt, / Jene unbescheidnen Besen?" / Behauptet doch Heute steif und fest, / Gestern sei nicht gewesen. (Zahme Xenien,* Abt. *III.)*

Handschr.: *26. Juli, 23. Dez. 1814*, d.h. im Juli entstanden, im Dezember überarbeitet oder erweitert. – Der Anfang erinnert an Cicero, Tusculanae disputationes V, 63: „adhuc neminem cognovi poetam ..., qui sibi non optimus videretur." – M. Mommsen, Studien zum Westöstl. Divan. Bln. 1962. S. 102–108.

S. 43. BEFINDET SICH ... Mit dem vorigen verbunden durch das Thema der mangelnden Anerkennung durch andere. Handschr.: *Weimar, 7. Februar 1815.*

S. 44. ÜBERMACHT ... Eine der frischesten, kraftvollsten Ausformungen des Motivs der geistigen Überlegenheit, das sich durch den ganzen *Divan* zieht. Schon allein wegen dieses Gedichts ist das *Buch des Unmuts* im Gesamtzusammenhang wichtig. – 4 *Tyrannen* im antiken Wortsinn: Herrscher. – 10 *Narren* bezieht sich auf Vers 5 f., *Weisen* (ironisch) auf 7 f. – 14 *gatten*: vereinigen. – 18 *bestimmt*: mit Entschiedenheit, mit Entschlossenheit (vgl. *bestimmst du dich* S. 70). – 20 *blaue Kutten* werden mehrfach bei Hafis erwähnt (1, 8, 244 f., 292; II, 408); dazu Hammers Anmerkung S. 8: „Die blaue Kutte, das Unterscheidungszeichen der Jünger des Scheichs Hasan, zu denen Hafis selbst gehörte und von denen er Vorwürfe über seine freie Lebensweise anhören mußte." *braun* waren die Kutten der Mönche, gegen welche Ulrich v. Hutten polemisierte. *Meine gehn* ...: die engstirnigen Eiferer, die Goethe anfeinden, sind nicht in gleicher Weise schon rein äußerlich erkennbar. – 22 ff.: Niemand soll von mir die einzelnen Namen erfahren; sie machen mir als Gruppe genug Ärger. (Ich will nicht noch mit einzelnen Streit haben.) – Abbildung von Goethes Reinschrift: Abb. 2 in H. A. Maiers Divan-Edition, 1965. – Handschr.: *Fulda, 26. Juli 1814.*

S. 45. WENN DU ... 7 *traun*: fürwahr (wie *Faust* 6169). – 13 *da ist's ein Wort*: „es ist vernünftig geredet, läßt sich hören" (Dt. Wb. 14,2 Sp. 1481). – Handschr.: *Fulda, 26. Juli 1814, 8 Uhr.* – Facs.: Schr. G. Ges., 26.

S. 46. ALS WENN DAS ... Geschwätzigkeit (15), Neuigkeiten (22), Zerstreuung (23), Schlagwörter (1) sind das, was die lieben Deutschen begehren (25), denn sonst (ohne Zeitung) hätten sie ja keine Meinung. Dagegen der Geist eines Lebens *aus dem Grunde* (3–4, 10, 13–14), womit ein Hauptthema des *Divan* in das polemische Gedicht hineinklingt, wie überhaupt Zeitkritik nur von höherem Standpunkt aus möglich ist. Insofern Beziehung zu den Motiven *Dort im Reinen und im Rechten* und *des Ursprungs Tiefe* (S. 7) und *Wer nicht von dreitausend Jahren* ... (S. 49). Das Ganze nicht entrüstet oder klagend, sondern humorvoll. Das Wort des *Divan*-Dichters ist gegenüber dem Tagesgerede nur das *Liedchen* eines kleinen Vogels, aber eins, das weiß, daß es solche Gegensätze immer gab und geben wird. – 1 *Als wenn* ... Wie ein Satz aus einem Gespräch, gleichsam Antwort auf Worte eines anderen. *Namen*: gedacht ist wohl an Namen von Modeströmungen wie „altdeutsch", und an politische Schlagwörter. – 15 *salbadrisch*: schwatzhaft, mit leerem Gerede. – 17 *Knitterer* usw. sind von Goethe für diese Stelle neugebildete Wörter. 17–20 lauteten ursprünglich (auf damalige Zeitungen bezogen):

Und das „Morgenblatt", es kann sich
Mit „Freimütigem" vereinen,

Und die „Elegante" dann sich
Allenfalls die Beste scheinen.

26 *deutsch* und *teutsch* kommen damals beide als Wortformen vor, *teutsch* mehr für die ,,altdeutsch"-romantische Richtung. Vgl. S. 49 *teutschen* u. Anmkg. – Über *Zerstreuung* als Zerstörung (wie Vers 23) auch Bd. 1, S. 340 *Denn ein äußerlich Zerstreuen* ... (und Bd. 14, Register, ,,Zerstreuen"), über die Zeitungen als Ausdruck dieses Geistes Bd. 1, S. 332, Nr. 170–172; Brief an Cotta 7. Okt. 1807 (Briefe Bd. 3, S. 56), An Reinhard 25. Jan. 1813 (Briefe Bd. 3, S. 224) und öfter (Briefe Bd. 4, Register). – Handschr.: *27. Juli, 23. Dez. 1814.*

S. 46. MEDSCHNUN HEISST ... *Medschnun*: ein von Dämonen Besessener; so der Dichter; er schafft das, was andere rettet; die anderen aber wollen ihn fesseln; sind die Produktiven und Klugen, die ,,Warner und Retter" (Rychner) in Fesseln geschlagen, dann werden jene es bereuen, doch vergeblich, denn dann ist es zu spät. – Auch dies ist eins der Gedichte des *Übermacht*-Motivs. – *Ruft ihr nicht* ist Frageform: ist es dann nicht so, daß ihr ruft ... – Vor dem 30. Mai 1815.

Das Motiv kommt schon in *Werther* vor, Bd. 6, S. 47, 6–17; Goethe fand es in der orientalischen Dichtung wieder, z.B. bei Hafis Bd. 2 S. 21: ,,Wer vermag zu halten mein Herz! nun so schreit denn: / Aufgeschaut! ein Rasender ist entlaufen."

S. 47. HAB' ICH EUCH ... Ein Wort an die Tadler, wie im vorigen. Diesmal gegen die Besserwisser in Sachen der Dichtung. Er fragt ironisch, ob sie nicht lieber ihre Kriege und Friedensschlüsse hätten besser machen können. Er habe den Politikern ebensowenig ins Handwerk geredet wie den Fischern und Tischlern, aber man solle ihn auch sein Handwerk, das er aus Begabung und Übung beherrsche, treiben lassen, statt ohne Sachkenntnis dreinzureden. – Flüssig, kraftvoll; stark betont 1 *euch* und dann die rhythmischen Antithesen *ihr* (9) gegen *ich* (10), *eure Sachen* (14) gegen *meine Werke* (15). – Handschr.-Facs.: Schr. G. Ges., 26. – Vor dem 30. Mai 1815.

S. 47. WANDERERS GEMÜTSRUHE. Während das vorige Gedicht noch eine Gereiztheit der Sprache zeigt, ist in diesem die Polemik zur *Gemütsruhe* geworden. Wie *Übermacht, ihr könnt es spüren,* eins der kraftvollsten Gedichte dieses Motivs, souverän-ironisch. – *Niederträchtig*: niederziehend, einebnend, verkleinernd, übelwollend. – Handschr.: *Weimar, 19. Nov. 1814,* Facs.: Schr. G. Ges., 26. – Kath. Mommsen, Goethe und Diez. 1961. S. 67–77.

S. 48. WER WIRD VON DER WELT VERLANGEN ... 2 *träumet* etwa in dem Sinne „verträumt". 3: Sie, die immer rückwärts ... 4 *Tag des Tags*: den rechten Augenblick (gr. ,,kairos"). Das Thema – der Mensch und die Umwelt – kommt auch sonst vor (Bd. 1, S. 359 *Urworte;* S. 380 *An Werther* 15–20). Vgl. auch im Sachregister in Bd. 14 „Augenblick, flüchtiger" und „Augenblick, erfüllter". – Vor dem 30. Mai 1815.

S. 48. SICH SELBST ZU LOBEN ... Fortsetzung der Motive *Übermacht* und Narrenwelt, nicht ohne Ironie. – Vgl. S. 70 *Die schön geschriebenen* ... Vers 9–11; Bd. 12, S. 523, Nr. 1153f. – Nach Eckermann-Riemer: 5. Januar 1816. – Gedruckt erst 1827.

S. 48. GLAUBST DU DENN ... Es wird gelehrt, man hört und glaubt. (Vgl. S. 54, Nr. 27.) Vielen scheint damit das Wesentliche getan, doch hier beginnt es erst, denn hier setzt das kritische Durchdenken ein. Die Verse lassen offen, ob an Religion, Politik, Naturbild, Geschichte gedacht sei. Im Gegensatz zu der Welt des Einleitungsgedichts – *Glaube weit, eng der Gedanke* (S. 7) – spricht hier der Geist abendländisch-neuzeitlicher Kritik. – Vor dem 30. 5. 1815. – Kath. Mommsen, Goethe und Diez. 1961. S. 164–167.

S. 49. UND WER FRANZET ... Der Gegensatz von weltgeschichtlichem Weitblick und Tagesbefangenheit beschäftigte Goethe in der *Divan*-Zeit viel. Ein Prosaspruch sagt: *Den einzelnen Verkehrtheiten des Tages sollte man immer nur große weltgeschichtliche Massen entgegensetzen.* (Bd. 12, S. 391.) Ähnlich der Versspruch *Wer in der Weltgeschichte lebt* ... (Bd. 1, S. 333) – Die Wörter *franzet, britet* usw. sind von Goethe hier neugebildet. Sie bezeichnen den nationalistischen Eigenwillen, der sich im Politischen, aber natürlich auch in Kunst, Sprache, Mode, Sitte äußert. Der Widerstand gegen Napoleon, der ganz Europa beherrschen wollte, hatte als Gegensatz einen Nationalismus hervorgebracht, der nun nach der Besiegung Napoleons sich in geistiger Enge und Überheblichkeit breit machte. – Die Ablehnung der Tagesmeinungen auch in dem Gedicht S. 46: *Als wenn das auf Namen ruhte.* – 1819 gedruckt.

Goethe, der in seiner Jugend öfters die damals gebräuchliche oberdeutsche Form *teutsch* benutzt hatte, schrieb in der *Divan*-Zeit normalerweise *deutsch;* mit der Form *teutsch* bezeichnet er in dieser Zeit die modische *Teutschtümlichkeit*, über die er sich in einem Brief an A. O. Blumenthal vom 28. 5. 1819 äußert (HA Briefe Bd. 3, S. 453), ähnlich wie er in dem satirischen Gedicht *Die Sprachreiniger* (*Gott Dank, daß uns so wohl geschah* ... Weim. Ausg. 5,1. S. 143) im Sinne der Puristen von *Teutschland* spricht. – Eugen Lerch, Das Wort Deutsch. Frankf. a. M. 1942. Insbes. S. 96ff.

S. 49. SONST, WENN MAN ... West-östliche Spiegelung; der *Koran*: die Bibel; die *Derwische*: die Theologen; *das Alte*: orthodoxer

Glaube; *das Neue*: Bibelkritik, Humanität, Idealismus usw. Die Schwierigkeit einer Verbindung. – 1827 eingefügt.

S. 50. DER PROPHET SPRICHT. Ein Ratschlag von sarkastischer Deutlichkeit an alle Feinde des Genius. – Handschr.: *Weimar, 23. Febr. 1815.*

An diesem Tage vermerkt das Tagebuch: *Leben Mahomets von Oelsner.* In diesem Werk sind einige Sätze aus dem Koran, Sure 22, in verkürzter Form (und dadurch etwas verändert) folgendermaßen wiedergegeben: „Wen es ärgert, daß Gott dem Mohamed Schutz und Hilfe angedeihen läßt, der gehe und befestige einen Strick an den Balken seines Hauses und knüpfe sich daran; er wird fühlen, daß sein Zorn sich legt.“ (S. 217.)

S. 50. TIMUR SPRICHT. *Timur* wie vorher *der Prophet* als Beispiel der genialen Persönlichkeit. Das *Übermacht*-Motiv also nochmals, das Buch abschließend, höchst nachdrücklich, aber (jedenfalls in der Endfassung) nicht vom Ich aus. – Vgl. Bd. 1, S. 320 *Hätte Gott mich anders gewollt* ... – 1827 gedruckt. – Ursprünglich sah das Gedicht erheblich anders aus, und sein Wandel ist der Beachtung wert:

Hatem

Was? Ihr mißbilliget den kräft'gen Sturm
Des Übermuts? Du Volk von Laffen!
Wenn Allah mich bestimmt zum Wurm,
So hätt' er mich als Wurm geschaffen.

Buch der Sprüche

Dieses Buch beendet die 3 Bücher umfassende Gruppe der Spruchweisheit und abstandhaltenden Weltbetrachtung; seine Gedichte sind knapper als die der vorigen beiden Bücher. Goethe hatte im Alter eine starke Neigung zur Spruchdichtung; sie entsprach seiner Art, manches kurz zu formulieren, das Besondere aufs Allgemeine zurückzuführen, skeptisch oder ironisch zu sein. Manchmal spricht er lehrhaft zu anderen, mitunter nur erwägend mit sich selbst. Man findet in dem *Buch der Sprüche* viele Gedanken, die auch in seinen anderen Alterswerken ausgesprochen sind, z. B.:

Laß dich nur in keiner Zeit
Zum Widerspruch verleiten,
Weise fallen in Unwissenheit,
Wenn sie mit Unwissenden streiten. (Nr. 28.)

In den *Wanderjahren* spricht Montan (der in manchen Zügen ein Selbstbildnis von Goethe als Naturforscher ist) das gleiche aus: ... *jeder weiß nur für sich, was er weiß, und das muß er geheimhalten; wie er es ausspricht, sogleich ist der Widerspruch rege, und wie er sich in Streit einläßt, kommt er in sich selbst aus dem Gleichgewicht, und sein Bestes wird, wo nicht vernichtet, doch gestört.* (Bd. 8, S. 263, 3–7.) Ähnlich heißt es in den Sprüchen in Prosa: *Was ich recht weiß, weiß ich nur mir selbst; ein ausgesprochenes Wort fördert selten, es erregt meistens Widerspruch, Stocken und Stillstehen.* (Bd. 8, S. 476, Nr. 104.) Es gibt noch viele andere Belege für dieses typisch Goethesche Motiv. (z. B. Bd. 8, S. 293, Nr. 64; Bd. 8, S. 306, Nr. 155, 156; Bd. 6, S. 384,21; Bd. 12, S. 404, Nr. 280.) Sieht man aber die orientalischen Werke an, die Goethe damals in Übersetzungen las, so findet man bei Diez, Denkwürdigkeiten, Bd. 2, S. 236: „Halte nicht Vorlesungen der Liebe, hadere nicht, o Herz, mit Frommen! / Weise fallen in Unwissenheit, wenn sie mit Unweisen streiten." (H. A. Maier, S. 246) Goethe hat also zwei Zeilen einfach übernommen, die anderen zwei hinzugefügt. Ähnlich ist es bei vielen dieser Sprüche: sie schließen – auch wenn man es ihnen nicht ansieht – an östliche Vorbilder an (die Nachweise verdanken wir Christian Wurm, 1834, und Katharina Mommsen, 1961), zumal an Saadi, Chardin, das „Buch des Kabus", das „Buch des Oghuz" (das in Diez' „Denkwürdigkeiten", Bd. 2, abgedruckt ist) usw. Doch Goethe griff aus der reichen Spruchdichtung des Ostens das heraus, was seiner eigenen Natur entsprach. Lehrhafte Sprüche kommen in allen Kulturen vor, sie formulieren möglichst allgemeingültige Welterkenntnis, laufen in gewissen Zügen überall auf Gleiches hinaus und überwinden dadurch verhältnismäßig leicht die Grenzen der Sprachen und Zeiten (jedenfalls wohl leichter als diejenige Lyrik, die an individuellen Geist und sprachliche Feinheiten gebunden ist).

Das *Buch der Sprüche* zeigt also wie die übrigen *Divan*-Bücher östliche Motive (*Islam, Allah, Talismane, Enweri* usw.), doch der Gehalt ist etwas West-Östliches, was überall gilt. Die Ethik der Tat (8), die Wertung der Zeit (12) sind durchaus Goethesche Motive, obgleich auch hier östliche Anregungen aufgegriffen sind. Auch die Form ist westlich: meist sind es vierzeilige Strophen, der frei gebaute Viertakter herrscht vor, der Reim ist wesentliches Formelement und hilft oft, die Pointe herauszuarbeiten. So ist dieses Buch in Gehalt und Form kaum verschieden von Goethes übriger Spruchdichtung (Bd. 1, S. 304–337), es fehlen nur die kleinen Selbstbildnisse. – *Hikmet Nameh* entspricht eigentlich nicht dem deutschen Namen *Buch der Sprüche*, sondern bedeutet: Buch der Weisheit. Goethe sagt in dem Einleitungsgedicht, diese Sprüche der Lebensweisheit bewirkten *ein Gleichgewicht.* Damit ist ihre Funktion zwischen den anderen Büchern – auch gerade zwischen dem *Buch des Unmuts* und *Buch des Timur* – ausgesprochen. Goethe hat in seinen eigenen Charakteristiken des Buchs (S. 200,16ff. und 269,19ff.) sowohl die Beziehung zu *orientalischen Sinnreden* (269,21) wie zu *alten deutschen Sprichwörtern* (200,24) hervorgehoben.

Die vielen Beziehungen zu anderen Goetheschen Werken sieht man leicht, wenn man die im *Buch der Sprüche* vorkommenden Themen wie Tätigkeit, Zeit, Sorge usw. in Bd. 14 im Sachregister aufsucht.

Goethes orientalistische Quellenwerke, zumal die Übersetzungen von Diez, bringen sehr viele Sprüche und Spruchgedichte. Mit der Lektüre dieser Werke hängt die Entstehung vieler Sprüche im *Divan* zusammen. Im Januar 1815 waren für die neue Ausgabe der *Werke* (die sog. Ausgabe B) die Spruchgedichte *(Gott, Gemüt und Welt; Sprichwörtlich; Epigrammatisch)* zusammengestellt. Die Gedichte des *Buchs der Sprüche* entstanden 1815, 1816 und später. Der Erstdruck, 1819, bringt 44 von ihnen. Die *Ausg. l. Hd.*, 1827, fügt 12 weitere hinzu (6–14, 54–56). Einige von diesen können auch schon vor 1819 entstanden sein.

Chr. Wurm S. 134–160. – Kath. Mommsen, Goethe und Diez. 1961. S. 105 bis 113, 161–164, 186–210. – M. Mommsen, Studien zum West-östl. Divan. Bln. 1962.

1. *Talismane* vgl. S. 8, 10 und Anmkg. – Das Motiv des *Gleichgewichts* leitmotivisch und gewichtig am Anfang. 3–4: Anspielung auf den Brauch, ein Buch ,,anzustechen" und den gefundenen Spruch als Orakel zu nehmen; wesentlich dabei: das Vertrauen zu dem Buch (3). – Vgl. *Noten und Abhandl.* S. 189,28 ff. und Bd. 9, S. 99,30–32.

6. Ein leidenschaftliches Lyricon mit spruchhaftem Schluß, wie manchmal bei Goethe (Bd. 1, S. 308, Nr. 31–32). Das Finden der Unendlichkeit in der Endlichkeit der Liebe weist zum *Buch Suleika*. – 9 *Lebestrudel*: Strudel des Lebens. Die Handschrift hat: *Lebe-Strudel. – 22. 7. 1818.* – Pyritz, Goethe-Studien, 1962, S. 201.

7. Das Enthaltsamkeitsmotiv, in den *Wanderjahren* zentral, taucht hier, dem Charakter des *Divan* entsprechend, mehr am Rande auf. Der Spruch ist vielleicht angeregt durch die Verse des Hafis: ,,Prüft dich das Los, so hat es keinen anderen Zweck nicht, / Als daß einst dein Herz rein durch Enthaltsamkeit sei." (Hammers Übers., Bd. 1, S. 452.)

8. In Zeile 1 ein typisch Goethesches Motiv, ebenso wie weiter unten Nr. 12, zugleich aber eng an einem Bibelvers angelehnt: Joh. 9, 4; Zeile 2 übernimmt Luthers Übersetzung ,,Es kommt die Nacht, da niemand wirken kann" fast wörtlich. – Vgl. Bd. 7, S. 415,36f.: *Tätig zu sein, ist des Menschen erste Bestimmung* ... Oder *Pandora* 1045: *Des echten Mannes wahre Feier ist die Tat!* Auch Bd. 1, S. 314, Nr. 66 u. S. 353 *Ihrer sechzig* ...

9. Ein typisch Goethesches Motiv: Tätigkeit, nicht Sorge; aber anknüpfend an Firdusi (Ferdausi); in Hammers ,,Geschichte der schönen Redekünste Persiens" steht S. 58:

Was machst du mit der Welt? Sie ist schon gemacht;
Es hat der Herr der Schöpfung all dies bedacht.
Das Los schrieb: Was nützet dir andere Weise?
Wie es dir vorgeht, erfolgt deine Reise;
Sobald das Herz liegt im Weltsorgenpalast,
So hat es vor Gift und Selbstpein nicht Rast.

12. Im Zusammenhang mit der Schätzung der Tätigkeit steht die der Zeit, abendländisch-Goethesch. – An Fritz v. Stein, 26. 4. 1797: *Ich ... gestehe, daß mir mein altes Symbol* (d.h.: Wahlspruch) *immer wichtiger wird: Tempus divitiae meae, tempus ager meus.* – *Wanderjahre III, 11: Etwas muß getan sein in jedem Moment* ... (Bd. 8, S. 405,30f.) – Vgl. auch Bd. 1, S. 353.

14. *Enweri* vgl. *Noten und Abhandlungen* S. 154f. – Der Text Enweris bei Wurm S. 139. – Abbildung von Goethes Handschrift: Abb. 6 in H. A. Maiers Divan-Edition.

20. Dazu: M. Mommsen, Studien zum West-östl. Divan. 1962. S. 87–101.

21. Chardin, Voyages, schreibt, daß die Perser für jemanden, der an den Bettelstab gekommen ist, die Wendung haben: „Il mange sa faim." (Wurm S. 140f.; H. A. Maier S. 241f.)

26. Vgl. S. 18 *Sagt es niemand* ... und S. 55 Nr. 28; auch *Faust I*, 590–593. – Diez, Denkw. v. Asien 2, S. 246 aus dem Koran: „Verbirg dein Gold, dein Weggehn und deinen Glauben."

30. *Milde* in alter Wortbedeutung = Freigebigkeit. Nach einem weitverbreiteten orientalischen Sprichwort. Als Goethe das „Buch des Kabus" las, notierte er sich: *Wirf deine Fladen ins Wasser, Wer weiß, wer sie genießt.* (Akad.-Ausg. 3, S. 156.) Auch bei Hafis: „Tue Gutes und wirf's dann in die Fluten hinab." (II, 43.) – Tue Gutes um des Guten willen; das ist sinnvoll in sich; erwarte nicht Erfolg oder Dank.

33. Die Erde als *Gottes Tisch.* Nach einer Stelle bei Chardin im Kapitel „De la poésie". Dazu: Momme Mommsen, Studien zum West-östl. Divan. 1962. S. 90ff.

35. Erst Aufstieg zum höchsten Standpunkt, dann Überblick.

38. *Autos epha* (αὐτὸς ἔφα) = „er selbst hat es gesagt". So antworteten die Pythagoräer mit Hinweis auf ihren Meister. – K. Mommsen, Goethe u. Diez. S. 161–164.

40. Vgl. die Sätze an Zelter vom 11. 5. 1820 (zitiert in dem allgemeinen Teil dieser Anmerkungen zum *Divan*).

42. Hierzu Burdach, Jubiläums-Ausg., Bd. 5, S. 370: „Gesellschaftliche Rücksicht erlaubt dem Besucher wohl harte Kritik an langjährigen, liebgewordenen oder geduldig ertragenen Einrichtungen, Gewohnheiten, Eigentümlichkeiten des Hauses; aber sobald er wieder vor der Tür ist, setzt die Gegenwehr des Hausherrn ein in der Kritik, die er nun seinerseits an der ganzen Person des Naserümpfers übt. 3 *passen*: ein Spielausdruck, hier noch in voller Bildkraft: er müßte auf das Spiel verzichten, es an mich (den Hausherrn) abgeben, das nun auf seine Kosten geht." – Vgl. auch Bd. 6, S. 396,16–21.

43. In einem Brief an den Jenaer Orientalisten Kosegarten schreibt

Goethe am 16. Juli 1819: *Ganz zum Schluß wünschte ich noch einen orientalischen Spruch, ohngefähr des Inhalts:*

Herr laß dir gefallen
Dieses kleine Haus,
Auf die Größe kommts nicht an,
Die Frömmigkeit macht den Tempel.

Dann kamen aber doch andere Verse an den Schluß (S. 267). Goethe machte aus dem, was er in dem Brief skizziert hatte, den Vierzeiler im *Buch der Sprüche*, und der Leser muß hier erraten, daß die Verse sich auf das Buch als Ganzes beziehen.

45. *Lokman*: legendärer orientalischer Weiser, Fabel- und Spruchdichter, häßlich, krummbeinig. 1–2 ein Frager; 3–4 der Dichter.

46. *Calderon* war in Deutschland seit 1803 durch A. W. Schlegel bekannt, seit 1815 genauer durch J. D. Gries, von Goethe viel genannt und gerühmt. An Zelter 28. 4. 1829: *Wie Natur und Poesie sich ... vielleicht niemals inniger zusammengefunden ... als bei Shakespeare, so die höchste Kultur und Poesie nie inniger als bei Calderon.* Aus dieser Auffassung heraus wohl auch der Vergleich mit dem islamischen Kulturkreis, historisch zu begründen versucht durch die Araberherrschaft in Spanien (711–1492); an Gries 29. 5. 1816: *Noch eins füge ich hinzu: daß mein Aufenthalt im Orient mir den trefflichen Calderon, der seine arabische Bildung nicht verleugnet, nur noch werter macht.* Vgl. *Noten und Abhandl.* S. 173, 20.

Bd. 12, S. 303–305 u. Anmkg. – Goethe und Calderon. Hrsg. von E. Dorer, Lpz. 1881. – K. Wolf, Goethe und Calderon. GJb. 34, 1913, S. 118–140. – Fr. Strich, Goethe u. die Weltlit. Bern 1946. S. 161–166. – Gundolf S. 690. – Wolfgang Kayser in: Publications of the English Goethe Society 23, 1954, S. 82ff. Wiederabgedruckt in: Kayser, Kunst und Spiel. 1961. S. 53f. – Goethe-Handbuch, Bd. 1, 1961, Art. „Calderon".

47. Nach Saadi. Die rechte Hand hat schon als Hand der Arbeit und des Schwertes den Vorrang. – Herder hrsg. von Suphan Bd. 26, S. 405. – Wurm S. 157. – Rychner S. 489f. – H. A. Maier S. 262.

49. *Quark* bedeutet in der Sprache der Goethezeit 1) weicher weißer Käse, 2) Brei, Schmutz, z. B. nasser Lehm usw., 3) etwas Unbedeutendes (verächtlich). Die Stelle hier wird im Dt. Wb. 7, 1889, unter der 2. Bedeutung genannt. Wieweit die 3. mitklingt, hängt von der Gesamtdeutung ab. Vgl. *Faust* 292, 11742. *Pisé*: französ. Wort aus der Fachsprache des Bauwesens, gestampfte und getrocknete Lehmziegel; auch gegossene und gestampfte Baumasse zwischen Verschalungen (Vorläufer des heutigen Betons).

50. Spöttisch wie in Bd. 1, S. 335, Nr. 182.

52. Versifizierung eines Spruchs von Ferid-eddin Attar. – H. A. Maier S. 266.

53. Das Werden der Dichtung im Zusammenhang der *Leidenschaft.* Das *Perlen*-Motiv auch S. 71, 81, 100. In der Erstausgabe des *Divan* von 1819 bildete dieses kleine Gedicht den Schluß des *Buchs der Sprüche.* Diese bedeutende Stellung wurde ihm genommen, als Goethe für die *Ausgabe letzter Hand* drei weitere kleine Gedichte anfügte.

Goethe entlieh am 25. Jan. 1815 „Fundgruben des Orients", Bd. 1–4. (Keudell Nr. 962.) Dort steht in Bd. 2, S. 9f. Silvestre de Sacys Übersetzung einer altpersischen Biographie des Ferid-eddin Attar. Darin heißt es: „Quelle mer que celle dont les flots ont jeté sur le rivage de la vie tant de perles d'une valeur inestimable!" (Momme Mommsen, Studien zum Westöstl. Divan, 1962, S. 9–18.) Das Motiv der *poetischen Perlen* kommt aber auch sonst häufig im Orient vor, z. B. bei Hafis Bd. 1, S. 117, 364, 395, 418, 419; Bd. 2, S. 14, 133, 173, 553, 558; auch bei anderen persischen Dichtern (Chr. Wurm S. 159f.) – Momme Mommsen S. 9f.: „Die Gedichte des *West-östlichen Divan* enthalten eine Fülle bedeutsamer Äußerungen über das Wesen der Dichtung und des Dichters ... In den Bereich dieser Gedichte gehört auch der Vierzeiler *Die Flut der Leidenschaft* ... Wie sämtliche Äußerungen über Poesie im *Divan* tragen auch diese Bekenntnischarakter. Goethe spricht hier über das Verhältnis der Dichtung zur Leidenschaft und berührt damit Allgemeingültiges und Persönliches zugleich. Leidenschaft ist an sich Ursprung aller Poesie. Ohne „furor" ist schon nach antiker Vorstellung überhaupt kein Dichter denkbar. Doch eignet Goethe in ganz besonderem Sinne ein Affinitätsverhältnis zur Leidenschaft: als Verfasser des *Werther,* der Marienbader *Elegie,* des *Faust II* ... Ebenso auf Goethe selbst weist in dem Vierzeiler noch ein anderer Zug. Es ist die unbefriedigte Leidenschaft, die den Dichter produktiv macht. Indem das Meer *vergebens* ans *feste Land stürmt,* hinterläßt es doch als Bleibendes *poetische Perlen* ... In seinen wesentlichen Partien ist gerade der *West-östliche Divan* eine Dichtung der Leidenschaft, Dichtung, die zugleich erwuchs aus mancher Not des Entsagens ... Vom Dichterischen her betrachtet zeichnet sich der Vierzeiler durch Schönheit und Höhe des Tons aus, wie sie innerhalb der Goetheschen Spruchdichtung nur in den besten Stücken anzutreffen ist." – Fr. Ohly, Tau und Perle. In: Festschr. f. I. Schröbler. Tüb. 1973. S. 411. Wiederabgedruckt in: Ohly, Schriften zur ma. Bedeutungsforschung. Darmstadt 1977. S. 279f.: „Die Leidenschaft stürmt ans Unbezwungene, das vergeblich Angelaufene, das Kraft anstauende Land. Die Uferlinie zwischen Leidenschaft und Unbezwungenheit ist der Ort des schöpferischen Sprungs in die Gestalt. Gereiftes macht sich frei, das Tiefe kommt an den Tag, das Leben *wirft poetische Perlen an den Strand* ... Poetische Perlen als Gewinn des Lebens sind kein Zuwachs, sondern Rettung in das höhere Sein. Die Perlen werden geworfen, in schwellendem Überfluß. Frei geworden aus der harten Muschelschale fallen mit der Woge sie ans Land."

54. Der *Vesir* sieht Zusammenhänge, die der *Vertraute* nicht erkennt. 7 *war* = wäre gewesen. Vermutlich angeregt durch das Buch Kabus, Kap. 30. – Kath. Mommsen, Goethe u. Diez. S. 206–209.

Buch des Timur

Timur ist der gewaltige Eroberer Timur Leng (1336–1405), der in grausamen, kühnen Feldzügen Persien, Rußland, Hindostan, Syrien usw. unterwarf. Er starb, als er einen Riesenfeldzug gegen China unternahm, 69 Jahre alt. Seine Tyrannis überschattete Hafis' Alter (Hafis starb 1390), so wie dessen Jugend besonnt war durch die Herrschaft des Schah Schedschaa, den Goethe mit Carl August vergleicht. (S. 40 *Durch allen Schall* ...) – Boisserées Tagebuch, 3. 8. 1815, über Gesprächsäußerungen Goethes: „Aneignung des Orientalismus; Napoleon, unsere Zeit bieten reichen Stoff dazu. Timur, Dschingis-Khan, Naturkräften ähnlich, in einem Menschen erscheinend." Riemer notierte im Februar 1807: *Außerordentliche Menschen wie Napoleon treten aus der Moralität heraus. Sie wirken zuletzt wie physische Ursachen, wie Feuer und Wasser.* (Riemer, Mitteilungen über Goethe. Lpz. 1921. S. 268.) Dazu die berühmte Stelle in *Dichtung und Wahrheit* (Bd. 10, S. 177) über das *Dämonische* als eine die *moralische Weltordnung durchkreuzende Macht*, das hervortritt in einzelnen Menschen, von denen *ungeheure Kraft ausgeht*, so daß sie *selten ihresgleichen finden* und nur überwunden werden können *durch das Universum selbst.* In ähnlichem Sinne die Äußerungen über das Dämonische zu Eckermann (7. 4. 1829; 10. 2. 1830), auch hier im Zusammenhang mit Napoleon (11. 3. 1828), wobei der Satz vorkommt *Der Mensch muß wieder ruiniert werden*, und zwar geschehe das *auf natürlichem Wege.* So auch im *Buch des Timur*: der dämonische Gewaltige, fremd moralischer Weltordnung, wirkend wie Feuer und Wasser, wird am Ende vernichtet auf natürlichem Wege, durch das Universum selbst. – Goethes eigene Äußerungen zum *Buch des Timur*: S. 200,27ff. und S. 269,16ff. – Bd. 10, S. 176,34 u. Anmkg.

S. 60. DER WINTER UND TIMUR. Eng anschließend an ein arabisches Gedicht, das aus Haß gegen Timur geschrieben ist und das den Untergang des Heeres bei dem Winterfeldzug gegen China schildert. Goethe las es in lateinischer Übersetzung bei Jones. Schon dort spricht der Winter in direkter Rede. Nicht Menschen vernichten den überheblichen dämonischen Einzelnen, sondern Naturkräfte. Der Angeredete kommt nicht zu Worte, als sei er entsetzt und verstockt, bereits vom Eishauch erstarrt. – Vierfüßige reimfreie Trochäen in ihrem unaufhaltsamen Schreiten versinnbildlichen die Gewalt der Naturkraft. Die Sprache hart, schneidend. Das Ganze ohne rechten Anfang und Schluß, wie ein Bruchstück aus einer Chronik. – Handschr.: *Jena, 11. Dez. 1814.* Facs.: Schr. G. Ges., 26.

G. Jones, Poeseos Asiaticae commentariorum libri sex. Lipsiae 1777. S. 175f.: „Circumibat autem illos Hyems cum ventis suis vehementibus, et sparsit inter eos flatus suos glaream dispergentes; et in eos concitavit ventos suos frigidos, ex opposito flantes; et potestatem in eos concessit gelidis suis procellis: et in ejus (Timuri) consessum descendit, et eum inclamans, allocuta est: Lente, O infauste, et leniter incede, O tyranne injuste! quousque tandem hominum corda igne tuo combures? et jecinora aestu et ardore tuo inflammabis? Quod si una es ex infernis animabus, equidem animarum altera sum; et nos senes sumus, qui continuo occupamur in regionibus et servis subjugandis; et stellae maleficae (Mars et Saturnus) in conjunctione sunt infaustissimae ..." – 5 *widerwärtig*: gegnerisch, feindlich; anknüpfend an den lat. Text „ex opposito flantes" (aus der Gegenrichtung wehend). – 18 *Mars ... Saturnus*: Hier sind die Planeten gemeint; in der Astrologie, welche bei den Arabern in hohem Ansehn stand, spielen sie die Rolle Unglück bringender Mächte, wie die nächste Zeile sagt. – Joachim Müller, Der Augenblick ist Ewigkeit. Lpz. 1960. S. 165–186. – Hans Albert Maier, Bd. 2, S. 270f.

S. 61. AN SULEIKA. 11 *Bulbul:* die Nachtigall. Ihre Liebe zur Rose ist ein weitverbreitetes persisches Motiv, häufig bei Hafis. – 15 *Myriaden* (gr.): Zehntausende. – 16 *Timurs Herrschaft* wird hier noch gleichnisweise erwähnt; sie vernichtet für ein Reich so viele Menschen, wie der Parfumeur Rosen vernichtet für ein Fläschchen Duft. Das Gedicht leitet bereits über zum folgenden Buch, dessen andersartiger Ton hier schon vorklingt und das düstere Schlußmotiv übertönt. – Handschr.: *Wiesbaden, 27. Mai 1815.* – Ältere Überschrift: *Rosenöl.*

Hafis I, 116: „Den Wert der Rose hat allein / Die Nachtigall erkannt." I, 207: „Morgens hat die Nachtigall kund getan, / Was ihr die Liebe zur Rose getan ..." – Chr. Wurm S. 162–169. – Pyritz, Goethe-Studien, 1962, S. 206. – Chr. Dill, *Divan*-Wörterbuch. Art. *Bulbul.*

Buch Suleika

Goethes Äußerungen zu diesem Buch: S. 201,27ff. und S. 269,23ff.

Während es im *Buch der Liebe* viele Formen der Liebe gibt und viele Gestalten, gibt es im *Buch Suleika* nur ein einziges liebendes Paar; so wird das Phänomen schlechthin repräsentiert in dem einen *musterhaften* (S. 84) Fall, doch zugleich ist alles einmalig und besonders. Die Liebe ist anders als in den früheren Gruppen von Liebesgedichten, sie ist weit entfernt von der Lida-Lyrik, von den *Römischen Elegien* und auch von den *Sonetten.* Hatem ist der Alternde, Suleika zwar jung, aber das Leben kennend. Beide kommen zu Wort; Suleika wird selbst zur Dichterin. Auch die vielen Dialog-Gedichte zeigen: erst beide Stimmen zusammen ergeben die Ganzheit der Welt.

Die Wechselseitigkeit wird vertieft zum Wissen des Für-einander-bestimmt-Seins: *du, die so lange mir erharrt war* (S. 62), *Denke nun, wie von so langem / Prophezeit Suleika war* (S. 67). Die zwei großen Sinnbilder dafür sind das Gingko-Blatt als naturhaftes *eins und doppelt*

(S. 66) und die Farbe als Verbindung des polar Getrennten (S. 83 *Wiederfinden*). In der Liebe erreichen Hatem und Suleika beide ihre höchste innere Möglichkeit. Darum gilt das *Übermacht*-Motiv gerade auch hier. Hatem sagt scherzhaft: Wenn er Kaiser wäre, er würde ihr alle Reichtümer schenken. Doch was nutzen sie? Wahrhaft reich macht nur die Liebe. *Solch ein Mädchen muß man haben, / Und ein Bettler sein wie ich.* (S. 70) Man gewinnt sich erst, wenn man sich verliert; das ist die ewige Dialektik der Liebe: *Daß ich nun, verarmt, mein Leben / Nur von dir gewärtig bin ... (S. 63), Wie sie sich an mich verschwendet, / Bin ich mir ein wertes Ich; / Hätte sie sich weggewendet, / Augenblicks verlör' ich mich ...* (S. 72).

Das Motiv der Liebe weitet sich in diesem Buch zu einem großen Themenkreis; dieser ist es, um dessentwillen Liebende in diesem Buche sich selbst entdecken; scheinen die übrigen *Divan*-Bücher für einzelne Leser gemacht, so dieses für zwei. Da ist das Glück des Einander-Findens; der Schmerz der Trennung; die Seligkeit des Wiederfindens; die Tragik der Unerreichbarkeit; die Erfahrung des Religiösen in der Liebe und vieles mehr; und das alles in einer Reihe von Symbolen, die in ihrer Einfachheit als Bild bereits alles sagen.

Das Buch hat teil an den Leitmotiven des ganzen Werks. Da ist das *Übermacht*-Motiv, das hier als *Kaiser*-Motiv auftritt; auch die religiöse Thematik, die sich durch alle Bücher zieht, kommt hier vor. Sodann aber hat das *Buch Suleika* seine besonderen eigenen Motive, die ihre Symbole finden. Das Motiv der Wechselseitigkeit spricht sich aus in dem Ballspiel-Symbol (S. 70) und in dem Reim-Symbol (S. 79). Für das Motiv der Unerreichbarkeit gibt es das Iris-Sinnbild (S. 81), und für die Erfahrung der Liebe als Ausstrahlung göttlichen Seins das Sinnbild der Sonne (S. 62, 82). Immer blicken die Gedichte aus in das All und enden beim Du und beim Ich.

Das Buch beginnt mit dem *Benamsen.* Die Geliebte *soll ... Suleika heißen,* und der Liebende sagt von sich: *Hatem! das soll der Name sein.* Beide sind es nicht, sie nennen sich so. Sie spiegeln ihre Liebe in einer östlichen Welt. Machte der Dichter seine geistige Reise im *Buch des Sängers* allein (er benutzt dieses Bild oft in Briefen, z. B. an Knebel 11. Jan. 1815: *So habe ich mich meist im Orient aufgehalten*), so geschieht es hier nun zu zweit. Es ist daher kein Stilbruch, wenn von den deutschen Kastanien (S. 77) die Rede ist oder von dem griechischen Helios (S. 81), ebenso wie der Weltschöpfungsmythos ohne persische Anregungen geschaffen ist (S. 83). Die Spiegelung in der östlichen Welt ist nicht überall durchgeführt, aber meistens. In diesem Zusammenhang deute ich (von anderen Kommentatoren abweichend) das Gedicht *Ein Spiegel, er ist mir geworden* (S. 86); der *Spiegel,* in welchen beide blikken, ist der „Divan" des Hafis. Goethe führte ihn 1815 auf der Reise mit sich. Er schenkte Marianne ein Exemplar. Beide nahmen Motive für die Gedichte, die sie einander gaben, aus diesem Buch. Oder sie verfaßten Chiffren-Gedichte, die überhaupt nur aus Hafis zusammengesetzt waren. Nirgendwo im *Divan* sind daher die Hafis-Anklänge so zahlreich wie hier. Bei Hafis gibt es die Liebessehnsucht, die Trennung, das Wiederfinden, den Ostwind, der zu dem Geliebten weht, Wimpernpfeile und Lockenschlangen, das Ballspiel-Sinnbild, die nächtlichen Tränen, den Liebesboten Hudhud, die Zypressen-Metapher und vieles mehr, was alles den weiten Bereich der Liebe ausspricht und dazu einlud, aufgenommen zu werden. Es setzt die Leistung beider nicht herab, wenn man diese Parallelen feststellt. Die Verse Mariannes

Eile denn zu meinem Lieben,
Spreche sanft zu seinem Herzen;
Doch vermeid' ihn zu betrüben
Und verbirg ihm meine Schmerzen.
Sag' ihm aber, sag's bescheiden:
Seine Liebe sei mein Leben ...

sind gewiß Ausdruck dessen, was sie empfand. Doch auch in ihnen steckt eine Anregung aus Hafis. Dort heißt es:

Ostwind sag', ich bitte dich, ihm ganz heimlich die Kunde,
  Hundertfache Zung' spreche den Herzensbrand aus,
Sprich es nicht traurig, um ihn nicht auch zur Trauer zu stimmen,
  Sage zwar das Wort, aber du sag's mit Bedacht. (II, 528.)

Es ist, als habe Marianne sich mitunter von Hafis, dem *Spiegel,* Mut machen lassen für ihre Verse.

Die östlichen Motive und Wendungen, welche das *Buch Suleika* aufnimmt, sind literarisch, sie stammen meist aus Hafis. Das Buch spielt aber nicht in der Welt des Hafis. Dort waren die Frauen außerhalb des Hauses verschleiert bis auf den Augenschlitz. Unverschleiert durften sie nur der Ehegatte, der Vater und der Bruder sehn. Sie verließen möglichst wenig das Haus, Gespräche mit einem fremden Mann waren kaum möglich. Ohne Schleier zeigten sich nur käufliche Mädchen. Die Suleika Goethes ist in jener Welt nicht denkbar, auch nicht die *hübschen Mädchen,* die den *beinah ergrauten Dichter* umgeben (S. 72). Die Liebesdichtung des Hafis spricht von Knaben, zugleich aber ist sie jeden Augenblick imstande, metaphorisch und übersinnlich zu werden, dann ist Liebe die Liebe zu Gott, er ist der Geliebte, und der Wein ist der innere Zustand mystischer Selbstaufgabe. Dies alles ist bei Goethe – und erst recht bei Marianne – anders (und sie haben es gewußt). Das *Buch Suleika* hat nicht die Wirklichkeit eines exotischen Romans, sondern die einer freien geistigen Schöpfung, die zwar fremde Motive aufnimmt, jedoch selbständig mit ihnen schaltet.

Von den Gedichten Mariannens sind einige in der Urfassung erhalten geblieben. Man kann durch Vergleich also feststellen, wie Goethe sie umgearbeitet hat. Den sanften Strophenschluß

Eh noch diese Hügel düstern,
Sitz ich still zu seinen Füßen

konnte er für die dichterische Suleika-Gestalt seines *Divan* nicht brauchen. Das private Briefgedicht wird umstilisiert, wie das private Erlebnis umstilisiert wird, und dabei waren die orientalischen Motive willkommen. Die Lieder Mariannens fügen sich paßrecht dem Buche ein. Goethe hat so erstaunlichen Reichtum der Klänge, wir würden ihm auch diese Gedichte zuschreiben, wenn wir nicht die Verfasserin wüßten; doch nun, da wir ihren Anteil (im großen Ganzen) kennen, hören wir ihren besonderen Ton, dem das Bewußte, Stilisierte, der Abstand dessen, der mit dem Wort umzugehen gewohnt ist, fehlt.

Die Fülle des Entstehenden machte dieses Buch reicher als alle anderen. Es beginnt mit dem Einander-Finden und spielt alle glückhaften Motive der Vereinigung durch. Dann beginnt es mit einem zweiten Teil (eingeleitet durch das Gedicht mit der Überschrift *Buch Suleika* S. 77), und in diesem fällt es bis zum tiefsten Moll (S. 81 *Hochbild; Nachklang*); danach wieder Wandlung in Dur; ein neuer Höhepunkt: *Wiederfinden* (S. 83); der Schluß: feierlich, kosmisch, fast religiös, große reine Akkorde.

Gundolf S. 642–646. – Kommerell S. 301–307. – Pyritz S. 29ff., 127f. – H. Hefele, Geschichte und Gestalt. Lpz. 1940. S. 98–102. – Carl Becker, Das Buch Suleika als Zyklus. In: Varia Variorum. Festgabe für Karl Reinhardt. Münster u. Köln 1952. S. 225–252.

S. 62. ICH GEDACHTE ... Wörtlich übernommene Diez'sche Übersetzung eines kleinen türkischen Gedichts aus dem 16. Jahrhundert von Sultan Selim I. Hier als Motto des *Buchs Suleika* mit neuem tiefen Sinn. – Bei Diez zwei Langzeilen.

Aus: Diez, Denkwürdigkeiten von Asien 1, S. 254. – Katharina Mommsen, Goethe und Diez, Bln. 1961, S. 20f., 144ff., 344 datiert Goethes Übernahme der Verse auf den Januar 1815.

S. 62. EINLADUNG. Typisch in *Divan*-Art Bedeutendes als Spiel, Wort-Spiel: Fortschieben der *Welt* als Getriebe, und eben dann Erfassen der *Welt* als Wesentliches, wie sie in der Liebe erfahren wird. – Das Motiv der Entfernung von der Welt in diesem Einleitungsgedicht des *Buchs Suleika* hat eine Entsprechung in dem Einleitungsgedicht des ganzen *Divan*, in *Hegire* (S. 7). – 9–10: *was folgt* gehört zu *reißt nicht hin* (Zukunft), *was vergangen* gehört zu *bleibt nicht hangen* (Vergangenheit, die oft bedrückend sein kann). – 12 *es*: das *Allerliebste;* das Wort hier wie im Gedicht *Nachklang* (S. 81f.) in voller, nicht abgeblaßter Bedeutung: das ganz besonders Geliebte. – Handschr.: *Sylvesterabend 1814.*

Das Einleitungsgedicht im „Divan" des Hafis endet bei Hammer mit der Strophe: „Wünschest du Ruhe, Hafis, / Folge dem köstlichen Rat: / Willst du das Liebchen finden, / Verlaß die Welt und laß sie gehn." (I, S. 2) Ähnlich später: „Von jeher hatt' ich nichts zu tun / Mit Weltgeschäften, / Dein Angesicht hat mir die Welt / Geschmückt für meine Augen." (I, 184)

S. 62. DASS SULEIKA ... Über *Suleika* und *Jussuph* vgl. S. 27 u. Anmkg. – Suleika ist in der islamischen Dichtung die schönste und zugleich geistvollste Liebende. Sie ist in der persischen Dichtung die Liebende, welche Entsagung lernen muß und deren Liebe immer mehr vergeistigt wird. Dementsprechend wird sie in dem Gedicht *Auserwählte Frauen* (S. 109) gekennzeichnet als zunächst *gegen Jussuph ganz Begierde,* dann aber *der Entsagung Zierde.* Wieweit diese der östlichen Dichtung entnommene Typisierung dem *Buch Suleika* von vornherein einen Hintergrund gibt, bleibt in der Schwebe. – Im Wiesbadener Verzeichnis mit dem Titel *Liebchen benamst.* – Handschr.: *Eisenach, 24. Mai 1815.* Facs.: Schr. G. Ges., 26. – Pyritz S. 30f.

S. 63. DA DU NUN ... Der Dichter kann zwar die Geliebte *Suleika* nennen, sich selbst aber nicht *Jussuph,* denn dieser gilt im Orient als Urbild jugendlicher Schönheit wie Adonis. Er wählt den Namen *Hatem* nach dem Araber *Hatem Thai,* berühmt durch Hochherzigkeit und adlige Freigebigkeit. Dieser kommt bei Hafis mehrfach vor (II, 435, 445, 536), und Hammer macht dazu die knappe Anmerkung: „Hatemtai der Freigebigste der Araber"; auch bei Saadi wird er genannt. Goethe schrieb das Gedicht auf der Reise. Er hatte Hammers Hafis bei sich, nicht aber andere orientalische Werke, deren er seit dem Dezember 1814 viele gelesen hatte. Den Namen *Hatem Zograi* scheint er aus der Erinnerung zu nennen. Gemeint ist vermutlich Hassan Thograi, der arabische Dichter, den Herbelot, dessen Werk Goethe zwischen Januar und Juni 1815 gelesen hatte, bezeichnet als „wohlhabend oder reich an Tugenden und schönen Eigenschaften, welches eben das ist, was die Italiener virtuoso nennen". Das Gedicht wiederholt in jedem 2. Vers das Reimwort *sein* und ist dadurch der Form des Ghasels angenähert. – Im Wiesbadener Verzeichnis unter dem Titel *Dichter benamst.* Handschr.: *Eisenach, 24. Mai 1815.* Facs.: Schr. G. Ges., 26. – Chr. Wurm S. 171–175. – H.-J. Weitz in Ztschr. f. dt. Philologie 71, 1951, S. 73–77. – Kath. Mommsen, G. u. die arab. Welt. 1988. S. 545–594.

S. 63. NICHT GELEGENHEIT ... Das Motiv, sich zu verlieren und durch die Geliebte sich erneuert wiederzufinden (Vers 7f.), ist ein Vorklang zu *Volk und Knecht* ... S. 71f., wie überhaupt von nun an alle

Motive sich wiederholen und abwechselnd die Führung übernehmen wie in einem symphonischen Satz. – Handschr. aus Mariannens Nachlaß: *12. Sept. 1815.* Handschr. in der *Divan*-Reinschrift: *15. Sept. 1815.* Facs.: Schr. G. Ges., 26.

S. 64. HOCHBEGLÜCKT IN DEINER LIEBE ... Antwort auf das Vorige. Mit diesem Gedicht beginnt das *Buch Suleika* seinen besonderen Charakter zu zeigen als Wechselgesang zweier Stimmen, *Duodrama* (S. 269,30). Sogleich Wesen und Charakter dieser Liebe: *freie Wahl, freudiges Geben,* und der leidenschaftliche Jubel schon in Suleikas erstem Worte *Hochbeglückt.* Ein Gedichtbeginn mit dem Ton gleich auf der ersten Silbe. Ähnliche Anfänge gibt es im *Divan* mehrmals, der Trochäus unterstützt sie; Kraft und Leichtigkeit zugleich. – Wohl auf Verse Mariannens zurückgehend. In der Urschrift nicht erhalten. – 16: Es gibt kein Glück, das höher wäre, dem das meine nicht *gleich* wäre. – Goethes *Divan*-Reinschrift: *16. Sept. 1815.* – Facs.: Schr. G. Ges., 26. – Pyritz, Marianne v. Willemer, Bln. 1944, S. 27f. u. 47.

S. 64. DER LIEBENDE ... In Saadis „Rosental" las Goethe in der Barockübersetzung des Olearius: „Wirst du jemand recht lieb haben, so wirst du dein Herz zu ihm wenden und deine Augen vor allen andern Dingen in der Welt zuschließen. Wenn Leila und Medschnun sollten wieder aufstehen und das Lieben vergessen haben, so würden sie aus meinem Buche die Kunst zu lieben lernen." (In der Ausg. von 1654, S. 115.) Über *Leila und Medschnun* vgl. S. 27 u. Anmkg. – Undatiert, wohl 1814/15.

S. 64. IST'S MÖGLICH ... Hatem spricht. Die Rose ist wirklich, greifbar und doch *unmöglich, unbegreiflich,* denn sie ist die Schönheit, das Vollendete, und das ist der Anfang des Unmöglichen, der Freiheit, des staunend erlebten Göttlichen. *Heilig öffentlich Geheimnis* (Bd. 1, S. 358): im unmittelbar Gegebenen ist das Unendliche, in der Rose, der Nachtigall, der Geliebten. Ein Augenblick der Wirklichkeit des Glücks und eben da dieser Schauer: *Wir heißen's: fromm sein* (Bd. 1, S. 384). Das Wort *göttlich* nicht nur schmückendes Beiwort, sondern auch Bezeichnung jener Grenze, die in den übrigen Zeilen durch *Ist's möglich, Unmöglich, Unbegreiflich* angedeutet ist. *Der Schleier irdischer Liebe scheint höhere Verhältnisse zu verhüllen* (S. 269,32f.). In der Form ausgewogen: ihre Schönheit, ihre Stimme, dann parallel Rose und Nachtigall. Nur 4 Zeilen, leicht, heiter, duftig, fast spielerisch; Gleichgewicht von Tiefsinn des Gefühls und Grazie der Sprache. Formal eins der Werke der späten Goetheschen Kleinlyrik. – Zum ersten Mal im *Buch Suleika* klingt hier als kleines Zwischenmotiv das Kosmisch-Religiöse der Liebe an, das dann in *Wiederfinden* (S. 83) und *In tausend Formen* ... (S. 88) zur lyrischen Großform wird. – Undatiert, wohl 1814/15.

Es kommt bei Hafis sehr häufig vor, daß *Rose* und *Nachtigall* nebeneinander genannt werden, z.B. II, 291: „Bald kos' ich heimlich mit den Rosen, wie der Ost, / Bald hör' ich die Geheimnisse der Nachtigall." (Ähnlich I, 79, 116, 207 u.ö.) Marianne v. Willemer hat an Goethe einen Chiffren-Brief geschrieben, der nur Motive mit Rose und Nachtigall zusammenstellt (Hafis I, 402, II, 406, 535, 35). Abgedruckt: Weim. Ausg. 6, S. 489f.

S. 64. ALS ICH ... und DIES ZU DEUTEN ... Hatem hat Suleika einen Ring geschenkt. Sie träumt, er falle ihr in den Euphrat. Und er deutet den Traum: Nun sei er, der als Handelsherr weit herumzieht, durch den Ring gebunden an ihre Welt, an ihren Fluß. Vergleichsweise erinnert er an den Dogen von Venedig, der alljährlich am Himmelfahrtstage im Staatsschiff hinausfährt und durch Hinabwerfen eines Ringes die Verbindung Venedigs mit dem Meere symbolisch vollzieht. Dialogisch, leicht, anspielungsreich, zugleich mit verhaltener Leidenschaft und in der leuchtenden Prägnanz des Altersstils: *Fingerab in Wasserklüfte ...; Morgenröte / Blitzt' ins Auge durch den Baum* ... Daß *Prophete* nicht eben ein reiner Reim auf *Morgenröte* ist und daß man durch Einsetzung eines Namens hier den reinen Reim erzielen könnte, gehört zu den kleinen Form-Scherzen des *Divan*. – *erbötig* = bereit zu etwas; zu ,,erbieten" gehörig, von Luther bis Goethe vorkommend, aber nicht häufig; auch *Reineke Fuchs* IX, 233. – Handschr.: *17. Sept. 1815*. Facs.: Schr. G. Ges. 26. – Pyritz S. 38.

S. 65. KENNE WOHL ... Suleika spricht. Im Druck sind die Anführungszeichen moderne Zutat, um die *Reden* (26) Hatems, wenn sie auch nur Sprache der Blicke sind, deutlicher herauszuheben. Reimfreie Viertakter ohne Auftakt. – Handschr.: *12. Dez. 1817*.

S. 66. GINGO BILOBA. Der Ginkgo-Baum – in Goethes Druck: *Gingo* – stammt aus Ostasien und wurde seit etwa 1800 auch in botanischen Gärten des europäischen Kontinents heimisch. Sein Blatt sieht aus wie ein ausgebreiteter Fächer, in der Mitte aber hat es einen Einschnitt, mitunter so tief, als seien es zwei Blätter, die zusammengewachsen sind. Mehrere Gedichte im *Buch Suleika* sprechen das naturhafte Einander-zugeordnet-Sein, das *Eins und Doppelt*, aus (*Behramgur* ... S. 79, *Wiederfinden* S. 83 u. a. m.); unter ihnen steht *Gingo biloba* als das einfache Bild-Motiv; es hat die Schlichtheit, im anschaulichen Symbol bereits alles zu sagen, und zugleich die für den *Divan* bezeichnende Esoterik, daß nur wenigen dieses Symbol geläufig ist. An sich nach *Divan*-Art vieldeutig, doch nicht hier im Zusammenhang der Motive des Zueinandergehörens. – 15. Sept. 1815.

Goethes Handschrift (Goethe-Museum Düsseldorf) abgebildet in: H. A. Maier Abb. 3. Dort schreibt Goethe *Ginkgo,* abweichend von dem Erstdruck 1819 und von der *Ausg. l. Hd.* 1827. – Boisserées Tagebuch vom 15. 9. 1815. Goethes Brief an Rosine Städel, Willemers älteste Tochter, vom 27. 9. 1815; diesem Brief beigefügt eine Goethesche Handschr. des Gedichts. Eine zweite Handschr., aus Creuzers Nachlaß, hat die Unterschrift *Zur Erinnerung glücklicher Septembertage 1815*. – Fr. Schnack, Ginkgo biloba. Goethe-Kalender 33, 1940, S. 103–113. – E. Beutler in: Goethe-Kalender 33, 1940, S. 114–162. Dasselbe wiederholt in: E. Beutler, Essays um Goethe. Bd. 1. 3. Aufl. 1946. S. 311–349. – Günter Debon, Das Blatt von Osten. Euphorion 73, 1979, S. 227–236.

S. 67. SAG', DU HAST WOHL ... Eine scherzhaft plaudernde Wechselrede, deren unerwarteter Schluß (15 f.) wiederum eine Deutung bringt, die in den Kreis der Hauptmotive des *Buchs Suleika* führt. (Vgl. die allgemeine Einleitung zu diesem Buch.) – Handschr.: *22. Sept. 1815.*

Das Motiv, daß die Dichtungen auch in ihrer graphischen Form besonders schön seien (3–5), entspricht orientalischem Gebrauch und kommt im *Divan* mehrfach vor, z. B. in *Die schöngeschriebenen* (S. 70) und in der letzten Strophe von *Abglanz* (S. 87). Dazu an Zelter am 11. März 1816 die Bemerkung, *daß die Orientalen ihre Lieder durch Schreiben, nicht durch Singen verherrlichen.* (Briefe Bd. 3, S. 345.) – Das Motiv der *Wimpernpfeile* kommt bei Hafis häufig vor, z. B. II, 250: „Verwunde nicht mein Herz mit Wimpernpfeilen." Ähnlich I 50, 71, 99, 154, 440; II 130 u. ö. – Häufig werden *Locken* und *Wimpern* nebeneinander genannt. (Hafis II 213, 227 u. ö.) Goethe spricht über diese Motive in seinen *Noten und Abhandlungen* S. 180,33 ff.

S. 67. DIE SONNE KOMMT ... Es handelt sich um ein türkisches Wappen- und Ordens-Motiv: inmitten des Halbmonds ein großer Stern. Der Dichter faßt diesen als die Sonne auf. Das heraldische Emblem (1–4), als Orden Auszeichnung der Tapferen (5–8), wird von dem Liebenden, der alles um sich in bezug auf die Liebe sieht, heiter, formvollendet und leidenschaftlich umgedeutet. – Das kleine Gedicht hat einen konkreten Anlaß. Marianne erinnert daran in ihrem Brief an Goethe vom 2. 3. 1824: „Ich möchte, Sie gedächten jenes Augenblicks, als Sie, vor dem Römer mit Willemer sich durch das Meßgedränge windend, plötzlich vor mir standen ... Ich brachte damals den Mondesorden mit nach Haus, den mir der türkische Kaufmann für den großen Dichter gegeben hatte. Wie glücklich war ich über den gelungenen Scherz, er schien Ihnen Freude zu machen." Goethe antwortete am 9. Mai 1824: *Auch schmückt der Sonnemond noch heute mein Schatzkästchen.* – Handschr.: 22. Sept. 1815.

S. 68. KOMM, LIEBCHEN ... Auch das Motiv des Turbans rückt durch die Schlußpointe in den Kreis der Sinnbilder des *Buchs Suleika.* Vollkommenheit der Liebe, selige Höhe, von da der *Kaiser*-Vergleich, scherzend-ernsthaft. Emblem der Hoheit ist das Musselinband, das orientalische Herrscher um ihre Kopfbedeckung winden, wodurch sie zum *Tulbend* wird. Über *Abbas* auf dem Throne von Iran berichten die

Noten und Abhandl. S. 230ff. Auch *Alexander* d. Gr. und seine Nachfolger trugen das morgenländische Herrscherzeichen, und sogar die abendländische Kaiserkrone (9ff.) scheint dem Dichter nichts wesentlich anderes. 15 *Hoheit*: Höhe, hoher Rang. – Handschr.: *17. Febr. 1815.*

Chr. Wurm S. 184–186 ausführlich über den *Tulbend,* wo u. a. aus Diez, Denkwürdigkeiten I, 98 zitiert wird: „Unter Dulbends sind die feinen Musseline zu verstehen, welche um die Mütze gewickelt werden, so daß beides zusammen dasjenige ausmacht, was wir Turban zu nennen pflegen, ein Wort, welches irrig aus Dulbend gemacht worden."

S. 68. NUR WENIG ... Wunschträume, die Geliebte zu beschenken, orientalische Märchenherrlichkeit, in Sprachfülle schwelgend, fremdbunte Namen: Edelsteine aus *Badakschan* am Hindukusch und aus dem Kaspischen Meer, Früchte aus *Bochara* in Transoxanien (Turkestan), Bücher aus *Samarkand,* Stoffe aus Indien, Diamanten aus *Soumelpour* in Bengalen, wo man sie aus dem Sande wäscht, Perlen aus dem Persischen Golf, die eine Genossenschaft von Kennern zusammenstellt, *Gewürz und Weihrauch* aus *Bassora* in Mesopotamien. Und am Ende, wie in so vielen Gedichten, nur das Du und das Ich und ihre Seligkeit. – Handschr.: *17. März, 17. Mai 1815.* – 6 *beschränkt* = enge Grenzen setzend. – 9 *Timur* vgl. *Buch des Timur* u. Anmkg. – 11 *zollte*: würde dir zollen. – 12 *das Hyrkanische Meer*: das Kaspische Meer. – 18 *Ormus*: Stadt auf einer Insel im Persischen Golf, nahe dem Indischen Ozean. – 27 *Grus*: verwittertes Gestein, Gesteinschutt, Sand. (Dt. Wb. 4,1. 6. Teil. 1935. Sp. 980) *Gerill*: mitteldt. Form für „Geröll"; lockeres loses Gestein in Flußbetten und an Felsgehängen. (Dt. Wb. 4,1. 2. Teil. 1897. Sp. 3689.) – 31 *Divan*: Versammlung. – 37 *Kaisergüter*: ein Kompositum wie *Königsgut* in *Faust* 11195. – 38 *Verwirrten*: würden verwirren. – Chr. Wurm 189–198.

S. 69. HÄTT' ICH ... Das Geschenk-Thema des vorigen Gedichts fortsetzend; das Gefühl der Souveränität durch die Liebe, wieder gekleidet in das geistvoll-spielerische *Kaiser*-Gleichnis. Das Ganze ist eine einheitlich-zügige Rede Hatems: Wäre ich Kaiser, ich würde dir Balch, Bochara und alle ihre Reichtümer schenken. Der Kaiser, der es tun könnte, tut er's? Nein. Und warum nicht? Weil er nicht liebt. Was nutzt ihm da Klugheit und Macht! Er ist mir natürlich an Reichtum voraus, aber im Entscheidenden bin ich es ihm – durch dich! – Zu der lebhaftwitzigen Sprache (man sieht geradezu die Gesten) gehört, daß Vers 5/6 zur Frage an den Kaiser auffordert und 9/10 ihn (in der Ferne) anredet. – *Aber frag' einmal* ... eine in der Goethezeit noch übliche, später ungebräuchlich gewordene Wendung, die natürlich nicht ernsthaft gemeint ist, sondern bedeutet: Was meinst du wohl, was er zu dir sagen würde, wenn du ihn fragst ... Ebenso ist in Vers 9f. der Herrscher natürlich nicht anwesend und nicht unmittelbar angesprochen. – 10 *bestimmst*: entschließt. – Die Motive – Dichter und Fürst; Großzügigkeit des Dichters im Verschenken – auch bei Hafis. – Vgl. S. 202,3ff. – Handschr.: *17. Febr. 1815*.

Hafis I, 285: „Der Herr hat jenes dem Schah, / Dieses dem Bettler gegeben." Hammer erzählt in seiner Einleitung (Bd. I, S. XVIf.), daß Timur die Städte Samarkand und Buchara hochschätzte und Hafis zur Rede stellte, weil er in seinen Gedichten sie verschenken wollte. Hafis antwortete: „Herr der Welt, betrachte nur den Verschenker, und du wirst ihm verzeihen, in dieses Netz gefallen zu sein." Die gleiche Geschichte berichtet Hammer noch ausführlicher in einer Anmerkung zu dem Hafis'schen Gedicht, das das Geschenk-Motiv enthält. (I,13f.)

S. 70. DIE SCHÖN GESCHRIEBENEN ... In Freien Rhythmen wie die Jugendhymnen, und ähnlich wie dort das Getragensein von Schöpferkraft. Aus ihr und aus der Liebe heraus die *Freude am Dasein* (13), eins der zentralen Themen des *Divan*, hier knapp und unmittelbar ausgesprochen. In diesem Gedicht wie im ganzen *Buch Suleika* gibt es den dunklen Unterton von Trennungsschmerz und Seelenqual, doch aufs Ganze gesehen überwiegen die lichten und heiteren Töne. Das Selbstgefühl des Dichters, der auf seine gelungene Dichtung blickt, spricht zu Beginn (im Gedanken an die Menschen) selbstbewußt-derb, am Ende (im Gedanken an *Allah*) demütig-verhalten. Übermut gegen die Welt, Demut vor Gott – beides aus dem Bewußtsein der göttlichen Gabe der Dichtung. Das Ballspiel-Motiv ist eins der großen Sinnbilder der Wechselseitigkeit wie das Ginkgo-Bild (S. 66) und die Reim-Symbolik (S. 79). Hatem bezeichnet sich hier als Kaufmann, der bald nach Westen (zu dem *Franken*), bald nach Osten (zu dem *Armenier*) reisen muß. Sehnsucht formt dann sein dichterisches Werk, für welches das *Perlen*-Gleichnis gewählt wird, das so beziehungsreich Geheimnis der Entstehung, Gefahr des Findens, Kunst des Reihens, Höhe des Werts vereinigt. 1 *schön geschriebenen*: die Schönheit persischer Gedicht-Handschriften gehört zu den von Goethe gern übernommenen Motiven, so auch S. 67, Vers 3–5, und S. 87 in der letzten Strophe von *Abglanz*. – *8 Selbstlob*: dasselbe Motiv S. 48 *Sich selbst zu loben* ... und Bd. 12, S. 523, Nr. 1153f. – 11 *Schmack*: Geruchssinn; in Goethes Alter bereits nicht mehr hochsprachlich, sondern mundartlich (Adelung). – 12 *Freude des Daseins*: Freude, dazusein; gegensätzlich *Freud' am Dasein*: die Freude an dem Seienden, an der Welt, die durch die Liebe sich dem Menschen neu erschließt; ein im *Divan* häufiges Motiv, etwa in *Im Gegenwärtigen Vergangnes* (S. 15), es gehört zu dem Bereich des Geistes. – 20 *gewidmetes*: dir gewidmetes. – 21 *Augenblick*: der erfüllte Augenblick, in dem Sinne, wie Goethe dieses Wort mehrfach benutzt,

z. B. im Gedicht *Der Spiegel sagt mir* ... (S. 41 u. Anmkg.) und Bd. 1, S. 370. (Vgl. Bd. 14, Sachregister, „Augenblick, erfüllter" und: W. Schadewaldt, Goethestudien, 1963, S. 243ff., 435ff.) – 27 *Auftrösle*: meist in der Form *aufdröseln,* ostmitteldeutsch mundartlich; „aufdrehen, fadenweise auflösen"; bei Goethe mehrfach in Werken, z. B. Bd. 8, S. 99,38; häufiger in Briefen. (GWb. 1, Sp. 918.) – 30 *dagegen*: als Gegengabe. – 31 *Dichtrische Perlen.* Ein bei Hafis häufig vorkommendes Bild. Vgl. S. 58, Nr. 53 u. Anm. – 32 *deiner Leidenschaft* = meiner Leidenschaft zu dir; inhaltlich hervorgehend aus Vers 30f., wo er *hier* seine *dichterischen Perlen* darbietet. (Vgl. S. 58 Nr. 53.) Der Rhythmus forderte diese knappe Form. Das Wort *Leidenschaft* konstruiert Goethe ähnlich wie das Wort *Liebe,* das von der Luthersprache bis zu Goethe oft den Genitivus objectivus bei sich hatte, wie *Faust* 1185 *Liebe Gottes* (d. h. Liebe zu Gott). H. Paul, Dt. Grammatik, Bd. 3, 1919, S. 287, stellt dar, daß entsprechend dem Gen. obj. bis in Goethes Zeit das Possessiv-Pronomen gebraucht wurde: „So laß mich keine Schmach und Pein von deiner Liebe (d. h. der Liebe zu dir) scheiden." (Gellert) – Handschr.: *Heidelberg, 21. Sept. 1815.*

Hammer berichtet in seiner Einleitung S. XIV von Hafis, er pflegte öfters seine Gedichte in einem Schülerkreise vorzutragen „und immer dabei den Wunsch zu äußern, daß diese Perlen an eine Schnur gereiht werden möchten, zum Halsschmuck seiner Zeitgenossen". Das Perlen-Gleichnis auch S. XXXV und öfters, z. B. I 13, 117, 364, 395, 418, 419; II 14, 133, 173, 558 u. ö. – Die *Ball*-Metapher kommt bei Hafis als „Redeball" oder „Wortball" vor. (I, 371f.) – F. Ohly in: Festschrift für Ingeborg Schröbler zum 65. Geburtstag. Tübingen 1973. S. 412f. Wieder abgedruckt in: Ohly, Schriften zur mittelalterlichen Bedeutungsforschung. Darmstadt, Wiss. Buchgesellschaft. 1977. S. 280f.

S. 71. LIEB' UM LIEBE ... Das Motiv der Wechselseitigkeit, Leitmotiv des ganzen Buches, findet immer neuen Ausdruck. Teils sind es Bilder – Gingko, Ballspiel, Reim –, teils Formsymbole wie das dialogische Wechselgedicht. So ein Formsymbol auch hier: *Lieb' um Liebe, Stund' um Stunde* ... und so fort, siebenfache Doppelung und jedesmal dazwischen nur das kleine Wort *um,* die Umkehr, die Wechselseitigkeit andeutend. – 9 *erwidern* (das Schlußwort nimmt das Hauptmotiv noch einmal auf) wie S. 74: *Euch geliebten braunen Schlangen / Zu erwidern hab' ich nichts,* d. h.: etwas Entsprechendes zur Seite zu stellen. – Handschr.: *25. Sept. 1815.*

S. 71. VOLK UND KNECHT ... Handschrift: *26. Sept. 1815.* Facsimile: Schr. G. Ges., 26. – Suleika sagt, daß von den Massenmenschen bis zu den Tyrannen alle nur in der Erhaltung des Ich ihr Glück suchen und bereit seien, dafür alles aufzugeben. Hatem, an die Liebe denkend, kehrt geistvoll um, was in diesem Satz vorkommt. *Glück* (3) nicht im Ich, sondern in der Geliebten (11–12); alles *verlieren* und *bleiben*, der man *ist?* (5–8) Nein: wenn er sie verlöre, wäre er nicht mehr, der er ist; er würde sterben (13–16). Also: das Gegenteil von dem, was die Leute sagen: die Geliebte behalten und dafür die *Persönlichkeit* aufgeben, d. h. durch Seelenwanderung ein anderer werden. Was für einer wohl? Ein Theologe? Das kommt ihm doch etwas fremdartig vor; gern einer der großen Dichter; und wenn das Schicksal das nicht will, dann Kaiser; damit wäre er durchaus zufrieden. Das Wort *allenfalls* hat bei Goethe noch oft die Bedeutung „in jedem Falle" (*Faust* 198, 5006; Bd. 10, S. 240,35), außerdem aber auch „gegebenenfalls, äußerstenfalls" (GWb 1, Sp. 359f.). Man kann zu jeder Äußerung in den Versen 1–8 die Gegenäußerung in 9–29 finden. Also eine spielerische, den Wortsinn genau aufgreifende Umdrehung alles dessen, was zuerst gesagt ist, verbunden mit einem Phantasiespiel (Abwendung Suleikas, Tod Hatems, neue Inkarnation), das doch zugleich eine Wahrheit enthält, nämlich die, daß das liebende Ich bereit ist, sich aufzugeben, und dann erlebt, daß es eben dadurch auf wunderbare Weise sich selbst neu geschenkt wird. Hatems geistvolle und zugleich sprachlich genaue Umwandlung der zu ihm gesprochenen Worte ist vergleichbar mit dem, was er später im Gedicht *Einlaß* (S. 110f.) zu der Himmelswächterin sagt. Auch da ein heiteres Aufgreifen aller Motive und hinter dem Wortspiel ein tieferer Sinn, der aber auf keinen Fall gewichtig klingen darf; nur ist es im Gespräch mit der Huri nicht die Umkehr ins Gegenteil, sondern die Umwandlung in die Welt des deutschen Dichters. – 1 *Volk* in der Wortbedeutung des 18. Jahrhunderts = niederes Volk. *Knecht*: (jüngerer) Mann in dienender Stellung, Knappe, Kriegsknecht (ohne Befugnis selbständiger Entscheidungen). Es ist hier wohl an orientalische Verhältnisse zu denken, von *Despoten* und *Knechten* ist in den *Noten und Abhandlungen* oft die Rede. (S. 171,33; 175,14.) *Überwinder*: Sieger, Tyrann; wie das Wort im *Divan* benutzt wird, zeigt 146, 36 *Roheit des Überwinders*. 2 *gestehn*: sagen, seine Meinung sagen (confiteri) wie S. 78, Vers 14 und *Faust* 7574. 4 *Persönlichkeit*: für die Bedeutung des Wortes hier ist eine Stelle in der *Geschichte der Farbenlehre*, Abschnitt *Newtons Persönlichkeit* von Interesse: *Jedes Wesen, das sich als eine Einheit fühlt, will sich in seinem eigenen Zustand ungetrennt und unverrückt erhalten. Dies ist eine ewige notwendige Gabe der Natur, und so kann man sagen, jedes Einzelne habe Charakter bis zum Wurm hinunter, der sich krümmt, wenn er getreten wird. In diesem Sinne dürfen wir dem Schwachen, ja dem Feigen selbst Charakter zuschreiben: denn er gibt auf, was andere Menschen über alles schätzen, was aber nicht zu seiner Natur gehört: die Ehre, den Ruhm, nur damit er seine Persönlichkeit erhalte.* – 9ff. Umkehrung der Motive von 1–8 unter Betonung der Parallelen: Dem *Glück* in Vers 3 entspricht *Erden-*

glück in 11. Gegen 6 „sich nicht verlieren" steht 16 „sich verlieren". 6: man muß sich selbst behalten; 12ff.: man muß die Geliebte behalten. 8: bleiben, *was man ist,* dagegen 18: ein anderes Los ergreifen, sich neu inkarnieren. – 13 *wie.* Zu Goethes Gebrauch des Worts *wie* vgl. *Faust* 1710; *Nat. Tochter* 892; Bd. 1, S. 380 *Am heißen Quell* Vers 3. – 18 *umlosen* (nicht im Dt. Wb.): sein Los vertauschen, durch Seelenwanderung ein anderer werden. – 21 *Rabbi* = Theologe. – 23 *Ferdusi*: der berühmte Dichter. (Über ihn berichten die *Noten und Abhandl.* S. 153f.; 161,1–4; 198,29ff.; 256,37ff. u. ö.) *Motanabbi*: arabischer Dichter. (Über ihn: *Noten und Abhandl.* S. 145,13ff.) – Motivische Verwandtschaft mit vielen anderen Gedichten im *Buch Suleika*; schon das erste Gedicht hat Parallelen: die *Welt,* von welcher er sich abwendet (Vers 5), ist die von *Volk und Knecht und Überwinder,* die *Welt* der er sich zuwendet, die der Liebe; sodann Entsprechungen in vielen anderen Gedichten im *Buch Suleika,* so: S. 63 *Nicht Gelegenheit macht Diebe* ...; S. 66 *Gingo biloba;* S. 70 *Die schön geschriebenen,* insbesondere Vers 12–23; S. 79 *Behramgur* ...; S. 83 *Wiederfinden;* und darüber hinaus in vielen anderen Dichtungen von *Werther* bis zur Marienbader *Elegie.* – E. Spranger: „Die Persönlichkeit, die sich in der Liebe scheinbar an ein anderes Wesen entäußert, wird erst dadurch ganz zur Einheit in sich. Jener Dialog zwischen Suleika und Hatem entwickelt also die Dialektik der Persönlichkeit, die unmittelbar aus der Dialektik der Liebe folgt."

Wilhelm Bode, Höchstes Glück der Erdenkinder. In: Stunden mit Goethe. Hrsg. v. W. Bode. Bd. 8. Bln. 1912. S. 203–208. – R. Harder, Höchstes Glück der Erdenkinder. In: Die Antike 9, 1933, S. 1–31. Wiederholt in: Gedicht und Gedanke. Hrsg. v. H. O. Burger. Halle 1942. S. 152–168. – Ed. Spranger, Höchstes Glück der Erdenkinder sei nur die Persönlichkeit. In: Goethe 3, 1938, S. 129–135. Wiederholt in: E. Spranger, Goethe. Tübingen 1967. S. 150–159 u. 471. – G. W. Hertz, Goethes Divangespräch vom Werte der Persönlichkeit. In: Goethe 4, 1939, S. 164–189. – F. Dornseiff, Goethes Abschiedsgedicht an Marianne-Suleika. In: Goethe 4, 1939, S. 306–311. – Kommerell S. 263. – Carl Becker in der Reinhardt-Festschrift, 1952, S. 235–249.

S. 72. WIE DES GOLDSCHMIEDS ... Wieder ein Gespräch, aber diesmal spricht Hatem mit anderen Mädchen. Sie beneiden Suleika, da ihr alle seine Lieder gelten. Vielleicht sei sie gar nicht so schön, sei es nur in seinen Augen, wie *Dschemil* die „schwarze und magere" (Herbelot) *Boteinah* reizend fand (vgl. S. 27 u. Anmkg.). Hatem antwortet galant, erst die Frisur einer Brünetten, dann die Gestalt einer Blondine bewundernd; an der Dritten lobt er die Augen, die bald schelmisch, bald ernst blicken. Aber er endet damit, daß alle Schönheiten nur Hinweis auf Suleika seien. (Ähnlich S. 67 *Denke nun, wie von so langem / Prophezeit Suleika war* und S. 88 *In tausend Formen* ...) Die Mädchen sprechen nun davon, daß sie auch selbst dichten können, worauf sie schon vorher (16) anspielten. Doch jetzt preist er Suleika erst recht, gerade hierin sei sie einzigartig. (Es ist die erste von ihr als Dichterin sprechende Stelle, der dann bald weitere folgen. *Kaum daß ich dich* ... S. 78/79, *Behramgur* ... S. 79.) Nun aber sind die Mädchen vollends überzeugt, Suleika sei dichterische Fiktion, eine der Gestalten des Himmels. – Zu *bewhelmen* (30) schreibt Burdach: „Wunderlicher, gewagtester Anglizismus, Neubildung nach ‚to whelm' = mit einem gewölbten Gegenstand überdecken; offenbar in freier Anlehnung an Shakespeares ‚Romeo und Julia', Akt 5, I, 39 und ‚Heinrich V.', Akt 3, I, 6." Und L. A. Willoughby: "... he coined a new compound "bewhelmen" from an Elizabethan "whelm", to denote the "arch" expression of Suleika whose one eyelid overshadows the eye as with a curving "lid". The sophisticated effect of this later poetry ... derives largely from the unexpected occurrence of such foreign coinage. And as Goethe got older his use of foreign words increased, as though his dream of "Weltliteratur" were findling expression in an international vocabulary." (German Life and Letters 10, 1957, S. 247.) – Handschr.: *10. Okt. 1815.*

49 *was sie erfüllet*: wovon sie erfüllt ist („Wes das Herz voll ist, des gehet der Mund über" Luther, Matth. 12,34). – 51 *Selbstgefühltes Lied* ... Daß dieses Motiv nicht nur dichterisch war, sondern Grundlagen in Goethes Leben hatte, war aus dem Zusammenhang nicht zu erkennen und ist bis zu dem Zeitpunkt, als Marianne über ihre Gedichte zu Herman Grimm sprach, nicht erkannt worden. – Werner Weber, Forderungen. Zürich 1970. S. 114–119.

S. 74. LOCKEN, HALTET MICH ... Das Grunderlebnis des *Buchs Suleika,* die Leidenschaft des Alternden in hinreißender Kraft, aber zugleich das Elementare formalvirtuos überspielt. Daher auch der Humor des Beginns, daß er ihren Locken nichts Entsprechendes zur Seite zu setzen habe; dann die großartigen Motive aus der Goetheschen Bildwelt der Natur; zum Schluß wieder die Auflösung des Ernstes in Sprachspiel durch das barock übertreibende Bild. Das Schenkenmotiv fügt sich paßrecht ein: wie könnte dieser Überschwang einsamen Augenblicks sich anders lösen als im Rausch des Worts und des Weins? In leichten trochäischen Rhythmen, wie sie für den *Divan* so bezeichnend sind, flüssig durch den Kreuzreim. Daß in der 3. Strophe dieses Schema durchbrochen ist, hat man (seit Rückert 1822 und Simrock 1831) immer wieder bemerkt, und welcher Name hier reimt, ist nicht eben schwer zu erraten – spielerisch verhüllend und bekenntnishaft zugleich, wie das ganze Gedicht, wie der ganze *Divan.* – Vers 17ff.: Antwort auf das vorige, von gleicher höchster Kraft. Der Gedichtschluß ist gleichsam eine Quintessenz des Werks. Das Ganze ist kein Dialog, eher das, was man „Wechsel" nennt (vgl. Bd. I, S. 376f. *Äolsharfen* u. Anmkg.): Hatem spricht monologisch, nur der Schenke ist ihm nah; auch Suleika spricht für sich, aber beide aufeinander bezogen. – 2 *Gesicht*: das Gesehene, die vom Auge wahrgenommene Erscheinung. – 4 *erwidern*: als Gegenstück zur Seite stellen (wie S. 71). – 6 *Flor*: Blüte (von lat. florere = blühen). Das heute ungebräuchlich gewordene Wort kam zu Goethes Zeit in der literarischen Sprache vielfach vor, ist auch bei Goethe häufig (Dt. Wb.; Adelung; Fischer, Goethe-Wortschatz). – 8 Ein erster Entwurf in Bleistift und eine geänderte Fassung in Tinte sind im Boisserée-Nachlaß (Univ.-Bibl. Bonn), genau beschrieben von H. A. Maier S. 308ff. Dann die Reinschrift, datiert *30. Sept. 1915*. – W. Creizenach in seiner Edition des Briefwechsels zwischen Goethe und Marianne, 1878, S. 58, nahm auf Grund indirekter mündlicher Überlieferung an, daß die Verse 17–24 von Marianne stammen. Doch der handschriftliche Entwurf spricht dagegen, und die Zeilen 23/24 sind so typisch Goethesch, daß man sie schwerlich Marianne v. Willemer zuschreiben möchte.

In den *Noten u. Abhandl.* werden Hauptmotive des Gedichts erwähnt. *Aber noch eines größeren Mangels rühmt er sich: ihm entwich die Jugend; sein Alter, seine grauen Haare schmückt er mit der Liebe Suleikas, nicht geckenhaft zudringlich, nein, ihrer Gegenliebe gewiß. Sie, die Geistreiche, weiß den Geist zu schätzen, der die Jugend früh zeitigt und das Alter verjüngt.* (S. 202,9–14.) *Der höchste Charakter orientalischer Dichtkunst ist, was wir Deutsche Geist nennen, das Vorwaltende des oberen Leitenden ... Der Geist gehört vorzüglich dem Alter oder einer alternden Weltepoche.* (S. 165,18–23.) 9ff. *Du beschämst wie Morgenröte ...*: Eins der großen anschaulichen Goetheschen Naturbilder, wie S. 13 *Phänomen*. Die metaphorische Anwendung ist Goethes Eigentum, das Bild an sich ist alt. Albrecht v. Haller, Über den Ursprung des Übels, Vers 55ff. sagt über einen Schweizer Berg (das Matterhorn): „Bestrahlt mit rosenfarbenem Glanz / Beschämt sein graues Haupt, das Schnee und Purpur schmücken, / Gemeiner Berge blaue Rücken." – Facs.: Schr. G. Ges., 26. Und: Briefwechsel mit Marianne v. Willemer, Hrsg. von M. Hecker. Lpz. (1936.) S. 72. – Pyritz S. 48f. – Pyritz, Marianne v. Willemer, Bln. 1944. S. 50. – Grumach in: Goethe 14/15, 1952/53, S. 334–340. – H. A. Maier in seinem Kommentar S. 308–315. – Kath. Mommsen, Goethe und Diez. 1961. S. 168–180.

S. 75. LASS DEINEN ... Diez, Denkwürdigkeiten II, 236: „Es ist Schande, o Mundschenk, den Wein mit den Rubinen des Geliebten streiten zu lassen. Was hat Liebesschmerz anders für Grund als seine Heilung zu suchen." (Aus: „Spiegel der Länder" von Kjatibi Rumi.) Hafis I, 42: „Die Heilung meines Herzens / Sei deinen Lippen heimgestellt, / Die Kräfte des Rubines / Sind deinem Schatze anvertraut." – 1819 gedruckt.

S. 75. BIST DU ... 4 *Geleit* = Leite, Wegweisung (das Herz weiß immer die Richtung). – Handschr.: *Weimar, 31. Jan. 1816*.

Zu Vers 5 sagt Düntzer: „Der Sinn ist, daß es für die Liebe keine Entfernung gibt." Diez, Denkwürdigkeiten II, 232: „Wenn's von dir bis zur Geliebten so weit sein sollte als vom Orient bis Okzident, / So lauf nur, o Herz, denn für Liebende ist Bagdad nicht weit." – Kath. Mommsen, Goethe und Diez. 1961. S. 212.

S. 75. MAG SIE ... 1827 eingefügt.

S. 75. O DASS DER ... und S. 76 AUCH IN DER FERNE ... In der *Divan*-Reinschrift beide auf einem Blatt, ohne Datum. Gedruckt 1819.

S. 76. WIE SOLLT' ICH ... Wie schon vorher in *Bist du von deiner Geliebten getrennt* (S. 75) taucht hier das Motiv der Trennung auf, aber noch ohne die tragischen Töne, die es dann im 2. Teil des *Buchs Suleika* (S. 81) erhält. – Handschr.: *1. Okt. 1815.* In einer etwas anderen Fassung, mit Datum *16. Dez. 1815,* an Marianne gesandt. – H. A. Maier S. 318–321. – Handschrift: Goethe-Museum Düsseldorf.

S. 76. WENN ICH DEIN ... Mit dem Motiv der Einsamkeit taucht hier – wie im vorigen Gedicht – auch das des Schenken auf. Dieser bedauert, des geliebten Meisters Worte zu entbehren. Doch seine beste Weisheit, eben die des *Buchs Suleika,* muß dieser für sich behalten. Das persische Wort *Saki* = „Schenke" ist hier wie ein Eigenname benutzt. – Nicht in der *Divan*-Reinschrift. 1819 gedruckt.

S. 77. BUCH SULEIKA. – Erst 1827 eingereiht.

S. 77. AN VOLLEN BÜSCHELZWEIGEN ... Handschr.: *24. Sept. 1815.* An diesem Tage war Goethe in Heidelberg, das Ehepaar Willemer war ebenfalls dort. Das Tagebuch notiert *Auf dem Schlosse.* Dort gab es im Schloßgarten schöne Kastanienbäume.

S. 77. AN DES LUST'GEN ... Zierlichkeit und Anschaulichkeit der Wortwahl und Genauigkeit im Aufbau (1–6 parallel zu 7–12; 13 bezogen auf 1–6; 14 auf 7–12; 15–16 Zusammenfassung) sind typisch für den *Divan*-Stil. Die *Chiffer* ist eine abkürzende Bezeichnung für den Namen; Hatem hat sie einmal an den Brunnen gezeichnet, einmal an einen Baum. – Handschr.: *22. Sept. 1815.* – Günther Debon, Das Brunnengedicht des Divan. Euphorion 74, 1980, S. 198–212.

S. 78. KAUM DASS ... Hatem hört neue Liebeslieder von Suleika. Sie stammen von keinem klassischen Dichter. Sollte ein andrer lebender Dichter sie ihr gewidmet haben? Nein, sie sind von ihr selbst. Sie ist Dichterin, wie schon vorher das Gedicht *Wie des Goldschmieds Basarlädchen* ... (S. 74, Vers 51–52) es uns sagte. – 18 *verpflichtet* = gebunden. – Handschr.: *Heidelberg, 7. Okt. 1815.*

S. 79. BEHRAMGUR ... Fortsetzung des Themas von Suleikas Dichtertum aus dem vorigen Gedicht, Steigerung ins Symbolische. Eine der Hauptstellen des Motivs der Wechselseitigkeit. Dieses lebt im Gingo-Symbol (S. 66), in dem Bild des Ballspiels (S. 70), in der Formsymbolik der Dialoggedichte und der Stilfigur wechselseitiger Wiederholung (Vers 12 *Blick dem Blick ... Reim dem Reime;* ähnlich S. 71 *Lieb' um Liebe ...*); hier nun findet es noch einmal ein großes Symbol: die Wechselseitigkeit des Reims. Ein Wort wird zum Reim erst durch das andre; so wird es zum Gleichnis der Liebenden. Alte persiche Überlieferung erzählt, der Sassanide *Behramgur*, der im Jahre 440 starb, habe seine Sklavin und Geliebte *Dilaram* mit dichterischen Worten angesprochen. Sie, seine Liebe erwidernd, habe im gleichen Rhythmus und Endklang geantwortet, und so seien die ersten Reimverse entstanden. Goethe benutzte die sinnfällig-schlichte Erzählung zweimal als Symbolik der Liebe und ihrer schöpferischen Kraft: zunächst hier in diesem Gedicht, später in *Faust II*, bei der Vereinigung von Faust und Helena (9369–9384). Wenn *Ton und Schall* der Wechselrede vergangen sind, bleiben die Gedichte beider Liebenden, für welche die beiden Schlußzeilen zwei neue Bilder finden. – Nicht in der *Divan*-Reinschrift. Tagebuch, 3. 5. 1818: *Behramgur und Dilaram.* Also während des Drucks geschaffen und eingefügt; rückblickende Feier liebenden Nehmens und Gebens. – Burdach, Vorspiel, S. 424–441. – Pyritz S. 82.

S. 79. DEINEM BLICK ... Beginn des Motivs der Trennung, das die folgenden Gedichte dann steigern. 7/8 der bei Goethe so oft wiederkehrende Gedanke: Alles, auch Freudvolles, ist Bedingnis, unabsehbar folgenreich; und je höher der Gipfel, desto tiefer das Tal. – Undatiert. Pyritz und Beutler vermuten: 26. 9. 1815.

8 *schuldenschwer* (nicht im Dt. Wb.): so *schwer* (drückend) wie eine *Schuld*; bei Goethe bedeutet *Schuld* das, was jemand soll und schuldig ist, eine Verpflichtung im allgemeinsten Sinne; das, was er hergeben muß und schwer aufbringen kann (wie *Faust* 11384); die Aufteilung in die Bedeutungen „Schulden" (Geldschulden) und „sittliche Schuld" (culpa) hat sich erst in der Zeit nach Goethe vollzogen; über die Anwendung des Worts um 1800 am besten: Dt. Wb. 9, 1899, Sp. 1871f., 1878f. *Schuldenschwer* also etwa: ich muß für das, was mir zuteil geworden ist, nun viel hergeben, viel büßen, leiden, es kommt mich teuer zu stehen.

Bei Hafis spielt das Motiv der Trennung eine große Rolle. Goethe hat also viele dieser Gedichte gekannt, mit Gewißheit kann man es sagen von dem Ghasel „Der Feder Zunge spricht nicht aus den Schmerz der Trennung" (II, 121), denn er hat es ungekürzt in seinen Chiffren-Brief an Marianne v. Willemer vom 10. Oktober 1815 aufgenommen. Dieses Ghasel wiederholt 13mal das Reimwort „Trennung". Davor steht ein Ghasel, das ebenfalls das Reimwort „Trennung" hat.

S. 80. WAS BEDEUTET ... Steigerung des Themas der Trennung. Diesmal spricht es Suleika aus, liedhaft, innig, hoffnungsvoll. Die Hafis-Motive Ostwind und Staub verbinden sich mit anderen Naturbildern, und das Wind-Motiv – Bewegung, stetes Fließen von hier nach dort – wird Symbol der Sehnsucht. – Das Gedicht ist von Marianne, geschrieben auf ihrer Fahrt von Frankfurt nach Heidelberg, also wohl am 23. 9. 1815, an der Bergstraße. Dieses Datum trägt auch Goethes Handschrift. Er änderte dabei einiges um, den Ton, welchen Marianne in den privaten Gedichten an ihn anschlug, umwandelnd in denjenigen, den er für die Suleika des dichterischen Werkes brauchte. Ursprünglich lauteten 13–20

Und mich soll sein leises Flüstern
Von dem Freunde lieblich grüßen;
Eh noch diese Hügel düstern,
Sitz ich still zu seinen Füßen.
Und du magst nun weiterziehen,
Diene Frohen und Betrübten;
Dort, wo hohe Mauern glühen,
Finde ich den Vielgeliebten.

Die Motive Ostwind und Staub kommen bei Hafis mehrfach vor (z.B. II, 9 und 15), insbesondere aber der Ostwind als Liebesbote. (I 245, 267, 297; II 444, 573 u.ö.) – Facsimile von Goethes Handschr.: Schr. G. Ges., 26. – Pyritz S. 41f. – Pyritz, Marianne v. Willemer. Bln. 1944. S. 48f.

S. 81. HOCHBILD. Die Trennungs- und Schmerz-Motive der vorigen Gedichte schienen sich in Hoffnung zu lösen (*Was bedeutet* ... 19ff.). Doch hier setzt das Trennungs-Motiv wieder ein, diesmal tragisch, Dauer voraussagend; der orientalische Motivkreis wird verlassen. Das Schicksalhafte, Zwangsläufige erscheint als Naturbild. Die Sonne liebt den Regen; für die *heitren* Lufträume gleichgültig, blickt sie nur auf die Regen-*Schauer*, und nun nimmt jeder Tropfen ihren Glanz auf, es entsteht der herrlichste Regenbogen. Aber sowie der Sonnengott liebend naht, weichen Regen und Bogen zurück oder (dies bleibt zwischen den Zeilen) vergehen unter den Strahlen. Glanz und Größe des Naturbilds sind gesteigert durch die Verquickung mit dem Bild der Griechengötter Helios und Iris. Das Ganze ein Symbol tragischer Situation, denn der erstrebte Zustand ist etwas in sich Unmögliches, und jeder Schritt zum Glück bringt nur noch größeres Leid hervor. In 5 Strophen nur das Naturbild, dann in der Schlußstrophe die Wendung zum Du und zum Ich. Kein Wort über Gründe oder Umstände; nur *des Schicksals hartes Los,* wie es immer und immer wieder Menschen zuteil wird. – Das Iris-Motiv auch Bd. 5, S. 44, Vers 1348–1354; und Bd. 14, S. 11,5–22. – Das diesmal tragisch gewandte Trennungs-Motiv drückt sich auch in der Form aus. Der jambische Klang unterscheidet sich stark von dem bisher vorherrschenden trochäischen Klang, dessen Viertakter typisch für den „Hatem-Ton" sind; er ist ernst und am Schluß bitter, im Gegensatz zu der Leichtigkeit der meisten Gedichte im ersten Teil des *Buchs Suleika.* – Kanzler v. Müller notierte am 6. Juni 1824 Goethes Äußerung, *alles Tragische beruht auf einem unausgleichbaren Gegen-*

satz. – Handschr.: *Weimar, 7. Nov. 1815.* Facs.: Schr. G. Ges., 26. – Pyritz, Goethe-Studien, 1962, S. 210f. – F. Ohly in Festschr. f. I. Schröbler, 1973, S. 413f. Wiederabgedruckt in: Ohly, Schriften zur ma. Bedeutungslehre, Darmstadt 1977, S. 282.

S. 81. NACHKLANG. Der Titel sagt: *Nachklang* des vorigen und der vorigen Gedichte. Dort stand der *Sonnen*-Vergleich (*Hochbild* S. 81) und der *Kaiser*-Vergleich (*Komm, Liebchen* ... S. 68; *Nur wenig* ... S. 68; *Hätt' ich* ... S. 69). Der Beginn (1–2) im Er-Ton, leicht, unpathetisch, wie so oft im *Divan* („zwar ...“); dann plötzlich (3–4) eine viel tiefere Schicht, düsterstes Moll. *Gesichter*: Visionen, das was er sieht (wie im Gedicht *Ilmenau* Vers 164; *Faust* 482, 5409). – *Wolken streifenhaft, Herzenstränen grau,* wie Farbflecke nebeneinander gesetzt, Grammatik des Herzens, *Divan*-Stil, Alters-Stil. Während die elementare Verzweiflung hervorbricht, springt die Sprache in den Ich-Ton (7); es ist des *Divans* tiefster Punkt. Aber jetzt zeigt sich, wessen diese Seele, diese Sprache fähig ist. *Laß mich nicht* ... Schon im Rhythmus Entladung gesammelter Kraft. Es sind Anrufe des Du; und indem dieses angerufen wird, ist schon die absolute Einsamkeit überwunden. Und nun folgt das eigentlich Bezaubernde des Gedichts: die Anreden. Die erste wie aus einem Volkslied, *Du Allerliebstes,* dann die gewählteste, ein Hafis-Wort, *Mondgesicht*: nicht nur Mond-Vision, Anblick milden glücklichen Lichts (im Gegensatz zu den *traurigen Gesichtern*), sondern auch ganz einfach Koseform, zärtlich wie ein Streicheln des geliebten Gesichts. Schon dies ist Licht-Metapher, und diese steigern sich nun und bilden zugleich den Gegensatz zu dem vorherigen dreimaligen Worte *Nacht. Phosphor* im ursprünglichen griechischen Wortsinne: Licht-Bringer (anderseits bleibt es zugleich das moderne Fremdwort, barock, östlich-rhetorisch), dann in jähem Schwung zum strahlenden Dur: *Kerze, Sonne* und schließlich das allgemeinste, fast nicht mehr bildliche, sondern geistige Wort: *Licht.* Es gibt kein anderes Goethesches Gedicht, das so in Anrufen endet, *Du* und immer wieder *Du,* wie Aufschrei aus der Ferne. Welche Skala der Klänge: Sarkasmus, Verzweiflung und Vergötterung; welche Weite der Sprache (und das heißt: der Seele) vom Volksliedhaft-Schlichten bis zum Gewähltest-Virtuosen; welche Spannung der Gestalt zwischen elementarer Leidenschaft und zierlichem Sprachspiel! In 12 Zeilen ein Durchmessen aller inneren Weiten des *Divan.* – Handschr.: *Weimar, 7. Nov. 1815.*

In Vers 2 gehört *bald* sowohl zu *Sonne* wie zu *Kaiser,* bei richtigem Sprechen wird das sogleich deutlich. – Das Motiv der nächtlichen Sehnsucht gibt es häufig auch bei Hafis, z. B.:

Gestern abends schnitt durch Tränen	Zeichnete in der Erinnrung
Ich den Weg des Schlafes ab,	Auf die Tränen hin dein Bild ...

Dein Gesicht fing mit Liebkosung Meinem sich zu nahen an, Und ich warf von fern dem Mondlicht Deiner Wangen Küsse zu ...	Ich suchte bei der dunklen Nacht Mein Herz in deinen Locken, Da sah ich deiner Wangen Mond, Und trank aus roten Lippen.
Bis der Morgen graute, schwebte Deines Bildes Truggestalt Vor dem leeren Luftgebäude Meines schlafelosen Aug's ... (II, 199)	Wenn du hinaus auf Felder gehst, Hinaus ins Grüne wandelst, So strömet meine blutge Trän' Herab die gelben Wangen. (II, 267)

Die Themen Trennung, Nacht, Träne sind bei Hafis oft vereint (I 125; II 193). Eins der häufigsten Motive ist das *Mondgesicht*. Bei Hafis ist der Mond „das himmlische Zeichen der Vollkommenheit, wegen seiner runden Form; und der Anmut wegen seines stillen – und im Orient besonders wichtigen – kühlen Silberscheins". (Hafis, übertr. von R.-D. Keil, 1957, S. 17.) Das Wort *Mondgesicht* kommt in Hammers Übersetzung sehr oft vor (I 94, 164, 251, 277, 281, 321, 339, 400; II 42, 80, 235, 284, 294, 295, 296, 310, 317, 387, 430, 455, 456 u.ö.), es war Goethe also dadurch geläufig. Außerdem wird bei Hafis auch ohne solch ein Kompositum das Gesicht oft mit dem Mond verglichen (z.B. I 166, 450; II 200, 204, 267, 420 u.ö.). – Auch Anreden wie „O meine Lampe, o mein Licht" kommen bei Hafis vor (II 408), und doch ist, gerade auch, wenn man diese ähnlichen Stellen vergleicht, Goethes Gedicht eine ganz eigene Neuschöpfung. – Dill. *Divan*-Wb. Artikel *Mondgesicht* u.a.

S. 82. ACH, UM DEINE ... Gegenstück zu *Was bedeutet* ... S. 80, Gegenstück aber auch zu den Hatem-Gedichten *Hochbild* und *Nachklang*; gleich ihnen die Verzweiflung der Einsamkeit, aber ohne jene männliche Schärfe, ohne jene weiten Sprünge des Gefühls, weicher fließend in der rhythmischen Bewegung trotz der inneren Unruhe, und immer vor allem an den anderen denkend, aufopfernd. Suleikas Sprache, hier individueller als je, setzt sich stark ab von den vorigen Hatem-Gedichten. Männliches und weibliches Prinzip sind nirgendwo im *Divan* so stark Form, Sprache geworden wie hier. Und so geben sie die Spannung, die im folgenden dann ihre Lösung findet als Einheit der Polarität, als *Wiederfinden*. – Ebenso wie das Lied an den Ostwind ist auch dieses von Marianne gedichtet. Ihre ursprüngliche Fassung hatte folgende Abweichungen: 4 *Was ich durch die Trennung leide.* 12 *Hofft ich nicht, wir sehn uns wieder.* 13 *Geh denn hin zu meinem Lieben,* 16 *Und verschweig' ihm meine Schmerzen.* 17 *Sag ihm nur, doch sag's bescheiden*: Vermutlich entstand es bei der Rückfahrt von Heidelberg nach Frankfurt. Goethes Handschr.: *26. Sept. 1815*. Facs.: Schr. G. Ges., 26.

Bei Hafis II, 528 stehen die Verse:
Ostwind sag', ich bitte dich, ihm ganz heimlich die Kunde,
  Hundertfache Zung' spreche den Herzensbrand aus,

Sprich es nicht traurig, um ihn nicht auch zur Trauer zu stimmen,
Sage zwar das Wort, aber du sag's mit Bedacht.

Von Eckermann, der die Verfasserin nicht ahnte, besprochen in seinem Buch: Beiträge zur Poesie mit besonderer Hinweisung auf Goethe. 1824. S. 279. Daraufhin Goethe an Marianne, 9. 5. 1824. – Marianne an Herman Grimm, 21. 1. 1857. – Pyritz S. 45 u. 119. – Pyritz, Marianne v. Willemer. Bln. 1944. S. 49f. – Grumach im Jahrbuch Goethe 12, 1950, S. 81 und in seiner Ausgabe hat darauf aufmerksam gemacht, daß in Vers 17 das Komma hinter *aber* stehen muß, nicht hinter *ihm*, wie es frühere Ausgaben haben.

S. 83. WIEDERFINDEN. 3 *Ferne*: Trennung. 8 *Schaudr' ich*: bin ich erschüttert, tief bewegt von der gegenwärtigen Situation. 23 *Starr*: materiell, ohne Seele, ohne Harmonie. 28 *Qual*: die Qual der Trennung. 32 *erst*: anfangs, bisher. 41 *mit morgenroten Flügeln*: Anklang an Psalm 139,9. 46 *Musterhaft*: „beispielhaft" im Sinne des von Goethe oft ausgesprochenen Gedankens: *Das ist die wahre Symbolik, wo das Besondere das Allgemeinere repräsentiert* ... (Bd. 12, *Max. u. Refl.*, Nr. 752.) *Wer nun dieses Besondere lebendig faßt, erhält zugleich das Allgemeine mit, ohne es gewahr zu werden, oder erst spät.* (Ebd. Nr. 751.) *Jedes Existierende ist ein Analogon alles Existierenden* ... (Ebd. Nr. 23.) – Strophe 1 schildert das Wiedersehn. Die 2. Strophe springt ins Kosmische. Goethe hatte sich gewöhnt, sein Ich in Zusammenhang mit dem Kosmos zu sehn, und das galt zumal für große Augenblicke des Lebens. Es wird ein Bild der Weltschöpfung gegeben, sehr viel knapper als in *Dichtung und Wahrheit* (Bd. 9, S. 351,1–353,3). Welt ist ihrem Wesen nach Polarität; als Gott die Welt schuf, erklang darum *ein schmerzlich Ach!* Die Welt ist unvollkommen, weil sie Trennung ist; exemplarisch werden *Licht* und *Finsternis* genannt (17f.), die als Beispiel stehn für alle Polarität (gut und böse, rechts und links, männlich und weiblich usw.). Dann aber erschafft Gott die Liebe, welche das Getrennte vereinigt; wieder sind Licht und Finsternis das Beispiel: sie vereinigen sich in dem *Farbenspiel*, das dadurch entsteht, daß Licht in ein trübendes Medium, d.h. in die Materie eindringt, wo diese lichtdurchlässig wird. (Vgl. Bd. 13 *Farbenlehre.*) Die Liebe führt das Getrennte zusammen, so auch die in zwei Geschlechter getrennten Lebewesen, die nun selbst Leben weitergeben. Durch das eine Wörtchen *So* wird die Schlußstrophe an das kosmische Bild angeschlossen, dem sie in dem bewegten Rhythmus gleicht. Das persönliche Erleben steht nun in dem großen Zusammenhang. Irdische Einswerdung erinnert daran, daß alles Getrennte aus einer ursprünglichen Einheit gekommen ist und nach göttlichem Willen wieder eins werden soll. *Musterhaft in Freud' und Qual* bedeutet: was wir erleben, ist beispielhaft für das, was alle erleben; und darüber hinaus wohl auch: wir erleben es so, wie man es erleben soll. Die Überschrift *Wiederfinden*, die zunächst nur das

Wiedersehen der Liebenden zu bedeuten schien, wird nun tiefer verständlich als Vereinigung alles im Kosmos polar Getrennten. So kehrt hier das Motiv des naturhaften Für-einander-bestimmt-Seins wieder, wie in der *Gingo*-Symbolik, und das Motiv: *Denke nun, wie von so langem / Prophezeit Suleika war.* Die Verbindung von Liebe, religiösen Bildern und Naturschau gibt dem Gedicht die Tiefe und Weite. In die Gedichte der Liebe bringt es mehr als alle anderen des Buches das Kosmische. Als Goethe später für die *Ausg. l. Hd.* die Gruppe *Gott und Welt* zusammenstellte, brauchte er für diesen kosmischen Gedichtkreis wiederum das Element der Liebe. Da aber die Vereinigung beider Themen nur einmal so vollkommen geformt war, stellte er das Gedicht an beide Stellen. Im *Buch Suleika* bildet es einen durch die vorigen Gedichte vorbereiteten Höhepunkt; außerdem weist es herüber zum Höhepunkt des ersten Buches, zu *Selige Sehnsucht* (S. 18), einerseits durch seine Thematik – das sehnsuchtsvolle Ich im gottdurchwalteten Kosmos – anderseits durch den ernsten, bewegten Ton. Es besteht Verwandtschaft mit dem Weltentstehungsmythos in *Dichtung und Wahrheit,* der vier Jahre davor formuliert worden war (Bd. 9, S. 351f.). Keine Sprachzier und keine Ironie. – Vers 5 *Ja, du bist es!* Ähnlich *Tasso* 3226 *du bist's!* Die Wendung hat hier viel mehr Gewicht als in der Sprache des 20. Jahrhunderts: Entzücktes Sehen, Erleben des kaum für möglich Gehaltenen. Vielleicht in Anlehnung an die in diesem Sinne gebrauchte italienische Wendung „sei tu". Auch von der Rose, der *Allerschönsten,* sagt Goethe *Du bist es also* und führt das in diesen Worten Enthaltene weiter aus: *bist kein bloßer Schein, / In dir trifft Schaun und Glauben überein.* (Bd. 1, S. 389 Nr. X.) – Handschr.: *4. Sept. 1815;* d.h. aus den Heidelberger Tagen mit Marianne. Facs.: Schr. G. Ges., 26.

Auch bei Hafis gibt es die Motive Trennung und Wiederfinden, Finsternis und Licht: „Aus ist die Flucht, die Nacht der Trennung! Ich loste, und die Sterne sprachen: Nun ist's zu Ende." (I 318.) „Sage, Hafis, was klagst du über die Trennung? Dann aus Finsternis kömmt Licht und aus Trennung Genuß." (II, 19.) „Das Schöpfungswort ‚Werde', in dem schon die Bestimmung des Weltenschicksals und des Loses aller Menschen und auch folglich Hafisens Bestimmung, immer um seinen Herrn zu sein, unabhänderlich als die wahre und einzige wesentliche Ursache verborgen lag." (II 563.) Damit soll nicht gesagt sein, daß diese Stellen Goethe anregten; sondern es bestätigt sich nur, daß er in Hafis vieles Verwandte und Anklingende finden konnte.

Gundolf S. 669–673. – Fr. Koch, Goethe und Plotin. Lpz. 1925. S. 95 und 197f. – Pyritz S. 44f. – Pyritz, Goethe-Studien 1926, S. 207–209. – Kommerell S. 291–301. – Kommerell, Dichterische Welterfahrung. S. 40–44. – J. Cohn in: Archiv f. Philos. 1, 1947, S. 118–131. – Walther Marg, in: Euphorion 46, 1952, S. 59–79. – H. Schmitz, Goethes Altersdenken. 1959. S. 177–179. – Wolfgang Mohr, Goethes Gedicht „Wiederfinden" und der Frühlingsreigen Burkarts von Hohenvels. In: Festschr. f. Friedrich Beißner. 1974. S. 256–273. – Carl Friedrich

v. Weizsäcker, Ein Liebesgedicht. In: Weizsäcker, Der Garten des Menschlichen. München 1977. S. 346–356.

S. 84. VOLLMONDNACHT. Die Liebenden haben einander versprochen, bei Vollmond aneinander zu denken. Diese Stunde ist da; Suleika, im „magischen Kreis“ (Kommerell) dieses Gedenkens, spricht nur den immer gleichen sehnsuchtsvollen Kehrreim, während die vertraute Dienerin die Situation bezeichnet, deren Dunkel und Glanz in gedrängter Sprachkühnheit exotischen Zauber ausstrahlt. – 5 *Mundgeschwister*: die Lippen. – 12 *Karfunkel*: R. Hildebrandt im Dt. Wb. sagt zu dieser Stelle „wie: Gefunkel“ (Bd. 5, 1873, Sp. 212); ursprünglich der Feuerrubin (*Faust* 6826), dann auch: Feuerschein, Lichtglanz, so S. 63 *Im Karfunkel deines Blicks.* 11: Da der Lichterglanz hier im *Gesträuch* sitzt – vorher hieß es: *Glühen blühend alle Zweige* – sind vermutlich die Leuchtkäfer gemeint. – 16 *im Sauersüßen* ist Vorwegnahme des Motivs der folgenden Zeile *unglücksel'ges Glück.* – Bei Hafis 1, 434 kommt die Zeile vor „Ich will küssen, küssen, sprach ich“; doch weitere Übereinstimmung mit diesem Ghasel besteht nicht. – Handschr.: *24. Okt. 1815.* – Ausführlich interpretiert von M. Kommerell S. 125 und S. 276–279. – Abbildung von Goethes Handschrift in 2 Fassungen: Abb. 4 und 5 in H. A. Maiers Divan-Ausgabe.

S. 85. GEHEIMSCHRIFT. In den *Noten und Abhandlungen* S. 193f. behandelt Goethe die *zwar wohlbekannte, aber doch immer geheimnisvolle Weise, sich in Chiffren mitzuteilen.* Auf diese Weise haben Marianne und er Briefe gewechselt, wobei Hafis das Chiffrierbuch war. – 1ff. Chiffre-Briefe sind sonst Sache der Diplomaten; 7f. solches Geheimnis ist nötig, bis politische Tatsachen daraus werden, die es unnötig machen; 9ff. der Dichter hat einen Chiffren-Brief Suleikas, sie hat die Kunst dieser Art Briefe erfunden; darin spricht sich ihre *Liebesfülle* aus; das *lieblichste Revier* ist Hafis' „Divan“; seine Gedichte sind *abertausend Blüten.* – 19 *englisch* = engelhaft (zu Goethes Zeit allgemein üblich). – 25 *unbedingt*: ein Goethescher Lieblingsausdruck, immer im strengen Wortsinn gemeint: über alle Bedingungen hinausgehend, ins Absolute sich erhebend. – 26 *Doppelschrift*: weil Hatem und Suleika beide so schreiben und beide sich wiederum spiegeln in Hafis. – 30 *frommer Brauch*: S. 193, 14ff. – Handschr.: *Heidelberg, 21. Sept. 1815.* – Pyritz S. 66.

S. 86. ABGLANZ. Der Ton leicht, heiter; das Ganze ein Rätsel. 4 *Doppelschein*: der Schein von Mond und Stern (Jupiter), die in *des Kaisers Orden* vereinigt sind. Zugleich Anspielung auf das Gedicht S. 67 *Die Sonne kommt …* 10 *Im … Witwerhaus*: Das Wort „Witwe“ wird gelegentlich benutzt im Sinne von „Frau ohne Mann“, ohne daß der

Ehemann gestorben ist. („Strohwitwe") Dt. Wb. 14,2. 1960. Sp. 844. So hier *Witwer,* wie lat. „viduus": ohne Partner; Ovid, Fasti I, 35 „in vidua domo". In diesem Sinne seit je aufgefaßt, z. B. von Düntzer S. 147: „uneigentlich, wie man ‚Strohwitwer' braucht"; und Burdach S. 401: „An eine wirkliche Witwerschaft Goethes nach dem Tode Christianens (gest. 6. Juni 1816) ist nicht zu denken. Unser Gedicht wurde auf einem undatierten Blatt Mariannen übersandt ... *Witwerhaus* nennt er sein Weimarisches Haus, weil er der Gefährtin seiner Dichtungs-Ehe, der Mutter seiner im *Divan* versammelten Kinder entbehrt." – 21 *Ihr Bild*: die Gedichte. In orientalischer Weise werden diese *verherrlicht* durch bildliche Umrahmung. Vgl. S. 86 *Abglanz* Vers 22; und S. 70 *Die schön geschriebenen* ... Eine Parallele zu Vers 21–24 auch in dem Brief an Zelter vom 11. März 1816: *daß die Orientalen ihre Lieder durch Schreiben, nicht durch Singen verherrlichen.* Auch hier das Wort *verherrlichen.* – Was ist mit dem *Spiegel* gemeint? Loeper sagte: Suleikas Lieder; Düntzer, Burdach, Richter, Beutler und Rychner schreiben: die Gedichte des *Buchs Suleika* (dann ist es aber kein Rätselgedicht, sondern bringt in Vers 15 selbst schon die Auflösung); Pyritz, vom Biographischen ausgehend: Mariannens Chiffre-Gedicht vom 18. 10. 1815. Zur Lösung des Rätsels (und wenn Goethe im *Divan* Rätsel gibt, dann sind es wirkliche Rätsel, die nicht bereits im 15. Vers ihre Auflösung selbst bringen) scheint mir die Stellung hinter *Geheimschrift* bemerkenswert und der Aufbau, der zweiteilig ist: 1–12 der verrätselte Gegenstand, 15–24 ein offen bekannter: *meine Lieder.* Aus der Parallele will jener erraten sein. Meiner Meinung nach ist der *Spiegel*: „unser Chiffrier-Buch", d. h. der „Divan" des Hafis in Hammers Übersetzung. Goethe und Marianne besaßen jeder ein Exemplar. Sie schrieben einander Chiffren-Briefe, die nur durch das Hineinblicken in dieses Buch zu entziffern waren. Goethes Exemplar des Hafisischen „Divan" (Goethehaus, Weimar) enthält noch heute 3 Chiffren-Briefe Mariannens, die Goethe hineingeklebt hat (Ruppert Nr. 1771). Sah Goethe in das Werk des Hafis hinein, so fand er nicht nur sich darin, d. h. seine Worte, die er ihr mit Hilfe dieses Chiffrier-Buchs senden wollte, sondern auch Marianne, weil sie ja ebenfalls ihre Worte dort hernahm. So wie der Spiegel nur dann das Bild des Menschen gibt, wenn dieser davorsteht, so gibt das Chiffrier-Buch nur dann das Bild seiner Worte, wenn ihm die Chiffren gegenübergestellt werden; in beiden Fällen das Phänomen der Spiegelung. So verstehe ich die Verse 1–14. In Vers 15 blickt der Dichter dann nicht mehr in das Chiffrier-Buch, sondern in die Lieder des *Buchs Suleika,* und da findet er ebenfalls nicht nur sich, sondern auch die Geliebte, weil da ihre Gedichte zwischen den seinen stehn. – Die Deutung als „unser Chiffrier-Buch" paßt meines Erachtens dazu, daß dieses Gedicht hinter *Geheim-*

schrift steht; und der Titel scheint zu sagen: dieses Chiffrier-Buch ist *Abglanz,* Widerspiegelung unserer Empfindungen (und unsere Gedichte sind es ebenfalls). Auch das folgende Gedicht, obgleich es das Spiegel-Motiv etwas anders wendet, spricht nicht dagegen. Vielleicht hat Goethe zunächst die eine Deutung („Chiffrier-Buch") gemeint und dann die andere („Herz") von Marianne hinzugenommen (denn von ihr stammt wohl das folgende Gedicht), wiederholte Spiegelungen andeutend. – Entstanden wohl im Oktober 1815. Erhalten sind Goethes Entwurf und seine undatierte Reinschrift. – H. A. Maier S. 340–344.

S. 87. WIE MIT INNIGSTEM ... Antwort auf das vorige. – Man hat – wohl mit Recht – das Gedicht Marianne zugeschrieben, ohne aber andre als innere Gründe dafür zu haben. – Handschr.: *23. Dez. 1815.* – Marianne kannte das *Spiegel-*Motiv aus Hafis. In einem Chiffren-Brief an Goethe (W. A. 6, S. 491) zitiert sie die Verse

Meiner Freundin Gemüt ist der weltenzeigende Spiegel,
Ach, sie hat des Berichts, daß was dir not ist, nicht not.
(I,111.)

Bei Hafis bedeutet der Spiegel das Herz. Er schreibt: „Ich werde einen Spiegel Gottes dir schicken", und Hammer macht dazu die Anmerkung: „Unter dem Spiegel Gottes versteht der Dichter hier sein Herz. Ich will dir mein Herz schicken, damit du dich darin wie in einem Spiegel sehen könnest." (I, 141.) Ferner Hafis I,236: „Sieh des Glückes Sonne wird dir scheinen, / Aber du mußt erst dein Herz / Einem Spiegel gleich geglättet machen ..." Und II,34: „Ich halte was ich will vor meines Herzens Spiegel, / So strahlt er mir nichts als deine Schönheit wider." In diesem Gedicht deutet Suleika ihr Lieben und ihr Dichten als Widerspiegelung von dem Hatems. – Handschr.: *23. Dez. 1815.* – Abbildung von Goethes Handschrift: H. A. Maiers Kommentar, Abb. 12. – Pyritz S. 64, 123f. – Pyritz, Marianne. Bln. 1944. S. 50.

S. 87. LASS DEN WELTENSPIEGEL ... Das dritte Gedicht mit dem Spiegel-Motiv. Goethe und Marianne kannten aus Hafis die dort mehrfach erwähnte (und von Hammer kommentierte) Geschichte, daß Alexander d. Gr. (der im Mittelalter sowohl in Persien wie im Abendland zur Sagengestalt geworden war) einen Spiegel besaß, in dem er weit entfernte Dinge sehen konnte. (Hafis I 9, 111, 253, 343.) Zumindest die Stelle bei Hafis I,111 war beiden bekannt, da sie in einem Chiffren-Brief Mariannes vorkommt. – Im Gedicht spricht Suleika. Die Weite und Größe der Welt wird nirgendwo tiefer erlebt als in der Begrenzung der Liebe. So kehrt gegen Ende des Buchs das Anfangs-Motiv der *Welt-*Absage und *Welt-*Findung (aus dem Gedicht *Einladung* S. 62) wieder. – 1827 eingereiht. – Handschrift seit 1971 im Goethe-Museum Düsseldorf. Dazu J. Göres im Goethe-Jb. 90, 1973, S. 265–280.

S. 87. DIE WELT DURCHAUS IST ... Handschr.: *Weimar, 7. Febr. 1815.* – Im Wiesbadener Verzeichnis unter dem Titel *Guter Tag.*

S. 88. IN TAUSEND FORMEN ... Ein großes Preisgedicht als Abschluß. Es kommt zu der Form, die alle Sprache lobender, anbetender Art als einfachste und zugleich feierlichste Gestalt findet: preisende Anreden, immer neue Namen. Es gibt diese Form besonders im Bereich des religiösen Kultus. Goethe nennt selbst in den *Noten und Abhandlungen* S. 156 den *mahometanischen Rosenkranz, wodurch der Name Allah mit 99 Eigenschaften verherrlicht wird ... eine Lob- und Preislitanei ...* Gott wird dort genannt „der Allmilde, der Allerbarmende, der Allbelebende" usw. Im Abendland gibt es ähnliche Formen. Die Liebe im *Buch Suleika,* im ganzen *Divan* schwebt immer zwischen Irdischem und Überirdischem, und in ähnlicher Weise ist immer die Natur ein religiöser Weg. So schließt das Buch mit dem vollen Akkord des Preisgedichts, das sich gegen sein Ende hin in ein Maestoso steigert, wie das Finale eines symphonischen Satzes. – In der *Divan*-Reinschrift nicht erhalten. Tagebuch, 16. 3. 1815: *Beinamen der Allgeliebten.* Wiesbadener Verzeichnis vom 30. 5. 1815: *Allgegenwärtige.* Beides wohl auf *In tausend Formen ...* zu beziehen. – Kommerell S. 306: „Das letzte Gedicht des *Buches Suleika* ist, wenn man sich so ausdrücken darf, unbeschreiblich groß, und gerade da schwelgt der Spieltrieb metaphorischen Preisens am unersättlichsten ... Keine Wendung zuviel für den immer neu begleitenden Gedanken, daß der Dichter ihre Gestalt brauchte, damit sich ihm alle Seelen der Natur erschlossen." Johannes Pfeiffer, Wege zur Dichtung. Hamburg 1952. S. 84–85: „In breitem, gleichmäßig-gegliedertem Gefälle strömen diese Verse dahin, beseelt vom getragenen Ton einer innigen, ja feierlichen Andacht; und diesem rhythmisch-melodischen Strom entsteigt nun eine Gleichniskette, an der überhaupt nichts mehr geradeswegs anschaulich, sondern alles metaphorisch gebrochen und von sinnbildlicher Durchsichtigkeit ist. Indem sich durch die Zauberkraft der Anrede ein Du vergegenwärtigt, das mit zarter Unbestimmtheit sich als Geliebte wie als Natur zu erkennen gibt, wird die Mannigfaltigkeit der endlichen Erscheinungen aufgehoben in einem Unendlichen und findet das Getrennte sich wieder im verklärenden Strahl einer zwischen Welt und Überwelt geheimnisvoll schwebenden All-Einheit. – Was die erste Strophe in vorgreifender Zusammenfassung aussagt, wird in den folgenden Strophen Zug um Zug mit heiterer Besonnenheit entfaltet. Und zwar umkreisen die geraden Verse wieder und wieder die Achse, die durch das sich nur leicht verändernde *erkenn' ich dich* und durch die stetig-abgewandelte Anredeformel gebildet wird: *Allerliebste, Allgegenwärtige, Allschöngewachsne, Allschmeichelhafte, Allspielende, Allmannigfaltige, Allbuntbesternte, Allumklammernde, Allerheiternde, Allherzerweiternde, Allbelehrende.* Die ungeraden Verse aber haben demgegenüber den Sinn einer Variation, die in immer neuer Ausweitung, Anreicherung, Steigerung bis zum Symbol der befreienden Himmelswölbung und von dort aus schließlich in allübersteigender Rückwendung zum göttlichen Ursprung führt, als dessen ineinanderklingende Chiffern die Natur und die Geliebte erlebt sind. – Die bestimmende Grundform ist also die einer Spirale: auf höherer Stufe kehrt das Gedicht zurück zu seinem Ausgangspunkt. – So verwickelt das sublime Spiel dieser kostbaren und vielschichtigen Gleichnisse auch scheinen mag: es ist doch nur der notwendige Ausdruck einer spirituellen Harmonie, die gestalthaft nicht anders zu verwirklichen ist als eben durch die metaphorische Verwandlungskraft des dichterischen Wortes." – 4 *Allgegenwärtige*: Einerseits gibt es in der persischen und türkischen Dichtung Formulierungen, die man am besten durch „all"-Zusammensetzungen wiedergibt (Aufzählung bei Wurm S. 221 f.); anderseits liebte Goethe von sich aus Komposita mit *all-;* eine vollständige Zusammenstellung derselben bietet jetzt das GWb, Bd. 1, Sp. 347–396; dort schreibt Christa Dill Sp. 348, daß es bei Goethe etwa 120 Komposita mit *all-* gibt. – 15 *Eppich.* Adelung erläutert: „Ein Name, der besonders in Oberdeutschland verschiedenen Gewächsen beigelegt wird, insbesondere dem Efeu." – Dadurch, daß der Dichter immer wieder sagt: Überall denke ich an dich – beginnend mit *Zypresse*, endend mit *Himmel* –, wird das *dich* zur ständigen Wiederholung, die formal dem Ghasel nahekommt, und diese Form hat hier also eine innere Begründung.

Das Schenkenbuch

Bei Hafis gibt es ein „Buch der Schenken" (II, 489–504) mit einem einzigen langen Gedicht, das beginnt:

Bring mir, Schenk, den Saft der Reben,
Der mit Großmut uns vollendet.

Hammer erläutert: „Nicht gewöhnlichen Wein, sondern der von Seelengroßmut und geistiger Vervollkommnung." Der Sprachform nach ist es eine Anrede an den Schenken, inhaltlich ein Preis des Rauschs, der Ekstase, jedes geistigen Aufschwungs. Typisch sind die Verse:

Gib mir, Schenk, den Kaiserbecher,
Der das Herz, die Seel' erfreuet.
Unter Wein und unter Becher
Meinen wir die reinste Liebe. (II,499.)

Hammer sagt dazu: „Dieses Gedicht, das längste Hafisens, dem Anschein nach ganz anakreontisch, ist unstreitig wenigstens zum Teile allegorisch und mystisch und mag als eines der vorzüglichsten angesehen werden, welche den Ehrentitel des Dichters ‚Die Zunge des Geheimnisses' rechtfertigen." (II, 504.) Die Gestalt des geliebten Knaben, der als Schenke auftreten kann, geht durch das gesamte Werk des Hafis. Die Liebe aber ist Liebe schlechthin; wenn vergleichsweise von berühmten Liebenden die Rede ist, dann wird immer Frauenliebe genannt (Medschnun und Leila usw.); und oft wird alles zur mystischen Metapher für die Liebe zu Gott. – Es gibt bei Hafis keine Suleika; Frauenliebe spielt bei ihm eine untergeordnete Rolle. Bei Goethe ist das Verhältnis umgekehrt. Er hat das große Thema des Hafis nicht ganz fortgelassen, doch ist das *Schenkenbuch* eins der kürzeren Bücher. Das eine Hauptthema darin ist der Wein; das andere der Schenke. Goethe betont in den *Noten und Abhandlungen*: *letzteres wollte jedoch unseren Sitten gemäß in aller Reinheit behandelt sein,* und er nennt es *ein echt pädagogisches Verhältnis.* (S. 202,21.) Die beiden letzten Gedichte des Buches sprechen diesen Gedanken am schönsten aus. Worte wie die des Knaben

Was ich je dir abgehöret,
Wird dem Herzen nicht entweichen. (S. 98)

und die des Dichters, der Schenke habe

Vom Freund und Lehrer, ohne Zwang und Strafen,
So jung vernommen, wie der Alte denkt. (S. 99)

bezeichnen ein Thema, das wesentlich ist für die Gestaltung zwischenmenschlicher Beziehungen in der Dichtung der Goethezeit, das „Übergehen des Vorbilds ins Nachbild", wie Herder es nannte (Ideen, Buch IX), und das z. B. auch Hölderlin in der Beziehung von Hyperion und Adamas gestaltete. Da das Beste, was der Dichter den Knaben lehrt, in den Worten beschlossen ist *In allen Elementen Gottes Gegenwart* (S. 99), ist damit die Verbindung zu den anderen Büchern des *Divan,* insbesondere den drei nun folgenden religiösen Büchern hergestellt.

Goethes Erläuterungen zum Schenkenbuch: S. 202,15–205,10; 269,33–39.

Zahlreiche Einzelmotive stammen aus östlicher Dichtung. (Hinweise in den Anmerkungen zu den einzelnen Gedichten.) Auch als Ganzes wäre dieses Buch wohl ohne das östliche Vorbild nie entstanden. Dennoch ist das Buch in seinen Grundanschauungen anders als die Schenken-Gedichte des Hafis, bei deren Mischung von Sinnenhaftem und Spirituellem man wohl eine Grundvorstellung des Islam bedenken muß: „Gott allein wird absolute und autonome Täterschaft zugesprochen ... Er bringt alles hervor. Er ist es, der verbrennt, nicht das Feuer, das keine selbständige Kraft hat, er sättigt, nicht die Speise, usw." (H. v. Glasenapp, Die fünf großen Religionen. Düsseldorf 1952. S. 409.) Er also begeistert auch, nicht der Wein. – Vgl. auch: Hafis, übers. von R.-D. Keil. Düsseldorf 1957.

Über Goethes *Schenkenbuch*: Gundolf S. 648–650. – Kommerell S. 280–284.

S. 89. JA, IN DER ... Überleitung vom *Buch Suleika.* In einem Brief an Rosine Städel vom 27. Sept. 1815 zitiert Goethe die Zeilen 10/11. Das Gedicht war also damals schon – vielleicht nur kurz davor – entstanden.

S. 89. SITZ' ICH ... und SO WEIT BRACHT' ES ... Diese zwei kleinen Gedichte stehen in der *Divan*-Reinschrift auf dem gleichen Blatt, ohne Datum. *Sitz' ich allein* ist eins der Goetheschen Kurzgedichte lyrischer Art. Die Verse sind gereimt, haben aber kein gleichmäßiges Silbenmaß, sind also frei-rhythmisch. *So weit bracht' es* gehört zu den kleinen spruchhaften Gedichten. – Auch bei Hafis gibt es das Motiv des einsamen Trinkens (II, 185):

Was mir am dienlichsten scheint bei diesen gefährlichen Zeiten,
Ist in das Wirtshaus zu ziehn, lustiger Dinge zu sein.
Keinen Freund verlang' ich mir dort, als das Buch und die Flasche,
Daß ich vergesse der List, daß ich vergesse des Trugs.
Mit dem Glas in der Hand bin ich dort ferne von Heuchlern,
Rein bewahr' ich mein Herz in dem Getümmel der Welt ...

S. 89. OB DER KORAN ... Der Ghasel-Form angenähert. – Handschr.: *20. Mai 1815.* – Goethe fand in seiner orientalistischen Lektüre Mitteilungen über die subtilen theologischen Spekulationen, ob der Koran, insofern er „Wort Allahs" ist, von Gott durch einen Willensakt geschaffen wurde oder ob er von Ewigkeit gleichsam als Attribut Gottes (und damit „ungeschaffen") vorhanden war. Als er Herbelot las, notierte er sich: *Sunniten Orthodoxe Koran ungeschaffen; Motazales Ketzer Koran geschaffen.* (Akad.-Ausg. 3, S. 167.) Er erwähnt diese Auffassung auch in seinen *Noten und Abhandlungen* S. 145,1 ff. Auch bei Hafis (I, 301) wird darauf angespielt, und Hammer gibt eine Erläuterung dazu. – Chr. Wurm S. 222 f.

S. 90. TRUNKEN MÜSSEN ... und DA WIRD NICHT ... In der *Divan*-Reinschrift auf einem Blatt, ohne Datum; beide am 5. August 1815 Boisserée vorgelesen. – *Krätzer*: ein Wein, der den Hals „kratzt", ein schlechter Wein.

Im „Buch des Kabus", das Goethe seit dem Januar 1815 las, steht S. 419: „In der Jugend sind die Menschen ganz ohne Wein berauscht." Und bei Hafis heißt es II, 244: „Ich hab' so viele trunkne Augen / Allhier gesehn, / Daß ich nun keinen Wein mehr trinke / Und trunken bin." Ferner im „Buch des Kabus" S. 444: „Laß immer den besten Wein bringen; denn ist der Wein schlecht, so wird die Mahlzeit für schlecht gehalten. Hierzu kömmt, daß Wein zu trinken Sünde ist. Wenn du also die Sünde begehst, so begehe sie wenigstens um des besten Weines willen; denn sonst würdest du teils die Sünde begehen, teils würdest du schlechten Wein trinken."

S. 90. SOLANG MAN ... Handschr.: *26. Juli 1814.*

S. 91. WARUM DU ... 7 *Liebchen*: die Seele. Das Motiv der gefangenen Seele, in persischer Dichtung häufig (auch der abendländisch-christlichen Literatur geläufig), ist hier und in *Bulbuls Nachtlied* ... (S. 100) nur flüchtig und heiter-spielerisch berührt, hat aber im *Divan* durch *Selige Sehnsucht* auch seine tiefsinnige Ausformung. – Handschr.: *Eisenach, 24. Mai 1815.*

S. 91. WENN DER KÖRPER ... Handschr.: *Frankfurt, 27. Mai 1815.*

S. 91. SETZE MIR NICHT ... 4 *der Eilfer*: der Wein des Jahres 1811 war ganz besonders gut, und als Goethe in den Sommern 1814 und 1815 am Rhein war, trank er möglichst immer nur den *Eilfer*. Zum Hauptmotiv des Gedichts vgl. Goethes Worte S. 269,34 ff. – Handschr.: *1. Juli 1815.*

S. 92. DU, MIT DEINEN ... Nachdem im vorigen Gedicht, das den Schenken eingeführt hat, Hatems Neigung ausgesprochen ist, läßt dieses durch das Eifersuchtsmotiv nun auch die des Knaben erkennen. Vielleicht Weiterbildung eines Motivs aus Hafis, bei dem in einem Gedicht (I,392 f.), das Goethe kannte, zugleich vom Schenken und von der Geliebten die Rede ist. (Vgl. die Anmkg. zu S. 93 *Was in der Schenke* ...) – Handschr.: Oktober 1814.

S. 92. SIE HABEN ... Ekstase des Liebenden und Schaffenden; trunkene Art, immer wieder auf dasselbe zu kommen, wird zur steten Wiederholung des gleichen Worts und führt so gleichsam von selbst zur Form des Ghasels; daß es Goethe dabei aber nicht auf Formstrenge ankommt, zeigt der unregelmäßige Vers 11. – Handschr.: *Michaelis 1815.* – K. Mommsen, Goethe und Diez. S. 114–118.

S. 93. DU KLEINER SCHELM DU .. Freie Rhythmen als Sprache innerer Gelöstheit. Ein lyrisches Kurzgedicht. – 1827 eingefügt. – Kommerell S. 280.

Bei Hafis II,223 heißt es: „Hell ist mein Kopf, und ich sage es laut, / Daß ich in Gläsern die Lebensluft suche." Dieses Gedicht ist aber, wie die weiteren Verse zeigen, mystisch-allegorisch: „Gott ist mein Zeuge, ich bin, wo er wohnet ... Lasset vom Staub der Verstellung uns waschen." In einem andern Gedicht heißt es: „Hafis ist klug in einem Kreis, Im andern trunken" (II,214.) Es gibt bei Hafis auch das scheinbar entgegengesetzte Motiv: „O dreimal selig der Betrunkne, / Der seiner nicht bewußt ist ..."; doch auch dieses Gedicht zeigt am Ende deutlich seinen religiösen Charakter: „Hafis steckt aus den Sonnenstrahlen / Hervor einst seinen Kopf, / Wenn einstens ihm das gute Schicksal / Das Los von ferne zuwirft." (II,469 f.)

S. 93. WAS IN DER SCHENKE . . . Die zweite Strophe, spruchhaft, motiviert, warum der Dichter in der Umwelt, die in der ersten geschildert ist, verbleibt. – 4 *Insulten*: Beschimpfungen. – Erst 1827 gedruckt.

Eng anschließend an Hafis I,392 (das Gedicht sei hier als Ganzes zitiert):

Ei, ei! was in der Schenke heut
Des Morgens für ein Lärmen war,
Wo Schenke, Liebchen, Fackel, Licht
Im heftigsten Tumulte war.
Und wo (wiewohl Erklärungen
Die Lieb'sgeschichte nicht bedarf)
Die Flöte und die Trommel doch
Im lautesten Getöse war.
Wer bloß aus Lieb' zu Streit und Zank
In diesen Kreis von Narren ging,
Wohl weit entfernet von dem Streit
Der Schulen und der Kanzeln war.
Mein Herz war für Liebkosungen
Des Schenken voll von Dankbarkeit,
Wiewohl ich auf des Glückes Gunst
Nicht allzugut zu sprechen war.

Ich schloß aus dem Vergangenen,
Daß dieses böse Gaukleraug'
Wie einst Samir dem Zauberer
Voll böser Zauberstücke war.
Ich sprach zum Liebchen: weis mir an
Auf deine Lippen einen Kuß,
Sie lächelte und sprach: hast du
Gehört, daß dies je Sitte war?
Es leuchtet mir ein Glücksgestirn,
Weil gestern zwischen dem Gesicht
Von meinem Freunde und dem Mond
Ein Gegensatz im Werke war.
O wehe! wie der Freundin Mund,
Der einzig nur Hafisen heilt,
Zur Zeit der Gnaden und der Huld
So wunder eng und lieblich war.

S. 93. WELCH EIN . . . 7 *Schein* gehört zu *Rose*: das Aussehen, der Glanz der Rose. – 10 *klecken*: glücken (Dt. Wb. 5, 1873, Sp. 1057). – 20 *Bulbul*: die Nachtigall.

Handschr.: *Oktober 1814*. Zur Datierung vgl. H. A. Maier in seiner Ausgabe, 1965, Bd. 2, S. 367 (abweichend von Gräf).

S. 94. JENE GARSTIGE . . . Freie Rhythmen. 1–3 ein in persischer Dichtung häufiges Motiv; 1 *Vettel*: häßliche alte Frau, vom 16.–19. Jahrhundert geläufiges Wort (Dt. Wb. 12,2 Sp. 23–26). Das Motiv „die Welt als eine alte Vettel" fand Goethe bei Diez in seinem „Buch des Kabus", 1811, S. 269. Es kommt auch sonst in der Literatur des Ostens vor (Wurm S. 227–229). – 6ff.: Die Zusammenstellung *Glaube* (6), *Hoffnung* (7), *Liebe* (9), im Abendland sehr verbreitet auf Grund von 1. Korintherbrief 13,13, auch außerhalb des kirchlichen Bereichs geläufig; Goethe läßt alle drei allegorisch in *Des Epimenides Erwachen* Vers 396ff., 424ff., 593ff. auftreten. Vgl. Bd. 14, Sachregister „Glaube, Liebe, Hoffnung". – Handschr. *25. Okt. 1815*.

S. 95. HEUTE HAST DU . . . Handschr.: *Oktober 1814*. – Das Wort *Schwänchen* = „Gabe", „dem Freunde gegebenes Misch-Geschenk", „Nachtisch" mehrfach in Goethes Spätzeit. (An Rosine Städel 20. 9. 1817; an Nicolovius 11. 4. 1827; an Zelter 21. 6. 1827 u. ö.) – *Schwan* bzw. *Singschwan* nennt der Schenke den Dichter, nach antiker Art. – Ausführliche Interpretation: Momme Mommsen, Schwan und Schwänchen. (Jb.) Goethe 13, 1951, S. 290–295. Frühere Kommentare sahen in dem Gedicht drei Bedeutungen des Wortes *Schwan* bzw. *Schwänchen*: 1.) der Nachtisch, 2.) ein Schwan, der gefüttert wird, 3.) der Dichter. Dagegen weist Mommsen darauf hin, daß bereits in Vers 7–8 der Dichter gemeint ist, also nur zweifache Bedeutung vorliegt. Ihm beipflichtend: Wolfgang Kayser, Kunst und Spiel. Göttingen (1961), S. 55–57. – Werner Weber, Forderungen. Zürich 1970. S. 110–114.

S. 95. NENNEN DICH ... Handschr.: *Oktober 1814*. – Interpretiert von Wolfgang Kayser in: Publications of the English Goethe Society 23, 1954, S. 90–92, wiederholt in: Kayser, Kunst und Spiel, 1961, S. 59f., wo es u. a. heißt: ,,Es ist eins der schönsten Gedichte des *Divan*. Beglückend in dem schwingenden Spiel der Antithesen, bestrickend in dem Zauber des Klangs, rührend in der Unmittelbarkeit, mit der das Empfinden sich ausspricht, das dennoch unermeßlich tiefer ist, als der Sprecher weiß."

S. 95. SCHENKE, KOMM ... In Oelsners Mohammed-Biographie las Goethe, ,,daß der Prophet nur deswegen den Gläubigen den Wein untersagt zu haben scheint, um das Vorrecht der Trunkenheit für sich selber zu behalten" (S. 217). – Handschr.: *Weimar, 25. Februar 1815*.

S. 96. DENK', O HERR ... 2 *Glast*: Glanz. Gemeint ist natürlich das *Feuer* der Rede, welche Saki bewundert. – 4 *wo es faßt*: wo es Feuer fängt. – 5 *Mönche*: die Gegner Hatems, wie in *Was hilft's dem Pfaffenorden* (S. 54) und *Hafis auch und Ulrich Hutten / Mußten ganz bestimmt sich rüsten / Gegen braun' und blaue Kutten* ... (S. 44), ferner *Mönchlein ohne Kapp' und Kutt', / Schwatz nicht auf mich ein* (S. 17). – 10 *Noch von keinem Fehler frei*: die Jugend macht mancherlei Fehler, die sie später ablegt. Aber sie ist mitunter auch wiederum *klüger als das Alter*, d.h. sie versteht die geistvollen Sätze des Dichters, welche die Älteren so oft mißverstehen. – 18 *bleibe klug*: sei lebensklug, verrate nicht an Verständnislose dein Bestes; wie S. 54: *Soll man dich nicht aufs schmählichste berauben, / Verbirg dein Gold, dein Weggehn, deinen Glauben*. – 20 *Trug*: Dichten ist zwar eine vom Himmel stammende Gabe (19), aber eine *im Erdeleben* trügerische Gabe; es ist Selbsttäuschung des Dichters, zu meinen, diese Gabe sei ein Glück für ihn, denn das Großartige bringt im Alltag oft Nöte, und das verratene Geheimnis bringt Schwierigkeiten. – Thematisch verwandt *Geständnis* (S. 11) mit dem Vers *Am schwersten zu bergen ist ein Gedicht* ... – Das Motiv, daß Saki den großen Dichter bewundert und dessen Weisheit in sich aufnimmt, verbindet dieses Gedicht mit dem folgenden. Auch hierzu ist das von Goethe über das *Schenkenbuch* allgemein Gesagte S. 202,20ff. heranzuziehn. – 1827 eingefügt. – O. Kern, Zu Goethes W. D. Neue Jahrb. f. d. klass. Altert. 51, 1923, S. 128. – Kath. Mommsen, Goethe und Diez. 1961. S. 118f.

S. 97. SOMMERNACHT. Der Titel sagt, daß es die Zeit der kürzesten Nächte ist. Hatem, der den hellen Schimmer am westlichen Himmel sieht, kleidet seinen Gedanken, das könne wohl noch eine Weile so dauern, in die Form einer rhetorischen Frage. Der Schenke faßt diese so auf, als solle er draußen so lange wachen, bis er Hatem sagen könne, daß es ganz dunkel sei, damit dann beide gemeinsam den Sternenhimmel bewundern könnten. Doch so hat es Hatem nicht gemeint, er will dem Schenken nicht seinen Schlaf rauben. Er schickt ihn *ins Innre* (54) des Hauses zum Schlafen und kleidet diese Antwort in eine im Augenblick erfundene kleine mythologische Geschichte. Zwischen Hatem und dem Schenken besteht eine tiefe seelische Verbindung, gipfelnd in den Zeilen *Was ich je dir abgehöret, / Wird dem Herzen nicht entweichen.* Das bedeutet aber nicht, daß jeder genau auf das antwortet, was der andre sagt. Der Schenke wiederholt einige Lehren Hatems und bietet sich an, wach zu bleiben, ohne daß Hatem das gewünscht hat. Und Hatem antwortet mit einer Geschichte, die in ihrer knapp andeutenden Art vermutlich über Sakis Verständnis hinausgeht. Beide sprechen lässig, der Stimmung hingegeben, und Goethe wagt hier mancherlei Kühnheiten seines Altersstils. – 7 *Ist die Nacht des Schimmers Herrin*: Wenn es ganz dunkel ist. – 15 *betagen*: mit Licht begaben. – 19 *aller Vogel*: jeder Vogel, die Vögel alle. – 21 *gestängelt*: zu diesem Verb sagt das Dt. Wb. 10,2,1 Sp. 810: ,,wohl bewußte Neubildung"; *stängeln* = auf einer Stange sitzen, wie das französische ,,percher" von ,,perche" (Stange). – 29 *Eule will ich*: Vergleich ohne ,,wie", gewissermaßen ein Hineinschlüpfen in die andere Existenz; solche Vergleiche ohne „wie" gab es schon in Goethes Jugenddichtung (z.B. Bd. 1, S. 44, Vers 64 usw.). – 30 *kauzen*: kauern; wie Bd. 11, S. 88,21 und 200,5. – 31 *Nordgestirnes Zwillingswendung*: die Wanderung des Großen und des Kleinen Bären um den Pol. – 34 *ermunterst*: munter wirst, aufwachst. Die intransitive Anwendung ist ungewöhnlich. – 38 *Bulbul*: die Nachtigall. – 40 *so viel vermöchte*: das vermag, was vorher genannt ist (7), d. h. völlige Dunkelheit. In der kürzesten Nacht tritt dieser Zustand gar nicht ein. – 41 *Zeit der Flora*: Bei den Römern ist *Flora* die Göttin der Blumen, der Ausdruck paßt also zum Sommer als der Jahreszeit der Blüten und insofern auch zu Vers 46 (Goethe denkt dabei nicht an die römischen Feste der Flora, die ,,Floralia" vom 28. April bis 3. Mai.) – 42 *Wie das Griechenvolk sie nennet* gehört schon zu *Die Strohwitwe*, ist also in sehr freier Satzstellung vorgezogen. – 43f. *die Aurora / Ist in Hesperus entbrennet.*

Aurora, griechisch Eos, ist die Göttin der Morgenröte. Sie verliebte sich in Tithon und bat Zeus, ihm Unsterblichkeit zu geben. Das geschah. Sie vergaß aber, ihm ewige Jugend zu erbitten. Tithon wurde also alt und kraftlos und insofern war *Aurora* nun *Strohwitwe.* Hatem sagt, sie sei nun in *Hesperus,* den Gott des Morgensterns, entbrannt und eile ihm über den Himmel nach; doch dieser Versuch sei *irrig* (51): sie kann ihn niemals einholen. Der Morgenwind wird als ihr *Liebeschnaufen* gedeutet. Die Geschichte von der Liebe Auroras zu Hesperus ist weder aus der Antike noch aus der orientalischen Literatur bekannt, also wohl Erfindung im Rahmen dieses Gedichts. – 46 *Blumenfelds Gelänge*: das lange Blumenfeld. – 55 *deine Schöne*: deine Schönheit, dich in deiner Schönheit; eine in der lateinischen Dichtung geläufige Konstruktion. – Die Motive sind *west-östlich*; die *Zypresse, Bulbul* usw. sind persisch; die kurze Sommernacht gibt es aber nur im Norden, also in Deutschland; durch die antiken Namen wird der Beziehungsreichtum noch größer. Das ist nicht Inkonsequenz, sondern Freiheit des Phantasiespiels, ähnlich wie in *Volk und Knecht und Überwinder* (S. 71f.) das Motiv der Seelenwanderung hineingenommen ist, das nach Indien und nicht in den persischen Islam gehört. – Die Handschrift hat den Vermerk: *Jena den 16. Dez. 1814.*

Außer den Amerkungen in den Kommentaren von Düntzer, Burdach, Richter, Beutler, Rychner usw. gibt es umfangreiche Interpretationen: Emil Staiger in: Corona 10, 1940, S. 76–95. Wieder abgedruckt in Staiger, Meisterwerke deutscher Sprache. 2. Aufl. Zürich 1948 u.ö. S. 119–135. – M. Kommerell, Gedanken über Gedichte. Frankfurt 1943 u.ö. S. 282f. – Momme Mommsen, Studien zum West-östlichen Divan. Sitzungsberichte der dt. Akad. d. Wiss. zu Berlin, 1962, S. 29–76. – Wolfgang Lentz, Bemerkungen zu Goethes „Sommernacht". In: Grüße, Hans Wolffheim zum 60. Geburtstag. Hrsg. von Klaus Schröter. Frankf. a.M. 1965. S. 37–49.

S. 99. SO HAB' ICH ... Das Schlußgedicht des Buches hebt noch einmal das pädagogische Element heraus (7–8) und läßt dabei das religiöse Thema anklingen (2), womit es zu den drei folgenden Büchern hinüberweist. Inhaltlich Fortführung des vorigen. Entstanden später; 1827 angefügt. In der Erstausgabe endete das Buch mit *Sommernacht.*

1 *erharrt*: nach langem Warten vernommen. – Falls man in der letzten Zeile Interpunktion einführen will, geschieht es am besten so wie bei Burdach: *Damit du mich, erwachend nicht, erfreust.* (Damit du nicht erwachst, ich freue mich über deinen Schlaf.)

Buch der Parabeln

Die Parabel (παραβολή = Nebeneinanderstellung, Vergleich, Gleichnis) ist lehrhafte Dichtung in Form eines Gleichnisses, verwandt der Fabel und der Allegorie. Sie bringt eine Geschichte, eine kleine Erzählung, in der man eine allgemeine sittliche Wahrheit finden soll. Während die Allegorie eine Übertragung von der Erzähl-Ebene in die Bedeutungs-Ebene in vielen Punkten erlaubt (oder erfordert), ist es in der Parabel nur ein einziges Motiv, das übertragbar ist. Dichtung solcher Art pflegen fast alle Völker, nachdem in ihrer Kunst primitiver Dämonenglaube einem ethischen Reflektieren gewichen ist und bevor der Geist der Zivilisation dergleichen Kunst als kindlich-moralisch abwertet. Alle östlichen Literaturen sind voll von Gleichnissen in Prosa und in Versen. Auch die Bücher des Alten und des Neuen Testaments enthalten viel gleichnishafte Sprache dieser Art. Herder, dem die religiöse und die lehrhaft-ethische Dichtung des Orients besonders am Herzen lag, hat dafür den Namen „Parabeln" benutzt, der aus Quintilian bekannt war. 1793 ließ er in seinen „Zerstreuten Blättern" (5. Sammlung) „Parabeln" erscheinen, er übersetzte jüdische und persische parabolische Dichtungen; noch die „Adrastea", 1802, bringt Beispiele davon. Von ihm wurde der Theologe und Volksschriftsteller Friedrich Adolf Krummacher angeregt, dessen „Parabeln", 1805, viele Auflagen erlebten. Goethe nahm die Bezeichnung auf. Er gibt in seinen *Noten und Abhandlungen* (S. 205,11–206,7) Beobachtungen über die verschiedenen Richtungen, in denen die Parabel sich entwickelt, und schiebt eine Parabel des Nisami in eigener Übersetzung ein (S. 163,20–37). Er hat im Alter auch einige seiner eigenen Gedichte als *Parabeln* bezeichnet, so: *Gedichte sind gemalte Fensterscheiben* (Bd. 1, S. 326); *Ein großer Teich war zugefroren* (Bd. 1, S. 336); *Im Dorfe war ein groß Gelag* (Bd. 1, S. 312) usw. Andere, zumal einige Gleichnisgedichte aus seiner Jugend, nannte er *parabolisch*, d.h. parabelartig, gleichnishaft. Die persische Parabel, wie er sie in verschiedenen seiner Quellenwerke fand, kam also seinen Neigungen entgegen. Das *Buch der Parabeln* wird zur Überleitung zu den beiden folgenden religiösen Büchern, denn etwa die Hälfte der Parabeln hat religiösen Charakter (Nr. 1, 2, 5, 9, 10), die übrigen kann man wohl – mit Goethes Bezeichnungen – *etisch* oder *moralisch* nennen.

Goethes eigene Äußerungen zu den Parabeln: S. 205,11–206,7 und 269,22f.

Da Goethe in der kleinen Handbibliothek seines Arbeitszimmers J. Chr. G. Ernesti, Lexicon technologiae Graecorum rhetoricae, Lpz. 1795, stehen hatte und dieses Werk sehr schätzte (vgl. Bd. 10, S. 513,29ff.), hat er vermutlich auch einmal gelesen, was dort S. 241f. über die Parabel geschrieben ist. – Herder, Werke. Hrsg. von B. Suphan. Bd. 16, S. 137–167; Bd. 26, S. 305–436, 469–478, insbes. 358–365 die „Jüdischen Parabeln" aus: Adrastea, 4. Bd., 1. Stück, 1802. – G. v. Wilpert, Sachwörterbuch der Literatur, 1959 u. ö., Art. „Parabel". – H. Lausberg, Elemente der literar. Rhetorik. 1963. § 423. – Insbesondere aber die umfangreiche theologisch-formgeschichtliche Forschung zum Neuen Testament, z. B. A. Jülicher, Die Gleichnisreden Jesu. 1888 u. ö.; C. H. Dodd, The Parables of the kingdom. London 1935. Revised Ed. 1961; J. Jeremias. Die Gleichnisse Jesu. 6. Aufl. 1962.

S. 100. VOM HIMMEL SANK ... Im Wiesbadener Register unter dem Titel *Gläubige Perle.* Später wird die Überschrift weggelassen, und das, was sie sagt, muß nun aus dem Wort *Glaubensmut* erkannt werden. Äußerst sparsame Sprache formt die Geschichte von dem Tropfen, der in die wilde Welt sinkt – ein Tropfen vom Himmel. Nicht nur sein *Glaube* an Gott und sein daraus entstehender *Mut,* der das *Bangen* besiegt, bewahrt ihn vor dem Versinken im Gestaltlosen, sondern auch Gottes gütiges Eingreifen. Bei Jones S. 287–291 steht die Parabel in drei Fassungen, von denen zwei am Ende eine Ausdeutung bringen; die eine sagt, daß die Perle, die niedrig und demütig war, Erhöhung findet; sie war in Dunkelheit, bis sie ins Licht gelangte. (Elationem ex eo invenit, quod humilis fuerat, in obscuritate depressa est, donec in lucem pervenerit.) Auch die andere Fassung endet mit dem Lob der Bescheidenheit (docens, sit humili quanta laus modestiae).

Kraft und Dauer als Eigenschaft des Kunstwerks auch S. 30 von den Liedern: *Allem ist die Zeit verderblich, Sie erhalten sich allein* ... Die Geschichte von Tau und Perle ist in der orientalischen Dichtung mehrfach dargestellt und in Europa mehrfach übersetzt. Die 4 Texte von Jones, Chardin, Olearius und aus Hammers „Fundgruben" (die Übersetzung in Sonettform von Helmina v. Chézy) sind abgedruckt bei H. A. Maier S. 385–387. Das Perlen-Motiv kommt abgewandelt im *Divan* auch an anderen Stellen vor, vgl. S. 58 *Die Flut der Leidenschaft* und die Anm. dazu; ferner S. 70f. *Die schön geschriebenen* Vers 30ff. – Goethe hat diese Parabel wahrscheinlich aus Jones, dessen Commentarii poeseos asiaticae er in Jena 7.–11. Dezember 1814 durcharbeitete, er übersetzte daraus *Der Winter und Timur* und ließ sich anregen zu *Offenbar Geheimnis.* Vermutlich entstand in dieser Zeit auch *Vom Himmel sank* ... auf Grund folgenden Textes bei Jones: „Dixit quidam ex sapientibus et doctis viris, Guttulam aquae e nubibus pluviosis in maris aestuantis gurgites cecidisse: cum autem fluctus vidisset in vasto vortice furentes, attonita haesit, et aliquantulum prae pudore tacuit, tum flebiliter suspirans ‚Hei mihi' inquit, ‚O diem infaustum; in quo facta sum dactyli cuticula abjectior: et quanquam heri inter nubes emicui, hodie ad nihilum me redactam sentio.' Dum haec verecundans effudit, facta est subito splendidissima; nam divinum numen, modestiam illius laudans, veste nobilitatis eam velavit, et in concham deposuit, ubi in margaritam pretiosissimam versa est, et nunc in regis corona splendet. Haec autem fabula praeceptorum flos est et medulla; hinc tibi exemplum sume, O amice, et ut quam verecundissimus fias, elabora." (S. 288.) – Chr. Wurm S. 233ff. – Beutler S. 697. (Neue Ausgabe: S. 708.) – Rychner S. 542. – Fr. Ohly, Tau und Perle. In: Festschr. f. I. Schröbler. 1973. S. 406–423. Wiederabgedruckt: Ohly, Schriften zur ma. Bedeutungsforschung. Darmstadt 1977. S. 274–292.

S. 100. BULBULS NACHTLIED ... *Bulbul*: die Nachtigall. *Schauer*: von Wolken, Nebel, Regen (ähnlich S. 81 *Hochbild* 9; Bd. 1, S. 360

Urworte 37; *Faust* 473, 4724) im Gegensatz zu dem *lichten Thron* Allahs. *sie* (4 und 6): die Nachtigall. *Dieser* (5): der (Vogel-)*Bauer.*

Anregung aus einer lateinischen Übersetzung des Buchs Nigaristan in Hammers „Fundgruben“ Bd. 2, S. 108f.: „Avis animae per modulatos sonos nativum nidum petit, dum remigium alarum et volatum tentat cum lusciniis mundi aetherei connubium init. Cavea figurae et rete corporis illam angit et a fruitione patriae promissae et praefixi habitaculi arcet et avertit, alloquio delectata et desiderio flammata in corpore quietem invenire nequit et anxietate non arbitrio cruciatur, rete lacerare et ad locum originis suae revolare anhelat. Haec luscinia captiva cui nomen est anima, non inservit corpori, quod vices retis gerit.“ Das Motiv gibt es auch bei Hafis: „Der Phönix meines Herzens hat / Sein Nest im letzten Himmel, / Im Körperkäfigt eingesperrt / Ist er längst satt des Lebens.“ – Das Motiv kommt auch im *Schenkenbuch* vor in dem Gedicht *Warum du nur oft so unhold bist* (S. 91). – Entstanden zwischen Anfang Dez. 1814 und Ende Mai 1815. – Chr. Wurm S. 235. – H. A. Maier S. 387–389.

S. 100. WUNDERGLAUBE. G. v. Loeper, 1872, verweist auf Chardin, Voyages, Bd. 4, S. 258: „Le verre rompu se remet en son entier, combien plus l'homme peut-il être rétabli dans le sien, après que la mort l'a mis en pièces.“

R. Richter in der Fest-Ausg. 3, S. 331. – P. Stöcklein, Wege zum späten Goethe. 2. Aufl. 1960, S. 108.

S. 101. DIE PERLE ... Im Wiesbadener Verzeichnis unter dem Titel *Perle widerspenstig.* – 7 *Fall für Fall*: der Reihe nach, nacheinander (Dt. Wb. 3, Sp. 1276). – 8 *zu schlechten*: zu solchen, die im Vergleich weniger gut sind. – 8 *gekúttet* = gekittet, verbunden. – Verlust und Gewinn des einzelnen durch die Gemeinschaft ist eins der großen Goetheschen Themen, zumal im Alter. (Bd. 1, S. 226, Nr. 127; Bd. 8, S. 391,12f.)

S. 101. ICH SAH ... Das persische Motiv war Goethe willkommen, da er daran sein Denkbild des Ewigen im Vergänglichen exemplifizieren konnte, wie es schon die kleinen Gedichte *Ist's möglich* ... (S. 64) und *Der Spiegel sagt mir* ... (S. 41) aussprechen, zumal wohl auch weil die Farben der Pfauenfeder den Verfasser der *Farbenlehre* entzückten. – 10 *unternahmen* wohl: unternehmen würden, könnten (wie S. 36 *blieb*, S. 59 *war).* – Handschr.: *17. März 1815.* Facs.: Schr. G. Ges., 26.

Vermutlich ist die Parabel angeregt durch Saadi, Rosental, Buch 3, Kap. 27 (in der Ausg. von 1696 S. 54): „Ich sagte zu einer schönen Pfauenfeder, welche ich im Alcoran zwischen den Blättern liegen fand: Woher kommt dir solche Hoheit, daß du in so herrlichem Buche liegest? Die antwortete mir gleichsam: Wer schöne ist, hat allezeit mehr Freiheit denn ein Häßlicher, seinen Fuß zu setzen wo er will, und niemands Hand zieht ihn leicht zurücke. Ein solcher ist gleich einer edlen Perle, zu der man sagen mag: Komm herfür aus deiner Muschel und laß dich sehen.“ Auf einem Goetheschen Notizblatt, das an zwei Stellen auf Saadi-Olearius verweist, steht unter anderem die Notiz: *Pfauenfeder im Koran.* (Akad.-Ausg., Bd. 3, S. 184.) – Dieses Motiv hatte schon Herder zu einem Gedicht gemacht (Werke ed. Suphan 26, S. 375).

S. 101. EIN KAISER HATTE ... Erzählende Knittelverse, zu dem weltlich-praktischen Charakter der Geschichte passend, von anderem Klang als die religiösen Parabeln. – Handschr.: *25. Febr. 1815.*

Vielleicht Anregung aus dem „Buch des Kabus". – M. Morris, Zu Goethes Gedichten. Euphorion 21, 1914, S. 216.

S. 102. ZUM KESSEL ... Nach der Eckermann-Riemerschen Datierung (in der Quart-Ausgabe von 1836): 5. Sept. 1818. – 1827 eingereiht.

Angeregt durch einen türkischen Spruch „Der Fleischtopf sagte dem Fleischtopfe: dein Hinterer ist schwarz", über dessen richtige Übersetzung und Auslegung die Orientalisten Diez und Hammer sich stritten. Auf der Seite von Hammer war auch Chabert beteiligt. – K. Mommsen, Goethe und Diez. S. 254–259.

S. 102. ALLE MENSCHEN ... Handschr.: *17. März 1815.* Im Wiesbadener Verzeichnis unter dem Titel *Selbstbehagen.* – *3 mit ihrer Scheren Spitzen*: das Gleichnis von der Spinne ist beibehalten.

S. 102. VOM HIMMEL ... Goethe schreibt in *Dichtung und Wahrheit: Die Evangelisten mögen sich widersprechen, wenn sich nur das Evangelium nicht widerspricht.* (Bd. 9, S. 511,30ff.) Ferner: *Das Wahre ist gottähnlich: es erscheint nicht unmittelbar, wir müssen es aus seinen Manifestationen erraten.* (Bd. 12, S. 366, Nr. 11.) – Datierung nach Eckermann-Riemer: 24. Mai 1815. Dies ist der Tag der Reise von Weimar bis Eisenach. Das Tagebuch vermerkt: *Unterwegs meist Orientalisches, Gedichte ins Reine.*

Chr. Wurm S. 239 zitiert als Anregung folgende Stelle bei Chardin: „Was das Evangelium angelanget, so glauben sie, daß Jesus es von dem Engel Gabriel empfangen und seinen Aposteln und Schülern zu lesen gegeben habe; daß er es aber wieder mit sich genommen habe, als er zum Himmel aufgefahren, weil die Menschen die heilige Lehre, die darin enthalten, übel ausdeuten würden. Indessen hätten einige von den Aposteln, da sie dieses Buch beinahe ganz im Gedächtnis behalten, dasselbe niedergeschrieben, und zwar jeder soviel, als ihm im Gedächtnis geblieben wäre, um zur Lehre der Völker zu dienen." – Die französische Fassung zitiert bei H.A. Maier, Kommentar S. 396f. – Die 2 letzten Zeilen ohne Vorbild bei Chardin, also Goethes Zusatz. – *fristen*: durchbringen, sich behelfen.

S. 103. ES IST GUT. Das Thema der Liebe, in der ersten Strophe als Bild aus dem Weltanfang, in der zweiten Strophe auf die Gegenwart bezogen; dadurch eine gewisse Verwandtschaft mit *Wiederfinden* (S. 83), doch dort alles feierlich und ausführlich, hier knapp und heiter-idyllisch; in den leichten Erzählton wird auch das Thema des Religiösen in der Liebe (11 ff.) einbezogen. Diese – für den *Divan* bezeichnende – Verbindung von Leichtigkeit und Tiefe erfaßte Sulpiz Boisserée – wohl der erste, dem Goethe die Verse vorlas – sofort beim ersten Hören; in seinem Tagebuch notiert er am 7. August 1815: „Abends las mir Goethe wieder einen Teil aus seinem *Divan*, worunter das schönste ‚Adam und Eva', wie der Schöpfer sie macht und seine Freude an ihnen hat – er legt dem schlafenden Adam die Eva an die Seite und möchte dabei stehn bleiben! Ein Bildchen, eine Idylle, von der schönsten, reinsten Naivität und wieder der höchsten Größe – machte mir den Eindruck wie das beste plastische Werk der Griechen. Dann las er, (wie) Jesus das Evangelium gebracht und wieder mit zum Himmel genommen, aber was die Jünger auf ihre Art, jeder auf verschiedene Art, davon behalten und verstanden oder mißverstanden – ist so viel, daß die Menschen genug daran haben für immer zu ihrem Bedarf." (Firmenich-Richartz S. 401.) – Eckermann und Riemer datieren: Eisenach, 24. Mai 1815. Das Gedicht ist also am gleichen Tage entstanden wie das vorige.

Der Titel *Es ist gut* und die 7. Zeile erinnerten zu Goethes Zeit jeden Leser an den Satz aus dem 1. Kapitel der Bibel „Und Gott sahe an alles, was er gemacht hatte, und siehe da, es war sehr gut." – 2 *Jehovah*: hebräische Bezeichnung für Gott, bei Goethe mehrfach vorkommend (Bd. 8, S. 160,4; Bd. 12, S. 365 Nr. 4). – 5 *in Erdeschranken*: in der irdischen Begrenzung. Die Bedingtheit, Begrenztheit ist ein wesentlicher Zug in Goethes Menschenbild und dafür benutzt er mehrfach das Bild der *Schranken*, deswegen Zusammensetzungen wie *Jugendschranke* (S. 7 Vers 15) und *Erdeschranken*. Die Reime *Schranken* und *Gedanken* aus Vers 5/6 kehren am Schluß wieder, in etwas abgewandeltem Zusammenhang.

Buch des Parsen

Das *Buch des Parsen* ist noch mehr als das der *Parabeln* ein Buch der religiösen Themen, die dann im *Buch des Paradieses* ihren Höhepunkt finden. Doch während das letzte Buch Jenseits-Vorstellungen bringt, bleibt das *Buch des Parsen* im Diesseits; und während jenes Buch die Motive aus dem mohammedanischen Vorstellungsbereich oft spielerisch behandelt, ist dieses, das den Parsismus zeigt, ernst und von getragenem Klang. Goethe hat die Angaben über die parsische Religion, die er bei Chardin, Sanson (dessen Abhandlung dem Werk des Olearius angehängt ist) und anderen fand, seiner eigenen Naturreligiosität angenähert, hat den zarathustrischen Dualismus kaum beachtet und den Feuerkult seiner eigenen Licht-Symbolik verbunden. Das Buch umfaßt wie das *Buch des Timur* nur zwei Gedichte, doch das eine große ist so bedeutend, daß das ganze Buch dadurch Gewicht hat. Im Gegensatz zu den kleinen skizzenhaften Gedichten im *Schenkenbuch* ist dies ein durchgearbeitetes Bild, lyrische Großform, wie sie sonst im *Divan* kaum vorkommt.

Goethe hat in seinen *Noten und Abhandlungen* die Parsen ausführlich dargestellt (S. 135,1–138,24). Dort findet man alles, was zur Erläuterung des Gedichts *Vermächtnis altpersischen Glaubens* nötig ist. Seine eigenen Bemerkungen zu diesem Buch: S. 206,8–13 und 269,39–270,4.

S. 104. VERMÄCHTNIS ALTPERSISCHEN GLAUBENS. Den kulturgeschichtlichen Hintergrund dieses Gedichts hat Goethe mit liebevoller Ausführlichkeit in seinen *Noten und Abhandlungen* (S. 135–138) selbst beschrieben. Er kannte ihn durch sein Studium mehrerer orientalistischer Werke (Sanson, Chardin u. a.). Die Einzelheiten sind quellengetreu, und doch ist zugleich Goethes eigene Anschauung mit darin ausgesprochen (z. B. Vers 27f.), ähnlich wie das Gedicht *Symbolum* (Bd. 1, S. 340f.) sich in freimaurerischen Motiven bewegt und zugleich Goethes eigene Schau enthält. Das ganze Gedicht ist direkte Rede des sterbenden Parsen an die Seinen. – 12 *Darnawend* oder Demawend (ebenfalls in Vers 74). So heißt eine Bergkette im Südosten von Ispahan, die man von der Stadt aus sieht, erwähnt bei Olearius (in der Ausg. von 1696 auf S. 259 und 290, ferner deutlich gezeichnet auf der diesem Werk beigefügten Landkarte). Als Goethe Olearius las, notierte er sich: *Stahl von Niris, 4 Tagereisen von Ispahan hinter Jescht (Gebirg Demawend).* (Akad.-Ausg. 3, S. 175.) Da von *unzähligen Gipfelhügeln* die Rede ist, über denen die Sonne aufgeht (der Ort, wo der Parse sich befindet, ist vermutlich Ispahan, wo in den Vorstädten Parsen lebten), ist wohl dieses kleine Gebirge gemeint; in Vers 74 bezeichnet der *Darnawend* wieder die Richtung der aufgehenden Sonne, zu welcher die Seele des Toten sich nach parsischem Glauben hinbewegt. Darnawend heißt aber auch ein hoher Berg am Kaspischen Meer; Burdach nimmt an, daß dieser gemeint sei. – 13 *bogenhaft*: das Wort fehlt bei Adelung; das Dt. Wb. nennt als einzigen Beleg diese Stelle bei Goethe. Vermutlich eine Neubildung von ihm. Er benutzt das Wort auch Bd. 1, S. 378. – 29 *fromme Hände*: die Bewegung des Kindes wird als Vorstufe der späteren kultischen Bewegung aufgefaßt. – 33: die Parsen setzten die Toten auf erhöhten Orten dem Fraß der Vögel aus. – 34: die Erde muß bei den Parsen von verwesenden Tierleichen freigehalten werden, im Gegensatz zum Gebrauch der Mohammedaner, die keine Vorschriften dieser Art haben. – 42 *Reine*: Reinheit. – 43 und 73 *Senderud.* Dieser Fluß entspringt dem Gebirge Demawend und fließt nach Ispahan. Dort hatte man ihn in viele Kanäle aufgeteilt, um das Land zu bewässern und Wasser durch die Stadtteile zu leiten. Diese Wasserarme versickern schließlich in dem trockenen Gelände. (Angaben darüber fand Goethe bei Olearius, Chardin u. a.) – 56: da das Feuer *Gottes Gleichnis* ist, ist Feuerschlagen eine kultische Handlung; jeder, der es tut, wird zum Priester. – 63 *Pambeh*: Baumwolle. – 66 *Abglanz*: ein Goethesches

Lieblingswort, da es eine seiner Grundvorstellungen knapp-bildhaft ausspricht. Bd. 14, Sachregister; GWb. 1, Sp. 75f. – 69 *unsers Daseins Kaisersiegel*: das *Siegel* Gottes, das in *unserm Dasein* seine Größe und stete Anwesenheit bezeugt (sprachlich wie S. 69 *Kaisergüter*). – Gundolf S. 664: „Wenn das mohammedanische Paradies die Allegorie für den metaphysischen Wert des menschlichen Daseins ist, so ist die parsische Natur, Erde und Sonne das Symbol für sein Gesetz. Das Gedicht ist eine Kult-Hymne, keine Mythen-Schilderung. Aus einer fiktiven Situation – Abschied eines armen Parsen an seine letzten Pfleger – entwickelt Goethe sein Evangelium: die Weihung der Erde durch menschliches Wirken. Der feierliche Schwung dieser Botschaft ist schon mit dieser im ganzen *Divan* einzigen Situation gegeben: aus dem Blick über Menschtum und Erde vor dem Tode, auf der Brücke in die Ewigkeit, da der Mensch mit Bewußtsein ins All, bekanntes oder unbekanntes, auf- oder untergeht ... Es ist der Moment der Entrückung ohne Ekstase, des Hellwerdens ohne Traum, des Leichtwerdens ohne Rausch, die wahre Lage für das Vermächtnis eines Propheten, dem sich Gott als leises tägliches Wirken und Erscheinen, nicht durch jähe übernatürliche Inspiration offenbart." – Tagebuch, 13. 3. 1815: *Glaubensbekenntnis des Parsen.*

Der französische Missionar Sanson, dessen Werk „Der itzige Staat des Königreiches Persien" der Reisebeschreibung des Olearius in der Ausg. von 1696 angehängt ist, schreibt über die Parsen u. a.: „Sie seufzen unter einer harten Dienstbarkeit und man verbietet ihnen das Studieren. Sie dürfen auch nichts anders tun als Hand-Arbeiten, Gartenbauen und Lasttragen ... Fraget man sie, warum sie sich auf die Erde legen, wenn die Sonne aufgehet, so antworten sie, es geschehe aus schuldigen Respekt gegen das vollkommenste Geschöpf nach dem Menschen, welches Gott aus Nichts gemachet. In demselben, meinen sie auch, habe Gott seinen Thron aufgeschlagen, und daß selbiger allerdings einer demütigen Ehrbezeugung wert sei ... Wie sie dann auch sagen, das Feuer sei unter allen Elementen das reineste und verdiene dahero ihrer Ehrerbietung. Man muß fast lachen, wenn man Achtung gibt, mit was vor Sorgen und Behutsamkeit sie das Feuer unterhalten ... ihre Magi heben nur die Kinder gegen die Sonne und an das Feuer, und wenn das geschehen, glauben sie, daß selbige schon geheiliget seien ... In dem Umkreis der Sonnen, meinen sie, sei das Paradies, und ihren Gedanken nach bestehet die Glückseligkeit der Heiligen darinne, daß sie derselben Licht ganz klar sehen können und zugleich Gott als wie in einem die Strahlen zurückwerfenden Spiegel ... Es sind welche Heiligen, die sie verehren, und um zu dieser Ehre zu gelangen, sagen sie, müsse man in der Reinigung der Elementen, Arbeit in der Erden oder Ackern, in dem Gartenbauen, Sauberung des Wassers von allerhand Ungeziefer und Unterhaltung des Feuers sichs lassen sehr angelegen sein. Alles dieses ist ein Stück ihrer Religion, und sie pflegen in ihren Testamenten, wenn sie aufm Totenbette liegen, eine gewisse Summa Geldes zu vermachen mit Bedingung, daß man aus den Bächen eine gewisse Anzahl Heuschrecken, Schlangen, Kröten und dergleichen Gewürme wegschaffen wolle ... Die Luft reinigen und die Städte vor den übeln Ausdünstungen zu bewahren, das wird bei ihnen als eine gottselige Sache gerechnet ... Es scheinet, als ob es leichter dürfte sein, die Gavres zum Christlichen Glauben zu bekehren als die Mahometanischen Perser, denn ihre Sitten sind viel reiner und sie werden in dem Schoß der Armut auferzogen ..." (S. 48–50). – Zahlreiche Parallelstellen aus orientalistischen Werken bei Chr. Wurm S. 240–254. Einzelnes bei Kath. Mommsen, Goethe und Diez, 1961, S. 156–160. – Eingehend kommentiert von Burdach (Jubil.-Ausg.), am ausführlichsten von James Boyd, Notes to Goethe's poems. Vol. 11. Oxford 1949. S. 185–196. Da Boyd schreibt „The word *traulich* 63 presents difficulty", sei erwähnt, daß es bei Goethe mehrfach im Sinne von „voll Zutrauen auf das Kommende, vertrauensvoll" vorkommt. Das Gesagte in Vers 64 ist Zukunft und hat futurische Form. Ein unscheinbares Beispiel für Goethes Art, auch in kleinen Dingen Folge zu bedenken und Zutrauen auszudrücken. Das Wort *traulich* in gleichem Sinne: *Faust* 4705, 12023. (Dt. Wb. 11,1,4 Sp. 1427f.). – Ingeborg Solbrig. Hammer-Purgstall und Goethe. Bern 1973. S. 242ff.

S. 105. WENN DER MENSCH ... Warum das Thema *Sonne* und *Rebe* im *Buch des Parsen* vorkommt, wird in Goethes *Noten und Abhandlungen* erläutert; er sagt dort von den Parsen: *Aufmerksamkeit, Reinlichkeit, Fleiß wird angeregt und genährt. Hierauf war die Landeskultur gegründet ... Alles, wozu die Sonne lächelte, ward mit höchstem Fleiß betrieben, vor anderm aber die Weinrebe, das eigentlichste Kind der Sonne, gepflegt.* (S. 136,12–20.) In der Art des Altersstils wird ein kompliziertes und zugleich lockeres Satzgefüge geschaffen, in welchem die *Sonne*, die *Rebe*, der Wein, sein Gebrauch bei dem *Mäßigen* und sein Mißbrauch bei dem *Betrunknen* in Beziehung gesetzt werden. In Vers 9 *Glut* bezieht sich auf *Sonne* in Vers 2, Vers 7 wird in Vers 12 aufgenommen, Vers 8 in Vers 11. Das Gedicht ist ein leichter arabeskenhafter Schluß eines bedeutenden Buches, ähnlich wie die Schlüsse im *Buch des Sängers (Tut ein Schilf ...)* und im *Buch des Timur.* – Im Wiesbadener Register unter dem Titel *Rebe.* – Handschr.: *Eisenach d. 24. Mai 1815.*

Buch des Paradieses

Die Gedichte dieses Buchs bilden einen engen Zusammenhang. Jedes von ihnen setzt die vorhergehenden voraus. Wir erfahren, welche Männer im Paradiese sind – es sind in erster Linie die Glaubenshelden –, und dann, welche Frauen dorthin gelangen – sie sind ausgezeichnet durch Glauben und Demut. Nun folgt der Dichter selbst; im ersten Gedicht begehrt er Einlaß, in den folgenden ist er innerhalb der Pforten. Nebenher wird erzählt, welche Tiere dorthin gekommen sind. Dieses Bild wird leicht, bunt, spielerisch gegeben und wird wieder aufgehoben am Ende des Gedichts *Höheres und Höchstes*, wo es sich um den Aufstieg in höhere Regionen handelt. Vorher gibt es viel Dialog, ähnlich wie im

Buch Suleika. Der Himmel erscheint als Fortsetzung des Lebens, nur ohne dessen Bedingnisse, und die irdische Liebe erfährt nachträglich nochmals eine Verherrlichung. Die Aussage schwebt zwischen Heiterkeit und Ernst. Selbst *Höheres und Höchstes* hat weithin noch diesen Stil, erst in den letzten Strophen wandelt er sich in erhabene Feierlichkeit. Aber damit sollte der *Divan* nicht enden: ein erzählender Ausklang *(Siebenschläfer)* führt wieder ins irdische Leben, das freilich zugleich göttliches Wunder in sich birgt. So vollendet sich hier der *Divan*-Stil und das Wechselspiel des Diesseitigen und des Göttlichen, das sich in jenem *versteckt, um uns ... in edlere Regionen aufzulocken* (S. 197,4–6). Das *Buch des Paradieses* wölbt sich über alle anderen Bücher und spiegelt zurück, was sie ausstrahlen. Und so spiegelt es auch noch einmal das Ich des Dichters. Noch einmal werden die großen Motive des *Divan* gewandelt und erweitert. Das Thema des Dichtens im *Buch des Sängers*, das Thema der Liebe im *Buch Suleika* gewinnen von hier neues Licht. Der Zyklus rundet sich. Die Sprache mit ihren gereimten Freien Rhythmen ist leicht und duftig; sie strahlt von sublimer Heiterkeit, östlicher Farbenpracht und paradiesischem Geheimnis.

Vier der Gedichte entstanden erst im Jahre 1820: *Einlaß; Anklang; Deine Liebe* ... und *Wieder einen Finger.* Goethe schreibt dazu an Zelter am 6. Juni 1820: *Vier Gedichte zum Divan, und zwar zum Buche des Paradieses, haben mich selbst überrascht, deshalb ich nicht zu sagen wüßte, wie sie geraten sind.* (Briefe HA, Bd. 3, S. 479.)

Goethes eigene Äußerungen zum *Buch des Paradieses:* S. 206,14 bis 24 und 270,4–13.

Gundolf S. 665. – Kommerell S. 284–291. – Pyritz S. 93f. – Said H. Abdel-Rahim, Goethe und der Islam. Phil. Diss. (West-)Berlin 1969. Insbes. S. 259–312.

Goethe hat mehrere Gedichte dieses Buches erst 1820 geschrieben, als der Erstdruck seines *Divan* bereits vorlag und seine Orient-Studien abgeschlossen waren. Sie knüpfen nicht wie viele Gedichte in den anderen Büchern unmittelbar an Hammer oder Jones an, sondern walten selbständig mit den Motiven, die Goethe nun geläufig waren. Wieder spiegelt der westliche Dichter nur das, was ihm gemäß ist. Er nennt die Männer und Frauen, die ins Paradies gelangen, aber die viel zahlreicheren anderen, die nach mohammedanischem Glauben bis zum Jüngsten Gericht in ihren Gräbern warten, erwähnt er nicht. Was er von den Wonnen des Paradieses anführt, entstammt östlichen Anregungen. Bei Hafis werden die Huris mehrfach genannt (II,208; 427), oft wird die irdische Liebe mit der zukünftigen verglichen:

Sage mir vom Paradies
Nichts, du frommer Klausner,
Denn mein Mädchen ist Huri,
Und mein Haus ist Eden. (II,366.)

Oder:

Was von Huris man uns erzählt,
Das gilt von deinen Wangen. (II,376.)

Bei Hafis kommt außerdem das Motiv vor, daß die Schönheit des Geliebten alle Gedanken an die Huris verdrängt:

Ich wünsche die Huris mir nicht,
Es wäre der Fehler größter,
Wenn du vor meinen Sinnen schwebst,
Den andern mich hinzugeben. (II,216; ähnlich II,231.)

Bei Hafis gibt es kein Buch des Paradieses, doch da sein ganzes Werk von religiösen Gedanken erfüllt ist, gibt es natürlich Gedichte von dem Weg in höhere Regionen. Zum Vergleich mit den – ganz andersartigen – Gedichten in Goethes *Buch des Paradieses* seien wenigstens zwei Gedichte des Hafis angeführt.

Der Phönix meines Herzens hat
Sein Nest im letzten Himmel,
Im Körperkäfigt eingesperrt
ist er längst satt des Lebens.
Der Seele Phönix fliegt er einst
Empor vom Aschenhaufen,
So nistet er sich wieder ein
In jenem hohen Neste.
Fliegt er empor, so sitzt er auf
Am Baum des Paradieses,
Drum wiss', es ist mein Aufenthalt
Hoch auf des Himmels Zinnen.

Und spreitet über diese Welt
Die Flügel aus mein Phönix,
So ruhet auf der ganzen Welt
Des guten Glückes Schatten.

In beiden Welten wohnet er
Hoch über allen Himmeln,
Sein Körper ist von Ätherstoff,
Doch nirgends wohnt die Seele.
Der Plan der höhern Welten ist
Der Spielort meines Phönix,
Des Paradieses Rosenbeet
Gewährt ihm Trank und Speise.

Verlorener Hafis, so lang
Du Gottes Einheit predigst,
Schreib' Einheit hin auf jedes Blatt,
Der Menschen und Genien. (II,308.)

Hammer macht dazu die Anmerkung: „Dieser Ode läßt sich hoher mystischer Sinn nicht absprechen." Ein anderes Gedicht dieser Art lautet:

Unkundiger, o höre mich,
Daß du bekehret werdest,
So lang den Weg du nicht betrittst,
Wirst du kein Wegeweiser.

In Gegenwart des Liebenden,
Dort in der Wahrheit Schule
O Knabe, merke fein und gut,
Daß du einst Vater werdest.

Der Schlaf, das Essen und der Trank
Hat dich verführt vom Lieben,
Wenn du nicht issest und nicht schlafst,
Wirst du die Liebe finden.

Fällt in die Seele einst ein Strahl
Vom Licht der Liebe Gottes,
Bei Gott! ich weiß, du wirst alsdann
Weit schöner sein als Sonnen.

Entferne deine Hand vom Erz,
Wie die erfahrnen Leute,
Daß du im Leben Alchymist
Und ganz zu Golde werdest.

Von deinem Fuße bis zum Kopf
Ist alles ein Strahl Gottes,
Sobald du ohne Fuß und Kopf
Im Dienste Gottes weilest.

Stürz' dich auf eine Zeit ins Meer
Und hege keinen Zweifel,
Denn aller sieben Meere Flut
Wird dir kein Haar befeuchten.

Wenn Gottes Angesicht auf dich
Herab mit Milde blicket,
Wer zweifelt noch, daß du alsdann
Nicht ein Betrachter seiest.

Wird deines ganzen Wesens Bau
Vom Grunde aus zerstöret,
So glaube nicht, daß du auch ganz
Vom Grund aus wirst zerstöret.

Hafis! hast du in deinem Kopf
Die Hoffnung des Genusses,
So werde du zuvor zum Staub
Der Türen der Betrachter. (II,380ff.)

Hierzu bemerkt Hammer: „Dieses Ghasel gehört unter die wenigen, deren reinen ungemischten mystischen Sinn wir gerne eingestehen; Abgezogenheit vom Sinnengenusse leitet auf den Weg der wahren Liebe Gottes. Ohne Fuß und Kopf sich seinem Dienste weihn, heißt auf alles Irdische Verzicht tun. Nur so kann der Adepte die Wasserprobe der sieben Reinigungsmeere ohne Gefahr bestehen. Betrachtung des Übersinnlichen führt auf die Lehre der Unsterblichkeit; doch wer diesen höheren Genuß anspricht, muß sich zuvor in Demut vernichten. Dies ist ohngefähr der Faden der Ideen, die Hafis in diesem Ghasel durchführte." – Bei Hafis gibt es keine Dialoge mit den Huris wie bei Goethe; dafür gibt es eine mystische Bildlichkeit, die bei Goethe fehlt. Auch in diesem Buch hat der westliche Dichter östliche Motive zu eigenen Schöpfungen verarbeitet, doch gerade hier in der Überzeugung, daß, je mehr *Höheres* in *Höchstes* übergeht, die Wege von Ost und von West zu dem gleichen Ziel zusammenführen.

S. 107. VORSCHMACK. Schon der Titel setzt Beziehungen, mit leisem Humor, denn es handelt sich um den *Vorschmack* des Paradieses im Irdischen, wo der Dichter sich in diesem Gedicht noch befindet. Anklang an Motive des *Buchs Suleika* (S. 63, Vers 17f.; S. 64 *Ist's möglich ...*). 6 *auswittern*: aufspüren, ausfindig machen (GWb.) – 10 *Ein Jugendmuster*: eine Gestalt als Beispiel für die jugendlichen Schönen, die es im Paradiese gibt. – Laut Tagebuch am 23. April 1820 entstanden, auf der Reise nach Karlsbad, zwischen Jena und Schleiz.

S. 107. BERECHTIGTE MÄNNER. Mohammed, der nach der Legende auf einem Wunderpferd durch die sieben Himmel geritten ist (10–12), schildert nach der Schlacht bei Bedr, im Jahre 624, die Paradiesesfreuden, die den gefallenen Männern als Glaubenshelden sicher sind. – 25 *deiner Wunden*: schwacher Dativ, Singular wie in Vers 28; der Relativ-Anschluß in der folgenden Zeile zeigt, daß es kein Versehen statt *deinen Wunden* sein kann. – 27 *Hoheit*: hoher Rang. – 29 *Kiosk*: offener Gartenpavillon, Gartenzelt. Das türkische Wort wurde Ende des 18. Jahrhunderts über das französische „kiosque" ins Deutsche übernommen. – 42 *äußerst*: mit außerordentlicher Sorgfalt, äußerst fein. – Der *Divan*-Stil hat im *Buch des Paradieses* eine besondere Abtönung; Bildpracht, Humor und Leichtigkeit vermischend. – Entstehungszeit nicht überliefert. Goethe hatte seine Kenntnisse vor allem aus dem Koran, dem „Buch des Kabus", Oelsners „Mahomed", 1810, und Rehbinders „Mohammed", 1799. (Keudell Nr. 944–975.) – Said H. Abdel-Rahim, Goethe und der Islam. Diss. Bln. 1969. S. 259–269.

S. 109. AUSERWÄHLTE FRAUEN. Gegenstück zum vorigen. Im Paradiese sind: Suleika (vgl. S. 27, Vers 6 u. Anmkg.), erst leidenschaftlich für Jussuph (Joseph) erglühend, dann entsagend; sodann Maria; ferner Mohammeds Gattin Chadidscha; und seine Tochter Fatima, die Gattin des vierten Kalifen, Ali. Charakteristik nicht nur durch inhaltliche Aussage, sondern auch durch Wortwahl und Lautsymbolik. –

16 *eine Traute*: sie war, solange sie lebte, Mohammeds einzige Frau. – 19 *Englisch* = engelhaft (bei Goethe noch häufig). – 22 ff. Der Dichter, der das Lob der Frauen gesungen hat (denn indem er Suleika pries, pries er sie alle), meint, er verdiene es, ebenfalls ins Paradies zu kommen. Überleitung zum folgenden Gedicht. – Ein Entwurf ist datiert: *10. März 1815*. Später stark umgearbeitet. – Said H. Abdel-Rahim S. 269–275 und 309–312 legt in seiner Interpretation unter anderem dar, daß Goethes Kenntnis des Islam hier infolge seiner Quellen unvollständig und fehlerhaft ist, wenn er *nur von vieren* spricht.

S. 110. EINLASS. Der Dichter kommt nun selbst zum mohammedanischen Paradies. Chr. Wurm spricht in seinem Kommentar von „siebzig Türen" des Himmels (S. 269). Die Wache haltende Huri nennt die Bedingungen des Einlasses: Glaube (den Moslems *verwandt* = zugehörig), Kämpfe, Verdienste, Wunden, Ruhm. Des Dichters interpretatio poetica et occidentalis weist nach, daß er alles erfüllt habe: *Gläubigerweise* hat er die Welt besungen (21–24), *Kämpfer* ist er gewesen (16), er hat *gewirkt*, und zwar mit den *Trefflichsten* (25 f.), er hat *Wunden* erhalten (19 f.) und Ruhm erworben (27 f.). Die Linienführung des Gedichts ist also ähnlich wie in dem Gespräch mit Suleika S. 71 *Volk und Knecht* ... Beide mal greift der Dichter auf, was gesagt ist, und erwidert Punkt für Punkt. Der Witz besteht darin, daß des Dichters Situation auf die Bedingungen der *Glaubenshelden* (S. 109, Vers 51) sophistisch zugepaßt wird und daß hinter diesem Spiel zugleich Wahrheit und Ehrlichkeit stehen. In dieser Selbstaussage klingt noch einmal das *Übermacht*-Thema auf, das durch den ganzen *Divan* tönt. Der Klang ist leicht und erinnert an manche Hatem-Strophen im *Buch Suleika*, auch in der metrischen Form. – 13 *Federlesen*: Umstände machen, Zeitvergeudung. (Ursprünglich: Federchen von der Kleidung wegnehmen, d. h. genau sein in Kleinigkeiten Dt. Wb. 3, 1862, Sp. 1404; Trübner-Götze, Dt. Wb. 2, 1940, S. 308.) – 29 *Geringern*: geringer als die *Glaubenshelden* (S. 109, Vers 51), von denen die Huri sprach. – Handschr.: *Hof, 24. April 1820*. Facs.: Schr. G. Ges., 26. – Kommerell S. 285–287.

S. 111. ANKLANG. Kommerell S. 289: „Auch die Lieder wollen ins Paradies; eines der letzten Gedichte spinnt den Einfall fort, der den Schluß des ersten *Divan*-Gedichts (S. 8) bildete. Statt der Personen, die Einlaß begehren, will eine klingende Wolke herein. Auch ein Goethe, aber in anderem Aggregatzustand – der in seinem Lied enthaltene! Während man die Person dabehält, werden die Töne wieder hinuntergeschickt. Der Liebende soll in den Himmel, weil er recht gelebt hat. Seine Lieder sollen fortdauern, weil sie schön gedichtet sind. Sie haben ihr Recht auf Unsterblichkeit dadurch erwiesen, daß ihr Schwung heraufreichte, und sollen nun zu den Menschen zurück, freilich verstärkt um das himmlische Echo – sie haben ihren Durchgang durch die Seligkeit der Liebenden genommen und sind jetzt würdig, sich an den *Busen* des *Volkes* zu legen, das Goethe in dem letzten *Divan*-Gedicht als *sein Volk* bezeichnet." Das Gedicht ist in Freien Rhythmen geschrieben; gewöhnlich sind diese reimfrei, hier aber reimen sie und sind dadurch besonders schmiegsam, weich, leicht und klingend. – 9 *klein zu klein*: Dt. Wb. 16, Sp. 193 erläutert: „von klein zu klein". – 17 *zuhauf*: in Menge. – 28 *er* bezieht sich auf *jedem* im folgenden Vers; auch andere Künstler sollen belohnt werden für ihre Werke. – 32 *Auf liebliche Weise fügsam*: vgl. das folgende Gedicht Vers 49–54. – Undatiert, von der Karlsbader Reise im Frühling 1820. Am 7. Juni 1820 schreibt Goethe an Zelter, rückschauend auf diese Reise: *Vier Gedichte zum Divan, und zwar zum Buch des Paradieses, haben mich selbst überrascht, deshalb ich nicht zu sagen wüßte, wie sie geraten sind.*

S. 112. DEINE LIEBE ... 10 *Duft* = Dunst. – 22 *Favorite*: Geliebte. Der Witz der Formulierung besteht darin, daß das Wort hier nicht französisch ausgesprochen wird, sondern so, wie es zu Goethes Zeit in deutscher Umgangssprache üblich war, d. h. als genauer Reim auf *dritte*. Das paßt zu dem, was der Dichter in Vers 65–66 feststellt. – 44 *krauten hinter den Ohren*: die Bewegung der Verlegenheit und des Nachdenkens, um aus einer schwierigen Situation herauszukommen; so auch „Urfaust" Vers 277 (Regieanweisung) und Vers 596. Mit dem Knittelvers stellt sich auch der Wortschatz der einstigen Knittelverse wieder ein. – 51 *Flause*: kleine Albernheit. – 55 *von freiem Humor*: von uneingeschränktem Geist (im Gegensatz zu der eben genannten beschränkten Einsicht derer, die den Schein nicht durchschauen). – 66 *in Knittelreimen*. Die Viertakter der Huri, Vers 8–66, sind der Verstyp, den Goethe *Knittelreime* nennt, er kommt häufig in *Faust* vor. Die Verse davor (1–7) und danach (67–76) sind, streng genommen, ein etwas anderer Verstyp, da hier Drei- und Fünftakter eingestreut sind. Auch in *Faust* gehen diese Verstypen ineinander über und ergeben eben dadurch Reichtum und Variation des Klanges. – Die Geschichte von den Himmelsgeschöpfen, die den Propheten um Rat fragen und dann den irdischen *Favoriten* gleichen müssen, erzählt in plaudernden Reimversen mit wechselndem Rhythmus, gehört zu den schönsten Stücken weisen Humors in Goethes Alterswerk (insofern vergleichbar manchen Partien in *Faust II*). – Handschr.: *Karlsbad, 10. Mai 1820.* – Kommerell S. 287–289.

S. 115. WIEDER EINEN FINGER ... 2 *Äonen*: unermeßliche Zeiträume; so auch Bd. 1, S. 360, Vers 40; *Faust* 11584; Bd. 9, S. 352,10. – Ein Gesprächsbruchstück aus zeitloser Welt, die Motive ganz leicht, flockig gereiht, in zarten Farben wie Wolken an heiterem Abendhimmel. Der Beginn eine Anspielung auf die Worte des *Einlaß*-Gesprächs (S. 111, Vers 31–32). Der Dichter ist auch im Paradiese noch Dichter, er war eben in Gedanken versunken (9), jetzt bittet die Huri ihn um ein Gedicht. Es braucht kein neues zu sein, sie kennt die Lieder, die ans Tor des Paradieses kamen (Vers 15 ist Anspielung auf *Anklang* S. 111f.). In ihren Worten – es sind die letzten, die wir von diesen Gesprächen hören – gipfelt noch einmal hinter fast spöttisch-leichtem Klang die ganze *Divan*-Seligkeit irdisch-himmlischer Liebe. Und was der Dichter selbst oft ausgesprochen, klingt ihm in ihrer Sprache jetzt bestätigend zurück. – 2 Handschr., beide undatiert; Frühling 1820; der anderen Lyrik dieser Jahre nahestehend, ausgesprochener Spätstil, vom Stil der Jahre 1814/15 sich leise unterscheidend. – Kommerell S. 289f.

S. 115. BEGÜNSTIGTE TIERE. In freier Ausgestaltung orientalischer Motive aus seiner Lektüre versetzt Goethe hier auch einige Tiere ins Paradies, den Esel Jesu, einen Wolf, mit dem Mohammed sprach, den Hund der Siebenschläfer (vgl. S 117ff., Vers 23–27, 44–45, 93) und die Katze von Mohammeds Freund Abuherrira, die der Prophet gelegentlich streichelte und dann ins Paradies aufnahm. – Handschr.: *22. Febr. 1815*. – Said Abdel-Rahim S. 275–278. – H. A. Maier, Kommentar S. 425–428.

S. 116. HÖHERES UND HÖCHSTES. 1 *solche Dinge* in bezug auf alle vorangehenden Gedichte im *Buch des Paradieses*. 4 *dürft* im Sprachgebrauch der Goethezeit oft nicht „Erlaubnis haben", sondern „Ursache haben", d.h. also: müßt ihr euer ... – 26 *rhetorisch* hier = sprechend, d.h. es gibt hier eine Sprache ohne Worte. – 19–32. Die wachsende Überwindung irdischer Menschlichkeit; symbolisch dafür Sprache und übersprachliches Sein. – 34 *vorgesehen* = vorgesorgt. Im Paradies, wie es in den bisherigen Gedichten und im Anfang dieses Gedichts geschildert ist, ist für alle fünf Sinne gesorgt, doch wird an ihre Stelle ein einziger umfassender Sinn treten, der besser zum Göttlichen führt. Die Strophe bringt die Wendung zu dem veränderten Klang der Schlußstrophen. – 37–44. Das Ende des Gedichts ist zugleich Gipfel eines durch den ganzen *Divan* führenden religiösen Themas, das auch in *Selige Sehnsucht* (S. 18f.) aufklingt, ferner in *Ob ich Ird'sches ...* (S. 10), am Ende des Gedichts *Vermächtnis altpersischen Glaubens* (S. 106) und an anderen Stellen. Dahinter steht die Vorstellung eines Stufenreichs der Liebe. Es ist das Bild, das bei Goethe immer da steht, wo er von dem göttlichen Bereich spricht – es sind nur wenige und besondere Stellen –, so in dem Gedicht *Im Grenzenlosen sich zu finden* (Bd. 1, S. 368) und im *Faust*-Schluß. Auch dort das göttliche Licht, welches das zu ihm Aufsteigende aufnimmt, Rückkehr in den göttlichen Mittelpunkt, der sich in die Welt ausströmte, Streben der Monaden zur

Weltseele empor und zugleich die Liebe von oben. – Tagebuch 23. Sept. 1818: *Lied: Höheres und Höchstes.*

Das Motiv des Aufhörens der Sprache (Vers 29ff.), in der Mystik aller Völker bekannt, kommt auch im 1. Korintherbrief 13,8 vor: „Die Liebe wird nicht müde; es müssen aufhören die Weissagungen und aufhören die Sprachen ... Denn unser Wissen ist Stückwerk ... Wenn aber kommen wird das Vollkommene, so wird das Stückwerk aufhören." (in Luthers Übers.) – M. Kommerell S. 290. – Rychner S. 559–565. – E. Spranger, Goethe. Seine geistige Welt. Tübingen 1967. S. 72, 156, 158, 312, 349 und 292–415, insbes. S. 407f.

S. 117. SIEBENSCHLÄFER. Die Legende von den *Siebenschläfern* ist in christlicher wie in mohammedanischer Tradition bekannt. In der katholischen Kirche werden sie als Heilige verehrt (Fest: 27. Juni), in der mittelalterlichen „Kaiserchronik" wird ihre Legende erzählt. Es gibt diese Legende auch in vielen arabisch-islamischen Texten. Einer derselben, von Kab al-Achbar, wurde in englischer Übersetzung von I. C. Rich in Hammers „Fundgruben", Bd. 3, S. 347–381 mitgeteilt. Diese Fassung ist die Anregung für Goethe, der sich in seinem Gedicht z. T. eng an sie anschließt. Er benutzt reimfreie vierfüßige Trochäen – wie in *Der Winter und Timur* (S. 60f.) und in der *Legende* der *Paria*-Trilogie (Bd. 1, S. 361ff.) –, ein lebhaft schreitendes, balladeskem Bericht günstiges Versmaß; Altersstil mit Satz- und Wortverkürzungen. Die Erzählung ist Sinnbild für das Heilige mitten in der irdischen Welt und paßt darum in das *Buch des Paradieses*, das die Beziehung beider Welten zum Gegenstand hat. – 2 *des Kaisers*: der römische Kaiser Decius; sein *Grimm*: die Christenverfolgungen des Jahres 250. – 12 *Fliegengott*: Beelzebub (wie *Faust* 1334). – 13 *Knaben*: Diener (des Kaisers). – 16–19. Die Lehre des Monotheismus; in Goethes Vorlage: „He is my God, who created the heavens and the stars, the moon and the sun." – 29 *Liebentrüstet*: entrüstet aus verschmähter, enttäuschter Liebe; in der sprachlichen Knappheit verwandt mit Ausdrücken in der Trilogie *Paria* (Bd. 1, S. 361ff.); der vierfüßige Trochäus bringt die Neigung zu kürzesten Charakteristiken innerhalb zügiger Erzählung mit sich. – 36–43. Eng anschließend an die arabische (ins Englische übersetzte) Erzählung; diese wiederholt hier wiederum nur, was die 18. Sure des Korans sagt, in welcher die Siebenschläfer-Geschichte ebenfalls berichtet ist. – 46 *Jahre fliehen* ... Der Legende nach dauerte der Schlaf 184 bis 309 Jahre (die Zahlen wechseln in den verschiedenen Überlieferungszweigen). – 59 *Turn* für „Turm" häufig bei Goethe. – 71 *selbsterbauten Palast*: Jamblica hat bei dem Bau des Palasts seinerzeit selbst mitgewirkt. 73 *ein Pfeiler durchgegraben* ... Durch einen Pfeiler hindurch gräbt man eine genau bezeichnete *(scharfbenamste)* Stelle auf und findet dort die von Jamblica bezeichneten *Schätze*. Auch in der Ballade vom vertriebenen und heimkehrenden Grafen weist der Zurückkehrende sich dadurch aus, daß er verborgene *Schätze* zu bezeichnen weiß. (Bd. 1, S. 293.) – 95 Der Engel *Gabriel* wie schon in Vers 34. – Handschr.: *Jena, Ende Dez. 1814 / Wiesbaden, Mai 1815.*

Handschrift und Originaldrucke setzen keine Anführungszeichen. Diese sind um der leichteren Lesbarkeit willen vom Herausgeber eingesetzt. – Goethe besaß ein byzantinisches Bild der Siebenschläfer in der Felsenhöhle. (Schuchardt, Goethes Kunstsammlungen Bd. 1, S. 326 Nr. 2.) Es ist seit dem letzten Kriege nicht mehr vorhanden. – Über die Geschichte der Legende (nicht speziell über Goethe): Michael Huber, Die Wanderlegende von den Siebenschläfern. Lpz. 1910. (XXII, 574 u. 32 S.) – Said Abdel-Rahim, 1969, S. 278–286.

S. 120. GUTE NACHT! Anknüpfend an das vorige. Der Engel Gabriel senkte die sieben Jünglinge schützend in Schlaf und führte sie ins Paradies, so möge er auch den vom Schaffen ermüdeten Dichter der Gegenwart entziehen (so ist wohl die Überschrift gemeint) und in das *Paradies* (9) führen, wo er *Heroen aller Zeiten* findet – und dabei denkt er als Dichter wohl vor allem an die geistigen Schöpfer wie Hafis und andere. Das Motiv des Engels in Vers 5 f. entspricht dem gleichen Motiv im vorigen Gedicht Vers 34 f. Auch das Motiv der *Felsenklüfte* kam schon im vorigen Gedicht (40) vor, jetzt bezeichnet es die Hindernisse, die zu durchdringen sind, bevor er in das Paradies gelangt. Die Geistesheroen schaffen etwas, was dann unzählige Menschen *(Unzahl)* erfreut. Mit den großen Geistern kommt ins Paradies auch manches durch Wunder geheiligte Kleine – das *Hündlein*; und es ist *Divan*-Stil, nicht mit jenen *Heroen* zu enden, sondern mit diesem, mit der Arabeske. – Vor dem 30. 5. 1815.

Aus dem Nachlaß

Eine Anzahl von Gedichten, die im Zusammenhang der *Divan*-Lyrik entstanden, nahm Goethe in seine Ausgaben von 1819 und 1827 nicht auf. Die Gründe dafür sind wohl verschiedener Art. Einige dieser Gedichte wiederholen Motive, die in anderen Gedichten schon reifer gestaltet sind *(Sollt' ich nicht ein Gleichnis brauchen ...)*. Für andere ließ sich vielleicht schwer in dem wohlerwogenen Gesamtaufbau eine passende Stelle finden *(Nicht mehr auf Seidenblatt ...)*. Manche genügten ihm vermutlich künstlerisch nicht, und einige waren nach den Grundsätzen, die er im Alter hatte, ohnehin nicht mitteilbar und hätten nur zu Mißverständnissen und Ärger Anlaß gegeben. – Eckermann und Riemer veröffentlichten einige dieser Gedichte in den Nachlaß-Bänden der *Ausg. l. Hd.*, andere in der sogenannten „Quartausgabe", 1836. Der Rest trat erst durch die Weimarer Ausgabe, Bd. 6 (1888) und 53 (1914) ans Licht. Die vorliegende Ausgabe beschränkt sich auf eine Auswahl des Wichtigsten.

Vollständiger Abdruck der Nachlaßgedichte und Bruchstücke: Weim. Ausg., Bd. 6 und 53; die Ausgaben von Hans-J. Weitz; Akademie-Ausg., Bd. 3, 1952.

S. 121. WER SICH SELBST ... Handschr. auf der Rückseite eines Briefentwurfs, der datiert ist: *27. März 1826.* – Erster Druck: Nachgel. Werke 7, 1833.

S. 121. HAFIS, DIR SICH ... Wohl deshalb nicht aufgenommen, weil *Unbegrenzt* (S. 23) das Verhältnis zu Hafis besser ausdrückt; vielleicht auch, weil die beiden Bilder (4, 10), jedes für sich gültig, aufeinander bezogen problematisch sind. 4 *Schiff*: wohl das westöstliche Werk des westlichen Dichters. – Der Ghasel-Form angenähert. – Handschr.: *22. Dez. 1815.* Erster Druck: Quartausgabe 1836.

S. 121. MICH NACH- UND UMZUBILDEN ... Undatiert. Erster Druck: Quartausg., 1836. – Seitdem 1836 Eckermann und Riemer diese Strophen dem *Buch des Unmuts* eingefügt haben, hat man sie immer als zum *Divan* gehörig betrachtet. Der Form nach weichen sie ab. Es sind 5-Takter, die Reimstellung ist abba-abba; nirgendwo im *Divan* kommt Ähnliches vor. Dagegen fangen alle Goetheschen Sonette so an. Die Verse wirken ganz wie 2 Quartette eines Sonetts, das nicht zu Ende geführt ist. Ich glaube, daß Eckermann und Riemer sich irrten, als sie dieses Fragment dem *Divan* zuordneten. Ich habe es aber an dieser Stelle gelassen, weil es seit 1836 da steht.

S. 122. SOLLT' ICH NICHT ... Das Motiv der Mücke und des Lichts kommt in der persischen Dichtung mehrfach vor, z. B. bei Saadi, dessen „Persianischen Baumgarten" Goethe im Anhang der Reisebeschreibungen des Olearius (in der Ausg. von 1696) kennen lernte (S. 47f.). Er notierte sich, als er dieses Werk las: *Die verliebte Mücke.* (Akad.-Ausg. 3, S. 174.) Die Mücke, die ins Licht fliegt, ist Gleichnis der Monade, die in die Weltseele zurückkehrt; die Geliebte ist Gleichnis der Schönheit, die aus Gott stammt. Die Gleichnishaftigkeit der Welt, die Verbindung religiösen und erotischen Erlebens sind zentrale Themen im *Divan,* die in *Selige Sehnsucht* engstens verknüpft und vollendet ausgesprochen sind; eben darum ist dann wohl dieses Gedicht als schwächere Variante nicht aufgenommen. – Undatiert. Erster Druck: Quartausg., 1836.

S. 122. SÜSSES KIND ... Der Stoff des Gedichts geht zurück auf die Geschichte von dem König Chosru, der die armenische Christin Schirin liebt und heiratet. Goethe fand sie in einer Teilübersetzung von Firdusis „Schachnameh" in Hammers „Fundgruben", Bd. 2, S. 424f. In einer Anmerkung teilt Hammer ein Schreiben des Königs Chosru mit, in welchem dieser ein Kreuz, das sie am Halse trug (crucem quam in collo gestaret), erwähnt. Bei Firdusi steht Schirin im Gegensatz zu den Parsen, bei Goethe handelt es sich um Gegensatz zum Islam, die Namen Chosru und Schirin sind fortgelassen. Über die Beziehungen zu orientalischen Quellen: M. Mommsen, Studien zum Westöstl. Divan. 1961. S. 139–152. – Goethe hat das Gedicht Boisserée vorgelesen und ihm dazu die Geschichte von Chosru und Schirin erzählt. Am 8. August 1815 notiert Boisserée in seinem Tagebuch, daß Goethe mehrere *Divan*-Gedichte vorlas, zunächst einiges aus dem *Schenkenbuch*, dann *Der Winter und Timur;* Boisserée fährt fort: „Haß des Kreuzes. Schirin hat ein Kreuz von Bernstein gekauft, ohne es zu kennen; ihr Liebhaber Cosken (Chosru) findet es an ihrer Brust, schilt gegen die westliche Narrheit usw. Zu bitter, hart und einseitig; ich rate, es zu verwerfen ... Er wolle es seinem Sohn zum Aufheben geben, dem gebe er alle seine Gedichte, die er verwerfe ...“ – Das ganze Gedicht ist direkte Rede an die Geliebte, die scherzhafte Schlußpointe wohl nicht ganz stimmig zu dem Geist des Hauptteils. – 1 *die Perlenreihen*: die Perlenkette. – 2 *vermochte*: so schön, wie ich sie nur irgend finden konnte. – 3 *traulich*: voll Vertrauen (wie *Faust* 4705), und zwar voll Vertrauen darauf, daß du sie als einzigen Schmuck tragen würdest. – 7 *Abraxas*: ein Talisman mit einer unschönen bildlichen Darstellung. Vgl. S. 9. – 14 *er* bezieht sich auf *Abraham.* (Chr. Dill in GWb 1, Sp. 121.) Der Gedankengang ist: Alle großen Propheten haben nur auf den einen Gott hingewiesen. Wie war es mit Abraham? Er hat sich zu dem *Herrn der Sterne* als Gottvater *(Ahn)* bekannt. Ebenso hat Moses nur einen Gott gekannt, ebenso David usw. Der Sinn würde für den Leser vielleicht deutlicher, wenn man hinter *Abraham* einen Gedankenstrich oder Doppelpunkt setzen würde. Beim Sprechen macht man hinter *Abraham* (13), *Moses* (15), *David* (17), *Jesus* (21) kleine Pausen, damit die Namen wirken wie Überschriften kleiner Abschnitte oder wie Hinweise: jetzt kommt der und der, paßt auf, wie er sich verhielt. – 15 *in wüster Ferne*: in der fernen Wüste. – 21 ff. *Jesus fühlte rein* ... Nach mohammedanischer Lehre ist Jesus einer der Propheten; er wies auf Gott hin; er ist aber nicht wie im Christentum selbst Gott (im Sinne der Trinität); ob Goethes Interesse an dieser Lehre in Beziehung steht zu der ihm aus Lessings Schriften bekannten Unterscheidung von „Religion Christi“ (Lehre des historischen Jesus, Hinweis auf Gott) und „christlicher Religion“ (Jesus als Gegenstand der Anbetung, Trinität), bleibt offen. – 33 f. *Da viele Frauen* ... 1. Könige 11. – 37 *Isis* hat den Kopf einer Kuh, *Anubis* den eines Hundes; beide ägyptische Gottheiten. – 42 *eräugnet*: sich vor deinen Augen vollzieht, sich begibt; diese Form auch *Faust* 5917, 7750. – 45 *Renegatenbürde*: die Schuld, meinem Glauben untreu geworden zu sein. – 47 *Vitzliputzli*: ein Gott der Azteken (Huitzilopochtli), dessen für europäische Augen grotesk-erschreckende Darstellung im 18. Jahrhundert in Europa bekannt geworden war. – Handschr.: *Redigiert Wiesbaden, am längsten Tag 1815.* Entstanden vermutlich im März 1815. Im Wiesbadener Verzeichnis unter dem Titel *Abraxas.* – Erster Druck: Quartausgabe, 1836.

S. 124. LASST MICH WEINEN ... Freie Rhythmen (ohne Reim), wie in *Lesebuch* (S. 28) und *Schlechter Trost* (S. 30), und der gleiche tiefe Klang des Schmerzes; Trennung von Suleika. – 10 *Achill*: nach Ilias I, 348 ff. – 11 *Xerxes*: nach Herodot VII, 45. – 12 *selbstgemordeten Liebling*: Klitus. Goethe erzählt die Geschichte von Alexander und Klitus selbst in den *Noten und Abhandlungen* S. 175,31–177,39. – 15 *gruneln*: vgl. S. 18, Verse 20 und 27 und die Anmkg. dazu; das Wort bezeichnet hier das Quellen der Tränen. – Undatiert. – Erster Druck: Quartausg., 1836.

Das Motiv *Laßt mich weinen* gibt es in den alten Beduinendichtungen, den Moallakat, mit denen Goethe sich 1815 viel beschäftigte und aus denen er schon 1783 übersetzt hatte (Bd. 10, S. 514,38 ff.). Bei Hafis heißt es: „Augen, Hafis, die Tränen weinen, Sie sind nicht umsonst." (I, 71.) – Kath. Mommsen, Goethe und die Moallakat. Bln. 1960. S. 5–24. (Sitzungsber. d. dt. Akad. d. Wiss.) – Kath. Mommsen, Goethe und die arabische Welt. Frankf. 1988. S. 67–78.

S. 124. UND WARUM ... Marianne v. Willemer schickte Goethe einen Chiffrenbrief mit dem Text (I 404,19–20; 281,23–24):

Lange hat mir der Freund schon keine Botschaft gesendet,
Lange hat er mir Brief, Worte und Gruß nicht gesandt.
Beglückt der Kranke, welcher stets
Von seinem Freunde Kunde hat.

Bei Hafis folgen auf die 2. Zeile dieses Briefs (nach „Gruß nicht gesandt") die Verse:

Hundertmal schrieb ich, allein es hat mir der Führer der Reiter
Keinen Boten geschickt, keine Begrüßung gesandt.

Diese Zeilen waren die Anregung zu dem Gedicht. – 7 f. *Neski* und *Talik* sind verschiedene Arten der arabischen Schrift (Akad.-Ausg. Bd. 3, Abb. 33). – 16 ff. *Sie, an der Kunde* ... sie ist krank, sie, die nur an der Kunde von ihrem Liebsten gesundet. – Undatiert; Hans-J. Weitz im Jahrb. d. fr. dt. Hochstifts 1970, S. 163–170, macht wahrscheinlich, daß das Gedicht im Winter 1815/16 geschrieben ist. – Erster Druck: Quartausg., 1836.

S. 125. NICHT MEHR ... Freie Rhythmen ohne Reim, ein im *Divan* seltenes Versmaß, das meist Anzeichen innerer Unruhe ist. – 14 f. *Medschnun* ... *Ferhad* ... *Dschemil*: Namen berühmter Liebender, die schon in dem Gedicht *Musterbilder* (S. 27) genannt sind. – 19 *ahnden* und *ahnen* wechseln bei Goethe, in der Jugend kommt *ahnden* häufiger vor, später ist *ahnen* geläufiger, aber Stellen wie diese zeigen, daß die alte Form immer noch vorkommt. (GWb. 1, Sp. 292ff.) – Handschr. undatiert. – Facs.: Schr. G. Ges., 26. – Erster Druck: Quartausg., 1836.

K. Burdach, Vorspiel, Bd. 2, S. 432, und H. Pyritz, Goethe u. Marianne S. 83ff., vermuten als Entstehungszeit Ende Dezember 1818 oder Januar 1819. – Düntzer KDN, Bd. 85, S. 149. – Burdach, Jubil.-Ausg., 1905, S. 427. – E. Spranger, Goethe. Seine geistige Welt. Tübingen 1967. S. 404. – Rychner in seiner kommentierten Ausgabe 1952, S. 572–575. – Walter Neumann in: Arcadia 3, 1968, S. 168–172.

Noten und Abhandlungen zu besserem Verständnis des west-östlichen Divans

Der *Divan*-Lyrik gab Goethe als Hintergrund eine kulturgeschichtliche Darstellung bei. Die liebevolle Beschäftigung mit dem Osten hatte sich ihm zum Bilde gerundet, das ihn zur Ausführung drängte. Außerdem wollte er deutschen Lesern den Zugang zu dieser ihnen meist fernen Welt erleichtern. Die Motive des Lyrik-Teils kehren vielfach in den *Noten und Abhandlungen* wieder, diese dienen dem *besseren Verständnis.* Und außerdem haben sie ihren Wert in sich selbst als organisches Kulturbild.

Begonnen wurden sie im Jahre 1816, zum Abschluß gebracht 1819. Den Schluß schrieb Goethe, als der Anfang schon in Druckkorrekturen vor ihm lag. Die Arbeit an den *Noten und Abhandlungen* läßt sich auf Grund zahlreicher Quellen verfolgen. Goethes Tagebücher notieren viel über seine Lektüre und über das, was er diktierte. Seine Bibliothek enthält noch jetzt diejenigen Werke, welche er damals besaß, z. B. Hammers Hafis-Übersetzung und Diez' ,,Denkwürdigkeiten von Asien". Wir kennen seine zahlreichen Entleihungen aus der Bibliothek in Weimar (Verzeichnis von E. v. Keudell), ebenso die aus der Bibliothek in Jena (Verzeichnis von Bulling), wo er sich in den Jahren 1817 und 1818 monatelang aufhielt. Die Jenaer Universität besaß einen Lehrstuhl für Orientalistik; bis 1816 hatte ihn Lorsbach inne, von da an Kosegarten. Goethe hat beide für seine Orient-Studien in Anspruch genommen. Mit dem Berliner Orientalisten Diez wechselte er Briefe. Auch seine Briefwechsel sind erhalten geblieben; und so kann man die Arbeit an den *Noten und Abhandlungen* genau verfolgen. Das Erstaunliche dabei ist, daß gleichzeitig die Arbeiten an den autobiographischen Arbeiten voran gingen, daß er für Naturwissenschaft und Kunstgeschichte Zeit fand, daß er seine Zeitschriften *Über Kunst und Altertum* und *Zur Morphologie* herausgab. Die Beschäftigung mit der orientalischen Literatur machte zwar seit 1814 für ihn Epoche, doch alles andere blieb bestehen und wurde nicht verdrängt.

In der Ausgabe von 1819 trägt der Anhang nur die Überschrift *Besserem Verständnis.* – H. H. Schaeder, Der Osten im Westöstlichen Divan. In: Westöstlicher Divan, hrsg. von E. Beutler. Lpz. 1943. S. 787–839. (Leider nicht aufgenommen in Beutlers kommentierte Ausgabe von 1956.) – Fr. Meinecke, Der Historismus. 1936 u.ö. – Wolfgang Lentz, Goethes Beitrag zur Erforschung der iranischen Kulturgeschichte. Saeculum 8, 1957, S. 180–189. – Wolfg. Lentz, Goethes Noten und Abhandlungen zum West-östlichen Divan. Hamburg 1958. = Veröff. der Jungius-Ges. (X, 176 S.) – Henri Broms, Hafis and Goethes Noten und Abhandlungen ... In: Broms, Two studies in the relation of Hafiz and the West. Helsinki 1968. (Studia Orientalia ed. Societas orientalis Fennica, 39.) S. 34–106.

Die *Noten und Abhandlungen* sind in den kommentierten Ausgaben meist ziemlich knapp behandelt. Am ausführlichsten sind die Kommentare von Rudolf Richter in der Fest-Ausgabe Bd. 3 (1926), S. 343ff.; von Hans-J. Weitz (in seinen Ausgaben von 1972 und 1974) und in der Berliner Ausgabe, Bd. 3. – Es ist nicht die Aufgabe eines Goethe-Kommentars, auf den gegenwärtigen Stand der Orientalistik zu den von Goethe besprochenen Themen hinzuweisen. Es gibt eine Fülle von Veröffentlichungen über die arabische und persische Kultur und Dichtung, über die Sufis, die Mystik, die Geschichte der orientalischen Staaten usw. Auch Übersetzungen einzelner Dichter und Lyrik-Anthologien sind vorhanden.

126,9. *ein Spruch*: im Prediger Salomo 3,1: „Ein jegliches hat seine Zeit." (Luther)

128,21. *Herder* hat mit Goethe schon in Straßburg über die dichterischen Teile des Alten Testaments gesprochen. Später, als er an den „Ideen" arbeitete, wurden diese Gespräche in anderer Weise fortgesetzt.

128,22. *Eichhorn*, Johann Gottfried, 1752–1827, bis 1788 in Jena, dann in Göttingen Professor der Orientalistik. Goethe bezieht sich an dieser Stelle auf die persönlichen Gespräche mit Eichhorn in dessen Jenaer Zeit. – Goethe-Handbuch, 2. Aufl., Bd. 1, 1961, Art. „Eichhorn". – NDB 4, 1959, S. 377f.

129,29. *Moallakat*: Über Goethes Beschäftigung mit diesen Dichtungen orientiert eingehend: Katharina Mommsen, Goethe und die Moallakat. Bl. 1960. = Sitzungsberichte der dt. Akad. der Wiss. zu Berlin.

130,12–28 nach: William Jones, Poeseos Asiaticae commentariorum libri sex. Lpz. 1782, S. 72.

130,35ff. Das arabische Lied des Ta'abbata Scharran von der Beduinen-Blutrache übersetzte Goethe in freien Rhythmen nach: Carmen arabicum ... commentario et versione jambica Germanica illustravit S.W. Freytag. Phil. Diss. Göttingen, 1814. – Goethe rezitierte aus dieser Übersetzung noch im Alter. (Gespräche ed. Herwig, Bd. 3,2 S. 761, Gespräch mit Stickel 1831.) – Ausführlich darüber: Kath. Mommsen, Goethe u. die arabische Welt. 1988. S. 141ff.

132,1. *staatlich* = stattlich, wie Bd. 10, S. 414,10. – Dazu Dt. Wb. 10,2,1 Sp. 1034.

135,23. *Zoroaster.* Heute benutzt man meist die Namensform Zarathustra.

135,25. *mental*: rein geistig, innerlich. Die lateinische Formulierung „Oratio mentalis" gab es schon im 16. und 17. Jahrhundert in Werken aus Spanien und Frankreich (Lipenius, Bibliotheca theologica, 1685, S. 380f.), ob Goethe sie gekannt hat, weiß ich nicht zu sagen.

138,11ff. Scharfe Herausarbeitung des Gegensatzes von parsischer und indischer Religion; jene liebte Goethe und näherte ihr Bild seiner eigenen Naturreligiosität an, gegen diese zeigt er lebhafte Abneigung (S. 142,4; 148,32ff.; 149,3ff.; 245,7ff.). Indische Dichtung dagegen (S. 257,15; Bd. 1, S. 206; Bd. 12, S. 301–303) hat er z. T. sehr geschätzt.

138,17. *Mobeden*: Priester des parsischen Feuerdienstes.

138,22f. *ein ungefähr ähnliches Geschlecht dieser Art zu unsern Zeiten*: Kath. Mommsen in (Jb.) Goethe 14/15, 1953, S. 279–301 vermutet: das Haus Este. Ursula Wertheim in (Jb.) Goethe 27, 1965, S. 45–58 (wohl zutreffend): die Familie Dalberg.

139,10f. *Der erste Darius*: er regierte 521–485.

139,24f. *Darius Codomannus*: er regierte 336–330.

140,8. *überzog*: überzog mit Krieg, bekriegte.

141,20. *Siegelring.* Schuchardt, Goethes Sammlungen, Bd. 2, Jena 1848, verzeichnet S. 3–8 und 367–369 Goethes Sammlung von geschnittenen Steinen, die alle zu Siegelringen gehören.

141,24. *Valentinian*: Gemeint ist *Valerian*, 253–259.

142,5. *Lebemensch* in Goethes Sprachgebrauch = der dem praktischen Leben zugewandte Mensch; näher erläutert: S. 162,35ff.

142,36. *Mahomet.* Diese Sprachform benutzte Goethe immer; im 19. Jahrhundert wurde „Mohammed" üblich, neuerdings schreibt man „Muhammed".

143,23–35. Zitat nach der Übersetzung von Sale-Arnold, 1746, die Goethe am 28. Sept. 1818 entlieh.

144,4. *anwidern* bedeutet bei Goethe: widerstreben, in andrer Richtung streben, Schwierigkeiten bereiten. – GWb 1, Sp. 753.

144,9. *vorzüglichen Mannes:* Jacob Golius (1596–1667). Er gab 1656 eine neue Ausgabe der arabischen Grammatik des Thomas Erpenius heraus. Aus ihrem Anhang übernahm die Koran-Übersetzung von Sale-Arnold, 1746, Sätze über den Koran, und nach dieser Übersetzung zitiert Goethe hier.

147,3ff. *Barmekiden.* Diese Stelle bildet den Hintergrund für die kurze Erwähnung der Barmekiden in dem Motto-Vers zu Beginn (S. 7). – Kath. Mommsen, Die Barmekiden im West-östl. Divan. (Jb.) Goethe 14/15, 1952/53, S. 279–301.

150,18. *Mikrokosmus.* Goethe benutzt das Wort, um die Grundanschauung der persischen Medizin anzudeuten, in der sie mit der Medizin bei Paracelsus und anderen übereinkam. Der Mensch ist eine „kleine Welt" (Mikrokosmos), welche in Beziehung steht zu der „großen Welt" (Makrokosmos); wenn man diese Beziehung im einzelnen kennt, kann man den Mikrokosmos mit Mitteln aus dem Makrokosmos heilen. Goethe benutzt in der Art des 18. Jahrhunderts das griechische Wort in latinisierter Form, d.h. mit der Endung *-us*.

150,19. *Sternkunde*. Der folgende Satz zeigt, daß hier weniger an die Astronomie als an die Astrologie gedacht ist. Ein Beispiel folgt 155,1–13.

150,25. *Kanzleiverwandter*: Kanzleiangehöriger. Eins der vielen Goetheschen Komposita mit *-verwandt*.

153,1–2. *Ferdusi* starb nach neueren Forschungen zwischen 1020 und 1025. Heute schreibt man seinen Namen meist Ferdausi.

153.23. *Schach Nameh* = Königsbuch. Goethe benutzt die ältere Form *Schach* neben der heute gebräuchlichen *Schah*. Sein wechselnder Gebrauch ist in unserem Text nicht normalisiert.

154,6. *Enweri* (Anwari) starb nach neueren Forschungen nicht *1152*, sondern nach 1189.

154,21. *Enkomiast*: Dichter, welcher Gedichte zum Lobe bestimmter Personen schreibt; eine im Orient verbreitete Art der Dichtung. Die folgenden Zeilen sagen alles Wesentliche dazu. Das Thema wird noch einmal 178,7–19 aufgenommen.

155,14. *Nisami*: heute geschrieben: Nezamii. Er starb – nach neuerer Forschung – 1209. Die folgende Aufzählung seiner Motive – Liebe, Trennung, Wiedervereinigung, neue Trennung, *ideelle Sehnsucht* – zeigt den geistigen Hintergrund für die Nennung Nisamis im Gedicht *Lesebuch* S. 28.

155,37. *Seldschugiden*, heute meist „Seldschuken" geschrieben, aus der Türkei stammendes Herrschergeschlecht in Vorderasien.

156,2. *Dschelâl-eddîn Rumi*. Heute meist geschrieben Djalalo'd-Din Rumi, und datiert 1207–1273.

157,28–159,30. Dieser vom Standpunkt des Historikers aus geschriebene Abschnitt über Hafis hebt andre Züge hervor als das *Buch Hafis*, und zwar besonders das Rhetorische: ein dichterisches Thema wird objektiv ergriffen und mit den zu ihm passenden Stilmitteln sachgerecht durchgeführt; der Dichter braucht seine Themen nicht unmittelbar zu leben (S. 159,5–7). Es ist Goethes unvergleichliche Weite, daß er hier diesem Formprinzip so weitgehend gerecht wird, obgleich er gerade doch selbst im 18. Jahrhundert – gegen die alte rhetorische Barocktradition sich absetzend – die neuzeitliche Bekenntnisdichtung zum Siege und Höhepunkt geführt hatte und seine eigenen Werke als *Bruchstücke einer großen Konfession* (Bd. 9, S. 283,18) bezeichnete. – Über Hafis gibt es eine umfangreiche neuere Forschung, deren Nennung hier zu weit führen würde. Erwähnt sei: Hans Herbert Roemer, Probleme der Hafizforschung und der Stand ihrer Lösung. Wiesbaden 1951. (21 S.) –

Hafis-Übersetzungen sind bereits genannt im Kommentar zum *Buch Hafis.*

158,35. *Derwisch* = Asket, Mönch; *Sofi* = Mystiker; heute schreibt man „Sufi"; über den Sufismus gibt es neuere Fachliteratur. *Scheich* = Gelehrter, Geistlicher, Oberhaupt einer Derwischgruppe; sonst meist: Stammeshäuptling, Ältester.

159,31f. *Dschami* (Djami) starb nach neueren Forschungen 1492.

160,11. *grasse Gestalten*: von *graß,* sprachlich verwandt mit „gräßlich": schrecklich. Wie Bd. 4, S. 342,36 und *Faust* 10514.

160,16f. Anspielung auf B. G. Niebuhr, Römische Geschichte, Bd. 1, Bln. 1811, das erste modern-kritische Werk über alte Geschichte.

161,24. *Zero* = Null, Nichts.

161,31. *uns Westländern zuerst fruchtbar.* Saadis „Rosental" erschien bereits 1654 in der Übersetzung von Olearius. Neue Auflagen folgten 1660 und 1696. Zu dieser Zeit wurden die anderen großen persischen Dichter noch nicht übersetzt.

162,20. *Quintilian*: der berühmte römische Verfasser einer Rhetorik, die im 16., 17. und 18. Jahrhundert wieder viel benutzt wurde. Die Stelle, auf welche Goethe anspielt, ist wahrscheinlich: Institutiones oratoriae, Buch X, Kap. 1 § 44–45. Goethe beschäftigte sich in den Jahren 1813–1816 eingehend mit Ernesti, Lexicon technologiae Latinorum rhetoricae, Lpz. 1797, dort begegnete er Quintilian wieder, dessen Werk er seit seiner Jugend kannte. – Bd. 10, S. 513,27–34 u. Anm.

162,35. *Lebemann.* Der Bedeutungsinhalt dieses Worts bei Goethe ist durch den folgenden Satz genau bezeichnet. Ähnlich *Lebemensch* S. 142,5 und Briefe Bd. 4, S. 328,29

163,20–37. Fast wörtlich aus Hammer, Gesch. d. schönen Redekünste Persiens, 1818, S. 108, nach Nisami, Schatzkästlein der Geheimnisse. Die beiden Schlußzeilen hatte Hammer falsch übertragen, Goethe merkte, daß hier etwas nicht stimme, versuchte, den ursprünglichen Sinn herzustellen, und brachte einen eigenen neuen Sinn hinein. – Schaeder bei Beutler (1943) S. 827.

166,31–168,23 übersetzt von dem Jenaer Orientalisten Kosegarten nach einer Handschrift aus Petersburg. Beziehungen dorthin durch die Ehe des Weimarer Erbprinzen Karl Friedrich mit der Zarentochter Maria Paulowna.

167,34. *Plato.* Auch in Persien war Platon bekannt, deswegen diese Geschichte über ihn in dem Schreiben des Mirza Abul Hassan Khan.

169,3. *Alexandriner* hat Goethe selbst mehrfach geschrieben, z. B. Bd. 1, S. 7f.; Bd. 4, S. 7–72; Bd. 3 *Faust* Vers 10849–11042.

169,27ff. gegen die Romantik. Ungefähr in der Zeit, als Goethe dies schrieb, erschien Meyers von Goethe überarbeiteter Aufsatz „Neudeutsche religios-patriotische Kunst" in *Über Kunst und Altertum, 1817,* mit scharfer Wendung gegen die romantische Kunst. Das Zitat 169, 31–32: Eichendorff, Ahnung und Gegenwart, Buch 2, Kap. 12.

170,6. *Ku-tou*: heute geschrieben „Kotau".

170,25 ff. *Wie lang* ... aus Hammer, Redekünste S. 323 nach Dschami. – 170,32 *Nur dasjenige* ... aus Hafis, Übers. von Hammer, Bd. 1, S. 224. – 170,38 f. *Mein Gesicht* ... aus Hafis 1, S. 232. – 171,1 *Beim Staube* ... aus Hafis 2, S. 140. – 171,5 *Denjenigen* ... aus Hafis 1, S. 395. – 171,13 *Mein Kopf* ... aus Hafis 1, S. 278. – 171,26 *Dem Vernünft'gen* ... aus Hammer, Redekünste S. 91, nach Enweri.

171,20. *Tropen*, von griechisch „tropos": übertragener Ausdruck; jede Art der Rede, welche den Gegenstand nicht unmittelbar nennt, sondern bildlich oder ins Abstrakte gewendet oder anderswie uneigentlich ausspricht. Goethe kommt darauf noch S. 179,26 ff. zurück. Quintilian behandelt die *Tropen* in Buch VIII, Kap. 6, beginnend mit dem Satz: „Ein Tropus ist die Veränderung (mutatio) der eigentlichen Bedeutung eines Wortes oder einer Wendung in eine andere, und zwar mit Geschick (cum virtute)." Das von Goethe viel benutzte Werk von Ernesti, Lexicon technologiae Latinorum rhetoricae, 1797, zitiert diesen und weitere Sätze Quintilians zu diesem Thema.

172,2 f. *Ein bedächtiger Engländer*: Sir John Malcolm, 1769–1833, längere Zeit Gesandter in Persien, Verfasser des Buches „History of Persia", 1815, das Goethe für die *Noten und Abhandlungen* benutzte. (Keudell 1157.)

172,30. *ein deutscher Rezensent*: Matthäus v. Collin in Wien, 1779–1824, rezensierte Hammers „Geschichte der schönen Redekünste Persiens" in Bd. 1 der „Jahrbücher der Literatur". (Ruppert 293.) – Vgl. Anm. zu 183,5.

174,23. *Und Samuel verkündigte* ... Das folgende Zitat stammt aus: 1. Buch Samuelis 8,10–17 und 19–20.

175,10. *Mit Rat* ... nach Hammer, Geschichte der schönen Redekünste S. 245.

176,22. *ziemlich*: wohl bezogen auf das vorige *sophistisch-rednerisch*, also: dieser Schulung und Redeweise entsprechend.

177,22. *widerwärtig*: widerstrebend, feindlich.

178,15. *Panegyrist*: Lobdichter, wie vorher *Enkomiast* (154,21).

178,25–26. *Stoff*, *Form* und *Gehalt* als Elemente des Kunstwerks hier wohl erstmalig so eindeutig formuliert. Eine später vielbenutzte Einteilung, zumal bei Wilh. Scherer.

179,8. *verwandt*: zusammengehörig.

179,26. *Urtropen*: wohl eine Goethesche Neubildung; nicht im Dt. Wb. – Über *Tropen* 171,20 u. Anm.

179,39. *Reiske und Michaelis*. Johann Jacob Reiske, 1716–1774, Schulrektor in Leipzig, hervorragender Arabist. Goethe entlieh am 23. Sept. 1818: Motanabbi, Proben der arabischen Dichtkunst. Hrsg. von J. J. Reiske. Lpz. 1765. (Keudell Nr. 1159.) – Joh. David Michaelis, 1717–1791, Professor in Göttingen, Theologe und Orientalist.

180,23 *Tat und Leben* ... und 180,25 *Morgendämmerung* ...: Selbständige Goethesche Verse in Anlehnung an die Diezsche Übersetzung des „Königlichen Buchs", 1811, wie Katharina Mommsen, Goethe und Diez, S. 56ff. darlegt.

180,35. *Es stecken* ... Hafis 1, S. 407.

181,6. *In deiner Locken* ... Hafis 2, S. 146.

181,21. *Seien sie stets* ... Hammer, Redekünste S. 90 nach Enweri.

182,3. *die zweizeilig gereimten Verse*: das Ghasel.

182,7. *Quodlibet*: im 16. und 17. Jahrhundert stellte man mitunter Teile verschiedener Dichtungen oder Musikstücke zusammen zu einem neuen Werk; dafür hatte man den aus dem Latein der Universitäten stammenden Ausdruck „Quodlibet", was man etwa übersetzen könnte: „was beliebt", „was es auch sei", „alles ohne Unterschied".

182, 27. *Jones* wird im folgenden S. 245,22ff. ausführlich dargestellt.

182,35. *einschwärzen*: unbeachtet einführen, „schwarz" über die Grenze bringen. Ebenso *Faust* 7493.

183,5. *ein Kenner*: Matthäus v. Collin, auf den schon 172,30 angespielt ist. Collin, 1779–1824, war Herausgeber der „Jahrbücher der Literatur" in Wien. Die erste Nummer, 1818, enthält von ihm eine Rezension von Hammer, „Gesch. der schönen Redekünste Persiens". Goethe erhielt Heft 1 und 2 im Jahre 1818 durch Metternich. (Ruppert Nr. 293.) Er zitiert daraus in den *Noten und Abhandlungen* S. 172,32–174,7 und 183,8–13. – Über Collin: Goedeke Bd. 6, 1898, S. 107f. und: Die österreichische Literatur 1750–1830. Hrsg. von Herbert Zeman. Graz 1979. S. 257–288 und 655–675 u. ö.

184,5. *Ein Mann*: J. v. Hammer weist in seiner „Geschichte der schönen Redekünste Persiens", Wien 1818, S. 27 auf Jean Paul hin.

184,32ff. Aus Jean Paul, Hesperus, 10. Hundsposttag. – Hendrik Birus, Vergleichung. Goethe u. die Schreibweise Jean Pauls. 1986.

186,4. *Scharade*: Silbenrätsel.

186,22. *schöne Redekünste.* Hammer benutzte dieses Wort im Sinne von „Literatur" (entsprechend zu „bildende Künste" und „Tonkunst") in seiner „Geschichte der schönen Redekünste Persiens". Goethe fand diesen Sprachgebrauch ungeeignet; das Wort hat sich dann in dieser Bedeutung auch nicht durchgesetzt.

188,19. *Improvisator.* Es gab zu Goethes Zeit Stegreifdichter, die öffentlich auftraten; mitunter dichteten sie über Themen, die ihnen vom Publikum genannt waren. Ein solcher Improvisator war O. L. B. Wolff, den Goethe am 28. Jan. 1826 hörte und über den er dann an Carl August berichtete (Briefe Bd. 4 S. 180f.). Andersen hat einen solchen Dichter in seinem Roman „Der Improvisator", 1835, dargestellt. – Allg. Encyklopädie, hrsg. von Ersch u. Gruber, 2. Sektion, 16. Teil.

188,28ff. *die drei Hauptelemente in einem Kreis.* Durchzuführen versucht bei Julius Petersen, Die Wissenschaft von der Dichtung. Bln. 1939. S. 119–126.

190,4. *Schatzkästlein.* In *Dichtung und Wahrheit* schildert Goethe das *Schatzkästlein* seiner Mutter, Bd. 9, S. 99,31 u. Anm.

190,14. *Der westliche Dichter spielt ebenfalls auf diese Gewohnheit an*: auf S. 51 im ersten Spruch im *Buch der Sprüche.*

190,34. *Logogryph*: Buchstabenrätsel.

191,4. *Divination*: Ahnung. Ebenso 193,3.

191,8ff. freie Weiterbildung von Motiven aus Hammer, Fundgruben Bd. 1, S. 32f. und Bd. 2, S. 206f.

191,9. *süße Liebestaten*: entsprechend dem französischen „douceur": Freundlichkeit, Geschenk.

192,29f. *Boteinah* und *Dschemil*: Vgl. S. 27 u. Anm.

193,7. *der organische Magnetismus,* auch „animalischer Magnetismus" genannt, spielte zu der Zeit, als der *Westöstliche Divan* entstand und erschien, eine große Rolle. Die Bewegung hatte am Ende des 18. Jahrhunderts mit Anton Mesmer begonnen. Sie führte bis zu Justinus Kerner und Carus. Goethe las aus diesem Gebiet laut Tagebuch am 28. Dez. 1808: Gotthilf Heinrich Schubert, Ansichten von der Nachtseite der Naturwissenschaft, 1808. Er las am 19. Jan. 1814: F. K. v. Strombeck, Geschichte eines allein durch die Natur hervorgebrachten animalischen Magnetismus ... 1813 (Keudell Nr. 894); er entlieh am 9. Nov. 1814: J. Stieglitz, Über den tierischen Magnetismus, Hann. 1814 (Keudell Nr. 939). Am 12. Dez. 1814 verzeichnet das Tagebuch *Stieglitz Magnetismus.* Vom 12. bis 17. Dez. 1813 notiert das Tagebuch Lektüre von Karl Alex. Ferdinand Kluge, Versuch einer Darstellung des animalischen Magnetismus, 1811. Von Hufeland erhielt Goethe 1817 dessen „Erläuterungen seiner Zusätze zu Stieglitz' Schrift über den animalischen Magnetismus" (Ruppert Nr. 4695); er las das Werk und antwortete Hufeland ausführlich am 5. Sept. 1817. – Vgl. auch Keudell Nr. 894 und 1060. – Wilhelm Erman, Der tierische Magnetismus in Preußen. München u. Bln. 1925.

194,1–16. *wenn nämlich zwei Personen ...* Als der *Divan* erschien, mußten die Leser denken, Goethe schildere hier nur eine altpersische Sitte, die er vielleicht auch modernen Lesern anrate. Nur Goethe selbst und Marianne wußten, daß hier etwas geschildert war, was sie selbst ausgeübt hatten. Vgl. S. 85 *Geheimschrift* und S. 86 *Abglanz* und die Anm. dazu.

194,6. *Das Lied, welches wir mit der Rubrik Chiffre bezeichnet.* Es gibt im *Divan* kein Gedicht mit der Überschrift *Chiffre.* Gemeint ist vermutlich das Gedicht *Geheimschrift* S. 85f. Wie ungenau Goethe in solchen Einzelheiten war, zeigt auf der folgenden Seite die Bezeichnung *Buch des Dichters.*

194,17–40. *Dir zu eröffnen* ... Umarbeitung eines Chiffre-Briefes, den Marianne am 18. Okt. 1815 an Goethe geschickt hat. Rhythmisch hat Goethe die Hafis-Hammer-Stellen vollkommen verändert. – Abdruck des Chiffre-Briefs: WA 6, S. 492 und Gesamtausgabe von Hans-J. Weitz, 1972, S. 345f.

195,1ff. *Künftiger Divan.* Goethe stellt sein Werk hier als etwas dar, was in der gegenwärtigen Gestalt *unvollkommen* (195,8) sei. Nur das *Buch Suleika* läßt er als *abgeschlossen* (201,28) gelten. Der ganze Abschnitt *Künftiger Divan* (195,1–206,24) stand im Erstdruck 1819. Später kam eine Reihe neuer Gedichte hinzu, vor allem die tiefsinnig-heiteren fünf großen Gedichte im *Buch des Paradieses* (107–115). Der Dichter ließ in der Ausgabe von 1827 in diesem Abschnitt über den *Künftigen Divan* alles, wie es war, obgleich er selbst wußte – und seine Leser es aus der Formulierung *Ausgabe letzter Hand* ahnen konnten –, daß er nun nichts mehr hinzufügen werde. Der Abschnitt *Künftiger Divan* bezeichnete nun also, daß ein Werk dieser Art eigentlich niemals fertig werde, daß zwischen Intention und Ausführung immer eine Spannung bleibe. Insofern paßt dieser Hinweis auf die Unvollkommenheit gut zu dem Geiste des gesamten Werks.

195,3. *Manuskript für Freunde.* Diese Bezeichnung haben einige kleine Privatdrucke Lavaters, die er an Freunde verteilte.

195,17. *Buch des Dichters.* Das Buch heißt im Druck: *Buch des Sängers.* Man sieht: Goethe diktierte dies aus dem Kopf. Seine Mitarbeiter haben dergleichen Einzelheiten dann nicht genau verglichen.

195,31. *Hyperbel*: Übertreibung. Behandelt bei Quintilian VIII, 4,29 und VIII, 6,67–76. Bei Ernesti auch unter dem lat. Stichwort „Superlatio".

196,1. *Bei einem herrlichen Feste.* Als 1818 die Kaiserin von Rußland in Weimar war, bat deren Tochter, die Erbherzogin Maria Paulowna, um ein Fest mit einem Maskenzug, welcher „einheimische Erzeugnisse" des Weimarer Geistes darbiete. Goethe schrieb den Text dazu: *Bei Allerhöchster Anwesenheit Ihro Majestät der Kaiserin Mutter Maria Feodorowna in Weimar Maskenzug* (WA 16, S. 233–307). Es werden besonders die Werke von Wieland, Herder und Schiller dargestellt.

196,2. *gemütlich*: gemütvoll, mit innerer Anteilnahme.

197,1. *Der geistreiche Mensch* ... Die folgende Stelle 197,1–8 zeigt, wie Goethe hier das Wort *geistreich* meint: geistig, das Geistige auffassend, im Gegenständlichen das Gleichnishafte erkennend. Insofern aufschlußreich zum Verständnis des *Divan* überhaupt und bezeichnend für Goethes Art, das *Vergängliche* als *Gleichnis* zu sehn.

197,17. *strack*: straff, genau, sicher. Wie Bd. 8, S. 150,1.

197,37f. *manches ... beiseitegelegt.* Nach Goethes Tode fanden sich im Nachlaß mancherlei kleinere und größere Gedichte, die in das *Buch des Unmuts* gepaßt hätten, allerdings ohne orientalische Motive. Die Herausgeber haben sie meist den *Zahmen Xenien* angereiht.

198,7–200,15. Diese Partie über *Anmaßung* ist wesentlich für das Verständnis des *Übermacht*-Motivs in dem Gedicht-Teil (S. 16, 44, 47, 68–70, 72 usw.), denn sie zeigt, daß es keineswegs nur Ausdruck von Goethes Persönlichkeit ist, sondern weitgehend orientalisches Motiv, Phantasie-Spiel und Freude am Ausgestalten. Diese Partie ist der Hintergrund für das im folgenden S. 201, 36–38 Gesagte.

199,34 f. *Lob ... seinen fürstlichen Gebietern*: Geheimstes (S. 33), *Frage nicht* ... (S. 37f.), *An Schach Sedschan* (S. 40), *Höchste Gunst* (S. 41).

200,7. *Chorführer*. Hier konnten natürlich keine Namen genannt werden. Die Stelle blieb 1827 wie im Erstdruck 1819. Auch in dem Gedicht *Als wenn das auf Namen ruhte* (S. 46) hat der Dichter mit seinen Gegnern abgerechnet. Im Nachlaß fand sich ein Entwurf zu diesem Gedicht, welcher die Zeitungen nennt, die ihn befehdeten, es sind „Der Freimütige", die „Zeitung für die elegante Welt" und das „Morgenblatt für gebildete Stände". Für diese Zeitungen arbeiteten Kotzebue, Merkel und Müllner. Vgl. S. 46 u. Anm.

200,24. *Alte deutsche Sprichwörter*. Goethe hat sich viel mit diesem Gebiet befaßt. Er las – insbesondere in den Jahren 1812 und 1813 – die Sprichwörtersammlungen von Agricola, Sebastian Franck, Lassenius, Schellhorn u. a. (Keudell Nr. 784–788). Vgl. Bd. 10, S. 54,10 u. Anm.

201,1–26. Diese Geschichte von *Timur* ist wörtlich übernommen aus einem Brief von H. Fr. v. Diez, der abgedruckt ist: Akademie-Ausgabe, Bd. 3, S. 229f.

203,4. *in seinem „Rosengarten"*. Goethe las Saadi in der Barock-Übersetzung des Olearius in der Ausgabe von 1696. Dort steht in Buch V, Kap. 16 die Geschichte, die Goethe S. 203,5–204,31 wiedergibt, und in dem folgenden Kapitel die Geschichte, die dann S. 204,33–205,10 folgt. Goethe hat beide Texte nur geringfügig geändert, so daß die Barock-Sprache des Olearius (die 1. Auflage erschien 1654) noch deutlich ist.

206,34. *Aus meinen biographischen Versuchen*: *Dichtung und Wahrheit*, Bd. 9, S. 129ff.

207,12. *Israel in der Wüste*. Goethe hat sich schon in seiner Jugend ausführlich mit den Büchern Mose beschäftigt. Diese Arbeiten wieder aufgreifend schrieb er 1797 den Aufsatz *Israel in der Wüste*. Darüber berichten die Tagebücher vom 9. April bis 29. Mai und die Briefe an Schiller vom 12. April bis zum 21. Juni. Anknüpfend an Michaelis, Herder und Eichhorn übt Goethe hier historische Kritik. Den religiösen

Wert dieser Bücher, den er ihnen vom Standpunkt seiner allgemeinen Religiosität aus zuspricht, will er damit nicht beeinträchtigen.

207,15. *Da kam ein neuer König* ... 2. Buch Mose 1,8.

207,21. *Das Versprechen*: 1. Buch Mose 12,1–3 und 13,14–17.

208,3. *der Konflikt des Unglaubens und Glaubens.* Im folgenden wird dargestellt, daß *die vier letzten Bücher Mosis* den *Unglauben* zeigen. Daraus geht hervor, wie das Wort *Unglauben* gemeint ist. Nicht etwa im modernen Sinne von Atheismus, Materialismus usw., sondern im Sinne von: mangelndes Gottvertrauen, Schwäche innerer Religiosität, bloßes Achten auf die kirchlichen Lebensregeln und deren Einhaltung, *Zeremoniengepäck* (208,39). Die *Unglauben* zeigenden Bücher enthalten vor allem die vielen Gebote und Verbote der altjüdischen Gesetzgebung, die sich bis in viele Kleinigkeiten erstrecken und deren dauernde Beachtung den ursprünglichen *Glauben* erstickte. Von diesem Abschnitt 208,1–25 aus führt eine geistige Verbindung zu dem Satz in *Dichtung und Wahrheit,* es komme darauf an, *daß man glaube,* nicht, *was man glaube* (Bd. 10, S. 23,10f.). Vgl. dazu auch Bd. 1, S. 357 *Prooemion*; Bd. 13 S. 30, 32ff. *Anschauende Urteilskraft* und Bd. 14, Sachregister „Glaube".

208,26. *das Ungemütliche*: das Gemütlose, Äußerliche; Inhalt ohne Seele. – Dt. Wb. 11,3 Sp. 777f.

210,3ff. *Die Brüder Simeon und Levi* ... 1. Mose 49,5ff.

210,11f. *Den Ägypter ... erschlägt er*: 2. Mose 2,11ff.

210,23f. *midianitischen Fürstenpriesters*: 2. Mose 2,15ff.

212,2. *Sizilianische Vesper*: blutiger Volksaufstand in Palermo während der Ostermontagsvesper 1282 gegen die Fremdherrschaft der französischen Beamten Karls I. von Anjou.

221,11f. *Sanson,* Nicolas, 1600–1667, bedeutender französischer Geograph, verfaßte u.a. eine „Geographia sacra", 1652, die bis ins 18. Jahrhundert hinein mehrere Auflagen erlebte. – Biographie universelle 40, 1825, S. 351–353. – Cat. gén. Bibl. nat. Paris, Bd. 162.

221,29. *Kalmet*: Augustin Calmet, 1672–1757. In der Bibliothek von Goethes Vater stand: Calmet, Dictionarium historicum ... geographicum et literale sacrae scripturae. Aug. Vindel. 1729. Goethe übernahm diesen Band 1793 aus Frankfurt und Weimar in seine Bibliothek (Ruppert Nr. 2614). – Über Calmet: Dictionnaire de biographie Française 7, 1956, Sp. 913f.

221,34. *Well* (Wells), Edward, 1662–1727. Goethe entlieh im April 1797, als er an dem Aufsatz *Israel in der Wüste* arbeitete: Wells, Historische Geographie des Alten und Neuen Testaments, aus dem Engl. übers. von G. W. Panzer. Nürnberg 1765. (Keudell Nr. 76.) – Über Wells: Dictionary of National biography 60, 1899, S. 227f.

221,35. *Nolin,* Jean Baptiste, 1686–1762, Kartenstecher, veröffentlichte: „Terre Sainte, dressée pour l'Etude de l'Ecriture Sainte", 1752. – The National Union Catalog 421, S. 37. – Wilhelm Bonacker, Kartenmacher aller Länder u. Zeiten, 1966, S. 170.

224,27f. *Akkomodationen*: Anpassungen. – Bd. 9, S. 289,20 u. Anm.

225,14f. *Michaelis,* Joh. David, 1717–1791, Theologe und Orientalist an der Universität Göttingen. – Bd. 9, S. 241,16f. und Anm. und S. 275,17; Bd. 10, S. 521,34f. – ADB; RGG.

225,15. *Eichhorn,* Joh. Gottfried, 1752–1827, Orientalist; vgl. S. 246,25–247,5 u. Anm. – Goethe besaß 5 Werke von ihm (Ruppert S. 786). – Goethe-Handbuch, Bd. 1, 1961. – NDB 4, 1959, S. 377f.

225,15. *Paulus,* Heinr. Eberhard Gottlieb, Professor der Theologie in Jena, dann in Heidelberg, wo Goethe ihn im September 1815 besuchte. Goethe besaß 5 Werke von ihm (Ruppert S. 808). – Bd. 10, S. 452,19. – RGG; ADB.

225,15. *Heeren,* Arnold Hermann Ludwig, 1760–1842, Universitätsprofessor der Geschichte in Göttingen. Goethe besaß mehrere Werke von ihm (Ruppert Nr. 765, 2052, 4086) und entlieh Werke von ihm aus der Bibliothek (Keudell Nr. 265b, 423, 780). Mehrfach in den Tagebüchern erwähnt. – NDB 8, 1969, S. 195f.

226,9. *Marco Polo,* 1254–1323, aus Venedig. Goethe entlieh mehrmals aus der Weimarer Bibliothek: Marco Polo, Reise in den Orient während der Jahre 1272 bis 1295. Verdeutscht von Felix Peregrin. Ronneburg u. Lpz. 1802. (Keudell Nr. 867, 871, 1225.) Im April 1819 entlieh er auch eine italienische Ausgabe von 1674. (Keudell Nr. 1226.)

227,26. *Johannes von Montevilla*: Sir John Mandeville, angeblicher Verfasser eines im 14. Jahrhundert entstandenen Reisewerks. Der französische Text „Voyage d'outre mer" wurde in viele Sprachen übersetzt, ins Deutsche zuerst von Otto von Diemeringen; verschiedene Drucke seit 1482. Goethe entlieh am 15. April 1819: Reyßbuch des heyligen Lands ... Francfort am Mayn 1609. (Keudell Nr. 1229.)

228,1. *Görres*: Goethe besaß seit 1808: J. J. Görres, Die teutschen Volksbücher. Heidelberg 1807. (Ruppert Nr. 724.)

228,5. *Pietro della Valle.* Goethe entlieh am 26. März 1815 und wieder am 5. April 1819: Petrus della Valle, Reißbeschreibung ... Türkey, Egypten, Palestina, Persien. 4 Bde. Genf 1674. Die Original-Ausgabe „Viaggi descritti in lettere familiari ..." war erstmalig in Rom 1650–1653 erschienen. Es gab im 17. Jahrhundert mehrere italienische Drucke und französische Übersetzungen, von denen in Weimar wohl kein Exemplar vorhanden war.

228,13f. *Improvisatoren*: vgl. 188,19 u. Anm.

229,22. *Capighi*: Türhüter.

233,9. *befahren*: befürchten. Goethe-Wörterbuch Bd. 2, Sp. 179.

234,33. *Sherley* oder Shirley, Sir Anthony, 1565 bis etwa 1635, war als Gesandter 1599 in Persien. „Travels into Persia", London 1613 u. ö. – Dictionary of National Biography 52, 1897, S. 121–124. – NUC 543, S. 312.

243,1. *Olearius,* Adam, 1599–1671, studierte Philologie und Theologie in Leipzig, wo er der Freund von Paul Fleming wurde. Im Sommer 1633 wurde er Sekretär bei einer Gesandtschaft des Herzogs Friedrich III. von Schleswig-Holstein-Gottorf, Fleming wurde „Hofjunker". Die Gesandtschaft fuhr über die Ostsee, durch Rußland nach Persien, erst 1639 war sie beendet. Olearius blieb in Schloß Gottorf bei Schleswig als Gelehrter im Dienste des Fürsten. Er schrieb dort seine große Reisebeschreibung, welche erstmalig 1647 erschien, dann erweitert und umgearbeitet 1656. Sie erlebte mehrere Auflagen. Goethe hat den Druck von 1696 benutzt und vieles daraus für seinen *Divan* entnommen. Die Auflage von 1656 erschien 1971 neu in einem sorgfältigen Facsimile-Druck mit einem reichen wissenschaftlichen Anhang von Dieter Lohmeier, welcher ausführlich über Olearius' Leben und Schriften und seine Stellung in der Geschichte der Wissenschaften berichtet. – Goethes Lektüre-Notizen aus Olearius: *Divan,* Akademie-Ausgabe, Bd. 3, S. 172–176.

243,7f. *Sherley,* Sir Anthony: vgl. 234,33 u. Anm.

243,8. *Herbert,* Sir Thomas, 1606–1682, machte 1627–29 eine Gesandtschaftsreise nach Persien mit. Sein Bericht „A Description of the Persian Monarchy" erschien London 1634 und in erweiterter Form 1638, 1665, 1675 und öfter, wurde ins Niederländische und Französische übersetzt. – Dictionary of National Biography 26, 1891, S. 215–217.

243,11. *an einen Mann gebunden*: an den Leiter der Gesandtschaft, Otto Brüggemann, der sich als unehrlich, ungerecht und bösartig herausstellte.

243,20. *Übersetzung*: Von Olearius übersetzt erschien 1654: Persianischer Rosenthal ... von einem sinnreichen Poeten Schich Saadi ..." Es ist die erste deutsche Übersetzung einer persischen Dichtung in ihrer Gesamtheit. Olearius hatte aus Persien einen gebildeten Perser mitgebracht, der in Gottorf blieb. Dieser unterstützte ihn bei der Übersetzung, so daß ein sorgfältiges Werk zustande kam. Dem Druck der Reisebeschreibung von 1696 ist als Anhang die Saadi-Übersetzung und noch anderes beigegeben. Goethe hatte hier alles zur Hand, was Olearius für die Kenntnis Persiens getan hatte.

243,24. *Tavernier,* Jean Baptiste, 1605–1689, machte sechs ausgedehnte Orient-Reisen, die er im Alter beschrieb. Seine Reisebeschreibung erschien erstmalig 1679. Goethe entlieh am 21. Mai 1815: J. B. Tavernier, Les six voyages en Turquie, en Perse et aux Indes. Utrecht 1712. (Keudell Nr. 996.) – Zedler, Universal-Lexicon Bd. 42, 1744, Sp. 228f.

243,35. *Chardin,* Jean, 1643–1713, bereiste 1665–1670 und dann nochmals 1671–1677 Persien. Seine „Journal de voyage", erstmalig 1686, erlebte viele Auflagen. Goethe entlieh am 25. Jan. 1815 und nochmals am 19. Febr. 1816: J. de Chardin, Voyage en Perse. Nouv. édition. Amsterdam 1735. (Keudell Nr. 961 u. 1028.) – Dictionnaire de Biographie Française 8, 1959, Sp. 482f.

244,22. *Das Königreich Kabul*: Afghanistan.

244,23. *Gedrosien*: altpersische Provinz, etwa dem heutigen Belutschistan entsprechend. *Karamanien*: Goethe richtet sich hier wohl nach dem Wörterbuch von Herbelot und nach dem von ihm mehrfach entliehenen Werk von John Malcolm, The History of Persia, London 1815, das eine Landkarte enthält. Dort ist Caramania die Landschaft östlich des eigentlichen Persien (das bei Schiraz liegt), um die Stadt Kerman herum, bis Belutschistan und an die heutige Grenze von Pakistan sich erstreckend.

245,22. *Jones,* Sir William, 1746–1794, begann als Iranist, lebte dann in Kalkutta und wurde zum Erforscher des Sanskrit. Er gab die Zeitschrift „Asiatic Researches" heraus. – Dictionary of National Biography 30, 1892, S. 174–177. – Goethe besaß: Jones, Poeseos Asiaticae commentariorum libri sex. Lipsiae 1777. Dieses Werk war von dem Jenaer Orientalisten Eichhorn auf Grund der Erstausgabe von 1774 neu herausgegeben. Dieser schenkte es bei Erscheinen, 1777, an Goethe. Dieser hat es in der Zeit der Arbeit am *Divan* viel benutzt, es ist oft im Tagebuch erwähnt. (Ruppert Nr. 766.)

246,25. *Eichhorn*: vgl. 225,15 u. Anm. – Das im folgenden genannte Werk ist: Eichhorn, Die hebräischen Propheten. Bd. 1–3. Göttingen 1816–1819. (Ruppert Nr. 2616.) – H. Hüffer, Goethe und Eichhorn. GJb. 3, 1882, S. 343–345.

247,6. *Lorsbach,* Georg Wilhelm, 1752–1816, Orientalist, seit 1812 an der Universität Jena. Goethe erwähnt ihn öfters in Tagebüchern und Briefen. Seine Briefe an Goethe: *Divan,* Akad.-Ausg., Bd. 3, S. 284f. – ADB 19, 1884, S. 203.

247,22. *Diez,* Heinrich Friedrich v., 1751–1817, seit 1784 preußischer Gesandter in Konstantinopel und seither mit orientalistischen Forschungen beschäftigt. Seit 1790 in Berlin. Goethes Korrespondenz mit Diez begann im Mai 1815 und reicht bis zu dessen Tode. Goethe besaß mehrere Werke von Diez (Ruppert Nr. 756, 1762, 1767, 1772, 3484), von denen er die wichtigsten hier nennt. Er erwähnt 249,8–15 die wissenschaftliche Polemik zwischen Diez und Hammer-Purgstall, aus der er selbst sich heraushielt. Die Beziehung Goethes zu Diez ist ausführlich dargestellt von Katharina Mommsen, Goethe und Diez. Bln. 1961. (= Sitzungsberichte der dt. Akad. d. Wiss.) In diesem Werk ist die gesamte einschlägige Literatur verzeichnet.

248,1. *Wie man* ... Über dieses Gedicht: Kath. Mommsen, Goethe und Diez S. 291ff.

248,21. *seine Briefe*: Sie sind gedruckt in Bd. 3 der Akademie-Ausgabe, Bln. 1952, S. 213–236.

251,1. *Emigrierten*: französische Emigranten, die zur Zeit der Guillotine geflohen waren.

253,1. *Von Hammer*: Joseph Freiherr v. Hammer-Purgstall, 1774–1856, studierte 1788–1797 in Wien Orientalistik, seit 1799 bei der kaiserlichen deutschen Botschaft in Konstantinopel tätig, 1806 in Jassy, seit 1807 wieder in Wien. Seine rege Tätigkeit als Übersetzer und Darsteller der östlichen Literaturen bedeutete für die deutsche Kenntnis des Orients einen beachtlichen Fortschritt. Goethe besaß von Hammers Werken die Hafis-Übersetzung, Stuttg. 1812–1813 (Ruppert Nr. 1764); ferner: Geschichte der schönen Redekünste Persiens, Wien 1818 (Ruppert Nr. 759); den Aufsatz: Fug und Wahrheit in der morgenländischen Literatur, Wien 1816 (Ruppert Nr. 758); ferner: Morgenländisches Kleeblatt, Wien 1819 (Ruppert Nr. 1764). – Er entlieh folgende Hammersche Werke: Fundgruben des Orients, Wien 1809–1814 (Keudell Nr. 962); Des osmanischen Reiches Staatsverfassung. Wien 1813 (Keudell Nr. 1022); Die Geschichte der Assassinen. Stuttg. 1818 (Keudell Nr. 1194). – Über Hammer: NDB 7, 1966, S. 593f. – Goedeke, Grundriß Bd. 7, 1900, S. 584–589 und 747–770. – Ingeborg H. Solbrig, Hammer-Purgstall und Goethe. Bern 1973.

254,7. *Geschichte persischer Dichtkunst.* Goethe nennt den Titel nicht genau, da er ihn sprachlich und begrifflich schlecht fand; er lautet: „Geschichte der schönen Redekünste Persiens".

254,9. *die erste Nachricht* von diesem Werk wurde 1814 durch den Göttinger Literarhistoriker Bouterwek in Nr. 149 der „Göttingischen gelehrten Anzeigen" veröffentlicht, S. 1481–1485 (17. Sept.). Sie ist wieder abgedruckt: *Divan*, Akad.-Ausg., Bd. 3, S. 159–163. Goethe ließ sich eine Abschrift herstellen, die hinfort bei seinen *Divan*-Papieren lag.

254,35. *Schirin*: 1809 erschien „Schirin. Ein persisches romantisches Gedicht". Es ist eine Zusammenstellung aus mehreren persischen Werken. Verfasser ist Joseph v. Hammer, der aber ungenannt bleibt. (Goedeke 7, S. 584.)

255,6. *dreierlei Arten Übersetzung.* Mit der Frage der Übersetzung aus fremden Sprachen hat Goethe sich – entsprechend seiner Idee der *Weltliteratur* – viel beschäftigt und hat sich auch oft darüber geäußert, z.B. in *Dichtung und Wahrheit* Bd. 9, S. 493f. (Shakespeare, Homer, Bibel) und in mehreren Aufsätzen zu Werken der Weltliteratur Bd. 12, S. 245 (Platon), 302 (indische Dichtung) 305 (Calderon), 306ff. (Lukrez), 337 (serbische Dichtung), 339 (Dante), 353 (Allgemeines zur

Weltliteratur) usw. Goethe hat auch selbst vielfach als Übersetzer gearbeitet. Er hatte persönliche Beziehungen zu den bedeutendsten Übersetzern seiner Zeit, zu Wieland, Knebel, Voß, Schlegel, Gries und anderen. – Bd. 14 Sachregister „Übersetzung"; Briefe Bd. 4 Begriffsregister „Übersetzen".

255,18. *die Nibelungen.* Das Nibelungenepos war 1782 durch Christoph Heinrich Müller (Myller) ediert, nachdem schon 1757 Bodmer einen Teil („Chriemhildens Rache") veröffentlicht hatte. Diese Editionen hatten wenig Erfolg, denn der Geist der Aufklärung bildete keinen günstigen Boden für das Verständnis, und der Urtext blieb sprachlich ohne Hilfsmittel schwer verständlich. Anders war es 1807. Die Romantik war an dem Werk interessiert, und Friedrich Heinrich v. d. Hagen veröffentlichte eine Mischung von Urtext und Übersetzung, welche den Eindruck des Altertümlichen machte, den Lesern aber keine Schwierigkeiten bereitete. Bald wurde v. d. Hagen freilich die Problematik dieses Vorgehens klar, und er gab dann selbst den mittelhochdeutschen Text heraus, 1810. Goethe besaß in seiner Bibliothek die Ausgabe von Myller (Ruppert Nr. 792) und die von F. H. v. d. Hagen 1807 (Ruppert Nr. 793). Er hat sich mehrfach zum Nibelungenlied geäußert. – Bd. 2, S. 183,20; Bd. 10, S. 500f., 506; Bd. 12, S. 348ff. – Briefe Bd. 4, Register.

255,33. *Delille,* Jacques, 1738–1813, französischer Dichter und Übersetzer, zu seiner Zeit sehr geschätzt. Er übertrug unter anderem Vergil, Georgica; Vergil, Aeneis; Milton, Paradise lost; Pope, Essay on man. – Goethe-Handbuch Bd. 1, 1961.

255,39. *Wielands Übersetzungen*: z. B. die Shakespeare-Übertragung. Ferner Horaz, Episteln und Satiren; Xenophon, Symposion; Cicero, Briefe; Aristophanes, Die Vögel und anderes.

256,22. *Voß.* Goethe denkt hier vor allem an die Homer-Übersetzung, die besonders bekannt war und mit der er sich viel beschäftigt hat. Voß übertrug dann noch Vergil, Horaz, Theokrit und andere antike Schriftsteller. – Goedeke, Grundriß, Bd. 4, 1 S. 1056–1079.

256,25. *Versatilität*: Beweglichkeit, Geschmeidigkeit, Gewandtheit (von lat. versatilis).

256,28. Zu der Zeit, als der *Divan* erschien, las man *Ariost* in der Übertragung von Gries, 1804–1807; *Tasso* ebenfalls übertragen von Gries, 1800–1803; *Shakespeare* in der Übersetzung von Schlegel, 1797–1810; Calderon in den Übertragungen von A. W. Schlegel, 1803–1809, und von Gries, 1815ff. – Goedeke, Grundriß Bd. 7, S. 580–734.

256,38. *Umarbeiter*: S. Fr. Günther Wahl, 1760–1834, Orientalist in Halle. Er gab „Proben einer Übersetzung des Schachnameh" in: Fundgruben des Orients, Bd. 5, 1816, S. 109ff., 233ff. und 352ff.

257,15. *Sakontala,* heute meist „Sakuntala" geschrieben; die Übersetzung von Georg Forster, 1791, machte Epoche. Vgl. Bd. 1, S. 206 *Will ich die Blumen* ... u. Anm. und Bd. 12, S. 301,10ff. – Ruppert Nr. 1788.

257,27. *Der englische Übersetzer*: Horace Hayman Wilson, 1786–1860. Goethe entlieh am 19. Dez. 1817: Calidasa, The Megha Duta or Cloud messenger. Transl. into Engl. verse ... by H. H. Wilson. Calcutta 1814. (Keudell Nr. 1126.)

257,31 f. *suppletorisch*: ergänzend.

257,33. *Kosegarten*, Johann Gottfried Ludwig, 1792–1860, war ein Sohn des Theologen und Dichters Theobul Kosegarten. Er studierte Orientalistik, hauptsächlich bei Silvestre de Sacy in Paris, und kam 1817 als Professor der Orientalistik nach Jena (deswegen Goethes Hinzufügung *unser*). Er gab Goethe mehrfach Unterstützung bei seinen Studien für den *Divan*. Goethes Briefe an Kosegarten stehen in der Weimarer Ausgabe, Kosegartens Briefe an Goethe in Bd. 3 der Akademie-Ausgabe des *Divan*. Der Verkehr spielte sich aber vorwiegend mündlich ab während Goethes langen Aufenthalten in Jena. – ADB 16, 1882, S. 742–745.

258,17. *persische Gesandte*: Mirza Abul Hassan Khan, der schon 166,26 genannt ist und wieder 259,10f. und 261,4 genannt wird.

258,20. *Kaiserin-Mutter*: Maria Feodorowna, geborene Prinzessin von Württemberg, Mutter von Maria Paulowna, die Erbprinzessin in Weimar war und oftmals Goethe besuchte.

259,34. *schon oben*: S. 166,26ff.

260,9–35. Die Übersetzungen stammen von Kosegarten. Goethe sagt das erst S. 264,34. Sie sind von Goethe überarbeitet. Die Ausgaben von 1819 und 1827 drucken daneben auch die Originaltexte in persischen Lettern.

261,11. *Kreditiv*: Beglaubigungsschreiben, schriftliche Vollmacht. Wie Bd. 9, S. 439,34.

263,7. *Diastole und Systole*: Ausdehnung und Zusammenziehung. Dies ist eins der Begriffspaare, welche Goethe im Alter besonders gern anwendet. – Bd. 14, Sachregister; Briefe Bd. 4, Register „Systole".

264,10. *Herbelots Wörterbuch*. Goethe entlieh am 22. Dez. 1814 und wieder am 14. Jan. 1817: B. de Herbelot, Bibliothèque orientale ou dictionnaire universelle contenant ... tout ce que regarde la connaissance des Peuples de l'Orient. Paris 1697. Und am 24. Sept. 1818 die deutsche Übertragung: Herbelot, Orientalische Bibliothek. Bd. 1–4. Halle 1785–90. (Keudell Nr. 945, 946, 1075, 1162.)

264,33. *Kosegarten*: Vgl. 257,33 u. Anm.

265,1–267,14. Das *Register* stammt von Kosegarten; hier nach der *Ausgabe letzter Hand* (die Seitenzahlen natürlich der vorliegenden Ausgabe angepaßt).

267,15. *Wir haben nun* ... Zum Schluß folgen noch einmal zwei kleine Gedichte. Die *Noten und Abhandlungen* gehören eng mit dem Gedichtteil zusammen. Diese Gedichte bilden also den Schluß-Akkord des ganzen Werks. Die Drucke von 1819 und 1827 setzen neben den deutschen Druck eine arabische Fassung in arabischen Lettern. *Wir haben nun den guten Rat gesprochen* ist eine Strophe aus Saadis „Rosental", von Goethe neu in Verse gefaßt auf Grund einer Übersetzung Kosegartens.

267,19. *Silvestre de Sacy,* Antoine Isaac, 1758–1838, führender Orientalist seiner Zeit, in Paris tätig. Er war Mitarbeiter der von Hammer herausgegebenen Sammlung „Fundgruben des Orients", deren 6 Bände, 1809–1818, Goethe sorgfältig durchgesehen hat. Darin füllen die Übersetzungen von Silvestre de Sacy Hunderte von Seiten. Goethe hörte durch den Jenaer Orientalisten Lorsbach und dann vor allem durch dessen Nachfolger Kosegarten etwas über Silvestre de Sacy, weil dieser Kosegartens Lehrer gewesen war. Das Tagebuch verzeichnet am 22. und 23. Nov. 1815 in Jena *Silv. de Sacy, Grammatic Art.,* d. h. Goethe hat die „Grammaire Arabe" benutzt. Am 10. März 1816 notiert das Tagebuch, daß er dieses Werk nach Jena zurücksendet. Am 19. Juni 1818 in Jena: *Kosegarten erzählte Pariser Studenten-Händel, besonders der Schüler orientalischer Sprachen ... Ehrfurcht gegen Sacy.* Am 22. Okt. 1819 notiert das Tagebuch in Jena: *Pend Nameh, Übersetzung von Silvestre de Sacy.* Goethe hat sich also mit Silvestre de Sacy vorwiegend während seiner langen Aufenthalte in Jena beschäftigt, wo er dessen Werke zur Hand hatte. Als der *Divan* 1819 fertig vorlag, sandte Kosegarten ein Exemplar an Silvestre de Sacy und teilte Goethe das mit. (Akad.-Ausg., Bd. 3, S. 281.) Der kleine Widmungsvers faßt zusammen, daß der Dichter dieses Werk nicht ohne die Orientalistik hätte schreiben können und daß er es deswegen dem Größten des Faches widmet. Auch in den *Tag- und Jahresheften* wird Silvestre de Sacy genannt (Bd. 10, S. 515,23). Da der Name im *Divan* vorher nicht erwähnt ist, taucht er hier am Ende etwas unvermittelt auf. Die Überschrift ist als eine Art Widmung aufzufassen, gewissermaßen ein Dativ. – *verpfände dich*: gib dich ihm als Geschenk; von „Pfand" im Sinne von Geschenk, Pfand der Liebe, Beweis für etwas, wie *Unterpfand* in *Faust* 11984. (Dt. Wb. 7, Sp. 1606.) – *traulich* heißt: voll Zutrauen, daß der *Meister* diese dichterische west-östliche Gabe verständnisvoll aufnehmen werde. – *Hier am Anfang, hier am Ende* bedeutet: Nach orientalischer Art des Lesens ist hier der *Anfang* des Buches, nach okzidentaler Art das *Ende.* Deswegen stellte Goethe neben sein kleines deutsches Gedicht eine Übersetzung desselben ins Arabische von Kosegarten, so daß für den östlichen Leser hier der Anfang ist. Die Verse 3 und 4 sind „versus rapportati", d. h. jede Zeile hat 2 Glieder und diese gehören entsprechend zusammen: *Anfang* gehört zu *östlich, Ende* zu *westlich.* (Ähnlich wie S. 62 *Einladung* Vers 9 und 10.) Das *West-Östliche* wird also hier noch einmal betont wie zu Beginn im Titel. Die Buchstaben *A* und *O* hat Goethe nicht in deutschen Lettern gedruckt (weil das deutsche Alphabet von A bis Z reicht), sondern in griechischen, weil das griechische Alphabet mit Alpha beginnt und mit Omega endet. – Über Silvestre de Sacy: Hartwig Derenbourg, Silvestre de Sacy. Leipzig 1886.

ANKÜNDIGUNG DES ,,DIVANS" IM ,,MORGENBLATT"

Seit 1807 veröffentlichte Goethe kleinere Aufsätze im „Morgenblatt für gebildete Stände", das bei Cotta, seinem Verleger, erschien. Um seinem *Divan* den Weg zu ebnen und dem Vorabdruck einiger Gedichte im ,,Taschenkalender für Damen auf das Jahr 1817" eine Erläuterung zur Seite zu stellen, schrieb er diese Anzeige, die uns wesentlich ist als höchst prägnante Charakteristik der *Divan*-Bücher und als Plan aus dem Jahre 1816 mit dem später nicht ausgeführten *Buch der Freunde*.

ZUR TEXTGESTALT DES „WEST-ÖSTLICHEN DIVANS“

Goethe stellte von seinen *Divan*-Gedichten, nachdem Entwürfe vorangegangen waren, für sich selbst eine Reinschrift her (R); jedes Gedicht steht hier auf einem eigenen Blatt, mit großer klarer Schrift. Diese Handschrift blieb unter seinen Papieren. Er ließ für den Erstdruck des *Divan* eine Abschrift anfertigen, in welche dann Ergänzungen und einige kleine Änderungen eingetragen wurden. Diese Abschrift (r) diente in Stuttgart bei Cotta und in Wien bei Armbruster als Druckvorlage und wanderte dann dort – wie es üblich war – in den Papierkorb; nur 4 Blätter, die Goethe eigenhändig geschrieben hatte, wurden herausgenommen und aufgehoben.

Von dem Erstdruck, 1819, (E) dürfen wir annehmen, daß er weitgehend dem Druckmanuskript entspricht. Goethe plante aber schon zur Zeit des ersten Drucks eine spätere erweiterte Ausgabe und ließ zu diesem Zweck den Gedicht-Teil durch seinen Schreiber John abschreiben (e), obgleich durch Abschrift immer auch Fehler entstehen. Doch er hatte nun jedes Gedicht auf einem eigenen Blatt und konnte leicht die neu hinzukommenden Gedichte einschalten. In diese Handschrift haben Goethe, Göttling und Eckermann Korrekturen eingetragen. Sie ging dann für die *Ausg. l. Hd.* (C und C^1) zum Druck und kehrte – gegen den Gebrauch der Zeit – nach Weimar zurück, wo sie (wie R) im Goethe- und Schiller-Archiv aufbewahrt ist.

Die Weimarer Ausgabe (W) und die Jubiläums-Ausgabe (J), deren *Divan*-Bände beide von Konrad Burdach bearbeitet sind, geben im allgemeinen den Text der *Ausg. l. Hd.*, bringen aber einige Berichtigungen auf Grund der Handschriften. Die Weimarer Ausgabe, 1888, enthält Lesarten, soweit Burdach sie damals zusammenstellen konnte. Seit jener Zeit sind dank der Sammelarbeit zweier Generationen von Archivaren in Weimar Handschriften, die an andere Orte gekommen waren, teils im Original zurückerworben, teils in guten Photographien den anderen Handschriften beigesellt. Dieses gesamte Material ist sorgfältig ausgewertet in der *Divan*-Ausgabe von Hans Albert Maier, Tübingen 1965, die ich in der German.-Roman. Monatsschr., N. F. 17, 1967, S. 103–108 ausführlich rezensiert habe. Der textgeschichtliche Kommentar von Maier darf heute als grundlegend gelten.

Für die Interpretation sind die Unterschiede zwischen den Ausgaben nicht entscheidend. Meist handelt es sich um Kleinigkeiten (Interpunktion), welche für den künstlerischen Charakter und geistigen Gehalt kaum etwas ausmachen. Indessen muß jeder Herausgeber sich entscheiden, welche Fassung er im einzelnen abdruckt.

Von Goethes Reinschrift (R), die er für sich selbst anfertigte, gibt es 28 facsimilierte Blätter in den Schr. G. Ges., 26; doch sind die Wiedergaben nicht sehr gut geraten. Es wäre schön, wenn einmal die ganze Reinschrift facsimiliert werden könnte.

In unserer Ausgabe ist im allgemeinen die *Ausg. l. Hd.* nachgedruckt, doch sind einige Fehler derselben weggelassen, wie es seit der W. A. üblich ist. Doch auch die W. A. kann in Kleinigkeiten korrigiert werden. Im folgenden sind nur einige Hauptabweichungen der vorliegenden Ausgabe von der W. A. notiert, und es sind dann jedesmal auch andere Ausgaben mit erwähnt. – Die Handschriften durfte ich im Weimarer Goethe-Archiv einsehen, und ich danke der Direktion für ihr freundliches Entgegenkommen.

Abkürzungen

R = Goethes Reinschrift. (Daraus 28 Blätter facsimiliert Schr. G. Ges., 26.)
H = Handschriften, die nicht zu der „Reinschrift" gehören.
E = Erstausgabe, 1819.
C^1 = *Ausgabe letzter Hand*, 1827. (Taschenausgabe.)
C = *Ausgabe letzter Hand*, 1828. (Oktavausgabe.)
W = Weimarer Ausgabe, Bd. 6, hrsg. von K. Burdach, 1888; Bd. 7, hrsg. von C. Siegfried und B. Seuffert, 1888.
J = Jubiläums-Ausgabe, Bd. 5, hrsg. von K. Burdach, o. J. (1905).
F = Festausgabe, Bd. 3, hrsg. von R. Richter, 1926.
Ak = Akademie-Ausgabe, hrsg. von E. Grumach, 1952.

Im folgenden sind einige Varianten der Drucke notiert. Dabei sind die genannten Abkürzungen benutzt. Von der Taschenausgabe der *Ausg. l. Hd.* (C^1) gibt es Doppeldrucke, d. h. es wurden mit Hilfe der vorhandenen Druckplatten neue Auflagen hergestellt, ohne als solche bezeichnet zu werden. Einzelne Zeilen oder Seiten wurden aber neu gesetzt, sei es weil textlich eine Änderung nötig war, sei es weil eine Druckplatte defekt war. Auf diese Weise gibt es in den verschiedenen Drucken der *Ausg. l. Hd.* (Taschenausgabe) kleine Unterschiede. Im folgenden sind die zwei verglichenen Ausgaben als C^{1a} und C^{1b} bezeichnet.

Buch des Sängers

Das Buch ist – im Gegensatz zu einigen anderen – inhaltlich in E und C^1C identisch; alle Gedichte, die in C^1 stehen, sind auch schon in E vorhanden.

S. 7. HEGIRE. 7 *Dort, im Reinen und im Rechten,* REJAk ohne Interpunktion C^1CWF

S. 8. SEGENSPFÄNDER. 2 *Gläubigen* REC^1CAk *Gläub'gen* WJF

S. 10. TALISMANE. 18 *einziehn* REJAk einziehen C^1CWF *entladen.* REJAk *entladen;* C^1CWF

S. 10. VIER GNADEN. 6 *Kaiserkronen,* REC^1Ak *Kaiserkronen;* CWJF 8 *wohnen.* REAk *wohnen;* C^1CWJF 10 *Mauern,* REC^1CAk *Mauern;* WJF

S. 14. LIEBLICHES. Überschrift fehlt in R 10 *schauen;* REC^{1b}JAk *schauen,* C^{1a}CWF

S. 15. IM GEGENWÄRTIGEN ... Von diesem Gedicht ist im Goethe-Archiv keine Handschrift vorhanden. 4 *Höhe.* EAk *Höhe;* C^1CWJF 12 *stritten.* EAk *stritten;* C^1CWJF

S. 16. DERB UND TÜCHTIG. 24 *Nicht bescheiden, nein!* C^1CWJF *Nicht bescheiden! Nein.* REAk

S. 17. ALL-LEBEN. 11f. Unsere Fassung EC^1CWJF *Mehr als Moschus sind die Düfte, / Sind als Rosenöl dir lieber.* RAk Ursprünglich hatte R aber *Und als.* Burdach bemerkt dazu: „Ist die Korrektur von E übersehen oder absichtlich rückgängig gemacht?"

Buch Hafis

In E und C^{I}C inhaltlich gleich bis auf das Schlußgedicht *An Hafis.* Im Erstdruck fehlt dieses im *Buch Hafis,* steht aber in dem Anhang (der dort nur überschrieben ist *Besserem Verständnis*) im Abschnitt *Künftiger Divan.* In C^{I} wurde es in den Gedichtteil eingesetzt, blieb aber außerdem in den *Noten und Abhandlungen* stehen. (Vgl. S. 196,25–27.)

S. 22. FETWA. 12 *Ebusund euch* RE In der Form *Ebusund* kommt der Name bei Hammer-Purgstall vor. Bei Goethes Jenaer orientalistischem Berater Kosegarten lautet der Name *Ebusuud.* Göttling machte Goethe darauf aufmerksam, daß der Name zu korrigieren sei und 4 Silben habe. Daraufhin schrieb Goethe *Ebusuud,* versehentlich blieb aber das *euch* stehn. C^{I}C hat also *Ebusuud euch* und deswegen hat es W im Text. Doch im Kommentar setzt Burdach dort *Ebusuud,* ebenso JFAk.

S. 23. NACHBILDUNG. Überschrift fehlt R 6 *vermagst begünstigter vor allen.* REAk *vermagst, begünstigter vor allen!* C^{I}C *vermagst, Begünstigter vor allen!* WJF

S. 24. ZUGEMESSNE ... in E an *Nachbildung* angeschlossen, beide auf einer Seite. Nach der Zeile *Ein deutsches Herz von frischem zu ermuten.* hat Goethe einen doppelten Strich gemacht, dann folgt *Zugemeßne Rhythmen ...,* dann eine Schlußvolute. 4 *Sinn.* REJAk *Sinn;* C^{I}CWF

S. 24. OFFENBAR GEHEIMNIS. 9 *mystisch rein* ohne Interpunktion REC^{I}C *mystisch rein,* WJF *mystisch, rein* Ak

Buch der Liebe

Dieses Buch ist in der *Ausg. l. Hd.* gegenüber E um folgende Gedichte erweitert: Motto (S. 27), *Noch ein Paar* (S. 27), *Ja, die Augen ...* (S. 28), *Liebchen, ach ...* (S. 30), *Eine Stelle suchte ...* (S. 32).

S. 31. GRUSS. 21 *Ehmals* R *Ehemals* C^{I}

S. 32. ERGEBUNG. In R ohne Überschrift; statt *Dichter* stand ursprünglich *Hatem.* 2 *schön?* C^{I}CWJF *schön.* REAk

S. 33. GEHEIMSTES. 13 *Wüßtet* R *Wißt ihr* EC^{I}C 15 *Hieltet niemand* R *Niemand haltet* EC^{I}C

Buch der Betrachtungen

In E enthält dieses Buch folgende Gedichte in folgender Reihenfolge: *Höre den ...*; *Fünf Dinge*; *Fünf andere*; *Lieblich ist ...*; *Und was im ...*; *Reitest du ...*; *Behandelt die ...*; *Das Leben ist ein Gänsespiel ...*; *Freigebiger wird ...*; *Wer befehlen kann ...*; *An Schach Sedschan ...*; *Höchste Gunst*; *Ferdusi spricht*; *Dschelâl-eddîn Rumi spricht*; *Suleika spricht.*

S. 35 REITEST DU ... 1 *einem* C^{I}CWJF *e'nem* EAk

S. 36. HABEN SIE ... 3 *fürwahr* R *für wahr* Eckermanns Abschrift und die Drucke. 15 *Und mich lehrt* HC^{Ia}FAk *Lehret mich* C^{Ib}CWJ Vgl. dazu W 53, S. 532 und 563, auch Welt-Ausg., Bd. 5, S. 450 und H. A. Maier S. 171 ff.

S. 37. FRAGE NICHT ... Faksimile der Reinschrift: Chronik des Wiener Goethe-Vereins, 16. Bd., Nr. 7–8. 6 *Mächtigen* C^{Ia}Ak *Mächt'gen* C^{Ib}CWJF

S. 38. BEHANDELT ... 4 *bricht.* REAk *bricht;* C^1CWJF

S. 39. DIE JAHRE ... 2 *Sinnenspieles* RAk *Sinnespieles* C^1CWJF

S. 40. AN SCHACH SEDSCHAN ... Überschrift in dieser Form EJAk Das Wort *An* fehlt, so daß die Überschrift nur *Schach Sedschan* ... lautet C^1CWF

Buch des Unmuts

In der *Ausg. l. Hd.* sind die Gedichte *Sich selbst zu loben* ... (S. 48), *Sonst, wenn man* ... (S. 49) und *Timur spricht* (S. 50) neu hinzugekommen; alles andere wie im Erstdruck.

S. 42. WO HAST ... 20 *Gefechten,* REAk *Gefechten;* C^1CWJF

S. 43. KEINEN REIMER ... 14 *rüstige* REC^1CAk *rüst'ge* WJF

S. 43. BEFINDET SICH ... 2 *peinigen* 4 *steinigen* EC^1CAk *pein'gen* ... *stein'gen* RWJF

S. 45. WENN DU ... 16 *Nun! wir* REAk *Nun, wir* C^1CWJF 22 ohne Interpunktionszeichen REAk mit Semikolon C^1CWJF

S. 46. ALS WENN ... 6 *hassen,* C^1CWJF *hassen* R *hassen;* E *hassen?* Ak und Wiener Ausgabe: West-östl. Divan, Wien bei Carl Armbruster, 1819. Wiederholt in: Goethes Werke, Bd. 21. Wien 1820. *kennen,* RE *kennen?* C^1CWJF *kennen* Ak 17 *Wohl! Herr Knitterer er kann sich* REAk *Wohl, Herr Knitterer, er kann sich* C^1C, dazu sagt Grumach in Goethe 12, 1950, S. 63, das zweite Komma sei von Göttling in C^1 erst eingeführt. Burdach in W, S. 397: „*Herr Knitterer* Subjekt, nicht Anrede." *Wohl, Herr Knitterer er kann sich* WJF

S. 47. HAB' ICH ... 13 *euch* RE *auch* C^1 und Goethe handschriftlich (W 6, 398).

S. 48. GLAUBST DU ... 5 *an.* REAk *an;* C^1CWJF .

Buch der Sprüche

Neu sind in der *Ausg. l. Hd.* gegenüber der Erstausgabe die Sprüche Nr. 6–14 und 54–56; die übrigen Sprüche in gleicher Reihenfolge schon in E.

S. 51. TALISMANE ... 3 *gläubiger* REC^1CAk *gläub'ger* WJF

S. 53. ENWERI SAGT'S ... 3 *Zeit* JAk *Zeit:* C^1CWF

S. 53. GESTEHT'S ... 1 *die* C^1CWJF *Die* REAk

S. 54. VERSCHON' ... 1 ohne Kommata REC^1CWFAk *Verschon' uns, Gott, mit* J

S. 55. WARUM IST ... 3 *Zeit!* – EHJAk *Zeit!* C^1CWF

S. 55. WAS WILLST ... 2 bzw. 4 *fließt, genießt.* REC^{1a} *fließt! genießt.* C^{1b}CWF *fließt? genießt.* J *fließt! genießt!* Ak

S. 55. DUNKEL IST ... Anführungszeichen am Anfang und Ende von 1 C^1CAk Anführungszeichen am Anfang von 1 und Ende von 2 REWJF In R fehlt das Wort *nicht*

S. 56. WER AUF ... 2 *zweiten,* REAk *zweiten.* C^1CWJF

S. 58. DIE FLUT ... Anführungszeichen am Anfang von 1 und Ende von 2 (unter Weglassung des Gedankenstrichs) WF. Dazu Burdach: „Es ist damit deutlicher bezeichnet, was der Gedankenstrich ausdrückt: das Ende der Rede. Es ist ein Dialog." Ohne Anführungszeichen EC^1CJAk. Gedankenstriche kommen bei Goethe als Abtrennung direkter Rede vor, z. B. im *Erlkönig* zwischen den Reden des Vaters und des Sohns. Aber kann nicht hier das Ganze auch Selbstgespräch sein?

Buch des Timur

S. 60. DER WINTER UND TIMUR. 28 *Gott! Dir* REJAk *Gott, dir* C¹CWF
S. 61. AN SULEIKA. 8 *Welt.* REAk *Welt;* C¹CWJF

Buch Suleika

In der *Ausg. l. Hd.* sind gegenüber der Erstausgabe hinzugekommen: *Mag sie sich ...* (S. 75), *Ich möchte ...* (S. 77), *Laß den ...* (S. 87), alles andre schon in E, Reihenfolge unverändert. – Im *Buch Suleika* unterscheiden sich die Ausgaben durch verschiedene Druckart der Namen *Hatem* und *Suleika* über den Gedichten. In Goethes Reinschrift (R) sind Gedichtüberschriften dadurch bezeichnet, daß unter ihnen ein geschnörkelter Strich (Volute) steht. Wenn vor den Gedichten die Namen *Hatem* und *Suleika* stehn, fehlt diese Volute; das heißt: es sind Sprechernamen, nicht Gedichtüberschriften. Die Namen sind hier nicht anders behandelt als in den Dialoggedichten, wo sie über einzelnen Strophen stehn (z. B. S. 72–74). Da die Druckkorrekturen von E nicht in Weimar gelesen wurden, ergaben sich Versehen der Druckerei: aus den Sprechernamen wurden vielfach Gedichtüberschriften. Für die *Ausg. l. Hd.* wurde der Gedichtteil von E noch einmal aus E abgeschrieben durch Goethes Sekretär John. Er machte nun ebenfalls die Sprechernamen zu Gedichtüberschriften, indem er sie unterstrich wie diese. Weder Goethe noch Göttling achteten darauf. Dadurch kam es, daß dann auch in der *Ausg. l. Hd.* vielfach die Sprechernamen als Gedichtüberschriften gedruckt sind, zumal die Druckkorrekturen wieder nicht in Weimar gelesen wurden. Erst die Akademieausgabe hat die Namen *Hatem* und *Suleika* überall graphisch als Sprechernamen, nicht als Gedichtüberschriften kenntlich gemacht – eine Schreibweise, die sowohl der Handschrift wie auch dem Sinn entspricht; die Namen besagen nämlich, daß die Liebenden dies zu einander sprechen oder als Briefgedicht schreiben (ein *Duodrama,* S. 269,30), nicht aber, daß Hatem oder Suleika mit dem Gedicht gemeint ist (in dem Sinne wie z. B. S. 109 *Auserwählte Frauen*).

S. 62. EINLADUNG. 7 hinter *geborgen* ein Doppelpunkt C¹CWJF, gar kein Zeichen R, ein Komma E, ein Punkt Ak

S. 63 f. NICHT GELEGENHEIT ... und HOCHBEGLÜCKT ... als zwei Gedichte EC¹C usw., als ein Gedicht Ak. Mir scheint der Charakter nicht der des gesprochenen Dialogs wie S. 67 *Sag', du* ... und S. 72 *Volk und Knecht* ..., sondern mehr der kleiner Briefgedichte, darum wohl besser als 2 Gedichte zu drucken. Entscheidend dürfte wohl R sein: Jedes steht hier als ein Gedicht auf gesondertem Blatt, mit Schlußvolute versehen (Schr. G. Ges. 26, Blatt XVI und XVII).

S. 64 f. ALS ICH ... und DIES ZU DEUTEN ... als zwei Gedichte EC¹C usw., als ein Gedicht Ak. Sachverhalt genau wie bei den vorgenannten 2 Gedichten. Auch hier in R auf zwei gesonderten Blättern, jedes mit Schlußvolute (Schr. G. Ges. 26, Blatt XVIII und XIX).

S. 68. KOMM, LIEBCHEN ... 6 *fiel* REAk *fiel,* C¹CWJF

S. 68. NUR WENIG ... 12 *Hyrkanische* REC^{1}CAk *Hyrkan'sche* WF *hyrkan'sche* J 20 *zu lieb.* REC^{1}CJAk *zu lieb;* W (Konjektur) *zu Lieb;* F

S. 69. HÄTT' ICH Das Gedicht begann in der Handschrift ursprünglich:

Hätt' ich irgend wohl Bedenken
Gleich dir   und Samarkand,
Süße Liebliche zu schenken?
Dieser Städte Rausch und Tand.

In Vers 2 war eine Lücke freigelassen für einen Namen.

S. 70. DIE SCHÖN ... 13 *Dasein,* C^{1}CAk *Dasein.* REWJF 21 R hat ursprünglich *ein,* das dann (von wessen Hand?) korrigiert ist in *Ein.* Daraufhin *Ein* Ak *ein* EC^{1}CWJF 31 *Dichtrische* REWJFAk *Dichterische* C^{1}C

S. 71. VOLK UND KNECHT ... 2 *gestehn, zu* R *gestehn zu* C^1

S. 72. WIE DES ... 2 *Vielgefärbt, geschliffne* REC^{1}CAk *Vielgefärbt geschliffne* WJF 17 *Bräunchen komm! Es wird schon gehen.* RE *Bräunchen komm, es wird schon gehen;* C^{1}C *Bräunchen, komm, es wird schon gehen;* WF *Bräunchen, komm! es wird schon gehen;* J *Bräunchen komm! es wird schon gehen.* Ak 57 *Merken* RAk *Merke* EC^{1}CWJF

S. 74f. LOCKEN, HALTET MICH ... und NIMMER WILL ICH ... als ein Gedicht HREAk, als zwei Gedichte C^{1}CWJF. Die Verse 17–24 in REC^{1}CWJ ohne Strophengliederung; wenn das Ganze ein einheitliches Gedicht ist, fordert die formale Gleichmäßigkeit hier aber zwei Strophen. 20 *gewaltger* R *gewalt'ger* WJF *gewaltiger* EC^{1}CAk 22 *preist:* REJAk *preist.* C^{1}CWF

S. 75. BIST DU ... 3 *durch alle Wüste* EAk *durch Wüsteneien* R *durch alle Wüsten* C^{1}CWJF

S. 77. AN DES ... 5 *gezogen,* REC^{1a}CWJF *gezogen* C^{1b} *gezogen:* Ak 13 *Wasser springend,* REAk *Wasser, springend,* C^{1}CWJF

S. 79. BEHRAMGUR ... 10 *Herzen,* EAk *Herzen* C^{1}CWJF 13 *Ferne* ohne folgendes Interpunktionszeichen EW *Ferne;* C^{1}C und neuere Ausgaben.

S. 81. HOCHBILD. 10 *häuf'ger* R *Tränenguß;* EAk *Tränenguß.* R *Tränenguß:* C^{1}CWJF 13 *Gewalten,* REJAk *Gewalten* C^{1}CWF

S. 81. NACHKLANG. 4 *düstern* C^{1}CWJF *düstren* REAk

S. 82. ACH, UM ... 4 *leide,* REAk *leide!* C^{1}CWJF 17 *Sag' ihm aber, sag's* RAk *Sag' ihm, aber sag's* EC^{1}CWJF

S. 83. WIEDERFINDEN. 17f. Hier hat R (facsimiliert Schr. G. Ges. 26, Taf. XXI):

Auftat sich das Licht! Sich trennte
Scheu, die Finsternis von ihm,

Es folgt E:

Auf tat sich das Licht: sich trennte
Scheu die Finsternis von ihm,

und C^{1}C:

Auf tat sich das Licht: so trennte
Scheu sich Finsternis von ihm,

Ebenso WJF. Die Akademie-Ausg. bringt natürlich die zweite Fassung, sucht in der Interpunktion aber sich R und E anzunähern, da die spätere Zeichensetzung wohl nicht von Goethe selbst herstammt. Daher *Licht! So* Ak 21 *wilden, wüsten* JAk *wilden wüsten* REC^{1}CWF 34 *angehört,* REAk *angehört;* C^{1}CWJF

S. 85. GEHEIMSCHRIFT. 12 *erfand.* REAk *erfand;* C^{1}CWJF

S. 87. WIE MIT ... 1 *Wie mit* C^1CWJF *Wie! Mit* RE *Wie, mit* Ak 9 *Ja! mein* REAk *Ja, mein* C^1CWJF

S. 88. IN TAUSEND ... 5 *jungem* C^1CWJF *jungen* EAk 6 *Allschöngewachsne* C^1CWF *Allschöngewachs'ne* J *Allschöngewachsene* Ak Hier hat E den lustigen Druckfehler *Allschöngewaschne*

Das Schenkenbuch

Neu in der *Ausg. l. Hd.* im Vergleich zur Erstausgabe sind die Gedichte *Du kleiner Schelm ...* (S. 93), *Was in der Schenke ...* (S. 93), *Denk', o Herr ...* (S. 96) und *So hab' ich endlich ...* (S. 99); die übrigen schon in E in gleicher Reihenfolge.

S. 89. OB DER KORAN ... 8 *nicht.* REAk *nicht;* C^1CWJF

S. 92. DU, MIT ... 9 *betrügen* REC^{1a}Ak *betriegen* C^{1b}CWJF

S. 93. WAS IN DER ... 2 *Tumulte!* C^{1a}CWJF 4 *Insulte!* C^{1a}CWJF statt Ausrufungszeichen Fragezeichen HAk. Es handelt sich um eine Goethesche Handschrift, datiert *1818*, aus dem Besitz des Grafen Paar (heute im Goethe-Archiv), die Burdach noch nicht bekannt war. C^{1b} hat: 2 *Tumulte?* 4 *Insulte!*

S. 93. WELCH EIN ... 18 *Nestern,* REC^1CWJF *Nestern;* Ak 19 *Rosenöle!* REJAk *Rosenöle;* C^1CWF

S. 95. SCHENKE, KOMM ... 9 *andren* C^1CWJF *andre* REAk *Musulmannen* RC^1Ak *Muselmannen* EWF *Musulmanen* CJ

S. 99. SO HAB' ... 6 *Knabe! hast* HAk *Knabe hast* C^1CWJF

Buch der Parabeln

In C^1C sind neu hinzugekommen gegenüber E: *Wunderglaube* (S. 100) und *Zum Kessel ...* (S. 102).

S. 100. VOM HIMMEL SANK ... 5 ohne Interpunktion REAk *ein.* C^1CWJF

S. 102. ZUM KESSEL ... 3 *Küchgebrauch;* C^1CWJF *Küchgebrauch.* Ak

S. 103. ES IST GUT. 1 *Mondenschein* EAk *Mondeschein* C^1CWJF (dazu Burdach in W, S. 439 und Fischer, Goethewortschatz S. 439). Vgl. *Faust* 386, 7470 u. 7823; *Claudine* Bd. 4, S. 233,6 u. 10; *Annalen* Bd. 10, S. 521,37.

Buch des Parsen

S. 104. VERMÄCHTNIS ... Überschrift *alt persischen* E *alt persisches* C^{1a} *altpersisches* C^{1b}C *altpersischen* WJFAk 12 *unzähligen* REC^1CAk *unzähl'gen* WJF 33 *Lebendigen* EAk *Lebend'gen* C^1CWJF. In R lautet die Zeile *Nicht zu spät begrabet eure Toten* 58 *geschmeidig,* REAk *geschmeidig.* C^1CWJF

S. 106. WENN DER ... 12 *Mäßiger* REC^1CAk *Mäß'ger* WJF

Buch des Paradieses

Neu in der *Ausg. l. Hd.* sind folgende Gedichte: *Vorschmack* (S. 107), *Einlaß* (S. 110), *Anklang* (S. 111) und *Deine Liebe ...* (S. 112); die übrigen schon im Erstdruck, in gleicher Folge.

S. 107. VORSCHMACK. 9 *ewigen* C^1CAk *ew'gen* WJF

S. 107. BERECHTIGTE MÄNNER. 13 *an Baum, zypresseragend,* JAk ohne Interpunktion REC^{1}CWF 22 *blutigen* REC^{1}CAk *blut'gen* WJF 25 *deinen Wunden* H *deiner Wunden* C^{1}C. 42 *ausersinnt.* EAk *ausersinnt;* C^{1}CWJF 50 *Musulman* EC^{1}CJAk *Muselmann* WF in Angleichung an andere Stellen, z. B. S. 96 *brüstet,* EAk *brüstet:* C^{1}CWJF

S. 109. AUSERWÄHLTE FRAUEN. 11 *bittrem* C^{1}CWJF *bitterm* REAk 13 *auch, sie* C^{1}CWJF *auch! Sie* REAk 23 *ewigen* REC^{1}CAk *Ew'gen* WJF

S. 110. EINLASS. 18 *Hier! – durchschaue* RAk *Hier durchschaue* C^{1}CWJF 21 *gläubigerweise* RC^{1b}Ak *gläubiger weise* C^{1a}C *gläub'ger Weise* WJF 29 *Geringern;* RC^{1}Ak *Geringern!* CWJF

S. 111. ANKLANG. 18 *Andre* RAk *Andere* C^{1}CWJF

S. 112. DEINE LIEBE ... 72 *erzeigt.* RAk *erzeigt!* C^{1}CWJF

S. 116. HÖHERES UND HÖCHSTES. 33–36 In der Handschrift ist diese ganze Strophe völlig ohne Interpunktionszeichen, nur am Strophenschluß ein Punkt. Während die meisten Gedichte des *Divan* in Goethes eigener Handschrift überliefert sind, ist von diesem nur eine Abschrift von John vorhanden, in der auch sonst kaum Satzzeichen stehen. 38 *ewigen* HEC^{1}CAk *ew'gen* WJF 40 *reinlebendigerweise* EC^{1}CAk vielleicht ist auch in der Handschrift diese Schreibweise beabsichtigt; in Johns Schrift wirkt das Schriftbild aber wie 2 Wörter: *rein-lebendiger weise* H *rein-lebend'ger Weise* WJF 43 *ewiger* EC^{1}CAk *ew'ger* WJF

S. 117. SIEBENSCHLÄFER. 11 *hämischen* REC^{1}CAk *häm'schen* WJF 42 *erneute.* REAk *erneute:* C^{1}CWJF 68 *nur* REC^{1a}JAk *nun* Göttling im Brief vom 25. 11. 1827 C^{1b}CWF

S. 120. GUTE NACHT! 2 *Volke!* C^{1}CWJF ohne Interpunktionszeichen REAk 14 *erfreue.* REAk *erfreue:* C^{1}CWJF

Aus dem Nachlaß

Die S. 121–125 abgedruckten Gedichte sind nur eine Auswahl aus der Gesamtzahl der im Nachlaß gefundenen Gedichte und Bruchstücke zum *Divan.* – Vollständig: Akad.-Ausg. und Insel-Ausg., hrsg. von Hans-J. Weitz, Wiesbaden 1951 u. ö.

S. 121. WER SICH ... 1 ohne Interpunktion HWAk *kennt,* JF 6 *gelten;* WJF *gelten,* HAk 7 *Ost* HAk *Ost-* WJF 8 *sei* HAk *sei's* WJF

S. 121. HAFIS, DIR ... 8 *Schwimmt es, morsches* RWJF *Schwimmt's, ein morsches* Korrektur in R (von Eckermanns Hand?) Ak 12 *Glut.* RWJF *Glut!* Korrektur in R (von Eckermann?) Ak 16 *geliebt!* WJF *geliebt.* Ak

S. 121. MICH NACH- UND UMZUBILDEN ... Im Goethe-Archiv in einer Handschrift von Riemers Hand (H 78) vorhanden, außerdem aber in einem Goetheschen Bleistiftentwurf (*Divan*-Manuskripte XV, 9), den Burdach noch nicht kannte. Dieser Bleistiftentwurf hat in Vers 5 *getobt,* die Schlußzeile lautete zunächst *Dich an die Weisen an die göttlich milden.* 5 *getollt* Riemers Abschrift (H 78) WJF *getobt* Goethes Bleistiftentwurf Ak

S. 125. NICHT MEHR AUF ... 6 *Überweht sie der Wind, aber die Kraft besteht,* WJF In der Handschrift (Facsimile: Schr. G. Ges. 26, Taf. XXVII) lautete der Text zunächst *Überweht sie der Wind, die Kraft besteht,* dann wurde über die Zeile *Aber* geschrieben und durch einen Bogen an die Stelle zwischen *Wind* und *die* gewiesen. Dieses *Aber* hat großen Anfangsbuchstaben. Die Akademieausgabe hat – vermutlich aus diesem Grunde – Vers 6 in 2 Verse aufgelöst, deren zweiter mit *Aber* beginnt. 15 *Gemil* RAk *Dschemil* WJF auf Grund einer Korrektur am Rande von R (von Riemers Hand?), die im Facsimiledruck nicht erkennbar ist, sie hebt sich im Original nur matt ab (Bleistift).

Noten und Abhandlungen

Die Erstausgabe, 1819, hat bereits den wissenschaftlichen Anhang; er schließt hier unmittelbar an die Gedichte an: Auf S. 240 steht das Gedicht *Gute Nacht!* und rechts daneben auf S. 241 steht *Besserem Verständnis* und das Motto. Auf S. 243 beginnt dann der Text dieses Teils. – In der *Ausg. l. Hd.* wurden Gedichtteil und Prosateil auf 2 Bände verteilt. Erst jetzt erhielt der Prosateil den Titel *Noten und Abhandlungen zu besserem Verständnis des West-östlichen Divans.*

Während für die Gedichte des *Divan* Goethes Handschriften vorliegen, gibt es für den Prosateil keine Handschrift (bis auf ganz kleine Stücke). Es gibt aber im Goethe-Archiv ein Korrektur-Exemplar des Erstdrucks; die am Rande vermerkten Korrekturzeichen stammen jedoch nicht von Goethes Hand. Für die *Ausg. l. Hd.* ging Göttling ein Exemplar von E durch und regelte Zeichensetzung und Rechtschreibung, ohne daß Goethe viel eingriff.

126,1–3 *Noten und Abhandlungen zu besserem Verständnis des West-östlichen Divans* C^1CWJFAk *Besserem Verständniß.* E

127,39 *selbstständiger* EC^1CWFAk *selbständiger* J

129,2 *hineinzuahnden* EAk *hinein zu ahnen* C^1CWJ *hineinzuahnen* F

134,12 *rückwärts;* C^1CJAk *rückwärts,* EWF

134,14 *könnte* EWJFAk *könnten* C^1C

139,10f. *erste Darius* gesperrt C^1CAk ungesperrt EWJF

139,13 *Jüngsten* EC^1CAk *jüngsten* WJF

139,22 *niemandem* C^{1a}CAk *niemanden* EC^{1b}WJF

140,21 *ahndungsvoll* EC^1CJAk *ahnungsvoll* WF

141,36 *eignen* EJAk *eignem* C^1CWF

143,8 *einem* EC^1CJAk *Einem* W *einem* F

143,25 *für* C^1CWJF *vor* EAk

145,3 *Demungeachtet* C^{1a}Ak *Demohngeachtet* E *Dessen ungeachtet* C^{1b} *Dessenungeachtet* CWJF

145,3 *aber* EC^{1a}CWJFAk fehlt C^{1b}

147,34 *Entsetzen, alle* EC^1CWAk *Entsetzen alle* JF

148,31 *demungeachtet* C^{1a}Ak *demohngeachtet* E *dessen ungeachtet* C^{1b} *dessenungeachtet* CWJF

149,33f. *Menschenbedürfnisses, immer* EC^1CWFAk *Menschenbedürfnisses immer* J

153,1 *Ferdusi* WJF *Firdusi* EC^1CAk ebenso 153,22 u. ö.

153,23 *Schach* EC^1C *Schah* WJFAk ebenso 153,29 u. ö.

154,18 *scharfem glücklichen* EAk *scharfem glücklichem* C^1C *scharfem, glücklichem* WJF

154,18f. *Durchschauen, er* EC^1Ak *Durchschauen. Er* CWJF

155,20 *Ahndung* EAk *Ahnung* C^1CWJF

155,31 *andern, unmittelbar* EJAk *andern unmittelbar* C^1CWF

156,26 *Gottergebene* EC^{1}CAk *gottergebene* WJF
156,29 *reiner* EWJFAk *reicher* (Druckfehler) C^{1}C
156,33 *Iconium* EWJFAk *Inconium* (Druckfehler) C^{1}C
157,1 *aus,* EC^{1}Ak *aus;* CWF *aus:* J
159,24 *genügsam froh* EC^{1}CWAk *genügsam, froh* JF
159,33 *Dschami* gesperrt EC^{1}CWJAk ungesperrt F
160,11 *grasse* EC^{1a}CWJFAk *krasse* C^{1b}
160,12 *Vorscheine* EC^{1}CWJAk *Vorschein* F
160,21 *Zeitraums* EC^{1}CWJAk *Zeitraumes* F
164,24 *herrlicheres* C^{1}CWFAk *herrlichers* EJ
166,2 *Dilaram* WJFAk *Dilara* EC^{1}C
170,5 *frommen* EJAk *frommem* C^{1}CWF
170,6 *Ku-tou* EC^{1}CAk *Ku-tu* WJF
170,31 Einzug EC^{1}CWJAk kein Einzug F
174,9 *ernster, bedächtiger* C^{1}CAk *ernsten, bedächtigen* EWJF
174,26 *Reutern* EAk 174,32 *sein* EC^{1}CWFAk 174,35 *Zehenden* Ak 175,2 *Zehenden* EC^{1a}CWAk So lauten die Formen auch in alten Drucken der Lutherbibel (1. Sam. 8, 11. 13. 15. 17). Dafür 174,26 *Reitern* C^{1}CWJF 174,32 *seien* J 174,35 *Zehnden* EC^{1a}CW *Zehnten* C^{1b}JF 175,2 *Zehnten* C^{1b}J *Zehenten* F
175,10 *Er* EC^{1}CJAk *er* WF
176,13 *hülfsbedürftig* EC^{1}CWFAk *hilfsbedürftig* J
178,2 *uns* EJAk fehlt C^{1}CWF
178,3 *Geschichtsschreibern* EWJFAk *Geschichtschreibern* C^{1}C
180,26 kein Einzug Ak Einzug EC^{1}CWJF
180,26 *Löwen* gesperrt EWJFAk ungesperrt C^{1}C
180,27 *Morgendämmrung* C^{1}CWJFAk *Morgendämmerung* E
180,33 *Locken* ungesperrt EC^{1}CAk gesperrt WJF
181,7 Semikolon EC^{1}CWAk Gedankenstrich J Komma F
181,20 *will.* EC^{1}CWJAk *will:* F
183,18 *Isfendiar* EC^{1}CWJF *Isvendiar* (gemäß Register von EC^{1a}C) Ak
183,33 *reinem, unbewundenem* C^{1}CWJFAk *reinem unbewundenen* E
184,34 *Zepter-Queue* EC^{1}CAk *Scepter-Queue* W *Scepterqueue* J *Szepter-Queue* F
188,25 *mannigfaltig;* EC^{1}JAk *mannichfaltig;* CW *mannigfaltig,* F
197,32f. *Demungeachtet* EC^{1}Ak *Dessenungeachtet* CWJF
204,16 *sein;* JAk *seyn:* EC^{1}C *sein:* WF
204,38 *dafür* C^{1}CWJF *davor* EAk
206,22 *warum* EC^{1}CWJAk *Warum* F
210,28 *Midianiten* EC^{1}CAk *Midianiter* WJF ebenso 210,33
213,39 *Midianiten* EC^{1a}CAk *Midianiter* C^{1b}WJF
214,24 *Hobab* gesperrt EC^{1}CAk ungesperrt WJF
215,5 *Feldherren-* EC^{1a}CWJFAk *Feldherrn-* C^{1b}
216,20 *Jiim* Ak *Iiim* E *Iiim* oder *Jiim* (unentscheidbar, da Fraktur) C^{1a}CWJF *Ijim* C^{1b}
219,12 *Elim, 12* WFAk *Elim. 12* EC^{1}CJ
219,22 *Parez* C^{1}CJWFAk *Perez* E
219,28 *Makeheloth* C^{1}CWJFAk *Makeheleth* E
219,29 *Tahath* C^{1}CWFAk *Tabath* E *Thahath* J

219,35 *Horgidgad* WJFAk *Harpidad* E *Horgidad* C^{1}C

219,36 *Jathbatha* C^{1}CWJFAk *Talhbatha* E

219,38 *Ezeon-Gaber* WJF *Ezeongaber* EC^{1}CAk ebenso 221,24

220,2 *Jiim* Ak *Ijim* EC^{1} *Iijm* oder *Jijm* (unentscheidbar, da Fraktur) C *Iiim oder Jiim* (unentscheidbar, da Fraktur) WJF

220,3 *Dibon* C^{1}CWJFAk *Diban* E

220,10 *Bamoth* EWJFAk *Ramoth* C^{1}C

220,11 *Pisga* C^{1}CWJFAk *Pispa* E

220,14 *Sihon* WJFAk *Sihan* EC^{1}C

220,15 *Basan.* nicht eingerückt EC^{1a}CWJFAk eingerückt C^{1b}

220,18 *Hazeroth* gesperrt EC^{1}CAk ungesperrt WJF

220,21 *Ezeon-Gaber* EC^{1}CWJF *Ezeongaber* Ak

220,25 *eines* EC^{1}CJAk *Eines* W *eines* F

222,1 *genaueste* C^{1}CWJFAk *genauste* E

222,8 *Ezeon-Gaber* C^{1}CWJF *Ezeongaber* EAk ebenso 222,10

222,32 *so wie* EC^{1}CWFAk *sowie* J

222,32 *anderen* EC^{1a}CWJFAk *andern* C^{1b}

225,1 *Außenbleiben* EC^{1}CWJF *Ausbleiben* Ak

227,28f. *umgestaltet* C^{1}CAk *ungestaltet* EWJF

228,8 *geboren, im* EC^{1}CWJAk *geboren im* F

230,13 *genugsam* C^{1}CAk *genugsame* EWJF

nach 230,14 keine Leerzeile ECWJFAk Leerzeile C^{1}

231,11 *einer* WJF *eine* EC^{1}CAk

233,24 *angesehenen* EAk *angesehnen* C^{1}CWJF

242,1 *Silvia* gesperrt EC^{1}CAk ungesperrt WJF

242,3 *Tinatin di Ziba* gesperrt EC^{1}CAk ungesperrt WJF

242,9 *Jahre glanzreich,* EC^{1a}CWJFAk *Jahre, glanzreich,* C^{1b}

243,12 *erscheint;* EC^{1}CWFAk *erscheint,* J

250,4 *eins* EC^{1}CJAk *Eins* W *eins* F

251,14 *der „Gesellschafter“* EC^{1}CWAk *Der Gesellschafter* J *„Der Gesellschafter“* F

251,20 *der* WFAk so auch bei Diez, Buch des Kabus, dem Inhalt entsprechend *des* EC^{1}CJ

251,26 *Nuschirwans* C^{1}CWJF *Nuschirewans* EAk

254,16f. *allgemeinsten, durch* EC^{1}CWFAk *allgemeinsten durch* J

256,22 *Voß* gesperrt EC^{1}CAk ungesperrt WJF

nach 257,3 keine Leerzeile C^{1}CWJF Leerzeile EAk

257,7 *Schah Nameh* WJFAk *Schahname* E *Schahnameh* C^{1}C

267 Die vier Verse *Wir haben nun* … vor dem Widmungsgedicht *Silvestre de Sacy* F umgekehrt EC^{1}CWJAk. In der Fest-Ausgabe Bd. 3, S. 350 sagt Rudolf Richter dazu: „Die beiden Schlußgedichte sind hier umgestellt, weil das erste offenbar das Schlußwort des eigentlichen Textes ist und das zweite, einer Widmung entsprechende, am Ende stehen muß, wo das morgenländische Buch seinen Anfang nimmt.“

NACHWORT ZU „DIE GEHEIMNISSE“

Die Geheimnisse sind das Fragment eines religiösen Epos, entstanden in den Jahren 1784/85. Wir hören zuerst davon während Goethes Reise nach Braunschweig in einem Brief an Herder vom 8. August 1784: *Da wir hier liegen bleiben mußten, machte ich gleich einen Versuch, wie es mit jenem versprochenen Gedichte gehen möchte.* Goethe hatte das Werk also mit Herder durchgesprochen, bevor er es begann. Am gleichen Tage schrieb er an Frau v. Stein: *Ich schicke Dir durch Herders etwas, das ich heute für Euch gearbeitet habe.* Die Worte *für Euch* meinen Herder und Frau v. Stein; an sie dachte Goethe als Leser. Am 9. November 1784 schreibt er der Freundin: *Diesen Abend bin ich bei Dir und wir lesen in denen „Geheimnissen“ fort, die mit Deinem Gemüt so viele Verwandtschaft haben.* Die Richtung, in der Frau v. Stein mit Herder übereinstimmte, war ein unorthodoxes Christentum, das eine Vergeistigung des Lebens anstrebte. Goethe hat sich diesem Denken hier genähert, so weit er konnte. Die im Gedanken an die Freunde begonnene Dichtung gedieh aber nur langsam. Der Winter brachte eine Pause im Schaffen. Am 28. März 1785 schreibt er an Knebel, er habe erst 40 Strophen fertig: *Das Unternehmen ist zu ungeheuer für meine Lage, indes will ich fortfahren und sehn wie weit ich komme.* Viele Jahre später notiert Boisserée am 3. August 1815: „*Die Geheimnisse,* sagte Goethe, habe er zu groß angefangen, wie so vieles. Die zwölf Ritter sollten die zwölf Religionen sein und alles sich nachher absichtlich durcheinander wirren, das Wirkliche als Märchen und dies, umgekehrt, als die Wirklichkeit erscheinen.“ Daher also nennt Goethe das Unternehmen *ungeheuer,* und die Worte *für meine Lage* beziehen sich darauf, daß ihm ein umfassender Überblick über die Weltreligionen damals durchaus fehlte. Im Jahre 1785 kam die Arbeit ins Stocken. 1786 begann die Reise nach Italien und damit eine Lebensstimmung, die kein Nährboden zur Fortsetzung dieses Werkes war.

Die Geheimnisse schildern eine Bruderschaft, in welcher religiös strebende Menschen von ganz verschiedenen Wegen sich zusammenfinden in einer Urreligion, die alle Religionen umfaßt. Es ist ein Motiv der neuzeitlichen Welt, das erst mit ihr entstehen konnte und tief in ihrem Wesen verwurzelt ist. Es ist der dichterische Mythos derjenigen Weltanschauung, welche Dilthey als „religiös-universalistischen Theismus“ bezeichnete (Schriften Bd. 2, S. 45 ff., 145 ff. u. ö.), d. h. die Anschauung, daß in allen Religionen Wahrheit sei, daß niemand die reine und ganze

Wahrheit habe und daß Gott in den verschiedenen großen religiösen und philosophischen Bemühungen überall und immer wirksam sei. Sie bildete sich in Italien in der Renaissance und im Norden bei Erasmus, Reuchlin und anderen Humanisten. Ungefähr gleichzeitig entstand die Pansophie, d. h. der Glaube, daß Gott sich nicht nur in der Bibel, sondern auch in der Natur offenbare und daß man beide Wege zusammensehen müsse. Auch dies in der Florentiner Akademie, dann im Norden bei Paracelsus, Kepler u. a. Beide Gedankengänge führten zu mythisch-bildhafter Verdichtung: die Pansophie schuf die Gestalt des Faust, der die innersten Zusammenhänge des Alls erschauen und damit Gottes Gedanken nachdenken will; der universale Theismus schuf die Geschichte von dem Rosenkreuzer-Orden, der die besten und weisesten Männer aller Geistesrichtungen zu einer geheimen Bruderschaft verbindet. Goethe hat, ohne es zu ahnen, in vielen entscheidenden Zügen das, was die letzten drei Jahrhunderte vor ihm geschaffen hatten, zusammengefaßt und zur Höhe geführt. Zu diesen Griffen, die unter dem Vielen das Wesentliche erfaßten, gehört auch, daß er diese beiden Mythen für seine Dichtung aufnahm.

Der Stoff stammt ursprünglich von Johann Valentin Andreae, 1586–1654, dessen Werke Goethe wohl durch Herder kennen lernte (Bd. 1, S. 128, *Woher sind wir geboren* u. die Anmkg. dazu über die Anregung aus Andreae). In den Jahren 1614–1616 erschienen drei einander ergänzende Schriften – ob sie alle von Andreae sind, weiß man nicht –, die berichten: 1378–1484 lebte Christianus Rosenkreuz, ein armer adliger Deutscher. Er kam weit im Orient herum, lernte dort die Geheimwissenschaften, erforschte alle Zusammenhänge von Makrokosmos und Mikrokosmos und verstand die Sprache der Natur. Aber er wußte diese Naturerkenntnis mit dem christlichen Glauben zu vereinigen. Nach Deutschland heimgekehrt, zog er sich in die Einsamkeit zurück, faßte den Gedanken einer gelehrten religiösen Bruderschaft und nahm weise und edle Männer zu sich, die er in alle seine Weisheit einweihte, zunächst drei, dann acht. Wenn von diesen einer starb, wurde er ersetzt durch einen neu Hinzugewählten, und so lebt die Lehre des Christianus Rosenkreuz weiter. Eines Tages aber wird sie nicht mehr verborgen bleiben, sondern der ganzen Welt Heil bringen. Ihr Inhalt ist eine Vereinigung von Christentum und religiöser Naturschau, Streben nach Erkenntnis und nach einem reinen Herzen. Die Idee eines Kreises von religiös-gelehrten Wissenden ist verwurzelt in dem für das Barock zentralen Gedanken einer religiösen Gesamtwissenschaft; sie lebt in den irenisch-theologischen Zielen des Calixtus, in Grimmelshausens Utopie eines Parlaments der „klügsten und gelehrtesten Männer", welches alle Religions- und Staats-Streitigkeiten behebt (Simpl. III, 4), in des Comenius Entwürfen einer Universalwissenschaft und noch in den Akademieplänen des Leibniz, der nachforschte, was an der Rosenkreuzer-Überlieferung Wahres sei. Das aufklärerische Denken des 18. Jahrhunderts entwickelte sie weiter: die Freimaurer und der Illuminaten-Orden erstrebten eine Verschmelzung aller Religionen und Kulte in human-sittlich-religiösen Zielen. Goethes Interesse an solchen Gesellschaften bekunden *Wilhelm Meisters Lehrjahre.* Die geheimen Orden wurden zum Thema in der Literatur: Nicolai und Herder erörterten, ob die Freimaurer mit den Rosenkreuzern zusammenhingen; Lessing behandelte sie im Zusammenhange seiner Ideen einer überkonfessionellen Religiosität. Die Entwicklung des religiös-universalen Theismus wurde zum Gipfel geführt durch Herder. Schon 1774 hatte „Auch eine Philosophie der Geschichte zur Bildung der Menschheit" skizzenhaft-rhapsodisch dargestellt, die Geistesgeschichte sei „Epopee Gottes durch alle Jahrtausende, Weltteile und Menschengeschlechte", „Gang Gottes über die Nationen". Jetzt in Weimar, in den Jahren enger Zusammenarbeit mit Goethe, führen die „Ideen zur Philosophie der Geschichte der Menschheit" das näher aus. Gottes Geist wirkt in allen Kulturen und Religionen. „Nicht anders wirkt Gott auf der Erde als durch erwählte größere Menschen." (IX, 1.) Sie machen als Heilige, Weise und Philosophen Geschichte. So ergibt sich eine „goldene Kette der Bildung" (ebd.), so daß „sich das ganze Menschengeschlecht vielleicht mit der Zeit an einer Kette brüderlicher Tradition zusammenfindet" (IX, 2). Letztlich kommen alle Weisheiten und religiösen Erkenntnisse auf einige große gemeinsame Wahrheiten hinaus, auf „Humanität". Mit Buch XVI beendet Herder seinen Überblick über die heidnischen Völker und Religionen – auch in ihnen lebt „Humanität", lebt Göttliches –, überleitend zitiert er eine Strophe aus Goethes *Geheimnissen,* und dann folgt seine schöne, klassische Schilderung des Christentums als „echteste Humanität", die so bezeichnend ist für den freien, weiten Geist der Weimarer Klassik. Diese Gedankengänge hat Herder 1784/85 immer wieder in Gesprächen mit Goethe erörtert. Mit ihnen hängen *Die Geheimnisse* eng zusammen. Und daß sie Fragment blieben, liegt vielleicht zum Teil daran, daß Goethe sich hier nicht ganz in seiner eigenen Welt bewegte, sondern weitgehend in dem Gedankenbereich Herders und dem Stimmungsbereich der Herderschülerin, der geliebten Freundin.

Der in Goethes späteren Erläuterungen ausgesprochene Gedanke, *daß jede besondere Religion einen Moment ihrer höchsten Blüte und Frucht erreiche, worin sie jenem obern Führer und Vermittler sich genaht, ja sich mit ihm vollkommen vereinigt,* ist der gleiche wie der bei Herder: „Gang Gottes über die Nationen", Humanität in allen Völkern und Religionen, nie vollendet, immer werdend. Weil in allen Religionen Humanität ist, kann Humanus aus dem Kreise scheiden, als nach langem Zusammensein sich alle Brüder mit ihm und darum auch untereinander gefunden haben. Und weil alle an ihm Anteil haben, kann seine Geschichte abschnittsweise von ihnen allen berichtet werden; denn das Göttliche ist nicht verwirklicht in einem einzelnen Ereignis der Weltgeschichte, sondern in der Weltgeschichte als Ganzem – ein Gedanke, den nach Herders genialen Skizzen dann Hegel exakter durchdachte. Wie die Urpflanze in allen Pflanzen ist – ein Gedanke, der Goethe damals viel beschäftigte –, so ist die Urreligion in allen Religionen. Jede einzelne trägt etwas zu ihr bei und findet sich in ihr wieder, das gilt zumal für die christlichen Kirchen. Die Humanitätsreligion der *Geheimnisse* ist gekennzeichnet durch das Ideal der Reinheit, wie es Markus verkörpert, und das der Selbstüberwindung, von welcher der greise Bruder spricht (181–184, 191–192). Doch dieser Forderung wird sogleich jede schroffe Härte genommen (193–200): die *Tugend* wird nicht nur durch *strenges Wort,* sondern auch durch das *Herz* gelehrt, so daß der Mensch den *Dienst* stets *mit Freuden* tut. Das ist ein Vorwegnehmen des Begriffs der „schönen Seele", wie ihn Schiller prägte, das Zusammenfallen von Pflicht und Neigung, Kantischen wie kirchlichen Rigorismus überwindend. Goethes Bericht sagt, daß am Ende *der arme Pilgrim Bruder Markus in die hohe Stelle eingesetzt* das Amt des Humanus fortführen sollte: Nicht Wissen und Geist, sondern die kindlich reine Seele ist das Höchste. Das ist die „Humanität" der Bergpredigt. In vergleichbarer Weise hatte Wolframs Parzival-Epos, von dem Goethe nichts wußte, den Menschen reiner Seele zum König der Gralsritter werden lassen. Mit Absicht ist das Bild des Humanus aus Mythenmotiven verschiedener Religionen zusammengefügt: christlich sind Verkündigung (154) und Stern (155), altjüdisch das sanfte Raubtier (157–160, ähnlich wie Jesaias 11, 6–8) und der Felsenquell (169–176, nach 2. Mos. 17, 5 ff.), griechisch das Schlangenwunder (161–168, nach der Heraklessage). Sinnbild der Bruderschaft ist das Rosenkreuz (51–72, 279–280). Kreuz und Rosen, Christus und Natur, ethischer und ästhetischer Weg, Pflicht und Neigung – und die Gegensätze können sich vereinigen. Alte Embleme, aber bei Goethe mit neuem Sinn. Kreuz und Rose kommen schon bei Luther nebeneinander vor – er hatte die Rose im Wappen –, aber als Sinnbilder von Glaube und von Freude durch den Glauben, nicht als Verbindung von biblischer und natürlicher Offenbarung. Es war ein Grundbestandteil des Goetheschen Denkens und nicht ein Gedanke, den er zeitweilig von Herder aufnahm, daß das Göttliche sich immer neu offenbare in allen Religionen und allen großen Geistern. Er steht damit in der großen Entwicklungslinie des universalen Theismus, die von Lorenzo Medici, Erasmus und Bruno über Herder und Hegel bis ins 19. Jahrhundert reicht. Ein Jahr vor seinem Tode schrieb er an Sulpiz Boisserée: *Ich habe ... von Erschaffung der Welt an keine Konfession gefunden, zu der ich mich völlig hätte bekennen mögen. Nun erfahr' ich aber in meinen alten Tagen von einer Sekte der Hypsistarier, welche, zwischen Heiden, Juden und Christen geklemmt, sich erklärten, das Beste, Vollkommenste, was zu ihrer Kenntnis käme, zu schätzen, zu bewundern, zu verehren und, insofern es also mit der Gottheit im nahen Verhältnis stehen müsse, anzubeten. Da ward mir auf einmal aus einem dunklen Zeitalter her ein frohes Licht, denn ich fühlte, daß ich zeitlebens getrachtet hatte, mich zum Hypsistarier zu qualifizieren; das ist aber keine kleine Bemühung, denn wie kommt man in der Beschränkung seiner Individualität wohl dahin, das Vortrefflichste gewahr zu werden?* (22. 3. 1831. Briefe Bd. 4, S. 424.) Dieses war Goethes Standpunkt jederzeit, und insofern sind auch *Die Geheimnisse* aus dem Kern seiner Anschauungen erwachsen. Aber die Planung im einzelnen war Herders Einfluß: ein Überblick über die Weltreligionen war das, was dieser mit seiner breiten religionsgeschichtlichen Kenntnis damals zu entwerfen versuchte. Wie aber sollte sich Goethe diesen Stoff aneignen? Und wie sollte er dichterisch Form gewinnen? In typischen Gestalten? Allegorie war nicht die Schreibweise für ein Goethesches Epos. Und sodann: was ihn im Bereich des Religiösen bewegte, war die Erkenntnis des Göttlichen in der Natur, nicht – wie bei Herder – die historischen Religionen. Das Werk blieb Torso. Er hat sein Wort über das Religiöse hier nicht zu Ende geführt. Das blieb seinen Alterswerken vorbehalten. Manches, was in den *Geheimnissen* unausgeführt blieb, kam in den *Wanderjahren* zur Sprache: Verschiedene religiöse Wege, die alle letztlich zum gleichen Ziele führen; bildliche Darstellungen, die symbolisch eine Urreligion aussprechen; ein Kreis weiser Männer, der solches esoterisches Wissen bewahrt und pflegt.

Als Goethe deutlich war, daß das Werk ein Bruchstück bleiben werde, hat er es als solches 1789 zum Druck gebracht und gelegentlich auch vorgelesen. Bei einer solchen Vorlesung hörte es in Erfurt im Kreise Dalbergs die junge Caroline v. Dacheröden, die später Wilhelm v. Humboldt heiratete. In ihrem Hause waren *Die Geheimnisse* fortan eins der Werke, die zum festen geistigen Besitz gehörten, und als Humboldt im Jahre 1800 auf seiner Spanienreise den Montserrat bei Barcelona bestieg, fühlte er sich lebhaft an Goethes Fragment erinnert und sandte Goethe eine ausführliche Landschaftsbeschreibung. Er schildert den hohen Berg mit Felsen und Waldungen, in denen verstreut Einsiedler wohnen, die zwar voneinander unabhängig sind, aber alle im gleichen Sinne leben. Auf Goethe hat das Bild des Montserrat starken Eindruck gemacht. In seinem erläuternden Aufsatz über *Die Geheimnisse* (S. 281–284) von 1816 benutzt er es zweimal (S. 283, 3f. und 284, 38), nicht in realem Sinne – die Brüder in seinem Epos wohnen nicht vereinzelt in Felsenklausen –, sondern in symbolischem, oder wie er selbst sagt in *ideellem:* jeder bleibt für sich in seiner Eigenart, und doch streben alle in einem gleichen Sinne. Und so schließt er auch den Aufsatz mit diesem Bilde, resignierend, symbolisch, geheimnisvoll: Jeder Mensch ist als religiöses Wesen geschränkt in seine Individuation und seine ihm gegebenen Kräfte; aber letzten Endes gehen alle Strebungen zum gleichen Ziel, und jeder mündet in den Bereich, welchen das Gedicht in der Gestalt des Humanus bezeichnet. Wie diese Entwicklung geschieht und wie die Welt zum Symbol Gottes wird – das bleiben Geheimnisse. Jede Symbolik hat ihre Unendlichkeit. Solche Geheimnisse lassen sich nicht auflösen, aber darstellen. Das hat Goethe immer wieder versucht. Das Epenfragment von 1784/85 behandelt das Religiöse zwar als Hauptmotiv, aber es ist nicht sein einziges religiöses Werk. Das sind viele andere auch, von *Ganymed* bis zu den *Wanderjahren*, still und ohne Pathos, aber im Bewußtsein der religiösen Aufgabe des Dichters in der neuzeitlichen Welt.

ANMERKUNGEN

Die Form des Werks ist die achtzeilige Stanze in der sorgfältigen Bauform, wie Ariosto und Tasso sie für ihre Epen benutzt haben. Im Deutschen war sie zu Goethes Zeit etwas Besonderes, und insofern paßt sie in ihrer kunstvollen und klangreichen Art zu dem Inhalt, denn dieser stellte ebenfalls etwas Besonderes dar und war weder den zeitüblichen Romanen zu vergleichen noch Klopstocks „Messias"-Epos. Zwei von den 352 Versen sind unregelmäßig: 122 hat einen Takt zu wenig, 254 einen zu viel. Die Ursache ist vermutlich nicht, daß Goethe das einmal Niedergeschriebene nicht sorgfältig durchgesehen hätte, sondern vielmehr, daß er das gut Formulierte nicht um des Metrums willen ändern wollte, ebenso wie er bei seinen Hexametern Versehen, auf die man ihn hinwies, mitunter absichtlich unberücksichtigt ließ.

153. *Als dritter Mann.* In der Sprache der Goethezeit wird „der dritte" öfters in der Bedeutung „der Unbeteiligte" benutzt. Hier steht der Sprecher in einem persönlichen Verhältnis zu Humanus, von dem er erzählt. Er sagt, daß er als Außenstehender noch *mehr und freier* erzählen könnte.

276. *bedeutend* in dem wörtlichen, nicht abgeschwächten Sinn, wie Goethe dieses Wort zu benutzen pflegt: voll Bedeutung, einen Sinn in sich tragend.

287. *Gewehre*: Waffen.

298. *manches Bild* (wie schon 278): in den folgenden Versen werden einige wenige dieser Bilder kurz genannt. Es handelt sich um einen Zyklus, wie Goethe ihn liebte. Er hat später solche von ihm erdachte Bild-Zyklen beschrieben in den *Lehrjahren* Bd. 7, S. 541,1ff. und in den *Wanderjahren* Bd. 8, S. 158,24ff.

316. *Teppich*: Vorhang; *Flor*: dünnes, durchsichtiges Gewebe.

340. *Duft*: Dunst.

S. 281,18f. *durch das Morgenblatt.* Goethe schrieb dies 1816. Sehr bald ging er dann dazu über, Mitteilungen dieser Art nicht in das „Morgenblatt" einzusetzen, sondern in seine eigene Zeitschrift *Über Kunst und Altertum.* Das „Morgenblatt" war eine Zeitung, und die wenigsten Leser bewahren Zeitungsartikel auf; *Über*

Kunst und Altertum erschien in Heften, deren je drei einen Band ausmachen. Es war damals üblich, dergleichen einbinden zu lassen. Auf diese Weise hatten Goethes Freunde und Verehrer seine Erläuterungen zu eigenen Werken dann bequem zur Hand.

281,24f. *in einer der ersten Städte Norddeutschlands*: Königsberg.

282,15f. *in meinen schriftstellerischen Bekenntnissen*: Von *Dichtung und Wahrheit* lagen zu diesem Zeitpunkt drei Teile vor; von der *Italienischen Reise* erschien soeben der erste Teil. An eine Darstellung der ersten Weimarer Jahre dachte Goethe damals noch nicht, da viele lebten, welche die Zeit miterlebt hatten, und ihm eine Schilderung seiner schwierigen inneren und äußeren Situation in Weimar in den Jahren 1775–1786 kaum möglich schien.

Text nach der *Ausg. l. Hd., Bd. 13, 1828.* – Erstdruck: *Schriften Bd. 8, 1789.* – Weim. Ausg., Bd. 16, 1894. – Die ursprünglich für *Die Geheimnisse* bestimmte *Zueignung:* Bd. 1, S. 149. – Einzelne Strophen, im Zusammenhange des Epenplans entstanden, wurden als Gedichte gedruckt. Die Strophe *Denn was der Mensch* (Bd. 1, S. 127) erschien 1820 in Goethes Zeitschrift *Über Kunst und Altertum*, Bd. 2, Heft 2. Die Strophe S. 281 *Wohin er auch* ... erschien erstmalig in der *Ausg. l. Hd., Bd. 4, 1827.* – Auf Anregung einer Königsberger Studentengruppe schrieb Goethe seine Erläuterungen im „Morgenblatt für gebildete Stände", Nr. 102, 27. 4. 1816, wobei er einzelne Motive zweifellos im Sinne des alten Plans aus der Erinnerung bezeichnete, aber wohl auch einiges aus der Sicht des Alters neu hineintrug. Dasselbe: Nachgel. Werke, Bd. 5, 1833. (= Bd. 45 der Ausg. l. Hd.) – Weim. Ausg., Bd. 41, 1. Abt., 1902. – Akademie-Ausgabe. Epen, hrsg. von Siegfried Scheibe. Bln. Bd. 1, 1958. Bd. 2, 1963.

Herder hat nicht nur über Humanität bei allen Völkern und in allen Religionen nachgedacht und geschrieben, sondern auch über die Rosenkreuzer, Tempelherren und Freimaurer. Seine wichtigsten Äußerungen darüber: Werke, hrsg. von B. Suphan, Bd. 15, S. 57–121; Bd. 16, S. 596–599; Bd. 24, S. 126–138. – Über die Rosenkreuzer wurde um 1780 viel gesprochen, und Rosenkreuzer-Schriften wurden neu aufgelegt. Ein Verzeichnis zahlreicher Schriften bis 1782 erhält: Schutzschrift über die Aechtheit der Rosenkreuzer-Gesellschaft ... von Robert de Fluctibus ... übers. von Ada Mah Booz. Lpz. 1782.

ZUR TEXTGESTALT

Vers 236 *gleich gesetzt;* Die Drucke zu Goethes Zeit haben alle diese Schreibweise. Moderne Schreibweise wäre *gleichgesetzt.* Goethe schrieb – handschriftlich – Komposita gern in 2 Wörtern, daher übernahmen es seine Schreiber und dann die Drucker. – Dt. Wb. 4, Abt. 1, 4. Sp. 7947.

S. 282,39. *Beschluß.* So in den Handschriften und ersten Drucken. Dagegen *Schluß* in W und allen ihr folgenden Ausgaben. Das Wort *Beschluß* im Sinne von „Schluß" kommt bei Goethe mehrfach vor.

S. 283,34. *denn* in den Handschriften; *dann* im Erstdruck und in der *Ausg. l. Hd.* W druckt *denn.*

S. 283,36. *erreiche* Handschriften und alte Drucke; *erreicht* Konjektur in W.

GOETHE UND SEINE ZEITGENOSSEN ÜBER „REINEKE FUCHS“

Knebels Tagebuch.

1. Febr. 1793. Bei Herders, Vorlesung von Goethes „Reineke Fuchs“. – 1. März. Abend bei meiner Schwester, der Goethe aus „Reineke Fuchs“ vorliest. – 3. März. Abends bei Herzogin-Mutter, Goethe Vorlesung, 7. und 8. Gesang „Reineke“. – 15. April. Abends bei Herzogin-Mutter, Vorlesung von Goethes letzten Gesängen von „Reineke“. – 24. April. Abends bei meiner Schwester, Vorlesung von Goethe, „Reineke Fuchs“.

Goethes Tagebuch. Notizen über abgegangene Brief-Sendungen.

12. März. Herzog Frankfurt mit Reinek. 1. Ges. *(Carl August war zu dieser Zeit in Frankfurt.)* – 15. März. Prinz August, mit Reinek. 1. Ges. *(Prinz August von Gotha.)*

Herder an Gleim. Weimar, 12. April 1793.

Goethe hat eine Epopöe, die erste und größte Epopöe deutscher Nation, ja aller Nationen seit Homer, und sehr glücklich versifiziert. Raten Sie welche?

Herder an Gleim. Weimar, 1. Mai 1793.

„Reineke der Fuchs“ – das ist der Aufschluß des Rätsels. Das Gedicht ist seit Homer die vollkommenste Epopöe, wie Sie's, lieber Gleim, in Goethes glücklichen Hexametern sehn werden; sie ist deutscher Nation; denn wenn ihr Grund gleich aus einem französischen Roman genommen sein mag, so ist doch ihre epische Einrichtung einem Deutschen, dem Heinrich von Alkmar, zuständig und in Goethes Versifikation gehört sie den Deutschen auf eine eigentümliche Weise mehr. Das Gedicht ist ein Spiegel der Welt.

Goethe an Friedrich Heinrich Jacobi. Weimar, 2. Mai 1793.

Du kannst denken, wie fleißig ich war. „Reineke“ ist fertig, in zwölf Gesänge abgeteilt und wird etwa 4500 Hexameter betragen. Ich schicke Dir bald wieder ein Stück. Ich unternahm die Arbeit, um mich das vergangne Vierteljahr von der Betrachtung der Welthändel abzuziehen, und es ist mir gelungen.

Goethe an Knebel, 11. Mai 1793. (Am Tag vor der Abreise in das Feldlager von Mainz.)

,,Reineke" muß ich mitnehmen. Die Korrektur so eines Stücks ist eine Sache, die sich nur nach und nach macht.

Goethe an Herder. Lager bei Marienborn, 15. Juni 1793.

Ich komme nun fast nicht mehr vom Zelte weg, korrigiere an ,,Reineke" und schreibe optische Sätze.

Goethe an Knebel, 2. Juli 1793, im Truppenlager vor Mainz.

Wie sehr wünscht' ich, den Musen des Friedens huldigen zu können! Was möglich ist, tue ich doch. ,,Reineken" habe ich stark durchgeputzt, auch an meinen optischen Sachen habe ich viel gearbeitet.

Goethe an Wieland, 26. September 1793.

Beiliegende drei Gesänge ,,Reinekes" wollte ich erst recht sauber abschreiben lassen und nochmals durchsehen, eh' ich sie, lieber Herr und Bruder, Deiner Sanktion unterwürfe. Da man aber in dem, was man tun will, meist einige Schritte zurückbleibt, so sende ich sie in einem etwas unreineren Zustand. Du hast die Güte, sie, den kritischen Griffel in der Hand, zu durchgehen, mir Winke zu weiterer Korrektur zu geben und mir zu sagen, ob ich die Ausgabe dieser Arbeit beschleunigen oder sie noch einen Sommer solle reifen lassen. Du verzeihst, daß ich mich eines alten Rechts bediene, das ich nicht gern entbehren möchte, und weißt, welchen großen Wert ich auf Deine Bemerkungen und Deine Beistimmung lege.

Goethe an Knebel, Ende September 1793.

Hier schicke ich, werter Freund und Kunstgenosse, den ersten Gesang ,,Reinekes" mit der Bitte, ihn wohl zu beherzigen und kritisch zu beleuchten, indem ich ihn zum Druck bald abzusenden gedenke.

Goethe an Friedrich Heinrich Jacobi. Weimar, 18. November 1793.

,,Reineke Fuchs" naht sich der Druckerpresse. Ich hoffe, er soll Dich unterhalten. Es macht mir noch viel Mühe, dem Verse die Aisance und Zierlichkeit zu geben, die er haben muß. Wäre das Leben nicht so kurz, ich ließ' ihn noch eine Weile liegen; so mag er aber gehen, daß ich ihn loswerde.

Goethe an Lichtenberg. Weimar, 9. Juni 1794.

Hierbei liegt mein ,,Reineke", ich wünsche, daß dieses uralte Weltkind Ihnen in seiner neusten Wiedergeburt nicht mißfallen möge.

J. H. Voß an seine Frau.
Auf der Heimreise von Weimar nach Eutin, 13. Juni 1794.

Goethes ,,Reineke Voß" habe ich angefangen zu lesen; aber ich kann nicht durchkommen. Goethe bat mich, ihm die schlechten Hexameter anzumerken; ich muß sie ihm alle nennen, wenn ich aufrichtig sein will. Ein sonderbarer Einfall, den ,,Reineke" in Hexameter zu setzen.

Goethe an Charlotte v. Kalb. Weimar, 28. Juni 1794.

Hier, liebe Freundin, kommt Reineke Fuchs, der Schelm, und verspricht sich eine gute Aufnahme. Da dieses Geschlecht auch zu unsern Zeiten bei Höfen, besonders aber in Republiken sehr angesehen und unentbehrlich ist, so möchte nichts billiger sein, als seine Ahnherrn recht kennen zu lernen.

Carl Ludwig v. Knebel an Goethe. Weimar, 22. Dezember 1795.

Da ich ... Deinen ,,Reineke Fuchs" für das beste und der Sprache eigentümlichste Werk deutscher Prosodie halte, so wollte ich nicht, daß Du andern, die bei weitem nicht Gefühl und Geschmack genug zu dieser Sache haben, aus zu vieler Nachsicht und Gutheit zu viel einräumtest. Der lebendige Geist, mit Sinn und Geschmack verbunden, fehlt ja fast überall noch in unsern Gedichten, und was soll es werden, wenn sich unsre einzigen Muster unter die Regel einseitiger oder fühlloser Pedanten schmiegen!

Schiller an Wilhelm v. Humboldt. Jena, 25. Jan. 1796.

Woltmann sagt mir, daß eine ganz saft- und kraftlose Rezension des ,,Reineke Fuchs" jetzt für die Literaturzeitung eingeschickt worden ... Da der ,,Reineke Fuchs", wenn man gerecht sein will, das beste poetische Produkt ist, was seit so vielen, vielen Jahren in Umlauf gekommen ist, und sich mit Recht an die ersten Dichterwerke anschließt, so ist es in der Tat horribel, daß er so schlecht behandelt werden soll.

Humboldt an Schiller, 27. Februar 1796. (Humboldt hat zu dieser Zeit vor, eine Rezension des ,,Reineke Fuchs" zu schreiben.)

Den Gottsched habe ich auch gefunden, auch den alten Text in mehrern Ausgaben verglichen. Ob ich hiervon gleich gar keinen eigentlichen Gebrauch machen, sondern alles Literärische ganz mit Stillschweigen übergehen werde, so habe ich doch diese Vergleichung sehr gut genutzt. Sie hat mir gedient, zu sehen, was Goethe eigentlich selbst getan hat, und dies ist nicht sowohl viel als vielmehr alles. Im einzelnen hat er fast nichts abgeändert, oft dieselben Worte gelassen, aber dennoch ist das Ganze durch ihn schlechterdings etwas anderes geworden. Dasjenige nämlich, was eigentlich poetische Form daran ist, dasjenige, wodurch es zu der Phantasie des Lesers spricht und seinen ästhetischen Sinn rührt, gehört ihm ganz und ganz allein. Der alte ,,Fuchs" wirkt auf den Verstand; wenn Sie wollen, auf die Empfindung; er unterhält, aber durch seine Materie; denn er läßt (den Plan und die Anordnung des Ganzen abgerechnet) die Einbildungskraft kalt, er erscheint nicht als ein schönes, bloß als ein gutgeordnetes Produkt voll gesunden Verstandes, geradem Biedersinn und unterhaltendem Witz. Wodurch Goethe dies bewirkt hat, ist schwer zu bestimmen, und ich habe an einzelnen Stellen vergeblich darüber gegrübelt. Das Silbenmaß, das es dem Griechischen näherbringt, tut viel, aber da es so äußerst lose und leicht behandelt ist, auch wieder nicht viel. Die Hauptsache liegt wohl in der Sprache, in dem Periodenbau, endlich und vorzüglich in der Behandlungsart des Genies, die sich nicht einzeln und mit Worten bestimmen läßt.

Weitere Äußerungen Humboldts über „Reineke Fuchs" in seinen Briefen an Schiller vom 3. Februar und 12. März 1796.

Schiller an Wilhelm v. Humboldt. Jena, 21. März 1796.

Mir deucht, daß sich die alten Silbenmaße wie zum Beispiel der Hexameter deswegen so gut zu naiven Poesien qualifizieren, weil er ernst und gesetzt einherschreitet und mit seinem Gegenstand nicht spielt. Nun gibt dieser Ernst, z. B. im ,,Fuchs", der Erzählung einen gewissen größeren Schein von Wahrhaftigkeit und diese ist das erste Erfordernis des naiven Tons, wo der Erzähler nie den Spaßmacher spielen und aller Witz ausgeschlossen bleiben soll. Auch, deucht mir, ist uns der Hexameter schon deswegen in dergleich Gedichten so angenehm und vermehrt das Naive, weil er an Homer und die Alten erinnert.

Aus den Xenien, *1796.*

Reineke Fuchs

Vor Jahrhunderten hätte ein Dichter dieses gesungen?
Wie ist das möglich? Der Stoff ist ja von gestern und heut.

Aus Goethes Aufsatz Skizzen zu Castis Fabelgedicht ,,Die redenden Tiere", *1817.*

Die Tierfabel gehört eigentlich dem Geiste, dem Gemüt, den sittlichen Kräften, indessen sie uns eine gewisse derbe Sinnlichkeit vorspiegelt. Den verschiedenen Charakteren, die sich im Tierreich aussprechen, borgt sie Intelligenz, die den Menschen auszeichnet, mit allen ihren Vorteilen: dem Bewußtsein, dem Entschluß, der Folge, und wir finden es wahrscheinlich, weil kein Tier aus seiner beschränkten, bestimmten Art herausgeht und deshalb immer zweckmäßig zu handeln scheint. – Wie die Fabel des Fuchses sich durch lange Zeiten durchgewunden und von mancherlei Bearbeitern erweitert, bereichert und aufgestutzt worden, darüber gibt uns eine einsichtige Literaturgeschichte täglich mehr Aufklärung.

Aus: Campagne in Frankreich. *1822.*

Der ausführliche Abschnitt über Reineke Fuchs *ist Bd. 10, S. 359, 23–361,3 abgedruckt.*

Aus: Tag- und Jahreshefte, *Abschnitt* 1793. *1823.*

Die Ausführungen über Reineke Fuchs: *Bd. 10, S. 438,11–30.*

NACHWORT ZU „REINEKE FUCHS“

Goethes *Reineke Fuchs* entstand im Jahre 1793. Den Stoff kannte er seit seiner Jugend, schon ein Brief an die Schwester vom 13. Oktober 1765 erwähnt ihn (Briefe Bd. 1, S. 12,12). Im Jahre 1752 hatte Gottsched den Text von 1498 mit einer guten Übersetzung herausgegeben. Dieses Buch war in literarischen Kreisen bekannt geblieben. Am 19. Februar 1782 verzeichnet Goethe in seinem Tagebuch: *Abends bei dem Herzog; kam die Herzogin. Ward Reineke Fuchs gelesen.* Es wurde also vorgelesen, und zwar „Reineke Fuchs“; dabei kann es sich nur um Gottscheds Übersetzung handeln, denn eine andere gab es nicht. Vielleicht kam die Anregung durch Herder, der sich gern mit alter volkstümlicher Dichtung befaßte. Der Band, aus welchem man vorlas, war im Verlag Breitkopf in Leipzig erschienen und enthielt außer dem Text auch die Radierungen, welche Allaert van Everdingen (1621–1675) geschaffen hatte. Goethe, der immer auf optische Eindrücke stark reagierte, war von den Bildern entzückt. Schon am nächsten Tage, am 20. Febr. 1782, schrieb er an den Verlag Breitkopf; er bestellte sich aber nicht etwa das Buch, sondern er fragte, ob er die Radierungen Everdingens in guten Abzügen durch Breitkopf bekommen könne. Doch der Verlag konnte sie ihm nicht besorgen.

Am 10. Januar 1783 sandte Goethe an Knebel, der sich damals in Ansbach bei seiner Schwester Henriette aufhielt, einen Kaufauftrag für Everdingensche Graphiken, die versteigert wurden. Der Kauf kam zustande. Am 5. März 1783 schreibt Goethe an Charlotte v. Stein: *Daß ich den Reineke Fuchs kriege, freut mich kindisch.* Und am 19. April 1783: *Die Kupfer sind da und außerordentlich schön. Die Everdingen sind erste Abdrücke und als wie von gestern.*

Diesen vorzüglichen Zustand haben sie noch heute. Es sind 56 Blätter, die Goethe später auf grau-blaues Foliopapier aufziehen ließ (Tagebuch 14. Okt. 1812). Goethes Serie enthält einige Bilder, welche in Gottscheds Ausgabe fehlen, anderseits hat Gottscheds Ausgabe einige Bilder, die bei Goethe fehlen; doch im allgemeinen stimmt alles überein, nur gehören die Exemplare Goethes zu den ersten Abzügen, die von den Platten gemacht wurden, die in dem Buch dagegen zeigen einen schon abgenutzten Plattenzustand. Die Abbildungen in Gottscheds Band sind keine Nachstiche. Der Leipziger Verlag Breitkopf hatte eine Zweigstelle in Amsterdam, mit deren Hilfe hatte er die alten Platten erhalten. Das Buch ist in Amsterdam gedruckt, auf dem Titelblatt steht „Leipzig und Amsterdam".

Everdingen zeigt die Tiere in der Landschaft, und zwar ohne alle Abzeichen wie Krone, Degen usw., nur als Tiere. Die Rang- und Macht-Verhältnisse unter ihnen versteht er durch Bewegung und Ausdruck deutlich zu machen, auch wenn man nur die Tiergestalten sieht. Einzig da, wo der Fuchs als Mönch auftritt, hat er eine Kutte an.

Herders Interesse an „Reineke Fuchs" führte dazu, daß er in seinem Aufsatz „Andenken an einige ältere deutsche Dichter" einen Abschnitt über dieses Werk schrieb. Der Aufsatz erschien im Herbst 1793 im 5. Teil der „Zerstreuten Blätter". Geschrieben ist er vermutlich etwa ein Jahr davor. Herder schreibt über den „Reinke de vos" von 1498: „Hier ist alles fortgehende epische Geschichte; nirgend steht die Fabel stille; nirgend wird sie unterbrochen. Die Tiercharaktere handeln in ihrer Bestimmtheit mit der angenehmsten Abwechslung fort, und Reineke, der in einem großen Teil des Gedichts – wie Achill – in seinem Schloß Malepartius ruhig sitzet, ist und bleibt doch das Hauptrad, das alles in Bewegung bringt, in Bewegung erhält und mit seinem unübertrefflichen Fuchscharakter dem Ganzen ein immer wachsendes Interesse mitteilt. Man lieset eine Fabel der Welt, aller Berufsarten, Stände, Leidenschaften und Charaktere ... Alles ist mit Kunst angelegt, ohne im mindestens schwerfällig zu werden; die Leichtigkeit des Fuchscharakters half nicht nur dem Reineke, sondern auch dem Dichter aus; sie half ihm zu sinnreichen Wendungen, in einer Leichtigkeit und Anmut, die ihn bis zur letzten Zeile begleitet ... Die anmutige Ruhe endlich, die in diesem ganzen Gedicht herrschet, die Unmoralität, ja sogar die Schadenfreude des Fuchses, die leider zum lustigen Gange der Welt mitgehöret, sie machen das Buch zur lehrreichsten Einkleidung eben dadurch, daß sie es über eine enge einzelne End-Moral erheben ... Die niederdeutsche Urschrift ... ist von sonderbarer Süßigkeit und Anmut; fast ohne gewöhnliche Flickreime fließen die Verse, wie ein sanfter Strom; das Lustige, Naive, Possierliche wird in ihm siebenfach natürlich und lustig ... Eine politische Abhandlung über Reineke aus dem Geist seiner und aller Zeiten macht jeder sich leicht selbst in Gedanken." (Werke, hrsg. von Suphan, Bd. 16, S. 218–222.)

Zu dieser Zeit, als Herder sich mit „Reinke de vos" beschäftigte, nahm auch Goethe das Werk wieder zur Hand. Im Dezember 1792 war er aus dem unerfreulichen Frankreichfeldzug zurückgekehrt (Bd. 10, S. 348–363), erregt durch die politische Entwicklung, die er mit Bitterkeit betrachtete. Da er sich unfähig fühlte, ein eigenes größeres dichterisches Werk zu vollenden, begann er im Januar, auf Grund von Gottscheds Ausgabe das Werk in deutsche Hexameter zu übertragen. Während er aus seinen eigenen Werken, solange sie entstanden, gern ein

Geheimnis machte, um in seinen Gedankenkreisen nicht gestört zu werden, teilte er in diesem Falle sogleich im Freundeskreise mit, was er geschrieben hatte; das wissen wir aus Knebels Tagebuch. Es war ein Werk zum Vorlesen, und zwar auch zum Vorlesen vor unliterarischen Zuhörern, ein Werk für den ganzen Bekanntenkreis. Im April wurde Goethe mit dem letzten Gesang fertig. Er hatte in der Zeit davor den Hexameter nur für einige Gedichte benutzt; jetzt dagegen für ein Epos von 4312 Versen. Als er am Ende war, hatte er das Gefühl, nun erst richtig in die Schreibweise hineingekommen zu sein. Er wollte das Ganze noch einmal gründlich durcharbeiten. Herder war bereit, ihn dabei zu beraten, und versah das Manuskript mit Notizen.

Da rief ihn im Mai 1793 der Herzog in das Heerlager vor Mainz (Bd. 10, S. 363f.). Er nahm die Handschrift des *Reineke Fuchs* mit und feilte das Werk nach und nach durch, dann wandte er sich zu Studien der Farbenlehre. Als er am 22. September nach Weimar zurückgekehrt war, wurde – Ratschläge Wielands und Knebels verwendend – letzte Hand an *Reineke Fuchs* gelegt. Zu Beginn des Winters ging das Werk in die Druckerei. Es erschien im Frühjahr 1794, rechtzeitig zur Messe, als 2. Band der *Neuen Schriften* bei Joh. Friedr. Unger in Berlin.

Reineke Fuchs ist keine selbständige Dichtung Goethes, sondern eine Bearbeitung. Der Stoff ist alt. Aus heimischen Tiergeschichten im Volksmund und aus antiken Tierfabeln entwickelten sich im Mittelalter epische Tiergeschichten, zunächst im Latein („Ecbasis captivi", „Ysengrimus"), dann auch in den Volkssprachen. Der Fuchs ist die Hauptgestalt, die Tiere haben ihre Namen; so um 1200 im französischen „Roman de Renart" und im deutschen Reinhart-Epos eines Dichters Heinrich („der glîchezaere"). Dann setzte eine Reihe bedeutender niederländischer Bearbeitungen ein; im 13. Jahrhundert entsteht „Van den Vos Reynarde", ein Epos von den Taten des Fuchses und dem Gerichtshof des Löwen, vor dem der Fuchs sich durch seine Rede vom Galgen befreit; es entspricht etwa dem ersten Teil des späteren Werkes. Dann folgt im 14. Jahrhundert „Reinaerts Historie"; der Verfasser erzählt die alte Geschichte und setzt sie dann fort, er wagt es, Verurteilung und Freispruch nochmals zu bringen, und läßt am Ende List und Macht triumphieren; er fügt aber auch breite moralische Nutzanwendungen hinzu, in der lehrhaften Art des späten Mittelalters. Im 15. Jahrhundert löste man in den Niederlanden das Werk in Prosa auf; in dieser Fassung erschien es im Druck, 1479 in Gouda, 1485 in Delft. Dann ergriff ein Niederdeutscher den Stoff. Sein „Reinke de vos" benutzt wieder die alte und beliebte Form der kurzen Reimpaare. Er erzählt anschaulich und mit guter Charakteristik. Die schon so oft erzählte Volksdichtung ist hier auf einen Höhepunkt gelangt. Sein Werk erschien 1498 in Lübeck im Druck. Dieser Druck enthält aber nicht nur das Epos, sondern auch eine breite moralische Auslegung dazu, die sogenannte „Glosse"; dem Verfasser war sie wohl besonders wichtig; hier polemisiert er gegen habsüchtige Fürsten und gegen unsittlich lebende Geistliche und gibt Ratschläge für alle Kreise des Volkes. Diese Lehrhaftigkeit entsprach dem Geiste der Zeit. Als 1539 in Rostock eine niederdeutsche Umarbeitung des „Reinke de vos" erschien, wurden ihr ebenfalls breite moralische Erläuterungen beigegeben, diesmal in lutherischem Geiste, mit Spitzen gegen die katholische Kirche, während die Glosse von 1498 durchaus auf katholischem Boden stand. Dieser lehrhafte Charakter blieb der Fuchs-Geschichte auch weiterhin, sie galt als allegorische Erzählung. Während der Fuchs in den mittelalterlichen Darstellungen ein kluger und frecher Schelm war, wurde er nun mehr und mehr als Schädling, als Lügner, als Böser gedeutet. 1544 erschien das Werk hochdeutsch und erlebte in dieser Form in den nächsten Jahrzehnten viele Auflagen. 1567 wurde es ins Lateinische übersetzt. Auch diese Fassungen sind durchaus lehrhaft und deuten die Erwählung allegorisch. Als 1625 Georg Draudius seine große Bibliographie deutscher Bücher erschienen ließ, stellte er die Reineke-Fuchs-Epen in eine Gruppe von Büchern, die das Leben an den Fürstenhöfen behandeln (Überschrift: „Hofleben"). Der Stoff blieb auch im 17. Jahrhundert bekannt; das zeigen neue Bearbeitungen des Textes und auch die Radierungen des Allaert van Everdingen.

1752 veröffentlichte Gottsched seine Ausgabe des „Reineke der Fuchs". Gottsched war ein gelehrter Mann, zu seiner Zeit einer der wenigen Kenner altdeutscher Dichtung; er las die großen mittelhochdeutschen Epen in den alten Handschriften und erkannte als erster, daß der spätmittelalterliche „Ackermann aus Böhmen" ein bedeutendes Werk sei. Im Zuge seiner literaturgeschichtlichen Studien kam er zu seiner Edition des „Reinke de vos" von 1498. Doch das war nur die eine Seite seines Interesses. Die andere war das Moralische, Lehrhafte. Jede Dichtung soll sittlich belehren. Es war die Zeit, in welcher man gern Fabeln schrieb, die alle mit einer „Moral" enden. Gottscheds Ausgabe enthält nicht nur den niederdeutschen Epen-Text von 1498 und Gottscheds Übersetzung desselben, sondern sie bringt auch vollständige Übersetzungen der „Glosse" von 1498 und von der protestantischen „Glosse" aus dem 16. Jahrhundert. Die Übersetzungen dieser Auslegungen sind umfangreicher als die des dichterischen Werkes. Gottsched sagt dazu: „In diesen Anmerkungen nun wird man einen reichen Schatz politischer und moralischer Einsicht und Gelehrsamkeit antreffen." (S. 50) Und am Ende seiner Vorrede sagt er, er habe seine Edition „um der Poesie und Sittenlehre halber" gemacht. Diese „Sittenlehre" wird nach seiner Meinung durch die Dichtung allein nicht hinreichend vermittelt; sie muß moralisierend-didaktisch in breiten Erläuterungen hinzugefügt werden. Gottscheds Werk ist das letzte in der Überlieferungskette der moralisierenden Bearbeitungen, die in Deutschland seit 1498 üblich waren.

Herder und Goethe sahen das alte Werk ganz anders. Die lehrhaften Auslegungen, welche in allen alten Drucken zu finden sind und die sich noch bei Gottsched breit machen, werden von ihnen beiseite geschoben, denn die Dichtung als solche sagt alles. Im Zusammenhang damit steht beider Auffassung des Fuchses: Er ist nicht der böse, betrügerische Hofmensch, sondern er ist ein *Schelm* (I, 14). Keins von Reinekes Opfern kommt nur durch Reinekes Lügen ins Unglück, sondern jedes auch durch eigene Dummheit oder eigene Gier. Reineke gewinnt die Sympathie des Lesers, weil sein Geist schlechthin überlegen ist. Die Führung der Handlung liegt bei ihm. Der einzige, der schon vor Herder und Goethe den Stoff in ähnlichem Geiste gesehen hatte, war Allaert van Everdingen, der auf alles Allegorische verzichtet und die Tiere in ihrer Tierheit dargestellt hatte.

Goethe hat inhaltlich nichts geändert – das hat schon Wilhelm v. Humboldt in seinem Brief an Schiller vom 27. Februar 1796 ausgesprochen, nachdem er den alten niederdeutschen Text neben Goethes Hexameter gelegt hatte. Humboldt bemerkte aber auch, daß Goethes Werk dennoch einen durchaus anderen Charakter habe. Die gleichen Motive, anders ausgesprochen, wirken ganz anders. Das Neuhochdeutsch Goethes war eine breitgefächerte literarisch kultivierte Sprache, in der ein zugleich formvollendetes und lässiges Erzählen möglich war. Das alte Niederdeutsch war schärfer zupackend, einfacher und lehrhafter. Der Stoff hatte für den Leser von 1498 einen völlig anderen Charakter als für den von 1793, für jenen war es ein Gegenwartsstoff, für diesen ein historischer Stoff, auch wenn er zur Verallgemeinerung neigt. Das Tierreich mit seinem König und dessen sehr abgestuften Untertanen spiegelt den Staat des Lehenssystems. Das war für die Leser von 1498 der Staat, in dem sie lebten, für die von 1793 war das alles Mittelalter. Das Deutsche Reich war zwar formell bis 1806 noch ein Lehensstaat, in Wirklichkeit aber war es in einzelne absolutistische Kleinstaaten zerfallen, deren jeder seine moderne Gliederung in Obrigkeit und Untertanen hatte. Im „Reinke de vos“ lebt das mittelalterliche System, in welchem der Kaiser umgeben ist von Fürsten und Adligen, die weitgehende Freiheit haben; zwar herrscht der Löwe, doch Bär und Wolf sitzen im Rat, und die einzelnen großen oder listigen Tiere gehen ihren Trieben und Abenteuern nach, auch wenn der Löwe dagegen wettert. Die Zustände der Kirche, welche in dem alten Epos so ausführlich zu Worte kommen (Käuflichkeit der Kurie VIII, 281–332; Nichtachtung des Zölibats III, 55ff., 136ff.; Bann des Papstes V, 269; Wallfahrt nach Rom V, 272ff. usw.) war für die Leser von 1498 ihre Wirklichkeit, in der sie lebten. Für die protestantischen Leser von 1536 war es das Bild der Gegenpartei, mit der sie in Streit lagen und deren Schattenseiten sie suchten. 1793 war die Situation wiederum ganz anders. Nie hatte die katholische Kirche in Deutschland so wenig Ansehen wie zu diesem Zeitpunkt. Man hielt sie in weiten Kreisen für etwas Überholtes ohne Zukunft. Man ahnte noch nichts von dem Erstarken der Kirche in der Zeit der Romantik, an welchem auf mittelbare Weise Napoleon Anteil hatte, indem er die Kirche in Frankreich als Ordnungsmacht sicherte und in den von ihm eroberten protestantischen Ländern als gleichberechtigt erklärte. Goethe hatte seine Leser vorwiegend in den protestantischen Kreisen Deutschlands, dort hatte auch der Berliner Verleger Unger seine Käufer. Wenn diese von den Stundengebeten der Mönche (I, 229f.), von deren Tonsur (II, 237), von den Beginen (VIII, 234) und von dem Interdikt (VIII, 313) lasen, war das für sie eine ferne Welt, längst überwunden, als Lektüre ungefähr so interessant wie Schilderungen von fremden Ländern und Völkern. So war es auch mit anderen Elementen des Stoffes. Der Leser von 1498 fand hier die Rechts-Gebräuche seiner Gegenwart: die Versammlung der Reichsstände zu Pfingsten (I, 1ff.), den Reinigungseid (I, 32), das Vorweisen des Erschlagenen und Wehgeschrei der Verwandten (I, 181ff.), den Vorladebrief (I, 272ff.), das Geleit (VII, 95) und vieles andere bis hin zum Zweikampf, der mit dem Fehdehandschuh (XI, 339) beginnt. Für Goethes Leser war das eine vergangene Welt, von der man einiges wußte, zumal seitdem Goethe sie mit dem *Götz* literarisch gemacht hatte, die man aber wiederum so wenig kannte, daß dies alles den Reiz des Fremdartigen hatte. Wenn der Dichter von 1498 die Lehensleute als „untersaten" bezeichnet (5483), ist das ein Wort aus der Umgangssprache seiner Zeit; wenn Goethe von den *Untersassen* (X, 400) spricht oder das Wort *zusamt* (XII, 329) benutzt, klingt das archaisierend. Ihm stand seit dem *Götz* und seit seinen Gedichten, die an Hans Sachs anknüpfen (z.B. Bd. 1, S. 135–139), eine mehr oder minder an das Alte anknüpfende Ausdrucksweise jederzeit zur Verfügung. Indem er jetzt die alten niederdeutschen Wörter vielfach nur lautlich verändert übernahm, war für die Leser damit ein Hauch des Originals gegeben. Zu diesem Charakter des alten Textes gehört auch das oft grob Stoffliche, die Situationskomik, das Derbe. Goethe hat nichts davon weggelassen, er hat nur stellenweise abgemildert. So sehr also die dargestellte Welt des alten Epos für die Leser von 1793 historisch war, in anderer Hinsicht war sie wiederum nicht fremd, denn die Bauernhöfe um 1790 sahen oft nur wenig anders aus als 300 Jahre davor. Der große Wandel kam erst nach Goethes Zeit. Der größte Teil der Bevölkerung lebte noch auf dem Lande (etwa 80%); fast alle Städte waren klein, die Bewohner hatten Beziehung zu dem Landleben, sie kannten die Füchse und ihre Raubzüge, und sie kannten

Bauernhäuser, in denen ein geschlachtetes Schwein hing und zu denen ein Hühnerstall mit Lehmwänden gehörte. Das alte Epos vermischt die realistischen Elemente geschickt mit denen, die der Phantasie und der Allegorie entstammen. Jeder weiß, daß es in Deutschland keine Löwen gibt. Für das Epos ist der Löwe unentbehrlich. Der Witz besteht darin, daß immer nur von den Raubtiermanieren des Fuchses die Rede ist. Was den Löwen betrifft, tun alle, als ob er von Gras lebte. Durch diese Unwahrheit werden von vorn herein für das Gefühl des Lesers Reinekes Schandtaten ausbalanziert. Er ist der einzige, der offen sagt, was der Löwe zu speisen pflegt (VIII, 109ff.; X, 354ff.).

Der Dichter von 1498 tadelt eine lasterhafte Welt und sagt das geradezu. Man spürt bei allem Humor seine Bitterkeit. Auch der Dichter von 1793 sieht die Welt mit ihren Fehlern; doch er schreibt nicht direkt von den Politikern, Generälen, Publizisten, Theologen und Philosophen seiner Zeit. Er erzählt eine alte Geschichte, die freilich in ihrem Gehalt ein Bild der Welt ergibt und insofern auf die Gegenwart angewandt werden kann, falls der Leser sie weiterdenkt. Der lehrhafte Dichter von 1498 macht die Allegorie überdeutlich und sieht zeitweilig ganz von ihr ab (z.B. in der Schilderung der Zustände in Rom VIII, 281–332); er scheint bei seinem Epos immer daran zu denken, daß eine moralische Auslegung angefügt wird. Der Bearbeiter von 1793 denkt nur an das Epos selbst, und zu dessen Stoff hat er Abstand. Außerdem hat er ein verfeinertes Formbewußtsein, das dem Dichter von 1498 fehlt; dieser war ein naturhaft begabter Erzähler, doch seine Knittelverse sind sprachlich und metrisch primitiv. Goethes Fassung ist schriftstellerisch sehr gut gearbeitet, d.h. genau im Inhalt, flüssig in der Versform, treffsicher in der Wortwahl, und sie ist zugleich spielerisch. Er erzählt die Schelmengeschichte mit einer gewissen Lässigkeit, so daß alles handgreiflich Lehrhafte vermieden wird.

Zu diesem Charakter des Goetheschen Werkes tut die Versart viel. Die deutschen Leser kannten den Hexameter aus Klopstocks „Messias", wo er der Vers für das höchste und feierlichste Thema war. Sie kannten ihn sodann aus den Homer-Übersetzungen von Stolberg, 1778, und Voß 1781, und aus Herders „Blumen aus der griechischen Anthologie", 1785, wo er die Aufgabe hatte, etwas von dem Klange der Originalwerke zu vermitteln. Zusammen mit dem Pentameter war er von Klopstock und seinen Schülern dann in elegischen Gedichten und in Epigrammen benutzt, die zahlreich in die damals beliebten Musenalmanache drangen. *Reineke Fuchs* war anderer Art, ein scherzhaftes derbes Tiergedicht, das nun in neuer Form erzählt wurde. Der Hexameter als Langvers faßt mühelos die Fülle des Stoffs und wahrt gleichzeitig den Abstand des Erzählers. Es zeigt sich, daß dieser aus ganz anderer Überlieferung kommende Vers viele Züge der alten Dichtung vorzüglich wiedergibt, die stetig fortschreitende Handlung, die eingeschobenen kleinen Geschichten, den Wechsel von Bericht und direkter Rede, die rhetorischen Meisterstücke des Fuchses, die pralle Anschaulichkeit des Geschehens.

Goethe schrieb die Verse des *Reineke Fuchs* so, wie er den Klang des Hexameters im Ohr hatte, und er hatte ihn aus Klopstocks Dichtung seit seiner Jugend im Ohr (Bd. 9, S. 80,15–82,12) und dann aus der Lektüre von Vossens Odyssee-Übersetzung, die 1781 erschienen war. Danach hatte Voß 1789 Vergils „Georgica" in Hexametern übersetzt („Vom Landbau") und hatte eine Einleitung hinzugefügt, in welcher er knapp und oft nur andeutend über die Grundsätze spricht, nach denen man deutsche Hexameter bauen solle. Voß war in diesem Punkte ganz anderer Meinung als Klopstock. Um diesen zu schonen, drückte Voß sich in seiner Einleitung nicht deutlich aus. Goethe kaufte sich Vossens Werk am 20. Februar 1793 in der Buchhandlung Hoffmann in Weimar. Das war die Zeit, als er soeben mit *Reineke Fuchs* begonnen hatte. Später schrieb er über diese Vossische Schrift: *Was er ... äußerte, waren für mich sibyllinische Blätter. Wie ich mich an der Vorrede zu den „Georgica" abgequält habe, erinnere ich mich noch immer gerne, der redlichen Absicht wegen, aber nicht des daraus gewonnenen Vorteils.* (Bd. 10, S. 360,28–31.) Brauchbare Anweisungen waren hier nicht zu holen, und so machte er also Hexameter, wie er sie im Ohr hatte, nachdem er seit vielen Jahren andere Hexameter gelesen hatte. Diese Unbefangenheit ist dem Werk zugute gekommen, denn gerade *Reineke Fuchs* mußte flüssig und unbeschwert im Klang der Erzählung sein.

Das Spiel der Rhythmen in seiner heiteren Anmut läßt sich nicht begrifflich fassen, doch man kann natürlich gewisse Grundzüge der Form bezeichnen. Jeder Vers hat 6 Takte. Der einzelne Takt hat aber in dem einen Vers drei, in einem andern zwei Silben; der 1. Takt z. B. hat in Vers 1 drei Silben: *Pfingsten das,* in Vers 2 hat er zwei Silben: *Feld und;* in Vers 3 sind es wieder drei: *Übten ein* usw. Doch 6 Takte bleiben es immer. Als weitere Gliederung kommen die Zäsuren (Pausen) hinzu. Mitunter ist es eine Zäsur:

Und nun sah man den Hof   gar herrlich bestellt und bereitet

mitunter sind es zwei:

Manche Ritter   kamen dahin;   den sämtlichen Tieren ... (VII, 1–2)

Die Zäsuren können an verschiedenen Stellen stehen, doch mehr als zwei sind es nie. Das Grundschema des sechstaktigen Verses bleibt stets das gleiche, doch die verschiedene Taktfüllung und die verschiedenen Zäsuren bringen die Variation hinein. Der Charakter dieser deutschen Hexameter besteht also in der Bewegung der dauernden Variation und dem Beruhigenden des Grundmaßes. Der Wechsel von betonten und unbetonten Silben, den im Deutschen jedes mehrsilbige Wort aufweist und der in jedem Satz in Prosa vorhanden ist, um den Sinn zu betonen, fügt sich mühelos in die wohlgeordnete Form des Langverses und wird auf diese Weise zur Kunst. (Vgl. auch Bd. 1, Anm. zu „Die Zeit der Klassik".)

Als Goethe seinen *Reineke Fuchs* fertig hatte, erschien im Herbst 1793 Vossens Odyssee-Übersetzung in metrischer Umarbeitung und ergänzt durch eine Ilias-Übersetzung. 1802 ließ Voß ein Buch folgen, „Zeitmessung der deutschen Sprache", in welchem er näher ausführte, wie man seiner Meinung nach antike Verse im Deutschen nachbilden solle. Es war eine Fülle von schwierigen Regeln. Goethe überlegte eine Zeitlang, ob er seinen *Reineke Fuchs* nach Vossischen Gesetzen umarbeiten könne. Er fragte im Jahre 1794 Voß um Rat und im Jahre 1800 August Wilhelm Schlegel; beide fanden Goethes Hexameter sehr fehlerhaft. Dagegen fanden Herder und Knebel sie gut und baten Goethe, den Theoretikern nicht nachzugeben, weil die Dichtung darunter nur leiden würde. Das Werk blieb dann – bis auf unbedeutende Kleinigkeiten – unverändert und kam in dieser Form in die Cottaschen Ausgaben von Goethes *Werken*.

Die Zeitgenossen waren daran gewöhnt, daß die Dichter auch als Übersetzer und Bearbeiter wirkten. Herder trat in diesen Jahren, sofern er Verse schrieb, immer nur als Übersetzer hervor; Voß und Stolberg waren durch Übersetzungen bekannter als durch eigene Werke. Die jahrhundertelange Traditionskette der Fuchs-Geschichte, die im späten Mittelalter in dem Werk von 1498 einen Höhepunkt erreicht hatte, erlebte hier noch einmal einen Kulminationspunkt. Goethe trat wie alle vor ihm nur als Bearbeiter auf. Der große neuzeitliche Dichter versuchte sich hier als Volkserzähler. Und dies gelang ihm; sein *Reineke Fuchs* erlebte im 19. Jahrhundert vielerlei Bearbeitungen und wurde von mehreren Künstlern illustriert. In Goethes vielseitigem Künstlertum gab es auch diese Seite. Er hat erstaunlich genau die Einzelheiten übernommen. Wenn man nicht das alte niederdeutsche Vorbild daneben legen könnte, würde niemand sagen können, wo er etwas gekürzt oder erweitert hat. Schon als er den *Götz* schrieb, hatte er Freude an alter volkstümlicher Sprache. In späteren Jahren las er gern in Sprichwörtersammlungen des 16. und 17. Jahrhunderts (Agricola, Franck, Zinkgref u. a.). Das entsprach einer Linie seines mehrsträhnigen Daseins, in dem es gleichzeitig auch ganz andere Linien gab. Vier Jahre davor hatte er *Tasso* vollendet, eine Gestaltung komplizierter Seelenlagen in kultiviertester Sprache, fern aller Volkstümlichkeit; in seinen Manuskripten lag der *Wilhelm-Meister*-Roman mit seinen Darstellungen schwieriger Charaktere und Verhältnisse; *Faust* war als Fragment voll ungelöster Problematik erschienen und sollte weitergeführt werden. Verglichen mit diesen Werken war *Reineke Fuchs* ein Nebenwerk. Der Dichter des

„Reinke de vos" von 1498, dessen Persönlichkeit wir nicht kennen, hat vermutlich mit diesem Epos sein Bestes gegeben. Goethe gab mit *Reineke Fuchs* nicht sein Bestes. Er gab etwas Gutes, etwas Tüchtiges, war sich aber selbst bewußt, daß größere Aufgaben seiner harrten. *Werther* war aus einer fast vernichtenden inneren Spannung hervorgegangen, *Tasso* ebenfalls; von dem *Wilhelm-Meister*-Roman berichtete er am 5. Juni 1780 an Frau v. Stein, er habe eine Szene unter Tränen konzipiert. Demgegenüber war *Reineke Fuchs* eine Arbeit, die ihm, wie er sagte, *zu Trost und Freude gereichte* (Bd. 10, S. 438,17). Es war ein Eintauchen in die gesunde und kräftige Welt der Volksdichtung, vergleichbar seiner späteren intensiven Beschäftigung mit Volksliedern und Volksdichtungen aus Deutschland, Serbien, Litauen und Griechenland. Bis ins höchste Alter hat er kleine Sprüche in Versen gemacht, die fast wie alte Volksweisheit klingen (Bd. 1, S. 314ff.). Hätte er sich nur in der Sphäre von *Werther* und *Tasso* bewegt, es hätte ihn vernichtet. Doch in ihm war auch diese ganz andere Seite seines Wesens, welcher auf literarischem Gebiet die Berührung mit der Volksdichtung entsprach. Der Ausgleich seiner gegensätzlichen inneren Möglichkeiten ist Goethes Lebensleistung, und damit ist auch der Ort bestimmt, den die *Reineke-Fuchs*-Dichtung in seinem literarischen Schaffen einnimmt.

Goethe benutzte bei seiner Arbeit die Ausgabe von Gottsched, die 1752 in Leipzig und Amsterdam erschienen war. Über diese Ausgabe gibt es einen Antwortbrief des Verlags Breitkopf an Goethe vom 20. Febr. 1782, welcher mitteilt, daß die Kupferplatten A. van Everdingens sich in Amsterdam befinden und daß der Drucker Schenk sie „angewendet" habe; d.h. das Buch ist in Amsterdam unter Benutzung der alten Platten gedruckt. (Veröffentlicht in: Der Bär. Jahrbuch des Verlags Breitkopf und Härtel. 1925. S. 27.) Vermutlich hatte Goethe dasjenige Exemplar zur Hand, das heute in Weimar in der einstmals herzoglichen Bibliothek vorhanden ist. Der Vergleich zeigt, daß Goethe einige Einzelheiten nicht aus Gottsched und der von ihm abgedruckten Fassung von 1498 übernommen hat, sondern aus der Delfter Prosa von 1485. Von dieser war 1783 ein neuer Abdruck erschienen: Die Historie van reynaert de vos. Nach der Delfter Ausgabe Ausgabe von 1485 ... von Ludewig Suhl. Lübeck und Leipzig 1783. – Ein Vergleich von Einzelheiten der Goetheschen Bearbeitung mit seinen Vorlagen würde hier zu weit führen. Goethesche Zusätze sind nur VII, 152–160 und 171–177. Einige Stellen hat Goethe gekürzt, z.B. VIII, 335–339 (im Niederdt. 6754–6776) und III, 157–159 (Niederdt. 1214–1223). Auf den Vergleich von Goethes Werk mit dem Text von 1498 und mit der Übersetzung Gottscheds gehen vor allem folgende Kommentare ein: Düntzer in KDN 86 (1884), Gotthold Klee in Bd. 4 der Heinemannschen Ausgabe (1903) und Ewald A. Boucke in Bd. 4 der Festausgabe (1926).

Gottscheds Übersetzung war für ihre Zeit eine gute gepflegte Prosa; erst dem 19. Jahrhundert erschien sie nüchtern und reizlos. Ebenfalls war sie für ihre Zeit wissenschaftlich eine gute Leistung, denn es gab für das Mittelniederdeutsche weder ein Wörterbuch noch eine Grammatik noch sonstige Hilfsmittel. Gottsched stammte aus Königsberg, lebte in Leipzig und hatte Lübeck und den Nordwesten niemals besucht. Er eignete sich alles nur durch Lektüre an. Selbstverständlich hat er stellenweise falsch übertragen, z. B. Reinke de vos 1295 „belacht" übersetzt er mit „verspottet", es heißt aber „belagert"; Goethe setzt dafür III, 207 *verurteilt.* Aufs Ganze gesehen stören diese Einzelheiten aber nicht.

In Goethes Bibliothek, die sich heute wie einst im Goethehaus in Weimar befindet, stehen mehrere Bücher zu Reineke Fuchs, von denen mehrere nachweislich erst hierher gekommen sind, nachdem Goethe sein Werk veröffentlicht hatte. Bei einigen weiß man die Zeit des Erwerbs nicht. Hans Ruppert verzeichnet sie in seinem Katalog „Goethes Bibliothek", Weimar 1958, S. 114f. Es sind folgende Werke:

Schopper, Hartmann: Speculum vitae aulicae. De admirabili fallacia et astutia vulpeculae Reinekes libri quatuor ... Francof. ad Moenum 1579. (10 Bl., 496 S.) – Wann Goethe in Besitz dieses Buches kam, ist nicht bekannt. In dem Katalog seiner Bibliothek von 1788 kommt es nicht vor.

Dasselbe. Francof. ad. Moenum 1584. – Geschenk von Chr. G. v. Murr, 1805.

Der listige Reineke Fuchs. Das ist: Ein sehr nützliches lust- und sinnreiches Büchlein ... zuvor niemals also gedruckt. (Ohne Ort und Jahr, 351 S., mit Holzschnitten.) – Vermutlich hat Goethe diesen Band aus dem Besitz seiner Mutter erhalten, denn er steht auf der im Goethe-Archiv vorhandenen Liste von Büchern, die er 1793 aus Frankfurt anforderte. Diese Liste ist ein Auszug aus Liebholdts Verzeichnis; dort hat „Reineke" die Nr. 814. (Vgl. Bd. 9, S. 27,27ff. u. Anm.)

Reineke de Vos mit dem Koker. (Hrsg. von Fr. A. Hackmann.) Wulffenbüttel 1711. (9 Bl., 380 S.)

Dasselbe. 2. Expl. – Vom Verlag Unger, Berlin, am 30. Nov. 1793 an Goethe gesandt.

Sparre, Franz Henrich (d. i. Caspar Friedrich Renner): Hennynk de Han. (Bremen) 1732. (38 Bl.) – Geschenk von Nikolaus Meyer in Bremen 15. Okt. 1805.

Die Historie vam reynaert de vos. Nach der Delfter Ausgabe von 1485 zum Abdruck befördert von Ludewig Suhl. Lübeck u. Lpz. 1783. (116 Bl.) – Von Hufeland in Jena, 27. 7. 94 als Leihgabe, 3. 12. 94 als Geschenk.

ANMERKUNGEN

Titel: *Reineke Fuchs* schreibt Goethe im Anschluß an Gottsched. Der Name ist in dieser Form eine sprachliche Mischung, denn niederdeutsch: Reineke Vos; hochdeutsch: Reinhard Fuchs, wie VI, 180.

I, 93 und 167. *sich getrösten* mit Genitiv: etwas Gutes erwarten von einer Sache, auf etwas hoffen. – Dt. Wb. 4,1,3 (1911), Sp. 4560. – Goethe-Wortschatz 1929, S. 290f.

I, 191. *strack*: straff, gerade. Wie *Faust* 11672; Bd. 6, S. 409,11; Bd. 8, S. 150,1 u. ö.

I, 225. *Skapulier*: Schulterkleid der Mönche.

I, 229f. *Sext, None ... Vesper*: Stundengebete der Mönche.

I, 253 und 256. *Vigilie*: Gebet für das Seelenheil der Verstorbenen.

I, 273f. *Um Liebes und Leides nicht* ... Alte gerichtliche Formel, „niemandem zu Liebe noch zu Leide".

I, 275. *An dem Tage des Herrn*: am Gerichtstage.

II, 2. *Wüste*: einsame Gegend, Wildnis, unbebautes Land.

II, 200. *keichte*: keuchte.

II, 230. *Honig* bei Goethe in einigen Fällen Neutrum (III, 41), in anderen Masculinum (II, 84; II, 233).

II, 237. *Platte*: Tonsur.

II, 267. *Anspruch*: Anschuldigung, Klage, gerichtliche Forderung. – GWb 1, Sp. 693.

II, 287. *Rechter Hand*: ein Zeichen von rechts galt als vorteilhaft. Vgl. III, 3f.

III, 2. *Martinsvogel*: die lat. Übersetzung aus dem 16. Jahrhundert hat hier „corvus", d.h. Rabe. Der Rabe galt seit dem Altertum als Weissagevogel, der auf der linken Seite ein böses, auf der rechten Seite ein gutes Zeichen bedeutet.

III, 68. *konnte*: würde können.

III, 98. *nach seinem Gewerbe*: um seiner gewöhnlichen Beschäftigung nachzugehn; ebenso V, 91. Im „Reinke de vos": „na synem ghewyn". – Dt. Wb. 4,1 Sp. 5521.

III, 125. „Reinke de vos" 1157f.; „De heft syne ere nicht wol vorwart, / De syn wyff myt eyner anderen spart" (um einer anderen willen vernachlässigt).

III, 253. *unberaten* wörtlich nach dem Niederdt.: „Unberaden leet he syn huß alzo" (1369) = unversorgt.

III, 264. *Verreden*: versprechen, etwas zu unterlassen.

III, 268. *Confiteor tibi, Pater*: ich bekenne dir, Vater. Die Hinzufügung *et Mater* steht schon im „Reinke de vos" von 1498. *Otter*: wird wieder IX, 15 erwähnt.

III, 301. *Platte*: Tonsur, wie II, 237.

III, 392. *Grimbart wußte sich ... zu nehmen.* Reinke de vos: „Grymbart was lystych unde vroet"; Gottsched: „Grimbart war listig und verständig".

III, 411. *Gebreite*: ausgedehntes Flachland.

IV, 83. Er hatte darüber hinaus noch seinerseits Rechtsansprüche ...

IV, 247. *um Liebes und Leides.* Formelhaft wie I, 273f.

IV, 250. *wurde ... nicht ... entwendet, so war ...*: wäre er nicht entwendet worden, so wäre es geschehen. – Irrealis im Indikativ häufig in der Goethezeit und bei Goethe. Bd. 1, S. 77 Vers 226 *war;* Bd. 2, S. 257, 8–13; S. 458 Vers 77f.; Bd. 3 *Faust* 10063, 11961 usw. – H. Paul, Kurze dt. Grammatik. 3. Aufl. Tüb. 1962. § 257, 9.

V, 9. *König Emmrich*: der in der deutschen Heldensage und Spielmannsdichtung viel besungene König Ermanarich.

V, 109. *Milde* in der alten Bedeutung „freigebig".

V, 121. *Sachsen* hier und in allen folgenden Stellen: Niedersachsen.

V, 206. *Wüste.* Im „Reinke de vos": „wosteny", d.h. einsame, unbebaute Gegend, Wildnis. Wie II, 2.

V, 207. *Busch*: Wald. Im „Reinke de vos": „busch".

V, 215. *darf es nicht raten*: kann es nicht raten.

VI, 38. *Fahen, binden und schließen*: „vangen ... bynden unde sluten vast" (Reinke de vos 2626ff.).

VI, 85. *ihm das Wasser zu wärmen*: ihm Unangenehmes zuzufügen, ihm „einzuheizen"; Reinke de vos 2700: „Reynke hadde em ok ghewermet dat water." – Dt. Wb. 13, Sp. 2067.

VI, 114. *kraute ... sich hinter den Ohren*: die traditionelle Geste des Nachdenkens, wenn man nicht weiter weiß. Ebenso S. 114, Vers 44.

VI, 138. *ein Maibaum in Aachen.* Übernommen aus „Reinke de vos" 2781: „Dar hadde he werff alze meybom to Aken." D.h. er hatte dort nichts zu suchen. Alte sprichwörtliche Redensart, deren Entstehung in der niederdeutschen Philologie auf verschiedene Weise aber ohne sicheres Ergebnis zu deuten versucht ist. – Hans Wiswe, Meybom to Aken. Niederdt. Jahrbuch 87, 1964, S. 57–72.

VI, 228f. Reineke nennt scherzhaft lateinische Vogel- statt Fischnamen: *Gallinen* = Hennen, *Pullus* = Küchlein, *Gallus* = Hahn, *Anas* = Ente. Daher dann auch seine Worte Vers 230f. Dies alles schon in der niederdt. Vorlage (2921ff.), an welche Goethe in diesem ganzen Abschnitt engstens anschließt.

VI, 250. *Elend* in der alten Bedeutung, „heimatlos, fremd".

VI, 377. *Ich habe mich ... vergangen*: bin zu weit gegangen, bin in die Irre gegangen, habe mich geirrt. Dt. Wb. 12,1 Sp. 402.

VII, 95 und IX, 203. *Geleit*: Die vom Staat garantierte Sicherheit für alle Reisenden auf den Straßen. Im „Reinke de vos": „myn gheleyde"; alter Ausdruck im Rechtswesen; daher „Geleitgeld" für die Summe, welche man für die Sicherheit zahlt, „Geleitshaus" für das Haus, wo die Verwaltung des „Geleits" ist. In Weimar gab es ein „Geleitshaus" aus dem 16. Jahrhundert (das heute noch so heißt) und eine „Geleitstraße". Dt. Wb. 4,1,2 Sp. 2985. – Vgl. Bd. 7, S. 508,9.

VII, 99. *Vorwort*: Fürsprache. – Fischer, Goethe-Wortschatz S. 716.

VII, 151. *Gewehre*: Waffen.

VII, 153. Der König erinnert daran, daß er auf dem Feldzug jemand den Ritterschlag erteilen kann.

VII, 174. *Zeitung*: Neuigkeit. In „Reinke de vos": „tydynge".

VIII, 51. *Erfurt* war seit 1392 Universität, und zwar eine sehr angesehene und viel besuchte.

VIII, 53. *Lizenzen*. Im „Reinke de vos": „Ick was in loye ghelicencieret", d.h.: ich wurde in der Rechtswissenschaft zum Lizentiaten gemacht.

VIII, 178f. In „Reinke de vos": „Id is waer, vele papen syn in Lombardyen, / De ghemeenlyken hebben ere egene ammyen." (3973f.)

VIII, 198. *unecht*. Im „Reinke de vos": „De alzus in unechte (d.h. Unehelichkeit) is gheboren, / De hebbe hir ynne gude ghedult." (4010f.)

VIII, 222. *die Bekappten*: die Mönche.

VIII, 234. *Beginen*: Angehörige einer halbklösterlichen Frauenvereinigung in den Niederlanden. Niederländisch „begijn", französisch „béguine". Da das Fremdwort zu Goethes Zeit mehr aus dem Französischen als aus dem Niederländischen bekannt war, schreiben die alten Cottaschen Drucke hier *Beguinen*.

VIII, 269. Entsprechend III, 286ff. und V, 263ff.

VIII, 287. *Exequieren*: ausführen, vollziehen.

VIII, 291. Anspielung auf die Simonie, das Verteilen geistlicher Ämter für Geld.

VIII, 311. *druckt*: drückt; ebenso XII, 79. So öfter bei Goethe, z.B. Bd. 7, S. 325,35.

VIII, 313. *Interdikt*: Kirchenrechtliche Strafmaßnahme, Verbot kirchlicher Amtshandlungen für einen bestimmten Bezirk.

VIII, 327f. Die Namen sind lateinische Wörter; moneta = Geld, auch Münzstätte; donarius = für Geschenke geeignet.

VIII, 334. *hinausführen* = ausführen, zu Ende führen.

VIII, 340. *Geleit*: Sicherheit. Vgl VII, 95 u. Anm.

IX, 112. *bezüchten*: bezichtigen.

IX, 116ff. Zweikampf als Gottesurteil nach alter Sitte.

IX, 127. *Wir kämen nicht aus*: wir kämen nicht aus der Sache heraus, nicht an ein gutes Ende.

X, 213. *so war es geschehen*: so wäre es geschehen gewesen. Vgl. IV, 250 u. Anm.

X, 275. *emetisch:* Erbrechen erregend. Auf Gottsched zurückgehend, der das Niederdeutsche „utbreken" (5298) d.h. Aufbrechen, Öffnen von Geschwüren, mit „brechen" übersetzte.

X, 295. In „Reinke de vos" 5326: „yuwe water töghet al bloet"; bei Gottsched steht „zeugt" statt „zeigt", als Übersetzungs- oder als

Druckfehler, den Goethe übernahm. Bei der Vorbereitung der *Ausg. l. Hd.* schrieb Göttling zu dieser Stelle an Goethe: „Nicht deutlich war mir ... das Wort *zeuget*“ (Akad.-Ausg. S. 88), doch blieb das Wort dann, wie es war.

X, 400. *Untersassen*: Lehensleute. In „Reinke de vos“ 5483 „undersaten“. – Dt. Wb. 11,3 Sp. 1743f.

X, 451. *Eure höchste Behörde*: euer höchstes Amt, Aufgabe. Gottsched: „Euch gehört es zu, Raub und Mord zu strafen.“ Reinke de vos 5572: „Ju, behord to straffen roof unde mord“, d.h.: Euch kommt es zu ...

XI, 259. *er sollte*: er hätte sollen.

XI, 276. „Dyt mogen wol heten morapen.“ (6034)

XI, 294. *krammen*: mit den Krallen packen; von „Kramme“ = Kralle.

XI, 300. *zusammengeruckt*: zusammengerückt, zusammengezogen.

XI, 403. Rückwärts gelesen: „Schadet niemand und hilfet, man muß die Gläubigen stärken.“

XII, 13. *die Heil'gen*: kultische Gegenstände, auf die der Eid geleistet wird.

XII, 79. *druckt*: drückt, wie VIII, 311.

XII, 186. *klauen*: mit den Klauen kratzen.

XII, 190. *Aufzunehmen den Kampf*: Die Beendigung des Kampfes anzuordnen. Reinke de vos: „Upnemen“; Gottsched: „aufheben“.

ZUR TEXTGESTALT

Reineke Fuchs erschien erstmalig in: *Goethes Neue Schriften. Bd. 2. Berlin 1794.* Für den Abdruck in der ersten Cottaschen Ausgabe, 1808, (Ausgabe A) änderte Goethe den Text an einigen wenigen Stellen. In den folgenden Ausgaben von 1817 (Ausgabe B) und 1830 (C^1 und C = *Ausg. l. Hd.*) blieb das Werk unverändert. – In der Weimarer Ausgabe, Bd. 50, 1900, edierte Hans Gerhard Gräf *Reineke Fuchs* nach der *Ausg. l. Hd.*, Kleinigkeiten auf Grund der Handschriften und der früheren Drucke berichtigend, mit Lesearten-Apparat. Diese Edition wurde noch übertroffen durch die von Siegfried Scheibe in der Akademie-Ausgabe. Hier sind die „Epen“ in 2 Bänden ediert, ein Band Text, ein Band Lesearten und philologischer Anhang. *Reineke Fuchs* ist im Text nach dem 1. Cottaschen Druck von 1808 (Ausgabe A) wiedergegeben; der wissenschaftliche Teil verzeichnet mit der größten Genauigkeit und Vollständigkeit alle Lesearten der Handschriften und Drucke. Diese Ausgabe ist seit 1963 die maßgebliche Grundlage für jede philologische Beschäftigung mit dem Text.

Unser Druck geht aus von der *Ausg. l. Hd.* und berücksichtigt in Kleinigkeiten Einzelheiten der früheren Drucke, anschließend an die Weimarer Ausgabe.

III, 73 hat in den Cottaschen Drucken A, B, C[1] und in der Weim. Ausg. *Schlingen*. Die Handschrift und der 1. Druck haben *Schlinge*, entsprechend Vers 57.

VII, 107 ist ein Vers, bei dem die Metriker stets tadelnd vermerkt haben, daß er nur 5 „Füße" habe. Manche Herausgeber haben ihn von sich aus in einen sechsfüßigen Vers geändert.

PROBE AUS GOETHES VORLAGE BEI SEINER BEARBEITUNG DES „REINEKE FUCHS"

Goethes Vorlage war: Heinrichs von Alkmar Reineke der Fuchs, mit schönen Kupfern. Nach der Ausgabe von 1498 ins Hochdeutsche übersetzet und mit einer Abhandlung von dem Urheber, wahren Alter und großen Werte dieses Gedichtes versehen von Johann Christoph Gottscheden. Leipzig und Amsterdam 1752.

Goethe entlieh dieses Werk aus der Herzoglichen Bibliothek vom 30. März 1791 bis zum 25. Januar 1798.

Dat erste Capittel.

Wo de Lauwe, Konnynck aller Deeren, leet uthkreyeren, un vasten vrede uthropen, un leet beden allen deeren, to synem hove to komen.

Id gheschach up einen pynkste dach,
Das men de wolde un velde sach
Grone staen mit loff un graß,
Un mannich vogel vrolig was
Myt sange, in haghen un up bomen;
De krude sproten un de blomen,
De wol röken hier un dar:
De dach was schone, dat weder klar.
Nobel, de Konnynck van allen deeren,
Held hoff, un leet den uthkreyeren,
Syn lant dorch over al.
Dar quemen vele heren mit grotem schal;
Ok quemen to hove vele stolter ghesellen,
De men nich alle konde tellen:
Lütke de kron, un Marquart de hegger,
Ja, desse weren dar alle degger;
Wente de Konnynck mit synen heren
Mende to holden hoff mit eren,
Myt vrouden und myt grotem love,

Un hadde vorbodet da to hove,
Alle de deere groet un kleyne,
Sunder Reynken den Voß alleyne.
He hadde in den hoff so vele mißdan,
Dat he dar nicht endorste komen noch gan.
,,De quad deyt, de schuwet gern dat licht:
Also dede ok Reynke, de bösewycht.
He schuwede sere des Konnynges hoff,
Dar in he hadde seer kranken loff.
Do de hoff alsus anghynck,
En was dar neen, an alleyne de Grevynck,
He hadde to klagen over Reynken den Voß,
Den men held seer valsch un loß.

Das erste Hauptstück.

Wie der Leu, als König aller Thiere, einen festen Frieden kund thun und ausrufen, auch allen Thieren gebiethen ließ, an seinen Hof zu kommen.

Es war eben an einem Pfingsttage, als man Wälder und Felder, mit Laub und Gras gezieret sah; und mancher Vogel sich in Gebüschen und auf Bäumen, mit seinem Gesange fröhlich bezeugete. Die Kräuter und Blumen sprosseten überall hervor, und gaben den lieblichsten Duft von sich. Der Tag war heiter, und das Wetter schön: als Herr Nobel, der König aller Thiere, seinen Hof hielt, und durch sein ganzes Land überall ausrufen ließ, daß man sich daselbst versammeln sollte. Darauf erschienen nun viele große Herren mit starkem Gefolge, und eine unzählbare Menge stolzer Junker; Lütke, der Kranich, Marquart, der Heher, und viele andre mehr. Denn der König mit seinen Herren war Willens, mit großer Pracht und Freude Hof zu halten: und hatte deswegen große und kleine Thiere eingeladen; nur Reineken, den Fuchs, allein nicht. Dieser hatte sich so sehr wider den Hof vergangen, daß der dahin nicht kommen dorfte. Wer Böses thut, scheuet gern das Licht: so gieng es auch Reineken, diesem Bösewichte. Er scheuete den Hof des Königes, an welchem er ein sehr schlechtes Lob hatte. Und als derselbe nun völlig beysammen war, so fand sich sonst niemand, außer dem Dachse, der nicht über Reineken zu klagen gehabt hätte; als den man durchgehends für sehr falsch und leichtfertig hielt.

GOETHE UND SEINE ZEITGENOSSEN ÜBER „HERMANN UND DOROTHEA"

GOETHE

An Schiller. Weimar, Anfang Juli 1796.

Ich werde, insofern man in solchen Dingen Herr über sich selbst ist, mich künftig nur an kleinere Arbeiten halten, nur den reinsten Stoff wählen, um in der Form wenigstens alles tun zu können, was meine Kräfte vermögen. Außer „Hero und Leander" habe ich eine bürgerliche Idylle im Sinn, weil ich doch so etwas auch muß gemacht haben. *(W. A., Briefe, Bd. 11, S. 324.)*

An Schiller. Weimar, 17. August 1796.

Da ich den Roman los bin, so habe ich schon wieder zu tausend andern Dingen Lust.

An Christiane. Jena, 9. September 1796.

Ich kann Dir nicht sagen, mein liebes Kind, ob ich in den nächsten Tagen kommen werde, es kommt alles darauf an, ob sich die Lust bei mir zu einer neuen Arbeit einfindet. Geschicht das, so bleibe ich hier. Es ist nämlich die große Idylle, von der Du weißt. Könnte ich diese noch diesen Monat fertig machen, so wäre ich über alle Maßen glücklich.

Tagebuch. Jena, 11. September 1796.

Anfang, die Idylle zu versifizieren.

An Christiane. Jena, 13. September 1796.

Diese Woche will ich noch hier bleiben. Mit meiner Idylle geht es sehr gut. Sie wird aber viel größer, als ich gedacht habe.

An Heinrich Meyer. Weimar, 5. Dezember 1796.

Durch meine Idylle (Alexis und Dora), über welche mir Ihr Beifall sehr wohltätig ist, bin ich in das verwandte epische Fach geführt worden, indem sich ein Gegenstand, der zu einem ähnlichen kleinen Gedichte bestimmt war, zu einem größern ausgedehnt hat, das sich völlig in der epischen Form darstellt, sechs Gesänge und etwa 2000 Hexameter erreichen wird. Zwei Drittel sind schon fertig, und ich hoffe, nach dem neuen Jahr die Stimmung für den Überrest zu finden. Ich habe das reine

Menschliche der Existenz einer kleinen deutschen Stadt in dem epischen Tiegel von seinen Schlacken abzuscheiden gesucht und zugleich die großen Bewegungen und Veränderungen des Welttheaters aus einem kleinen Spiegel zurück zu werfen getrachtet. Die Zeit der Handlung ist ohngefähr im vergangenen August, und ich habe die Kühnheit meines Unternehmens nicht eher wahrgenommen, als bis das Schwerste schon überstanden war. In Absicht auf die poetische sowohl als prosodische Organisation des Ganzen habe ich beständig vor Augen gehabt, was in diesen letzten Zeiten bei Gelegenheit der Vossischen Arbeiten mehrmals zur Sprache gekommen ist ... Schillers Umgang und Briefwechsel bleibt mir in diesen Rücksichten ... immer höchst schätzbar.

An Schiller. Weimar, 4. Februar 1797.

Übrigens sind jetzt alle meine Wünsche auf die Vollendung des Gedichtes gerichtet, und ich muß meine Gedanken mit Gewalt davon zurückhalten, damit mir das Detail nicht in Augenblicken zu deutlich werde, wo ich es nicht ausführen kann.

An Schiller. Jena, 4. März 1797.

Die Arbeit rückt zu und fängt schon an, Masse zu machen, worüber ich denn sehr erfreut bin und Ihnen als einem treuen Freunde und Nachbar die Freude sogleich mitteile. Es kommt nur noch auf zwei Tage an, so ist der Schatz gehoben, und ist er nur erst einmal über der Erde, so findet sich alsdenn das Polieren von selbst. Merkwürdig ist's, wie das Gedicht gegen sein Ende sich ganz zu seinem idyllischen Ursprung hinneigt.

Tagebuch, Jena, 15. März 1797.

Früh das Gedicht geendigt ...

An Heinrich Meyer. Jena, 18. März 1797.

Ich habe indessen meine Zeit gut angewendet: das epische Gedicht wird gegen Ostern fertig und kommt auch in Kalenderform bei Vieweg in Berlin heraus. Auf diesem Wege wird es am meisten gelesen und am besten bezahlt. Was kann ein Autor mehr verlangen.

An Schiller. Weimar, 8. April 1797.

Herr v. Humboldt, der erst morgen früh abgeht, läßt Sie schönstens grüßen ... Wir haben über die letzten Gesänge ein genaues prosodisches Gericht gehalten und sie, so viel es möglich war, gereinigt. Die ersten sind nun bald ins Reine geschrieben und nehmen sich mit ihren doppelten Inschriften gar artig aus ... Ich wünsche die Materie, die uns beide so sehr interessiert, bald weiter mit Ihnen durchzusprechen. Diejenigen

Vorteile, deren ich mich in meinem letzten Gedicht bediente, habe ich alle von der bildenden Kunst gelernt. Denn bei einem gleichzeitigen, sinnlich vor Augen stehenden Werke ist das Überflüssige weit auffallender als bei einem, das in der Sukzession vor den Augen des Geistes vorbeigeht ... So erschienen mir diese Tage einige Szenen im Aristophanes völlig wie antike Basreliefen ... Es kommt im Ganzen und im Einzelnen alles darauf an: daß alles von einander abgesondert, daß kein Moment dem andern gleich sei; so wie bei den Charakteren, daß sie zwar bedeutend von einander abstehen, aber doch immer unter ein Geschlecht gehören.

An Schiller. Weimar, 19. April 1797.

Einen Gedanken über das epische Gedicht will ich doch gleich mitteilen. Da es in der größten Ruhe und Behaglichkeit angehört werden soll, so macht der Verstand vielleicht mehr als an andere Dichtarten seine Forderungen ... Eine Haupteigenschaft, des epischen Gedichts ist, daß es immer vor- und zurückgeht, daher sind alle retardierende Motive episch. Es dürfen aber keine eigentliche Hindernisse sein, welche eigentlich ins Drama gehören ...

An Schiller. Weimar, 22. April 1797.

Ich suchte das Gesetz der Retardation unter ein höheres unterzuordnen, und da scheint es unter dem zu stehen, welches gebietet, daß man von einem guten Gedicht den Ausgang wissen könne, ja wissen müsse, und daß eigentlich das Wie bloß das Interesse machen dürfe ... In meinem ,,Hermann“ bringt die Eigenschaft des Plans den besonderen Reiz hervor, daß alles ausgemacht und fertig scheint und durch die retrograde Bewegung gleichsam wieder ein neues Gedicht angeht ...

An Heinrich Meyer. Weimar, 28. April 1797.

Mein Gedicht ist fertig. Es besteht aus 2000 Hexametern und ist in 9 Gesänge geteilt; und ich sehe darin wenigstens einen Teil meiner Wünsche erfüllt. Meine hiesigen und benachbarten Freunde sind wohl damit zufrieden, und es kommt hauptsächlich noch darauf an, ob es auch vor Ihnen die Probe aushält; denn die höchste Instanz, vor der es gerichtet werden kann, ist die, vor welche der Menschenmaler seine Kompositionen bringt, und es wird die Frage sein, ob Sie unter dem modernen Kostüm die wahren echten Menschenproportionen und Gliederformen anerkennen werden. Der Gegenstand selbst ist äußerst glücklich, ein Sujet, wie man es in seinem Leben vielleicht nicht zweimal findet. Wie denn überhaupt die Gegenstände zu wahren Kunstwerken seltner gefunden werden als man denkt, deswegen auch die Alten beständig sich nur in einem gewissen Kreis bewegen.

Aus dem Aufsatz: Über epische und dramatische Dichtung. *1797.*

... Die Welten, welche zum Anschauen gebracht werden sollen, sind ...: 1. Die physische ... 2. Die sittliche ... 3. Die Welt der Phantasien, Ahnungen, Erscheinungen, Zufälle und Schicksale ... wobei ... für die Modernen eine besondere Schwierigkeit entsteht, weil wir für die Wundergeschöpfe, Götter, Wahrsager und Orakel der Alten, so sehr es zu wünschen wäre, nicht leicht Ersatz finden ... *(Bd. 12, S. 249,8ff.)*

An Schiller. Weimar, 23. Dezember 1797.

Um nun zu meinem Aufsatze zurückzukommen, so habe ich den darin aufgestellten Maßstab an „Hermann und Dorothea" gehalten ..., wobei sich ganz interessante Bemerkungen machen lassen, als zum Beispiel ..., daß es aus der dritten Welt, obgleich nicht auffallend, noch immer genug Einfluß empfangen hat, indem das große Weltschicksal teils wirklich, teils durch Personen, symbolisch, eingeflochten ist und von Ahndung, von Zusammenhang einer sichtbaren und unsichtbaren Welt doch auch leise Spuren angegeben sind, welches zusammen nach meiner Überzeugung an die Stelle der alten Götterbilder tritt, deren physisch-poetische Gewalt freilich dadurch nicht ersetzt wird.

An Schiller. Weimar, 3. Januar 1798.

In „Hermann und Dorothea" habe ich, was das Material betrifft, den Deutschen einmal ihren Willen getan, und nun sind sie äußerst zufrieden ...

Aus: Tag- und Jahreshefte, *Abschnitt* 1796. *(1823 oder 1824.)*

... Mit Leichtigkeit und Behagen war das Gedicht geschrieben, und es teilte diese Empfindungen mit. Mich selbst hatte Gegenstand und Ausführung dergestalt durchdrungen, daß ich das Gedicht niemals ohne große Rührung vorlesen konnte, und dieselbe Wirkung ist mir seit so viel Jahren noch immer geblieben. *(Bd. 10, S. 446,37–447,3.)*

An Staatsrat Schultz. Marienbad, 8. Juli 1823.

Man brachte mir die lateinische Übersetzung von „Hermann und Dorothea", es ward mir ganz sonderbar dabei; ich hatte dieses Lieblingsgedicht viele Jahre nicht gesehen, und nun erblickt' ich es wie im Spiegel, der, wie wir aus Erfahrung und neuerlich aus den entoptischen *(Versuchen?)* wissen, eine eigne magische Kraft auszuüben die Fähigkeit hat. Hier sah ich nun mein Sinnen und Dichten in einer viel gebildeteren Sprache, identisch und verändert, wobei mir vorzüglich auffiel, daß die römische nach dem Begriff strebt und, was oft im Deutschen sich unschuldig verschleiert, zu einer Art von Sentenz wird, die, wenn sie sich auch vom Gefühl entfernt, dem Geiste doch wohltut.

Goethe meint die deutsch-lateinische Ausgabe: Hermann und Dorothea. Arminius et Theodora. Ins Lat. übers. von Benjamin Gottlob Fischer. Stuttg., Metzler, 1822. (225 S.) Sie steht noch heute unter seinen Büchern in Weimar. Vgl. auch Eckermann, 18. Jan. 1825.

Aus: Eckermann, Gespräche. Weimar, 27. Dezember 1826.

... Da wollen sie wissen, welche Stadt am Rhein bei meinem ,,Hermann und Dorothea" gemeint sei. Als ob es nicht besser wäre, sich jede beliebige zu denken! Man will Wahrheit, man will Wirklichkeit und verdirbt dadurch die Poesie.

ÄUSSERUNGEN VON ZEITGENOSSEN

Schiller an Körner. 28. Oktober 1796.

Goethe hat jetzt ein neues poetisches Werk unter der Arbeit, das auch größtenteils fertig ist. Es ist eine Art bürgerlicher Idylle, durch die ,,Luise" von Voß in ihm zwar nicht veranlaßt, aber doch neuerdings dadurch geweckt; übrigens in seiner ganzen Manier, mithin Vossen völlig entgegengesetzt. Das Ganze ist mit erstaunlichem Verstande angelegt und im echten epischen Tone ausgeführt. Ich habe zwei Dritteile davon, nämlich vier Gesänge, gehört, die vortrefflich sind. Das Ganze kann wohl zwölf Bogen betragen. Die Idee dazu hat er zwar mehrere Jahre schon mit sich herumgetragen, aber die Ausführung, die gleichsam unter meinen Augen geschah, ist mit einer mir unbegreiflichen Leichtigkeit und Schnelligkeit vor sich gegangen, so daß er neun Tage hintereinander jeden Tag anderthalb hundert Hexameter niederschrieb.

Schiller an Heinrich Meyer. 21. Juli 1797.

Auch wir waren indes nicht untätig, wie Sie wissen, und am wenigsten unser Freund, der sich in diesen letzten Jahren wirklich selbst übertroffen hat. Sein episches Gedicht haben Sie gelesen. Sie werden gestehen, daß es der Gipfel seiner und unserer ganzen neueren Kunst ist. Ich hab' es entstehen sehen und mich fast ebensosehr über die Art der Entstehung als über das Werk verwundert. Während wir anderen mühselig sammeln und prüfen müssen, um etwas Leidliches langsam hervorzubringen, darf er nur leis an dem Baume schütteln, um sich die schönsten Früchte, reif und schwer, zufallen zu lassen. Es ist unglaublich, mit welcher Leichtigkeit er jetzt die Früchte eines wohlangewandten Lebens und einer anhaltenden Bildung an sich selber einerntet, wie bedeutend und sicher jetzt alle seine Schritte sind, wie ihn die Klarheit über sich selbst und über die Gegenstände vor jedem eitlen Streben und Herumtappen bewahrt.

Schiller an Goethe. 20. Oktober 1797.

Ich habe das Gedicht nun wieder mit dem alten ungeschwächten Eindruck und mit neuer Bewegung gelesen; es ist schlechterdings vollkommen in seiner Gattung, es ist pathetisch mächtig und doch reizend in höchstem Grad, kurz, es ist schön, was man sagen kann. – Auch den ,,Meister" habe ich ganz kürzlich wieder gelesen, und es ist mir noch nie so auffallend gewesen, was die äußere Form doch bedeutet. Die Form des ,,Meisters" wie überhaupt jede Romanform ist schlechterdings nicht poetisch, sie liegt ganz nur im Gebiete des Verstandes, steht unter allen seinen Forderungen und partizipiert auch von allen seinen Grenzen ... Da Sie auf einem solchen Punkte stehen, wo Sie das Höchste von sich fordern müssen und Objektives mit Subjektivem absolut in eins zerfließen muß, so ist es durchaus nötig, dafür zu sorgen, daß dasjenige, was ihr Geist in ein Werk legen kann, immer auch die reinste Form ergreife und nichts davon in einem unreinen Medium verloren gehe. Wer fühlt nicht alles das im ,,Meister", was den ,,Hermann" so bezaubernd macht! Jenem fehlt nichts – gar nichts von Ihrem Geiste, er ergreift das Herz mit allen Kräften der Dichtkunst und gewährt einen immer sich erneuernden Genuß, und doch führt mich der ,,Hermann" (und zwar bloß durch seine rein poetische Form) in eine göttliche Dichterwelt, da mich der ,,Meister" aus der wirklichen Welt nicht ganz herausläßt.

Goethes Mutter an Goethe. 4. Dezember 1797.

Was ,,Hermann und Dorothea" hier für große Wirkung verursacht hat, davon habe schon etwas an meine liebe Tochter geschrieben. Hufnagel ist so ganz davon belebt, daß er bei Kopulationen und wo es nur möglich ist, Gebrauch davon macht ... Er behauptet, so hättest Du noch gar nichts geschrieben. Für die vortrefflichen Taschenbücher danke herzlich, in- und auswendig sind sie zum Küssen. Hufnagel hält alle, die es nicht haben oder es nicht als ein Handbuch im Sack bei sich tragen, für Hottentotten. Die Elisa Bethmann mußte in seiner Gegenwart sogleich eins von den teuersten Exemplaren kaufen.

Schiller an Goethe. 26. Dezember 1797.

Ihr ,,Hermann" hat wirklich eine gewisse Hinneigung zur Tragödie, wenn man ihm den reinen strengen Begriff der Epopöe gegenüberstellt. Das Herz ist inniger und ernstlicher beschäftigt, es ist mehr pathologisches Interesse als poetische Gleichgültigkeit darin. So ist auch die Enge des Schauplatzes, die Sparsamkeit der Figuren, der kurze Ablauf der Handlung der Tragödie zugehörig.

August Wilhelm Schlegel in: Allgemeine Literatur-Zeitung, Jena und Leipzig 1797. 11., 12. und 13. Dezember.

Obgleich dies Gedicht seinem Inhalt nach in der uns umgebenden Welt zu Hause ist und – unseren Sitten und Ansichten befreundet – höchst faßlich, ja vertraulich die allgemeine Teilnahme anspricht, so muß es doch, was seine dichterische Gestalt betrifft, dem Nichtkenner des Altertums als eine ganz eigene, mit nichts zu vergleichende Erscheinung auffallen, und der Freund der Griechen wird sogleich an die Erzählungsweise des alten Homerus denken …

Der große Hebel, womit in unsern angeblichen Schilderungen des Privatlebens (Romanen und Schauspielen) meist alles in Bewegung gesetzt wird, ist die Liebe … In „Hermann und Dorothea“ ist sie nicht eine eigentliche romanhafte Leidenschaft, die zu dem großen Stile der Sitten nicht gepaßt hätte. Sondern biedre herzliche Neigung, auf Vertrauen und Achtung gegründet und in Eintracht mit allen Pflichten des tätigen Lebens, führt jene einfachen aber starken Seelen zu einander.

Ohne ein Zusammentreffen außerordentlicher Umstände würde daher auch die Entstehung und Befriedigung solch einer Liebe in den leisen, unbemerkten Gang des häuslichen Lebens mit eintreten und nicht mit schleuniger Gewalt unerwartete Entscheidungen hervorrufen. Dies letzte hat der Dichter durch ein einziges Mittel bewirkt, woraus dann alles mit so großer Leichtigkeit herfließt, als hätte gar keine glückliche Erfindungskraft dazu gehört, es zu entdecken. Auf den Umstand, daß Hermann Dorotheen als ein fremdes durch den Krieg vertriebnes Mädchen unter Bildern der allgemeinen Not zuerst erblickt, gründet sich die Plötzlichkeit seiner Entschließung, der zu befürchtende Widerstand seines Vaters und das Zweifelhafte seines ganzen Verhältnisses zu ihr, das erst mit dem Schlusse des Gedichtes völlig gelöst wird. Durch die zugleich erschütternde und erhebende Aussicht auf die großen Weltbegebenheiten im Hintergrunde ist alles um eine Stufe höher gehoben und durch eine große Kluft vom Alltäglichen geschieden. Die individuellen Vorfälle knüpfen sich dadurch an das Allgemeine und Wichtigste an und tragen das Gepräge des ewig denkwürdigen Jahrhunderts. Es ist das Wunderbare des Gedichts und zwar ein solches Wunderbares, wie es in einem Epos aus unsrer Zeit einzig stattfinden darf: nämlich nicht ein sinnlicher Reiz für die Neugier, sondern eine Aufforderung zur Teilnahme, an die Menschheit gerichtet …

So einfach wie die Geschichte ist auch die Zeichnung der Charaktere. Alle starken Kontraste sind vermieden, und nur durch ganz milde Schatten ist das Licht auf dem Gemälde geschlossen, das eben dadurch harmonische Haltung hat. Bei Hermanns Vater wird die mäßige Zugabe von Eigenheiten, von unbilliger Laune, von behaglichem Bewußtsein seiner Wohlhabenheit, das sich durch Streben nach einer etwas vornehmeren Lebensart äußert, durch die schätzbarsten Eigenschaften des wackern Bürgers, Gatten und Vaters reichlich vergütet. Der Apotheker unterhält uns auf seine Unkosten; aber er tut es mit so viel Gutmütigkeit, daß er nirgends Unwillen erregt, und selbst sein offenherziger Egoismus, von dem man anfangs Gegenwirkung befürchtet, ist harmlos. Dergleichen naiv lustige Züge sind ganz im Geiste der epischen Gattung; denn ihr ist jene idealische Absonderung der ursprünglich gemischten Bestandteile der menschlichen Natur fremd, woraus das rein Komische und Tragische entsteht. Übrigens kann man Herzlichkeit, Geradsinn und gesunden Verstand den allgemeinen Charakter der handelnden Personen nennen; und doch sind sie durch die gehörigen Abstufungen individuell wahr bestimmt. Die Mutter, den Pfarrer und den Richter, unter denen es schwer wird zu entscheiden, wo die sittliche Würde am reinsten hervorleuchtet, erwähnten wir schon vorhin. Wie schön gedacht ist es, beim Hermann die kraftvolle Gediegenheit seines ganzen Wesens mit einem gewissen äußeren Ungeschick zu paaren, damit ihn die Liebe desto sichtbarer umschaffen könne! Er ist eins von den ungelenken Herzen, die keinen Ausweg für ihren Reichtum wissen, und denen die Berührung entgegenkommender Zärtlichkeit nur mühsam ihren ganzen Wert ablockt. Aber da er nun das für ihn bestimmte Weib in einem Blicke erkannt hat, da sein tiefes, inniges Gefühl wie ein Quell aus dem harten Felsen hervorbricht – welche männliche Selbstbeherrschung, welchen bescheidenen Edelmut beweist er in seinem Betragen gegen Dorotheen! Er wird ihr dadurch beinahe gleich, da sie ihm sonst an Gewandtheit und Anmut, an heller Einsicht und besonders an heldenmäßiger Seelenstärke merklich überlegen ist. Ein wunderbar großes Wesen, unerschütterlich fest in sich bestimmt, handelt sie immer liebevoll und liebt sie nur handelnd. Ihre Unerschrockenheit in allgemeiner und eigner Bedrängnis, selbst die gesunde körperliche Kraft, womit sie die Bürden des Lebens auf sich nimmt, könnte uns ihre zartere Weiblichkeit aus den Augen rücken, mischte sich nicht dem Jünglinge gegenüber das leise Spiel sorgloser selbstbewußter Liebenswürdigkeit mit ein, und entrisse nicht ein reizbares Gefühl, durch vermeinten Mangel an Schonung überwältigt, ihr noch zuletzt die holdesten Geständnisse. Hinreißend edel ist ihr Andenken an den ersten Geliebten, dessen herrliches Dasein ein hoher Gedanke der Aufopferung verzehrt hat. Seine Gestalt, obgleich in der Ferne gehalten, ragt noch am Schlusse über alle Mithandelnden hervor, und so wächst mit der Steigerung schöner und großer Naturen das Gedicht selbst gleich einem stillen, mächtigen Strome ...

Es scheint als hätte er *(der Dichter)*, nachdem er das Wesen des Homerischen Epos – abgesondert von allen Zufälligkeiten – erforscht, den göttlichen Alten ganz von sich entfernt und gleichsam vergessen ... Was wir als wesentliche Merkmale des Epos angaben, die überlegene Ruhe und Parteilosigkeit der Darstellung, die volle lebendige Entfaltung hauptsächlich durch Reden, die mit Ausschließung dialogischer Unruhe und Unordnung der epischen Harmonie gemäß umgebildet werden, den unwandelbaren verweilend fortschreitenden Rhythmus – diese Merkmale lassen sich ebensogut an dem deutschen Gedicht entwickeln als an Homers Gesängen . . .

Es ist ein in hohem Grade sittliches Gedicht, nicht wegen eines moralischen Zwecks, sondern insofern Sittlichkeit das Element schöner Darstellung ist. In dem Dargestellten überwiegt sittliche Eigentümlichkeit bei weitem die Leidenschaft, und diese ist soviel wie möglich aus sittlichen Quellen abgeleitet. Das Würdige und Große in der menschlichen Natur ist ohne einseitige Vorliebe aufgefaßt. Die Klarheit besonnener Selbstbeherrschung erscheint mit der edeln Wärme des Wohlwollens innig verbunden und gleiche Rechte behauptend. Wir werden überall zu einer milden, freien, von nationaler und politischer Parteilichkeit gereinigten Ansicht der menschlichen Angelegenheiten erhoben. Der Haupteindruck ist Rührung, aber keine weichliche, leidende, sondern zu wohltätiger Wirksamkeit erweckende Rührung. ,,Hermann und Dorothea" ist ein vollendetes Kunstwerk im großen Stil und zugleich faßlich, herzlich, vaterländisch, volksmäßig; ein Buch voll goldener Lehren der Weisheit und Tugend.

Wilhelm v. Humboldt in seinem Buche: Ästhetische Versuche. Erster Teil. Über Goethes „Hermann und Dorothea". Braunschweig 1799.

Kap. I. Die schlichte Einfachheit des geschilderten Gegenstandes und die Größe und Tiefe der dadurch hervorgebrachten Wirkung, diese beiden Stücke sind es, welche in Goethes ,,Hermann und Dorothea" die Bewunderung des Lesers am stärksten und unwillkürlichsten an sich reißen. Was sich am meisten entgegensteht, was nur dem Genie des Künstlers und auch diesem allein in seinen glücklichsten Stimmungen zu verknüpfen gelingt, finden wir auf einmal vor unsrer Seele gegenwärtig – Gestalten so wahr und individuell, als nur die Natur und die lebendige Gegenwart sie zu geben, und zugleich so rein und idealisch, als die Wirklichkeit sie niemals darzustellen vermag. In der bloßen Schilderung einer einfachen Handlung erkennen wir das treue und vollständige Bild der Welt und der Menschheit . . .

Kap. XXXII. Die Wirkung des Mädchens auf den Jüngling ist nicht in einer unbestimmten Größe, sondern in dem bestimmten Begriff der vollkommnen Angemessenheit beider Naturen gezeichnet . . . Ein anderer Dichter hätte sich begnügt, die Trefflichkeit des Mädchens in der bloßen Stärke der Wirkung zu schildern, die es auf den Jüngling gemacht hat, und dies Mittel wäre auf keine Weise verwerflich gewesen. Der unsrige tut zugleich weniger und mehr. Er scheint anfangs wenig darum bekümmert, den Eindruck zu malen, den Hermann erfahren hat.

Er läßt ihn in seiner Erzählung keinen Augenblick aus seinem ruhigen, einfachen, beschreibenden Ton herausgehen. Aber er führt die Umstände so, daß er unwiderstehlich dartut, daß Dorothea ganz und gar und nur sie dem Wesen des Jünglings angemessen ist, daß sie sein werden muß und daß er aus seiner ganzen Natur herausgehoben ist, wenn er sie nicht besitzt ...

Kap. LXXVIII. Gleich in dem 1. Gesange zeigen sich uns zwei bedeutende, sichtbar von einander geschiedene Gruppen: im Vordergrunde einige einzelne Charaktere; Menschen, die Gleichheit des Wohnorts, der Beschäftigung, der Gesinnungen in einen engen Kreis miteinander verbindet. Dann in der Ferne ein Zug von Ausgewanderten, durch Krieg und bürgerliche Unruhen aus ihrer Heimat vertrieben. Gleich hier also steht die Menschheit und das Schicksal vor uns da. Jene in reinen, festen, idealischen und zugleich durchaus individuellen Formen. Dieses in einer Staaten erschütternden, wirklichen und historischen Begebenheit. Die Ruhe einer Familie kontrastiert gegen die Bewegung eines Volks; das Glück einzelner gegen den Unternehmungsgeist vieler.

Kap. LXXIX. Mit diesem Kontrast ist zugleich das Hauptthema des ganzen Gedichts aufgegeben. Wie ist intellektuelles, moralisches und politisches Fortschreiten mit Zufriedenheit und Ruhe, wie dasjenige, wonach die Menschheit als nach einem allgemeinen Zweck streben soll, mit der natürlichen Individualität eines jeden, wie das Betragen einzelner mit dem Strom der Zeit und der Ereignisse ... vereinbar, daß ... beides zu höherer allgemeiner Vollkommenheit zusammenwirkt? ... Alle jene Dinge, zeigt uns der Dichter, sind vereinbar durch die Beibehaltung und Ausbildung unsres natürlichen und individuellen Charakters ... Alsdann bewahrt das Menschengeschlecht seine reine Natur, aber aus der allgemeinen Verschiedenheit geht Einheit im Ganzen hervor ... und einer nicht verächtlichen Generation folgt immer eine noch bessere nach ...

Kap. CII. Die Behandlung der Verse gäbe einer Kritik, die ins einzelne eingehen wollte, zu mancherlei Bemerkungen Stoff. Es ist nicht zu leugnen, daß hier eine Menge kleiner Flecken ins Augen fallen, die man in einem übrigens so vollkommnen Ganzen lieber wegwünschte ... Aber selbst diese Nachlässigkeiten verdienen kaum diesen Namen, da sie fast alle wieder kleine Vorzüge mit sich führen. Man versuche es nur, Inkorrektheiten in diesem Gedicht umzuändern, und man wird nur äußerst selten darin glücklich sein, ohne zugleich irgend eine, wenn auch vielleicht kleine, Schönheit der Diktion aufopfern zu müssen, wenn man nur fein und tief genug in die Eigentümlichkeit des Dichters, in die Einfachheit und Objektivität seines Vortrags eingeht ...

Hegel in seinen Berliner „Vorlesungen über die Ästhetik", zwischen 1820 und 1829.

Am geeignetsten für die ideale Kunst wird sich daher ein dritter Zustand erweisen, der in der Mitte steht zwischen den goldenen idyllischen Zeiten und den vollkommen ausgebildeten allseitigen Vermittlungen der bürgerlichen Gesellschaft. Es ist dies ein Weltzustand, wie wir ihn schon als den heroischen, vorzugsweise idealen haben kennenlernen. Die heroischen Zeitalter sind nicht mehr auf jene idyllische Armut geistiger Interessen beschränkt, sondern gehen über dieselbe zu tieferen Leidenschaften und Zwecken hinaus; die nächste Umgebung aber der Individuen, die Befriedigung ihrer unmittelbaren Bedürfnisse ist noch ihr eigenes Tun ... Solch einen Zustand finden wir z. B. bei Homer ...

Eine solche Darstellungsweise nun aber auf Stoffe anzuwenden, welche aus späteren, vollkommen ausgebildeten Zeiten genommen sind, hat immer große Schwierigkeit und Gefahr. Doch hat uns Goethe in dieser Beziehung ein vollendetes Musterbild in ,,Hermann und Dorothea" geliefert. Ich will nur einige kleine Züge vergleichungsweise anführen. Voß in seiner bekannten ,,Luise" schildert in idyllischer Weise das Leben und die Wirksamkeit in einem stillen und beschränkten, aber selbständigen Kreise. Der Landpastor, die Tabakspfeife, der Schlafrock, der Lehnsessel und dann der Kaffeetopf spielen eine große Rolle. Kaffee und Zucker nun sind Produkte, welche in solchem Kreise nicht entstanden sein können und sogleich auf einen ganz anderen Zusammenhang, auf eine fremdartige Welt und deren mannigfache Vermittlungen des Handels, der Fabriken, überhaupt der modernen Industrie hinweisen. Jener ländliche Kreis daher ist nicht durchaus in sich geschlossen. In dem schönen Gemälde ,,Hermann und Dorothea" dagegen brauchten wir eine solche Beschlossenheit nicht zu fordern; denn wie schon bei einer anderen Gelegenheit angedeutet ist, spielen in dies – im ganzen Tone zwar idyllisch gehaltene – Gedicht die großen Interessen der Zeit, die Kämpfe der Französischen Revolution, die Verteidigung des Vaterlandes höchst würdig und wichtig herein. Der engere Kreis des Familienlebens in einem Landstädtchen hält sich nicht dadurch etwa so fest in sich zusammen, daß die in den mächtigsten Verhältnissen tiefbewegte Welt bloß ignoriert wird wie bei dem Landpfarrer in Vossens ,,Luise", sondern durch das Anschließen an jene größeren Weltbewegungen, innerhalb welcher die idyllischen Charaktere und Begebnisse geschildert sind, sehen wir die Szene in den erweiternden Umfang eines gehaltreicheren Lebens hineinversetzt, und der Apotheker, der nur in dem übrigen Zusammenhang der rings bedingenden und beschränkenden Verhältnisse lebt, ist als bornierter Philister, als gutmütig, aber verdrießlich dargestellt. Dennoch ist in Rücksicht auf die nächste Umgebung der Charaktere durchweg der vorhin verlangte Ton angeschlagen. So trinkt

z. B., um nur an dies eine zu erinnern, der Wirt mit seinen Gästen, dem Pfarrer und Apotheker, nicht etwa Kaffee:

Sorgsam brachte die Mutter des klaren, herrlichen Weines,
In geschliffener Flasche auf blankem zinnernen Runde,
Mit den grünlichen Römern, den echten Bechern des Rheinweins.

Sie trinken in der Kühle ein heimisches Gewächs, Dreiundachtziger, in den heimischen, nur für den Rheinwein passenden Gläsern; ,,die Fluten des Rheinstroms und sein liebliches Ufer" wird uns gleich darauf vor die Vorstellung gebracht und bald werden wir auch in die eigenen Weinberge hinter dem Hause des Besitzers geführt, so daß hier nichts aus der eigentümlichen Sphäre eines in sich behaglichen, seine Bedürfnisse innerhalb seiner sich gebenden Zustands hinausgeht.
(Vorlesungen über die Ästhetik, 1. Teil, 3. Kap., III, 2: Das Zusammenstimmen des konkreten Ideals mit seiner äußerlichen Realität.)

Suchen wir nun in neuester Zeit nach wahrhaft epischen Darstellungen, so haben wir uns nach einem anderen Kreise als dem der eigentlichen Epopöe umzusehen. Denn der ganze heutige Weltzustand hat eine Gestalt angenommen, welche in ihrer prosaischen Ordnung sich schnurstracks den Anforderungen entgegenstellt, welche wir für das echte Epos unerläßlich fanden, während die Umwälzungen, denen die wirklichen Verhältnisse der Staaten und Völker unterworfen gewesen sind, noch zu sehr als wirkliche Erlebnisse in der Erinnerung festhaften, um schon die epische Kunstform vertragen zu können. Die epische Poesie hat sich deshalb aus den großen Völkerereignissen in die Beschränktheit privater häuslicher Zustände auf dem Lande und in der kleinen Stadt geflüchtet, um hier die Stoffe aufzufinden, welche sich einer epischen Darstellung fügen könnten. Dadurch ist denn besonders bei uns Deutschen das Epos idyllisch geworden, nachdem sich die eigentliche Idylle in ihrer süßlichen Sentimentalität und Verwässerung zugrunde gerichtet hat. Als naheliegendes Beispiel eines idyllischen Epos will ich nur an die ,,Luise" von Voss sowie vor allem an Goethes Meisterwerk, ,,Hermann und Dorothea", erinnern. Hier wird uns zwar der Blick auf den Hintergrund der in unserer Zeit größten Weltbegebenheit eröffnet, an welche sich dann die Zustände des Wirtes und seiner Familie, des Pastors und Apothekers unmittelbar anknüpfen, so daß wir, da das Landstädtchen nicht in seinen politischen Verhältnissen erscheint, einen unberechtigten Sprung finden und die Vermittlung des Zusammenhanges vermissen können; doch gerade durch das Weglassen dieses Mittelgliedes bewahrt das Ganze seinen eigentümlichen Charakter. Denn meisterhaft hat Goethe die Revolution, obschon er sie zur Erweiterung des Gedichts aufs glücklichste zu benutzen wußte, ganz in die Ferne zurückgestellt und nur solche Zustände derselben in die Handlung eingeflochten, welche sich in ihrer einfachen Menschlichkeit an jene häuslichen und städtischen Verhältnisse und Situationen durchaus zwanglos anschließen. Was aber die Hauptsache ist, Goethe hat für dieses Werk mitten aus der modernen Wirklichkeit Züge, Schilderungen, Zustände, Verwicklungen herauszufinden und darzustellen verstanden, die in ihrem Gebiete das wieder lebendig machen, was zum unvergänglichsten Reiz in den ursprünglich menschlichen Verhältnissen der Odyssee und der patriarchalischen Gemälde des Alten Testamentes gehört.

(Ebd., 3. Teil, 3. Abschn., 3. Kap., C I, 3 b: Das romantische Epos.)

NACHWORT ZU „HERMANN UND DOROTHEA“

Hermann und Dorothea entstand in der Zeit von Anfang September 1796 bis Anfang Juni 1797, nachdem im August 1796 *Wilhelm Meisters Lehrjahre* abgeschlossen waren. Es war die Zeit der engen Zusammenarbeit mit Schiller und eine Zeit intensiver Beschäftigung mit der Antike. Goethe las griechische und römische Dichtungen und betrachtete Abgüsse und Reproduktionen antiker Kunstwerke, wo immer er sie finden konnte. Von da gingen die Gedanken zu den Gattungsgesetzen, die sich seit der Antike herausgebildet hatten. Gespräche mit Schiller suchten die Wesenszüge der Gattungen festzulegen, also auch die des Epos. Goethes stark optische Veranlagung, durch Winckelmann und Meyer gefördert, suchte im Epischen nicht nur die Handlung, sondern auch das Bildhafte, Typische, Symbolische. Der Humanitätsgedanke sah bestes Menschentum in allen Zeiten und Kulturen. Die Form der Familie, das Verhältnis der Generationen, die Liebe der Geschlechter – dergleich war überzeitlich. Das Altertum hatte in seinen besten Werken das Menschliche so dargestellt, daß es auch nach 2000 Jahren ansprechend wirkte. Die Aufgabe bestand also darin, jenen Leistungen etwas Modernes zur Seite zu setzen. In diesem Gedankenkreis lebend bekam Goethe Vossens „Luise“ zur Hand, zunächst 1782–84 im „Teutschen Merkur“ als drei Idyllen erschienen, dann umgearbeitet als kleine epische Dichtung 1795, behäbig-anschauliches Bild eines norddeutsch-protestantischen Pfarrhauses der Gegenwart, in Hexametern. Die Verbindung des Modernen und Antiken, die Goethe hier als modernen Stoff und antikisierende Form sah, strebte er selbst an, möglichst in einer noch tieferen Schicht, im Bereich des Allgemein-Menschlichen, schön Geformten. Ansätze hatte er selbst bereits gemacht. Die 1796 entstandene Elegie *Alexis und Dora* (Bd. 1, S. 185), die Geschichte einer Verlobung wie *Hermann und Dorothea,* hat eine so zeitlose Handlung, daß man fast vergißt, ob sie im Altertum oder in der Gegenwart spielt. Und eben das hat Goethe gewollt. An Schubarth schrieb er: *Alles, was geschieht, ist Symbol und indem es vollkommen sich selbst darstellt, deutet es auf das Übrige.* (2. April 1818. Briefe Bd. 3, S. 426) Daß der Hexameter, seit *Reineke Fuchs* ihm geläufig, die geeignete Form für ein modernes Epos sei, schien außer Frage. So kam es darauf an, daß dieser Typisierung des Gegenwärtigen, dieser Symbolisierung des Realen, dieser Welthaltigkeit des Bürgerlichen nun auch ein Stoff entgegenkäme. Und er hatte einen solchen im Sinne, der das alles zu ermöglichen schien, *ein Sujet, wie man es in seinem Leben vielleicht nicht zweimal findet* (an Meyer, 28. 4. 1797), eine Anekdote aus der Geschichte der vertriebenen Salzburger Protestanten von 1731/32. Hier sind die Auswanderer, das alleinstehende Mädchen, der wohlhabende, bisher mädchenscheue, plötzlich liebende Bürgersohn, der anfangs widerstrebende, dann einstimmende Vater, der beratende Geistliche; auch das Motiv, daß der junge Mann seine Liebe nicht zu gestehen wagt und die Geliebte als Magd wirbt. (Vgl. im folgenden „Goethes Quelle für den Stoff von *Hermann und Dorothea.)* Alles Weitere ist Goethes Zutat. Er versetzt die Handlung in die Gegenwart. Nicht die Salzburger von 1731 sind es, sondern linksrheinische Flüchtlinge aus der Zeit der Revolutionskriege. Goethe schreibt am 5. Dezember 1796 an Heinrich Meyer: *Die Zeit der Handlung ist ohngefähr im vergangenen August.* (Briefe Bd. 2, S. 247) Die Franzosen hatten 1794 das linke Rheinufer besetzt. Am 5. April 1795 wurde der Friede von Basel zwischen Frankreich und Preußen geschlossen. Frankreich blieb im Besitz des gesamten Gebiets westlich des Rheins. Dort hatten sich Zustände entwickelt, wie sie in den Versen VI, 43–48 angedeutet sind. Deswegen gab es die Gruppen von Flüchtlingen, wie sie hier und wie sie ähnlich in den *Unterhaltungen deutscher Ausgewanderten* (Bd. 6, S. 125–241) geschildert sind. Goethe hat aber in *Hermann und Dorothea* absichtlich eine genaue Zeitbestimmung vermieden, denn es sollte das Allgemeine gezeigt werden. Erwähnt wird, daß die Revolution bereits einige ihrer eigenen anfänglichen Helden unter die Guillotine gebracht hat (VI, 42), mehr zu sagen war nicht nötig. Goethe hatte auf Wunsch des Herzogs 1792 selbst an dem Feldzug in Frankreich teilgenommen und 1793 die Belagerung von Mainz mitgemacht (Vgl. Bd. 10, S. 188–400 u. Anm.; auch Bd. 6, S. 125ff.). Er hatte Flüchtlingszüge gesehen und brauchte dafür keine literarischen Quellen; denn schadhafte Wagen, verlorene Kinder, Wöchnerinnen und tüchtige Mädchen gibt es dabei zu allen Zeiten. So hatte er den Stoff, die Einzelmotive und die Form bereit, als er sich im September 1796 ans Werk machte. Er hat in dieser Zeit immer beobachtet, was in Frankreich und den besetzten Gebieten geschah. Seine Briefe an Heinrich Meyer, der damals in Italien war und den er informieren wollte, zeigen, wie gut er Bescheid wußte. (Briefe, HA, Bd. 2, S. 232; an Heinrich Meyer 1. August 96.) Am Beginn der Arbeit standen – bezeichnend für die Epoche des Klassizismus – viel theoretische Gedanken. Doch bei der Arbeit selbst durchströmte innere Wärme den Stoff und die Form und gab allem den Goetheschen individuellen Stil. Das Werk entstand nach und nach in der Reihenfolge der Gesänge. Außerdem schrieb Goethe im Dezember 1796 46 Verse, die als Einleitung diesen sollten. Doch er ließ diese dann wieder weg und stellte sie in seine Gedicht-Sammlung, wo sie besser hinpassen (Bd. 1, S. 197f. u. Anm.). Im Juni 1797 wurde das

Manuskript fertig, im Oktober erschien das Werk als „Taschenbuch für 1798" im Verlag Friedrich Vieweg in Berlin.

Es erlebte sogleich begeisterten Widerhall in breiten Kreisen. Denn hier fand das deutsche Bürgertum sich selbst wieder. Aber Goethe ließ sich nicht zu ihm herab, sondern hob es empor in seine Welt. Er stellt die tüchtigen, charaktervollen Gestalten Hermanns, der Mutter und des Geistlichen in den Vordergrund. Er macht die spießbürgerliche Enge des Apothekers und des Gastwirts durchaus deutlich, aber weil sie sich ins Gesamtbild der bürgerlichen Welt fügen und für das Geschehen förderlich wirken, werden sie nicht betont negativ dargestellt. Die Norm ist das Gesunde, das Typische, die Ordnung: *die kluge, verständige Hausfrau,* der *treffliche Pfarrer,* das *reichliche Obst,* das *herrliche Wasser.* Die Ordnung stellt sich dar im Bereiche des Hauses und der Gemeinde. Die Fabel ist derart, daß sie dies alles zu zeigen vermag und in der Schilderung des Stadtbrandes und des Kriegselends zugleich das Gegenbild bringt. Beharren und Wandlung werden immer wieder einander gegenübergestellt und zugleich verbunden dadurch, daß der Verwurzelte, Besitzende und die Heimatlose einander lieben. Ihr Eintritt in die festgefügte Welt des Hauses muß zunächst einen Konflikt hervorrufen, aber wir fühlen, daß er nicht tragisch enden wird, da nicht zwei unvereinbare Gesetze gegeneinander stehen. Dorothea ist nicht durch ihr Wesen wurzellos, sondern durch äußeres Schicksal und findet nun die ihr gemäße Lebensform wieder. Scheinbar siegt bei Hermann die persönliche Wahl über die Familienwahl, aber im Grunde ist eben diese seine Wahl im Sinne der Familie, denn sie ist getragen von dem Sinn für Ordnung, Tüchtigkeit und Innigkeit, den er von den Eltern erhalten hat. Er wird die arbeitsame Bürgertugend des Vaters fortsetzen, aber innerlicher und feinfühliger, wie es ihm von seiner Mutter mitgegeben ist. Und er wird darin bestärkt werden durch Dorothea. Sie ist die für den Leser immer mehr in den Vordergrund rückende Gestalt, und dadurch, daß wir ihr Verhalten in den verschiedensten Situationen sehen – gegenüber *dem Gesindel* (VI, 108), gegenüber den Kranken, gegenüber Hermann und dessen Eltern, rundet sich ihr Bild vielseitig ab. Die innere Welt der beiden Liebenden wäre wert, allgemeine Ordnung zu werden; Gesetz und Neigung fallen hier zusammen. Hinter diesem Geschehen stehen die Revolutionskriege, persönliches Schicksal ist mit den großen Zeitereignissen verknüpft.

Die Darstellung ist so angelegt, daß sie die Ordnung in der Welt Hermanns zeigt, sei es im Zusammenhang der Familie, sei es beim Wiederaufbau der Stadt, sei es bei der Anlage und Pflege des Gartens. Diese Motive sind ausführlich dargestellt, und weil sie in den Vordergrund gerückt sind, sprach Goethe zeitweilig von einer *Idylle* (vgl. den Abschnitt „Goethe über *Hermann und Dorothea*"). Anderseits sind

Kriegsereignisse und Flüchtlingselend das Gegenteil von Idylle. Sie sind in der Darstellung knapp gehalten. Nicht der Erzähler selbst spricht von dem Schicksal von Dorotheas Verlobtem, der aus Idealismus nach Paris geht und dort *Kerker und Tod* erlebt, sondern Dorothea (IX, 259–290) und der geflohene Richter (VI, 186–190). Diese sehr ernsten Motive bleiben also etwas im Hintergrund. Doch Hermann ist so klug zu bedenken, daß ähnliche Schicksalsschläge in Zukunft die jetzt friedlich Lebenden treffen könnten und daß man innerlich bereit sein müsse, ihnen zu begegnen (IX, 302 ff.). Die düsteren Seiten des Lebens fehlen also nicht, aber sie liegen nicht in den Gestalten wie in den *Wahlverwandtschaften*, sondern in dem allgemeinen Geschehen.

Das Schönste in diesem Werk sind die Beziehungen der Menschen zueinander, klar und zart, aber nie empfindsam, Hermanns Sohnesliebe zum Vater, die Liebe der Mutter zu ihm, des Pfarrers tiefblickende Führung, Dorotheas gesunde Neigung. In leitmotivischer Verflechtung formen sie die eigentliche Handlung. Die Fahrt Hermanns, dann die Fahrt zu dritt, Dorotheas Weg in Hermanns Elternhaus, alles geschieht aus inneren Motiven, aus freier Wahl. Diese innere Freiheit gibt dem Werk seine optimistische Stimmung und bezeichnet die innere Kultur des Bürgertums. Zwar vermag der einzelne Mensch nicht, das große allgemeine Schicksal (Stadtbrand, Krieg) zu ändern, aber er kann in seinem Bereich frei wählen und handeln, und wer tüchtig ist, meistert das Leben auch trotz jener Widerstände. Das ist eine untragische bürgerliche Haltung, anders als die tragische der *Wahlverwandtschaften*. Darum gibt es in dieser Welt auch eine Gestalt, die das gute Ende sichert, den Pfarrer, der die Fäden in der Hand hält und am Ende entwirrt. Darum die leitmotivischen Wiederholungen, daß auch im scheinbaren Zufall Sinn und Folge sei (I, 84 ff., II, 44 ff., IX, 262 ff.). Darum auch diese Sprache, in der jedes Adjektiv lobend ist bis herab zu Rebe und Kohlkopf; und der Hexameter kommt ihr entgegen. Hermann sieht mit fast Schillerschem Idealismus am Ende die Schicksals-Nöte als Aufforderung, Gutes zu schaffen (IX, 299 ff.). Wie anders die *Achilleis*, in welcher der Kampf furchtbares Schicksal ist für alle und ein Sinn höchstens zu finden ist in der Haltung des einzelnen, die um ihrer selbst willen da ist.

In *Hermann und Dorothea* bleibt die Grundstimmung zuversichtlich. Dabei gibt es genug Düsteres und Trauriges, die allgemeinen Leiden der Bevölkerung links des Rheins (VI, 3–80), das Schicksal von Dorotheas Verlobtem in Paris (IX, 257–290) und anderes. Die Verbindung des persönlichen Schicksals mit dem allgemeinen Hintergrund wird deutlich ausgesprochen in den Worten Hermanns am Schluß: *Desto fester sei bei der allgemeinen Erschüttrung, Dorothea, der Bund!* (IX, 299 f.) Hier ist das Erlebnis derer, die solche Krisenzeiten mitmachen: Der Charakter kommt gerade dann zur Entfaltung. Es bleibt dem Leser überlassen, die Linie zu ziehen von der geordneten Welt des Kleinbürgers bis zu den führenden Geistern, die von Kantschem Idealismus geprägt waren. *Hermann und Dorothea* beginnt und endet mit Bildern einer geordneten Welt. Andere Werke wie *Werther,* die *Wahlverwandtschaften* und *Faust* zeigen ein anderes Bild, durchzogen von Dämonie und Tragik, begründet in den Charakteren. In *Hermann und Dorothea* sind alle Charaktere ohne solche Züge, alles Schwere kommt von außen.

Die Personen sind individuell, aber dennoch typisiert. Die jugendlichen Hauptgestalten schreiten von Anbeginn auf einander zu. Nicht subjektive Leidenschaft wie in Werther, sondern ein natur- oder schicksalhaftes Einander-zugeordnet-Sein; dadurch das Allgemeine, Einfache, Klassische, das durch den epischen Stil besonders herausgearbeitet wird. Die Handlung ist eine große Bilderreihe. Man betrachte eine beliebige Partie des Werkes, etwa Gesang VII und VIII: Hermann und Dorothea am Brunnen, der Abschied von den Kindern, der Weg durchs Korn, die Rast am Birnbaum, die Szene auf der Weinbergtreppe – eine bildhafte Szene reiht sich an die andere, und jede erscheint symbolhaltig. Dazu passen die Reden mit ihrem ornamentalen Stil und ihren allgemeinen Wendungen. Zu ihnen gehört der Hexameter. Bald verweilend, bald fortreißend, bald schwer, bald leicht klingend, ist seine Grundhaltung stets ein unzerstörbares Gleichgewicht. Seine Länge macht ihn reich und füllig. Er vermag jedem Gegenstand Rechnung zu tragen, aber nur in abstandhaltender Erzählung. Er ist ein durchaus epischer Vers. Goethe wollte in diesem Werk der antiken Form möglichst nahe bleiben. Das bedeutete aber, da das antike System von Längen und Kürzen nicht einfach auf die andere und moderne Sprache mit Hebungen und Senkungen übertragbar war, daß er die Regeln der zeitgenössischenVerstheoretiker beachtete – strenger als in *Reineke Fuchs* –, und das war mitunter nicht einfach und auch nicht erfreulich. (Vgl. Bd. 1, Kommentar zu „Die Zeit der Klassik" und Bd. 2, Kommentar zur *Reineke Fuchs.*)

Hermann und Dorothea wurde binnen kurzer Zeit geliebter Besitz breiter Kreise in Deutschland, vermutlich wegen der Bürgerwelt und Gefühlswärme des Inhalts. Goethes Name wurde wieder viel genannt, wie einst wegen *Götz* und *Werther.* Aber man schätzte das Werk nicht nur in Deutschland. Schon 1799 erschien eine dänische Übersetzung, 1800 eine französische, 1801 eine englische, 1804 eine italienische. Im Laufe des 19. Jahrhunderts schlossen sich dann andere an, niederländisch, schwedisch, polnisch, russisch, spanisch usw. Außerdem wurde das Werk – wohl um seiner humanistischen Typik und Formkraft willen – Gegenstand ausführlicher Darstellung der bedeutendsten Ästhetiker. Schon im Dezember 1797 brachte die Jenaer „Allgemeine Literaturzeitung“, damals das angesehenste kritische Organ, aus der Feder A.W. Schlegels eine kluge Analyse des Gehalts, der Gestalten und des epischen Stils. Bald darauf, 1799, erschien von Wilhelm v. Humboldt über *Hermann und Dorothea* ein ganzes Buch, das an diesem Werk allgemeine Gesetze der Dichtung, insbesondere des Epos exemplifizierte. Die Beliebtheit blieb im 19. Jahrhundert bestehen. Hegel besprach es in seiner „Ästhetik“, Rosenkranz analysierte es 1847 in seinem Goethe-Werk in glücklichster Weise, Hehn widmete ihm ein ganzes Buch voll feinsinniger Beobachtungen, und Scherer in seiner „Geschichte der deutschen Literatur“, 1883, machte es zu einem der wenigen Werke, auf die im Rahmen des Gesamtüberblicks durch ausführliche warmherzige Einzelinterpretation alles Licht fällt, denn es erfüllt sein Ideal, daß Gestalten und Taten symbolisch eine Ethik des Volkes darstellen. Es ist wie mit Raffael, den das 19. Jahrhundert überaus liebte und zu dem das neue Jahrhundert – seine klassische Vollkommenheit achtungsvoll zugebend – kein so nahes inneres Verhältnis mehr fand. Humboldts Hoffnung, *Hermann und Dorothea* werde der Beginn einer neuen bürgerlichen Epik werden, hat sich trotz Hebbels „Mutter und Kind“ und Hauptmanns „Anna“ nicht erfüllt, denn die Konstellation, aus der heraus dieses Werk in den Jahren 1796–1797 geschaffen wurde, war einmalig. Nur *Hermann und Dorothea*, nicht die Epen des 19. und 20. Jahrhunderts, hat als Hintergrund den philosophischen Idealismus der Zeit um 1800, der im Bilde des zeitgenössischen Bürgertums das Typische und Normative sucht, und die diesem Streben entgegenkommende antikisierende Form, die seit Klopstock allen Lesern geläufig war und seit dieser Zeit ohne Befremden, ja mit Verständnis für den Wert des epischen Verses aufgenommen wurde.

Das ursprünglich als Einleitung geplante Gedicht *Hermann und Dorothea* steht in Bd. 1, S. 197f., da Goethe es in seine Gedichte eingereiht hat.

Äußerungen zu *Hermann und Dorothea* von Goethe und seinen Zeitgenossen sind vor dem Nachwort abgedruckt. Da diese vieles Wesentliche sagen, beschränkt sich das Nachwort auf einiges Ergänzende.

ANMERKUNGEN

I. Überschrift *Kalliope*: die Muse der epischen Dichtung. Dank an das Altertum, das die epische Dichtung begründete. Die übrigen Musennamen, stilisierend, monumentalisierend wirkend, ohne engere inhaltliche Beziehung zu den einzelnen Gesängen.

I, 13. *milde*: in der alten Bedeutung „freigebig, wohltätig“, wie VI, 202 und VII, 26; auch S. 55 Nr. 30. – Dt.Wb. 6, Sp. 2204f.

I, 22. *Und es versetzte darauf* ... Zur Einleitung der direkten Rede wird ein ganzer Hexameter benutzt. So bleibt es an fast allen Stellen vor direkter Rede. Es ist ein Charakteristikum von *Hermann und Dorothea.* Das kurz davor entstandene Werk *Reineke Fuchs* – ebenfalls in Hexametern – verfährt beim Beginn direkter Rede ganz anders.

I, 29. *indianischen*: indischen. Diese Muster waren im 18. Jahrhundert zeitweilig sehr in Mode. – Max v. Boehn, Die Mode. Das 18. Jahrhundert. 5. Aufl. 1963. S. 141.

I, 36. *Surtout* (frz.): „ein Rock, der etwa bis zum Knie reichte und geschlossen getragen wurde" (Max v. Boehn, Die Mode. Das 18. Jahrhundert. 5. Aufl. 1963. S. 171.) *Pekesche*: Jacke mit Querlitzenbesatz und Knebelverschluß, Mode in der 2. Hälfte des 18. Jahrhunderts. – Dt.Wb. 7, Sp. 1532.

I, 56. *Landau* in der Pfalz war im 18. Jahrhundert berühmt wegen der guten Wagen, die dort hergestellt wurden. Ein bestimmter Wagentyp wurde „Landauer" genannt.

I, 58. *Fabriken*: Betriebe, die größer sind als die der Handwerker; das Fabrikwesen entwickelte sich erst im 19. Jahrhundert.

I, 121f. *wie beim Brande* ... Das Stadtbrand-Motiv wie auch I, 176ff.; II, 109ff.; III, 32; III, 85; V, 107; jedesmal sinnbildlich für mutige Neugründung trotz aller zerstörenden Mächte und für die innere Freiheit des Menschen, für die Haltung der Seele. Parallele zum Motiv der Flüchtlingsnot, aber als Rückblick und aus Abstand.

I, 128. *Butten*: Gefäße. Wie *Reineke Fuchs* II, 159. – GWb. 2, Sp. 962.

I, 167. *Runde*: Tablett, Teller. – Dt.Wb. 8, Sp. 1505.

I, 194. *werden ein Wall*: die Franzosen hatten 1794 die deutschen Gebiete links des Rheins besetzt. Im Frieden von Basel, 1795, wurde dieser ganze Teil Deutschlands französisch.

I, 194. *Franken*: Franzosen, wie VI, 21. – Dt.Wb. 4,1 Sp. 57.

I, 198. *alles deutet auf Frieden*: Der Friede zwischen Frankreich und Preußen wurde am 5. April 1795 geschlossen. Goethe denkt wohl an die Zeit davor. Doch er vermeidet es, genaue Angaben zu machen.

II, 1. *der wohlgebildete Sohn*: hier wird Hermanns gutes Aussehn hervorgehoben (vgl. *Bildung* V, 167 u. Anm.), an anderen Stellen sind es andere Eigenschaften: *der bescheidene Sohn* (III, 1), *der Jüngling edlen Gefühles* (IV, 66) usw. Die Personen erhalten fast immer solche Beiwörter. Dieses Stilmittel stammt von Homer. Dort aber werden die Beiwörter oft wiederholt, z.B. „der erfindungsreiche Odysseus", „die kluge Penelopeia". Goethe wiederholt die schmückenden Adjektive nicht, sondern bringt jedesmal ein anderes; ein Beispiel dafür, wie er antike Stilmittel aufnimmt, sie aber verändert.

II, 22. *Bäumen*: „der als Baumaterial benutzte Stamm" (GWb. 2, Sp. 115).

II, 23. *Auslands*: das Land außerhalb der engeren Heimat. Es handelt sich hier um Deutschland westlich des Rheins. Ähnlich III, 8.

II, 90. *heilig*: verehrungswürdig, unverletzlich. Dt.Wb. 4,2. Sp. 835.

II, 94. *Provisor*: der Gehilfe, auch der Vertreter des Apothekers.

II, 122. *flüchten*: durch Flucht retten, sich in Sicherheit bringen. Wie I, 118. – Dt.Wb. 3, Sp. 1833.

II, 126. *Essen*: Schornstein, Rauchabzug. – GWb. 3, Sp. 464.

II, 168. *da seh' er sich vor*: da sehe er vorsorglich, da treffe er Maßregeln. Ähnlich Bd. 6, S. 173, 27f. – Dt.Wb. 12,2 Sp. 1546f.

II, 185. *Und er hält sie als Magd* ... Das gleiche Motiv IX, 101 und 183, die Veränderung der seelischen Situation zeigend.

II, 186. *Ungerecht bleiben* ... Der Vers ist nach den Regeln der zeitgenössischen Metrik (Voß, Schlegel) fehlerhaft. Goethe wurde mehrfach darauf aufmerksam gemacht, auch von Heinrich Voß d.J., und Riemer berichtet, er habe darauf geantwortet: *Die siebenfüßige Bestie möge als Wahrzeichen stehenbleiben.* Die damalige Schulmetrik skandierte: | Männer | und die |, metrisch: | – – | – – |. Wir lesen es heute anders: *Úngerecht bléiben die Mánner und die Zéiten der Liebe vergéhen*, d.h. sechstaktig und insofern regelmäßig, nur stehen einmal zwischen den Hebungen drei Senkungen: *und die* sind sehr kurze, tonlose Silben, die uns, die wir mit dem Ohr, nicht wie Goethes Versberater mit dem Regeldenken und Zeichensystem Verse aufnehmen, keineswegs stören, weil wir sie musikalisch als Sechzehntel zwischen den Viertelnoten empfinden. Vermutlich hat Goethe sie seinem rhythmischen Gefühl folgend darum stehen lassen. In der *Ausgabe letzter Hand* ist auf Göttlings Rat hin das *und* weggelassen. – Akademie-Ausgabe. Epen, Bd. 2, 1963, Sp. 196.

II, 224. *Pamina* ... *Tamino*: Mozarts „Zauberflöte", 1791, wurde rasch bekannt und beliebt. Die Handlung von *Hermann und Dorothea* spielt etwa 5 Jahre nach der Erstaufführung.

III, 24. *gleich*: gleichmäßig, symmetrisch. – Mannheim war großenteils nach einem einheitlichen Plan im 18. Jahrhundert ausgebaut und galt darin als vorbildlich.

III, 77f. *lachte* ... *glänzten*: würde lachen, würden glänzen (Irrealis). Ähnlich *Reineke Fuchs* IV, 250; *Faust* 10063; *Tasso* 1462, 1479. – Hermann Paul, Dt. Grammatik. Bd. 4. 5. Aufl. 1959. § 463.

III, 108. *Offizin*: Werkstätte des Apothekers.

IV, 1ff. *Die Mutter / Ging indessen* ... Typische Stelle für den epischen Stil der Hexameter-Erzählung. Schilderung der Örtlichkeit, äußerlich das Wohlgeordnete, innerlich Tüchtigkeit, Lebensglaube; die Natur nicht gefühlvoll-empfindsam gesehen, sondern als Feld eigener Tätigkeit vom Standpunkt des Ackerbürgers.

IV, 191. *Nacht*: der Abend. In dieser Bedeutung häufig bei Goethe; vgl. Bd. 8, S. 393, 31; Bd. 10, S. 98, 23 und 183, 21 u. Anm.

IV, 198. *in die Kammer zu führen*: heimzuführen, zu heiraten. – Dt.Wb. 5, Sp. 110.

IV, 199. *Daß dir werde die Nacht*... Motiv-Verwandtschaft mit dem späten Gedicht *Der Bräutigam*, in welchem es heißt: ... *mein emsig Tun und Streben, Für sie allein ertrug ich's durch die Glut / Der heißen Stunde, welch erquicktes Leben / Am kühlen Abend! lohnend war's und gut. / Die Sonne sank, und Hand in Hand verpflichtet / Begrüßten wir den letzten Segensblick* ... (Bd. 1, S. 386 u. Anm.) und mit der Lili-Geschichte in *Dichtung und Wahrheit*: *Konnt' ich denn auch wegen vermannigfaltigter Geschäfte die Tage dort draußen bei ihr nicht zubringen, so gaben die heiteren Nächte Gelegenheit zu verlängertem Zusammensein im Freien.* (Bd. 10, S. 106, 38ff.) Der Tag wird beansprucht durch die Berufsarbeit, der Abend (*Nacht* entsprechend Goethes Frankfurter Sprachgebrauch) bringt das Zusammensein der Liebenden. – IV, 191 u. Anm.

V. *Der Weltbürger.* Die Beziehung von Überschrift und Inhalt nicht ohne weiteres deutlich. In der 1. Fassung bildeten III und IV einen Gesang, überschrieben *Die Bürger*; antithetisch dann V und VI *Der Weltbürger.* Das ist der durch das ganze Werk gehende Gegensatz der Seßhaften, die in ihrer gefestigten Welt leben, und derer, die anderswo in der Welt sich zurechtfinden müssen (V, 217–227, IX, 262–277). Ähnlich später in den *Wanderjahren* die Antithese von *Hausfrömmigkeit* und *Weltfrömmigkeit* (Bd. 8, S. 243, 6ff.) und die Rede Lenardos (der Ähnlichkeit mit dem Richter hat) mit ihren Äußerungen über den Seßhaften und den Beweglichen (Bd. 8, S. 384, 20ff.). – Über die Handschrift: WA und Akademie-Ausg., Epen Bd. 2, S. 181.

V, 99. *Elend*: in der alten Bedeutung „Fremde, Heimatlosigkeit." – GWb. 3, Sp. 40.

V, 140. *Waage*: das zu dem Wagen gehörige bewegliche Querholz, an welches die Sielen (bei Goethe *Stricke*) befestigt werden. – Dt.Wb. 13, Sp. 365.

V, 167. *Bildung*: Gestalt, Aussehen. Wie IX, 57. – GWb. 2, Sp. 699.

V, 169. *Latz*: Kleidungsstück. – Dt.Wb. 6, Sp. 283.

V, 220. *in die Irre*: in unbekannte Gegenden. – Dt.Wb. 4,2 Sp. 2162.

V, 236. *im feurigen Busche*: wie 2. Mose 3,2ff. Für den Pfarrer liegen Bilder aus der Bibel nahe. Deswegen hier und im folgenden Vers.

V, 237. *Wolken und Feuer.* Wie 2. Mose 13, 21f.

VI, 4. *der sämtlichen Jahre*: seit dem Einrücken der französischen Armee.

VI, 21. *der Krieg*: der Feldzug von 1792, den Goethe in seiner *Campagne in Frankreich* beschreibt (Bd. 10, S. 188–363).

VI, 24. *Bäume der Freiheit*: Seit 1766 in Amerika gebraucht, dann 1789 in Frankreich „arbre de liberté".

VI, 28. *überwiegenden*: dem Werte nach mehr zu bieten habend; hier: sich durch ihre Theorie vor den Deutschen hervortuend. – Dt.Wb. 11,2 Sp. 650ff.

VI, 42. *ermordeten sich*: Die Revolution richtete sich nach einiger Zeit mitunter gegen ihre eigenen Anführer. Danton wurde im April 1794 hingerichtet. Robespierre und 71 seiner Parteigänger wurden im Juli 1794 auf die Guillotine gebracht.

VI, 132. *die Puppe*: das Wickelkind. – Dt.Wb. 7, Sp. 2245.

VII, 202. *Deuten*: Tüten, wie Bd. 10, S. 211, 11. – GWb. 2, Sp. 1349.

VIII, 47. *sittlich*: sittsam, den guten Sitten gemäß. Wie Bd. 8, S. 212, 25. – Dt.Wb. 10,1 Sp. 1269.

IX, 93. *Traun*: fürwahr. Wie *Faust* 6169. – Dt.Wb. 11,1,1. Sp. 1526ff.

IX, 123. *der Frauen*: Singular, wie *Reineke Fuchs* III, 96; Bd. 1, S. 82 und 366; *Iphigenie* 966, 1881, 1965. – Fischer, Goethe-Wortschatz S. 243f.

IX, 269. *Nur ein Fremdling, sagt man*: Psalm 119, 19.

IX, 313f. *Und drohen diesmal die Feinde / Oder künftig* ... Die Befürchtungen Hermanns wurden zum Teil Wirklichkeit. Napoleon begnügte sich nicht mit dem Gebiet links des Rheins, sondern machte norddeutsches Gebiet mit Bremen und Hamburg 1810 zu einem Teil des Staates Frankreich. Erst 1814 hörte dieser Zustand auf.

GOETHES QUELLE FÜR DEN STOFF VON „HERMANN UND DOROTHEA"

Aus: Gerhard Gottlieb Günther Göcking, Vollkommene Emigrationsgeschichte von denen aus dem Erzbistum Salzburg vertriebenen ... Lutheranern. Frankfurt und Leipzig 1734.

S. 404f.: Diese Stadt *(Erfurt)* haben zwar keine Salzburger betreten, sie sind aber bei derselben vorbei passiert, da denn die ganze Stadt in Bewegung geriet. Als die Nachricht am 8. August einlief, daß die Salzburger den Steige bereits herunter kämen, ward ein allgemeiner Auslauf. Jedermann wollte diejenigen sehen, von denen man so viel gehöret hatte. Und wer nur gehen oder fahren konnte, eilete zu ihnen hinaus. Man ließ es auch an Liebesbezeugungen gegen diese armen Leute nicht fehlen. Die Einwohner ließen mit Wasserkannen Bier hinaus tragen, um diese Reisende damit zu erquicken. Bürgersleute und auch Dienstboten zogen die Röcke, Kamisöler, Schürzen und Halstücher vom Leibe herunter und teileten sie den Emigranten aus. Alle Handwerksleute brachten von ihrer Arbeit etwas herzu. Ein gewisser Strumpfwirker gab vierundzwanzig Dutzend Strümpfe her ... Diejenigen, die ihre Wagen im Felde hatten, um das Getreide einzufahren, ließen alles stehen und liegen, luden die Salzburgischen Fußgänger auf und fuhren sie in ihre Quartiere. Man eilete mit ihnen in ihre Herbergen, um sich an ihnen zu erbauen ... An den beiden folgenden Tagen hielten diese Flüchtlinge auf den benachbarten Dörfern Ruhetage. Es ist nicht zu beschreiben, wie häufig man zu denselben hinauseilete. Es stunden weder Wagen noch Pferde mehr in der Stadt und auf den benachbarten Dörfern zu haben. Sie waren alle miteinander auf den Dörfern, wo sich die Emigranten befanden.

S. 671f.: So nahm man auch die wunderbare Führung Gottes an einer

Salzburgischen Dirne wahr, die der Religion wegen Vater und Mutter verlassen hatte und auf der Reise so wunderbarlich verheiratet ward. Dieses Mädchen zog mit ihren Landesleuten fort, ohne zu wissen, wie es ihr ergehen oder wo sie Gott hinführen würde. Als sie nun durch das Öttingische reiseten, kam eines reichen Bürgers Sohn aus Altmühl zu ihr und fragte sie, wie es ihr in dasigem Lande gefalle. Sie gab zur Antwort: Herr, ganz wohl. Er fuhr fort: Ob sie denn bei seinem Vater wohl dienen wollte? Sie antwortete: Gar gerne, sie wollte treu und fleißig sein, wenn er sie in seine Dienste annehmen wollte. Darauf erzählete sie ihm alle ihre Bauer-Arbeit, die sie verstünde. Sie könne das Vieh füttern, die Kühe melken, das Feld bestellen, Heu machen und dergleichen mehr verrichten. Nun hatte der Vater diesen seinen Sohn oft angemahnet, daß er doch heiraten möchte; wozu er sich aber vorher nie entschließen können. Da aber besagte Emigranten da durchzogen und er dieses Mädchen ansichtig ward, gefiel ihm dieselbe. Er ging daher zu seinem Vater, erinnerte denselben, wie er ihn so oft zum Heiraten angesporнet, und entdeckete ihm dabei, daß er sich nunmehro eine Braut ausgesuchet hätte; er bäte, der Vater möchte ihm nun erlauben, daß er dieselbe nehmen dürfte. Der Vater frug ihn, wer dieselbe sei. Er gab ihm zur Antwort, es sei eine Salzburgerin, die ihm sehr wohl gefiele; wollte ihm nun der Vater nicht erlauben, daß er dieselbe nehmen dürfte, so würde er auch niemals heiraten. Als nun der Vater nebst seinen Freunden und dem herzugeholten Prediger sich lange vergeblich bemühet hatte, ihm solches aus dem Sinne zu reden, es ihm aber endlich doch zugegeben, so stellete dieser seinem Vater die Salzburgerin dar. Das Mädchen aber wußte von nichts anders, als daß man sie zu einer Dienstmagd verlangete. Und deswegen ging sie auch mit dem jungen Menschen nach dem Hause seines Vaters. Der Vater hingegen stund in den Gedanken, als hätte sein Sohn der Salzburgerin sein Herz schon eröffnet. Daher fragte er sie, wie ihr denn sein Sohn gefiele und ob sie ihn denn wohl heiraten wollte. Weil sie nun davon nichts wußte, so meinete sie, man suchte sie zu äffen. Sie fing darauf an, man sollte sie nur nicht foppen; zu einer Magd hätte man sie verlangt, und zu dem Ende wäre sie seinem Sohne nachgegangen; wollte man sie nun dazu annehmen, so wollte sie allen Fleiß und Treue beweisen und ihr Brot schon verdienen; foppen aber ließe sie sich nicht. Der Vater aber blieb dabei, daß es sein Ernst wäre, und der Sohn entdeckete ihr auch darauf die wahre Ursache, warum er sie mit nach seines Vaters Hause geführet, nämlich: er habe ein herzliches Verlangen, sie zu heiraten. Das Mädchen sahe ihn darauf an, stund ein klein wenig stille und sagte endlich: wenn es denn sein Ernst wäre, daß er sie haben wollte, so wäre sie es auch zufrieden, und so wollte sie ihn halten wie ihr Auge im Kopfe. Der Sohn reichte ihr hierauf ein Ehe-Pfand. Sie aber griff sofort in den

Busen, zog einen Beutel heraus, darin 200 Dukaten staken, und sagte, sie wollte ihm hiemit auch einen Mahl-Schatz geben. Folglich war die Verlobung richtig. Hat man wohl nicht Ursache, bei solchen Umständen voller Verwunderung aufzurufen: Herr, wie gar unbegreiflich sind Deine Gerichte und wie unerforschlich Deine Wege?

Die Geschichte der Verlobung der Salzburgerin ist erstmalig erzählt in: Ausführliche Historie derer Emigranten oder vertriebenen Lutheraner aus dem Erzbistume Salzburg. Lpz. 1732. – Über Goethes Verhältnis zu seiner Quelle: E.F. Yxem, Über Goethes „Hermann und Dorothea“. Bln. 1848. – H. Düntzer, Goethes „Hermann und Dorothea“. Erläutert. Jena 1855. 6. Aufl. 1890. 10. Aufl. 1915. – Goethes Werke. Hrsg. von K. Heinemann. Bd. 3. Bearb. von G. Ellinger. Lpz. u. Wien (1904). S. 443ff.

ZUR TEXTGESTALT

Unser Druck schließt sich an die *Ausg. l. Hd.* (C[1]), die von den früheren Cottaschen Ausgaben (A und B) kaum abweicht, und an die auf ihr beruhende Weimarer Ausgabe (W). Abweichend von der *Ausg. l. Hd.* sind in unserem Text nur die Verse II, 90 und V, 32. Sie lauten in der *Ausg. l. Hd.*: II, 90 *Meiner seligen Mutter, wovon noch nichts verkauft ist.* Und V, 32 *Städtchens, welcher ländlich Gewerb mit Bürgergewerb paart.* Goethe hat diese Verse in der letzten Arbeitsphase handschriftlich geändert, seine Änderungen sind aber versehentlich 1797 nicht zum Druck gekommen und später vergessen. (Akad.-Ausg. Epen, Bd. 2, S. 193.) – I, 132 *anderer* in den Handschriften und den ersten Drucken; *andrer* in B und in der *Ausg. l. Hd.*

Den sorgfältigsten Abdruck des Textes mit sämtlichen Varianten findet man in den 2 Bänden „Epen“ der Akademie-Ausgabe, hrsg. von Siegfried Scheibe, 1958 und 1963. Dort ist *Hermann und Dorothea* gedruckt nach der 1. Cottaschen Ausgabe von 1808 (A). Der Leseartenapparat nennt nicht nur alle Goetheschen Lesarten aus Handschriften und Drucken, sondern auch die vielen Änderungen, welche der Sohn Voß aus metrischen Ursachen vorgeschlagen und höchst unbefangen in Goethes Manuskript hineingeschrieben hat.

Moderne Ausgaben gehen teils auf den Erstdruck, teils auf die Ausgaben von 1808 oder von 1830 zurück, z.T. unter Benutzung der Handschriften. Wo also zwischen den modernen Ausgaben kleine Unterschiede bestehen, sind diese durch die Verschiedenheit der Vorlagen bedingt. Die kleinen Änderungen in Goethes Ausgaben von *Hermann und Dorothea* sind nicht wie in seinen anderen Werken künstlerische Verbesserungen, sondern es sind Versuche, die Tadel der Metriker zufriedenzustellen, also Daktylen und vor allem Spondeen so zu gestalten, daß die Theoretiker zufrieden waren. Darum sind die Veränderungen oft keine künstlerischen Besserungen, und deswegen sind moderne Ausgaben nicht einfach immer Nachdruck der *Ausgabe letzter Hand*.

GOETHE ÜBER SEINE „ACHILLEIS“

An Schiller. Weimar, 23. Dezember 1797.

Schließlich muß ich noch von einer sonderbaren Aufgabe melden, die ich mir ... gegeben habe, nämlich zu untersuchen, ob nicht zwischen Hektors Tod und der Abfahrt der Griechen von der trojanischen Küste noch ein episches Gedicht inne liege oder nicht. Ich vermute fast das letzte ... Der Tod des Achills scheint mir ein herrlich tragischer Stoff.

An Schiller. Weimar, 27. Dezember 1797.

Ich habe diese Tage fortgefahren, die Ilias zu studieren, um zu überlegen, ob zwischen ihr und der Odyssee nicht noch eine Epopee inne liege. Ich finde aber nur eigentlich tragische Stoffe, es sei nun, daß es wirklich so ist oder daß ich nur den epischen nicht finden kann. – Das Lebensende des Achills mit seinen Umgebungen ließe eine epische Behandlung zu und forderte sie gewissermaßen wegen der Breite des zu bearbeitenden Stoffs. Nun würde die Frage entstehn, ob man wohl tue, einen tragischen Stoff allenfalls episch zu behandeln? Es läßt sich allerlei dafür und dagegen sagen. Was den Effekt betrifft, so würde ein Neuer, der für Neue arbeitet, immer dabei im Vorteil sein, weil man ohne pathologisches Interesse wohl schwerlich sich den Beifall der Zeit erwerben wird.

An Heinrich Meyer. Jena, 23. März 1798.

Meine beiden epischen Gegenstände, sowohl Tell als Achill, haben Schillers großen Beifall.

An Schiller. Weimar, 12. Mai 1798.

Ihr Brief hat mich, wie Sie wünschen, bei der Ilias angetroffen, wohin ich immer lieber zurückkehre, denn man wird doch immer, gleich wie in einer Montgolfiere, über alles Irdische hinausgehoben und befindet sich wahrhaft in dem Zwischenraume, in welchem die Götter hin und her schwebten. Ich fahre im Schematisieren und Untersuchen fort und glaube mich wieder einiger Hauptpässe zu meinem künftigen Unternehmen bemächtigt zu haben ... Das Wichtigste bei meinem gegenwärtigen Studium ist, daß ich alles Subjektive und Pathologische aus meiner Untersuchung entferne. Soll mir ein Gedicht gelingen, das sich an die Ilias einigermaßen anschließt, so muß ich den Alten auch darin folgen, worin sie getadelt werden, ja ich muß mir zu eigen machen, was mir selbst nicht behagt; dann nur werde ich einigermaßen sicher sein, Sinn und Ton nicht ganz zu verfehlen. Mit den zwei wichtigen Punkten, dem Gebrauch des göttlichen Einflusses und der Gleichnisse, glaube ich im Reinen zu sein ... Mein Plan erweitert sich von innen aus und wird, wie die Kenntnis wächst, auch antiker.

An Schiller. Weimar, 16. Mai 1798.

Die „Ilias“ erscheint mir so rund und fertig, man mag sagen, was man will, daß nichts dazu noch davon getan werden kann. Das neue Gedicht, das man unternähme, müßte man gleichfalls zu isolieren suchen, und wenn es auch der Zeit nach sich unmittelbar an die Ilias anschlösse. Die „Achilleis“ ist ein tragischer Stoff, der aber wegen einer gewissen Breite eine epische Behandlung nicht verschmäht. Er ist durchaus sentimental und würde sich in dieser doppelten Eigenschaft zu einer modernen Arbeit qualifizieren; und eine ganz realistische Behandlung würde jene beiden innern Eigenschaften ins Gleichgewicht setzen. Ferner enthält der Gegenstand ein bloßes persönliches und Privatinteresse, dahingegen die „Ilias“ das Interesse der Völker, der Weltteile, der Erde und des Himmels umschließt ...

Tagebuch.

Weimar, 10. März 1799. Schema der „Achilleis“. Anfang der Ausführung. – *Von da an zahlreiche Tagebuchnotizen bis: Jena, 5. April 1799.* „Achilleis“, Schluß des ersten Gesanges. – *11. Mai 1799.* Über die Achilleis ... verschiednes gedacht.

An Knebel. Weimar, 15. März 1799.

Schon lange habe ich viel über das epische Gedicht nachgedacht, seit der Streitigkeit über das Alter der Homerischen Gesänge und der Ausführung von „Hermann und Dorothea“ sind mir diese Gegenstände fast nie aus den Gedanken gekommen, und ich habe bei mir einen Plan versucht, wie man die Ilias fortsetzen oder vielmehr wie man ein Gedicht, das den Tod des Achills enthielte, daran anschließen könnte.

An Schiller. Weimar, 16. März 1799.

Von der „Achilleis“ sind schon fünf Gesänge motiviert und von dem ersten 180 Hexameter geschrieben ...

An Knebel. Jena, 22. März 1799.

Die „Achilleis“ ist eine alte Idee, die ich mit mir herumtrage und die besonders durch die letzten Händel über das Alter der Homerischen Gedichte und über die rhapsodische Zusammenstellung derselben neues Leben und Interesse erhalten hat. Ich fange mit dem Schluß der Ilias an, der Tod des Achills ist mein nächster Gegenstand, indessen werde ich wohl noch etwas weiter greifen. Diese Arbeit führt mich auf die wichtigsten Punkte der poetischen Kunst, indem ich über das Epische nachzudenken alle Ursache habe.

An Humboldt. Jena, 26. Mai 1799.

Goethe berichtet über eine größere epische Arbeit, *ohne den Stoff zu nennen, weil Humboldt diesen zu kühn finden könne. (Briefe HA, Bd. 2, S. 377, 17–25.)*

Aus: Tag- und Jahreshefte, *Abschnitt* 1798. *(Geschrieben zwischen 1819 und 1823, Reinschrift 1823).*

Zur ,,Achilleis“ hatte ich den Plan ganz im Sinne, den ich Schillern eines Abends ausführlich erzählte. Der Freund schalt mich aus, daß ich etwas so klar vor mir sehen könnte, ohne solches auszubilden durch Worte und Silbenmaß . . .

Tagebuch.

Karlsbad, 10. August 1807. Verschiedene romantische Sujets überlegt. Verwandlung der Achilleis in einen Roman.

Riemer, Mitteilungen über Goethe, Abschnitt ,,Achilleis“ (Ausgabe von A. Pollmer, 1921, S. 216).

Die ,,Achilleis“ geriet durch andere Studien und Beschäftigungen ganz in Stocken, dergestalt, daß sie erst wieder bei der Herausgabe seiner Schriften 1806, wobei ich ihm an Handen ging, gegen mich zur Sprache kam; wo er mir seine Absicht, die ,,Achilleis“ in einem Roman zu verwandeln, mitteilte und die Motive besprach. Als er noch später das Schema derselben aufgefunden hatte, brachte ich ihn . . . auf die Eröffnung der Idee des Ganzen, die er so ausdrückte; Achill weiß, daß er sterben muß, verliebt sich aber in die Polyxena und vergißt sein Schicksal rein darüber nach der Tollheit seiner Natur.

NACHWORT ZU „ACHILLEIS“

Homer gehört für Goethe zu den großen produktiven Begegnungen wie Shakespeare. Den Stoff der „Ilias“ lernte er schon als Knabe kennen. (Bd. 9, S. 42 u. Anmkg.) In Straßburg und Wetzlar führte er die „Odyssee“ bei sich ähnlich wie Werther. Auch in den ersten Weimarer Jahren war sie ihm eine Seelenarznei (an Ch. v. Stein, 24. 3. 1776). Auf der italienischen Reise, in Sizilien, erscheinen ihm Licht, See und Inseln als homerische Welt. In der Periode um 1800 sieht er in Homer eine Schatzkammer bildlicher Motive und stellt daher aus ihm die Themen der Weimarer Preisaufgaben 1799–1805. Im Gedankenaustausch mit Schiller untersucht er die homerischen Werke als Muster der epischen Gattung und versucht aus ihnen Gesetze abzuleiten. Er legte sich ein Schema des Inhalts der „Ilias“ an. Die Frage, ob zwischen „Ilias“ und „Odyssee“ noch ein Epos gesteckt habe, stecken könne, hielt ihn fest, und mit ihr war bei ihm schon die eigene Produktion angeregt. Antike Darstellungen der Ereignisse vom Tode des Hektor (mit dem die „Ilias“ endet) bis zum Fall Troias gibt es mehrfach; am ausführlichsten sind zwei spätantike Werke, erzählt als Erlebnisberichte von Mitkämpfern im trojanischen Kriege, Dares und Diktys. Goethe las sie mit Sorgfalt und begann, eine *Achilleis* zu schematisieren. Im Frühjahr 1799, in Jena, entstand der *1. Gesang*. Aber zu einer Fortsetzung kam es nicht.

Die „Ilias“ endet damit, daß man in Troia Hektor beweint und seinen Leichnam verbrennt. Die *Achilleis* beginnt damit, daß Achilleus vom Griechenlager aus das Feuer des Scheiterhaufens sieht und in die ferne Flamme starrt. So wie Patroklos, wie Hektor fiel, wird auch er selbst fallen in nicht ferner Zeit. Und nun beginnt er den Bau eines großen Grabmals, das die Asche seines Freundes und später auch die eigene aufnehmen soll. Es folgt eine Beratung auf dem Olymp. Here wünscht sehnlich den Fall Troias, und da Troia erst fallen soll, wenn Achilleus gestorben ist, will sie Achilleus opfern. Zeus hält sich noch zurück. Die Handlung leitet wieder über zur Erde. Die Meer- und Küstenwelt mit dem weiten hellen Himmel leuchtet auf und gibt den Hintergrund für Athenes großes Gespräch mit Achilleus über Adel und Tragik, Heldentum und Untergang. Der *1. Gesang* entspricht an Länge etwa einem Gesange der „Ilias“. Goethes Schema der Fortsetzung teilt den Stoff in 8 Gesänge. Es sollte also ein kürzeres Epos werden als die klassischen griechischen. Aber nicht eins wie *Hermann und Dorothea.* Diesem gegenüber hatte es von vornherein eine ganz andere epische Breite, Fülle, Gestaltenmenge und Welthaltigkeit, war es Epos großen Stils.

Der *1. Gesang* ist thematisch sehr verschieden von den folgenden, in denen Volksversammlungen und Intrigen, dann Liebesleidenschaft und Lebensglück zu schildern waren. Die Fortsetzung hätte also wohl mancherlei Kontraste zu dem Beginn gebracht und der Schluß wieder zu der tragischen Stimmung des Anfangs zurückgeführt und sie zum Gipfelpunkt gesteigert.

Was folgen sollte, hat Goethe in Stichworten skizziert. Man kann daraus den ungefähren weiteren Verlauf erschließen. Auf beiden Seiten haben sich nach der langen Dauer des Krieges Friedensparteien gebildet. Jetzt, bei Waffenstillstand, haben diese den Wunsch, sich einander zu nähern. Paris und Helena sind auf den Gedanken gekommen, man solle als Ersatz für Helena eine der troischen Königstöchter, Kassandra oder Polyxena, an Menelaos ausliefern. Eine Volksversammlung stimmt zu. Indes trauert Achilleus weiter um Patroklos. Herolde überbringen die Vorschläge der Troer. Achilleus und Aias sind dagegen, aber Odysseus gewinnt die Mehrheit dafür. Die phönikischen Händler, die im *1. Gesang* auf ihren Schiffen nahten (459ff.), sind da, und die Griechen kaufen bei ihnen ein. Achilleus, aus dem Gedanken heraus, er werde bald im Kampfe fallen, vermacht seine Waffen dem Aias. Die troische Gesandtschaft kommt mit Kassandra und Polyxena ins Griechenlager. Als Achilleus Polyxena sieht, wird er von stärkster Leidenschaft gepackt. Bisher für den Krieg, ist er jetzt für den Frieden; bisher nur an den Tod denkend, sieht er jetzt plötzlich nur Leben vor sich. Er will sie heiraten. Aias versteht ihn. Der Friede scheint bevorzustehen. Herolde, Verhandlungen. Es folgt der Tag der Hochzeit. Auf dem Olymp beraten die Götter; Zeus gibt den Göttern die Erlaubnis, auf die Vorgänge bei Troia einzuwirken. Bei den Troern wie bei den Griechen gibt es Männer, welche aus politischen Ursachen die Hochzeit verhindern wollen, bei jenen Paris und Deiphobos, bei diesen Odysseus und Diomedes. Achilleus hat alles Drohende vergessen, in strahlendster Männlichkeit begegnet er der leidenschaftlich Geliebten. Die Feier findet statt im Tempel von Thymbra, den wir schon aus dem *1. Gesang* kennen (348f.). Wir fühlen die Gefahr, ahnen das nahe Ende. Nur Achilleus selbst ahnt nichts. Nie ist ihm das Leben schöner gewesen. Das Schema fährt fort: *Tod des Achills im Tempel. Die Trojaner fliehen.* (Vermutlich töten Paris und Deiphobos den Achilleus auf Anstiften des Apollon, wie bei Dares und Dictys.) Thetis erscheint und erhält den Leichnam ihres Sohnes. Achilleus wird beigesetzt in seinem Grabhügel, den wir (wie den Tempel von Thymbra) schon im *1. Gesang* sahen. Gegen Achilleus' Wunsch sprechen Agamemnon und Menelaos seine Waffen dem Odysseus zu. Aias verfällt darüber in Wahnsinn und gibt sich den Tod. So ist nun auch er, der zweite strahlende Held, dahin. Durch diese Doppelung wird das Geschehen ins Episch-Verallgemeinernde erhoben: Heldenschicksal schlechthin. Übrig bleiben die Düsteren und die Geschickten wie Agamemnon und Odysseus, übrig bleibt das Grabmal, das Achilleus sich errichtete, und sein Ruhm, der strahlend ist und rein, wie Athene es im *1. Gesange* verkündigt hat. Der Krieg aber geht weiter.

Obgleich der Stoff eine unmittelbare Fortsetzung der „Ilias" ist, ist er anderer Art: Waffenstillstand, keine Schlachtschilderungen; ein Thema der Liebe der Geschlechter, mehr neuzeitlicher Epik als antiker gemäß. Im Zusammenhang damit die Gestalten etwas anders als in dem alten Werk, nur gewisse Seiten jener Charaktere fortgeführt: nicht der unbändige, wilde Achilleus, sondern der seelenvoll-edle. Goethes reiches Werk umfaßt sehr verschiedene Männertypen von dem weichen Werther bis zu dem männlichen Major *(Wahlverwandtschaften)* und dem soldatischen Lenardo *(Wanderjahre)*. Achilleus bedeutet die äußerste Grenze nach einer Seite, den heldischen Mann einer urtümlichen Kulturstufe. Bemerkenswert, daß der Allseitige, Gesund-Kräftige auch dies vermochte. Das Homerische mischt sich dabei mit Elementen der antiken Tragödie. In den Tod gehend, lebt Achilleus sein ganzes kraftvolles, unbekümmertes, strahlendes Leben noch einmal wie in dionysischem Überschwang. Symbolhaft, daß die Szene der Hochzeit stattfindet vor dem Hintergrund, in dem die Mörder schon warten. Und die ganze Götterwelt, das Reich des lichten Zeus, ist bedroht und wird einst *der Titanen übermächtiger Kraft, der lange gebändigten* weichen (285 f.). In Athenes Innerm steht Gesetz gegen Gesetz, und ihr Auge blickt starr und wissend auf die Tragik der Welt (355–385). Das alles ist Goethesche Weiterführung. So auch die Worte des Achilleus, in auswegloser Lage sei Selbstmord größer als Leben um jeden Preis, Knechtsleben (528–539). Diese souveräne Freiheit ist Goethesch, nicht Homerisch, eher Sophokleisch, und ganz und gar nicht christlich. Tragisch auch das Menschenbild in den Worten des Achilleus über das Pandorengeschenk des Zeus (587–611) und auf diesem düsteren Hintergrunde wieder desto leuchtender die Gestalt des Helden (583–585).

Es gibt in der *Achilleis* Partien von hinreißender Größe (1–55, 355–385, 501–539, 587–611) und einzelne Sätze, die zu den schönsten Goetheschen gehören, aber es gibt daneben eine Fülle von bloßem mythologischem Stoff und gedrungene, gewundene Satzgebilde, in welchen die Worte gewaltsam in die Vossische Versvorschrift gezwungen sind (z.B. 547–558, 592–594). Da merkt man den schwierigen Wuchs. – Das groß angelegte Werk, dessen *1. Gesang* so viele Motive anschlägt, die erst in der weiteren Ausführung voll zur Durchführung gekommen wären, blieb ein Bruchstück. Andere Arbeiten traten in den Vordergrund, *Die natürliche Tochter, Faust, Propyläen, Farbenlehre.* Vielleicht war des Dichters Ich nicht genügend mit dem Gegenstande verschmolzen. Einmal sagt Goethe in einem Brief an Schiller (12. 5. 1798), er müsse bei diesem Werk sich an Homer auch in denjenigen Zügen anschließen, die ihm fremd und sogar widerstrebend seien. Hier mag ein Grund für das Stocken der Arbeit zu finden sein. Und in diesem Zusammenhange ist es nicht unwesentlich, daß Goethe auch seinen Versen mehr als je vorher klassische Form geben wollte, und das heißt in diesem Falle: Form gegen eigenes tieferes Empfinden, Form nach Vossisch-Schlegelschen Regeln. Zeilen wie *Aber diesen ist nicht, den treu arbeitenden Männern* (623) sind etwa 10mal so häufig wie in *Reineke Fuchs* und auch beträchtlich häufiger als in *Hermann und Dorothea.* Antikisierende Verse ohne Theorie wollte er nicht schreiben, und antikisierende Verse nach der Theorie gelangen ihm nicht. Er besaß nicht die untrügliche Musikalität Hölderlins, der – alle Theorie übergehend – mühelos diejenige Versgestalt fand, die sich als die einzig mögliche für deutsche Hexameter erwies. Er hatte den Glauben an die klassische Form, und für diese stand hier nun die unselige gelehrte Metrik der Voß und Schlegel, Humboldt und Wolf. Doch da sie immer nur hemmend wirkte, wurde sie ihm so leid, daß er zuletzt einfach aufhörte, Hexameter zu schreiben. Das geschah in der Zeit, als der *1. Gesang* der *Achilleis* fertig, aber ohne Fortsetzung dalag. Riemer berichtet aus dem Jahre 1806, Goethe habe mit dem Gedanken gespielt, „die *Achilleis* in einen Roman zu verwandeln“; d. h. der Stoff ließ ihn noch weiterhin nicht los, die Form aber hatte er aufgegeben.

Es gibt, um zu diesem Fragment den Zugang zu finden, kein besseres Mittel, als vorher die „Ilias“ zu lesen. Man kannte sie zu Goethes Zeit besser als heute. Damit ist die Bedingtheit der *Achilleis* ausgesprochen: sie setzt dieses Bildungsgut voraus; aber auch ihre Stärke: sie fällt nach jenem Werk nicht ab.

ANMERKUNGEN

Goethes Schemata zur *Achilleis* sind abgedruckt in der Weimarer Ausgabe Bd. 50, 1900; in der Heinemannschen Ausgabe, Bd. 4, 1903; in der Welt-Goethe-Ausgabe, Bd. 6, 1936; in der Akademie-Ausgabe, Epen, Bd. 2, 1963; und in der Abhandlung von W. Schadewaldt. – Goethes Inhaltsangabe der „Ilias“ in Stichworten ist erstmalig gedruckt in *Über Kunst und Altertum,* Bd. 3, 1821–1822. Neudrucke: Weim. Ausg., Bd. 41, 1. Abt., S. 266–327 und 494–511; außerdem in mehreren neueren Ausgaben und auch in: Grumach, Goethe und die Antike. 1949. S. 174–202.

Von Goethe benutzte Literatur: Dictys Cretensis et Dares Phrygius de bello Troiano ... Dissertationem ... praefixit Jac. Perizonius. Amstelodami 1702. – Benjamin Hederich. Gründliches Lexicon Mythologicum. Durchgesehen ... und verbessert von J. J. Schwabe. Lpz. 1770. – Robert Wood, Versuch über das Originalgenie des Homers. Aus dem Englischen. Frankf. a. M. 1773. – Homers Odyssee. Übers. von Joh. Heinr. Voß. Hamburg 1781. – Homers Werke. Übers. von J. H. Voß. Die Ilias neu, die Odyssee umgearbeitet. Altona 1793. – Le Chevalier, Beschreibung der Ebene von Troja ... Aus dem Englischen übersetzt. Lpz. 1792. – Joh. Heinr. Voß, Mythologische Briefe, 2 Bde. Königsberg 1794. – Friedrich August Wolf, Prolegomena ad Homerum. Halis Saxonum 1795. – Karl Gotthold Lenz, Die Ebene von Troja. Neu-Strelitz 1798. – Goethe hat diese Werke selbst im Tagebuch oder in Briefen genannt (M. Mommsen), einiges von ihnen besaß er selbst (Ruppert 1968, 1277–1289, 1300), einiges entlieh er aus der Weimarer Bibliothek (Keudell 87, 140), anderes während der Jenaer Aufenthalte von der dortigen Bibliothek (Mommsen; K. Bulling, Goethe als Benutzer der jenaischen Bibliotheken. Jena 1932).

1. *die Lohe*: Scheiterhaufen Hektors.

17. *Antilochos*: Achilleus' bester Freund nach dem Tode des Patroklos.

18. Die Prophezeiung von Troias Untergang schon in der Ilias IV, 164ff. und VI, 448f., schicksalhaft-eherner Hintergrund alles Geschehens. Der Held kämpft nicht, um die Welt besser und glücklicher zu machen – er weiß, daß er das nicht kann –, sondern um das, was edel ist, rein zu verkörpern – das allein kann er; daß es ihm einzig auf die Haltung ankommt, wird durch das Wissen um die Vergeblichkeit, wird durch den eigenen Untergang besonders deutlich.

31. *Myrmidonen*, die Krieger des Achilleus, aus Thessalien.

61. *Horen*. Nach Ilias V, 749f. und VIII, 393f. Türhüterinnen des Olymp; später Göttinnen der Stunden und Jahreszeiten.

64. Das homerische Bild der Erde ist hier übernommen.

81–89. Freie Weiterbildung homerischer Motive unter Hinzunahme des Beseelungsmotivs aus dem Prometheus-Mythos. Dazu: K. Reinhardt (vgl. Bibliographie).

85. *Charitinnen*, die Göttinnen der Anmut.

98f. Hephaistos hatte auf Bitte der Thetis Waffen für Achilleus geschmiedet.

104. *Keren*: Todesgöttinnen. Auch hier episches Vorwegnehmen des Kommenden und dadurch ein Hintergrund, vor dem die Tragik des Geschehens besonders deutlich wird.

118. *Ägis*, Schild des Zeus mit dem todbringenden Medusenhaupt, wie Ilias V. 738ff.

126. *Hermeias* = Hermes. *Leto*: Mit ihr zeugte Zeus Apollon und Artemis, daher ist sie *der Here verhaßt*.

130. *Kypris* = Aphrodite. – 138, Vgl. 82/83.

162. *Ais* = Hades.

170. Thetis bat, als Agamemnon ihren Sohn Achilleus beleidigt hatte, den Zeus, daß er die Troer so lange siegen lasse, bis Achilleus gerächt sei. Here, die den Fall Troias wünscht, ist dadurch gekränkt.

173–183. Zeus verliebte sich in Thetis, hielt sich ihr aber fern, weil Prometheus weissagte, sie werde einen Sohn gebären, der mächtiger als sein Vater sein oder diesen gar enthronen werde. Zeus vermählte Thetis daraufhin wider ihren Willen mit einem sterblichen Mann, dem Peleus (Ilias XVIII, 84f., XXIV, 59ff.). Beider Sohn ist Achilleus. Here in ihrem Haß nennt diesen *ein Untier* und vergleicht ihn mit dem Ungetüm *Chimära* und dem Drachen Python. Hätte Thetis, so sagt sie, einen Gott zum Sohne, so wäre den anderen Göttern der ruhige Besitz des Olymps nicht sicher, und so wie Thetis' menschlicher Sohn jetzt die Erde verwüstet, würde ein göttlicher Sohn den Himmel verwüsten.

188. *Nereus* hatte die Gabe der Weissagung.

197ff. Bei einem Streit zwischen Zeus und Here stellte sich einst Hephaistos auf die Seite der Mutter, da ergriff Zeus ihn und warf ihn vom Olymp herab; er fiel auf Lemnos nieder und verletzte sich ein Bein. (Ilias I, 590ff.)

201. *Phäon*: Ilias V, 401f. und 899ff. der Arzt der Götter.

217. Die Weisagung, Achilleus werde nur ein kurzes Leben haben. Vgl. 516.

220. Nachhomerische Sage berichtet, Thetis habe das Kind Achilleus durch Ambrosia und Feuer unverletzbar und unsterblich machen wollen, doch Peleus habe sie dabei entdeckt und den Knaben aus den Flammen gerissen, ehe das Werk vollendet war.

221. Um Achilleus von der Teilnahme vom Troianischen Kriege abzuhalten, verbarg Thetis ihn in Mädchenkleidern unter den Töchtern des Lykomedes; doch Odysseus entdeckte ihn dort.

242f. Alkestis wurde von Herakles dem Tode abgerungen.

244. Zufolge nachhomerischer Sage durfte Protesilaos, der erste vor Troia gefallene Grieche, für kurze Zeit von der Unterwelt aus seine Gattin besuchen.

245. Eurydike wurde durch Schlangenbiß getötet. Aber der Gesang ihres Gatten Orpheus bewegte Persephone, die Königin der Unterwelt, so sehr, daß sie sie freigab.

258. *Syrten*: gefürchtete Untiefen an der afrikanischen Küste. *Ribben* = Rippen.

261. *Dämon* hier ein Gott oder Halbgott, entsprechend dem Homerischen δαίμων. Die älteste Handschrift hat hier: *ein Gott noch*.

284. *Themis,* Göttin der Gerechtigkeit.

285f. Die Vorstellung vom Sturze der Götter ist nicht homerisch, aber auch sonst im griechischen Schrifttum selten und nur andeutungsweise ausgeprägt. Das Motiv hier wiederholt in der Sphäre der Götter das, was die Helden Hektor, Achilleus, Aias usw. in der Sphäre der Menschen leben, indem sie, wissend um ihren Untergang und die letzte Erfolglosigkeit alles Bemühens, dennoch heiteren Geistes um der edlen Haltung willen das zu verkörpern sich bemühen, was ihnen das Richtige scheint.

315f. Bei Homer greift Ares selbst in den Kampf ein (z.B. Ilias V, 842ff.), bei Goethe, modernem Empfinden entsprechend, weist er den Vorschlag seiner Mutter, Achilleus zu töten, von sich, gerade dadurch edel und göttlich.

321. *Ossa* = das Gerücht, Göttin, Abgesandte des Zeus, wie Ilias II, 93.

327. Nachhomerische Sage erzählt, der Ägypterkönig Memnon, Sohn des Eos, und Penthesilea, Königin der Amazonen, seien den Troern zu Hilfe gekommen.

348. In diesem Tempel, nördlich von Troia, wird Achilleus später getötet. Deswegen wird er hier schon erwähnt. Während Apollon hierher eilt, begibt sich Athene zu Achilleus' Grabmal (402ff.); so sind hier die beiden Orte genannt, die später die Höhepunkte der Handlung und zugleich deren größte Gegensätze bedeuten, Achilleus' Lebensglück und seinen Tod.

361. *Tritogeneia,* homerischer Beiname der Athene.

366. Das *Gemeine* = Durchschnittliche, das *Wirkliche ohne sittlichen Bezug* (Bd. 12, S. 512, Nr. 1042). Vgl. Bd. I, S. 257, Zeile 32 u. Anmkg.

371. *die jüngere Wut*: die Kriegslust des Jugendalters.

378. *Syrten*: Meerbusen. Vgl. 258.

384f. Ilias I, 200 „und fürchterlich strahlt' ihm ihr Auge" (Voß); die schöne Weiterbildung des Motivs ist Goethes Eigentum. Eine der wenigen Stellen, wo Goethes und Hölderlins Sprache einander nahekommen.

391f. *Anchises* wurde geliebt von Aphrodite, *Endymion* von der Mondgöttin Selene.

404f. *das ruhige Feld*: die Ebene war sonst meist Schlachtfeld; in ihr fließen der *Xanthos* (= Skamandros) und der Fluß *Simois*.

424. *Antilochos* vgl. 17ff.

478. *Okeanos* galt als der größte aller Ströme, die ganze Erde umfassend.

479. *Phasis,* Fluß am Kaukasus.

483. Zeus wurde in Kreta geboren.

504. *Moiren*: Schicksalsgöttinnen (Parzen).

516. Achilleus, vor die Wahl gestellt, ein kurzes ruhmvolles oder langes unbedeutendes Leben zu führen, hatte das ruhmvolle gewählt. Ilias IX, 410–416. Nereus hatte das schon geweissagt (217).

545. *Alkestis* ging in den Hades an Stelle ihres Gatten Admetos. Doch holte Herakles sie dann wieder von dort zurück.

550. *Phrygen* bezeichnet hier wohl die Phryger, die Völker Kleinasien, d. h. die Troer und ihre Bundesgenossen.

551. *Mnemosyne,* die Göttin der Erinnerung, auch als Mutter der Musen bezeichnet.

552–554. Die Kämpfe des Zeus und seiner Götter mit den Titanen.

572. Bei den Vorträgen der Rhapsoden bildet ein Preis der Götter die Einleitung (Prooimion) vor dem epischen Lied, in welchem der Held besungen wird.

591. Ilias I, 70: „Kalchas ... Der erkannte, was ist, was sein wird oder zuvor war." (Voß.) Der Sänger besingt Gewesenes, aber auch Weissagungen und bringt in seinen Erzählungen die ewig sich wiederholenden Grundformen des Lebens, das Überzeitliche.

592ff. Bezeichnend für den gelegentlich gedrungenen Stil des Goetheschen Klassizismus. Eine Prosa-Paraphrase könnte etwa lauten: Aber so glücklich (wie es vorher in Vers 587ff. ausgesprochen ist) wurde das Schicksal der Menschen nicht gestaltet damals, als Zeus Zorn faßte gegen Prometheus, den *klugen,* der den Menschen das Feuer gebracht hatte, und als Hephaistos auf sein, des Götterkönigs, Geheiß dann ein Gebilde künstlichster Art schuf, Pandora, die alsbald mit ihrer Büchse den Menschen unendliche Not brachte.

613. *beseitigen* = bei Seite lassen, ruhen lassen.

636. Achilleus und seine Männer hatten die Bewachung des Lagers zu versehen.

637. Die voraussorgenden Männer, die Verwalter der Lebensmittelvorräte.

651. *Mäuler.* So schrieb auch Voß in seiner Odyssee-Übersetzung immer aus metrischen Ursachen. „Maul" für Maultier, einst sehr gebräuchlich, kam damals aber bereits ab.

BIBLIOGRAPHIE

Abkürzungen

Adelung = Joh. Chr. Adelung, Wörterbuch. 5 Bde. Lpz. 1774–1786. (Ruppert Nr. 638.) – Hier meist zitiert nach der Wiener Ausgabe in 4 Bänden von 1808.

Ausgabe Bong = Goethes Werke. Hrsg. von K. Alt u. a. 40 Bde. u. 2 Bde. Anmerkungen (1910–13). 2 Bde. Register (1927). Verlag Bong, Bln., Lpz., Wien, Stuttg.

Ausg. l. Hd. = Goethes Werke. Ausgabe letzter Hand. Stuttg. u. Tübingen, Cotta. Bd. 1–40. 1827–1830. In zwei Drucken erschienen, 1. in Taschenformat (bezeichnet C^1), 2. in Oktavformat (bezeichnet C).

Beutler = Goethe, West-östlicher Divan. Hrsg. u. erl. von E. Beutler. Lpz. 1943 u. ö. = Sammlg. Dieterich, 125.

Dt. Wb. = Deutsches Wörterbuch. Begründet von Jacob Grimm und Wilhelm Grimm, Lpz. 1852–1961.

Festausgabe = Goethes Werke. Festausgabe. Hrsg. v. R. Petsch, Bibliogr. Inst., Lpz. 1926. 18 Bde.

GJb. = Goethe-Jahrbuch.

Goethe = Goethe, Vierteljahresschr. d. Goetheges., Weimar 1936ff.; seit Bd. 10, 1947, als Jahrbuch (Jb.).

Gräf = Goethe über seine Dichtungen. Hrsg. v. H. G. Gräf. 9 Bde. Frankf. a. M. 1901–1914.

Grumach = Goethe, West-östlicher Divan. Hrsg. v. Ernst Grumach. Bln. 1952. (Akademie-Ausgabe.)

Gundolf = Friedrich Gundolf, Goethe. Bln. 1916 u. ö.

GWb = Goethe-Wörterbuch. Stuttg. 1967ff.

Jb. G. Ges. = Jahrbuch der Goethegesellschaft.

JEGPh = The Journal of English and Germanic Philology.

Jub.-Ausg. = Goethes Werke, Jubiläums-Ausgabe, hrsg. v. E. v. d. Hellen. 40 Bde. (1902–07) und 1 Reg.-Bd. (1912), Cotta, Stuttg. u. Bln.

KDN = Deutsche National-Literatur. Hrsg. v. J. Kürschner. Bln. u. Stuttg., W. Spemann. 163 Bde. in 222 Teilen (1882–1899). Darin Bd. 82–117: Goethes Werke, hrsg. v. H. Düntzer u. a., 36 Bde. in 41 Teilen (1882–1897).

Keudell = Elise v. Keudell, Goethe als Benutzer der Weimarer Bibliothek. Weimar 1931.

Kommerell = Max Kommerell, Gedanken über Gedichte, Frankf. a. M. 1943.

Pyritz = Hans Pyritz, Goethe u. Marianne v. Willemer, Stuttg. 1941 u. ö.

Riemer = Fr. W. Riemer, Mitteilungen über Goethe. Hrsg. v. A. Pollmer, Lpz. 1921.

Ruppert = Goethes Bibliothek. Katalog. Bearb. von Hans Ruppert. Weimar 1958.

Rychner = Goethe, Westöstlicher Divan. Hrsg. v. Max Rychner. Zürich, Manesse-Verlag 1952.

Schaeder = H. H. Schaeder, Goethes Erlebnis des Ostens. Lpz. 1938.

Schr. G. Ges. = Schriften der Goethegesellschaft.
Weim. Ausg. = Goethes Werke. Weimarer Ausgabe (Sophien-Ausgabe). 143 Bde. Weimar 1887–1919.
Welt-Ausgabe = Goethes Werke. Hrsg. v. A. Kippenberg, J. Petersen u. H. Wahl. Welt-Goethe-Ausgabe. 1936ff. Verlag der Mainzer Presse, ausgeliefert im Inselverlag.
Chr. Wurm = Christian Wurm, Commentar zu Goethes Westöstlichem Divan. Nürnberg 1834.

WEST-ÖSTLICHER DIVAN

Text-Ausgaben und Wörterbuch

(Erstausgabe:) West-östlicher Divan von Goethe. Stuttgart, Cotta, 1819.
Goethes Werke. Ausg. letzter Hand. Stuttg. u. Tüb., Cotta. Bd. 5, 1827: Westöstlicher Divan. – Bd. 6, 1827: Noten und Abhandlungen.
Goethes Werke. Weim. Ausg., Bd. 6, 1888: Divan, hrsg. v. Konrad Burdach. Bd. 7, 1888: Noten und Abhandlungen, hrsg. v. Carl Siegfried und Bernhard Seuffert.
Goethe, Westöstlicher Divan, hrsg. von Ernst Grumach, Bd. 1: Text. Bd. 2: Noten und Abhandlungen. Bd. 3: Paralipomena. Bln. 1952 = Werke Goethes, hrsg. von der deutschen Akademie der Wissenschaften zu Berlin. Dazu die Rezension von H.A. Maier in JEG Ph 56, 1957, S. 347–381 und Bd. 58, 1959, S. 185–221.
Dill, Christa: Wörterbuch zu Goethes West-östlichem Divan. Tübingen 1987. (LIV, 488 S.)
Hermann, Helmut G.: Goethe-Bibliographie. (Reclam 8692) Stuttg. 1991.

Kommentierte Ausgaben

Goethes Werke. 4. Teil. Der Westöstliche Divan. Hrsg. von Heinrich Düntzer. Bln. u. Stuttg., o.J. (1886) = Dt. National-Lit., hrsg. von Joseph Kürschner, Bd. 85. (XXIV, 376 S.)
Goethes Werke. Jubiläums-Ausgabe. Bd. 5. West-östlicher Divan, hrsg. von Konrad Burdach. Stuttg. u. Bln. (1905).
Goethes eigenhändige Reinschrift des Westöstlichen Divan. Eine Auswahl von 28 Blättern in Facsimile-Wiedergaben. Hrsg. von Konrad Burdach. Weimar 1911. = Schr. G. Ges., 26.
Goethes Werke. In 40 Teilen hrsg. von K. Alt u. a. Bd. 3: Westöstlicher Divan. Hrsg. v. Emil Ermatinger. (1913.) Und dazu: Anmerkungs-Band 1. (1913.) Bln., Lpz., Wien, Stuttg., Verlag Bong u. Co.
Goethe, Westöstlicher Divan. Hrsg. von Theodor Friedrich. Lpz., Reclam, o.J. (1915.) (XXXIV, 312 S.)
Goethe, Westöstlicher Divan. Krit. durchgesehen, eingel. und erläutert von Rudolf Richter. Lpz., Bibliogr. Inst., o.J. (1924.) – Diese Ausgabe ist eine Titelauflage von: Goethes Werke. Festausgabe. Bd. 3. West-östlicher Divan. Hrsg. v. R. Richter. Lpz. o.J. (1926.)

Goethe, Westöstlicher Divan. Einl. u. Anmkg. v. Oskar Loerke. Bln. 1925. – 7. bis 16. Aufl. Bln., Suhrkamp, 1943.
Goethe, Divan occidental-oriental. Trad., préf. et ann. par Henri Lichtenberger. Paris: Aubier, 1940. (492 S.) = Collection bilingue des classiques étrangers.
Goethe, West-östlicher Divan. Hrsg. und erläutert von Ernst Beutler. Lpz. 1943. = Sammlung Dieterich, 125. Neue, überarbeitete Auflage 1956.
Goethe, Westöstlicher Divan. Vorwort und Erläuterungen von Max Rychner. Zürich, Manesse-Verlag, 1952. (XLVII u. 600 S.)
Goethe, Westöstlicher Divan. Gesamtausgabe. Hrsg. v. Hans-J. Weitz. (Wiesbaden) Inselverlag, 1951. – Neuausgabe. Frankfurt 1972. (608 S.)
Goethe, West-östlicher Divan. Mit textgesch. Kommentar von Hans Albert Maier. 2 Bde. Tübingen 1965.
Goethe. Berliner Ausgabe. Bd. 3. West-östlicher Divan. Hrsg. von Ursula Beyer und Manfred Beyer. Bln. 1965 u. ö.
Goethe, West-östlicher Divan. Mit Essays zum „Divan" von H. v. Hofmannsthal, O. Loerke u. K. Krolow. Hrsg. u. mit Erläuterungen versehen von Hans-J. Weitz. Frankf. a. M. 1974. = insel taschenbuch 75. (400 S.)
Goethe, Il Divano Occidentale-Orientale. A cura di Ludovica Koch, Ida Porena e Filiberto Borio. Milano 1990.

Entstehung. Textgestalt. Biographisches

Goethe über seine Dichtungen. Hrsg. v. Hans Gerhard Gräf. 3. Teil. Die lyrischen Dichtungen. Frankfurt a. M. 1. Band: 1912. 2. Band, 1. Hälfte: 1914. 2. Band, 2. Hälfte: 1914. (= des ganzen Werkes 7.–9. Band.)
Sulpiz Boisserée. Hrsg. v. Mathilde Boisserée. 2 Bde. Stuttg. 1862.
Grimm, Herman: Goethe und Suleika. Preuß. Jahrbücher 24, 1869. Wiederholt in: H. Grimm, Fünfzehn Essays. N. F., Bln. 1874. S. 258–287. Als Einzelveröffentlichung neu hrsg. mit Nachwort von Rudolf Bach, Hbg. 1947.
Marianne und Joh. Jacob Willemer, Briefwechsel mit Goethe. Hrsg. von Hans-J. Weitz. Frankfurt 1965. (970 S.)
Firmenich-Richartz, Eduard: Die Brüder Boisserée. Bd. 1. Jena 1916. (Mit wortgetreuem Abdruck von Boisserées Tagebuch.)
Schneider, Fr., und Lohmeyer, K.: Neue Heidelberger Goethe- und Boisseréefunde. Neues Archiv für die Geschichte der Stadt Heidelberg, Bd, II, 1922, S. 180–193.
Beutler, Ernst: Die Boisserée-Gespräche von 1815 und die Entstehung des Gingo-biloba-Gedichts. In: Goethe-Kalender auf das Jahr 1940. Lpz. 1939. S. 114–162. Wiederholt in: Beutler, Essays um Goethe. Bd. 1. Lpz. 1941.
Pyritz, Hans: Goethe und Marianne v. Willemer. Stuttg. 1941. (VI, 132 S.) – 3. Aufl. Stuttg. 1948. (VI, 132 S.)
Wahl, Hans: Gerbermühle und Heidelberg. (Jb.) Goethe 7, 1942, S. 77–82.
Pyritz, Hans: Marianne v. Willemer. Mit einem Anhang: Gedichte Mariannes v. Willemer. Bln. 1944. (52 S.)
Milch, Werner: Bettine und Marianne. Zürich 1947. (84 S.) = Goethe-Schriften, Bd. 2, Artemis-Verlag.
Zellweker, Edwin: Marianne Willemer. Wien 1949 (211 S.).

Maier, Hans Albert: Zur Textgestalt des Westöstlichen Divans. The Journal of English and Germanic Philology 56, 1957, S. 347–381 und 58, 1959, S. 185–221.
Trunz, Erich: Die Sammelhandschriften von Goethes Gedichten. In: Trunz, Weimarer Goethe-Studien. Schr. G. Ges., 61. 1980. S. 77–84.
Debon, Günther: Die Frauen im „Buch der Liebe". GJb. 101, 1984, S. 234–243.

Abhandlungen

Goethe-Bibliographie. Begründet von H. Pyritz. Bd. 1. Heidelberg 1965. S. 604 bis 620. Bd. 2. Heidelberg 1968. S. 174–179.
Wurm, Christian: Commentar zu Goethes Westöstlichem Divan. Nürnberg 1834. (VIII, 282 S.)
Burdach, Konrad: Die älteste Gestalt des Westöstlichen Divans. Sitzungsber. d. Preuß. Akad. d. Wiss., phil.-hist. Klasse, 1904. S. 858–900, 1079–1080.
Tschersig, Hubert: Das Gasel in der dt. Dichtung. 1907. = Breslauer Beiträge zur Literaturgesch., N. F. 1. (XII, 229 S.)
Gundolf, Friedrich: Goethe. Bln. 1916 u.ö. S. 638–671.
Hofmannsthal, Hugo v.: Goethes westöstlicher Divan. Jb. G. Ges. 6, 1919, S. 53–58. Oft neugedruckt, u. a. in: H. v. Hofmannsthal, Reden u. Aufsätze. Lpz. 1931. (= Inselbücherei, 339.) S. 48–53. Ferner in: H. v. H., Gesammelte Werke. Bd. 3, 3. Teil. Bln. 1934. S. 24–29. – Und: Gesammelte Werke. Prosa III. Hrsg. v. H. Steiner. Frankf. 1952. S. 159–164.
Korff, H. A.: Der Geist des westöstlichen Divans. Hannover 1922. Auch abgedruckt in: H. A. Korff, Die Lebensidee Goethes. Lpz. 1925. S. 43–71.
Strich, Fritz: Goethe und der Osten. In: Die Dioskuren, Jahrbuch f. Geisteswissenschaften, Bd. 2, 1923, S. 44ff. Wiederholt in: Fr. Strich, Dichtung und Zivilisation. München 1928. S. 93–123.
Loerke, Oskar: Der Goethe des westöstlichen Divans. In: Loerke, Zeitgenossen aus vielen Zeiten. Bln. 1925. S. 83–97. – Dasselbe in: O. Loerke, Hausfreunde. Bln. 1939. S. 287–318.
Burdach, Konrad: Vorspiel. Bd. 2. Halle 1926. = Dt. Vjs., Buchreihe, Bd. 3. – Auch erschienen als Einzelveröffentlichung unter dem Titel: Goethe und sein Zeitalter. Halle 1926. – Darin S. 263–281: Goethes Ghasel auf den Eilfer in ursprünglicher Gestalt. (Aus: G. Jb. 11, 1890.) S. 282–324: Goethes westöstl. Divan in biographischer und zeitgeschichtlicher Beleuchtung. (Aus: G. Jb. 17, 1896.) S. 333–374: Die Kunst und der dichterisch-religiöse Gehalt des westöstlichen Divans. (Aus: Jub.-Ausg., Bd. 5, 1905.) S. 375–401: Die Aufnahme und Wirkung des westöstl. Divans. (Aus: Schr. G. Ges., 26, 1911.) S. 402–445: Zum hundertjährigen Gedächtnis des westöstl. Divans (Aus: Jb. G. Ges. 6, 1919.)
Hoesick, Ferdynand: Goethe i najpiekniejze dni w jego zyciu 1814–1832. Warszawa 1931. (XX, 536 S.)
Hammerich, L. L.: Goethes westöstlicher Divan. København 1932. (82 S.) = Studier fra Sprog- og Oldtids-forskning, 162.
Reitmeyer, Elisabeth: Studien zum Problem der Gedichtsammlung. Bern, Lpz. 1935. = Sprache u. Dichtung, 57. Über den *West-östlichen Divan* insbes. S. 99–109.

Schaeder, Hans Heinrich: Goethes Erlebnis des Ostens. Lpz. 1938. (VI, 182 S.) Teilabdruck daraus in: Goethe 2, 1937, S. 125–139.
Hefele, Herman: Goethes Lyrik im Westöstlichen Divan. Hochland 36, 1938/39, S. 318–327.
Hefele, Herman: Geschichte und Gestalt. Lpz. 1940. S. 89–103.
Kommerell, Max: Gedanken über Gedichte. Frankf. a. M. 1943. Insbes. S. 125, 127, 190, 249–307.
Strich, Fritz: Goethe und die Weltliteratur, Bern 1946. (408 S.)
Schultz, Werner: Goethes Deutung des Unendlichen im Westöstlichen Divan. Goethe 10, 1947, S. 268–288.
Flitner, Wilhelm: Goethe im Spätwerk. Hamburg 1947. Insbes. S. 161–189.
Korff, H. A.: Die Liebesgedichte des westöstl. Divans. Lpz., Stuttg., Zürich 1947. (267 S.)
Böckmann, Paul: Die Heidelberger Divan-Gedichte. In: Goethe und Heidelberg. Heidelberg 1949. S. 204–239.
Boyd, James: Notes to Goethe's poems. Vol. II. (1786–1832.) Oxford 1949. S. 172–207.
Vermeil, Edmond: La mission de la poésie d'après le ,,Divan". Études Germaniques 4, 1949, S. 104–120.
Beutler, Ernst: Der westöstliche Divan. Études Germaniques 5, 1950, S. 134–153.
Fuchs, Albert: Chronologie des textes du Divan et de leurs sources. Bulletin de la Faculté des Lettres de Strasbourg 28, 1950, S. 158–171, 203–219.
David, Claude: Note sur le «Divan»: D'un prétendu mysticisme. Études Germaniques 6, 1951, S. 220–230.
Konrad, Gustav: Form und Geist des Westöstl. Divans. German.-Roman. Monatsschr., Bd. 32. Neue Folge, Bd. 1, 1951. S. 178–192.
Preisker, Herbert: Goethes Stellung zu den Religionen im Westöstl. Divan. Ztschr. f. Religions- und Geistesgesch. 4, 1952, S. 19–32.
Balke, Diethelm: Westöstliche Gedichtformen. Phil. Diss. Bonn 1952. Masch. (370 S.)
Becker, Carl: Das Buch Suleika als Zyklus. In: Varia Variorum. Festgabe f. Karl Reinhardt. Münster/Köln 1952. S. 225–252.
Fuchs, Albert: Le Westöstliche Divan, livre de l'amour. Publications of the English Goethe Society 22, 1952–53, S. 1–30.
Kayser, Wolfgang: Beobachtungen zur Verskunst des Westöstlichen Divans. Publ. of the English Goethe Society 23, 1954, S. 74–96. Wiederabgedruckt in: Kayser, Kunst und Spiel. Göttingen (1961). S. 47–63.
Strich, Fritz: Goethes Westöstlicher Divan. Olten 1954. (39 S.) Wiederabgdruckt in: Strich, Kunst und Leben. Bern 1960. S. 101–117.
Burdach, Konrad: Zur Entstehungsgeschichte des Westöstlichen Divans. 3 Akademievorträge, hrsg. von Ernst Grumach. Bln. 1955. = Dt. Akad. d. Wiss. zu Berlin, Veröff. d. Instituts f. dt. Spr. u. Lit., 6. (172 S.) Darin S. 7–50: Die älteste Gestalt des Westöstl. Divans. S. 51–72: Der hundertgliedrige Divan des Wiesbader Registers. S. 73–103: Die Anordnung des Wiesbader Divans. S. 105–171: Anhang: Der Wiesbader Divan (Text).
Müller, Joachim: Goethes Zeiterlebnis im ,,Westöstlichen Divan". In: Gestaltung – Umgestaltung. Festschr. zum 75. Geburtstag von H. A. Korff, Lpz. 1957.

S. 139–159. Wieder abgedruckt in: Müller, Der Augenblick ist Ewigkeit. Lpz. 1960. S. 123–164.

Lentz, Wolfgang: Goethes Noten und Abhandlungen zum Westöstlichen Divan. Hamburg 1958. = Veröff. d. Jungius-Ges. (186 S.)

Haß, Hans-Egon: Über die strukturelle Einheit des West-östlichen Divans. In: Stil- und Formprobleme in der Literatur. Vorträge des 7. Kongresses der Internat. Vereinigung f. mod. Spr. u. Lit. Heidelberg 1959. S. 309–318.

Rychner, Max: Goethes westöstlicher Divan. In: Rychner, Antworten. Zürich 1961. S. 64–101.

Mommsen, Momme: Studien zum westöstl. Divan. Bln. 1962. = Sitzungsber. d. dt. Akad. d. Wiss. zu Berlin, Kl. f. Spr. u. Lit., 1962, Nr. 1. (153 S.) (Dazu die Rez. von H. A. Maier in: JEGPh. 62, 1963, S. 629–639.)

Pyritz, Hans: Goethe-Studien. Hrsg. von Ilse Pyritz. Köln 1962. Insbes. S. 195–218.

Atkins, Stuart: Zum besseren Verständnis einiger Gedichte des West-östlichen Divan. Euphorion 59, 1965, S. 178–206.

Hillmann, Ingeborg: Dichtung als Gegenstand der Dichtung. Zum Problem der Einheit des „West-östlichen Divan“. Bonn 1965. = Bonner Arbeiten, 10. (131 S.)

Wertheim, Ursula: Von Tasso zu Hafis. Bln. (Ost) 1965. (488 S.)

Broms, Henri: Hafiz and Goethe's Noten und Abhandlungen ... In: Broms, Two studies in the relations of Hafiz and the West. Helsinki 1968. (Studia Orientalia ed. Societes orientalis Fennica, 39). S. 34–106.

Abdel-Rahim. Said H.: Goethe und der Islam. Phil. Diss. Berlin (West) 1969. (462 S.)

Weitz, Hans-J.: Unerkannte Grüße Goethes an Marianne v. Willemer. Jahrbuch des Fr. dt. Hochstifts 1970, S. 127–189.

Trunz, Erich: Goethes lyrische Kurzgedichte. (Jb.) Goethe 26, 1964, S. 1–37.

Bahr, Erhard: Die Ironie im Spätwerk Goethes. Studien zum „West-östl. Divan“, zu den „Wanderjahren“ und zu „Faust II“. Bln. (West) 1972. (S. 40–87: West-östl. Divan.)

Solbrig, Ingeborg H.: Hammer-Purgstall und Goethe. Bern 1973. = Stanford German Studies, 1. (322 S.)

Studien zum westöstl. Divan. Hrsg. von Edgar Lohner. Darmstadt 1971. = Wege der Forschung, 287. (VII, 490 S.)

Interpretationen zum west-östl. Divan. Hrsg. von E. Lohner. Darmstadt 1973. = Wege der Forschung, 288. (XVII, 324 S.)

Mommsen, Katharina: Goethe und die arabische Welt. Frankfurt a.M. 1988. (700 S.)

Quellen für Goethes Orientkenntnis (in Auswahl)

Saadi: Persianischer Rosenthal ... übers. von Adam Olearius. Schleswig 1654. (Keudell 950 und 1167.)

Olearius, Adam: (Goethe benutzte nicht die Erstausgabe: Beschreibung der neuen Orientalischen Reise, Schleswig 1647, sondern zwei spätere, stark vermehrte

Ausgaben:) Vermehrte Neue Beschreibung der Muskowitischen und Persischen Reise. Schleswig 1663. – Und: Colligierte und viel vermehrte Reise-Beschreibungen. Hamburg 1696. (Diese Ausgabe enthält auch: Saadi, Der Persianische Rosen-Tal, übers. von Olearius; Saadi, Der Persianische Baumgarten; Lokmans Fabeln; Arabische Sprichwörter u. a. m.) – (Keudell 974, 1230.)

L'Alcoran de Mahomet. Transl. d'Arabe en François, par (André) du Ruyer, Sieur de la Garde de Malezais. Paris 1672. (Keudell 1187.)

Della Valle, Petrus: Reißbeschreibung in unterschiedenen Teilen der Welt ... Türkei, Ägypten, Persien ... 4 Bde. Genf 1674. (Keudell 980, 1224.)

d'Herbelot, Barthélemy: Bibliothèque orientale. Paris 1697. – (Deutsche Ausgabe, übers. von T. C. F. Schulz:) Orientalische Bibliothek. 4 Bde. Halle 1785–1790. (Keudell 945, 946, 1075, 1162.)

Chardin, Jean de: Voyage en Perse et autres lieux de l'orient. (Goethe benutzt nicht die Erstausgabe von 1686, sondern:) 2 Bde. Amsterdam 1735. (Keudell 961, 1028.)

Tavernier, Jean Baptiste: Six voyages en Turquie, en Perse et aux Indes. 2 Bde. Utrecht 1712. (Keudell 996.)

Reland, Adrian: Zwei Bücher von der Türkischen oder Mohammedischen Religion. Übers. u. zum andern Mal hrsg. Hannover 1717. (Keudell 1158.)

Der Koran, in das Englische übers. von Georg Sale, ins Teutsche verdolmetscht von Th. Arnold. Lemgo 1746. (Keudell 1165.)

Turpin, François Henri: Histoire de la vie de Mahomet, 2 Bde. Paris 1773. (Keudell 973.)

Perron, Abraham Hyacinthe Antequil du: Reise nach Ostindien nebst einer Beschreibung der bürgerlichen und Religionsgebräuche der Parsen. Übers. von J. G. Purrmann. Frankf. a. M. 1776. (Keudell 1155.)

The Moallakát or seven Arabian poems. With a translation by William Jones. London 1783. (Keudell 967.)

Jones, William: Poeseos Asiaticae commentariorum libri sex. Lpz. 1787. (Keudell 944; Ruppert 766.)

Rehbinder, Johann v.: Mohammed. Kopenhagen 1799. (Keudell 972.)

Marco Polos Reise in den Orient während der Jahre 1272–1295. Verdeutscht von Felix Peregrin. Ronneburg u. Lpz. 1802. (Keudell 867, 871, 1225.)

Die hellstrahlenden Plejaden am arabischen poetischen Himmel. Übers. ... von Anton Theodor Hartmann. Münster 1802. (Keudell 969.)

Fundgruben des Orients. Hrsg. von J. v. Hammer. 6 Bde. Wien 1809–1818. (Keudell 962, 999, 1147 u. ö.)

Oelsner, Karl Ernst: Mahomed. Aus dem Französ. übers. von E. D. M. Frankfurt a. M. 1810. (Keudell 970.)

Buch des Kabus oder Lehren des persischen Königs Kjekjawus ... übers. von Heinr. Friedr. v. Diez. Bln. 1811. (Ruppert 1772.)

Diez, Heinr. Friedr. v.: Denkwürdigkeiten von Asien. 2 Bde. Bln. 1811–1815. (Keudell 953.)

Der Diwan des Mohammed Schemseddin-Hafis. Übers. von Joseph v. Hammer. 2 Bde. Stuttg. u. Tübingen 1812–1813. (Ruppert 1771.) – Fotomechanischer Neudruck: Hildesheim u. New York 1973.

Hammer, Josef v.: Des osmanischen Reichs Staatsverfassung und Staatsverwaltung. 2 Bde. Wien 1813. (Keudell 1022.)

Malcolm, Sir John: The History of Persia form the most early period to the present time. 2 Bde. London 1815. (Keudell 1157.)
Hammer, Joseph v.: Geschichte der schönen Redekünste Persiens, mit einer Blütenlese aus 200 persischen Dichtern. Wien 1818. (Ruppert 759.)
Morgenländisches Kleeblatt, bestehend aus parsischen Hymnen, arabischen Elegien, türkischen Eklogen. Von J. v. Hammer. Wien 1819. (Ruppert 1764.)

Über Goethes Beziehungen zu seinen Quellen

Wurm, Christian: Commentar zu Goethes West-östlichem Divan. Nürnberg 1834. (VII, 282 S. – Grundlegend.)
Briefwechsel zwischen Goethe und H. F. v. Diez. GJb. 11, 1890, S. 24–41.
Wernekke, Hugo: Goethe und die orientalischen Handschriften der Weimarer Bibliothek. In: Zuwachs der Großherzogl. Bibliothek zu Weimar 1908–1910. Weimar 1911. S. XXIIff.
Babinger, Franz: Ein orientalischer Berater Goethes: Heinrich Friedrich v. Diez. GJb. 34, 1913, S. 83–100.
Babinger, Franz: Der Einfluß von H. F. v. Diezens „Buch des Kabus" und „Denkwürdigkeiten von Asien" auf Goethes „Westöstlichen Divan". German.-Roman. Monatsschr. 5, 1913, S. 577–592.
Keudell, Elise v.: Goethe als Benutzer der Weimarer Bibliothek. Weimar 1931. (XIV, 392 S.)
Bulling, Karl: Goethe als Erneuerer und Benutzer der Jenaischen Bibliotheken. Jena 1932.
Schaeder, Hans Heinrich: Goethes Erlebnis des Ostens. Lpz. 1938. (VI, 182 S.)
Schaeder, H. H.: Der Osten im Westöstlichen Divan. In: Goethe, Westöstl. Divan, hrsg. und erläutert von Ernst Beutler. Lpz. 1943. S. 787–839.
Goethes Bibliothek. Katalog. Bearbeitet von Hans Ruppert. Weimar 1958. (XVI, 826 S.)
Lentz, Wolfgang: Goethes Noten und Abhandlungen zum West-östlichen Divan. Hamburg o. J. (1958.) (Dazu die Rez. von H. A. Maier in: JEGPh. 59, 1960, S. 532–536.)
Mommsen, Katharina: Goethe und die Moallakat. Bln. 1960 = Sitzungsber. d. dt. Akad. d. Wiss. zu Berlin, Klasse f. Sprachen, Lit. u. Kunst, Jahrg. 1960, Nr. 2. (82 S.)
Mommsen, Kath.: Goethe und 1001 Nacht. Bln. 1960. = Dt. Ak. d. Wiss. zu Bln., Veröff. des Instituts f. dt. Spr. u. Lit. (XXIV, 332 S.)
Mommsen, Kath.: Goethe und Diez. Bln. 1961. = Sitzungsbericht der deutschen Akademie der Wissenschaften zu Berlin, Klasse für Sprache, Literatur und Kunst, Jahrg. 1961, Nr. 4. (XVIII, 352 S.) (Dazu die Rez. von H. A. Maier in: JEGPh. 62, 1963, S. 453–460.)
Mommsen, Katharina: Goethe und die arabische Welt. Frankfurt 1988.
Balke, Diethelm: Orient und orientalische Literaturen. (Einfluß auf Europa und Deutschland.) Reallexikon der dt. Literaturgesch., 2. Aufl., Bd. 2. Bln. 1965. S. 816–869.
Bürgel, Johann Christoph: Goethe und Hafis. In: Bürgel, Drei Hafis-Studien. Bern 1975. = Schr. d. literar. Ges. Bern, 11. S. 5–41.
Goedeke, Karl: Grundriß zur Gesch. d. dt. Dichtung. Bd. 7. Dresden 1900.

S. 584–589: Dt. Übersetzungen persischer und türkischer Dichtung bis zur Zeit von Goethes „Divan".

DIE GEHEIMNISSE

Ausgaben und Nachschlagewerke

(Erstdruck:) Goethes Schriften. Bd. 8. Lpz., Göschen, 1789. S. 317–342.
Goethes Werke. Ausgabe letzter Hand. Bd. 13, 1828. – Goethes Erläuterungen: Nachgelassene Werke, Bd. 45 der Ausg. l. Hd., 1833.
Goethes Gedichte. Mit Anmerkungen von G. v. Loeper. 2. Teil. Bln. 1883. S. 362–370.
Goethes Werke. Weimarer Ausgabe. Bd. 16, 1894, S. 169–183 und 436f. Hrsg. von Julius Wahle. – Goethes Erläuterungen: Bd. 41,1. 1902. S. 100–105 und 446–453.
Goethes Werke. Festausgabe. Bd. 2. Hrsg. von E.A. Boucke. Lpz. (1926). S. 314–323 und 477–482.
Werke Goethes. Akademie-Ausgabe. Epen. Hrsg. von Siegfried Scheibe. 2 Bde. Akademie-Verlag, Berlin. Bd. 1, 1958, S. 9–21; Bd. 2, 1963, S. 47–74.
Goethe. Berliner Ausgabe. Bd. 3. Bln. 1965 u. ö. S. 425–439 und 792–797. – Dazu Goethes Erläuterungen in Bd. 17, 1970 u. ö.
Goethe über seine Werke. Hrsg. von H. G. Gräf. Die epischen Dichtungen Bd. 1. Frankfurt 1901. S. 50–70.

Geistesgeschichtliche Beziehungen

Humboldt, Wilhelm v.: Der Montserrat bei Barcelona. In: Gasparis und Bertuchs Allgemeine geographische Ephemeriden 2, 1803, S. 265–313. Neudruck: Humboldt, Schriften. Hrsg. von der Preuß. Akad. d. Wiss., Bd. 3, Bln. 1904, S. 30–59.
Schneider, Ferdinand Josef: Die Freimaurerei und ihr Einfluß auf die geistige Kultur am Ende des 18. Jahrhunderts. Prag 1909.
Dilthey, Wilhelm: Gesammelte Schriften. Bd. 2. Weltanschauung und Analyse des Menschen seit Renaissance und Reformation. 3. Aufl. Lpz. u. Bln. 1923.
Kienast, Richard: J. V. Andreae und die vier echten Rosenkreutzer-Schriften. Lpz. 1926. = Palaestra, 152.
Peuckert, Will-Erich: Die Rosenkreutzer, Jena 1928. – Neue überarbeitete Auflage unter dem Titel: Das Rosenkreutz. Bln. 1973. = Peuckert, Pansophie, Teil 3.

Abhandlungen

Morris, Max: Goethes Fragment „Die Geheimnisse". GJb. 27, 1906, S. 131–143.
Obenauer, Karl Justus: Goethe in seinem Verhältnis zur Religion. Jena 1921. S. 168–171 und 200–201.
Farinelli, Arturo: Goethe und der Montserrat. (Jb.) Goethe 8, 1943, S. 192–203, 280–299.

Eibl, Hans: „Die Geheimnisse" von Goethe. In: Festschrift zum 200. Geburtstag Goethes, hrsg. von E. Castle. Wien 1949. S. 31–39.
Bianquis, Geneviève: Etude sur le poème des Geheimnisse. In: Bianquis, Études sur Goethe. Paris 1951. = Publ. de l'Université de Dijon, 8. S. 7–43.

REINEKE FUCHS

Ausgaben und Nachschlagwerke

(Erster Druck:) Goethes neue Schriften. Bd. 2. Berlin bei Joh. Fr. Unger. 1794.
Goethes Werke. Bd. 10. Tübingen, Cotta, 1808. (Ausg.: A.)
Goethes Werke. Bd. 11. Stuttg. u. Tüb., Cotta, 1817. (Ausg.: B.)
Goethes Werke. Ausgabe letzter Hand. Bd. 40. Stuttg. u. Tübingen 1830. (Oktav-Ausgabe, bezeichnet: C; Ausgabe im Taschenformat, bezeichnet: C[1].)
Goethes Reineke Fuchs nach dem 1. Druck vom Jahre 1794 mit Proben der älteren Tierepen. Hrsg. von A. Bieling, Bln. 1882. (226 S.)
Goethes Werke. Bd. 5. Hrsg. von H. Düntzer. Bln. u. Stuttg. o. J. (1884) = KDN Bd. 86.
Goethes Werke. Weimarer Ausgabe. Bd. 50. Weimar 1900. S. 1–186 und 347–374: Reineke Fuchs, hrsg. von H. G. Gräf.
Goethe, Reineke Fuchs. Mit Illustrationen nach den 57 Radierungen von Allaert van Everdingen. Hrsg. von Johannes Hofmann. Lpz. 1921. (XVI, 128 S.)
Goethes Werke. Festausgabe. Bd. 4. Epen. Bearb. von Ewald A. Boucke. Lpz. o. J. (1926.)
Goethe, Epen. Hrsg. von Siegfried Scheibe. 2 Bde. Bln., Akademie-Verlag. Bd. 1. Text. 1958. (318 S.) Bd. 2. Überlieferung, Varianten und Paralipomena. 1963. (450 S.)
Goethe. Berliner Ausgabe. Bd. 3. Bearb. v. Ursula u. Manfred Beyer. Bln. 1965 u. ö. S. 440–579 u. 798–813.
Goethe, Sämtl. Werke. Münchner Ausg. Bd. 4,1. Hrsg. von Reiner Wild. München 1988. S. 282–435, 1010–1039.
Jördens, Karl Heinrich: Lexikon deutscher Dichter und Prosaisten. Bd. 4. Lpz. 1809. S. 307–326: Reineke Fuchs.
Goethe-Bibliographie. Begründet von H. Pyritz. Bd. 1. Heidelberg 1965. S. 732f. – Bd. 2. Ebd. 1968. S. 223.
Internationale Bibliographie zur Gesch. d. dt. Lit. von den Anfängen bis zur Gegenwart. Hrsg. von Günter Albrecht u. Günther Dahlke. Teil 2, 1. Bln. (Ost) und (Lizenzausgabe:) München. 1971. S. 229.
Goethe über seine Werke. Hrsg. von Hans Gerhard Gräf. Die epischen Dichtungen. Bd. 1. 1901. S. 248–278.

Quellen

Heinrichs von Alkmar Reineke der Fuchs ... ins Hochdeutsche übersetzt von J. Chr. Gottsched. Lpz. u. Amsterdam 1752.
Gottscheds Reineke Fuchs. Abdruck der hochdt. Prosa-Übersetzung vom Jahre

1752. Hrsg. von A. Bieling. Halle 1886. = Quellenschriften zur neueren dt. Literatur, 1.
Herder: Andenken an einige ältere deutsche Dichter. In: Herder, Zertreute Blätter, 5. Sammlung. Gotha 1793. – Wiederabgedruckt in: Herder, Sämtl. Werke. Hrsg. von B. Suphan. Bd. 16. Bln. 1887. S. 218–222.
Vgl. hierzu auch die am Ende des Nachworts zu „Reineke Fuchs" stehende kleine Bibliographie von Reineke-Fuchs-Werken aus Goethes Bibliothek.

Abhandlungen

Rosenkranz, Karl: Goethe und seine Werke. Königsberg 1847. – 2. Aufl. ebd. 1856. S. 251–254.
Hehn, Victor: Gedanken über Goethe. Bln. 1887 u. ö.
Heusler, Andreas: Deutscher und antiker Vers. Straßburg 1917. = Quellen u. Forschungen zur Sprach- u. Kulturgesch. der german. Völker, 123. (186 S.) Insbes. S. 102–107.
Heusler, Andreas: Deutsche Versgeschichte. Bd. 3. Bln. 1929.
Lazarowicz, Klaus: Verkehrte Welt. Vorstudien zu einer Gesch. der dt. Satire. Tübingen 1963. = Hermaea, 15. S. 257–303.
Schwab, Lothar: Vom Sünder zum Schelmen. Goethes Bearbeitung des Reineke Fuchs. Frankf. 1971. = Frankfurter Beiträge zur Germanistik, 13. (137 S.)
Reallexikon der dt. Literaturgeschichte. Artikel „Tierdichtung".
Scheffler, Christian: Die deutsche spätmittelalterliche Reineke-Fuchs-Dichtung und ihre Bearbeitungen bis in die Neuzeit. In: Aspects of the Medieval animal epic. Ed. by E. Rombauts and A. Welkenhuysen. Leuven 1975. S. 85–104.
Menke, Hubertus: Ars vitae aulicae oder descriptio mundi perversi? Grundzüge einer Rezeptions- und Wirkungsgeschichte des Erzählthemas vom Reineke Fuchs. Niederdt. Jahrbuch 98/99. 1975/76. S. 94–136.

HERMANN UND DOROTHEA

Ausgaben

(Erstausgabe:) Taschenbuch für 1798. Hermann und Dorothea von J. W. v. Goethe. Berlin, Vieweg. (Kalender und 174 S.; ausgegeben im Oktober 1797.)
Goethes Werke, Bd. 10. Tübingen, Cotta, 1808. S. 203–293. (Ausg. A.)
Goethes Werke. Bd. 11. Stuttg. u. Tüb., Cotta, 1817. S. 203–293. (Ausg. B.)
Goethes Werke. Ausg. letzter Hand. Bd. 40. Stuttg. u. Tüb. 1830. (Ausg. C.)
Goethes Werke. 5. Teil. Hrsg. v. H. Düntzer. Bln. u. Stuttg. (1884.) = KDN, Bd. 86.
Goethes Werke. Weim. Ausg. Bd. 50, 1900, S. 187–267 und 375–413.
Goethe, Hermann und Dorothea. Neudruck der Erstausgabe von 1798. Hrsg. v. K. G. Wendriner. Bln. 1914.
Hermann und Dorothea. Ed. with notes, questions, an essay, and vocabulary by Ernst Feise. New York 1917. (14, 173 S.)
Goethe, Hermann und Dorothea. Hrsg. mit 56 Abb. nach zeitgenöss. Vorlagen u. eingeleitet von Hans Wahl. Lpz., J. J. Weber, 1922.

Goethes Werke. Festausgabe. Bd. 4. Epen. Bearb. von E. A. Boucke. Lpz. 1926.
Werke Goethes. Akademie-Ausgabe. Epen. Hrsg. von Siegfried Scheibe. 2 Bde. Bln. 1958 und 1963.
Goethe. Berliner Ausgabe. Bd. 3. Bearb. v. Ursula u. Manfred Beyer. Bln. 1965 u. ö. S. 581–649 u. 814–825.
Goethe, Sämtliche Werke. Münchner Ausgabe. Bd. 4,1. Hrsg. von Reiner Wild. München 1988.

Textgeschichte und Textkritik

Hewett, W. T.: A Study of Goethe's Printed Text: Hermann und Dorothea. PMLA (Publications of the Modern Language Association of America) 14 (N. S. 7), 1899. S. 108–136.
Scheibe, Siegfried: Zu „Hermann und Dorothea". In: Beitr. zur Goetheforschung. Hrsg. von E. Grumach. Bln. 1959. = Dt. Akad. d. Wiss. zu Berlin, Veröff. d. Inst. d. dt. Spr. u. Lit., 16. S. 226–267.
Scheibe, Siegfried: Neue Zeugnisse zur Druckgeschichte von „Hermann und Dorothea". (Jb.) Goethe 23, 1961, S. 265–298.

Goethes Quellen

Das liebtätige Gera gegen die Saltzburgischen Emigranten. Lpz. 1732.
Göcking, Gerhard Gottlieb Günther, Vollkommene Emigrationsgeschichte von denen aus dem Erzbistum Salzburg vertriebenen Lutheranern. Frankfurt u. Lpz. 1734.

Nachschlagewerke

Gräf, H. G.: Goethe über seine Dichtungen. Bd. 1, 1901, S. 79–190.
Goethe-Bibliographie. Begründet von H. Pyritz. Bd. 1. Heidelberg 1965. S. 733–735. – Bd. 2 Ebd. 1968. S. 223–224.
Hermann, Helmut G.: Goethe-Bibliographie. (Reclam 8692) Stuttg. 1991 u. ö.

Abhandlungen

Schlegel, A. W.: Goethes Hermann und Dorothea. Jenaer Allg. Lit. Zeitg. 1797, Nr. 393–396. – Neugedruckt: A. W. Schlegel, Werke. Hrsg. v. Böcking, Bd. 11. Lpz. 1847. S. 183–221. – Auch in: Goethe im Urteil seiner Zeitgenossen. Hrsg. v. Julius W. Braun. Bd. 2. Bln. 1884. S. 252–265. Und in: Goethe im Urteil seiner Kritiker. Hrsg. von K. R. Mandelkow. Bd. 1, 1975, S. 139–152.
Humboldt, Wilhelm v.: Ästhetische Versuche. 1. Teil. Über Goethes Hermann und Dorothea. Braunschweig 1799. (XXX, 360 S.) – Neugedruckt in: W. v. Humboldt, Gesammelte Schriften, hrsg. v. d. Kgl. Akad. d. Wiss., Bd. 2. Bln. 1903. – Auch in: Dt. Literatur, Reihe Klassik, Bd. 11: Gegenwart u. Altertum. Hrsg. v. W. Muschg. Lpz. 1932. S. 254–302. Und in: W. v. Humboldt über

Schiller und Goethe. Hrsg. von Eberhard Haufe. Weimar 1963. S. 249–306. Teilabdruck in: Goethe im Urteil seiner Kritiker. hrsg. v. Mandelkow. Bd. 1, S. 181–193.

Hegel, G. W. Fr.: Ästhetik. 3. Teil, 3. Abschnitt. Die Entwicklungsgesch. d. epischen Poesie. – In: Hegel, Werke. Hrsg. v. H. Glockner. Bd. 14. Stuttg. 1928. S. 417ff.

Yxem, E. F.: Über Goethes Hermann und Dorothea. Berlin 1836.

Rosenkranz, Karl: Goethe und seine Werke. Königsberg 1847. – 2. Aufl. Königsberg 1856. S. 268–288.

Cholevius, C. L.: Ästhetische und historische Einleitung nebst fortlaufender Erläuterung zu Goethes Hermann und Dorothea. Lpz. 1863. – 3. Aufl., besorgt von G. Klee, 1897.

Scherer, Wilhelm: Geschichte der dt. Literatur. Bln. 1883 u. ö. Kapitel XII.

Hehn, Victor: Über Goethes Hermann und Dorothea. Aus dem Nachlaß hrsg. v. A. Leitzmann u. Th. Schiemann. Stuttg. 1893. – 2. Aufl. Stuttg. 1898. – Teilabdruck in: Goethe im Urteil seiner Kritiker, hrsg. v. Mandelkow, Bd. 2, S. 391–400.

Gundolf, Friedrich: Goethe. Bln. 1916 u. ö. S. 500–504.

Heusler, Andreas, Deutscher und antiker Vers. Straßburg 1917. = Quellen und Forschungen z. Sprach- u. Kulturgesch. d. germ. Völker, 123. Insbes. S. 107–112.

Steckner, Hans: Der epische Stil von Hermann und Dorothea. Halle 1927. = Sächsische Forschungsinstitute in Leipzig, Abt. Philologie, Heft 4.

Heusler, Andreas: Deutsche Versgeschichte. Bd. 3. Bln. 1929. Insbes. S. 252–273.

Korff, H. A.: Geist der Goethezeit. Bd. 2. Lpz. 1930. S. 362–374.

Petsch, Robert: Hermann und Dorothea, ein Epos vom dt. Bürgertum. In: Dt. Grenzlande 14, 1935, S. 128–134. Und: Dt. Monatsblätter (Fortsetzung des vorigen) 14, 1935, S. 200–207.

Feise, Ernst: Der Hexameter in Reineke Fuchs und Hermann und Dorothea. Modern Language Notes 50, 1935, S. 230–237.

Busch, Ernst: Das Verhältnis der dt. Klassik zum Epos. German.-Roman. Monatsschr. 29, 1941, S. 257–272.

Gerhard, Melitta: Chaos und Kosmos in Goethes Hermann und Dorothea. Monatshefte für deutschen Unterricht (Madison, U. S. A.) 34, 1942, S. 415–424. – Wiederabgedruckt in: Gerhard, Leben im Gesetz. Bern 1966. S. 52–63.

Willoughby, L. A.: The Image of the horse and charioteer in Goethe's poetry. Publ. of the English Goethe Society 15, 1946, S. 47–70.

Helmerking, Heinz: Hermann und Dorothea. Zürich 1948. = Goethe-Schriften, 4.

Leroux, Robert: La Révolution Française dans Hermann et Dorothée. Études Germaniques 4, 1949, S. 174–186.

Meyer, Heinrich: Goethe. Hamburg 1951. S. 484–486.

Schröder, Rudolf Alexander: Zu Hermann und Dorothea. In: Schröder, Gesammelte Werke. Bd. 2. Frankf. 1952. S. 561–582.

Staiger, Emil: Goethe. Bd. 2. Zürich u. Freiburg 1956. S. 220–266.

Weber, Werner: Auf der Höhe des Menschen. Tübingen o. J. (1956.) (16 S.)

Samuel, Richard: Goethes „Hermann und Dorothea". Publ. of the English Goethe Society, N. S. 31, 1961, S. 82–104. Wiederabgedruckt in: R. Samuel, Selected writings. Melbourne (Australia) 1965. S. 1–23.

Erläuterungen und Dokumente zu Goethe: Hermann und Dorothea. Von Josef Schmidt. Stuttg. 1970. = Reclams Universal-Bibl. 8107/07a.
Seidlin, Oskar: Über Goethes „Hermann und Dorothea". In: Lebendige Form. Festschr. f. H. Henel. München 1970. S. 101–120. Wiederabgedruckt in: O. Seidlin, Klassische und moderne Klassiker. Göttingen 1972. S. 20–37.
Gerhard, Melitta: Patriarchalisches Leben in Voß' „Luise" und Goethes „Hermann und Dorothea". In: Gerhard, Auf dem Weg zu neuer Weltsicht. Bern u. München 1976. S. 70–74.
Graham, Ilse: Goethes „Hermann und Dorothea", Schwankende Waage. In: Akten des V. Internationalen Germanisten-Kongresses. Cambridge 1975. S. 176–186. – Dasselbe engl. in: I. Graham, Goethe, portrait of the Artist. Bln., New York, 1977. S. 297–312.
Geulen, Hans: Goethes Hermann und Dorothea. Zur Problematik und inneren Genese des epischen Gedichts. Jahrb. des Fr. dt. Hochstifts 1983, S. 1–20.
Mannack, Eberhard: Die Korrektur des patriarchalischen Modells in „Hermann und Dorothea". In: Literaturgeschichte als Profession. Festschr. Dietrich Jöns. Tübingen 1993. S. 208–223.

Wirkungsgeschichte

Goethe im Urteil seiner Kritiker. Hrsg. von K. R. Mandelkow. Bd. 1: 1773–1832. München 1975. Bd. 2: 1932–1870. Ebd. 1977. Bd. 3: 1870–1918. Ebd. 1979. Bd. 4: 1918–1982. Ebd. 1984.
Mandelkow, Karl Robert: Goethe in Deutschland, Bd. I: 1773–1918. München 1980. Bd. 2: 1919–1982. München 1989.

Übersetzungen

Goedeke, Karl: Grundriß zur Gesch. d. dt. Dichtung. 4. Bd., 3. Abt. Dresden 1912. S. 340–344.
Goethe. Hrsg. von der Preußischen Staatsbibliothek. = Gesamtkatalog der Preußischen Bibliotheken, Sonderband. Berlin 1932. S. 152–155. (Verzeichnet 63 Übersetzungen.)

ACHILLEIS

Ausgaben und Nachschlagewerke

(Erster Druck:) Goethe Werke. Bd. 10. Tübingen, Cotta, 1808. (Ausg. A.)
Goethes Werke. Ausg. letzter Hand. Bd. 40. Stuttg. u. Tüb. 1830.
Goethes Werke. 5. Teil. Hrsg. v. H. Düntzer. Bln. u. Stuttg. (1884.) = KDN., Bd. 86.
Goethes Werke. Weim. Ausg. Bd. 50. 1900. S. 269–294 und 414–449.
Goethes Werke. Hrsg. v. K. Heinemann. Bd. 4. Bearb. v. G. Ellinger. Lpz. u. Wien, Bibliogr. Inst. (1903.)
Goethes Werke. Vollständige Ausg. in 40 Teilen. Hrsg. v. K. Alt. Verlag Bong,

Bln., Lpz., Wien, Stuttg. Bd. 22, hrsg. v. K. Alt (1911), und Anmkg.-Band 1 (1913).
Goethes Werke. Festausgabe. Bd. 4. Epen. Bearb. v. E. A. Boucke. Lpz. (1926.)
Werke Goethes. Akademie-Ausgabe. Berlin. Epen, hrsg. von Siegfried Scheibe. Bd. 1. 1958. Bd. 2. 1963.
Goethe. Berliner Ausgabe. Bd. 3. Bearb. v. Ursula u. Manfred Beyer. Bln. 1965 u. ö. S. 651–687 u. 826–841.
Goethe über seine Werke. Von H. G. Gräf. 1. Teil, Bd. 1, Frankf. a. M. 1901, S. 1–33.
Mommsen, Momme: Die Entstehung von Goethes Werken in Dokumenten. Bd. 1. Bln. 1958. S. 1–17.
Goethe und die Antike. Hrsg. von Ernst Grumach. 2 Bde. Potsdam 1949.

Abhandlungen

Scherer, Wilhelm: Geschichte der dt. Literatur. Bln. 1883 u. ö. Kap. „Goethe und Schiller".
Morris, Max: Goethe-Studien. Bd. 2. 2. Aufl. Bln. 1902. S. 128–173: Die Achilleis.
Fries, Albert: Goethes Achilleis. Bln. 1901. = Berliner Beitr. z. german. u. roman. Philol., 22.
Maaß, Ernst: Goethe und die Antike. Bln., Stuttg., Lpz. 1912.
Heusler, Andreas: Deutscher und antiker Vers. Straßburg 1917. = Quellen u. Forsch. z. Spr.- u. Kulturgesch. d. germ. Völker, 123. Insbes. S. 112–115.
Heusler, A.: Dt. Versgeschichte. Bd. 3. Bln. 1929. = Grundr. d. germ. Philol., 8, 3.
Fingerle, Anton: Goethes Achilleis. Die Literatur 41, 1938/39. S. 592–596.
Trevelyan, Humphry: Goethe and the Greeks. Cambridge 1941. – Dasselbe deutsch: Goethe und die Griechen. Hambg. 1949. Insbes. S. 249–265.
Regenbogen, Otto: Über Goethes Achilleis. In: Regenbogen, Griechische Gegenwart. Lpz. 1942. S. 5–42. Wiederabgedruckt in: Regenbogen, Kleine Schriften. München 1961. S. 495 ff.
Reinhardt, Karl: Tod und Held in Goethes Achilleis. In: Beiträge zur geistigen Überlieferung. Godesberg 1947. S. 224–265. – Wiederabgedruckt in: Reinhardt, Von Werken und Formen. Godesberg 1948. Und in: Reinhardt, Tradition und Geist. Göttingen 1960. S. 283–308.
Staiger, Emil: Goethe. Bd. 2. Zürich u. Freiburg 1956. S. 282–291.
Schadewaldt, Wolfgang: Goethe-Studien. Zürich u. Stuttg. 1963. Darin S. 127–157: Goethe und Homer. S. 283–300: Fausts Ende und die Achilleis. S. 301–395: Goethes Achilleis. Rekonstruktion der Dichtung. (Grundlegend.)
Gerhard, Melitta: Götter-Kosmos und Gesetzes-Suche. Zu Goethes Versuch seines Achilleis-Epos. Monatshefte 66, 1964, S. 145–159. – Wiederabgedruckt in: Gerhard, Leben im Gesetz. Bern 1966. S. 79–96.

REGISTER DER GEDICHT-ÜBERSCHRIFTEN UND GEDICHT-ANFÄNGE IM WEST-ÖSTLICHEN DIVAN

INHALTSÜBERSICHT

KOMMENTARTEIL